Yale Linguistic Series

English-Khmer Dictionary

វចនានុក្រម

អង់គ្លេស_ខ្មែរ

Franklin E. Huffman
and
Im Proum

New Haven and London, Yale University Press

Published with assistance from the Kingsley Trust Association Publication Fund established by the Scroll and Key Society of Yale College.

This work was developed under a contract with the Office of Education; however the content does not necessarily reflect the position or policy of that agency, and no official endorsement of these materials should be inferred.
Printed in the United States of America by The Murray Printing Company, Westford, Massachusetts.

Library of Congress Cataloging in Publication Data
Huffman, Franklin E
English-Khmer dictionary.

(Yale liguistic series)
Bibliography: P
1. English language-Dictionaries-Khmer.
I. Proum, Im, joint author. II. Title. III. Series.
PL4326. H85 495.9'3 78-7705
ISBN 0-300-02261-1

11 10 9 8 7 6 5

CONTENTS

PREFACE

The authors began the compilation of this dictionary in 1970. The Project was supported during the four years 1972-1976 by a research contract from the U. S. Office of Education; a phase of research and consultation on problem translations and neologisms in Bangkok, Thailand, during the summer and fall of 1976 was partailly supported by a Ford Foundation Southeast Asia Fellowship; and the Cornell University Southeast Asia Program provided salary support during the spring of 1977; we hereby express our sincere gratitude to the above benefactors for their support, both moral and financial.

We will not attempt to list here all the Khmer-Speaking consultants in Ithaca, Washington, Bangkok, and Paris who assisted us in our task; we take this opportunity to thank them all.

Thanks are especially due to Mrs. Sivone Kong Proum, wife of the coauthor, for her patient typing of the majority of the Khmer text; to Mr. Dararith Pen for his typing of parts of the manuscript; to Mrs. Julia Petrov, of the Language and Area Research Section of the U. S. Office of Education, for her patience and encouragement in the face of the delays and extensions involved in bringing this work to completion; and to the Department of Modern Languages and Linguistics of Cornell University for providing office space and other amenities over a period of five years.

F. E. H.
I. P.

Ithaca, New York
December 1977

អារម្ភកថា

សិស្សានុសិស្សនិងមិត្តអ្នកអានជាទីមេត្រី !

ប្រិយមិត្តបានស្គាល់រួចមកហើយនូវសៀវភៅវចនានុក្រមអង់គ្លេស -ខ្មែរ របស់លោក Im . Proum ជាពិសេសគឺស្នាដៃរបស់លោកនិងសហការីដែលបានបន្សល់ទុកឱ្យដល់កុលបុត្រ កុលធីតាខ្មែរ រួមចំណែកលើកស្ទួយដល់ចំណេះដឹងដល់កូនខ្មែរយើងជំនាន់ក្រោយ មានការយល់ដឹងផ្នែកភាសាដើម្បីជាតិមាតុភូមិទៅអនាគតបានរីកចំរើនដូចបណ្ដាប្រទេសនានាលើពិភពលោក ។ អាស្រ័យហេតុនេះ ខ្ញុំបាទនិងសហការីសូមការអនុញ្ញាតដើម្បីបន្ថែមនិមិត្តសញ្ញា (Phonetic Symbol) ដើម្បីងាយស្រួលដល់សិស្សានុសិស្សយើង ក្នុងការបញ្ចេញសំលេងដោយមានការរៀបចំតំឡើងសាជាថ្មីដោយ Computer ហើយបង្រួមខ្នាតតូចជាងមុនបន្តិចតែរក្សាខ្លឹមសារដដែល ។

ជាទីបញ្ចប់នេះ ខ្ញុំបាទនិងសហការីសូមប្រសិទ្ធិពរជ័យមហាប្រសើរដល់ស្នាដៃដ៏វិសេសវិសាលនេះជូនដល់លោក Im. Proum និងសហការី ប្រកបតែសេចក្ដីសុខនិងសុភមង្គលគ្រប់ប្រការ ។

យើងខ្ញុំនិងសហការីរង់ចាំទទួលនូវមតិរិះគន់ដោយស្ថាបនាពីសំណាក់មិត្តអ្នកអានដោយរីករាយនូវកំហុសឆ្គងទាំងឡាយដោយអចេតនា ។

សូមការព្យាយាមរបស់មិត្តអ្នកអានទាំងអស់សំរេចបានដូចបំណង ។

រៀបរៀងដោយៈ **ហែម. មង្គលផល**

ពិនិត្យ និង

បញ្ចូលសញ្ញាដោយៈ **ប៊ុន. សុន្ធរោ**

INTRODUCTION

The Khmer Language

Khmer, or Cambodian, is spoken by some six million people in the Khmer Republic, and mutually intelligible dialects are spoken by approximately one million inhabitants of northeastern Thailand and the Mekong Delta region of Vietnam.

Khmer is the major modern representative of the Mon-Khmer language family, which includes several hundred related minority languages scattered from India to the South China Sea, such as Khasi in India; Mon, Palaung, and Wa in Burma; Khmu, Loven, and So in Laos; Lawa, Kuy, and Chong in Thailand; Pear, Brao, and Stieng in the Khmer Republic; Bahnar, Brou, and Katu in Vietnam; and the Aslian languages of the Malay Peninsula. These Mon-Khmer languages are more distantly related to the Munda languages of northeastern India, Nicobarese in the Nicobar Islands, and Vietnameses and Moung in Vietnam, in a larger Austroasiatic family.

The Khmers have borrowed much of their administrative, military, and literary vocabulary from Sanskrit, but with the advent of Theravada Buddhism at the buginning of the fifteenth century, Pali became the major source of neologisms. Although Khmer and Thai are not genetically related, a high percentage of their vocabularies stems from a common source, as the result both of mutual borrowing over a long period of historical contact, and of common borrowing of learned terned terminology from Sanskrit and Pali. During the period of French domination, many French words entered the language and have become a part of the colloquial language, especially in urban areas. There is a smattering of Chinese and Vietnamese loanwords in colloquial speech. A number of neologisms (or more accurately, new meanings assigned to existing words) have been created since the advent of the socialist government in 1975; we have tried to incorporate as many of these as possible in the dictionary.

The Khmer script, as well as the Thai, Lao, Burmese, Old Mon, Old Cham, and Old Javanese scripts, are all derived from some form (or perhaps from various forms) of the ancient Brahmi script of South India. The Khmer language has a rich literary tradition (see, for example, Huffman and Proum, Cambodian Literary Reader and Glossary, Yale University Press, 1977); the earliest inscription in the Khmer language dates from 611 A. D. This historical depth, coupled with the geographical breadth of the Austroasiatic family, makes the study of the Khmer language highly important to the linguistic of Southeast Asia .

Scope of the Dictionary

The primary objective of this dictionary is to provide a corpus of basic words and phrases which it would be useful for Wéstern students of Khmer to know how to say (or write) in standard Khmer. The dictionary contains some 40, 000 English entries and subentries. Subentries were chosen to reflect not only the semantic structure of Ennglish, but also the semantic structure and content of Khmer, which is the target language. Consider, for example, the English verb 'to carry' ; from the standpoint of English alone, at least the following uses of 'carry' can be recognized as being semantically different, and must be entered as subentries: carry a box, carry an election, carry an account, carry a responsibility, carry oneself well. Each of these, predictably, must be translated differently in Khmer. In addition, however, the semantic structure of Khmer requires multiple subentries under the first subentry, carry a box. This stems from the fact that Khmer, like most other Asian language, has a much more highly specialized verb system than do most Western language. The generalized concept 'to carry' does not exist in Khmer, and therefore cannot be translated; Khmer has some fifteen sepcialized verbs to denote various manners of carrying; e. g. 'carry in the hand', 'carry on the shoulder', ' carry on the hip', ' carry on the head', 'curry under one arm', 'carry suspended from one end of a shoulder-pole', etc. Thus the main entry 'to carry' requires 37 subentries (p. 91).

Another aspect of the Khmer lexicon which requires multiple subentries is the prevalence of context-oriented vocabulary: the word chosen depends on the relationship between the speaker and the person addressed or referred to, whether an inferior , a superior, an intimate friend, clergy, royalty, etc. This is further complicated by social and stylistic levels common to most languages, such as colloquial, literary, euphemistic, vulgar, etc. For example, twelve subentries are required by Khmer for the verb 'to eat': Polite (of others) , Polite (of oneself), Pejorative (or of animals), Colloquial, Formal, Clergy, Royalty, Poetic, Rural, Vulgar, Dialectal, and Neologism (p. 187).

The second objective of this dictionary is to provide the first comprehensive English-Khmer dictionary for Khmer students learning English. To meet this objective we have attempted to provide a complete coverage of basic American English words, subdivide by grammatical function, as well as a complete semantic subcategorization under each entry, including idioms, colloquialisms, and slang. For example, the English verb 'to get'requires 47 subentries, such as get a knife, get a salary, get a letter, get dinner, get sick, etc. (pp. 250-51), and ' to take'requires 61 subentries, such as take a piece, take a walk, take a bath, take a break, the trip takes one hour, etc. (pp. 593-94). Another concession to this objective is a relatively complete listing of English nominalizations. While most verbs can be nominalized in Khmer by placing the word meaning 'work, business, activity'before the verb, the resulting structure is paraphrastic, and is very little used in normal discourse. Nominalizations which are completely regular in form and meaning are omitted, but those which are irregular in either form or meaning, or which require subcategorization, are included for the conven-ience of this second audience; for example, 'amusement', while perfectly regular in form, requires the following three subentries (p. 23):

the amusement of children (gerundive nominalization)
control his amusement (resultative nominalization)
a harmless amusement (instrumental nominalization)

Common prefixes, such as 're-', 'pre-', and 'un -', and suffixes, such as '-er', '-ment', and '-able', are entered, explained, and exemplified in alphabetical order, and those derivatives which are competely regular in form and meaning are omitted. Those derivatives, however, which are irregular in form or meaning, or which require subcategorization (a surprisingly large proportion) , are entered; for example, the adjective 'unconscious'requires two subentries:

unconscious patient

unconscious mistake

Finally, while regular verbal suffixes such as '-ed'and '-ing' are entered, defined, and exemplified in alphabetical order, irregular verb forms (as well as irregular plural noun forms) are entered in parentheses after the main entry, as well as in alphabetical order, cross-referenced to the main entry; for example

take *tv. (pt.* took *,pp.* taken *)*

took *(pt. of* take*)*

foot *n. (pl.* feet *)*

feet *(pl. of* foot*)*

The third objective of this dictionary is to provide a research tool for those linguists, philologists, and other scholars interested in the study of the Khmer language. We regret that it was not possible to include Khmer transcriptions in the dictionary; since the Khmer translations are frequently phrases or entire sentences, to have done so would almost have doubled the length of the dictionary. However, those users who do not read Khmer, or who wish to reconstruct the pronunciation of specific items, are referred to Appendix A: Transcription System for Standard Khmer. Those who would like a simple transliteration of the original Indic values of the Khmer script are referred to Appendix B: Transliteration System for Khmer Script.

The Dictionary concludes with a Bibliography of sources consulted in the compilation of the dictionary. The orthography of American English is based on C. L. Barnhart, Editor-in-Chief, The American College Dictionary, New York, Random House, 1969. Khmer orthography is based on the official Khmer Dictionary of the Buddhist Institute, Phnom Penh, 5th Edition, Vol. I 1967, Vol. II 1968, except in those cases where it appears to differ sharply from established usage. Since no adequate or accurate English-Khmer dictionary has previously been published, the authors have relied on their respective intuitions as native speakers for the corpus and semantic subcategorization used in the dictionary, and must therefore accept responsibility for any and all omissions and inaccuracies .

Format of the Dictionary

This is what might be called a 'contex dictionary'. We have all, no doubt, been confronted, and frustrated, by bilingual dictionaries in which a main entry in language A is followed by a string of possible translations in language B, separated by commas, or even by numbers, with no indication of the context in which each is appropriate. We have tried to avoid this pitfall by providing a clarifying context for every different meaning of the English entry being translated. The primary mechanism we have chosen to do this is to let x represent the English entry in the context shown; in other words: Khmer translation = x in the context shown; for example

get *tv.* (*pt.* got, *pp.*gotten)

x a knife ទៅយក (= 'get' in the context 'get a knife')

x a salary បាន (= 'get' in the context 'get' a salary')

x a letter ទទួល (= 'get' in the context 'get' a letter')

x dinner រៀបចំ (= 'get' in the context 'get dinner')

When 'x' alone cannot be translated, a larger phrase must be translated, in which case the main entry is represented by its first letter and a period; for example

g. sick ឈឺ (= 'get sick')

g. a haircut កាត់សក់ (= 'get a haircut')

When a clarifying context is needed for a phrase, the context is enclosed in parentheses, and is not translated; for example

g. off (at the next stop) ចុះ (= 'get off ' in the context 'get off at the next stop')

g. off (without penalty) រួចខ្លួន (= 'get off 'in the context 'get off without penalty')

When the form to be translated differs from that of the main entry, it is spelled out in full, and the clarifying context (if any) is enclosed in parentheses and is not translated; for example

(fish) got away រួច (= 'got away' in the context 'fish got away')

Finally, if a main entry has an unambiguous meaning, no context is provided, and the main entry is followed by its grammatical designation and its translation in that use; for example dislike *tv.* មិនចូលចិត្ត (= 'dislike' as a transitive verb)

-n. ការមិនចូលចិត្ត (= 'dislike' as a noun)

To summarize, then, subentries may take one of the following four forms:

build *tv. (pt. , pp.*built*)*

1) x a house (translate 'build' in the context 'build a house')
2) b. up (speed) (translate 'build up' in the context 'build up speed')
3) *iv.* (storm) is building (translate 'is building' in the context 'storm is building')
4) *n.* (translate 'build' as a noun)

Of these four forms, the first is by far the most frequent; subentries of forms 2) and 3) (and even occasionally of form 1) are accompanied by contextual material in parentheses when necessary.

Two or more Khmer definitions, separated by commas, have so far as possible been avoided in this dictionary; when they do occur they alternative or equivalent definitions, <u>not</u> different meanings. Seriation within a Khmer translation is shown by spaces, as is customary in Khmer punctuation.

The order of grammatical designations and of subentries under those designa-tions is based on frequency of use in English, so far as it can be determined; Khmer subentries, reflecting stylistic levels and context-oriented vocabulary, are further indented under the English entry or subentry to which they apply, and are preceded by an identifying abbreviation. Abbreviations which apply to the English entry or subentry are followed by a period; those which apply to the Khmer translattion are followed by a colon. Khmer abbreviations and other explanatory material are enclosed in parentheses following the Khmer translation. These principles can be illustrated by the following (condensed) entry;

head *n.* human x *Gen:* ក្បាល

Lit: សិរសិ

Cl: ព្រះកេស

Roy: ព្រះសិរ

x of grain កួរ

x of the government ប្រមុខ

Coll. (Success) goes to his head

ធ្វើឱ្យស្រវឹង (អ.ប.)

Id. make h. or tail of យល់

-tv. x the government ដឹកនាំ

Fig. h. off (disaster) បង្វារ

-iv. h. for តម្រង់ឆ្ពោះទៅ

(grain) heads ចេញកួរ

-adj. x man មេ

x runner នៅមុខគេ

ABBREVIATIONS

English Abbreviations

(Note: In the body of the dictionary, those abbreviations which provide information about the English entry or subentry are followed by a period; those which provide information about the Khmer translation are followed by a colon.)

abbr.	abbreviation	ពាក្យសរសេរកាត់
adj.	adjective	គុណនាម
adv.	adverb	កិរិយាវិសេសន៍
Aero.	Aeronautics	អាកាសចរណវិទ្យា
Agri.	Agriculture	កសិកម្ម
Anat.	Anatomy	កាយវិភាគសាស្ត្រ
Anthr.	Anthropology	នរវិទ្យា
Arch.	Archaic	បុរាណ
Archeol.	Archeology	បុរាណវត្ថុវិទ្យា
Archit.	Architecture	និមានបនកម្ម
Arith.	Arithmetic	លេខគណិត
art.	article	គុណនាមវិសេស
Astrol.	Astrology	ហោរាសាស្ត្រ
Astron.	Astronomy	តារាសាស្ត្រ
aux.	auxiliary	កិរិយាសព្ទជំនួយ
Biol.	Biology	ជីវសាស្ត្រ
Bot.	Botany	ភូតគ្រាមសាស្ត្រ
Brit.	British	ប្រទេសអង់គ្លេស
Bus.	Business	ពាណិជ្ជកម្ម
Cap.	Capital letter	អក្សរធំ
Carp.	Carpentry	វឌ្ឍកីកម្ម
Chem.	Chemistry	គីមី
Christ.	Christianity	គ្រិស្តសាសនា
Cl.	Clergy	បព្វជិត
Coll.	Colloquial	ធម្មតា
comp.	comparative	ប្រៀបធៀប
cond.	conditional	មានលក្ខខណ្ឌ

conj.	conjunction	សន្ធានសព្ទ
contr.	contraction	ពាក្យបំព្រួញ
def.	definite	ច្បាស់លាស់
dem.	demonstrative	និទស្ស
Derog.	Derogatory	ដែលប្រមាថ
Dial.	Dialectal	នៃគ្រាមភាសា
Dim.	Diminutive	ខិវឌ្ឍន៍
Econ.	Economics	សេដ្ឋសាស្ត្រ
Elect.	Electronics	អេឡិចត្រូនិច, អសន្យាណូវិទ្យា
Eleg.	Elegant	ថ្លៃថ្នូរ
Eloq.	Eloquent	ប្រកបដោយវចីកោសល្យ
Emph.	Emphatic	ដែលសង្កត់បញ្ជាក់
Eng.	English	ភាសាអង់គ្លេស
Euph.	Euphemism	ពាក្យសម្រាល
expl.	expletive	នាមសព្ទមិនចំពោះ
Fam.	Familiar	ជិតស្និទ្ធ
fem.	feminine	ឥត្ថីលិង្គ
Fig.	Figurative	អត្ថបដិរូប
Fin.	Finance	ហេរញ្ញិក
Fish.	Fishing	នេសាទកម្ម
fol. by	followed by	មាន... នៅក្រោយ
Form.	Formal	ជាពិធីការ
Fr.	French	បារាំង
Furn.	Furniture	គ្រឿងតុទូ
Gen.	General	ទូទៅ
Geog.	Geography	ភូមិសាស្ត្រ
Geol.	Geology	ភូគព្ភសាស្ត្រ
Geom.	Geometry	រេខាគណិត
Govt.	Government	រដ្ឋាភិបាលវិទ្យា
Gram.	Grammar	វេយ្យាករណ៍
Id.	Idiom, Idiomatic	ពាក្យឬឃ្លាមានន័យមិនធម្មតា
impers.	impersonal	អបុគ្គលិក
indef.	indefinite	មិនចំពោះ
indic.	indicative	ប្រាកដ
inf.	infinitive	កិរិយាសព្ទភាពដើម

interj.	interjection	ឧទានសព្ទ
interr.	interrogative	បុច្ឆនៈ
iv.	intransitive verb	អកម្មកិរិយា
Journ.	Journalism	សារពត៌មាន
l. c.	lower case	អក្សរតូច
Ling	Linguistics	ភាសាសាស្ត្រ
Lit.	Literary	ប្រើក្នុងការសរសេរ, មិនមែនសាមញ្ញ
masc.	masculine	បុំលិង្គ
Math.	Mathematics	គនិតសាស្ត្រ
Mech.	Mechanics	យន្តសាស្ត្រ
Med.	Medicine	ខាងវិជ្ជាពេទ្យ, ខាងពេទ្យ
Mil.	Military	យោធា
Min.	Mining	ការជីករ៉ែ
Mus.	Music	ដូរតន្ត្រី
mv.	modal verb	កិរិយាសព្ទបន្សំ
n.	noun	នាមសព្ទ
Naut.	Nautical	នាវិចរ
neg.	negative	ពាក្យបដិសេធ
Neol.	Neologism	ពាក្យថ្មី
nom.	nominative	ជាប្រធាន
obj.	object, objective	កម្ម
Obs.	Obsolete	ផុតសម័យ
p.	pali	បាលី
pers.	person, personal	បរិសៈ
Pej.	Pejorative	ដែលមើលងាយ
Phonet.	Phonetics	សទ្ទសាស្ត្រ
Phys.	Physics	រូបសាស្ត្រ
pl.	plural	ពហុវចនៈ
Poet.	Poettry, Poetic	ជាកាព្យនិទាន, កវីនិពន្ធ
Pol.	Polite	គួរសម, ដែលសម្តែងសេចក្តីគោរព
Polit.	Politics	នយោបាយ
poss.	possessive	សាមីសម្ពន្ធ
pp.	past participle	កិរិយាសព្ទប្រើក្រោយ have
prec. by	preceded by	មាន... នៅមុខ
pref.	prefix	បុព្វបទ
prep.	preposition	អាយតនិបាត

pres.	present	វត្តមានកាល
pres. p.	present participle	កិរិយាសព្ទដែលមានដាក់ -ing បន្ថែម ពីក្រោយ
Print.	Printing	ការបោះពុម្ព
pr. n.	proper noun	អសាធារណនាម
pron.	pronoun	សព្វនាម
pt.	past tense	អតីតកាល
Rail.	Railroads	អយស្ម័យយាន
refl.	reflexive	ដែលអំពើយោលទៅប្រធានវិញ
rel.	relative	ដែលយោងទៅអ្វីដែលថ្លែងមកហើយ
Rel.	Religion, Religious	សាសនា
Roy.	Royal, Royalty	នៃស្ដេច
Rur.	Rural	នៃជនបទ
sg.	singular	ឯកចវនៈ
Skt.	Sanskrit	សំស្ក្រិត
Sl.	Slang	ពាក្យផ្សារ
s.o.	someone	អ្នកណាម្នាក់
Sp.	Sports	កីឡា
sthg.	something	អ្វី, អ្វីមួយ
subj.	subjunctive	មិនប្រាកដ
suf.	suffix	បច្ច័យ
superl.	superlative	អតិវិសេស
Theat.	Theater	ល្ខោណ
T.M.	Trade Mark	និក្ខិត្តសញ្ញា
tv.	transitive verb	សកម្មកិរិយាសព្ទ
T. V.	Television	ទូរទស្សន៍
Urb.	Urban	នៃទីក្រុង
U. S.	United States	សហរដ្ឋអាមេរិក
usu.	usually	ធម្មតា
v.	verb	កិរិយាសព្ទ
Vulg.	Vulgar	ថោកទាប
Zool.	Zoology	សត្វវិទ្យា

Khmer Abbreviations

(Note: Khmer abbreviations are enclosed in parentheses following Khmer translations.)

ក	ក្រាម	gram
គ. ក.	គីឡូក្រាម	kilogram
គ. ម.	គីឡូម៉ែត្រ	kilometer
ព.	ពាក្យ	word
ព. បំ	ពាក្យបំព្រួញ	contraction
ព. ផ.	ពាក្យផ្ទុយ	antonym
ព. ស. ក.	ពាក្យសរសេរកាត់	abbreviation
ផ. ន.	ផ្ទុយនឹង	as opposed to
ម.	ម៉ែត្រ	meter
ម. ក.	មិល្លីក្រាម	milligram
ម. ព.	មើលពាក្យ	see (the word...)
ម. ម.	មិល្លីម៉ែត្រ	millimeter
ល.	លីត្រ	liter
ស. ម.	សង់ទីម៉ែត្រ	centimeter
ស. រ. អ.	សហរដ្ឋអាមេរិក	United States of America
អ. ប.	អត្ថបដិរូប	Figurative
ឧ.	ឧទាហរណ៍	example, for example

Phonetic Symbols

used in the dictionary

Consonants

p	pen	[pen]	s	so	[səʊ]
b	bad	[bæd]	z	zoo	[zu:]
t	tea	[ti:]	ʃ	shoe	[ʃu:]
d	did	[dɪd]	ʒ	vision	['vɪʒn]
k	cat	[kæt]	h	hat	[hæt]
g	got	[gɒt]	m	man	[mæn]
ʧ	chain	[ʧeɪn]	n	no	[nəʊ]
ʤ	jam	[ʤæm]	ŋ	sing	[sɪŋ]
f	fall	[fɔ:l]	l	leg	[leg]
v	van	[væn]	r	red	[red]
θ	thin	[θɪn]	j	yes	[jes]
ð	this	[ðɪs]	w	wet	[wet]

Vowels and diphthongs

i:	see	[si:]	ʌ	cup	[kʌp]
i	happy	['hæpi]	ɜ:	bird	[bɜ:d]
ɪ	sit	[sɪt]	ə	about	[ə'baʊt]
e	ten	[ten]	ei	say	[sei]
æ	cat	[kæt]	əʊ	go	[gəʊ]
ɑ:	father	['fɑ:ðər]	ai	five	[faɪv]
ɒ	got	[gɒt]	aʊ	now	[naʊ]
ɔ:	saw	[sɔ:]	ɔi	boy	[bɔi]
ʊ	put	[pʊt]	ɪə	near	[nɪər]
u	actual	['ækʧuəl]	eə	hair	[heər]
u:	too	[tu:]	ʊə	pure	[pjʊər]

A

A, a[ei] អក្សរទីមួយតាមលំដាប់អក្សរក្រមអង់គ្លេស

Id. from A to Z ទាំងគ្រប់

a, an *indef. adj.* គុណនាមម្យ៉ាងឥតមានប្រើក្នុងភាសាខ្មែរទេមានន័យថាៈ មួយ ឬ មួយណាមិនចំពោះ, ឧ. a book សៀវភៅ ឬសៀវភៅមួយ

an មានន័យដូចគ្នានឹង a តែសម្រាប់ប្រើតែនៅមុខសព្ទណាដែលចាប់ផ្ដើមឡើងនឹងស្រៈ

ឧ. an airplane យន្តហោះមួយ

three times a day បីដងមួយថ្ងៃ

aback [ə'bæk] *adv.* ទៅក្រោយ

taken a. ស្រឡាំងកាំង

abacus ['æbəkəs] *n.* ក្បាច់ (គ្រឿងគិតលេខ)

abalone[əbələun] *n.Fr:* អាបាឡូន (ខ្យងសមុទ្រម្យ៉ាង)

abandon [ə'bændən] *tv.* x a child បោះបង់ចោល

-*n.* with a. ដោយស្មារតីលះបង់

abase [ə'bei s] *tv.* x a principle បន្ទាបបន្ថោក

a. oneself បន្ថោកខ្លួន

abasement[ə'bei smənt] *n.* state of x ភាពអាមាសមុខ

by x ការបន្ថោក

abash [ə'bæʃ] *tv.* ធ្វើឱ្យខ្មាស

abashed[ə'bæʃt] *adj.* ខ្មាស

abate [ə'bei t] *vi.* ស្រាក, អន់

-*tv.* ធ្វើឱ្យថយ, ធ្វើឱ្យចុះ

abatement[ə'bei tmənt] *n.* ការស្រាក

abbey ['æbi] *n.* វត្តខាងគ្រិស្តសាសនា

abbot ['æbət] *n.Fr.* អាបេ

Gen. ចៅអធិការវត្តនៃគ្រិស្តសាសនា

abbreviate [ə'bri:vi ei t] *tv.* x a speech សង្ខេប

x a word សរសេរកាត់, បំប្រួញ

abbreviation [ə,bri:vi 'ei ʃn] *n.* ពាក្យសរសេរកាត់, ពាក្យបំប្រួញ

by x ការសរសេរកាត់, ការបំប្រួញ

abdicate ['æbdi kei t] *iv.* ដាក់រាជ្យ

-*tv.* បោះបង់ចោល

abdicatoin ['æbdi 'kei ʃn] *n.* king 's x ការដាក់រាជ្យ

x of duty ការបោះបង់ចោល

abdomen ['æbdəmen] *n.* ពោះ

abdominal [æb'dɔ'mi nl] *adj.*

x surgery នៃពោះ

a. pain ឈឺពោះ

abduct [æb'dʌkt] *tv.* ចាប់, យកទៅដោយកម្លាំង, ពង្រត់

abduction [æb'dʌkʃn] *n.* មនុស្សគ្រោស

aberrant [æ'berənt] *adj.* គក់, ដែលមិនដូចគេដូចឯង

aberration [,æbə'rei ʃn] *n.* អ្វីដែលមិនដូចគេដូចឯង

abet [ə'bet] *tv.* (*pt., pp.* abetted) ជំរុញ (ឱ្យប្រព្រឹត្តបទអាក្រក់)

abeyance [ə'bei əns] *n.* ការផ្អាក

abhor [əb'hɔ:] *tv.* ស្អប់ខ្ពើមជាខ្លាំង

abhorrence[ə'bhɔrəns] *n.* ការស្អប់ខ្ពើមជាខ្លាំង

abide [ə'bai d] *iv.* នៅ, រស់នៅ, មានលំនៅនៅ

a. by ប្រព្រឹត្តតាម, ធ្វើទៅតាម

-*tv. coll*. can't x him អត់ទ្រាំ

abiding[ə'bai di ŋ] *adj.* ជាប់ជានិច្ច, ខ្ជាប់ខ្ជួន

ability [ə'bi ləti] *n.* បំណិន, ការប៉ិន

abject ['æbdʒekt] *adj.* ដ៏ទាបបំផុត

ablaut ['æblaut] *n.* ការធ្វើឱ្យស្រៈផ្លាស់សម្លេង

-*tv.* ធ្វើឱ្យស្រះផ្លាស់សម្លេង

ablaze [ə'blei z] *adj.* ដែលឆេះទ្រគោល

able ['ei bl] *adj.* ដែលមានសមត្ថភាព

-mv. I wasn't a. to go (becouse of a conflict). ខ្ញុំទៅមិនបាន

He isn't a. to walk. គាត់ដើរមិនកើត

-able ['ei bl] *suf.1.* បច្ច័យសម្រាប់ប្រើនិងសព្ទខ្លះមានន័យថាៈ ដែលគួរឱ្យ, ឧ. like ចូលចិត្ត > likeable ដែលគួរឱ្យចូលចិត្ត

2. ជាមួយនិងសព្ទខ្លះទៀត មានន័យថាៈ បាន, ឧ. use ប្រើ > usable ដែលប្រើបាន

able-bodied ['ei bl-'bɔdi d] *adj.* សុពល

abloom[ə'blu:m] *n.* ដែលមានផ្កា

ablution [ə'blu:ʃn] *n.* ពិធីស្រោចទឹក

Lit. ស្នានពិធី

abnormal [æb'nɔ:ml] *adj.* ប្លែកពីធម្មតា, មិនប្រក្រតី

abnormality [,æbnɔ:'mæləti] *n.* ភាពប្លែកពីធម្មតា

abord [ə'bɔ:d] *adv.* នៅលើ, នៅក្នុង (នាវា។ល។)

prep. លើ (នាវា, រថភ្លើង។ល។)

get a. (a ship) ចុះ

get a. (a plane) ឡើង

abode [ə'baud] *n.* ទីលំនៅ

abolish ['əbɔli ʃ] *tv.* x a law លុបចោល

Lit. ធ្វើនិរាក្រិតិ

x slaery បំបិទលែងឱ្យមាន

abolition [,æbə'li ʃn] *n.* ការបំបិទលែងឱ្យមាន

Lit និរាក្រិតិ

abominable ə'bɔmi nəbl] *adj*. គួរឱ្យស្អប់ខ្ពើម

abominate ə'bɔmi nei t] *tv.* ស្អប់

abomination [ə,bɔmi 'nei ʃn] *n.* an x របស់ ឬ អំពើគួរឱ្យស្អប់ខ្ពើម

his x of war ការស្អប់ខ្ពើម

aboriginal [,æbə'ri ʤənl] *adj.* នៃអ្នកស្រុកដើម

aborigines [,æbə'ri ʤəni:z] *n.* អ្នកស្រុកដើម (អ្នកដែលនៅក្នុងប្រទេសណាមួយមុនគេបង្អស់)

Lit. រដ្ឋវាសី

abort [ə'bɔ:t] *iv.* women x រលូតកូន

plans x មិនបានសម្រេច

-*tv.* x a child ពន្លូត

x a plan មិនអនុវត្ត, បដិសេធ

abortion [ə'bɔ:ʃn] *n.* ការពន្លូតកូន

x of a plan ការមិនអនុវត្ត (ផែនការ), ការបដិសេធ

abortive [ə'bɔ:ti v] *adj.* ដែលមិនបានសម្រេច

abound [ə'baund] *iv.* មានច្រើន, សម្បូណ៌

a. with សម្បូណ៌ទៅដោយ

about [ə'baut] *prep.* talk x sthg. អំពើ

x three days ប្រហែល

wrap it x him ជុំវិញ

walk x town ចុះចប់ (នៅក្នុង)

-*adv.* about to ជិតនឹង, ហៀបនឹង

a. finished ជិតរួចហើយ

walk a. ដើរចុះចប់

turn a. បែរក្រោយ, ត្រឡប់ក្រោយ

He's somewhere x. ជិតៗនេះ

about-face[ə,baut-fei s] *n., Mil.* ក្រោយបែរ (ពាក្យបញ្ជា)

an x in his thinking ការប្រែត្រឡប់ ផ្ទុយទៅវិញស្រឡះ

above [ə'bʌv] *prep.* x the clouds លើ

x me in rank ធំជាង, ខ្ពស់ជាង

a. all ជាពិសេស, សំខាន់ទៅទៀត

-*adv.*, *adj*. នៅខាងលើ

-*n.* the above សេចក្តីខាងលើ

above-board[ə'bʌv-bɔ:d] *adj*. ត្រង់, ឥតកិច្ចកល

abrade[ə'brei s] *tv.,iv.* ធ្វើឱ្យសឹក (ដោយត្រដុះឬកកិតគ្នា)

abrasion[ə'brei ʒən] *n.* by x ការសឹក, សំណឹក

an x ស្នាមសឹក

abrasive[ə'brei si v] *adj.* x material ដែលធ្វើឱ្យសឹក

x personality ដែលធ្វើឱ្យគេជិនឆ្អន់, ដែលធ្វើឱ្យគេរាចេញ

-n. វត្ថុសម្រាប់ខាត់ឬល្អិក

abreast[ə'brest] *adv.* go two x ខទ្ទឹមគ្នា

-adj. x of developments ដែលដឹង (ទាន់កាលៈទេសៈ)

abridge[ə'bri dʒ] *tv.* សង្ខេប

abridgment[ə'bri dʒmənt] *n.* an x សេចក្ដីសង្ខេប

by x ការធ្វើឱ្យខ្លីទៀង

abroad[ə'brɔ:d] *adj., adv.* ក្រៅប្រទេស

Lit: បរទេស

abrogate['æbrəgei t] *tv.* បដិសេធចោល, ទុកជាមោឃៈ

brupt['æbrʌpt] *adj.* x stop ម៉ក់, ព្រិប

x answer កំបុត

abscess['æbses] *n.* បូស

abscissa['æbsi sə] *n.* អាប់ស៊ីស

abscond [əb'skɔnd] *iv.* គេច, រត់ពួន

absence['æbsəns] *n.* during his a. ពេលដែលគាត់មិននៅ

in the a. of proof ដោយគ្មានភស្តុតាង

x of oxygen ការគ្មាន

Lit: អវត្តមាន

absent['æbsənt] *adj.* x from the room មិននៅ

one olume is x ឥតមាន, បាត់

He's x today មិនមកទេ

Mil. a without leave *(abbr.* AWOL*)* ឈប់ឥតច្បាប់

-tv. a. **oneself** ចេញ (ពីកន្លែងណាមួយ)

absentee[,æbsən'ti:] *n.* អ្នកមិនមក

absent-minded[,æbsənt-mai nd] *adj.* ដែលភ្លេចភ្លាំងច្រើន, ភាំងៗ

absolute['æbsəlu:t] *adj.* x liberty ពេញលេញ, ដ៏បរិបូណ៌

x power ផ្ដាច់ការ

take an x position មិនផ្លាស់ប្ដូរ, ដាច់ខាត

-n. អ្វីៗដែលជាមូលដ្ឋាន

absolutely[,æbsə'lu:tli] *adv.* a sure ប្រាកដណាស់

x pure មែនទែន, ក្រៃលែង

x refused ជាដាច់ខាត

absolution[,æbsə'lu:ʃn] *n.* ការលើកទោស

absolutism['æbsəlu:ti zm] *n.* លទ្ធិផ្ដាច់ការ

Lit: សម្បូណ៌ាធិនិយម

absolve[əb'zɔlv] *tv.* លើកលែងទោសឱ្យ, អភ័យទោស

absorb[əb'sɔ:b] *n.* sponges x ស្រូប

x loss ទូទាត់បង្គ្រប់

large companies x smaller ones លេប (អ.ប.)

absorbed[əb'sɔ:bi d] *adj.* x moisture ដែលស្រូបចូល

x in his work ជក់ស្លុង (នឹងអ្វីមួយ)

absorbent[əb'sɔ:bənt] *adj.* ដែលស្រូប

absorption[əb'sɔ:pʃn] *n.* by x ការស្រូបចូល

amount of x អ្វីៗដែលស្រូបចូលហើយ

abstain[əb'stei n] *iv.* a. from តម, ជៀសវាង

a. in a vote បោះឆ្នោតអនុប្បវាទ

abstemious[əb'sti:mi ən] *adj.* ដែលចេះប្រមាណ (ក្នុងការបរិភោគ)

abstention[əb'stenʃn] *n.* **អនុប្បវាទ**

abstinence['æbsti nəns] *n.* **ការតម, តំណម**

abstract['æbstrækt] *adj.* **x number អរូបី**

x thought គិបាកយល់

x noun អរូបី
-*n.* x of an article សង្ខេប
in the a. ដោយគិតតែក្នុងចិត្ត
-*tv.* x an article សង្ខេប
x an ingredient យកចេញ

abstraction[əb'strækʃn] *n.* idea is an x អរូបិកម្ម
the x of water ការយកចេញ

absurd[əb'sɜ:d] *adj.* មិនសមហេតុសមផល, មិនទំនង

absurdity *n.* the x of it ភាពមិនទំនង, ភាពមិនសមហេតុសមផល
an x អ្វីៗដែលមិនសមហេតុសមផល

abundance [ə'bʌdəns] *n.* *Gen:* ភាពសម្បូណ៌
Lit: សម្បូណ៌ភាព
in a. ជាច្រើនក្រៃលែង

abundant [ə'bʌndənt] *adj.* ដែលមានច្រើនក្រៃលែង

abuse[ə'bju:z] *tv.* x a child ធ្វើទុក្ខទោសដល់
x a law រំលោភ
-*n.* child x ការធ្វើទុក្ខទោសដល់
x of a law ការរំលោភដល់

abusive [ə'bju:si v] *adj.* ដែលប្រមាថ, ដែលរំលោភ

abut [ə'bʌt] *iv.* (*pt* . , *pp.* abutted) ទល់គ្នា

abutment[ə'bʌtmənt] *n.* ជន្ទល់ទប់ឱ្យមាំ

abyss [ə'bi s] *n. Gen* : អន្លង់ជ្រៅ
Lit: រហោឋាន

academic [,ækə'demi k] *adj.* x freebom នៃការសិក្សា
purely a. គ្រាន់តែជាទ្រឹស្ដី

academician [ə,kædə'mi ʃn] *n.* សាស្ត្រាចារ្យ ឬអ្នកស្រាវជ្រាវនៅមហាវិទ្យាល័យ

academy [ə'kædəmi] *n.* military x វិទ្យាគារ
French x បណ្ឌិតសភា

accede [ək'si:d] *iv.* x to the terms យល់ព្រម
a. to the throne ឡើងគ្រងរាជ្យ

accelerate [ək'seləreit] *tv.* ពន្លឿន, បង្កើនល្បឿន
-*iv.* កើនល្បឿន

acceleration [ək,selə'rei ʃn] *n.* rat of x ល្បឿនកើន (ឧ.ឡានខ្ញុំមាន ល.ក.១៥ម. ក្នុង១វិនាទី)
by x ការពន្លឿន

accelerator [ək'seləreitər] *n.* ឈ្នាន់ល្បឿន

accent ['æksənt] *n.* put the x on the last syllable ការសង្កត់សម្លេង
write an x សញ្ញាសង្កត់សម្លេង
foreign x របៀបនិយាយដោយឡែក
-*tv.* x the last syllable សង្កត់សម្លេង
x the yellow ធ្វើឱ្យលេចឡើង

accentuate [ək'sentʃueit] *tv.* x the advantages ធ្វើឱ្យឃើញច្បាស់
x the last syllable សង្កត់ពាក្យ

accept [ək'sept] *tv.* x a gift ព្រមទទួល
x a treaty សុខចិត្តលំនិនទៅតាម
x his story ជឿ
x defeat សុខចិត្តទទួល

acceptable [ək'septəbl] *adj.* x terms គួរយល់ព្រមបាន
x performance គួរសម, ទៅរួច
x story គួរជឿបាន

acceptance [ək'sepəns] *n.* x of assistance
Gen: ការទទួល
Lit: ស្វីការ
gain their x ការទទួលស្គាល់

acess [,ækses] *n.* have a. to the President អាចចេញចូលបានដល់លោកប្រធានាធិបតី
have a. to the money អាចប៉ះពាល់ ឬយកប្រាក់ប្រើប្រាស់បាន
gain a. to ចូលទៅដល់
difficult of a. ពិបាកចូលទៅដល់
house has no x ផ្លូវចូល

accessibility [ək,sesə'bi ləti] *n.* ភាពអាចចូលដល់បាន

accessible [ək'sesəbl] *adj.* He is not very a. គាត់មិនស្រួលទៅជួបសោះ

The part are not a. ខ្ទាំរកមិនបានទេ

not a. by car ទៅតាមឡានមិនបានទេ

accession [æk'seʃn] *n.* x to the throne ការឡើងកាន់

x of property ការបានទទួលថែម

x to a demand ការយល់ព្រម

accessory [ək'sesəri] *n.* auto x ឧបសាធន, គ្រឿងបន្ថែម

x to a criem អ្នកចូលដៃ (ក្នុងបទទុច្ចរិត)

-adj. ជាបន្ទាប់បន្សំ

accident ['æksi dənt] *n. Gen:* គ្រោះថ្នាក់

Lit. ឧបទ្ទវហេតុ

by a. ដោយឥតមានបំណង, ដោយឥតចេតនា

accidental [,æksi 'dentl] *adj.* ដែលកើតឡើងដោយចៃដន្យ

acclaim [ə'klei m] *tv.* x his popularity អបអរសាទរ, ស្រែកសាទរ

x him king ប្រកាសជ្រើសរើសដោយការកំទរសាទរ

acclamation [,æklə'mei ʃn] *n. Lit* ឧទាន

Gen. សម្រែកសាទរ

acclimate ['ækli mei t] *tv.* ធ្វើអាកាសានុលោម

-iv. ស៊ាំ (នឹងធាតុអាកាសឬស្ថានការណ៍)

accolade [ə'kəlei d] *n.* ការសរសើរ

accomodate [ə'kɔmədei t] *tv.* hotel can x 100 guests អាចឱ្យនៅស្នាក់អាស្រ័យបាន

He likes to x others តម្រូវចិត្ត

-iv. a. to ប្រែទៅតាម

accomodating[ə'kɔmədei ti ŋ] *adj.* ដែលយកចិត្តទុកដាក់

accomodation [ə,kɔmə'dei ʃn] *n.* x to circumstances ការធ្វើឱ្យស្របទៅតាមស្ថានការណ៍

He did it as an x. ការតម្រូវចិត្ត

accompaniment [ə'kʌmpəni mənt] *n.* x to a meal គ្រឿងបន្ទាប់បន្សំ

x to a song ការលេងតន្ត្រីតាមអ្នកច្រៀង

accompanist [ə'kʌmpəni st] *n.* អ្នកលេងតន្ត្រីតាមអ្នកច្រៀង

accompany [ə'kʌmpəni] *tv.* x a friend ទៅជាមួយ, តាម

x a singer លេងតន្ត្រីតាម

accomplis [ə'kʌmpli s] *n.* អ្នកចូលដៃ, អ្នកសមគំនិត (ក្នុងបទទុច្ចរិត)

accomplish [ə'kʌmpli ʃ] *tv.* x a task សម្រេច

x a mission បំពេញ

accomplished[ə'kʌmpli ʃi d] *adj.* x musician ចំណាន

x mission ដែលសម្រេចហើយ

accomplishment[ə'kʌmli ʃmənt]*n.* great x ស្នាដៃ

x of the task ការសម្រេច

accord [ə'kɔ:d] *n.* reach an x កិច្ចព្រមព្រៀង

in a. with ស្របគ្នានឹង

-tv. អនុញ្ញាតឱ្យ

-iv. ត្រូវនឹង, ស្របនឹង

accordance [ə'kɔ:dəns] *n.* x of an interview ការអនុញ្ញាតឱ្យ

in a. with ដោយអនុលោមទៅតាម

according(to) [ə'kɔ:di ŋ tu:] *adv.* តាម

accordingly[ə'kɔ:di ŋli] *adv.* act x ឱ្យស្របទៅតាម

x he left. ដូច្នោះហើយ, ដោយហេតុនេះ

accost [ə'kɔst] *tv.* ហៅបញ្ឈប់

accouchement [ə'ku:ʃmənt] *n.* ការឈប់សម្រាកក្រោយពេលឆ្លងទន្លេ

account [ə'kaunt] *n.* brief x ដំណើររឿង

Bus., Gen: បញ្ជីប្រាក់ចេញចូល

Lit: គណនី

Bank. កុង

of no a. ឥតបានការ, ឥតតម្លៃ

take into a. យកមកគិតផង

bring to a. យកមកឱ្យតុលាការជំនុំជម្រះ

-iv. a. for (a fact)ពន្យល់

a. for (unforeseen delays) យកមកគិត

a. for (one's crimes) ទទួលនូវផលនៃអំពើរបស់ខ្លួន

accountable [ə'kauntəbl] *adj.* hold a. បញ្ជាប់ឱ្យទទួលខុសត្រូវ

x facts ដែលអាចពន្យល់បាន

accountant [ə'kauntənt] *n.* គណនេយ្យករ

accounting[ə'kaunti ŋ] *n.Bus. Fr:* កុងតាប៊ីលីតេ

Lit: គណនេយ្យ

an x for his deeds ការទទួលខុសត្រូវ

accounterments [ə'ku:təmənts] ,

accountrements គ្រឿងប្រើប្រាស់បន្ទាប់បន្សំ

accredit [ə'kredi t] *tv.* x an accoumt ដាក់ចូល

The invention is accredited to him. គាត់ត្រូវគេលើកថាជាអ្នកប្រឌិត

That school is fully accredited សាលានោះគេទទួលស្គាល់ជាផ្លូវការហើយ

accretion [ə'kri:ʃn] *n.* x of merit ការកើន

x of 10% ចំនួនកើន

accrue [ə'kru:] *iv.* កើនលើ, ថែមលើ

acculturation[ə'kju:lʧərei ʃn] *n.* ការធ្វើឬយកលំនាំតាម

accumulate [ə'kju:mjəlei t] *tv.* x book ប្រមូល

x wealth បានមកជាបន្តបន្ទាប់គ្នា

-iv. កើនឡើង, មានច្រើនឡើងៗ

accumulation [ə,kju:mu'lei ʃn] *n.* by x ការកើនឡើង

large x របស់ដែលប្រមូលផ្តុំឡើង

accumulative [ə'kju:mjuləti v] *adj.* ដែលថែមៗលើគ្នា, ដែលចេះតែថែមលើៗគ្នា

accuracy ['ækjəurəsi] *n.* x of a shot ភាពត្រង់

x of a watch ភាពទៀង

x of a report ភាពត្រឹមត្រូវ

accurate ['ækjərei t] *adj.* x shot ត្រង់

x watch ត្រូវ, ទៀង, ទៀងទាត់

x story ពិត

accusation [,ækju:zei ʃn] *n.* by x ការចោទ

an x ពាក្យចោទ

accusative [ə'kju:zəti v] *adj.* ដែលជាកម្ម

-n. Gram. ទុតិយាវិភត្តិ

accusatory[ə'kju:sətəri] *adj.* ដែលបង្ហាញនូវការចោទប្រកាន់

accuse [ə'kju:z] *tv.* ចោទ, ចោទប្រកាន់

accused[ə'kju:zd] *n.* ចុងចោទ, អ្នកជាប់ចោទ

Lit: ចោទិត

accustom [ə'kʌstəm] *tv.* ទម្លាប់, ផ្សាំ

accustomed(to)[ə'kʌstəmi d tu:] *adj.* x cold ស៊ាំនឹង

x getting up early ធ្លាប់

ace[ei s] *n. Cards* អាត់

flying x អ្នកពូកែបើកយន្តហោះខាងអ៊ីម្យ៉ាង

-adj. ចំណាន, ពូកែ

acentric[əksentri k] *adj.* ដែលគ្មានចំណុចកណ្តាល

acetic [ə'si:ti k] *adj.* ដែលមានជាតិទឹកខ្មេះ

a. acid អាស៊ីដអាសេទិច

acetylen [ə'setəli:n] *n. Fr:* អាសេទីឡែន (ជាឧស្ម័នឥតពណ៌ ប្រើសម្រាប់អុចបំភ្លឺ)

ache [ei k] *iv.* teeth x ចាប់, ឈឺ

stomachs x ចុក, ឈឺ

heads x ឈឺ

-n. tooth x ដំណើរចាប់

stomach x ដំណើរចុក

head x ដំណើរឈឺ

achieve [ə'tʃi:v] *tv.* x a goal សម្រេច

x a mission បំពេញ

-iv. សម្រេចគោលបំណង

achievement[ə'ʧi:vmənt] *n.* by x ការសម្រេច
great x ស្នាដៃ, សមិទ្ធិកម្ម

acid ['æsid] *n. Fr:* អាស៊ីដ
Lit: ទឹកក្រូដ
-adj. x taste ជូរ
x soil ប្រៃ, ដែលមានអ៊ីយ៉ុងអ៊ីដ្រូសែនច្រើន

acidify [ə'sidifai] *iv.(pt., pp .acidified)* ទៅជាអាស៊ីដ

acidity [ə'sidəti] *n.* x of soil ភាពប្រៃ
x of wine ភាពជូរ

acknowledge [ək'nɔlidʒ] *tv.* x guilt ទទួលស្គាល់
a. a greeting ធ្វើគារវកិច្ចតប
x a letter ប្រាប់ឱ្យដឹងថាបានទទួលហើយ
a. gratitude បង្ហាញនូវកតញ្ញូតា

acknowledgment[ək'nɔlidʒmənt] *n.* x of guilt ការទទួលស្គាល់
a. of a greeting ការធ្វើគារវកិច្ចតប
a. of a letter ការប្រាប់ថាបានទទួលសំបុត្រហើយ
a. of gratitude ការបង្ហាញនូវកតវេទិតា

acme ['ækmi] *n.* ទីខ្ពស់បំផុត
Lit: ឧត្តុង្គ

acne ['eikni] *n.* មុន (រោគស្បែកមុខ)

acorn ['eikɔ:n] *n.* ផ្លែសែន

acoustic [ə'ku:stik] *adj.* នៃការឮសូរ

acoustics[ə'ku:stiks] *n.* study x សូរសាស្ត្រ
x of a hall កម្មសិទ្ធិសូរ

acquaint [ə'kweint] *tv.* ធ្វើឱ្យស្គាល់ដឹងឬយល់

acquaintance [ə'kweintəns] *n.* He's only an x. មនុស្សដែលស្គាល់បន្តិចបន្តួច, សន្និដ្ឋមិត្ត
have an a. with the situation ដឹងបន្តិចបន្តួចអំពីស្ថានការណ៍

acquainted['əkweintid] *adj.* x with him ស្គាល់
x with the case ដឹង, ជ្រាប

acquiesce [,ækwies] *iv.* សុខចិត្ត, ស្រុះស្រួលទៅតាម

acquiescence [,ækwi'esns] *n.* ការសុខចិត្ត, ការស្រុះស្រួលទៅតាម
Lit: អនុញ្ញា

acquiescent *adj.* ដែលចាំតែយល់ព្រមតាម

acquire [ə'kwaiər] *tv.* x waelth បានមក
x a reputation ទទួល

acquisition [,ækwi'ziʃn] *n.* a new x វត្ថុដែលបានមក
the x of wealth ការបានមក

acquisitive [ə'kwizətiv] *adj.* ចង់តែបាន

acquit [ə'kwit] *tv.* x a defendant ឱ្យរួចខ្លួនពីការចោទប្រកាន់ (តុលាការ)
x a debt ឱ្យរួច
a. oneself well ធ្វើទៅបានល្អដូចគេបានសង្ឃឹមទុក

acquittal [ə'kwitl] *n.* ការឱ្យរួចខ្លួនជ្រះស្រឡះ

acre ['eikər] *n.* រង្វាស់ដីអង់គ្លេស: ៤/១០ នៃហិចតា

acrid ['ækrid] *adj.* x smell ខា
x taste ហាង

acrimonious [,ækri'məuniəs] *adj.* យ៉ាងជូរចត់

acrobat ['ækrəbæt] *n.* អ្នកចំរិកខាងកីឡាលោតហក់, អ្នកកីឡាខាងអាក្រូបាត

acrobatics [,ækrə'bætik] *n.* ការលោត ហក់ (កីឡា)

acronym ['ækrənəmi] *n.* ពាក្យកាត់ឡើងដោយយកតែតួអក្សរដើមនៃពាក្យនិមួយៗមកបន្តគ្នាជាលំដាប់

acrophobia[,ækrəfəbiə] *n.* ការខ្លាចទីខ្ពស់

across [ə'krɔs] *prep.* walk x the road ឆ្លង
walk x the grass កាត់
come a. (sthg.) ប្រទះឃើញ
-adv. take a boat a. ជិះទូកឆ្លង
Sl. come a. ឱ្យ

act [ækt] *n.* criminal x អំពើ

x of congress សេចក្ដីសម្រេច

x of a play ឈុត

comic x ឆាក

caught in the a. ទាន់ស្រស់ៗ, ទាន់នៅពេលដែលកំពុងតែប្រព្រឹត្តអំពើអ្វីមួយ

-iv. x in a play ដើរតួ, លេង

a. naturally ធ្វើដូចធម្មតា

a. as chairman ធ្វើជាប្រធានស្ដីទី

a. as if ធ្វើដូចជា

a. on (his advice) ធ្វើតាម

a. on (metal) ស៊ី

-tv. x a role ដើរតួ, លេង

a. the fool ធ្វើជាឆ្កួត

acting ['ækti ŋ] ***adj.*** x president

Lit: ស្ដីទី

Gen: បណ្ដោះអាសន្ន

action ['ækʃn] ***n.*** improper x អំពើ

in a. កំពុងប្រព្រឹត្តទៅ

legal x បណ្ដឹង, ការបណ្ដឹងតុលាការ

military a. ការប្រយុទ្ធ

activate ['ækti vei t] ***tv.*** ធ្វើឱ្យសកម្មឡើង

actie ['ækti] ***adj.*** x child ក្លា, សកម្ម

x life យ៉ាងសកម្ម

x law ដែលនៅប្រើ

Mil. on a. duty កំពុងបំពេញក្នុងកងទ័ព

activist ['ækti vi st] ***n.*** អ្នកសកម្មនិយម

activity [æk'ti vəti] ***n.*** សកម្មភាព

actor ['æktər] ***n.*** តួប្រុស *Lit:* នាដការ

actress ['æktri s] ***n.*** តួស្រី *Lit:* នាដការី

actual ['ækʧuəl] ***adj.*** ពិត, មែនទែន

actuality ['ækʧu'æləti] ***n.*** x of the case ភាពពិត

in that x ព្រឹត្តិការណ៍

actually ['ækʧuli] ***adj.*** ដោយពិត, ជាការពិត

addition

actuate ['ækʧuei t] ***tv.*** motives x people ធ្វើឱ្យឆេះឡើង (អ. ប.)

x a law យកមកប្រើវិញ

acuity [ə'kju:eti] ***n.*** ភាពមុត

acumen [ə'kju:mən] ***n.*** ថ្វីគំនិត

acute [ə'kju:t] ***adj.*** x illness ខ្លាំង, ធ្ងន់

x angle ស្រួច

a. accent សញ្ញា: (')

ad [æd] ***n.*** ការឃោសនាផ្សាយ

A.D. *(Anno Domini)* គ. ស (គ្រិស្ដសករាជ)

adage ['ædi ʤ] ***n.*** ពាក្យចាស់

adamant ['ædəmənt] ***adj.*** ចចេស, រឹង

Adam's apple['ædəm'æpl] ***n.*** គ្រាប់ពោន (ផ្នែកលើងនៅបំពង់ក), ដុំបំពង់ក

adapt [ə'dæpt] ***iv.*** ប្រែប្រួលទៅតាម, យកលំនាំតាម

-tv. x a machine ធ្វើតម្រូវតាមត្រូវការ

x a text សម្រួល

adaptable [ə'dæptəbl] ***adj.*** ដែលអាចប្រែប្រួលឬផ្លាស់ប្ដូរ

adaptation [,ædæp'tei ʃn] ***n.*** by x ការយកលំនាំតាម, ការប្រែប្រួលទៅតាម

an x អ្វីៗដែលបានត្រូវផ្លាស់ប្ដូរឱ្យប្លែកពីមុន

add [æd] ***tv.*** x figures បូក

x water ថែម, ដាក់ថែម

Fig. a. weight ឱ្យទម្ងន់ (អ. ប.)

x an opinion បន្ថែម

a. up (figures) បូក, បូករួម

-iv. Id. doesn' t a. up ឥតសមសោះ

addict [ə'di kt] ***n.*** cigarette x មនុស្សញៀន

drug a. វិសពន្ធ

-tv. ធ្វើឱ្យញៀន

addicted(to)[ə'di kti d tu:] ***adj.*** ញៀន

addiction [ə'di kʃn] ***n.*** ការញៀន

addition [ə'di ʃn] ***n.*** good at x លេខបូក

the x of a note ការបន្ថែម
make an x របស់ដាក់បន្ថែម
in a. ថែមពីលើនោះ

additional [ə'di ʃnəl] *adj.* បន្ថែម

address [ə'dres] *n.* What is x?
Coll: ទីលំនៅ
Form: អាស័យដ្ឋាន
opening x សុន្ទរកថា
-tv. a. a letter ចារខ្នងសំបុត្រ
x a crowd ថ្លែងសុន្ទរកថាទៅ
x a stranger និយាយទៅ
a. oneself (to a problem) ប្រឈមទល់នឹង

addressee [,ædre'si:] *n.* x of a letter អ្នកទទួល
x of a speaker អ្នកស្តាប់

adept [ə'dept] *adj.* ជំនាញ
-n. អ្នកជំនាញ

adequacy ['ædi kwəsi] *n.* ភាពគ្រប់គ្រាន់, ភាពមានល្មម

adequate ['ædi kwət] *adj.* ល្មម, គ្រប់គ្រាន់

adhere [əd'hi ər] *iv.* x to clothing ជាប់
a. to (a principle) ប្រកាន់ខ្ជាប់
a. to (a plan) មិនលែងចោល

adherence [əd'hi ərəns] *n.* x to a surface ការជាប់ស្អិត
Lit: សជ្ជកម្ម
x to a cause ការមិនលះបង់ចោល

adherent [əd'hi ərənt] *adj.* ដែលស្អិតជាប់
-n. អ្នកកាន់ (លទ្ធិ ឬ សាសនា)

adhesive [əd'hi:si v] *adj.* ដែលស្អិតជាប់
a. tape បង់ស្អិត (សម្រាប់បិទអ្វីៗភ្ជាប់គ្នា)

ad hoc [,æd 'hɔk] *adj.* ពិសេស, ដែលមានឡើងសម្រាប់តែរឿងរ៉ាវឬកិច្ចការអ្វីដ៏ពិសេស

ad infinitum [,æd ,i nfi 'nai təm] *adv.* មិនចេះចប់មិនចេះហើយ

ad interim [,æd 'i ntəri m] *adj.* ស្តីទី

adjacent [ə'dʒei snt] *adj.* ដែលជាប់គ្នា, ដែលជិតគ្នា

adjective ['ædʒi kti v] *n.* គុណនាម

adjoin [ə'dʒɔi n] *iv.* ជាប់គ្នា
-tv. ជាប់គ្នានឹង

adjourn [ə'dʒɜ:n] *tv.,iv.* លើកកាលកាល, ផ្អាក

adjudicate [ə'dʒu:di kei t] *tv.* កាត់សេចក្តី
Lit: វិនិច្ឆ័យទោស

adjunct ['ædʒʌŋkt] *n.* អ្វីៗជាបន្ទាប់បន្សំ
-adj. ជាបន្ទាប់បន្សំ

adjust ['ædʒʌst] *tv.* a. a machine ថ្លឹងម៉ាស៊ីន, មួលបន្ថែមបន្ថយឱ្យម៉ាស៊ីនដើរបានស្រួល
x a control លៃដាក់ឱ្យត្រូវ
x difference (between two parties) សម្រុះសម្រួល
x a claim ទូទាត់សង
-iv. adjust (to) ប្រែប្រួលទៅតាម

adjustable [ə'dʒʌstəbl] *adj.* ដែលអាចពង្រីកឬបង្រួមធ្វើឱ្យវែង ឬ ខ្លី ។ល។ បាន
a. wrench សោរសកល

adjustment[ə'dʒʌstmənt] *n.* mechanical x ការថ្លឹង, ការលៃសម្រួល
x to the climate ការស៊ាំទៅតាម
financial x ការទូទាត់សង

adjutant ['ædʒutənt] *n.Mill.* មេបញ្ការង

ad-lib [,əd 'li b] *iv., tv.* បញ្ចេញបញ្ចូល

administer [əd'mi ni stər] *tv.* x government អភិបាល, គ្រប់គ្រង
a. medicine ឱ្យថ្នាំ
a. justice កាត់ទោស

administration [əd,mi 'ni strei ʃn] *n.* x of the country ការគ្រប់គ្រង
the present x រដ្ឋាភិបាល

a. of justice ការកាត់ទោស

administrative [əd'mi ni strəti v] *adj.* ខាងការចាត់ការ

administrator [əd'mi ni strei tər] *n.* អ្នកគ្រប់គ្រង, អ្នកចាត់ការ

Lit: អភិបាល

admirable ['ædmərəbl] *adj.* គួរឱ្យសរសើរ, គួរឱ្យស្ញើច, គួរកោត

admiral ['ædmərəl] *n.* ឧត្តមនាវីឯក

admiration [,ædmə'rei ʃn] *n.* សេចក្តីកោតសរសើរ

admire [əd'mai ər] *tv.* កោត, សរសើរ, កោតសរសើរ

admissible [əd'mi səbl] *adj.* ដែលយកជាការបាន

admission [əd'mi ʃn] *n.* gain x ប្រវេសន៍
pay x ថ្លៃចូល
x of guilt ការទទួលខ្លួន

admit [əd'mi t] *tv.* *(pt., pp. admitted)*
x guilt ទទួលខ្លួន
x minors អនុញ្ញាតឱ្យចូល

admittance [əd'mi tns] *n.* gain x ការចូល
x of minors ការអនុញ្ញាតឱ្យចូល

admonish [əd'mɔni ʃ] *tv.* ព្រមានដាស់តឿន, ក្រើនរំលឹក

admonition [,ædmə'ni ʃn] *n.* ការព្រមានដាស់តឿន, ការក្រើនរំលឹក

admonitory [əd'mɔni təri] *adj.* ដែលព្រមានដាស់តឿន

ado [ə'du:] *n.* much ado about nothing ការខ្វល់ខ្វាយឥតអំពើ
without further a. ដោយឥតបោកទៅទៀត

adobe [ə'dəubi] *n.* ផ្ទះធ្វើអំពីឥដ្ឋឆៅ

adolescence [,ædə'lesns] *n.* វ័យឬភាពពេញជំទង់, វ័យឬភាពពេញរូបរាង

Lit: រុណវ័យ, តរុណភាព

adolescent [,ædə'lesnt] *n.* មនុស្សពេញវ័យ
-adj. ដែលពេញជំទង់

adopt [ə'dɔpt] *tv.* a. a child យកមកចិញ្ចឹមជាកូន
x a resolution យល់ព្រម
x a new policy ចាប់ប្រើ

adoption [ə'dɔpʃn] *n.* x of child ការយកមកចិញ្ចឹមជាកូន
x of a resolution ការយល់ព្រម
x of a new policy ការចាប់មកប្រើ

adorable [ə'dɔ:rəbl] *adj.* ដែលគួរឱ្យស្រឡាញ់

adoration [,ædə'rei ʃn] *n.* ការចូលចិត្តឬស្រឡាញ់ជាខ្លាំង

Rel: សក្ការៈ

adore [ə'dɔ:r] *tv.* ស្រឡាញ់ឬចូលចិត្តជាខ្លាំង

Rel: ធ្វើសក្ការៈ

adorn [ə'dɔ:n] *tv.* តែង, លំអរ, ធ្វើឱ្យឡើង

adornment[ə'dɔ:rmənt] *n.* by x ការតុបតែង
an x គ្រឿងលំអរ, គ្រឿងតុបតែង

adrift [ə'dri ft] *adj.* ដែលរសាត់

adroit [ə'drɔi t] *n.* ប៉ិនប្រសប់, ជំនាញ

adult ['ædʌlt] *n.* មនុស្សពេញវ័យ
-adj. ដែលពេញវ័យ

adulterate [ə'dʌltərei t] *tv.* ធ្វើលែងឱ្យសុទ្ធ

adulteration [ə,dʌltə'rei ʃn] *n.* by x ការធ្វើលែងឱ្យសុទ្ធ
an x អ្វីៗដែលលែងសុទ្ធ

adulterer [ə'dʌltərər] *n.* ប្រុសក្បត់ប្រពន្ធ

Lit: អតិចារី

adulteress [ə'dʌltəres] *n.* ស្រីផិតប្តី

Lit: អតិចារិនី

adultery [ə'dʌltəri] *n.* ការផិតឬក្បត់ប្តីប្រពន្ធ

Lit: អតិចរិយា

advance [əd'vɑ:ns] *tv.* x troops ឱ្យទៅមុខ, ឱ្យចូលទៅមុខ
x a cause ជួយឧបត្ថម្ភ
a s.o. in rank តម្លើងស័ក្តិ

a. funds ឱ្យប្រាក់មុនកំណត់ពេលត្រូវឱ្យ

-iv. troops x ទៅមុខ, ចូលទៅមុខ

countries x ជឿនលឿន, ចម្រើន, លូតលាស់, ដើរទៅមុខ

a. in value ឡើងថ្លៃ

-n. x in science ការជឿនទៅមុខ

a. in value ការឡើងថ្លៃ

a. of funds ការឱ្យប្រាក់មុនកំណត់ពេល

Mil. rapid x ការចូលទៅមុខ

in a. ជាមុន

-adj. a. guard ទ័ពមុខ

a. payment ប្រាក់បើកឱ្យមុន

advanced[əd'vɑːnsid] *adj.* x country ជឿនលឿន, ដែលលូតលាស់

x French class ខ្ពស់

of a. age ចាស់, ដែលមានវ័យចាស់

advancement[əd'vɑːnsmənt] *n.* x in science ការជឿនលឿនទៅមុខ, ការចម្រើន

a. in rank ការឡើងស័ក្តិ

advantage [əd'vɑːntidʒ] *n.* x of an education សារៈប្រយោជន៍, អត្ថប្រយោជន៍

have an a. over មានប្រៀបជាង

take a. of (an opportunity)

Gen: ឆ្លៀតយកប្រយោជន៍ពី

Coll: ឆ្លៀតឱកាស

take a. of (a person) ស៊ីលើ

to good a. ឱ្យបានប្រយោជន៍

-tv. ឱ្យអត្ថប្រយោជន៍ (ចំពោះ)

advantageous [,ædvən'teidʒəs] *adj.* ដែលមានអត្ថប្រយោជន៍

advent ['ædvənt] *n.* ការមកដល់

adventure [əd'ventʃər] *n.* exciting x

Gen: ការផ្សងព្រេង

Lit: យថាព្រឹត្ត

movie is an x រឿងផ្សងព្រេង

business x ការប្រថុយ

-iv. ប្រថុយ, ផ្សង

adventurer[əd'ventʃərər] *n.* wandering x ចើទេស, អ្នកដើរទេស, អ្នកផ្សងព្រេង

Fin: មនុស្សដែលហ៊ានប្រថុយក្នុងការរកស៊ី

pej. មនុស្សឆបោក

advanturous [əd'ventʃərəs] *adj.* x person ដែលចូលចិត្តប្រថុយ ឬ ផ្សងព្រេង

x undertaking ដែលប្រកបទៅដោយគ្រោះកាច

adverb ['ædvɜːb] *n.* កិរិយាវិសេសន៍

adversary *n.* សត្រូវ, បច្ចាមិត្ត

adversaries *n.* (in a contest) គូប្រកួត, គូប្រឆាំង

Lit: ប្រតិប័ក្ស

adverse ['ædvɜːs] *n.* x weather មិនល្អ

x circumstances ដែលរាំងប្រឆាំង, ដែលមិនអនុគ្រោះ

adversity [əd'vɜːsəti] *n.* ភាពមិនអនុគ្រោះ

advertise ['ædvətaiz] *tv.* x good ផ្សាយ, ឃោសនា (លក់)

x a meeting ផ្សាយ, ប្រកាស (ឱ្យដឹង)

-iv. ឃោសនា, ផ្សាយ

a. for (a house, etc.) ផ្សាយដំណឹងរកទិញ

advertisement [əd'vɜːtismənt] *n.* newspaper x អត្ថបទផ្សាយ (លក់ ឬ ទិញ)

radio x ការនិយាយឃោសនាផ្សាយ (តាមវិទ្យុ ឬ ទូរទស្សន៍)

by x ឃោសនាពាណិជ្ជកម្ម

advertising['ædvətaiziŋ] *n.* ការឃោសនាពាណិជ្ជកម្ម

advice [əd'vais] *n.* give x ពាក្យណែនាំ, ឱវាទ

seek x យោបល់ (គេឯទៀត)

advisable [əd'vai zəbl] *adj.* x plan ដែលគួរធ្វើ

a. to go immediately គួរតែទៅភ្លាម

advise [əd'vai z] *tv.* x students ណែនាំ

x the president ប្រឹក្សា, យោបល់

x them to go ប្រាប់, ព្រមាន

x him of your arrival ឱ្យដំណឹង

advisory [əd'vai zəri] *adj.* សម្រាប់ឱ្យយោបល់

a. council ក្រុមប្រឹក្សា

in an a. capacity ជាទីប្រឹក្សា

advocacy ['ædvəkəsi] *n.* ការគាំទ្រ

advocate ['ædvəkei t] *tv.* គាំទ្រ

-n. អ្នកគាំទ្រ

Brit: មេធាវី

adz, adze [ædz] *n.* កឹង

aerate ['eərei t] *tv.* ដាក់ឱ្យត្រូវខ្យល់, បញ្ចូលខ្យល់

aerial ['eəri əl] *adj.* x photography ពីលើអាកាស

x music ស្រាល, រហើម

-n. Fr., Coll: អង់តែន

Gen: ខ្សែអាកាស

aerialist['eəri əli st] *n.* អ្នកដែលធ្វើការវិយកម្មខ្ពស់ពីដី

aerodynamics [,eərəudai 'næmi ks] *n.* ឌីណាមិកអាកាស

aeronautics [,eərə'nɔ:ti ks] *n.* អាកាសចរណ៍វិទ្យា

aerospace ['eərəuspei s] *adj.* អាកាសវេហាស៍

aesthetic [i:s'θeti k] *adj.* x effect សោភ័ណ

x principle ដែលទាក់ទងនឹងសោភ័ណភាព

aestheticism[i:s'θeti si zəm] *n.* សោភ័ណនិយម

aesthetics[i:s'θeti ks] *n.* សោភ័ណវិទ្យា

afar [ə'fɑ:r] *adv.* *(usu. prec. by from)* ពីចម្ងាយ

affable ['æfəbl] *adj.* គាប់អធ្យាស្រ័យ

Lit: មន្ទន្ទា

affair [ə'feər] *n.* business x ការ, កិច្ចការ

a separate x រឿង

Id. have an a. មានសហាយ

affect[1] [ə'fekt] *tv.* words x actions មានឥទ្ធិពលលើ, ធ្វើឱ្យប្រែប្រួលដល់

Music affects me deeply. ភ្លេងធ្វើឱ្យខ្ញុំរំភើបចិត្តជាខ្លាំង

affect[2][ə'fekt] *tv.* x ignorance ធ្វើជា, ក្លែងធ្វើជា

a. a British accent ខំនិយាយ (ធ្វើសម្លេង) ឱ្យដូចអ្នកស្រុកអង់គ្លេស

affectation [,æfek'tei ʃn] *n.* x of wealth ការក្លែងបង្ហាញថាមាន (របស់ទ្រព្យ, លុយកាក់)

His speech is an x មិច្ឆាចរិយា

affected[ə'fekti d] *adj.* ប្រកបដោយមិច្ឆាចរិយា

affection [ə'fekʃn] *n.* ប្រេម័ន, សេចក្ដីស្រឡាញ់

affectionate [ə'fekʃənət] *adj.* *Lit:* ប្រេមវន្ត

Gen: ដែលបញ្ចេញសេចក្ដីស្រឡាញ់

affectionately *adv.* ដោយស្រឡាញ់, ដោយប្រេមវន្ត

affiance [ə'fai əns] *tv.* ឱ្យកូន (ដើម្បីនឹងរៀបការនឹងអ្នកណាមួយ)

affianced[æfi ənsi d] *adj.* ដែលកំជាប់ពាក្យហើយ

affidavit [,æfi 'dei vi t] *n.* សប្បុរសភស្តុតាង

affiliate [ə'fi li et] *iv.* ចូលរួមនឹង

-tv. បញ្ចូលគ្នា

-n. សាខា

affiliation [ə,fi li 'ei ʃn] *n.* ការទាក់ទងគ្នា, អង្គការ

affinity [ə'fi nəti] *n.* ពន្ធភាព

affirm [ə'fɜ:m] *tv.* អះអាង, បញ្ជាក់

affirmation [,æfə'mei ʃn] *n.* ការអះអាង

affirmative [ə'fɜ:məti v] *adj.* ដែលបញ្ជាក់ថាមែន

Gram. វិជ្ជមាន

affix [ə'fi ks] *tv.* x it to the wall ដាក់ភ្ជាប់

x a stamp បិទ

-n. *Gram.* អញ្ញាសបទ, បុព្វាបរបទ

afflict [ə'fli kt] *tv.* ធ្វើឱ្យមានទុក្ខវេទនា, ធ្វើឱ្យឈឺចាប់

affliction [ə'fli kʃn] *n.* ការឈឺចាប់, ទុក្ខវេទនា

affluence ['æfluəns] *n.* ភាពសម្បូណ៌ទ្រព្យធន

affluent ['æfluənt] *adj.* x family មាន, ដែលសម្បូណ៌ដោយទ្រព្យធន

a. stream ដៃទន្លេ

afford [ə'fɔ:d] *tv.* can' t a. a car ពុំលទ្ធភាព ក្រេកប្រាក់ទិញឡានមិនបាន

can't a. to antagonize him ប្រឆាំងនឹងគាត់មិនកើតទេ

He wouldn't a. me an interview. គាត់មិនសុខចិត្តឱ្យខ្ញុំចូលធ្វើសម្ភាសន៍ទេ

a. great pleasure ធ្វើឱ្យសប្បាយណាស់

affront [ə'frʌnt] *tv.* មើលងាយ ឬ ប្រមាថ តេះដៀល

-n. ការប្រមាថ, ការមើលងាយ

Afghanistan['æfgæni stən] *pr.n.* ប្រទេសអាហ្វហ្គានីស្តង់

afire [ə'fai ər] *adj.* house is x ឆេះ

Id. like a house a. យ៉ាងពេញទំហឹងយ៉ាងហ៊ឹកហ៊ាក់ ស្វាហាប់

aflame [ə'flei m] *adj.* ដែលឆេះ (មានអណ្តាតផង)

afloat [ə'fləut] *adj.* still x ដែលអណ្តែត

a. with debris មានសម្រាមអណ្តែតគ្រា, សម្រាមអណ្តែតពេសពេញ

afoot [ə'fut] *adv.* ដោយជើង

-adj. ដែលកំពុងកកើតឡើង

aforementioned[ə,fɔ:'menʃənd] *adj.* ដែលថ្លែងរួចមកហើយ

aforesaid[ə'fɔ:sed] *adj.* ដែលថ្លែងរួចមកហើយ

-n. ពាក្យថ្លែងរួចមកហើយ

aforethought[ə'fɔ:θɔ:t] *adj.* ដែលបានគិតទុកមកជាមុន, ដោយប៉ុនប៉ង, ដោយចេតនា

afoul [ə'faul] *adv.* plans went a. ផែនការណ៍ក៏ខូច, ផែនការណ៍ក៏ទៅជាមិនស្រួល

run a. of the law មានរឿង (ដោយប្រព្រឹត្តអំពើខុសច្បាប់)

-adj. lines are x ជំពាក់ជំពិន

afraid [ə'frei d] *adj.* ខ្លាច, ក្រែង

afresh [ə'freʃ] *adj.* ជាថ្មី

Africa['æfri kə] *pr. n.* ទ្វីបអាហ្វ្រិក

aft [ɑ:ft] *adv., adj. Naut.* នៅខាងកន្សៀ

after ['ɑ:ftər] *prep.* x the war ក្រោយ

run x him តាម, តាមក្រោយ

tiger is x him ដេញ

What's he a.? គាត់ចង់បានអ្វី ?

inquire a. សួរអំពី

He's named a. his father. ឈ្មោះគាត់យកតាមឈ្មោះឪពុកគាត់

- *conj.* ក្រោយ, ក្រោយពី

-adv. តាមក្រោយ

-adj. the x year បន្ទាប់

Naut. x sail ដែលនៅខាងក្រោយ

afterbirth['ɑ:ftəbɜ:θ] *n.* សុក

aftereffect['ɑ:ftəi 'fekt] *n.* ផល

aftermath [ɑ:ftərmæθ] *n.* ផល, លទ្ធផល

afternoon [,ɑ:ftə'nu:n] *n.* រសៀល

aftertaste['ɑ:ftətei st] *n.* បច្ឆារស, រសដែលនៅជាប់មាត់ក្រោយបរិភោគ

afterthought['ɑ:ftəθɔ:t] *n.* ការគិតឃើញជាខាងក្រោយ

Lit: អនុពោធ

afterward ['ɑ:ftəwədz] *adv.* ជាខាងក្រោយ (ពេល)

again [ə'gen] *adv.* do it x ម្តងទៀត

write it x សារជាថ្មី

but a. ម្យ៉ាងទៀត

come back a. ត្រឡប់មកវិញ, មកទៀត

a. and a. ម្តងហើយម្តងទៀត

against [ə'genst] *prep.* table is x the wall ជាប់នឹង, នៅជាប់នឹង

butt x ទល់នឹង

lean a. the wall ផ្អែកលើជញ្ជាំង

a. the current ច្រាសទឹក

x the war ប្រឆាំង

charge a. an account ដកយកពីកុង

agape [ə'geip] *adj.* ចំហ(មាត់, ទ្វារ)

age [eiʤ] *n.* his x is 21 អាយុ

Lit: វ័យ, ជន្មាយុ, ជនវស្សា

the classical x សម័យ

the stone x យុគ

of my a. ជំនាន់ខ្ញុំ

-iv. He' s aging fast. គាត់ឆាប់ចាស់ណាស់

-tv. x wine ទុកឱ្យជំ

x a person ធ្វើឱ្យចាស់

aged [eiʤd] *adj.* ចាស់

-n. មនុស្សចាស់

agency ['eiʤənsi] *n.* travel x ទីភ្នាក់ងារ

government x ក្រសួង

by the a. of friends តាមរយៈនៃមិត្តភក្តិ

agenda [ə'ʤendə] *n.* daily x របស់ដែលត្រូវធ្វើ

x of a meeting របៀបវារៈ, រឿងដែលត្រូវយកមកពិនិត្យ

written a. ទិនានុលេខន៍

agent ['eiʤənt] *n.* secret x ភ្នាក់ងារ

chemical x ការកៈ

agglomerate [ə'glɔməreit] *iv.,tv.* ផ្តុំចូលគ្នា

-adj. ដែលផ្តុំចូលគ្នា

-n. អ្វីៗដែលផ្តុំចូលគ្នា

agglomeration [ə,glɔmə'reiʃn] *n.* an x អ្វីៗដែលផ្តុំគ្នា

by x ការផ្តុំគ្នា

agglutinating[ə,gluti neiti ŋ] *adj.* a. language ភាសាដែលមានអពាសបទ មិនសូវផ្លាស់ប្តូរ (ដូចភាសាភូមានិងភាសាទួគី)

a. agent ជាតិដែលធ្វើឱ្យស្អិត

agglutination[ə,gluti neiʃn] *n.* by x ការបិទភ្ជាប់

property of x ភាពស្អិត

an x អ្វីៗដែលស្អិតជាប់គ្នា

aggrandize [ə'grændaiz] *tv.* ពង្រីក

aggravate ['ægrəveit] *tv.* x the situation ធ្វើឱ្យធ្ងន់ធ្ងរឡើង

x one's father ធ្វើឱ្យខ្ញាញ់, ធ្វើឱ្យខឹង

aggravation [,ægrə'eiʃn] *n.* x of an illness ការធ្វើឱ្យធ្ងន់ឬធុនដាបឡើង

Coll. x of one's father ការធ្វើឱ្យក្តៅក្រហាយ

Coll. A car is an x. អ្វីៗដែលធ្វើឱ្យក្តៅក្រហាយ

aggregate ['ægrigeit] *adj.* សរុប, ទាំងអស់

Bot. ដែលមានផ្លែឬផ្កាជាចង្កោម

-n. find the x ចំនួនទាំងអស់

taken in tha x ដោយសរុបទៅ, ជាទូទៅ

aggregation [,ægri'geiʃn] *n.* an x អ្វីៗដែលរួមផ្តុំគ្នា

by x *Gen:* ការរួមផ្តុំគ្នា *Lit:* ខន្ធ

aggress[ə'gres] *iv.* ឈ្លានពាន

aggression [ə'greʃn] *n.* ការឈ្លានពាន

aggressie [ə'gresiv] *adj.* x salesman ដែលបង្ខំ

'x behaveior កឃ្លើន

aggressor [ə'gresər] *n.* អ្នក ឬ ពួកឈ្លានពាន

aggriev [ə'gri:v] *tv.* x his mother (by his conduct) ធ្វើឱ្យពិបាកចិត្ត

He was aggrieved by the company គាត់ត្រូវក្រុមហ៊ុនរំលោភជិះជាន់

aghast [ə'gɑ:st] *adj.* ស្រឡាំងកាំង

agile ['ædʒai l] *adj.* x athlete រហ័សរហួន

x mind វៃ

agility [ə'dʒi ləti] *n.* physical x ភាពរហ័សរហួន

mental x ការវៃ

agitate ['ædʒi tei t] *tv.* wind agitates the trees ធ្វើឱ្យរញ្ជួយ

event x him ធ្វើឱ្យជ្រួលច្រាលក្នុងចិត្ត, ធ្វើឱ្យរំជួល ឬ ខ្វល់ជាខ្លាំង

-iv. a. for កម្រើកឡើង (អ.ប.)

agitation [,ædʒi'tei ʃn] *n.* x of the trees ការរញ្ជួយ

x of change ការកម្រើកឡើង (អ.ប.)

mental x ការរំជួលចិត្តជាខ្លាំង

agitator [,ædʒi'tei tər] *n.* political x អ្នកទាំរំភើបរំជួល

paint x ខ្វារ (ប្រដាប់កូរ)

aglow [ə'gləu] *adj.* ដែលបញ្ចេញពន្លឺព្រឹមៗ

agnostic [æg'nɔsti k] *n.* មនុស្សដែលយល់ថាគ្មានភស្តុតាងអ្វីគ្រប់គ្រាន់គួរឱ្យជឿថាមានព្រះអទិទេព

-adj. នៃមនុស្សឬជំនឿដែលថាគ្មានភស្តុតាងអ្វីគ្រប់គ្រាន់គួរឱ្យជឿថាមានព្រះអទិទេព

ago [ə'gəu] *adj.* five years a. ប្រាំឆ្នាំមុននេះ

-adj. long a. យូរណាស់មកហើយ

agonize ['ægənai zd] *tv.* x with paint ឈឺចាប់ខ្លាំង

x over a problem តានតឹង, ពិបាកក្នុងចិត្ត

-tv. ធ្វើឱ្យឈឺចាប់

agony ['ægəni] *n.* ការឈឺចាប់យ៉ាងខ្លាំង

agrarian [ə'greəri ən] *adj.* x economy ដែលពឹងពាក់ទៅលើកសិកម្ម

a. reform កំណែទម្រង់ក្សេត្រ

-n. អ្នកដែលគិតថាដីត្រូវតែចែកឱ្យប្រជាជនស្មើគ្នា

agree [ə'gri:] *iv.* They couldn't x ព្រមព្រៀងនឹងគ្នា, ចុះចិត្តគ្នា

I don't x with you. យល់ស្រប

The two stories don't x. ស៊ីគ្នា

a. to go សុខចិត្តទៅ, ព្រមទៅ

x to the conditions យល់ព្រម

Whisky doesn't x with me. ត្រូវគ្នា

-tv. I a. that he go ខ្ញុំព្រមឱ្យគាត់ទៅ

agreement[ə'gri:mənt] *n.* in x ការយល់ព្រម, ការចុះសម្រុង

draw up an x. កិច្ចព្រមព្រៀង

x between two stories ការស៊ីគ្នា

subject to his x ការយល់ព្រម

agreeable [ə'gri:əbl] *adj.* x person ស្រួល

x climate ល្អ

Coll. Is that a. with you? មេចសុខចិត្តទេ ? អញ្ចឹងបានទេ ?

Coll. Are you a. to that? បានទេ?

agriculture ['ægri kʌltʃər] *n.* ការធ្វើស្រែចំការ

Form: កសិកម្ម, ក្សេត្រកម្ម

agronomy[ə'grɔnəmi] *n.* ក្សេត្រវិទ្យា

aground [ə'graund] *adj., adv.* កឿង

ah! [ɑ:] *interj.* ហ៎!, អ៊ី !, អើ!

aha! [ɑ:'hɑ:] *interj.* ឃើញទេ ?

ahead [ə'hed] *adj.* he'a up x នៅខាងមុខ

He's a. of ma គាត់មុនខ្ញុំ

Bus. be a. ចំណេញ

-adj. run a. (in the lead) រត់នៅមុខគេ

run a. (forward) រត់ទៅមុខ

go a. (and do sthg) អញ្ជើញ

Bus. get a. មានជោគជ័យ

aid [ei d] *tv.* ជួយ, ជួយស្រោចស្រង់, ជួយជ្រោមជ្រែង

-n. economic x ជំនួយ

hire an x អ្នកជំនួយ

aide, aide-de-camp [,ei d ,ei d də 'kæmp] *n.* *Mil.* អង្គរក្ស

ail [eil] *iv.* ឈឺ, មិនស្រួលខ្លួន

-*tv.* ធ្វើឱ្យឈឺ

aileron ['ei lərɔn] *n.* ផ្នែកនៃស្លាបយន្តហោះ ដែលបាស់បើកសម្រាប់ធ្វើឱ្យយន្តហោះឡើងឬចុះ

ailment ['ei lmənt] *n.* ជម្ងឺ

aim [eim] *n.* តម្រង់

-*iv.* x to please មានបំណង (នឹង)

I x to. គិត, បម្រុង

-*n.* achieve one's x គោលបំណង

He has good a. គាត់ដៃត្រង់

the x of a gun ចំណុចតម្រង់

aimless['emləs] *adj.* ដែលឥតគោល

ain't[eint] (*Coll. contr. of* am not, is not, are not) មិន, មិនមែន

air [eər] *n.* fresh x ខ្យល់, អាកាស

an x of mystery បរិយាកាស

Id. put on airs ប្រកាន់ឫកហួសឋានៈខ្លួន, ឡឹត

Radio on the a. កំពុងផ្សាយ

-*tv.* x the room ធ្វើឱ្យមានខ្យល់ចេញចូល

a. one's opinions បញ្ចេញយោបល់

-*adj.* a. force កងទ័ពអាកាស

a. line ក្រុមហ៊ុនអាកាសចរ

a. liner អាកាសយន្តធំៗសម្រាប់ដឹកនាំមនុស្ស

a. mail ប្រៃសណីយអាកាសយាន

by a. តាមកប៉ាល់ហោះ

a. raid ការវាយប្រហារពីអាកាស

airborne['eərbɔ:n] *adj.* plane is x ឡើងផុតពីដី

a. troops ទាហានអាកាស

air-condition['eəkən'di ʃn] *tv.* ដាក់ម៉ាស៊ីនត្រជាក់

air-conditioned['eəkəndi ʃnd] *adj.* ដែលមាន ដាក់ម៉ាស៊ីនត្រជាក់

air-conditioner['eəkən'di ʃənər] *n.* ម៉ាស៊ីន ត្រជាក់

air-conditioning['eəkən'di ʃni ŋ] *n.* ការធ្វើឱ្យ ត្រជាក់ស្រួល (ដោយប្រើម៉ាស៊ីនត្រជាក់)

aircraf['eəkrɑ:f] *n.* យន្តដែលហោះហើរលើអាកាស

airfield['eəfi:ld] *n.* វាលកប៉ាល់ហោះ

airplane['eəplei n] *n.* យន្តហោះ, កប៉ាល់ហោះ

Lit: អាកាសយាន្ត

airport['eəpɔ:t] *n.* វាលកប៉ាល់ហោះ

Lit: អាកាសយាន្តដ្ឋាន

airship['eəʃi p] *n.* អាកាសយានម្យ៉ាង (អណ្តែតទៅលើអាកាសបានដោយផ្ទុកឧស្ម័នស្រាលជាងខ្យល់)

airsick['eəsi k] *adj.* ពុលកប៉ាល់ហោះ

airtight['eətai t] *adj.* x container ជិតស្លុង

x alibi ដែលរកផ្លូវចាប់ថ្នាក់មិនបាន

x secret បិទជិត

airworthy['eəwɜ:ði] *adj.* គួរ ឬ អាចហោះ ហើរបានដោយឥតគ្រោះថ្នាក់ (កប៉ាល់ហោះ)

airy ['eəri] *adj.* x room មានខ្យល់ចេញចូលល្អ

x spirits ដែលគ្មានរូបកាយ, ដែលមើលមិនឃើញ

aisle [ail] *n.* ច្រកដើរ (ដូចនៅក្នុងរោងកុន)

ajar [ə'ʤɑ:r] *adj.* ដែលនៅចំហបន្តិច

a la mode[,ɑ: lɑ: 'məud] *adv.* dress x តាមសម័យ

pie x មានដាក់ការ៉េមពីលើ

alarm [ə'lɑ:m] *n.* public x ការភ្ញាក់ផ្អើល

fire x គ្រឿងឱ្យភេរវសញ្ញា (ដូចជាសៀរ៉ែនដែល រោទ៍នៅពេលចោរចូលផ្ទះជាដើម)

-*tv.* don't x her បំភ័យ, បផ្អើល

Arch. x the people of the danger ឱ្យភេរវសញ្ញា

alarmist [ə'lɑ:mi st] *n.* អ្នកនាំបផ្អើល (ដោយឥតសមហេតុសមផល)

alas! [ə'læs] *interj.* ពុទ្ធោអើយ!, លោកអើយ! ឱ!

albino [æl'bi:nəu] *n.* human a. មនុស្សស្មៀក
buffalo a. ក្របីឃ្លាច
elephant a. ដំរីស
album ['ælbəm] *n.* photograph x សៀវភៅបិទរូបថត តែម ។ល។
record a. ថាសម៉ាស៊ីនធំៗ
albumin ['ælbjumin] *n.* ពណ៌សេត
alcohol['ækəhɔl] *n.* rubbing x អាកុល
drink x ស្រា
Lit: សុរា
alcoholic [,ælkə'hɔlik] *adj.* x solution ដែលមានជាតិស្រា
a. beverage ស្រា
-n. មនុស្សប្រមឹក, មនុស្សញៀនស្រា
alcove ['ælkəuv] *n.* អង្កៀលយចូលទៅក្នុងជញ្ជាំង
ale [eil] *n.* ភេសជ្ជៈស្រដៀងគ្នានឹងប៊ីយ៉ែរ
alert [ə'lɜ:t] *adj.* x mind វៃ
x drier ដែលប្រុងប្រយ័ត្នជាដរាប, ដែលមានស្មារតីរហ័ស
-tv. ប្រាប់ឱ្យដឹងជាមុន
-n. be on the x ភាពប្រុងការ
put the troops on x ការប្រុងប្រៀបជាស្រេច
alga ['ælgə] *n.* (*pl.* algae) រាវិជាតិ (ដូចជាសារ៉ាយ ផ្កាថ្ម ។ល។)
algebra ['ældʒibrə] *n.* ពិជគណិត
alias ['eiliər] *n.* ឈ្មោះប្តូរ ឬ ក្លែង
-adv. Sok a. Sau សៅឈ្មោះមែនទែនសុក
alibi ['ælibai] *n. Law* ការសំអាងថាខ្លួននៅទីផ្សេង វេលាត្រឹត្តិការណ៍អ្វីមួយកើតមានឡើង
Lit: អញ្ញាត្រតា
Coll. សេចក្តីដោះសារ
-iv. ដោះសារ

alien ['eiliən] *n.* ជនបរទេស (នៅក្នុងប្រទេសណាមួយ)
-adj. x agent ពីបរទេស
x to his background ប្លែក, ចំឡែក, ខុស (ពី)
alienable['eliəneibl] *adj.* ដែលអាចលក់ឬផ្ទេរសិទ្ធិបាន
alienate ['eiliəneit] *tv.* x friends ធ្វើឱ្យលែងជិតស្និទ្ធ
Law a. land ដូរឈ្មោះ, ផ្ទេរសិទ្ធិ
alight[1] [ə'lait] *iv. Arch.* x from a car ចុះ
birds x ចុះ ទំ (លើ)
alight[2][ə'lait] *adj.* ឆេះ
align [ə'lain] *tv.* x posts ដាក់ឱ្យត្រង់ជួរ
x wheels ថ្លឹងឱ្យត្រង់
x one's thinking សម្រួលតាម
alignment[ə'laimənt] *n.* ការតម្រង់ឱ្យត្រង់
out of a. មិនត្រង់
alike [ə'laik] *adj.,adv.* ដូចគ្នា
rich and poor a. អ្នកមានក៏ដូចអ្នកក្រ
alimentery canal [,æli'mentəri kə'næl] *n.* បំពង់អាហារ (មានបំពង់ក, ក្រពះនិងពោះវៀនតូចធំ)
alimentation[,æli'menteiʃn] *n.* provide x ស្បៀងអាហារ
the x of an army អាហាររូបត្ថម្ភ
alimony ['æliməni] *n.* ប្រាក់ខែដែលឱ្យទៅប្រពន្ធឬប្តីក្រោយដែលលែងលះគ្នាដាច់ស្រឡះហើយ
alive [ə'laiv] *adj.* it's x នៅរស់
x with activity អ៊ូអែ
the stupidest man មនុស្សល្ងង់ភ្លើរកលេខដាក់គ្មាន
alkali ['æləlai] *n.* ជាតិក្បុង
alkaline ['ælkəlain] *adj.* ដែលមានជាតិក្បុង
all [ɔ:l] *adj.* a. men មនុស្សទាំងអស់
a. day ពេញមួយថ្ងៃ
a. kinds គ្រប់យ៉ាង, គ្រប់មុខ

-*pro.* a. the money ប្រាក់ទាំងអស់

a. is lost អស់រលីងហើយ

Is that a. តែប៉ុណ្ណឹងទេឬ ?

above a. ជាពិសេស

After a. (he' s just a child.) ហើយម្យ៉ាងទៀត

You bought it after a.! លោកនៅតែទិញវាដែល!

at a. សោះ

in a. ទាំងអស់

once and for a. ជាស្ថាពរ

-*adv.* a. over the table ពាសពេញតុ

Allah ['ælə] *pr. n.* អាឡា (ព្រះសាសនាអិស្លាម)

allay[ə'lei] *tv.* x pain ធ្វើឱ្យស្រាក ឬ ស្បើយ

x fears ធ្វើឱ្យបាត់ ឬ សែង

allegation [,æli 'gei ʃn] *n.* an x ពាក្យចោទដោយគ្មានភស្តុតាង

by x ការចោទដោយគ្មានភស្តុតាង

allege [ə'leʤ] *tv.* ចោទទៅដោយគ្មានភស្តុតាង

allegiance [ə'li:ɜ:əns] *n.* សេចក្តីស្មោះចំពោះ

oath of a. សច្ចាប្រណិធាន

allegory ['æli gəri] *n.* សេចក្តីអធិប្បាយដោយប្រៀបធៀប

Lit: រូបាធិដ្ឋាន

allergic [ə'lɜ:ʤi k] *adj.* មិនត្រូវធាតុ (ដូចជាអ្នកខ្លះបរិភោគពងមាន់ទៅៗជាឈឺ)

allergy ['æləʤi] *n.* ប្រតិកម្មនឹងធាតុអ្វីមួយ (រោគ)

alleviate [ə'li:vi ei t] *tv.* សម្រាល, ធ្វើឱ្យធូរស្រាល

alley ['æli] *n.* ផ្លូវច្រក

alliance [ə'lai əns] *n.* x between two countries សម្ព័ន្ធភាព

member of the x បក្សសម្ព័ន្ធ

by x ការចងស្ពានមេត្រី

allied [ə'lai d] *adj.* ដែលរួមសម្ព័ន្ធ

allies[ə'lai s] *n.* (*pl. of* ally) សម្ព័ន្ធមិត្ត

alligator ['æli gei tər] *n.* ក្រពើ

alliteration [ə,li tə'rei ʃn] *n.* ចួនអក្សរដើមព្យាង្គ (ឧ. សត្វស្វា ស៊ីផ្លែស្វាយ)

allocate ['æləkei t] *tv.* ទុកដោយឡែកឬលៃទុកសម្រាប់

allocation [,ælə'kei ʃn] *n.* an x អ្វីៗដែលទុកដោយឡែកសម្រាប់ធ្វើអ្វីម្យ៉ាង

by x ការចែកផ្តល់ដោយឡែកៗ

allot [ə'lɔt] *tv.* x shares លៃចែក

x money ទុកដោយឡែកសម្រាប់ធ្វើអ្វីម្យ៉ាង

allotment[ə'lɔtmənt] *n.* an x ចំណែក

by x ការចែក

allow [ə'lau] *tv*. x him to go អនុញ្ញាតឱ្យ

a. him 1,000 riels per month ឱ្យគាត់មួយខែមួយពាន់រៀល

Don' t a. your room to get so dirty កុំបណ្តោយបន្ទប់ឱ្យក្រខ្វក់យ៉ាងហ្នឹង

a. an hour to finish ទុកពេលឱ្យមួយម៉ោងដើម្បីនឹងបញ្ចប់

-*iv.* លៃទុកសម្រាប់

allowable [ə'lauəbl] *adj.* ដែលគេអនុញ្ញាត

allowance [ə'lauəns] *n.* weekly x តាវកាលិ, វិភាជន៍

make a. for his (old) age ត្រូវគិតថាគាត់ចាស់ផង

alloy ['ælɔi] *n.* សំលោហៈ, លោហមិស្សកា, លោហធាតុផ្សំ

-*tv.* យកលោហធាតុមកលាយគ្នា

all right, alright[ɔ:l'rai t] *adj.* Are you a.? លោកមិនអីទេឬ ?

He's a. now (after illness). គាត់បានស្រួលហើយ

Is that a.? បានទេ ?

That ' s a. បាទ, មិនអីទេ

A., let' s go. អញ្ចឹងទៅ

He' s name, a. វាអាក្រក់មែន

-*adv.* They got there a. គេទៅដល់ស្រួលបួលទេ

all-round[ɔ:l raund] *adj.* ទូទៅ

all-star[ɔ:lstɑ:r] *adj.* ដែលសុទ្ធតែជើងឯក

allude (to) [ə'lju:d] *iv.* និយាយបញ្ចៀង, ប្រឌិត

allure [ə'ljuər] *tv.* ទាក់ចិត្ត

-*n.* ភាពធ្វើឱ្យទាក់ចិត្ត

allusion [ə'lu:ʒn] *n.* an x ពាក្យនិយាយបញ្ចៀង, សេចក្តីប្រឌិត

by x ការនិយាយបញ្ចៀង

alluvial [ə'lu:vi əl] *adj.* នៃដីល្បប់

alluvium[ə'lu:vi əm] *n.* ដីល្បប់

ally[ə'lai] *iv.,tv.* *(pt.,pp. allied)* ចងសម្ព័ន្ធ

-*n.* សម្ពន្ធមិត្ត

almanac ['ɔ:lmənæk] *n.* មហាសង្ក្រាន្ត

almighty [ɔ:l'ai ti] *adj.* ដែលមានឥទ្ធិឫទ្ធិដ៏លើសលុប

-*n. Rel.* the A. ព្រះ (ខាងគ្រិស្តសាសនា)

almond ['ɑ:mənd] *n.* អាម៉ង់ (រុក្ខជាតិម្យ៉ាង)

almost ['ɔ:lməust] *adj.* x dead ជិត

a. all (rotten) ស្ទើរតែទាំងអស់

alms [ɑ:mz] *n.* ទាន (អំណោយទៅអ្នកទីទាល់ក្រ)

aloft [ə'lɔft] *adj.,adv.* plane is already a. កប៉ាល់ហោះឡើងផុតហើយ

Naut. go a. ឡើងចុងលៀវ

alone [ə'ləun] *adj.* He ' s x. នៅតែឯង

He did it x. តែម្នាក់ឯង

in one week a. តែមួយអាទិត្យ

Leave ma a.! កុំរំខានខ្ញុំ!

Coll. I can wardly support myself, let a. a wife! ម្នាក់ឯងសឹងតែមិនរស់ផង ទំរាំមានប្រពន្ធទៀត!

along [ə'lɔŋ] *prep.* a. the roa តាមផ្លូវ

-*adj.* go a. with me ទៅជាមួយខ្ញុំ

He ' s going a. គាត់ទៅជាមួយដែរ

go a. with (his plan) យល់ស្របនឹង

move a. ទៅ

Coll. a. about here ជិតៗនេះ

He' ll be a. soon គាត់មកដល់ឥឡូវហើយ

(thought so) all a. តាំងពីដើមមក

I can' t get a. with her ខ្ញុំនិងគាត់មិនត្រូវគ្នាសោះ ឬចូលគ្នាមិនចុះសោះ

I can' t get a. without her ខ្ញុំអត់ពីគាត់មិនបានទេ

alongside [ə,lɔŋ'sai d] *adv.* come a. ម៉ែបមកជិត

-*prep* . a. the dock តាមមាត់ផែ

aloof [ə'lu:f] *adj.* ដែលនៅដាច់តែឯង, ដែលមិនសេពគប់នឹងអ្នកឯទៀតសោះ

aloud [ə'laud] *adv* . read a. មើលឱ្យឮ

cry a. ស្រែកយំខ្លាំង

alphabet ['ælfəbət] *n.* អក្ខរក្រម

alphabetical[,ælfə'beti kl] *adj.* a . order តាមលំដាប់អក្ខរក្រម

a. writing system របៀបសរសេរដែលប្រើអក្ខនិងស្រៈ (ផ្ទុយគ្នានឹងចិន)

alphabetize[,ælfə'betai z] *tv.* រៀបតាមលំដាប់អក្ខរក្រម

Lit: ធ្វើអក្ខរកម្ម

alphine ['ælpai n] *adj.* x vegetation ដែលមាននៅលើភ្នំខ្ពស់ៗ

A. village ភូមិនៅលើភ្នំអ័ល្ប

Alps *pr.n* ភ្នំអ័ល្ប (ជួរភ្នំមួយនៅលើអឺរ៉ុប)

already[ɔlredi] *adv.* ហើយ

alright [ɔ:l'rai t] *(see all right)*

also ['ɔ:lsəu] *adv.* Sok is a teacher; he' s a. a doctor. សុខជាគ្រូបង្រៀនផងជាគ្រូពេទ្យផង

Sok is a teacher; Sau is a. a teacher. សុខជាគ្រូបង្រៀនសៅក៏ជាគ្រូបង្រៀនដែរ

altar ['ɔlter] *n.* bedside x វេទិកាព្រះធម៌, ហឹងអង្គ

outdoor x រានព្រះភូមិ

alter ['ɔ:ltər] *tv.* x the story បំផ្លែង, កែប្រែ

x one' s course ប្ដូរ

Coll. x male animale ក្រៀវ

-iv. ប្ដូរ

alteration [,ɔ:ltə'rei ʃn] *n.* ការកែប្រែ

Lit: វិភេទ

altercation [,ɔ:ltə'kei ʃn] *n.* ជម្លោះ

alternant[ɔ:l'tɜ:nənt] *adj.* ដែលផ្លាស់គ្នា

-n. Ling. សូរ ឬ ពាក្យដែលផ្លាស់ប្ដូរនៅពេលផ្លាស់កន្លែង តែនៅតែមានន័យដដែល

alternate [ɔ:l'tɜ:nət] *iv.* a. between hope and despair ម្ដងមានសង្ឃឹមម្ដងអត់សង្ឃឹម

a. with each other ឆ្លាស់គ្នា

-tv. x colors ឆ្លាស់

-adj. x route ដែលអាចជំនួសបាន

-n. first x អ្នកចាំជំនួស

alternating current[ɔ:l'tɜ:nəti ŋ 'kʌrent] *n.* ចរន្តឆ្លាស់

Lit: ចរន្តអសន្តិ

alternative [ɔ:l'tɜ:nəti v] *n.* What' s the x ? ផ្លូវផ្សេងទៀត (អ.ប.)

I have no a. ខ្ញុំគ្មានជម្រើសផ្សេងទៀតទេ, ខ្ញុំមានតែមួយផ្លូវ

although [ɔ:l'ðəu] *conj.* ទោះ , ទោះបី, ទោះជា, ថ្វីបើ ...ក៏ដោយ

A. it' s quite old, that car never stalls. ថ្វីបើចាស់ក៏ដោយឡាននោះមិនដែលរលត់ម៉ាស៊ីនសោះ

altimeter ['ælti mi tər] *n.* បរិធានវាស់រយៈកម្ពស់

altitude ['ælti ju:d] *n.* រយៈកម្ពស់

altogether [,ɔ:ltə'geðər] *adv.* x it' s $5. ទាំងអស់

x it was good. សរុបទៅ

x delightful ក្រៃលែង

altruism ['æltrui zm] *n.* បរត្ថភាព

altruistic [,æltru'i sti k] *adj.* ដែលគិតឃើញផលប្រយោជន៍អ្នកដទៃ

alum ['ælem] *n.* សាច់ជូរ

aluminum [,ælju'i mi ni əm] *n.Fr:* អាលុយមីនីយ៉ូម

alumnus [,ælʌmnəs] *n.* និស្សិតចាស់នៃវិទ្យាស្ថានណាមួយ

alveolar [, æl'vi əulər] *adj.* នៃផ្នែកក្រអូមមាត់នៅក្រោយធ្មេញ

Phonet. ដែលបន្លឺឡើងដោយយកអណ្ដាតទៅទល់នឹងក្រអូមមាត់ក្រោយធ្មេញ

always ['ɔ:lvei z] *adj.* I x eat here. ជាដរាប

He x comes for New Year. ជានិច្ច

I don' t a. drink this much. ធម្មតាខ្ញុំមិនញ៉ាំស្រាច្រើនអញ្ចឹងទេ

Coll. He' s x sick. ចេះតែ

am [æm] *(see be)*

a.m[,ei 'ei m] *(ante meridien)* ព្រឹក (មុនម៉ោង១២)

10:00 a.m. ម៉ោង ១០ ព្រឹក

amah ['ɑ:mə] *n.* ស្រីថែរក្សាក្មេង

amalgamate [ə'mælgəmei t] *tv.* x two metals ស្លាបពាលគ្នា

x two companies បញ្ចូលគ្នា

-iv. companies plan to x រួមចូលគ្នា

amalgamation[ə,mælgə'mei ʃn] *n.* an x អ្វីដែលច្របូកច្របល់គ្នា ឬ ចូលគ្នា

by x ការច្រឡូកច្របល់គ្នា ឬ ការចូលគ្នា

amass [ə'mæs] *tv.* ប្រមូល, ផ្ដុំ

amateur [,æmətər] *n.* He' s just an x. មនុស្សដែលមិនជំនាញ

Sports He plays as an x. អ្នកដែលប្រកបកិច្ចការអ្វី១គ្រាន់តែជាការកំសាន្ត

-adj. x gardener ដែលធ្វើគ្រាន់ជាការកំសាន្ត

x athlete ដែលមិនយកកីឡានោះជាវិជ្ជាជីវៈ

amaze [ə'mei z] *tv.* ធ្វើឱ្យឆ្ងល់

ambassador [æm'bæsədər] *n.* royal a. ឯកអគ្គរាជទូត

non - royal a. ឯកអគ្គរដ្ឋទូត

ambidextrous [,æmbi dekstrəs] *adj.* ដែលអាចប្រើដៃណាក៏បាន

ambiguity [,æmbi 'gjui ti] *n.* ភាពមានន័យមិនប្រាកដ

ambiguous [æm'bjuəs] *adj.* ដែលមានន័យមិនប្រាកដ, ដែលអាចថាដូច្នេះក៏បានដូច្នោះក៏បាន

ambition [æm'bi ʃn] *n.* ការប្រាថ្នាដ៏លើសលុប

Lit: មហិច្ឆតា

ambitious [æm'bi ʃəs] *adj.* x man ដែលប្រាថ្នាដ៏លើសលុប

x plan ដែលធំហួសប្រមាណ (អ.ប.)

ambivalence [æm'bi vələns] *n.* ភាពមានយោបល់ផ្ទុយគ្នា (នៃមនុស្សតែម្នាក់)

amble ['æmbl] *iv.* ដើរមិនបង្ខំ, ដើរត្រេតត្រត

-n. ដំណើរត្រេតត្រត

ambulance ['æmbjuləns] *n.* យានសម្រាប់ដឹកមនុស្សឈឺឬមនុស្សរបួស, ឡានពេទ្យ

ambulatory['æmbjulei təri] *adj.* x patient ដែលអាចដើរ, ដែលដើរបាន

x salesman ដែលដើរលក់ពីកន្លែងមួយទៅកន្លែងមួយ ឬ ពីផ្ទះមួយទៅផ្ទះមួយ

-n. Archit. រោងទង

ambush ['æmbuʃ] *tv.* ពួនស្ទាក់វាយ ឬ ចាប់

-n. ការពួនស្ទាក់វាយឬចាប់

ameba [ə'mi:bə] *(See* amoeba*)*

ameliorate [ə'mi:li ərei t] *tv.* ធ្វើឱ្យបានប្រសើរឡើងជាងមុន

-iv. គ្រាន់បើឡើង, ចម្រើនឡើង, ល្អឡើង

amelioration [ə,mi:li ə'rei ʃn] *n.* his x of his status ការធ្វើឱ្យប្រសើរឡើង

sudden x សុវឌ្ឍកម្ម

amenadle [ə'mi:nəbl] *adj.* x disposition ដែលចេះបង្អោនតាម

a. to the law នៅក្នុងអំណាចច្បាប់

a. to proof ដែលអាចរកភស្តុតាងបាន

amend [ə'mend] *tv.* កែប្រែ

amendment[ə'mendmənt] *n.* an x ច្បាប់ ឬមាត្រានៃច្បាប់ដែលត្រូវបានកែប្រែហើយ

by x ការកែប្រែ (ច្បាប់)

amends [ə'mendʒ] *n.* pay x សំណង

make a. ធ្វើសងវិញ

amenity [ə'mi nəti] *n.* (have all the) amenities ភាពជាទីគាប់ចិត្ត

obsere the amenities (of a situation) ធ្វើតាមច្បាប់សុជីវធម៌

America [əmeri kə] *pr. n.* United States of A. សហរដ្ឋអាមេរិក

North A. (ទ្វីប) អាមេរិកខាងជើង

South A. (ទ្វីប) អាមេរិកខាងត្បូង

American [ə'meri kən] *adj.* អាមេរិកាំង

-n. អាមេរិកាំង (ប្រជាជន ស.រ.អ.)

amiable ['ei mi əbl] *adj.* គាប់អធ្យាស្រ័យ

amicable ['æmi kəbl] *adj.* x person មិត្តភាព

x discussion ប្រកបដោយមេត្រីភាព

amid,amidst [ə'mi d ə'mmi dst] *pre.* a. the crowd ក្នុងហ្វូងមនុស្ស

a. the confusion នៅពេលច្របូកច្របល់

amiss [ə'mi s] *adv.* take a. យល់ខុស

-*adj.* What' s a. ខុសអី ?, ខាស់អី ?

amity ['æməti] *n.* មិត្តភាព

ammonia [ə'əuni ə] *n. Fr:* អាម៉ូនីញ៉ាក់

ammunitoin [,æmju'ni ʃn] *n.* គ្រាប់រំសេវ

amnesia [æm'ni:zi ə] *n.* សតិវិបល្លាស (ការមិនចាំអ្វីៗដែលកន្លងទៅហើយ)

amnesty ['æmnəsti] *n.* ការលើកលែងទោស

amoeba [ə'mi:bə] *n. Fr:* អាមីប (សត្វដែលមានកោសិកាតែមួយ)

amoebic [ə'mi:bi k] *adj.* នៃឬខាងអាមីប

a. dysentery រោគមួលបណ្ដាលមកពីអាមីប

among, amongst [ə'mʌŋ ə'mʌŋst] *pre.* x the crowd ក្នុងចំណោម

divide the money a. themselves ចែកប្រាក់គ្នា

He' s popular a. the poeple. រាស្ត្រស្រឡាញ់គាត់

Settle it a. yourselves. សម្រុះសម្រួលគ្នាទៅ

amoral [æ'mɔrəl] *adj.* គ្មានសីលធម៌, ចាកសីលធម៌

amorous ['æmərəs] *adj.* x person ដែលឆាប់ទន់ទៅនឹងសេចក្ដីស្នេហា

x poety អំពីរឿងស្នេហា

amorphous [ə'mɔ:fəs] *adj.* ដែលគ្មានរូបរាង ឬ ទ្រង់ទ្រាយជាប្រាកដ

amortize [ə'mɔ:tai z] *tv.* សងបំណុលបន្តិចម្ដងៗ

amount [ə'maunt] *n.* total x ចំនួន

great a. of effort ការខិតខំជាខ្លាំង

-*iv.* a. to មានចំនួនទាំងអស់

that amounts to treason នោះសន្មត់ថាអំពើក្បត់

He' ll never a. to anything គាត់គ្មានបានទៅជាស្អីទេ

amphibian [æ'mfi bi ən] *n.* The frog is an x. ថលជលិក (សត្វដែលរស់នៅក្នុងទឹកក៏បានលើគោកក៏បាន)

That plane is an x. យន្តហោះចុះទឹក

amphibious [æm'fi bi əs] *adj.* x animal ដែលរស់នៅក្នុងទឹកក៏បានលើគោកក៏បាន

x vehicle ដែលចុះទឹកបាន

amphitheater ['æmfi θi ətər] *n.* រង្គមណ្ឌល, រង្គដ្ឋាន

ample ['æmpl] *adj.* x space ធំល្មម

x provisions បរិបូណ៌ , គ្រប់គ្រាន់

x woman ធំ, មាឌធំ

amplification [,æmpli fi 'kei ʃn] *n.* x of sound ការពង្រីក, ការធ្វើឱ្យខ្លាំងឡើង

x of a thesis ការបរិយាយ, ការវែកញែកសេចក្ដី

provide an x សេចក្ដីបរិយាយ

amplifier['æmpli fai ər] *n.* ឧបករណ៍ពង្រីកកម្លាំង

amplify['æmpli fai] *tv.* *(pt. ,pp.* amplified *)*

x sound ពង្រីកកម្លាំង

x a point បរិយាយ

amplitude ['æmpli tju:d] *n.* x of current ទោលនា

What' s the a. of the funds មានប្រាក់នៅក្នុងបេឡាប៉ុន្មាន ?

He has an a. of money. គាត់មានប្រាក់ច្រើនពោរពាស

ampoule, ampule ['æmpu:l] *n. Fr:* អំពូលថ្នាំចាក់

amputate ['æmpjutei t] *tv.* កាត់ (ជាពិសេសដៃឬជើង)

amuck,amock, amok [ə'mʌk] *adv.* វក់

amulet ['æmjuli t] *n.* វត្ថុស័ក្ដិសិទ្ធិ (ដូចជាយ័ន្តខែកាថ ចម្លាក់ផ្សេងៗជាដើម)

amuse [ə'mju:z] *tv.* x s. o . ធ្វើឱ្យសើចឬសប្បាយ

read to x oneself កំសាន្ត

amusing[ə'mju:zi ŋ] *adj.* គួរឱ្យចង់សើច

amusement[ə'mju:zmənt] *n.* for your x ការលេងកំសាន្ត
control one's x ភាពចង់សើច
a harmless x អ្វីៗសម្រាប់លេងកំសាន្ត
an [ən] *(See a)*
anal ['ei nl] *adj.* នៃរន្ធគូទ
analogical [,ænəl'dʒi kl] *adj.* ដែលយកតាមគំរូអ្វីមួយ
analogous [ə'næləgəs] *adj.* ស្រដៀង, ប្រៀបធៀបបាន
analogue ['ænəlɔg] *n.* អ្វីៗដែលប្រៀបធៀបបាននឹងអ្វីមួយទៀត
analogy ['ænælədʒi] *n.* an x between សទិសភាព
draw an x ភិនភាគដែលស្រដៀងគ្នានៃវត្ថុដែលគេយកមកប្រៀបធៀបគ្នា
by a. with ដោយប្រៀបប្រដូចនឹង
analysis [ə'næli si s] *n.* ការវែកញែក
Lit: ការធ្វើវិភាគ
analytic [,ænə'li ti k] *adj.* He has an a. mind. គាត់ឆ្លៀងផ្ទាត់ណាស់
a. language ភាសាប្រើពាក្យឥតប្រកប
a. geometry ធរខាគណិតវិភាគី
analyze ['ænəlai z] *tv.* ធ្វើវិភាគ
anarchism ['ænəki zəm] *n.* អនាធិបតេយ្យនិយម
anarchist ['ænəki st] *n.* អ្នកអនាធិបតេយ្យនិយម
anarchy ['ænəki] *n.* អនាធិបតេយ្យ
anatomy [ə'nætəmi] *n.* study x កាយវិភាគសាស្ត្រ
part of one's x កាយ
ancestor ['ænsestər] *n.* ជីដូនជីតា
Lit: បុព្វជន
ancestral [æn'sestrəl] *adj.* នៃជីដូនជីតា
ancestry ['ænsestri] *n.* ពូជពង្ស
anchor ['æŋkər] *n.* យុថ្កា
Fig. ទីពឹង (អ.ប.)
at a. ដែលបោះយុថ្កា
cast a. បោះយុថ្កា
weigh a. លើកយុថ្កា
-tv. x a boat បោះយុថ្កាចត
x the tent to a tree ចង
Fig: x one's argument in facts យកជាមូលដ្ឋាន
-iv. បោះយុថ្កា
anchorage ['æŋkəri dʒ] *n.* find x កន្លែងចតនាវា
delay x ការបោះយុថ្កា
ancient ['ei nʃənt] *adj.* x times បុរាណ
x customs ពីសម័យបុរាណមក
Sl. He's x. ចាស់ណាស់
-n. (usu. pl.) មនុស្សសម័យបុរាណ
and [ənd] *conj.* he x I និង, ហើយនិង
go a. see ទៅមើលៗ
a. then រួច, រួចហើយ
a. yet តែ
a. so forth ជាដើម
andiron ['ændai ən] *n.* ដែកតួល់ឧស
anecdote ['æni kdəut] *n.* និទានខ្លីៗ, តួរឲ្យចាប់អារម្មណ៍ ហើយមិនមែនជាការប្រឌិត
anemia[ə'ni:mi ə] *n.* កង្វះឈាមក្រហម
Lit: អប្បលោហិត
anemic[ə'ni:mi k] *adj.* ដែលមានជម្ងឺខ្វះឈាមក្រហម, ដែលខ្វះលោហិតជាតិ អេម៉ូគ្លោប៊ីន
anesthetic[,ænəs'θeti k] *n.* ថ្នាំសន្លប់ ឬ ថ្នាំស្ពឹក (ច្រើនប្រើនៅមន្ទីរពេទ្យ)
-adj. ដែលធ្វើឲ្យសន្លប់ ឬ ស្ពឹក (មិនឲ្យឈឺ)
anew [ə'nju:] *adv.* ជាថ្មី, ម្តងទៀត
angel ['ei ndʒəl] *n.* ទេវតា
Coll. ស្រីដែលស្អូត ឬ ដែលមិនឆ្នាស
angelic, - cal [æn'dʒeli k] *adj.* x realm នៃទេវតា
x child ដែលស្លូតបូត, ដែលហ្នឹងធឹងមិនចេះឡូឡាគ្រងក្អាំង

anger ['æŋgər] ***n.*** កំហឹង
-*tv.* ធ្វើឱ្យខឹង
-*iv.* ខឹង
Angkor[æŋkɔ:r] ***pr. n.*** អង្គរ
angle ['æŋgl] ***n.*** square x មុម, ជ្រុង
at an a. 1. *(horizontal)* បញ្ឆៀង
2. (vertical) ជម្រាល
Fig. from a different x ទិដ្ឋភាពផ្សេងទៀត
Coll. What' s his a. ? តើគេមានបំណងយ៉ាងដូចម្តេច ?
right a. មុមកែង
-*tv.* x a support បញ្ឆៀង
-*iv.* a. for 1. x fish ស្ទូច
2. x favors ប្រើល្បិចរកប្រយោជន៍
a. in ឆៀងចូល
a. off ឆៀងចេញ
angleworn['æŋgləwɔ:n] ***n.*** ជន្លេន (សម្រាប់ស្ទូចត្រី)
Anglicize ['æŋgli sai z] ***tv.*** ធ្វើឬយកលំនាំតាមអង់គ្លេស
Anglo [,æŋgləu] ***-pref.*** បុព្វបទ មានន័យថា៖ អង់គ្លេស
angrily ['æŋgri li] ***adv.*** ទាំងខឹង
angry ['æŋgri] ***adj.*** x man ខឹង
Cl: ខ្នាល់
Roy: ពិរោធ, ក្រោធ
Lit: មោហោ, ក្រេវក្រោធ
Fig. x clouds មិនស្រួល (គឺចង់រកភ្លៀង)
anguish ['æŋgwi ʃ] ***n.*** ការទុក្ខខ្ទុះចិត្ត
Lit: ឧបាយាស
angular ['æŋgjulər] ***adj.*** x measurement នៃមុម
x woman ជង្រោង
animal ['æni məl] ***n.*** សត្វ
fourfooted a. សត្វចតុបាទ
pej. He' s an a.! វាជាតិរច្ឆាន
-*adj.* នៃសត្វលោក
a. world សត្វលោក
animate ['æni mei t] ***tv.*** x the conversation ធ្វើឱ្យមានសកម្មភាពឡើង ឬ ហ៊ឹកហ៊ាក់ឡើង
x a cartoon ធ្វើឱ្យកម្រើករើកឡើង
animated['æni mei ti d] ***adj.*** x conversation យ៉ាងសកម្ម
a. cartoon គំនូរកម្រើក
Lit: គំនូរជីវចល
animation [,æni mei ʃn] ***n.*** speak with x ភាពហ៊ឹកហ៊ាក់
x of a cartoon ការធ្វើឱ្យកម្រើករើក
animism ['æni mi zəm] ***n.*** ជំនឿថាអ្វីៗទាំងអស់មានវិញ្ញាណ, វិញ្ញាណនិយម
animosity [,æni 'mɔsi ti] ***n.*** សំអប់, គំនុំ
Lit: ពិរោធន៍
anise ['æni s] ***n.*** គ្រឿងទេសម្យ៉ាង
ankle ['æŋkl] ***n.*** កជើង
anklet ['æŋkli t] ***n.*** gold x កងជើង
cotton x ស្រោមជើងខ្លី
annals ['ænlz] ***n.*** កំណត់ប្រវត្តិសាស្ត្រ
Lit: វស្សប្បវត្តិ
annex [ə'neks] ***tv.*** x a state បញ្ចូលជាឧបសម្ព័ន្ធ
x a building យកមកបន្ថែម (អាគារ)
-*n.* អាគារបន្ថែម
annexation [,ænek'sei ʃn] ***n.*** by x ការបញ្ចូលជាឧបសម្ព័ន្ធ
an x អ្វីៗដែលបន្ថែម
annihilate [ə'nai hi 'lei t] ***tv.*** ធ្វើឱ្យសាបសូន្យ
Lit: ធ្វើបរិសូន្យ
annihilation [ə,nai hi 'lei ʃn] ***n.*** ធ្វើបរិសូន្យ
anniversary [,æni 'vɜ:səri] ***n.***
wedding x ថ្ងៃខួប
a. calebration បុណ្យខួប
annotate ['ænəteit] ***tv.*** ចារឱ្យយោបល់ ឬពន្យល់

annotation [,ænə'tei ʃn] *n.* short x ចំណារពន្យល់
by x ការចារឱ្យយល់ឬពន្យល់
announce [ə'nauns] *tv.* ប្រកាស
announcement[ə'naunsmənt] *n.* make an x សេចក្ដីជូនដំណឹង
wedding a. សំបុត្រការ
by x ការប្រកាស, ការផ្សាយ
announcer[ə'naunsər] *n. Radio, Gen:* អ្នកផ្សាយ
Lit: វិទ្យុបាឋក
annoy [ə'nɔi] *tv.* Delays x me ធ្វើឱ្យធុញថប់, ធ្វើឱ្យមួម៉ៅ
Don' t x him now. រំខាន
His jokes x me. ធ្វើឱ្យខ្នាញ់
annoyance[ə'nɔi əns] *n.* The delay is an x អ្វីៗដែលធ្វើឱ្យមួម៉ៅ ឬ ធុញថប់
his x of the guests ការធ្វើឱ្យរំខានដល់
annual ['ænjuəl] *adj.* x celebration ប្រចាំឆ្នាំ
Bot. x palnt ដែលដុះបានតែមួយរដូវ
-n. រុក្ខជាតិដែលដុះបានតែមួយរដូវ
annuity [ə'nju:əti] *n.* អនុសំវច្ឆរត្ថ
annul [ə'nʌl] *tv* . *(pt.,pp.* annulled*)* ទុកជាមោឃៈ
annulment[ə'nʌlmənt] *n.* មោឃៈកម្ម
anode ['ænəud] *n.* ឧទ្វារ
Fr: អាណូដ
anomolous [ə'nɔmələs] *adj.* ប្លែកពីធម្មតា
anomoly [ənɔməli] *n.* example is an x អ្វីៗដែលប្លែកពីធម្មតា
the x of the situation ភាពមិនប្រក្រតី
anonymous [ə'nɔni məs] *adj.* មិនចេញឈ្មោះ
Lit: អនាមិក
anonymity [,ænə'ni mi ti] *n.* អនាមិកភាព
another [ə'nʌðər] *adj.* stay x day មួយ ... ទៀត
go x day ណាមួយទៀត
-pron. have x មួយទៀត
with one a. ជាមួយគ្នា
answer ['ɑ:nsər] *tv.* x a question ឆ្លើយ
Lit: វិសជ្ជនា
A. him ឆ្លើយគាត់ទៅ
x a letter តប, បក
x the doorbell ទៅទទួល (នៅមាត់ទ្វារ)
a. the purpose បំពេញសេចក្ដីត្រូវការ
x the description ត្រូវនឹង
-iv. ឆ្លើយ
a. to ទទួលខុសត្រូវចំពោះ
a. for ទទួលនូវផលនៃអំពើរបស់ខ្លួន
a. back តមាត់
-n. ចម្លើយ
ant [ænt] *n. 1. (small red)* ស្រមោច
2. (big red) អង្ក្រង
3. (black stinging) សង្គារ
antacid[æntei si d] *n.* ថ្នាំបន្សាបអាស៊ីដ
antagonism [æn'tægəni zəm] *n.* បដិបក្ខភាព
antagonist [æn'tægəni st] *n.* អ្នកជំទាស់ ឬ ប្រឆាំង
Lit: បដិបក្ខ
antagonistic [æn,tægə'ni sti k] *adj.* x ideas ផ្ទុយ
x audience ដែលជំទាស់ ឬ ប្រឆាំង
antagonize [æn'tægənai z] *tv.* Dogs x cats ធ្វើឱ្យរំខាន
x the audience ធ្វើឱ្យទៅជាអ្នកប្រឆាំង
antecedent [,ænti 'si:dnt] *adj.* ដែលមានពីមុនមក
-n. អ្វីៗដែលមានពីមុនមក
Gram. ពាក្យសំអាងនៅខាងមុខ
antedate [,ænti 'dei t] *tv.* events x the war មាន ឬ កើតឡើងមុន

x a check បន្ទយថ្ងៃខែ

antelope ['ænti ləup] *n.* ថនិកសត្វម្យ៉ាង ស្រដៀងឈ្លូស

antenna [æn'tenə] *n. Radio, Fr:* អង់តែន

From: ខ្សែអាកាស

Zool. ប្រមោយ (សត្វល្អិត), ពុក (តូច ឬ ធំនៃសត្វល្អិត)

anterior [æn'ti əri ər] *adj.* x part នៅខាងមុខ

x action មុន

anteroom ['ænti rum] *n.* បន្ទប់តូចដែលនាំ ចូល ឬ ដែលគេត្រូវដើរកាត់ ទៅបន្ទប់ធំមួយ

anthem ['ænθəm] *n.* national a. ភ្លេងជាតិ

religious a. ចម្រៀងសាសនា

anthology [æn'θɔlədʒi] *n.* មាលីបទ, បាឋាវលី

anthropoid ['ænθrəpɔi d] *n.* ដែលដូចមនុស្ស (ដូចជាស្វាខ្លះ)

anthropology ['ænθrə'pɔlədʒi] *n.* នរវិទ្យា (វិជ្ជាទាក់ទងនឹងវិវត្តន៍នៃមនុស្ស)

anthropologist [,ænθrə'pɔlədʒi st] *n.* នរវិទូ

anti[ænti] – *pref.* បុព្វបទ មានន័យថា: ប្រឆាំង

antiaircraft [,ænti 'eəkrɑ:ft] *adj.* សម្រាប់បាញ់ យន្តហោះ

antibiotic [,ænti bai 'ɔti k] *n. Fr:* អង់ទីប៊ីយោទិក

Lit: បដិបក្ខប្រាណ

-adj. ដែលមានបដិបក្ខប្រាណ

antibody ['ænti bɔdi] *n.* អង្គបដិបក្ខ

antic['ænti k] *n.* អំពើក្រមាថ់, អំពើប៉ផ្លិលប៉ផ្លុច

anticipate [æn'ti si pei t] *tv.*

x disaster ប្រមើល

x acquittal សង្ឃឹមទុកជាមុន

Mus. x the conductor លឿនជាង (ប្រើទាក់ទង នឹងតន្ត្រី)

anticipation [æn,ti si 'pei ʃn] *n.* with great x ការរង់ចាំយ៉ាងរំភើប

in x of approval ការសង្ឃឹមទុកជាមុន

anticlimax [,ænti klai mæks] *n.* អ្វីៗដែលធ្វើឱ្យ ខកចិត្ត

antidote ['ænti dəut] *n.* x for poison ថ្នាំបន្សាប

x for boredom គ្រឿងបំបាត់

antipathy [æn'ti pəθi] *n.* វិសមានចិត្ត

antiquary['ænti kwəri] *n.* អ្នកលក់ឬសិក្សាវត្ថុបុរាណ

antiquate ['ænti kwei t] *tv.* ធ្វើឱ្យផុតសម័យ

antiquated ['ænti kwei ti d] *adj.* ចាស់, ផុតសម័យ

antique [æn'ti:k] *adj.* x furniture ពិសម័យមុន

Lit: បុរាណិក

Sl. ផុតសម័យ

-n. បុរាណភណ្ឌ

Sl. មនុស្សបុរាណឬមិនទាន់សម័យ

-tv. ធ្វើឱ្យដូចរបស់បុរាណ

antiquity [æn'ti kwəti] *n.* from x បុរាណកាល

x of a picture ភាពដ៏ចាស់

antiquities វត្ថុបុរាណ

antiseptic [,ænti 'səpti k] *n.* ថ្នាំសម្លាប់មេរោគ

-adj. ដែលសម្លាប់មេរោគ

Lit: បូតិប្រតិបក្ស

antisocial [,ænti 'səuʃl] *adj.* x person ចូលគេមិនចុះ

x policy ប្រឆាំងសង្គម

antithesis [æn'ti θəsi s] *n.* ប្រតិនិក្ខេបបទ

antitoxin [,ænti 'tɔksi n] *n.* បដិបក្ខវិសិករស

antler [,æntlər] *n.* ស្នែង (រមាំង, ប្រើស។ល។)

antonym ['æntəni m] *n.* ពាក្យផ្ទុយ

Lit: អវេវចនសព្ទ

anus ['ei nəs] *n.* ទ្វារធំ, ទ្វារលាមក

Lit: វច្ចមគ្គ

anvil ['ænvi l] *n.* ដែកទ្រនាប់

anxiety [æŋ'zai əti] *n.* ការថប់បារម្ភ

Lit: អាកុលតា

anxious ['æŋkʃəs] *adj.* x parent រសាប់រសល់

x to go ខ្វាក

any ['eni] *adj.* Do you have a. money ? លោកមានប្រាក់ទេ ?

I don' t have a. money. ខ្ញុំគ្មានលុយទេ

Take a. car you want. យកឡានណាមួយយកទៅ

I don' t want a. car. ខ្ញុំមិនត្រូវការឡានណាទេ

a. day now នៅពេលឆាប់ៗនេះ

-pron. Do you want a. ? លោកត្រូវការទេ ?

I don' t want a. ខ្ញុំមិនត្រូវការទេ

better than a. other brand ល្អជាងម៉ាកឯទៀត

-adv. Are you a. better ? លោកគ្រាន់បើបន្តិចទេ?

anybody ['eni bɔdi] *indef. pron.* A. can go អ្នកណាក៏ទៅបានដែរ

I don' t know a. ខ្ញុំគ្មានស្គាល់អ្នកណាទេ

does a. know ? មានអ្នកណាដឹងទេ ?

Coll. He' s not a. គាត់មិនមែនជាមនុស្សសំខាន់ទេ

anyhow ['eni hau] *adv.* Do it a. at all. ធ្វើយ៉ាងម៉េចក៏ដោយ

He went a. គាត់នៅតែទៅ

x, it' s done. ទុកជាដូចម្តេចក៏ដោយ

anyone ['eni wʌn] *indef. pron.* អ្នកណា (ម. ព. anybody)

anything ['eni θi ŋ] *indef. pron.* I don' t see a. ខ្ញុំឥតឃើញអ្វីទេ

Do a. at all. ធ្វើអ្វីធ្វើទៅ

Do you want a. ? លោកត្រូវការអ្វីទេ ?

anywhere ['eni weər] *andef. adv.*

I' m not going a. ខ្ញុំឥតទៅណាទេ

Go a. at all. ទៅណាទៅៗ

Coll. we' re not getting a. គ្មានបានសម្រេចការអ្វីសោះ

aorta [ei ɔ:tə] *n.* សរសៃឈាមក្រហមធំ

Lit: មហារោហិណី

apart [ə'pɑ:t] *adv.* live x បែកពីគ្នា

take a motor a. ដោះ ឬ រើម៉ាស៊ីន

set some money a. ស្លៃទុកប្រាក់ខ្លះដោយឡែក

a. from that ក្រៅពីនោះ

-adj. a class x ដោយឡែក

apartment [ə'pɑ:tmənt] *n.* rent an x ផ្ទះល្វែង

a. house ផ្ទះមានបន្ទប់សម្រាប់ជួល

apathetic [,æpə'θeti k] *adj.* ដែលឥតរវល់ដែលព្រងើយកន្តើយ

apathy ['æpəθi] *n.* ភាពកន្តើយ, ភាពមិនរវល់

ape [ei p] *n.* ស្វាធំៗ

-tv. pej. ធ្វើតាម

aperture ['æpəʧər] *n.* ទីចំហ

apex ['ei peks] *n.* ទីខ្ពស់ជាងគេ, កំពូល

aphid ['ei fi d] *n.* សត្វល្អិតម្យ៉ាង (ដែលរស់ដោយជញ្ជាក់រុក្ខរស)

aphorism ['æfəri zəm] *n.* ឧទ្ទកភាសិត

aphrodisiac [,æfrə'di zi æk] *adj.* ដែលសម្រើបតណ្ហា

-n. ថ្នាំសម្រើបតណ្ហា

apiary ['ei pi əri] *n.* សំបុកឃ្មុំដែលគេចិញ្ចឹម

apiece [ə'pi:s] *adv.* cost 5$ x មួយ, និមួយៗ

give them 5$ x ម្នាក់, ម្នាក់ៗ

apogee ['æpəʤi] *n.* ឧទុង្គត

apologetic [ə,pɔlə'ʤeti k] *adj.* ដែលលន់តួទោស

apologize [ə'pɔləʤai z] *iv.* សុំទោស

apology [ə'pɔləʤi] *n.* accept an x ខមាទោស

x for a doctrine ការកាន់ជើង

apoplexy ['æpəpleksi] *n.* រោគខូចសរសៃម្យ៉ាងបណ្តាលមកពីមានឈាមកកនៅក្នុងខួរក្បាល

apostle [ə'pɔsl] *n.* សាវ័ក

apostrophe [ə'pɔstrəfi] *n.* វណ្ណយុត្តអង់គ្លេស (') សម្រាប់ប្រើដូចខាងក្រោមនេះ

1. សង្ខេបពាក្យខ្លះ *do not : don't*

2. ធ្វើសាមីសម្ពន្ធ *the man's hat*

apothecary [ə'pɔθi kəri] *n.* អ្នកលក់ឱសថ

appall [ə'pɔ:l] *tv.* threats x me ធ្វើឱ្យរន្ធត់

(His grammar) appalls (me). ធ្វើឱ្យហួសចិត្ត

apparatus [,æpə'rei təs] *n.* atrange x បរិធាន

political x អង្គការសម្រាប់ធ្វើឱ្យអ្វីមួយដើរ

apparel [ə'pærel] *n.* សំលៀកបំពាក់

apparent [ə'pærənt] *adj.* x to the naked eye ដែលអាចមើលឃើញ

x reason ដែលបង្ហាញឱ្យឃើញ

heir a. អ្នកទទួលមរតកពេញច្បាប់

apparently['əpærəntli] *adv.* តាមប្រមើលទៅ

apparition [,æpə'ri ʃn] *n.* an x ខ្មោចលង

sudden x ការចេញឱ្យឃើញ

appeal [ə'pi:l] *iv.* x for help អំពាវនាវ, សុំ

a. to their mercy សុំឱ្យគេមេត្តា

Those houses a. to me ផ្ទះទាំងនោះត្រូវចិត្តខ្ញុំ

-tv. Law x a decision សុំឱ្យវិនិច្ឆ័យសាជាថ្មី

-n. an x for help ការសុំ, ការអំពាវនាវ

court of a. សាលាឧទ្ធរណ៍

have a certain x លក្ខណៈធ្វើឱ្យចូលចិត្ត

appear [ə'pi ər] *iv.* spots x ចេញ, (មក), លេច (ឡើង)

x wise មានទំនងជា, ឃើញដូចជា

Law x in court បង្ហាញខ្លួន

book will x next year ចេញ

appearance [ə'pi ərəns] *n.* pleasing x អាការក្រៅ

await his x ការចេញមក

an x of bravery ទមនង

Law x in court ការបង្ហាញខ្លួន

print. x of his book ការបោះពុម្ពចេញ

appease [ə'pi:z] *tv.* x one's enemies ធ្វើឱ្យស្ងប់ចិត្ត

x one's appetite ធ្វើឱ្យអន់, ធ្វើឱ្យស្រាក, សម្រន់

appellant [ə'pelənt] *n.* អ្នកឧទ្ធរណ៍

appelation [,æpə'lei ʃn] *n.* សមញ្ញា

append [ə'pend] *tv.* x a bell ព្យួរ

x a footnote ថែមនៅខាងចុង

appendage [ə'pendi ʤ] *n.* អ្វីៗដែលបន្តោងជាប់នឹងអ្វីមួយទៀត

appendectomy [,æpen'dektəmi] *n.* ការវះកាត់យកខ្នែងពោះវៀនចេញ

appendicitis [ə,pemdi 'sai ti s] *n.* រោគរលាកខ្នែងពោះវៀន

appendix [ə'pendi ks] *n.* take out his x ខ្នែងពោះវៀន *Lit:* បរិសិដ្ឋ

x to a book *(pl. appendices)* សេចក្តីបន្ថែម *Lit:* បរិសិដ្ឋ

appertain [,æpə'tei n] *iv.* ទាក់ទង

appetite ['æpi tai t] *n.* good x ចំណង់បរិភោគអាហារ

lose one's a. លែងឃ្លាន

Fig. have no a. for reading មិនចូលចិត្តមើលសៀវភៅ

appetizing['æpi tai zi ŋ] *adj.* x dish ដែលឃើញដូចជាឆ្ងាញ់

Fig. x prospect ដែលគួរឱ្យចាប់អារម្មណ៍

applaud [ə'plɔ:d] *tv.* x the performance ទះដៃ

x his decision សាទរ

applause [ə'plɔ:z] *n.* ការទះដៃ

apple ['æpl] *n.* ប៉ោម

Id. a. of his eye ដួងជីវិត (អ.ប.)

Id. polish the a. ប្រចុះ, បញ្ចោរ

applesauce['æplsɔ:s] *n.* ផ្លែប៉ោមដែលគេយកមកស្ងោរហើយកិនឱ្យហួតដូចបបរ

appliance [ə'plai əns] *n.* គ្រឿងប្រើប្រាស់ក្នុងផ្ទះ (ធម្មតាសំដៅឆ្ពោះទៅលើគ្រឿងប្រើអគ្គិសនី)

applicable ['æpli kəbl] *adj.* ដែលអាចអនុវត្តបាន

applicant ['æpli kənt] *n.* អ្នកសុំ (តំណែង, ចូលរៀន។ល។)

application [;æpli kei ʃn] *n.* submit an x ពាក្យសុំ

encourage early x ការដាក់ពាក្យសុំ

the x of a rule អនុវត្តន៍, អនុវត្តនាការ

the x of paint ការលាប

a single a. មួយសន្ទាប់

applicator[,æpli kei tər] *n.* ប្រដាប់សម្រាប់លាប

applied[ə'plai d] *adj.* អនុវត្ត

apply[ə'plai] *tv.* *(pt., pp. applied)* អនុវត្ត

x medicine លាប

x a rule អនុវត្ត

x funds toward travel ប្រើ

a. oneself យកចិត្តទុកដាក់

-iv. x for a job ដាក់ពាក្យសុំ, សុំ

rule doesn' t x ប្រើបាន

appoint [ə'pɔi nt] *tv.* x an assistant តាំង, តែងតាំង

x a time កំណត់

appointee [ə,pɔi n'ti:] *n.* អ្នកដែលគេតែងតាំង

appointive[ə,ppɔi nti v] *adj.* ដែលគេតែងតាំង

appointment [ə'pɔi ntmənt] *n.* x of an assistant ការតែងតាំង

get an x តំណែង (ដែលគេតែងតាំងឱ្យ)

keep an x ពេលណាត់ជួប, ពេលកំណត់ជួប

the x of time ការកំណត់, ការណាត់

pl. x of a room គ្រឿងតាំង

apportion [ə'pɔ:ʃn] *tv.* ចែក

appositive *n. Gram.* (ពាក្យ) ដែលប្រើសម្រាប់ពន្យល់ពាក្យនៅខាងមុខ

-adj. ដែលប្រើសម្រាប់ពន្យល់ពាក្យនៅខាងមុខ

appraisal [ə'prei zəl] *n.* low x តម្លៃប៉ាន់

by x ការប៉ាន់តម្លៃ, ការវាយតម្លៃ

appraise [ə'prei z] *tv.* x a house វាយតម្លៃ, ប៉ាន់តម្លៃ

x his character សង្កេតមើល

appreciable [ə'pri:ʃi əbl] *adj.* ច្រើនគួរសម, សំខាន់គួរសម

appreciate [ə'pri:ʃi ei t] *tv.* x a favor អបអរ

x the difference យល់

-iv. x in value ឡើង, កើន

appreciation [ə,pri:ʃi ei ʃn] *n.* express x អំណរគុណ

x of the situation ការយល់

x in value ការកើន (តម្លៃ), មូលវិចារ

appreciative [ə'pri:ʃi əti v] *adj.* ដែលដឹងគុណ

apprehend [,æpri 'hend] *tv.* x a criminal ចាប់បាន

x the difficulty យល់

apprehension [,æpri 'henʃn] *n.* feel x ការថប់ (ក្នុងចិត្ត)

x of a criminal ការចាប់បាន

apprehensive [,æpri 'hensi v] *adj.* ដែលថប់ (ក្នុងចិត្ត)

appretice [ə'prenti s] *n.* កូនជាង

-tv. បង្ហាត់វិជ្ជាជីវអ្វីមួយ

apprise [ə'prai z] *tv.* ប្រាប់

approach [ə'prəuʧ] *tv.* x a city ទៅជិត, ចូលជិត

storms x មកជិត

x a problem ចាប់ផ្ដើមរកផ្លូវដោះស្រាយ

x him with a proposal ចាប់ទាក់ទង

-n. learn of his x ការមកជិត

house has a nice x ផ្លូវចូល

x to a problem របៀបដោះស្រាយ

approachable *adj.* He' s not very x. ស្រួលទាក់ទង

x from the road ដែលអាចចូលទៅបាន

approbation [ˌæprəˈbeiʃn] *n.* ការយល់ព្រម

appropriate [əˈprəupriət] *adj.* សមរម្យ

-tv. x funds ទុកដោយឡែកសម្រាប់ធ្វើអ្វីមួយ

a. it for himself យកធ្វើជារបស់ខ្លួន

appropriation [əˌprəupriˈeiʃn] *n.*

large x ប្រាក់ចាត់ទុកសម្រាប់ធ្វើអ្វីមួយ

by x ការចាត់ទុកដោយឡែកសម្រាប់ធ្វើអ្វីមួយ

x by the army ការយកធ្វើជារបស់ខ្លួន

approve [əˈpruːv] *tv.* ឲ្យសច្ចានុមតិ, យល់ព្រម

-iv. a. of ពេញចិត្ត (នឹង)

approval [əˈpruːvəl] *n.* ការយល់ព្រម

approximate [əˈprɔksimət] *adj.* ប្រហែលៗ

-tv. costs x $100 ថ្លៃទំនួស្មានទៅប្រហែល

x the original conditions ធ្វើឱ្យប្រហែលនឹង

approximately *adv.* ប្រហែល, ប្រមាណ

approximation [əˌprɔksiˈmeiʃn] *n.* just an x សមីបការ

by x ការប្រមាណ

April [ˈeiprəl] *pr. n. Fr:* អាព្រិល

Solar system: ខែមេសា

Lunar system: ចេត្រ-ពិសាខ

apron [ˈeiprən] *n.* អៀមការពារខោអាវ

Aero. ផ្លូវអាកាសយាន (ក្រាលថ្មឬស៊ីម៉ង់)

a propos [ˌæprəˈpəu] *adj.* សម (ទៅតាមកាលៈទេសៈ)

-prep. ចំពោះ

apt [æpt] *adj.* x student វៃ, រហ័សយល់

x phrase សម

-mv. x to be late today ប្រហែលជា

too x to criticize ពូកែខាង, ហៃខាង

aptitude [ˈæptitjuːd] *n.* សម្បទា

aquamarine [ˌækwəməˈriːn] *adj.* ពណ៌ខៀវបៃតង

aquarium [əˈkweəriəm] *n.* ជលវប្បដ្ឋាន (អាងសម្រាប់ចិញ្ចឹមត្រី ឬ ដាំជលជាតិ)

aquatic [əˈkwætik] *adj.* x life ដែលដុះឬរស់ក្នុងទឹក

a. sports កីឡាទឹក

aqueduct [ˈækwidʌkt] *n.* ជលមាគ៌ (ប្រឡាយទឹកម្យ៉ាង)

Arab [ˈærəb] *pr. n., Fr:* អារ៉ាប់

Arabia *pr. n.* (ឧបទ្វីប) អារ៉ាប៊ី

Arabic [ˈærəbik] *pr. n.* ភាសាអារ៉ាប់

-adj. ដែលទាក់ទងនឹងអារ៉ាប់

A. numerals លេខបារាំង

arable [ˈærəbl] *adj.* ដែលអាចដាំដំណាំបាន

arbiter [ˈɑːbitər] *n.* អាជ្ញាកណ្ដាល

Lit: មជ្ឈត្តករ

arbitrary [ˈɑːbitrəri] *adj.* x choice តាមតែអំពើចិត្ត

x person ដែលធ្វើតាមតែអំពើចិត្ត

arbitrate [ˈɑːbitreit] *tv.* វិនិច្ឆ័យ, ធ្វើមជ្ឈត្តការ

arbitration [ˌɑːbiˈtreiʃn] *n.* ការសម្រេចនៃអាជ្ញាកណ្ដាល

Lit: មជ្ឈត្តវិនិច្ឆ័យ.

arbitrator [ˈɑːbitreitər] *n.* អាជ្ញាកណ្ដាល

Lit: មជ្ឈត្តករ

arbor [ˈɑːbər] *n.* ទ្រើងមានផ្កាឡើងពាក់ព័ន្ធយ៉ាងក្រាស់

Bot. ដើមឈើ

arborreal [ɑːˈbɔːriəl] *adj.* x disease នៃដើមឈើ

x animal រស់នៅលើដើមឈើ

arc [ɑːk] *n. Geom.* ធ្នូ, រង្វង់

Elect. ផ្កាភ្លើងអគ្គិសនី

-iv. Elect. ឆ្លង (ភ្លើងអគ្គិសនី)

arcade [ɑːˈkeid] *n.* សំណង់ម្យ៉ាងមានដំបូលក្រឡុមទ្រវែង

arch [ɑːtʃ] *n.* doorway x សិលាបញ្ចារ

a. of the foot ផ្នែកខ្នងនៃបាតជើង

-tv. x the neck បង្កោង

x a bow ទាញ ឬ ធ្វើឱ្យកោង

-iv ឡើងជារាងធ្នូ

arch [ɑ:ʧ] *-pref.* បុព្វបទមានន័យថាៈ ជាធំ, លើអ្វីៗទាំងអស់ៈ angel ទេវតា > archangel ទេវតាធំលើសគេ; enemy សត្រូវ > archenemy មហាសត្រូវ

archeology [ˌɑ:ki 'ɔləʤi] *n.* បុរាណវត្ថុវិទ្យា

archeological [ˌɑ:ki ə'lɔʤi kl] *adj.* នៃឬខាងបុរាណវត្ថុវិទ្យា

archeologist [ˌɑ:ki 'ɔləʤi st] *n.* បុរាណវត្ថុវិទូ

archaic [ɑ:'kei i k] *adj.* ហួសសម័យ, ដែលគេលែងប្រើ

archaism ['ɑ:kei i zəm] *n.* ពាក្យ ឬ ប្រយោគផុតសម័យ

archer ['ɑ:ʧər] *n.* ខ្មាន់ធ្នូ

archery ['ɑ:ʧəri] *n.* កីឡាបាញ់ធ្នូ

archipelago [ˌɑ:ki 'peləgəu] *n.* ប្រជុំកោះ ហ្វូងកោះ, ក្រុមកោះ

architect ['ɑ:ki tekt] *n.* និម្មាបនិក

architecture ['ɑ:ki tekʧər] *n.* និម្មាបនកម្ម

archives ['ɑ:kai vz] *n.* historical x បណ្ណសារ

national x បណ្ណសារដ្ឋាន

archway ['ɑ:ʧwei] *n.* ច្រកនៅក្រោមសីហបញ្ជរ

ardent ['ɑ:dnt] *adj.* x patriot ខ្លាំងក្លាក្លៀវក្លា

x flame ក្ដៅ

ardor ['ɑ:dər] *n.* x of his plea សេចក្ដីក្លៀវក្លា

x of the fire កំដៅដ៏ខ្លាំង

arduous ['ɑ:djuəs] *adj.* ពិបាកក្រៃលែង

are [ɑ:r] *(see be)*

area ['eəri ə] *n.* northern x តំបន់

parking x ទី, កន្លែង

x of science វិស័យ

x of a circle ក្រឡាផ្ទៃ

areca ['æri kə] *n.* ស្លា

a. palm ដើមស្លា

arena [ə'ri:nə] *n.* សៃវៀន

Lit: មល្លភូមិ, រង្គភូមិ

aren' t [ɑ:nt] *(contr. of are not)*

argue ['ɑ:gju:] *iv.* neighbors x ឈ្លោះគ្នា

Don' t x with me ប្រកែក

x about facts ជជែក (អំពី)

a. for និយាយគាំទ្រ

a. against និយាយប្រឆាំង

-tv. x the oppsite ជជែកការពារគាំទ្រ

argument ['ɑ:gjumənt] *n.* fierce ការឈ្លោះគ្នា

for the sake of x ការជជែក

convicing x ឧទ្ទេសរណ៍

argumentative [ˌɑ:gju'mentəi tv] *adj.* ដែលចូលចិត្តប្រកែក

x spouse ដែលចាំតែរករឿង

x point ដែលគ្មានភស្តុតាងគ្រប់គ្រាន់

arid ['æri d] *adj.* x country ស្ងួតក្រៃ, ហែងកក្រោះ

x style សោះកក្រោះ

arise [ə'rai z] *iv.* *(pt.* arose, *pp.* arisen*)*

problems x កើតឡើង, កើតមានឡើង

buildings x លូតឡើង (អ.ប.)

(He) arose (and left) ក្រោកឡើង

aristocracy [ˌæri s'tɔkrəsi] *n.* member of the x វណ្ណៈអភិជន

government is an x របបអភិជនាធិបតេយ្យ

aristocrat ['æri 'stəkræt] *n.* អភិជន

aristorcratic [ˌæri stə'kræti k] *adj.* នៃវណ្ណៈអភិជន

arithmetic [ə'ri θməti k] *n.* លេខគណិត

arm[1] [ɑ:m] *n.* ដៃ

Lit: ហត្ថ

Roy:, Cl: ព្រះហស្ត

x of a chair ដៃ

a. of the sea ដែលសមុទ្រ

a. of land ជ្រោយ

a. of the law អំណាចច្បាប់

Id. keep s.o. at arm' s length ចៀសៗ

Id. with open arms យ៉ាងរាក់ទាក់ក្រៃលែង

arm[2][ɑ:m] ***n.*** *(usu. pl.)* provide x អាវុធ

-*tv.* x the people ប្រដាប់អាវុធ, ឱ្យកាន់អាវុធ

x a bomb ដាក់គិប

x oneself with proisions មានជាស្រេច (សម្រាប់)

-*iv.* ប្រដាប់អាវុធ

armada [ɑ:'mɑ:də] ***n.*** កងនាវាចម្បាំង

armdillo [,ɑ:mə'di lәu] ***n.*** ពង្រួលម្យ៉ាងនៅទ្វីបអាមេរិក

armament [,ɑ:məmənt] ***n.*** *(usu . pl.)* សព្វាវុធ

by x ការប្រដាប់អាវុធ

armchair['ɑ:mʧeər] ***n.*** កៅអីភ្ជាក់ដៃ

armed['ɑ:mi d] *adj.* មានអាវុធជាប់នឹងខ្លួន

x with answers មានហើយជាស្រេច

armful ['ɑ:mful] ***n.*** កង (ឧ.ចំបើងមួយកង)

armistice ['ɑ:mi sti s] ***n.*** យុទ្ធសន្តិភាព

armor, armuor ['ɑ:mər] ***n.*** militery x សព្វាវុធ

suit of x ក្រោះ

moral x គ្រឿងការពារ (អ.ប.)

-*tv.* x a batallion ប្រដាប់អាវុធ

x a car ពាំនដែក, ស្រោបដែក

x oneself against sin បង្ការ (ខ្លួន)

armory ['ɑ:məri] ***n.*** អាវុធាគារ

armpit['ɑ:mpi t] ***n.*** ក្លៀក

army ['ɑ:mi] ***n.*** កងទ័ព

aroma [ə'rəumə] ***n.*** ក្លិនក្រអូប ឬ ឈ្ងុយ (ដូចជាក្លិនគ្រឿង) ទេស ឬ ស្រា ។ ល។

aromatic [,ærə'mæti k] ***adj .*** ក្រអូបឬ ឈ្ងុយ

arose [ə'rəuz] *(pt. of arise)*

around [ə'raund] ***prep .*** fence x a house ជុំវិញ

wander x the country ពីនេះពីនោះ

x three o'clock ប្រហែល

x here somewhere នៅជិតៗ

-*adv.* wrap it x ជុំវិញ

(wheels) go a. វិល

travel x ពីនេះទៅនោះ

He' s somewhere x . ជិតៗនេះ

play a. លេងសើច

arouse [ə'rauz] *tv.* x a lion ធ្វើឱ្យភ្ញាក់ផ្អើលឡើង

a. his anger ធ្វើឱ្យខឹងឡើង

x him from sleep ដាស់

arraign [ə'rei n] *tv. Law* ចោទ (ដោយតុលាការ)

arrange [ə'rei nʤ] *tv.* x flowers រៀប

x a meeting រៀបចំ

x music សម្រួល

arrangement [ə'rei nʤment] ***n.***

pretty x របៀបរៀប

study flower x ការរៀប

a musical a . ភ្លេងសម្រួលហើយ

study music x ការសម្រួល

come to an x កិច្ចសម្រុះសម្រួល

array [ə'rei] *tv.* x troops រៀប

x him with medals បំពាក់ស្នែក

-*n.* a. of merchandise ទំនិញដែលដាក់តាំងជាច្រើន

in battle x ប្រដាប់, សំលៀកបំពាក់

arrears [ə'ri əz] ***n.*** in arrears ដែលហួសកំណត់ថ្ងៃដែលត្រូវសង *Lit:* អវសិដ្ឋ

arrest [ə'rest] *tv.* x a suspect ចាប់បាន

x an illness ធ្វើលែងឱ្យរាលដាលឡើង

a. the attention ធ្វើឱ្យចាប់អារម្មណ៍

-n. ការចាប់

arrival [ə'rai vl] ***n.*** ការមកដល់

arrive [ə'rai] ***iv.*** will x here today មកដល់

will x there today ទៅដល់

a. at a decision សម្រេច

the time has arrived ល្មមដល់ពេលហើយ

arrogant ['ærəgənt] ***adj.*** ច្រឡេងខាម, ក្រអឺតក្រអោង

arrogance [,ærəgəns] ***n.*** ភាពក្រអឺតក្រអោង

arrow ['ærəu] ***n.*** ព្រួញ

Lit: សរ *Roy:* ព្រះទំរង់កាំសរ

arrowhead['ærəuhed] ***n.*** ចុងព្រួញ

arsenal ['ɑ:sənl] ***n.*** កន្លែងធ្វើអាវុធ ឬឃ្លាំងអាវុធ

arsenic ['ɑ:səni k] ***n*.** យ៉ាណូវ (ថ្នាំពុលម្យ៉ាង)

arson ['ɑ:sn] ***n.*** ការបង្ករអគ្គីភ័យ, ការលួចដុតផ្ទះ ឬ អាគារផ្សេងៗ

art [ɑ:t] ***n.*** modern x សិល្បៈ

fine arts វិចិត្រសិល្បៈ

x of lying ការប៉ិនប្រសប់

artery ['ɑ:təri] ***n.*** សរសៃឈាមក្រហម

Lit: រោហិណី

main traffic x ផ្លូវធំ

artful ['ɑ:tful] ***adj.*** x performance ដ៏វិចិត្រ

x scheme ប្រកបដោយកលល្បិច

arthritis [ɑ:'θrai ti s] ***n.*** ជម្ងឺសន្លាក់ដៃឬជើង

article ['ɑ:ti kl] ***n.*** news x អត្ថបទ

x of the constitution មាត្រា

pl. buy ariuos x របស់

Gram. គុណនាមម្យ៉ាងប្រើមុខសព្ទនាម

articulate [ɑ:'ti kjulət] ***tv.,iv.*** x one' s words បញ្ចេញសូរយ៉ាងច្បាស់

x one' s feelings បញ្ចេញឱ្យគេដឹងឮឡើង

Phonet. x sounds បន្លឺ

-adj. x speech ច្បាស់

He' s very x. បានវោហារ, ប្រសប់ហើយវាងវៃក្នុងការនិយាយ

articulation [ɑ:,ti kju'lei ʃn] ***n.*** ការបន្លឺសម្លេង

Lit: គណ្ឋិកសន្និយោគ

artifact ['ɑ:ti fækt] *n.* វត្ថុដែលគង់នៅពីសម័យបុរាណ

artifice [,ɑ:ti fi s] ***n.*** ឧបាយកល

artificial [,ɑ:ti 'fi ʃl] ***adj.*** x diamond ស្ល, ធ្វើឱ្យមិនមែនពីធម្មជាតិ

x emotion ក្លែង

artillery [ɑ:'ti ləri] ***n.*** heavy x កាំភ្លើងធំ

join the x កងកាំភ្លើងធំ

artisan [,ɑ:ti 'zæn] ***n.*** ជាងហត្ថករ

Lit: សិល្បករ

artist ['ɑ:ti st] ***n.*** សិល្បករ

artistic [ɑ:'ti sti k] ***adj.*** x person ដែលមានការប៉ិនប្រសប់ខាងសិល្បៈ

x object វិចិត្រ

artistry ['ɑ:ti stri] ***n.*** ការប៉ិនប្រសប់ខាងសិល្បៈ

artless ['ɑ:tli s] ***adj.*** x answer ត្រង់

an x work គ្មានសោភ័ណ

as [əz] ***adv.*** as strong as elephant ខ្លាំងដូចដំរី

buy food as well as clothing ទិញទាំងម្ហូបទាំងសំលៀកបំពាក់

men as well as women ស្រីក៏ដូចគ្នានឹងប្រុស, ស្រីក៏ដូចប្រុសដែរ

not as yet មិនទាន់

-conj. do x I say ដូច

talk as you walk ដើរផងនិយាយផងទៅ

as though ដូចជា

-prep. work as a carpenter ធ្វើជាងឈើ, ប្រកបមុខរបរជាជាងឈើ

go as a unit ទៅជាក្រុម
as a rule ធម្មតា
as for. as to ឯ, ចំណែកឯ
asbestos [æz'bestɔs] *n.* រូបធាតុម្យ៉ាងដែលមិនឆេះ
ascend [ə'send] *iv., tv.* ឡើង
ascendancy [ə'sendensi] *n.* ភាពមានអំណាចជាង
ascendant [ə'sendent] *adj.* x star ដែលឡើងទៅលើ
x power ដែលជាធំ
ascension [ə'senʃn] *n.* x of an airplane ការឡើង
steep x ទីចោត (ឡើងលើ)
ascertain [,æsə'tein] *tv.* ធ្វើឱ្យបានដឹងជាប្រាកដឡើងដោយប្រើមធ្យោបាយផ្សេងៗ
ascetic [ə'setik] *adj.* ដូចតាបស
-n. តាបស
ascorbic acid [əs'kɔ:bik] *n.* រូបធាតុប្រើជាវិតាមីនសេ
ascot[əs'kɔ:t] *n.* កន្សែងរុំកម្យ៉ាង
ascribe [ə'skraib] *adj.* x the play to him សន្មតថាជាស្នាដៃរបស់អ្នកណាម្នាក់
x success to hard work ថាជាលទ្ធផលនៃ
ash [æʃ] *n.* ផេះ
ashamed [ə'ʃeimd] *adj.* អាម៉ាស់មុខ, ខ្មាស់
ashen ['æʃn] *adj.* x face ស្លេកស្លាំង
x remains ដែលជាផេះ
ashes['æʃiz] *(pl. of* ash*)*
ashore [ə'ʃɔ:r] *adv.* go a. ឡើងគោក
sleep x លើគោក
ashtray['æʃtrei] *n.* ចានគោះបារី
Asia['eiʒiə] *pr. n.* អាស៊ី
aside [ə'said] *adv.* tern a. បែរ, ងាក
put a. (a book) ទុកចោលមួយកន្លែង
put a. (one's problems) បំភ្លេចចោល
a. from that ក្រៅពីនោះ

Theat. say a. និយាយដូចជាលួចខ្សឹបប្រាប់ទៅអ្នកមើល
-n. an a. សំដីនៃអ្នកដើរតួចំពោះទៅអ្នកមើល
asinine ['æsinain] *adj.* ភ្លើ
ask [ɑ:sk] *tv.* x a question សួរ
x a favor សុំ
x advice សុំ, រក
a. a high price ទារថ្លៃ
x a lot of him តម្រូវ
x guests ហៅ
-iv. a. for សុំ
a. about សួរអំពី
a. after សួរសុកទុក្ខ
askance [ə'skæns] *adv.* look a. មើលចុងភ្នែក (ដោយខ្លាច មិនទុកចិត្ត។ ល ។)
askew [ə'skju:] *adj.* វៀច
asleep [ə'sli:p] *adj.* He's x. លក់, ដេកលក់
leg is x ស្រពន់, ស្រយ៉ង់
asocial[ə'səuʃl] *adj.* ដែលមិនចូលចិត្តទាក់ទងនឹងមនុស្សឯទៀត
asp [æsp] *n.* ពស់មានពិសម្យ៉ាង
asparagus [ə'spærəgəs] *n.* ទំពាំងបារាំង, ត្រឡាចស
aspect ['æspekt] *n.* dreary x ទិដ្ឋភាព
x of the problem ចំណុច
asperity [æ'sperəti] *n.* ភាពគគ្រើមកំរើយ ឬគ្រោតគ្រាត
aspersion [ə'spɜ:ʃn] *n.* ការ ឬ ពាក្យបង្កាច់
asphalt ['æsfælt] *n.* កៅស៊ូក្រាលថ្នល់
-tv. ចាក់កៅស៊ូ (ថ្នល់ ។ល។)
asphyxiate [əs'fiksei t] *tv.* ធ្វើឱ្យស្ទះដង្ហើម
-iv ស្ទះដង្ហើម
asphyxiation [əs,fiksi 'eiʃn] *n.* សម្ទះដង្ហើម
aspirant [ə'spaiərənt] *n.* អ្នកប្រាថ្នា
-adj. ដែលប្រាថ្នា

aspiration [,æspə'rei ʃn] *n.* lofty x សេចក្តីប្រាថ្នា

difficulty in x ការដកដង្ហើម

Phonet. ការបញ្ចេញខ្យល់ធនិត

aspire [ə'spai ər] *iv.* ប្រាថ្នា

aspirin ['æspri n] *n. Fr:* អាស្ពីរីន (ថ្នាំ)

ass [æs] *n.* ride an x លា (សត្វជើងបួន)

He' s an x. មនុស្សល្ងីល្ងើ

Vulg. kick his x គូទ

assail [ə'sei l] *tv.* robbers x him ប្រើកម្លាំងរំលោភ

threats x him គម្រាមកំហែងពីគ្រប់ទិស

assailant [ə'sei lənt] *n.* អ្នកប្រើកម្លាំងរំលោភ (ដូចជាចោរប្លន់វាយដណ្តើមយកប្រាក់ជាដើម)

assassin [ə'sæsi n] *n.* ឃាតករ

assassinate [ə'sæsi nei t] *tv.* ធ្វើឃាតកម្ម

assassination [ə,sæsi 'nei ʃn] *n.* ឃាតកម្ម

assault [ə'sɔ:lt] *n.* physical x ការវាយតប

verbal x ការរំលោភ (សំដី ។ល។)

sexual x ការចាប់រំលោភ

Mil. ការវាយសម្រុកចូល

Law a. and battery ការវាយដំគេ

-tv. robbers x them ប្រើកម្លាំងរំលោភ

x a girl ចាប់រំលោភ

x with insults រំលោភ (អ. ប.)

assay [ə'sei] *tv.* ធ្វើវិភាគ (រ៉ែ)

-n. ការធ្វើវិភាគ (រ៉ែ)

assemblage [ə'sembli ʤ] *n.* an x of people ប្រជុំ, ក្រុមមនុស្សដែលជុំគ្នា

a mechanical x អ្វីៗដែលផ្គុំហើយ ឬ ដំឡើងហើយ

right of x ការប្រជុំគ្នា

the x of a radio បង្គុំ (ការផ្គុំឬការតំឡើង)

assemble [ə'sembl] *tv.* x a crowd ប្រជុំ, ផ្គុំ

-iv. ប្រជុំគ្នា, ជុំគ្នា, គុំ

assembly [ə'sembli] *n.* x of farmers ប្រជុំ

Cap. State x សភា

x of radios ការផ្គុំ, ការដំឡើង

right of x ការប្រជុំគ្នា

an x of goods អ្វីៗដែលដាក់ផ្គុំគ្នា

complex x អ្វីៗដែលដំឡើងហើយ

assent [ə'sent] *iv.* x to a proposal យល់ព្រម

-n. give x ការយល់ព្រម

assert [ə'sɜ:t] *tv.* x that he is dishonest ពោលអះអាង

x one' s independence ការពារ

assertion [ə'sɜ:ʃn] *n.* ការអះអាង

assess [ə'ses] *tv.* x property for taxation ប្រមាណ, ប៉ាន់ (តម្លៃ)

x the situation ស្ទង់ប៉ាន់មើល

asset ['æset] *n.* financial x ទ្រព្យ

Neatness is an x. អត្ថប្រយោជន៍

assiduity [,æsi 'dju:əti] *n.* បរក្រម

assiduous [ə'si djuəs] *adj.* វិរិយវន្ត ,ដែលយកចិត្តទុកដាក់

assign [ə'sai n] *tv.* x him to a group ចាត់

x duties ចែក

a. seats កំណត់កន្លែង (ឱ្យអង្គុយ)

x homework ដាក់ឱ្យធ្វើ

Law. a. property ផ្ទេរឈ្មោះ, កាត់ឈ្មោះ

assignation [,æsi g'nei ʃn] *n.* ការណាត់ជួបគ្នា (រវាងស្រីនិងប្រុស, ចារបុរស។ល។)

assignment[ə'sai mənt] *n.* homework x កិច្ចការ

secret x បេសកកម្ម

a of seats ការកំណត់កន្លែងអង្គុយ

x to Washington ការចាត់

Law x of property ការផ្ទេរឈ្មោះ, ការកាត់ឈ្មោះ

assimilate [ə'si məlei t] *tv.* x facts ធ្វើឱ្យជ្រួតជ្រាប (ក្នុងខួរក្បាល)

Phonet. x two sounds បន្លឺឡើងឱ្យមានសូរស្រដៀងគ្នា

x minorities ឱ្យមករស់នៅលាយឡំជាមួយ

-iv. Chinese easily. លាយឡំរស់នៅបាន (ក្នុងសហគមន៍ថ្មីមួយ)

Phonet. nasals x ទៅជាស្រដៀងគ្នា

assimilation [ə,si mə'lei ʃn] *n.* x of facts ការធ្វើឱ្យជ្រួតជ្រាប

x of minorities ការឱ្យមករស់នៅលាយឡំជាមួយ

x of nasals ការបន្លឺឱ្យឮសូរស្រដៀងគ្នា

assist [ə'si st] *tv.* x an old lady ជួយ

x the poor សង្គ្រោះ, ប្រដុងប្រជា

-n. ការជួយ, ការប្រដុងប្រជា

assistance [ə'si stəns] *n.* កិច្ចសង្គ្រោះ, សង្គហៈ

assistant [ə'si stənt] *n.* ជំនួយ, អ្នកជួយ

Lit: បរិវច្ចការី

-adj. x manager រង

associate [ə'səuʃi ət] *tv.* x two facts ផ្ចាប់, ប្រដូច

x two companies បញ្ចាលគ្នា, ធ្វើឱ្យរួមចូលគ្នា

-iv. x with criminals សេពគប់

x with an organization ចូល, ចូលរួម

-n. casual x មនុស្សធ្លាប់រាប់រក

professional x សហការី

-adj. ដែលទាក់ទង

association [ə,səusi 'ei ʃn] *n.* professional x សមាគម

x with criminals ការសេពគប់

x with an organization ការចូលរួម

assort[ə'sɔ:t] *tv.* ចាត់ដាក់ដោយពួក

assorted [ə'sɔ:ti d] *adj.* x dishes ផ្សេងៗ (ច្រើនមុខ)

cards have been x ដែលដាក់ដោយពួក

assortmment [ə'sɔ:tmənt] *n.* an a. of wrenches ក្លេច្រើនបែប

the x of cards ការចាត់ដាក់ដោយពួក

assuage [æ'swei ʤ] *tv.* បន្ធូរ, សម្រាល

assume [ə'sju:m] *tv.* x he will go ស្មាន

x a fact សន្មត់ជាមុន

x office ទទួលកាន់កាប់

x an identy ក្លែង

assurance [ə'ʃuərəns] *n.* x of his support (ការ) ធានាអះអាង, (ការ) រ៉ាប់រង

(act) with a. ដោយប្រាកដក្នុងខ្លួន, ដោយគ្មានញញើត

assure [ə'ʃuər] *tv.* x him of my support ធានាអះអាង, ធានារ៉ាប់រង

x our success ធ្វើឱ្យមានឡើងមិនខាន

asterisk ['æstəri sk] *n.* សញ្ញា (*)

astern [ə'stɜ:n] *adv.* *Naut.* go a. ថយក្រោយ (នាវា)

-adj. He' s x. នៅកន្សៀ

asteroid ['æstərɔi d] *n.* ផ្កាយព្រះគ្រោះ (នៅចន្លោះផ្កាយអង្គារនិងផ្កាយព្រហស្បតិ៍)

asthma ['æsmə] *n.* ហឺត (រោគ)

Lit: សាសរោគ

asthmatic [æs'mæti k] *adj.* ដែលកើតរោគហឺត

astir [ə'stɜ:r] *adj.* x wjth rumors ជ្រួលច្រើម

x at 5 a.m. ដែលមានសកម្មភាព

astonish [ə'stɔni ʃ] *tv.* ធ្វើឱ្យភ្ញាក់ខ្លាំង

astonishment[ə'stɔni ʃmənt] *n.* ការភ្ញាក់ខ្លាំង (និងរឿងអ្វីមួយ ។ល។)

astound [ə'staund] *tv.* ធ្វើឱ្យហួសនិស្ស័យ

astray [ə'strei] *adj.* (cows) go a. វង្វេង
Where did we go a.? យើងធ្វើខុសត្រង់ណា ?
-adj. ដែលវង្វេង
astride [ə'straid] *prep.,adj., adv.* ច្រកគាវ
astringent [ə'striŋdʒənt] *adj.* x substance ដែលធ្វើឱ្យរួញ ឬ ស្វិត
x condition ដ៏លំបាក
-n. ថ្នាំធ្វើឱ្យរួញឬស្វិត
astrology [ə'strɔlədʒi] *n.* ហោរាសាស្ត្រ
astrologer [ə'strɔlədʒər] *n.* ហោរ
astronaut ['æstrənɔ:t] *n.* អវកាសចរ
astronautic [,æstrə'nɔ:tiks] *n.* តារាយានវិទ្យា
astronomer[ə'strɔnəmər] *n.* តារាវិទូ
astronomy [ə'strɔnəmi] *n.* តារាសាស្ត្រ, តារាវិទ្យា
Lit: នក្ខត្តយោគ
astute [ə'stju:t] *adj.* ឆ្លៃ, ប្រាជ្ញាមុត
asylum [ə'sailəm] *n.* insane a. សមាវសថាគារ
political x សិទ្ធិជ្រកអាស្រ័យ
asymmetrical[,eisi metrikl] *adj.* ជាអសមបម្រមាណ
asymmetry[,eisi 'metri] *n.* អសមបម្រមាណ
at [ət] *prep.* x home នៅ
Lit: នា, ឯ, ឰ, ពុំ
at noon នៅពេលថ្ងៃត្រង់
at least យ៉ាងហោចណាស់
at most យ៉ាងច្រើនណាស់
at hand ជិតៗ
at times ជួនកាល
at a run យ៉ាងញាប់ជើង
at full speed ពេញល្បឿន
at all សោះ (ឧ.ឥតឃ្លានសោះ)
at all costs ទុកជាយ៉ាងណាក៏ដោយ
at peace មានសន្តិភាព
at length យ៉ាងវែង
at best បើគ្រាន់បើណាស់
go at it ធ្វើយ៉ាងពេញទំហឹង
keep at it ខំធ្វើតទៅទៀត
hit at it វាយទៅ
at rest ឈប់, សម្រាក
at work (on a project) កំពុងធ្វើ
atavism ['ætəvizəm] *n.* ពន្ធុនិស្ស័យ
ate [et] *(pt. of eat)*
atheism ['eiθiizəm] *n.* លទ្ធិបដិសេធអទិទេព
atheist ['eiθiist] *n.* អ្នកមិនជឿថាមានព្រះអទិទេព
athlete ['æθli:t] *n.* អ្នកអត្តពល, អត្តពលិក
athletics [æθ'letiks] *n.* អត្តពលកម្ម
athletic [æθ'letik] *adj.* x competition នៃអត្តពលកម្ម, ខាងអត្តពលកម្ម
He's very x. មាំមួន, ដូចអ្នកអត្តពល
Atlantic['ætlentik] *pr. n.* មហាសមុទ្រអាត្លង់ទិច
atlas ['ætləs] *n.* សៀវភៅផែនទី
Cap. ព្រះអទិទេពនៃប្រជាជនក្រិកជំនាន់ដើម
atman['ætmənt] *n. Hinduism* អាត្មន
Cap. ព្រះព្រហ្ម
atmosphere ['ætməsfiər] *n.* បរិយាកាស
atoll['ætɔl] *n.* ទីមានទឹកនៅកណ្ដាលហើយផ្កាថ្មដុះជុំវិញ
atom ['ætəm] *n. Fr:* អាតូម
Lit: បរមាណូ
atomic [ə'tɔmik] *adj.* a. bomb គ្រាប់បែកបរមាណូ
a. number ចំនួនបរមាណូ (គឺចំនួនប្រូតុងនៅក្នុងស្នូលនៃអាតូមនិមួយៗ)
atomize ['ætəmaiz] *tv.* x a substance បំបែកឱ្យទៅជាអាតូម
x perfume ធ្វើ (វត្ថុរាវ) ឱ្យក្លាយទៅជាផ្សែង (ឧ.បាញ់ទឹកអប់ ។ល។)
atomizer['ætəmaiz] *n.* ប្រដាប់បាញ់វត្ថុរាវឱ្យទៅជាផ្សែង

(ឧ. ប្រដាប់បាញ់ទឹកអប់)

atone [ə'təun] *iv.* a. for ទទួលទណ្ឌកម្មលាង កំហុស

atonement['ətəunmənt] *n.* ការទទួលទណ្ឌកម្មលាង កំហុស

atop [ə'tɔp] *prep.* លើ, នៅពីលើ

atrocious [ə'trəuʃəs] *adj.* x crimes កំណាច, ឃោរឃៅ

Coll. x grammar ខុសឆ្គងខ្លាំងពេក

atrocity [ə'trɔsəti] *n.* x of war អំពើឃោរឃៅ, អំពើកំណាច

Coll. building is an x អ្វីៗដែលខុសឆ្គង (ភ្នែក គ្រចៀក) ខ្លាំងពេក

atrophy ['ætrəfi] *iv.* (*pt.* . *pp.* atrophied) លែងលូតលាស់

-*tv.* ធ្វើឱ្យលែងលូតលាស់

-*n.* ការលែងលូតលាស់

attach [ə'tæʧ] *tv.* x a rope ចង

a. importence to ឱ្យទម្ងន់ទៅលើ

x property រឹបអូសយក (ដូចជានៅពេលដែល គ្មានប្រាក់សងបំណុលគេជាដើម)

-*iv.* attached (to his work) ជំពាក់ចិត្ត, ចាប់ចិត្តនឹង

(No blame) attaches to (him) ដាក់លើ, ឱ្យទទួល

attaché [ə'tæʃei] *n.* អនុព័ន្ធ

attachement['ətæʃei] *n.* mechanical x គ្រឿង សម្រាប់ប្រើជាមួយនឹងឧបករណ៍អ្វីមួយ

x to worldly goods ការជំពាក់ចិត្ត

Lit: ឧបាទាន

x to the cable ការចងភ្ជាប់

x of his property ការរឹបអូសយក (ដូចជានៅពេល គ្មានប្រាក់សងបំណុលគេជាដើម)

attack [ə'tæk] *tv.* x the enemy វាយប្រហារ, វាយចូល, វាយលុក

(She was) attacked. ត្រូវគេពាធា

x his argument ទិតៀន

x a problem ចាប់ដោះស្រាយ

Cancer attacks young and old alike. កង់សែរ មិនស្គាល់ចាស់មិនស្គាល់ក្មេងទេ

-*n.* military x ការវាយប្រហារ, ការវាយលុកវាន

verbal x ការទិតៀនយ៉ាងខ្លាំង

x to the problem ផ្លូវដោះស្រាយ

heart a. វិបត្តិបេះដូង

attain [ə'tein] *tv.* x one's goal សម្រេច

x the opposite shore ទៅដល់

x wealth បាន, ទទួល

attainment[ə'teinmənt] *n.* x of a goal ការសម្រេច

x of wealth ការបាន, ការទទួល

pl. proud of his x សមិទ្ធិកម្ម

attempt [ə'tempt] *tv.* x to study ប៉ុនប៉ង

x a conversation ប៉ុនប៉ងសម្រេចអ្វីមួយ

-*n.* strong x ការប៉ុនប៉ង

make an a. on his life ប៉ុនប៉ង សម្លាប់

attend [ə'tend] *tv.* x a university រៀននៅ

x a meeting ទៅ

x the aged ថែទាំ

a. to (details) ពង្រួច

a. to (a lecture) ប្រុងប្រយ័ត្នស្ដាប់

attendance [ə'tendəns] *n.* take x ចំនួនមនុស្ស (ជុំគ្នានៅទីណាមួយ)

his x at meetings ការទៅឬមក

attendant [ə'tendənt] *n.* call the x ឆ្មាំ, អ្នកចាំ

-*adj.* x symptoms ដែលមានជាមួយផង

attention [ə'tenʃn] *n.* undivided x សតិការ, ការប្រុងស្មារតី

pay a. ប្រុងស្មារតី

don' t pay any a. to កុំខ្វល់នឹង

pl. unwanted x ការយកចិត្តទុកដាក់

Mil. Attention ! ប្រយ័ត្នប្រុង!

bring it to his a. ប្រាប់ឱ្យគាត់ដឹង

attentive [ə'tenti v] *adj.* ដែលយកចិត្តទុកដាក់

attenuate [ə'tenjuei t] *tv.* បន្ថយ

-*iv.* ថយ

attest [ə'test] *tv.* x the truth of it បញ្ជាក់

results x his intelligence បង្ហាញ

attic ['æti k] *n.* ស្ពាក

attire [ə'taɪ ər] *tv.* ស្លៀកពាក់, តែងខ្លួន

-*n.* សំលៀកបំពាក់, គ្រឿងតែងខ្លួន

attitude ['æti tju:d] *n.* x of the students អាកប្បកិរិយា

x of the body ឥរិយាបថ

Aero. a. of the plane ឥរិយាកាសយាន

attorney [ə'tɜ:ni] *n.* practicing x មេធាវី

A. General អគ្គមេធាវី (រដ្ឋមន្ត្រីក្រសួងយុត្តិធម៌នៃ ស.រ.អ.)

attract [ə'trækt] *tv.* mangnets x metal ទាក់, ស្រូប

Cakes x files. ធ្វើឱ្យមកចោមរោម

Boys x her. ធ្វើឱ្យចាប់ចិត្ត

a. s.o.' s attentes ធ្វើឱ្យចាប់អារម្មណ៍

-*iv.* opposition x ទាញរកគ្នា, ទាក់គ្នា (អ.ប.)

attraction [ə'trækʃn] *n. physics* ទំនាញ

Lit: អាកស្សនា

x of flies ការធ្វើឱ្យមកចោមរោម

Theat. coming a. រឿងដែលនឹងយកមកលេង

pl. x of rural living អ្វីៗដែលទាញទឹកចិត្ត

attractive [ə'trækti v] *adj.* x woman ល្អ, ស្រស់

x offer ដែលធ្វើឱ្យទាក់ចិត្ត ឬ ចង់បាន

attribute [ə'tri bju:t] *tv.* x the book to him សន្មត់ថាជារបស់ (អ្នកណាម្នាក់)

x one' s success to hard work សន្មត់ថាជាលទ្ធផល (នៃអ្វីមួយ)

-*n.* important x គេគុណភ័ណ

Gram. x precedes the noun ពាក្យប្រើបញ្ជាក់ន័យ

attributive [ə'tri bjuti v] *adj.* ដែលប្រើជាគុណនាម

attrition [ə'tri ʃn] *n.* ការធ្វើឱ្យរិចរិលបន្តិចម្តងៗ

attune [ə'tju:n] *tv.* a. , oneself to the times ធ្វើឱ្យទៅទាន់សម័យ

x instruments ប្រគុំ

atypical[,ei 'ti pi kl] *adj.* មិនមែនជាគំរូយ៉ាង, ខុសពីធម្មតា

auction ['ɔ:kʃn] *n.* ការលក់ឡាយឡុង

-*tv.* ឡាយឡុង

audacious ['ɔ:dei ʃəs] *adj.* x servant ព្រហើន, ឥតកោតក្រែង

x proposal យ៉ាងហ៊ាន

audacity[ɔ:'dæsəti] *n.* ភាពគ្មានកោតក្រែង, ភាពអង់អាចក្លាហាន

audible ['ɔ:dəbl] *adj.* អាចស្តាប់ឮ

audibility [,ɔ:də'bi ləti] *n.* ភាពអាចស្តាប់ឮ

audience ['ɔ:di əns] *n.* vast x អ្នកស្តាប់

Lit: សវនកៈ

x with the president សវនាការ

x with the king ការក្រាបថ្វាយបង្គំគាល់

audio-visual [,ɔ:di eu vi sjuəl]} *adj.* សោតទស្សន៍

audio-lingual['ɔ:di eu ,li ŋgwəl] *adj.* សោតជិវ្ហា, ដែលស្តាប់ហើយថាតាម

audit['ɔ:di t] *tv. Fin* x our accounts ជម្រះបញ្ជី

Educ. x a class ទៅរៀនតែមិនទទួលយកពិន្ទុ

-n. government x ការជម្រះបញ្ជី

take is as an x ការទៅរៀនតែមិនទទួលយកពិន្ទុ

audition [ɔ:'di ʃn] ***n.*** ការស្តាប់ ឬ មើល ការសម្តែងរបស់សិល្បករដែលមកសុំការធ្វើ, សវនកម្ម

-iv. ទៅសម្តែងសិល្បមុនដំបូងពេលសុំគេធ្វើការ

-tv. ឱ្យសិល្បករមកសម្តែង ដើម្បីនឹងជ្រើសរើស

auditor ['ɔ:di tər] ***n.*** business x អ្នកជម្រះបញ្ជី

x of a speech អ្នកស្តាប់, សវនកៈ

x of a course សិស្សរៀនមិនយកពិន្ទុ

auditorium [,ɔ:di 'tɔ:ri əm] ***n.*** ទីសម្រាប់មនុស្សប្រជុំគ្នាស្តាប់អ្វីមួយ

Lit: សវនដ្ឋាន

auditory ['ɔ:di tri] ***adj.*** នៃសោតវិញ្ញាណ, ដែលទាក់ទងនឹងការស្តាប់

auger ['ɔ:gər] ***n.*** ដែកកណ្តារ, ដែកខួង

augment ['ɔ:g'ment] ***tv.*** បន្ថែម, ធ្វើឱ្យកើនឡើង

augur ['ɔ:gər] ***n.*** គ្រូទាយ

-tv. ទាយ, បួល

-iv. ឱ្យប្រផ្នូល

August[1] [ɔ:'gʌst] ***pr. n. Fr:*** ខែអ៊ូត

Solar system: ខែសីហា

Lunar system: ស្រាពណ៍_ភទ្របទ

august[2] [ɔ:'gʌst] ***adj.*** ជាទីគោរព, ដ៏ខ្ពង់ខ្ពស់

aunt [ɑ:nt] ***n.*** *1. parents' older sister:*

From: ម្តាយធំ *Coll:* អ៊ុំ, អ៊ុំស្រី

2. parents' ygr. sis: មីង, ម្តាយមីង

aura ['ɔ:rə] ***n.*** អាភរៈ

aural ['ɔ:rəl] ***adj.*** នៃ, ដោយ ឬ នឹងត្រចៀក

auspice ['ɔ:spi si z] ***n.*** *(usu. pl.)* ការឧបត្ថម្ភ

auspicious [ɔ:'spi ʃəs] ***adj.*** x moment ដ៏មានឫក្ស

on this x occasion ដ៏ប្រសើរ

austere[ɔ:'sti ər] ***adj.*** x expression មាំ

x existence អត្តខត្ត, លំបាក

x landscape ក្រៀមក្រោះ

austerity [ɔ:'sterəti] ***n.*** economic x តបកម្ម

x of the landscape ភាពក្រៀមក្រោះ

Australia[ɔ'strei li ə] *pr. n.* ប្រទេសអូស្ត្រាលី

Austria[ɔ:'stri ə] *pr. n.* ប្រទេសអូត្រីហ្ស

authentic [ɔ:'θenti k] ***adj.*** x portrayal ទៀងទាត់

x masterpiece ដើម, មែនទែន

Law. x deed ត្រឹមត្រូវតាមច្បាប់, យថាភូត

authebticate [ɔ:'θenti kei t] ***tv.*** បញ្ជាក់ថាពិត

authenticity[,ɔ:'θenti səti] ***n.*** យថាភាព

aothor ['ɔ:θər] ***n.*** famous x អ្នកនិពន្ធ

x of our problems អ្នកបង្កើត

Lit: ប្រវត្តិករ

-tv. x a book តែង

Lit: និពន្ធ

authoritarian [ɔ:,θɔri 'teəri ən] ***adj.*** ដែលប្រើអំណាចផ្តាច់ការ

authoritarinism [ɔ:,θɔri 'teəri əni zəm] ***n.*** អំណាចនិយម

authoritative [ɔ:'θɔri təti v] ***adj.*** x person ដែលយកជាការបាន

x person ដែលប្រើអំណាចផ្តាច់ការ

Lit: អាជ្ញាក្រឹត្ត

authority [ɔ:'θɔrəti] ***n.*** absolute x អំណាច

an x in his lield អ្នកជំនាញ

on good x ប្រភព

the authorities អាជ្ញាធរ

authorization [,ɔ:θərai 'zei ʃn] ***n.*** សេចក្តីអនុញ្ញាត

authorize ['ɔ:θərai z] ***tv.*** អនុញ្ញាត, ឱ្យអំណាច

auto [,ɔ:təu] *(Short for* automobil*)*

auto[,ɔ:təu] ***pref.*** បុព្វបទដែលមានន័យថាៈ ដោយខ្លួនឯង

ឧ. biography ជីវប្រវត្តិ > autobiography ស្វ័យជីវប្រវត្តិ

autocracy [ɔ:'tɔkrəsi] *n.* អត្តាធិបតេយ្យ

autocrat ['ɔ:təkræt] *n.* អត្តាធិបតី

autocratic [,ɔ:tə'kræti k] *adj.* អត្តាធិបតេយ្យ

autogeaph ['ɔ:təgrɑ:f] *n.* ស្វ័យលេខា

-*tv.* ស៊ីញ៉េលើឈ្មោះ

automatic [,ɔ:tə'mæti k] *adj.* x weapon ស្វ័យប្រវត្ត

x transmission អូតូម៉ាទិច

x response ដែលមិនបាច់គិត

-*n.* កាំភ្លើងស្វ័យប្រវត្ត (ជាពិសេសពីស្តូឡេ)

automation [,ɔ:tə'mei ʃn] *n.* ស្វ័យប្រវត្តិកម្ម

automobile ['ɔ:təməbi l] *n.* ឡាន

Lit: រថយន្ត

automotive[,ɔ:tə'məuti v] *adj.* x industry ខាងរថយន្ត

x power ស្វ័យយន្ត

autonomy [ɔ:'tɔnəmi] *n.* ស្វ័យភាព

autopsy['ɔ:tɔpsi] *n.* ការវះពិនិត្យសព

autumn ['ɔ:təm] *n.* សរទរដូវ (ចាប់ពីថ្ងៃទី ២២ កញ្ញាទៅដល់ថ្ងៃទី ២១ ធ្នូ)

auxiliary [ɔ:g'zi li əri] *adj.* x troops ដែលជាជំនួយ

x engine សម្រាប់ប្រើនៅពេលអាសន្ន

-*n.* medical x ជំនួយ

Gram. កិរិយាសព្ទជំនួយ

avail [ə'vei l] *tv.* x you nothing ឲ្យប្រយោជន៍

a. oneself of ប្រើប្រាស់

-*iv.* nothing will x មានប្រយោជន៍

-*n.* to no a. ដោយឥតបានការ, ដោយឥតប្រយោជន៍

availability [ə,vei lə'bi,ləti] *n.* x of supplies ភាពដែលអាចរកបាន

x of the candidate ភាពទំនេរ

available [ə'vei ləbl] *adj.* parts aren' t x ដែលអាចរកបាន

x candidate ដែលទំនេរ

avalanche ['ævəlɑ:nʃ] *n.* ផ្ទាំងទឹកកក ដី ។ល។ ដែលរអិលចុះពីលើភ្នំ

avarice ['ævəri s] *n.* សេចក្តីកំណាញ់

Lit: មច្ឆរិយ

avaricious [,ævə'ri ʃəs] *adj.* កំណាញ់, ដែលមៅស៊ិត

avenge [ə'vendʒ] *tv.* សងសឹក

avenue ['ævənju:] *n.* broad x វិថី

x of eascape ផ្លូវ

average ['ævəri dʒ] *n.* figure the x មធ្យមភាគ

on the a. ជាមធ្យមភាគ

-*adj.* x salary មធ្យម

x man សាមញ្ញ

-*tv.* x the figures រកមធ្យមភាគ

x 100 bu. per acre បានផលជាមធ្យម

averse [ə'vɜ:s] *adj.* ដែលប្រឆាំង

aversion [ə'vɜ:ʃn] *n.* ការមិនចូលចិត្ត, ការស្អប់

avert [ə'vɜ:t] *tv.* x the eyes ងាកចេញ

x a coup ធ្វើកុំឲ្យកើតមានឡើង

aviary ['ei vi əri] *n.* ទ្រុងយ៉ាងធំសម្រាប់ដាក់សត្វស្លាប (ដូចជានៅសួនសត្វជាដើម)

aviation [,ei vi 'ei ʃn] *n.* civil x អាកាសចរណ៍

study x វិទ្យាសាស្ត្រអាកាសចរណ៍

good at x ការបើកបរយន្តហោះ

aviator ['ei vi ei tər] *n.* អ្នកបើកយន្តហោះ

Lit: អាកាសយានិក

avid ['ævi d] *adj.* a. reader មនុស្សដែលស្រេកស្រអាលជាខ្លាំងនឹងការអាន

have an a. interest (in) មានការយកចិត្តទុកដាក់ជាខ្លាំងនឹងអ្វីមួយ

have an a. appetite ឃ្លានខ្លាំង

avocation [,ævə'kei ʃn] *n.* ការងារ ឬ កិច្ចការធ្វើកំសាន្ត

avoid [ə'vɔi d] *tv.* x danger ជៀសវាង

x a tree ជៀស

x one' s father មិនចង់ជួប

avoidance [ə'vɔi dəns] ***n.*** ការជៀស, ការមិនចង់ជួប

avow [ə'vau] ***tv.*** x one' s intentions. បញ្ចេញប្រាប់

x one' s bias សារភាព

avowal [ə'vauvəl] ***n.*** ការប្រកាសបញ្ជាក់

await [ə'wei t] ***tv.*** ចាំ, រង់ចាំ

awake [ə'wei k] ***adj.*** not yet x ភ្ញាក់

x all night ដែលដេកមិនលក់

x to danger ប្រុងប្រយ័ត្នជាស្រេចចំពោះ

-iv. (pt. awoke, *pp*, awakened *)* ភ្ញាក់

-tv. x him ដាស់

x them to the danger ព្រមាន

awaken [ə'wei kn] ***tv.*** x s.o. from sleep ដាស់

x them to the danger ប្រមាន

-iv. x from sleep ភ្ញាក់

awakening [ə'wei kni ŋ] ***n.*** ការភ្ញាក់រឭក

award [ə'wɔ:d] ***tv.*** a. a prize ឱ្យរង្វាន់

Law x a settlemet សម្រេចឱ្យ

-n. x for merit រង្វាន់

reseach x ប្រាក់ប្រគល់ឱ្យ

aware [ə'weər] ***adj.*** ដែលដឹង

awash [ə'wɔʃ] ***adj.*** ដែលមានទឹកពាសពេញ (ដូចជាផ្លូវថ្នល់នៅពេលភ្លៀងច្រើន)

away [əwei] ***adv.*** go a. ទៅឱ្យឆ្ងាយទៅ, ចេញទៅ

take it a. យកចេញទៅ

put it a. យកទៅទុកទៅ

run a. (from home) រត់ (ចោលផ្ទះ)

(thieves) run a. រត់ចេញ

get a. with (murder) រួចខ្លួន

make a. with លួចបាន, យកបាន

do a. with បំបាត់ចោល

-adj. a. from home មិននៅផ្ទះ

six eters a. ចម្ងាយប្រាំមួយម៉ែត្រពីនេះ

awe [ɔ:] ***n.*** សេចក្ដីស្ញើច

-tv. ធ្វើឱ្យស្ញើច

aweigh [ə'wei] ***adj.*** ដែលលើកហើយ (យុថ្កា)

awesome ***adj.*** ដែលគួរឱ្យស្ញើចខ្លាច ឬ ញញើត

awful ['ɔ:fl] ***adj.*** x vengeance គួរឱ្យខ្លាច

Coll. x experience ដ៏អាក្រក់ក្រៃលែង

awfully ['ɔ:fli] *adv. Coll.* ណាស់, ក្រៃលែង, ក្រៃពេក

awhile [ə'whai l] ***adv.*** stay x មួយស្របក់, មួយសន្ទុះ

just a. ago មិញនេះ, អម្បាញ់មិញនេះ, មិញៗនេះ

a. back កាលមុន (ដោយគ្មានកំណត់ជាប្រាកដ)

awkward ['ɔ:kwəd] ***adj.*** x youth ឆ្គងឆ្គង

x gesture ឆ្គង

x situat:on មិនស្រួល

awl[ɔ:l]***n.*** ដែកកណ្ដុរ (មុលសម្រាប់ដេរស្បែកជើង ឬ សម្រាប់ចោះរន្ធ)

awnig['ɔ:ni ŋ] ***n.*** រនាំងបាំងសាច (នៅលើមាត់បង្អួចឬទ្វារ)

awoke[ə'wəuk] *(pt. of* awake*)*

awry[ə'rai] ***adv.*** go a. ទៅជាផ្កាស, មិនសម្រេច

-adj. plans are x ដែលប្រព្រឹត្តទៅខុសបំណង

lid is x មិនចំកន្លែង, មិនស៊ប, វៀច

ax, axe[æks] ***n.*** ពូថៅ

axial['æksi əl] ***adj.*** នៃ ឬ តាមអ័ក្ស

axiom['æksi əm] ***n.*** ស្វ័យសត្យ

axiomatic[,æksi ə'mæti k] ***adj.*** ដែលសន្មតថាមិនចេះខុស

axis['æksi s] ***n.*** អ័ក្ស

axle['æksl] ***n.*** ភ្លៅរទេះ ឬ ភ្លៅរថ

azure['æʒər] ***adj.*** ផ្ទៃមេឃ

-n. ពណ៌ខៀវស្រាំង (ដូចនៅលោហមេឃស្រឡះគ្មានពពកសោះ)

B

B, b[bi:] អក្សរទីពីរតាមលំដាប់អក្ខរក្រមអង់គ្លេស

B. A.[ˌbi: 'ei] *(Bachelor of Arts)* ព. ស. ក.

បរិញ្ញាត្រីផ្នែកមនុស្សសាស្ត្រ

babble ['bæbl] *iv.,tv.* និយាយកកែកករ,

បន្លឺសូរគ្មានន័យដូចជាកូនង៉ែតទើបនឹងចាប់រៀននិយាយ

-n. សូរកកែកករ

babe [bei b] *n.* newborn x កូនង៉ែត

Id. b. in the woods មនុស្សគ្មានការពិសោធ

Sl. ស្រី

baboon [bə'bu:n] *n.* ស្វាអង្កត់

Sl. មនុស្សភ្លីភ្លើ

baby ['bei bi] *n.* newborn x កូនង៉ែត, កូនងាំ

Lit: ទារក

Id. It' s your b.! ជាបញ្ហាលោកទេ

-adj. x piano កូន (ឧ. កូនឡាន)

-tv. (pt.,pp. babied*)* x a child ថ្នាក់ថ្នម, បីបម

babysitter['bei bi si tər] *n.* ឈ្នួលមើលកូន

(មួយដងមួយកាល ឬសម្រាប់ពេលខ្លីៗ)

baccalaureate [ˌbækə'lɔ:ri ət] *n.* earn the x

បរិញ្ញាត្រី

b. ceremony ពិធីចែកសញ្ញាប័ត្រ

bachelor ['bætʃələr] *n.* still a x កម្លោះ

x degree បាសីលីរ

Lit: បរិញ្ញាត្រី

-adj. x girl នៅលីវ

back [bæk] *n.* sore x ខ្នង

x of the head ផ្នែកខាងក្រោយ

x of the house ខាងក្រោយ

x of the book ក្រប

benhind one' s b. ពីក្រោយខ្នង, មិនឱ្យដឹងខ្លួន

turn one' s b. on បែរខ្នងឱ្យ

-tv. x a car ថយ, ថយក្រោយ

x a couse គាំទ្រ

x a race horse ចាក់

hills x the scene នៅខាងក្រោយ

-iv. cars x ថយ, ថយក្រោយ

b. down សុខចិត្តចាញ់

b. off ដកខ្លួន, ដកដៃ

b. out ដកខ្លួនចេញ (ទាងស្រុង)

b. up ថយ

-adj. x yard ក្រោយ, នៅខាងក្រោយ

b. pay ប្រាក់ខែជំពាក់ឬនៅមិនទាន់បើកឱ្យ

-adv. go b. home ត្រឡប់ទៅផ្ទះ

look b. on ក្រឡេកមើលក្រោយ

pay b. សង

go b. on one' s word មិនបានធ្វើតាមពាក្យសន្យា

backbone['bækbəun] *n.* broken x ឆ្អឹងខ្នង

lacks x សេចក្ដីក្លាហាន, សេចក្ដីអង់អាច

backbreaking[bækbrekiŋ] *adj.* ដែលហត់

ហ៊ឹនក្រៃលែង

backer[bækər] *n.* អ្នកគាំទ្រ

backfire[,bæk'fai ər] *iv.* engines x បន្លឺសូរផ្ទុះៗ ដូចគេបាញ់កាំភ្លើង
schemes x ឡប់មកវិញ (អ.ប.)
-n. សូរផ្ទុះៗ (នៃម៉ាស៊ីនដែលដើរមិនស្រួល)

background['bækgraund]*n.* x of a painting ផ្ទៃខាងក្រោយ
personal x សាវតារ
x of the case ព្រឹត្តិការណ៍ជុំវិញ
stay in the b. មិនបញ្ចេញមុខ

backhand['bækhænd] *n. Tennis* ការវាយផ្ចាដៃ
write with a b. សរសេរទ្រេតទៅខាងឆ្វេង

backing['bæklɔŋ] *n.* financial x ការគាំទ្រ
cardboard x អ្វីៗដែលទ្រ គ្រាប់ បិទ (ពីក្នុង ឬក្រោយ)

backlog['bæklɔŋ] *n.* b. of work បញ្ជីកិច្ចការនៅកកមិនទាន់ធ្វើហើយ
fireplace x គ្រល់ឧសធំ

backslide['bækslai d] *iv.* បព្រឹត្តអពើអាក្រក់ឡើងវិញ (ក្រោយដែលបានឈប់ប្រព្រឹត្តហើយ)

back-talk[bæktɔ:lk] *n.* សំដីតមាត់

backtrack['bæktræk] *iv.* ត្រឡប់មកតាមផ្លូវដដែលវិញ

backward, backwards['bækwəd] *adv.* go x ថយក្រោយ
put it on x ពីមុខទៅក្រោយ
write x ប្រច្រាស
-adj. x journey ត្រឡប់ទៅវិញ
x country ដែលមិនសូវមានការលូតលាស់
x child យឺត (គឺប្រាជ្ញាដុះដាលមិនបានគ្រប់គ្រាន់)

backwarsh['bækwɔʃ]*n.* x of a steamer ទឹករលក (ដូចក្រោយនាវាជាដើម)
x of a scandal ផល

backwater['bækwɔ:tər] *n.* b. of dam ទឹកទំនប់
x of civilization តំបន់ដែលគ្មានការចម្រើន

backwoods['bækwudʒ] *n.* ព្រៃស្បាតដាច់ស្រយាល
-adj. សម្រែ

bacon ['bei kən] *n.* សាច់បីជាន់

bacteria[bæk'ti əri ə] *n. Fr:* បាក់តេរី
Lit: វេក្រាណូ

bacteriology[bæk,ti əri ɔ'lədʒi] *n.* វេក្រាណូវិទ្យា

bacteriologist[bæk,ti əri ɔ'lədʒi st] *n.* វេក្រាណូវិទូ

bad [bæd] *adj. (comp.* worse, *superl.* worst*)*
x conduct អាក្រក់, មិនប្រសើរ
x injury ធ្ងន់, ជាទម្ងន់
have a x day មិនសូវស្រួល, សំយ
x tire វិចរិល
food goes ខូច, ផ្អូម
x news អាក្រក់, ដែលនាំឱ្យពិបាកចិត្ត
feel x មិនស្រួលខ្លួន
feel b. about ស្ដាយ
Coll. b. off យាប់ (អ.ប.)
Id. in b. with លែងគាប់នឹង

bade [bæd] *(pt. of* bid*)*

badge [bædʒ] *n.* លក្ខណសញ្ញា, គ្រឿងពាក់ជាសញ្ញា

badger ['bædʒər] *n.* ស្កា
-tv. ធ្វើទុក្ខបុកម្នេញ

badly['bædli] *adv.* perform x មិនល្អសោះ
need x ជាខ្លាំង, ជាបន្ទាន់

badminton ['bædmi ntən] *n. Fr:* បាត់មិនតុន

baffle ['bæfl] *tv.* ធ្វើឱ្យទាល់គំនិតប្រាជ្ញា
-n. សន្ទះ

bag [bæg] *n.* paper x ថង់, អ្វីៗសម្រាប់ច្រក
carry his x ហិប, កាបូប
hunter's x សត្វបាញ់បាន (នៅពេលចេញទៅបាញ់ម្ដងៗ)

cow' s x ដោះ (គោ)

-tv. (pt.,pp bagged*)* x rice ច្រក (ការ៉ុងឬបាវ)

x a deer បាញ់បាន

-iv. ធ្លាក់ស្រយាក, ស៊ុលកឃ្លល់

baggage ['bægidʒ] *n.* ហិបឬកញ្ចប់អីវ៉ាន់អ្នកដំណើរ

baggy ['bægi] *adj.* សោត្រោ, កន្ត្រាកៗ

bagpipe ['bægpaip] *n.* ប៉ីម្យ៉ាង (នៅស្កុតឡង់)

bail[1] [beil] *n.* ប្រាក់ធានា (តុលាការ)

-tv. Law b. out (a prisoner) បង់ប្រាក់ធានា

Id. b. out (a friend) សង្គ្រោះ

bail[2] [beil] *tv.* x water បាច (ទឹក) ចេញ

b. out a boat បាចទឹកទូក

-iv. b. out លោតប៉ារ៉ាស៊ុតចេញពីកប៉ាល់ហោះ

bailiff ['beilif] *n.* តម្រួតមណ្ឌល

bailiwick[beilwik] *n.* មណ្ឌលនៅក្រោយតម្រួតមណ្ឌល

Coll. វិស័យ

bait [beit] *n.* fish x នុយ

use money as x នុយ (អ.ប.)

-tv. x a hook បិទនុយ

x customers ទាក់

x a dog ធ្វើឱ្យឡប់ (ឆាឆៅ)

back [beik] *tv.* x bread ដុត (ក្នុងឡ)

-iv. have to x today ធ្វើនំបុ័ង

b. in the sun ហាលថ្ងៃ

backery ['beikəri] *n.* កន្លែងដុតនំបុ័ងនិងនំផ្សេងៗ

baking['beikiŋ] *n.* good at x ការធ្វើនំដុត

large x ចំនួននំដុតក្នុងឡម្តងៗ

-adj. b. powder ម្សៅជំនួសមេនំបុ័ង

balance ['bæləns] *n.* jeweler' s x ត្រាជ្ញ, ជញ្ជីង

Fin. pay the x ប្រាក់នៅជំពាក់

in b. ស្មើគ្នា

b. sheet តុល្យការ

Id. hang in the b. មិនទាន់សម្រេច

-tv. x a book on the head ធ្វើឱ្យយោលចុះយោលឡើង

x a load ដាក់ឱ្យស្មើគ្នា (ទាំងសង្ខាង)

Fin. x the books ទូទាត់

x the advantages against the disadvantages ថ្លឹង (អ.ប.)

-iv. ស្មើគ្នា

balcony ['bælkəni] *n.* exterior x យ៉ រ

interior x ខ្សៀ

bald [bɔ:ld] *adj.* ទំពែក

-iv. ទំពែក

baldheaded[bɔ:ldhedid] *adj.* ដែលទំពែក

bale [beil] *n.* របុំ, រម្ងរ, (ធំៗ)

-tv. ចងឬរុំជាសំណុំធំ ឬ របុំធំ

balk [bɔ:k] *iv.* x at going alone រញ្ជួរ

houses x ក, ខុច

-tv. x our plans ប្រឆាំង

-n. ការរញ្ជួរ

balky[bɔ:ki] *adj.* រឹងរូះ

ball[1][bɔ:l] *n.* throw the x បាល់

x of wax ដុំអីដែលមូល

play x កីឡាបាល់

b. of the foot ផ្នែកខាងចុងនៃបាតជើង

-tv. b. up (a paper) ឆ្នួល

b. up (progress) ធ្វើឱ្យរអាក់រអួល

ball[2][bɔ:l] *n.* សមោធានរាំរែក

ballad ['bæləd] *n.* កាព្យនិទានម្យ៉ាង

ballast ['bæləst] *n.* ក្ងនសណ្ដូន (វត្ថុសង្កត់នាវាកំឱ្យឃ្លោង)

Lit: និច្ចល

moral x គ្រឿងលំនឹង (អ.ប.)

-*tv.* ដាក់កូនសណ្ដូន

ballet ['bælei] *n.* បាល់ទ្បេ, របាំបាល់ទ្បេ

ballistics [bə'li stik] *n. Fr:* បាលីស្ទិក (វិទ្យាសាស្ត្រខាងគ្រាប់ផ្លោង)

balloon [bə'lu:n] *n.* travel by x បាឡុងហោះ

toy x បាឡុង

trial b. អ្វីៗប្រើសម្រាប់ស្ទង់ចិត្ត

-*iv.* b. out ឡើងប៉ោង

ballot ['bælət] *n.* cast a x សន្លឹកឆ្នោត

count the x ចំនួនឆ្នោត

decide by x ការបោះឆ្នោត

-*tv.* x the members ឱ្យបោះឆ្នោតបញ្ចេញមតិ

-*iv.* x for places ចាប់ឆ្នោត

balm [bɑ:m] *n.* x for sores ថ្នាំលាប (ដូចជាប្រេងកូឡាជាដើម)

x for his conscience អ្វីៗដែលធ្វើឱ្យធូរស្បើយ

balmy [bɑ:mi] *adj.* x weather ស្រួល, ល្អ

Coll. x fellow ឆ្កួត

baloney [bə'ləuni] *n. Sl.* that' s a lot of x អ្វីៗដែលមិនសមហេតុផលសោះ

Cool. x and cheese សាច់ក្រកម្យ៉ាង

baluster ['bæləstər] *n.* ចំរឹងបង្កាន់ដៃ

balustrade [,bælə'streid] *n.* បង្កាន់ដៃ

bamboo [bæm'bu:] *n.* ឬស្សី

ban [bæn] *tv. (pt.,pp banned)* x travel ហាម (មិនឱ្យ)

-*n.* a x on travel បម្រាម (មិនឱ្យធ្វើអ្វីមួយ)

banal [bə'nɑ:l] *adj.* គ្មានខ្លឹមសារ

banana [bə'nɑ:nə] *n.* ចេក

band[1] [bænd] *n.* x of thieves ក្រុម

marching x ក្រុមភ្លេង

-*iv.* ផ្ដុំគ្នាជាក្រុម

band[2] [bænd] *n.* rubber b. ខ្សែកៅស៊ូ, ខ្សែយឺត

x of cloth បន្ទះតូចហើយវែង

Radio on the 25[m] band តាមបណ្ដាញរលកកម្រិត ២៥

bandage ['bændidʒ] *n.* បង់សម្រាប់រុំរបួស

-*tv.* រុំ, ប៉ង់ស៊ីម៉ង់

bandana ['bæn'dænə] *n.* កន្សែងដៃធំ (ធម្មតាពណ៌ក្រហមឬខៀវ)

bandit ['bændit] *n.* ចោរប្លន់

banditry ['bænditri] *n.* ការលួចប្លន់

bandwagon ['bændwægən] *n.* festive x រថដឹកអ្នកលេងភ្លេង

Id. get on the b. ចូលរួមនឹងគេឯង

bandy ['bændi] *tv. (pt. ; pp. bandied)*

x a ball បោះឬវាយទៅមកៗ

b. words តមាត់គ្នា

-*adj.* x legs កែក

bane [bein] *n.* Cancer is a x to man សត្រូវ, អ្វីៗដែលបណ្ដាលនូវសេចក្ដីអន្តរាយ

x of my existence អ្វីៗដែលរំខាន

bang[1] [bæŋ] *n.* x of a gun សូរគ្រាំង, សូរផ្ទុង

Id. get a b. out of សប្បាយ (ដោយធ្វើអ្វីមួយ)

(started) with a b. យ៉ាងហ៊ឹកហ៊ាក់

-*tv.* x the door បិទឮគ្រាំង

x his head ទង្គិចមាំង

-*iv.* b. on (a pan) គោះ, វាយ

x in the wind ទង្គិច

bang[2] [bæŋ] *n.* bangs សក់ដែលកាត់ត្រង់នៅថ្ងាស

-*tv.* កាត់សក់ឱ្យត្រឹមនៅថ្ងាស

Bangkok [bæŋkɔk] *pr. n.* បាងកក *Coll:* បឹងកក

bangle ['bæŋgl] *n.* កងដៃ ឬ កងជើង

banish ['bæniʃ] *tv.* x the king បំបរបង់
x sorrow កំចាត់
banister, bannister ['bænistər] *n.* បង្កាន់ដៃ
banjo ['bændʒəu] *n.* បង់ហ្សូ
bank[1] [bæŋk] *n.* x of snow ផ្នុក
x of a river មាត់ (ទន្លេ)
the opposite b. ត្រើយ
b. of clouds ដុំពពក
-tv. x dirt ពូន (ជាផ្នុក)
Aero. x an airplane ផ្អៀងបត់
-iv. គរឡើង, ឡើងជាកំពូក
bank[2] [bæŋk] *n.* savings x *Fr:* បង់
Lit: ធនាគារ
-tv. x money ដាក់ប្រាក់ក្នុងបង់
Id. b. on ពឹងពាក់ (លើ), ទុកចិត្ត (លើ)
-iv. Where do you b. ? ដាក់ប្រាក់
banker [bæŋkər] *n.* *Masc:* ធនាគារិក
Fem: ធនាគារិកា
bankrupt ['bæŋkrʌpt] *adj.* the firm is x រលំ (ជំនួញ)
Lit: និទ៌ន
go b. រលំ, ដួល
Fig. x policy លែងបានការ
-tv. x a company ធ្វើឱ្យរលំ
bankruptcy ['bæŋkrʌptsi] *n.* ការរលំ (ខាងជំនួញ)
Lit: ធនក្ស័យ
banner ['bænər] *n.* x of victory ទង់
Journ. ចំណងជើង
banquet ['bæŋkwit] *n.* ការជប់លៀង
-iv. ធ្វើជប់លៀង
bantam ['bæntəm] *n.* មាន់ចែ (មាន់ម្យ៉ាងតូចជាងមាន់គក)
-adj. តូចៗ
banter ['bæntər] *n.* ការនិយាយលេងសើច
-iv. និយាយលេងសើច

banyan ['bæŋgən] *n.* ដើមពោធិ
baptism ['bæptizəm] *n.* *Rel.* service of x ការលាងបាបពីកំណើត (តាមគ្រិស្តសាសនា)
Id. b. of fire ការសាកល្បងដ៏សំខាន់
baptize [bæp'taiz] *tv.* បញ្ចូលសាសនា
bar [bɑːr] *n.* iron x ដុំអ្វីៗ (វែងហើយវែង)
draw the x រនុក
sand x ផ្នុក
x of soap ដុំ
x of music បន្ទាត់ចែកចង្វាក់
go out to a x *Coll.,Fr:* បារ
Lit: បានីយដ្ឋាន
well-stocked x កន្លែងដាក់ស្រា
Law admitted to the x វិជ្ជាជីវៈ, ស្មាក្តី
x to progress ឧបសគ្គ
-tv. (*pt.*, *pp.* barred) x the window ដាក់ចំរឹង
x the way រាំង
x undesirables ឃាត់យាំងមិនឱ្យចូល
barb [bɑːb] *n.* wire x ផៀង, បន្លា
Fig: subtle x ពាក្យសិកសៀត(ធ្វើឱ្យឈឺចិត្ត)
-tv. x wire ដាក់ផៀង
x one's speech សិកសៀតពាក្យធ្វើឱ្យឈឺចិត្ត
barbarian [bɑː'beəriən] *n.* early x មនុស្សសម័យដំបូង
He's a x. មនុស្សឃោរឃៅ ឬឥតមនស្សធម៌
-adj. x times សម័យមុនអារ្យធម៌
x customs ឃោរឃៅ, ឥតមនស្សធម៌
Lit: អនារ្យ
barbaric [bɑː'bærik] *adj.* ដែលឃោរឃៅ
barbarism ['bɑːbərizəm] *n.* អនារ្យធម៌
barbecue ['bɑːbikjuː] *n.* have a x ការជួតសាច់ធ្វើម្ហូប

ហើយបរិភោគក្រៅផ្ទះ
make x សាច់ដុតលាបគ្រឿង
-*tv.* x a pig ដុតទាំងមូល
x pork ស្ងួតាក់គ្រឿងទេសច្រើន
barbed[bɑ:bi d] *adj.* b. wire លួសបន្លា
x comment ដែលមានពាក្យសៀតសិក
barber ['bɑ:bər] *n.* ជាងកាត់សក់
-*tv.* កាត់សក់ ឬ កោរពុកមាត់ (ឱ្យ)
-*iv.* ធ្វើជាងកាត់សក់
bare [beər] *adj.* x arms នៅកណ្ដាលវាល
x walls ដែលឥតមានតុបតែង
x facts គោលៗ
x necessities យ៉ាងសួចស្ដើង
-*tv.* បញ្ចេញ
bareback['beəbæk] *adv.,adj.* ឥតកែប (ជិះសេះ)
barefaced['beəfei st] *adj.* x man គ្មានពុកមាត់
b. lie ពាក្យភូតលើគោក
barefoot,-footed['beərfut-'futi d] *adj.,adv.* ជើងទទេ
barehanded[,deə'hedi d] *adj.,adv.* do it x ដៃទទេ, ឥតមានពាក់អ្វី
come back x ដៃទទេ, ឥតមានបានអ្វី
barely['beəli] *adv.* x sixteen ទើប (នឹង)
b. enough គ្រាន់តែគ្រប់ល្មម
bargain ['bɑ:gi n] *n.* make a x កិច្ចព្រមព្រៀង
find a x ទំនិញទិញបានថោក
-*iv.* x with a merchant តថ្លៃ
x over terms ចរចាគ្នា
barge [bɑ:ʤ] *n.* coal x នាវាផ្ទុកទំនិញ (ឥតម៉ាស៊ីន)
royal b. ព្រះរាជទីនាំងនាវា
-*tv.* ដឹកនាំនឹងនាវាផ្ទុកទំនិញ
-*iv.* *Coll.* b. in មកទាំងទទឹងទទែង
bark[1] [bɑ:k] *n.* សំបកឈើ
-*tv.* x a tree បកសំបក, ចាំងយកសំបកចេញ
x one' s shins ធ្វើឱ្យរបកស្បែក
bark[2][bɑ:k] *iv.* dogs x ព្រុស
Id. b. up the wrong tree រកខុសកន្លែង
-*tv.* x a command ស្រែកដូចគេប្រយុះឆ្កែ
-*n.* x of x dog សូរព្រុស
x of a gun សូរព្រួសៗ
Id. His b. is worse than his bite គាត់អាក្រក់តែមាត់
bark[3][bɑ:k] *n.* ទូកឬសំពៅ
barkeep,-keeper[bɑ:ki p-ki pər] *n.* ម្ចាស់បារ
barker ['bɑ:kər] *n.* អ្នកស្រែកអំពាវនាវឃោសនា (ឱ្យមនុស្សចូលទិញអីវ៉ាន់ឬចូលមើលអ្វីមួយ)
barley ['bɑ:li] *n.* ធញ្ញជាតិម្យ៉ាង
barn [bɑ:n] *n.* រោងប្រើជាក្រោលគោផង ជាកន្លែងដាក់អីវ៉ាន់ផង
barnacle ['bɑ:nəkl] *n.* កូនខ្ចៅឬខ្យងសមុទ្រតោងនៅថ្មឬបាតទូក
barnastorm['bɑ:nstɔ:n] *iv. Polit.* ដើរឃោសនានៅស្រុកស្រែ
Theat. សម្ដែង (សិល្បនៅតាមក្រុងតូចតាច)
barnyard['bɑ:njɑ:d] *n.* ក្រោលឬទ្រុង (ឥតដំបូល)
barometer [bə'rɔmi tər] *n.* បារ៉ូម៉ែត្រ (បរិធានស្ទង់ធាតុអាកាសម្យ៉ាង)
barrack ['bærək] *n.* barracks លំនៅទាហាន
-*tv.* ឱ្យស្នាក់អាស្រ័យ
-*iv.* នៅ, ស្នាក់អាស្រ័យ
barrage ['bærɑ:ʒ] *n.* x of gunfire ការបាញ់រាំ
b. of questions សំណួរពីគ្រប់ទិស
x in a stream ទំនប់ទឹក
-*tv.* x a stream ទប់, លើកទំនប់ទប់
x the enemy បាញ់រាំង
b. s.o. with questions សួរពីគ្រប់ទិស

barrel ['bærəl] *n.* wooden x ធុង (ធំៗ)
x of oil រង្វាស់រង្វាល់
gun b. កាណុង *Coll:* មាត់ត្រែ
-*tv.* x oil ដាក់ក្នុងធុង, ចាក់ក្នុងធុង
-*iv. Coll.* b. along ទៅលឿនស្លុង

baren ['bærən] *adj.* អា, មិនអាចមានកូន
x land ឥតជីជាតិ
b. of គ្មាន

barrette[bɑ:reti] *n.* ដង្កៀបសក់

barricade [,bæri'keid] *n.* អ្វីៗដាក់ឃាំងកុំឱ្យចេញចូលបាន
-*tv.* ដាក់រាំង

barrier ['bæriər] *n.* metal x របង, បាំង
x to progress ឧបសគ្គ

bartender[bɑ:tendər] *n.* អ្នកចាក់ស្រា ឬលាយស្រា

barter ['bɑ:tər] *iv.* b. goods ប្ដូរទំនិញគ្នាដោយឥតប្រើប្រាក់ (របៀបលក់ដូរម្យ៉ាង)
x for terms ចរចា
-*tv.* x rice for tools ប្ដូរ
x one' s rights away លក់ខ្លួន (អ. ប.)
-*n.* ការប្ដូរទំនិញគ្នា (ឥតប្រើលុយកាក់)

basalt ['bæsɔ:lt] *n.* ថ្មពពុះ
Fr: បាហ្សាល់

base[1] [beis] *n.* x of an urn ជើង
x of an argument មូលដ្ឋាន
x of a tree គល់
Mil. air x មូលដ្ឋានទ័ព
Chem. បាស់
Gram. x of a word ធាតុគុណ
-*tv.* x one' s argument សំអាងលើ, ផ្អែកទៅលើ
b. oneself (in Paris) តាំងមូលដ្ឋាន

base[2][beis] *adj.* x motive ថោកទាប
x metal គ្មានតម្លៃ

baseball ['beisbɔ:l] *n.* play x បេហ្សប័ល (កីឡាម្យ៉ាងដែលគេនិយមណាស់នៅ ស.រ.អ)
hit the x បាល់សម្រាប់លេងបេហ្សប័ល

baseless[beisles] *adj.* គ្មានភស្តុតាង

basement ['beismənt] *n.* ជាន់នៅក្រោមដី (ធម្មតាសម្រាប់ដាក់អីវ៉ាន់)

bashful ['bæʃful] *adj.* អៀនប្រៀន, មុខមូរ

basic ['beisik] *adi.* x principle ជាគោល
x ingredients សំខាន់, ជាចាំបាច់

basin ['beisn] *n.* wash x ជើង
river x ជលសីមា

basis ['beisis] *n.* x of an argument មូលដ្ឋាន
x of a compound បាស

bask [bɑ:sk] *iv.* x in the sun កំដៅ, ហាល (ឧ.ឆ្មាដេកហាលថ្ងៃ)
Fig. b. in (royal favor) សប្បាយរីករាយដោយទទួលនូវ

basket ['bɑ:skit] ***n.*** *1. deep ,tightly woven:* ល្អីឬកញ្ជើ
2. deep, loosely woven: កញ្ច្រោង
3. bushel measure (15 kilo): តៅ
4. quarter-bushel measure: កន្ទាំង
5. tall, crudely woven: កញ្ចោ
6. small, crudely woven: ជាល
7. shallow, with handles for moving earth: បង្គី
8. shallow, for winnowing: ចង្អេរ
9. small, with handles: ត្រក

basketball ['bɑ:skitbɔ:l] *n.* throw the x បាល់
play x បាសស្កេត

bas-relief [,bæsri'li:f] *n.* ចម្លាក់លឹប
Lit: ចម្លាក់និន្នភាព

bass ['bæs] *adj.* x note ត្រលរ, ធំ (សម្លេង)

-n. sing x ផ្នែក សម្លេងគ្រលរ

He' s a x. អ្នកច្រៀងផ្នែកសម្លេងគ្រលរ

bassinet [,bæsi 'net] ***n.*** គ្រែកូនដែលតែយ៉ាងតូច

bastard ['bæstəd] ***n.*** beget a x កូនឥតខាន់ស្លា

The bolt is a x. អ្វីៗខុសខ្នាត

Vulg. That b! អាចង្រៃ !, អាចោរម្ដាយ !

-adj. x child ឥតខាន់ស្លា

x size ខុសខ្នាត

baste[1] [bei st] ***tv.*** ដាន

baste[2] ***tv.*** លាបសាច់ (អាំងឬដុត)

bastion ['bæsti ən] ***n.*** storm the x កំពែងសារពើស្ត្រ

Fig. x of strength ទីពំនាក់

bat[1] [bæt] ***n.*** *Sports* ព្រនង់ (បេហ្ស៊ប៊ល)

give s. o. a b. on the head វាយក្បាល (នឹងព្រនង់ឬដំបង)

x of wool ផ្ទាំង

*-tv. (pt.,pp.*batted*)* x the ball វាយនឹងព្រនង់

x at a fly (with the hand) ទះ

bat[2][bæt] ***n.*** *1. small:* ប្រចៀវ

2. large: ជ្រឹង

batch [bætʃ] ***n.*** x of cookies ចំនួនដែលដុតបានម្ដងៗ

Coll. a whole b. of ច្រើន, ជាច្រើន

bath [bɑːθ] ***n.*** take a b. ងូតទឹក

room with x បន្ទប់ងូតទឹក

draw a x ទឹកក្នុងអាងសម្រាប់ចុះងូត

Mech. oil b. ប្រេងដាក់ត្រាំ

bathe [bei ð] ***tv.*** x a child ជូតទឹកឱ្យ, ងូតទឹកឱ្យ

x a sore with alcohol លាង

-iv. x every night ងូតទឹក

Cl: ស្រង់ទឹក

Roy: ស្រង់ព្រះវារី

x in the sun ហាល, សំដិលខ្លួន

bathrobe['bɑːθəub] ***n.*** អាវស៊ុលកឃុលម្យ៉ាងសម្រាប់ពាក់ទៅបន្ទប់ងូតទឹក

bathroom['bɑːθruːm] ***n.*** បន្ទប់ទឹក

Euph. go to the b. ទៅបង្គន់

bathtud[bɑːsθtʌb] ***n.*** អាងទឹក (សម្រាប់ចុះងូត)

baton ['bætən] *Mil.* officer' s x ដំបង

Mus. conductor' s x ចង្កឹះ (មេភ្លេង)

batallion [bə'tæli ən] ***n.*** កងវរសេនាតូច

batten ['bætn] ***n.*** strip of x បន្ទះឈើ

-tv. x the cracks វាយបន្ទះឈើបិទ

Naut. b. down (the hatches) បិទ

batter[1]['bætər] ***tv.*** x the door វាយផ្ទួនៗ

Mech. x a rivet វាយ (ទាល់តែសំប៉ែត)

winds x the house ធ្វើឱ្យខូចខាត

batter[2]['bætər] ***n.*** ម្សៅលាយទឹក

batter[3] ***n.*** *Sports* អ្នកវាយ

battery ['bætəri] ***n.*** car x ធុងអាគុយ

Lit: សមាច័យករ

flashlight x ថ្មពិល, ពិល

Mil. b. of guns កាំភ្លើងធំមួយកង

Law assault and b. ការវាយតបំពោភ

batting ['bæti ŋ] ***n.*** បន្ទះសំឡីឬរោមចៀម

battle ['bætl] ***n.*** ការប្រយុទ្ធ

-tv. x the enemy ប្រយុទ្ធ

x crime បង្ក្រាប

-iv. x valiantly ប្រយុទ្ធ

x of rights តស៊ូ

battle-ax, axe['bætl æks] ***n.*** ពូថៅយ៉ាងធំ (កាលជំនាន់ដើមប្រើជាអាវុធ)

Sl. ស្រីគួរខ្លាច

battlefield['bætlfi əld] ***n.*** សមរភូមិ, លានប្រយុទ្ធ

Lit., Arch. រៀណរង្គ

battlement['bætlmənt] ***n.*** រន្ធតាមកំពែង

(សម្រាប់បាញ់សត្រូវ)

battleship['bætlʃi p] ***n.*** នាវាចម្បាំង

batty ['bæti] ***adj.**, Sl* ឆ្កួត, ភ្លីភ្លើ

bauble ['bɔ:bl] ***n.*** គ្រឿងតុបតែងឥតតម្លៃ

bauxite ['bɔ:ksai t] ***adj.*** បុកស៊ីត

bawdy [bɔ:di] ***tv.*** អាសគ្រាម

bawl [bɔ:l] ***tv.*** x a command ស្រែកយ៉ាងខ្លាំង

b. out (a command) ស្រែកយ៉ាងខ្លាំង

Coll. b. out (a subordinate) ឡូឡាដាក់

-iv. cattle x រោទិ៍

Coll. children x ស្រែកយំ, ទ្រហោយំ

bay[1] [bei] ***n.*** ocean x ឆកសមុទ្រ, ឈូង

window x ផ្នែកលយចេញទៅក្រៅ

x of a ship ល្វែង (ក្នុងនាវាឬយន្តហោះ)

Id. (He has a) b. window. ពោះកំប៉ោងឬផុះ

bay[2][bei] ***n.*** x of a hound សូរលូរ (ឆ្កែ)

at b. កុន

-iv. លូរ

bay[3][bei] ***adj.*** ត្នោត (ពណ៌)

-n. a bay (horse) សេះសម្បុរត្នោត

bayonet ['bei ənit] ***n.*** ចំពុះទុង

-tv. ចាក់នឹងចំពុះទុង

bazar [bə'zɑ:r] ***n.*** go to the x ផ្សារ

charity x ពិធីលក់ទំនិញយកប្រាក់ទៅជួយអ្វីផ្សេងៗ

bazooka [bə'zu:kə] ***n.*** កាំភ្លើងបាហ្សូកា

B.C *(Before Christ)* ព.ស.ក មុនព្រះយេស៊ូកើត

be [bi:] *inf.* be

be quiet ស្ងៀម, នៅឱ្យស្ងៀម

want to be a soldier ចង់ធ្វើទាហ៊ាន

What will be will be. ទៅមេចទៅចុះ

will be done tomorrow ស្អែកហើយហើយ

-pres.p. beig

B. hungry, he ate. (ដោយ) ឃ្លានគាត់ញ៉ាំទៅ

likes b. a soldier ចូលចិត្តធ្វើទាហាន

It' s b. done កំពុងតែធ្វើ

-pp. been

He' s b. ill for 3 days. គាត់ឈឺបីថ្ងៃហើយ

I' ve never b. there. ខ្ញុំមិនដែលទៅនោះ សោះ

It' s b. done. ធ្វើរួចហើយ

-pres. indic., 1st pers. sg. am I am sick. ខ្ញុំឈឺ

Where am I ? ខ្ញុំនៅកន្លែងណាហ្នឹង ?

I am going tomorrow. ខ្ញុំទៅស្អែក

-pres. indic., 1st pers. pl., 2nd pers. sg. + pl., 3rd pers. pl are

We are students. យើងជាកូនសិស្ស

You are ill. លោកឈឺ

Where are we ? យើងនៅត្រង់ណាហ្នឹង ?

We are working. យើងកំពុងធ្វើការ

Those cars are made here. ឡានទាំងនោះធ្វើនៅ (ស្រុក) នេះ

-pres. indic., 3rd pers. sg. is

He is a soldier. គាត់ជាទាហាន

Where is he ? គាត់នៅឯណា ?

He is sick. គាត់ឈឺ

He is talking. គាត់កំពុងនិយាយ

-p. indic., 1st + 3rd pers. sg. was

I was ill last week. អាទិត្យមុន

He was a soldier for 3 years. គាត់ធ្វើទាហានបីឆ្នាំ

Where was he this morning ? ព្រឹកមិញគាត់នៅឯណា ?

I was sleeping when you called. កាលលោកហៅខ្ញុំ ខ្ញុំគេងលក់

It was done without my knowledge ធ្វើដោយខ្ញុំឥតដឹង

-p. indic., 2nd pers. sg.+pl., 1st pers.pl., 3rd pers.sg were

They w. soldiers គេជាទាហាន

Where w. you ? លោកនៅឯណា ?

We w. lost. យើងវង្វេង

They w. talking. គេនិយាយ

They w. killed. គេត្រូវស្លាប់

-pres. subj. were

if it w. true បើសិនជាពិត

if he w. here បើគាត់នៅនេះ

if I w. a doctor បើខ្ញុំជាគ្រូពេទ្យ

if they w. going បើគេទៅ

beach [biːʧ] ***n.*** ឆ្នេរខ្សាច់, មាត់សមុទ្រឬទន្លេ

-tv. បើកឬអូសឡើងគោក

beacon ['biːkən] ***n.*** lighthouse x ភ្លើងនាំផ្លូវ

radio b. សញ្ញាវិទ្យុនាំផ្លូវយន្តហោះ

bead [biːd] ***n.*** ornamental x អង្កាំ

x of sweat គ្រាប់, ដំណក់

-tv. ដាំអង្កាំ

-iv. មានដំណក់មូលៗ

baek [biːk] ***n.*** ចំពុះ

beaker ['biːkər] ***n.*** កែវមានចង្អួរនៅមាត់

beam [biːm] ***n.*** roof x ធ្នឹម

b. of light ពន្លឺ... ឆាយាបថ

radio x សញ្ញាវិទ្យុនាំផ្លូវ

Naut. left x ចំហៀង

Sl. on the b. ចំ

Sl. off the b. ខុស

-tv. x a light បញ្ចាំង

Radio x a signal ឥទ្រង់ទៅ

b. his approval ញញឹមបង្ហាញការយល់ព្រម

-iv. lights x ចាំង

x with joy ញញឹមព្រាយ

bean [biːn] ***n.*** green x សណ្តែក

coffee x គ្រាប់

Sl. hit him on the x ក្បាល

-tv. sl. x someone វាយក្បាល

bear[1] [beər] ***tv.*** *(pt.* bore,*pp.* born, borne*)*

x weight ទ្រួច

x pain ទ្រាំបាន

b. offspring កើតកូន

b. away លើកយកទៅ

x good news នាំមក

x testimony ផ្តល់

x responsibility ទទួល

b. fruit មានផ្លែ

facts x me out គាំទ្រ

-iv. plants didn't x ឱ្យផល, មានផ្លែ

b. up ធន់ទ្រាំ

b. right ងាកទៅខាងស្តាំ

b. with me ខំទ្រាំ , ខំអត់ធ្មត់

bear[2][beər] ***n.*** brown x ខ្លាឃ្មុំ

-adj. Bus. x market ចុះ

beard[biəd] ***n.*** white x ពុកចង្កា

Bot. rice x កន្ទុយ

-*tv.* x him playfully ទាញពុកចង្កា

x the enemy តទល់យ៉ាងក្លាហាន

x an actor ដាក់ពុកចង្កា

bearer ['beərər] *n.* coffin x អ្នកសែង ប្ដូលី

x of this note អ្នកកាន់

x of good news អ្នកនាំ

bearing ['beəriŋ] *n.* dignified x កិរិយា, ឫក

x on the problem ការទាក់ទង

northern x ទិសដៅ

Mech. roller x គូសឺណេ

beast [bi:st] *n.* wild x សត្វ (ចតុបាទធំៗ)

Fig. He' s a x. មនុស្សសាហាវឃោរឃៅ

beastly[bi:stli] *adj.* x passions នៃសត្វ

x behaevior ច្រឡេងខាម

beat [bi:t] *tv.* (*pt.*beat,*pp.*beaten)

x a child វាយ

b. (sthg) against បោក

x a drum ទូង, វាយ

x a gong គោះ, វាយ

x eggs វាយ, វីក

x one' s opponent ឈ្នះ

cars x walking ប្រសើរជាង

x him to the goal ទៅដល់មុន

b. him out of (money, etc.) បោក

Mus. b. time គោះចង្វាក់

Coll. b. up វាយ, វាយទាត់

b. down (grass, etc.) ធ្វើឱ្យរាប

Sl. B. it! ថយចេញ !, ទៅ

-*iv.* hearts x លោត, ដើរ

x against a window បោក, វាត់លើ

Id. b. around the bush បង្វៀង

-*n.* heart x ការដើរ, ការលោត (បេះដូង, ជីពចរ)

Lit: សព្ទារ

x of the music គម្លោះ

policeman' s x ដំបន់ល្បាតឬ ត្រួតត្រា (ប៉ូលិស)

beaten ['bi:tn] (*pp.* of beat) ដួល, អស់កម្លាំងហេវ

beautician [bju:'tiʃn] *n.* អ្នកធ្វើខ្លួនឱ្យគេ, អ្នកតែងខ្លួន

beautification[bju:'ti fi keiʃn] *n.* ការលំអ

beautiful ['bju:ti fl] *adj.* ល្អ

Lit: សោភ័ណ

beautify ['bju:ti fai] *n.* (*pt.,pp.* beautified) ធ្វើឱ្យល្អ, លំអ

beauty ['bju:ti] *n.* her x លំអ

Lit: សោភ័ណភាព

She' s a x. ស្រីល្អឆើត

*Coll.*That' s the x of it. ការប្រសើរ

-*adj.* b. parlor ហាងអិតសក់

b. spot ប្រជ្រុយ

b. queen ទេវីសោភា

beaver ['bi:vər] *n.* busy as a x សត្វតាស៊ួរ

Id. eager b. មនុស្សស្វាហាប់

becalm[bi'kɑ:m] *tv.* x their fears ធ្វើឱ្យស្ងប់, ធ្វើឱ្យរសាយ

Naut. becalmed (by the wind) នៅនឹងមួយកន្លែង (ដោយគ្មានខ្យល់)

became[bi'keim] (*pt.* of become)

because [bi'kɔz] *conj.* I' m eating b. I' m hungry. ខ្ញុំញ៉ាំពីព្រោះខ្ញុំឃ្លាន

It' s b. I' m hungry that I' m eating. ខ្ញុំឃ្លានបានជាខ្ញុំញ៉ាំ

b. of that ដោយហេតុនោះហើយ

I' m alive b. of him. ខ្ញុំបានរស់ជីវិតដោយសារគាត់

beckon ['bekən] *tv.* x the waiter ហៅដោយដៃហៅ

-iv. adventures x ទាក់ទាញចិត្ត

becloud[bi klaud] *tv.* x the sky ធ្វើឱ្យងងឹត

x the issue ធ្វើឱ្យស្មុគស្មាញ

become [bi 'kʌm] *iv.* (*pt.* became, *pp.* become)

x sad ទៅជា, ប្រែជា

What has b. of him ? គាត់ម៉េចទៅហើយ?

-tv. Hats x her. សមនឹង

bed [bed] *n.* double x គ្រែ

Roy: ព្រះទែនបន្ទំ

go to b. ចូលដេក, ចូលគេង

river x ពោះ, ច្រលង

truck x ខ្នង

Lit: វេទី

flower x ដីមួយកន្លែង (នៅក្នុងសួនច្បារ) មានដាំដំណាំ

-tv. (*pt.,pp.* bedded) ដាក់ឱ្យដេក, នាំទៅដេក

x the stables ក្រាលនឹងចំបើងឬស្លឹកឈើ

b. up (earth) លើកជាពំនូកដាំដំណាំ

Arch. x a woman ដេកជាមួយ

-iv. b. down ចូលដេក

Arch. x with a woman ដេកជាមួយ

bedbug[bedbʌg] *n.* សង្អើច

bedclothes['bedkləuðz] *n.* គ្រឿងរៀបគ្រែ

bedding[bediŋ] *n.* ពូក

bedeck [bi 'dek] *tv.* តុបតែង

bedevil [bi 'devil] *tv.* ធ្វើឱ្យឡប់ប្រយោ, រំខាន

bedfast[bedfɑ:st] *adj.* ដែលដេកជាប់ (ដើរមិនរួច)

bedfellow['bedfeləu] *n.* មនុស្សដេកគ្រែជាមួយគ្នា

bedlam ['bedləm] *n.* ការអ៊ូអែ, ការអ៊ូអរ, ដំណើរច្របូកច្របល់

bedraggled [bi 'drægld] *adj.* ស្រមូស

bedridden['bedridn] *adj.* ដែលដេកនៅតែមួយកន្លែង (ដោយមានជម្ងឺធ្ងន់)

bedroom[bedru:m] *n.* បន្ទប់ដេក

bedsore['bedsɔ:r] *n.* ស្នៀករលាកដោយដេកនៅតែមួយកន្លែង

bedstead['bedsted] *n.* តួគ្រែ

bedtime[bedtaim] *n.* ពេលចូលដេក

bee [bi:] *n.* honey x ឃ្មុំ

stung by a x សត្វល្អិតដែលទិច (ត្រយ៉ោ, ឪម៉ាល់ ។ ល ។)

Id. spelling x ការប្រកួត

beef[1] [bi:f] *n.* (*pl.* beeves) raise x គួនគោ

pound of x សាច់គោ

Coll. excess x សាច់ដុំ, ខ្លាញ់ (មនុស្ស)

beef[2][bi:f] *Sl. iv.* ត្អូញត្អែរ

-n. រឿងដែលត្អូញត្អែរ

beefsteak['bi:fsteik] *n.* សាច់ប៊ីស្តិក

beef[bi:f] *adj.* មាំ, ដែលមានសាច់ដុំ

beehive['bi:haiv] *n.* សំបុកឃ្មុំ

beeline['bi:lain] *n.* ផ្លូវត្រង់

been[bi:n] (*pp. of* be)

beer [biər] *n. Fr:* ប៊ីយែរ *Neol:* ស្រាបៀរ

beeswax['bi:zwæks] *n.* ក្រមួនឃ្មុំ

beet [bi:t] *n.* ដំណាំមួយប្រភេទ (មើមមូលហើយពណ៌ឈាមជ្រូក)

beetle ['bi:tl] *n.* សត្វល្អិតមួយពពួក (អណ្តើកមាស ។ ល ។)

beeves[bi:vz] (*pl. of* beef)

befall [bi 'fɔ:l] (*pt.* befell , *pp,* befallen)

-tv. កើតមានដល់

-iv. កើតឡើង

befit [bi 'fit] *tv.* សម (នឹង)

before [bi 'fɔ:r] *prep.* x the war មុន

x an audience នៅមុខ

-conj. x I go មុននឹង

I' d die b. I' d quit. ខ្ញុំស៊ូស្លាប់ខ្ញុំមិនបោះបង់ចោលទេ

-*adj*. marching x ខាងមុខ

He had no money ពីមុន

I' **ve** done it b. ខ្ញុំធ្លាប់ធ្វើ

as b. ដូចមុន

-*n*. from x ពេលមុន

beforehand [bi 'fɔ:hænd] ***adj., adv.*** ជាមុន

befriend [bi 'frend] ***tv.*** ជួយសង្គ្រោះ

befuddle[bi 'fʌdl] ***tv.*** ធ្វើឱ្យឡប់

beg [beg] ***tv.*** *(pt.,pp.* begged*)*

x (for) pennies សូម, សុំ

x him to do it អង្វរ

b. pardon សូមទោស

-*iv*. សូមទាន (ដើម្បីចិញ្ចឹមជីវិត)

began[bi 'gæn] *(pt. of* begin *)*

beget [bi 'get] ***tv.*** *(pt.pp.* begotten*)* បង្កើត

beggar [,begər] ***n.*** អ្នកសុំទាន

Lit: សូម, សូមទាន, សូមយាចក

-*tv*. ធ្វើឱ្យចុះក្រ

begin [bi 'gi n] ***tv.,iv.*** *(pt.* began, *pp.*begun*)*

When does the play x ? ចាប់លេង

x work ចាប់, ចាប់ផ្ដើម

x talking ចាប់

x a trend ផ្ដើម

beginner[bi 'gi nər] ***n.*** អ្នកទើបចាប់ធ្វើអីមួយ (រៀនលេងបាល់ ។ ល ។) , ជើងថ្មី

beginning[bi gi ni ŋ] ***n.*** begin at the x ដើម

the x of civilization បុព្វសម័យ

Humility is the x of wisdom. មូលដ្ឋាន

begot[bi 'gɔt] *(pt. of* beget*)*

begotten[bi 'gɔtn] *(pp of* beget*)*

begrudge [bi 'grʌʤ] ***tv.*** x him his good fortune ច្រណែន

x him the money ឱ្យដោយស្ទើរស្ទាក់ក្នុងចិត្ត

beguile [bi 'gai l] ***tv.*** លួងលោម ឬបញ្ឆោរ (ដោយចង់បោកប្រាស)

begun[bi gʌn] *(pp. of* begin*)*

behalf [bi 'hɑ:f] ***n.*** on b. of ក្នុងនាមនៃ

in b. of ជាប្រយោជន៍ដល់

behave [bi 'hei v] ***iv.*** x properly ប្រព្រឹត្ត

Did he x ? ធ្វើស្រួលបួល

-*tv*. b. oneself កាន់មាយាទល្អ

behavior [bi 'hei vjər] ***n.*** good xចរិយា

strange x កិរិយា

behaviorism [bi 'hei vzəm] ***n.*** កិរិយានិយម

behead [bi 'hed] ***tv.*** កាត់ក

beheld[bi 'held] *(pt.,pp. of* behold*)*

behind [bi ,hai nd] *pre.* x the house ក្រោយ

b. schedule មិនទាន់ពេលកំណត់

motive x his words កប់នៅក្នុង

-*adv*. come along x ពីក្រោយ

-*adj*. x in his work យឺត

behold [bi 'həuld] ***tv.*** *(pt. , pp .* beheld*)* សង្កេតមើល

-*interj. Lit:* មើលន៍!

beholden [bi 'həuldn] ***adj.*** ដែលជំពាក់គុណ

behoove [bi 'hu:v] ***tv.*** ជាការប្រសើរ (ចំពោះ)

beige [bei z] ***adj.*** ត្នោតខ្ចី (ពណ៌)

-*n*. ពណ៌ត្នោតខ្ចី

being ['bi:i ŋ] ***n.*** He likes b. a soldier. គាត់ចូលចិត្តធ្វើជាទាហាន

with all his b. ទាំងកាយទាំងចិត្ត

living x សត្វលោក

Supreme B. ព្រះអទិទេព

belabor [bi 'lei bər] ***tv.*** x a point អធិប្បាយយ៉ាងវែង

x him with blows វាយហើយវាយទៀត

belated [bi 'lei ti d] *adj.* យឺត

belch [beltʃ] *iv.,tv.* x gas ភើ

volcanoes x lava ព្រួសចេញ

-n. ភើ

beleaguer [bi 'li:gər] *tv.* x the enemy ចោមព័ទ្ធ

Fig. b. with questions ចោមសួរ

belfry ['belfri] *n.* ប៉មដាក់ជួង

belie [bi 'lai] *tv.* បង្ហាញឱ្យឃើញថាខុស

belief [bi 'li:f] *n.* ancient x ជំនឿ

x in friend សេចក្ដីទុកចិត្ត

religious x លទ្ធិ

believe [bi 'li:v] *tv.* x history ជឿ

I x that he' s going គិត, ស្មាន

b. one' s eyes ជឿបាន (អ្វីៗដែលឃើញ)

-iv. b. in (Buddhism) ជឿ

b. in (his honesty) ទុកចិត្តលើ

belittle [bi 'li tl] *tv.* និយាយមើលងាយ

bell [bel] *n.* school x ជួង

cow x ត្រដោក

trumpet x មាត់ (ត្រែ)

-tv. x a cat ពាក់ចង្រ្កងឱ្យ

bellboy['belbɔi] *n.* ក្មេងបម្រើនៅសណ្ឋាគារ

belle-lettres[,bel'letər] *n.* អក្សរសាស្ត្រ

bellingerence[bə'li dʒərənt] *n.* x of the enemy ការរករឿងប្រទូស

answer with b. ឆ្លើយទាំងកំរោល

belligerency [bi 'li dʒərənsi] *n.* ភាពកំពុងមានប្រទុសរាយឬចម្បាំង

belligerent [bi 'li dʒərənt] *adj.* ដែលរករឿងប្រទូស

bellow ['beləu] *iv.* cows x រោទិ៍

x with rage ស្រែក

-tv. b. an order ស្រែកបញ្ជា

-n. សូររោទិ៍

bellows ['beləuz] *n.* ស្នប់ (សម្រាប់ធ្វើឱ្យភ្លើងឆេះ)

belly ['beli] *n.* ពោះ

belong [bi 'lɔŋ] *iv.* books x to me ជារបស់

x to a club ជាសមាជិក

doesn' t b. with the others មិនដូចអ្វីៗឯទៀតដែលនៅជិតខាង

belongings[bi 'lɔ:ŋi ŋ] *n.* អីវ៉ាន់ (របស់អ្នកណាមួយ)

beloved [bi 'lʌvd] *adj.* ជាទីស្រឡាញ់

below [bi 'ləu] *prep.* x the water ក្រោម

He' s x me in rank. ទាបជាង (ស័ក្តិ)

x normal តិចជាងឬមិនដល់

-adv. ខាងក្រោម

belt [belt] *n.* leather x ខ្សែក្រវាត់

corn x ដំបន់

drive x ខ្សែពាន

-tv. x a city ព័ទ្ធជុំវិញ

Coll. x him one ដាល់

bemoan [bi 'məun] *tv.* សោកស្ដាយ

bemused [bi 'mju:zd] *adj.* ភាន់ភាំង

bench [bentʃ] *n.* wooden x កៅអីវែង, ជើងម៉ា

work x តុ (ជាងឈើ ជាងជួស ។ ល ។)

Law elected to the x ឋានៈជាចៅក្រម

bend [bend] *tv.* *(pt.. pp.* bent*)*

x a bar ពត់, ធ្វើឱ្យងឬកោង

x your head ឱន

x his will ប្រែ, ប្ដូរ

-iv. trees x ឡើងកោង, ទោរ

roads x កាច់, បត់បែន

He won' t x. បន្ទន់ទៅតាម

-n. x in the wire កន្លែងកោងឬវៀច

x of the road ទីបត់បែន

beneath [bi 'ni:θ] *prep.* x the table ក្រោម
x me in rank តូចជាង (ស័ក្តិ)
Such conduct is x you. មិនសម
benediction [,beni 'di kʃn] *n.* ការប្រសិទ្ធពរ
benefactor ['beni fæktər] *n.* ឧបការី
benefactress ['beni fæktrəs] *n.* ឧបការិនី
beneficent [be'nefi snt] *adj.* ដែលចូលចិត្តធ្វើអំពើល្អ
beneficiary [,beni 'fi ʃəri] *n.* x of a will អ្នកទទួលមត៌ក
x of an insureance policy អ្នកមានឈ្មោះទទួល
x of his labors អ្នកទទួលផល
benefit ['beni fi t] *n.* for your own x ប្រយោជន៍
fringe x បំណាច់
attend a x ពិធីធ្វើបុណ្យរៃប្រាក់
*-tv. (pt.,pp.*benefitted*)* ជួយផល, មានប្រយោជន៍ដល់
-iv. ទទួលប្រយោជន៍
benevolence [bi 'nevələns] *n.* ចិត្តមេត្តា, ចិត្តប្រណី, សុជនភាព
benevolent [bi 'nevələt] *adj.* ដែលមានចិត្តមេត្តា
benign [bi 'nai n] *adj.* x person ស្លូត
Med. x tumor មិនបណ្តាលឱ្យមានគ្រោះថ្នាក់
bent [bent] *adj.* x stick កោង, ង
x on going ជំនះ, ពំនះ
-n. ការលំអៀង
benzene ['benzi:n] *n. Fr:* បង់ហ្សែន (ឧស្ម័នម្យ៉ាង)
bequeath [bi 'kwi:ð] *tv.* ទុកកេរ្តិ៍ (ឱ្យ)
bequest [bi 'kwest] *n.* កេរ្តិ៍, អំណោយទុកកេរ្តិ៍
berate [bi 'rei t] *tv.* ស្តីបន្ទោសយ៉ាងខ្លាំង
bereave [bi 'ri:v] *tv.* *(pp.* bereft*)* ធ្វើឱ្យលែងមាន
bereaved[bi 'ri:vd] *adj.* ដែលមានអ្នកណាមួយស្លាប់ចោល
bereft [bi 'reft] *adj.* *(pp. of* bereave*)*
x of land ដែលអស់ពីខ្លួនលើង
x of his mother ដែល (អ្នកណាមួយ) ស្លាប់ចោល
beret ['berei] *n. Fr:* បេរេ, មួកកន្ទឹប
beriberi [,beri 'beri] *n.* រោគស្ពឹក
berry ['beri] *n.* ផ្លែឈើតូចៗ
-iv. មានផ្លែ (សម្រាប់តែរុក្ខជាតិដូចជាមន)
berserk [bə'sɜ:k] *adj.* ឆ្កួត
berth [bɜ:θ] *n.* upper x គ្រែម្យ៉ាង (ក្នុងនាវារទេះភ្លើង ។ល។)
ship' s x ទីនាវាចត
-tv. Naut. ចត (នាវា)
beseech [bi 'si:ʧ] *tv.* អង្វរករ
beset [bi 'set] *tv. (pt.,pp.*beset*)* ឡោមវាយ
Fig. រំខានឥតឈប់ឈរ
besetting[bi 'seti ŋ] *adj.* ដែលរំខានឥតឈប់ឈរ
beside [bi 'sai d] *prep.* sit x me ចំហៀង
put it x the tree នៅជិត
b. the point ក្រៅប្រធាន, ឥតទាក់ទង
b. oneself រំជួលចិត្តយ៉ាងខ្លាំង
besides [bi 'sai dz] *prep.* ក្រៅពី
-adv. x, I don' t want to go . ម្យ៉ាងទៀត
study and work x ផង
besiege [bi 'si:ʤ] *tv.* ឡោមព័ទ្ធជុំវិញ
besmear [bi 'smi ər] *tv*. x one' s hand ធ្វើឱ្យប្រឡាក់
x his reputation ធ្វើឱ្យខូច, ធ្វើឱ្យអាប់
besmirch [bi 'smɜ:ʧ] *tv.* ធ្វើឱ្យខូច, ធ្វើឱ្យអាប់
best [best] *(superl. of* good*)*
-adj. the x one ល្អជាងគេ, ដាច់គេ
the x way to go ស្រួលជាងគេ
the b. part of (an hour) ភាគច្រើន
-adv. do it x ល្អជាងគេ
had b. គួរតែ

-*n.* x of the crop អ្វីៗដែលល្អជាងគេ

at one's b. មានកម្លាំងកំហែង, ស្រួលខ្លួន

at b. យ៉ាងសៀងណាស់

get the b. of (s.o) ឈ្នះ

make the b. of it ឆ្លៀតទៅ

Perhape it' s all for the b. ប្រហែលវាម្យ៉ាងដែរ

-*tv.* លើស, ឈ្នះ

best-seller[best'selər] ***n.*** សៀវភៅលក់ដាច់ច្រើន

bestial ['besti əl] ***adj.*** ដូចសត្វ, ព្រៃផ្សៃ

bestiality [,besti 'æləti] ***n.*** x of his nature ភាពព្រៃផ្សៃ

practice of x ការសេពមេថុននឹងសត្វ

bestow [bi 'stəu] ***tv.*** ឱ្យ, ធ្វើអំណោយ

bet [bet] ***n.*** make a x ការភ្នាល់

increase the x ចំនួនអ្វីៗដាក់ភ្នាល់

-*tv.* x money ភ្នាល់, ដាក់អ្វីៗភ្នាល់

I x he' ll go. ស្មាន

-*iv.* លេងល្បែងភ្នាល់

betel ['bi:tl] ***n.*** betel leaf ម្លូ

betel nut ស្លា

betray [bi 'trei] ***tv.*** x one' s country ក្បត់

x a secret បញ្ចេញឱ្យគេដឹង

betrayal [bi 'trei əl] ***n.*** ការក្បត់

betroth [bi 'trəuð] ***tv***. កំជាប់ពាក្យ (សន្យាថា នឹងរៀបការជាមួយ)

betrothed[bi 'trəuðd] ***adj.*** ដែលកំជាប់ពាក្យហើយ

-*n.* ស្រីឬប្រុសដែលកំជាប់ពាក្យហើយ

better ['betər] ***adj*** . *(comp. of* good*)*

x car ល្អជាង

x plan ប្រសើរជាង

b. part (of an hour) ភាគច្រើន

b. off គ្រាន់បើជាង

-*adv.* He does it x. ល្អជាង

had b. គួរ, គប្បី

think b. of សម្រេចចិត្តធ្វើផ្ទុយ

-*n.* x of two choices អ្វីដែលល្អជាងអ្វីមួយទៀត

get the b. of ឈ្នះ

-*tv.* x oneself ធ្វើឱ្យប្រសើរឡើង

x his record លើស

between [bi 'twi:n] ***prep.*** x two points ចន្លោះ

be b. jobs ឥតការធ្វើ

(have $5) b. them ទាំងពីរនាក់

b. 15 and 20 ពីដប់ប្រាំទៅម្ភៃ

bevel ['bevl] ***n.*** join at a x ជ្រុងទេរ, ច្រុងមុខ ពន្លាក, ជ្រុងបញ្ឆិត

use a x ប្រដាប់គូសមុម

-*tv.* កាត់ជ្រុងមុខពន្លាក

beverage ['bevəri dʒ] ***n.*** ភេសជ្ជៈ

beware [bi 'weər] ***iv., tv.*** ប្រយ័ត្ន (នឹងអ្វីមួយ)

bewilder [bi 'wi ldər] ***tv.*** ធ្វើឱ្យសុញគំនិត, ធ្វើឱ្យខ្សប់

bewich [bi 'wi tʃ] ***tv.*** witches x ដាក់អំពើ

her charms x ធ្វើឱ្យត្រេកត្រអាល

beyond [bi 'jɔnd] ***prep*** . x the mountains ខាងនាយ

b. help ជួយលែងកើតហើយ, អស់ជួយកើតហើយ

x the deadline ក្រោយ

-*adv.* go b. ទៅហួស

the great x លោកឯនាយ, បរលោក

bi [,bai] - ***pref.*** បុព្វបទដែល មានន័យថា «ពីរ », ឧ. monthly រាល់ខែ > bimonthly ; រាល់ពីរខែ

bias ['bai əs] ***n.*** liberal x ភាពលំអៀងទៅខាងម្ខាង

cut on the b. កាត់បញ្ឆិតឬបញ្ឆៀង

-*tv.* ធ្វើឱ្យលំអៀង

biased['bai səd] ***adj.*** x opinoin លៀង

x cut បញ្ឆិត, បញ្ឆៀង

bib [bi b] *n.* ស្រងក, សម្រងក
Bible ['bai bl] *n.* គម្ពីរគ្រិស្តសាសនា
biblical ['bi bli kl] *adj.* នៃគម្ពីរគ្រិស្តសាសនា
bibliographer [ˈbi bli ˈɔgrəfər] *n.* អ្នកគន្ថនិទ្ទេស
bibliography [,bi bli ˈɔgrəfi] *n.* គន្ថនិទ្ទេស
bicameral [,bai ˈkæmərəl] *adj.* ដែលមានសភាពីរ
biceps [ˈbai seps] *iv.* ប៊ីសិប, សាច់ដុំដើមដៃ
bicker [ˈbi kər] *iv.* ប្រឈ្លោះគ្នា
-*n.* ជម្លោះ
bicuspid[bi kjuspi d] *n.* ថ្គាមមុខ
bicycle [ˈbai si kl] *n.* កង់
Lit: ទោចក្រយាន
bid[1] [bi d] *tv.* (*pt.* bade, *pp.* bidden)
x him to បញ្ជោរ
b. farewell លា
bid[2][bi d] *iv.,tv.* (*pt.,pp.* bid) ដេញថ្លៃ
-*n.* តម្លៃដេញថ្លៃ
bide [bai d] *iv.,tv.* ចាំ, រង់ចាំ
biennial [bai ˈeni əl] *adj.* ដែលមានឡើងពីរឆ្នាំម្តង
bier [bi ər] *n.* គ្រែមឈូស
bifocals [,bai ˈfəukl] *n.* វ៉ែនតាមង៉្រាង (សម្រាប់មើលជិតក៏បានឆ្ងាយក៏បាន)
big [bi g] *adj.* x house ធំ
x man about town មានមុខមាត់
x news សំខាន់
b. talker មនុស្សសំដីគយរ
b. heart ចិត្តសប្បុរស
-*adv.* *Coll.* talk b. អួត
bigamist [ˈbi gəmi st] *n.* មនុស្សមានប្រពន្ធឬប្តីពីរខុសច្បាប់
bigamy [ˈbi gəmi] *n.* ភាពមានប្រពន្ធឬប្តីពីរ (ខុសច្បាប់)
big-hearted[bi ghaɑ:td] *adj.* ចិត្តល្អ, សប្បុរស
bigot [ˈbi gət] *n.* មនុស្សប្រកាន់ថាខ្លួនត្រូវឬគ្រាន់បើ
Lit: អាធានគ្គាហី

bigotry [ˈbi gətri] *n.* អាធានគ្គាហិភាព
bike [bai k] *n.* *Coll.* កង់ ឬ ទោចក្រយានយន្ត
bilabial [,bai ˈlei bjəl] *adj.* ដែលបន្លឺដោយប្រើបបូរមាត់ទាំងពីរ
-*n.* សូរបន្លឺឡើងដោយប្រើបបូរមាត់ទាំងពីរ
bilateral [,bai ˈlætərəl] *adj.* x symmetry ឧបតោភាគី
x agreement ទ្វេភាគី
bile [bai l] *n.* ទឹកប្រម៉ាត់
bilge [bi ldʒ] *n.* ship' s x បាត
b. water ទឹកបាតនាវា
Coll. That' s a lot of b.! អូ! តែផ្តេសផ្តាស !
bilingual [bai ˈli ŋgwəl] *adj.* ដែលនិយាយភាសាពីរបាន, ដែលចេះភាសាពីរ
bill[1] [bi l] *n.* restaurant x សំបុត្រគិតលុយ
electricity x លិខិតរាយមុខប្រាក់បំណុល
$5.00 x ក្រដាសប្រាក់
Govt. legislative x គម្រោងច្បាប់
theater x កម្មវិធី (ល្ខោន)
b. of sale វិកយបត្រ, តួ
b. of fare បញ្ជីរមុខម្ហូប
b. of lading បញ្ជីឈ្មោះទំនិញដឹកនាំ
b. of rights កម្រងសិទ្ធជន
-*tv.* x me for the charges ផ្ញើវិកយបត្រ
x a new actor ផ្សា
bill[2][bi l] *n.* ចំពុះ
-*iv.* ប្រចឹកគ្នា
billboard[ˈbi lbɔ:d] *n.* ផ្ទាំងប្រកាស
billet [ˈbi li t] *n.* លំនៅបណ្តោះអាសន្នសម្រាប់ទាហាន
-*tv.* ឱ្យ (ទាហាន) សំចតនៅបណ្តោះអាសន្ន
billfold[ˈbi lfəuld] *n.* កាបូប
billion [ˈbi li ən] *n.* មួយរយកោដិ(១០០០,០០០,០០០)

billionaire[,bi ljə'neər] *n.* អ្នកមានលុយរាប់រយកោដិ

billow ['bi ləu] *n.* រលកធំៗ

-*iv.* រដួល, មានរលកធំៗ

billi goat ['bi li gəut] *n.* ពពែឈ្មោល

bin [bi n] *n.* ជង្រុកដាក់ស្រូវ ពោត ដំឡូង។ល។

-*tv.* ដាក់ជង្រុក

binary ['bai nəri] *adj.* ទ្វិភាគ

bind [bai nd] *tv.* (*pt., pp.* bound)

x one' s wounds រុំ, ប៉ង់ស៊ង់

x two sticks together ចង

bound (by duty) ត្រូវបង្ខំ (ដោយអ្វីមួយ)

x a purchase (by a deposit) កក់លុយ

x a book ចង (សៀវភៅ)

-*iv.* ជាប់

-*n.* x in an axle ដំណើរជាប់

Coll. in a b. មានបញ្ហា

binder[bai ndər] *n.* legal x អ្វីៗដែលចង

book x អ្នកចង (សៀវភៅ)

loose-leaf x គ្រឿងភ្ជាប់ (សន្លឹកក្រដាស) ឱ្យនៅផ្ដុំគ្នា

Agri. Wheat x ម៉ាស៊ីនច្រូតស្រូវហើយចងជាកណ្ដាប់

bindery[bai ndəri] *n.* រោងចក្រដេរសៀវភៅ

binding[bai di ŋ] *n.* x of a bale ខ្សែសម្រាប់ចង

x of a book ក្រប

-*adj.* contract is x ដែលមិនអាចទុកជាមោឃៈ

binocular [bai 'nɔkjulər] *dj.* ដែលប្រើភ្នែកទាំងពីរ

-*n. pl.* កែវយឺត

binomial [bai 'nəumi əl] *n.* ទ្វិធា

binochemistry [,bai əu'kemi stri] *n.* ជីវគីមី

biographer [bai 'ɔgrəfər] *n.* អ្នកនិពន្ធជីវប្រវត្តិ

biographic,-cal [,bai ə'græfi k] *adj.* នៃជីវប្រវត្តិ

biography [bai 'ɔgrəfi] *n.* ជីវប្រវត្តិ

biological [,bai ə'lɔʤi kl] *adj.* នៃជីវសាស្ត្រ

biologist [bai 'ɔləʤi st] *n.* អ្នកជីវសាស្ត្រ

biology [bai 'lɔləʤi] *n.* ជីវសាស្ត្រ

bipartisan [,bai pɑ:ti 'zæn] *adj.* របបក្សទាំងពីរ

bipartite[,bai pɑ:ti t] *adj.* ដែលមានពីរចំណែក

biped ['bai ped] *n.* សត្វជើងពីរ

biplane ['bai plei n] *n.* យន្តហោះស្លាបពីរជាន់

bird [bɜ:d] *n.* សត្វស្លាប

Lit: សកុណជាតិ, បក្សី

Sl. a queer b. មនុស្សប្លែក

Sl. go out with a x ស្រី

birdlime[bɜ:dlai m] *n.* ជ័រលាម (សម្រាប់ដាក់ឱ្យជាប់សត្វ)

bird' s-eye[bɜ:dai] *adj.* x view ពីលើ

x history សង្ខេប

birth [bɜ:θ] *n.* x of a son ការកើត

give b. *Gen:* សម្រាលកូន

From: ឆ្លងទន្លេ

Coarse: កើតកូន

Roy: ប្រសូត

of concubines: សម្ភព

of animals: កើតកូន

Cambodian by x កំណើត

x of freedom ដើមកំណើត

b. control ការធ្វើកុំឱ្យមានកូន

birthday['bɜ:θdei] *n.* ថ្ងៃខួប

birthmark['bɜ:θmɑ:k] *n.* ផ្នូក , ឆ្មៅ

birthplace['bɜ:θplei s] *n.* his x ស្រុកកំណើត

x of freedom ទីកំណើត

birthrate['bɜ:θrei t] *n.* ជាតប្បមាណ

bicuit['bi ski t] *n. U.S.* នំបុ័ងតូចៗម្យ៉ាងប៉ុនៗកដៃ

Brit: នំប៊ីស្ស៊ី

bisect [bai 'sekt] *tv.* កាត់ជាពីរ

-*iv.* បែកជាពីរ

bisector[bai 'sektər] ***n.*** សមខ្សមុម

bishop['bi ʃəp] ***n.*** អេវេក

bistro['bi:strəu] ***n.*** ភោជនីយដ្ឋានតូចៗ

bit[1][bi t] ***n.*** have a b. of tea ញុំតែបន្តិច

hasn't a b. of money គ្មានប្រាក់សោះ

-*adv.* a b. hot ក្តៅបន្តិច

wait a b. ចាំមួយភ្លែត

don't like it a b. មិនចូលចិត្តបន្តិចសោះ

bit[2][bi t] ***n.*** horse's x បង្ហៀ (គ្រឿងបង្ហៀរសេះ)

brace and x ដែកខួង ឬ ស្វាន ។ល។

bit[3][bi t] *(pt. of bite)*

bich[bi tʃ] ***n.*** brown and white x ឆ្កែញី

Vulg. She's a real x. ស្រីឆ្នាស (ពាក្យអាសគ្រាម)

Sl. What's your x? រឿងត្អូញត្អែរ

-*iv. Sl.* don't x ត្អូញត្អែរ

bite[bai t] ***tv.*** *(pt.* bit. *pp.* bitten *)*

x an apple ខាំមួយក្រុប

dogs x people ខាំ (ឆ្កែ)

snakes x people ចឹក

-*iv.* fish won't x ស៊ី (នៅពេលស្ទូចត្រី)

Id. He didn't x. ចូលសិង (អ.ប.)

-*n.* dog x ការខាំ

snake x ការចឹក

have a b. to eat បរិភោគបន្តិចបន្តួច

take a x ម៉ាត់

Fishing get a x ការចឹកនុយ (ត្រី)

Mech. x of wrench ការគាប

biting[bi ti ŋ] ***adj.*** មុត, យ៉ាងមុត

bitten['bi tn] *(pp. of* bite *)*

bitter['bi tər] ***adj.*** x medicine ល្វីង

x apple ចត់

x words យ៉ាងជូរចត់

x cold ខ្លាំង, ដល់ឆ្អឹង (ត្រជាក់)

feel x ឈឺចាប់ (ក្នុងចិត្ត) ខ្លាំង

bivalve['bai vælv] ***n.*** ទ្វិបួជ (សត្វចំពួកពួកលៀស ឬ គ្រុំ)

bivouac['bi vuæk] ***n.*** ជំរុំបណ្តោះអាសន្ន

-*iv.* បោះជំរុំ, សំចត

bizarre[bi 'zɑ:r] ***adj.*** ប្លែក

black[blæk] ***adj.*** x dog ខ្មៅ

x race ដែលមានស្បែកខ្មៅ

x mood ដែលតប់ប្រមល់ខ្លាំង

x coffee ខ្មៅ, ឥតមានដាក់ទឹកដោះគោ

have a b. eye ជាំភ្នែក

b. list បញ្ជីស្បែកខ្មៅ

b. magic ធ្មប់

b. market ផ្សារងងឹត

Id. b. sheep មនុស្សដែលនាំឱ្យខូចកិត្តិយស

-*n.* He likes x. ពណ៌ខ្មៅ

He is a x. មនុស្សស្បែកខ្មៅ

Id. in the b. ដែលចំណូលច្រើនជាងចំណាយ

-*tv.* x his boots លាបពណ៌ខ្មៅ

b. out (a town) ពន្លត់ភ្លើង (ទាំងអស់)

-*iv.* b. out សន្លប់

black-and-blue [blæk ənd blu:] ***adj.*** ជាំ

blackball['blækbɔ:l] ***tv.*** បង្ខូចឈ្មោះ

blackberry['blækbəri] ***n.*** រុក្ខជាតិម្យ៉ាងមានផ្លែដូចផ្លែមន

blackbird['blækbɜ:d] ***n.*** សត្វចំពួកសារិកាកែវ

blackboard['blækbɔ:d] ***n.*** ក្តារខៀន

blacken['blækən] ***tv.*** ធ្វើឱ្យខ្មៅ

-*iv.* ទៅជាខ្មៅ

blackhead['blækhed] ***n.*** អាចម៍រុយ

blacking ['blæki ŋ] ***n.*** ស៊ីរ៉ាខ្មៅ

blackmail['blækmei l] ***tv.*** គំរាមរកប្រយោជន៍

-n. ការគំរាមរកប្រយោជន៍

blackout['blækaut] ***n.*** city-wide x ការពន្លត់ភ្លើង

mental x ដំណើរសន្លប់, ដំណើរបាត់ស្មារតី

blacksmith['blæksmiθ] ***n.*** ជាងដែក

Lit: ពេព្ភការ

bladder['blædər] ***n.*** *Lit:* មុត្តាស័យ

Gen: ក្រពះនោម, ថង់មូត្រ, ប្លោកនោម

blade[bleid] ***n.*** x of knife ផ្លែ

x of grass ធាង, ស្លឹក

blame[bleim] *tv.* បន្ទោស

-n. ទោស

blanch[blɑ:ntʃ] ***tv.*** ស្រុរ, សំអុស, ធ្វើឱ្យស

-iv. ឡើងស, ឡើងស្លេក

bland[blænd] ***adj.*** x food ប្រលែត, សាប

x weather ស្រួល

x personality គ្មានអ្វីគួរឱ្យចាប់អារម្មណ៍

blank[blæŋk] ***adj.*** x paper ស, ឥតមានសរសេរអ្វី

x check មិនទាន់ដាក់ចំនួនទឹកប្រាក់

x wall ដែលគ្មានបិទអ្វី

x look ស្លី

x verse គ្មានចុងចួន

-n. fill in the x កន្លែងដែលគ្មានសរសេរអ្វី

mind is a b. ដែលគិតអ្វីមិនឃើញ

(shoot) blanks គ្រាប់កាំភ្លើងមានតែរំសេវទទេ

-tv. b. out បំភ្លេចចោល

-iv. b. out គិតអ្វីមិនឃើញ

blanket['blæŋkit] ***n.*** woolen x ភួយ

have a b. of snow មានទឹកកកពាសពេញ

b. of secrecy ការបំបិទបំបាំង (អ.ប.)

-tv. x a horse ដណ្តប់ភួយឱ្យ

x with snow គ្របដណ្តប់ (អ.ប.)

-adj. x accusation ដែលសរុបទាំងអស់

blare[bleər] ***tv.*** , ***iv.*** លាន់រំពង, ខ្ទរខ្ទារ

-n. សូរលាន់រំពង

blesé['blɑ:zei] ***adj.*** ដែលជិនណាយ

blaspheme[blæs'fi:m] ***tv.*** , ***iv.*** ប្រមាថ

blasphemy['blæsfəmi] ***n.*** ពិសិដ្ឋប្រមាថ

blast[blɑ:st] ***n.*** x of air សន្ទុះខ្លាំង

x of a trumpet សូរឡើងយ៉ាងខ្លាំង

dynamite x ការផ្ទុះ

x to our hopes ការធ្វើខ្ចាត់អស់

-tv. x air បាញ់

x a trumpet ផ្លុំឱ្យឡើងយ៉ាងខ្លាំង

x rock ធ្វើឱ្យផ្ទុះបែកខ្ចាយ

x one's hopes ធ្វើឱ្យបាត់អស់

blatant['bleitnt] ***adj.*** x tone ដែលធ្វើឱ្យស្រគៀរត្រចៀក

x dishonesty ឥតលាក់លៀម

blaze[1][bleiz] ***n.*** destroyed in the x ភ្លើងឆេះ

x of the sun ពន្លឺដ៏ក្តៅ

x of anger ការឆេះឡើង (អ.ប.)

-iv. fires x ឆេះគ្រហោលឡើង

blaze[2][bleiz] ***tv.*** x a trail កាប់ឬឆូតដើមឈើជាសញ្ញា

-n. សញ្ញាកាប់លើដើមឈើសម្រាប់ប្រាប់ផ្លូវនៅក្នុងព្រៃ

blazer['bleizər] ***n.*** school x អាវធំ (ជាឯកសណ្ឋាន)

hot dish b. ឆ្នាំងភ្លើង

blesch[bli:tʃ] ***tv.*** ធ្វើឱ្យស

-iv. ឡើងស

-n. ថ្នាំធ្វើឱ្យស

bleachers['bli:tʃər] ***n.*** កន្លែងអង្គុយមើលការប្រកួតប្រជែង

bleak[bli:k] ***adj.*** x landscape សោះកក្រោះ

x day ងងឹតអាប់អួរ

x prospect ដែលគ្មានអ្វីនឹងធ្វើឱ្យមានសង្ឃឹម

x expression ស្រៀមស្រគ្រោះ

bleat[bli:t] ***iv.*** ស្រែក (ចៀម)

-n. សម្រែកចៀម

bleed[bli:d] ***iv.*** *(pt. . pp.* bled *)*

x profusely ចេញឈាម

saps x from a tree ជ្រៀបចេញ

-tv. x a patient សម្រក់ឬបង្ហូរឈាមចេញ

Sl. x him dry គាបយកប្រាក់

blemish['blemi ʃ] ***tv.*** x a page ធ្វើឱ្យប្រឡាក់

x a reputation ធ្វើឱ្យអាប់, ធ្វើឱ្យសៅហ្មង

-n. x on an apple ស្នាមជាំ

x on furniture ស្នាម

x on his honor ដំណើរសៅហ្មង (កេរ្តិ៍ឈ្មោះ)

blend[blend] ***tv.*** x ingredients លាយ, ច្របូកគ្នា

x two qualities បញ្ចូល

-iv. colors don' t x ស៊ីគ្នា

b. in (with the crowd) ចូលឡូកឡំ

-n. អ្វីៗដែលលាយចូលគ្នា

bless[bles] ***tv.*** ឱ្យពរ, ប្រសិទ្ធិពរ

blessing['blesi ŋ] ***n.*** ការប្រសិទ្ធិពរ

blew[blu:] *(pt. of* blow*)*

blight[blai t] ***n.*** potato x ជម្ងឺរុក្ខជាតិម្យ៉ាង

x on civilization អ្វីៗដែលបណ្តាលឱ្យវិនាសអន្តរាយ

-tv. ធ្វើឱ្យវិនាសអន្តរាយ

blimp[bli mp] ***n.*** បាឡុងហោះម្យ៉ាងមានផង្ហាល់

blind[blai nd] ***adj.*** x person ខ្វាក់

b. to reason មោហ៍បាំង

x obedience ទាំងងងឹតងងល់, ដែលឥតពិចារណា

(go down a) b. alley ផ្លូវទាល់, ផ្លូវកំបុត

Fig. (lead was a) b. alley ដំណើរមិនបាន ប្រយោជន៍អ្វី

b. date ការដែលប្រុសស្រីចេញដំណើរលេងជាមួយគ្នា ដោយឥតបានស្គាល់គ្នាជាមុន

-n. window x រនាំង

duck x សំណាងសម្រាប់ពួនបរបាញ់សត្វ

-tv. x him with acid ធ្វើឱ្យខ្វាក់

x him to the truth ធ្វើឱ្យស្រវាំងភ្នែក (អ.ប.)

blindly[blai ndli] ***adv.*** ដោយឥតពិចារណា

blindfold['blai ndfəuld] ***tv.*** ចងមុខ

-n. វត្ថុសម្រាប់ចងមុខ (កុំឱ្យមើលឃើញ)

blink[bli ŋk] ***tv.*** x the eyes ពព្រិច

x a light ធ្វើឱ្យភ្លឺបភ្លែតៗ

-iv. eyes x ពព្រិច, ព្រិប

traffic lights a ភ្លឺបភ្លែតៗ

b. at (misdeeds) ធ្វើជាមិនដឹង

-n. b. of the eye ការពព្រិចភ្នែក

x of the light ដំណើរភ្លឺបភ្លែតៗ

blinker[,bli ŋkər] ***n.*** traffic x ភ្លើងភ្លឺបភ្លែតៗ

horse x របាំងភ្នែក

bliss[bli s] ***n.*** បរមសុខ

blister['bli stər] ***n.*** ពង (លើបាតដៃ ។ល។)

-tv. ធ្វើឱ្យឡើងប៉ោងៗ (តូចៗ)

-iv. ពង, ឡើងពង

blithe[blai ð] ***adj.*** សប្បាយ, រីករាយ

blitz[bli ts] ***n.*** ការវាយប្រហារព្រិបៗ

-tv. វាយប្រហារព្រិបៗ

blizzard['bli zəd] ***n.*** ព្យុះទឹកកក

bloat['bləut] ***tv.*** x the stomach ធ្វើឱ្យប៉ោង, បំប៉ោង

x his pride ក្រអឺតក្រអាង, បំប៉ោង

-*iv.* ឡើងប៉ោង

-*n.* ជម្ងឺប៉ោងពោះ (សត្វ)

blob[blɔb] ***n.*** ស្នាមស្រមក

bloc[blɔk] ***n.*** ប្លុក (ឧ.ប្លុកកុម្មុយនិស្ត)

block[blɔk] ***n.*** x of wood ដុំ (ធម្មតាបួនជ្រុង)

city x ផ្នែកនៃទីក្រុងដែលមានផ្លូវព័ទ្ធជុំវិញ

one x away ផ្លូវ

x of seats មួយដុំជាប់ៗគ្នា

chopping x ជ្រុញ

Mech. x and tackle រ៉ក

a x to progress ឧបសគ្គ

-*tv.* x the road បិទ, ខ្ទប់, ឃាំង

x his view បាំង, បំបាំង

b. up (a statue) ដម្កល់លើ

b. up (an opening) ភ្ជិតនឹង

b. out (sound) ធ្វើមិនឱ្យឮ

b. out a plan រៀបចំផែនការ, រាយបួង

-*adj.* *Printing* b. letter អក្សរធំៗ (ធម្មតាបួនជ្រុង)

blockade[blɔ'kei d] ***n.*** ការបិទផ្លូវមិនឱ្យចេញចូល

blockhead['blɔkhed] ***n.*** មនុស្សល្ងីល្ងើ

blockhouse['blɔkhuas] ***n.*** ប៉ុកគូស

blond[blɔnd] ***adj.*** ដែលមានសក់សម្បុរទង់ដែង

-*n.* មនុស្សមានសក់សម្បុរទង់ដែង

blood[blʌd] ***n.*** human x ឈាម

Lit: លោហិត

Roy: ព្រះលោហិត

related by b. ដែលមានត្រកូលតែមួយ

in clod b. ដោយឥតអាណិតអាសូរ

b. pressure សម្ពាធឈាម

b. relatives បងប្អូនត្រកូលតែមួយ

b. vessel សរសៃឈាម

bloodshed['blʌdʃed] ***n.*** ការបង្ហូរឈាម, ការកាប់សម្លាប់

bloodshot['blʌdʃɔt] ***adj.*** ក្រហមឆ្អាំង, ក្រហមព្រាំង

bloodsucker['blʌd'sʌkər] ***n.*** សត្វជញ្ជក់ឈាម (មានឈ្លើងជាដើម)

bloodthirsty['blʌdeɜ:sti] ***adj.*** ដែលចូលចិត្តបង្ហូរឈាម

bloody['blʌdi] ***adj.*** x shirt ប្រឡាក់ឈាម

x battle ដែលមានការកាប់សម្លាប់ជាច្រើន, យ៉ាងកំណាច

Fig. have b. hands ជាអ្នកបង្ហូរឈាម

-*tv.* (*pt.* , *pp.* bloodied) ធ្វើឱ្យចេញឈាម

bloom[blu:m] ***n.*** flower b. ផ្កា

in b. កំពុងផ្កា

in the b. of youth ទឹកដមបឋមវ័យ

-*iv.* flowers x មានផ្កា

buds x រីក

hopes x កើតមានឡើង

blooming['blu:mi ŋ] ***adj.*** x roses ដែលកំពុងផ្កា

x health ល្អណាស់

x poet ដែលកំពុងចំរើនល្អណាស់

blossom['blɔsem] ***n.*** ផ្កា

-*iv.* trees x ផ្កា

x into womanhood ពិតពេញរូបពេញរាង

blot[blɔt] ***n.*** ink x ស្នាមប្រឡាក់

x on his record ស្លាកស្នាម (អ.ប.)

-*tv.* (*pt.* , *pp.* blotted)

x the paper ធ្វើឱ្យប្រឡាក់

x ink ផ្ចិត (នឹងក្រដាសផ្ចិត)

x his record ធ្វើឱ្យមានស្លាកស្នាម

b. out (disease) បំបាត់

b. out a memory បំភ្លេច

-*iv.* ជាម

blooter[blɔtər] ***n.*** ink x ក្រដាសផ្ចិត

sales x បញ្ចាំ

blouse[blauz] ***n.*** អាវស្រី (ត្រឹមចង្កេះ)

blow[1][bləu] *tv.* *(pp.*blew *,pp.*blown *)*

x a trumpet ផ្លុំ

x a car horn ច្របាច់, ចុច

b. one' s nose ញើសសំបោរ

b. away (a paper) ធ្វើឱ្យប៉ើង

b. out (a tire) ធ្វើឱ្យផ្ទុះ (កង់ឡាន)

b. up (a building) ធ្វើឱ្យផ្ទុះបែកខ្ទាយ

b. up (a balloon) ធ្វើឱ្យប៉ោងឡើង

-iv. winds x បក់

Lit: ផាយផាត់

whistles បន្លឺសូរ

(tires) b. out ផ្ទុះ, បែក (កង់ឡាន)

(fuses) b. out ឆេះ, ដាច់

b. over ស្ងប់

(buildings) b. up ផ្ទុះបែកខ្ទាយ

(storms) b. up បោកបក់ឡើង

(He) blew up. ច្រឡោត

blow[2][bləu] ***n.*** x of x hammer ការវាយ

a x to his plans ដំណើរខកខាន

at one b. តែម្តង

come to blows លុះដល់ទៅវាយតប់គ្នា

blowgun[bləugʌn] ***n.*** កំភ្លោះ

blown[bləun] *(pp. of* blow *)*

blowout[bləu aut] ***n.*** ការផ្ទុះកង់

blowtorch[bləutɔ:tʃ] ***n.*** ប្រដាប់ផ្សារម្យ៉ាងប្រើឧស្ម័ន

blowup[bləu ʌp] ***n.*** x of a building ការផ្ទុះឬធ្វើឱ្យផ្ទុះបែកខ្ទាយ

x of temper ការច្រឡោត

x of picture រូបពង្រីក

blubber[1]['blʌbər] ***n.*** ខ្លាញ់ត្រីបាឡែន

blubber[2]['blʌbər] *iv.* យំអណ្តឹតអណ្តក់

bludgeon['blʌʤən] ***n.*** ព្រនង់

-tv. វាយនឹងព្រនង់

blue[blu:] *adj.* x sky ខៀវ

x with cold ស្លេកស្លក់

x mood ព្រួយ, ស្រងូតស្រងាត់

b. blood ពូជអភិជន

-n. ពណ៌ខៀវ

-tv. ធ្វើឱ្យឡើងខៀវ

blueprint['blu'pri nt] ***n.*** architec' s x ប្លង់ (អាគារ)

x for action ផែនការ

-tv. ធ្វើប្លង់

blues[blu:z] ***n. pl.*** have the b. ស្រងូតស្រងាត់

Jazz play x បទភ្លេងអណ្តែតអណ្តូង

bluff[1][blʌf] *tv.* x the enemy កម្លា

x bravery ធ្វើជាមាន

-n. a Poker x ការកម្លា, ការសម្លុត

He' s a x. មនុស្សដែលនិយាយកម្លា

bluff[2][blʌf] ***n.*** ច្រាំង

-adj. ម៉ាត់ៗ

bluing, blueing[blui ŋ] ***n.*** ម៉ូរ៉េង

blunder['blʌndər] ***n.*** កំហុសផ្តេសផ្តាស, កំហុសចោលម្សៀត

-iv. ធ្វើផ្តេសផ្តាស, ធ្វើចោលម្សៀត

blunt[blʌnt] ***adj.*** រិល, ទាល

x words ចំៗ

-tv. x an attack បង្អាក់

x the taste ធ្វើឱ្យស្លេកុ

blur[blɜ:r] ***tv.*** *(pt. , pp.* blurred*)*

-iv. ឡើងព្រិល, ទៅជាព្រិល

blurt[blɜ:t] ***tv.*** របូតមាត់

blush[blʌʃ] *iv.* មុខក្រហម

-n. មុខក្រហម

bluster['blʌstər] *iv.* winds x បក់បោកយ៉ាងខ្លាំង

(He' s just) blustering. ក្អេងក្អាង

-*n.* x of the wind ដំណើរបក់បោកយ៉ាងខ្លាំង

boa['bəuə] ***n.*** ថ្លាន់

boar[bɔːr] ***n.*** ជ្រូកឈ្មោលឥតក្រៀវ

wild b. ជ្រូកព្រៃ

board[bɔːd] ***n.*** wooden x ក្ដារ

x of directors ក្រុមប្រឹក្សា, គណៈ

bed and x បាយ, អាហារ

on b. នៅក្នុង (នាវា យន្តហោះ)

-*tv.* x (up) a door វាយក្ដារភ្ជិត

x a ship ឡើង (កប៉ាល់ រទេះភ្លើង)

x guests ឱ្យម្ហូបអាហារបរិភោគ

-*iv.* (The ship) is boarding (now). កំពុងត្រូវឱ្យមនុស្សឡើងជិះ

x at a restaurant យកបាយខែឬអាទិត្យ

boast [bəust] ***iv.*** He likes to x. អួត

b. of (his strength) អួតអំពី

-*tv.* (town) boasts (a new school) មេម, មៀ (នឹង)

-*n.* អំនួត, ការអួត

boat[bəut] ***n.*** *1. small, motorless* ទូក

2. motor launch: កាណូត

3. ocean-going: កប៉ាល់ឬនាវា

4. motorless junk: សំពៅ

Lit: វារិយាន

gravy x ចានរាងដូចទូក

Id. in the same b. ដូចគ្នា

-*iv.* ជិះទូកលេង

-*tv.* ដឹកនាំនឹងទូកឬនាវា

bob[1] [bɔb] ***iv., tv.*** *(pt., pp.* bobbed*)* មុជងើបៗ

-*n.* a x of the head ការមុជងើបៗ

a fishing x កំសួល

bob[2][bɔb] ***n.*** សក់កាត់យ៉ាងខ្លី (ស្រីៗ)

-*tv.* *(pt., pp.* bobbed*)* កាត់ឱ្យខ្លី (សប់)

bobbin['bɔbin] ***n.*** ក្រសាល់, ខ្នារ

bobby pin['bɔbi pin] ***n.*** ដង្កៀបសក់

bobcat[bɔbkæt] ***n.*** សត្វព្រៃម្យ៉ាងដូចខ្លាត្រី

body['bɔdi] ***n.*** beautiful x ខ្លួន

Lit: កាយ, សព៌ាង្គកាយ, សរីរៈ

Roy: ព្រះកាយ

short x, but long legs ដងខ្លួន

dead b. សព

car x តួ

b. of water បឹងឬសមុទ្រ

governing x គណៈ

body-guard['bɔdi gɑːd] ***n.*** អង្គរក្ស

bog[bɔg] ***n.*** ទីមានភក់

-*iv., tv.* *(pt., pp.* bogged*)* b. down ជាប់ភក់

Lit: មិនទៅមុខ (អ. ប.)

bogus['bəudəs] ***adj.*** ក្លែងក្លាយ

boil[1][bɔil] ***iv.*** (water) is boiling ពុះ

Fig. (He's) boiling. ឆេះ (អ. ប.)

(pots) b. over ពុះហៀរ

(tempers) b. over ច្រឡោត

b. down (to syrup) រំងាស់

Id. It boils down to treason. បើនិយាយឱ្យខ្លីទៅគឺជាអំពើក្បត់

-*tv.* x water ដាំ (ឱ្យពុះ)

x eggs ស្ងោរ

b. a liquid down រំងាស់

-*n.* bring to a b. ដាំឱ្យពុះ

boil[2][bɔil] ***n.*** បូសទ្រនិច

boisterous['bɔistərəs] ***adj.*** x party ឈ្លូង, អ៊ូអរ, គឹកកង

x sea ដែលមានរលកបក់បោកខ្លាំង

bold[bəuld] *adj.* x plan មោះមុត
x adventurer អង់អាចក្លាហាន
x servant ឥតកោតញញើត
x print ក្រាស់, មិនឆ្មារ (បន្ទាត់)
bold-faced[bəuld fei s] *adj.* x person ឥតអៀនខ្មាស់
x print ក្រាស់
boll[bəul] *n.* ផ្លែ (កប្បាស)
olster['bəulstər] *n.* ខ្នើយវែង
-tv. ដាក់ទល់ឬទ្រពីក្រោម
bolt[bəult] *n.* draw the x. រនុក (ទ្វារ)
machine x ប៊ូឡុង
x of cloth មួរ, រមុំ (សំពត់)
b. of lightning ផ្លេកបន្ទោរ
make a b. (for freedom) ស្ទុះរត់ទៅ
-tv. x the door ដាក់រនុក
x it to the floor ភ្ជាប់នឹងឡោស៊ី
b. one' s food ស៊ីដាក់លេបៗដូចគេដាច់ពោះ
bomb[bɔm] *n.* គ្រាប់បែក
-tv. ទម្លាក់គ្រាប់បែក
bombard[bɔm'bɑ:d] *tv.* ទម្លាក់គ្រាប់បែកឬបាញ់នឹងកាំភ្លើងធំ
bombardier[,bɔmbə'di ər] *n.* ទាហានទម្លាក់គ្រាប់បែក
bombast['bɔmbæst] *n.* ការបំភ្លៃហួសហេតុ
bomber['bɔmər] *n.* យន្តហោះទម្លាក់គ្រាប់បែក
bombshell['bɔmʃel] *n.* គ្រាប់បែក
bona fide[,bəunə 'fai di] *adj.* មែនទែន, មិនក្លែងក្លាយ
bonanza[bə'næzə] *n.* x of gold អណ្តូងរ៉ែសម្បូណ៌រ៉ែ
Fig: ការប៉ះលាភធំ
bond[bɔnd] *n. pl.* break one' s ចំណង
a sympathetic x ចំណង (អ.ប.)
legal x សំបុត្រធានា
pay a x ប្រាក់បង់ធានា
cash his x ប័ណ្ណរដ្ឋាភិបាល
-tv. x goods បង់ប្រាក់ធានា
x molecules ធ្វើឱ្យចូលគ្នា
bondage['bɔndi dʒ] *n.* សេវភាព
bone[bəun] *n.* ឆ្អឹង *Lit:* អដ្ឋិ
Id. make no bones about ដាក់មាំៗ, ដាក់ចំៗ
Id. have a b. to pick មានរឿងនឹងឈ្លោះ
-tv. x a chicken យកឆ្អឹងចេញ (ឱ្យនៅតែសាច់)
Id. b. up on រៀនឡើងវិញ
bone-dry['bɔn drai] *adj.* ស្ងួតក្រិក
bonfire['bɔnfai ər] *n.* គំនរភ្លើង
bonnet['bɔni t] *n.* មួកម្យ៉ាង (ស្រីៗ)
bonus['bəunəs] *n.* អ្វីៗឱ្យបន្ថែមពីលើ
bony['bəuni] *adj.* x frame ស្គម, ចំអឹង
x fish ដែលមានឆ្អឹងច្រើន
boo[bu:] *interj.* វ:! (សម្រែកសម្រាប់ស្រែកបន្លាច)
-tv. ស្រែក ប៊ូ (ដើម្បីសម្តែងសេចក្តីមិនពេញចិត្ត)
booby['bu:bi] *n.* មនុស្សភ្លីភ្លើ
book[buk] *n.* interesting x សៀវភៅ (មើល)
x of tickets ជុំ
Id. make b. ធ្វើមេល្បែងភ្នាល់
Id. go by the b. ធ្វើទៅតាមតែក្បួន
-tv. x passage សុំឱ្យទុកឱ្យ
x a criminal ចុះឈ្មោះក្នុងបញ្ជី
book-ends['buk end] ប្រដាប់ទប់សៀវភៅបញ្ឈរ
bookkeeper['buki:pər] *n.* មេបញ្ជី, អ្នកកាន់បញ្ជី
bookkeeping['buki:pi ŋ] *n.* គណនេយ្យ
booklet['bukli t] *n.* សៀវភៅតូច
bookmark['bukmɑ:k] *n.* វត្ថុដែលស៊កក្នុងសៀវភៅសម្រាប់ចំណាំកន្លែង
bookworm['bukwɜ:m] *n.* infested with x សត្វល្អិតម្យ៉ាងស៊ីសៀវភៅ

He' s a x មនុស្សដែលចូលចិត្តមើលសៀវភៅ

boom[1][bu:m] *iv.*, *tv.* guns x បញ្ចេញសូរលាន់រំពង

(business) is booming ចំរើនល្អណាស់

Coll: ត្រូវក្តោង (អ.ប.)

-n. loud x សូរលាន់រំពង

business x ការត្រូវក្តោង (អ.ប.)

boom[2][bu:m] *n. Naut.* សារ

Mech. ដងសន្ទូច (គ្រឿងយន្ត)

boomerang ['bu:meræŋ] *n.* ដំបងប៊ូមីរ៉ង់

boon[bu:n] *n.* ប្រយោជន៍

boondocks['bu:ndɔks] *n. Sl.* ដំបន់ដាច់ស្រយាល (មិនសូវមានមនុស្ស)

boor[bəur] *n.* មនុស្សសម្រែ

boost[bu:st] *tv.* x him up រុញ (ទៅលើ)

x a cause ជួយលើកស្ទួយ, ជួយជ្រោមជ្រែង

x prices ដំឡើង

give the cause a x ការរុញលើកស្ទួយ

price b. ការឡើងថ្លៃ

booster[bu:stər] *n.* x of the project អ្នកគាំទ្រ

Elect. គ្រឿងបង្កើនចរន្តអគ្គិសនី

Aero. រ៉ុកកែតយាន, កាំជ្រួចយាន

Med. ថ្នាំចាក់បង្ការរោគបន្ថែម

boot[bu:t] *n.* leather x ស្បែកជើងកវែង

auto x កន្លែងដាក់អីវ៉ាន់ក្នុងរថយន្ត

give the ball a b. ទាត់បាល់

Sl. got the b. ត្រូវគេបណ្តេញឈប់លែងឱ្យធ្វើការ

Coll. to b. ផង

-tv. x the ball ទាត់

x him out បណ្តេញចោល

x soldiers ផ្តល់ស្បែកជើងឱ្យ

bootblack[bu:tblæk] *n.* អ្នករកស៊ីខាត់ស្បែកជើង

booth[bu:ð] *n.* market x រានា (តាំងលក់អីវ៉ាន់)

telephone x តូប

voting x បន្ទប់

bootleg['bu:tleg] *tv.* បិតស្រាលួចលាក់

-iv. រកស៊ីបិតស្រាលួចលាក់

-n. ស្រាបិតដោយលួចលាក់

bootlegger[,bu:tlegər] *n.* អ្នករកស៊ីស្រាដោយលួចលាក់

booty['bu:ti] *n.* x of war របស់យកបានពីសត្រូវ

Lit: អច្ចិនទ្រព្យ

cmuggled x របស់រត់ពន្ធ

booze[bu:z] *n. Coll.* ស្រា

-iv. ផឹកស្រា

border['bɔ:dər] *n.* x of a country ព្រំដែន, ព្រំប្រទល់, ទល់ដែន

Lit: រេខ្ចសីមា

-tv. x the river ជាប់នឹង

x a yard with owers ដាក់ជុំវិញ

x a skirt ជាយ

(France) borders on (Germany) មានប្រទល់ដែនជាប់នឹង

(That) borders on (treason.) ស្ទើរតែជា, សឹងតែជា, ប្រហែលគ្នានឹង

borderland['bɔ:dəlænd] *n.* តំបន់ជិតតាព្រំដែន

borderline['bɔ:dəlai n] *n.* x between two countries ខ្សែបន្ទាត់ព្រំដែន

Id. on the b. មិនច្បាស់ជាខាងណាម្ខាង

-adj. x town នៅលើខ្សែប្រទល់ដែន

x case ពិបាកនឹងសំរេចឲ្យដាច់

bore[1][bɔ:r] *tv.* ខួង

-n. កាលិប

bore[2][bɔ:r] *tv.* ធ្វើឱ្យធុញទ្រាន់ឬអផ្សុក

-n. He' s a x. មនុស្សដែលធ្វើឱ្យធុញទ្រាន់

Study is a x. អ្វីៗដែលធ្វើឱ្យធុញទ្រាន់

bore[3][bɔ:r] *(pt. of bear)*

boredom[bɔ:rdəm] ***n.*** ភាពធុញទ្រាន់ឬអផ្សុក

born[bɔ:n] ***adj.*** x in 1959 កើត

a x artist ពីកំណើត

borne[bɔ:n] *(pp. of bear)*

borough['bʌrə] ***n.*** សង្កាត់ (មានតែក្នុងរដ្ឋខ្លះទេនៅសហរដ្ឋអាមេរិក)

borrow['bɔrəu] ***tv.*** x money ខ្ចី

x words យកមកប្រើ

Arith. x one ត្រាទុក

bosom['buzəm] ***n.*** cover the x ទ្រូង (មនុស្ស)

Pl. large x ដោះ

-adj. x friend ជិតស្និទ្ធ

boss[bɔs] ***n.*** construction x អ្នកត្រួតត្រា, ចៅហ្វាយ, នាយ *Lit:* បរិបាល

political x មេឬមនុស្សសំខាន់ជាងគេ

-tv. x the job ត្រួតត្រា

x one' s family ចាត់ចែង, ត្រួតត្រា

bossy[bɔsi] ***adj.*** ត្រួតត្រាច្រើន

botanist['bɔtəni st] ***n.*** អ្នកភូតគ្រាមសាស្ត្រ

botany['bɔtəni] ***n.*** ភូតគ្រាមសាស្ត្រ

botch[bɔtʃ] ***tv.*** ធ្វើឱ្យខូច (ដោយខ្វះសមត្ថភាព)

-n. ការធ្វើឱ្យខូចដោយខ្វះសមត្ថភាព

both[bəuθ] ***adj.*** x cars ទាំងពីរ

pron. buy x ទាំងពីរ

-conj. b. wealthy and handsome មានផងហើយល្អផង

b. day and night ទាំងថ្ងៃទាំងយប់

b. walk and talk ដើរបណ្ដើរនិយាយបណ្ដើរ

bother['bɔfər] ***tv.*** Don' t x me. រខាន, ឆាឆៅ

His debts x him. ធ្វើឱ្យខ្វល់

-iv. Don' t x with that. រវល់, ខ្វល់

Don' t b. to go. កុំខ្វល់ទៅធ្វើអ្វី

-n. He' s a x. អ្នករំខាន

Money is a x. អ្វីៗដែលធ្វើឱ្យខ្វល់

bothersome[,bɔðəsəm] ***adj.*** ដែលនាំឱ្យរំខាន

bottle['bɔtl] ***n.*** glass x ដប

Id. addicated to the x ស្រា

-tv. x wine ច្រកដប

b. up (the enemy) ខ្ទប់ជាប់

b. up (feelings) ទុកតែក្នុងខ្លួន

bottleneck['bɔtlnek] ***n.*** glass x កដប

traffic x ទីចង្អៀតចង្អល់ ឬ កកកុញ

serious x អ្វីៗដែលបង្អាក់

bottom['bɔtəm] ***n.*** x of a box បាត

x of the page ចុង

x of the hill ជើង

kick his x គូទ

Lit: គ្រពោក

chair x កន្លែងដាក់គូទអង្គុយ

from the b. of my heart អស់ពីដួងចិត្តរបស់ខ្ញុំ

get to the b. of ជជីករកឱ្យឃើញខុសត្រូវ, រកឱ្យឃើញសខ្មៅ

-iv. នៅនឹង (លែងចុះទៀត)

botulism['bɔtjuli zəm] ***n.*** ជម្ងឺម្យ៉ាងបណ្ដាលមកពីបរិភោគមបខូច

bough [bau] ***n.*** មែកឈើ

bought[bɔ:t] *(pt. . pp. of buy)*

bouillon['bu:jɔn] ***n.*** ទឹកសាច់ស្ងោរ

boulder['bəuldər] ***n.*** ដុំឬផ្ទាំងថ្មធំៗ

boulevard['bu:ləvɑ:d] ***n.*** មហាវិថី

bounce['bauns] ***iv.*** balls x លោត

x on the bed លោតចុះលោតឡើង

x into the room ដើរលោត

-tv. x a ball ធ្វើឱ្យលោត

x a child one' s knee ធ្វើឱ្យលោតអង្រួនៗ

-*tv.* x a drunk ដេញចេញ

-*n.* ដំណើរលោតឡើងវិញ

bound[1][baund] *adj.* *(pt. . pp. of* bind *)*

x prisoner ដែលគេចង

x by his word ដែលជាប់ (សន្យា)

x to happen មុខតែ (នឹង)

x to go តាំងចិត្ត

x for Chicago ឆ្ពោះទៅ

b. up in (his work) រវល់តែនឹង

bound[2][baund] *iv.* x into the room លោត (រត់)

x off the wall ខ្ទាតចេញ, លោតចេញ

-*n.* clear the fence with a x ញ្លោត

by leaps and bounds យ៉ាងឆាប់រហ័ស

bound[3][baund] *n.* *(usu. pl.)* ព្រំដែន

boundary['baundri] *n.* ព្រំដែន

bounteous['bauni əs] *adj.* x harvest ដ៏ក្រាស់ក្រែល

x donor សប្បុរស

bountiful['baunti fl] *adj.* យ៉ាងក្រាស់ក្រែល,- ច្រើន

bounty['baunti] *n.* ចិត្តសប្បុរស

x of goods ភាពសម្បូណ៌

x hunter រង្វាន់

bouquet[bu'kei] *n.* x of flowers ភួង, បាច់

x of wine ក្លិនក្រអូប (នៃស្រាទំពាំងបាយជូរ។ល។)

bourbon['bɜːbən] *n.* ស្រាវីស្គីអាមេរិកាំងធ្វើពីពោត

bourgeois['buəʒwɑː] *adj.* នៃគហបតី

-*n.* គហបតី

bout[baut] *n.* boxing x ការប្រជែង

x at the wheel វេន

x of illness រយៈពេល

bovine['bəuvai n] *adj.* x family នៃសត្វានគោ

x mentality ល្ងីក

-*n.* សត្វសន្តានគោ *Lit:* គោសាទិស

bow[1][bəu] *iv.* x to the audience បង្អោនខ្លួន, បន្ទន់ខ្លួន, លំនិន, លំទោន

x to authority ចុះចាញ់

-*tv.* x the head និន

bowed (by age) ដែលកោងខ្នង

-*n.* make a x ការបន្ទន់ខ្លួនឬនិន (គោរព)

bow[2][bəu] *n.* x and arrow ធ្នូ

Roy: ព្រះកៅទណ្ឌ

violin x ឆាក (ទ្រ ។ល។)

stick has a x កំណោង

tie a x បូ

-*tv.* ធ្វើឱ្យកោង

-*iv.* ឡើងកោង

bow[3][bəu] *n.* *Naut.* ក្បាលទូកឬនាវា

bowel['bauwel] *n.* ពោះវៀន

bowl[1][bəul] *n.* soup x ចាន (ជ្រៅ)

a b. of soup ស៊ុបមួយចាន

b. of a pipe ក្បាលខ្សៀ

athletic x កីឡាស្ថានរាងក្រឡុមដូចចាន

bowl[2][bəul] *n.* ប៊ូល (ដុំមូលដូចបាល់ សម្រាប់លេងប៊ូល)

-*iv.* លេងប៊ូល

-*tv.* បោះប៊ូល

bowleg[bəuleg] *n.* ជើងកែក

bowling[bəuli ŋ] *n.* កីឡាបោះប៊ូល

box[1][bɔks] *n.* match x ប្រអប់

treasure x ហិប

theather x បន្ទប់តូចៗសម្រាប់អ្នកមើលល្ខោន

-*tv.* x candy ដាក់ក្នុងប្រអប់

b. (s. o.) in ធ្វើឱ្យចង្អៀតចង្អល់

-*adj.* b. office កន្លែងលក់សំបុត្រ (ក្នុងរោងកុន ល្ខោន ។ល។)

box[2][bɔks] *tv.* x his ears ដាល់

x an opponet ប្រដាល់នឹង (កីឡា)

-*iv.* លេងកីឡាប្រដាល់

-*n.* ការវាយដោយក្ដាប់ដៃ

boxer[1]['bɔksər] *n.* អ្នកប្រដាល់

boxer[2]['bɔksər] *n.* ឆ្កែម្យ៉ាងរោមសម្បុរត្នោត

boxing[bɔksiŋ] *n.* កីឡាប្រដាល់

boy[bɔi] *n.* small x ក្មេង, កូនក្មេង (ប្រុស)

call the x ប៉ោយ

-*interj.* Boy! . Oh boy.! ឃើ!

boycott['bɔikɔt] *tv.* មិនព្រមទិញ។ល។ ដើម្បីផ្ដាញ់

*Lit.*ធ្វើពហិការ (ចំពោះ)

-*n.* ការមិនព្រមទិញ។ល។ ដើម្បីផ្ដាញ់ផ្ដាល

Lit. ពហិការ

boyhood['bɔihud] *n.* វ័យកុមារ

brace[breis] *n.* *Archit.* L-shaped x ចន្ទល់

Carp. adjustable x ដែកទាម

b. and bit ស្វានម្យ៉ាង

Dent. (wear) braces គ្រឿងពាក់ឱ្យធ្មេញត្រង់

Med. back x រណប

Printing draw a x សញ្ញាតាប, វ៉ាត់ (វណ្ណយុត្ត {})

-*tv.* x a wall ទល់

b. oneself ប្រុងប្រៀបខ្លួន

bracelet['breislət] *n.* ខ្សែដៃ

bracket['brækit] *n.* shelf x កែងទ្រ

(include in) brackets វង់ដង្កៀប ([ ])

income b. ក្រុមឬពួកចែកតាមទឹកប្រាក់ចំណូល

-*tv.* x a shelf ដាក់កែងទ្រ

x a word ដាក់ក្នុងវង់ដង្កៀប

brackish['brækiʃ] *adj.* ប្រៃបន្ដិចៗ, ដែលមានរសជាតិប្រហែលនឹងទឹកសមុទ្រ

brag[bræg] *iv.* (*pt.* . *pp.* bragged) អួត

-*n.* មនុស្សអំនួត

braggart['brægət] *n.* មនុស្សអំនួត

Brahma['brɑːmə] *pr. n.* ព្រះព្រហ្ម

Braman['brɑːmən] *pr. n.* ព្រាហ្មណ៍

braid[breid] *tv.* ក្រង

-*n.* កម្រង

braille[breil] *n.* អក្សរសម្រាប់មនុស្សខ្វាក់

brain[brein] *n.* human x ខួរ, ខួរក្បាល

(have a lot of) brains ប្រាជ្ញា

Sl. He's a x. មនុស្សមានប្រាជ្ញា

-*tv. Sl.* វាយក្បាល

brainchild['breintʃaild] *n.* គំនិតឬផែនការផ្ទាល់

brainstorm['breinstɔːm] *n.* គំនិតដែលស្រាប់តែផុះឡើង

-*iv.* ចរចារកគំនិតថ្មី

brainwash['breinwɔʃ] *tv.* បញ្ចុះបញ្ចូលឱ្យប្ដូរគំនិត

braise[breiz] *tv.* ខរ (សាច់, បន្លែ)

brake[breik] *n.* ហ្វ្រាំង

-*tv.* . *iv.* ចាប់ហ្វ្រាំង

bramble['bræmbl] *n.* រុក្ខជាតិមានបន្លា (ដូចកូឡាប)

bran[bræn] *n.* wheat x កន្ទក់

cattle x ចំណី, អាហារសត្វ (ដោយយកធញ្ញជាតិផ្សេងៗមកកិនបញ្ចូលគ្នា)

branch[brɑːntʃ] *n.* x of a tree មែក

x of learning ផ្នែក, វិស័យ

x of a river ដៃ

x of business សាខា

-*iv.* tree x បែកមែក

roads x បែក

brand[brænd] *n.* x of cigarettes ម៉ាក, យីហោ

cattle x ស្នាមសញ្ញាដែកដុត

-*tv.* x cattle បោះសញ្ញាដោយដែកដុត

branded (by his record) ជាប់ឈ្មោះ

brandish['brændi∫ *tv.* គ្រវី, ងា

brand-new[,bræn'nju:] *adj.* ថ្មីថែង, ថ្មីថៃស

brandy['brændi] *n.* កូញ៉ាក់ (ស្រា)

brash[bræ∫] *adj.* x texture ស្រួយ

x act ដែលឥតមានបានគិតគូរស្រួលបួល

brass[brɑ:s] *n.* made of x ទង់ដែង

Mus. good x គ្រឿងភ្លេងមានត្រែជាដើម

Coll. top b. ទាហានស័ក្តិធំៗ

Coll. have a lot of x ភាពគឃ្លើន

-*adj.* x goblet ដែលធ្វើពីស្ពាន់លាយស័ង្កសី

Id. get down to b. tacks ចូលទៅក្នុងសាច់រឿងនឹចំៗ

brassière['bræzi ər] *n.* អាវទ្រនាប់ (ស្រីៗ)

brassy[brai si] *adj.* x sound ខ្ទរខ្ទារ

x personality គឃ្លើន, ច្រឡើសបើស

brat[bræt] *n.* ក្មេងរពិលរប៉ូច

bravado[brə'vɑ:dəu] *n.* ការធ្វើឫកក្លាហាន

brave[brei v] *adj.* ក្លាហាន

-*n.* Indian b. ឥណ្ឌាអ្នកសម្បាំង

-*tv.* ពុះពារ

bravery['brei vəri] *n.* សេចក្តីក្លាហាន

Lit: សូរភាព

bravo![,brɑ:vəu] *intej.* ជយោ!

brawl[brɔ:l] *n.* ជម្លោះមានវាយតប់គ្នា

-*iv.* ឈ្លោះគ្នា (ដោយមានវាយតប់គ្នា)

brawn[brɔ:n] *n.* កម្លាំងកាយ, កម្លាំងសាច់ដុំ

bray[brei] *iv.* bonkeys x កញ្ជ្រៀវ (សត្វលា)

Pej. (She) brays . ពូដូចចច្រឹតដែក

-*tv.* និយាយដូចចច្រឹតដែក

-*n.* សូរលាកញ្ជ្រៀវ

braze[brei z] *tv.* ផ្សារនឹងលោហធាតុ

brazen['brei zn] *adj.* x bowl ធ្វើពីស្ពាន់ ស័ង្កសី

x sound ខ្ទរខ្ទារ

x behavior ឥតអៀនខ្មាស់, គឃ្លើន

brazier['brei zi ər] *n.* work as a x ជាងស្ពាន់

glowing x ជើងក្រានដុតធ្យូង

breach[bri:ʧ] *n.* x in the wall ប្រហោង, ស្នាមបែក

x of friendship ការបែកបាក់ (អ.ប.)

x of law ការប្រព្រឹត្តបទល្មើស

b. of promise ការបំភ្លេចពាក្យសន្យា

-*tv.* x a law ប្រព្រឹត្តល្មើស

b. a promise បំភ្លេចពាក្យសន្យា

bread[bred] *n.* brown x នំប៉័ង

earn one' s b. រកស៊ី

Sl. a lot of x ប្រាក់

-*tv.* ជ្រលក់មេ្សៅខាប់ៗឬកំទេចនំប៉័ង

breadfruit[bredfru:t] *n.* ខ្នុរ

breadth['bredθ] *n.* x of the cloth ទទឹង

x of the xperiment ព្រំដែន, ទំហំ

breadwinner[bredwi nər] *n.* អ្នករកស៊ីចិញ្ចឹមគ្រួសារ

break[brei k] *tv.* (*pt.* broke .*pp.* broken)

x a glass បំបែក, ធ្វើឱ្យបែក

x a stick ធ្វើឱ្យបាក់, កាច់

x a string ធ្វើឱ្យដាច់

x s. o. ' s will បំបាក់

b. one' s leg បាក់ជើង

x the law ប្រព្រឹត្តបទល្មើស

b. silence លែងនៅស្ងៀម

x jail លួចរត់ចេញ

x a record លើស

x the news ប្រាប់ឱ្យដឹងជាលើកដំបូង

x a business ធ្វើឱ្យខាត

b. s. o ' s heart ធ្វើឱ្យខូចចិត្ត

b. off (relations) កាត់, ផ្ដាច់

b. off (a piece) កាត់យកចេញ

b. down (into categories) ចែក, ចាត់

b. up (a rock) បំបែក

b. up (a couple) ធ្វើឱ្យបែកបាក់

-*iv.* glasses x បែក

sticks x បាក់

strings x ដាច់

hearts x ខូចចិត្ត

news will x ឮខ្ទរខ្ទាយឡើង

(day) breaks ភ្លឺ

b. away (from the crowd) បែកចេញ

(cars) b. down ខូច

b. down (emotionally) វង្វេងចិត្ត

(pieces) b. off បែកធ្លាក់ចេញ, របេះ

(noise) breaks off បាត់

b. off (with her) លែងទាក់ទងគ្នា

b. out (of prison) លួចរត់ចេញ

(troubles) b. out កើតឡើង

b. out (in sweat) បែក, ចេញ

(rocks) b. up បែក

(couples) b. up លែងទាក់ទងគ្នា

-*n.* a x in the line កន្លែងដាច់

a x in the dam កន្លែងបាក់

a x in the defense ការធ្លាយ

a x in the action ការផ្អាក

tack a x ពេលចេញលេង

Lit: វិស្សមកាល

a x in communication ការលែងមាន

make a b. for it រត់គេចខ្លួន

Coll. a bad b. សំណាងអាក្រក់

Coll. Give me a b. អត់និនឱ្យខ្ញុំម្ដងទៅ

breakage['brei ki dʒ] ***n.*** ការបាក់បែក

breakdown['brei kdaun] ***n.*** mechanical x ដំណើរខូច (ម៉ាស៊ីន ។ល។)

mental b. ការវង្វេងស្មារតី

breaker['brei kər] ***n.*** circuit b. ប្រដាប់ផ្ដាច់ចរន្តអគ្គិសនី

ocean x រលកដកពពារ

breakfast['bri kfəst] ***n.*** បាយព្រឹក

-*iv.* បរិភោគបាយព្រឹក

breakthrough['brei kθru:] ***n.*** military x ការវាយទម្លុះចូលបាន

scientific x ការរកឃើញអ្វីមួយដ៏សំខាន់

breakup['brei kʌp] ***n.*** x of compounds ការបែកចេញពីគ្នា

x of lovers ការបែកបាក់គ្នា

breast[brest] ***n.*** *pl.* large x ដោះ

Lit: សុដន់ *Roy:* ព្រះថន

chicken x ទ្រូង

-*tv.* x the storm ពុះពារ

breast-feed['brest fi:d] បំបៅដោះ

breath[breθ] ***n.*** hold one' s x ដង្ហើម

x of air ដង្ហើម

x of scandal អ្វីៗដែលប្រហែលឱ្យគិតដល់

have bad b. ស្អុយមាត់

say under one' s b. និយាយតិចៗ

breathe[bri:ð] ***iv.*** x deeply ដកដង្ហើម

have no room to b. ចង្អៀតចង្អល់

-*tv.* x gas ហិត

x a horse បញ្ឈប់ (ឱ្យបាត់ហត់)

Don' t b. a word of it. កុំបង្ហើបមាត់

breather['bri:ɜ:ər] ***n.*** ការសម្រាកយ៉ាងខ្លី

breathless['breθləs] ***adj.*** x fighter ហត់ខ្លាំង

b. silence ស្ងាត់ជ្រៀប, ស្ងាត់ចឹម

x. heat ក្ដៅហើយគ្មានខ្យល់

breathtaking['breθtei ki ŋ] ***adj.*** អស្ចារ្យ, ដែលធ្វើឱ្យរំភើបឬស្ញើច

breech[bri:ʧ] ***n.*** x of the body រង្វះគូថ

b. of a gun ផែកទ្រនាប់កាំភ្លើង

breeches['bri ʧi z] ***n.*** riding x ខោសម្រាប់ស្លៀកជិះសេះ

Coll. britches ខោ

breed[bri:d] ***tv.*** b. offspring បង្កបង្កើតកូន

x horses បង្កាត់ (សត្វ)

(dirt) breeds (disease) បណ្ដាលឱ្យមានឬកើត

-iv. animals x បង្កើតកូន

-n. ពូជ

breeding[bri:di ŋ] ***n.*** x of livestock ការបង្កាត់

He' s of good b. គាត់ជាមនុស្សមានពូជ

breeze[bri:z] ***n.*** cool x ខ្យល់រំភើយ

Sl. That test was a b. ការប្រឡងនោះស្រួលណាស់

-iv. Sl. b. through ធ្វើទៅយ៉ាងស្រួល

breezy[bri:zi] ***adj.*** ដែលមានខ្យល់រំភើយ

brethren['breðrən] ***n.*** *1. Arch. pl. of* brother

2. assembled x សមាជិកនៃសមាគមអ្វីមួយ

breve[bri:v] ***n.*** សញ្ញា ( ) សម្រាប់ធ្វើឱ្យស្រៈមានសម្លេងខ្លី

brevity[brevəti] ***n.*** ភាពខ្លី

brew[bru:] ***tv.*** b. beer ធ្វើប៊ីយ៉ែរឬស្រាបៀ

x tea ឆុង

-iv. (tea) is brewing កំពុងចេញ

(trouble) is brewing កំពុងតែកើតឡើង

-n. x of beer ប៊ីយ៉ែរធ្វើតាមរបៀបណាមួយ

Coll. ភេសជ្ជៈលាយចម្រុះ

brewery['bru:əri] ***n.*** រោងចក្រធ្វើប៊ីយ៉ែរ

briar['brai ər] *(see* brier*)*

bribe[brai b] ***n.*** សំណូក

-tv. សូក

bribery['brai bəri] ***n.*** ការសូកប៉ាន់

bric-a-brac['bri k ə bræk] ***n.*** របស់កំប៉ិកកំប៉ុក

brick[bri k] ***n.*** ឥដ្ឋ

Sl. មនុស្សល្អ, មនុស្សគួរឱ្យទុកចិត្ត

-tv. រៀបឥដ្ឋ

bricklaying['bri klei i ŋ] ***n.*** ការរៀបឥដ្ឋ

bridal['brai dl] ***adj.*** នៃស្ត្រីដែលរៀបការ

bride['brai d] ***n.*** កូនក្រមុំ (ស្ត្រីដែលរៀបការ)

bridegroom['brai dgru:m] ***n.*** កូនកម្លោះ (ប្រុសដែលរៀបការ)

bridesmaid['brai dzmei d] ***n.*** ស្រីកំដរ (ក្នុងពិធីរៀបការ)

bridge[bri ʤ] ***n.*** wooden x ស្ពាន

Naut. Ship' s b. ផ្នែកខាងលើនៃនាវា

b. of the nose ខ្នង់ច្រមុះ

Dent. wear a x ធ្មេញពាក់ (ជំនួសធ្មេញដែលបាក់ទៅ)

-tv. x the river សង់ស្ពាន (កាត់)

Fig. x the gap បំពេញ

bridgehead['brai dghed] ***n.*** តំបន់នៅខាងម្ខាងទៀតដែលយកបានពីសត្រូវ

bridle['brai dl] ***n.*** បង្ហៀរ

-tv. x a horse ពាក់បង្ហៀរ

x one' s anger ទប់

-adj. b. path ផ្លូវលំសម្រាប់ជិះសេះ

brief[bri:f] ***adj.*** x duration ខ្លី, យ៉ាងខ្លី

x account សង្ខេប

-*n. Law* legal x សង្ខេប

Pl. red x ខោខ្ញី

in b. ដោយសង្ខេប, យ៉ាងសង្ខេប

-*tv.*ពន្យល់ប្រាប់យ៉ាងសង្ខេប

briefcase['bri:fkei s] ***n.*** កាតាប

Lit: សំពៀត

briefing[bri:fi ŋ] ***n.*** ការពន្យល់ប្រាប់យ៉ាងសង្ខេប

brier, briar['brai ər] ***n.*** រុក្ខជាតិម្យ៉ាងមានបន្លា

brig[bri g] ***n.*** *Naut.* naval x នាវាសមុទ្រក្ដោងពីរ

confined to the x គុកក្នុងនាវា

brigade[bri 'gei d] ***n.*** military x កងពលតូច

fire x កង

brigadier general[,bri gə'di ər] ***n.*** ឧត្ដមសេនីត្រី

brigand['bri gənd] ***n.*** ចោរប្លន់

bright[brai t] ***adj.*** x light ភ្លឺ

x colors ឆើត

x student ឆើត, មានប្រាជ្ញា

x mood រីករាយ

x future ត្រចះត្រចង់

brighten['brai tn] ***iv.*** ឡើងភ្លឺ

-*tv.* ធ្វើឱ្យភ្លឺឡើង

brilliance, brilliancy['bri li əns 'bri li ənsi] ***n.*** ជោតិភាព

man of great x ប្រាជ្ញាឆើត

brilliant['bri li ənt] ***adj.*** x light ភ្លឺចិញ្ចាច

x scientist ចំណាន

brim[bri m] ***n.*** x of a cup មាត់,រឹម

x of a hat គែម, ជាយ

-*iv. (pt. , pp.*brimmed *)* eyes x. with tears ពោរពេញ

b. over ហូរហៀរ

brine[brai n] ***n.*** ទឹកអំបិល

bring[bri ŋ] ***tv.*** *(pt. , pp.* brought *)*

x me that box យក, យកមក

x a friend នាំមក

b. it to his notice ប្រាប់ឱ្យដឹង

can' t b. myself to ខ្ញុំពិបាកនឹង

Law b. suit ប្ដឹង

b. about ធ្វើឱ្យមានឡើង

b. him around to my point of view សម្រប ឱ្យតាមយោបល់ខ្ញុំ

b. the patient around ធ្វើឱ្យអ្នកជម្ងឺស្រួលឡើងវិញ

b. forth (fruit) ផ្ដែ

(What will the future) b. forth? នាំមក

b. out (the best silver) បញ្ចេញ

b. out (a new book) បោះពុម្ព

b. (a patien) to ធ្វើឱ្យដឹងខ្លួន

b. up (a child) ចិញ្ចឹម

b. up (a question) យកមក (ចរចា, ពិភាក្សា)

Coll. b. off សម្រេច

brink['bri ŋk] ***n.*** x of a cliff គែម

on the b. of ប៊ិះៗតែ, ជិតៗតែ

brisk[bri sk] ***adj.*** x walk រហ័ស, រហូន

x weather ត្រជាក់

x tea ខ្លាំង

bristle['bri sl] ***n.*** pig' s x ប្រែង, រោមរឹងៗ

x of a brush ជក់

-*iv.* hairs x បាស់, ឈរ

x with anger ឡើងខ្មៅ

x with dangers ពោរពេញទៅដោយ

-*tv.* x a brush យករោមឬសក់មកចង (ធ្វើជក់)

x his tail ធ្វើឱ្យឡើងក្រញ៉ាង

british['bri ti ʃ] ***adj.*** នៃស្រុកអង់គ្លេស

-*n.* ប្រជាជនអង់គ្លេស

brittle['bri tl] *adj.* ស្រួយ

broach[brəutʃ] *n.* ប្រដាប់ដោយពង្រីករន្ធ

-*tv.* x a hole ពង្រីក

x a subject បញ្ចេញយកមកនិយាយជាលើកដំបូង

broad[brɔ:d] *adj.* x street ធំ, ធំទូលាយ

x interests ទូទៅ

b. daylight ទាំងថ្ងៃ

b. outlines ទូលៗ

b. smile ការញញឹមពព្រាយ

-*n.* *Sl.* ស្រី

broadcast['brɔ:dkɑ:st] *tv.* x a radio program ផ្សាយ (តាមវិទ្យុឬទូរទស្សន៍)

x grain ព្រោះ

-*n.* radio x ការផ្សាយ (តាមវិទ្យុ)

x of grain ការសាប, ការព្រោះ, ការបាច

broaden['brɔ:dn] *tv.* ពង្រីក

-*iv.* រីកធំឡើង

broadminded['brɔ:dmai ndi d] *adj.* មិនសុញ

broadside['brɔ:dsai d] *n.* *Naut.* ship' s x ចំហៀងនាវា

fire a x ការបាញ់កាំភ្លើងចំរុះពីចំហៀងម្ខាងនៃនាវា

brocade[brə'kei d] *n.* ចរបាប់ (សំពត់)

-*tv.* ប៉ាក់សែសយ

broccoli['bɔkəli] *n.* ស្ពៃផ្កាម្យ៉ាងពណ៌បៃតង

brochure['brəuʃər] *n.* សៀវភៅស្តើង

broil[brɔi] *tv.* អាំង

broiler[brɔi lər] *n.* stove x ប្រដាប់អាំងសាច់

Pl. raise x មាន់ (សម្រាប់អាំង)

broke[brəuk] *1. pt.* of break

2. adj. Sl. នឹកលុយ, ដែលគ្មានប្រាក់

broken['breukən] *adj.* *(pp. of* break*)*

x glass បែក

x line ដាក់

x set ខូច

x horse ដែលផ្សាំហើយ

x English មិនត្រឹមត្រូវ

Sl. ហោយ

broken-hearted['bəukən hɑ:td] *adj.* ខូចចិត្ត

broker['brəukən] *n.* real estate x ឈ្មួញសារជំនួញ

marriage b. មេអណ្តើក

bronchial['bɔŋki əl] *adj.* នៃទងសួតធំ

bronchitis[brɔŋ'kai ti s] *n.* រោគរលាកទងសួត

bronco , broncho['bɔŋkəu] *n.* សេះព្រៃ (នៅ ស.រ.អ.) សេះមិនទាន់ផ្សាំង

bronze[brɔnz] *n.* made of x លង្ហិន, សំរិទ្ធ

(exhibit of) bronzes រូបចម្លាក់ធ្វើពីទង់ដែង

-*tv.* x baby shoes លាបថ្នាំឱ្យដូចទង់ដែង

bronzed (by the sun) ធ្វើឱ្យឡើងពណ៌ដាំដែង

-*adj.* x statue ធ្វើពីទង់ដែង

B. Age យុគសំរិទ្ធ

brooch[brəutʃ] *n.* កន្លាស់ក

brood[bru:d] *n.* large x កូនសត្វតូចដែលកើតឬញាស់នៅពេលជាមួយគ្នា

-*iv.* hens x ក្រាប

x about it រំពឹងគិត

-*tv.* x chicks ក្រុង (មេមាន់)

-*adj.* x sow ដែលទុកធ្វើជាមេ

brooder[bru:dər] *n.* chicken x ឧបករណ៍សម្រាប់កំដៅកូនសត្វស្លាបដែលទើបនឹងញាស់

keep a hen as a x មេ (គពូជ)

brook[1][bruk] ***n.*** កូនព្រែក

brook[2][bruk] ***tv.*** អនុញ្ញាត

broom[bru:m] ***n.*** អំបោស

broomstick['bru:msti k] ***n.*** ដងអំបោស

broth[brɔθ] ***n.*** ទឹកសាច់រំងាស់

brothel['brɔθl] ***n.*** ផ្ទះបន

Lit: ផ្ទះស្រីពេស្យា, ពេស្យាស្ថាន

brother['brʌðər] ***n.*** *(pl.* brothers *Arch. pl.* brethren *)* older b. បងប្រុស

Roy: ព្រះភម, ព្រះជេដ្ឋា

younger b. ប្អូនប្រុស

Roy: ព្រះអនុជ

full brothers បងប្អូនបង្កើត

half b. បងប្អូនប្រុស

x of an organization សមាជិកប្រុស

brotherhood['brʌðərhud] ***n.*** human x ភាតរភាព

x of teamsters សហជីព (ប្រុស)

brother-in-law['brʌðər i n lɔ:] ***n.*** បងថ្លៃឬប្អូនថ្លៃប្រុស

brotherly['brʌðərli] ***adj.*** ប្រកបដោយភាតរភាព

brought[brɔ:t] *(pt. , pp. of* bring *)*

brow[brau] ***n.*** prominent x ចិញ្ចើម

x of the hill កំពូល

browbeat['braubi:t] ***tv.*** សម្លុត

brown[braun] ***n.*** ពណ៌ត្នោត

-adj. x car ពណ៌ត្នោត

b. sugar ស្ករក្រហម

-tv. x meat ធ្វើឱ្យឡើងក្រហម

brouwned (by the sun) ធ្វើឱ្យឡើងពណ៌ត្នោតឬដាំដែង

-iv. ឡើងក្រហមឬពណ៌ដាំដែង

browse[brauz] ***iv.*** cattle x ដើរស៊ី (គោ ក្របី)

x through a store មើលទ្រូសៗ

bruise[bru:z] ***n.*** ស្នាមជាំ

-tv. ជាំ, ធ្វើឱ្យជាំ

bruised[bru:zd] ***adj.*** ជាំ

brunette[bru:'net] ***adj.*** ដាំដែងចាស់ (ពណ៌)

-n. ស្ត្រីមានសក់ពណ៌ដាំដែងចាស់

brunt[brʌnt] ***n.*** កន្លែងដែលត្រូវជំនួសធ្ងន់ធ្ងរជាងគេ

brush[brʌʃ] ***n.*** hair x ច្រាស

artist' s x ជក់

dense x ព្រៃគុម្ពោត

be from the x តំបន់ចុងកាត់មាត់ញក

-tv. x a horse ដុសនឹងច្រាស

x one' s teeth ដុស

b. againts (a chair) ត្រដុស (នឹង)

b. away (a fly) ផាត់ចេញ, បបោស

b. off (an antagonist) ផាត់ចោល, ទាត់ចេញ

b. up (one' s English) រៀនឡើងវិញ

-iv. b. up on . រៀនឡើងវិញ

brusque[bru:sk] ***adj.*** ម៉ាត់ៗហើយយ៉ាងគ្រោតគ្រាត

brutal['bru:tl] ***adj.*** ឃោរឃៅ

brutality[bru:'tæləti] អំពើឃោរឃៅ

brute[bru:t] ***n.*** x of the forest សត្វតិរច្ឆាន, សត្វឥតវិចារណញ្ញាណ, មនុស្សតិរច្ឆាន

Coll. He' s a x . មនុស្សកម្រោលដូចសត្វប្រលាត់

-adj. x passions ដូចឬនៃតិរច្ឆាន

b. force កម្លាំងទាំងកម្រោល

brutish['bru:ti ʃ] ***adj.*** x treatment យ៉ាងឃោរឃៅ

x existence ដូចសត្វប្រលាត់ (ការរស់នៅ។ល។)

bubble['bʌbl] ***n.*** x in the mixture ខ្យល់

soap x ពពុះ

-iv. (water) bubbles ចេញពពុះ

b. with (excitement) ពោរពេញទៅដោយ

bubonic[bju:'bɔni k] ***adj.*** ដែលកើតកូនកណ្ដុរ

b. plague ជម្ងឺគ្រុនម្យ៉ាងមានកូនកណ្ដុរចុះផងក្ដៅផង

buccaneer[,bʌkə'ni əɽ] ***n.*** ចោរប្លន់ (តាមសមុទ្រ)

buck[1][bʌk] ***n.*** shoot a x ឈ្លូស រមាំង ប្រើស ។ល។ ឈ្មោល

Coll. young x ប្រុសក្មេង

Sl. earn a x ដុល្លា

Id. pass the b. ទម្លាក់ទៅលើអ្នកណាម្នាក់ទៀត

-adj. Coll., Mil. x private ដែលមានស័ក្តិតូចបំផុត

buck[2][bʌk] ***iv.*** horses x កញ្ច្រោល

cars x ទៅមុខឃឹកៗ

Coll. b. up រីករាយឡើង

x for promotion ខំ

-tv. x the rider off កញ្ច្រោលទម្លាក់

b. the tide ទប់ទល់ប្រឆាំង

-n. horse gave a x ការកញ្ច្រោល (ម្ដង)

car gave a x ដំណើរទៅមុខមួយឃឹក

-adj. b. teeth ធ្មេញចំពើស

bucket['bʌki t] ***n.*** water x ធុង

x of water ចំណុះមួយធុង

Id. a drop in the b. ដ៏តិចក្រៃលែង

Sl. kick the b. ងាប់

-tv. ដងនឹងធុង

buckle['bʌkl] ***n.*** belt x ក្បាល់គន្លឹះ

x in the floor កន្លែងប៉ោងឡើង

-tv. x a belt ដាក់ក្បាល់គន្លឹះ

x a floor ធ្វើឱ្យងប្ដូរកោង

-iv. x in the sun ង

x under pressure ទន់ទៅតាម

b. down to ខំប្រឹងប្រែង

buckram['bʌkrəm] ***n.*** សំពត់ស្ដើងលាបជ័រ (ប្រើសម្រាប់ចងសៀវភៅជាដើម)

bucksaw[bʌksɔ:] ***n.*** រណារដៃ

buckshot['bʌkʃɔt] ***n.*** គ្រាប់កាំភ្លើងព្រាយមានគ្រាប់ធំៗ

buckskin['bʌkski n] ***n.*** ស្បែករមាំងសម្លាប់ហើយ

bucolic[bju:kɔli k] ***adj.*** នៃស្រុកស្រែ

bud[bʌd] ***n.*** flower b. ផ្កាក្រពុំ, គោប

tree b. ត្រួយពន្លក

taste x ពកល្អិតៗលើអណ្ដាត

Id. nip it in the b. ធ្វើកុំឱ្យវាប៉ិចទាន់ (អ.ប.)

-iv. (pt., pp. budded*)* ready to x ពន្លក (ដែកឃើ), ដុះខ្នែង

budding (genius) ដែលកំពុងល្អលាស់

-tv. ផ្សាំ

Buddha['budə] ***pr. n.*** ព្រះពុទ្ធ

Buddhism['dudi zəm] ***pr. n.*** ពុទ្ធសាសនា

Buddhist['budi st] ***pr. n.*** អ្នកកាន់ពុទ្ធសាសនា

-adj. នៃពុទ្ធសាសនាឬខាងពុទ្ធសាសនា

buddy['bʌdi] ***n.*** *Coll.* ពួកម៉ាក, មិត្តជិតស្និទ្ធ

budge[bʌʤ] ***iv.*** wheel won't x កម្រើក

Fig. He won't x ប្ដូរយោបល់

-tv. can't x the door ធ្វើឱ្យកម្រើក

can't x him ធ្វើឱ្យប្ដូរយោបល់

budget['bʌʤi t] ***n.*** national x ថវិកា

live within one's b. រស់នៅទៅតាមធនធានរបស់ខ្លួន

-tv. ពៃ, ពៃទុក

buff[bʌf] ***n.*** made of x ស្បែកគោព្រៃ

x in color ពណ៌ត្នោត

Coll. in. the b. ខ្លួនទទេ

-*tv.* x a surface ខាត់

buffalo['bʌfələu] *n.* water b. ក្របី

Lit: មហិង្សា

S. American x គោព្រៃម្យ៉ាង

-*tv.* *Coll.* ធ្វើឱ្យទាស់

buffer['bʌfər] *n.* felt x ទ្រនាប់, គ្រឿងការពារប៉ះទង្គិច

x between two countries ប្រទេសទ្រនាប់ (ប្រទេសនៅនៅចន្លោះប្រទេសពីរទៀតហើយធ្វើជាទ្រនាប់កុំឱ្យប្រទេសទាំងពីរនោះទាស់ទែងគ្នា)

shoe x គ្រឿងខាត់

buffet[1]['bulfei]] *tv.* waves x the boat ប៉ះទង្គិច

-*n.* ការប៉ះទង្គិច

buffet[2]['bufei] *n.* antique x ទូដាក់ចានស្លាបព្រា ។ល។

give a x ការជប់លៀងដែលភ្ញៀវត្រូវចាប់អាហារបរិភោគខ្លួនឯង

buffoon[bə'fu:n] *n.* court x ត្លុក

made a x of himself មនុស្សលើលា

bug[bʌg] *n.* black x សត្វល្អិតចង្រៃ

Coll. (work the) bugs (out) ខូក

Sl. install a x គ្រឿងអសន្យាណូ (តូចៗ) ប្រើក្នុងការឈ្លបយកការណ៍

-*tv.* (*pt.* . *pp.* bugged) *Sl.* x a room បង្កប់គ្រឿងអសន្យាណូ (តូច)

Coll. Don' t x me. រំខាន

buggy['bʌgi] *n.* horse and x រទេះសេះតូចមានកន្លែងអង្គុយតែមួយ

baby x រទេះសម្រាប់ដាក់រុញកូនង៉ែត

bugle['bju:gl] *n.* military x ត្រែម្យ៉ាង

flower x ផ្កាមានរាងដូចត្រែ

-*iv.* ផ្លុំត្រែ

-*tv.* ធ្វើសញ្ញាដោយផ្លុំត្រែ

build[bild] *tv.* (*pt.* . *pp* . built) x a house សង់, ធ្វើ

Lit: ស្ថាបនា, កសាង

x a reputation កសាង (អ.ប.)

b. up (inventory) បង្កើន, ផ្ដុំផ្គុំឱ្យបានច្រើនឡើង

b. up (an area) ធ្វើឱ្យចំរើនឡើង

b. up (speed) បង្កើន

b. up (ground) ធ្វើឱ្យខ្ពស់ឡើង

-*iv.* plan to x សង់ផ្ទះ

(storm) is building ផ្ដួចផ្ដើមឡើង

-*n.* a strong x មាឌ

building['bildiŋ] *n.* wooden x សំណង់

masorny x អាគារ

profession of x ការសង់អាគារ

built[bilt] (*pt.* , *pp.* *of* build)

bulp[bʌlp] *n.* flower x មើម

electric x អំពូល

bulbous['bʌlbəs] *adj.* x nose ដែលមានរាងមូលធំ

x plants ដែលមានមើម

bulge[bʌldʒ] *n.* x of a sack កន្លែងប៉ោង

x of a ship ពោះ

-*iv.* stomachs x ឡើងប៉ោង

b. out ឡើងប៉ោង

-*tv.* ធ្វើឱ្យប៉ោង

bulk[bʌlk] *n.* man of great x មាឌ

salad provides x អ្វីៗសម្រាប់ដាក់លាយបញ្ចូលឱ្យបានច្រើន

the x of the money ភាគច្រើន

ship' s x បន្ទុក

in b. ដុំ

bulky[bʌlki] *adj.* សំពីងសំពោង

bull[bul] *n.* prize x គោ ជ្រូ។ល។ ឈ្មោល

x in business អ្នកដែលទិញហ៊ុន ។ល។ ដែលចុះថ្លៃ បម្រុងនឹងលក់កាលណាឡើងថ្លៃ

-adj. x calf ឈ្មោល

x market ដែលមានសកម្មភាព

-tv. b. one' s way in រុល សម្រុកឬប្រជ្រៀតចូល

bulldoze['buldəuz] ***tv.*** x a site ឈូសនឹងប៊ូលដូហ្ស៊ែរ

x the opposition ធ្វើខ្ទាត់ខ្ទាយ

bulldozer['buldəuzər] ***n.*** ប៊ុលដូហ្ស៊ែរ (ម៉ាស៊ីនឈូសឬរុញដី)

bullet['buli t] ***n.*** គ្រាប់កាំភ្លើង

bulletin['buləti n] ***n.*** special x ប្រកាស, ដំណឹង

monthly x ព្រឹត្តិប័ត្រ

b. board ក្ដារបិតប្រកាស

bull-fight['bulfai t] ***n.*** Spainsh x កីឡាចាក់គោ

ferocious x គោជល់គ្នា

bullheaded['bulhed] ***adj.*** ក្បាលរឹង

bullion['buli ən] ***n.*** ដុំមាសឬប្រាក់

bullock['bulək] ***n.*** គោក្រៅ

bull' s-eye['bulzai] ***n.*** ចំណុចកណ្ដាលនៃវង់បាញ់

bully['buli] ***n.*** មនុស្សដែលចូលចិត្តតែសម្លុតគេ

-tv. *(pt. .pp* .bullied*)* សម្លុត, ធ្វើបាប

bulwark['bulwək] ***n.*** *Mil.* defesive x កំពែង, របងការពារ

ship' s x គែមនាវាខាងលើ

-tv. សង់កំពែងការពារ

bum[bʌm] ***n.*** មនុស្សអនាថា (ដើរតែសុំទានគេ)

Sl. on the b. ខូច

-tv. *(pt. , pp.* bummed*)* សុំ

-iv. រស់នៅដូចមនុស្សអនាថា

-adj. *Sl.* x light bulb ដែលខូច

feel x មិនស្រួលខ្លួន

bumblebee['bʌmblbi:] ***n.*** ឃ្មុំម៉ាល់

bump[bʌmp] ***tv.*** x the car ahead ជល់

x one' s head ទង្គិច

b. into (a fence) ជល់

b. into (a friend) ប្រទះ, ចំពប់

-tv. x a passenger យកកន្លែង

-iv. b. together ជល់គ្នា

-n. sudden x ការជល់ឬទង្គិច

x in the road ទីរកិបរកុប

x on the head ពក

bumper['bʌmpər] ***n.*** *Auto.* ប៉ារ៉ាសុក (បន្ទះដែកនៅខាងមុខនិងខាងក្រោយការពារនៅពេលជល់គ្នា)

-adj. x crop ដែលបានផលល្អក្រៃលែង

bumpkin['bʌmpki n] ***n.*** មនុស្សស្រែ

bumpy[bʌmpi] ***adj.*** រលាក់

bun[bʌn] ***n.*** sweet x នំប៉័ងម្យ៉ាងមូលតូចៗ

hair x ផ្នួង

bunch[bʌntʃ] ***n.*** x of flowers បាច់

x of people ក្រុម

x of bananas ស្និត

x of grapes ចង្កោម

x of gapers ដុំ

-tv. ដាក់ផ្ដុំគ្នា

-iv. ផ្ដុំគ្នា

bundle['bʌndl] ***n.*** x of wheat កណ្ដាប់

x of sticks បាច់

shopping x កញ្ចប់, ប្រអប់

x of clothes បង្វិច

Sl. He as a x. ប្រាក់ជាច្រើន

-tv. x sticks ចងជាបាច់

b. up (the children) ស្លៀកពាក់យ៉ាងកក់ក្ដៅឱ្យ

b. up (papers) ចងជាដុំ

-iv. b. up ស្លៀកពាក់យ៉ាងកក់ក្ដៅ

bung [bʌŋ] *n.* remove the x ឆ្នុក (ធុងឈើ)
open the x រន្ធសម្រាប់ចុកឆ្នុកនៃធុងឈើ
-*tv.* x the hole ចុក
Sl. bunged up ជាំឬរបួសពេញទាំងខ្លួន
bungalow ['bʌŋgələu] ផ្ទះយ៉ាងតូច
bungle ['bʌŋgl] *tv.,iv.* ធ្វើឱ្យខូចការ
-*n.* ការធ្វើឱ្យខូចការ
bungler ['bʌŋglər] *n.* អ្នកធ្វើការធ្វេសប្រហែស
bunion ['bʌnjən] *n.* ជម្ងឺហើមមេជើង
bunk [bʌŋk] *n.* ship' s x គ្រែតូចៗធម្មតាមានពីរជាន់ (ច្រើនប្រើនៅក្នុងនាវាឬរថភ្លើង)
Id. find a x កន្លែងដេក
Sl. That' s just x. អ្វីមិនសមហេតុសមផល
-*iv.* ដេក
bunker ['bʌŋkər] *n. Mil.* ត្រង់សេ
Golf sand b. ឧបសគ្គដីខ្សាច់
coal b. កន្លែងដាក់ធ្យូង (ក្នុងនាវា)
bunny ['bʌni] *n.* ទន្សាយ (ពាក្យកូនក្មេង)
bunting ['bʌntiŋ] *n.* flag x ក្រណាត់សម្រាប់ធ្វើទង់
ship' s x ទង់ (សំគាល់នាវា)
buoy [bɔi] *n. Naut.* ពោង (សញ្ញាប្រាប់ផ្លូវនាវា)
-*tv.* x a channel ដាក់ពោង
b. up (a boat) ធ្វើឱ្យអណ្តែត (ដោយប្រើពោង)
b. up (spirits) លើក (ឧ. ទឹកចិត្ត)
buoyancy ['bɔiənsi] *n.* x of wood ភាពស្រាល, ភាពអាចអណ្តែតបាន
x of water ភាពធ្វើឱ្យអណ្តែត
x of his spirits ភាពក្បៀវក្លារីករាយ
buoyant ['bɔiənt] *adj.* x float ដែលអណ្តែត
x liquid ដែលធ្វើឱ្យអណ្តែត
x spirits ក្បៀវក្លា
bur [bɜ:r] *(see* burr)

burden ['bɜ:dən] *n.* x of firewood បន្ទុក
beast of b. សត្វពាហនៈ
x of leadership បន្ទុក (អ.ប.)
x of his argument ចំណុចសំខាន់
-*tv.* x a donkey ផ្ទុក
Don' t x him with it. ដាក់បន្ទុក
burdensome ['bɜ:dənsəm] *adj.* ដែលជាបន្ទុកដ៏ធ្ងន់
bureau ['bjuərəu] *n.* dressing x ទូដាក់ខោអាវ
government x ការិយាល័យ, ក្រសួង
travel x ទីភ្នាក់ងារ
bureaucracy [bjuə'rɔkrəsi] *n.* the x ការិយាធិបតេយ្យ
excessive b. ច្បាប់ទម្លាប់ច្រើន
bureaucrat ['bjuərəkræt] *n.* ការិយលេខាធិការ
bureaucratic ['bjuərə'krætik] *adj.* នៃការិយាធិបតេយ្យ
burgeon ['bɜ:ʤən] *n.* ពន្លក, ខ្នែង
-*iv.* buds x forth ផុះ, ប៉ិច, ពន្លក
businesses x ចម្រើន, ផុះផាល
burglar ['bɜ:glər] *n.* ចោរដែលលបចូលលួច
burglarize['bɜ:glərai z] *tv.* លបចូលលួច
burglary ['bɜ:gləri] *n.* ការលបចូលលួច
burial ['beriəl] *n.* កិច្ចបញ្ចុះសព
burlap ['bɜ:læp] *n.* សំពត់ធ្មៃបាវ
burlesque [bɜ:'lesk] *adj.* x treatment ដែលគ្រាប់តាមដើម្បីនឹងចំអកដាក់
x performance យ៉ាងអាសគ្រាម
-*n.* ឆាកកំប្លែងអាសគ្រាម
burly ['bɜ:li] *adj.* ធំហើយមាំ
Burma[bɜ:mə] *pr. n.* ប្រទេសភូមា
Burmese[bɜ:mi z] *adj.* x in origin ពីឬនៃប្រទេសភូមា
x language ភូមា
-*n.* He' s a x. ជនជាតិភូមា
speak x ភាសាភូមា

burn [bɜ:n] *iv. (pt.,pp.* burned, burnt*)*
fires x ឆេះ
cuts x ឈឺ, ផ្សា
x with anger ឈួលឆេះ (អ. ប.)
b. up ឆេះអស់
b. down ឆេះខ្ទេច
-tv. x wood ដុត
x the lights បើក
x the steak ធ្វើឱ្យខ្លោច
x oneself ធ្វើឱ្យរលាក
b. up ដុតចោល
Coll. burns me up ធ្វើឱ្យខ្ញុំឆេះ
b. down ដុត
-n. get a b. រលាកភ្លើង
a slow x ការឆេះ

burner ['bɜ:nər] *n.* ប្រដាប់កំដៅ

burnish ['bɜ:niʃ] *tv.* x by friction ធ្វើឱ្យរលោង
x with gold ធ្វើឱ្យលេចភ្លឺឡើង
-n. ពន្លឺចាំងពីអ្វីដែលរលោងៗ

burnt[bɜ:nt] *(pt.. pp. of* burn*)*

burp [bɜ:p] *n.* ភើ
-iv. ភើ
-tv. ធ្វើឱ្យភើ

burr, bur [bɜ:r] *n.* (plants have) burrs
ផ្លែរុក្ខជាតិម្យ៉ាងដែលជាប់ខោអាវ
metal x អ្វីៗដែលច្រាងៗឬស្នាញៗ
engraver' s x គ្រឿងឆ្លាក់
· speak with a x ការរលាស់អណ្ដាត

burro['burəu] *n.* សត្វលា (តូចៗ)

burrow ['bʌrəu] *iv.,tv.* ជីករូង (សត្វ)
-n. រូង (ទន្សាយ កញ្ជ្រោង ។ល។)

bursar ['bɜ:sər] *n.* ហេរញ្ញិក (នៃមហាវិទ្យាល័យ)

burst [bɜ:st] *iv.* balloons x ផ្ទុះ
b. into tears ស្រែកទ្រហោយំ
b. out laughing អស់សំណើច
bursting (with joy) ពោរពេញ
-tv. x a balloon ធ្វើឱ្យបែកឬផ្ទុះ
-n. loud x សូរផ្ទុះ
x of speed សន្ទុះ
x of gunfire មួយគ្រាប់, មួយប្រាវ

bury ['beri] *tv. (pt .. pp.* buried*)* កប់
Form: បញ្ចុះ
x a knife in his heart ចាក់
buried with work មានកិច្ចការជាច្រើន
x the past បំភ្លេច

bus [bʌs] *n.* រថយន្តធំៗសម្រាប់ដឹកមនុស្ស
-tv. (pt..pp. bussed*)* ដឹកនាំ (មនុស្សនឹងរថយន្តធំៗសម្រាប់ដឹកមនុស្ស)

busboy[bʌsbɔi] *n.* ជំនួយអ្នកបម្រើភ្ញៀវនៅហាងបាយ

bush [buʃ] *n.* low x. គុម្ពោត
in the b. នៅក្នុងព្រៃ (ដាច់ស្រយាល)
x of his tail ផ្នែកស្រមូវឬសំពោង
-iv. b. out ឡើងស្រមូវៗ
-tv. Coll. ធ្វើឱ្យអស់កម្លាំង

bushel ['buʃl] *n.* b. of rice ស្រូវមួយតៅ
fill a x កញ្ច្រោ, ល្អី

bushing['buʃi ŋ] *n.* ទ្រនាប់

bushman ['buʃmən] *n.* rugged x ថើរព្រៃ
Cap. ប្រជាជនមួយក្រុមនៅអាហ្វ្រិកខាងត្បូង

bushy[buʃi] *adj.* x tail ស្រមូវ
x hair កន្ទ្រើង, សំពោង
x area ដែលមានព្រៃគុម្ពោត

busily['bi zi li] *adv.* យ៉ាងញាប់ដៃ, យ៉ាងមមាញឹក

business ['bi zni s] *n.* study x ពាណិជ្ជកម្ម
go into x ជំនួញ
He has a x. ហាងជំនួញ

official x កិច្ចការ, កិច្ចធុរៈ, ធុរកិច្ច

It' s none of your b. មិនមែនកិច្ចការរបស់លោកទេ

don' t like the whole x រឿង, រឿងរ៉ាវ

-*adj.* x trip ដែលទាក់ទងនឹងមុខរបរខ្លួន

b. establishment ក្រុមហ៊ុន

x college ខាងពាណិជ្ជកម្ម

businesslike['bi znəslai k] *adj.* x techniques ដូចគេធ្វើជំនួញ

x manner ប្រកបដោយរបៀបរបបយ៉ាងជាក់លាក់

businessman ['bi zni smæn] *n.* អ្នកជំនួញ

buss[bʌs] *tv. Coll.* ថើប

bust[1] [bʌst] *n.* x of Napoleon

Lit: ខ្ទកាយ

Gen: រូបសំណាកមួយកំណាត់ខ្លួន

large x ដោះ

bust[2][bʌst] *iv. (Coll. of* burst*)*

tires x បែក

companies x រលំ

-*tv.* x his balloon ធ្វើឱ្យបែក

x the company ធ្វើឱ្យរលំ

b. up (rocks) កំទេច

b. up (a romance) ធ្វើមិនឱ្យបានសម្រេច

-*n.* venture was a x ការមិនសម្រេច

x of a company ការរលំ (ខាងជំនួញ)

bustle[1] ['bʌsl] *iv.* ញាប់ដៃញាប់ជើង

-*tv.* ធ្វើឱ្យញាប់ដៃញាប់ជើង

-*n.* ការច្របូកច្របល់, ការប្រញាប់ប្រញាល់, ការញាប់ដៃញាប់ជើង

bustle[2]['bʌsl] *n.* ទ្រនាប់ដាក់ឱ្យសំពត់ (ស្រីៗ) ឡើងប៉ោង

busy ['bi zi] *adj.* x man រវល់

x life ប្រកបដោយសកម្មភាពគ្រប់យ៉ាង

x signal ដែលប្រាប់ថាកំពុងជាប់

-*tv. (pt..pp.*busied*)*

b. oneself (with work) រវល់

b. oneself (with other people' s affairs) ជ្រៀតជ្រែក

busybody['bi zi bɔdi] *n.* អ្នកដែលជ្រៀតជ្រែកកិច្ចការអ្នកឯទៀត

but [bʌt] *conj.* I can, x I won' t . តែ, ប៉ុន្តែ

There' s nothing to do b. go. មានតែទៅទេ

-*prep.* all x one លើកលែងតែ

last b. one បន្ទាប់ពីក្រោយគេ

-*adv.* all b. dead ជិតស្លាប់ហើយ

butcher ['butʃər] *n.* work as a x ឈ្មួញលក់សាច់

pej. cruel x អ្នកកាប់សម្លាប់គេ

-*tv.* x cows សម្លាប់ (យកសាច់)

x innocent people កាប់សម្លាប់

butler ['bʌtlər] *n.* អ្នកបម្រើប្រុស

butt[1] [bʌt] *n.* gun x ស្នាយ (កាំភ្លើង)

cigarette x កន្ទុយ

Vulg. kick his x គូទ

-*tv.* x it against a rock ដាក់ទល់

-*iv.* (His land) butts on (mine) ទល់នឹង

butt[2][bʌt] *iv.* goats x បុស, ជល់

(rock) butts out លយ

Sl. b. in និយាយកាត់

-*tv.* បុស

-*n.* ការបុសឬជល់

butte[bʌt] *n.* ភ្នំនៅកណ្ដាលវាល

butter ['bʌtər] *n.* fresh x *Fr:* , *Cool:* ប៊ឺរ

Lit: ខ្លាញ់ទឹកដោះ

-tv. x bread លាបប៊ឺរ

Id. b. s.o. up បញ្ចើរ

butterfat['bʌtəfæt] ***n.*** ផ្នែកទឹកដោះគោដែលគេយកទៅធ្វើប៊ឺរ

butterfly ['bʌtəflai] ***n.*** មេអំបៅ

buttermilk['bʌtəmi lk] ***n.*** ទឹកដោះគោសល់ពីធ្វើប៊ឺរ

buttock ['bʌtək] ***n.*** ថ្គាល់ក្អិត

pl. គូទ •

button ['bʌtn] ***n.*** shirt x ឡេវ

push the x គ្រឿងចុច

-tv. x his shirt ចិទឡេវ

buttress ['bʌtrəs] ***n.*** ចន្ទល់

-tv. x a building ទប់, ទ្រ

x an argument គាំទ្រ

buxom ['bʌksəm] ***adj.*** ដែលមានដោះធំ

buy [bai] ***tv*** . *(pt. ,pp.* bought*)* x a house ទិញ

Lit: ជាវ

b. time ពន្យាឱ្យបានយូរ (ដោយត្រូវការ)

b. off (the police) សូក

b. out (the company) ទិញយក

b. up (shares) ទិញច្រើនឡើង

-n. a good b. ការទិញបានថោក

buzz [bʌz] ***n.*** x of bees សូរហ្វូងៗឬរ៉ឺៗ

Id. give him a b. ហៅគេទូរស័ព្ទ

-iv. បន្លឺសូរហ្វូងៗឬរ៉ឺៗ

-tv. x the wings ធ្វើឱ្យឮសូរហ្វូងៗ

x the secretary ចុចគ្រឿងរោទ៍ហៅ

x him later ហៅគេទូរស័ព្ទ

Aero. x the town ហោះទាបលើកន្លែងណាមួយ (យន្តហោះ)

-adj. b. saw រណារវិលម្យ៉ាង

buzzard ['bʌzəd] ***n.*** ត្មាត

buzzer[bʌzər] ***n.*** គ្រឿងរោទ៍ (សម្រាប់ជាសញ្ញាផ្សេងៗ)

by [bai] ***prep.*** x the river ជិត

go x water តាម

run x steam ដោយ

go by the house កាត់មុខផ្ទះ

be here x 2 o' clock នៅ

work x day ពេល

by far ឆ្ងាយណាស់

one by one មួយម្តងៗ

5 by 10 meters ទទឹង៥ម បណ្តោយ១០ម

sell rice x the kilo ជា

-adv. close by នៅជិត

drive x កាត់

time gone by ពេលកន្លងទៅ

by and by បន្តិចទៀត

by and large បើគិតឱ្យសព្វគ្រប់ទៅ

bye-bye ['bai -bai] ***interj.*** លាសិនហើយ

by-election ['bai i lekʃn] ***n.*** ការបោះឆ្នោតពិសេស

bygone ['bai gɔn] ***adj.*** x days ដែលកន្លងទៅហើយ

-n. Let bygones be bygones. បំភ្លេចរឿងដើម

bylaw ['bai lɔː] ***n.*** ច្បាប់, ក្រម

by-line['bai lai n] ***n.*** ឈ្មោះអ្នកនិពន្ធនៅក្បាលអត្ថបទកាសែតឬទស្សនាវដ្តី

by-pass ['bai pɑːs] ***n.*** ផ្លូវចៀស, ផ្លូវសម្រាប់វាង

-tv. វាង, ចៀស

by-product ['bai prɔdʌkt] ***n.*** អនុផលិតផល, អនុផល

by-road ['bai rəud] ***n.*** ផ្លូវតូចតាច

bystander ['bai stændər] ***n.*** អ្នកនៅជិតកន្លែងដែលព្រឹត្តិការណ៍មួយកើតមានឡើង

byway['bai wei] ***n.*** ផ្លូវតូចស្ងាត់

byword ['bai wɜːd] ***n.*** ពាក្យស្លោក

C

C, c [si:] អក្សរទីបីតាមលំដាប់អក្សរក្រមអង់គ្លេស

cab [kæb] *n.* taxi c. តាក់ស៊ី, ឡានតាក់ស៊ី

truck x បាំងមុខ (សម្រាប់អ្នកបើករថយន្តរថភ្លើង)

cabaret ['kæbərei] *n.* ភោជនីយដ្ឋាន (មានសម្តែងសិល្បឬតន្ត្រីឱ្យមើលផង)

cabbage ['kæbi dʒ] *n.* ស្ពៃក្តោប

cabin ['kæbi n] *n.* mountain x ផ្ទះតូច, ខ្ទម

passenger x បន្ទប់

Aero. បន្ទប់អ្នកបើក

cabinet ['kæbi nət] *n.* kitchen x ទូ

political x គណៈរដ្ឋមន្ត្រី

cable ['kei bl] *n.* iron x ពួរ

television x ខ្សែភ្លើង

send a x តេឡេក្រាម

Lit: ទូរលេខ

-tv. វាយតេឡេក្រាម, វាយទូរលេខ

caboose[kə'bu:s] *n.* ទូសម្រាប់បុគ្គលិកអមយានយាន

cacao [kə'kɑ:əu] *n.* កាកាវ

cache [kæʃ] *n.* កន្លែងឬវត្ថុលាក់

-tv. លាក់

cackle ['kækl] *iv.* hens x ខ្ទត

x with laughter សើចក្អាកៗ

-n. សូរខ្ទត

cacophony [kə'kɔfəni] *n.* សូរខ្លាំងមិនស៊ីគ្នា

cactus ['kæktəs] *n.* ដំបងយក្ស

cadaver [kə'dævər] *n.* អស្សុប, សាកសព

cadaverous [kə'dævərəs] *adj.* ដូចខ្មោច, ស្លេកស្លាំង

caddie ['kædi] *n.* មនុស្សដែលគេជួលសម្រាប់ឱ្យស្ពាយប្រដាប់ប្រដាលេងហ្គុលហ្វ៍

-iv. រកស៊ីស្ពាយប្រដាប់លេងហ្គុលហ្វ៍ឱ្យគេ

cadence ['kei dns] *n.* ចង្វាក់

cadet [kə'det] *n.* សិស្សនាយទាហាន

cadge [kædʒ] *iv.,tv.* បាន (ដោយសូមគេយ៉ាងថោកទាប)

cadre ['kɑ:dər] *n.* ក្រុមអ្នកហ្វឹកហ្វឺន, ក្រុមបង្គោល

Caesarean section[si 'zeəri ən 'sekʃn] *n.* ការបង្កើតកូនដោយវះយកចេញពីពោះម្តាយ

cafe ['kæfei] *n.* ភៀមកាហ្វេ, ផ្ទះលក់កាហ្វេនិងអាហារ

cafeteria [,kæfə'ti əri ə] *n.* ការហ្វេតេរីយ៉ា, ភោជនីយដ្ឋានបម្រើខ្លួនឯង

caffein ['kæfi:n] *n.* (ជាតិ) កាហ្វេអ៊ីន

cage [kei dʒ] *n.* ទ្រុង

-tv. ដាក់ក្នុងទ្រុង

cajole [kə'dʒəul] *iv.,tv.* ប្រលោម, លួងលោម

cajolery[kə'dʒəuləri] *n.* ការប្រលោម ឬ បញ្ចោរ

cake [kei k] *n.* bake a x នំបាក់ឡង

x of soap ដុំ

-tv. ធ្វើឱ្យទៅជាដុំ

-iv. ឡើងកកឬក្រៀម

calamity [kə'læməti] *n.* វិបត្តិភ័យ

calamitous [kə'læmi təs] *adj.* ដែលមានជាតិកំហោរ

Lit: ចុល្លិយ

calcify ['kælsi fai] *iv.* (*pt ., pp.* calcified)

ទៅជាថ្មកំបោរ

calcium ['kælsi əm] *n.* កាល់ស្យូម

calculate ['kælkjulei t] *tv.* x the total គិតលេខ

Lit: គណនា

x the danger ត្រិះរិះ

c. on ប្រាថ្នា, គិត

calculation [,kælkju'lei ʃn] *n.* mathematical x ការគិតលេខ *Lit:* គណនា

go according to x ផែនការណ៍

with careful x ការត្រិះរិះជាមុន

calculus ['kælkjələs] *n.* គណនាអត្យាណូ

caldron, cauldron ['kɔ:ldrən] *n.* ថ្លាង ផែក, ខ្ទះស្ពោត

calendar ['kæli ndər] *n.* solar x ប្រក្រតិទិន

on his x for today តារាងពេល

-tv. ចុះក្នុងតារាងពេល

calf [kɑ:f] *n. (pl.* calves*)*

bull x កូនគោ ដំរី ។ល។

made of x ស្បែកកូនគោ

x of the leg កំភួន (ជើង)

caliber ['kæli bər] *n.* x of a gun ព្យាស (ទំហំមាត់ស្រែឬគ្រាប់កាំភ្លើង)

person of high x គុណសម្បត្តិ

calibrate ['kæli brei t] *tv.* ក្រិតតាមខ្នាត

calico ['kæli kəu] *n.* ខេសឯក, ផាឌិប

caliper ['kæli pər] *n.* ប្រពាយវាស់

-tv. វាស់នឹងប្រពាយវាស់

calisthenics [,kæli s'θeni ks] *n.* ការហាត់ប្រាណ

calk, caulk [kɔ:k] *tv.* បិទក្រហែង ឬ រន្ធតូចៗ

call [kɔ:l] *tv.* x the waiter ហៅ

x this number ហៅ (តាមទូរស័ព្ទ)

x me at 6 a.m ដាស់

x a meeting ហៅប្រជុំ

x the baby John ដាក់ឈ្មោះ, ឱ្យឈ្មោះ

c. the roll ហៅឈ្មោះ

c. a halt បញ្ឈប់

c. down (children) ប្រាប់ឱ្យស្ងាត់

c. for (more coffee) ហៅ (រក)

(This) calls for (thought) ត្រូវការ

c. off (a dog) បង្គាប់ឱ្យឈប់

c. off (a meeting) បដិសេធ

c. on (a friend) ចូលលេង, មកលេង

c. on (him to do it) ពឹង

c. out an order ឱ្យបញ្ជា

c. out (militia) ហៅយកមកប្រើការ

c. up (new forces) កេណ្ឌ

c. up (a friend) តេឡេហ្វូន

-iv. come to x ចូលលេង

c. out (for help) ស្រែកហៅ

-n. a x for help ការស្រែកហៅ

x of a bird សំរែក (សត្វ)

telephone x ការហៅតាមតេឡេហ្វូន

doctor' s c. ការទៅមើលជល់ផ្ទះ (គ្រូពេទ្យ)

pay a x ការចូលលេងផ្ទះអ្នកណាម្នាក់

no x for his services សេចក្ដីត្រូវការ

had no x to ហេតុ

the x of the stage សំរែកហៅ (អ.ប.)

on. c. ចាំការ, ប្រចាំការ

-adj. c. girl សីពេស្យាដែលអាចហៅមកបានតាមតេឡេហ្វូន

caller['kɔ:lər] *n.* អ្នកមកលេង

calling['kɔ:li ŋ] *n.* loud x ការស្រែកហៅ

follow one' s x មុខរបរ

-adj. c. card នាមប័ណ្ណ

callous ['kæləs] *adj.* x skin ក្រិន (ស្បែក)

x criminal ឥតមានមេត្តា, ឥតចេះរំភើប

callus ['kæləs] *n.* ផ្លែ, ស្បែកក្រិន

calm [kɑːm] *adj.* x sea ស្ងប់

x manner មិនឆេវឆាវ

-n. a short x ពេលស្ងប់ស្ងាត់

disturb his x ភាពមិនឆេវឆាវ

-tv. ធ្វើឱ្យស្ងប់

-iv. c. down ស្ងប់

calorie ['kæləri] *n. Fr:* កាឡូរី

calumny ['kæləmni] *n.* ពាក្យបង្កាច់

calve [kɑːv] *iv.,tv.* កើតកូន (សម្រាប់មេគោ)

calves[kɑːvz] *(pt. of* calf*)*

cam [kæm] *n.* ឧបករណ៍ដែលធ្វើឱ្យចលនានិយតទៅជាចលនាអនិយត

Cambodia[kæmbəudi ə] *pr. n.* ស្រុកខ្មែរ

Lit: ប្រទេសកម្ពុជា

Coll: នគរខ្មែរ

Combodian[kæmbəudi ən] *n.* He' s a x. ខ្មែរ

speak x ខ្មែរ, ភាសាខ្មែរ

-adj. ខ្មែរ

camber ['kæmbər] *n.* ភាពកោង

came[kei m] *(pt. of* come*)*

camel ['kæml] *n.* អូដ្ឋបូកពីរ

camera ['kæmərə] *n.* ម៉ាស៊ីនថត (រូប), ប្រដាប់ថតរូប

camouflage ['kæməflɑːʒ] *iv.,tv.* បំបិទបំបាំង, បន្លំ

-n. ការបំបិទបំបាំងបន្លំ

camp [kæmp] *n.* military x ជំរំ

political x បក្ស, ពួក

-iv. Mil. troops x បោះជំរំ

c. out *Fr:* កំប៉េ

campaign [kæm'pei n] *n.* military x យុទ្ធការ

sales x ការឃោសនាបញ្ចុះបញ្ចូល (ឱ្យចូលបក្សទិញ ។ ល ។)

candid ['kændi d] *adj.* ឥតលាក់លាម, ដោយត្រង់ៗ

-iv. ធ្វើយុទ្ធការ

camphor ['kæmfər] *n.* ទេពិរូ (ឈើម្យ៉ាង)

camping['kæmpi ŋ] *n.* ខន្ធារកិច្ច *Fr:* កំពិញ

campus ['kæmpəs] *n.* ទីក្នុងបរិវេណនៃមហាវិទ្យាល័យ

can[1] [kæn] *aux.* I c. go tomorrow. ស្អែកខ្ញុំទៅបាន

I c. lift it ខ្ញុំលើករួច

I c. eat hot food ខ្ញុំញ៉ាំមបហើរកើតឬបាន

He c. cause trouble. គាត់អាចបង្កើតរឿង

You c. forget it! បំភ្លេចចោលទៅ!

It c. be that... ប្រហែលជា. . .

What c. it be ? ស្អីទៅ ?

can[2][kæm] *n.* tin x កំប៉ុង

Sl. throw him in the x គុក

Sl. Where' s the x ? បង្គន់

-tv. (pt.,pp. canned*)*

x beans ដាក់កំប៉ុងហើយផ្សារឱ្យជិត

Sl. x the chatter ឈប់

canal [kə'næl] *n.* irrigation x ប្រឡាយ

Suez x ព្រែកជីក

alimentary x បំពង់ (អាហារ ។ល។)

-tv. ជីកព្រែក

canary [kæ'neəri] *n.* ចាបម្យ៉ាងសម្បុរលឿងយំយ៉ាងពិរោះ

cancel ['kænsl] *tv. (pt., pp.* cancelled*)*

x an appointment លុបចោល

x an order បដិសេធចោល

x a word គូសចោល

x a stamp បោះត្រាលើ

cancer ['kænsər] *n.* have x រោគមហារីក

Cap. Tropic of C. កក្កដានិវត្តន៍

candid ['kændi d] *adj.* ឥតលាក់លាម, ដោយត្រង់ៗ

candidate ['kændi dət] *n.* បេក្ខជន

candle ['kændl] *n.* wax x ទៀន

one x of light ទៀន (កម្រិតពន្លឺ)

Id. can' t hold a c. to មិនអាចប្រៀបបាន

-tv. x eggs បញ្ចាំងមើលពីក្រោយ

candlestick['kændlsti k] *n.* ជើងទៀន

candor ['kændər] *n.* ភាពត្រង់

candy ['kændi] *n.* ស្ករគ្រាប់

-tv. x oranges ឆ្អឹងស្ករ

x syrup ក្លាំងម៉ែ

cane [kei n] *n.* walking c. ឈើច្រត់

sugar c. អំពៅ

basket c. ផ្តៅ

-tv. x a child វាយនឹងឈើច្រត់

x a chair ចាក់, ត្បាញ (នឹងបន្ទះផ្តៅ)

-adj. c. sugar ស្ករអំពៅ

x basket ធ្វើពីផ្តៅ

canine ['kei nai n] *n.* សត្វពពួកសត្វឆ្កែ

long x ចង្កូម

-adj. x characteristics នៃឆ្កែ

c. tooth ចង្កូម

canister ['kæni stər] *n.* flour x កំប៉ុង, ប្រអប់ស៊ីឡាត

ammunition x ឡតគ្រាប់កាំភ្លើង

canker ['kæŋkər] *n.* ដំបៅ (មាត់, បបូរមាត់)

canned[kei nd]*adj.* x meat (ដែលដាក់ក្នុង) កំប៉ុង

Sl. c. music ភ្លេងថត

cannery['kænəri] *n.* រោងចក្រធ្វើម្ហូបកំប៉ុង

cannibal ['kæni bl] *n.* human x មនុស្សដែលស៊ីសាច់មនុស្ស

Lit: មនុស្សភក្ស

The wolf is a x. សត្វដែលស៊ីសាច់គ្នាឯង

cannibalize ['kæni bəlai z] *tv.* យកគ្រឿងពីអាមួយទៅធ្វើឱ្យអាមួយទៀតដើរ

cannon ['kænən] *n.* កាណុង

Lit: កាំភ្លើងធំ

-tv. បាញ់នឹងកាំភ្លើងធំ

cannonade [,kænə'nei d] *n.* ការបាញ់កាំភ្លើងធំៗតគ្នា

-tv. បាញ់ (កន្លែងណាមួយ) នឹងកាំភ្លើងធំ

cannot ['kænət] *(neg. of* can*)*

canoe [kə'nu:] *n.* ទូកអុំតូចម្យ៉ាង, ទូកកានូ

-iv. ជិះកានូ

-tv. ដឹកនាំនឹងកានូ

canon ['kænən] *n.* a x of socialism គោលការណ៍

the x of Buddhism គម្ពីរព្រះត្រៃបិតក

canopy ['kænəpi] *n.* tent x ប៉ាំកំ

bed x បុស្បុក

cant[1] [kænt] *n.* empty x ពាក្យថ្លែងបំភ្លៃឡើង

gypsy x ភាសាដោយឡែកសម្រាប់សង្គមខ្លះ

cant[2][kænt] *n.* ជ្រុងទេរ

-tv. ធ្វើឱ្យទេរ

can' t [ka:n] *(contr: of* cannot*)*

cantaloupe ['kæntəlu:p] *n.* ត្រសក់ស្រូវម្យ៉ាង

cantankerous [kæn'tæŋkərəs] *adj.* រញ៉េរញ៉ៃ (មនុស្ស)

canvas ['kænvəs] *n.* made of x ក្រណាត់សម្រាប់ធ្វើតង់ឬក្ដោងទូក

artist' s x ផ្ទាំងសំពត់សម្រាប់គូរគំនូរ

canvass['kænvəs] *tv.* ស្ទង់មើលមតិ

-n. ការស្ទង់មើលមតិ

canyon ['kænjən] *n.* ជ្រោះជ្រៅ

cap [kæp] *n.* woolen x កាតឹប

bottle x គ្រប

strawberry x គម្រប់ផ្លែ

powder x ឆ្នួន

-tv. (pt.,pp. capped*)* x a bottle បិទគ្រប

x strawberries បេះគម្រប់ផ្លែចេញ

capable ['kei pəbl] *adj.* x employee មានសមត្ថភាព
c. of អាច
capability [,kei pə'bi ləti] *n.* សមត្ថភាព
capacious [kə'pei ʃəs] *adj.* ធំទូលាយ
capacity [kə'pæsəti] *n.* x of a basket ចំណុះ
have the x for the job សមត្ថភាព
have a c. for ពូកែខាង
in a legal x ឋានៈ
cape[1] [kei p] *n.* អាវផណ្ដប់គ្មានដៃ
cape[2] [kei p] *n.* ជ្រោយ
caper ['kei pər] *iv.* លោតកញ្ឆោង, លោតត្រអាល
-*n.* child' s x ការលោតកញ្ឆោង
illegal x អំពើផ្ដេសផ្ដាស
capillary [kə'pi ləri] *n.* សរសៃឈាមតូច (ឈាម)
Lit: កេសនាលី
-*adj.* x tube ដែលរន្ធតូចហើយវែង
x action ដែលស្រូបចូលតាមសរសៃតូចៗ
capital ['kæpi tl] *n.* x of a country រដ្ឋធានី
x of a kingdom រាជធានី
investment x ធន, មូលធន, . ដើមទុន
c. of a column ក្បាច់ក្បាលសសរ
(write in) capitals អក្សរធំ
-*adj.* x building នៃរដ្ឋធានីឬរាជធានី
c. letter អក្សរធំ
c. punishment ទោសដល់ជីវិត, ទោសដាច់ជីវិត .
x suggestion ដ៏ប្រសើរ, ដ៏ល្អ
capitalism ['kæpi təli zəm] *n.* មូលធននិយម
capitalist ['kæpi təli st] *n.* អ្នកមានធនច្រើន
Lit: មូលធនិក
capitalize ['kæpi təlai z] *tv.*
x stocks លក់ចេញ
x letters សរសេរជាអក្សរធំ
-*iv.* c. on ឆ្លៀតយកប្រយោជន៍អំពី

capitol ['kæpi tl] *n.* វិមានរដ្ឋសភា
capitulate [kə'pi tʃulei t] *iv.* ចុះចាញ់
capon ['kei pən] *n.* មាន់ក្រៀវ
caprice [kə'pri:s] *n.* ចិត្តភ្លើតភ្លើន, ចិត្តរើរុស
Lit: កបិចិត្ត
capricious [kə'pri ʃəs] *adj.* ដែលមានចិត្តសាវាឬរឹងទាំង, ប្រកបដោយកបិចិត្ត
capsize [kæp'sai z] *iv.* ក្រឡាប់, លិច (ទូក)
-*tv.* ធ្វើឱ្យក្រឡាប់
capsule ['kæpsju:l] *n.* medicine x គ្រាប់ថ្នាំមូលទ្រវែង
Bot. seed x កន្សោម
space c. បន្ទប់អ្នកបើកបរអវកាសយាន
captain ['kæpti n] *n.* army x អនុសេនីយឯក
navy x វរនាវីត្រី ទោឬឯក
ship' s x នាយនាវា, នាវិកនាយក
Sp. team x មេក្រុម, មេដឹកនាំ
-*tv.* x a ship ធ្វើជានាយនាវា
x a team ធ្វើជាមេដឹកនាំ
caption ['kæpʃn] *n.* ចំណងជើង
-*tv.* ដាក់ចំណងជើង
captivate ['kæpti vei t] *tv.* x an audience ធ្វើឱ្យចាប់អារម្មណ៍, ទាញស្រូបសតិសម្បជញ្ញៈ
x wild animals ចាប់បង្ខាំង
captive ['kæpti v] *n.* war x ឈ្លើយ
criminal x អ្នកជាប់ឃុំ
x of love អ្នកលង់ខ្លួន (ទៅលើអ្វីមួយ)
-*adj.* ដែលចាប់បាន, ដែលជាប់ឃុំ
-*adv.* take c. ចាប់
captivity [kæp'ti vəti] *n.* ភាពត្រូវគេបង្ខាំង
captor ['kæptər] *n.* អ្នកដែលចាប់បង្ខាំង
capture ['kæptʃər] *tv.* x a criminal ចាប់បាន
c. the meaning ចាប់សេចក្ដីបាន
-*n.* x of a criminal ការចាប់បាន

large x of game សត្វឬមនុស្សចាប់បាន

car [kɑ:r] *n.* fast x ឡាន *Lit:* រថយន្ត

Rail. passenger c. រថដំណើរ

Rail. sleeping c. រថដំណេក

Rail. frieght c. រថទំនិញ

elevator x ទូ

carat ['kærət] *n. Fr:* ការ៉ាត់(ទម្ងន់ ២០៥ម.ក)

caravan ['kærəvæn] *n.* desert x ក្បួនទូរថ

furniture x រថយន្តដឹកទំនិញតូចមានដំបូល

caraway ['kærewei] *n.* ម្ជូម

carbine ['kɑ:bain] *n.* កាំភ្លើងការ៉ាប៊ិន

carbohydrate [,kɑ:bəu'hai dreit] *n.* ការបូអ៊ីដ្រាត

cabolic acid[kɑ:,bɔlik 'asid] *n. Fr:* ហ្វេណូល

carbon ['kɑ:bən] *n.* hydrogen and x ការបោន

use a x ក្រដាស់ការបោន

Form: ក្រដាសធ្យូង

make a x ទំព័រចម្លងដោយប្រើក្រដាសការបោន

-adj. x compound ដែលមានជាតិការបោន

x dating ដែលប្រើការបោន ១៤

c. paper ក្រដាសការបោន

Fig. c. copy អ្វីៗដែលដូចបេះបិទនឹងអ្វីមួយទៀត

carbuncle ['kɑ:bʌŋkl] *n.* បូស

carburetor [.kɑ:bjə'retər] *n. Fr:* កាប៊ុយរ៉ាទ័រ

carcass ['kɑ:kəs] *n.* dead x សាកសត្វ

x of beef សត្វព្រលាត់ស្បែក វះពោះហើយតែមិនទាន់កាត់ជាដុំតូចៗ

Sl. Move your x. ខ្លួន

card[1] [kɑ:d] *n.* identity c. អត្តសញ្ញាណ

playing x បៀ

calling c. នាមប័ណ្ណ

pl. play x លេងបៀ

card[2][kɑ:d] *n.* ប្រែង

-tv. សិតនឹងប្រែង

cardamon['kɑ:dəmən] *n.* ក្រវាញ

cardboard['kɑ:dbɔ:d] *n.* ការតុង, ក្រដាសក្រាស់រឹង

cardinal['kɑ:dinl] *adj.* x significance នៃបេះដូង

c. red ដែលក្រហមដូចសត្វការឌីណាល់

c. number បកតិសំខ្យា

c. directions ទិសាភាគ

-n. Rel. Catholic x ការឌីណាល់

Zool. spy a x សត្វការឌីណាល់ (បក្សីម្យ៉ាងពណ៌ក្រហម)

cardiogram[,kɑ:di ɔ'grəm] *n.* ហទយលេខ

cardiology[,kɑ:di 'ɔgrəfi] *n.* ហទយសាស្ត្រ

cardiology[,kɑ:di 'ɔlədʒi] *n.* ហទយវិទ្យា

care[keər] *n. (usu. pl.)* free from x កង្វល់

the x of animals ការថែរក្សា

write with x ការយកចិត្តទុកដាក់ឬប្រិតប្រៀន

proced with x ការប្រយ័ត្នប្រយែង

take c. of (children) ថែរក្សា

take c. of (an obligation) បង្ហើយ

-iv. I don't x. ខ្វល់

c. for (animals) ថែរក្សា

(I don't) c. for (sweets) ចូលចិត្ត

c. to ចង់

c. about (one's appearance) រវល់ (នឹង)

c. about (one's family) ស្រឡាញ់

careen[kəri:n] *iv.* ships x ផ្អៀង

Coll. x down the road ទៅមុខយ៉ាងលឿនមិនត្រង់ផ្លូវ

-tv. ធ្វើឱ្យផ្អៀង

career[kə'iər] *n.* អាជីព

carefree['keəfri:] ***adj.*** x life ឥតកង្វល់

x disposition មិនចេះកើតទុក្ខ

careful[,keəfl] ***adj.*** x handwriting ដោយយកចិត្តទុកដាក់, ប្រិតប្រៀន, ផ្ចិតផ្ចង់

x driver ដែលប្រយ័ត្ន

c. of (one's feelings) ដែលគិតដល់

careless['keələs] ***adj.*** x worker ធ្វេសប្រហែស

c. of (his health) មិនគិតគូរដល់

caress[kə'res] ***tv.*** បពោសអង្អែល

-n. ការបពោសអង្អែល

caret['kæret] ***n.*** សញ្ញា (^), ខ្មែរប្រើសញ្ញា (+) នេះទៅវិញសម្រាប់បន្ថែមពាក្យដែលរំលង

caretaker['keətei kər] ***n.*** អ្នកថែទាំ (ទីកន្លែងផ្សេងៗ)

-adj. c. government រដ្ឋាភិបាលសម្រាប់គ្រប់គ្រងបណ្ដោះអាសន្ន

carfare['kɑ:feər] ***n.*** ថ្លៃជិះឡាន

cargo['kɑ:gəu] ***n.*** បន្ទុក (នាវា យន្តហោះ)

Lit: នាវាភណ្ឌ ឬ អាកាសយានភណ្ឌ

caricature['kæri kətʃuər] ***n.*** គំនូរចំអក, រូបកាក

-tv. គូរឬនិយាយបំផ្លើសកំប្លែង (អំពីអ្នកណាម្នាក់)

caries['keəri:z] ***n.*** ប្រហោង (បណ្ដាលពីដង្កូវស៊ីធ្មេញ)

carload['kɑ:ləud] ***n.*** x of guests ចំនួនពេញ១ឡាន

x of coal ចំណុះពេញមួយទូរថភ្លើង

carnage['kɑ:ni dʒ] ***n.*** ការសម្លាប់រង្គាល

carnal['kɑ:nl] ***adj.*** x beings លោកិយ

x pleasures ប្រកបដោយកាមគុណ

c. knowledge ការសេពកាម

carnival[kɑ:ni vl] ***n.*** បុណ្យអឹកធឹកម្យ៉ាងមានល្បែងលេងកំសាន្តជាច្រើន

carnivore['kɑ:ni vɔ:r] ***n.*** សត្វស៊ីសាច់ជាអាហារ

Lit: មសាសី, មំសាហារសត្វ

carnivorous[kɑ:'ni vərəs] ***adj.*** ដែលស៊ីសាច់ជាអាហារ

carol['kærəl] ***n.*** ចម្រៀងសរសើរ (ច្រើននៅពេលណូអែល)

-iv. (pt. , pp. carolled*)* ច្រៀង

carouse[kə'rauz] ***iv.*** ដើរលេងស៊ីផឹកឡូឡា

carp[1][kɑ:p] ***iv.*** ឆ្កៀតរកកំហុសសព្វបើនឹងការបន្តិចបន្តួច

carp[2][kɑ:p] ***n.*** ត្រីឈ្លាំង

carpenter['kɑ:pəntər] ***n.*** ជាងឈើ

-iv. រកស៊ីធ្វើជាងឈើ

carpentry['kɑ:pəntri] ***n.*** របរជាងឈើ

Lit: វឌ្ឍកីកម្ម

carpet ['kɑ:pi t] ***n.*** Persian x ព្រំ

x of grass អ្វីៗដែលរាបស្មើហើយធំធេង

Id. roll out the red c. ទទួលយ៉ាងអឹកធឹក

-tv. ដាក់ព្រំ, ក្រាលព្រំ

cariage['kæri dʒ] ***n.*** gilded x រទេះសេះកង់បួន

typewriter x ផ្នែកដែលដើរទៅមក

proud x ដំណើរ, អាកប្បកិរិយា, អាចារៈ

x of produce ការដឹកនាំ

carrier['kæri ər] ***n.*** **mail** c. អ្នករត់សំបុត្រ

Fr: ហ្វាក់ទ័រ

freight x យាន, គ្រឿងដឹកអីវ៉ាន់

disease x អ្វីៗដែលនាំរោគ

-adj. x company ដែលដឹកនាំអីវ៉ាន់

c. pigeon ព្រាបនាំសារ

carrot[kærət] ***n.*** ការ៉ុត

carrousel[lærəuz] ***n.*** គ្រឿងក្មេងជិះលេង

carry['kæri] ***tv.*** *(pt. . pp* carried *)*

c. away. take យកទៅ

c. here. bring យកមក

ships x cargo ដឹកនាំ

c. in the hand. **hold** កាន់

c. on the shoulder លី

c. suspended between two persons សែង

c. suspended from one end of a shoulder-pole
  រែក
c. on the hip កណ្ដៀត
c. on the head ទូល
c. suspended from the hand យួរ
c. (a child) on the hip ពរ
c. cradled in the arms បី
c. (a child) on one's shoulders បញ្ជិះក, ព្រនាក់
c. under one arm តៀតឃ្លៀក
c. with one arm across the chest កង
c. suspended from the shoulder ស្ពាយ
(wind) carries (sound) នាំ
x a responsibility មាន
flies x disease នាំ
c. oneself well មានដំណើរនឹងនួន
x an election ឈ្នះ (ការបោះឆ្នោត)
His words x weight មាន
x me through the winter គ្រប់, គ្រាន់, ល្មម
c. an account មានកុង (នៅ)
c. away (garbage) យកទៅ
c. away (an audience) ធ្វើឱ្យរំភើបខ្លាំង
c. off (tools) យកបាត់ទៅ
c. off (first place) ទទួល
c. off (a crime) សម្រេច
c. on (negotiations) ធ្វើ
c. out (the garbage) យកចេញ
c. out (a plan) អនុវត្តន៍
c. through (a project) បញ្ចប់

-*iv.* (His voice) carries. ឮឆ្ងាយ
rifles x a mile បាញ់បានចម្ងាយ
(We must) c. on. បន្ត, ធ្វើត
Coll. (Don't) c. on (so.) ឆោឡោ

carry-over['kæri 'əuvər] ***n.*** ដំណែល, អ្វីៗដែលជាសំណល់ពីមុនមក

cart[kɑ:t] ***n.*** រទេះ
-*iv.*, *tv.* ដឹកនឹងរទេះ

cartel[kɑ:'tel] ***n.*** ក្រុមហ៊ុនអន្តរជាតិ, ការតែល

cartilage['kɑ:ti li dʒ] ***n.*** ឆ្អឹងខ្ចី

cartography[kɑ:'tɔgrəfi] ***n.*** កិច្ចការខាងគូរផែនទី, វិជ្ជាផែនទី

carton['kɑ:tn] ***n.*** ប្រអប់កាតុង

cartoon[kɑ:'tu:n] ***n.*** រូបកំប្លែង

cartridge['kɑ:tri dʒ] ***n.*** shotgun x ឲ្យគឬសំបកគ្រាប់កាំភ្លើង
tape x ជុំ

carve[kɑ:v] ***tv.*** x a staue ឆ្លាក់
x meat កាត់ (ជាចំណិត)

carving[kɑ:vi ŋ] ***n.*** good at x ការឆ្លាក់
do the x at table ការកាត់សាច់
wooden x រូបចម្លាក់
intricate x ចម្លាក់

cascade[kæ'skei d] ***n.*** (ទឹក) ល្បាក់
-*iv.* ធ្លាក់ (ដូចទឹកឈូ)

case[1][kei s] ***n.*** a x of misunderstanding រឿង
legal x បណ្ដឹងក្ដី, រឿងទាក់ទងតុលាការ
a c. of malaria អ្នកកើតគ្រុនចាញ់
Gram. genitive x បុព្វបទដែលបង្ហាញនូវចំពួកពាក្យ
in. c. ក្រែងលោ, ក្រែង
make a c. for រកបង្ហាញភស្ដុតាងគាំទ្រ

if that's the c. បើអញ្ចឹង

in c. of ក្នុងករណី

in any c. យ៉ាងណាក៏ដោយ

case[2][kei s] ***n.*** jewel x ប្រអប់

x of beer កិស, ឡាំង

door x ក្រប

print. upper c. អក្សរធំ

print. lower c. អក្សរតូច

-tv. x dishes ដាក់ឡាំង

Sl. x a store មើលដំណើរទំនង

casement['kei smənt] ***n.*** បង្អួចមានត្រចៀក

cash[kæʃ] ***n.*** ប្រាក់, លុយ

-tv. បើក (សែក ។ល។)

cashew[kæ'ʃu:] ***n.*** ស្វាយចន្ទី

cashier[kæ'ʃi ər] ***n.*** grocery x អ្នកគិតលុយ

bank x បេឡាធិការ

cashmere[kæʃmi ər] ***n.*** សំពត់ខ្សែមម្យ៉ាង

casino[kə'si:nəu] ***n.Fr:*** កាស៊ីណូ

cask[kɑ:sk] ***n.*** ធុងឈើ (ប្រើសម្រាប់ដាក់ស្រាជាដើម)

casket['kɑ:ski t] ***n.*** funeral x ក្តារមឈូស

jewel x ប្រអប់ (សម្រាប់ដាក់មាសពេជ្រ)

cassava[kə'sɑ:və] ***n.*** ក្តួច

casserole['kæsərəul] ***n.*** ឆ្នាំងម្យ៉ាងក្រាស់សម្រាប់ដុតក្នុងឡ

cast[kɑ:st] ***tv.*** x a line ចោល, ព្រោះ

x a net បង់

x anchor បោះ

x a statue ចាក់ពុម្ព

c. a vote បោះឆ្នោត

x. a play ចែកតួ (លេងល្ខោន កុន)

x a shadow ចោល

x a light បញ្ចាំង

x a glance ចោលកន្ទុយភ្នែក

x a boat around បត់

c. away ចោល

c. down អាក់អន់ឬព្រួយចិត្តខ្លាំង

c. off (one's clothes) ចោល

c. off (bad habits) បោះបង់ចោល

-iv. Naut. boats x បត់

Naut. c. off រុញចេញពីកន្លែងចត

c. about for ប្រវារក

-n. mighty x ការចោល

Fishing good x ការបោះសន្ទូច

Theat. x of characters អ្នកដើរតួផ្សេងៗ

Lit: satirical x ទំនង, លក្ខណៈ

reddish x ពណ៌លាំ

Med. plaster x រណបម្នាងសិលាដែលគេរុំទប់ឆ្អឹងបាក់

x of bronze វត្ថុធ្វើឡើងដោយចាក់ពុម្ព

castanet['kæstə'net] ***n.*** ក្រាប់ (គ្រឿងតន្ត្រីម្យ៉ាង)

caste['kɑ:st] ***n.*** វណ្ណៈ

caster['kɑ:stər] ***n.*** (table has) casters កង់

Fishing skillful x អ្នកបោះសន្ទូច

castigate ['kæsti gei t]***tv.*** ស្តីបន្ទោសជាទម្ងន់

cast-iron['kɑ:st'ai ən] ***n.*** ដែកស្វិត

castoff[kɑ:stɔ:f] ***adj.*** ដែលគេបោះចោលឬទាត់ចោល

-n. អ្វីៗដែលគេបោះចោលឬទាត់ចោល

castle['kɑ:sl] ***n.*** ប្រាសាទ

castor oil['kɑ:stər'ɔi l] ***n.*** ប្រេងល្ហុងខ្វៃ

castrate[kæ'strei t] ***tv.*** ក្រៀវ

casual['kæʒuəl] ***adj.*** x dress ធម្មតា

x meeting ដែលកើតឡើងដោយជួន

x remark ដែលធ្វើទៅដោយឥតបានគិតទុកមុន

x attitude ឥតកង្វល់

casualty[k'æʒuəlti] ***n.*** serious x គ្រោះថ្នាក់

x of battle ការខូចខាតខាងមនុស្ស

cat [kæt] *n.* black x ឆ្មា *Lit:* ពិឡារ

Sl. She's a x. ស្ត្រីចិត្តនឹងមាត់អាក្រក់

cataclysm['kætəkli zəm] *n.* មហាវិនាស

catalog, catalogue['kætəlɔg] *n.* x of names បញ្ជី

mail order x កាតាឡុក (នៃហាងលក់អីវ៉ាន់។ល។)

-tv. ចាត់ជាក្រុមឬជាពួក

catalyst['kætəli st] *n.* សារធាតុដាក់បន្ថែមដើម្បីឱ្យឆាប់មានប្រតិកម្មគីមី

catapult['kætəpʌlt] *tv.* ចោលដង្ហក់, បាញ់នឹងដង្ហក់

-n. ដង្ហក់ (អាវុធ)

cataract['kætərækt] *n.* rushing x ទឹកធ្លាក់

Med. ជម្ងឺភ្នែកស្បែកបាំង

catarrh[kə'tɑ:r] *n.* រោគរលាកបំពង់កនិងក្នុងច្រមុះ

catastrophe[kə'tæstrəfi] *n.* មហន្តរាយ

catch[kætʃ] *tv.* (*pt. , pp.* caught)

x a ball ចាប់

x a bird ចាប់បាន

x a train ទាន់ទាន់

x a blow ត្រូវ

x water ត្រង, ទទួល

c. the eye ធ្វើឱ្យចាប់ភ្នែក

c. one's breath ឈប់ឱ្យបាត់ហត់

x a finger in the door ជាប់

x his attention ឱ្យសញ្ញា

c. cold ផ្ដាសសាយ

c. the meaning ចាប់សេចក្ដីបាន

x him at stealing ទាន់

-iv. latch doesn't x ខាំ, ជាប់

clothes x on nails ទាក់

(the door) catches ទើស

fire didn't x ឆេះ

(style didn't.) c. on ត្រូវគេនិយម

c. on (to a trick) ដឹង, យល់ (ដោយគិតឃើញខ្លួនឯង)

c. up with ទាន់

-n. flying x ការចាប់

x of a lock គន្លឹះ

a x in the door កន្លែងទើស

a x in his voice ដំណើរអាក់រអួល

a x of fish អ្វីៗដែលចាប់ឬនេសាទបាន

There's a x to it បញ្ហាជាប់មកជាមួយ

catching['kætʃi ŋ] *adj.* disease is x ឆ្លង

x tune ដែលគួរឱ្យចាប់ចិត្ត

catchup, ketchup['kætʃəp] *n.* ទឹកប៉េងប៉ោះ

catchy[kætʃi] *tv.* x tune ស្រួលចាំ

x problem ដែលមានកលល្បិច

categorical[,kætə'gɔri kl] *adj.* ដាច់ខាត

category['kætəgəri] *n.* ប្រភេទ, ពួក, ផ្នែក

cater['kei tər] *iv.* x for a banquet ផ្គត់ផ្គង់មុខចំណី

c. to (popular taste) បំពេញបំណង

caterpillar['kætəpi lər] *n.* ដង្កូវមេអំបៅ

c. tractor ត្រាក់ទ័រកង់ច្រវាក់

catfish['kætfi ʃ] *n.* *1. large:* ត្រីឆ្លាំង

2. small: ត្រីកញ្ជះ

3. walking: ត្រីអណ្ដែង

catgut['kætgʌt] *n.* ខ្សែធ្វើពីពោះវៀនសត្វ

Lit: ក័តហ្គុត

cathedral[kə'θi:drəl] *n.* មហាវិហារ

Lit: វិសាលវិហារ

catheter['kæθi tər] *n.* បំពង់បូម

cathode['kæθəud] *n.* ឥទ្ធារ

catholic['kæθəli k] *adj.* x tastes សាកល

Cap. x church កាតូលិក

-n. Cap. អ្នកកាន់សាសនាកាតូលិក

cat-o'-nine-tails[,kæt əu'nai n tei l] *n.* រំពាត់ប្រាំបួនខ្សែ

cat's-paw[kəts pɔ:] ***n.*** មនុស្សដែលគេប្រើឱ្យធ្វើនូវអំពើអាក្រក់ផ្សេងៗ

catsup [kætsʌp] *(see* catchup*)*

cattle['kætl] ***n.*** *(pl. of* cow*)* គោក្របី

Lit: បសុសត្វធំៗ

catty['kæti] ***adj.*** ដូចឆ្មា

catwalk['kætwɔ:k] ***n.*** ផ្លូវតៀន (ដូចជានៅសងខាងស្ពានជាដើម)

Caucasian[kɔ:'kei zi en] ***adj.*** x race ដែលមានស្បែកស

x mountains នៃភ្នំកូកាហ្ស៊

-n. មនុស្សស្បែកស

caucus['kɔ:kəs] ***n.***ការប្រជុំ (ដើម្បីសម្រេចរកមាតិកានយោបាយណាមួយ)

-iv. ប្រជុំ (ដើម្បីសម្រេចរកមាតិកានយោបាយ)

caught[kɔ:t] *(pt. . pp of* catch *)*

cauldron['kɔ:ldrən] *(see* caldron*)*

cauliflower['kɔli flauər] ***n.*** ផ្កាស្ពៃ (ស)

caulk[kɔ:k] *(see* calk *)*

causal['kɔ:zl] ***adj.*** ដែលប្រាប់ការទាក់ទងហេតុនិងផល

Lit: សហេតុ

causality[kɔ:'zæləti] ***adj.*** សហេតុធម៌

cause[kɔ:z] ***n.*** x of the trouble បុព្វហេតុ

Law without x ហេតុ

charitable x ប្រយោជន៍

-tv. x trouble បង្ក

x an accident បណ្ដាលឱ្យមាន

x him to slip ធ្វើឱ្យ

x death បណ្ដាលឱ្យ

causeway['kɔ:zwei] ***n.*** ផ្លូវកាត់ទីមានទឹកភក់

caustic['kɔ:sti k] ***adj.*** x solution ដែលកាត់

x comment មុត, យ៉ាងមុត

cauterize['kɔ:tərai z] ***tv.*** អាល, ដុត, អុជ

caution['kɔ:ʃn] ***n.*** proceed with x ការប្រយ័ត្នប្រយែង

issue a x ការព្រមាន

-tv. x a violator ព្រមាន

c. against ណែនាំកុំឱ្យធ្វើ

x him to do it រំឭក, ដាស់តឿន

cautious['kɔ:ʃəs] ***adj.*** ប្រយ័ត្នប្រយែង

cavalcade[kævl'kei d] ***n.*** ក្បួនជិះសេះ

cavalier[,kævə'li ər] ***n.*** *Arch.* អស្សឫទ្ធិ

-adj. ដែលព្រងើយកន្តើយ

cavalry['kævlri] ***n.*** ក្រុមទាហានសេះ, ទ័ពសេះ

cave[kei v] ***n.*** រូងភ្នំ

Lit: គុហា

-tv. c. out ជីករូង

c. in ធ្វើឱ្យស្រុត (ដូចជាពិដានផ្ទះជាដើម)

-iv. (roof) caved in ស្រុត, បាក់ធ្លាក់ចុះ

(opposition) caved in ញ៉ម, ចុះចាញ់

cave-man[kei vmæn] ***n.*** Stone Age x មនុស្សសម័យយុគថ្ម

act like a x មនុស្សគ្មានសុជីវធម៌

cavern['kævən] ***n.*** គុហា, រូងភ្នំធំៗ

caviar['kævi ɑ:r] ***n.*** ពងត្រីប្រឡាក់ (ជាគ្រឿងក្លែម)

cavity['kævəti] ***n.*** x in the earth ទីខ្វង

dental x ប្រហោង (នៃធ្មេញដង្កូវស៊ី)

caw[kɔ:] ***n.*** សម្រែកក្អែក

-iv. ស្រែក (ក្អែក)

cease[si:s] ***iv.*** ឈប់

-tv. បញ្ឈប់

-n. ការឈប់

ceaseless[si:sələs] ***adj.*** ឥតឈប់ឈរ

cede[si:d] ***tv.*** ប្រគល់ឱ្យ

cedilla[si:dələ] ***n.*** សញ្ញា (ȝ)

ceiling['si:li ŋ] ***n.*** ពិតាន

celebrate['seli brei t] ***tv.*** x marriage ធ្វើពិធី

x success ធ្វើអ្វីដើម្បីសម្តែងសេចក្តីអបអរ

celebrated['seli brei td] ***adj.*** ល្បីល្បាញ

celebration[,seli 'brei ʃn] ***n.*** x of success ការធ្វើអ្វីៗដើម្បីសេចក្តីសប្បាយ

x of marriage ការធ្វើពិធីអ្វីមួយ

celebrity[sə'lebrəti] ***n.*** ជនល្បីល្បាញ

Lit: វិស្សុតជន

celestial[sə'lesti əl] ***adj.*** x being ទិព្វ

x body ដែលនៅលើមេឃ

Lit: នភោកាស

celibacy['seli bəsi] ***n.*** ភាពនៅលីវឬភាពមិនសេពកាមមុច្ឆា

celibate['seli bət] ***adj.*** នៅលីវឬមិនសេពកាមមុច្ឆា

-n. មនុស្សមិនសេពកាមមុច្ឆា

cell[sel] ***n.*** prison x បន្ទប់ (ក្នុងគុក)

work x ក្រុមតូចៗ

Biol. living x កោសិកា

Elect. dry c. ថ្មពិល

cellar['selər] ***n.*** storage x បន្ទប់នៅក្នុងដីសម្រាប់ដាក់វត្ថុផ្សេងៗ, ឈេណ

wine c. ស្តុកស្រាទំពាំងបាយជូរ

cello['ʧeləu] ***n.*** គ្រឿងតន្ត្រីម្យ៉ាងដូចវីយ៉ូឡុងតែធំជាង

cellophane['seləfei n] ***n.*** ក្រដាសកែវ

cement[si 'ment] ***n.*** wall of x ស៊ីម៉ង់

rubber c. ជ័របិតម្យ៉ាង

-tv. x a walk យកស៊ីម៉ង់មកចាក់

x a friendship ពង្រឹង

cemetery['semətri] ***n.*** កន្លែងបញ្ចុះសព

Lit: ទីសូសាន

censor['sensər] ***n.*** អ្នកពិនិត្យចាប់ពិរុទ្ធ

-tv. x movies ពិនិត្យចាប់ពិរុទ្ធ

x a scene យកចេញ

censorship['sensərʃi p] ***n.*** ការចាប់ពិរុទ្ធ

censure['senʃər] ***n.*** ការរិះគន់យ៉ាងខ្លាំង

-tv. រិះគន់ខ្លាំង, ចាប់ពិរុទ្ធ

census['sensəs] ***n.*** ការស្រង់ចំនួនប្រជាជន

cent[sent] ***n.*** សេន

centenarian[,senti 'neəri ən] ***n.*** មនុស្សដែលមានអាយុមួយរយឆ្នាំឬច្រើនជាងមួយរយឆ្នាំ

centenary[sen'ti:nəri] ***adj.*** x celebration គំរប់មួយរយឆ្នាំ

x phenomenon មួយរយឆ្នាំម្តង

-n. x of his birth បុណ្យខួបមួយរយឆ្នាំ

Lit: សតពិធី

once in a x កំឡុងមួយរយឆ្នាំ

centennial[sen'teni əl] ***adj.*** x celebration គំរប់មួយរយឆ្នាំ

x occurrence មួយរយឆ្នាំម្តង

-n. បុណ្យខួបមួយរយឆ្នាំ

center['sentər] ***n.*** x of a circle ផ្ចិត (រង្វង់)

trade x មជ្ឈមណ្ឌល

x of attention អ្វីៗដែលគេយកចិត្តទុកដាក់

the political x កណ្តាល

-tv. x the line ដាក់ឱ្យចំកណ្តាល

x one's efforts on ប្រមូលមកទាំងអស់

-iv. (comments) center on (one point) សំដៅចំពោះទៅ

-adj. x point កណ្តាល

c. punch ដែកវាយចំណុចឬវាយទម្លុះ

centigrade['senti grei d] ***n.*** ***Fr:*** សង់ទីក្រាត

centigram['senti græm] ***n.*** ***Fr:*** សង់ទីក្រាម

centimeter['senti mi:tər] ***n.*** ធឹង ***Fr:*** សង់ទីម៉ែត្រ

centipede['senti pi:d] ***n.*** សត្វក្អែប

central['sentrəl] ***adj.*** x point កណ្តាល

x idea សំខាន់បំផុត

-n. ស្ថានីយ៍កណ្តាល (ទូរស័ព្ទ)

centralize['sentrəlai z] *tv.* ធ្វើមជ្ឈការ

centrifugal[sen'tri fjugl] *adj.* ដែលឃ្លាតចាកមជ្ឈមណ្ឌល

centrifuge['sentri fju:dʒ] *n.* ម៉ាស៊ីនបំបែកធាតុរាវិលិនធាតុ

centripetal[sen'tri pi tl] *adj.* ដែលចូលរកមជ្ឈមណ្ឌល

century['sentʃəri] *n.* សតវត្ស

cenphalic[səfəli k] *adj.* នៃក្បាល

ceramic[sə'ræmi k] *adj.* នៃកុលាលភាជន៍

ceramics[sə'ræmi ks] *n.* កុលាលភាជន៍

cereal[sə'ri əl] *n.* ធញ្ញជាតិ

cerebellum[sə'rəbəlu:m]] *n.* ខួរតូច

cerebral['serəbrəl] *adj.* x palsy នៃខួរក្បាល

x pursuit ខាងបញ្ញា

cerebrum[sə'ri:brəm] *n.* ខួរក្បាល

ceremonious[,serə'məuni əs] *adj.* x manner ដែលប្រកាន់តាមពិធី

x reception អឺកធឹក

ceremony['seremani] *n.* marriage x ពិធី

without c. ដោយគ្មានអ្វីអឺកធឹក

Id. stand on c. ប្រកាន់

certain['s3:tn] *adj.* be x about it ប្រាកដ

x death ជៀសពុំរួច

on a x day ដែលមានកំណត់មកហើយ

c. persons អ្នកខ្លះ (មិនចេញឈ្មោះ)

a x quality អ្វីមួយ

certainly['s3:tnli] *adv.* ប្រាកដ, ប្រាកដហើយ

certainty['s3:tnti] *n.* Death is a x. ការជៀសមិនរួច

pronounce with x ភាពប្រាកដប្រជា

certificate[sə'ti fi kət] *n.* birth x សំបុត្រ

Lit: សារលិខិត

x of guarantee សំបុត្រ

Lit: ប័ណ្ណ

graduation x វិញ្ញាបនប័ត្រ

gold x ក្រដាស់ប្រាក់

-tv. អះអាង

certification[,s3:ti fi 'kei ʃn] *n.* ការបញ្ជាក់ដោយលិខិត

certified['s3:ti fai d] *adj.* x accountant ដែលមានវិញ្ញាបនប័ត្រ

x check ដែលបញ្ជាក់ថាត្រឹមត្រូវ

certify['s3:ti fai] *tv.* (*pt. . pp.*certified)

x a fact បញ្ជាក់

x a product បញ្ជាក់ថាទុកចិត្តបាន

x a lawyer ឱ្យវិញ្ញាបនប័ត្រ

certitude['s3:ti tju:d] *n.* ការជាក់ច្បាស់

Lit: និស្ស័យ

cervix['s3:vi ks] *n.* កស្បូន

cessation[se'sei ʃn] *n.* ការឈប់

cession['seʃn] *n.* x of territory ការប្រគល់ឱ្យ

Lit: អនុប្បទាន

large x ដីដែលប្រគល់ឱ្យ

cesspool['sespu:l] *n.* រណ្ដៅបង្ហូរទឹកស្អុយ

Ceylon[sei lən] *pr. n.* ប្រទេសសៅលង្កា

chafe[tʃei f] *tv.* x hands over a fire កំដៅ

pants x his legs ធ្វើឱ្យរោលឬរលាក

-iv. skin will x រលាក

chaff[tʃɑ:f] *n.* អង្កាម

chafing dish['tʃei fi·ŋ di ʃ] *n.* ឆ្នាំងភ្លើង

chagrin['ʃægri n] *n.* បារម្ភ, ទុក្ខព្រួយ

-tv. ធ្វើឱ្យមានទុក្ខព្រួយឬមានបារម្ភ

chain[tʃei n] *n.* iron x ច្រវាក់

x of mountains ជួរ

x of events អ្វីៗដែលបន្តៗគ្នា

in chains នៅក្នុងចំណុះគេ

x of stores ហាងមានឈ្មោះដូចគ្នា (ជារបស់ក្រុមហ៊ុនតែមួយ)

-tv. x him to a post ដាក់ឬចងនឹងច្រវាក់

Fig. chained (to his work) ជាប់ (នឹង)

-adj. c. gang មនុស្សទោសដាក់ច្រវាក់ជាប់នៅពេលធ្វើការក្រៅគុក

c. reaction ប្រតិកម្មបន្តៗគ្នា

c. store ហាងលក់ទំនិញឈ្មោះដូចគ្នា (ជារបស់ក្រុមហ៊ុនតែមួយ)

chair[ʧeər] ***n.*** wooden x កៅអី

x in history អាសនៈ

take the c. ធ្វើជាអធិបតី

-tv. x the meeting ធ្វើជាអធិបតី

chairman[ʧeərmən] ***n.*** x of the department នាយក

x of the meeting អធិបតី (នៃការប្រជុំ)

chalk[ʧɔ:k] ***n.*** deposit of x ចុណ្ណិយ

stick of x ដីស

-tv. c. up (the score) កត់និងដីស

c. up (two runs) បាន, ទទួល

challenge[ʧælindʒ] ***tv.*** x him to a fight បបួលប្រកួត, រកប្រកួត

x his authority បញ្ចេញយោបល់ប្រឆាំង

x one's skill ធ្វើឱ្យខិតខំអស់សមត្ថភាព, ល្បងទីបំផុតនៃចំណេះខ្លួន

-n. accept his x ការបបួលប្រកួត

x to his authority ការប្រឆាំង

work of great x ភាពធ្វើឱ្យខិតខំអស់សមត្ថភាព, ការល្បងទីបំផុតនៃចំនេះខ្លួន

challenging['ʧælindʒiŋ] ***adj.*** ដែលធ្វើឱ្យខិតខំអស់សមត្ថភាព

chamber['ʧeimbər] ***n.*** x of the legislature សភា

x of the judge ការិយាល័យ (ចៅក្រម)

x of the heart បន្ទប់

Arch. lady's x បន្ទប់ទទួលទានដំណេក

Law in chambers នៅក្នុងការិយាល័យ (ចៅក្រម)

C. of Commerce មន្ទីរពាណិជ្ជកម្ម (នៃទីក្រុងណាមួយ)

chamberlain['ʧeimbəlin] ***n.*** king's x អ្នកថែទាំក្រឡាបន្ទំ

city x ហេរញ្ញិក

chameleon[kə'mi:liən] ***n.*** សត្វម្យ៉ាងសន្ដានបង្កួយ

champ[1][ʧæmp] ***iv.***, ***tv.*** កកេរ, ទំពារយ៉ាងញ

champ[2][ʧæmp] *(short for* champion*)*

champagne[ʃæm'pein] ***n.*** ស្រាសំប៉ាញ

champion['ʧæmpiən] ***n.*** x of the world អ្នកជើងឯក

x of the poor អ្នកគាំទ្រឬជ្រោមជ្រែង

-tv. x a cause គាំទ្រ

-adj. x boxer ជើងឯក

championship['ʧæmpiənʃip] ***n.*** ភាពជាជើងឯក

chance[ʧɑ:ns] ***n.*** the vagaries of x វាសនា

take a c. ផ្សងសំណាង

lottery x សន្លឹក (ឆ្នោត)

have a x to go ឱកាស

by c. ដោយជួន, ដោយចៃដន្យ

have no c. of គ្មានផ្លូវសោះ

-iv. c. on. c. upon ប្រទះដោយជួន, ជំពប់លើ

-tv. I'll x it. ប្រថុយ

-adj. x meeting ដោយជួន

chancellery['ʧɑ:nsələri] ***n.*** អធិការបតីស្ថាន

chancellor['ʧɑ:nselər] ***n.*** អធិការបតី

chandelier['ʃændə'liər] ***n.*** ចង្កៀងចង្កោមពិតាន

chandler['ʧɑ:ndlər] ***n.*** អ្នកធ្វើទៀន

change [ʧeindʒ] ***vt.*** x clothes ផ្លាស់

x one's mind ប្ដូរ, ងាក (ចិត្ត គំនិត)

x a light bulb ដូរ

c. direction បត់ទៅទិសមួយទៀត

x seats ប្ដូរ, ផ្លាស់

x a dollar ដូរ (យកលុយកាយ)

x a bed ដូរកំរាល

x a baby ផ្លាស់កន្ទប

-*iv.* things x ផ្លាស់ប្ដូរ

x for dinner ផ្លាស់ខោអាវ

-*n.* constant x ការផ្លាស់ប្ដូរ

a x of clothing សម្រាប់

50$ in x លុយកាយ

a x in the weather ការផ្លាស់ប្ដូរ

for a c. ម្ដង

changeable[ʧei ndʒəbl] *adj.* x weather ដែលផ្លាស់ប្ដូរ

x part ដែលផ្លាស់បាន

channel['ʧænl] *n.* navigable x ផ្លូវទឹក

x of authority រយៈ

Elect. T. V. x បណ្ដាញ (លេខ ២ ។ល។)

x in a board ស្នាមលក

-*tv.* x goods through a dealer បញ្ជូន

x one 's efforts ផ្ដុំ

x a peninsula ដីកផ្លូវទឹក (កាត់)

chant[ʧɑ:nt] *n.* victory x សម្រែកដដែលៗ

-*tv.* x his praises ស្រែកដដែលៗ

Rel. x scriptures សូត្រ, សូត

c. a song ច្រៀង

chaos['kei ɔs] *n.* ការវឹកវរ, ភាពអាសន្ន, ការច្របូកច្របល់

chaotic[kei 'ɔti k] *adj.* វឹកវរ, អាសន្ន

chap[1][ʧæp] *tv.* (*pt.*, *pp.* chapped) ធ្វើឱ្យប្រេះស្បែកឬបែកស្រកា

-*iv.* បែកស្រកា, ប្រេះ

-*n.* ដំណើរបែកស្រកាឬប្រេះស្បែក

chap[2][ʧæp] *n. Coll.* មនុស្សប្រុស

chaperon['ʃæpərəʊn] *n.* សហចរ, អ្នកតាមមើល

-*tv.* តាមមើលខុសត្រូវក្មេងៗ

chaplain['ʧæpli n] *n.* សាសនាចារ្យ

chapter['ʧæptər] *n.* introductory x ជំពូក, វគ្គ, កថាភាគ

x of history សម័យ

local x សាខា

char['ʧɑ:r] *tv.* (*pt.*, *pp.* charred) ដុតខ្មៅៗ

-*iv.* ឆេះខ្មៅៗ

character['kærəktər] *n.* x of the work លក្ខណៈ

moral x ចរិត

x of a play តួ

written x អក្សរ

Coll. a strange c. មនុស្សចម្លែក

characteristic[,kærəktə'ri sti k] *n.* លក្ខណៈ, គិតភេទ

-*adj.* ជាតួយ៉ាង

characterize['kærəktərai z] *tv.* characterized (by humility) មានជាលក្ខណៈ

How would you x him ? ចាត់ទុក

x a role ដើរតួ

charcoal['ʧɑ:kəul] *n.* ធ្យូង

charge[ʧɑ:dʒ] *tv.* x him to do it ឱ្យទទួលខុសត្រូវ

x a battery បញ្ចូលភ្លើង

Coll: , Fr: ហួរហៀរ

x him with theft ចោទ

x a purchase ទិញជំពាក់

x the enemy lines វាយសម្រុក

x $5 for it យក (ថ្លៃ), គិតថ្លៃ

-*n.* x of gunpowder រំសេវផាក់បាញ់ម្ដង

have x of ភារៈ

difficult x បន្ទុក

admission x ថ្លៃ

criminal x ការចោទ

battle x ការវាយសម្រុក

on c. ការទិញជឿ

in c. ទទួលភារៈ (ខាង)

battery x ការបញ្ចូលភ្លើង

charger['ʧɑːʤər] ***n.*** mounted on x សេះចម្បាំង

battery x ប្រដាប់បញ្ចូលភ្លើង

chariot['ʧæri ət] ***n.*** រទេះចម្បាំងជំនាន់ដើមមានកង់ពីរ

charitable['ʧærətəbl] ***adj.*** x institution ដែលសម្រាប់សង្គ្រោះ (មិនយកប្រយោជន៍)

x opinion ដែលត្រាប្រណី

charity['ʧærəti] ***n.*** in the name of x សេចក្ដីសប្បុរស

give x ទាន

x of his description ភាពត្រាប្រណី

attend a x ពិធីបុណ្យអង្គាសប្រាក់សម្រាប់សង្គ្រោះ

charlatan['ʃɑːlətən] ***n.*** មនុស្សឃោសនាអួតបញ្ឆោត, ចាប៉ហ៊ី

charm[ʧɑːm] ***n.*** He has great x. ស្នេហ៍មុខ

Lit. ប្រមោហន

ferminine x សម្រស់

wear a x វត្ថុស័ក្ដិសិទ្ធិ

put a c. on ដាក់ស្នេហ៍

-tv. x the audience ធ្វើឱ្យចាប់អារម្មណ៍ខ្លាំង

x a lover ធ្វើឱ្យចាប់ចិត្ត

chart[ʧɑːt] ***n.*** treasure x ផែនទី

weather x ពិន្ទុរេខីយ

-tv. x a course ធ្វើផែនការណ៍

x a trend គូរជាពិន្ទុរេខីយ

charter['ʧɑːtər] ***n.*** x of the U. N. ធម្មនុញ្ញ

business x ការអនុញ្ញាតឱ្យបើកសាខា

hire by x ការជួល

-tv. x a local chapter អនុញ្ញាតឱ្យបើកសាខា

x a plane ជួល

-adj. c. member ជនកសមាជិក

chase[1][ʧei s] ***tv.*** x rabbits ដេញ

c. away (robbers) ដេញឱ្យទៅឆ្ងាយ

c. out (chickens) ដេញចេញ

c. after (boys) ដេញ

-n. ការដេញ

chase[2][ʧei s] ***tv.*** ដាប់ឱ្យចេញជាក្បាច់

chaser['ʧei sər] ***n.*** កេសជ្ជៈសម្រាប់លាងមាត់

chasm['kæzəm] ***n.*** ជ្រោះជ្រៅ

chassis[ʃæsi] ***n.*** តួ

chaste[ʧei st] ***adj.*** បរិសុទ្ធដោយចិត្តនឹងកាយ

chastise[ʧæ'stai z] ***tv.*** ធ្វើទោស (ដោយវាយដំ), ធ្វើទណ្ឌកិច្ច

chastity['ʧæstəti] ***n.*** បរិសុទ្ធភាព, ព្រហ្មចារីភាព

chat[ʧæt] ***iv.*** (*pt.* . *pp.* chatted) និយាយពីនេះពីនោះ

-n. ការនិយាយពីនេះពីនោះ

chatter['ʧætər] ***iv.*** monkeys x កញ្ជ្រៀវ (ស្វា។ល។)

children x និយាយប៉ប៉ាច់ប៉ប៉ោច

-n. x of birds សូរកញ្ជ្រៀវ

empty x សំដីប៉ប៉ាច់ប៉ប៉ោច

chauffeur['ʃeufər] ***n.*** អ្នកបើករថយន្តឱ្យគេ

-tv. បើករថយន្តឱ្យ

chauvinism['ʃəuvi ni zəm] ***n.*** សាទរភាពយ៉ាងសកម្មចំពោះអ្វីមួយ

cheap[ʧiːp] ***adj.*** x prices ថោក, មិនថ្លៃ

x quality ថោក, មិនល្អ

x literature អាសគ្រាម

x conduct ថោកទាប, មិនសមរម្យ

cheat [ʧiːt]***tv.*** x a customer លួចបន្លំ, កៃ

x death ជៀសផុតរួចខ្លួន

-n. It's a x.. ការលួចបន្លំ, ការបោក

He's a x. អ្នកលួចបន្លំ

check[ʧek] *tv.* x his room ទៅមើល

x progress បង្អង់

x the oil មើល, ពិនិត្យមើល

x your hat ទុកឱ្យគេមើលឱ្យ ឬយកទុកឱ្យ

x cloth ធ្វើឱ្យមានក្រឡាចត្រង្គ

x the right answer គូស

c. on (his background) ស៊ើបអង្កេត

c. out (a book) យកចេញក្រៅ

c. out (a plane) ពិនិត្យមើល

-iv. two stories ស៊ីគ្នា

c. in (at a hotel) ចុះឈ្មោះ

c. out (of a hotel) ចេញ

(His story) checks out. ពិនិត្យឃើញថាពិតមែន

c. up (on him) ឆែកមើល

-n. a x on progress ឧបសគ្គ

cash a x សែក, ឆែក

put a x beside គំនូស

run a x on him ការស៊ើបអង្កេត

pay the x សំបុត្រថ្លៃម្ហូបឬថ្លៃសណ្ឋាគារ

cloth has x ក្រឡាចត្រង្គ

checkbook['ʧekbuk] *n.* សៀវភៅសែក

checker['ʧekər] *n.* grocery x អ្នកគិតលុយ

(game of) checkers ល្បែងចត្រង្គ

-tv. គូសក្រឡាចត្រង្គ

checkered['ʧekəd] *adj.* x board ជាក្រឡាចត្រង្គ

x career ដែលផ្លាស់ពីល្អទៅអាក្រក់ពីអាក្រក់ទៅល្អ ដែលប្រែប្រួល

checkup['ʧekʌp] *n.* financial x ការអង្កេត

medical x ការពិនិត្យ (របស់គ្រូពេទ្យ)

cheek[ʧi:k] *n.* rosy x ថ្ពាល់

Roy: ព្រះគណ្ឌ:

Coll. a lot of x ភាពគឃ្លើន

cheer[ʧi ər] *tv.* x the leader ស្រែកហើរអបអរ

x the room ធ្វើឱ្យមានបរិយាកាសរីករាយឡើង

c. on (a team) ស្រែកលើកទឹកចិត្ត

c. up (a friend) ធ្វើឱ្យរីករាយឡើង

-iv. x for a team ស្រែកអបអរ

c. up រីករាយឡើង

-n. a loud x សម្រែកអបអរសាទរ

in good x អារម្មណ៍

cheerful['ʧi əfl] *adj.* រីករាយ

cheese[ʧi:z] *n. Fr:* ហ្វ្រូម៉ាហ្ស

cheesecloth['ʧi:zklɔθ] *n.* សៃ្ប, សំពត់ (សម្រាប់រុំម្សៅ ។ល។)

cheetah['ʧi:tə] *n.* ខ្លាម្យ៉ាងដូចខ្លារខិន

chef[ʃef] *n.* ចុងភៅធំ

chemical['kemi kl] *n.* សារធាតុគីមី

-adj. x process តាមរបៀបគីមី

x engineering ខាងគីមី

c. warfare សង្គ្រាមមានប្រើថ្នាំពុលផ្សេងៗ

chemist['kemi st] *n.* អ្នកគីមី

chemistry['kemi stri] *n.* គីមី, ធាតុវិទ្យា

cherish['ʧeri ʃ] *tv.* ស្រឡាញ់ជាទីបំផុត

cherry['ʧeri] *n. Fr:* សិរីហ្ស

chess[ʧes] *n.* អុក

Lit: ចត្រង្គ

chest[ʧest] *n.* human x ទ្រូង

Roy: ព្រះឧរា

wooden x ហិប

x of drawers ទូ

chew[ʧu:] *tv.* x food ទំពារ

x tobacco ចុក (ថ្នាំ)

Sl. c. him out ស្ដីឱ្យយ៉ាងខ្លាំង

-*n.* ឆ្មុក

chic[ʃiːk] *adj.* ម៉ូត, ហ៊ឺហា, សង្ហា, ទាន់សម័យ

-*n.* ភាពហ៊ឺហា , ភាពសង្ហា

chick[ʧi k] *n.* baby x កូនបក្សី (ធម្មតាកូនមាន់)

Sl. date a x ស្រីក្មេង

chicken['ʧi ki n] *n.* (raise) chickens មាន់

eat x សាច់មាន់

Sl. c. feed ប្រាក់បន្តិចបន្តួច

-*adj. sl.* កំសាក

-*iv. sl.* c. out ញញ៉ាក

chicken-hearted['ʧi ki nhɑːti d] *adj.* កំសាក

chicken pox['ʧi ki npɔks] *n.* អុតស្វាយ, អុតតូច

chide[ʧai d] *iv.,tv.* ស្តីបន្ទោស

chef[ʧiːf] *n.* tribal x មេ

x of the army ប្រមុខ

sl. ចៅហ្វាយ

-*adj.* សំខាន់ជាងគេ

chieftain['ʧiːftən] *n.* មេក្រុម

chignon['ʃiːnjɔn] *n.* ផ្នួងសក់

child[ʧai ld] *n.* (*pl.* children) only a x ក្មេង, កូនក្មេង

Lit: កុមារ

He' s my x. កូន

brain x មាបនកម្ម

with c. ដែលមានផ្ទៃពោះ

childbirth['ʧai lbɜːθ] *n.* ការឆ្លងទន្លេ

Lit: ប្រសូតិកម្ម

childhood[ʧai dlhud] *n.* កុមារភាព

children['ʧi ldrən] (*pl. of* child)

chili, chilli['ʧi li] *n.* plant x ម្ទេស

dish of x មួយមុខម្ហូបមានដាក់សណ្តែកសាច់គោគិននឹងទឹកប៉េងប៉ោះ

-*adj.* c. peppers ម្ទេស (តូចៗហើយហិរ)

c. sauce ទឹកម្ទេស

chill[ʧi l] *n.* x of the wind ភាពត្រជាក់

catch a x គ្រុនរងារ

x of fear ការព្រឺក្បាល

-*tv.* x wine ធ្វើឱ្យត្រជាក់

x his hopes ធ្វើឱ្យរសាយ

-*adj.* ត្រជាក់, មិនកក់ក្តៅ, ឥតរាក់ទាក់

chilly['ʧi li] *adj.* x weather ត្រជាក់

x reception ឥតរាក់ទាក់, មិនកក់ក្តៅ

chime[ʧai m] *iv.* បន្លឺសូរឡើងណេងណឹងៗ

-*iv.* ធ្វើឱ្យឮសូរណេងណឹងៗ

-*n.* door x កណ្តឹង (សម្រាប់ចុចហៅម្ចាស់ផ្ទះ)

pl. play chimes វាយជួងជាបទភ្លេង

chimney['ʧi mni] *n.* fireplace x បំពង់ផ្សែង (ដូចនៅរោងចក្រ ផ្ទះ ។ល។)

lamp x អំពូង

chimpanzee['ʧi mpæn'ziː] *n.* ស្វាឌី

chin['ʧi n] *n.* ចង្កា

-*tv.* (*pt.,pp.* chinned)

c. oneself បន្តោងឡើងចុះៗ

China['ʧai nə] *pr.* live in x ប្រទេសចិន

l. c. broken x ព័រស៊ីឡែន (ចាន។ល។)

chinaware['ʧai nəweər] ចាន ។ល។ ធ្វើពីព័រស៊ីឡែន

Chinese['ʧai ni z] *adj.* x nationality ចិន

-*n.* She ' s a x. ចិន

speak x ភាសាចិន

chink[ʧi ŋk]. *n.* ក្រហែង, ស្នាមប្រេះ

-*tv.* ភ្ជិតស្នាមប្រេះ

chip[ʧi p] *n.* x of wood ចំណាំង

banana c. ចេកឆាប

Brit. chips ដំឡូងចៀន (ចិតចង្វាមូល)

Id. c. off te old block កូនប្រុសមានអាកប្បកិរិយាមារយាទដូចឪពុក

-tv (pt.,pp. chipped) x a glass ធ្វើឱ្យឆែប (បែក)

-iv glasses x ឆែប (បែក)

c. in (for a gift) ចូលប្រាក់

c. in (with a comment) បន្ថែម

c. off ឆែប

chirp['ʧɜ:p] *iv.,tv.* យំចេបៗ (បក្សីតូចៗ)

chisel['ʧi zl] *n.* wood x ពន្លាក

cold x ដែកដាប់

-tv x a hole ដាប់នឹងពន្លាកឬដែកដាប់

Coll. x him បោក

chit-chat['ʧtʧæt] *n.* ការនិយាយលេងពីនេះបន្តិចពីនោះបន្តិច

chivalrous['ʃi vlrəs] *adj.* ដែលក្លាហានហើយប្រកបដោយសីលធម៌

chivalry['ʃi vlri] *n.* ការឬភាពក្លាហានហើយប្រកបដោយសីលធម៌

chive['ʧai v] *n.* ខ្ទឹមម្យ៉ាងដើមតូចៗ

chlorine['klɔ:ri:n] *n. Fr:* ក្លរ

chlorophyll['klɔrəfi l] *n. Fr:* ក្លរ៉ូហ្វីល

Lit: ហរិតជាតិ

chock['ʧɔk] *n.* កំណល់

-tv. កល់ (ឡាន រទេះ។ល។ កុំឱ្យរមៀល)

chock-full[,ʧɔk'ful] *adj.* ណែនដូចកន្ត្រាំ

chocolate['ʧɔklət] *n.* សូកូឡា

choice['ʧɔi s] *n.* difficult x ការជ្រើសរើស

This is my x. អ្វីៗដែលជ្រើសរើសយក

have a wide c. មានច្រើននឹងជ្រើសរើស

have no c. មានតែផ្លូវមួយ

-adj. ជម្រើស

choir['kwai ər] *n.* ក្រុមអ្នកចម្រៀង

choke['ʧəuk] *tv.* x an assailant ច្របាច់ក

fumes x ma ធ្វើឱ្យថប់ឬឈ្លក់

x a car បិទសន្ទះខ្យល់

cars x the streets ធ្វើឱ្យចង្អៀតចង្អល់

-iv. x on liquid ឈ្លក់

x on food អួល

c. up អួលដើមក, អួលអាក់

-n. auto x ឆូក, សន្ទះខ្យល់

cholera['kɔlərə] *n.* អាសន្នរោគ

choose['ʧu:z] *tv. (pt.* chose , *pp.* chosen*)*

x a partner រើសរក, ស្រាវជ្រើស

x to go សម្រេចចិត្ត

-iv. can't x សម្រេចយកអាណាមួយ

choosy['ʧu:zi] *adj.* រើស

chop['ʧɔp] *tv. (pt.,pp.* chopped*)* x wood ពុះ

c. down (a tree) កាប់

x meat ចិញ្ច្រាំ

-n. loud x សូរកាប់ឬពុះ

pork x ចំណិតសាច់ដែលមានជាប់ឆ្អឹងជំនីផង

chopper['ʧɔpər] *n.* wood x អ្នកកាប់

sharp x កាំបិតតាំងតោ

Aero., sl. ឧទ្ធម្ភាគចក្រ

choppy['ʧɔpi] *adj.* ដែលមានរលកបក់បោក

chopstick['ʧɔpsti k] *n. (usu.pl.)* ចង្កឹះ

chord['kɔ:d] *n.* guitar x ខ្សែ

Mus. harmonic x សង្គតិ

Geom. ខ្សែធ្នូ

choreography [,kɔri 'ɔgrəfi] *n.* នាដសាស្ត្រ

chorus['kɔ:rəs] *n.* male x ក្រុមអ្នកចម្រៀង

Mus. repeat the x បទបន្ទរ

in c. ព្រមគ្នា

chow['ʧau] *n. Cap.* ឆ្កែម្យ៉ាង

Sl. time for c. ដល់ពេលបាយហើយ

chowder['ʧaudər] *n.* សម្លម្យ៉ាងមានដាក់ត្រីឬលាសសមុទ្រ

Christ[kraist] *pr. n.* យេស៊ូគ្រិស្ត

christen['krisn] *tv.* x a child ដាក់ឈ្មោះ (តាមគ្រិស្តសាសនា)

x a boat ធ្វើពិធីដាក់ឈ្មោះ

Christian['kristʃən] *pr. n.* អ្នកកាន់គ្រិស្តសាសនា

-adj. នៃគ្រិស្តសាសនា

Christianity[,kristi'ænəti] *pr. n.* គ្រិស្តសាសនា

Christmas['krisməs] *pr. n.* ណូអែល (បុណ្យខួបនៃកំណើតព្រះយេស៊ូ, ថ្ងៃ២៥ខែធ្នូ)

chrome[krəum] *n. Fr:* ក្រូម

chromium['krəumiəm] *n. Fr:* ក្រូម

chromosome['krəuməsəum] *n.Fr:* ក្រូម៉ូសូម

chronic['krɔnik] *adj.* x disease រ៉ាំរ៉ៃ

x smoker ញៀន, ជាប់

x civil war ដែលមានមិនដែលដាច់

chronicle['krɔnikl] *n.* ពង្សាវតារ

Lit: កាលប្បវត្តិ

-tv. សរសេរ, និពន្ធ (កាលប្បវត្តិ)

chronological[,krɔnə'lɔdʒikl] *adj.* ដែលរៀងតាមកាល

chronology[krə'nɔlədʒi] *n.* លំដាប់ពេល

chronometer[krə'nɔmitər] *n.* ក្រូណូម៉ែត្រ

chuby['tʃʌbi] *adj.* ធាត់កញ្ឈៀន

chuck [tʃʌk] *tv.* c. him under the chin កាន់ចង្ការលេង

x it into the lake បោះ, ចោល

chuckle['tʃʌkl] *iv.* សើចតិចៗ, សើចក្នុងពោះ

-n. សំណើចតិចៗ

chum[tʃʌm] *n.* ពួកម៉ាកជិតស្និទ្ធ

-iv. (pt..pp chummed*)* c. with សេពគប់នឹង

chummy[tʃʌmi] *adj.* ជិតស្និទ្ធ

chunk[tʃʌŋk] *n.* x of wood កំណាត់

x of dirt ដុំ

chunky[tʃʌŋk] *adj.* x person ធាត់ធំក្រអាញ

x stew ដែលមានដុំៗ

church[tʃɜːtʃ] *n.* white x វិហារនៃសាសនាគ្រិស្ត

separation of x and state សាសនា

-tv. ដាក់ទណ្ឌកម្ម (សាសនា)

churn[tʃɜːn] *tv.* c. butter វីកទឹកដោះធ្វើប៊ឺរ

x water វីក, កកូរ, កកាយ

-iv. waves x ខ្ទាល, កញ្ច្រោល, បក់បោកយ៉ាងខ្លាំង

-n. ធុងសម្រាប់ធ្វើប៊ឺរ

chute[ʃuːt] *n.* coal x ចង្អូររំអិល (សម្រាប់រំអិលរបស់ផ្សេងៗពីទីខ្ពស់)

x of a stream ទឹកធ្លាក់

Coll. ឆ័ត្រយោង, ឆត្រយោង

cicada[si'kɑːdə] *n.* រៃ

cider['saidər] *n.* sweet c. ទឹកប៉ោម

hard c. ស្រាផ្លែប៉ោម

cigar[si'gɑːr] *n.* ស៊ីហ្គា

cigarette[,sigə'ret] *n.* បារី

Roy: ព្រះធុបវដ្ដ, ព្រះស្រីស្ងួន

cinch[sintʃ] *n.* horse's x ខ្សែពួង

sl. ការងាយ

-tv. x a saddle ចងខ្សែពួង

Sl. x the deal ធ្វើឱ្យប្រាកដ (ជាឈ្នះ)

cinder['sindər] *n.* ផេះនៅដុំៗ

cinema['sinəmə] *n.* ភាពយន្ត , កុន

cinnamon['sinəməm] *n.* សំបកសម្បុរល្វែង

cipher['saifər] *n.* 2 + x = 2 សូន្យ

Arabic x លេខ

written in x អក្សរសម្ងាត់, លេខសោ

He's only a x. មនុស្សតូចតាច

circa['sɜːkə] *prep.* *(abbr.c. or ca.)* ប្រហែលៗ (ប្រើនៅមុខលេខ)

circle['sɜ:kl] ***n.*** perfect x រង្វង់មូល
social x មជ្ឈដ្ឋាន
traffic x ផ្លូវវិល
x of friends ក្រុម
-tv. x the answer គូសរង្វង់មូលជុំវិញ
x the hill បើក ដើរ ។ល។ ជុំវិញ
-iv. x overhead ក្រឡឹង

circuit['sɜ:ki t] ***n.*** make a c. ទៅមួយជុំ
theater c. ការធ្វើដំណើរពីកន្លែងមួយទៅកន្លែងមួយ ដើម្បីសម្តែងសិល្បៈ
racing x វង់ប្រណាំង
Elect. short c. កន្លែងប៉ះគ្នា (ខ្សែភ្លើង)
-tv. x a city ធ្វើដំណើរជុំវិញ
-adj. c. court តុលាការមណ្ឌល

circuitous[sɜ:'kju:i təs] ***adj.*** វៀចវេរ

circular['sɜ:kjulər] ***adj.*** x form មូល
x argument ដែលវិលមកកន្លែងដដែលវិញ
c. letter សារាចរ
-n. សារាចរ

circulate['sɜ:kjul,lei t] ***iv.*** (blood) circulates រត់ (ឈាម)
rumors x សាយភាយ
-tv. x a rumor ផ្សាយ

circulation[,sɜ:kju'lei ʃn] ***n.*** poor x ដំណើរឈាមរត់
x of a rumor ការសាយភាយ
newspaper x ចំនួនចេញក្នុងមួយថ្ងៃៗ

circumcise['sɜ:kəmsai z] ***tv.*** កាត់ស្បែកចុងអង្គជាតិចេញ

circumcision[,sɜ:kəm'si zn] ***n.*** ការកាត់ស្បែកចុងអង្គជាតិចេញ

circumference[sə'kʌmfərəns] ***n.*** វណ្ឌមណ្ឌល

circumflex['sɜ:kəmflekz] ***n.*** សញ្ញា (^)

circumlocution[,sɜ:kəmlə'kju:ʃn]***n.*** ពាក្យបង្វៀង

circumnavigate[,sɜ:kəm'nævi gei t] ***tv.*** បើកនាវាជុំវិញ
Lit: ធ្វើបរិនាវាចរណ៍

circumscribe['sɜ:kəmskrai b]***tv.*** x the answer គូសរង្វង់មូលជុំវិញ
x one' s activities កំណត់ឬកម្រិតព្រំដែន (អ. ប.)

circumspect['sɜ:kəmspekt] ***adj.*** ប្រយ័ត្នប្រយែង

circumspection[,sɜ:kəm'spekʃn] ***n.*** សង្វរកម្ម

circumstance['sɜ:kəmstəns] ***n.*** កាលៈទេសៈ

circumstantial[,sɜ:kəm'stænʃl] ***adj.*** x evidence ដែលសំអាងទៅលើហេតុការណ៍
x detail មិនសំខាន់

circumvent[,sɜ:kəm'vent] ***tv.*** ចៀស, វាង

circus['sɜ:kəs] ***n.*** perform in a x សៀក
Brit. traffic x ផ្លូវវិល
Sl. The affair was a x. រឿងគួរឱ្យសើច

cirrus['si rəs] ***n.*** ពពកស្រៃ

cistern['si stən] ***n.*** លូទឹកក្រោមដី

citadel['si tədəl] ***n.*** បន្ទាយ

citation[si tei ʃn] ***n.*** literary x សេចក្តីស្រង់
Lit: អាគតដ្ឋាន
traffic x ដីកាកោះ
x for heroism គុណកថា

cite[sai t] ***tv.*** x an author យោងទៅ
x an offender កោះ
x a hero សរសើរ

citizen['si ti zn] ***n.*** U.S. x ពលរដ្ឋ
x of the town ប្រជាជននៃក្រុងណាមួយ

citizenry['si ti zənri] ***n.*** ប្រជាពលរដ្ឋ

citizenship['si ti znʃi p] ***n.*** good c. ភាពជាពលរដ្ឋល្អ
of U.S. x សញ្ជាតិ

citronella[si trɔnelə] ***n.*** ស្លឹកគ្រៃ

citrus['si trəs] ***n.*** ក្រូច

citrous['si trəs] ***adj.*** ក្រូច

city['si ti] *n.* ក្រុង, ទីក្រុង *Lit:* បុរី, នគរ

civet['si vi t] *n.* សំពោច

civic['si vi k] *adj.* x center នៃទីក្រុង

x duty នៃពលរដ្ឋ

civics['si vi kz] *n.* លោកនិតិ

civil['si vl] *adj.* x affairs នៃរដ្ឋការ

x defense ដោយជនស៊ីវិល

Lit: អសេនិក

c. engineering វិស្វករស៊ីវិល

c. law ច្បាប់រដ្ឋប្បវេណី

c. liberty សេរីភាពនៃពលរដ្ឋ

x marriage តាមផ្លូវរដ្ឋការ

c. rights សិទ្ធិនៃពលរដ្ឋ

c. servant អ្នករដ្ឋការ

c. service រដ្ឋការ

c. war ចំបាំងគ្នាឯង

x manners សភាពរាបសារ, គួរសម

civilian[si 'vi li ən] *n.* ស៊ីវិល *Lit:* អសេនិក

-adj. ស៊ីវិល *Lit:* អសេនិក

civility[si vi ləti] *n.* សេចក្ដីគួរសម

civilization[,si vəlai 'zei ʃn] *n.* Khmer x អារ្យធម៌

x of primitive tribes ការធ្វើឱ្យអារ្យធម៌លូតលាស់ឡើង

civilize['si vəlai z] *tv.* ធ្វើឱ្យមានអារ្យធម៌

civilized['si vəlai zd] *adj* ដែលមានអារ្យធម៌ខ្ពង់ខ្ពស់

clack[klæk] *iv.* heels x បន្លឺសូរប៉ិបៗឬក្រិបៗ

Id. Tongues will c. គេនឹងនិយាយនិន្ទា

-tv. x the hells បន្លឺសូរប៉ិបៗឬក្រិបៗ

x two boards together វាយផ្ទប់ៗឱ្យឮសូរប៉ិបៗ

claim[klei m] *tv.* x innocence អះអាង

x land ចាប់ (ដី)

x a prize យក (អ្វីដែលគេដាក់ទាមទារ)

x that it is true ប្រកាស

-n. unsupported x សេចក្ដីអះអាង

x of land ដី (ដែលចាប់បាន)

insurance x ការតវ៉ាទាមទារឱ្យសង

make claims on (his time) ស៊ី (ពេល), ត្រូវការ

claimant['klei mənt] *n.* អ្នកតវ៉ាទាមទារឱ្យគេសង

clairvoyance[kleə'vɔi əns] *n.* ប្រាជ្ញាញាណ

clam[klæm] *n.* លាសសមុទ្រ

-iv. *(pt.,pp.* clammed*)* រកលាស

Sl. c. up មិនសុខចិត្តនិយាយ

clamber['klæmber] *iv.,tv.* ប្រវេសប្រវាសឡើង

clammy['klæmi] *adj.* សើមស្អិតហើយត្រជាក់ៗ

clamor['klæmər] *n.* loud x សូរគគ្រាំគគ្រេង

public x សម្រែកតវ៉ា

-iv. c. for ស្រែកតវ៉ាចង់បាន

clamp[klæmp] *n.* wood x អង្កៀប

-tv. x wood រឹបភ្ជាប់នឹងអង្កៀប

-iv. *Coll.* c. down (on) តឹងរឹងឡើងនឹង

clan[klæn] *n.* tribal x បក្សសម្ព័ន្ធ

social x បក្ស, ពួក, ក្រុម

clandestine[klæn'desti n] *adj.* ដែលលួចលាក់, លបលាក់

clang[klæŋ] *iv.* បន្លឺសូរម៉ើងៗ (ខ្លាំង)

-tv. ធ្វើឱ្យឮសូរម៉ុងៗ (យ៉ាងខ្លាំង)

-n. សូរម៉ុងៗ

clank[klæŋk] *iv.* បន្លឺសូរច្រាវៗ

-tv. ធ្វើឱ្យឮសូរច្រាវៗ

-n. សូរច្រាវៗ

clap[klæp] *tv.* *(pt.,pp.*clapped*)*

x the hands ទះ

Coll. x the lid on គ្រប (ដោយឮសូរគ្រុប)

Sl. c. him in jail បញ្ចូលគុក

-*iv.* spectators x ទះដៃ

boards x together ប៉ះគ្នា (អ៊ីៗបន្ទះៗ)

-*n.* hard x ការប៉ះគ្នា (បន្ទះពីរ)

thunder x សូរក្លាំង

clapboard['klæpbɔ:d] ***n.*** ក្ដារម្យ៉ាងសម្រាប់ធ្វើជញ្ជាំងផ្ទះ

-*tv.* វាយក្ដារតជាៗគ្នាធ្វើជញ្ជាំង

clapper['klæpər] ***n.*** ក្រាប់កណ្ដឹង ដូងឬត្រដោក

clarify['klærəfai] ***tv.*** *(pt.,pp.* clarified*)*

x the meaning បញ្ជាក់

x water ធ្វើឱ្យថ្លា

-*iv.* ឡើងថ្លា

clarinet['klæri'net] ***n.*** ក្លារីណែត

clarity['klærəti] ***n.*** x of expression សេចក្ដីច្បាស់លាស់

x of the water សភាពថ្លា

x of sound សភាពច្បាស់

clash[klæʃ] ***iv.*** swords x ប៉ះគ្នា

armies x ប៉ះទង្គិច

colors x មិនសុីគ្នា

-*tv.* x swords ធ្វើឱ្យប៉ះគ្នា

-*n.* loud x សូរទង្គិច, សូរប៉ះគ្នា

x of opinions ការប៉ះទង្គិច (អ ប)

x of colors ការមិនសុីគ្នា (ពណ៌)

clasp[klɑ:sp] ***n.*** metal x គិប, ដង្កៀប

warm x ការឱប

-*tv.* x papers together តៀប

x of friend ឱប

class[klɑ:s] ***n.*** x of animals ក្រុម, សន្ដាន

social x វណ្ណៈ, ថ្នាក់

history c. ថ្នាក់ (បង្រៀន) ប្រវត្តិសាស្ត្រ

x of 1975 និស្សិតនៅក្នុងថ្នាក់រៀននិមួយៗ

first c. ថ្នាក់លេខមួយ (កុន យន្តហោះ)

Coll. She has x. លក្ខណៈខ្ពង់ខ្ពស់ឬថ្លៃថ្នូរ

-*tv.* ចាត់ជាក្រុម

classic['klæsi k] ***adj.*** x example ទុកជាតំណាងឬគំរូបាន

x architecture គន្ថី

-*n.* a x of its kind តំណាង, គំរូ

pl. (study) classics អក្សរសាស្ត្រ ឬសិល្បក្រិចហើយនឹងឡាតាំង

classical['klæsi kl] ***adj.*** គន្ថី

classification[,klæsi fi 'kei ʃn] ***n.*** system of x ចំណែកថ្នាក់ (ការចែកថ្នាក់)

different x ក្រុម, ពួក

classify['klæsi fai] ***tv.*** *(pt., pp.* classified *)*

x species ចាត់ជាក្រុមឬជាពួក

x documents ចាត់ទុកជារបស់សម្ងាត់

classmate['klɑ:smei t] ***n.*** សិស្សរៀនថ្នាក់ជាមួយគ្នា

clatter['klætər] ***iv.*** បន្លឺសូរក្រុកៗ

-*tv.* ធ្វើឱ្យបន្លឺសូរក្រុកៗ

-*n.* សូរក្រុកៗ (ចានទង្គិចគ្នា)

clause[klɔ:z] ***n.*** *Gram.* dependent x អនុប្រយោគ

Law special x ខ

claustorphobia[,klɔ:strə'fəubi ə] ***n.*** ការខ្លាចទីចង្អៀតបិទជិត

clavicle['klævi kl] ***n.*** ឆ្អឹងដងកាំបិត

claw[klɔ:] ***n.*** eagle's x ក្រញ៉ាំ

crab's x ដង្កៀប

hammer c. ចំពាមក្បាលញញួរ

-*tv.* x a child ក្រចៅ, ក្រញៅ

x a hole កកាយ

clay[klei] ***n.*** ដីឥដ្ឋ

clean[kli:n] ***adj.*** x clothes ស្អាត, ឥតប្រឡាក់

x water ស្អាត, ឥតមេរោគ

x record ស្អាត, គ្មានឈ្មោះអាក្រក់

x habits បរិសុទ្ធ

(spot won't) come c. ជ្រះ

Sl. (He won't) come c. ប្រាប់ឱ្យអស់

-tv. x the house សំអាត, លាង

x clothes យកទៅបោក

x fish ធ្វើ (ត្រី)

c. out (a drawer) យកអ្វីៗចេញឱ្យអស់

Coll. c. out (the enemy) បោសសំអាត (អ.ប.)

Coll. c. s.o. out ធ្វើឱ្យអស់ប្រាក់រលីង

c. up (a mess) សំអាត

Sl. c. up (the cake) បរិភោគទាំងអស់

-iv. x of a living បោសសំអាតផ្ទះគេ

c. up (for dinner) លប់លាងខ្លួន

Sl. c. up (on the deal) បានទទួលប្រាក់ជាច្រើន

-adv. x broke មែនទែន

x out of sugar រលីង

clean-cut [kli:nkʌt] ***adj.*** x case គ្មានអ្វីឱ្យសង្ស័យ, ជាក់ស្តែង

x youth ត្រឹមត្រូវហើយស្អាតបាត

cleaner['kli:nər] ***n.*** liquid x អ្វីៗដែលសម្រាប់សំអាត

clothes x ជាងបោកអ៊ុត

clear[kli ər] ***adj.*** x water ថ្លា

x language ច្បាស់

x weather ស្រឡះ

x sound ច្បាស់

x profit សុទ្ធ

c. of (blemishes) អស់

c. of (danger) ផុត (ពី)

x land គ្មានព្រៃ

x road គ្មានឧបសគ្គ

-tv. x the water ធ្វើឱ្យថ្លា

x a wall ឆ្លងកាត់រំលងដោយឥតឱ្យមានប៉ះ

x land កាប់គ្រាយព្រៃចេញ

c. a profit បានចំណេញ

x it with the boss ទទួលការយល់ព្រម

c. customs ឱ្យគយឆែក

c. away (trash) រើកចេញ

c. off (land) កាប់គ្រាយព្រៃចេញ

c. out (a cupboard) យកចេញឱ្យអស់

c. up (misunderstandings) ធ្វើឱ្យលែងមាន, ធ្វើឱ្យបាត់

c. up (debts) ដោះ (ឱ្យផុត)

-iv. weather will x ស្រឡះ

Sl. c. out ចេញ

(skies) c. up ឡើងស្រឡះ

-adv. c. oer there រហូតទៅឯលោះ

c. out (sugar) អស់រលីង

-n. in the c. ឥតទាក់ជាប់ជំពាក់

clearance['kli ərəns] ***n.*** 15 feet x ប្រឡោះ

security x ការបញ្ជាក់ថាស្អាតស្អំហើយ

clearing['kli əri ŋ] ***n.*** by x the land ការកាប់គ្រាយព្រៃចេញ

come to a x ទីដែលគេកាប់ព្រៃចេញហើយ

cleat[kli:t] ***n.*** បន្ទា (នៅបាតស្បែកជើងទាត់បាល់)

-tv. ដាក់បន្ទា

cleavage['kli:vi dʒ] ***n.*** x with an x ការពុះ

x of cells ការបែកជាចំណែក

large x ស្នាមប្រេះ

cleave[1][kli:v] ***tv.*** *(pt.* clove ,*pp.* cleft,cloven) ពុស

-iv. ប្រេះ, បែកជាចំណែក

cleave[2] ***iv.*** *(pt.*clove ,*pp.*cleft *)*

x to a rock ប្រអោប

x to tradition ប្រកាន់ជាប់

cleaver['kli:vər] ***n.*** កាំបិតតាំងតោ

cleft[klef] *adj.* *(pp. of* cleave*)* បែក
x in two បែក
x of a rock ស្នាមប្រេះ
clemency['kleməns i] *n.* grant x សេចក្តីអត់ទោស
x of the weather ភាពត្រជាក់ស្រួល
clement['klemənt] *adj.* x sentence ធូរស្រាល
x weather ស្រួល, ល្អ
clench[klentʃ] *tv.* x the fist ក្តាប់
x the teeth ខាំ (មាត់)
clergy['klɜːdʒi] *n.* បព្វជិត
clerical['kleri kl] *adj.* x assistance នៃស្មៀន
Rel. x power នៃបព្វជិត
clerk[klɑːk] *n.* office x ស្មៀន
court c. ក្រឡាបញ្ជី
sales c. អ្នកលក់ (នៅហាង)
-iv. ប្រកបកិច្ចការអ្នកលក់ (នៅហាង)
cliché['kliːʃei] *n.* គំនិត ពាក្យ ឃ្លាដែលគេនិយមប្រើហើយ (ដែលទៅសាមញ្ញ)
click[kli k] *n.* x of a latch សូរគ្រិក
x of the tongue សូរជញ្ជក់មាត់ (ដូចធ្វើពេលទាស់ចិត្តនឹងអ្នកណាម្នាក់ជាដើម)
-iv. latches x បន្លឺសូរគិប គ្រិក
Sl. (everything) clicked ប្រព្រឹត្តទៅដោយស្រួល
-tv. ធ្វើឱ្យឮសូរគ្រិក
client['klai ənt] *n.* អតិថិជន, អ្នកមករកទិញឬមកពឹងពាក់
clientele[,kliːən'tel] *n.* អតិថិតា
cliff[kli f] *n.* ច្រាំងថ្មចោត
climate['klai mi t] *n.* អាកាសធាតុ
climatic[klai mæti k] *adj.* នៃអាកាសធាតុ
climax['klai mæks] *n.* x of a story កម្រិតខ្ពស់បំផុត
sexual x ទីបំផុតនៃតម្រេក (ពេលសេបកាម)
-iv. ឡើងដល់កម្រិតខ្ពស់បំផុត
climb[klai m] *iv.,tv.* ឡើង
-n. steep x កន្លែងឡើង
rough x ការឡើង
climber[klai mbər] *n.* tree x អ្នកឡើង
social c. អ្នកដែលខំល់ខ្វាយនឹងតម្កើងឋានៈរបស់ខ្លួន
plant a x រុក្ខជាតិដែលអាចឡើងជញ្ជាំង សសរ។ល។
clinch[kli ntʃ] *tv.* x a nail វាយបត់
x a deal សម្រេច
-n. ការវាយបត់ (ដែកគោល)
clincher[kli tʃər] *n.* put in a x អ្វីៗសម្រាប់ភ្ជាប់
deliver the x អ្វីៗដែលធ្វើឱ្យប្រាកដ
cling[kli ŋk] *iv.* *(pt., pp.* clung*)*
x to a rope តោង
x to tradition ប្រកាន់ខ្ជាប់
clinic['kli ni k] *n.* មន្ទីរព្យាបាលរោគ, វេជ្ជគ្រឹះ
clinical['kli ni kl] *adj.* x medicine ខាងព្យាបាលអ្នកជម្ងឺ
x description យ៉ាងល្អិតល្អន់
clink[kli ŋk] *iv.* បន្លឺសូរគ្រិកគ្រុកៗ
-tv. លើកទង្គិចគ្នា
-n. សូរគ្រិកគ្រុកៗ
clinker['kli ŋkər] *n.* អាចម៍ដែក, កាកធ្យូងដែលមិនឆេះ
clip[1][kli p] *tv.* *(pt.,pp.* clipped*)*
x grass កាត់ (នឹងកន្ត្រៃ)
x sheep កាត់យករោម (ចៀម)
x one's words និយាយដាច់ៗម៉ាត់ៗ
x a newspaper article កាត់
-n. a x of the shears ច្រិប (កន្ត្រៃ)
Coll. at a rapid x ល្បឿន
clip[2][kli p] *n.* paper x តម្បៀតខ្ទាស់
cartridge x ឡុតគ្រាប់កាំភ្លើង

-*tv.* x paper together ខ្ទាស់ភ្ជាប់គ្នា

clipper['kli pər] ***n.*** hair x ត្បុងដីហ្យ

Naut. ទូកក្ដោងមង្យាង

clipping[kli pi ŋ] ***n.*** អ្វីៗដែលកាត់ចេញពីអ្វីមួយទៀត

clique[kli:k] ***n.*** ក្រុមមនុស្សពិសេសគ្មានអ្នកណាចូលជិតបាន

clitoris['kli təri s] ***n.*** ច្ចេញ

cloak[kləuk] ***n.***loose x អាវធំ (ពាក់ពីក្រៅ)

x of secrecy អ្វីៗដែលបំបិតបំបាំង (អ.ប.)

-*tv.* c. oneself ពាក់អាវវែង

x sthg. in secrecy បំបិតបំបាំង

-*adj.* cloak-and-dagger សម្ងាត់

clock[klɔk] ***n.*** នាឡិកា

-*tv.* វាស់ចំនួនពេល

clockwise['klɔkwai z] ***adj.,adv.*** ដែល (ទង់វង់) ពីឆ្វេងទៅស្ដាំ

clod[klɔd] ***n.*** x of earth ដុំដីធំៗ

coll. stupid x មនុស្សល្ងីល្ងើ

clog[klɔg] ***tv.*** *(pt.,pp.*clogged*)*

x the drain ធ្វើឱ្យស្ទះ

-*iv.* drains x ស្ទះ

-*n.* a x in the drain ដំណើរស្ទះ

(wear) clogs ស្បែកជើងឈើម្យ៉ាង

close[kləus] ***tv.*** x the door បិទ

c. ranks ចូលជិតគ្នា

c. in (an animal) ឃុំឃាំង

c. out (an account) បិទ

c. up (a hole) ភ្ជិត, បិទ

c. off កាត់

-*iv.* doors x បិទ

(flowers) c. up បិទ, ក្ដោបឡើង

-*adj.* x to town ជិត

x-friends ជិតស្និទ្ធ, ស្និទ្ធស្នាល

x quarters ចង្អៀត

x fit ជំជិត, យ៉ាងណែន

pay c. attention ប្រុងស្ដាប់ឱ្យមែនទែន

x race ប្រកិតៗគ្នា

x with his money កំណាញ់

Id. have a c. call បិះៗ, វិសៗ (មានគ្រោះថ្នាក់)

-*n.* come to a c. ចប់

x of a letter ផ្នែកសម្រាប់បញ្ចប់

-*adv.* come c. (to the house) មកជិត

come c. (to a target) ជិតត្រូវ

get c. (to a destination) ទៅជិតដល់

get c. (to a friend) ជិតស្និទ្ធឡើង

close-fisted[kləuzfi std] ***adj.*** ម៉ៅស៊ិត

closet['klɔzi t] ***n.*** បន្ទប់តូចសម្រាប់ដាក់អីវ៉ាន់

-*tv.* ចូលសម្ងំក្នុងបន្ទប់តូច (ដើម្បីជជែកឬជំនុំគ្នា)

close-up[kləuzʌp] ***n.*** រូបថត (ថតយ៉ាងជិត)

-*adj.* យ៉ាងជិត, ជំជិត

closure['kləuʒər] ***n.*** x of the store ការបិទ

x of debate ការបញ្ចប់

clot[klɔt] ***n.*** blood x អ្វីៗដែលកក

-*iv.* *(pt.,pp.*clotted*)* កក (ឈាម)

-*tv.* ធ្វើឱ្យកក (ឈាម)

cloth[klɔθ] ***n.*** sell x សំពត់

bring a x សំពត់សម្រាប់ជូតអីផ្សេងៗ

Id. take the c. ចូលបួស

clothe[kləuð] ***tv.*** *(pt., pp* clad, clothed*)*

x a family ផ្ដល់នូវសំលៀកបំពាក់

x a mannikin ស្លៀកពាក់ឱ្យ

clothes[kləuðz] ***n.*** ខោអាវ

clothier['kləuði ər] ***n.*** ឈ្មួញខោអាវ

clothing['kləuði ŋ] ***n.*** សំលៀកបំពាក់

cloture['kləutʃər] ***n.*** ការបិទសម័យប្រជុំ (នៃសភា)

cloud[klaud] ***n.*** rain x ពពក

x of dust អ្វីៗដូចពពក (ធីហុយ ផ្សែង)

-tv. x the sky ធ្វើឱ្យមានពពក

x one's future ធ្វើឱ្យខូចផល

x the picture ធ្វើឱ្យស្មុគស្មាញ

-iv. c. up មានពពក

c. over មានពពកពាសពេញ

cloudburst['klaudbɜ:st] ***n.*** ភ្លៀងខ្លាំងដោយឥតឱ្យដំណឹងជាមុន

cloudy[klaudi] ***adj.*** x weather ដែលមានពពកច្រើន

x liquid ល្អក់

x reputation មិនស្អាតស្អំ

x thinking មិនច្បាស់លាស់

clove[kləuv] ***n.*** ផ្កាក្លាំពូ (គ្រឿងទេស)

cloven[kləuvn] *(pp. of* cleave*)*

clown[klaun] ***n.*** ត្លុក (ដូចនៅក្នុងសៀក)

-iv. ធ្វើត្លុក

cloy[klɔi] ***tv.*** ធ្វើឱ្យរងាន់, ធ្វើឱ្យជិនណាយ

club[klʌb] ***n.*** spiked x ដំបង, ព្រនង់

social x ក្លឹបឬក្លុប

Lit: មិត្តសមាគម

Cards ជួង (បៀ)

-tv. (pt., pp. clubbed*)* វាយនឹងដំបង

clubfoot[klʌb'fut] ***n.*** ជើងកែក

cluck[klʌk] ***iv.*** បន្លឺសូរក្រុកៗ (មាន់ហៅកូន)

-tv. សូរក្រុកៗ (មាន់ហៅកូន)

clue,clew[klu:] ***n.*** សញ្ញាប្រាប់ផ្លូវ (អ.ប.)

-tv. ប្រាប់ផ្លូវ (អ.ប.)

Sl. c. me in ប្រាប់ រឿងសម្ងាត់ខ្ញុំ

clump[klʌmp] ***n.*** x of bushes ដង្គុំ

x of heavy boots សូរស្មុកៗឬខ្មុកៗ

-tv. x bushes ធ្វើឱ្យទៅជាបង្គុំ

x boots ធ្វើឱ្យឮសូរស្មុកៗឬខ្មុកៗ

-iv. grasses x ឡើងជាដង្គុំ

boots x បន្លឺសូរស្មុកៗ ឬខ្មុកៗ

clumsy['klʌmzi] ***adj.*** ឆ្គង

clung[klʌŋ] *(pt., pp. of* cling*)*

cluster['klʌstər] ***n.*** x of grapes ចង្កោម

x of trees គុម្ពធំ

x of people ក្រុម

-iv. grapes x ឡើងជាចង្កោម

c. around (a speaker) ចោម, ចោមរោម

-tv. ផ្ដុំ

clutch[klʌʧ] ***tv.*** x a coin ក្ដាប់, ឱបស្អិត

Id. c. at a straw ទទួលយកអ្វីក៏ដោយដោយអស់ផ្លូវ

x a car ជាន់អំប្រាយ៉ាហ្ស (នៅពេលប្ដូរលេខ)

-n. tight x ការក្ដាប់ឬឱបស្អិត

auto x អំប្រាយ៉ាហ្ស

pl. x of the enemy កណ្ដាប់ដៃ

clutter['klʌtər] ***iv.,tv.*** ពង្រាយ

-n. ដំណើររាយប៉ាយ

Co. *(Company)* ក្រុមហ៊ុន

(County) ស្រុក ស រ អ : ផ្នែកនៃរដ្ឋ

coach[kəuʧ] ***n.*** four-horse x រទេះសេះធំមានដំបូល

railway x វ៉ាហ្គុងសម្រាប់អ្នកដំណើរ

baseball x អ្នកបង្វឹកបង្វឹន

-tv. បង្វឹក

-iv. ធ្វើជាអ្នកបង្វឹក

coagulate[kəu'ægjuleit] ***iv.*** កក

-tv. ធ្វើឱ្យកក

coal[kəul] ***n.*** burn x ធ្យូងថ្ម

hot coals រងើកភ្លើង

Id. rake s.o. over the coals

ស៊ីបបន្ទោសខ្លាំង
coal oil ប្រេងកាត
-*tv.* ផ្តល់ធ្យូង
-*iv.* c. up ផ្ទុកធ្យូង
coalesce[,kəuə'les] *iv.* ចូលរួមគ្នា, ចូលគ្នា, រួបរួមគ្នា
coalition[,kəuə'liʃn] *n.* ការរួមគ្នា
Lit: សហពលកម្ម
coarse[kɔ:s] *adj.* x sand ដែលបានគ្រាប់ធំៗ
x surface គគ្រើម
x manners ឆ្គងឆ្គង, ច្រឡោះបោះ
x speech គំរោះ
coast[kəust] *n.* sea x ឆ្នេរ
Id. c. is clear គ្មានឧបសគ្គអ្វីទេ
-*iv.* x on a sled រំអិលចុះទីចោត (ល្បែង)
x in a car ជ្រុលៗទៅមុខ (ដោយឥតប្រើម៉ាស៊ីន)
-*tv.* ទៅសសៀរៗតាមឆ្នេរសមុទ្រ
Lit: ធ្វើតីរនាវាចរណ៍
coaster['kəustər] *n.* snow x គ្រឿងជិះរំអិលលេង
trade x តីរនាវា
roller c. គ្រឿងជិះលេងម្យ៉ាងចុះឡើងៗ
glass x ទ្រនាប់កែវ
coat[kəut] *n.* wool x អាវធំ
x of paint ស្រទាប់, ទឹក
sheep's x រោម (សត្វ)
c. of arms វរលញ្ឆករ
-*iv.* លាបថ្នាំ
coating[kəutiŋ] *n.* ស្រទាប់
coax['kəuks] *iv.,tv.* ប្រលោម, លួង
coaxial['kəukʃəl] *adj.* ដែលមានអ័ក្សរួមគ្នា
cob[kɔb] *n.* corn x បណ្តូល (ពោត)
swan x ក្ងានឈ្មោល
cobalt['kəubɔ:lt] *n. Fr:* កូប៉ល
cobble['kɔbl] *tv.* x a street រៀបថ្ម (ធ្វើផ្លូវ)
x shoes ជួសជុល (ស្បែកជើង)
-*n.* ដុំថ្ម (សម្រាប់ក្រាលថ្នល់នៅជំនាន់ដើម)
cobbler['kɔblər] *n.* អ្នកជួសជុលស្បែកជើង
cobblestone *n.* ដុំថ្ម (សម្រាប់ក្រាលថ្នល់នៅជំនាន់ដើម)
cobra['kəubrə] *n.* ពស់វែក
cobweb['kɔkweb] *n.* មងពីងពាង
cocaine[kəu'kein] *n.* កូកាអ៊ីន (និសថ្ពបរណ៍ម្យ៉ាង)
cock[kɔk] *n.* crow of a x មាន់ឈ្មោល
valve x ប្រដាប់បិទបើក (ទឹក ហ្គាស)
gun x ក្បាលឆ្កែ (គ្រឿងកាំភ្លើង)
hay x ថ្មីមរាងសាជី
Vulg. ក្តិ
-*tv.* x a gun ចុចគន្លឹះ (មុនកេះកៃ)
x the head ងាក
x hay គរជាស្នឹម
cockeyed['kɔkaid] *adj.* x person ផ្អែកស្រលៀង
Sl. x angle វៀច
Sl. x theory មិនសមហេតុសមផល
cockpit['kɔkpit] *n.* gambling x កន្លែងបញ្ជល់មាន់
airplane x កន្លែងសម្រាប់អ្នកបើក
cockroach['kɔkrəutʃ] *n.* កន្លាត
cockscomb['kɔkskəum] *n.* rooster's x សិរមាន់
plant x ផ្កាសិរមាន់
cocktail['kɔkteil] *n.* whiskey x ស្រាលាយ
shrimp c. ព្រោនស្ងោរក្លែម (ជ្រលក់ទឹកប៉េងប៉ោះ)
fruit c. ផ្លែឈើចំរុះ (ដែលចិតជាដុំៗ តូចៗ លាយគ្នា)
cocky['kɔki] *adj.* ឡឺត
coco['kəukəu] *n.* ដូង
cocoa['kəukəu] *n.* កាកាវ

coconut ['kəukənʌt] *n.* ផ្លែដូង

cocoon[kə'ku:n] *n.* សំបុកនាងនឹងសត្វល្អិតខ្លះ

cod[kɔd] *n.* ត្រីម៉ូរ៉ុយ

coddle['kɔdl] *tv.* x students ធ្វើស្រួលនឹង

Cooking x eggs ស្ងោរ (ដោយឱ្យពុះតិចៗ)

code[kəud] *n.* civil c. ច្បាប់រដ្ឋប្បវេណី

x of conduct ច្បាប់ (ទូន្មានខ្លួន)

secret x អក្សរសម្ងាត់, រហស្សលេខ

penal c. ច្បាប់ព្រហ្មទណ្ឌ

-tv. សរសេរជាអក្សរសម្ងាត់

codeine['kəudi:n] *n.* ថ្នាំម្យ៉ាងមានជាតិអាភៀន

codify['kəudi fai] *tv.* (*pt., pp.* codified) រៀបចំប្រមូលជាក្រុម

coeducation[,kəuedʒu'kei ʃn] *n.* ការអប់រំស្រីនិងប្រុសលាយគ្នា

coefficient[,kəui 'fi ʃnt] *n.* មេគុណ

coerce[kəu'ɜ:s] *tv.* បង្ខិតបង្ខំ

coercion[,kəu'ɜ:ʃn] *n.* ការបង្ខិតបង្ខំ

coexist[,kəui g'zi st] *iv.* two countries x រួមរស់

Lit: ប្រកាន់នូវសហត្ថិភាព

two conditions x មានក្នុងពេលជាមួយគ្នា

coexistence[,kəui g'i stəns] *n.* សហត្ថិភាព

coffee['kɔfi] *n.* *Fr:* កាហ្វេ

c. break ការឈប់សម្រាប់ក្នុងម៉ោងធ្វើការ (ដើម្បីផឹកកាហ្វេ)

coffer['kɔfər] *n.* ប្រអប់, ហិប (សម្រាប់ដាក់គ្រឿងមានតម្លៃ)

coffin['kɔfi n] *n.* ក្តារមឈូស

cog[kɔg] *n.* ធ្មេញ (ស្ពី)

cogent['kəudʒənt] *adj.* សមហេតុសមផល

cogitate['kɔdʒi tei t] *iv.* ពិញ្ចឹងគិត

cognac['kɔnjæk] *n.* *Fr:* កូញាក់

cognate['kɔgnei t] *adj.* ដែលមានពូជឬឫសគល់តែមួយ

Lit: សជាតិ

-n. អ្វីៗដែលមានពូជឬឫសគល់រួមគ្នា

Lit: សជាតិ

cognition[kɔg'ni ʃn] *n.* ការដឹងយល់

cognizance['kɔgni zəns] *n.* take x of a fact ការដឹង

Law on his own x យុត្តាធិការ

cogwheel[kɔgwel] *n.* ស្ពី

cohabit[kəu'hæbi t] *iv.* រស់នៅជាមួយគ្នា (ចំពោះស្រីនិងប្រុសដែលមិនជាប់គ្នា)

cohere[kəu'hi ər] *iv.* ជាប់គ្នា

coherence[,kəu'hi ərəns] *n.* property of x ភាពមិនរបេះពីគ្នា

x of his argument ភាពទាក់ទងគ្នារឹកហួរហែ

coherent[,kəu'hi ərent] *adj.* x parts ជាប់គ្នា

x argument ដែលទាក់ទងគ្នារឹកហួរហែ

cohesion[kəu'hi:ʒn] *n.* កម្លាំងស្អិតជាប់

Lit: សិលិដ្ឋពល

cohort['kɔuhɔ:t] *n.* ហ្វូង, ក្រុម *Coll.* ពួកម៉ាក

coiffure[kwɑ:fjuər] *n.* ការរចនាសក់

coil[kɔi l] *tv.* ធ្វើឱ្យដូចភ្នែនពស់

-iv. ឡើងដូចជាភ្នែនពស់, អង្គុញឡើង

-n. a x of rope ចង្វាយ

electrical x បូប៊ិន

coin[kɔi n] *n.* silver x ប្រាក់ធ្វើពីលោហធាតុ

Id. pay him in his own c. ធ្វើតបទៅវិញឱ្យដូចកាលគេបានធ្វើមកលើខ្លួន

-tv. x money បោះប្រាក់កាក់

x new words បង្កើត

coinage['kɔi ni dʒ] *n.* x of money ការបោះប្រាក់កាក់

word is a new x ពាក្យបង្កើតថ្មី

coincide[,kəui n'sai d] *iv.* events x កើតឡើង ក្នុងពេលជាមួយគ្នា
circles x ត្រួតស៊ីគ្នា
opinions x ស្របគ្នា, ត្រូវគ្នា
coincidence [kəu'i nsi dens] *n*. a striking x ការគាប់ជួន
Lit: ឯកប្បហារភាព
coitus['kəui təs] *n.* ការសេពមេថុនធម្ម
coke[kəuk] *n.* burn x ធ្យូងកូក
Sl. sniff x កូកាអ៊ីន
Sl. drink x កូកាកូឡា
cold[kəuld] *adj.* x weather ត្រជាក់
I'm x. រងា
x reply សោះកក្រោះ
Id. in c. blood ដោយគ្មានមេត្តា
c. chisel ដែកដាប់សម្រាប់ដាប់ដែក
Id. have c. feet ភ, ញញើក
Id. c. war សង្គ្រាមត្រជាក់
-n. come in from the x អាកាសត្រជាក់
catch x កើតផ្ដាសាយ
Lit: ឃានរោគ
cold-blooded[kəuld'blʌdi d] *adj*. x animals ដែលមានឈាមត្រជាក់ (ដូចត្រីជាដើម)
x murder ដោយគ្មានមេត្តា
coliseum[kɔlai zu:m] *n.* ស្ថានសម្ដែងសិល្បៈ ឬកីឡាផ្សេងៗ
collaborate[kə'læbərei t] *iv.* x on a book រួមគ្នាធ្វើអ្វីមួយ *Lit:* ធ្វើសហការ
x with the enemy ចូលដៃ
collaboration[kə,læbə'rei ʃn] *n.* សហការ
collapse[kə'læps] *iv.* rooves x ស្រុត
tables x រលំ, បាក់គ្រុប
projects x ខូច
x from fatigue ដួល (ដោយហត់ពេក)
-tv. x a table បត់
-n. x of a roof ការស្រុតឬរលំ
x of a project ការខូច
mental x មានសតិវិបត្តិ
collapsible[kə'læpsəbl] *adj.* ដែលដោះឬបត់បាន
collar['kɔlər] *n.* shirt x ក
horse x ស្រងក
dog x ប្រឡៅ
-tv. x a dog ពាក់ប្រឡៅឱ្យ
Sl. x a criminal ចាប់
collarbone['kɔlərbəun] *n.* ឆ្អឹងដងកាំបិត
collate[kə'lei t] *tv.* x points ប្រៀបធៀប
print. x pages ដាក់ផ្ដុំតាមលំដាប់
collateral[kə'lætərəl] *adj.* x stream ដែលស្របគ្នា
x argument ដែលទាក់ទង (តែបន្ទាប់បន្សំ)
x loan ដែលមានអ្វីដាក់ធានា
x kinship សាខាញាតិ (គោតតែមួយតែសាខាផ្សេង, ឧ. មានីងក្មួយ)
-n. អ្វីៗសម្រាប់ដាក់ធានា (ក្នុងការខ្ចីប្រាក់)
colleague['kɔli:g] *n.* សហសេវិក
collect[kə'lekt] *tv.* x the ballots ប្រមូល
x stamps សន្សំរបស់អ្វីម្យ៉ាងៗ
x payment ទារ
c. dust ត្រូវធូលី
-iv. x on delivery ទារលុយ, យកលុយ
(dust) collects ពុំ
-adj. x call ដែលអ្នកទទួលបង់ថ្លៃ
-adv. call x ដោយតម្រូវឱ្យអ្នកទទួលបង់ថ្លៃ
collected[kə'lektd] *adj.* x works រួមគ្នា
calm and x ដែលស្ងប់ស្ងាត់
collection[kə'lekʃn] *n.* bill x ការទារ
the x of stamps ការសន្សំទុករបស់អ្វីម្យ៉ាងៗ

sell the x របស់ដែលសន្សំ (តែម។ល។)

collective[kə'lekti v] *adj.* x opinion រួមគ្នា

c. bargaining ការជជែកដោះស្រាយរវាងអ្នកតំណាងអង្គការនិងនិយោជក

-*n.* សហករណ៍

collectivism[kə'lekti vi zəm] *n.* សមូហនិយម

collectivity[kə'lekti vəti] *n.* សមូហភាព

collector[kə'lektər] *n.* bill x អ្នកទារ

stamp x អ្នកសន្សំរបស់អ្វីម្យ៉ាង។

college['kɔli dʒ] *n.* attend x មហាវិទ្យាល័យ

x of agriculture វិភាគមហាវិទ្យាល័យ

electoral c. គណៈអ្នកបោះឆ្នោតពីមណ្ឌលនិមួយៗ

collegiate[kə'li:dʒi ət] *adj.* នៃមហាវិទ្យាល័យ

collide[kə'lai d] *iv.* cars x ជល់គ្នា, បុកគ្នា

interests x ប៉ះពាល់គ្នា

colliery['kɔli əri] *n.* អណ្ដូងរ៉ែធ្យូង

collision[kə'li zn] *n.* auto x ការជល់ឬប៉ះទង្គិចគ្នា

Lit: សង្ឃដកម្ម

x of interests ការប៉ះពាល់គ្នា

colloquial[kə'ləukwi əl] *adj.* ធម្មតា, សម្រាប់ប្រើតែក្នុងការសន្ទនា (ឧ. អាពុកអញ្ចឹង ។ល។)

collusion[kə'lu:zn] *n.* ការគប់គំនិត (ដើម្បីប្រព្រឹត្តបទទុច្ចរិតអ្វីមួយ)

colon¹['kəulən] *n.* ចំណុចពីរ, សញ្ញា (:)

colon²['kəulən] *n.* ពោះវៀនធំ

colonel['kɜ:nl] *n.* វរសេនីយឯក

colonial [kə'ləuni əl] *adj*. x possesions នៃអាណានិគម

U. S. x period មុនឆ្នាំ១៧៧៦ (នៅស.រ.អ.)

colonist['kɔləni st] *n.* អាណានិគមជន

colonize['kɔlənai z] *tv.* ធ្វើនិគមកិច្ច

colony['kɔləni] *n.* British x អាណានិគម, រដ្ឋចំណុះ, ដែនដីចំណុះ

x of ants ក្រុម (សត្វច្រើនដូចគ្នា, ឧ.ស្រមោច)

color['kʌlər] *n.* bright x ពណ៌

local x លក្ខណៈ

Id. show one's colors បង្ហាញនូវលក្ខណៈពិតប្រាកដ .

-*tv.* x a picture ផាត់ពណ៌, ដាក់ពណ៌

x his judgment លំអៀង

-*iv.* ឡើងមុខក្រហម

colorblind['kʌlərblai d] *adj.* ដែលមិនអាចមើលឃើញពណ៌ខ្លះ

colored['kʌlərd] *adj.* x paper ពណ៌

x opinion លៀង

x race ដែលមានស្បែកខ្មៅ

colorful['kʌlərfl] *adj.* x scene ដែលមានពណ៌ឆើត .

x story រស់រវើក

colossal[kə'lɔsl] *adj.* ធំសម្បើម, ធំមហិមា

colt[kəult] *n.* កូនសេះ

column['kɔləm] *n.* white x សសរ

c. of smoke ផងផ្សែង, ទងផ្សែង

x of figures ជួរ

newspaper x ខ្ទង់ (សារពត៌មាន)

daily x អត្ថបទ

columnar *adj.* រាងដូចសសរ

columnist['kɔləmni st] *n.* អ្នកសរសេរកាសែត

coma['kəumə] *n.* ដំណេករភ្លឹក (អ្នកជម្ងឺ)

comb[kəum] *n.* pocket x ក្រាស

double-edged x ស្និត

rooster's x សិរ

-*tv.* x one's hair សិត

x the files រកសព្វ, រកពាសពេញ

combat['kɔmbæt] *n.* ការប្រយុទ្ធ

-*tv.* ប្រយុទ្ធ, តយុទ្ធ

combatant['kɔmbətənt] ***n.*** យុទ្ធជន, អ្នកចំបាំង

-adj. ដែលប្រយុទ្ធ

combination[,kɔmbi 'nei ʃn] ***n.*** process of x បន្សំ (ការផ្សំ)

unlikely x អ្វីៗដែលផ្សំ (ច្រើនមុខ)

x of a lock លំដាប់លេខ (សោទូដែក)

combine[kəm'bai n] ***tv.*** x ingredients លាយ

x forces បង្រួមគ្នា

x business and pleasure ធ្វើទៅជាមួយគ្នា

-iv. x for mutual advantage រួបរួមគ្នា

elements x ចូលគ្នា

-n. business x សហពន្ធ័

Mach. ម៉ាស៊ីនច្រូតស្រូវរម្យ៉ាង ច្រូតផងបែនផង

combustible[kəm'bʌstəbl] ***adj.*** ដែលឆេះ

Lit: ឥន្ធនីយ

combustion[kəm'bʌstʃən] ***n.*** ចំហេះ (ការឆេះ)

Lit: ទហនកម្ម

come[kʌm] ***iv.*** *(pt.*came *.pp.* come*)*

x home មក

(night) comes មកដល់

lights x and go បញ្ចេញឱ្យឃើញ

dresses x to her kness ធ្លាក់ដល់

x in bottles មានលក់ (ជា)

c. to mind នឹកឃើញ (ដល់)

c. into use ចាប់ប្រើ

c. to blows ចាប់ប្រដាល់គ្នា

c. true កើតមានឡើងមែន

What will x of it ? កើតមានឡើង

Coll. How c. ? ថី ?, ម៉េចអញ្ចឹង ?

(How dit it) c. about? កើតឡើង

Naut. c, about បត់

c. across (a fact) ប្រទះភ្នែក

Coll. c. across សង

c. by (money) រកបាន

c. in handy មានប្រយោជន៍

(shoes won't) c. off របូត, របូតចេញ

(plan didn't) c. off សម្រេច

(hairs) c. out ជ្រុះ

(books) c. out ចេញ

How did it c. out? ដល់ទីបំផុតវាម៉េចទៅ?

(stains) c. out ជ្រះ

What's c. over him? គាត់កើតអី?

c. around (to my point of view) ផ្លាស់តាម

(patient will) c. around ជា

(money didn't) c. through បានដូចសេចក្ដីប្រាថ្នា

(patient won't) c. through រស់

(patient will) c. to ដឹងខ្លួនឡើងវិញ

(purchases) c. to ($5) ថ្លៃទាំងអស់

(sailboasts) c. to ឈប់

(Something) c. up. កើតមានឡើង

c. up (in society) ឡើងឋានៈ

(plants didn't) c. up ដុះ

comeback['kʌmbæk] ***n.*** make a c. ការត្រឡប់មកមានឋានៈដូចដើមវិញ

Coll. smart x ការសបសំដី

comedian[kə'mi:di ən] ***n.*** ហាស្យនាដករ

comedy['kɔmədi] ***n.*** រឿងកំប្លែង

Lit: ហាស្យនាដកម្ម

comely['kʌmli] ***adj.*** ស្រស់

comet['kɔmi t] ***n.*** ផ្កាយដុះកន្ទុយ

Lit: ធូមកេតុ

comfort['kʌmfət] ***tv.*** x a widow ធ្វើឱ្យស្រាកទុក្ខ, ជួយសម្រាលទុក្ខ, លួងចិត្ត

x the sick ធ្វើឱ្យបានស្រួល
-*n.* give x ការជួយសម្រាលទុក្ខ
x of a house ផាសុកភាព
thick x គ្រឿងគ្របពូកម្យ៉ាង (ក្រាស់)
comfortable['kʌmftəbl] *adj.* x chair ស្រួល (អង្គុយ)
x patient ដែលបានស្រួល (មិនឈឺចាប់)
x atmosphere ស្រួល (មិនក្ដៅមិនត្រជាក់)
x salary គ្រប់គ្រាន់
comforter['kʌmfətər] *n.* គ្រឿងគ្របពូកម្យ៉ាង (ក្រាស់)
comic['kɔmi k] *adj.* x actor កំប្លែង
x situation គួរឱ្យអស់សំណើច
-*n.* He's a x. មនុស្សកំប្លែង
(read the) comics រឿងកំប្លែង
comical['kɔmi kl] *adj.* កំប្លែង
coming['kʌmi ŋ] *n.* ការមកដល់
-*adj.* attraction ដែលនឹងមាននៅពេលខាងមុខ
x politician ដែលនឹងមានជោគជ័យ
comma['kɔmə] *n.* ក្បៀសក្រោម, សញ្ញា (,)
command[kə'mɑ:nd] *tv.* x an army បញ្ជា បញ្ជាការ
x him to go បង្គាប់
c. respect ធ្វើឱ្យគេគោរព
positions x the sea ត្រួតត្រាការពារ
-*n.* give a x បញ្ជាការ
take c. ធ្វើជាមេបញ្ជាការ, ត្រួតត្រា
good c. (of French) ការចេះល្អ
a fortune at his x ការត្រួតត្រា
commandant[,kɔməndænt] *n.* មេបញ្ជាការ
commandeer[,kɔmən'di ər] *tv.* x troops កេណ្ឌ
x a ship ឈ្លៀស
commander[kə'mɑ:ndər] *n.* military x មេបញ្ជាការ
Navy វរនាវីទោ
commander-in-chief[kə'mɑ:ndər i n 'ʧi:f] *n.* អគ្គបញ្ជា
commando[kə'mɑ:ndəu] *n.* កងកុម្ម៉ង់ដូ, កងពិសេស
commemorate[kə'meməreі t] *tv.* រំឭក
commemoration[kə,memə'reі ʃn] *n.* in x of ការរំឭក
hold a x បុណ្យរំឭក
Lit: អនុស្សរណពិធី
commence[kə'mens] *iv.,tv.* ចាប់, ផ្ដើម
commencement[kə'mensemənt] *n.* x of the action ការចាប់ផ្ដើម
high school x ពិធីចែកសញ្ញាប័ត្រ
commend[kə'mend] *tv.* x his efforts សរសើរ
x it to his keeping ប្រគល់លើ
commendable[kə'mendəbl] *adj.* គួរឱ្យសរសើរ
commensurate[kə'menʃərət] *adj.*
x periods ស្មើគ្នា (រយៈពេល)
x with his ability សមគ្នា
comment['kɔment] *n.* author's x ការពន្យល់
casual x សេចក្ដីសង្កេត
-*iv.* ធ្វើសេចក្ដីសង្កេត
commentary['kɔmentri] *n.* អត្ថាធិប្បាយ
commentator['kɔməntei tər] *n.* អ្នកធ្វើអត្ថាធិប្បាយ
commerce['kɔmɜ:s] *n.* foreign x ជំនួញ
Lit: ពាណិជ្ជកម្ម
commercial[kə'mɜ:ʃl] *adj.* ខាងពាណិជ្ជកម្ម
-*n.* ការផ្សាយពាណិជ្ជកម្មតាមវិទ្យុឬទូរទស្សន៍
commercialize[kə'mɜ:ʃəlai z] *tv.* x his services ធ្វើជាជំនួញ
x a area ធ្វើឱ្យទៅជាកន្លែងជំនួញ
commingle[kə'mi ŋgl] *iv.,tv.* លាយឡំគ្នា
commiserate[kə'mi zərei t] *iv.* អាណិតឬបង្ហាញសេចក្ដីអាណិត
commissary['kɔmi səri] *n.* army x ហាងលក់អីវ៉ាន់ (នៅក្នុងបន្ទាយ)
x from the king ស្នងការ

commission[kə'mi ʃn] *n.* investigation x
គណៈកម្មការ
sales x កម្រៃជើងសារ
x of a sin ការប្រព្រឹត្ត (អំពើអាក្រក់មួយ)
resign one's c. លាលែង (ទាហាន)
out of c. លែងប្រើការបាន
-*tv.* x him to do it ប្រគល់អំណាចឱ្យ
x an officer បំពាក់ស័ក្តិ

commit[kə'mi t] *tv.* (*pt.,pp.*committed)
x a rime ធ្វើ, ប្រព្រឹត្ត (អំពើមិនគប្បី)
x it to your care បណ្តាក់បន្ទុក
c. to memory ទន្ទេញឱ្យចាំមាត់
x a mental patient បង្ខាំង
x money for sthg. សន្យាផ្តល់ (នូវ)
x oneself to a cause ស៊ូប្តូរចំពោះ
Don't x yourself. ភ្ជាប់សន្យា

commitment *n.* x of money ការសន្យាផ្តល់
x to a cause ការស៊ូប្តូរចំពោះ
previous x កិច្ចដែលសន្យានឹងធ្វើ
x of a patient ការបង្ខាំង

committee[kə'mi ti] *n.* គណៈកម្មាធិការ

commode[kə'məud] *n.* vanity x តូទូ
bathroom x បង្គន់

commodious[kə'məudi əs] *adj.* ទូលំទូលាយ

commodity[kə'mɔdəti] *n.* របស់ប្រើប្រាស់

common['kɔmən] *adj.* x property រួមគ្នា
Lit: សហ
x background ដូចគ្នា
x knowledge ទូទៅ
x people សាមញ្ញ
x criminal ចោរកទាប
x usage ធម្មតា
x plant ដែលឃើញមានគ្រប់កន្លែង
c. law ច្បាប់ដែលឥតមានចារលាយលាក់អក្សរ
c. noun សាធារណនាម
c. sense សុភនិច្ឆ័យ
-*n.* village x ធ្លាទៅកណ្តាលភូមិសម្រាប់
សាធារណជនទូទៅ
have much in c. ដូចគ្នាច្រើនកន្លែង

commoner['kɔmənər] *n.* ជនសាមញ្ញ

commonplace['kɔmənplei s] *n.* ធម្មតា
-*n.* អ្វីៗដែលជាធម្មតា

commonwealth['kɔmənwelθ] *n.* ប្រជាជន,
ប្រជាពលរដ្ឋ

commotion[kə'məuʃn] *n.* ការរំជើបរំជួលខ្លាំង

communal['kɔmjunl] *adj.* x affairs នៃឃុំ
x land រួមគ្នា

commune[kə'mju:n] *iv.* ទាក់ទងដោយអារម្មណ៍
-*n.* administrative x ឃុំ
religious x សហគមន៍

communicable[kə'mju:ni kəbl] *adj.* ដែលឆ្លង

communicate[kə'mju:ni kei t] *tv.*
x one's ideas បញ្ចេញឱ្យគេដឹង
x news ផ្សាយឱ្យដឹង
x a disease ធ្វើឱ្យឆ្លង
-*iv.* x with headquarters ទាក់ទង
can't c. និយាយស្តាប់គ្នាមិនបាន

communication[kə,mju:ni kei ʃn] *n.* lack of x
ការទាក់ទងគ្នា
lengthy x ពត៌មាន, ដំណឹង
pl. study x គមនាគមន៍

communion[ke'mju:ni ən] *n.* warm x ការប្តូរ
ចិត្តគំនិតគ្នាទៅវិញទៅមក
x with nature ការទាក់ទងដោយអារម្មណ៍
Rel. take x សមសន្ទា

communiqué[kə'mju:ni kei] *n.* សេចក្តីថ្លែង
ការណ៍, ការជូនដំណឹង (ជាផ្លូវការណ៍)

communism['kɔmjuni zəm] *n.* លទ្ធិកុម្មុយនិស្ត

communist['kɔmjuni st] *n.* អ្នកកាន់លទ្ធិកុម្មុយនិស្ត

-*adj.* កុម្មុយនិស្ត

community[kə'mju:nəti] *n.* small x សហគមន៍

x of interest ភាពដូចគ្នា

commutation[,kɔmju:'tei ʃn] *n.* *Law* x of his sentece ការសម្រាលទោស

Ling. syntactic x ការជួស, កាផ្លាស់

commute[kə'mju:t] *tv.* x dollars to riels ដូរ

Law x a sentence បន្ថយទោស

-*iv.* x to work ធ្វើដំណើរទៅមកពីផ្ទះទៅកន្លែងធ្វើការ

commuter *n.* អ្នកធ្វើដំណើរទៅមកពីផ្ទះទៅកន្លែងធ្វើការ

compact[kəm'pækt] *adj.* x car តូច(ល្មម)

x argument សង្ខេប

-*n.* trade x ការព្រមព្រៀង

gold x ប្រអប់ម្សៅលាបមុខតូចៗ

drive a x ឡានតូចល្មម

-*tv.* បង្រួមឱ្យតូចឡើង

companion[kəm'pæni ən] *n.* close x គូកន

work as a អ្នកទៅជាមួយឱ្យបានជាគ្នា

x to this volume គូ

-*tv.* ទៅជាមួយឱ្យបានជាគ្នា

-*adj.* ជាគូ

company['kʌmpəni] *n.* commercial x ក្រុមហ៊ុន

go along for c. ទៅជាមួយឱ្យបានជាគ្នា

dance x ក្រុម

x of dinner ភ្ញៀវ

Mil. x of troops កងអនុសេនាធំ

keep c. with សេពគប់នឹង

part c with បែកគ្នា

comparable['kɔmpərəbl] *adj.* អាចផ្ទឹមគ្នាឬប្រដូចគ្នាបាន

comparative[kəm'pærəti v] *adj.* x anatomy ប្រៀបធៀប

x comfort គួរសម

Gram. c. adjective វិសេសគុណនាម

compare[kəm'peər] *tv.* x prices ប្រៀបធៀប

c. notes ប្តូរយោបល់

-*iv.* can't c. ឥតផ្ទឹមបាន

-*n.* beyond c. រកអ្វីផ្ទឹមមិនបាន, កំពូល

comparison[kəm'pæri sn] *n.* ការប្រៀបធៀប

compartment[kəm'pɑ:tmənt] *n.* x of a box ខ័ណ្ឌ, ថត

train x បន្ទប់ (ក្នុងរថភ្លើង ។ល។)

compass['kʌmpəs] *n.* directoinal x ត្រីវិស័យ

draw with a x ប្រដាប់, ដែកឈាន

x of out discussions ទំហំ (អ ប)

-*tv.* x a figure គូរវង់មូល

x all issues រួមបញ្ចូល

compassion[kəm'pæʃn] *n.* សេចក្តីមេត្តា, មេត្តាធម៌

compassionate[kəm'pæʃənət] *adj.* អាសូរ

compatible [kəm'pætəbl] *adj*. x couple ឆបគ្នា

x ideas ត្រូវគ្នា

compatriot[kəm'pætri ət] *n.* ជនរួមជាតិ

compel [kəm'pel] *tv.* (*pt., pp.* compelled) បង្ខិតបង្ខំ

compensate['kɔmpensei t] *iv.* c. for យកមកទូទាត់គ្នា

-*tv.* សង

compensatory[kəm'pensətəri] *adj.* ដែលសង

compensation[kɔmpen'sei ʃn] *n.* x for loss ការសង

x for understeer ការយកមកទូទាត់គ្នា

compete[kəm'pi:t] *iv.* ប្រកួត, ប្រជែង, ជែង

competence['kɔmpi təns] *n.* សមត្ថកម្ម, សមត្ថកិច្ច

competent ['kɔmpi tənt] *adj*. x physician ដែលមានសត្ថភាព

x to drive ដែលមានសមត្ថភាព

competition[,kɔmpə'ti ʃn] *n.* athletic x ការប្រកួតប្រជែង

x between two claimants ការប្រជែងគ្នា

(រវាង)

business x ការដេញដើងគ្នា

He's my x. អ្នកស៊ីសង, គូប្រជែង

competitor[kəm'peti tər] *n. sp.* អ្នកប្រកួត

Bus. អ្នកដេញដើងគ្នា

competitive[kəm'petəti v] *adj.* x nature

ដែលចូលចិត្តប្រកួត

x sport ដែលមានការប្រកួតប្រជែង

compile[kəm'pai l] *tv.* ប្រមូលផ្តុំ, ចងក្រង

complacent[kəm'plei snt] *adj.* x attitude

ឥតកង្វល់

x situation ស្រួល

complain[kəm'plei n] *iv.* x about one's lot

ត្អូញត្អែរ

x to the management តវ៉ា, ប្តឹងផ្តល់

x of chest pains ប្រាប់ (អំពីជម្ងឺអ្វីមួយ)

complaint[kəm'plei nt] *n.* formal x បណ្តឹង

(tired of your) complaints ការត្អូញត្អែរ

medical x បញ្ហា (នៃអ្នកជម្ងឺ)

complement['kɔmpli mənt] *n.* perfect x to a

good meal អ្វីៗដែលបង្គ្រប់

full c. គ្រប់ចំនួន

-tv. បន្ថែម, បង្គ្រប់

complete[kəm'pli:t] *adj.* x set គ្រប់

job is x រួចហើយ, ហើយហើយ

x honesty ដ៏ពិតប្រាកដ

x freedom ពេញលេញ

-tv. x a set បង្គ្រប់

x a book បញ្ចប់

completion[kəm'pli:ʃn] *n.* x of a task ការបញ្ចប់

bring it to c. បញ្ចប់

complex['kɔmpleks] *adj.* x mechanism

ស្មុគស្មាញ

Lit: មិស្សភាគ

Gram. x word ដែលមានផ្នែកពីរផ្សំគ្នា

(ឧ. បំបែក)

x argument សាំញ៉ាំ

-n. architectural x អាគារច្រើននៅផ្តុំគ្នា

superiority c. ហឹនមានះ

inferiority c. សេឃ្យមានះ

complexity[kəm'pleksəti] *n.* ភាពសាំញ៉ាំឬ

ស្មុគស្មាញ

Lit: មិស្សភាព

complexion[kəm'plekʃn] *n.* ពណ៌សម្បុរស្បែក

Lit: ឆវិវណ្ណ

compliance[kəm'plai əns] *n.* x with rules

ការប្រព្រឹត្តតាម

x of his personality ការទៅតាមតែអំពើអ្នកដទៃ

complicate['kɔmpli kei t] *tv.* ធ្វើឱ្យស្មុគ

ស្មាញឬពិបាកឡើង

complication[,kɔmpli 'kei ʃn] *n.* x of a

situation ការធ្វើឱ្យស្មុគស្មាញ

x of a plot ភាពស្មុគស្មាញ

medical x ហត់ជម្ងឺ, ជម្ងឺឬរោគហត់

complicated['kɔmpli kei td] *adj.* ស្មុគស្មាញ,

ពិបាក

complicity[kəm'pli səti] *n.* ការចូលដៃ

(ក្នុងបទល្មើស)

compliment['kɔmpli mənt] *n.* ពាក្យសរសើរ

Lit: អភិនន្ទនាការ

-tv. សរសើរ

complimentary[,kɔmpli 'mentri] *adj.*

x remark ដែលសរសើរ

x copy ដែលឱ្យទទេ (ជាការគួរសម)

comply[kəm'plai] (with) *iv.* (*pt., pp.*

complied) ធ្វើតាម, ទទួលតាម

component[kəm'pəunənt] *n* សមាសភាគ

-adj. x part សម្រាប់ផ្សំ

compose[kəm'pəuz] *tv.* x a song តែង
 Three cards x a book. ធ្វើជា
 x oneself ធ្វើឲ្យស្ងប់
 Print. x type រៀប (ពុម្ព)
composed[kəm'pəuzd] *adj.* cool and x ស្ងប់, ស្រគត់ស្រគំ
 c. of មាន
composer[kəm'pəuzər] *adj.* អ្នកតែងភ្លេង
coposite['kɔmpəzi t] *adj.* ដែលមាន សមាសភាគ
 -n. សមាសធាតុ
composition[,kɔnpə'zi ʃn] *n.* x of a poem ការតែង
 a literary x តែងសេចក្ដី
 the x of the committee សមាសភាព
compost['kɔmpɔst] *n.* អំពុក
 Lit: កុមបុស
composure[kəm'pəuʒər] *n.* ភាពស្ងប់
compound['kɔmpaund] *adj.* substance អង្គធាតុសមាស
 Gram. x word ដែលមានពាក្យពីរបញ្ចូលគ្នា
 -n. chemical x សមាសធាតុ
 walled x ទីមានកំផែងជុំវិញ
 -tv. x two elements លាយគ្នា
 x words ដាក់ភ្ជាប់ជាមួយគ្នា
 x the problem ធ្វើឲ្យធ្ងន់ឡើង
comprehend[,kɔmpri 'hend] *tv.* x the meanig យល់
 x two states មាន
comprehensible[,kɔmpri 'hensəbl] *adj.* អាចយល់បាន
comprehension [,kɔmpri 'henʃn] *n.* good x ការយល់
 x of a survey ទំហំ
comprehensive [,kɔmpri 'hensi v] *adj.* x study ទូលំទូលាយ
 x student ឆាប់, វៃ
compress[kəm'pres] *tv.* សង្កត់ឲ្យណែន
 -n. សំពត់ទទឹកឬមានថ្នាំសម្រាប់សង្កត់ស្បែក
compression[kəm'preʃn] *n.* x of air ការសង្កត់ឲ្យណែន
 cylinder x ភាពណែនឬតឹង
compressor[kəm'presər *n.* ម៉ាស៊ីនសម្រាប់សប់ឧស្ម័នឲ្យតឹង ឬ ណែន
comprise[kəm'prai z] *tv.* x two aspects មាន
 is comprised of មាន
compromise ['kɔmprəmai z] *tv.* x position សម្របសម្រួល
 x one's honor ខូច, ធ្វើឲ្យខូច
 -iv. សុខចិត្តបន្តិចម្នាក់
 -n. political x ការសម្រប
 x of her reputation ការធ្វើឲ្យខូច
comptroller[kəm'trəulər] *(see* controller*)*
compulsion[kəm'pʌlʃn] *n.* x by the government ការបង្ខិតបង្ខំ
 have a x to ចំណង់ខ្លាំង (ពិបាកនឹងទប់)
compulsive[kəm'pʌlsi v] *adj.* ដែលអត់មិនបាន
compulsory[kəm'pʌlsəri] *adj.* ដែលខានមិនបាន
compute[kəm'pju:t] *iv.,tv.* គិតលេខ
computation[,kɔmpju'tei ʃn] *n.* ការគិតលេខ
computer[kəm'pju:tər] *n.* work as a x អ្នកគិតលេខ
 Mech. កុំព្យូទ័រ
comrade['kɔmrei d] *n.* សមមិត្ត
 Arch. សហជីវិន
con[1][kɔn] *adv.* pro and x ប្រឆាំង, ជំទាស់
 -n. (pros and) cons សេចក្ដីឬអ្នកជំទាស់
con[2][kɔn] *Sl. adj.* c. man អ្នកបោក
 -tv. (pt.,pp. conned*)* បោក
concatenate[kən,kætənei t] *tv.* ដាក់បន្តគ្នា
concatenation[kən,kætə'nei ʃn] *n.* by x ការដាក់បន្តគ្នា
 a x of sounds ដំណើរជាប់គ្នារើក
concave['kɔn'kei.v] *adj.* ខូង, ផត
 -n. សណ្ឋានខូងឬផត
conceal[kən'si:l] *tv.* x a weapon លាក់, ដាក់កុំឲ្យគេឃើញ

x the truth បិទបាំង, មិនបញ្ចេញឱ្យគេដឹង

concede[kən'si:d] *tv.* សុខចិត្តឱ្យ

-iv. សុខចិត្តចុះចាញ់

conceit[kən'si:t] *n.* តុច្ឆភាព

conceited[kən'si:td] *adj.* ដែលមានតុច្ឆភាព

conceivable[kən'si:vəbl] *adj.* ដែលអាចគិតទៅដល់

conceive[kən'si:v] *tv.* x a plan ផ្ដើម, ប្រឌិត

x a child ចាប់មានផ្ទៃពោះ, ទម្ងន់

-iv. c. of នឹកស្មានដល់

She didn't x. មានផ្ទៃពោះ, ទម្ងន់

concentrate['kɔnsntrei t] *tv.* x one's efforts ប្រមូល (ទៅចំពោះតែអ្វីមួយ)

x a solution ធ្វើឱ្យខ្លាំងឬខាប់

-iv. can't x ពញាំងគិតខ្លាំង, ប្រឹងស្មារតី

solutions x ឡើងខ្លាំងឬខាប់

concentration[,kɔnsn'trei ʃn] *n.* x of forces ការប្រមូលផ្ដុំ

deep x ការខំពឹងគិត

chemical x ភាពខ្លាំងឬខាប់

-adj. c. camp បន្ទាយឃុំឃាំងមនុស្ស

concentric[kən'sentri k] *adj.* សហនាភី

concept['kɔnsept] *n.* គំនិត, ដំណើរ

conception[kən'sepʃn] *n.* x of a child ចំណាប់កំណើត *Lit:* បដិសន្ធិ

mental x ទស្សនាទាន

x of the project គំនិតដំបូង

concern[kən'sɜ:n] *tv.* debts x him ធ្វើឱ្យខ្វល់

letters x legal matters ស្ដីអំពី

-n. x for his health កង្វល់

It's no c. of mine មិនមែនរឿងខ្ញុំទេ

business x គ្រឹះស្ថាន (ជំនួញ)

concerned[kən'sɜ:nd] *adj.* x look ដែលខ្វល់ខ្វាយ

persons x ដែលមានការទាក់ទងនឹង

concerning[kən'sɜ:ni ŋ] *prep.* ចំពោះ, អំពី

concert['kɔnsət] *n.* piano x ការប្រគំ

work in x សមគ្គីភាព .

-tv. x their efforts ព្រមព្រៀងរួមកម្លាំងគ្នា

concerted[kən'sɜ:ti d] *adj.* ដោយរួបរួមព្រមព្រៀងគ្នា

concession [kən'seʃn] *n.* x of victory ការសុខចិត្តឱ្យ

reluctant x សេចក្ដីសុខចិត្ត

the x of land ការប្រគល់ឱ្យ

a small x of land សម្បទាន

c. stand តូបដែលគេអនុញ្ញាតឱ្យដាក់លក់នៅកន្លែងណាមួយ

conch[kɔntʃ] *n.* ស័ង្ខ (ខ្យង)

conciliate[kən'si li ei t] *tv.* x an enemy ស្រុះស្រួលជានឹង

x two parties សម្រុះសម្រួល

conciliation[kən,si li 'ei ʃn] *n.* ការស្រុះស្រួល

conciliatory[kən'si li ətəri] *adj.* ដែលសម្រុះសម្រួល

concise[kən'sai s] *adj.* ខ្លី, សង្ខេប

conclude[kən'klu:d] *tv.* x a speech បញ្ចប់

x an agreement សម្រេច

x a fact សន្និដ្ឋាន

-iv. ចប់

conclusion[kən'klu:ʒn] *n.* x of a project ការធ្វើហើយ ឬ ចប់

exciting x ទីបញ្ចប់

judge's x សេចក្ដីសម្រេចឬ សន្និដ្ឋាន

conclusive[kən'klu:si v] *adj.* ដែលប្រាកដប្រជា

concoct[kən'kɔkt] *tv.* x a story ប្រឌិត

x a drink លាយផ្សំ

concoction[kən'kɔkʃn] *n.* delicious x អ្វីៗដែលផ្សំគ្នា

story is a x អ្វីៗដែលប្រឌិតឡើង

concomitant[kən'kɔmi tənt] *adj.* ដែលកើតមានទៀងផលកាលគ្នា *Lit:* សហវត្ត
-*n.* អ្វីៗដែលកើតមានទៀងផលកាលគ្នា
concord['kɔŋkɔ:d] *n.* x of opinion ការស្រុះស្រួលគ្នា
draw up a x កិច្ចព្រមព្រៀង
musical x ដំណើរស៊ីគ្នា (សម្លេង)
concordance[kən'kɔ:dəns] *n.* literary x មាឍីសព្ទ
x of opinion ភាពស្រុះស្រួលគ្នា
concrete['kɔŋkri:t] *adj.* x idea ច្បាស់លាស់
x noun រូបី
x pavement ដែលធ្វើពីស៊ីម៉ង់, ដែលធ្វើពីបេតុង
c. number ចំនួនរូបី
-*n.* made of x បេតុង
logical x អ្វីៗដែលជាក់ស្តែង
-*tv.* ចាក់បេតុង
concubine['kɔŋkjubai n] *n.* ស្រីស្នំ
concur[kən'kɜ:r] *iv.* (*pt., pp.* concurred)
judges x ព្រមព្រៀង
opinions ស្របគ្នា
concurrence[kən'kʌrəns] *n.* x of opinion ការស្របគ្នា
with his x សេចក្តីយល់ព្រម
x of events ការកេតឡើងនៅពេលជាមួយគ្នា
concurrent [kən'kʌrənt] *adj* . x opinions ដែលស្របគ្នា
x events ដែលកើតមានទៀងផលកាលគ្នា
concussion[kən'kʌʃn] *n.* ការទង្គិចខ្លាំង
condemn[kən'dem] *tv.* x him to death កាត់ទោស
x his actions ផ្តន្ទាទោស (អ.ប.) ,
x a building ចាត់ថាលែងប្រើការកើត
condensation[,kɔnden'sei ʃn] *n.* the x of a book ការបង្រួញ, ការកាត់ឱ្យខ្លី
the book is a x អ្វីៗដែលគេបង្រួញឬកាត់ឱ្យខ្លី
the x of gas កំណក (ការក) ជាញើស
collect the x ញើស(អ្វីៗដែលមកពីចំហាយ)
condense[kən'dens] *tv.* x gas ធ្វើឱ្យចំហាយទៅជាទឹក
x milk ធ្វើឱ្យខាប់
x a story សង្ខេប, បង្រួញ
-*iv.* ទៅជាទឹក (ខ្សុំន), ចុះជាញើស
condenser[kən'densər] *n.* កុងដង់ស្យូ, កុងដង់សាទ័រ
condescend[,kɔndi 'send] *iv.* ធ្វើធំដាក់
condescension[,kɔndi 'senʃn] *n.* ការធ្វើធំដាក់
condition[kən'di ʃn] *n.* physical c. កាយលក្ខណៈ
(car is) in good c. នៅល្អ
social x ស្ថានភាព
x of a contract លក្ខខណ្ឌ
-*tv.* c. the body ធ្វើឱ្យរាងកាយមាំមួន
x oneself to ទម្លាប់
x payment on completion ដាក់លក្ខខណ្ឌ
conditional[kən'di ʃənl] *adj.* មានលក្ខខណ្ឌ
condolence[kən'dəuləns] *n.* សមានទុក្ខ
condone[kən'dəun] *tv.* បណ្តោយឱ្យ
conduce[kən'dju:s] *iv.* នាំឱ្យមានផល
conducive (to)[kəndju:si v] *adj.* ដែលនាំឱ្យមានផល
conduct['kɔn'dʌkt] *n.* good x ចរិយា, មារយាទ, គំនិតមារយាទ
x of business ដំណើរការ
-*tv.* x oneself កាន់ (ចរិយា)
x an inquiry ធ្វើ
x an orchestra ដឹកនាំ
x electricity នាំ
conductor[kən'dʌktər] *n.*orchestra c. មេភ្លេង
train x អ្នកយកសំបុត្រ
x of electricity វត្ថុដែលចម្លងកំដៅឬអគ្គិសនី

cone[kəun] *n.* geometrical x កោណ
ice cream c. ការ៉េមដាក់ក្នុងនំត្រៀបរាងសាជី
pine c. ផ្លែស្រល់

confection[kən'fekʃn] *n.* make a x បង្អែមមានស្ករជុំ, ដំណាប់ ។ល។
the x of fruit ការធ្វើបង្អែមមានស្ករជុំដំណាប់ ។ល។

confederacy[kən'fedərəsi] *n.* សហព័ន្ធរួម

confederate[kən'fedərət] *adj.* ដែលចូលរួមជាសម្ព័ន្ធ
-*n.* សម្ព័ន្ធ
-*tv.* ធ្វើឱ្យទៅជាសម្ព័ន្ធ
-*iv.* ចូលរួមជាសម្ព័ន្ធ

confer[kən'fɜ:r] *iv.* (*pt ., pp.* conferred) សន្ទនាគ្នា
-*tv.* ឱ្យ, ប្រគល់ឱ្យ (ស័ក្តិ កិត្តិយស ។ល។)

conference['kɔnfərəns] *n.* national x សន្និសីទ
x between two men ការប្រជុំ

confess[kən'fes] *tv.,iv.* សារភាព

confession[kən'feʃn] *n.* ការឆ្លើយសារភាព
Lit: សច្ចាវីករណ៍

confidant[,kɔnfi dænt] *n.* មនុស្សជំនិត

confide[kən'fai d] *tv.* x a secret ប្រាប់ (ដោយទុកចិត្ត)
x one's child to ផ្ញើ (ឱ្យមើលឱ្យ)
-*iv.* c. in (a friend) ប្រាប់អាថ៌កំបាំង) ខ្លួនទៅ
c. in (the law) ទុកចិត្តលើ

confidence['kɔnfi dəns] *n.* have x in សេចក្ដីទុកចិត្ត
(tell) in c. ជាការសម្ងាត់
as a x រឿងអាថ៌កំបាំង
(speak) with c. ដោយគ្មានញញើត
-*adj.* c. man មនុស្សឆបោក

confident['kɔnfi dent] *adj.* ប្រាកដក្នុងខ្លួន

confidential[,kɔnfi 'denʃl] *adj.* សម្ងាត់, ជាអាថ៌កំបាំង

configuration[kən,fi gərei ʃn] *n.* រូបសណ្ឋាន

confine[kən'fai n] *tv.* x a criminal ឃុំឃាំង, បង្ខាំង
x my comments to កំណត់ព្រំដែន (ម.ប.)
confined to bed ដែលត្រូវតែនៅដេក (ដោយឈឺ របួស ។ល។)
-*n. (usu. pl)* ព្រំដែន

confinement[kən'fai nmənt] *n.* x of criminals ការឃុំឃាំង , ការដាក់គុក
maternity x ពេលឆ្លងទន្លេ

confirm [kən'fɜ:m] *tv.* x a reservation បញ្ជាក់បន្ថែម
x an appointee បញ្ចេញសេចក្ដីយល់ព្រម (ចំពោះ)
x his supicions បញ្ជាក់ (ឱ្យឃើញថាប្រាកដមែន)

confiscate['kɔnfi skei t] *tv.* រឹបអូស (យកទ្រព្យ)

confiscation[,kɔnfi 'kei ʃn] *n.* រឹបឹប

conflagration[,kɔnflə'grei ʃn] *n.* មហាអគ្គិភ័យ

conflict['kɔnfli kt] *n.* military x ការ ប៉ះទង្គិច, ការប្រយុទ្ធ
x of interest ការប្រទាំង (ក្នុងផលប្រយោជន៍)
Lit: សង្ឃ័រ
x of schedule ដំណើរជាន់លើគ្នា
-*iv.* opinions x ប្រទាំងគ្នា, ប្រឆាំងគ្នា

confluence['kɔnfluəns] *n.* x of two rivers ប្រសព្វមុខ (ទន្លេ ស្ទឹង)
x of opinion ភាពស្របគ្នា

confluent['kɔnfluənt] *adj.* x streams ដែលហូរចូលគ្នា
x opinions ដែលស្របគ្នា

conform[kən'fɔ:m] *iv.* x to the law អនុលោម

ទៅតាម

x with the majority ធ្វើទៅតាម

conformity[kən'fɔ:məti] *n.* x of opinion សភាពដូចគ្នា

in x with the law ការអនុលោមទៅតាម

confound[kən'faund] *tv.* x the enemy ធ្វើឱ្យខ្សប់

x one's friends ធ្វើឱ្យភ្ញាក់ ឬស្រឡាំងកាំង

confounded[kən'faundi d] *adj.* x by events ខ្សប់

Coll. x lie ចង្រៃ, អាក្រក់

confront[kən'frʌnt] *tv.* ចល់មុខគ្នា (នឹង)

confrontation[,kɔnfrʌn'ti eʃn] *n.* សមុខីកម្ម

confuse[kən'fju:z] *tv.* x the enemy ធ្វើឱ្យខ្សប់

x two dates ច្រឡំ

confusion[kən'fju:zn] *n.* state of x ព្យាកុលភាព

x of the enemy ការធ្វើឱ្យប្របួកច្របល់

x of the facts ការច្រឡំ

confute[kən'fju:t] *tv.* x an argument ធ្វើយបដិសេធ

x their efforts ធ្វើមិនឱ្យបានសម្រេច

congeal[kən'dʒi:l] *iv.* កក

-*tv.* ធ្វើឱ្យកក

congenial [kən'dʒi:ni əl] *adj.* x companions ត្រូវគ្នា

x personality គួរឱ្យចូលចិត្ត

congenital[kən'dʒeni tl] *adj.* ដែលមានមកពីកំណើត

congest[kən'dʒest] *tv.* x the nose ធ្វើឱ្យពិត

x a street ធ្វើឱ្យពែកនណាំកកកុញ

-*tv.* ស្ទះ

congestion[kən'dʒestʃn] *n.* x of the nose ដំណើរស្ទះ, ដំណើរពិត

traffic c. ដំណើរស្ទះចរាចរ

conglomerate[kən'glɔmərət] *n.* អ្វីៗដែលក្រាំងជាប់គ្នាជាដុំ (ដូចថ្មបិណ្ឌិសិលា)

-*adj.* ដែលក្រាំងជាប់គ្នាជាដុំ

-*tv.* ធ្វើឱ្យក្រាំងជាប់ទៅជាដុំ

-*iv.* ក្រាំងជាប់គ្នាជាដុំ

conglomeration[kən,glɔmə'rei ʃn] *n.* by x បិណ្ឌីករណ៍

a large x អ្វីៗដែលក្រាំងជាប់គ្នាជាដុំ

congratulate[kən'grætʃulei t] *tv.* សម្តែងនូវសេចក្តីសរសើរ

congratulation[kən,grætʃu'lei ʃn] *n.*

x of the winner ការសម្តែងនូវសេចក្តីសរសើរ

Lit: ចោមនោការ

(usu. pl.) offer x ពាក្យសម្តែងនូវសេចក្តីសរសើរ

congregate['kɔŋgri gei t] *iv.* ជុំគ្នា

-*tv.* ជុំ, ប្រមូលផ្តុំ

congregation[,kɔŋgri 'getʃn] *n.* the x of friends ការប្រជុំ

a x of people ប្រជុំ

Rel. local x ក្រុមមនុស្សដែលជុំគ្នាធ្វើសក្ការៈ

congress['kɔŋgres] *n.* parliamentary x សភា

x of scholars សមាគម

-*iv.* ប្រជុំគ្នាជាសមាគម

congressional[kən'greʃənl] *adj.* នៃសភា

congruent['kɔŋgruənt] *adj.* x opinions ត្រូវគ្នា, ស្របគ្នា

Geom. x of circles ប៉ុនគ្នា

congruity['kɔŋgru:ti] *n.* x of opinoins ភាពស្របឬត្រូវគ្នា

Geom. x of circles ភាពប៉ុនគ្នា

conical['kɔni kl] *adj.* ដែលមានរាងសាជីមូល

conifer['kɔni fər] *n.* សរលក្ខូល

coniferous[kəuni fərəs] *adj.* នៃសរលក្ខូល

conjectural[kɔn'dʒektʃərəl] *adj.* ដែលអាងលើការប្រមាណ

conjecture[kən'dʒektʃər] *n.* ការស្មាន

-*iv.,tv.* ស្មាន

conjoin[kən'dʒɔi n] *iv.* ជួបគ្នា

-*tv.* ធ្វើឱ្យរួបគ្នា

conjugal['kɔndʒəgl] *adj.* នៃសហព័ន្ធប្ដីប្រពន្ធ

conjugate['kɔndʒəgei t] *tv. Gram.* បំបែក កិរិយាសព្ទ

Lit: ធ្វើកិរិយាវិភាគ

-*adj.* ដែលជាគូ, ដែលរួមគ្នា

conjugation[,kɔndʒu'gei ʃn] *n. Gram:* the x of verbs កិរិយាវិភាគ

a verb x ក្រុមនៃកិរិយាសព្ទនីមួយៗ

conjunct[kən'dʒʌŋt] *adj.* ជាប់គ្នា

conjunction[kən'dʒʌŋkʃn] *n.* x of two parts ការភ្ជាប់គ្នា

x of two events ការកើតឡើងនៅពេលជាមួយគ្នា

Gram. subordinating x សន្ធានសព្ទ

conjunctive[kən'dʒʌŋkti v] *adj.* ដែលសម្រាប់ ភ្ជាប់

Lit: សន្ធាន

conjure['kʌndʒər] *tv.* x a ghost ហៅ (ខ្មោច)

-*iv.* c. up នឹកស្រមៃឃើញ

connect[kə'nekt] *tv.* x two wires ត, ភ្ជាប់

x two facts ធ្វើឱ្យឃើញការទាក់ទងគ្នា

-*iv.* trains x រួបគ្នា

(usu. pp.) (He's) connected (with them.) ជាប់ទាក់ទង

connection[kə'nekʃn] *n . Elect.* bad x តំណ

no x with the case ការទាក់ទង

Id. have connections ស្គាល់គេ

travel x ការផ្លាស់យានជំនិះ

the x of two wires ការតឬភ្ជាប់គ្នា

connective[kə'nekti v] *adj.* ដែលភ្ជាប់

connivance[kə'nai vəns] *n.* ការសមគំនិតគ្នា (ប្រព្រឹត្តបទទុច្ចរិត)

connive[kə'nai v] *iv.* សមគំនិតគ្នា (ប្រព្រឹត្តបទ ទុច្ចរិត)

connoisseur[,kɔnə'sɜ:r] *n.* អ្នកស្គាល់អំពីអ្វី មួយពិប្រាកដ

connotation[,kɔnə'tei ʃn] *n.* ន័យលាក់កំបាំង (របស់ពាក្យអ្វីមួយ)

connote[kə'nəut] *tv.* មានន័យលាក់កំបាំង (ថា)

connubial[kə'nju:bi əl] *adj.* នៃប្ដីប្រពន្ធ

conquer['kɔŋkər] *tv.* x territory ច្បាំងដណ្ដើម យក

x an enemy ឈ្នះ, បង្ក្រាប

x fear រម្ងាប់

conqueror['kɔŋkərər] *n.* អ្នកច្បាំងដណ្ដើមយក,

conquest ['kɔŋkwest] *n.* x of land ការច្បាំង ដណ្ដើមយក ,វាយដណ្ដើម

Lit: សញ្ជ័យ

x of her hand ការសង្វាតចង់បាន

(one of his) conquests អ្វីៗដែលវាយដណ្ដើម យកបាន

Lit: សញ្ជ័យ

consicien['kɔnʃəns] *n.* មនសិការ

conscientious[,kɔnʃi 'enʃəs] *adj.* x worker ដែលយកចិត្តទុកដាក់, ដែលមានមនសិការ

c. objector អ្នកដែលប្រឆាំងសង្គ្រាមដោយសំអាងលើ លទ្ធិអ្វីមួយ

conscious['kɔnʃəs] *adj.*partien is x ដឹងខ្លួន

x of his faults ដែលមានមនសិការ

x insult ដោយចំណង

consciousness['kɔnʃəsnəs] *n.*regain x សេចក្ដីដឹងខ្លួន

x of the situation ការដឹង

conscript[kən'skri pt] *tv.* កេណ្ឌឱ្យធ្វើទាហាន

-*adj.* កំណែន

-*n.* ទាហានកេណ្ឌ

conscription[kən'skri pʃn] *n.* ការកេណ្ឌ

consecrate['kɔnsi krei t] *tv.* x a shrine ឧទ្ទិស (ចំពោះអទិទេព)

c. one's life to ឧទ្ទិសខ្លួនចំពោះ

consecutive[kən'sekjəti v] *adj.* តៗគ្នា, រៀងៗគ្នា

consensus[kən'sensəs] *n.* មតិឯកឆ្ន័
consent[kən'sent] *iv.* x to go ព្រម
x to a plan យល់ព្រម
-n. ការយល់ព្រម
consequence['kɔnsi kwəns] *n.* x of his act វិបាក
of little x សារៈសំខាន់
consequent['kɔnsi kwənt] *adj.* ដែលកាលមកពីផល
consequently['kɔnsi kwənli] *adv.* ដូច្នេះ, ដោយហេតុនេះ, ហេតុដូច្នេះហើយ
conservation[,kɔnsə'vei ʃn] *n.* អភិរក្ស
conservatism[kən'sɜːvəti zəm] *n.* អភិរក្សនិយម
conservative [kən'sɜːvəti v] *adj.* x politics អភិរក្ស
x estimate យ៉ាងតិច
conservatory[kən'sɜːvətri] *n. U.S.* សាលាភ្លេង
Brit. អាគារកញ្ចក់សម្រាប់ដាំដើមឈើ
conserve[kən'sɜːv] *tv.* x energy សំចៃ
x fruit ធ្វើដំណាប់
-n. (usu. pl) ដំណាប់ផ្លែឈើ
consider[kənsi dər] *tv.* x a proposal យកមកពិនិត្យ
x him unqualified ចាត់ថា
x others គិតដល់ (ចិត្ត)
considerable [kən'si dərəbl] *adj.* x fortune សន្ធឹក, គគោក
x proposition គួរយកមកគិតថ្លឹងមើល
considerate[kən'si dərət] *adj.* ដែលចេះគិត (ដល់អ្នកដទៃ)
consideration[kən,si də'rei ʃn] *n.* x for others ការចេះគិតដល់
under x ការពិចារណា, ការពិនិត្យពិច័យ
another x កត្តាដែលត្រូវបញ្ចូលក្នុងការធ្វើវិនិច្ឆ័យ
have great x for សម្មានការ
I'll do it for a small c. បើឱ្យលុយខ្ញុំខ្លះខ្ញុំធ្វើ
consign[kən'sai n] *tv.* ផ្ញើទុក
consignment *n.* x to him ការប្រគល់
a x of goods វត្ថុផ្ញើ
consist[kən'si st] *iv.* c. of មាន
c. in មានការ
consistency[kən'si stənsi] *n.* x of a food សង្កតភាព
x of an argument ភាពមិនផ្លាស់ប្តូរ
consistent [kən'si stənt] *adj.* x argument មិនផ្លាស់ប្តូរ
c. with (a rule) ស្របទៅតាម
console[1][kən'səul] *tv.* លួងចិត្ត
console[2][kən'səul] *n.* radio x តូ (វិទ្យុទូរទស្សន៍)
x of an organ ជើងក្រុម, តុជើងក្រុម
consolidate[kən'sɔli dei t] *tv.* បង្រួមចូលគ្នា, បង្រួបបង្រួម
-iv. រួបរួមចូល
consonant['kɔnsənənt] *n. Phonet.* ព្យញ្ជនៈ
-adj. Music x pitches ស៊ីគ្នា
c. with (an agreement) យោលទៅតាម
consort['kɔnsɔːt] *n.* marital x ប្តីឬប្រពន្ធ
naval x នាវាដែលទៅការមួយគ្នា
-iv. c. with សេពគប់គឹង
conspicuous[kən'spi kjuəs] *adj.* ដែលលេចធ្លោ
conspiracy[kən'spi rəsi] *n.* ការរួមគំនិតធ្វើអំពើទុច្ចរិត
conspire[kən'spai ər] *iv.* រួមគំនិតប្រព្រឹត្តអំពើទុច្ចរិត
constable['kʌnstəbl] *n. U.S.* ចៅក្រមតូចតាចនៅ ស.រ.អ.
Brit. ប៉ូលិស
constancy['kɔnstənsi] *n.* x of his complaints ការគ្មានឈប់ឈរ
x of temperature ភាពផ្លាស់ប្តូរ
x of a friend ចិត្តនឹងភាពមិនប្រែប្រួល
Lit: ចារភាព
constant ['kɔnstənt] *adj.* x noise ឥតឈប់ឈរ

x temperature ដែលមិនប្រែប្រួល
x friend ដែលមានចិត្តនឹង, ស្មោះត្រង់
constantly['kɔnstəntli] *adv.* ជានិច្ច, ជាដរាប
constellation[,kɔnstə'lei ʃn] *n.* ក្រុមផ្កាយ
Lit: តារានិករ
consternation[,kɔnstə'nei ʃn] *n.* ដំណើរស្រឡាំងកាំង
constipate['kɔnti pei t] *tv.* ធ្វើឱ្យទល់ (លាមក)
constipation[,kɔnsti 'pei ʃn] *n.* ដំណើរទល់លាមក
constituency[,kən'sti tjuənsi] *n.* មណ្ឌលបោះឆ្នោត
constituent[kən'sti tjuənt] *adj.* x part ដែលផ្សំ, ផ្សេងៗ (នៃអ្វីមួយ)
c. assembly សភាបព្វាត្ត
-n. x of the whole ផ្នែក
angry x សមាជិកម្នាក់ក្នុងមណ្ឌលបោះឆ្នោត
constitute['kɔnsti tju:t] *tv.* acts x treason ជា
seven days x a week រួមគ្នាជា
x a committee តាំង, តែងតាំង
constitution[,kɔnsti 'tju:ʃn] *n.* draw up a x រដ្ឋធម្មនុញ្ញ
x of a law ការតែងតាំង (ច្បាប់)
x of a delegation សមាសភាព
He has a strong x. អត្តភាព
constrain[kən'strei n] *tv.* x compliance បង្ខំ
(Modesty) constrains (him). ទប់
constraint[kən'strei nt] *n.* use x against him ការបង្ខិតបង្ខំ
(place no) constraints កម្រិត, កំហិត
(speak) with c. ដោយចេះទប់
constrict[kən'stri kt] *tv.* រឹត
constriction[kən'stri kʃn] *n.* muscular x ការរួមឡើង (ទៅជាតូច)
narrow កន្លែងរួម
construct [kən'strʌkt] *tv.* x a building សង់, ធ្វើ
Lit: ស្ថាបនា
x a plan ធ្វើ
-n. theoretical c. គំនិតដ៏ស្មុកស្មាញដែលប្រឌិតឡើង
construction[kən'strʌkʃn] *n.* x of a house ការសង់
Lit: ការស្ថាបនា
of similar x របៀបធ្វើ
Gram. syntactic x ការរៀបពាក្យក្នុងប្រយោគ
constructive[kən'strʌkti v] *adj.* ដែលមានប្រយោជន៍
construe[kən'stru:] *tv.* x a law បកស្រាយ
Gram. x a sentence ធ្វើវិធីសម្ពន្ធ
consul['kɔnsl] *n.* កុងស៊ុល
consulate['kɔnsjulət] *n.* ស្ថានកុងស៊ុល
consult[kən'sʌlt] *tv.* x a specialist សុំយោបល់
x the dictionary មើល (ដើម្បីដោះស្រាយសំណួរផ្សេងៗ)
-iv. c. with ពិគ្រោះ
consultant[kən'sʌltənt] *n.* ទីប្រឹក្សា
consultation[,kɔnsl'tei ʃn] *n.* x of a doctor ការសុំយោបល់
in x with ការពិគ្រោះគ្នា
consume[kən'sju:m] *tv.* x goods ប្រើប្រាស់
x fuel ស៊ី (ឡាន ។ល។)
comsumed by (work) ជក់, រវល់ខ្លាំង (នឹង)
consumer [kən'sju:mər] *n.* អ្នកប្រើប្រាស់
consummate [kən'sʌmət] *tv.* x a contract សម្រេច
c. a marriage រួមដំណេក (ប្ដីប្រពន្ធ)
-adj. x skill ឥតខ្ចោះ
consumption[kən'sʌmpʃn] *n.* rapid x ការប្រើប្រាស់
total x ចំនួនប្រើប្រាស់
Obs. suffer from x រោគរបេង
contact['kɔntækt] *n.* explode on x ការប៉ះ
no x with him ការទាក់ទង

Lit. ផុសទា

business x អ្នកស្គាល់ (ដែលអាចទាក់ទងបាន)

Elect. break x កុងតាក់

-tv. x two ends ផាក់ជាប់គ្នា

x a friend ទាក់ទងនឹង

contagion [kən'tei dʒən] ***n.*** *Med.* spread by x ការឆ្លង (រោគ)

x of smallpox ការរាលដាល

x of his enthusiasm ការឆ្លង (អ.ប.)

contagious[kən'tei dʒəs] ***adj.*** ឆ្លង

contain [kən'tei n] ***tv.*** (Coffee) contains (caffeine.) មាន (ជាប់ជាមួយ)

cans x beans មាន (នៅខាងក្នុង)

x an epidemic ទប់មិនឱ្យរាលដាល

x his anger ទប់

container[kən'tei nər] ***n.*** អ្វីៗសម្រាប់ដាក់ (ឧ.ប្រអប់ ធុង កំប៉ុង ។ល។)

contaminate [kən'tæmi nei t] ***tv.*** x water ធ្វើឱ្យកខ្វក់, ធ្វើឱ្យមិនស្អាត

x his character នាំឱ្យអាក្រក់

contemplate ['kɔntemplei t] ***tv.*** x a scene សម្លឹងមើល (ដោយយកចិត្តទុកដាក់)

x suicide គិតបម្រុង (ធ្វើអ្វីមួយ)

x a profit សង្ឃឹម

-iv. ចម្រើនភាវនា

contemplative[kən'templəti v] ***adj.*** ដែលសញ្ជឹងគិត

contemporaneous[kən,tempə'rei ni əs] ***adj.*** សហកាល, ស្រករ, ដែលមាននៅពេលជាមួយគ្នា

contemporary [kən'temprəri] ***adj.*** x events សហសម័យ, សហកាល

x poet នៃសម័យបច្ចុប្បន្ន

-n. He was a c. of Mr. Proum. គាត់ជំនាន់លោកព្រហ្ម

contempt[kən'tempt] ***n.*** x for others ការមើលងាយ

Law. x of court ការមិនគោរពឬមិនស្ដាប់បង្គាប់ (ចៅក្រម)

contemptible [kən'temptəbl] ***adj.*** គួរឱ្យមើលងាយ

contemptuous[kən'tempʧuəs] ***adj.*** ដែលមើលងាយ

contend[kən'tend] ***iv.***x for the title ប្រជែង

c. with ប្រឈមដោះស្រាយ

-tv. c. that ពោលអះអាងថា

content[1][kən'tent] ***adj.*** ដែលពេញចិត្ត, ដែលសប្បាយចិត្ត

-tv. បំពេញចិត្ត, ធ្វើឱ្យសប្បាយចិត្ត

-n. ការពេញចិត្ត, ការសប្បាយចិត្ត

content[2][kən'tent] ***n.*** *(usu. pl.)* x of a box អ្វីៗដែលមាននៅក្នុងអ្វីមួយទៀត

x of a book មាតិការ, បញ្ជីរឿង

x of a container ចំណុះ

water x ភាគឬចំនួនខាងក្នុង

contention[kən'tenʃn] ***n.*** x between enemies ការមិនស្រុះស្រួលគ្នា

(title is) in c. មិនទាន់ដាច់ស្រេច

Law x of the defense សេចក្ដីអះអាង

contentious[kən'tenʃəs] ***adj.*** ដែលចូលចិត្តប្រឈ្លោះ

contentment[kən'temənt] ***n.*** ការសប្បាយចិត្ត

Lit: តុស្ដិ

contest[kɔn'test] ***n.*** ការប្រជែង, ការប្រកួត

-tv. x a decision ជំទាស់តវ៉ា

-iv. x for a prize ប្រជែងគ្នា

contestant[kən'testənt] ***n.*** អ្នកចូលប្រណាំងប្រជែង

context['kɔntekst] ***n.*** បរិបទ

contiguous[kən'ti gjuəs] ***adj.*** ជាប់គ្នា, ប៉ះគ្នា

continence['kɔnti nəns] ***n.*** មេថុនវិរតិ, ការវៀរចាកមេថុន

continent['kɔnti nənt] ***n*** .the entire x ទ្វីប

Cap. the C. ទ្វីបអឺរ៉ុប

-*adj.* ដែលចេះប្រមាណ

continental [,konti 'nentl] ***adj.*** x divide ទ្វីប

Cap. x customs នៃប្រទេសអឺរ៉ុប

contingency[kən'ti ndʒənsi] ***n.*** យថាភាព

-*adj.* x plan ដែលសម្រាប់ប្រើនៅគ្រាអាសន្ន, បម្រុងទុកជាមុន

contingent[kən'ti ndʒənt] ***adj.*** x on completion ដែលពឹងពាក់ទៅលើ, អាស្រ័យលើ

x symptoms ដែលអាចកើតឡើងជាមួយ

-*n.* x of the profits ចំណែក

x of troops ក្រុមមួយ

continual[kən'ti njuəl] ***adj.*** x noise មិនដែលដាច់

x occurrence ម្ដងហើយម្ដងទៀត

continuance[kən'ti njuəns] ***n.*** x of a project ការបន្ត

Law x of a case ការលើកវារកាល

continuation[kən,ti nju'ei ʃn] ***n.*** x of a project ការបន្ត

x a of the street អ្វីៗដែលត

continue[kən'ti nju:] ***tv.*** x a project ធ្វើត

x a story ត

x a journey បន្ត

-*iv.* ត, មានត

continuity[,konti 'nju:əti] ***n.*** និរន្តរភាព, · ការមានតៗគ្នាមិនដាច់

contiuous[kən'ti njuəs] ***adj.*** x line តតដាច់

x racket តតឈប់ឈរ

continuum[kən'ti njuəm] ***n.*** អ្វីៗតៗគ្នាហើយដែលមិនអាចវែកញែកដាច់ៗពីគ្នាបាន

contort[kən'to:t] ***tv.*** មួល

contour['kontuər] ***n.*** វណ្ឌវង្ក, វង់

-*tv.* ធ្វើឱ្យស្របទៅតាម

contraband['kontrəbænd] ***n.*** របស់រត់គយ

contraception[,kontrə'sepʃn] ***n.*** ការធ្វើកុំឱ្យមានកូន

contraceptive [,kontrə'septi v] ***adj.*** សម្រាប់ធ្វើកុំឱ្យមានកូន

-*n.* អ្វីៗសម្រាប់ធ្វើកុំឱ្យមានកូន

contract['kən'trækt] ***n.*** sign a x កិច្ចសន្យា

verbal x ពាក្យសន្យា

-*tv.* x a muscle ធ្វើឱ្យរួញ, បង្រួម

x a word បំព្រួញ

x a disease កើត (រោគ)

x a alliance សម្រេចអ្វីមួយដោយស៊ីញ៉េកិច្ចសន្យា

-*iv.* រួញ, រួម

contraction[kən'trækʃn] ***n.*** muscle x ដំណើររួញឬរួម *Lit:* សង្កោច

'Can' t' is a x of 'cannot'. ពាក្យបំព្រួញ

x of a disease ការមានឬកើត (រោគ)

contractor[kən'træktər] ***n.*** អ្នកទទួលការ, អ្នកម៉ៅការ

contractual[,kontræktʃuəl] ***adj.*** ដែលមានកិច្ចសន្យា

contradict[,kontrə'di kt] ***tv.*** x the teacher និយាយប្រឆាំង

That facts x his account. មានសភាពផ្ទុយ

-*iv.* two facts x ផ្ទុយគ្នា

contradiction[,kontrə'di kʃn] ***n.*** x of the teacher ការនិយាយប្រឆាំង

theoretical x ភាពផ្ទុយគ្នា

contradictory[,kontrə'di ktəri] ***adj.*** x evidence ដែលនិយាយផ្ទុយ

x statements ដែលផ្ទុយគ្នា, ប្រតិកូល

contrary['kontrəri] ***adj.*** x end ដែលផ្ទុយគ្នា

x wind ច្រាស

Coll. x horse ខូច, រឹងទទឹង, រឹងរូស

-*n.* prove the x ការផ្ទុយ

on the c. ផ្ទុយទៅវិញ

to the c. ដែលផ្ទុយ

contrast[kən'trɑːst] *tv.* ធ្វើឱ្យឃើញភាពខុសគ្នា

-*iv.* មានភាពផ្ទុយគ្នា

-*n.* striking x ព្យតិរេក, ភាពផ្ទុយគ្នា

his x of the two books ការធ្វើឱ្យឃើញភាពខុសគ្នា

by c. ផ្ទុយទៅវិញ

ɔentri bute[kən'tri bjuːt] *tv.* x money to charity បរិច្ចាគ

x an idea ឱ្យ, ជួយគំនិត, ជួយផ្តល់

x an article to a magazine ផ្តល់នូវ

-*iv.* x to charity ចេញវិភាគទាន

x to the conversation ចូលរួម

x to his success នាំមកនូវ

contribution [,kɔntri 'bjuːʃn] *n.* monetary x វិភាគទាន

a literary x និពន្ធ

continued x to charity ការធ្វើទាន

the x of an article ការផ្តល់នូវ

contrite['kɔntrai t] *adj.* ដែលស្តាយក្រោយខ្លាំងដោយបានធ្វើអ្វីមួយខុស

contrivance[kən'trai vəns] *n.* a x ឧបករណ៍មួយធ្វើឡើងដោយចេះតែធ្វើផ្សងនាយឯងរាយ

by x ការធ្វើឬប្រឌិតអ្វីមួយដោយចេះតែផ្សងនាយឯងរាយ

contrive[kən'trai v] *tv.* ប្រឌិត

-*iv.* គិតគូរគម្រោង

control [kən'trəul] *tv.* (*pt.,pp.* controlled)

x a horse បង្ក្រាប, ធ្វើឱ្យស្ងប់

x a country កាន់, ត្រួតត្រា

x desires ទប់

x the flow កំណត់, កម្រិត

-*n.* x of a country ការត្រួតត្រា

x of one' s passions ការទប់

lose c. (of oneself) ទប់លែងបាន

lose c. (of a country) រសាយអំណាចត្រួតត្រា

lose c. (of a car) ធ្វើឱ្យទៅខាងណាមិនបានដូចចិត្ត

controls (of an airplane) គ្រឿងសម្រាប់ធ្វើឱ្យវាហើរ

controller,comptroller[kən'trəulər] *n.*

budgetary x អ្នកកាន់កាប់លុយកាក់

traffic x អ្នកត្រួតត្រាមើល

controversial[,kɔntrə'vɜːʃl] *adj.* ដែលអាចឱ្យមានវិវាទបង្ករវិវាទបាន

controversy['kɔntrəvɜːsi] *n.* វិវាទបង្ករវិវាទ

contusion[kən'tjuːʒn] *n.* ជាំ

conundrum[kə'nʌndrəm] *n.* បញ្ហា

convalesce[,kɔnvə'les] *iv.* ងើបពីឈឺ

convalescence[,kɔnə'lesns] *n.* ដំណើរងើបពីឈឺ

Lit: អាពាធវុដ្ឋាន

convalescent [,kɔnvə'lesnt] *adj.* x partien ដែលកំពុងងើបពីឈឺ

x home សម្រាប់មនុស្សងើបពីឈឺ

-*n.* មនុស្សដែលងើបពីឈឺ

Lit: អាពាធវុដ្ឋានិក

convene[kən'viːn] *iv.* មកប្រជុំគ្នា

-*tv.* ហៅប្រជុំ

convenience[kən'viːni əns] *n.* x of an arrangement ការស្រួល

modern x គ្រឿងប្រដាប់សម្រាប់ធ្វើឱ្យការរស់នៅបានស្រួល

at your c. តាមតែឱកាសហុចឱ្យលោក

convenient [kən'viːni ənt] *adj.* x arrangement ស្រួល

x time (ពេល) ពិសមគួរ

convent['kɔnvənt] *n.* អារាមស្ត្រីនី

convention [kən'venʃn] *n.* x of salesmen សន្និបាត

legal x ការសន្មត

in accord with x ទំនៀមទម្លាប់

a x of the game សន្ធិកម្ម

conventional [kən'venʃnl] *adj.* x ideas ធម្មតា

x symbol ដោយសន្មត

converge[kən'vɜːdʒ] *iv.* ជួបគ្នា

convergent[kən'vɜːdʒənt] *adj.* ដែលរួម

conversant[kən'vɜːsnt] *adj.* ដែលធ្លាប់ដឹង ឬជួបប្រទះ

conversation[ˌkɔnvə'seiʃn] *n.* good at x ការសន្ទនា

an interesting x សន្ទនា

converse[1][kən'vɜːs] *iv.* សន្ទនា, និយាយគ្នា

converse[2][kən'vɜːs] *adj.* ផ្ទុយ, ច្រាស

-n. អ្វីៗដែលផ្ទុយ ឬ ប្រច្រាស

conversion[kən'vɜːʃn] *n.* x of sugar to alcohol បម្លាស់ជា

x of a sinner បរិវត្តន៍

x from one party to another ការប្ដូរ

convert [kən'vɜːt] *tv.* x sugar to alcohol ផ្លាស់ជា

x a sinner ញុំាងឱ្យផ្លាស់សាសនា

-iv. ផ្លាស់សាសនា លទ្ធិ ។ល។

-n. មនុស្សផ្លាស់សាសនា លទ្ធិ ។ល។

convertible[kən'vɜːtəbl] *adj.* x couch ដែលលាធ្វើជាគ្រែដេកបាន

x top ដែលអាចបត់ចុះបាន

-n. ឡានបើកដំបូល

convex['kɔnveks] *adj.* ប៉ោង

-n. សណ្ឋានប៉ោង

convey[kən'vei] *tv.* x coal ប្រើដឹកនាំនឹងខ្សែបន្ទុះយន្ត

x electricity នាំ

x a meaning បង្ហាញឱ្យឃើញ

Law x a title ផ្លាស់ឈ្មោះ, កាត់ឈ្មោះ

conveyance[kən'veiəns] *n.* x of messages ការនាំ

four-wheeled x គ្រឿងដឹកនាំ

Law ការផ្លាស់ឈ្មោះ, ការកាត់ឈ្មោះ

convict[kən'vikt] *tv.* កាត់ឱ្យជាប់ទោស

-n. ទណ្ឌិត

conviction[kən'vikʃn] *n.* x by a jury ការកាត់ឱ្យជាប់ទោស

moral x ជំនឿស៊ប់

convince[kən'vins] *tv.* ធ្វើឱ្យជឿ

convivial[kən'viviəl] *adj.* ដែលចូលចិត្តស៊ីផឹកសប្បាយ

convocation[ˌkɔnvə'keiʃn] *n.* ការហៅប្រជុំ, ការកោះប្រជុំ

convoke[kən'vəuk] *tv.* ហៅប្រជុំ

convoy['kɔnvɔi] *tv.* ជូន (ជាក្បួន) ដើម្បីការពារ

-n. ក្បួនជូន

Lit: អនុគមន៍

convulse[kən'vʌls] *tv.* ធ្វើឱ្យញ្ញាក់ឬគ្រលាក់

convulsion[kən'vʌlʃn] *n.* ការប្រកាច់

coo[kuː] *iv.* pigeons x ថ្ងូរ (ព្រាប)

doves x គ្រោល, បរ (លលក)

-n. សូរថ្ងូរឬគ្រោល

cook[kuk] *tv.* c. rice ដាំបាយ, ដណ្តាំបាយ

x food ចំអិន, ធ្វើ

x dinner រៀបចំ

Coll. c. up ប្រឌិត

-iv. ធ្វើបាយ, ដាំស្ល

-n. អ្នកធ្វើបាយ

Coll. ចុងភៅ, *Lit:* អាឡារិក

cookery['kukəri] *n.* សិល្បខាងធ្វើម្ហូប

cookie,cooky['kuki] *n.* នំម្យ៉ាងធ្វើពីម្សៅស្ករ, ប៊ឺរ ។ល។ ហើយដុតក្នុងឡ

cook-out[kuk aut] *n.* ការដាំស្លនឹងបរិភោគម្ហូបអាហារនៅក្រៅផ្ទះ

cool[kuːl] *adj.* x drink/day/dress ត្រជាក់

I feel a bit x. រងា

x approach មិនឆេវឆាវ

x reception ដែលមិនសូវអែបអរសាទរឬកក់ក្ដៅ

Sl. He's really x. សៀង

-tv. x coffee ធ្វើឱ្យត្រជាក់

x his enthusiasm ធ្វើឱ្យអន់

Sl. C. it! បានហើយ, ប៉ុណ្ណឹងហើយ!

-iv. put it out to c. ទុកឱ្យត្រជាក់

ardors x អន់ថយ

(soup will) c. down ត្រជាក់

Sl. c. down អន់ខឹង

-n. ភាពត្រជាក់ស្រួល

Sl. lose one's c. ច្រឡោត

cooler['ku:lər] ***n.*** food x ធុងឬប្រអប់ឬបន្ទប់ត្រជាក់សម្រាប់ដាក់ម្ហូបដើម្បីកុំឱ្យឆាប់ខូច

water c. ម៉ាស៊ីនធ្វើឱ្យទឹកត្រជាក់

Sl. គុក

coolie['ku:li] ***n.*** គូលី

coop[ku:p] ***n.*** chiken x ទ្រុង (មាន់)

Sl. fly the c. លួចរត់ចេញពីគុក

-tv. x chikens ដាក់ទ្រុង

cooped up ចង្អៀត (ដូចគេដាក់គុក)

cooper['ku:pər] ***n.*** ជាងធ្វើឬជួសជុលធុងឈើ

co-op['kəuɔp] ***n.*** *Coll.* សហករណ៍

cooperate[kəu'ɔpərei t] ***iv.*** រួមកម្លាំងគ្នាធ្វើអ្វីមួយ

Lit: ធ្វើសហប្រតិបត្តិការ

cooperation[kəu,ɔpə'rei ʃn] ***n.*** សហប្រតិបត្តិការ

cooperative [kəu'ɔpərəti v] ***adj.*** x effort រួមគ្នា

c. store សហករណ៍

-n. សហករណ៍

coordinate[,kəu 'ɔ:dənət] ***tv.*** x efforts សម្របសម្រួល

x colors ធ្វើឱ្យស៊ីគ្នា

-adj. x status ស្មើគ្នា

x offices ដែលមានឋានៈស្មើគ្នាតែទីទៃពីគ្នា

-n. អ្វីៗដែលមានឋានៈស្មើគ្នានឹងអ្វីមួយទៀត

coordination[,kəu ,ɔ:di 'nei ʃn] ***n.*** x of effort ការសម្រប

x of colors ការធ្វើឱ្យស្មើគ្នា (ពណ៌)

physical x ដំណើរមិនឆ្គង

cop[kɔp] ***n.*** *Coll.* ប៉ូលិស

tv. Sl. (pt.,pp. copped*)*

x a diamond លួច

x a crook ចាប់បាន

-iv. Sl. c. out យករួចតែខ្លួន

cope[kəup] ***n.*** លៃលកដោះស្រាយ

copilot['kəupai lət] ***n.*** អ្នកបើកយន្តហោះរង, តៃកុងរង

copious['kəupi əs] ***adj.*** បរិបូណ៌

copper['kɔpər] ***n.*** ស្ពាន់

copra['kɔprə] ***n.*** សាច់ដូងស្ងួត

copulate['kɔpjulei t] ***iv.*** *Humans:* រួមសង្វាស

Animals: ជាន់គ្នា, ខ្ទុតគ្នា

copy['kɔpi] ***tv.*** *(pt.,pp.*copied*)* x notes ចម្លង

x his actions ត្រាប់, ធ្វើត្រាប់

-n. x of a painting វត្ថុចម្លង

xerox x ច្បាប់ចម្លង

copyright['kɔpi rai t] ***n.*** សិទ្ធិអ្នកនិពន្ធ

-tv. រក្សាសិទ្ធិ (មិនឱ្យចម្លង)

coquette[kɔ'ket] ***n.*** ស្រីម្ញិកម្ញក់

coral['kɔrəl] ***n.*** ផ្កាថ្ម

cord[kɔ:d] ***n.*** cotton x ខ្សែ

electric c. ខ្សែភ្លើង

the x of cloth ឆ្នូតៗ (លើផ្ទៃសំពត់)

a x of wood រង្វាស់ឈើ (ប្រហែលកន្លះស្ទែរ)

-tv. x a bundle ចងនឹងខ្សែ

x wood គរជាស្ទែរ

cordial['kɔ:di əl] ***adj.*** រាក់ទាក់, ស្រស់ស្រាយ

Lit: សុក្រឹទ

cordiality['kɔ:di 'æləti] ***n.*** សុក្រឹទភាព

cordon['kɔ:dn] ***n.*** police x ជួរ (អ្វីផ្សេងៗ) ព័ទ្ធជុំវិញអ្វីមួយ

blue x ខ្សែស្បៀរយស

-tv. (pt.,pp. cordonned*)* c. off ឡោមព័ទ្ធជុំវិញ មិនឱ្យចេញឬចូល (ទីណាមួយ)

corduroy['kɔ:dərɔi] ***n.*** កម្ពីឆ្នូតៗម្យ៉ាង

core[kɔ:r] ***n.*** apple x បណ្តូល

x of a tree ខ្លឹម

x of a spindle ស្នូល

x of the problem ចំណុចសំខាន់

Coll. rotten to the c. ខូចរកលេខដាក់គ្មាន, អស់សំណុះហើយ

-tv. យកបណ្តូលចេញ

cork[kɔ:k] ***n.*** x tree ឰក្យា

bottle x ឆ្នុក

fishing x កំស្ទួល

-tv. ចុកឆ្នុក

corkscrew['kɔ:kstru:] ***n.*** ប្រដាប់ខួងយកឆ្នុកដប

cormorant['kɔ:mərənt] ***n.*** ក្អែកទឹក

corn[kɔ:n] ***n.*** ear of x ពោត

Brit. ធញ្ញជាតិ

a x of barley គ្រាប់

a x on the foot ផ្លែម្រាមជើង

Sl. អ្វីៗដែលសាមញ្ញ

-tv. x meat ប្រឡាក់នឹងទឹកអំបិល

x hogs ឱ្យពោតស៊ី

corncod[kɔ:nkɔd] ***n.*** បណ្តូលពោត

corncrib[kɔ:nkri b] ***n.*** ជង្រុកពោត

cornea[kɔ:ni ə] ***n.*** កញ្ចក់ភ្នែក

corner[kɔ:nər] ***n.*** x of a table ជ្រុង

Id. in a c. ពិបែលងរួច (អ. ប.)

Id. get a c. on យកផ្តាច់មុខ

Id. the four corners of the earth គ្រប់ទិសទីក្នុងពិភពលោក

-tv. x an opponet ធ្វើមិនឱ្យរើសរួច (អ. ប.) ផ្ទាល់

x an animal ផ្អប់ជាប់

x the market យកផ្តាច់មុខ

cornerstone['kɔ:nəstəun] ***n.*** ceremonial x បឋមសិលា

x of a philosophy មូលដ្ឋាន

cornet['kɔ:ni t] ***n.*** play a x ត្រែម្យ៉ាងស្រដៀងត្រុំប៉ែត

a x of popcorn ក្រដាសមូរជារាងសាជី

cornice['kɔ:ni s] ***n.*** ក្បាំងក្បាលជញ្ជាំង

cornstarch['kɔ:nstɑ:tʃ] ***n.*** ម្សៅមី

corny['kɔ:ni] ***adj.*** *Sl.* សាមញ្ញ, យ៉ាប់

corolla[kə'rɔlə] ***n.*** កន្សោមផ្កា

corollary[kə'rɔləri] ***n.*** អនុសាឲ្យ

carona[kə'rəunə] ***n.*** ពាំងឆ័ត្រ (ព្រះអាទិត្យឬព្រះចន្ទ)

coronary['kɔrənri] ***adj.*** x light ដូចមកុដ

x attack នៃបេះដូង

-n. Coll. ជម្ងឺបេះដូងម្យ៉ាង

coronation[,kɔrə'nei ʃn] ***n.*** oppose his x ការដាក់ឱ្យសោយរាជ្យ

attend his x ពិធីអភិសេក

coroner['kɔrənər] ***n.*** អ្នកធ្វើសពវិភាគ, អ្នកពិនិត្យនូវហេតុបណ្តាលឱ្យអ្នកណាម្នាក់ស្លាប់

corporal[1] ['kɔ:pərəl] ***adj.*** c. pleasures កាមរោគ

x punishment ចំពោះរាងកាយ

corporal[2]['kɔ:pərəl] ***n.*** នាយទោ *Fr:* កាប៉ូរ៉ាល់

corporation[,kɔ:pə'rei ʃn] ***n.*** សាជីវកម្ម

corps[kɔ:r] ***n.*** *Mil.* a x of troops កងអង្គទ័ព

Marine C. កងម៉ារីន

diplomatic c. អង្គទូត

corpse[kɔ:ps] *n.* សព

corpulent['kɔ:pjulənt] *adj.* ធាត់

corpus['kɔ:pəs] *n.* x of data កម្រង

Latin អង្គ

corpuscle['kɔ:pʌsl] *n.* ទេហាណូ

corral[kə'rɑ:l] *n.* ក្រោល

-tv. x cattle បញ្ចូលក្រោល

correct[kə'rekt] *tv.* x an exam paper កែ

x a child ប្រដៅ

x a false statement កែតម្រូវ

-adj. x answer ត្រូវ

x behavior សមរម្យ, ត្រឹមត្រូវ

x speech ត្រឹមត្រូវ

correction[kə'rekʃn] *n.* ការកែ

correlate['kɔrəlei t] *tv.* បង្ហាញការជាប់ទាក់ទងគ្នា

-iv. ទាក់ទងគ្នា

-adj. ដែលទាក់ទងគ្នា

-n. អ្វីៗដែលទាក់ទងនឹងអ្វីមួយទៀត

correlation[,kɔrə'lei ʃn] *n.* ការជាប់ទាក់ទងគ្នា

Lit: សហសម្ព័ន្ធ

correspond[,kɔrə'spɔnd] *iv.* stories don't x ស៊ីគ្នា

x with a friend ទាក់ទងតាមសំបុត្រ

correspondence[,kɔrə'spɔndəns] *n.* carry on x ការសរសេរទាក់ទងគ្នា, ការឆ្លើយឆ្លង

x between events ភាពត្រូវគ្នា

correspondent[,kɔri 'spɔndənt] *n.* a x of mine អ្នកទាក់ទងតាមសំបុត្រ

news x អ្នកសរសេរអត្ថបទឱ្យសារពត៌មានពីទីឆ្ងាយ

-adj. តថានុរូប

corridor['kɔri dɔ:r] *n.* របៀង, ថែវ

corroborate[kə'rɔbərei t] *tv.* បញ្ជាក់ (ឱ្យឃើញថាមែន)

corrode [kə'rəud] *tv.* (salt) corrodes (metal) ស៊ី, កាត់ (អាស៊ីដ អំបិល ។ល។)

(jealousy) corrodes (love) ធ្វើឱ្យវិនាស

-iv. metals x ច្រេះ

corrosion[kə'rəuʒn] *n.* ការកាត់, ការស៊ី (ច្រេះអាស៊ីដ ។ល។)

corrosive[kə'rəusi v] *adj.* ដែលស៊ី, ដែលកាត់

-n. អ្វីៗដែលស៊ីឬកាត់

corrugate['kɔrəgei t] *tv.* ធ្វើឱ្យជ្រួញឬអង្កាញ់

-iv. ជ្រួញ, ឡើងអង្កាញ់

corrugated *adj.* x paper ជ្រួញៗ

c. iron ស័ង្កសីជ្រួញៗសម្រាប់ប្រក់ផ្ទះ

corrupt[kə'rʌpt] *adj.* x politician ពុករលួយ

x version ដែលកែប្រែ

-tv. ធ្វើឱ្យខូច

-iv. ទៅជាពុករលួយ

corruption[kə'rʌpʃn]*n.* political x អំពើពុករលួយ

the x of a child ការនាំឱ្យខូច

corsage[kɔ:'sɑ:ʒ] *n.* ផ្កាដែលស្រីៗពាក់លំអនៅទ្រូង

corset['kɔ:si t] *n.* គ្រឿងពាក់រឹតចង្កេះ

cosmetic[kɔz'mi ti k] *n.* ថ្នាំសម្រាប់លាបសំអិតសំអាងខ្លួនមានម្សៅ ប្រេងជាដើម

-adj. ដែលសម្រាប់លាបសំអិតសំអាងខ្លួន មានម្សៅប្រេងជាដើម

cosmic['kɔzmi k] *adj.* នៃលោកធាតុ

c. rays កាំរស្មីលោកធាតុ

cosmography *n.* លោកធាតុសាស្ត្រ

cosmology *n.* លោកធាតុវិទ្យា

cosmopolitan[,kɔzmə'pɔli tən] *adj.* x ideas សាកល

x city ដែលមានមនុស្សមកពីគ្រប់តំបន់ក្នុងពិភពលោក

-n. មនុស្សសាកល

cosmos[kɔzmɔs] *n.* លោកធាតុ

cost[kɔst] *n.* x of a new car តម្លៃ

c. of living បរិយាទាននៃជីវភាព

at one's own c. ដោយចេញតម្លៃខ្លួនឯង

at the x of his health ការខូចខាត

at all costs ទោះជាយ៉ាងណាក៏ដោយ

-tv. What does it c.? ថ្លៃប៉ុន្មាន ?

c. him his life ធ្វើឱ្យបង់ជីវិតគាត់

costly['kɔstli] ***adj.*** x jewelry ថ្លៃ

x mistake ធ្ងន់

costume['kɔstju:m] ***n.*** សំលៀកបំពាក់

cosy['kəuzi] *(see* cozy*)*

cot[kɔt] ***n.*** ជៅអ៊ី, កូនគ្រែ

cottage['kɔtidʒ] ***n.*** ផ្ទះតូច, ពនាស្រម

cotter['kɔtər] ***n.*** កន្លាស់ខ្ទាស់

cotton['kɔtn] ***n.*** plant x កប្បាស

c. cloth សំពត់អំបោះ

Lit: កប្បាសម៉យ

c. thread អំបោះ

c. wool សំឡី

couch[kautʃ] ***n.*** living room x សូហ្វា

psychiatrist's x គ្រែទម្រេត

-tv. សម្ដែងរៀបពាក្យឱ្យមានន័យយ៉ាងណាមួយ

cougar['ku:gər] ***n.*** ខ្លាម្យ៉ាង (ស្រដៀងនឹងខ្លារខិន)

cough[kɔf] ***iv.*** ក្អក

-tv. c. up blood ក្អកធ្លាក់ឈាម

Sl. c. up (the money) ចេញ, បញ្ចេញ

-n. hear a x សូរក្អក

heve a bad x រោគក្អក

could[kud] *(pt., cond. of* can*)*

-pt. aux. He c. eat yesterday. ម្សិលមិញគាត់ញុំាបាន

cond. aux. You x go. អាច

What c. it be? នោះស្អី ? ស្អីទៅ ?

counter

couldn't['kudnt] *(contr. of* could not*)*

council['kaunsil] ***n.*** ក្រុមប្រឹក្សា

counsel['kaunsl] ***n.*** seek x យោបល់

Law x for the defense ស្នាក្ដី

-tv. x students ឱ្យឱវាទ

c. caution ប្រាប់ឱ្យប្រយ័ត្ន

counselor['kaunsələr] ***n.*** student x អ្នកឱ្យឱវាទ

Law មេធាវី

count[1][kaunt] ***tv.*** x heads រាប់

x the cost ប្រមាណ, ប៉ាន់

x it an honor ទុកជា

if you x him រាប់បញ្ចូល

c. on ទីពឹងលើ

c. out (three coins) រាប់ (យកចេញ)

c. me out កុំបញ្ចូលខ្ញុំ, កុំរាប់ខ្ញុំ

c. up បូកបញ្ចូលគ្នា

-iv. He can x. រាប់

That doesn't c. អាហ្នឹងគេឥតគិតទេ

-n. final x ចំនួន

lose c. ច្រឡំ (រាប់)

on what x? ការចោទប្រកាន់ (មួយអន្លើ)

count[2][kaunt] ***n.*** *Fr:* កុង

countenance['kauntənəns] ***n.*** ទឹកមុខ

-tv. អនុញ្ញាត

counter[1]['kauntər] ***n.*** sit at the x តុគិតលុយ

set the x at zero កុងទ័រ

counter[2][kauntər] ***adj.*** run x to the rules ខុស

-adj. x direction ច្រាស, ប្រច្រាស

-tv. តប, តបត

-n. ការធ្វើតប

counter[kauntər] *-pref.* បុព្វបទមានន័យថា:

តបវិញ, ប្រឆាំង, ប្រច្រាស, តទល់

attack វាយ > counterattack វាយតប

counterclokwise[,kauntə 'klɔwai z] *adj.*
ប្រច្រាសទ្រនិចនាឡិកាដើរ
counterfeit['kauntəfi t] *adj.* ក្លែងក្លាយ
-*n.* របស់ក្លែងក្លាយ
-*tv.* ធ្វើក្លែង
countermand[,kauntə'mɑ:nd] *tv.* បដិសេធ
បង្គាប់មុនចោល, ចេញប្រតិអាណត្តិ
counterpane['kauntəpei n] *n.* ភួយម្យ៉ាង
សម្រាប់គ្របពូក
counterpart ['kauntəpɑ:t] *n.* diplomatic x
អ្វីៗឬអ្នកមានឋានៈស្មើគ្នានៅខាងម្ខាងទៀត
logical x អ្វីៗដែលផ្ទុយ
counterrevolution[,kauntə,rəvə'lu:ʃn] *n.*
ប្រតិបដិវត្តន៍
countersign['kauntəsai n] *tv.* ចុះហត្ថលេខាអម
-*n. Mil.* ពាក្យមត់គ្នា, ពាក្យសម្ងាត់
countersink['kauntəsi ŋk] *tv.* ខួងរាលមាត់រន្ធ
countess['kauntəs] *n.* ភរិយារបស់កុង
countless['kauntləs] *adj.* ច្រើនរាប់ពុំអស់
country['kʌntri] *n.* independent x ស្រុក
Form: ប្រទេស
Coll. នគរ
vacation in the x ស្រុកស្រែ
Lit: ជនបទ
countryman['kʌntri mən] *n.* ជនរួមជាតិ
county['kaunti] *n.* ស្រុក (ស.រ.អ. : ផ្នែក
នៃរដ្ឋ)
c. seat ក្រុងដែលមានសាលាស្រុក
coup[ku:] *n.* political x រដ្ឋប្រហារ
literary x ការធ្វើអ្វីមួយប្រកបដោយជោគជ័យ
coup d'état[,ku:dei 'tɑ:] *n.* រដ្ឋប្រហារ
coupé, coupe['ku:pei] *n.* រថយន្តទ្វារពីរដំបូលជិត
couple['kʌpl] *n.* newlywed x គូស្វាមីភរិយា
(ស្រីនិងប្រុស)
Coll. a c. of ពីរ, ពីរបី
-*tv.* x train cars ភ្ជាប់គ្នា, បន្តគ្នា
x young people ផ្គូគ្នា
-*iv.* c. off បែកគ្នាមួយគូៗ
animals x រួមសង្វាស, ពាក់គ្នា
couplet['kʌplət] *n.* ឃ្លាពីរជាប់គ្នា ហើយមានចុង
ចួនដូចគ្នា
coupling['kʌpli ŋ] *n.* គ្រឿងត
coupon['ku:pɔn] *n.* ខណ្ឌប័ណ្ណ
courage['kʌri ʤ] *n.* សេចក្ដីក្លាហាន
courageous[kə'rei ʤəs] *adj.* ក្លាហាន
course[kɔ:s] *n.* x of a ship ទិសដែលតម្រង់ទៅ
x of a river ផង
history x មុខវិជ្ជាមួយៗ
in the c. of នៅពេលដែល, ពេលដែល
What c. of action will you take?
លោកគិតធ្វើម៉េច?, លោកគិតទៅផ្លូវណា ?
four x meal មុខ (ម្ហូប)
as a matter of c. ជាការធម្មតា
of. c. ហ្នឹងហើយ, មានអី
-*iv.* រត់, ហូរ (ដូចជាឈាមរត់ក្នុងខ្លួន)
-*tv.* x the oceans ឆ្លងកាត់
x deer ដេញ (បរបាញ់)
court[kɔ:t] *n.* supreme x តុលាការ
king's x ព្រះរាជវាំង ហើយនិងក្រុមព្រះរាជបរិពា
ជាន់ខ្ពស់
pay c. to ថែចង់
marble x ទីធ្លា
tennis c. ទីលេងតែននីស
-*tv.* ថែចង់
courteous['kɜ:ti əs] *adj.* គួរសម
Lit: ចៅរី
courtesy['kɜ:təsi] *n.* x of his reply ភាពគួរសម
Lit: ចៅរីភាព
as a x សេចក្ដីគួរសម

courthouse['kɔ:thaus] *n.* provincial x សាលាកាត់ក្តី

national x យុត្តិវិមាន

courtly['kɔ:tli] *adj.* ថ្លៃថ្នូរ, រាបសារ

court-martial[,kɔ:t 'mɑ:ʃl] *n.* ក្រុមជំនុំសឹក, សាលាជំនុំសឹក, តុលាការសឹក

-tv. កាត់ទោសដោយក្រុមជំនុំសឹក

courtship['kɔ:t-ʃi p] *n.* ការចែចង់ (ស្ត្រី)

courtyard['kɔ:tjɑ:d] *n.* ទីធ្លា (ដែលមានរបងឬអាគារព័ទ្ធជុំវិញ)

cousin['kʌzn] *n.* first c. បងប្អូនជីដូនមួយ

second c. បងប្អូនជីទួតមួយ

third c. បងប្អូនជីលួតមួយ

cove[kəuv] *n.* ឆក (ទីដែលទឹកលយចូលទៅក្នុងដី)

covenant['kʌvənənt] *n* កិច្ចព្រមព្រៀង

-iv. ព្រមព្រៀង

cover['kʌvər] *tv.* x a pot គ្រប

x a bed ក្រាល (ពីលើ)

x one' s eyes បិទ, បាំង

weeds x the ground មានពាសពេញ, គ្របដណ្តប់

x the meat with water ដាក់ទាល់តែលិចអស់

x expenses មានល្មមនឹងចំណាយចំពោះអ្វីមួយ

x a crime បំបិទបំបាំង

x a couch ដាក់ស្រោមថ្មី

x a story ធ្វើសេចក្តីរាយការណ៍

-n. x of a pot គ្រប, គម្រប

bed x កម្រាល

ground x រុក្ខជាតិគម្រប (ដាំកុំឱ្យដីនៅទទេ)

book x គ្រប

legitimate x អំពើឬគ្រឿងបំបិទបំបាំង (អំពើអាក្រក់អ្វីមួយ)

take c. រកកន្លែងជ្រកការពារខ្លួន

under c. សម្ងាត់

coverage['kʌvəri dʒ] *n.* ទំហំ

coveralls['kʌvərɔ:lz] *n.* ប្រដាប់សម្រាប់ពាក់លើខោអាវ (កុំឱ្យប្រឡាក់នៅពេលធ្វើការ)

covering['kʌvəri ŋ] *n.* អ្វីៗសម្រាប់គ្រប

covert['kʌvət] *adj.* លាក់កំបាំង, សម្ងាត់

covet['kʌvət] *tv.* ចង់បាន (អ្វីៗដែលជារបស់អ្នកដទៃ)

covetous['kʌvi təs] *adj.* ដែលច្រណែនលោភចង់បានទ្រព្យគេ

covetousness['kʌvətəsnəs] *n.* អភិជ្ឈា, ការចង់បានទ្រព្យគេ

cow[1][kau] *n. (pl.* cows/cattle*)* គោ

c. elephant ដំរីញី

cow[2][kau] *tv.* បំភ័យ, ធ្វើឱ្យស្លុត

coward['kauəd] *n.* មនុស្សកំសាក

cowardice['kauədi s] *n.* សេចក្តីកំសាក

cowardly['kauədli] *adj.* កំសាក, កម្សាច

cowboy['kaubɔi] *iv.* ខោវប៊យ

cower['kauər] *iv.* ធ្វើក្រញ៉ោនៗ

cowl[kaul] *n.* monk' s x គម្របក្បាល

chimney x គ្រប

auto c. របាំងចន្លោះម៉ាស៊ីននិងអ្នកជិះ

cowlick[kauli k] *n.* សក់គោលិត

cowling[kauli ŋ] *n.* គម្របម៉ាស៊ីនយន្តហោះ

coxswain['kaksn] *n.* អ្នកកាច់ចង្កូតទូក

coy[kɔi] *adj.* ដែលធ្វើជាអៀន

coyote[kɔi 'əut] *n.* ឆ្កែចចកម្យ៉ាងនៅអាមេរិកខាងជើង

cozy['kəuzi] *adj.* x room ស្រួល, កក់ក្តៅ

x chat ស្និទ្ធស្នាល

-n. ស្រោមប៉ាន់តែ

crab[kræb] *n.* ocean x ក្តាម

Coll. He' s a x. មនុស្សរញ៉េរញ៉ៃ

-iv. (pt.,pp. crabbed*)* នេសាទក្តាម

Coll. រអ៊ូរទាំ

crack[kræk] *iv.* whips x លាន់ខ្ទាំ

glasses x ប្រេះ, បែក

limbs x លាន់ប្រឹបៗ

voices x ភ្លាត់ (សម្លេង)

c. down ចាត់វិធានការបំបាត់

Sl. c. up (from mental stress) ទៅដូចជាចង់ឆ្កួត, ឡប់ៗ

Sl. c. up with laughter អស់សំណើច

Sl. (cars) c. up មានគ្រោះថ្នាក់

-tv. x whip ធ្វើឱ្យលាន់ខ្ទាប់

x a glass ធ្វើឱ្យប្រេះ

x a nut បំបែក

Sl. x a safe គាស់, បើកដោយបង្ខំ

Sl. c. a joke និយាយរឿងកំប្លែងខ្លីៗ

Sl. c. up (a car) ធ្វើបុកខ្ទេចខ្ទី

-n. x of whip សូរខ្ទាប់

x in a glass ស្នាមប្រេះ

open the door a c. ចំហទ្វារបន្តិច

Sl. make a x ពាក្យនឹងដងឬចំអក

-adj. Coll. ជើងឯក

cracker['krækər] ***n.*** soda x ប៊ីសស្គី

fire c. ផាវ

crackle['krækl] *iv.* លាន់ប្រឹបៗ

-n. សូរប្រឹបៗ

crackpot['krækpɔt] ***n.*** មនុស្សឡប់ៗ

crackup['krækʌp] ***n.*** traffic x គ្រោះថ្នាក់ឡាន

mental x. វិបត្តិទាំងកម្លាំងកាយទាំងកម្លាំងចិត្ត

cradle['krei dl] ***n.*** child's x អង្រឹង

x of civilization ទីដែលអ្វីមួយចាប់កំណើតឡើង

-tv. x a child in one's arms បី

craft[kraft] ***n.*** x of carpentry អាជីវៈ, របររកស៊ី

work with great x ការប៉ិនប្រសប់

with by x ឧបាយកល

landing x នាវាឬកប៉ាល់ហោះ

-tv. ធ្វើអ្វីមួយប៉ិនប្រសប់

craftsman['kra:ftsmən] ***n.*** សិប្បករ

craftsmanship['kra:ftsmənʃi p] ***n.*** ហត្ថកោសល្យ

crafty[kra:fti] *adj.* ដែលមានកលោបាយ, ឆ្លាត

crag[kræg] ***n.*** ផ្ទាំងថ្មខ្ពស់ចោតហើយគ្រហេងគ្រហូង

cram[kræm] *tv.* *(pt.,pp.* crammed) ញាត់

-iv. Sl. x for an exam ខំរៀនយ៉ាងវក់វី

cramp[kræmp] ***n.*** muscle c. រមួលក្រពើ, ក្តាមកាច់ជើង

stomach c. ដំណើរឈឺក្នុងពោះ

-tv. small offices x me ធ្វើឱ្យចង្អៀតចង្អល់

Id. c. one's style ធ្វើឱ្យទើសទាល់ក្នុងចិត្ត

crane[krei n] ***n.*** *Zool.* ក្រៀល (សត្វស្លាប)

construction x ប្រដាប់ស្ទូច

-tv. x a load ស្ទូច

x one's neck អើត

cranial['krei ni əl] ***adj.*** នៃលលាដ៍ក្បាល

cranium['krei ni əm] ***n.*** លលាដ៍ក្បាល

crank[kræŋk] ***n.*** auto x ដែកវ៉ៃ, ដៃកវ៉ៃ

Coll. He's a x. មនុស្សឡប់ៗ

-tv. x an engine វ៉ៃ (ម៉ាស៊ីន)

Coll. c. out (publications) ធ្វើឱ្យតែបានច្រើនទៅ ឬឱ្យតែរួចពីដៃ

-adj. Coll. ខុសគេ, ឡប់ៗ

crankcase['kræŋkei s] ***n.*** គម្របគ្រឿងយន្ត

crankshaft['kræŋkʃa:ft] ***n.*** វីឡប្រឺកាំង

cranky[kræŋki] ***n.*** *coll.* រញ៉េរញ៉ៃ

crap[kræp] ***n.*** *Sl.* (shoot) craps ភ្នាល់គ្រាប់ឡុកឡាក់

Vulg. That's a lot of x. អ្វីៗដែលអត់បានការ

crash[kræʃ] *tv.* x a glass to the floor ធ្វើឱ្យបែកខ្ចាយ
x an airplane បើកបុក (យន្តហោះ)
Coll. x a party ទៅដោយឥតមានគេហៅ
c. into (a wall) បុក
-iv. planes x ធ្លាក់
come crashing down ធ្លាក់គ្រុប
-n. loud x សូរគ្រាំង
plane x ការធ្លាក់ (យន្តហោះ)

crass[kræs] *adj.* កម្រោល, ថោកទាប

crate[krei t] *n.* ឡាំង
-tv. ដាក់ឡាំង

crater['krei tər] *n.* មាត់ភ្នំភ្លើង

crave[krei v] *tv.* x sweets ចង់ខ្លាំង
x forgiveness ទទូចអង្វរ

craving['krei vi ŋ] *n.* ចំណង់ខ្លាំង

craw['krɔ:] *n.* តែ

crawfish['krei fi] *(see* crayfish*)*

crawl['krɔ:l] *iv.* snakes x លូន
babies x វារ
crawling with lice មានចៃពាសពេញ
-n. x of a snake ដំណើរលូន
x of a baby ដំណើរវារ
work slowed to a x ភាពយឺតយ៉ាវ

crayfish['krei fi ʃ] *n.* បង្កងឬកំពឹស (ទឹកសាប)

crayon['krei ən] *n.* ដីសពណ៌ម្យ៉ាង
-tv. សរសេរឬគូរនឹងដីពណ៌ម្យ៉ាង

craze[krei z] *tv.* ធ្វើឱ្យឆ្កួត
-n. violent x អំពើឆ្កួត
popular x អ្វីៗដែលគេនិយមច្រើន

crazy['krei zi] *adj.* x person ឆ្កួត
x with fear ដែលទៅដូចជាគេឆ្កួត
x idea ហួសហេតុ

creak[kri:k] *iv.* បញ្ចេញសូរក្រេតក្រតៗ
-n. សូរក្រេតក្រតៗ ប្រឹបៗ

cream[kri:m] *n.* pure x ក្រែម, ខ្លាញ់ទឹកដោះ
the color x (ពណ៌) សពងមាន់ (សហើយលឿងបន្តិច)
Id. c. of the crop ជំរើស, ខ្ទឹម, ខ្ទិះ (អ.ប.)
-tv. x milk យកផ្នែកមានក្រែមចេញ
x vegetables ចំអិនជាមួយនឹងទឹកដោះលាយនឹងម្សៅខាប់ៗ
c. off the best រើសយកតែខ្ទឹមៗ
-iv. ឡើងពពុះ

creamer[kri:mər] *n.* ប្រដាប់ដាក់ក្រែម (សម្រាប់ចាក់ក្នុងកាហ្វេ)

creamery['kri:məri] *n.* កន្លែងធ្វើឬលក់ក្រែម ទឹកដោះគោ ។ល។

crease[kri:s] *n.* x in pants ផ្នត់
x in the scalp ចង្អូរ
-tv. x pants ធ្វើឱ្យមានផ្នត់
x one' s scalp ធ្វើឱ្យមានអង្កូរ

create[kri:'ei t] *tv.* បង្កើត

creation[kri:'ei ʃn] *n.* x of the world ការបង្កើត
Lit: មាបនកម្ម
an original x មាបនវត្ថុ

creative[kri:'ei ti v] *adj.* ប្រកបដោយប្រឌិតញាណ

creativity[,kri:ei 'ti vəti] *n.* ប្រឌិតញាណ

creator[kri:'ei tər] *n.* អ្នកបង្កើត, អ្នកប្រឌិត
Lit: មាកកជន
Cap. ព្រះអាទិទេព

creature['kri:ʧər] *n.* សត្វ

credence['kri:dns] *n.* ការជឿ

credential[krə'denʃlz] *n. (usu. pl.)* diplomat's x សារតាំង

policeman's x បណ្ណសំគាល់ខ្លួន
credible['kredəbl] *adj.* គួរឱ្យជឿ
credit['kredi t] *n.* a x to his family កិត្តិយស
He has three books to his c. គាត់សរសេរបាន សៀវភៅបីហើយ
buy on c. ទិញជឿ
a x of $5 ប្រាក់បង់លើសដែលត្រូវបានមកវិញ
-tv. x his success to hard work ឱ្យខមូន់ទៅលើ
x $5 to his account ដាក់ចូល
x him for trying សរសើរ
creditable['kredi təbl] *adj.* គួរឱ្យសរសើរ
creditor['kredi tə] *n.* អ្នកដែលឱ្យខ្ចីប្រាក់
Lit: ឥណទាយក
credulity[kri 'dju:ləti] *n.* ភាពងាយជឿ
Lit: សទ្ធាលុភាព
credulous['kredjuləs] *adj.* ឆាប់ជឿ
creed[kri:d] *n.* គោលជំនឿ
creek[kri:k] *n.* ព្រែកតូចៗ
creel[kri:l] *n.* ជាល, កញ្ជោ (សម្រាប់ដាក់ត្រី)
creep[kri:p] *iv.* (*pt., pp.* crept)
cats x លួនលបៗ (ដូចឆ្មាលបចាប់ចាប)
vines x វារ
cars x ទៅមុខយឺតៗ
c. up on លួនលបទៅរកអ្វីមួយ
make the skin c. ធ្វើឱ្យឡើងសម្បុរតឹងតក់
-n. slow to a x ភាពយឺតយ៉ក
creeper['kri:pər] *n.* វល្លិជាតិ
cremate[krə'mei t] *tv.* ដុតបូជាសព
Lit: ធ្វើឈាបនកិច្ច
cremation[krə'mei ʃn] *n.* ការដុតខ្មោច
Lit: ការបូជាសព, ឈាបនកិច្ច
crematorium [,kremə'tɔ:ri əm] *n.* ឈាបនដ្ឋាន
Coll: បាឆា
creole['kri:əul] *n.* ភាពសារក្រេអូល
creosote['kri əsəut] *n.* ថ្នាំម្យ៉ាងសម្រាប់លាបឈើកុំឱ្យពុក
-tv. លាបថ្នាំកុំឱ្យពុក
crept[krept] (*pt.,pp. of* creep)
crescendo[krə'ʃendəu] *n.* ការបង្កើនជាលំដាប់នៃសម្លេង
crescent['kresnt] *n.* អ្វីៗមានរាងដូចចំណិតលោកខែ
-adj. x shape ដែលមានរាងដូចចំណិតលោកខែ
x moon ដែលចេះតែធំឡើង
crest[krest] *n.* x of a bird កញ្ចាស្លាប (លើក្បាល)
x of a cock សិរ
x of a shield វរលក្ខាករ
x of a hill កំពូល
-tv. x the head ដាក់សំណុំស្លាបដូចកំបោយចំពីលើ
x a hill ទៅដល់កំពូល
-iv. waves x បែកជាពពុះឡើង
crestfallen['krəstfɔ:lən] *adj.* ដែលអស់កម្លាំងចិត្ត
crevice['krevi s] *n.* ក្រហែង, ស្នាមប្រេះ
crew[kru:] *n.* ship's x អ្នកធ្វើការ (ក្នុងនាវា ។ល។)
Lit: យានិក
work x ក្រុម (ពិសេសធ្វើការអ្វីមួយ)
-tv. ធ្វើជាយានិក (នៅក្នុងនាវា។ល។)
crib[kri b] *n.* child's x គ្រែ (សម្រាប់កូនង៉ែត), កូនគ្រែ
corn x ជង្រុក (សម្រាប់ដាក់ពោត)
Sl. student 's x ក្រដាសសម្រាប់លួចចម្លង
-tv. x a child ដាក់ឱ្យដេកក្នុងកូនគ្រែ
x corn ដាក់ជង្រុក
Sl. x food លួច
-iv. Sl. x on an exam លួចចម្លង(ពេលប្រឡង)
crick[kri k] *n.* a x in the neck គប់ច្បាក់

-*tv.* x the neck ធ្វើឱ្យកប់ច្បាក់

cricket['kri ki t] ***n.*** ចង្រិត

crier['krai ər] ***n.*** baby is a x អ្នកយំច្រើន

town x អ្នកស្រែកប្រកាសជាសាធារណៈ

vegetable x អ្នកពពាយនាយ

crime[krai m] ***n.*** បទឧក្រិដ្ឋ

criminal[kri mi nal] ***adj.*** x law ខាងបទឧក្រិដ្ឋ

x act ឧក្រិដ្ឋ

-*n.* ឧក្រិដ្ឋជន

criminology[,kri mi 'nɔlədʒi] ***n.*** ឧក្រិដ្ឋវិទ្យា

crimp[kri mp] ***tv.*** x paper ធ្វើឱ្យអង្កាញ់ជ្រួញចូលគ្នា

x hair អ៊ុត

x meat ឆ្វត

-*n.* hair c. សក់រួញ

a x in sheet metal ស្នាមជុច

Id. put a c. in បង្អាក់

crimson['kri mzn] ***n.*** ពណ៌ក្រហមជាំ

-*adj.* ក្រហមជាំ

-*tv.* ធ្វើឱ្យក្រហមជាំ

-*iv.* ឡើងក្រហមជាំ

cringe[kri ndʒ] ***iv.*** រួញខ្លួន (ដោយភ័យ)

-*n.* ការរួញខ្លួន (ដោយភ័យ)

crinkle['kri ŋkl] ***tv.*** ធ្វើឱ្យខ្ទុកខ្ទី

-*iv.* (ឡើង) ខ្ទុកខ្ទី

-*n.* ស្នាមខ្ទុកខ្ទី

cripple['kri pl] ***n.*** មនុស្សពិការ

-*tv.* x a person ធ្វើឱ្យពិការ

x a project ធ្វើឱ្យគាំង (អ.ប.)

crisis['krai si s] ***n.*** political x វិបត្តិ

x of a play កន្លែងធ្វើឱ្យចាប់អារម្មណ៍ក្រៃលែង

x of a disease ពេលដែលកញ្ជ្រោលមែនទែន

crisp[kri sp] ***adj.*** x toast ស្រួយស្រោក

x manner ម៉ាត់ៗ

x air ដែលត្រជាក់ហើយស្រឡះ (អាកាស)

-*tv.* ធ្វើឱ្យស្រួយស្រោក

criss-cross['kri skrɔs] ***tv.*** ប្រទាក់គ្នាខ្វាត់ខ្វែង, កាត់ខ្វាត់ខ្វែង

-*adj.* ដែលប្រទាក់គ្នាខ្វាត់ខ្វែង, ដែលកាត់ខ្វាត់ខ្វែង

-*n.* ស្នាមប្រទាក់គ្នាខ្វាត់ខ្វែង

criterion [krai 'ti əri ən] ***n.*** (*pl.* criteria) លក្ខណវិនិច្ឆ័យ

critic['kri ti k] ***n.*** literary អ្នកធ្វើវិវេចនា

a x of the plan អ្នករិះគន់, អ្នករកកំហុស, អ្នកទិតៀន

critical['kri ti kl] ***adj.*** x person ដែលរកតែកំហុស, ដែលចូលចិត្តទិតៀន

x moment សំខាន់, តែស្រួលឬពុំស្រួលអាចនាំឱ្យគ្រោះថ្នាក់

x analysis យ៉ាងពិតផល់

x shortage ខ្លាំង, មែនទែន

criticism['kri ti si zəm] ***n.*** unfounded x ការទិតៀន, ការរិះគន់

literary x វិវេចនា

criticize['kri ti sai z] ***tv.*** x his action រិះគន់, ទិតៀន

x a book ធ្វើវិវេចនា

critique[kri 'ti k] ***n.*** វិវេចនា

croak[krəuk] ***iv.*** frogs x យំ (កង្កែប)

Sl. ស្លាប់

-*tv.* និយាយគ្រលរៗ ស្អូៗ

-*n.* សម្លេងកង្កែបយំ

crochet['krəuʃei] ***tv.*** ចាក់ (អាវយឺតជាដើម)

-*n.* អ្វីៗដែលធ្វើឡើងដោយចាក់

crock[krɔk] ***n.*** ភាជនភ័ណ្ឌធ្វើពីដី

crockery['krɔkəri] ***n.*** ភ័ណ្ឌធ្វើពីដី (ទូទៅ)

crocodile['krɔkədail] ***n.*** ក្រពើ

crony['krəuni] ***n.*** ពួកម៉ាកជិតស្និទ្ធ (ប្រុសៗ)

crook[kruk] ***n.*** a x in the road ទីកូក់

shepherd' s x ឈើច្រត់មានក្បាលកូក់

Coll. He' s a x. មនុស្សទុច្ចរិត

-tv. បត់

-iv. បត់ , កុង, កោង

crooked['keukid] ***adj.*** x road ក្ងិកក្ងក់ បត់ចុះបត់ឡើង

x stick មិនត្រង់, កុង, កោង , ក្ងិកក្ងក់

Coll. x scheme មិនសុចរិត, ទុច្ចរិត

croon[kru:n] ***tv.,iv*** ច្រៀងតិចៗ, រហ៊ឹមៗ

-n. សូរ (ច្រៀង) រហ៊ឹមៗ

crop[krɔp] ***n.*** farm x ដំណាំ

get a good x កសិផល

riding x រំពាត់

hair c. សក់ផ្កាថ្ងូវ

Coll. That's the c. មានតែប៉ុណ្ណឹង

bird' s x តែ

-tv. (pt. , pp. cropped*)*

x a field ដាំ (ក្នុង)

x a plant កាត់ចុងចោល

x hair កាត់ឱ្យឈរព្រោង, កាត់ផ្កាថ្ងូវ

-iv. c. out លយចេញ

c. up មានឡើង, កើតមានឡើង

cross[krɔs] ***n.*** make a x ឈើឆ្កាង

Fig. bear a x អ្វីៗដ៏អភ័ព្វដែលកើតមានដល់

breed is a x អ្វីៗដែលកាត់

Sl. ការក្បត់

-tv. x the street ឆ្លង

x two sticks ដាក់ខ្វែងគ្នា

x two breeds បង្កាត់ (សត្វ)

Sl. x someone ជំទាស់, ប្រឆាំង, ក្បត់

c. out ឆូតចោល, គូសចោល

-iv. ឆ្លងគ្នា, កាត់គ្នា

-adj. x street ដែលកាត់

x mood កំពុលមុខ

x reply ទទឹងទិស, គ្រោតគ្រាត

at c. purposes មិនស្របគ្នា

(draw a) c. section មុខកាត់

c. section (of the public) តំណាង

crossbar['krɔsbɑːr] ***n.*** ឈើទទឹង

crossbow['krɔsbəu] ***n.*** ស្នា

crossbreed['krɔsbriːd] ***tv.*** បង្កាត់

-n. អ្វីៗដែលកាត់

crosscut['krɔskʌt] ***tv.*** កាត់ទទឹង

-n. ការកាត់ទទឹង

-adj. c. saw រណារយក្ស

cross-examine[,krɔs ig'zæmin] ***tv.*** សួរចម្លើយ

cross-eyed['krɔsaid] ***adj.*** ស្រលៀង (ភ្នែក), ស្រឡេវ

crossing['krɔsiŋ] ***n.*** road x កន្លែងផ្លូវកាត់គ្នា

river x កន្លែងឆ្លង

make a x ការឆ្លង

crossover['krɔsəuvər] ***n.*** ស្ពាន (លើគោក) សម្រាប់ដើរឆ្លងថ្នល់

crossroads['krɔsrəudz] ***n.*** កន្លែងផ្លូវកាត់គ្នា, ផ្លូវត្រឡែងកែង

crosswise['krɔs waiz] ***adv.*** ទទឹង

crotch[krɔtʃ] ***n.*** x of a tree ចំពាម, ប្រគាប

x of the body ចង្អែក

crouch[krautʃ] ***iv.*** tigers x ក្រាប

soldiers x ទ្រោមចុះ, បន្ទាបខ្លួន

-n. ការក្រាប, ការបន្ទាបខ្លួន

crow[krəu] ***n.*** black x ក្អែក

cock' s x សម្រែក រងាវឬបួល

Sl. eat c. លេបសំដី

-iv. រងារ

crowbar['krəubɑ:r] *n.* ឃ្នាស់, ដែកគាស់

crowd[kraud] *n.* ហ្វូង

-iv. c. together ពព្វូនពពាក់គ្នា

c. into (a room) ពព្វូនគ្នា (ចូល)

-tv. x the street ធ្វើឱ្យណែនណាន់តាន់តាប់

parcels x me ធ្វើឱ្យចង្អៀត

x an animal ទៅជិត

c. s.o. out រុញចេញ

crowded[kraudi d] *adj.* x room ដែលមានមនុស្សច្រើន, មានមនុស្សខ្វាន់ខ្វាប់

x by a fellow passenger ចង្អៀត

crown[kraun] *n.* royal x មកុដ

Cap. the C. ស្ដេច

dental x ស្រោមធ្មេញ

Coll. broke his x ក្បាល

-tv. x a king អភិសេក

Dent. x a tooth ដាក់, ស្រោប (ធ្មេញ)

Coll. x him with a club វាយបំបាក់ក្បាល

-adj. x colony នៃរាជរដ្ឋាភិបាល

x prince ដែលនឹងឡើងសោយរាជ្យ

crucial['kru:ʃl] *adj.* x state សំខាន់, តែស្រួលឬមិនស្រួលអាចនឹងក្លាយទៅជាវិបត្តិ

x to success ចាំបាច់

crucible['kru:si bl] *n.* lab x ប្រដាប់សម្រាប់ដុតរំលាយលោហធាតុផ្សេងៗ

smelting x ឡម្យ៉ាងសម្រាប់រំលាយលោហធាតុ

crucifix['kru:si fi ks] *n.* រូបចម្លាក់ព្រះយេស៊ូជាប់ឆ្កាង

crucifixion[,kru:si 'fi kʃn] *n.* ការឆ្កាង

crucify['kru:si 'fai] *tv. (pt.,pp.* crucified*)*

x a criminal ដាក់ឆ្កាង

Fig. ធ្វើទារុណកម្ម

crude[kru:d] *adj.* x manners ច្រឡោះបោះ

x oil មិនទាន់ស្ល (ប្រេងកាត)

x outline ព្រាងៗ

cruel[kru:əl] *adj.* x person ឃោរឃៅ, គ្មានមេត្តា

x climate អាក្រក់ណាស់

cruelty['kru:əlti] *n.* x of his action ចណ្ឌភាព

guilty of x សម្ប៊ុរឡនកម្ម

cruise[kru:z] *iv.* x for pleasure ធ្វើដំណើរកំសាន្ត

cruising speed ល្បឿនមធ្យម (បើកទៅពេលធម្មតា)

-tv. x the oceans ធ្វើដំណើរកំសាន្ត (ឆ្លងកាត់សមុទ្រ)

x a plane បើកល្បឿនធម្មតា

-n. ដំណើរកំសាន្តតាមនាវា

Lit: បរិតមន៍

cruiser['kru:zər] *n.* naval x នាវាល្បាត (នាវាចំបាំង)

pleasure c. នាវាជិះកំសាន្ត

crumb[krʌm] *n.* bread x កំទេច

Fig. not a c. truth គ្មានសេចក្ដីពិតប៉ុនសំដែសក់សោះ

-tv. x meat ប្រឡាក់នឹងកំទេចនំប៉ាំង

x bread បេះជាកំទេចតូចៗ

-iv. ជ្រុះកំទេច

crumble['krʌmbl] *tv.* ធ្វើឱ្យខ្ទេច, បំបែកជាដុំតូចៗ

-iv. cookies x បែកជាដុំតូចៗ, ខ្ទេច

empires x វិនាស

walls x បាក់ស្រុប

crumple['krʌmpl] *tv.* ខ្ទុកខ្ទី (កាសែត)

-iv. pants x ខ្ទុកខ្ទី

faces x ពេប

crunch[krʌntʃ] *tv.* x celery ទំពាគ្រួបៗ

tires x gravel បន្លឺសូរគ្រុបៗ

-*n.* សូរគ្រុបៗ

crusade [kru:'sei d] *n.* x for independence ការទាមទាររក *Lit:* បូជនិយកិច្ច

Cap. the Crusades សង្គ្រាមសាសនារវាងពួកគ្រិស្តសាសនានិងអ៊ីស្លាម

-*iv.* c. for ទាមទាររក

crush[krʌʃ] *tv.* x ice បំបែក, ធ្វើឱ្យខ្ទេច

x the opposition កំទេច, ផ្ចាញ់

-*n. Coll.* lost in the x ដំណើរច្របូកច្របល់

orange c. ទឹកក្រូចផាក់ទឹកកកឈូស

Id. have a c. on បាក់ចិត្តទៅលើអ្វីមួយដោយគ្មានជម្រៅ

crust[krʌst] *n.* dread x សំបកក្រៀមៗ (ធំបាំង)

earth's x ស្រទាប់ខាងលើ

-*tv.* ធ្វើឱ្យក្រៀមពីក្រៅ

-*iv.* ឡើងក្រៀមពីក្រៅ

crutch[krʌtʃ] *n.* walk with a x ឈើច្រត់ (សម្រាប់មនុស្សពិការ)

Fig. personality x អ្វីៗសម្រាប់ឱ្យជួយផិតយោង

-*tv.* ទ្រ, ទល់

crux[krʌks] *n.* ចំណុចសំខាន់

cry[krai] *iv.* (*pt.*, *pp.* cried)

babies x យំ

Lit: ពិលាប *Roy:* ទ្រង់ព្រះកន្សែង

x for help ស្រែក

-*tv.* x an order ស្រែក

x one's wares ពពាយនាយ

-*n.* x of a bird សូរ (សត្វ) យំ

a x for help សម្រែក

have a good c. យំអស់ចិត្ត

crybaby['krai 'bei bi] *n.* មនុស្សយំឥតរឿងហេតុ, មនុស្សរំអួយ

cryptic['kri pti k] *adj.* ដែលមានអាថិកំបាំង

cryptography[kri p'tɔgrəfi] *n.* រហស្សលេខសាស្ត្រ

crystal['kri stl] *n.* quartz x ផលិក

a x of salt គ្រាម

watch x កញ្ចក់

-*adj.* ផលិក

crystallize['kri stəlai z] *iv.* salts x ឡើងគ្រាម

plans x ឡើងជាក់ច្បាស់

-*tv.* ធ្វើឱ្យឡើងគ្រាម

cub[kʌb] *n.* bear x កូន (ខ្លាឃ្មុំ កញ្ជ្រោងតោ។ល។)

Journ. អ្នកកាសែតថ្មីថ្មោង

Boy Scout C. ស្កុតអាយុពី៨ទៅដល់១១ឆ្នាំ

cube[kju:b] *n.* geometric x *Fr: Coll:* គូប, គីប *Lit:* ឆឫង្ស

ice x ដុំបួនជ្រុង

the x of 2 is 8 គីប (នៃចំនួន)

-*tv.* x ice ធ្វើជាដុំបួនជ្រុង

x a number គុណនឹងចំនួនដដែលពីរដង

-*adj.* c. root ឫសគីប

cubic['kju:bi k] *adj.* គូប, គីប

cubicle['kju:bi kl] *n.* បន្ទប់តូច (ដូចប្រអប់)

cubmit['kju:bi t] *n.* ហត្ថ (រង្វាស់បុរាណ)

cucumber['kju:kʌmbər] *n.* ត្រសក់

cud[kʌd] *n.* ចំណីដែលសត្វបញ្ចេញពីក្រពះធំមកទំពារម្តងទៀត

cuddle['kʌdl] *tv.* និបថ្នាក់ថ្នម

-*iv.* ត្របុលចូលជិត

cue[kju:] *n.* give him a x សញ្ញា (ប្រាប់ឱ្យចាប់ធ្វើអ្វីមួយ) ពាក្យសោ

billiard x ឈើវាយប៊ីយ៉ា

-*tv.* ឱ្យសញ្ញាឱ្យធ្វើអ្វីមួយ

cuff[kʌf] *n.* shirt c. ចុងដៃអាវ

pants c. ផ្នែកចុងជើងខោដែលបត់ឡើង
give him a x ការវាយឬទះ
Sl. (put the) cuffs (on him) ខ្នោះ
-tv. x pants បត់ជើង (ខោ)
x a child ទះ, វាយ
Sl. x a criminal ដាក់ខ្នោះ
cuisine[kwi 'zi:n] ***n.*** study x សិល្បខាងធ្វើម្ហូប
delicious x ម្ហូប
cul-de-sac['kʌldəsæk] ***n.*** ផ្លូវកំបុត
culinary['kʌli nəri] ***adj.*** ខាងវិជ្ជាធ្វើម្ហូប, សម្រាប់ធ្វើម្ហូប
cull[kʌl] ***tv.*** x apples រើសដាក់ល្អដោយល្អ អាក្រក់ដោយអាក្រក់
c. out បោះចោលអាណាដែលមិនល្អ ខូច ស្អុយ ។ល។
-n. អ្វីដែលគេទាត់ចោល
culminate['kʌlmi nei t] ***iv.*** ឡើងដល់កម្រិតខ្ពស់បំផុត
culmination[,kʌlmi 'nei ʃn] ***n.*** x of his career កម្រិតខ្ពស់បំផុត
x of a story ទីបញ្ចប់
culpable['kʌlpəbl] ***adj.*** ដែលធ្វើខុស, គួរបន្ទោស
culprit['kʌlpri t] ***n.*** ពិរុទ្ធជន
cult[kʌlt] ***n.*** religious x ក្រុមមានជំនឿដូចគ្នា
x of Stalin ការគោរព (ដូចគេគោរពព្រះ)
cultivate['kʌlti vei t] ***tv.*** x land ធ្វើកសិកម្ម (លើ)
x corn ជ្រោយដី (នៅជិតគល់ដំណាំ)
x a peasant អប់រំ
x s. o.' s friendship បណ្ដុះឱ្យមានឡើង
cultivation[,kʌlti 'vei ʃn] ***n.*** land under x ការធ្វើកសិកម្ម
person of x ការអប់រំ
cultural['kʌltʃərəl] ***adj.*** នៃវប្បធម៌
culture['kʌltʃər] ***n.*** primitive x វប្បធម៌
person of x ភាពមានការអប់រំល្អ
x of pearls ការចិញ្ចឹម, ការដាំ
Lit: វប្បកម្ម
virus x ការបណ្ដុះ (មេរោគ ។ល។)
-tv. x pearls ចិញ្ចឹម
x a student អប់រំ
culvert['kʌlvət] ***n.*** បង្ហូរទឹក, រង្វះទឹក (ក្រោមដី)
cumbersome['kʌmbəsəm] ***adj.*** ទទើសទទែង, ទើសទែង
cumulative['kju:mjələti v] ***adj.*** ដែលត្រួតលើគ្នា, ដែលថែមៗគ្នា
cumulus['kju:mjələs] ***n.*** ពពកផ្កាស្ពៃ
cunning['kʌni ŋ] ***adj.*** ដែលប្រសប់
-n. សេចក្ដីឆ្លាត, សេចក្ដីវាងវៃ
cup[kʌp] ***n.*** coffee x ពែង
x of sugar ចំនួនមួយពែង
Sl. win the x ពានរង្វាន់
-tv. (pt. ,pp. cupped*)*
x water ដួសនឹងពែង
x the hands ក្បង់
cupboard['kʌbəd] ***n.*** ទូដាក់ចាន, ពែង កែវ
cupful['kʌpfl] ***n.*** ចំនួនមួយពែង
curative['kjuərəti v] ***adj.*** សម្រាប់កែរោគ, ដែលអាចកែរោគ
-n. គ្រឿងកែរោគ
curator[kjuə'rei tər] ***n.*** អភិរក្ស
curb[kɜ:b] ***n.*** street x ចិញ្ចើមថ្នល់
horse's x ខ្សែទ្រុចង្កា (គ្រឿងបង្ហៀសេះ)
put a x on one' s appetite ការទប់
-tv. x a horse ពាក់ខ្សែទ្រុចង្កា
x one's desires ទប់
curd[kɜ:d] ***n.*** ទឹកដោះកក

-*iv.* (ឡើង) កក (ទឹកដោះជូរ)

-*tv.* ធ្វើឱ្យកក (ទឹកដោះ)

curdle['kɜ:dl] *iv.* (ឡើង) កក (ទឹកដោះគោ)

-*tv.* x milk ធ្វើឱ្យកក

-*Id.* c. the blood ធ្វើឱ្យរន្ធត់

cure[kjuər] *tv.* x a disease ធ្វើឱ្យជា ឬ សះស្បើយ

x meat ធ្វើឱ្យទុកបានយូរ (ប្រឡាក់អំបិលឬឆ្អើ)

x a bad situation កែ

x him of (doing it) ធ្វើឱ្យរាងចាល

-*n.* x for a disease វិធីឬការធ្វើឱ្យជា

Lit: អារោគ្យកម្ម

x for meat គ្រឿងប្រឡាក់សាច់ម្យ៉ាង

x for a problem ឱសថ (អ. ប.)

curfew['kɜ:fju:] *n.* បំរាមគោចរ

curio['kjuəri əu] *n.* វត្ថុកម្រ, របស់ចម្លែក (កំប៉ិកកំប៉ុក)

curiosity [,kjuəri 'ɔsəti] *n.* intellectual x ការចង់ដឹងចង់ឃើញ, ញាណចិត្តា

x of the situation ភាពចម្លែក

a scientific x របស់កម្រចម្លែក

curious['kjuəri əs] *adj.* x mind ដែលចង់ដឹងចង់ឃើញ

x specimen ប្លែក, គួរឱ្យឆ្ងល់

curl[kɜ:l] *tv.* x hair ធ្វើឱ្យមានផ្នត់, ឱ្យរួញ

x the fingers ធ្វើឱ្យកោង

-*iv.* hairs x ឡើងរួញ

vines x ឡើងរមួល។

-*n.* អ្វីៗដែលអង្កាញ់ៗ

curly['kɜ:li] *adj.* អង្កាញ់ៗ, ដែលមានផ្នត់

currency['kʌrənsi] *n.* monetary រូបិយវត្ថុ

x of news ភាពទាន់ពេលទាន់វេលា

x of a fashion ការនិយមប្រើ

current['kʌrənt] *adj.* x events ថ្មីៗ

x rumor ដែលគេដឹងឮទូទៅ

-*n.* x of the water ខ្សែ

electric x ចរន្ត

c. of opinion មតិដែលកំពុងមានឥទ្ធិពលជំលើសលប់

curriculum[kə'ri kjələm] *n.* កម្មវិធី

curriculum vitae['vi:tai] *n.* អាជីវប្រវត្តិ

curry[1]['kʌri] *n.* ការី, សម្លការី

curry[2]['kʌri] *tv.* (*pt.*, *pp.* curried)

x a horse ដុសរោមនឹងច្រាស

c. favor ផ្គាប់ផ្គុនរែបរបរកប្រយោជន៍

curse[kɜ:s] *tv.* x one' s father ប្រទេចផ្ដាសា

x a horse ជេរប្រទេច

-*iv.* ពោលពាក្យលាមក

-*n.* utter a x ពាក្យលាមក

put a x on បណ្ដាសា

poverty is a x ទុក្ខវេទនា

cursive['kɜ:si v] *adj.* ដែលសរសេរជាប់គ្នា

cursory['kɜ:səri] *adj.* ដោយប្រញាប់ប្រញាល់

curt[kɜ:t] *adj.* ខ្លីហើយសោះកក្រោះ

curtail[kɜ:'tei l] *tv.* បន្ថយ

curtain['kɜ:tn] *n.* window x វាំងនន

raise the c. បើកឆាក

x of smoke របាំង

-*tv.* x a window ដាក់វាំងនន

c. off បាំងនឹងវាំងនន

curtsy['kɜ:tsi] *iv.* បង្ហោនខ្លួនគោរព (សម្រាប់ស្ត្រី)

-*n.* ការបង្ហោនខ្លួនគោរព (សម្រាប់ស្ត្រី)

curvature['kɜ:vətʃər] *n.* កំណោង

curve[kɜ:v] *n.* បន្ទាត់កោង

-*iv.* បត់, ឡើងកោង

-*tv.* ធ្វើឱ្យកោង

cushion['kuʃn] *n.* sofa x ខ្នើយ, ពូកទ្រាប់

air x ទ្រនាប់
-*tv.* x a chair ទ្រាប់, ទ្រាប់ខ្នើយ, ដាក់ពូក
x his fall ទ្រាប់ពីក្រោមកុំឱ្យធ្លាក់ខ្លាំង
Fig. x the shock សម្រាល

cuspidor['kʌspi dɔːr] *n.* កន្ថោ (ស្តោះទឹកមាត់)

cuss[kʌs] *iv.,tv. Coll.* ពោលពាក្យលាមក

custard['kʌstəd] *n.* សង់ខ្យាម្យ៉ាង

custodian[kʌ'stəudi ən] *n.* legal x អ្នកព្យាបាល, អ្នកចិញ្ចឹមក្មេង
factory x ឆ្មាំ, អ្នកថែទាំ

custody['kʌstədi] *n.* x of a child សិទ្ធិព្យាបាល
in the x of the police ការឃុំឃាំង

custom['kʌstəm] *n.* strange x ទំនៀមទម្លាប់
(go through) customs គយ
-*adj.* ដែលធ្វើតាមបញ្ជាអ្នកទិញ

customary['kʌstəməri] *adj.* ដែលជាទម្លាប់

custom-built['kʌstəmbi lt] *adj.* ដែលធ្វើតាមបញ្ជាអ្នកទិញ

customer ['kʌstəmər] *n.* x of a store អ្នកទិញ
x of a restaurant ភ្ញៀវ

custom-made['kʌstəmmei d]*adj.* ដែលធ្វើតាមបញ្ជាអ្នកទិញ

cut[kʌt] *tv.* x grass, string, paper កាត់
x one's hand មុត
x timber កាប់
x prices បញ្ចុះ, ចុះ
x gems ឆ្នៃ
x a speech បង្រួញ, កាត់ចោលខ្លះ
x cards កាច់ (បៀ)
x him with a remark និយាយបញ្ឈឺចិត្ត
x classes គេច
c. off (a hand) កាត់, កាត់ចោល, កាត់ផ្តាច់
c. off (the water) បិទ
c. off (a motor) ពន្លត់
c. out (a bone) កាត់យកចេញ
c. out (a light) បិទ
c. out (the nonsense) ឈប់ (ធ្វើ)
c. on (a light) បើក
c. up (meat) កាត់ជាដុំតូចៗ
c. across កាត់
-*n.* a bad x របួស (មុត)
x of meat ដុំ
His x was 20%. ចំណែក
a short c. ផ្លូវកាត់
a x in prices ការបញ្ចុះ
verbal x ការនិយាយបញ្ឈឺ
x of his clothes របៀបកាត់
-*adj.* x flowers ដែលកាត់ពីដើម
x foot មុត
c. rate ថ្លៃដែលថោកជាងធម្មតា
x stone ឆ្នៃហើយ
c. and dried ឥតមានអ្វីប្លែក

cutaneous['kʌtæni əs] *adj.* នៃស្បែក

cutback['kʌtbæk] *n.* ការបន្ថយ

cute[kjuːt] *adj.* x child គួរឱ្យស្រឡាញ់
x remark រាងមើលងាយ

cuticle['kjuːti kl] *n.* ស្បែកគល់ក្រចក

cutlery['kʌtləri] *n.* កាំបិតផ្សេងៗ

cutlet['kʌtlət] *n.* សាច់កាត់ជាបន្ទះស្តើងៗ

cutoff['kʌtɔf] *n.* x of funds ការកាត់
highway x ផ្លូវចេញ

cutter['kʌtər] *n.* wood x អ្នកកាប់
paper x ប្រដាប់សម្រាប់កាត់
Naut. Coast Guard x នាវាប្រដាប់អាវុធម្យ៉ាង

cutthroat['kʌtərəut] *n.* មនុស្សឃោរឃៅ, ឃាតករ
-*adj.* x criminal គ្មានមេត្តា, គ្មានប្រណី,

ឃោរឃៅ

x competition ជ័សាហាវ

cutting['kʌti ŋ] ***n.*** by x ការកាត់

buy a plant x ផ្នែកដែលកាត់ចេញ

-adj. c. edge មុខ (កាំបិត)

x remark ដែលបញ្ឈឺចិត្ត

x wind រងាមុត

cuttlefish['kʌtlfi ʃ] ***n.*** ត្រីមឹក

cycle['sai kl] ***n.*** x of events ការកើត

មានឡើងច្រំដែលៗ

x of seasons ការវិលចុះវិលឡើង

ride a x កង់ឬម៉ូតូ

vicious c. បញ្ហារកផ្លូវចេញគ្មាន

electrical x ស៊ីក

-iv. ជិះកង់ឬម៉ូតូ

cyclic['sai kli k] ***adj.*** ដែលកើតមានឡើង

ក្នុងរយៈពេលជ័ទៀងទាត់

cyclist['sai kli st] ***n.*** អ្នកជិះកង់ឬម៉ូតូ

cyclone['sai kləun] ***n.*** ព្យុះស៊ីក្លូន

cylinder['si li ndər] ***n.*** ស៊ីឡាំង, បំពង់ចក្រ

Lit: រម្ភាគារ

cylindrical[si 'li ndri kl] ***adj.*** ជារាងបំពង់

cymbal['si mbl] ***n.*** ឆាប (គ្រឿងភ្លេង)

cynic['si ni k] ***n.*** មនុស្សដែលមើលឃើញ

តែអាក្រក់

cynical['si ni kl] ***adj.*** ដែលមើលឃើញតែ

អាក្រក់

cyst[si st] ***n.*** ពក

czar[zɑːr] ***n.*** ត្សារ (អធិរាជប្រទេសរុស្ស៊ី)

D

D, d[diː] អក្សរទីបួនតាមលំដាប់អក្ខរក្រមអង់គ្លេស

dab[dæb] *tv.* (*pt. pp.* dabbed) លាបឬបាត
ផូតស៊េរៗ

-n. ស្នាមបាតតូច

dabble['dæbl] *iv.* x in water បាច, បាចសាច

x in politics ធ្វើអ្វីមួយឱ្យតែគេថាធ្វើដែរ

dad[dæd] *n.* ឪពុក

Cap. ប៉ា

daddy['dædi] *n.* ឪពុក

Cap. ប៉ា, ឪ, ពុក

dagger['dægər] *n.* កាំបិតស្នៀត

daily['deili] *adj.* x routine ប្រចាំថ្ងៃ

x newspaper ដែលចេញរាល់ថ្ងៃ

-adv. bathe x រាល់ថ្ងៃ

-n. កាសែតចេញរាល់ថ្ងៃ

Lit: ទិនានុប្បវត្តិ

dainty['deinti] *adj.* x features ច្រឡឹងៗ

x food ប្រណិត

x tastes ដែលរើសគ្នើង

-n. ម្ហូបឆ្ងាញ់វិសេស

dairy['deəri] *n.* កន្លែងធ្វើឬលក់គ្រឿងបរិភោគ
ធ្វើពីទឹកដោះគោ

-adj. x products ដែលធ្វើពីទឹកដោះគោ

x farm ដែលចិញ្ចឹមគោយកទឹកដោះ

dale[deil] *n.* ជ្រលងភ្នំ (តូចៗ)

dally['dæli] *iv.* ធ្វើលេងៗ

dam[1][dæm] *n.* ទំនប់ទឹក

-tv. (*pt. pp.* dammed) ទប់, ធ្វើទំនប់ការពារ

dam[2][dæm] *n.* ពពែញី

damage['dæmidʒ] *n.* ការខូចខាត

-tv. x a reputation ធ្វើឱ្យខូច

x property ធ្វើឱ្យខូចខាត

dame[deim] *n. Brit.* លោកជំទាវ

Sl. ស្រី

damn[dæm] *interj. Vulg.* ពាក្យលាន់
មាត់មានន័យថា: អាចង្រៃ, អារបល់យក

-tv. x s.o. in anger ដាក់បណ្ដាសា

x a project ផ្ដន្ទា

-n. use a x ចង្រៃ, របល់ (ពាក្យលាន់មាត់)

Vulg. don't give a d. ឥតឈឺក្បាលទេ

damnation[dæm'neiʃn] *n.* ការផ្ដន្ទា

damned[dæmd] *adj.* ដែលគេដាក់បណ្ដាសា

-adv. ក្រៃលែង, ក្រៃពេក

damp[dæmp] *adj.* សើម

-n. សំណើម, ភាពសើម

-tv. x a cloth ជ្រលក់

x a flue បិទ

dampen[,dæmpən] *tv.* x a cloth ជ្រលក់

d. one's spirits ធ្វើឱ្យធ្លាក់ទឹកចិត្ត

-iv. សើម

damper['dæmpər] *n.* សន្ទះបិទបើកខ្យល់

dance[dɑːns] *iv.* like to x រាំ

Roy: ទ្រង់ព្រះនច្ចា

(needle) danced រេចុះរឡើង

-tv. x a jig រាំ

d. her out of the room រាំនាំចេញពីបន្ទប់

-*n.* a new x យុគ

Lit: នាដកម្ម

go to a x ពិធីរាំរែក

dandruff['dændrʌf] *n.* អង្គែ

dandy['dændi] *n.* អ្នកលេងខ្លួន

-*adj.* x gentleman ដែលចូលចិត្តលេងខ្លួន

Coll. x time ល្អ

danger['deindʒər] *n.* គ្រោះថ្នាក់

dangerous['deindʒərəs] *adj.* ដែលអាចបណ្តាលឱ្យមានគ្រោះថ្នាក់

dangle['dæŋgl] *iv.* យឹងយោងៗ, សំយុងចុះឬធ្លាក់ចុះហើយយោលបន្តិចៗ

-*tv.* ធ្វើឱ្យយឹងយោងៗ, ធ្វើឱ្យសំយុងចុះឬធ្លាក់ចុះហើយយោលបន្តិចៗ

-*n.* ការធ្លាក់ចុះហើយយោលបន្តិចៗ

dapper['dæpər] *adj.* ដែលស្លៀកពាក់ស្អាតបាត

dapple['dæpl] *tv.* ធ្វើឱ្យឡើងអុចៗ

-*n.* ស្នាមអុចៗ

-*adj.* ដែលមានស្នាមអុចៗ

dappled['dæpld] *adj.* ដែលមានស្នាមអុចៗ

dare[deər] *iv.* ហ៊ាន

-*tv.* x him to do it ផ្ចាលឱ្យធ្វើអ្វីមួយ

x a venture ហ៊ានធ្វើ

-*n.* ការប្រកួត

daredevil['deədevl] *n.* មនុស្សហ៊ានហួសហេតុ,មនុស្សប្រថុយធ្វើអ្វីគ្រប់យ៉ាងដែលអាចមានគ្រោះថ្នាក់

-*adj.* ដែលហ៊ានហួសហេតុ

daring['deəriŋ] *adj.* ហ៊ាន, ក្លាហាន

-*n.* សេចក្តីក្លាហាន

dark[dɑ:k] *adj.* x night ងងឹត

x complexion ខ្មៅ (ស្បែក ។ល។)

x color ស្រអាប់

in a d. mood ព្រួយ

x purpose អាក្រក់

Id. d. horse បេក្ខជនដែលពីមុនគេគិតថាគ្មានសង្ឃឹមសោះ

-*n.* after x យប់

afraid of the x កន្លែងងងឹត

Id. in the d. about ឥតដឹង

-*tv.* ធ្វើឱ្យស្រអាប់

darken['dɑ:kən] *tv.* x the color ធ្វើឱ្យស្រអាប់

d. one's mood ធ្វើឱ្យកាន់តែពិបាកចិត្តខ្លាំងឡើង

x the future ធ្វើឱ្យមិនសូវមានសង្ឃឹម

-*iv.* x in the sun ឡើងជាំ, ស្រអាប់ខ្មៅ

skies x ឡើងងងឹត, ឡើងស្រទំ

prospects x ទៅជាមិនសូវមានសង្ឃឹម

darling['dɑ:liŋ] *n.* She's my x. ប្រលឹង, ដួងចិត្ត (ពាក្យទំនើយស្នេហា)

x of the intellectuals មនុស្សដែលគេលើកដំកើងសរសើរ

-*adj.* ជាទីស្រឡាញ់

darn[dɑ:n] *tv.* ស្រេះ

-*n.* ស្នាមស្រេះ

dart[dɑ:t] *n.* poison x ព្រួញម្យ៉ាង

sudden x ការទៅប្រិច

-*iv.* បោះព្រួយ, រត់យ៉ាងលឿន

dash[dæʃ] *tv.* x it to the ground បោកកំទេច

x water on the fire ចាក់ល្មួ

x his hopes ធ្វើឱ្យបាត់សូន្យ, ធ្វើឱ្យអស់

Coll. d. off សរសេរប្រញាប់ប្រញាល់

-*iv.* ស្ទុះទៅ

-*n.* sudden x ការរត់ពេញទំហឹង

a x of color ស្នាមលេចឡើង

a x of salt មួយចឹប, ចំនួនបន្តិចបន្តួច

write a x ផ្ដើសញ្ញា, សញ្ញា (-)

dashboard['dæʃbɔ:d] *n.* ផ្ទាំងនាឡិកា, ផ្ទាំងបញ្ជា (នៅក្នុងរថយន្តជាដើម)

dashing[dæʃiŋ] *adj.* ហ៊ឺហា

data['dei tə] *n. pl.* ទិន្នន័យ

date[dei t] *n.* What's today's d.? ថ្ងៃនេះថ្ងៃទីប៉ុន្មាន ?

x of a letter ថ្ងៃខែ

x with a doctor កាលកំណត់

She is my x. ស្រីឬប្រុសដែលណាត់គ្នាចេញដើរលេង

go out on a d. ចេញទៅដើរលេងជាមួយគ្នា

to d. មកដល់សព្វថ្ងៃនេះ

-tv. x a letter ដាក់ថ្ងៃខែ

x an antique កំណត់អាយុ

x a girl ចេញដើរលេងជាមួយ

-iv. x from 1900 មានឡើង

He doesn't x. ចេញដើរលេងជាមួយមនុស្សភេទខុសគ្នា

dated[dei td] *adj.* x letter ដែលមានដាក់ថ្ងៃខែ

x idea ហួសសម័យ

daub[dɔ:b] *tv.* ប្រឡាំង, ពោក, ផាត

-n. អ្វីៗដែលប្រឡាំង ពោកឬផាត

daughter['dɔ:tər] *n.* កូនស្រី

Lit: ធិតា, បុត្រី

Roy: ព្រះរាជបុត្រី

daughter-in-law['dɔ:tər i n lɔ:] *n.* កូនប្រសាស្រី

Roy: ព្រះសុណិសា

daunt[dɔ:nt] *tv.* ធ្វើឱ្យរញ្ជួយឬញ៉ាក

dauntless['dɔ:ntləs] *adj.* ឥតចេះញ៉ាក

dawn[dɔ:n] *n.* at x ពេលថ្ងៃទើបនឹងរះ

Lit: អរុណោភាស, សេតារុណ

x of civilization ដើមដំបូង

-iv. (day) dawned ចាប់មានពន្លឺ (ថ្ងៃ)

Coll. it dawned on me that ខ្ញុំនឹកភ្ញាកថា

day[dei] *n.* beautiful x ថ្ងៃ, ថ្ងៃមួយ

Lit: ទិន

during the d. នៅពេលថ្ងៃ

modern x សម័យ

daybreak['dei brei k] *n.* ពេលថ្ងៃទើបនឹងរះ, សេតារុណ

daydream['dei dri:m] *iv.* រវើរវាយ

daylight ['dei lai t] *n.* ទិវាប្រភា

in the d. ពេលថ្ងៃ

Id. see d.ជិតបានសម្រេចហើយ

daytime['dei tai m] *n.* ពេលថ្ងៃ (ពីថ្ងៃរះទៅដល់ថ្ងៃលិច)

daze[deiz] *tv.* ធ្វើឱ្យភាំងស្មារតីឬវឹងវិង

-n. ដំណើរវឹងវិង

dazzle['dæzl] *tv.* lights x ធ្វើឱ្យស្រវាំងភ្នែក

promises x ធ្វើឱ្យឈ្លក់

-n. x of the sun ពន្លឺចាំងខ្លាំង

x of power ការទាក់ទាញចិត្ត

dead[ded] *adj.* x animal ស្លាប់, ងាប់

x man ស្លាប់

x leaves ងាប់

x language ដែលគេលែងប្រើហើយ

Sl. x party ស្ងោះកក្រោះ, ស្ងោកស្ងាំង

x silence ស្ងប់, ឈឹង

Id. d. end ផ្លូវទាល់, ផ្លូវកំបុត

-n. the x មនុស្សដែលស្លាប់ទៅហើយ

the x of night ភាពស្ងាត់ស្ងៀម

-adv. x drunk ស្រវឹង

x ahead ត្រង់

stop x ឈប់ភ្លាម

deaden['dedn] *tv.* x a nerve សម្លាប់

d. sound ធ្វើឱ្យបាត់ឮសូរ

deadline['dedlai n] *n.* ពេលកំណត់

deadly['dedli] *adj.* x poison ដែលបណ្ដាលឱ្យស្លាប់

d. enemies សត្រូវស៊ីសាច់ហុតឈាមគ្នា

deaf[def] *adj.* ថ្លង់

deaf-mute[defmju:t] *n.* មនុស្សថ្លង់ផងគដផង

deal[di:l] *iv.* (*pt* . *pp.* dealt)

x with a company ទាក់ទង

Lit: ធ្វើអាជីវកម្ម

x in cars លក់ដូរ

d. with (a question) ដោះស្រាយ, វែកញែក

d. with (corruption) រកផ្លូវដោះស្រាយ

-tv. x cards ចែក, ធ្វើមេ (ល្បែងបៀ)

d. a blow at ធ្វើឱ្យនិនថយ

-n get a good d. ទិញបានថោក

close a x អាជីការ, អាជីករណ៍

x of cards ការចែក (បៀ)

a great deal of ច្រើន

dealer['di:lər] *n.* automobile x ឈ្មួញ

card x អ្នកចែក (បៀ), មេ

dealt[delt] (*pt.* .*pp.* *of* deal)

dean[di:n] *n.* ព្រឹទ្ធបុរស

dear[di ər] *adj.* x friend ជាទីស្រឡាញ់

Cap. x Mr. Smith: សូមជំរាបអគផល

x possessions សំណប់, សំណប់ចិត្ត

Brit. x prices ថ្លៃ

-n. មនុស្សជាទីស្រឡាញ់

-interj. អូ! (ពាក្យសម្រាប់សម្ដែងសេចក្ដីភ្ញាក់)

dearth[dɜ:θ] *n.* ភាពកម្រ

death[deθ] *n.* fear x សេចក្ដីស្លាប់

x of a friend មរណភាព

x of one's shopes ការលែងមាន

put to d. សម្លាប់

Lit: ប្រហារជីវិត

deathbed['deθbed] *n.* That was his x. គ្រែដែលដេកស្លាប់

Id. be on one's d.ជិតស្លាប់ហើយ

deathly['deθli] *adj.* ដូចស្លាប់

debacle[dei 'bɑ:kl] *n.* ការចុះរាបស៊ី

debase[di 'bei s] *tv.* បន្ទាប, បពោះ

debate[di 'bei t] *tv.* x an issue ពិភាក្សា, យក (អ្វីមួយ) មកជជែកវែកញែក

x an opponent ពិភាក្សាតទល់

-n. កិច្ចពិភាក្សាតទល់

debauch[di 'bɔ:tʃ] *tv.* នាំធ្វើអាក្រក់, នាំខូច

debauchery[di 'bɔ:tʃəri] *n.* អបាយមុខ

debilitate[di 'bi li tei t] *tv.* ធ្វើឱ្យខ្សោយ

debit['debi t] *n.* ឥណពន្ធ

-tv ដកឥណពន្ធចេញ

debonair[debə'neər] *adj.* ដែលស្លូតបាត ហើយសមរម្យ

debrief['di:'bri:f] *tv.* សួរយកករណ៍ (ខាងសឹក)

debris['dei bri:] *n.* កំទេច, កំទេចកំទី

debt[det] *n.* បំណុល

debtor['detər] *n.* កូនបំណុល

debut['dei bju:] *n.* ការចាប់ផ្ដើម ធ្វើឬប្រកប លើកដំបូង

debutante['debju:tɑ:nt] *n.* social x ស្រីជំទង់នៃត្រកូលអភិជន

x at French អ្នកទើបនឹងចាប់ផ្ដើម (ធ្វើអ្វីមួយ)

decade['dekei d] *n.* ទសវត្សរ៍

decadence['dekədəns] *n.* ភាពចុះអាប់និន

Lit: អគ្គុក

decagram['dekəgrəm] *n.* *Fr.* ដេកាក្រាម

decapitate[di 'kæpi tei t] *tv.* កាត់ក

decay[di 'kei] *iv.* ពុក

-*tv.* ធ្វើឱ្យពុក ឬ រលួយ

-*n.* x of matter ការពុក, ការរលួយ

x of civilization ការចុះអាប់ឱន

prevent tooth d. ធ្វើកុំឱ្យដង្កូវស៊ីធ្មេញ

decease[di 'si:s] *iv.* ស្លាប់

Lit: ទទួលមរណភាព

-*n.* មរណភាព

deceased[di 'si:si d] *adj.* ដែលទទួលមរណភាពហើយ

deceit[di 'si:t] *n.* ការបោក

deceive[di 'si:v] *tv.* x a customer បោក

x one's spouse ផិត, ក្បត់

x the eyes បំភាន់ (អ.ប.)

decelerate[,di:'selərei t] *iv.,tv.* បង្អន់ល្បឿន

December[di 'sembər] *pr. n. Fr:* ដេសំប្រ៍

solar system: ធ្នូ

lunar system: មិគសិរ-បុស្ស

decency['di:snsi] *n.* សុភាវធម៌

decent['di:snt] *adj.* x behavior សមរម្យ, គប្បី

x wage ល្មម, គ្រប់គ្រាន់

decentralization[,di:,sentrəlai 'zei ʃ] *n.* វិមជ្ឈការ

decentralize[,di:'sentrəlai z] *tv.* ធ្វើវិមជ្ឈការ (ខាង)

deception[di 'sepʃn] *n.* ការបោក, ការបំភាន់

deceptive[di 'septi v] *adj.* x person ដែលឆបោក

x appearance ដែលធ្វើឱ្យយល់ខុស

decide[di 'sai d] *iv.* x to go សម្រេចចិត្ត

What did you x ? សម្រេច

-*tv.* x an issue សម្រេច

Law x a case វិនិច្ឆ័យ

decigram['desi grəm] *n. Fr.* ដេស៊ីក្រាម

deciliter['desi li:tər] *n. Fr:* ដេស៊ីលីត្រ

decimal['desi ml] *n.* លេខទសភាគ

-*adj* . ទសភាគ, ដែលយកដប់ជាគោល

decimate['desi mei t] *tv.* បំផ្លាញយ៉ាងច្រើន

decimeter['desi mi:tər] *n. Fr:* ដេស៊ីម៉ែត្រ

decipher[di 'sai fər] *tv.* បកស្រាយសារសម្ងាត់

decision[di 'si ʒn] *n.* difficult x ការសម្រេចចិត្ត

judge's x ការវិនិច្ឆ័យ

person of d. មនុស្សមិនរួញរាឬតេមតួម

decisive[di 'sai si v] *adj.* x person ដែលមិនចេះរារែក

x action ដែលមិនរួញរា

x factor ដែលសម្រេច, ផ្តាច់ព្រាត់

deck[dek] *n. Naut.* upper x ដាន់ (នាវា)

x of cards ហ៊ូ

-*tv.* x the house តុបតែង

d. oneself out តុបតែងខ្លួន

declaration[,deklə'rei ʃn] *n.* x of war សេចក្តីប្រកាស, សេចក្តីថ្លែង

customs x ប្រតិវេទន៍ (គយ)

declare[di 'kleər] *tv.* x war ប្រកាស

x imported goods ប្រតិវេទ

decline[di 'klai n] *tv.* x an offer មិនព្រមទទួល

x to go មិនព្រម

Gram. x a noun បំបែកនាមសព្ទ

-*iv.* prices x ចុះ

countries x ឱនថយ

-*n.* x in price ការចុះ

x in health ឱនភាព

decode[,di:'kəud] *tv.* បកស្រាយអក្សរសម្ងាត់

decompose[,di:kəm'pəuz] *iv.* compounds x ញែកធាតុ (ដោយឯកឯង)

foods x រលួយ

-*tv.* x a compound បំបែកធាតុ

x food ធ្វើឱ្យរលួយ

decontaminate[,di:kən'tæmi nei t] *tv.* ធ្វើឱ្យអស់ធាតុដែលអាចបណ្តាលឱ្យមានគ្រោះថ្នាក់

decor['dei kɔ:r] *n.* របៀបតុបតែង

decorate['dekərei t] *tv.* តុបតែង

decorative['dekərəti v] *adj.* សម្រាប់តុបតែងឬដែលធ្វើឱ្យល្អមើល

decorous['dekərəs] *adj.* សិភាវនីយ

decorum[di 'kɔ:rəm] *n.* សុភាវធម៌

decoy['di:kɔi] *n.* របស់ដាក់បញ្ឆោត, នុយ

decrease[di 'kri:s] *iv.* ចុះថយ

-*tv* បន្ថយ

-*n* ការចុះថយ

decree[di 'kri:] *n.* ក្រឹត្យ

-*tv.* ចេញក្រឹត្យ

decrepit[di 'krepi t] *adj.* ចាស់រយ៉ាក

decry[di 'krai] *tv.* (*pt. pp.* decried) សម្ដែងសេចក្ដីមិនយល់ព្រម

dedicate['dedi kei t] *tv.* x a monument សម្ពោធ, ធ្វើពិធីឆ្លង

x a book to s.o. ឧទ្ទិស (សៀវភៅចំពោះ)

x oneself to ថ្វាយ, បូជា (អ.ប.)

deduce[di 'dju:s] *tv.* ទាញផលអំពីវិចារណកិច្ច, ធ្វើអនុមាន

deduct[di 'dʌkt] *tv.* យកចេញ, ហូតចេញ, ដកចេញ

deed[di:d] *n.* good x អំពើ

Law property x សំបុត្រ (ដី ឡាន)

-*tv.* *Law* x property ផ្ទាស់ឈ្មោះ

deem[di:m] *tv.* យល់ថា, ចាត់ជា

deep[di:p] *adj.* x river, thought ជ្រៅ

d. breath ដង្ហើមវែង

x sorrow ពន់ពេក, ខ្លាំងណាស់

-*n.* x of a lake ទីជ្រៅ

x of winter ពេលពេញ, កណ្ដាល

deepfry[,di:pfrai] *tv.* បំពង (ក្នុងខ្លាញ់)

deep-seated[di:psi:td] *adj.* ដិតជាប់ជាយូរមកហើយ

deer[di ər] *n.* *1. small:* ក្ដាន់

2. large: ប្រើស

3. roe (-deer): ឈ្លូស

de-escalate[,di:'eskəlei t *tv.* បន្ថយទំហឹង

-*iv.* ថយទំហឹង

deface[di 'fei s] *tv.* ធ្វើឱ្យខូច

defame[di 'fei m] *tv.* បង្ខូចកេរ្តិ៍ឈ្មោះ

default[di 'fɔ:lt] *n.* legal x ការមិនប្រកាន់តាមកិច្ចសន្យារបស់ខ្លួន

d. in a debt ការខកខានមិនបានសងបំណុល

win by d. ឈ្នះដោយខាងម្ខាងមិនបានមកប្រកួត

defeat[di 'fi:t] *tv.* x the enemy ឈ្នះ

x one's purpose ធ្វើឱ្យខូចខាតផល

-*n.* our x of the enemy ការឈ្នះ

accept x ការចាញ់, បរាជ័យ

defecate['defəkei t] *iv.* , *tv.* បត់ជើងធំ

defect['di:fekt] *n.* ភាពមានខ្ចោះ

Lit: អនិបុណភាព

-*iv.* រត់ចោល (ស្រុក បក្ស ។ល។)

defective[di 'fekti v] *adj.* ដែលមានខ្ចោះ

Lit: អបុណិយ

defend [di 'fend] *tv.* x one' s country ការពារ

Law x an accused តំណាងដោះសារជួស (តុលាការ)

defendant[di 'fendənt] *n.* ចុងចោទ

defense[di 'fens] *n.* national x ការការពារ

x of an accused ការដោះសារជួស (តុលាការ)

witness for the x ខាងចុងចោទ

defensive[di 'fensi v] *adj.* x measures សម្រាប់បង្ការឬការពារ

Sl. d. team ក្រុមទប់

x personality ដែលរកតែផ្លូវដោះខ្លួន

defer[di 'fɜ:r] *tv. (pt . . pp.* deferred*)* ពន្យារពេលឱ្យ

-iv. d. to ព្រមតាម

deference['defərəns] *n.* សេចក្ដីព្រមតាម (ជាការគោរព)

deferment[di 'fɜ:mənt] *n.* by x ការពន្យារពេលឱ្យ

x of three months ពេលដែលគេពន្យារឱ្យ

defiance[di 'fai əns] *n.* ការជំនះ, ការរឹងទទឹង

defiant[di 'fai ənt] *adj.* ជំនះ, ដែលរឹងទទឹង

deficient[di 'fi ʃnt]*adj.* x supply មិនគ្រប់គ្រាន់

mentally x ដែលខន់ខ្សោយ

deficiency[di 'fi ʃnsi] *n.* x of funds ការខ្វះ, ការមានមិនគ្រប់គ្រាន់

mental x ភាពខន់ខ្សោយ

deficit['defi si t] *n.* ឱនភាព (ចំណាយលើសចំណូល)

defile[di 'fai l] *tv.* x a sacred place ប្រមាថ

x a woman ធ្វើឱ្យខូចព្រហ្មចារី

x one's reputation ធ្វើឱ្យខូច (កេរ្តិ៍ឈ្មោះ)

define[di 'fai n] *tv.* x a word ឱ្យអត្ថន័យ

x the conditions កំណត់ដោយច្បាស់លាស់

definite['defi nət] *adj.* ច្បាស់លាស់

definition[,defi 'ni ʃn] *n.* by x ការឱ្យអត្ថន័យ

wrong x អត្ថន័យ

definitive[di 'fi nəti v] *adj.* x answer ច្បាស់លាស់

the x work ជាស្ថាពរ

deflate[di:'flei t] *tv.* x a balloon បញ្ចេញខ្យល់, បន្ធូរ

x currency បញ្ចុះតម្លៃ (ប្រាក់)

d. one's ego ធ្វើឱ្យបាក់មុខ

deflect[di 'flekt] *tv.* ធ្វើឱ្យប្លាត

-iv. ប្លាតចេញ

defoliate[,di:'fəulei t] *tv.* ធ្វើឱ្យជ្រុះស្លឹក

-iv. ជ្រុះស្លឹក

deform[di 'fɔ:m] *tv.* បង្ខូចទ្រង់ទ្រាយ

deformed[di 'fɔ:mi d] *adj.* ដែលមានទ្រង់ទ្រាយមិនដូចធម្មតា

deformity[di 'fɔ:məti] *n.* ការខូចទ្រង់ទ្រាយ

Lit: វិរូបភាព

defraud[di 'frɔ:d] *tv.* បន្លំលួច, បំបាត់

defray[di 'frei] *tv.* ចេញប្រាក់ចំណាយជួស

defrost[,di:'frɔst] *tv.* ធ្វើឱ្យរលាយទឹកកក

-iv. រលាយ (ទឹកកក)

deft[deft] *adj.* ស្ទាត់, ជំនាញ

defunct[di 'fʌŋkt] *adj.* x journal ដែលលែងមានហើយ

x relative ដែលស្លាប់ទៅហើយ

defy[di 'fai] *tv. (pt. .pp.* defied*)*

x the law បំពាន

x him to do it ផ្ដាល់ឱ្យធ្វើអ្វីមួយ

degeneracy[di 'ʤenərəsi] *n.* ភាពឱនចុះ ភាពឱនថយ

degenerate[di 'ʤenərei t] *iv.* ឱនថយ, ប្រែក្លាយពីល្អទៅអាក្រក់

-adj. ដែលឱនថយ

-n. មនុស្សដែលគ្មានធមិអាក្នុងខ្លួន

degeneration[di ,ʤenə'rei ʃn] *n.*

gradual x ការឱនថយ

state of x ភាពឱនថយ

degradation[,degrə'dei ʃn] *n.* state of x ភាពថោក

gradual x ការធ្វើឱ្យថោក

degrade[di 'grei d] *tv.* x an officer បកសក្តិ

x his reputation ធ្វើឱ្យថោកឬខូច

degree[di 'gri:] *n.* x of temperature ដឺក្រេ

Lit: អង្សា

x of an angle ដឺក្រេ

x of seriousness ថ្នាក់, កម្រិត

university x សញ្ញាប័ត្រ

by degrees បន្តិចម្ដងៗ, ជាលំដាប់

to a certain d. ខ្លះ

dehumidity[,di:'hju:mi dəti]*tr.* យកសំណើម ចេញ

dehydrate[,di 'hai drei t] *tr.* យកជាតិ សើមចេញ

-*iv.* ស្រោះទឹក

deity['dei əti] ***n.*** local x ទេពតា

elevate him to x ភាពជាអាទិទេព

Cap អាទិទេព

deject[di 'ʤekt] *tr.* ធ្វើឱ្យថយកម្លាំងចិត្ត

dejected[di 'ʤekti d] ***adj.*** ព្រួយហើយល្វឹតល្វៃ

delay [di lei] *tr.* must x the meeting ពន្យារពេល

problems x us ធ្វើឱ្យយឺត

-*iv.* បង្អង់, បង្អែបង្អង់

-*n.* ការពន្យារពេល

delegate['deli gət] *tr.* x power ផ្ទេរ (អំណាច)

d. s.o. to go ចាត់អ្នកណាម្នាក់ឱ្យទៅ

-*n.* ប្រតិភូ

delegation[,deli 'gei ʃn] ***n.*** x of power ការផ្ទេរ

a large x គណៈប្រតិភូ

delete[di 'li t] *tr.* យកចេញ, ដកចេញ

deletion[di 'li:ʃn] ***n.*** by x ការយកចេញ

a x អ្វីៗដែលយកចេញ

deliberate[di 'li bərət] ***adj.*** x insult ដែលបានគិតទុកជាមុន, ដោយចេតនា, ដោយបំណង

x speed ដែលមិនប្រញាប់ប្រញាល់, ដោយប្រុងប្រយ័ត្ន

-*iv.,tr.* ពិគ្រោះ, ពិភាក្សា

deliberation[di ,li bə'rei ʃn] ***n.*** lengthy x ពិភាក្សា

move with x សេចក្តីប្រុងប្រយ័ត្ន

commit a crime with x ការគិតទុកជាមុន

delicacy['deli kəsi] ***n.*** x of lace ប្រណីតភាព

x of the situation ភាពតឹងតែង, ភាពអាចទៅជាមិនស្រួលបានដោយងាយ

x of his health ភាពមិនមាំមួន

a culinary x អាហារប្រណីត, អាហារឆ្ងាញ់ពិសា

delicate['deli kət] ***adj.*** x structure ដ៏ប្រណីត

x child ដែលមិនមាំមួន

x issue ដែលពិបាក, ដែលងាយទៅជាបញ្ហាធំ

delicatessen[,deli kə'tesn] ***n.*** ហាងលក់ម្ហូបចំអិនស្រាប់

delicious[di 'li ʃəs] ***adj.*** ឆ្ងាញ់ពិសា

delight[di 'lai t] ***n.*** សេចក្តីរីករាយខ្លាំង

Lit: អស្សាទ

-*tr.* ធ្វើឱ្យរីករាយខ្លាំង

delighted[di 'lai td] ***adj.*** សប្បាយរីករាយក្រៃលែង

delightful[di 'lai tfl] ***adj.*** x place មនោរម្យ

x person គួរឱ្យចូលចិត្ត

delineate [di 'li ni ei t] *tr.* x a design គូសព្រាង

x a plan រៀបរាប់

delinquent[di 'li ŋkwənt] ***adj.*** x child ដែលប្រព្រឹត្តបទល្មើស

x taxes ហួសកំណត់ពេល

-*n.* អ្នកប្រព្រឹត្តបទល្មើស

delirious[di 'li ri əs] ***adj.*** រវើរវាយ, មមើមមាយ

deliver[di 'li vər] *tr.* x a letter យក (ទៅឬមក) ឱ្យ

x a speech ថ្លែង

x s.o. from jail ដោះលែង

x a baby ជួយបង្កើតកូន

delivery[di 'li vəri] ***n.*** x of goods ការយកមកឱ្យ

special d. ប្រៃសនីយពិសេស

x from slavery ការឱ្យរួច

x of a baby ការបង្កើតកូន

Lit: ប្រសូតិកម្ម

x of an orator របៀបនិយាយ

delta['deltə] ***n.*** ដីសណ្តរ

delude[di 'lu:d] *tr.* បញ្ឆោត, ធ្វើឱ្យសង្ឃឹមឥតអំពើ

deluge['delju:dʒ] *n.* d. of water ទឹកជោរជន់
x of mail ចំនួនច្រើនលើសលប់
-*iv.* ជន់លិច
delusion[di 'lu:ʒn] *n.* សេចក្ដីភាន់វិញ្ញាណឬគំនិត, មាយាការ
deluxe[də'lʌks] *adj.* ដែលល្អជាងធម្មតា
delve[delv] *iv.* កកុរកកាយរកដោយយកចិត្ត
demagogue['deməgɔg] *n.* អ្នកបញ្ឆោតរាស្ត្រ
Lit ប្រជាភិថុតិកៈ
demagoguery['deməgɔgəri] *n.* ការបញ្ឆោតរាស្ត្រ
Lit: ប្រជាភិថុតិ
demand[di 'ma:nd] *tv.* x money សម្លុតទារ
jobs x skill ត្រូវការ
-*n.* unreasonable x ការទាមទារ
supply and x សេចក្ដីត្រូវការ
make demands on his time យកពេលគាត់អស់ច្រើនណាស់
demarcate['di:ma:kei t] *tv.* x the boundaries កំណត់, កម្រិត
x categories កាត់ដោយឡែក
demarcation[,di:ma:'kei ʃn] *n.* ការកម្រិតព្រំដែន, សីមាពន្ធន៍
d. line សីមារេខា
demean[di 'mi:n] *tv.* បញ្ចុះ បន្ទាប
demeanor[di 'mi:nər] *n.* អាចារៈ
demented[di 'menti d] *adj.* ឆ្កួត
demiliterize[,di:'mi li tərai z] *tv.* ធ្វើវិយោធកម្ម
demise[di 'mai z] *n.* x of the owner មរណភាព
x of the business ការឈប់លែងមាន
demobilize[di:'məubəlai z] *tv.* បញ្ចេញពីកំណែនកងពល
democracy[di 'mɔkrəsi] *n.* ប្រជាធិបតេយ្យ
democrat['deməkræt] *n.* អ្នកកាន់លទ្ធិប្រជាធិបតេយ្យ
Cap. សមាជិកគណៈបក្សប្រជាធិបតេយ្យ
democratic[,demə'kræti k] *adj.* ប្រជាធិបតេយ្យ
Cap. នៃគណៈបក្សប្រជាធិបតេយ្យ
demography[di 'mɔgrəfi] *n.* ប្រជាសាស្ត្រ
demolish[di 'mɔli ʃ] *tv.* x a building វាយចោល
x the enemy កំទេច
demolition[,demə'li ʃn] *n.* ការកំទេចចោល
demon['di:mən] *n.* បិសាច
Lit. រាក្សសៈ
demonstrate['demənstrei t] *tv.* x a point ស្រាយបំភ្លឺ
x a machine ធ្វើបង្ហាញឱ្យមើល
x one's sincerity បង្ហាញឱ្យឃើញ (នូវ)
-*iv* ធ្វើបាតុកម្ម
demonstrative[di 'mɔnstrəti v] *adj.*
x child ដែលបង្ហាញនូវការរំជួលចិត្ត
x of a point ដែលស្រាយបំភ្លឺ
Gram. x adjective និទស្ស
demonstration[,demən'strei ʃn] *n.* x of a fact សម្រាយបំភ្លឺ *Lit* និទស្សន៍
x of a car ការធ្វើបង្ហាញឱ្យមើល
x of affection ការបង្ហាញនូវ
political x បាតុកម្ម
demoralize[di 'mɔrəlai z] *tv.* x troops បង្ខូចទឹកចិត្ត
x a child នាំឱ្យប្រព្រឹត្តខុសសីលធម៌
demote[,di:'məut] *tv.* បញ្ចុះសក្តិ
demure[di 'mjuər] *adj.* នឹងធឹង, រម្យទម
den[den] *n.* bear's x រូង (សត្វព្រៃ)
use a room for a x បន្ទប់តូចសម្រាប់ធ្វើការរៀនសូត្រ ។ល។
Fig. x of thieves ទីលាក់ពួន
denial[di 'nai əl] *n.* x of charge ការប្រកែក
x of privileges ការមិនព្រមឱ្យ
x of a request ការបដិសេធ (នូវ)
denominate[di 'nɔmi nei t] *tv.* កំណត់ឈ្មោះ, ឱ្យឈ្មោះ, ដាក់ឈ្មោះ

denomination[di ˌnɔmi ˈnei ʃn] *n.* x of a successor ការកំណត់ឈ្មោះ, ការដាក់ឈ្មោះ
religious x និកាយ
bills of small x តម្លៃ

denominator[di ˈnɔmi nei tər]] *n. Math* ភាគបែង

denote[di ˈnəut] *tv.* ជាសញ្ញា

denounce[di nauns] *tv.* ប្រកាសមិនយល់ព្រមយ៉ាងខ្ជាប់ខ្ជួន

dense[dens] *adj.* x forest ក្រាស់
x population ឃន:
x liquid ខាប់
x student ភ្លីភ្លើ

density[ˈdensəti] *n.* x of population សន្ទភាព
x of a compound ដង់ស៊ីតេ
Lit. ឃនភាព
Elect. កម្លាំង

dent[dent] *n.* ស្នាមផ្ចិត
-*tv.* បំផ្ចិត

dental[ˈdentl] *adj.* x hygiene នៃធ្មេញ
Lit. ទន្តិក
Phonet. x sound ដែលបន្លឺឡើងដោយមានអណ្ដាតទៅប៉ះនឹងធ្មេញ, ទន្តជ

dentifrice[ˈdenti fri s] *n.* ថ្នាំដុសធ្មេញ

dentine[denti n] *n.* សាច់ភ្លុកនៃធ្មេញ

dentist[ˈdenti st] *n.* ពេទ្យធ្មេញ
Lit. ទន្តពេទ្យ

dentistry[ˈdenti stri] *n.* ទន្តពេទ្យវិទ្យា

denture[ˈdentʃər] *n.* ក្រាសធ្មេញពាក់ (គឺធ្មេញដែលពាក់ជំនួសធ្មេញធម្មតា)

denude[di ˈnju:d] *tv.* យកអ្វីៗដែលគ្របដណ្ដប់ចេញ

denunciate[di ˌnʌnsi ˈei t]*tv.* ប្រកាសមិនយល់ព្រមយ៉ាងខ្ជាប់ខ្ជួន

denunciation[di ˌnʌnsi ei ʃn] *n.* ការប្រកាសមិនយល់ព្រមយ៉ាងខ្ជាប់ខ្ជួន

deny[di ˈnai] *tv.* (*pt. .pp.* denied)
x a charge ប្រកែក
x a request បដិសេធ
x privileges មិនព្រមឱ្យ

deoderant[di ˈəudərənt] *n.* ថ្នាំបំបាត់ក្លិនអាក្រក់
-*adj.* ដែលបំបាត់ក្លិនអាក្រក់

depart[di ˈpɑ:t] *iv.* x from a place ចេញ
x from tradition ងាកចេញ (អ. ប.)
x from this world ស្លាប់

department[di ˈpɑ:tmənt] *n.* x of Defense ក្រសួង
history x ផ្នែក
d. store ហាងធំ (លក់ទំនិញគ្រប់មុខ)

departure[di ˈpɑ:ʧər] *n.* time of x ចំណេញដំណើរ (ការចេញដំណើរ)
x from tradition ការងាកចេញ (អ. ប.)

depend[di ˈpend] *iv.* (Children) d. on (their parents.) ពឹងពាក់លើ
(You can) d. on (him.) ទុកចិត្ត
d. on (several factors) ស្រេចតែនឹង, ពឹងពាក់ទៅនឹង
d. from ព្យួរចុះ

dependable[di ˈpendəbl] *adj.* ដែលទុកចិត្តបាន

dependability[di ˌpendəˈbi ləti] *n.* ភាពទុកចិត្តបាន

dependence[di ˈpendəns] *n.* ភាពពឹងពាក់ទៅលើគេ, ការមិនស្រេចលើខ្លួន
Lit. អតិស្សរភាព

dependent[di ˈpendənt] *adj.* a child នៅក្នុងបន្ទុក
x on the outcome ស្រេចតែនឹង
Gram. x clause ដែលពឹងពាក់នឹងអ្វីមួយទៀត
-*n.* មនុស្សនៅក្នុងបន្ទុក

depict[di ˈpi kt] *tv.* ពណ៌នា

deplete[di ˈpli:t] *tv.* ធ្វើឱ្យហិន, ធ្វើឱ្យក្រ, ធ្វើឱ្យអស់

depletion[di ˈpli:ʃn] *n.* គនុកម្ម

deplorable[di ˈplɔ:rəbl] *adj.* គួរឱ្យស្ដាយ

deplore[di 'plɔ:r] *tv.* សម្ដែងនូវសេចក្ដីស្ដាយ

depopulate[,di:'pɔpjulei t] *tv.* ធ្វើឱ្យមានមនុស្សតិច, ធ្វើឱ្យចុះថយចំនួនប្រជាជន

deploy[di 'plɔi] *tv.* លាតទ័ព

deport[di 'pɔ:t] *tv.* និរទេស

deportment[di 'pɔ:tmənt] *n.* កិរិយា

depose[di 'pəuz] *tv.* x a king ទម្លាក់

x a statement ថ្លែងប្រកាសជាលាយលក្ខអក្សរ (តុលាការ)

deposit[di 'pɔzi t] *tv.* x one's load ដាក់ចុះ

rivers x silt នាំមកចាក់

x money in an account ដាក់ចូលក្នុង

x money to bind a purchase កក់

-n. d. of silt ដីល្បប់

x of gold ស្រទាប់ដី (ក្នុងដី)

bank x ប្រាក់យកទៅដាក់ចូល

x on a purchase ប្រាក់កក់

depository[di 'pɔzi tri] *n.* កន្លែងដាក់ទុក

deposition[,di pə'zi ʃn] *n.* x of a king ការទម្លាក់

Law make a x សេចក្ដីថ្លែងប្រកាសជាលាយលក្ខអក្សរ (តុលាការ)

depot[,depəu] *n.* train x ស្ថានីជំហប់និកាស

supply x ឃ្លាំង (ទុកអីវ៉ាន់)

depravation[di ,prei vei ʃn] *n.* ទុរាចារ

deprave[di 'prei v] *tv.* ធ្វើឱ្យខូច

deprecate['deprəkei t] *tv.* និយាយមើលងាយ

depreciate[di 'pri:ʃi ei t] *iv.* ចុះថ្លៃ

-tv. x currency បញ្ចុះតម្លៃ

x his contribution និយាយមើលងាយឬបន្ទោក

depreciation[di ,pri:ʃi 'ei ʃn] *n.* x in value ការចុះតម្លៃ

Lit. និម្មូលវិចារណ៍

x of property (for tax purposes

ការបញ្ចុះតម្លៃបន្តិចម្ដងៗ

x of goods ការនិយាយមើលងាយឬបន្ទោក

depress[di 'pres] *tv.* x a button ចុច

x a pedal ជាន់

d. one's spirits ធ្វើឱ្យថយកម្លាំងចិត្ត

depression[di 'preʃn] *n.* mental d. ដំណើរធ្លាក់ទឹកចិត្ត

economic d. ដំណើរសេដ្ឋកិច្ចធ្លាក់ចុះដុនដាប

topographical x ទំនាប, រលំម្នាច

deprivation[,depri 'vei ʃn] *n.* x of love ការបង្អត់ (នូវ)

live in x ភាពខ្វះខាត

deprive[di 'prai v] *tv.* x him of food បង្អត់

x him of his freedom ដកហូត

depth [depθ] *n.* x of water . thought ជម្រៅ

x of a lot ជម្រៅឬបណ្ដោយចូលទៅក្នុង

deputation[di 'pju'tei ʃn] *n.* small x គណៈប្រតិភូ

x of an assistant ការតាំងប្រតិភូ

depute[di 'pju:t] *tv.* x him to do it តាំងជាភ្នាក់ងារ

x duties to him ប្រគល់អំណាចឱ្យ

deputize['depjətai z] *tv.* តាំងជាភ្នាក់ងារ

deputy['depjuti] *n.* appoint him as my x ភ្នាក់ងារ

x of the people តំណាង

-adj. ភ្នាក់ងារ, រង

derail[di 'rei l] *tv.* ធ្វើឱ្យធ្លាក់ពីផ្លូវ (រថភ្លើង)

-iv. ធ្លាក់ចេញពីផ្លូវ

derange [di 'rei ndʒ] *tv.* x a schedule ធ្វើឱ្យច្របូកច្របល់

x his mind ធ្វើឱ្យវង្វេងស្មារតី

derelict['derəli kt] *adj.* x ship ដែលគេបោះបង់ចោល, ដែលគ្មានម្ចាស់

x in one's duty ខ្វះប្រយ័ត្ន

-n. ship is a x អ្វីៗដែលគេបោះបង់ចោល (ជម្ពូគាមារ)

drunken x មនុស្សអនាថា

deride[di'rai d] *tv.* ចំអកមើលងាយ

derivation[,deri'vei ʃn] *n.* x of steel from iron ការទាញយក

What's his x? ដើមកំណើត

Gram. lexical x ការក្លាយនៃសព្ទវចនៈ

Lit: តទ្ធិតកម្ម

derivative[di'ri vəti v] *adj.* ដែលក្លាយ (មកពីអ្វីមួយផ្សេងទៀត)

-n. a x of coal និស្សន្ទវត្ថុ

'Happiness' is a x of 'happy' ពាក្យក្លាយ

Lit: បទតទ្ធិត

derive[di'rai v] *tv.* x a conclusion ទាញយក

x a noun from an adjective ធ្វើឱ្យទៅជា

-iv. d. from មកពី

dermatology[,dɜ:mə'tɔlədʒi] *n.* វិជ្ជាខាងរោគសើស្បែក

Lit: តចវិទ្យា

derogatory[di'rɔgətri] *adj.* ដែលប្រមាថ, ដែលមើលងាយ

derrick['deri k] *n.* construction x ម៉ាស៊ីនស្ទូច

oil x សំណង់ដែកខ្ពស់ៗមួយប្រភេទមានសង់នៅលើមាត់អណ្ដូងប្រេងកាតជាដើម

descend[di'send] *iv.* airplanes x ចុះ

slopes x ជ្រាលចុះ

d. upon (the enemy) វាយសម្រុកដោយគ្នាច្រើន

d. to (lying) ធ្លាក់ខ្លួនទៅដល់

-tv. ចុះ (ពីឬពីលើ)

descendant[di'sendənt] *n.* កូនចៅ

Lit: បច្ចាជន

descent[di'sent] *n.* rapid x ការចុះ

steep x ជម្រាល

of German x ដើមកំណើត

describe[di'skrai b] *tv.* x a scene ពណ៌នា

x a circle គូស

description[di'skri pʃn] *n.* ពិពណ៌នា

descriptive[di'skri pti v] *adj.* ពិពណ៌នា, ដែលពណ៌នា

desecrate['desi krei t] *tv.* ប្រមាថ (សារណវត្ថុ)

desegregate[,di:'segri gei t] *tv.* ធ្វើឱ្យលាយឡំគ្នា

-iv. លាយឡំគ្នា

desert[1][di'zɜ:t] *n.* វាលខ្សាច់, សមុទ្រខ្សាច់

Lit: កន្តារ

desert[2][di'zɜ:t] *tv.* រត់ចោល (ប្រពន្ធ ។ល។)

-iv. រត់ចោលតំណែង (ទាហាន)

deserter[di'zɜ:tər] *n.* អ្នករមត់

deserve[di'zɜ:v] *tv.* សមនឹងបាន, សមនឹងទទួល

deserving[di'zɜ:vi ŋ] *adj.* គួរសរសើរ

desideratum[di'zi də'rɑ:təm] *n.* ឥច្ឆិតា

design[di'zai n] *tv.* x a house គូរប្លង់

x a plan of action រិះរក, រៀបចំ

-n. architectural x ប្លង់

colored x គំនូរ

selfish x គម្រោងការណ៍

designate ['dezi gnei t] *tv.* x a successor ជ្រើសរើសទុកជាមុន

x a rendezvous កំណត់

use a symbol to x sthg. សំគាល់

-adj. secretary x ចាត់តាំងឬត្រូវជ្រើសរើសហើយ

designation [,dezi g'nei ʃn] *n.* x of a replacement ការជ្រើសរើសទុកជាមុន

x for a new product នាមករណ៍

desirable[di'zai ərəbl] *adj.* គួរឱ្យចង់បាន

desire[di'zai ər] *tv.* x wealth ចង់បាន

x him to come ចង់ឱ្យ

x a woman ប្រាថ្នាទៅលើ

-*n.* achieve one' s x សេចក្ដីប្រាថ្នា

What' s your x ? ចេតនា

sexual d. តម្រេក

desirous (of)[di 'zai ərəs] *adj.* ចង់

desist[di 'zi st] *iv.* ឈប់ធ្វើ

desk[desk] *n.* writing x តុ

from the President 's x ការិយាល័យ

desolate['desələt] *adj.* x mood ស្រពោនដែលមានទុក្ខធ្ងន់

x lanscape សោះកក្រោះ

-*tv.* ធ្វើឱ្យកើតទុក្ខធ្ងន់

despair[di 'speər] *n.* deep x ការអស់សង្ឃឹម

He' s the x of his teachers. អ្វីៗដែលធ្វើឱ្យអស់សង្ឃឹម

-*iv.* អស់សង្ឃឹម

desperate['despərət] *adj.* x need ជាខ្លាំង

x criminal ដែលសាហាវ (ដោយអស់សង្ឃឹម)

despicable[di 'spi kəbl] *adj.* គួរឱ្យស្អប់

despise[di 'spai z] *tv.* ស្អប់

despite[di 'spai t] *prep.* ថ្វីបើ ... ក៏ដោយ

despondent[di 'spɔndənt] *adj.* ខូចចិត្ត, អស់ចិត្ត

despot['despɔt] *n.* អ្នកកាន់អំណាចផ្ដាច់ការ

Lit: អត្តាវសី

dessert[di 'zɜ:t] *n.* បង្អែម

destination[,desti 'nei ʃn] *n.* reach one' s x ទីដែលគេសំដៅទៅ *Lit:* គម្យស្ថាន

x of the money គោលបំណង

destined['desti ni d] *adj.* x for Chicago ឆ្ពោះទៅ

d. to succeed ដែលមុខតែនឹងបានជោគជ័យ

x for home use សម្រាប់, ទុកសម្រាប់

destiny[,destəni] *n.* វាសនា

destitute['desti tju:t] *adj.* x family ទ័លក្រ, ទុគ៌ត

x of ideas អស់លើង

destroy[di 'strɔi] *tv.* x a house ធ្វើឱ្យបាក់បែកខ្ទេចខ្ទាត

x the enemy កំទេច, ធ្វើឱ្យវិនាស

destroyer[di 'strɔi ə] *n.* នាវាពិឃាដ

destruction [di 'strʌkʃn] *n.* x of property ការបំផ្លាញ

widespread x ហាយនភាព

detach[di 'tætʃ] *tv.* x a label ផ្ដាច់, យកចេញ

x troops to another post ចាត់ឱ្យទៅកន្លែងមួយទៀត

detached[di 'tætʃd] *adj.* x garage ដែលដាច់តែឯង, មិនជាប់នឹងអ្វីឯទៀត

x attitude ដែលមិនរវីរវល់

detachment[di 'tætʃmənt] *n.* judge with x ភាពមិនរវីរវល់

x of troops ពលសេនា

detail['di:tei l] *n.* minor x រឿងកំប៉ិកកំប៉ុកមិនសំខាន់

prepare a x សេចក្ដីរាយការណ៍យ៉ាងល្អិតល្អន់

work x ក្រុមមនុស្សដែលគេចាត់ឱ្យបំពេញកិច្ចការផ្សេងៗ

in d. យ៉ាងល្អិតល្អន់, គ្រប់សព្វ, ជាពិស្ដារ

-*tv.* x a play រៀបរាប់ឬរ៉ាយរ៉ាប់យ៉ាងល្អិតល្អន់

x troops ចាត់ឱ្យបំពេញកិច្ចការផ្សេងៗ (ទាហាន)

detain[di 'tei n] *tv.* problems x him ឃាត់ទុក

x a criminal ឃុំឃាំង, ដាក់គុក

detect[di 'tekt] *tv.* x a flaw រកឃើញ

x a noise រកឱ្យដឹងនូវបុព្វហេតុ

x a radio signal ចាប់

x a spy ចាប់បាន, ដឹងហេតុការណ៍

detection[di 'tekʃn] *n.* ការរកឃើញ

detective[di 'tekti v] *n.* អ្នកអង្កេត

Coll: តិកា

detention[di 'tenʃn] *n.* ការឃុំឃាំង, ការឃាត់ខ្លួន

deter[di 'tɜːr] *tv.* *(pt..pp.* deterred*)* ធ្វើឱ្យរួញរា ធ្វើ

នឹងធ្វើអ្វីមួយ, ធ្វើឱ្យរា

detergent[di 'tɜːʤent] *n.* ម្សៅសាប៊ូ (បោកខោ

អាវ)

-adj. ដែលធ្វើឱ្យស្អាត

deteriorate[di 'təri ərei t] *iv.* កាន់តែយ៉ាប់

យ៉ឺនឡើង

-tv ធ្វើឱ្យកាន់តែយ៉ាប់យ៉ឺនឡើង

determinate[di 'tɜːmi nət] *adj.* ដែលមានកំណត់

(យ៉ាងជាក់លាក់)

determination[di ,tɜːmi 'nei ʃn] *n.* a man of x

ប្ដេជ្ញា

x of a settlement ការកំណត់

determine [di 'tɜːmi n] *tv.* x a solution កំណត់

x to go ប្ដេជ្ញា

x him to go ធ្វើឱ្យប្ដេជ្ញា

determined[di 'tɜːmi nd] *adj.* x to go ដែលប្ដេជ្ញា

x sum កំណត់

deterrent[di 'terənt] *n.* អ្វីៗធ្វើឱ្យរាឬរួញរា

-adj. ដែលធ្វើឱ្យរាឬរួញរា

detest[di 'test] *tv.* ស្អប់ខ្លាំង

dethrone[,diː'θrəun] *tv.* ទម្លាក់រាជ្យ

detonate['detənei t] *tv.* ធ្វើឱ្យផ្ទុះ

-iv. ផ្ទុះ

detour['diːtuər] *n.* ផ្លូវវាង (បណ្ដោះអាសន្ន)

-iv. វាង

-tv. ធ្វើឱ្យវាង

detract (from)[di 'trækt] *iv.* ធ្វើឱ្យខិតថយ

detrimental[,detri mentl] *adj.* ដែលធ្វើឱ្យ

ខូចប្រយោជន៍

devaluate[,diː'væljuei t] *tv.* បញ្ចុះតម្លៃ (នៃ

រូបិយវត្ថុ)

devalue[,diː'væljuː] *tv.* បញ្ចុះតម្លៃ (នៃរូបិយវត្ថុ)

devastate ['devəstei t] *tv.* x a country

ធ្វើឱ្យខ្ទេចខ្ទី

Fig. x one' s opponent ធ្វើឱ្យលែងងើបមុខរួច

develop[di 'veləp] *tv.* x a plan គ្រោង, បង្កើត

x a country ធ្វើឱ្យលូតលាស់ឬចម្រើន

x film លាង (ហ្វីលឬរូបថត)

x an ulcer កើត

x a theme អធិប្បាយ

-iv. country will x ចម្រើនលូតលាស់

Lit: អភិវឌ្ឍ

see what will x កើតឡើង

x physically ធំធាត់ឡើង

development [di 'veləpmənt] *n.* surprising x

ការដែលកើតមានឡើង

x of a countrv ការចម្រើនលូតលាស់

Lit: វឌ្ឍនកម្ម

x of an ulcer ការកើត

x of film ការលាង (ហ្វីលឬរូបថត)

deviant['diːvi ənt] *adj.* x behavior ដែលខុសពី

ធម្មតា

x line ដែលងាកចេញ

-n. មនុស្សខុសពីគេឯង

deviate (from)['diːvi ei t] *iv.* ងាកចេញ (ពី)

deviation[,diːvi 'ei ʃn] *n.* x from the norm

ការងាកចេញ

a radical x គម្លាក

device[di 'vai s] *n.* mechanical x គ្រឿង

legal x ល្បិច

literary x មធ្យោបាយ

devil['devl] *n.* supernatural x បិសាច

printer' s x អ្នកចាប់រៀនវិជ្ជាជីវៈអ្វីមួយ

devilment['devlmənt] *n.* ដំណើររបិលរប៉ូច

deviltry,devilry['devlri] *n.* ដំណើររបិលរប៉ូច

devious['diːvi əs] *adj.* x course កិកកុក

x plan វៀចវេរ

devise[di 'vai z] *tv.* ប្រឌិតឡើង

devoid (of)[di 'vɔi d] *adj.* គ្មាន... សោះ

devote[di 'vəut] ***tv.*** d. oneself to បូជាខ្លួនចំពោះ
x 2 hours to reading ទុកសម្រាប់

devoted[di 'vəutd] ***adj.*** x friend ភក្តី
x Buddhist ស៊ប់

devotion[di 'vəuʃn] ***n.*** x to a cause ធម្មនិដ្ឋា
filial x ភក្តីភាព
x of time ការទុកសម្រាប់

devour[di 'vauər] ***tv.*** x food ស៊ីរឡេបឡប់
fires x the forest បំផ្លាញ

devout[di 'vaut] ***adj.*** ធម្មនិដ្ឋ

dew[dju:] ***n.*** ទឹកសន្សើម *Lit:* ហេមជល

dexterity[dek'sterərti] ***n.*** គម៉ឺកដៃ

dexterous[dekstrəs] ***adj.*** ដែលប៉ិនប្រសប់ (ធ្វើអ្វីៗនឹងដៃ)

Dharma[dɑ:mə] ***pr. n.*** ធម្ម

diabetes[,dai ə'di:ti:z] ***n.*** រោគទឹកនោមផ្អែម
Lit: មធុមេហរោគ

diabolic[,dai ə'bɔli k] ***adj.*** កំណាច (ដូចខ្មោចបិសាច)

diacritic[,dai ə'kri ti k], **diacritical mark**[mɑ:k] ***n.*** វណ្ណយុត្តិ

diagnose['dai əgnəuz] ***tv.*** ធ្វើរោគវិនិច្ឆ័យ

diagnosis[,dai əg'nəusi s] ***n.*** រោគវិនិច្ឆ័យ

diagonal[dai 'æɡənl] ***adj.*** បញ្ឆៀង
Lit: វិជ្ឈកោណ

diagram['dai əgræm] ***n.*** ឌីយ៉ាក្រាម
-tv. គូរឌីយ៉ាក្រាម

dial['dai əl] ***n.*** watch x មុខ (នាឡិកា។ល។)
radio x ប្រដាប់មួល (ប្ដូរប៉ុស្តិ៍វិទ្យុ)
-tv. x a telephone វៃ
x a station មួល (ប្ដូរប៉ុស្តិ៍វិទ្យុ)

dialect['dai əlekt] ***n.*** គ្រាមភាសា

dialogue['dai əlɔg] ***n.*** lengthy x ការសន្ទនា, សំវាទ
establish a x ការនិយាយទាក់ទងគ្នា

diameter[dai 'æmi tər] ***n.*** បន្ទាត់ផ្ចិត, វិជ្ឈមាត្រ

diamond['dai əmənd] ***n.*** uncut x ពេជ្រ
Cards play a x ការ៉ូ

diaper['dai əpər] ***n.*** ក្រណាត់អាចម៍, កន្ទបអាចម៍
-tv. ស្លៀកកន្ទបអាចម៍

diarrhea[,dai ə'ri ə] ***n.*** រោគចុះរាគ

diary['dai əri] ***n.*** កំណត់ប្រចាំថ្ងៃ (នៃអ្នកណាម្នាក់)

dibble['di bl] ***n.*** d. stick (for seeds) ឈើបុះ, ឈើបុក
d. stick (for plants) ឈើច្រាន, ឈើជួន
-tv. បុកនឹងឈើឬឈើច្រាន

dice[dai s] ***n.*** *(pl. of* die*)* គ្រាប់ឡុកឡាក់
-tv. កាត់ជាដុំតូចៗបួនជ្រុង

dichotomy[dai 'kɔtəmi] ***n.*** ការបែកជាពីរ

dick['di k] ***n.*** *Sl.* គិញ
Vulg. ក្ដ

dicker['di kər] ***iv.*** តថ្លៃ

dictate[di k'tei t] ***tv.*** x a letter អានឬនិយាយមាត់ទទេឱ្យសរសេរតាម
Circumstances x that he go. តម្រូវ
-iv. បញ្ជា
-n. បញ្ជា

dictator[di k'tei tər] ***n.*** អ្នកប្រើអំណាចផ្ដាច់ការ

dictatorial[,di ktə'tɔ:ri əl] ***adj.*** ដែលប្រើអំណាចផ្ដាច់ការ

diction['di kʃn] ***n.*** speech x របៀបនិយាយ
literary x ការរើសរៀបរៀងពាក្យ

dictionary['di kʃənri] ***n.*** វចនានុក្រម

dictum['di ktəm] ***n.*** ពាក្យទំនឹមទំនៀម

didactic['dai dækti k] ***adj.*** សម្រាប់អប់រំ, សម្រាប់ប្រៀនប្រដៅ
Lit: ឧបទេស

die[1][dai] ***iv.*** *(pt.,pp.* died, *pres. par.* dying*)*
humans x *1.Gen:* ស្លាប់
2. Form: អនិច្ចកម្ម, ទទួលអនិច្ចកម្ម

3. *cl:* អនិច្ចធម្ម, សុគត

4. *Derog:* ងាប់

5. *Roy:* សុគត, សុវណ្ណគត, សោយព្រះទីវង្គត

6. *Poet:* សូន្យជីវិត

7. *Lit:* ក្ស័យ

8. *Euph:* ចាកស្ថាន

9. *Misc:* សាបសូន្យជីវិត, បង់ជីវិត, ខូច, ដាច់ជីវិត, ដាច់ខ្យល់, ដាច់បង្ហើម

animals x ងាប់, ស្លាប់

motors x រលត់

(sounds) d. away បាត់បន្តិចម្ដងៗ

Coll. dying (to see her) ចង់សឹងស្លាប់

die[2][dai], *n.* x for shaping metal គុម្ព

(sg. of dice*)* កូនឡុកឡាក់មួយ

Id. The d. is cast. លែងប្រែប្រួលបាន

diesel['di:zl] *adj. Fr:* ឌីយេហ្សែល

-n. ម៉ាស៊ីនឌីយេហ្សែល

diet['dai ət] *n.* wholesome x អាហារ (ដែលបរិភោគរាល់ថ្ងៃ)

go on a x របបអាហារណឺយ

-iv. តមអាហារ

dietetic[,dai ə'teti ks] *adj.* សម្រាប់ការតមអាហារ

differ[,di fər] *iv.* opinions x ប្លែកពីគ្នា, ខុសគ្នា

x with s.o. ទាស់គំនិតគ្នា

difference['di frəns] *n.* x between pears and apples ភាពទីទៃពីគ្នា, អសទិសភាព

d. of opinion ការទាស់គុំនិតគ្នា

a minor x ចំណុចខុសគ្នា

pay the x ផលសង

It makes no d. to me. ខ្ញុំម៉េចក៏បានដែរ

different['dfrənt] *adj.* Those two are x. ខុសគ្នា, ទីទៃពីគ្នា

He' s x. ប្លែកពីគេ

do something x ផ្សេងទៀត

d. from ខុសគ្នាពី

differential[,di fə'renʃl] *n. Mech.* auto x ស៊ីបផ្វិលកង់

Math. a x of two អវិកល

-adj. d. calculus គណនាអវិកល

d. gear ស៊ីបផ្វិលកង់

differentiate [,di fə'renʃi ei t] *tv.* x pears from apples ញែកឱ្យឃើញភាពខុសគ្នា

x strains ធ្វើឱ្យខុសគ្នា

-iv. d. between ញែកឱ្យឃើញភាពខុសគ្នា

strains x ទៅជាខុសគ្នា

difficult['di fi kəlt] *adj.* x problem ពិបាក

x life លំបាក

x child ដែលពិបាកផ្គាប់ចួតម្រូវចិត្ត

difficulty['di fi kəlti] *n.* of great x ភាពពិបាក

an unexpected x ឧបសគ្គ

financial x បញ្ហា

diffidence['di fi dəns] *n.* ការខ្វះការទុកចិត្តលើខ្លួនឯង

diffident['di fi dənt] *adj.* ដែលខ្វះការទុកចិត្តលើខ្លួនឯង

diffract[di 'frækt] *tv.* ធ្វើឱ្យបាក់ពន្លឺ

diffuse[di 'fju:z] *iv.* សាយ

-tv. ធ្វើឱ្យសាយឡើង

-adj. ដែលសាយឡើង

diffusion[di 'fju:ʒn] *n.* សំណាយភាយ

dig[di g] *tv. (pt.,pp.* dug*)* x a hole ជីក

x a heel in the ground ធ្វើទ្រុឌ

d. out (with the hand) កកាយ

d. out (with a shovel) ជីក

d. up (a bone) កាយយកចេញ

d. up (a fact) ជីកកកាយរក

Sl. យល់ឬចូលចិត្ត

-iv. x for a living ធ្វើការយ៉ាងច្រើន

d. in (at a job) ធ្វើការយ៉ាងច្រើន

Coll. d. in (at the table)ចាប់បរិភោគ

-n. a x in the ribs មួយកែងដៃ

Coll. a sarcastic x ពាក្យចំអក

Archeol. កន្លែងជីករកបុរាណវត្ថុ

digest['dai ʤest] *tv.* x food រំលាយ

x facts យកមកគិតយ៉ាងល្អិតល្អន់

-iv. រលាយ (អាហារ)

-n. កម្រងអត្ថបទសង្ខេប

Lit: អត្ថសង្គហៈសង្ខេប

digestion[di 'ʤestʃn] *n.* រំលាយអាហារ

Lit: ជីរណា

digger[,di gər] *n.* អ្នកឬគ្រឿងជីក

digit['di ʤi t] *n.* x of the hand ម្រាម

whole x លេខ

dignified *adj.* ដែលមានសេចក្ដីថ្លៃថ្នូរ

dignify['di gni fai] *tv.* ធ្វើកិត្តិយសចំពោះ

dignity['di gnəti] *n.* សេចក្ដីថ្លៃថ្នូរ

digress[dai 'gres] *iv.* ស្លេះ

dike[dai k] *n.* ricefield x ភ្លឺ

flood x ទំនប់

dilapidated[di 'læpi dei ti d] *adj.* ទ្រុឌទ្រោម

dilate[dai 'lei t] *iv.* រីក

-tv. ធ្វើឱ្យរីក

dilemma[di 'lemə] *n.* ទុក្ខគ្រោះ

dilettante[,di lə'tænti] *n.* អ្នកដែលធ្វើនេះបន្តិចធ្វើនោះបន្តិច ហើយឥតមានជម្រៅ

diligence['di li ʤəns] *n.* ការយកចិត្តទុកដាក់ (នឹងកិច្ចការអ្វីមួយ), វិរិយភាព

diligent['di li ʤənt] *adj.* x worker ដែលយកចិត្តទុកដាក់

x effort យ៉ាងខ្លាំងក្លា

dilly-dally['di li dæli] *iv.* ត្រេតត្រត, រេរ៉

dilute[dai 'lju:t] *tv.* ពង្រាវ

-iv. ទៅជារាវ

-adj. រាវ

dim[di m] *adj.* x light ស្រអាប់

x room មិនស្វាងភ្លឺ

x prospects ឥតសូវមានសង្ឃឹម

take a d. view of មិនយល់ព្រម, មិនចូលចិត្ត

-tv. (*pt.,pp.* dimmed) ធ្វើឱ្យស្រអាប់ងងឹត

-iv. អន់ភ្លឺ, ទៅជាងងឹត

dime[dai m] *n.* កាក់, ដប់សេន

dimension[di 'menʃn] *n.* ទំហំ

diminish[di 'mi ni ʃ] *iv.* ថយ

-tv. បន្ថយ

diminutive[di 'mi njəti v] *adj.* x house តូច

Gram. x suffix និវត្តន៍

dimple['di mpl] *n.* ខួច

-tv. បង្ខួច

-iv. ខួច

din[di n] *n.* សូរសន្ធឹក

dine[dai n] *iv.* x at eight បរិភោគបាយល្ងាច

d. out ញុំាបាយល្ងាចនៅហាង

-tv. ជប់លៀងពេលល្ងាច

diner['dai nər] *n.* late x អ្នកបរិភោគបាយល្ងាច

eat at a x ហាងបាយតូចតាច

train has a x វ៉ាហ្គុងភោជនីយដ្ឋាន

dingy['di nʤi] *adj.* ក្រខ្វក់, គគ្រិច

dinky['di ŋki] *adj.* តូចតាច

dinner['di nər] *n.* eat x *1. Urban:* បាយល្ងាច

2. Rural: បាយថ្ងៃត្រង់

3. Lit: សាយមាស

official x សាយភត្ត

dinosaur['dai nəsɔ:r] *n.* សត្វឌីណូស័រ

dip[di p] *tv. (pt.,pp.* dipped*)*
x water ជង, ជ្រួស
x bread in milk ជ្រលក់
x a flag បង្អួត (ទង់ជាតិ)
-iv. ធ្លាក់ចុះ
-n. make a sudden x ការធ្លាក់ចុះ
crackers and x ទឹកជ្រលក់ (របៀបទឹក
ណាំយ៉ា កាពិបុក ។ល។)
x in the road ទីខ្ទង
Coll. take a d. ងូតទឹក
diphtheria[di fθi əri ə]. *n.* រោគខាន់ស្លាក់
diphthong['di fθɔŋ] *n.* ស្រៈផ្សំ, សំយុត្តស្រៈ
diploma[di 'pləumə] *n.* សញ្ញាប័ត្រ
diplomacy[di 'pləuməsi] *n.* international x
ការទូត
use x ប្រសាស្នោបាយ, ការប៉ិនប្រសប់
diplomat['di pləmæt] *n.* អ្នកការទូត
diplomatic[,di plə'mæti k] *adj*. d. corps អង្គទូត
x comment ដែលវាយបណ្ដោយយ៉ាងប៉ិនប្រសប់
x relations ខាងផ្លូវទូត
dipper['di pər] *n.* ចោយឬវែកជ្រៅ
dire['dai ər] *adj.* ធ្ងន់, បន្ទាន់
direct[di 'rekt] *tv.* x a project ចាត់ការត្រួតត្រា
x an orchestra ដឹកនាំ
x him to go បង្គាប់
x him to a hotel ប្រាប់ផ្លូវ
x a question to him ដាក់ទៅចំពោះ
-adj. x route ត្រង់
x descent ផ្ទាល់ (ដូចជាពីឪពុកទៅកូន)
x answer ត្រង់ៗ, ចំៗ
x contact ផ្ទាល់
d. current ចរន្តសន្តតិ
direction[di 'rekʃn] *n.* northern x ទិស
(read the) directions សេចក្ដីណែនាំ
(ជាលាយលក្ខអក្សរ) ប្រាប់ឱ្យធ្វើអ្វីមួយ
x of the business ការចាត់ការ
produced under his x ការដឹកនាំ
directive[di 'rekti v] *n.* សេចក្ដីបង្គាប់
director [di 'rektər] *n.* x of a business
ចាងហ្វាង
x of an orchestra អ្នកដឹកនាំ
directory[di 'rektəri] *n.* សៀវភៅរាយឈ្មោះ
នឹងទីលំនៅ
dirt[dɜːt] *n.* covered with x ធូលី
loose x ដី
clean up x. កំទេច, សម្រាម
Id. dig up d. រករឿងសំអុយ
dirty['dɜːti] *adj.* x face ក្រខ្វក់
x language ថោកទាប, បាតផ្សារ
x trick កំណាច
-tv. x his clothes ធ្វើឱ្យប្រឡាក់
x his reputation បង្ខូច
dis-*pref.* បុព្វបទមានន័យថាៈ មិន ឧ. like
ចូលចិត្ត > dislike មិនចូលចិត្ត
belief ជំនឿ > disbelief ការមិនជឿ
disability[,di sə'bi ləti] *n*. អសមត្ថភាព
disable[di s'ei bl] *tv.* x a worker ធ្វើកាយវិកលកម្ម
x a tank ធ្វើឱ្យលែងប្រើការបាន
disabled[di s'ei bld] *adj.* កាយវិកល
disadvantage[,di səd'vɑːnti dʒ] *n.* x to him
ការចាញ់ប្រៀប
x of the plan ទំនាស់
-tv. ធ្វើឱ្យចាញ់ប្រៀប
disagree[,di sə'griː] *iv.* two parties x ខ្វែងគំនិតគ្នា
x with his opinion មិនយល់ស្រប
two accounts x មិនត្រូវគ្នា
disagreeable[,di sə'griːəbl] *adj.* អរមណីយ
disagreement[,di sə'griːmənt] *n.* have a x
with s.o.

ការខ្វែងគំនិត

x between two accounts ភាពមិនត្រូវគ្នា

disappear[,di sə'pi ər] *iv.* x behind a cloud មើលលែងឃើញ

symptoms x បាត់

(He) disapeared (two days ago.) បាត់ខ្លួន

disappoint[,di sə'pɔi nt] *tv.* ធ្វើឱ្យខកចិត្ត

disapointment[,di sə'pɔi ntmənt] *n.* hide one's x កំហកចិត្ត (ការខកចិត្ត)

The play was a x. អ្វីៗដែលមិនសមនឹងសេចក្ដីបំណង

disapprove[,di sə'pru:v] *tv.* x his action ជំទាស់

x a request មិនយល់ព្រម

-iv. d. of មិនយល់ព្រម

disarm[di s'ɑ:m] *tv.* x a person ដកហូតអាវុធ

x them with charm ធ្វើឱ្យអស់សង្ស័យ

-iv. បន្ថយកំណត់ចំនួនអាវុធឬកម្លាំងទ័ព

disarmament[di s'ɑ:mənənt] *n.* និរាវុធកម្ម

disarrange[,di sə'rei ndʒ] *tv.* រើរុះ, ធ្វើឱ្យច្របូកច្របល់

disarray[,di sə'rei] *tv.* ធ្វើឱ្យច្របូកច្របល់

-n. ភាពច្របូកច្របល់

disaster[di 'zɑ:stər] *n.* natural x មហន្តរាយ

Fig: attempt was a x ការខូចការ

disastrous[di 'zɑ:strəs] *adj.* ដែលប្រកបដោយហាយនៈ

disavow[,di sə'vau] *tv.* មិនទទួលស្គាល់, មិនទទួលដឹងឮ

disband[di s'bænd] *tv.* ធ្វើឱ្យបែកខ្ញែក

-iv. បែកខ្ញែកគ្នា

disbelief[,di sbi 'li f] *n.* ការមិនជឿ

disburse[di s'bɜ:s] *tv.* ចំណាយប្រាក់, ចេញប្រាក់

disbursement[di s'bɜ:stmənt] *n.* x of funds ការចំណាយប្រាក់, ការចេញប្រាក់

large x ប្រាក់ចំណាយ

disc[di sk] *n.* អ្វីៗមូលសំប៉ែត

discard[di s'kɑ:d] *tv.* ចោល

-n. អ្វីៗដែលបោះចោល

discern[di 'sɜ:n] *tv.* x the meaning ដឹង, យល់

x a figure in the darkness មើលឃើញ (ដោយទាល់តែខំប្រឹងមើល)

discerning[di 'sɜ:ni ŋ] *adj.* ដែលមានការវិនិច្ឆ័យល្អ

discharge ['di stʃɑ:dʒ] *tv.* x an employee បណ្ដេញចោល

x a patient. soldier ឱ្យចេញ

x a gun បាញ់

x a responsibility បំពេញ (កិច្ចការ)

x blood ចេញ, ធ្វើឱ្យចេញ

x a battery បង្ហូរ (កម្លាំងអគ្គិសនីយ)

-iv. guns x ភ្លាំងផ្ទុះ

batteries x ចុះកម្លាំង

-n. x from the army ការបញ្ឈប់

x of a rifle ការបាញ់

x of blood អ្វីៗដែលបញ្ចេញមក

disciple[di 'sai pl] *n.* សាវ័ក

disciplinarian[,di səpli 'neəri ən] *n.* អ្នកកាន់វិន័យ

discipline['di si pli n] *n.* enforce x វិន័យ

harsh x ទណ្ឌកម្ម

-tv. x oneself អប់រំ

x a child ប៉ពត់

disclaim[di s'kei m] *tv.* x guilt ប្រកែក

x a child លែងទទួលស្គាល់

disclose[di s'kləuz] *tv.* x a fact បញ្ចេញ (ឱ្យគេដឹង)

x a scene បញ្ចេញឱ្យឃើញ

discolor[di s'kʌlər] *tv.* ធ្វើឱ្យខូចពណ៌

-iv. ខូចពណ៌

discomfort[di s'kʌmfət] *n.* physical x ភាពមិនស្រួល

mental x ភាពមិនស្រួលក្នុងចិត្ត

disconcert[,di skən'sɜ:t] *tv.* ធ្វើឱ្យរំជើបរំជួល

disconnect[,di skə'nekt] *tv.* ផ្ដាច់

disconsolate[di s'kɔnsələt] *adj.* ដែលមានទុក្ខធ្ងន់

discontent[,di skən'tent] *tv.* ធ្វើឱ្យទោមនស្ស

-*n.* ទោមនស្ស

discontened *adj.* អាក់អន់ចិត្ត

discontinue[,di skən'ti nju:] *tv.* បញ្ឈប់

-*iv.* ឈប់

discontinuous[,di skən'ti njuəs] *adj.* ដែលដាច់ៗ, មិនតគ្នាហូរហែ

discord['di skɔ:d] *n.* សេចក្ដីមិនស្រុះស្រួលគ្នា

discotheque['di skətek] *n.* កន្លែងរាំ (មានតែម៉ាស៊ីនច្រៀង ឥតវង់តូរតន្ត្រី)

discount['di skaunt] *tv.* x prices បញ្ចុះ (តម្លៃ)

x his story មិនយកជាដុំកំភួន, មិនជឿ

-*n.* ការចុះថ្លៃ

discourage[di s'kʌri dʒ] *tv.* failures x him ធ្វើឱ្យខូចទឹកចិត្ត

x investment ធ្វើឱ្យរា (កុំឱ្យធ្វើអ្វីមួយ)

discourse['di skɔ:s] *n.* ការនិយាយស្ដី, សេចក្ដីថ្លែង

-*iv.* ថ្លែងបញ្ចេញយោបល់

discourteous[di 'skɜ:ti əs] *adj.* មិនគួរសម

discourtesy[di s'kɜ:təsi] *n.* ការឥតគួរសម

discover[di 'skʌvər] *tv.* x a country រកឃើញ

x that he had gone ដឹង

discovery[di 'skʌvəri] *n.* របកឃើញ (ការរកឃើញ)

discredit [di 'skredi t] *tv.* x a reputation បង្ខូច

x a theory ធ្វើឱ្យឃើញថាខុស

x a rumor មិនយកជាដុំកំភួន

-*n.* be a x to អ្វីៗដែលធ្វើឱ្យខូចកិត្តិយស

bring x on ការធ្វើឱ្យខូចកិត្តិយស

discreet[di 'skri:t] *adj.* ដែលមិនឈ្លូឆះ, មិនសម្ញែង

discrepancy[di s'krepənsi] *n.* ភាពមិនស្របគ្នាដោយអន្លើ

discrete[di 'skri:t] *adj.* ដាច់ៗពីគ្នា

discretion[di 'skreʃn] *n.* proceed with x ការប្រុងប្រយ័ត្ន

at your own d. ស្រេចតែលើលោក (គួរមិនគួរធ្វើអ្វីមួយ)

discrimination[di ,skri mi 'nei t] *iv.* d. between right and wrong ស្គាល់ខុសពីត្រូវ

d. against ប្រកាន់ (ភេទ សាស្ត្រ ។ល។)

-*tv.* ដាក់ដោយឡែកពីគ្នា

discrimination[di ,skri mi 'nei ʃn] *n.* racial x ការប្រកាន់ (ភេទ សាស្រ ។ល។)

d. between right and wrong ការស្គាល់ខុសត្រូវ

dress with d. ស្លៀកពាក់ដោយសមសួន

discus['di skəs] *n.* ថាស, ថាសចោល (កីឡា)

discuss[di 'skʌs] *tv.* ពិគ្រោះ, ពិភាក្សា

discussion[di 'skʌʃn] *n.* ការជជែកគ្នា, ការពិភាក្សា

disdain[di s'dei n] *tv.* មាក់ងាយ

-*n.* សេចក្ដីមើលងាយ

disease[di 'zi:z] *n.* រោគ, ជម្ងឺ

diseased[di 'zi:zd] *adj.* មានជម្ងឺ

disembark[,di si m'ba:k] *iv.* ចុះពីនាវាឬយន្តហោះ

disenchant[,di si n'tʃai nt] *tv.* ធ្វើឱ្យលែងចូលចិត្តឬទុកចិត្ត

disengage [,di si n'gei dʒ] *tv.* x the clutch ដកចេញ

-*iv.* forces will x ដកថយ

disentangle[,di si n'tæŋgl] *tv.* ដោះ, លែងឱ្យជំពាក់គ្នា

-*iv.* លែងជំពាក់

disfavor[,di s'fei vər] *n.* ភាពខូចសេចក្ដីចូលចិត្តឬអនុគ្រោះ

-*iv* មិនពេញចិត្តនឹង

disfigure[di s'fi gər] *tv.* ធ្វើឱ្យខូចទ្រង់ទ្រាយ

disgrace[di s'grei s] *n.* in x ភាពអាម៉ាស់មុខឬអបយស

Fig. The incident was a x. របស់ដែលធ្វើឱ្យខ្មាស់គេ

You're a x to your family អ្វីៗដែលធ្វើឱ្យខូចកិត្តិយស
-*tv.* ធ្វើឱ្យខូចកិត្តិយស, ធ្វើឱ្យអាប់កេរ្តិ៍ឈ្មោះ
disgraceful[di s'grei sfl] *adj.* ដែលខូចកិត្តិយស, ដែលអាប់កេរ្តិ៍ឈ្មោះ
disguise[di s'gai z] *tv.* x oneself ក្លែង
x one's motives លាក់
-*n.* គ្រឿងសម្រាប់ក្លែង
disgust[di s'gʌst] *tv.* Snakes x her ធ្វើឱ្យខ្ពើមរអើម
His antics x me ធ្វើឱ្យជិនឆ្អន់
-*n.* x for snakes សេចក្តីខ្ពើមរអើម
quit in x ការជិនឆ្អន់
disgusting[di s'gʌsti ŋ] *adj.* គួរឱ្យខ្ពើមរអើមឬជិនឆ្អន់
dish[di ʃ] *n.* flat x ចាន
tasty x ម្ហូបម្ហូបមុខ
Sl. really a x ស្រីរូបឆើត
-*tv.* x food ដួសដាក់ចាន
d. up ដួសដាក់ចាន
dishonest[di s'ɔni st] *adj.* x reply មិនត្រង់
x businessman ទុច្ចរិត, មិនទៀងត្រង់
dishonesty[di s'ɔni sti] *n.* សេចក្តីទុច្ចរិត, សេចក្តីមិនទៀងត្រង់
dishonor[di s'ɔnər] *n.* ទុយ៌ស
-*tv.* ធ្វើឱ្យខូចកេរ្តិ៍ឈ្មោះឬកិត្តិយស
dishwasher[di ʃwɔʃər] *n.* work as a x អ្នកលាងចាន
buy a x ម៉ាស៊ីនលាងចាន
disillusion[,di si 'lu:ʒn] *tv.* ធ្វើឱ្យស្រងាកចិត្តយ៉ាងខ្លាំង
-*n.* សេចក្តីស្រងាកចិត្តយ៉ាងខ្លាំង
disinfect[,di si n'fekt] *tv.* រម្ងាប់មេរោគ
disinherit[,di si n'heri t] *tv.* ផ្តាច់មត៌ក
disintegrate[di s'i nti grei t] *iv.* បែក (ជាដុំតូចៗ)
-*tv.* ធ្វើឱ្យខ្ទេច

disinterested[di s'i ntrəsti d] *adj.* មិនគិតផលតែប្រយោជន៍ខ្លួន, មិនលំអៀង
disjoin[di s'dʒɔi nt] *tv.* បំបែកចេញពីគ្នា
disjointed [di s'dʒɔi nti d] *adj.* x chicken កាប់ហើយ
x speech មិនហូរហែ
disk[di sk] *n.* round x អ្វីៗដែលមូលសំប៉ែត
Phonograph d. ថាសម៉ាស៊ីន
cultivation d. កង់បំបែកអាចម៍បំណះ
-*tv.* បំបែកអាចម៍បំណះនឹងកង់បំបែកអាចម៍បំណះ
dislike[di s'lai k] *tv.* មិនចូលចិត្ត
-*n.* ការមិនចូលចិត្ត
dislocate['di sləkei t] *tv.* x people ធ្វើឱ្យផ្លាស់ទីកន្លែង
x a joint ធ្វើឱ្យភ្លាត់ឆ្អឹង
dislodge[di s'lɔdʒ] *tv.* ធ្វើឱ្យរបូត
-*iv.* របូត
disloyal[di s'lɔi əl] *adj.* មិនស្មោះត្រង់, គ្មានភក្តីភាព
dismal['di zməl] *adj.* គួរឱ្យសង្វេគ
dismantle[di s'mæntl] *tv.* រុះ, ដោះ
dismay[di s'mei] *tv.* ធ្វើឱ្យស្រងាកចិត្ត
-*n.* សេក្តីស្រងាកចិត្ត
dismenber[di s'membər] *tv.* x a body កាត់ជាផ្នែក
x a country បែងចែក
dismiss[di s'mi s] *tv.* x a meeting អនុញ្ញាតឱ្យបែកគ្នាឬចាកចេញ
x an employee បណ្តេញចោល
Law x a case បញ្ចប់ (រឿងក្តី) ហើយឱ្យចុងចោទរួចខ្លួន
x it from one's mind កំចាត់ចេញ
dismissal [di s'mi sl] *n.* x of an employee ការដេញចោល *Lit:* វិស្ថាបនកម្ម
x of a class, ការអនុញ្ញាតឱ្យចេញ
Law x of a case ការបញ្ចប់ (រឿងក្តី) ហើយឱ្យចុងចោទរួចខ្លួន

dismount[,di s'maunt] *iv.* ចុះ (ពីលើសេះ កង់ ។ល។)
-*tv.* x a rider ធ្វើឱ្យធ្លាក់
x a machine ដោះចេញ
disobedience[,di sə'bi:di əns] *n.* ការមិនស្តាប់បង្គាប់
disobedient[,di sə'bi:di ənt] *adj.* ដែលមិនស្តាប់បង្គាប់
disobey[,di sə'bei] *tv.* x parents មិនស្តាប់បង្គាប់
x an order ប្រព្រឹត្តល្មើស
disorder[di s'ɔ:dər] *n.* room in x ភាពឥតរបៀបរៀបរយ
public x ចលាចល
mental d. ពុទ្ធិវិបល្លាស
physical d. កាយវិបល្លាស
disorderly[di s'ɔ:dəli] *adj.* x room ឥតរបៀបរៀបរយ
x conduct ដែលធ្វើឱ្យរំខានដល់អ្នកដទៃ
disorganize[,di s'ɔ:gənai z] *tv.* x a room ពីរុះ, ធ្វើឱ្យលែងមានរបៀបរៀបរយ
-*iv.* លែងមានជាបក្ស ក្រុម ។ល។
disorganization[di as,ɔ:gənai 'zei ʃn] *n.* hampered by x ការគ្មានរបៀបរៀបរយ
x of a club ការឈប់លែងឱ្យមាន
disorient[di s'ɔ:ri ənt] *tv.* ធ្វើឱ្យវង្វេងស្មារតី
disown[di s'əun] *tv.* លែងទទួលស្គាល់
disparage[di 'spæri dʒ] *tv.* បង្អាប់
disparate['di spərət] *adj.* មិនស៊ីគ្នា, ខុសគ្នាស្រឡះ, មិនទាក់ទងគ្នា
dispassionate[di s'pæʃənət] *adj.* ឥតកង្វល់
dispatch[di 'spætʃ] *tv.* x a messenger បញ្ជូន
x business ធ្វើទៅយ៉ាងរួសរាន់
x the victim សម្លាប់
-*n.* x from a correspondent លិខិតទូរលេខ
with d. ដោយប្រញាប់ប្រញាល់
dispel[di 'spel] *tv.* (*pt* .,*pp.* dispelled)
x fear បំបាត់
x clouds កំចាត់, ធ្វើឱ្យទៅបាត់
dispensable[di 'spensəbl] *adj.* ដែលមិនចាំបាច់
dispensary[di 'spensəri] *n.* ឱសថាល័យ
dispensation[,di spen'sei ʃn] *n.* x of medicine ការចែក
d. of justice ការកំណត់ដាក់ទោស
x from punishment ការអនុញ្ញាតឱ្យរួច, ការលើក
dispense[di 'spens] *tv.* x medicine ចែក
d. justice កំណត់ដាក់ទោស
d. with មិនបាច់ត្រូវការ
disperse[di 'spɜ:s] *tv.* x a crowd ធ្វើឱ្យបែកខ្ញែកឬបាក់របាយ
x fog កំចាត់, ធ្វើឱ្យទៅបាត់
x knowledge ចែក
displace[di s'plei s] *tv.* x a wall ផ្លាស់កន្លែង, ធ្វើឱ្យទៅនៅកន្លែងមួយទៀត
x the old with the new យកកន្លែង
displacement[di s'plei smənt] *n.* x of people បន្លាស់ទី
Mech. cylinder x ទំហំ
display[di 'splei] *tv.* x merchandise ដាក់តាំង, ហាយតាំង
x anger បង្ហាញ
-*n.* x of merchandise របស់តាំង
x of anger ការបង្ហាញ
disposable[di 'spəuzəbl] *adj.* ដែលប្រើហើយបោះចោលបាន
disposal[di 'spəuzl] *n.* x of waste ការយកទៅចោល, ការបោះចោល
at your x អំណាចប្រើប្រាស់តាមចិត្ត
dispose[di 'spəuz] *iv.* d. of យកទៅចោល
-*tv.* x him to go ធ្វើឱ្យចង់
disposition[,di spə'zi ʃn] *n* . mental x អជ្ឈាស្រ័យ, អារម្មណ៍

have the x to ការចងចិត្តឬលំអៀង

x of goods ការចែកចាយ

dispossess[,di spə'zes] *tv.* ដកហូតរបស់ទ្រព្យ

disproportion[,di sprə'pɔ:ʃn] *n.* វិសមាមាត្រ

disprove[,di s'pru:v] *iv.* បង្ហាញឱ្យឃើញថាខុស

dispute[di 'spju:t] *iv.* ឈ្លោះគ្នា

-tv. x his claim ជំទាស់

x territory ដណ្តើមចង់បាន

-n. ជម្លោះ

disqualify [di s'kwɔli fai] *tv.* (*pt . . pp.* disqualified*)*

x a doctor ដកសិទ្ធិ

x his testimony ធ្វើឱ្យទៅជាលែងបានការ

x a contestant លែងឱ្យចូលរួមការប្រជែង (ព្រោះមានកំហុស)

disregard [,di sri 'gɑ:d] *tv.* x the foregoing បដិសេធចោល

x the evidence មិនយកជាការបាន

x parents មិនគោរព

-n. x of the evidence ការមិនយកជាបានការ

x for one' s parents ការគ្មានសេចក្តីគោរព

disrepair[,di sri 'peər] *n.* ភាពទ្រុឌទ្រោម

disrespect[,di sri 'spekt] *n.* ការគ្មានសេចក្តីគោរព

-tv. មិនគោរព

disrobe[di s'rəub] *iv.* ស្រាត, ដោះខោអាវ

-tv. ស្រាត, ដោះខោអាវឱ្យ

disrupt[di s'rʌpt] *tv.* ធាដោបង្អាក់

dissatisfaction[,di s,sæti s'fækʃn] *n.* ការអាក់អន់ចិត្ត, ទោមនស្ស

dissatisfied[di s'æti sfai d] *adj.* អាក់អន់ចិត្ត, មិនពេញចិត្ត

dissect[di 'sekt] *tv.* x an animal វះកាត់ពិនិត្យ

x a problem ធ្វើវិភាគដោយល្អិតល្អន់

disseminate[di 'semi nei t] *tv.* ផាចសាច

dissension[di 'senʃn] *n.* ការទាស់ប្រឆាំងគ្នា

dissent[di 'sent] *iv.* ខ្វែងយោបល់

-n. ការខ្វែងយោបល់

dissertation[,di sə'tei ʃn] *n.* បរមាធិប្បាយ

disservice[di s'sɜ:vi s] *n.* អំពើដែលនាំមកនូវផលអាក្រក់

dissident['di si dənt] *adj.* ដែលប្រឆាំង

-n. អ្នកប្រឆាំង

dissipate['di si pei t] *tv.* x anger ធ្វើឱ្យរសាយ

x wealth ជះ (អ. ប.)

-iv. រសាយ

dissipation[,di si 'pei ʃn] *n.* x of heat ការសាយ

life of x អំពើពាយងាយ

dissociate [di 'səuʃi ei t] *tv.* x two ideas ញែក, ដាក់ឱ្យដាច់ពីគ្នា

d. oneself from ដកខ្លួនចេញពី

dissolute['di səlu:t] *adj.* ដែលប្រព្រឹត្តខុសគន្លងធម៌

dissolve[di 'zɔlv] *tv.* x sugar in water រំលាយ

Acids x metal. ធ្វើឱ្យរលាយ

x parliament រំលាយ

-iv. រលាយ

dissuade[di 'swei d] *tv.* ឃាត់

distance['di stəns] *n.* x between two points ចម្ងាយ

from a d. ពីចម្ងាយ

keep one's d. ជៀស

distant[di stənt] *adj.* x country ឆ្ងាយ

x future យូរអង្វែង

x attitude មិនជិតស្និទ្ធ

d. relative បងប្អូនឆ្ងាយ

distaste[di s'tei st] *n.* ការស្អប់ខ្ពើម

distasteful[di s'tei stfl] *adj.* មិនជាទីពេញចិត្ត,

គួរឱ្យស្អប់ខ្ពើម

distend[di 'stend] *tv.* ធ្វើឱ្យប៉ោងឬហើម

distill[dɪ 'sti l] *tv.* d. alcohol បិតស្រា

x the truth ដកយកសារៈសំខាន់

distillation[,dɪ sti 'lei ʃn] *n.* by x ការចំហុយយកញើស, ការបិត

a brown x វិលិនធាតុបានមកពីការចំហុយ

distinct[di 'sti ŋkt] *adj.* x from one another ផ្សេង (គ្នា)

x picture ច្បាស់

distinction[di 'sti ŋkʃn] *n.* make a d. ដាក់ឱ្យដាច់ពីគ្នា

What is the x? ភាពខុសគ្នា

receive a x កិត្តិយស

distinctive[di 'sti ŋkti v] *adj.* ប្លែក

distinguish [di 'sti ŋgwi ʃ] *iv.* x between ដឹងនូវលក្ខណៈដែលប្លែកគ្នា

-*tv.* features which x it from the others ធ្វើឱ្យ (ឃើញថា) ប្លែក

d. oneself បានល្បីឈ្មោះ

distinguished[di 'sti ŋgwi ʃi d] *adj.* x scientist ចំណាន, ល្បីឈ្មោះ

x bearing សមរម្យ, ថ្លៃថ្នូរ

distort[di 'stɔ:t] *tv.* ធ្វើឱ្យខុសពីភាពដើម

distract[di 'strækt] *tv.* Sounds x him ធ្វើឱ្យស្មារតីមិនមូល

try to x him បន្លប់

Worries x him ធ្វើឱ្យខ្វល់ឬឡប់

distraction[di 'strækʃn] *n.* by x ការធ្វើឱ្យស្មារតីមិនមូល

a temporary x អ្វីៗដែលរំខាន

drive him to d. ធ្វើឱ្យគាត់ឡប់

distress[di 'stres] *n.* mental x ទុក្ខព្រួយ

ship in x អាសន្ន, គ្រោះថ្នាក់

-*tv.* ធ្វើឱ្យឈឺចាប់, ធ្វើឱ្យមានទុក្ខព្រួយ

distribute[dɪ 'stri bju:t] *tv.* ចែក

distribution[di 'stri bju:ʃn] *n.* x of gifts ការចែក

x of the population របាយ

distributor[di 'stri bju:tər] *n.* x of foreign cars ឈ្មួញលក់ដុំ

Mech. electrical x *Fr:* ឌីស្ទ្រីប៊ុយទ័រ (គ្រឿងយន្ត)

district['di stri kt] *n.* congressional x មណ្ឌល

theater x សង្កាត់

-*tv.* ចែកជាមណ្ឌល

distrust[di s'trʌst] *tv.* មិនទុកចិត្ត

-*n.* សេចក្តីមិនទុកចិត្ត

disturb[di 'stɜ:b] *tv.* Don' t x him. ធារធៅ, អុកឡុក

Problems x him. ធ្វើឱ្យខ្វល់

x s.o.' s desk រើរុះ

His mind is disturbed ក្បាលគាត់មិនស្រួល

Noise x sleep. ធ្វើឱ្យរំខានដល់

disturbance[di 'stɜ:bəns] *n.* his x of his father ការរំខាន

create a x ចលាចល

mental d. ពុទ្ធិវិបល្លាស

disunity[di s'ju:nəti] *n.* ភាពគ្មានឯកភាព

disuse[di s'ju:s] *n.* ការលែងប្រើ

ditch[di ʧ] *n.* ស្នាមភ្លោះ

-*tv.* x a field ជីកស្នាមភ្លោះ

Sl. x a companion លះបង់ចោល

ditto['di təu] *n.* សញ្ញា (″) មានន័យថា: ដូចគ្នានឹងខាងលើ

make a x ច្បាប់ចម្លង

-*tv.* x what he said ថាដូចគ្នា

x a paper ចម្លង (ដោយប្រើម៉ាស៊ីនរ៉ូណេអូ)

diurnal[dai 'ɜ:nl] *adj.* ទិវាចរ

divan[di 'væn] ***n.*** និវ៉េ, កៅអីទម្រេតវែង

dive[dai v] *iv. (pt.* dived/dove.*pp.* dived *)*

x into the water លោតក្បាលទៅមុខ

bombers x បោះពួយ

x under the water មុជជាំជួង (ក្នុងទឹក)

submarines x មុជ

Coll. d. in ចាប់ផ្ដើមធ្វើអ្វីមួយ

-n. athlete' s x ការលោតក្បាលទៅមុខ

plane' s x ការបោះពួយ

Sl. cheap x បារ (ថោកទាប)

diverge[dai 'vɜ:ʤ] *iv.* roads x បែកគ្នា, ឃ្លាតចេញពីគ្នា, ឃ្លាតពីគ្នា

opinions d. មិនស្របមតិគ្នា, បែកមតិគ្នា

divergence[dai 'vɜ:ʤəns] ***n.*** ការបែកឃ្លាតពីគ្នា

divergent[dai 'vɜ:ʤent] ***adj.*** ដែលបែកចេញពីគ្នា

divers['dai vɜ:z] ***adj.*** នានា, ផ្សេងៗ, ច្រើន

diverse[dai 'vɜ:s] ***adj.*** ផ្សេងពីគ្នា

diversify[dai 'vɜ:si fai] *tv. (pt..pp.* diversified*)* ធ្វើឱ្យមានច្រើនមុខផ្សេងៗគ្នា

-iv. មានឡើងច្រើនមុខឬបែបផ្សេងៗគ្នា

diversion[dai 'vɜ:ʃn] ***n.*** recreational x ការកំសាន្ត

traffic x ផ្លូវវាង

Mil. create a x គ្រឿងបង្វែងឬបង្វែបន្ទំ

diversity[dai 'vɜ:səti] ***n.*** ភាពផ្សេងៗគ្នា, ភាពទីទៃគ្នា

divert[dai 'vɜ:t] ***tv.*** x water បង្វែរ

x his attention បង្វែរបន្ទំ

x oneself with a novel កំសាន្ត

divest[dai 'vest] ***tv.*** x him of property ដកយក, ដកហូត

x him of clothing សម្រាត

divide[di 'vai d] ***tv.*** x profits ចែក (គ្នា)

x one from the others ធ្វើឱ្យដាច់ពីគ្នា

Disagreements x them. ធ្វើឱ្យបែកបាក់ ឬបែកខ្ញែក (គ្នា)

Math. x a number by 2 ចែក

d. up ចែកស្មើៗគ្នា

-iv. cells x បែងចែក (ដោយខ្លួនឯង)

roads x បែកចេញ

d. up បែកគ្នា

dividend['di vi dend] ***n.*** *Fin.* stock x ប្រាក់ចំណេញ (ដែលភាគហ៊ុនទទួល)

Math. តំណាំចែក (តព្វន្ត)

divination[,di vi 'nei ʃn] ***n.*** ការទាយ (អនាគត)

divine[di 'vai n] ***adj.*** x revelation ពីអាទិទេព

x being ដែលជាអាទិទេព

Coll. x dress ល្អក្រៃលែង, ល្អឥតខ្ចោះ

-tv. ទាយ

-n. បណ្ឌិត

divinity[di 'vi nəti] ***n.*** x of Christ ទេវភាព

x student វិទ្យាសាស្ត្រខាងសាសនា

Lit. ទេវវិទ្យា

lesser x ទេវតា

divisible[di 'vi zəbl] ***adj.*** x goods អាចបែងចែក

x by 4 ចែកដាច់

division [di 'vi ʒn] ***n.*** x into districts ការបែងចែក

x of the profits ការចែក

Math. long x លេខចែក

x and strife ការទាស់ទែងគ្នា, ការបាក់បែកគ្នា

x of troops កងពល

mountains from a x គ្រឿងកំណត់ព្រំដែន

x of a larger company ផ្នែក

divisive[di 'vai si v] ***adj.*** ដែលនាំឱ្យទាស់ទែងគ្នាឬបែកបាក់គ្នា

divisor[di 'vai zər] ***n.*** *Math.* មេចែក

divorce[di'vɔ:s] ***n.*** ការលែងលះប្តីប្រពន្ធ
-*tv.* លែងលះប្តីប្រពន្ធ

divorcee[di,vɔ:si] ***n.*** ស្រីដែលលែងប្តីហើយ

divulge[dai'vʌldʒ] ***tv.*** បក (រឿងស្ងាត់កំបាំង)

dizzy['dizi] ***adj.*** feel d. វិលមុខ, ពឹងពោង
x height ដែលធ្វើឱ្យវិលមុខ

do[du:] ***tv.*** *(3rd pers. sg.* does. *pt.* did.*pp.* done*)* x work ធ្វើ
do one's best ខំប្រឹងអស់ពីចិត្តនឹងសមត្ថភាព
x the dishes លាង (ចាន ឆ្នាំង)
do 60 m.p.h បើក៦០មិលមួយម៉ោង
Will $50 x you ? គ្រាន់
(Murderers) did (him) in សម្លាប់
(Work) did (him) in ធ្វើឱ្យស្លប់ (នឿយខ្លាំង)
do s.o. out of បោក
do up (hair) ធ្វើ
do up (orders) រៀបចំ
-*iv.* x rather than think ធ្វើ
do without មិនបាច់មាន
How do you do ? ជំរាបសួរ!
Will this do? អានេះបានទេ ?
do well in school រៀនបានល្អ
do away with បំបាត់
do for (one's parents) ជួយទំនុកបំរុង
(Drink) did for (him.) ធ្វើឱ្យស្លាប់
make do (with) លៃតាមមាន (ឧ.មានឆ្នាំងមួយដាំបាយហើយត្រូវដួសបាយចេញយកទៅស្ល)
-*aux.* Do you unsdertand ? លោកយល់ទេ ?
Did he go ? គាត់ (បាន) ទៅទេ ?
How does he do it ? គាត់ធ្វើយ៉ាងម៉េច ?
-*anaphoric verb* I think as you do. ខ្ញុំគិតដូចលោកដែរ
I read as well as you do. ខ្ញុំអានបានល្អដូចលោកដែរ

docile['dəusail] ***adj.*** x horse ស្លូត
x student មិនរឹងរូស

dock[1][dɔk] ***n.*** ship x ផែ
prisoner's x កន្លែងអ្នកទោសអង្គុយនៅពេលកាត់សេចក្តី
-*tv.* ចតនៅផែ (នាវា)
-*iv.* ចូលចត (នាវា)

dock[2][dɔk] ***tv.*** x a horse's tail កាត់ឱ្យខ្លី
x his wages កាត់ (ប្រាក់ខែ)

doctor['dɔktər] ***n.*** medical x ពេទ្យ, គ្រូពេទ្យ
Lit: វេជ្ជបណ្ឌិត
D. of Philosophy បណ្ឌិត
-*tv.* x a patient មើល (អ្នកជម្ងឺ), ព្យាបាល
Coll. x the evidence ក្លែង, កែ

doctorate['dɔktərət] ***n.*** ថ្នាក់បណ្ឌិត
Lit: មហាបរិញ្ញា

doctrinaire[,dɔktri'neər] ***adj.*** ដែលកាន់លទ្ធិណាមួយយ៉ាងខ្ជាប់ខ្ជួន

doctrine['dɔktrin] ***n.*** លទ្ធិ

document['dɔkjumənt] ***n.*** ឯកសារ
-*tv.* សំអាងលើឯកសារ, ផ្តល់នូវឯកសារ

documentary[,dɔkju'mentri] ***adj.*** ដែលសំអាងលើឯកសារ
-*n.* ឯកសារភាពយន្ត

documentation[,dɔkjumen'teiʃn] ***n.*** by x ការផ្តល់នូវឯកសារ
get all the x ឯកសារ

dodder['dɔdər] ***iv.*** ដើរញ័រៗ (ដូចមនុស្សជរាជាដើម)

dodge[dɔdʒ] ***tv.,iv.*** គេច
-*n.* ឧបាយកល

doe[dəu] ***n.*** ក្តាន់ញី

does[dʌz] *(3rd pers. sg. of* do*)*

doesn't['dʌznt] *(contr. of* do not*)*

doff[dɔf] ***tv.*** x one's hat លើក (មួកគោរព)

x a cigarette បោះចោល

dog[dɔg] ***n.*** hunting x ឆ្កែ

Lit: សុនខ

Mech. logging x គ្រៀងរឹត

Id. go to the dogs ហិនហោច

Year of the D. ឆ្នាំច

-tv. (pt.,pp. dogged*)*

x his footsteps តាមយ៉ាងកិត

x a load of lumber ចងរឹត

dogged['dɔgi d] ***adj.*** ចចេស, រឹងរុះ

dogma['dɔgmə] ***n.*** សិទ្ធាន្ត

dogmatic[dɔg'mæti k] ***adj.*** x person ដែលមានះ តាមគំនិតឬជំនឿខ្លួន

x interpretation តាមសិទ្ធាន្ត

dogmatism['dɔgməti zəm] ***n.*** សិទ្ធាន្តនិយម

dole[dəul] ***n.*** receive one's x ទាន

go on the d. ឱ្យរដ្ឋាភិបាលជួយចិញ្ចឹម

-tv. d. out ចែកឬឱ្យបន្តិចម្តងៗ

doleful['dəulfl] ***adj.*** កំសត់

doll[dɔl] ***n.*** child's x កូនក្រមុំ (ក្មេងលេង)

Sl. She's a x. ស្រីក្មេងស្អាត

-iv.,tv. d. up ស្លៀកពាក់យ៉ាងឆើតឆាយ

dollar['dɔlər] ***n.*** ដុល្លារ (រូបិយវត្ថុនៃស.រ.អ.)

dolly['dɔli] ***n.*** *Sl.* កូនក្រមុំ (សម្រាប់ក្មេងៗលេង)

Mech. moving x រទេះតូចៗសម្រាប់ដាក់អូសវត្ថុធំៗ

dolphin['dɔlfi n] ***n.*** ផ្សោត

domain[dəu'mei n] ***n.*** x of a king ដែនឬតំបន់ គ្រួតត្រា

x of science វិស័យ

Id. eminent domain សិទ្ធិ (នៃរដ្ឋាភិបាល) យកដីមកប្រើប្រាស់ជាសាធារណៈ

dome[dəum] ***n.*** ដោម (កំពូលមានសណ្ឋានក្រឡម)

-tv. ដាក់ដោម

domestic[də'mesti k] ***adj.*** x duties នៃផ្ទះ សំបែង, ក្នុងគ្រួសារ

x trade ក្នុងប្រទេស

d. animals បសុសត្វ

x person ដែលចូលចិត្តនៅផ្ទះ

-n. បាវព្រាវ

domesticate[də'mesti kei t] ***tv.*** ផ្សាំង

domicile['dɔmi sai l] ***n.*** លំនៅ

-tv. ផ្តល់លំនៅឱ្យ

-iv. តាំងលំនៅ

dominance['dɔmi nəns] ***n.*** ភាពលុបលើ

dominant['dɔmi nənt] ***adj.*** x power ដែល លុបលើ

x characteristic ដែលលេចចេញឡើងជាងគេ

x person ដែលប្រើអំណាច, ដែលគ្របសង្កត់

dominate['dɔmi nei t] ***tv.*** x one's family គ្របសង្កត់

d. the conversation និយាយច្រើនតែឯង

-iv. មានចំនួនច្រើនជាង

domination[,dɔmi 'nei ʃn] ***n.*** ការគ្របសង្កត់

domineering[,dɔmi 'ni əri ŋ] ***adj.*** ដែលប្រើ អំណាច

dominion[də'mi ni ən] ***n.*** have x over អំណាច

survey his x តំបន់គ្រួតត្រា

Govt. វិជិតរាជ្យ

domino['dɔmi nəu] ***n.*** *Fr.* ដូមីណូ

don[dɔn] ***tv.*** *(pt.,pp.* donned*)* ស្លៀកពាក់

donate[dəu'nei t] ***tv.*** x money ធ្វើអំណោយ, បរិច្ចាគ

d. one's time ធ្វើការឱ្យទទេ

done[dʌn] ***adj.*** *(pp. of* do*)*

work is x ធ្វើរួចហើយ, ចប់ហើយ

meat is x ឆ្អិនហើយ

donkey['dɔŋki] ***n.*** សត្វលា

donor['dəunər] ***n.*** អ្នកឱ្យ

don't[dəunt] *(contr. of* do not*)*

I don't know ខ្ញុំមិនដឹងទេ

Don't do it កុំធ្វើ

doom[du:m] *n.* go to his x វាសនាអាក្រក់

Id. spell x for សេចក្ដីវិនាស

-*tv.* x the movement ធ្វើឱ្យវិនាសមិនខាន

x him to eternal guilt ផ្ដន្ទាទោស

doomsday['du:mzdei] *n.* ប្រល័យលោក

door[dɔ:r] *n.* shut the x ទ្វារ

one x down the street ផ្ទះ

doorknob[dɔ:nɔb] *n.* ប្រដាប់កាន់បិទបើកទ្វារ

doorway[dɔ:wei] *n.* កន្លែងចេញចូលដែលមានទ្វារ

dope[dəup] *n.* preservative x ជ័រឬថ្នាំទឹកខាប់សម្រាប់លាប

Sl. take x ថ្នាំស្រវឹងមានអាភៀនជាដើម

Sl. He's a x មនុស្សភ្លីភ្លើ ឬលីលា

-*tv.* ឱ្យថ្នាំលើសកម្រិត

dorm['dɔ:m] *n. Coll.* សយនដ្ឋាន

dormant['dɔ:mənt] *adj.* x bud ដែលនៅក្នុងភាពមិនលូតលាស់

x volcano ដែលគ្មានសកម្មភាព

dormer['dɔ:mər] *n.* បង្អួចលយចេញពីដំបូលផ្ទះ

dormitory['dɔ:mətri] *n.* សយនដ្ឋាន

dorsal['dɔ:sl] *adj.* ខ្នង, នៃខ្នង, នៅខ្នង

dose[dəus] *n.* កម្រិត

Lit: ខ្នាតមាត្រា

-*tv.* ឱ្យថ្នាំ

dossier['dɔsi ei] *n.* សំណុំរឿង

dot[dəut] *n.* ចំណុច *Lit:* មច្ឆណ្ឌសញ្ញា

-*tv.* (*pt.,pp.* dotted)

x the 'I' ចុចចំណុច, ដាក់ចំណុច

trees x the landscape ធ្វើឱ្យដូចជាគេចុចៗ

double['dʌbl] *adj.* x pay ទ្វេ

x blanket សម្រាប់ពីរនាក់

x blossom ដែលមានស្រទាប់ច្រើនជាន់

Id. d. talk សំដីលាក់គំនិត

-*n.* the x of 2 ទ្វេភាព

He's my x. មនុស្សដែលដូចអ្នកណាមួយបេះបិទ

Theat. work as a x តួជំនួស

Id. on the d. ភ្លាម

-*tv.* x his pay ឱ្យមួយជាពីរ

d. s.o. up with laughter ធ្វើឱ្យសើចបាក់កបាក់ស្រង់

-*iv.* profits x ឡើងមួយជាពីរ

d. back សាឬបកមកវិញ

d. up with laughter សើចបាក់កបាក់ស្រង់

d. up (for the night) ចូលគ្នាជាទ្វេឡើង (ដេក ជិះឡាន ។ល។)

double-cross[,dʌbl'krɔs] *tv.* ក្បត់

-*n.* អំពើក្បត់

doubt[daut] *tv.,iv.* សង្ស័យ, ពិភាល់, មន្ទិល

-*n.* feel x ការសង្ស័យ

in d. មិនប្រាកដ

no d. មុខជា

There's no d. about it. ច្បាស់ណាស់, ប្រាកដហើយ

doubtful['dautfl] *adj.* of x origin មិនប្រាកដ

x mind ដែលមន្ទិល

doubtless['dautləs] *adv.* មុខជា

douche[du:ʃ] *n.* ទឹកថ្នាំសម្រាប់បាញ់លាង (ជាពិសេសផ្លូវយោនី)

dough[dəu] *n.* bread x ម្សៅលាយទឹក (ជ្រាយៗ តែមិនរាវ)

Sl. ប្រាក់, លុយ

douse, dowse[daus] *tv.* x a fire ស្រោច (លើ)

Coll. x a light ពន្លត់

dove¹[dʌv] ***n.*** cooing of a x លលក

Id. political x មនុស្សដែលគាំទ្រឬស្វែងរកតែសន្តិភាព

dove²[dʌv] *(pt. of* dive*)*

dovetail['dʌvteil] ***tv.*** x a joint បន្តក្បាលអណ្តូង

x plans ធ្វើឱ្យស៊ីគ្នា

-iv. boards x តដំណាប់ក្បាលអណ្តូង

plans x ស៊ីគ្នា

-n. អ្វីៗដែលមានរាងជាកន្ទុយលលក

down¹[daun] ***adv.*** roll x ឆ្ពោះទៅខាងក្រោម

go d. ចុះ

get d. to work ចាប់ធ្វើការឱ្យមែនទែន

-adj. prices are x ចុះ

plane is x ធ្លាក់

feel x ព្រួយហើយអស់កម្លាំងចិត្ត

Coll. d. on ឆ្អែតនឹង

d. with (tyranny) បរាជ័យ

d. payment ប្រាក់បង់គត់លើកដំបូងដើម្បីទិញអ្វីមួយដាក់ខែ

-prep. x the stairs ទៅខាងក្រោម

d. the river ក្រោមទឹក

-n. up and downs រាសីឡើងរាសីចុះ

-tv. x the goalposts ផ្តួល, រំលំ

Coll. x the medicine លេប

down²[daun] ***n.*** រោមកែវ

downcast['daunkɑ:st] ***adj.*** x eyes ដាក់ចុះ

x spirits ដែលអស់កម្លាំងចិត្ត

downfall ['daunfɔ:l] ***n.*** x of a politician ការធ្លាក់ខ្លួនឬចុះរាសី

x of rain ភ្លៀងឬទឹកកកដែលធ្លាក់

downgrade['daun'greid] ***tv.*** បញ្ចុះតម្លៃ, បន្ថោក

-adv.. ឆ្ពោះទៅខាងក្រោម

-n. ជម្រាល

downpour['daunpɔ:r] ***n.*** ភ្លៀងខ្លាំង

downstairs[,daun'steər] ***n.*** ជាន់ខាងក្រោម

-adv. ទៅឬនៅជាន់ខាងក្រោម

downstream[,dun'stri:m] ***adv.*** តាមខ្សែទឹក

down-to-earth[,daun tu: 3:s] ***adj.*** x person មិនវាយឫក

x approach មិនហួសហេតុ

downtown[,daun'taun] ***n.*** ផ្សារ, ផ្នែកដែលមានហាងលក់ដូរច្រើនក្នុងទីក្រុង

downtrodden['dauntrɔdn] ***adj.*** ដែលត្រូវគេសង្កត់សង្កិនឬជិះជាន់

downward['daunwəd] ***adv.,adj.*** ពីលើទៅក្រោម, ចុះក្រោម

dowry['dauəri] ***n.*** ចំណងដៃ (ពីខាងស្រី)

doze[dəuz] ***iv.*** ដេករលីវៗ

-n. ការដេករលីវៗ

dozen['dʌzn] ***n.*** ឡូ (ដប់ពីរ)

Lit. ទ្វាទសកៈ

drab[dræb] ***adj.*** x color ប្រផេះស្រអាប់

x life ដដែលៗ, គ្មានអ្វីជាខ្លឹមសារ

draft[drɑ:ft] ***n.*** x of a letter ពង្រាង (ការព្រាង)

x of wind កំសួល

bank x រូបិយាណត្តិ

Mil evade the x កំណែន

-tv. x a letter ព្រាង

Mil. x soldiers កេណ្ឌ

-adj. x animals សម្រាប់អូសរទេះ នង្គ័ល ។ល។

draftee[,drɑ:f'ti:] ***n.*** កូនកំណែន

draftsman['drɑ:ftsmən] ***n.*** អ្នកគូរប្លង់

drafty['drɑ:fti] ***adj.*** ដែលមានខ្យល់ចូល

drag[dræg] ***tv.*** *(pt.,pp.* dragged*)*

x a log អូស

x a river គៀរ (ចាត់ស៊ឺងឬបឹងរកអ្វីមួយ)

x a field គៀរឱ្យរាបស្មើ

Id d. one's feet ញូក, មិនប្រញាប់ប្រញាល់

-n river x ប្រដាប់គៀរបាតស្ទឹង ទន្លេ ។ល។ ដើម្បីរកវត្ថុអ្វីមួយ

Agri. pull a x ខ្មៀរ

a x on progress អ្វីៗដែលបង្អាក់

Sl. It's a x. អ្វីៗដែលគួរឱ្យធុញទ្រាន់

dragnet[drægnət] *n.* អួញ៉ង

dragon['drægən] *n.* នាគ

Year of the D. ឆ្នាំរោង

dragonfly[,drægənflai] *n.* កន្ទុំរុយ

drain[drein] *tv.* x a pond បង្ហូរចេញ

x resources ធ្វើឱ្យហោច, ធ្វើឱ្យអស់

-iv. ហូរចេញ

-n. clogged x បំពង់បង្ហូរទឹក, បង្ហូរ

a x on funds ការពន្រើក

drainage ['dreinidʒ] *n.* x of a swamp ការបង្ហូរចេញ

Med. insure x ការហូរចេញ

Collect the x អ្វីៗដែលហូរចេញ

drake[dreik] *n.* ទាឈ្មោល

drama['drɑːmə] *n.* write a x រឿងល្ខោន

Lit: វិទាឧគម

study x វិទាឧសាស្ត្រ

dramatic [drə'mætik] *adj.* x performance នៃវិទាឧគម

x event ដែលធ្វើឱ្យរំភើបខ្លាំង

dramatist[,dræmətist] *n.* វិទាឧនិពន្ធ

dramatize[,dræmətaiz] *tv.* x a story យកមកសម្រួលធ្វើជាវិទាឧគម

x his feelings បំផ្លើសចំពោះសារៈសំខាន់អ្វីមួយ

drank[dræŋk] *(pt. of* drink*)*

drape[dreip] *tv.* បង់, ដណ្ដប់

-iv. ធ្លាក់ចុះ

-n. x of the cloth របៀបធ្លាក់ចុះ

pl. Coll. រនាំងសំពត់

drapery['dreipəri] *n.* រនាំងសំពត់, វាំងនន (បាំងបង្អួច)

drastic['dræstik] *adj.* ដ៏កំហុក

draw[drɔː] *tv.* *(pt.* drew.*pp.* drawn*)*

x a picture គូរ

x a line គឹក (បន្ទាត់)

x water យក

x a cart អូស, ទាញ

x blood បូម, បឺតយកចេញ

x a conclusion ទាញ

x a card ហូត, យក (បៀ)

sweets x flies ធ្វើឱ្យមកចោមរោម

d. in one's breath ដកដង្ហើមចូល

d. in (one's stomach) បំផត

d. out (moisture) ធ្វើឱ្យបឺត

d. out (the enemy) ធ្វើឱ្យចេញមក

d. out (a meeting) ពន្យារពេល

d. on (a pipe) បឺត

d. on (resources) ប្រើប្រាស់

d. up (water) ពោរ (អណ្ដូង)

d. up (a plan) គ្រោង

-iv. d. to a close ជិតចប់ហើយ

stove won't x បឺត

d. up (to the door) មកដល់

-n. x of a stove បំណឺត (ការបឺត)

go up a x ច្រលងភ្នំតូច

Cards make a x ការហូត

Coll. play to a x ការមិនចាញ់មិនឈ្នះ, ដំណើរស្មើគ្នា

drawback['drɔːbæk] *n.* គ្រឿងបង្អាក់, ទំនាស់

drawbridge['drɔ:bri dʒ] ***n.*** ស្ពានបើកបិទ

drawer[drɔ:ər] ***n.*** desk x ថត

pl. pink x ខោទ្រនាប់

drawing['drɔ:i ŋ] ***n.***study x សិល្បៈខាងគំនូរ

make a x គំនូរ

hold a x ការចេញឆ្នោត

drawl[drɔ:l] *iv.,tv.* និយាយបង្អូសៗឬរអឺតៗ

-n. សំដីរអឺត, សំដីរយាប

drawn[drɔ:n] *(pp. of* draw*)*

dread[dred] *tv.* មិនចូលចិត្តគិតឃើញដោយខ្លាច ញញើត ឬមិនចូលចិត្ត

-n. ភ័យខ្លាំង, ញញើតខ្លាំង

-adj. គួរឱ្យខ្លាច

dreadful[dredfl] ***adj.*** x storm គួរឱ្យខ្លាច

Coll. x noise អាក្រក់ណាស់

dream[dri:m] ***n.*** have a x ការយល់សប្តិ

Lit: សុបិន

impossible x សេចក្តីប្រាថ្នា

-iv.,tv. x while esleep ,យល់សប្តិ

x about the future គិតរវើរវាយ

dreamy['dri:mi] ***adj.*** ដែលរវើរវាយ

dreary['dri əri] ***adj.*** x mood ខ្ទុខ្ទុំ, ស្រពោន

x day អាប់អួរ

dredge[dredʒ] ***n.*** ម៉ាស៊ីនបូមភក់ពីបាតទន្លេឬបឹង

-tv. x a river បូមភក់ចេញ (ពីបាតទន្លេឬបឹង)

x fish ដឹកអួតាង

dregs[dregz] ***n.*** កករ

drench[drentʃ] ***tv.*** rains x them ទទឹកជោក

x sheep បញ្ច្រាកថ្នាំសត្វ

-n. d. of rain ភ្លៀងខ្លាំង

prepare a x ថ្នាំបញ្ច្រាកសត្វ

dress[dres] ***tv.*** x a child ស្លៀកពាក់ឱ្យ

x a chicken ធ្វើ

x a window តុបតែង

x a wound រុំ

Coll: ប៉ង់ស៊ីម៉ង់

-iv. They x well. ស្លៀកពាក់

d. up ស្លៀកពាក់ស្អាតបាត

-n. formal x សំលៀកបំពាក់

woman' a x *Coll:* អាវម៉ាដាំ

dresser['dresər] ***n.*** put it on the x ទូដាក់ខោអាវ

Coll. She' s really a x. អ្នកចូលចិត្តស្លៀកពាក់ស្អាត

dressig['dresi ŋ] ***n.*** salad d. ទឹកសាឡាត់

gravy and x គ្រឿងញាត់មាន់ ទា ខ្វែឬចំហុយ

Med. apply a x គ្រឿងរុំដំបៅឬប៉ង់ស៊ីម៉ង់

Lit: វណរេចន៍

drew[dru:] *(pt. of* draw*)*

dribble['dri bl] *iv.,tv.* ហូររ៉ុយៗ, ហូររីមៗ

-n. receive a d. of news ទទួលដំណឹងបន្តិចបន្តួចយូរៗម្តង

Sp. ការបណ្តើរបាល់

drier['drai ər] *(comp. of* dry*)*

drift[dri ft] *iv.* let the car x រអិល

boats x រសាត់

(snow) drifts គរជាគំនូក

x from town to town រសាត់ (អ. ប.)

-tv. ធ្វើឱ្យគរជាគំនូកឡើង

-n. forward x ការរសាត់

snow x គំនូក, គំនរ

Aero. lateral x ការរសាត់ចេញពីទិសសំណៅ

x of a conversation គោលដៅ

drifter[dri ftər] ***n.*** មនុស្សរសាត់ព្រាត់ឬអនាថា

driftwood['dri ftwud] ***n.*** សំណាត់

drill[dri l] ***tv.*** x a hole ខួង

x troops ហ្វឹកហ្វឺន

Sl. x a criminal បាញ់ផ្លាយផ្លុះ

Agri. x corn បុសពីដាំជាជួរ ដូចជាដាំពោត

សណ្ដែកជាដើម

-iv. ហ្វឹកហ្វឺន

-n. Mech. metal x ម៉ាស៊ីនសម្រាប់ខួង

military x ការហ្វឹកហ្វឺន

Agri. corn x ម៉ាស៊ីនម្យ៉ាងសម្រាប់ដាំពោត

សណ្ដែក ។ល។

drink[dri ŋk] ***tv.*** *(pt.* drank *,pp.* drunk*)*

x water *1. Gen:* ផឹក *2. Urban:* ញ៉ាំ

3. polite, of oneself: ទទួលទាន

4. Polite, of others: ពិសា

5. Cl: ឆាន់

6. Roy: សោយ

-iv. Horses have to x. ផឹកទឹក

Don' t x and drive . ផឹកស្រា

-n. get a d. of water ផឹកទឹក

mixed x ស្រា

Sl. in the x ទឹក

drip[dri p] ***iv.*** *(pt.,pp.* dripped*)* ស្រក់តក់ៗ

-tv. x paint ធ្វើឱ្យស្រក់តក់ៗ

-n. catch the x ដំណក់តក់ៗ

Sl. He' s a x. មនុស្សមិនគួរឱ្យចូលចិត្ត

drive[drai v] ***tv.*** *(pt.* drove*, pp.* driven*)*

x a car បើក, បរ, បើកបរ

x cattle គៀង

x a nail បោះ (ដែកគោល)

(electricity) drives (the motor) ធ្វើឱ្យដើរឬវិល

x employees បង្ខំ

x s.o. to drink បណ្ដាល, ជំរុញ

d. out ដេញ, កំចាត់

What are you driving at? លោកចង់យ៉ាងម៉េច ?

-iv. He likes to x. បើកឡាន

-n. go for a d. ជិះឡានដើរលេង

He has a lot of x . សេចក្ដីអង់អាច

cattle x គំនៀង (ការគៀង)

charity x ការរង្គៀស

Mech. chain x គ្រឿងបង្វិល

drive-in[drai vi n] ***n.*** កុនដែលអ្នកមើលអង្គុយមើលពីក្នុងឡាន

-adj. ដែលធ្វើទៅបានដោយមិនបាច់ចេញពីឡាន

driveway[drai wei] ***n.*** ផ្លូវចូលផ្ទះ **(ពិឋុស)**

drizzle['dri zl] ***iv.,tv.*** រលឹមរោយស្បៃ

-n. រលឹមរោយស្បៃ

droll[drəul] ***adj.*** កំប្លែង, ប្លែក

dromedary['drɔmədəri] ***n.*** អូដ្ឋបូកមួយ

drone[1][drəun] ***n.*** honeybee x ឃ្មុំឈ្មោល

He' s a x. មនុស្សរស់ដោយសារគេ

Aero. control a x យន្តហោះគ្មានអ្នកបើក

drone[2][drəun] ***iv.*** ច្រៀងរហ៊ុមៗ

-n. សូររហ៊ុមៗ

drool[dru:l] ***iv.,tv.*** បង្ហៀរទឹកមាត់

-n. ទឹកមាត់

droop[dru:p] ***iv.*** flowers x ស្រទាប

x with exhaustion ទន់ដៃទន់ជើង (ដោយអស់កម្លាំង)

-tv. ធ្វើឱ្យធ្លាក់សំយ៉ុងចុះ

-n. ការធ្លាក់ចុះ

drop[drɔp] ***n.*** x of water ដំណក់

candy x គ្រាប់

x in prices ការចុះ

letter d. ប្រអប់សំបុត្រ

long x កំពស់ដែលអីធ្លាក់ចុះ

-tv. (pt..pp. dropped)

x a glass 1. *intentionally:* ទម្លាក់

2. *unintentionally:* ធ្វើធ្លាក់

x medicine បន្តក់

x a susject បំភ្លេច

d. me a line សរសេរសំបុត្រមកខ្ញុំ

d. anchor បោះយុថ្កា

x a deer បាញ់ដួល

x one's r's មិនបន្លឺ

x all pretense បោះបង់ចោល (ពុត), ឈប់

d.s.o. off ដាក់ ចុះ

-iv. stones x ធ្លាក់

coconuts x ជ្រុះ

prices x ចុះ

d. asleep ដេកលក់

(berries) d. off ជ្រុះ

d. off (to sleep) លក់

(prices) d. out របេះ

d. out (of the race) ដកខ្លួនចេញ

droplet['drɔplət] *n.* ដំណក់តូចៗ

dropper[drɔpər] *n.* បំពង់បន្តក់ (ដូចប្រើបន្តក់ថ្នាំ ដាក់ភ្នែកជាដើម)

drought[draut] *n.* ពេលរាំងភ្លៀងដ៏យូរ

drove¹[drəuv] *n.* (pt. of drive)

drove²[drəuv] *n.* ហ្វូងគោ (ដែលគេកំពុងតៀង)

drown[draun] *iv.* លង់ទឹកស្លាប់

-tv. x a cat ជ្រមុជទឹកសម្លាប់

x the eath ជន់លិច

drowse[drauz] *iv.* ស្ទើរលក់ស្ទើរភ្ញាក់

-n. ភាពស្ទើរលក់ស្ទើរភ្ញាក់

drowsy['drauzi] *adj.* x child ដែលងងុយដេក

x afternoon ដែលធ្វើឱ្យងងុយដេក

drudge[drʌʤ] *n.* អ្នកធ្វើការមិនគប្បីឥតឈប់ឈរ

-iv. ធ្វើការមិនគប្បីឥតឈប់ឈរ

drug[drʌg] *n. Med.* miracle x ថ្នាំ

Lit: ឱសថ

Pl. addicted to x ឱសថូករណ៍

drug store ហាងលក់ថ្នាំ

Lit: ឱសថស្ថាន

Coll. Fr: ហ្វាម៉ាសី

-tv. (pt.. pp. drugged) ឱ្យថ្នាំស្រវឹង

druggist['drʌgist] *n.* អ្នកលក់ថ្នាំ

Lit: ឱសថការី

drum[drʌm] *n.* bass x ស្គរ

oil x ធុងធំ

ear d. ក្រដាស់ត្រចៀក

-tv. (pt..pp. drummed)

x a rhythm វាយ, គោះ

x a lesson into him ប្រាប់ហើយប្រាប់ទៀត

-iv. វាយស្គរ

drummer[drʌmər] *n.* អ្នកវាយស្គរ

drumstick['drʌmstik] *n. Mus.* ចង្កឹះវាយស្គរ

Coll. chicken x ភ្លៅ (មាន់ ទា)

drunk¹[drʌŋk] (pp. of drink)

drunk²[drʌŋk] *adj.* x with alcohol ស្រវឹង

x with success ស្រវឹង (អ.ប.)

-n. attacked by a x មនុស្សស្រវឹង

go on a d. ផឹកយ៉ាងច្រើន (ពីរបីថ្ងៃ)

drunkard[drʌŋkəd] *n.* មនុស្សប្រមឹកឬស្រវឹងខ្ចប់

drunken['drʌŋkən] *adj.* ស្រវឹង

dry[drai] *adj.* x weather រាំង

x clothes ស្ងួត

x river រីង
x bread ក្រៀម
x cow ដែលឥតមានទឹកដោះ
x humor ស្ងួត
-tv. (pt..pp. dried) x clothes ហាល, ធ្វើឱ្យស្ងួត
x dishes ជូត (ឱ្យស្ងួត)
x fruit ហាលឱ្យស្វិតឬស្រពាប់
-iv. clothes x ស្ងួត
fruits x ឡើងស្វិត
d. out ស្ងួត
d. up រីង
dryclean[,drai kli n] tv. បោកស្ងួត
Coll. បោកសាំង
dryer['drai ər] n. ម៉ាស៊ីនហាលខោអាវឬធ្វើអ្វីៗឱ្យស្ងួត
dual['dju:əl] adj. ដែលមានពីរ
dualism['dju:əli səm] n. ទ្វិកនិយម
duality[dju:'æləti] n. ទ្វិកភាព
dub[dʌb] tv. (pt..pp. dubbed)
x him a knight តាំងជា
x him a quack ចាត់ថាជា
x a film បញ្ចូលសម្លេង
dubious['dju:bi əs] adj. x look ដែលមានមន្ទិល
x motives គួរឱ្យសង្ស័យ
x origin ដែលមិនប្រាកដ
duchess['dʌʧəs] n. ភរិយារបស់ឌុច
duchy['dʌʧi] n. ខេត្តដែលឌុចគ្រប់គ្រង
duck[1][dʌk] n. សត្វទា
duck[2][dʌk] tv. x the head និន
x a blow គេច
x him in the water ជ្រមុជ
-n. x of the head ការនិន
x in the water ការជ្រមុជ
duckling[dʌkli ŋ] n. កូនទា
duct[dʌkt] n. បំពង់
dud[dʌd] n. bomb was a x គ្រាប់បែកឬគ្រាប់កាំភ្លើងស្ទុយ
He proved a x. មនុស្សដែលឥតបានការ
Coll. . pl. ខោអាវ
due[dju:] adj. x bill ផលដែលត្រូវបង់
He's x any minute. ត្រូវមកដល់
in d. time តាមពេលសមគួរ
x to circumstances ដោយ
-n. give him his x អ្វីៗដែលសមនឹងទទួល
pl. pay one's x ប្រាក់ដែលសមាជិកត្រូវបង់
-adv. x east ឆ្ពោះទៅ
duel['dju:əl] n. ការប្រយុទ្ធគត្ត
Lit: ទន្ទយុទ្ធ
-iv. ប្រយុទ្ធគត្ត
duet[djuet] n. បទភ្លេងសម្រាប់អ្នកលេងឬច្រៀងពីរនាក់
dug[dʌg] (pt. . pp. of dig)
dugout['dʌgaut] n. seagoing x ទូក (ដែលធ្វើដោយឈើមួយដើមកលង)
x in the bank រូងជីកនៅទីជម្រាលសម្រាប់ជាជម្រក
duke[dju:k] n. Fr: ឌុច
dull[dʌl] adj. x knife រិល
x student មិនសូវវាងវៃ
x pain ស្ពឹកៗ
x party មិនសប្បាយ
x color ស្រអាប់
-tv. x a knife ធ្វើឱ្យរិល
x the pain ធ្វើឱ្យអត់
duly['dju:li] adj. x elected ដោយត្រឹមត្រូវ
x arrived ដូចកំណត់ទុក
dumb[dʌm] adj. deaf and x គ

Coll. x student ល្ងី

dumbbell['dʌmbel] ***n.*** lift a x អាល់តែរ (គ្រឿងហាត់ឱ្យឡើងសាច់ដុំ)

Sl. He' s a x. មនុស្សល្ងើ

dumbfound[dʌm'faund] ***tv.*** ធ្វើឱ្យស្រឡាំងកាំង

dummy['dʌmi] ***n.*** clothes x រូបសំណាក

Sl. He' s a x. ទិងមោង

-adj. ដែលគ្រាន់តែជាសំណាក

dump[dʌmp] ***tv.*** x a load ចាក់ចុះ

x an appointee ទាត់ចោល

Sl. d. on និយាយមើលងាយ

-n. city x កន្លែងចាក់សម្រាម

make a x ការចាក់

Sl. What a x! ទីទ្រុឌទ្រោម

Coll. in the dumps ស្រពាប់ស្រពោន

-adj. d. truck ឡានធំៗម៉្យាងដែលខាងក្រោយអាចបំបះបានដើម្បីនឹងចាក់បន្ទុក

dumpling['dʌmpliŋ] ***n.*** dough x មៀវដែលគេលុញដាក់ក្នុងស៊ុប ជួនកាលមានដាក់សាច់ខាងក្នុង

apple d. ចៅមជ្រលក់ម្សៅខាប់ហើយដុតក្នុងឡ

dun[dʌn] ***tv.*** *(pt., pp.* dunned*)* ទារហើយទារទៀត (មេបំណុលទៅកូនបំណុល)

dunce[dʌns] ***n.*** មនុស្សល្ងើៗ

dune[dju:n] ***n.*** ជួកខ្សាច់

dung[dʌŋ] ***n.*** អាចម៍សត្វ

dungeon['dʌndʒən] ***n.*** គុកងងឹត

dunk[dʌŋk] ***tv.*** ជ្រលក់ (ដូចជាចាខ្វៃក្នុងកាហ្វេ ។ល។)

duo[djəu] ***n.*** គូ

dupe[dju:p] ***tv.*** បោក, បញ្ឆោត

-n. មនុស្សស្រួលបោក

duplex['dju:pleks] ***adj.*** ពីរ

-n. ផ្ទះសម្រាប់នៅបានពីរគ្រួសារ

duplicate['dju:plikət] ***tv.*** x a letter ចម្លង

x his performance ធ្វើបានដូច

-n. make a x ច្បាប់ចម្លង

Lit: ទុតិយតា

in d. ជាពីរច្បាប់

-adj. x key ដែលធ្វើដោយតាមគំរូអ្វីមួយ

duplicator['dju:plikeitər] ***n.*** ម៉ាស៊ីនសម្រាប់ចម្លងឬបោះពុម្ព

duplicity[dju:'plisəti] ***n.*** ចិត្តវៀចវេរ

durable['djuərəbl] ***adj.*** x clothing ជាប់

x toy មាំ

x tradition ចិតថេរ

duration[dju'reiʃn] ***n.*** ថិរវេលា, រយៈវេលា

duress[dju'res] ***n.*** sign under x ការបង្ខិតបង្ខំ

hold under x ការឃុំឃាំង

durian['djuəriən] ***n.*** ធុរេន

during['djuəriŋ] ***prep.*** x the day នៅពេល

x five minutes ក្នុងរយៈពេល

dusk[dʌsk] ***n.*** at x ព្រលប់

Lit: ប្រទោសកាល

in the x of the room ពន្លឺព្រាងៗ

dusky['dʌski] ***adj.*** x complexion ខ្មៅស្រអែម, ស្រគាំ

x light ស្រអាប់

dust['dʌst] ***n.*** wipe the x ធូលី

gold d. កំទេចមាសក្រោយគេលាងរែចរ

-tv. x the furniture បោសឬជូតធូលី

x dough with flour រោយ (ម្សៅ)

-iv. បោសជូតធូលី

duster['dʌsər] ***n.*** She' s a x. អ្នកបោសជូតធូលី

feather x ប្រដាប់បោសធូលី

crop x អ្នកឬប្រដាប់បាញ់ម្សៅសម្លាប់សត្វល្អិត

dustpan['dʌstpæn] ***n.*** ប្រដាប់ចូកធូលី

dusty['dʌsti] ***adj.*** ដែលមានធូលីច្រើន

Dutch[dʌtʃ] ***adj.*** x nationality ហុល្លង់, នៃប្រទេសហុល្លង់

Id. go D. ម្នាក់ៗចេញលុយខ្លួនឯង

Id. get in D. with ទាស់ទែងនឹង

-n. the x ជនជាតិហុលឡង់ដេ

speak x ភាសាហុលឡង់ដេ

dutiable['dju:ti əbl] *adj.* ដែលត្រូវបង់ពន្ធគយ

dutiful['dju:ti fl] *adj.* ដែលយកចិត្តដាក់នឹង

ករណីកិច្ចរបស់ខ្លួន

duty['dju:ti] *n.* perform a x កិច្ចការ

bound by x ករណីយកិច្ច

import x ពន្ធគយ

off d. ក្រៅម៉ោងធ្វើការ

on d. កំពុងធ្វើការ

dwarf[dwɔ:f] *n.* មនុស្សឬអ្វីៗដែលតឿ

-adj. តឿ

-tv. x me by his size ធ្វើឱ្យឃើញតូច

diseases x plants ធ្វើឱ្យក្រិន, ធ្វើឱ្យលែងធំ

dwell[dwel] *iv. (pt. ,pp.* dwelt*)*

poet. x in France រស់នៅ

d. on ថ្លែងសង្កត់យ៉ាងវែងអំពីប្រធានអ្វីមួយ

dwelling[dweli ŋ] *n.* លំនៅ

Lit: វាសនដ្ឋាន

dwindle['dwi ndl] *iv.* រលោះបន្តិចម្តងៗ

-tv. ធ្វើឱ្យរលោះបន្តិចម្តងៗ

dye[dai] *n.* ថ្នាំជ្រលក់ពណ៌

-tv. ជ្រលក់ពណ៌

dyed-in-the-wool[dai i n ðə wu:l] *adj.*

យ៉ាងស៊ប់

dying['dai i ŋ] *adj.* x man ជិតស្លាប់

x words ដែលនិយាយនៅពេលមុនស្លាប់

to one' s d. day អស់មួយជីវិត, ទៅដល់ថ្ងៃស្លាប់

-n. ការស្លាប់

dyke[dai k] *(see* dike*)*

dynamic[dai 'næmi k] *adj.* x force ថាមវន្ត,

ថាមវន្ត

x personality ស្វាហាប់

dynamics[dai 'næmi ks] *n.* ឌីណាមិក

dynamism['dai nəmi zəm] *n.* ថាមភាព

dynamite['dai nəmai t] *n. Fr:* ឌីណាមីត

-tv. ដាក់រំសេវឱ្យផ្ទុះ

dynamo['dai nəməu] *n. Fr:* ឌីណាម៉ូ

dynasty['di nəsti] *n.* សន្តិវង្ស

dysentery['di səntri] *n.* រោគមួល

Lit: អាមាតិសារ

E

E[i:], **e**[i:z] អក្សរទីប្រាំតាមលំដាប់អក្ខរក្រមអង់គ្លេស

each[i:ʧ] *adj.* e. person ម្នាក់ៗ

x table និមួយៗ

-adv. pay $5 x ម្នាក់ៗ

cost 5$ x និមួយៗ

-pron. x went his own way ម្នាក់ៗ

x cost $5. និមួយៗ

help e. other ជួយគ្នាទៅវិញទៅមក

eager['i:gər] *adj.* x worker យកចិត្តទុកដាក់

x to go ដែលមានចំណង់ខ្លាំង, ដែលញ៉ាំញ៉ីរជើងចង់

eagle['i:gl] *n.* សត្វឥន្ទ្រី

ear[i ər] *n.* human x ត្រចៀក

Lit: សោត

Roy. ព្រះសោត, ព្រះកាណ៌

x of corn ផ្លែ (ពោត)

have an e. for ពូកែខាង (តន្ត្រី ភាសា)

gain his e. និយាយផ្ទាល់ (នឹងអ្នកណាម្នាក់)

-iv. ផ្លែ (ពោត ស្រូវ ។ល។)

earache['i ərei k] *n.* ការឈឺក្នុងត្រចៀក

eardrum['i ədrʌm] *n.* ក្រដាសត្រចៀក

aerlobe['i ələub] *n.* ទងត្រចៀក

early['ɜ:li] *adv.* come x មុនម៉ោង, មុនពេលកំណត់

get up x ពីព្រលឹម

-adj. x hour ពីព្រលឹម

x arrival មុនម៉ោង, មុនពេលកំណត់

e. times ពីដើម

ear-mark['i əmɑ:k] *n.* គ្រឿងសំគាល់

-tv. ទុកដោយឡែកសម្រាប់

earmuff['i emʌf] *n.* ប្រដាប់ពាក់កុំឱ្យត្រជាក់ត្រចៀក

earn[ɜ:n] *tv.* x $5 រកបាន (ប្រាក់)

e. a living រកស៊ី, ចិញ្ចឹមជីវិត

e. one' s keep ជួយរកស៊ីចិញ្ចឹមខ្លួន

x a good reputation បង្កើតនូវ, ធ្វើឱ្យមាន

earnest['ɜ:ni st] *adj.* x effort ស្មោះអស់ពីចិត្ត

e. money ប្រាក់កក់

-n. (study) in e. យ៉ាងយកចិត្តទុកដាក់

(begin to rain) in e. ខ្លាំងមែនទែន

an x of his intention ភស្តុតាង

earnings[ɜ:ni ŋz] *n.* ប្រាក់ដែលរកបាន, ប្រាក់ចំណូល

earphone['i əfəun] *n.* ឧបករណ៍សម្រាប់ស្តាប់សម្លេង

earring['i əri ŋ] *n.* ក្រវិល

earshot[i əʃɔt] *n.* ចម្ងាយដែលអាចស្តាប់ឮ

earth[ɜ:θ] *n.* *Cap.* the plnet x ផែនដី

Lit: ពសុធា, ប្រថពី, ធរណី

fertile x ដី

all over the x ពិភពលោក

earthen['ɜ:θn] *adj.* ដែលធ្វើពីដី

earthenware['ɜ:θnweər] *n.* កុម្ភការភ័ណ្ឌ (ឆ្នាំង ក្រឡ។ល។ ធ្វើពីដី)

earthly['ɜ:θli] *adj.* លោកិយ

earthquake['ɜ:θkwei k] *n.* រញ្ជួយផែនដី

Lit: ភូមិចាល

earthworm['ɜːθwɜːm] *n.* ជន្លេន, បូសដី

earthy[ɜːθi] *adj.* x humor ថោកទាប

x substance ជាជាតិដី

earwax[i ərwæks] *n.* អាចម៍ត្រចៀក

ease[iːz] *n.* x of the job ភាពស្រួលឬងាយ

take one' s e. សម្រាក

feel at e. ឥតតក់ក្រហល់ , ស្រួលក្នុងចិត្ត

Mil. at e. សម្រាក

-tv. x the pain ធ្វើឱ្យធូរ, ធ្វើឱ្យស្រាក, សម្រាក

x his mind ធ្វើឱ្យធូរស្រាល (អ.ប.)

x a boat around ធ្វើឱ្យទៅបន្តិចៗ

-iv. e. up បន្ថយ

e. off បន្ធូរ

easel['iːzl] *n.* ជើងស្រោង

easily['iːzəli] *adv.* win x យ៉ាងស្រួល

cry e. ឆាប់យំ

e. the best ល្អជាងគេឆ្ងាយណាស់

east['iːst] *n.* ទិសខាងកើត

Lit: ទិសបូព៌

Cap. the E. អាស៊ី

-adj: x side ខាងកើត

x wind ពីខាងកើត

Easter['iːstər] *pr. n.* បុណ្យរំឭកថ្ងៃដែលព្រះយេស៊ូគ្រិស្តរស់ឡើងវិញ

easterly['iːstəli] *adj.* x direction ទៅខាងកើត

x wind ពីខាងកើត

eastern['iːstən] *adj.* ខាងកើត

Lit: ទិសបូព៌

eastward['iːstwəd] *adj.,adv.* ទៅខាងកើត, ឆ្ពោះទៅខាងកើត

eastwards['iːstwədz] *adv.* ទៅខាងកើត

eastwardly['iːstwədli] *adj.* x direction ទៅខាងកើត

x wind ពីខាងកើត

easy['iːzi] *adj.* x task ងាយ, ស្រួល, ស្រណុក

x life ស្រួល (មិនលំបាកវេទនា)

x manner ដោយគ្មានប្រឹងប្រែង

x mind ដែលគ្មានបារម្ភ

-adv. go e. on (the child) ស្រួលៗ

go e. on (the cake) ឱ្យចេះប្រមាណ

take it e. កុំប្រថំ

easygoing[ˌiːzi 'gəuiŋ] *adj.* ដែលឥតខ្វល់ច្រើនក្នុងការរស់នៅ

eat[iːt] *tv. (pt.* ate,*pp.* eaten*)*

1. Polite. of others: ពិសា

2. Polite. of oneself: ទទួលទាន

3. Pej, or of animals: ស៊ី

4. Coll: ញ៉ាំ

5. Form: បរិភោគ

6. Cl: ឆាន់

7. Roy: សោយ

8. Poet: ឆី

9. Rural: ហូប, អាស្រ័យ

10. Vulg: ច្រាស់ច្រំ, បុក្នុកំពង់, បុស, កណ្ដាលដើមទ្រូង

11. Dial: ខរ (សៀមរាប)

12. Neol (official): ហូប

acids x metal ស៊ី

Id. e. one' s words ទទួលខ្លួនខុស (ចំពោះសំដីដែលនិយាយចេញហើយ)

-n. pl.,Coll. ម្ហូបអាហារ

eaves[iːvz] *n.* ផ្នែកដំបូលដែលលយចេញ

eavesdrop['iːvzdrɔp] *iv.* លួចស្ដាប់យកការ (មិនឱ្យគេឃើញឬដឹង)

ebb[eb] *n.* x of the tibe លំនាច

at low e. ចុះខ្លាំងណាស់

-*iv.* នាច

ebony['ebəni] *n.* ឈើខ្មៅ

ebullient[i'bʌliənt] *adj.* ក្លា

eccentric[ik'sentrik] *adj.* x person ខុសគេ, ប្លែក

x circle ដែលមានផ្ចិតមិនចំគ្នា

-*n.* មនុស្សប្លែក, មនុស្សខុសគ្នា

ecclesiastic[i,kli:zi'æstik] *adj.* នៃសាសនា

-*n.* បព្វជិត

echelon['eʃəlɔn] *n.* ថ្នាក់, ជាន់

echo['ekəu] *n.* ប្រតិធ្វនី

-*iv.* ចាំងត្រឡប់, ផាត់ត្រឡប់ (សូរ)

-*tv.* x his voice ធ្វើឱ្យចាំងត្រឡប់ឬផាត់ត្រឡប់ (សូរ)

x his sentiments បញ្ចេញសាជាថ្មី (នូវយោបល់អ្នកណាម្នាក់)

eclectic[i'kletik] *adj.* ដែលសម្រាំងយកពីប្រភពផ្សេងៗ

-*n.* មនុស្សដែលយកគំនិតតាមប្រភពផ្សេងៗ

eclipse[i'klips] *n.* solar e. សូរ្យគ្រាស

lunar e. ចន្ទ្រគ្រាស

-*tv.* planets x the sun បាំង

x his predecessor លុបលើ (អ.ប.)

ecology[i:'kɔlədʒi] *n. Fr:* អេកូឡូស៊ី

Lit: បរិស្ថានវិទ្យា

economic[,i:kə'nɔmik] *adj.* នៃសេដ្ឋកិច្ច

economical[,i:kə'nɔmikl] *adj.* x process ដែលមិនសូវអស់ប្រាក់ច្រើន, ថោក

x housewife ដែលចេះសំចៃ

economics[,i:kə'nɔmiks] *n.* study of x សេដ្ឋសាស្ត្រ

x of the situation សេដ្ឋកិច្ច

economize[i'kɔnəmaiz] *iv.* សន្សំ

-*tv.* សំចៃ

economy[i'kɔnəmi] *n.* national x សេដ្ឋកិច្ច

a significant x ការសំចៃ

Lit: សព្វ័យ

ecstasy['ekstəsi] *n.* បីតិ (ការរង្វើតរង្វង)

ecstatic[ik'stætik] *adj.* ដែលរង្វើតរង្វង

ecumenical['i:kju:'mənikl] *adj.* នៃសាសនាគ្រិស្តទាំងមូល

eczema['eksimə] *n.* ត្រអក

-ed[1] *suf.* បច្ច័យសំគាល់ថា អំពើបានធ្វើហើយ, ឧ. talk និយាយ talked និយាយហើយ

-ed[2] *suf.* បច្ច័យមានន័យថា: បានទទួលនូវអំពើចេមកហើយ, ឧ. cook rice ដាំបាយ > cooked rice បាយឆ្អិនហើយ

eddy[edi] *n.* អ្វីៗដែលកួចឬចាល់

-*iv.* កួច (ទឹក ខ្យល់), ចាល់

edge[edʒ] *n.* x of a table គែម

x of a lake មាត់

x of a blade មុខ

x of the forest ជាយ

Id. on the e. of (death) ជិតៗ

(stand a crate) on e. លើគែមឬមាត់

nerves are on e. តានតឹងក្នុងចិត្ត

set the teeth on e. ធ្វើឱ្យសង្កៀរធ្មេញ

-*tv.* x a cloth with lace ដាក់ជាយ

x a knife សំលៀង

x him toward a decision បង្ខិតបន្តិចម្តងៗ

-*iv.* x along a building សសៀរ

x toward the center ខិតទៅបន្តិចម្តងៗ

edgewise['edʒwaiz] *adv.* ពីចំហៀង

edgy['edʒi] *adj.* ដែលមួម៉ៅ

edible['edibl] *adj.* ដែលអាចបរិភោគបាន

edict['i:dəkt] *n.* បញ្ញត្តិ

edification[,edifi'keiʃn] *n.* សប្បុរិសកម្ម

edifice['edi fi s] *n.* មហាគ្រឹះ, អគារ

edify['edi fai] *tv.* (*pt.,pp.* edified) បំភ្លឺ, ប្រៀនប្រដៅ

edit['edi t] *tv.* ពិនិត្យផ្ទៀងផ្ទាត់

edition['i di ʃn] *n.* 2nd e. (បោះពុម្ព) លើកទីពីរ

large x ចំនួនដែលបោះពុម្ពក្នុងមួយលើក

editor['edi tər] *n.* អ្នកពិនិត្យផ្ទៀងផ្ទាត់

editorial[,edi 'tɔ:ri əl] *n.* វិចារណកថា

-adj. នៃការសម្ដែងយោបល់

educate['edʒukei t] *tv.* អប់រំ

education [,edʒu'kei ʃn] *n.* x of children ការអប់រំ

higher x វិជ្ជា

specialize in x វិជ្ជាកោសល្យ

eel[i:l] *n.* អន្ទង់ឬត្រីទីង

eerie, eery['i əri] *adj.* គួរឱ្យព្រឺក្បាល

efface[i 'fei s] *tv.* x a memory លុប

e. oneself បន្ទាបខ្លួន

effect[i 'fekt] *n.* cause and x ផល

have an e. on មានអនុភាពលើ

put into e. អនុវត្ត

sthg. to that e. ប្រហែលអញ្ចឹង

personal effects ប្រដាប់ប្រើប្រាស់របស់អ្នកណាម្នាក់

(drugs) take e. ធ្វើឱ្យឃើញប្រសិទ្ធិភាពឡើង

(laws) take e. ចាប់ប្រតិបត្តិ

-tv. ធ្វើឱ្យមានឡើង

effective[i 'fekti v] *adj.* x measure សក្តិសិទ្ធិ

x law កំពុងប្រតិបត្តិ

effectiveness[i'fekti vənes] *n.* ប្រសិទ្ធភាព

effectual[i 'fektʃuəl] *adj.* x measure សក្តិសិទ្ធិ

x agreement នៅបានការ

effeminate[i 'femi nət] *adj.* ដូចស្រី

effervescent[,efə'vesnt] *adj.* x drink ដែលមានពពុះឡោល

x personality សប្បាយ, ឆ្មៀវឆ្មា

efficacious[,efi 'kei ʃəs] *adj.* សក្តិសិទ្ធិ

efficiency[i 'fi ʃnsi] *n.* ភាពផ្តល់ឱ្យនូវផលល្អ

efficient[i 'fi ʃnt] *adj.* x worker ដែលមានសមត្ថភាព

x method ដែលឱ្យផលល្អ

effigy['efi dʒi] *n.* រូបសំណាក (អ្នកណាម្នាក់)

effort['efət] *n.* ការខំប្រឹង, សេចក្តីខំ

effrontery[i 'frʌntəri] *n.* ភាពគឃ្លើន

effusive[i 'fju:si v] *adj.* ហួសហេតុ (ថ្លែងអំណរគុណ)

egalitarianism[i,gæli 'teəri əni zəm] *n.* សមភាពនិយម

egg[1][eg] *n.* chicken x ពង

Lit: ស៊ុត

Sl. good e. មនុស្សស្លូត

egg[2][eg] *tv. Coll.* ជម្រុញ

eggplant['egplɑ:nt] *n.* ត្រប់សណ្តាយ

ego['egəu] *n.* wound his x អត្តា, អាត្មា

individual x អត្តា

egocentric[,egəu'sentri k] *adj.* មជ្ឈត្តិកៈ

egoism['egəui zəm] *n.* អត្តទត្ថភាព

egotism['egəuti zəm] *n.* អហង្ការនិយម

egotist['egəuti st] *n.* អ្នកអហង្ការនិយម

Egypt[i dʒi pt] *pr. n.* ប្រទេសអេហ្ស៊ីប

eh![ei] *interj.* ហ៎!, ហើ!

eight[ei t] *n., adj.* ប្រាំបី

eighteen[,ei 'ti:n] *n.,adj.* ដប់ប្រាំបី

Coll. ប្រាំបីដណ្ដប់

eighteenth[,ei 'ti:nθ] *adj.* ទីដប់ប្រាំបី

-n. មួយភាគដប់ប្រាំបី

eighth[ei tθ] *adj.* ទីប្រាំបី

-n. មួយភាគប្រាំបី

eightieth['ei ti əθ] *adj.* ទីប៉ែតសិប

-n. មួយភាគប៉ែតសិប

eighty['ei ti] *n.,adj.* ប៉ែតសិប

either['ai ðər] *adj.* e. one មួយណាក៏បាន

on e. side ខាងសងខាង

-pron. x will do មួយណា (ន. មួយណាក៏បាន)

-conj. e. black or red will do អាខ្មៅក៏បាន

អាក្រហមក៏បាន

e. come or write មកឬសរសេរសំបុត្រមក

-adv. I'm not going e. ខ្ញុំក៏មិនទៅដែរ

ejaculate[i 'dʒækjulei t] *tv.* x an oath និយាយ

ឡើងដូចគេភ្ញាក់

x semen បាញ់ចេញមកក្រៅ

-iv. បាញ់ចេញមកក្រៅ (ដូចពស់បញ្ចេញពិស)

eject[i 'dʒekt] *tv.* x liquid បញ្ចេញ

x a pilot ធ្វើឱ្យខ្ទាតចេញ

ejection[i 'dʒekʃn] *n.* x of liquid ការច្រួសចេញ,

ការបាញ់ចេញ

x of a pilot ការខ្ទាតចេញ

a black x វត្ថុដែលបញ្ចេញមកក្រៅ

elaborate[i 'læbərət] *adj.* x design យ៉ាងល្អិតល្អន់

x ceremony យ៉ាងធំដុំ

-iv., tv. បរិយាយយ៉ាងល្អិតល្អន់

elapse[i 'læps] *iv.* កន្លងទៅ (កាល វេលា)

elastic[i 'læsti k] *adj.* យឺត

-n. ខ្សែយឺត

elasticity[,elæ'sti səti] *n.* ភាពយឺត

elate[i 'lei t] *tv.* ធ្វើឱ្យរីករាយ

elation[i 'lei ʃn] *n.* សេចក្តីរីករាយ

elbow['elbəu] *n.* x of the arm កែងដៃ, កយដៃ

x of pipe ម៉ូយាននកែងដូចកែងដៃ

-tv. គាសចេញនឹងកែងដៃ

elder['eldər] *n.* He's my x. បង

an x of the tribe ចាស់ទុំ

-adj. បង

elderly['eldəli] *adj.* ចាស់ (មនុស្ស)

eldest['eldi st] *adj.* x brother បងគេបង្អស់

x member ចាស់ជាងគេ

-n. មនុស្សចាស់ជាងគេ

elect[i 'lekt] *tv.* x a new president បោះឆ្នោតរើស

x him leader ជ្រើសតាំង

x to stay សម្រេច (នឹង)

election[i 'lekʃn] *n.* hold an x ការបោះឆ្នោត

his x to say សេចក្តីសម្រេច

electioneer[i ,lekʃə'ni ər] *iv.* ធ្វើការឱ្យអ្នក

ឈរឆ្នោត

elective[i 'lekti v] *adj.* x process នៃការបោះឆ្នោត

x president ដែលជាប់ឆ្នោតហើយ

x course ដែលមិនបង្ខំ (ឱ្យយក)

-n. មុខវិជ្ជាមិនបង្ខំ (ឱ្យយក)

elector[i 'lektər] *n.* អ្នកមានសិទ្ធិបោះឆ្នោត

electorate[i 'lektərət] *n.* អ្នកបោះឆ្នោត (ជាទូទៅ)

electric[i 'lektri k] *adj.* e. wire ខ្សែភ្លើង

x motor ដែលដើរដោយអគ្គិសនី

Fig. x performance ដែលធ្វើឱ្យរំភើប

e. chair កៅអីពិឃាតអគ្គិសនី

electrician[i ,lek'tri ʃn] *n.* ជាងអគ្គិសនី

electricity[i ,lek'tri səti] *n.* អគ្គិសនី

electrify[i 'lektri fai] *tv.* x a wire បញ្ចូលអគ្គិសនី

Fig. x an audience ធ្វើឱ្យរំភើប

electro[i 'lektrəu] *-pref.* បុព្វបទមានន័យថា:

អគ្គិសនី, ឧ. chemistry គីមី >

electrochemistry អគ្គិសនីគីមី

electrocute[i 'lektrəkju:t] *tv.* សម្លាប់ដោយ

ឆក់ឱ្យខ្សែភ្លើងឆក់

electrode[i 'lektrəud] ***n.*** អេឡិចត្រូដ
electrolysis[i ,lek'trɔləsi s] ***n.*** អគ្គិសនីវិភាគ
electrolyte[i 'lektrəlai t] ***n.*** *Fr:* អេឡិកត្រូលីត
electromagnet[i ,lektrəumægnet] ***n.*** មេដែកអគ្គិសនី
electron[i 'lektrɔn] ***n.*** អេឡិចត្រុង
electronic[i ,lek'trɔni k] ***adj.*** *Fr:* អេឡិចត្រូនិច
electronics[i ,lek'trɔni kz] ***n.*** អេឡិចត្រូនិច
electroscope[i ,lektrəuskəup] ***n.*** អគ្គិសនីទស្សន៍
electrotherapy[i ,lektrəu'θerəpi] ***n.*** ការព្យាបាលរោគដោយអគ្គិសនី
Lit: អគ្គិសនីតិកិច្ឆា
elegance['eli gəns] ***n.*** ភាពសង្ហា, ភាពសមសួន
elegant['eli gənt] ***adj.*** x furnishings ស្រស់, ឆើត, ប្រណិត
use x speech ថ្លៃថ្នូរ
elegy['elədʒi] ***n.*** កាព្យនិទានខ្លីៗសម្តែងសេចក្តីសោកសង្រេង
element['eli mənt] ***n.*** chemical x ធាតុ, វត្ថុធាតុ
x of grammar ចំណុចសំខាន់
x of the situation កត្តា
Pl. exposed to the x អាកាសធាតុ
elementary [,eli 'mentri] ***adj.*** x problem ងាយ
x school ជាន់ដំបូង
Lit: បឋម
elephant['eli fənt] ***n.*** ដំរី
Lit: គជ, គជា, គជសារ
elephantiasis[,eli fə'tai əsi s] ***n.*** រោគហើមដៃហើមជើង
elevate['eli vei t] ***tv.*** ធ្វើឱ្យខ្ពស់ឡើង
elevation [,eli 'vei ʃn] ***n.*** x of a mountain កំពស់
x of a statue ល្បើក (ការលើក)
elevator['eli vei tər] ***n.*** electric x ជណ្តើរយោង
Coll: អាសង់ស៊ើរ
grain x ជង្រុកធំហើយខ្ពស់
eleven[i 'levn] ***adj.*** ដប់មួយ
Coll: មួយដណ្តប់
eleventh[i 'levnθ] ***adj.*** ទីដប់មួយ
-n. មួយភាគដប់មួយ
elf[elf] ***n.*** *(pl.* elves*)* ម្រេញគង្វាល
elicit[i 'li si t] ***tv.*** ចំរាញ់យក (ការណ៍ ។ល។)
elide[i 'lai d] ***tv.*** ធ្វើលោបកម្ម
eligible['eli dʒəbl] ***adj.*** e. to មានសិទ្ធិនឹង
e. for អាចទទួល
x bachelor ដែលនៅលីវហើយគួរជាទីចង់បាន
eliminate[i 'li mi nei t] ***tv.*** x problems បំបាត់, ធ្វើលែងឱ្យមានទៀត
x body wastes បញ្ចេញចោល
x a contestant ទម្លាក់ចោល
elimination[i ,li mi 'nei ʃn] ***n.*** x of problems ការធ្វើឱ្យលែងមាន
x of waste ការបញ្ចេញចោល
elite[ei 'li:t] ***adj.*** សម្រាំង
-n. វរជន
elk[elk] ***n.*** សត្វរមែង (សត្វម្យ៉ាងពពួកសត្វប្រើស)
ellipse[i 'li ps] ***n.*** រាងពងក្រពើមូលទ្រវែង
elliptical[i 'li pti kl] ***adj.*** x circle ជារាងពងក្រពើ
x sentence លោបកម្ម
elocution[,elə'kju:ʃn] ***n.*** សិល្បខាងនិយាយឬអាន
Lit: វចនវិធី
elongate['i:lɔŋgei t] ***tv.*** ធ្វើឱ្យវែង
-iv. ឡើងវែង
elope[i 'ləup] ***iv.*** លួចរត់ទៅរៀបការ
eloquent['eləkwənt] ***adj.*** x speech ប្រកបដោយវចីកោសល្យ
x speaker ដែលមានវោហារកោសល្យ

else[els] *adj.* Let somebody x do it. ឯទៀត, ផ្សេងទៀត

What x did he say? ទៀត

-conj. Do it. x I'll go. បើមិនអញ្ចឹងទេ

Buy beer. or e. buy wine. ទិញប៊ីយែរឬក៏ទិញស្រាទំពាំងបាយជូរ

-adv. How e. could I do it? ចុះធ្វើម៉េចទៀតកើត?

Do it or e. ធ្វើទៅ តែមិនធ្វើប្រុងខ្លួន

elsewhere[,els'weər] *adv.* នៅទីដទៃ

elucidate[i'lu:si dei t] *tv.* បំភ្លឺ

elude[i'lu:d] *tv.* x the police គេច (ដោយប៉ិនប្រសប់)

The meaning eludes me. ខ្ញុំចាប់ន័យមិនបានទេ

elusive[i'lu:si v] *adj.* x criminal ដែលពូកែគេច

x concept ពិបាកយល់

emaciated[i'mei si ei ti d] *adj.* ស្គម, ឃើញតែស្បែកនិងឆ្អឹង

emanate['emənei t] *iv.* ភាយចេញ (ពី)

emancipate[i'mænsi pei t] *tv.* ឱ្យរួចជាអ្នកជា

emasculate[i'mæskjulei t] *tv.* x a pig ក្រៀវ

x one's husband ធ្វើឱ្យអស់មានលក្ខណៈជាប្រុស (ដោយលោភជិះជាន់)

embalm[i m'bɑ:m] *tv.* អប់សព (កុំឱ្យរលួយ)

embargo[i m'bɑ:gəu] *n.* និន្ទិវារណ៍ (ការហាមឃាត់មិនឱ្យនាវាចេញឬចូលកំពង់)

-tv. ធ្វើនិន្ទិវារណ៍

embark[i m'bɑ:k] *iv.* time to x ចុះកប៉ាល់, ចុះនាវា

e. on (a voyage) ចេញ

e. on (a new policy) ចាប់ប្រតិបត្តិ

-tv. x cargo ផ្ទុក (នាវា)

x a company on an enterprise នាំឱ្យធ្វើអ្វីមួយ

embarrass[i m'bærəs] *tv.* ធ្វើឱ្យខ្មាស់គេ

embarrassed[i m'bærəsd] *adj.* x boy អៀនប្រៀន

financially គ្មានប្រាក់គ្រប់គ្រាន់

embarrassment[i m'bærəsmənt] *n.* color with x សេចក្តីខ្មាស់

deliberate x ការធ្វើឱ្យខ្មាស់គេ

She's an x to him. អ្វីៗដែលធ្វើឱ្យខ្មាស់

financial x ភាពទាល់ប្រាក់

embassy['embəsi] *n.* ស្ថានទូត

embed[i m'bed] *tv.* *(pt.,pp.* embedded*)* បង្កប់ ឬបញ្ចុះ

embellish[i m'beli ʃ] *tv.* x a table លំអ, តុបតែង

x a story បញ្ចេញបញ្ចូល

ember['embər] *n.* រងើកភ្លើង

embezzle[i m'bezl] *tv.*, *iv.* បន្លំលួច (ប្រាក់)

embitter[i m'bi tər] *tv.* ធ្វើឱ្យឈឺចាប់ (អ.ប.)

emblem['embləm] *n.* បដិរូប

embody[i m'bɔdi] *tv.* តំណាង

embolden[i m'bəuldən] *tv.* ធ្វើឱ្យហ៊ាន, ធ្វើឱ្យមានចិត្តលះ

emboss[i m'bɔs] *tv.* ធ្វើឱ្យឡើងក្រឡោត

embrace[i m'brei s] *tv.* x a lover ឱប, ឱបរឹត

x a religion កាន់, កាន់យក

(Biology) embraces (several) disciplines. បញ្ចូល, ក្រសោប

-iv. ឱបគ្នា

-n. ការឱប

embroider[i m'brɔi dər] *tv.* x cloth ប៉ាក់, គ្រប

x the truth បញ្ចេញបញ្ចូល

embroidery[i m'brɔi dəri] *n.* fine x ការប៉ាក់

x on the truth ការបញ្ចេញបញ្ចូល

embroil[i m'brɔi l] *tv.* ធ្វើឱ្យច្របូកច្របល់នឹង

embryo['embri əu] *n.* ទារកក្នុងស្បូន

Lit: ត្រូណា

emerald['emərəld] *n.* ត្បូងមរកត

emerge[i'mɜːdʒ] *iv.* x from the water ផុសចេញ

x from the house ចេញ (ពី)

pints x from discussion មានឡើង

emergence[i'mɜːdʒəns] *n.* x from the water ការផុសចេញ

x from the house ការចេញ

x on the skin ដំណុច

emergency[i'mɜːdʒənsi] *n.* ការប្រថុជួន, អាសន្ន, ការបន្ទាន់, ការប្រថុចញ៉ូច

emery['eməri] *n.* e. paper ក្រដាសខាត់ម៉ៀង

e. whell ថ្មសំលៀងកាំបិត (មូលឬដែលវិល)

emetic[i'metik] *adj.* ដែលធ្វើឱ្យក្អួត

-n. ថ្នាំធ្វើឱ្យក្អួត

emigrant['emigrənt] *n.* ជនដែលទៅរស់នៅស្រុកក្រៅ

Lit: និរប្រវេសន្ត

-adj. ដែលចេញពីតំបន់មួយទៅនៅតំបន់មួយទៀត

emigrate['emigreit] *iv.* រត់ទៅនៅស្រុកក្រៅ

Lit: ធ្វើនិរប្រវេសន៍

eminence['eminəns] *n.* scholar of great x ឧត្តមភាព

build on an x ដីទួល

eminent['eminənt] *adj.* x scholar ឧត្តុងឧត្តម

x fairness ជាក់ស្តែង

Law e. domain សិទ្ធិនៃរដ្ឋាភិបាលទិញដីយកទៅប្រើប្រាស់ជាសាធារណៈ

emissary['emisəri] *n.* អ្នកនាំការ, បេសកជន

emit[i'mit] *tv.* (*pt.,pp.* emitted) បញ្ចេញ (រស្មីកំដៅ ។ល។)

emotion[i'məuʃn] *n.* full of x ការរំជួលចិត្ត, ការរំភើបចិត្ត *Lit:* អាវេគ

x of fear វេទនា, វេទនារម្មណ៍

emotional[i'məuʃənl] *adj.* x appeal យ៉ាងរំភើបចិត្ត

x disorder នៃចិត្ត

empathy['empəθi] *n.* ការយល់ចិត្ត

emperor['empərər] *n.* រាជាធិរាជ

emphasis['emfəsis] *n.* syllable of x ការសង្កត់ (សម្លេង)

x on honesty ការឱ្យទម្ងន់ទៅលើ

emphasize ['emfəsaiz] *tv.* x a syllable សង្កត់សម្លេង

x a point បញ្ជាក់, ពេវបញ្ជាក់

emphatic[im'fætik] *adj.* x denial ដាច់អហង្ការ

x particle សម្រាប់សង្កត់ឬបញ្ជាក់

empire['empaiər] *n.* British x ចក្រភព, រាជាធិរាជាណាចក្រ

colonial x អាណាចក្រ

empirical[im'pirisikl] *adj.* ដែលសំអាងលើពិសោធន៍

empiricism[im'pirizəm] *n.* ពិសោធនិយម

emplacement[im'pleismənt] *n.* កន្លែងដាក់កាំភ្លើងធំ (ក្នុងសង្គ្រាម)

employ[im'plɔi] *tv.* x a chauffeur ជួល

They e. 100 workers. គេមានកម្មករ ១០០ នាក់

x one's wits ប្រើ

-n. be in their e. ធ្វើការឱ្យគេ

employee[,emplɔiː] *n.* និយោជិក (អ្នកធ្វើការឱ្យគេ)

employer[im'plɔiər] *n.* និយោជក

employment[im'plɔimənt] *n.* x of workers ការជួល

find x ការ

x of resources ការប្រើប្រាស់

empower[im'pauər] *tv.* ឱ្យអំណាច

empress['emprəs] *n.* អធិរាជិនី (ព្រះអគ្គមហេសីនៃព្រះអធិរាជ)

empty['empti] *adj.* x bottle ទទេ, ទំនេរ

x threats តែមាត់, តែមាត់ទទេ

x life ឥតន័យ

-*tv.* (*pt.,pp.* emptied) x a bottle ចាក់ចេញ

x a box យកអ្វីដែលនៅខាងក្នុងចេញ

x an auditorium ឱ្យមនុស្សចេញឱ្យអស់

-*iv.* e. into ហូរចាក់ (ទៅក្នុង)

-*n.* អ្វីៗដែលទទេ

empty-handed['empti 'hændi d] *adj.* ដៃទទេ

emulate['emjulei t] *tv.* ដណ្ដើមដើង, ដេញដើង

emulation[,emju'lei ʃn] *n.* ការដេញដើង

Lit. សារម្ភ

emulsify[i 'mʌlsi fai] *tv.* ធ្វើកេឡូទកា

emulsion[i 'mʌlʃn] *n.* កេឡូទកា

enable[i 'nei bl] *tv.* ជួយឱ្យធ្វើអ្វីទៅបាន

enact[i 'nækt] *tv.* x a law អនុម័ត

x Hamlet លេង

enamel[i 'næml] *n.* កាចា

-*tv.* លាបកាចា

ecampment[i n'kæmpmənt] *n.* ទីបោះជំរំ

encase[i n'kei s] *tv.* ស្រោប

encephalic['ænsefəli k] *adj.* នៃខួរក្បាល

encephalitis['ænsefəli ti s] *n.* រោគរលាកខួរក្បាល

enchain[i n'ʧei n] *tv.* ដាក់ច្រវាក់

enchant[i n'ʧɑ:nt] *tv.* x an enemy ដាក់អំពើ (ធ្មប់)

x an audience ធ្វើឱ្យរីករាយខ្លាំង

enchanting[i n'ʧɑ:nti ŋ] *adj.* មនោរម្យ

encircle[i n'sɜ:kl] *tv.* x the enemy ឡោមព័ទ្ធ

x a pole វ័ណ្ឌជុំវិញ

x a word គូសវង់មូលជុំវិញ

enclave['enklei v] *n.* បរិពន្ធភូមិ

enclose[i n'kləuz] *tv.* x a porch ចាំងជុំវិញ

x a check ដាក់ក្នុងស្រោមសំបុត្រ ភ្ជាប់ ។ល។

enclosure[i n'kləuʒər] *n.* x of a porch ការដាក់របាំងជុំវិញ

small x ទីកំងចំណារ

add an x អ្វីៗដែលដាក់ភ្ជាប់មកជាមួយនឹងសំបុត្រ (ក្នុងស្រោមតែមួយ)

encode[i n'kəud] *tv.* សរសេរជាភាពសម្ងាត់

encore['ɔŋkɔ:r] *n.* ការសម្ដែងបន្ថែមតាមសំណូមអ្នកស្ដាប់

encounter[i n'kauntər] *tv.* ជួបប្រទះ

-*n.* chance x ការជួបប្រទះ

military x ការប៉ះទង្គិច, ការប្រយុទ្ធ

encourage[i n'kʌri ʤ] *tv.* x a student លើកទឹកចិត្ត

x investment ជម្រុញទឹកចិត្ត (ឱ្យទៅធ្វើអ្វីមួយ)

encouragement[i n'kʌri ʤmənt] *n.* x of a student ការលើកទឹកចិត្ត

offer as an x គ្រឿងជម្រុញទឹកចិត្ត

encroach[i n'krəuʧ] *iv.* x on his land ខ្ទ្រានយក

x on his rights រំលោភ

encumber[i n'kʌmbər] *tv.* x with packages ធ្វើឱ្យទទើសទទែង

x with restrictions ដាក់កម្រិត

encumbrance[i n'kʌmbrəns] *n.* អ្វីៗដែលទទើសទទែង

encyclopaedia[i n,sai klə'pi:di ə] *n.* សព្វវចនាធិប្បាយ

end[end] *n.* x of a rope ចុង

x of a book ទីបញ្ចប់

x of the year ដំណាច់

one' s own ends ប្រយោជន៍ផ្ទាល់ខ្លួន

meet one' a x មរណកាល

make ends meet បានល្មមតែអង្គុយច្រកឆ្នាំង

put an e. to ធ្វើលែងឱ្យមាន

-*iv.* x in disaster នាំមកផល (អាក្រក់)

x at 4 p.m. ចប់

e. up (as a pauper) ធ្លាក់ទៅជា

-*iv.* បពាប់

endanger[in'deindʒər] *tv.* ធ្វើឱ្យមានគ្រោះថ្នាក់ ឱ្យរងគ្រោះថ្នាក់

endear[in'diər] *tv.* ធ្វើឱ្យគេស្រឡាញ់ឬចូលចិត្ត

endearment[in'diərmənt] *n.* (whisper) endearments សំដីស្នេហា, សំដីផ្អែកផ្អម

his x to the people ការធ្វើឱ្យគេស្រឡាញ់ចូលចិត្ត

endeavor[in'devər] *iv.* ខំប្រឹង, ខំខ្នែង

-*n.* succeed by x ការខំប្រឹងខ្នែង

a praiseworthy x កិច្ចដែលខំប្រឹងសម្រេច

endemic[en'demik] *adj.* ដោយតំបន់ (មិនទូទៅ)

endless['endləs] *adj.* មិនចេះអស់មិនចេះហើយ

endorse[in'dɔːs] *tv.* x his action យល់ព្រម (នឹង)

x a check ចារខ្នង (សែក ។ល។)

endorsement[in'dɔːsmənt] *n.* បង្អីលេខ

ending[endiŋ] *n.* happy x ទីបញ្ចប់

x of a word ចុង

endow[in'dau] *tv.* x a colege ផ្តល់ទាយជ្ជទាន (ឱ្យ)

e. with ផ្តល់ឱ្យ

endowment[in'dauwmənt] *n.* physical x លក្ខណៈដែលធម្មជាតិផ្តល់ឱ្យ

financial x ទាយជ្ជទាន

x of a colege ការផ្តល់ទាយជ្ជទាន

endurance[in'djuərəns] *n.* អំណត់

endure[in'djuər] *tv.* ទ្រាំ, អត់ធន់ (នឹង)

-*iv.* នៅឋិតថេរ

enduring[in'djuəriŋ] *adj.* ឋិតថេរ

enema['enəmə] *n.* ទឹកបញ្ចុះ, ការបូមទឹកលាងពោះវៀន

enemy['enəmi] *n.* សត្រូវ, ខ្មាំង

Lit: បច្ចាមិត្ត

energetic[,enə'dʒetik] *adj.* ស្វាហាប់, ប្រពល

energize['enədʒaiz] *tv.* x people ធ្វើឱ្យមានកម្លាំងពលំ

x a battery បញ្ចូលភ្លើង

energy['enədʒi] *n.* work with x សេចក្តីស្វាហាប់

nuclear x កម្លាំង

Lit: ថាមពល

enervate['enəveit] *tv.* ធ្វើឱ្យអស់កម្លាំង

enfeeble[in'fiːbl] *tv.* ធ្វើឱ្យខ្សោយ

enfold[in'fəuld] *tv.* x a child in a blanket រុំ

x a child in one's arms ឱប

enforce[in'fɔːs] *tv.* x the law ធ្វើឱ្យប្រតិបត្តិ

e. compliance បង្ខំឱ្យធ្វើតាម

engage[in'geidʒ] *tv.* x him in conversation នាំឱ្យចាប់ផ្តើម

x a butler ជួល

x his attention ទាញ

x to do it ភ្ជាប់សន្យា

x the enemy ចូលប្រយុទ្ធ

e. the gears ដាក់លេខ (ឡាន)

-*iv.* e. in ចូលឬចាប់ធ្វើ (នយោបាយជំនួញ។ល។)

engaged[in'geidʒid] *adj.* x in project កំពុងជាប់រវល់ (នឹង)

x couple ដែលបញ្ជាប់ពាក្យហើយ

x by a company ជួល

gears are x ចូល (លេខឡាន ។ល។)

engagement[in'geidʒmənt] *n.* x to her (ការ) បញ្ជាប់ពាក្យ

have a previous x កិច្ចសន្យាធ្វើហើយ

x of a chauffeur ការជួល

x in a project ការចូលរួម

engaging[in'geidʒiŋ] *adj.* ដែលឱ្យចាប់ចិត្ត

engender[in'dʒendər] *tv.* ធ្វើឱ្យកើតមានឡើង, បង្កើត

engine ['endʒin] *n.* gasoline x ម៉ាស៊ីន

Lit: យន្ត, គ្រឿងយន្ត, ចក្រ

train e.ក្បាលរទេះភ្លើង

engineer[,endʒi 'ni ər] *n.* electrical x វិស្វករ

train x អ្នកបើក

engineering[,endʒi 'ni əri ŋ] *n.* វិស្វកម្ម

English['i ŋgli ʃ] *adj.* អង់គ្លេស, នៃប្រទេសឬ

ប្រជាជនអង់គ្លេស

-n. speak x ភាសាអង់គ្លេស

love the x ជនជាតិអង់គ្លេស

engrave[i n'grei v] *tv.* x an inscription ចារ,

ឆ្លាក់

x a design ឆ្លាក់

engraving[i n'grei vi ŋ] *n.* ចម្លាក់

engross[i n'grəus] *tv.* x one' s attention

ធ្វើឱ្យស្លុង

be engrossed in ស្លុង (នឹង)

engulf[i n'gʌlf] *tv.* ព័ទ្ធជុំវិញ

enhance[i n'hɑ:ns] *tv.* x one' s reputation

ធ្វើឱ្យប្រសើរឡើង

x the value បង្កើន

enigma[i 'ni gmə] *n.* ប្រស្នា

enigmatic[,eni g'mæti k] *adj.* ដែលជាអាថិកំបាំង

enjoin[i n'dʒɔi n] *tv.* បង្គាប់, បញ្ជា

enjoy[i n'dʒɔi] *tv.* x a meal គាប់ចិត្តនឹង

e. oneself សប្បាយ

x special privileges មាន, ទទួលនូវ

enjoyment[i n'dʒɔi mənt] *n.* ការសប្បាយរីករាយ

elarge[i n'lɑ:dʒ] *tv.* ពង្រីក, ធ្វើឱ្យធំឡើង

-iv. ឡើងធំ

enlighten[i n'lai tn] *tv.* បំភ្លឺ (អ.ប.)

enlist[i n'li st] *iv.* ចូល (ធ្វើទាហាន បក្ស

ពួក ។ល។)

-tv. x men for military duty យកចូលធ្វើទាហាន

his services បញ្ចុះបញ្ចូលឱ្យ (ធ្វើអ្វីមួយ)

enliven[i n'lai vn] *tv.* ធ្វើឱ្យរស់រវើកឡើង

en masse[,ɔn 'mæs] *adv.* ទាំងអស់គ្នា

enmity['enməti] *n* . អមិត្តភាព

enormity[i 'nɔ:məti] *n.* ភាពធំសម្បើម

enormous[i 'nɔ:məs] *adj.* x house ធំសម្បើម

x crime យ៉ាងធ្ងន់ធ្ងរ

enough[i 'nʌf] *adj.* x money គ្រប់គ្រាន់

-n. have e. to live on មានល្មមចិញ្ចឹមជីវិត

-adv. well x គួរសម

enquire[i n'kwai ər] *(see* inquire*)*

enrage[i n'rei dʒ] *tv.* ធ្វើឱ្យខឹងខ្លាំង

enrapture[i n'ræptʃər] *tv.* ធ្វើឱ្យអណ្តែតអណ្តូង

enrich[i n'ri tʃ] *tv.* x food បន្ថែមគ្រឿង

x the investors ធ្វើឱ្យមាន

x one' s life ធ្វើឱ្យមានខ្លឹមសារឡើង

enroll[i n'rəul] *iv.,tv.* ចុះឈ្មោះ (រៀនអ្វីមួយ)

en route[,ɔn 'ru:t] *adv.* តាមផ្លូវ (នៅក្នុងពេល

កំពុងធ្វើដំណើរ)

ensemble[ɔn'sɔmbl] *n.* musical x ក្រុម (ភ្លេង)

in the e. សរុប, ទាំងអស់

enshrine[i n'ʃrai n] *tv.* ដាក់ដំកល់

ensign['ensən] *n.* military x ទង់

naval x នាយទាហានជើងទឹកតូចជាងគេ (ស្មើនឹង

ស័ក្តិអនុសេនីយត្រីជើងគោក)

enslave[i n'slei v] *tv.* យកធ្វើជាទាសៈ

ensnare[i n'sneər] *tv.* ទាក់

ensue[i n'sju:] *iv.* ជាផល

ensure[i n'ʃuər] *tv.* ធ្វើឱ្យប្រាកដ

entail[i n'tei l] *tv.* តម្រូវ

entangle[i n'tæŋgl] *tv.* ប្រទាក់គ្នា, ជំពាក់

enter['entər] *iv.* do not x ចូល

Theat. x upstage ចេញ

e. into an agreement ព្រមព្រៀង

e. into (a question) យកមកពិភាក្សា

(doors) e. into (the room) ចូលទៅ

e. into (a conversation) ចូលរួម

-*tr.* x the room ចូល

Law x a plea ដាក់

Bookkeeping x an expense កត់ចូលក្នុងបញ្ជី

enterprise['entəprai z] *n.* business x សហគ្រាស

full of x ការមានគំនិតច្រើន

enterprising['entəprai zi ŋ] *adj.* ដែលមានគំនិតច្រើនហើយសង្វាតហាប់

entertain[,entə'tei n] *tr.* x an audience កំសាន្ត

x guests ទទួលភ្ញៀវ

x a proposal យកមកពិនិត្យ

-*iv.* ទទួលភ្ញៀវ

entertainment[,entə'tei nmənt] *n.* do sthg for x ការកំសាន្ត

go to an x ល្បែងកំសាន្ត

x of guests ការទទួលភ្ញៀវ

enthrone[i n'θrəun] *tr.* ថ្វាយរាជសម្បត្តិ

enthuse[i n'θju:z] *tr.* ធ្វើឲ្យសាទរឡើង

-*iv.* បង្ហាញនូវសេចក្ដីសាទរ

enthusiasm[i n'θju:zi æzəm] *n.* សេចក្ដីសាទរ

enthusiastic[i n,θju:zi 'æsti k] *adj.* សាទរ

entice[i n'tai s] *tr.* ធ្វើឲ្យទាក់ចិត្ត, លួង

enticement[i n'tai smənt] *n.* x of victims ការលួង

as an x គ្រឿងលួងចិត្ត

entire[i n'tai ər] *adj.* set is x គ្រប់ទាំងអស់

an x family ទាំងមូល

x freedom ពេញលេញ

an e. day ពេញមួយថ្ងៃ

entirely[i n'tai əli] *adj.* x finished ទាំងអស់

made x of wool សុទ្ធតែ

It's e. up to you ស្រេចតែលើលោកទេ

entirety[i n'tai ərəti] *n.* សារពើន

entitle[i n'tai tl] *tr.* x a book ឲ្យឈ្មោះ

x you to go ឲ្យអំណាច

entitled to (rights. ets.) មានសិទ្ធិទទួល

entity['entəti] *n.* អង្គភាព

entomb[i n'tu:m] *tr.* កប់ (ខ្មោច)

entomology[,entə'mɔlədʒi] *n.* កាណេកសាស្ត្រ (វិទ្យាសាស្ត្រខាងសត្វល្អិត)

entourage[,ɔntu'rɑ:ʒ] *n.* អ្នកអមរអម, បរិវារ

entrails['entrei lz] *n.*ពោះវៀនពោះតាំង

Coll ពោះវៀន

entrance[1] ['entrəns] *n.* x to a building ទ្វារចូល

Lit ចំណូល

x of a guest ការចូលមក

Theat sudden x ការចេញមក

entrance[2][i n'trɑ:ns] *tr.* បញ្ចាលរូប

entrant['entrənt] *n.* អ្នកចូល (ប្រកួត)

entrap[i n'træp] *tr.* (*pt.,pp.*entrapped) ទាក់

entreat[i n'tri:t] *tr.* ទទូចអង្វរសុំ

entreaty[i n'tri:ti] *n.* ការសុំដោយទទូចអង្វរ

Lit កតាវសាន

entrée['ɔntrei] *n.* x of a meal *U.S.* ម្ហូបសំខាន់

Fr ម្ហូបថ្លែម

guarantee x សិទ្ធិចូល

x into a subject ការផ្ដើម

entrench[i n'trənʧ] *tr.* ជីកត្រង់សេ (ជុំវិញ)

entrenched[i n'trenʧd] *adj.* x opposition ចាក់ឫស

x camp ដែលមានជីកត្រង់សេជុំវិញ

entrepreneur[,ɔntrəprə'nɜ:r] *n.* សហគ្រិន

entrust[i n'trʌst] *tr.* ផ្ដាក់ផ្ញើ, ប្រគល់

entry['entri] *n.* means of x ការចូល
Theat. sudden x ការចេញ
Bookkeeping make an x កំណត់ចូល
entwine[in'twain] *tv.* រីណ្ណ
-iv. រីណ្ណគ្នា, ប្រទាក់ប្រទិនគ្នា
enumerate[i'nju:mereit] *tv.* រៀបរាប់
enunciate[i'nʌnsi eit] *tv.* x one's words និយាយសម្ដែងដោយវាចាឬលាយលក្ខអក្សរ
x new rules ប្រកាស
envelop[in'veləp] *tv.* hands x a bird គោប, ក្របោប
wrappers x candy ស្រោប
gases x the earth គ្របដណ្ដប់
-n. ស្រោម
envelope['envələup] *n.* ស្រោមសំបុត្រ
enviable['envi əbl] *adj.* គួរច្រណែន
envious['envi əs] *adj.* ដែលច្រណែន
environment[in'vai rənmənt] *n.* បរិយាកាស
environs[in'vai rənz] *n.* តំបន់នៅជុំវិញ (ជិតៗ)
envisage[in'vi zi dʒ] *tv.* x her face នឹកក្នុងចិត្ត
x a profit ប្រមើល, គ្រោងទុកជាមុន
envoy['envɔi] *n.* ជនដែលគេបញ្ជូនទៅ
Lit. បេសក:
envy['envi] *n.* full of x ការច្រណែន
She's the x of her friends. អ្វីៗដែលធ្វើឱ្យគេច្រណែន
-tv. (*pt.,pp.* envied) ច្រណែន (នឹង)
enzyme['enzaim] *n.* អង់ស៊ីម *Lit.* វិភេទនរស
ephemeral[i'femərəl] *n.* ដែលមានមិនបានយូរ
Lit. អចិរ
epic['epik] *n.* write an x វីរកថា
x of his escape វីរកម្ម
epidemic[,epi'demik] *n.* ការរាលដាល

equilibrium
-adj. ដែលរាលដាល, ដែលរាតត្បាត
epiglottis[,epi'glɔtis] *n.* កន្ទើត, សន្ទះខ្យល់ (ក្នុងក)
epilepsy['epilepsi] *n.* ជម្ងឺស្កន់ឬឆ្កួតជ្រូក
epileptic[,epi'leptik] *adj.* នៃជម្ងឺស្កន់ឬឆ្កួតជ្រូក
-n. មនុស្សឆ្កួតជ្រូក
epilogue['epilɔg] *n.* សេចក្ដីចប់
Lit. អវសានបទ
episode['episəud] *n.* ឧបកថា
epitaph['epitɑ:f] *n.* ចារឹកថ្មលើផ្នូរខ្មោច
epitome[i'pitəmi] *n.* x of a story សេចក្ដីបំព្រួញ
x of its genre គំរូយ៉ាង
epoch['i:pɔk] *n.* ជំនាន់, សម័យ
equal['i:kwəl] *adj.* e. in size ប៉ុន, ប៉ុន
e. in age ស្រករ, ស្របាល
in x parts ស្មើ
x treatment មិនចំពោះមុខ
x to the occasion សមនឹង
-n. without e. គ្មានអ្វីឬអ្នកណាប្រៀបបាន
-tv. x his record បានស្មើនឹង
5 + 5 x 10 ត្រូវជា
equality[i'kwɔləti] *n.* x before the law សមភាព
numerical x ភាពស្មើគ្នា
x of size ភាពប៉ុនគ្នា
equalize['ikwəlaiz] *tv.* ធ្វើឱ្យស្មើគ្នា
equanimity[,ekwə'niməti] *n.* ភាពចិត្តនឹង
equate[i'kweit] *tv.* x wealth with success គិតថាដូចគ្នា
x two theories ប្រៀបធៀប
equation[i'kweiʒn] *n.* សមីការ
equator[i'kweitər] *n.* *Coll.* ខ្សែអេក្វាទ័រ
Lit. ភូមធ្យមខា
equilibrium[,i:kwi'libriəm] *n.* *Lit.* សមតា
Neol. លំនឹង

equinox['i:kwi nɔks] ***n.*** សមរាត្រី

equip[i 'kwi p] ***tv.*** *(pt.,pp.* equipped*)* ប្រដាប់ (គ្រឿងបរិក្ខារ)

equipment[i 'kwi pmənt] ***n.*** the necessary x គ្រឿងប្រដាប់, បរិក្ខារ

proceed with the x of an office ការផ្តល់គ្រឿងបរិក្ខារ

equitable['ekwi təbl] ***adj.*** ដែលមានសមធម៌

equity['ekwəti] ***n.*** legal x សមធម៌

mortgage x ចំណែកដែលម្ចាស់ទ្រព្យត្រូវបាន (តាមចំនួនប្រាក់ដែលបានសងហើយ)

equivalence[i 'kwi vələns] ***n.*** ភាពស្មើគ្នា

Lit: សមមូល្យ

equivalent[i 'kwi vələnt] ***adj.*** ស្មើគ្នា

Lit: សមមូល្យ

-n. សមមូល្យ

equivocal[i 'kwi vəkl] ***adj.*** មិនច្បាស់លាស់ឬជាក់លាក់

equivocate[i ,kwi vəkei t] ***iv.*** ប្រើសំដីពាំគ្រលោត, និយាយមានន័យច្រើន

-er[1] ***suf.*** បច្ច័យមានន័យថាៈ *1.* អ្នកធ្វើ, ឧ.

drive បើក > driver អ្នកបើក

teach បង្រៀន > teacher គ្រូបង្រៀន

2. គ្រឿងសម្រាប់, ឧ. strain ត្រង > strainer តម្រង dig ជីក > digger គ្រឿងជីក

-er[2] ***suf.*** បច្ច័យមានន័យថាៈ ជាង ,ឧ.

small តូច > smaller តូចជាង

cheap ថោក > cheaper ថោកជាង

era['i ərə] ***n.*** Christian x ស័ក, សករាជ

geological x យុគ

x of prosperity សម័យ

eradicate[i 'rædi kei t] ***tv.*** បំបាត់

erase[i 'rei z] ***tv.*** x a word លុប

e. a memory បំភ្លេច

eraser[i 'rei zər] ***n.*** pencile x ជ័រលុប

blackboard x វត្ថុសម្រាប់លុប

erasure[i 'rei ʒər] ***n.*** ស្នាមលុប

erect[i 'rekt] ***adj.*** ត្រង់ឆ្កិតទៅលើ, ឈរឆ្កឹង

-tv. x a house សង់, សាង

x a machine តម្លើង

erode[i 'rəud] ***tv.*** x soil ច្រោះ

x metal កាត់, ស៊ី

-iv. soils x ច្រោះ

metals x ស៊ីក (ដោយអ៊ីៗកាត់ឬស៊ី)

erosion[i 'rəuʒn] ***n.*** x of soil ចម្រោះ

x of metal សំណឹក

erotic[i 'rɔti k] ***adj.*** ដែលឱ្យស្រើបស្រាល

err[ɜ:r] ***iv.*** ប្រព្រឹត្តខុសគន្លង, ធ្វើខុស

errand['erənd] ***n .*** ការដើរបំពេញកិច្ចការអ្វីមួយ

erratic[i 'ræti k] ***adj.*** មិនទៀងទាត់

erroneous[i 'rəuni əs] ***adj.*** ដែលមានការភាន់ច្រឡំ

error['erər] ***n.*** typological x កំហុស

x of judgment ការភាន់ច្រឡំ

erudite['erudai t] ***adj.*** ដែលមានវិជ្ជាជ្រៅជ្រះ

erudition[,eru:'di ʃn] ***n.*** ភាពមានវិជ្ជាជ្រៅជ្រះ

Lit: ពហុសុតភាព

erupt[i 'rʌpt] ***iv.*** volcanoes x ផ្ទុះ (ភ្នំភ្លើង ។ល។)

quarrels x កើតឡើង, ផ្ទុះឡើង

(skin) erupts ចេញ (ផ្លួត ។ល។)

eruption[i 'rʌpʃn] ***n.*** x of a volcano បន្ទុះ

x of an argument ការកើតមានឡើង

x on the skin ដំណើរចេញផ្លួត ។ល។

escalate['eskəlei t] ***iv.*** រឹតតែខ្លាំងឡើង

-tv. ធ្វើឱ្យរឹតតែខ្លាំងឡើង

escalator['eskəlei tər] ***n.*** ជណ្តើរយន្ត

escape[i 'skei p] ***n.*** x from prison ល្បួចរត់ចេញ, លបរត់

x from publicity គេចចេញ

-*tv.* x the police គេចពី

x death រួចពី, ផុតពី

-*n.* narrow x ការរួចពីគ្រោះថ្នាក់

fire x ផ្លូវចេញ

the x of gas ការចេញ

escort['eskɔːt] *n.* military x ពួកដែលដែរហែរហមឬការពារ

her x អ្នកជូន, អ្នកកំដរ

-*tv.* x a convoy ទៅជាមួយដើម្បីការពារ

x a girl ទៅជាមួយ, ជូនទៅ

Eskimo['eskiməu] *pr. n.* អេស្គីម៉ូ (អម្បូរមនុស្សមួយក្រុមរស់នៅទ្វីបអាមេរិកខាងជើង)

esophagus[iː'sɔfəgəs] *n.* បំពង់អាហារ

esoteric[,esəu'terik] *adj.* ដែលមានតែមនុស្សភាគតិចយល់បាន

especially[i'speʃəli] *adj.* ជាពិសេស

espionage['espiənɑːʒ] *n.* ចារកម្ម

espouse[i'spauz] *tv.* x a cause ប្រកាន់

x a mate ការ (ប្ដីឬប្រពន្ធ)

essay['esei] *n.* write an x និពន្ធ

make an x ការសាកល្បង

-*iv.* សាក, ល្បង

essence['esns] *n.* x of the problem សារៈ

x of turpentine និស្សារណា

essential[i'senʃl] *adj.* x ingredient ដែលត្រូវការជាចាំបាច់

x nature សារវន្ត

-*n.* របស់ដែលត្រូវការជាចាំបាច់

establish [i'stæbliʃ] *tv.* x a business បើក

x a fact ធ្វើនិទស្សន៍

x order ធ្វើឱ្យមានឡើង

establishment [i'stæbliʃmənt] *n.* business x គ្រឹះស្ថាន

x of a business ការបើក

Cap. the E. អ្នកកាន់អំណាច

estate[i'steit] *n.* country x គេហដ្ឋានដែលមានដីយ៉ាងធំព័ទ្ធជុំវិញ

x of the deceased ទ្រព្យសម្បត្តិ

x of man សភាវ

esteem[i'stiːm] *tv.* x a friend គោរព

x his friendship ទុកជាមានតម្លៃ, ឱ្យតម្លៃទៅលើ

-*n.* hold him in high x. សេចក្ដីគោរព

his x for wealth ការឱ្យតម្លៃទៅលើ

esthetic[,iːs'θetik] *(see* aesthetic*)*

estimate['estimət] *tv.* x weight ស្មាន, ប្រមាណ

x a man ស្ទង់មើល

-*n.* an x of the population ការប្រមាណ

submit an x តម្លៃប៉ាន់

estimation[,esti'meiʃn] *n.* make an x ប្រមាណ

by e. ដោយប៉ាន់ឬស្មាន

in high x សេចក្ដីគោរព

estrange[i'streindʒ] *tv.* ធ្វើឱ្យឈប់ចូលចិត្ត

estuary['estʃuəri] *n.* ពាម, មាត់ពាម

et cetera[et 'setərə] *adv.* បេយ្យាល, ល៖ (។ល។)

etch[etʃ] *tv.* ឆ្លាក់ដោយជាតិអាស៊ីតឱ្យស៊ី

etching[etʃiŋ] *n.* រូបឆ្លាក់ពីចម្លាក់

eternal[i'tɜːnl] *adj.* គ្មានទីបំផុត

Lit. អនន្ត

eternity[i'tɜːnəti] *n.* អនន្តភាព

ether['iːθər] *n.* អេតែរ

ethical['eθikl] *adj.* x conduct ត្រឹមត្រូវតាមសីលធម៌

x considerations នៃអភិសមាចារ

ethics['eθik] *n.* អភិសមាចារ

ethnic['eθnik] *adj.* e. group ជាតិពន្ធ

x joke អំពីជាតិពន្ធ

ethnocentricity[,eθənəu'sentri ki si ti] *n.* ការប្រកាន់ពូជ

ethnography[eθ'nɔgrəfi] *n.* នរវង្សវិទ្យា, ជាតិពន្ធុសាស្ត្រ

ethnology[eθ'nɔləgi] *n.* ជាតិពន្ធុវិទ្យា

etiquette['eti ket] *n.* អតិថិវិន័យ

etymology[,eti'mɔlədʒi] *n.* x of a word ដើមកំណើត (ពាក្យ)

student of x និរុត្តិសាស្ត្រ

eulogize['ju:lədʒai z] *tv.* ធ្វើបសំសកថា

eulogy['ju:lədʒi] *n.* បសំសកថា

eunuch['ju:nək] *n.* មនុស្សប្រុសក្រៀវ

euphemism['ju:fəmi zəm] *n.* ពាក្យសម្រាល, ពាក្យប្រើសម្រាប់កុំឱ្យអាក្រក់ស្ដាប់ពេក

euphonious['ju:fəni əs] *adj.* ពិរោះ

euphony['ju:fəni] *n.* ភាពពិរោះ

euphoria[ju:'fɔ:ri ə] *n.* សុខវេទន៍

evacuate[i 'vækjuei t] *tv.* x a population ជម្លៀស

x a campsite ចេញពី

x feces បញ្ចេញ

evade[i 'vei d] *tv.* ចៀស, គេច

evaluate[i 'væljuei t] *tv.* x property ជាន់តម្លៃ, វាយតម្លៃ

x a program ប្រមាណមើល

evanescent[,i:və'nesnt] *adj.* ដែលមិនឋិតថេរ

evangelism[,i:væn'dʒeli zm] *n.* ការផ្សាយលទ្ធិព្រះយេស៊ូ

evaporate[i 'væpərei t] *iv.* liquids x ហួត, ហើរ

moods x រសាយ

-*tv.* បង្ហួត

evaporation[i ,væpə'rei ʃn] *n.* រំហួត

evasion[i 'vei ʒn] *adj.* ការចៀស គេច ឬដោះដៃ

evasive[i 'vei si v] *adj.* ដែលគេចឬចៀស

eve[i:v] *n.* Christmas x ថ្ងៃមុន

x of the revolution ពេលមុន

even['i:vn] *adj.* x surface រាបស្មើ

x flow ស្មើ (ល្បឿន ។ល។)

x score ស្មើគ្នា

x number គត់គូ

x hundred គត់

x temper នឹង, មិនផ្លាស់ប្ដូរ

-*adv.* e. John knows ទុកជាយ៉ូនក៏ដឹងដែរ

e. better រឹតតែប្រសើរទៅទៀត

e. if he goes ទុកជាគាត់ទៅក៏ដោយ

x eager to go ថែមទាំង

e. so អញ្ចឹងក៏ដោយ

e. though ទោះបី, ទោះជា, បើទុកជា... ក្ដី

break e. រួចខ្លួន

get e. with ធ្វើឱ្យរួចគ្នា

-*tv.* x the ground ធ្វើឱ្យស្មើ

e. up (accounts) ធ្វើកុំឱ្យលើសកុំឱ្យខ្វះ

e. up (hair) ធ្វើឱ្យស្មើគ្នាឡើង

evening['i:vni ŋ] *n.* during the x ពេលល្ងាច

x of his life ដំណើរទ្រោមចុះ, ជម្រេ

event[i 'vent] *n.* important x ព្រឹត្តិការណ៍

in the e. of ក្នុងគ្រា

in any e. ទោះយ៉ាងណាក៏ដោយ

eventful[i 'ventfl] *adj.* ដែលប្រកបដោយព្រឹត្តិការណ៍សំខាន់ៗ

eventual[i 'ventʃuəl] *adj.* ជាយថាហេតុ

eventuality[i ,ventʃu'æləti] *n.* យថាហេតុ

ever['evər] *adv.* Have you e. gone ? លោកដែលទៅទេ ?

x alert ជាដរាប

e. since តាំងតែពី

as good as e. នៅតែល្អអញ្ចឹង

e. so long ដ៏យូរអង្វែង, ដ៏យូរលង់

evergreen['evəgri:n] *n.* ឈើដែលមានស្លឹកខៀវគ្រប់រដូវ

everlasting[,evə'la:sti ŋ] *adj.* គ្មានទីបំផុត

evermore[,evə'mɔ:r] *adv.* ជាដរាបរៀងទៅ

every['evri] *adj.* go x day រាល់

e. bit as good ល្អដូចគ្នាបេះបិទ

e. now and then មួយផងមួយកាល

e. other day ពីរថ្ងៃម្តង, រាល់ពីរថ្ងៃ

everybody['evri bɔdi] *pron.* E. knows it អ្នកណាក៏ដឹងដែរ

talk to x (in a group) (មនុស្ស) ទាំងអស់គ្នា

talk to x (individually) (មនុស្ស) គ្រប់គ្នា

Good morning. x! លោកអ្នកទាំងអស់គ្នា

everyday['evri dei] *adj.* x occurrence ដែលជាធម្មតា, ដែលមានឡើងរាល់ថ្ងៃ

x clothes សាមញ្ញ

everyone['evri wʌn] *(see* everybody*)*

everything['evri θi ŋ] *pron.* E. is expensive. ស្អីក៏ថ្លៃដែរ

How much for e. ? ទាំងអស់ថ្លៃប៉ុន្មាន ?

bring x ទាំងអស់

everywhere['evri weər] *adv.* go x គ្រប់កន្លែង

have trash x ពាសពេញ

evict[i vi kt] *tv.* បណ្តេញចេញ

evidence['evi dəns] *n.* legal x សំអាង, ភស្តុតាង, កសិណ

no x of theft សញ្ញាដែលបង្ហាញឱ្យដឹង

-tv. បង្ហាញ (ឱ្យឃើញជាក់ស្តែង)

evident['evi'dənt] *adj.* ជាក់ស្តែង, ប្រត្យក្ស

evil['i:vl] *adj.* x man ដែលគ្មានសីលធម៌

x deeds អាក្រក់

e. spirit ប៊ិសាច

-n. do x អំពើអាក្រក់

lesser of two evils មួយដែលមិនសូវអាក្រក់ដូចមួយទៀត

wish s.o. e. បន់ឱ្យអ្នកណាមួយមានទុក្ខទោស

evince[i 'vi ns] *tv.* បង្ហាញឱ្យឃើញច្បាស់

eviscerate[i 'vi sərei t] *tv.* វះយកពោះវៀនពោះតាំងចេញ

evoke[i 'vəuk] *tv.* songs x memories ធ្វើឱ្យមានឬនឹកឃើញឡើងវិញ

x a spirit អំពាវនាវ, សំបូងសង្រួង (ផល)

evolution[,i:və'lu:ʃn] *n.* ការប្រែប្រួលជាលំដាប់

Lit: វិវត្តន៍

evolve[i 'vɔlv] *iv.* species x វិវត្ត

e. from កើតមកពី

-tv. គ្រោងបង្កើតជាលំដាប់

ewe[ju:] *n.* ចៀមញី

ex[eks] *-pref.* បុព្វបទមានន័យថា: មុន, អតីត, ឧ. wife ប្រពន្ធ > ex-wife ប្រពន្ធមុន

exacerbate[i g'zæsəbei t] *tv.* ធ្វើឱ្យកាន់តែធ្ងន់ឡើង

exact[i g'zækt] *adj.* x translation ចំៗ, ត្រង់ៗ

x amount គត់

watch is x ត្រូវ

-tv. តម្រូវ

exacting[i g'zækti ŋ] *adj.* ដែលឬយ៉ាងប្រិតប្រៀន

exactitude[i g'zækti tju:d] *n.* ភាពត្រឹមត្រូវ

exaggerate[i g'zæʤərei t] *iv.* , *tv.* បំផ្លើស, ពន្លើស, បញ្ចេញ

exaggeration[i g'zæʤə'rei ʃn] *n.* prone to x ការបំផ្លើស

That' s an x . ពាក្យបំផ្លើស

exalt[i g'zɔ:lt] *tv.* x God សរសើរ

x his position លើកតំកើង

exam[i g'zæm] *n.* ការប្រឡង

examination[i g,zæmi 'nei ʃn] *n.* take an x ការប្រឡង

medical x ការពិនិត្យ

hand out an x វិញ្ញាសា

examine[ig'zæmin] *tv.* x a patient ពិនិត្យ
x students ឱ្យប្រឡង
example[ig'za:mpl] *n.* set a good x គំរូ
x of his work គំរូយ៉ាង
give an x ឧទាហរណ៍
for e. (apples, pears etc.) ដូចជា, ដូចយ៉ាង
for e. (if I were to get sick) ឧបមា
exasperate[ig'zæspəreit] *tv.* ធ្វើឱ្យក្ដៅក្រហាយ
exasperation[ig,zæspə'reiʃn] *n.* ការក្រេវក្រោធ
excavate['ekskəveit] *tv.* ជីក, លុង
excavation[,ekskə'veiʃn] *n.* by x ការជីក
a deep x រណ្ដៅ, អណ្ដូង
exceed[ik'si:d] *tv.* ហួស, លើស
exceedingly[ik'si:diŋli] *adv.* ក្រៃលែង
excel[ik'sel] *tv.* (*pt., pp.* excelled) ធ្វើល្អលើស
-iv. ពូកែខ្លាំង (ខាងអ្វីមួយ)
excellence['eksələns] *n.* ឧត្ដមភាព
excellent['eksələnt] *adj.* ប្រសើរ
except[ik'sept] *prep.* លើកលែងតែ, វៀរតែ
-conj. ប៉ុន្តែ
-tv. មិនគិតបញ្ចូល
exception[ik'sepʃn] *n.* make no x អញ្ញត្រកម្ម
He's an x. អ្នកប្លែកពីគេ
take e. to ជំទាស់នឹង
exceptional[ik'sepʃənl] *adj.* ប្លែកពីធម្មតា
excerpt['eks3:pt] *n.* សេចក្ដីដកស្រង់
-tv. ដកស្រង់, ស្រង់ចេញ
excess[ik'ses] *n.* drink to x ការធ្វើអ្វីមួយហួសប្រមាណ
discard the x សំណល់, អ្វីដែលលើស
-adj. x weight ហួសកំណត់
x food ដែលសល់

excessive[ik'sesiv] *adj.* ហួសប្រមាណ, ហួសហេតុ
exchange[iks'tʃeindʒ] *tv.* x hats ប្ដូរ
x gifts ឱ្យទៅវិញទៅមក
x a purchase យកទៅប្ដូរ
x money for food ដូរ
-n. x of goods ដំណូរ
foreign x រូបិយប័ណ្ណ
telephone e. កន្លែងបន្តប្រព័ន្ធទូរស័ព្ទ
excise[1]['eksaiz] *n.* រដ្ឋាករ
-tv. ដាក់ពន្ធលើ, ទារពន្ធ, ទាររដ្ឋាករ
excise[2]['eksaiz] *tv.* x a paragraph ដកចេញ, យកចេញ
x a tumor កាត់យកចេញ
excitable[ik'saitəbl] *adj.* ដែលឆាប់រំជួលចិត្ត, ដែលឆាប់រំភើបចិត្ត
excite[ik'sait] *tv.* x a child ធ្វើឱ្យរំជួលចិត្ត
x interest បង្កើតឱ្យមាន
excitement[ik'saitmənt] *n.* x about sthg. សេចក្ដីរំជួល
the x of anger ការបង្កើតឱ្យមាន
exciting[ik'saitiŋ] *adj.* ដែលធ្វើឱ្យរំជួលចិត្ត
exclaim[ik'skleim] *iv.* លាន់មាត់
-tv. ស្រែកអបអរសាទរ
exclamation[,eksklə'meiʃn] *n.* x of pain ការលាន់មាត់
e. point ឧទានសញ្ញា, សញ្ញា (!)
exclude[ik'sklu:d] *tv.* x certain facts បដិសេធ
surveys x minors មិនរាប់បញ្ចូល
x them from the club មិនឱ្យចូល
exclusion[ik'sklu:ʒn] *n.* x of certain facts ការបដិសេធ
x of the poor ការមិនឱ្យចូល
with the e. of លើកលែងតែ
exclusive[ik'sklu:siv] *adj.* x attention ទាំងស្រុង
mutually e. ដែលមិនចុះសម្រុងនឹងគ្នា

x club ដែលសម្រាប់មនុស្សភាគតិច (ដែលមានឋានៈខ្ពស់)

excrement['ekskri mənt] ***n.*** *Coll.* អាចម៍

Lit. ឧច្ចារៈ

excommunication[,ekskə,kju:ni 'kei ʃn] ***n.*** និក្ខន្ធកម្ម

excrete[i k'skri:t] *iv.* បញ្ចេញចោល (ញើស។ល។)

Lit. ធ្វើមលមោចនា

excretion [i k'skri:ʃn] ***n.*** act of x មលមោចនា

animal x លាមក, អាចម៍

exculpate['ekskʌlpei t] *tv.* និរ្ទោសទោស

excursion[i k'skɜ:ʃn] ***n.*** pleasure x ដំណើរកំសាន្ត

scientific x ដំណើរ

excuse[i k'skju:s] *tv.* x his action ដោះសា

x him from service និរ្ទោស

e. oneself (from a meeting) សុំចេញ

e. me *1. Gen.* សូមទោស

2. To a superior: សូមមេត្តាអភ័យទោស

3. Roy. សូមទ្រង់ព្រះមេត្តាប្រោស

-n. សេចក្តីដោះសា

execute['eksi kju:t] *tv.* x a criminal ប្រហារជីវិត, ពិឃាត

x a task ប្រតិបត្តិ

x a design ធ្វើ

execution[,eksi 'kju ʃn] ***n.*** political x ការប្រហារជីវិត

x of a plan ការប្រតិបត្តិ

x of a work of art ការធ្វើ

executioner[,eksi 'kju:ʃənər] ***n.*** អ្នកប្រហារជីវិត

*Lit.*ពេជ្ឈឃាត

executive[i g'zekjəti v] ***adj.*** x branch ខាងនីតិប្រតិបត្តិ

x ability ខាងការប្រតិបត្តិ

-n. business x អ្នកកាន់កាប់

responsibility of the x នីតិប្រតិបត្តិ

executor[i g'zekjətər] ***n.*** អ្នកប្រតិបត្តិ

exemplary[i g'zempləri] ***adj.*** គួរយកជាគំរូឬឧទាហរណ៍

Lit. អនុករណិយ

exemplify[i g'zempli fai] *tv.* *(pt.,pp.* exemplified*)*

x an argument យកឧទាហរណ៍មកបង្ហាញឱ្យឃើញជាក់

x the whole group ជាតួយ៉ាងនៃ

exempt[i g'zempt] *tv.* និរ្ទោស

-adj. ដែលរួច

exemption[i g'zempʃm] ***n.*** x the poor អព្ភាគ្រកម្ម

tax x ចំនួនប្រាក់មិនត្រូវបង់ពន្ធ

exercise['eksəsai z] ***n.*** physical x ការហាត់ប្រាណ

x of a power កិរិយកម្ម

piano x លំហាត់

Lit. កិរិយកិច្ច

graduation x ពិធី

-tv. x one's body ហាត់

x troops ហ្វឹកហ្វឺន

x power ប្រើ, យកមកប្រើ

-iv. ហាត់ប្រាណ

exert[i g'zɜ:t] *tv.* x persure ដាក់

x influence ប្រើ

e. oneself ខំប្រឹង

exertion[i g'zɜ:ʃn] ***n.*** x of pressure ការដាក់, ការបន្ថែម

require great x ការខំប្រឹង

exhale[eks'hei l] *iv.,tv.* បញ្ចេញដង្ហើម

exhaust[i g'zɔ:st] *tv.* x gas បញ្ចេញ

x one's energy បង្ហស់

x a worker ធ្វើឱ្យអស់កម្លាំង

x every means ប្រើអស់

-n. black x ផ្សែងឬចំហាយបញ្ចេញចោល

e. pipe បំពង់ផ្សែង

exhaustion[i g'zɔ:stʃən] ***n.*** physical x ការអស់កម្លាំង

x of resources ការលោះអស់

exhaustive[i g'zɔ:sti v] *adj.* x search ផិតផល់បំផុត

x work ដែលធ្វើឱ្យអស់កម្លាំង

exhibit[i g'zi bi t] *tv.* x one' s wares តាំងឱ្យមើល

x a tendency បង្ហាញ

-n. វត្ថុតាំងឱ្យមើល

exhibition[,eksi 'bi ʃn] *n.* art x ពិព័ណ៌

x of skill ការបង្ហាញ

exhilarate[i g'zi lərei t] *tv.* ធ្វើឱ្យភ្លើនចិត្ត, ធ្វើឱ្យរីករាយខ្លាំង

exhort[i g'zɔ:t] *tv.* ដាស់តឿន, ជំរុញឱ្យ

exhortation[,ekzɔ:'tei ʃn] *n.* by x ការរំឭកដាស់តឿនដោយពាក្យសំដី *Lit:* ឧបទេស

follow his x ពាក្យដាស់តឿន

exhume[eks'hju:m] *tv.* គាស់ចេញពីក្នុងដី

exigency['eksi dʒənsi] *n.* ការតម្រូវ

exile['eksai l] *n.* live in x និរទេស

He' s an x. និរទេសកជន

-tv. ធ្វើនិរទេស

exist[i g'zi st] *iv.* still x មាន

x on bread and water រស់

existence[i g'zi stəns] *n.* troubled x ជីវិត

x of secret papers ការមាន

existent[i g'zi stənt] *adj.* no longer e. លែងមានហើយ

x conditions ដែលកំពុងមាននៅ

exit['eksi t] *n.* no x ចំណេញ, ច្រកចេញ

make one' s x ការចេញ

-iv. ចេញ

exodus['eksədəs] *n.* ការលើកគ្នាទាំងហ្វូងទៅនៅទីដទៃ

Lit: អពយព

exonerate[i g'zɔnərei t] *tv.* ឱ្យរួច (ទោស)

exorbitant[i g'zɔ:bi tənt] *adj.* ហួសប្រមាណ, ហួសកំណត់

exorcise['eksɔ:sai z] *tv.* បណ្ដេញខ្មោចចេញ

exotic[i g'zɔti k] *adj.* x customs ប្លែក, ពីបរទេស

x plant កម្រឃើញ

expand[i k'spænd] *tv.* x metal ធ្វើឱ្យយារឬរីក

x a story ធ្វើឱ្យពិស្ដារឡើង, រំពាយសេចក្ដី

x one' s businesses ពង្រីក

-iv. metals x យារឬរីក

businesses x រីក

expansion[i k'spænʃn] *n.* business x ការរីកឡើង

x on a story ការបរិយាយដ៏ល្អិតល្អន់

degree of x វិត្ថារកម្ម

expansive[i k'spænsi v] *adj.* x generosity ដ៏ទូលាយ

x mood ស្រស់រាយខ្លាំង

expatriate[eks'pætri ət] *tv.* បង្ខំឱ្យចាកចោលស្រុក

-n. ជនដែលគេបង្ខំឱ្យចាកចោលស្រុក

expect[i k'spekt] *tv.* x to go គិត

x disaster យល់ថានឹងកើតមានឡើង

x a visitor ចាំ, រង់ចាំ

x obedience តម្រូវ, សង្ឃឹម (ឱ្យមាន)

expectancy[i k'spektənsi] *n.* state of x ការរង់ចាំ

life e. អាយុកាលមធ្យម

expectant[i k'spektənt] *adj.* x parents ដែលមានកូនមិនទាន់កើត

x delay ដែលគេបានគិតទុកជាមុនហើយ

expectation[,ekspek'tei ʃn] *n.* wait in x ការរង់ចាំ

live up to my x សេចក្ដីសង្ឃឹម

exspectorate[i k'spektərei t] *tv.* ស្ដោះចោល

-iv. ស្ដោះទឹកមាត់

expediency[i k'spi:di ənsi] *n.* x of the plan ភាពស័ក្ដិសិទ្ធិ

political x កាលានុវត្តន៍

expedient[i k'spi:di ənt] *adj.* x course ស័ក្ដិសិទ្ធិ

x choice ស្រួល

-n. by the x of មធ្យោបាយ

political x ឧបាយ

expedite['ekspədai t] *tv.* ធ្វើឱ្យបានរួសរាន់

expedition[,ekspə'di ʃn] *n.* hunting x បេសកកម្ម

with e. យ៉ាងរួសរាន់.

expel[i k'spel] *tv.* (*pt., pp.* expelled)

x air បញ្ចេញ

x a student បណ្តេញចោល

expend[i k'spend] *tv.* ចាយ, ចំណាយ

expenditure[i k'spendi ʧər] *n.* a large x ចំណាយ

constant x ការចាយ

expense[i k'spens] *n.* x of a car ចំណាយ

(reimburse) expenses សោហ៊ុយ

at one' s own e. ដោយចេញប្រាក់ខ្លួនឯង

at the e. of (quality) ដោយសុខចិត្តលះបង់

expensive[i k'spensi v] *adj.* ថ្លៃ

experience[i k'spi əri əns] *n.* ការពិសោធ

-iv. ពិសោធ

experienced[i k'spi əri ənsi d] *adj.* ដែលមានពិសោធន៍

experiment[i k'speri mənt] *n.* ពិសោធន៍

-iv. ពិសោធ

experimental[i k,speri 'mentl] *adj.* x car ដែលសម្រាប់ពិសោធសាកមើល

e. science វិទ្យាសាស្ត្រពិសោធ

expert['ekspɜ:t] *n.* អ្នកជំនាញ, ជំនាញ

-adj. ជំនាញ

expertise[,ekspɜ:'ti:z] *n.* ជំនាញការ

Lit: កោសល្លវិច័យ

expiate['ekspi ei t] *tv.* លាងទោសដោយទទួលទណ្ឌកម្ម

expire[i k'spai ər] *iv.* licenses x ផុតកំណត់

Lit: the old x សូន្យជីវិត, ស្លាប់

-tv. ដកដង្ហើមចេញ

explain[i k'splei n] *tv.,iv.* ពន្យល់

explanation[,eksplə'nei ʃn] *n.* give an x សេចក្តីពន្យល់

by x ការពន្យល់

explanatory[i k'spænətri] *adj.* សម្រាប់ពន្យល់

explicable[i k'spli kəbl] *adj.* ដែលអាចពន្យល់បាន

explicate['ekspli kei t] *tv.* បរិយាយពន្យល់

explicit[i k'spli si t] *adj.* ដែលមានចែងយ៉ាងជាក់លាក់

Lit: និប្បរិយាយ

explode[i k'spləud] *iv.* ផ្ទុះ

-tv. ធ្វើឱ្យផ្ទុះ

exploit[1]['eksplɔi t] *n.* អបុព្វកិច្ច

exploit[2]['eksplɔi t] *tv.* x the people ជញ្ជក់ផលប្រយោជន៍ (ពីអ្នកដទៃ)

x resources ធ្វើអាជីវកម្ម, យកផល

exploitation[,ekplɔi 'tei ʃn] *n.* x of the people ការជញ្ជក់ប្រយោជន៍ (ពីអ្នកដទៃ)

x of natural resources ទោហនកម្ម

exploration[,eksplə'rei ʃn] *n.* x of new territory របុករក (ការរុករក)

go on an x ដំណើររុករក

explore[i k'splɔ:r] *tv.* x new territory រុករក

x the possibilities ស្ទង់

-iv. រុករក

explosion[i k'spləuʒn] *n.* dynamite x បន្ទុះ (ការផ្ទុះ)

population x ការកើនចំនួនយ៉ាងឆាប់រហ័ស

explosive[i k'spləusi v] *adj.* x sound ដូចផ្ទុះ

x situation ដែលអាចនឹងផ្ទុះឡើង (អ.ប.)

-n. រំសេវផ្ទុះ

exponent[i k'spəunənt] *n.* x of capitalism អ្នកគាំទ្រ

Math. និទស្សន្ត

export['i kspɔ:t] *tv.* នាំចេញ (ទៅលក់)

-n. វត្ថុនាំចេញទៅលក់

exportation[,ekspɔ:'tei ʃn] *n.* លំនាំចេញ (ការនាំចេញ)

Lit: នីហរណកម្ម

expose[i k'spəuz] *tv.* x a plot ធ្វើឱ្យគេដឹងឮឡើង

x a film ថត

x one' s back to the sun ដាក់បែរទៅ, ដាក់ឱ្យត្រូវ (ថ្ងៃ ។ល។)

x a thigh to view បញ្ចេញ, បញ្ចេញឱ្យឃើញ

exposition[,ekspə'ziʃn] *n* trade x ពិព័ណ៌

x on a subject ការអធិប្បាយ

exposure[i k'spəuʒər] *n.* x to the sun ការដាក់ឱ្យត្រូវ

x of a plot ការធ្វើឱ្យគេដឹងឮឡើង

film e. ការបើកឱ្យពន្លឺប៉ះនឹងហ្វីលម៍

expound[i k'spaund] *tv.,iv.* បរិយាយ, អធិប្បាយ

express[i k'spres] *tv.* x an idea បញ្ចេញ

e. oneself សម្ដែងយោបល់

-adj. x train លឿនហើយមិនឈប់ច្រើនដំណាក់

x purpose ជាក់លាក់

a agency ដែលដឹកនាំ

-n. take an x យានជំនិះឈ្នួលលឿនហើយមិនឈប់ច្រើនដំណាក់

send by x ផ្លូវរហ័ស

expression[i k'spreʃn] *n.* verbal x ការសម្ដែងមនោសញ្ចេតនា *Lit:* វិញ្ញត្តិ

idiomatic x ឃ្លា

facial e. ទឹកមុខ

mathematical x កន្សោម

expressive[i k'spresi v] *adj.* ដែលសម្ដែងនូវមនោសញ្ចេតនា

expresssly[i k'spresli] *adv.* សម្រាប់តែ, ចំពោះតែ

expropriate[eks'prəupri ei t] *tv* . ដកហូតយក (តាមច្បាប់)

Lit: អស្សាមិក្រឹត

expropriation[,eks,prəupri 'ei ʃn] *n.* អស្សាមិករណ៍

expulsion[i k'spʌlʃn] *n.* x of air ការបញ្ចេញ

x of a student ការបណ្ដេញចោល

expunge[i k'spʌndʒ] *tv.* លុបចោល, គូសចោល

expurgate['ekspəgei t] *tv.* ដកចេញនូវភាគដែលមិនសមរម្យ (ពីសៀវភៅ)

exquisite[i k'skwi zi t] *adj* . ដែលល្អឆើត

extant[ek'stænt] *adj* . ដែលមាននៅ

extemporaneous[ek,stempə'rei ni əs] *adj.* ដោយឥតព្រាងទុកមុន

extemporize[i k'stempərai z] *iv.* និយាយឬធ្វើដោយឥតព្រាងទុកមុន

extend[i k'stend] *tv.* x a road ធ្វើឱ្យវែងឡើង

x a rope ពន្លារ, បន្លាយ

x one' s arm សន្ធឹង

x one' s stay បន្តពេល, បន្លាយពេល

x one' s property ពង្រីក

x greeting សម្ដែង

-iv. mountains x 100 miles សន្ធឹង

rubber bands x យឺត

extension[i k'stenʃn] *n.* x of a road ការបន្ត, ការធ្វើត

road x ផ្នែកត, ផ្នែកបន្ថែម

x of a visa ការបន្តពេល

visa x ពេលបន្ត

x of a ladder ការទាញឱ្យវែងឡើង

agricultural x ការយកទៅបង្រៀនក្រៅមហាវិទ្យាល័យ

x of service វិបុលកម្ម

extensive[i k'stensi v] *adj.* x area, knowledge ដ៏ធំទូលាយ

e. farming កសិកម្មយថាផល

extent[i k'stent] *n.* x of one' s knowledge វិសាលភាព

x of his property ទំហំ

go to any e. to ធ្វើយ៉ាងដូចម្ដេចក៏ដោយឱ្យតែ

to what e. ? ត្រឹមណា ?

extenuate[i k'stenjuei t] *tv.* សម្រាល

exterior[i k'sti əri ər] *adj.* ខាងក្រៅ

-n. ផ្នែកខាងក្រៅ

exterminate[i k'stɜ:mi nei t] *tv.* ធ្វើឱ្យសូន្យ

external[i k'stɜ:nl] *adj.* x surface ក្រៅ, ខាងក្រៅ

x affairs. commerce ក្រៅប្រទេស

extinct[i k'sti ŋkt] *adj.* x species ដែលវិនាស, សាបសូន្យ

x volcano ដែលរលត់ហើយ

extinguish[i k'sti ŋgwi ʃ] *tv.* x a fire ពន្លត់

x hope ធ្វើឱ្យរលត់, ធ្វើឱ្យលែងមាន

extol[i k'təul] *tv.* *(pt. ,pp.* extolled*)* សរសើរ, លើក

extort[i k'stɔ:t] *tv.* កំហែងយក, សង្កត់យក (ប្រាក់)

extortion[i k'stɔ:ʃn] *n.* ការគំរាមកំហែង (ប្រាក់។ល។)

Lit: បល័យគ្រាស

extra['ekstrə] *adj.* x pencil លើសពីត្រូវការ

x price បន្ថែម

x edition ពិសេស

-n. news x អ្វីៗបន្ថែម

carry an x អ្វីៗសម្រាប់ជួសឬផ្លាស់

Theat. តួបន្ទាប់បន្សំ

-adv. លើសធម្មតា

extra['ekstrə]*-pref.* បុព្វបទមានន័យថា: ក្រៅ, នៅក្រៅ

ឧ. legal តាមច្បាប់ > extralegal ក្រៅច្បាប់

extract[i k'strækt] *tv.* x a tooth ដក

x minerals ធ្វើនិស្សារណកម្ម, យកចេញ

x the truth ទាញយក

x a quotation ដកស្រង់, ស្រង់យក

-n. banana x និស្សារណា

literary x សម្រង់, សេចក្តីដកស្រង់

extraction[i k'strækʃn] *n.* x of coal និស្សារណកម្ម

x of a tooth ការដក

of foreign x កំណើត

extradite['ekstrədai t] *tv.* ធ្វើបត្យាប័ន

extradition[,ekstrə'di ʃn] *n.* បត្យាប័ន

extraneous[i k'strei ni əs] *adj.* ដែលមិនត្រូវកន្លែង, ដែលគ្មានទាក់ទង

extraordinary[i k'strɔ:dnri] *adj.* វិសាមញ្ញ

extrasensory[,ekstrə'sensəri] *adj.* ដែលមិនតាមវិញ្ញាណធម្មតា

extravagant[i k'strævəgənt] *adj.* x person ដែលខ្ជះខ្ជាយប្រាក់ហួសប្រមាណ

x praise ហួសហេតុ

extreme[i k'stri:m] *adj.* x measures ខ្លាំងបំផុត

x fashions ហួសហេតុ

x joy ដ៏ក្រៃលែង

-n. go to extremes អច្ចន្តភាព

x of the kingdom អច្ចន្តភាគ

extremely[i k'stri:mli] *adv.* ក្រៃលែង, ជាទីបំផុត

extremist[i k'stri:mi st] *n.* អច្ចន្តិកជន

extremity[i k'steməti] *n.* northernmost x ទីឆ្ងាយ (បំផុត)

extricate['eks'tri kei t] *tv.* យកចេញ

extrinsic['ekstri nsi k *adj.* ដែលមកពីក្រៅ

Lit: ពាហិរក

exuberance[i g'zju:bərəns] *n.* ភាពរីករាយក្លៀវក្លាហួសពេក

exuberant[i g'zju:bərənt] *adj.* x winner ដែលលោតកញ្ឆោងខ្លាំងដោយសប្បាយរីករាយ

x growth ច្រើន, សម្បូណ៌

exude[i g'zju:d] *tv.* បញ្ចេញ

-iv. ចេញ

exult[i g'zʌlt] *iv.* សម្តែងសេចក្តីរីករាយក្រៃលែង

eye[ai] *n.* *1. Gen:* ភ្នែក

2. *Roy. Cl.* ព្រះនេត្រ

3. *Poet.* នេត្រ, នេត្រា

4. *Lit.* ចក្ខុ

x of a potato ភ្នែក

x of a needle ក្ដិត (ម្ជុល ។ល។)

have an e. for ឆាប់ឃើញ

keep one' s e. on ឃ្លាំមើល

be all eyes មើលភ្នែកថ្លៃ

see in the mind' s e. សម្លឹងមើលក្នុងចិត្ត

make eyes at ប្រើភ្នែកបញ្ចោញទឹកចិត្តផាក់

Coll. lay eyes on ឃើញ

-tv. សម្លឹងមើល

eyeball['ai bɔ:l] ***n.*** គ្រាប់ភ្នែក, កែវភ្នែក

eyebrow['ai brau] ***n.*** ចិញ្ចើម

eyeglasses['ai glɑ:s] ***n.*** វ៉ែនតា

eyelash['ai læʃ] ***n.*** រោមភ្នែក

eyelid['ai li d] ***n.*** ត្របកភ្នែក

eyepiece['ai pi:s] ***n.*** កែវខាងអ្នកមើល (នៃកែវយឺត)

eyesight['ai sai t] ***n.*** good x ការមើលឃើញ

out of x ចក្ខុវិស័យ

eyestrain['ai strei n] ***n.*** ដំណើររោយភ្នែក

eyewitness['ai wi tnəs] ***n.*** សាក្សី

F

F, f[ef] អក្សរទី៦តាមលំដាប់អក្ខរក្រមអង់គ្លេស

fable['fei bl] *n.* old x រឿងល្បើក

Don' t tell a x! រឿងកុហក

fabric['fæbri k] *n.* woolen x សំពត់

Coll: កំណាត់

x of society របៀបរៀបចំ

fabricate['fæbri kei t] *tv.* x automobiles ធ្វើ

x facts ប្រឌិត

-tv. កុហក

fabrication['fæbri 'kei ʃn] *n.* x of autos ការធ្វើ

monstrous x ការកុហក

fabulous['fæbjələs] *adj.* x wealth ច្រើនអស្ចារ្យ

x exploits អស្ចារ្យ

façade[fə'sɑ:d] *n.* x of a building ផ្នែកខាងមុខ

x of bravery អាការខាងក្រៅ

face[fei s] *n.* human x មុខ

Roy: ព្រះភក្ត្រ

Lit: ភក្ត្រា

x of a building ផ្នែកខាងមុខ

x of the earth ផ្ទៃ

x of cube មុខ

f. to f. ពល់មុខគ្នា

save f. ធ្វើមិនឱ្យបាក់មុខ

in the f. of ឈមនឹង

-tv. x the light ឈមមុខទៅរក

x it with wood បាំងពីក្រៅ

x the facts ទទួលស្គាល់

x it toward me ដាក់ឱ្យបែរទៅ

x the situation ប្រឈមមុខ, មិនថយឬា

-iv. x toward the east បែរ, ឈមមុខ

About face ! ក្រោយបែរ !

-adj. f. value (of a bond) តម្លៃសន្ទត់

(Don' t take it at) f. value ភាពខាងក្រៅ

facet['fæsi t] *n.* x of a gem មុខឆ្នៃ

x of his personality លក្ខណៈ

facetious[fə'si:ʃəs] *adj.* ជាលេងៗ, ដែលគ្រាន់ជាការនិយាយលេង

facial['fei ʃl] *adj.* x expression នៃមុខ

x cream សម្រាប់លាបមុខ

facile['fæsai l] *adj.* x remark ឱ្យតែពិមាត់, ឥតខ្លឹមសារ

x victory ស្រួល, ងាយ

facilitate[fə'si li tei t] *tv.* សម្រួល

facility[fə'si ləti] *n.* transportatoin x គ្រឿងប្រដាប់សម្រាប់

have a great f. for មានសមត្ថភាពធ្វើអ្វីមួយបានងាយងាយ

facing['fei si ŋ] *n.* អ្វីៗដែលដាក់ពីក្រៅ

facsimile[fæk'si məli] *n.* វត្ថុចម្លងតាម

fact[fækt] *n.* scientific x ហេតុការណ៍

facts (of the case) ដំណើររឿង

in f. តាមការពិត

faction['fækʃn] *n.* x of a party ក្រុមនិមួយៗ

កុងបក្សមួយដែលបែកបាក់គ្នា

torn by x ការទាស់ទែងបែកបាក់គ្នា

factor['fæktər] ***n.*** កត្តា

-tv. ដាក់កត្តា

factory['fæktəri] ***n.*** រោងចក្រ

factual['fæktʃuəl] ***adj.*** ដែលប្រកបទៅតាមការពិត

faculty ['fæklti] ***n.*** school x គណៈសាស្ត្រាចារ្យ

mental x ញាណសតិ

have a f. for មានសម្បទាខាងធ្វើអ្វីបាន ដោយងាយ

fad[fæd] ***n.*** អ្វីៗដែលគេនិយមមួយគ្រាៗ

fade[feid] *iv.* colors x សាប, សាក (ពណ៌)

sounds x អន់បន្តិចម្តងៗ

-tv. x colors ធ្វើឱ្យលុបបន្តិចម្តងៗ, ធ្វើឱ្យចេញ

x sound បន្ថយ

fag[fæg] *tv. (pt..pp.* fagged*)* ធ្វើឱ្យអស់កម្លាំង

-n. Sl. smoke a x បារី

Sl. He' s a x. មនុស្សស្រឡាញ់មនុស្សភេទដូចគ្នា

fail[feil] *iv.* crops x មិនបាន

x in a course ធ្លាក់

x at business គ្មានជោគជ័យ

supplies x អស់

(health) fails អន់ថយ

-tv. x one' s friends ធ្វើឱ្យខកចិត្ត

x an exam ធ្លាក់

x to come ខាន

words f. me ខ្ញុំនឹករកពាក្យមិនឃើញ

failing['feiliŋ] ***n.*** human x កំហុស

-prep. x that បើគ្មាន

failure['feiljər] ***n.*** business was a x ការមិនបាន ជោគជ័យ

x to pay ការខកខាន

He' s a x at business. អ្នកធ្វើអ្វីមិនបានជោគជ័យ

x of health ការអន់ថយ

faint[feint] *adj.* x sound ខ្សោយ, តិចៗ

x light ភ្លឺតិចៗ, មិនសូវភ្លឺ, ព្រាងៗ

x praise ដ៏ស្ទាក់ស្ទើរ

x with hunger ខ្សោយ

x heart មិនក្លាហាន

-iv. សន្លប់

-n. ការសន្លប់

fair[1][feər] *adj.* x price សម, គួរសម

x decision ត្រឹមត្រូវ

x health មិនល្អមិនអាក្រក់

x complexion ស (ស្បែក)

x weather ស្រឡះ

-adj. ត្រឹមត្រូវ

fair[2][feər] ***n.*** trade x ពិព័ណ៌ពាណិជ្ជកម្ម

Lit: កាលិកមហាប័ណ

country x បុណ្យតាំងផលិតផល

fairly['feəli] *adv.* x good គួរសម

pay x ត្រឹមត្រូវ

fairy['feəri] ***n.*** good x ទេពធីតា

Sl. មនុស្សប្រុសដែលស្រឡាញ់ប្រុសៗដូចគ្នា

fairy-tale['feəri teil] ***n.*** read a x រឿងប្រឌិតម្យ៉ាង សម្រាប់ក្មេង

Coll. រឿងកុហក

faith[feiθ] ***n.*** religious x ជំនឿ

have x in a friend សេចក្តីទុកចិត្ត

a different x លទ្ធិសាសនា

faithful['feiθfl] *adj.* x friend, spouse ស្មោះចំពោះ, ត្រង់ចំពោះ

Lit: ភក្តី

x account ប្រកបទៅដោយការពិត

x believer ដែលមានភក្តីភាពចំពោះលទ្ធិសាសនា ណាមួយ

-*n.* សាសនិក

fake[fei k] *tv.* x a document ក្លែង, បន្លំ

x illness ធ្វើពុតជាមាន

x a blow ជន្ល, ធ្វើជន្ល

-*iv.* ធ្វើពុត

-*n.* document is a x របស់ក្លែង

make a x to the right ការធ្វើបន្លំ

-*adj.* ក្លែង

falcon['fɔ:lkən] *n.* ស្ទាំង

fall[fɔ:l] *iv. (pt* .fell, *pp.* fallen*)*

Don' t x. ដួល

(rain) falls ធ្លាក់

(city) fell (to the enemy) ធ្លាក់ទៅក្នុងកណ្ដាប់ដៃ

(hair) falls (to her shoulders) ធ្លាក់ចុះ

(land) falls (away) ជ្រាល (ចុះ)

leaves x ជ្រុះ

f. into ruin បាក់បែក, ទ្រុឌទ្រោម

f. asleep ដេកលក់

f. in love with កើតស្នេហាចំពោះ

f. back ថយក្រោយ

f. back on ត្រឡប់ទៅពឹង

f. behind (the others) តាមមិនទាន់

f. behind (in one' s work) ធ្វើមិនទាន់

(children) f. down ធ្លាក់

f. down (on the job) ប្រឡូចប្រូច

f. for (a woman) ជាប់ចិត្ត

f. for (a trick) ធ្លាក់ក្នុង

(soldiers) f. in ឈរជាជួរ

(walls) f. in រលំចុះ, ធ្លាក់ចុះ

(soldiers) f. out បែកជួរ

(friends) f. out បែកបាក់គ្នា

(ball) fell short ទៅមិនដល់

(funds) f. short មិនដល់កម្រិតកំណត់

(plans) f. through មិនសម្រេច

(floors) f. through បាក់ឬស្រុតចុះ

-*n.* painful x ការដួលឬការធ្លាក់

x of a ball ទម្លាក់ (ការធ្លាក់)

x of a leader ការធ្លាក់ពីតំណែង

large x of rain ចំនួនធ្លាក់ (ឧ.ទឹកភ្លៀង)

Pl. over the x ទឹកធ្លាក់

Lit: លំពុះ

x of the year រដូវឈើជ្រុះស្លឹក

Lit: សរទរដូវ

a x of one kilometer រយៈកំពស់ធ្លាក់ចុះ

fallacious[fə'lei ʃəs] *adj.* x evidence ដែលបំភាន់

x argument ប្រកបដោយវិរុទ្ធនិទស្សន៍

fallacy['fæləsi] *n.* popular x ជំនឿខុស

x of his argument វិរុទ្ធនិទស្សន៍

fallen['fɔ:lən] *adj. (pp. of* fall*)*

x tree ដែលរលំ

x leader ដែលធ្លាក់ពីតំណែង

x woman ដែលខូចកេរ្តិ៍

fallible['fæləbl] *adj.* ដែលអាចធ្វើឱ្យភាន់ច្រឡំបាន

fall-out['fɔ:l aut] *n.* ការធ្លាក់វិទ្យុសកម្មមកវិញ

fallow['fæləu] *adj.* ដែលឥតមានដាំអ្វី

false[fɔ:ls] *adj.* x statement មិនពិត

x friend មិនស្មោះចំពោះ

x money ក្លែង

x teeth សិប្បនិម្មិត

x door បន្លំ

x emotion ដែលបន្លំ

f. face មុខតាក់ (សម្រាប់កម្លាច)

f. step ការផ្លោយ

falsehood['fɔ:lshud] ***n.*** ពាក្យកុហក

falsify['fɔ:lsi fai] ***tv.*** *(pt. ,pp.* falsified*)*

x the facts កែបន្លំ

x a letter ក្លែង

falsity['fɔ:lsəti] ***n.*** x of his claim ភាពមិនពិត

x of his grief ភាពមិនមែនទែន

x of a friend ភាពមិនស្មោះចំពោះ

falter['fɔ:ltər] ***iv.*** រអាក់រអួល

-n. ការរអាក់រអួល

fame[fei m] ***n.*** កិត្តិនាម

famed[femi d] ***adj.*** ល្បី, ល្បីល្បាញ

familial[fə'mi li əl] ***adj.*** នៃគ្រួសារ

familiar[fə'mi li ər] ***adj.*** x face ដែលធ្លាប់បានស្គាល់

x manner ជិតស្និទ្ធ

x with the facts ដែលធ្លាប់ស្គាល់ឬដឹងឮ ច្បាស់

familiarity[fə,mi li 'ærəti] ***n.*** x with a place ការស្គាល់ឬដឹងឮច្បាស់

x of a tune ការធ្លាប់ប្រទះមកហើយ

disgusting x ភាពជិតស្និទ្ធពេក

familiarize[fə'mi li ərai z] ***tv.*** ធ្វើឱ្យស៊ាំ

family['fæməli] ***n.*** nuclear x គ្រួសារ

Lit: វង្ស

Roy: ព្រះរាជវង្សានុវង្ស

historic x ពូជ

language x អម្បូរ

f. name នាមត្រកូល

f. tree តារាពង្សាវលី

famine['fæmi n] ***n.*** ការអត់បាយ

Lit: ទុរ្ភិក្ស

famish['fæmi ʃ] ***iv.*** អត់អាហារ

-tv. បង្អត់អាហារ

famous['fei məs] ***adj.*** ល្បី, ល្បី, ល្បីល្បាញ

fan[1][fæn] ***n.*** paper x ផ្លិត

electric x ផង្ហាល់ *Lit:* កង្ហារ

peacock x អ្វីៗមានរាងដូចផ្លិត

-tv. *(pt. , pp.* fanned*)*

x a child បក់ផ្លិតឱ្យ

x the air បក់

x wheat បក់

x the tail ត្រដាង

fan[2][fæn] ***n.*** *Coll.* អ្នកពិតពិល

fanatic[fə'næti k] ***n*.** អធិមុត្ត

-adj. ដែលនិយមលទ្ធិឬបក្សណាមួយហួសហេតុ

fanatical[fə'næti kl] ***adj.*** ដែលនិយមលទ្ធិឬបក្សណាមួយហួសពេក

fancier['fænsi ər] ***n.*** អ្នកចូលចិត្តនឹងអ្វីមួយ (ដាំផ្កា ចិញ្ចឹមឆ្កែ ។ល។)

fanciful['fænsi fl] ***adj.*** ដែលប្រកបដោយមនោវិក័ត

fancy['fænsi] ***adj.*** x lace ក្បាច់ក្បូរ

x fruit ល្អជាងគេ

Coll. x clothes សង្ហា, ហ៊ឺហា

-n. indulge in x ការគិតរវើរវាយ

have a x for ការចូលចិត្ត

-tv. (pt. ,pp. fancied*)*

x young girls ចូលចិត្ត

x that ! គិតក្នុងចិត្ត

Coll. f. up (a room) ធ្វើឱ្យស្អាតបាតឡើង

fanfare['fænfeər] ***n.*** musical x ភ្លេងត្រែ ដើម្បីចាប់ប្រកាសអ្វីៗ

advertising x អ្វីៗដ៏អឺកធឹក

fang[fæŋ] ***n.*** ចង្កូម

fantastic[fæn'tæsti k] ***adj.*** x design ដែលប្រកបដោយមនោវិក័ត

x story ដែលប្លែកអស្ចារ្យ, មិនគួរឱ្យជឿ

Coll. x trip អស្ចារ្យ

fantasy['fæntəsi] ***n.*** គំនិតរវើរវាយ

Lit: មនោរតិកត

far[fɑ:r] ***adj.*** x country ឆ្ងាយ

x future ដ៏យូរលង់

x side -ខាងនាយ

-adv. x better ឆ្ងាយ (វិសេសជាង)

as f. as (Chicago) ទៅដល់

as f. as (I know) តាម

by f. ឆ្ងាយណាស់

f. and away ឆ្ងាយណាស់

f. and wide ពាសពេញ

(He' ll) go f. មានជោគជ័យ

How f. ? ចម្ងាយប៉ុន្មាន ?

so f. as ... is concerned ចំណែកឯ

so f. មកដល់ពេលនេះ

So f. so good. មកដល់ពេលនេះមិនទាន់អីទេ

far-away[fɑ:rə'wei] ***adj.*** x country ឆ្ងាយដាច់ស្រយាល

x look យ៉ាងរវើរវាយ

farce[fɑ:s] ***n.*** dramatic x រឿងកំប្លែងសើចលេង

event was a x អ្វីៗដែលគួរឱ្យអស់សំណើច

fare[feər] ***n.*** train x តម្លៃឈ្នួលមានជំនិះ

culinary x ម្ហូបអាហារ

-iv. x on good food បរិភោគ

How did he f. ? គាត់អើចទៅហើយ ?

farewell[,feə'wel] ***interj.*** លាហើយ, លាសិនហើយ

-n. ការលាគ្នា

-adj. ក្នុងឱកាសលាចេញ

far-fetched[fɑ:r 'fetʃi d] ***adj.*** មិនសមហេតុសមផល

farm[fɑ:m] ***n.*** buy a x ដីស្រែ, ដីចំការ

Lit: កសិដ្ឋាន

chicken x កន្លែងចិញ្ចឹម

rice x ស្រែ

-iv. ធ្វើស្រែចំការ

-tv. x a plot of land ដាំដំណាំ (លើ)

f. out ប្រវាស់ឱ្យ (ស្រែ)

-adj. x machinery សម្រាប់ធ្វើស្រែចំការ

f. hand កម្មករកសិកម្ម

farmer[fɑ:mər] ***n.*** អ្នកស្រែ, អ្នកចំការ (រកស៊ីធ្វើស្រែឬ ចិញ្ចឹមសត្វផ្សេងៗ)

Lit: កសិជន, កសិករ

farming[fɑ:miŋ] ***n.*** របរកសិកម្ម

farmyard['fɑ:mjɑ:d] ***n.*** ទីធ្លានៅក្បែរៗផ្ទះកសិករ

farsighted[fɑ:msaitid] ***adj.*** x eyes ដែលមើលឃើញបានឆ្ងាយ (ជិតៗមើលមិនឃើញ)

x plan ដែលមើលឃើញវែងឆ្ងាយ (អ.ប.)

farther['fɑ:ðər] ***adj.*** China is x. ឆ្ងាយជាង

x side ខាងនាយ

f. than ឆ្ងាយជាង

-adv. go a tittle x ឆ្ងាយទៅទៀត

f. away ឆ្ងាយជាង

farthermost['fɑ:ðərməust] ***adj.*** ឆ្ងាយបំផុត

farthest['fɑ:ðist] ***adv.,adj.*** ឆ្ងាយជាងគេ

fascinate['fæsineit] ***n.*** ធ្វើឱ្យចាប់ចិត្តជាខ្លាំង

fascination['fæsi'neiʃn] ***n.*** his x with airplanes ការចាប់ចិត្តឬទាក់ចិត្តជាខ្លាំង

the x of an audience ការធ្វើឱ្យចាប់ចិត្តជាខ្លាំង

fascism['fæʃizəm] ***n.*** ហ្វាស៊ីសនិយម

fascist['fæʃist] ***n.*** ហ្វាស៊ីសជន

fashion['fæʃn] ***n.*** the latest x ម៉ូដដែលគេកំពុងនិយម

in a rough x របៀប

Id. after a f. បន្តិចផែរ

-*tv.* x a crude shelter ធ្វើ

f. it after ធ្វើតាមម៉ូដ (ដែលមានមកហើយ)

fashionable['fæʃnəbl] ***adj.*** ម៉ូដទំនើប

fast[1]['fɑːst] ***adj.*** x car, watch លឿន

He' s a f. wroker. គាត់ធ្វើការរហ័ស

x talker ញាប់

-*adv.* driver x លឿន

talk x ញាប់

fast[2]['fɑːst] ***adj.*** door is x. ជាប់, បើកមិនបាន

x hold យ៉ាងជាប់

make a load x ជាប់ (បើម្បីកុំឱ្យធ្លាក់)

x colors មិនចេញ

x friends ស្មោះចពោះ

x sleep ដំលង់លក់

-*adv.* hold x យ៉ាងជាប់

x asleep ដំលង់លក់

fast[3]['fɑːst] ***iv.*** តមបាយ

-*n.* ការអត់បាយ

fasten['fɑːsn] ***tv.*** x a seat belt ពាក់, ភ្ជាប់

x a door ដាក់គន្លឹះ, ដាក់រនុក

f. one' s eyes on សម្លឹងមិនដាក់ភ្នែក

fastidious[fə'sti diəs] ***adj.*** ដែលរើសរអើង

fat[fæt] ***adj.*** x person ធាត់

Roy: មានព្រះអង្គ

x baby មានក្រលឹង

x hog ធាត់

x end ធំ

x profit ច្រើន, ធំ

x meat ដែលមានខ្លាញ់

-*n.* ខ្លាញ់

fatal['fei tl] ***adj.*** x accident ដែលបណ្ដាលឱ្យស្លាប់

x day ដែលស្លាប់រស់ (អ.ប.)

fatalism['fei təli zəm] ***n.*** លទ្ធិអ្នកជឿកម្មវាសនា

Lit: អតេកិច្ចនិយម

fatality[fə'tæləti] ***n.*** ការស្លាប់ដោយគ្រោះថ្នាក់

fate[fei t] ***n.*** It' s his x. វាសនា

x of a project ការកើតមានឡើងផល់

-*tv.* មានវាសនា

fateful['fei tfl] ***adj.*** ដែលស្លាប់រស់, សំខាន់ណាស់

father['fɑːðər] ***n.*** ឪពុក

Rural: ឪឬពុក

Lit: បិតា, ជនក

Urban: ប៉ា

Roy: ព្រះបិតា

Cl: ញោមប្រុស

Coll: អាពុក

-*tv.* បង្កើត

father-in-law['fɑːðər i n lɔː] ***n.*** ឪពុកក្មេក

Lit: បិតាក្មេក

Roy: ព្រះបិតាក្មេក

fatherland['fɑːðəlænd] ***n.*** មេតុប្រទេស

fathom[fæðəm] ***n.*** *Naut.* ព្យាម (រង្វាស់)

-*tv.* x the river ស្ទង់ជម្រៅ

x his motives ប្រមើល, ស្ទង់

fatigue[fə'tiːg] ***n.*** physical x ការហត់ឬអស់កម្លាំង

Pl. military x ខោអាវទាហានសម្រាប់ពាក់ធ្វើការ

-*tv.* ធ្វើឱ្យអស់កម្លាំង

fatten['fætn] ***tv.*** x a person ធ្វើឱ្យធាត់

x pigs for slaughter បំប៉នឱ្យធាត់

x the offer បន្ថែមឱ្យច្រើនឡើង

fatty['fæti] ***adj.*** ដែលមានខ្លាញ់

faucet['fɔːsi t] ***n.*** ក្បាលម៉ាស៊ីនទឹក

Fr: រ៉ូប៊ីណេ

fault[fɔ:lt] ***n.*** It' s my x. កំហុស

character x គុណវិបត្តិ

at f. ខុស

find f. រកកំហុស

geological x សម្រុត (ស្នាមប្រេះនៃស្រទាប់ព្រះធរណី)

-tv. ដាក់កំហុស

-iv. ប្រេះ (ស្រទាប់ព្រះធរណី)

faulty[fɔ:lti] ***adj.*** ដែលមានគុណវិបត្តិ

fauna['fɔ:nə] ***n.*** ពពួកសត្វ, សត្វទាំងឡាយ

favor['fei vər] ***n.*** do a x អនុគ្រោះ

show f. to លំអៀងទៅ

look with x on ការយល់ព្រម

in f. of (a law) យល់ស្រប

in f. of (the bank) គុណប្រយោជន៍ដល់

-tv. x socialism ចូលចិត្ត

x the eldest លំអៀងទៅ

x a bad leg ថ្នម

Coll. x his father ដូច (ឧ. កូននេះដូចឪពុកវាណាស់)

favorable['fei vərəbl] ***adj.*** x conditions ដែលអាចធ្វើទៅបាន

x weather ល្អ

x reply ដែលសម្តែងសេចក្តីយល់ព្រម

favorite['fei vəri t] ***adj.*** my x food ដែលចូលចិត្តជាងគេ

Sp. the x team ដែលគេស្មានថាឈ្នះ

-n. He' s my x. ជំនិត, សំណប់

Sp. considered the x ក្រុមដែលគេស្មានថាឈ្នះ

favoritism['fei vəri ti zəm] ***n.*** អនុគ្រោះនិយម

fawn[1][fɔ:n] ***n.*** កូនឈ្លូស

-adj. ពណ៌ត្នោត

-iv. កើតកូន (ឈ្លូស)

fawn[2][fɔ:n] ***iv.*** លុតក្រាប, ខ្សែបខ្សប

faze[fei z] ***tv.*** ធ្វើឱ្យរា

fealty['fi:əlti] ***n.*** សេចក្តីស្មោះត្រង់ចំពោះ

fear[fi ər] ***n.*** x of death សេចក្តីខ្លាច

x of God សេចក្តីក្រែង

for f. of ដោយខ្លាច

-tv. x death ខ្លាច

x God ក្រែង

-iv. ខ្លាច

fearful[fi ərfl] ***adj.*** f. of ខ្លាច

Coll. x enemy គួរឱ្យខ្លាច

Coll. x anger ដ៏ខ្លាំង

fearsome[fi ərsəm] ***adj.*** x anger គួរឱ្យខ្លាច

x child ដែលខ្លាចគេ

feasible['fi:zəbl] ***adj.*** អាចធ្វើបាន

feast[fi:st] ***n.*** religious x បុណ្យ

culinary x ការជប់លៀងធំ

-iv. ស៊ីលៀង

-tv. x guests ជប់លៀងធំ

f. one' s eyes on សប្បាយភ្នែកនឹង

feat[fi:t] ***n.*** តេជដៃ

feather['feðər] ***n.*** ស្លាប

-tv. x an arrow ដាក់ស្លាប

Id. f. one' s nest ប្រុងប្រៀបទៅអនាគត

-iv. ដុះស្លាប

feature['fi:ʧər] ***n.*** physical x លក្ខណៈពិសេស

special x អ្វីៗពិសេស

Movies main f. ខ្សែភាពយន្តរឿង

Pl. Caucasian x ទ្រង់ទ្រាយមុខ

-tv. x a story យកមកធ្វើជាពិសេសឬសំខាន់ជាងគេ

Movies x a famous actor មានដើរតួ

-*adj.* x story សំខាន់ជាងគេ, ពិសេស

February['februəri] *pr.n.Fr:* ខែហ្វេប្រីយេ

Solar system: ខែកុម្ភៈ

Lunar system: មាឃ-ផល្គុណ

feces['fi:si:z] *n.* លាមក

fecund['fi:kənd] *adj.* ដែលឱ្យផលច្រើន

fed[fed] *(pt., pp. of* feed*)*

federal['fedərəl] *adj.* x union នៃសហព័ន្ធ

U. S. x government កណ្ដាល់

federate['fedərei t] *iv.* បង្កើតសហព័ន្ធ

-*tv.* ធ្វើជាសហព័ន្ធ

federation[,fedə'rei ʃn] *n.* សហព័ន្ធ

fee[fi:] *n.* doctor' s x ថ្លៃ, ឈ្នួល (គ្រូពេទ្យ ។ល។)

admission x ថ្លៃ (ចូលមើលកុន ។ល។)

feeble['fi:bl] *adj.* x patient ខ្សោយ, គតកម្លាំង

x mind ខ្សោយខាងផ្លូវចិត្ត

x attempt បន្តិចបន្តួច

feed[fi:d] *tv. (pt., pp.* fed*)*

x guests ឱ្យអាហារបរិភោគ

x a child បញ្ចុក

x a dog ឱ្យស៊ី

x one' s family ចិញ្ចឹម

x a fire បំពក់ (ថែមឧស)

x plants ដាក់ជី

x his fears ធ្វើឱ្យកាន់តែខ្លាំងឡើង

x him nonsense ប្រាប់

be f. up with ឆ្អែតចិត្តនឹង

-*iv.* animals x ស៊ី (សត្វ)

Wars x on hate. មានតៗមក

-*n.* chicken x អាហារសត្វ

Coll. a big x ការជប់លៀង

Coll. off his f. មិនស៊ី

feel[fi:l] *tv. (pt., pp.* felt*)*

x the texture ស្ទាបមើល

x the effects to ដឹង

x happiness ទទួលក្នុងអារម្មណ៍

x that it is true គិត (ថា)

f. s.o. out ល្ងង់មើល (ចិត្ត)

-*iv.* x cold ដឹងដោយវិញ្ញាណ

f. happy សប្បាយ

Id. f. for មានសមានចិត្តចំពោះ

f. around for ស្ទាបរក

-*n.* x of wool ការដឹងដោយប៉ះពាល់

soft to the f. ស្ទាបទៅទន់ៗ

have a f. for ឆាប់យល់

feeler['fi:lər] *n.* insect x ប្រមោយ (សត្វល្អិត)

put out a x គ្រឿងដាក់ស្ទង់

feeling['fi:li ŋ] *n.* sad x វេទនារម្មណ៍, មនោសញ្ចេតនា

x of warmth ការដឹងដោយវិញ្ញាណ

have a x that ការយល់, ការស្មាន

hurt s.o.' s feelings ធ្វើឱ្យរកាំចិត្ត

feet[fi:t] *(pl. of* foot*)*

feign[fei n] *tv.* x illness ធ្វើពុត, ក្លែងធ្វើជា

x another' s voice ធ្វើបន្ទំ

-*iv.* ធ្វើពុត

feint[fei nt] *iv.* ជន្ល

-*n.* ការជន្ល (ដូចជាក្នុងការប្រដាល់ជាដើម)

felicitate[fə'li si tei t] *tv.* សម្ដែងសេចក្ដីត្រេកអរ

feline['fi:lai n] *adj.* x family នៃពពួកសត្វឆ្មា

x movement ដូចឆ្មា

-*n.* ឆ្មា

fell[1][fel] *(pt. of* fall*)*

fell[2][fel] *tv. (pt., pp.* felled*)*

x a tree រំលំ

x a moose បាញ់សម្លាប់

fellow['feləu] *n.* good x មនុស្សប្រុស
x on the trip គ្នា, គ្នីគ្នា
x of a society សមាជិក
-adj. x students ដែលមានឋានៈដូចគ្នា
x feeling ស្និទ្ធស្នាល
Id. f. traveler អ្នកតាំទូកមួយនិស្សិ

fellowship['feləuʃi p] *n.* feeling of x មិត្តភាព, ភាតរភាព
church x សមាគម
Educ. research f. អាហារូបករណ៍សម្រាប់ធ្វើការស្រាវជ្រាវ

felon['felən] *n.* មនុស្សជាប់ទោសឧក្រិដ្ឋ

felony['feləni] *n.* បទឧក្រិដ្ឋ

felt[1][felt] *(pt., pp. of* feel*)*

felt[fi lt] *n.* ហ្វឺត្រ

female['fi:mei l] *adj.* x human ស្រី
x animal ញី
x disorder នៃស្ត្រី
x plug ញី
-n. ស្ត្រី, ស្រី, មនុស្សស្រី
x of the litter សត្វញី

feminine['femənin] *adj.* x problems របស់ឬនៃស្ត្រី
x man ដែលមានលក្ខណៈដូចស្រី, ម្វេកម្វក់ឬទន់ភ្លន់ដូចមនុស្សស្រី
Gram. x geder ឥត្ថីលិង្គ

feminity['femə'nəti] *n.* លក្ខណៈជាស្ត្រី

feminism['femi ni zəm] *n.* ស្ត្រីនិយម, ការនិយមដំកើងឋានៈស្ត្រី

femur['fi:mər] *n.* ឆ្អឹងភ្លៅ

fence[fens] *n.* wire x របង
Id. on the f. នៅកណ្ដាល
Sl. contact a x អ្នកទទួលរបស់លួច, អ្នកទទួលរបស់ពីចោរ
-tv. x a field ធ្វើរបង (ជុំវិញ)
Sl. x stolen goods លក់ (របស់លួច)
-iv. x with swords ចាក់សាប
f. with words សើកសំដីដាក់គ្នា

fencing['fensi ŋ] *n.* sport of x កីឡាចាក់សាប
wire x របស់ផ្សេងៗសម្រាប់ធ្វើរបង

fend[fend] *tv.* f. off កាត់, បញ្ចៀស, រង, ធ្វើការពារ
-iv. f. for oneself ផ្គត់ផ្គង់ដោយខ្លួនឯង

fender['fendər] *n.* car x គ្របកក់, របាំងភក់
fire x របាំង, តម្រប

ferment['f3:ment] *iv.* ឡើងជូរ, ដំ (ដោយមេ)
feelings x កើតឡើងបន្តិចម្ដងៗ
-iv. x milk ធ្វើឱ្យឡើងជូរ
x trouble បង្ករបង្កើត
-n. yeast is a x មេ (ស្រា នំបុ័ង។ល។)
x of emotions ភាពរជួល

fermenatation['f3:men'tei ʃn] *n.* កិណ្វកម្ម

fern[f3:n] *n.* បណ្ណង្គជាតិ

ferocious['fə'rəuʃəs] *adj.* សាហាវ, កំណាច

ferret['feri t] *n.* សំពោចស្បូវ
-tv. ជិកកកាយរក

ferry['feri] *n.* នាវាចម្លង *Fr:* សាឡាង
-tv. (pt . , pp. ferried*)* ចម្លងទៅមក

fertile['f3:tai l] *adj.* x land ដែលមានជីជាតិ
Lit: ពហុពល
x imagination ពូកែគិត, គំនិតច្រើន
x eggs ដែលអាចនឹងញាស់

fertilize['f3:təlai z] *tv.* x the land ដាក់ជី
x an egg ដាក់សុក្កាណូបត្ថាល

fertilizer['f3:təlai zər] *n.* ជី

fervent['f3:vent] *adj.* ប្រកបដោយចិត្តក្លៀវក្លា

fervor['f3:vər] *n.* ពលវេទ្ទា

fester['festər] *iv.* ឡើងខ្ទុះ

-*n.* ដំណើរមានខ្ទុះ

festival['festi vl] *n.* ពិធីបុណ្យ

festive['festi v] *adj.* សប្បាយរីករាយ

festivity[fe'sti vəti] *n.* x of the occasion

ភាពរីករាយរីករាយនឹងកងដូចពេលបុណ្យ

Pl. join in the x ការសប្បាយរីករាយ

fetal, foetal['fi:tl] *adj.* នៃគភ៌

fetch[fetʃ] *tv.* x a book ទៅយកមក

Coll. f. a good price បានថ្លៃ

fete, tête[fei t] *n.* ពិធីបុណ្យ

-*tv.* ធ្វើបុណ្យ, ជប់លៀង

fetid['feti d] *adj.* ស្អុយខ្លាំង

fetish['feti ʃ] *n.* សរណវត្ថុ

fetter['fetər] *n.* cow x ខ្នោះ, ណៃងណង

Pl. x of society គ្រឿងដែលឃាមប្រាម

-*tv.* x a cow ដាក់ខ្នោះ

x his individuality ឃាប

fetus, foetus['fi:təs] *n.* គភ៌

feud[fju:d] *n.* ជម្លោះ

-*iv.* ឈ្លោះប្រឆាំងគ្នា

feudal['fju:dl] *adj.* នៃសក្ដិភូមិ

feudalism['fju:dəli zəm] *n.* សក្ដិភូមិនិយម

fever['fi:vər] *n.* have a x ជម្ងឺគ្រុន

x of excitement ដំណើរជ្រួលជ្រើម

few[fju:] *adj.* x people តិច

a f. (dollars) ខ្លះ

-*n.* x come ខ្លះ, មិនច្រើន

(take) a f. ខ្លះ

the chosen x ភាគតិច

quite a f. ច្រើនគួរសម

fewer[fju:ər] *adj.* តិចជាង

fez[fez] *n.* កាតិប

fiancé, fiancée[fi 'ɔnsei] *n.* គូកំជាប់ពាក្យ, សង្សារ

fiasco[fi 'æskəu] *n.* បរាជ័យធំ

fiat['fai æt] *n.* ក្រិត្យ

fib[fi b] *n.* ការភូតភរអំពីរបស់ដែលឥតសារសំខាន់

-*iv.* (*pt* . .*pp* . fibbed) ភូតភរអំពីរបស់ដែលឥតសារសំខាន់

fiber, fibre['fai bər] *n.* vegetable x សរសៃ

woven f. អំបោះ សូត្រ ។ល។ ត្បាញហើយ

moral x ការរឹងប៉ឹង (ចិត្ត)

fiberglass['fai bəglɑ:s] *n.* សំឡីកែវ

fibula['fi bjulər] *n.* ឆ្អឹងស្មងជើង

fickle['fi kl] *adj.* x lover មិនស្មោះត្រង់, សាវា

x fate ដែលផ្លាស់ប្ដូរ

fiction['fi kʃn] *n.* write x ប្រលោមលោកប្រឌិត

tell a x រឿងកុហក

fictitious[fi k'ti ʃəs] *adj.* ដែលប្រឌិតឡើង

fiddle['fi dl] *n.* play a x វីយ៉ូឡុងម្យ៉ាង

Id. fit as a f. មានសុខភាពល្អ

Id. play second f. នៅក្រោម អ្នកណាម្នាក់ (មានឋានៈទាបជាង)

-*iv.* know how to x លេងវីយ៉ូឡុង

x with a knob លេងដោយមិនដឹងខ្លួន

-*tv.* x a tune កូត (បទម្លើ១) នឹងវីយ៉ូឡុង

f. time away ចំណាយពេលទទេឥតបានការ

fidelity[fi 'deləti] *n.* marital x សេចក្ដីស្មោះត្រង់

Lit: កក្ដី

sound x ភាពមានសម្លេងសុទ្ធ

fidget['fi dʒi t] *iv.* នៅមិនសុខ, នៅមិនស្ងៀម

-*n.* in a f. នៅមិនសុខ

field[fi:ld] *n.* x of corn ចំការ

rice f. ស្រែ

Sl. football ធ្លាកីឡា

gold x ទីមានរ៉ែ

x of history វិស័យ

magnetic f. បណ្ដាញចម្អូត

-*tv. Sp.* x a ball ចាប់បាន

x a team ដាក់ឱ្យប្រកួត (ក្រោយរៀបចំហ្វឹកហ្វឺនហើយ)

-*adj.* f. corn ពោតសម្រាប់ឱ្យសត្វស៊ី

f. trip ដំណើរសិក្សា

Educ. f. work ការស្រាវជ្រាវផលិតខ្លែង

fiend[fi:nd] ***n.*** supernatural x អសុរកាយ, បិសាច

diabolic x មនុស្សកាច

opium x មនុស្សញៀនអាភៀន

fierce[fi əs] ***adj.*** x animal សាហាវ

x storm ដ៏ខ្លាំង, សាហាវ

x opposition ខ្លាំង

fiery['fai əri] ***adj.*** x furnace ឆេះក្រគោល

x red ឆេះ (ឧ.ក្រហមឆេះ)

x courage ដ៏ខ្លាំងក្លា

fiesta[fi 'estə] ***n.*** បុណ្យ

fifteen[,fi f'ti:n] ***adj.,n.*** ដប់ប្រាំ

Coll: ប្រាំដណ្ដប់

fifteenth[,fi f'ti:nθ] ***adj.*** ទីដប់ប្រាំ

-*n.* មួយភាគដប់ប្រាំ

fifth[fi fθ] ***adj*** . ទីប្រាំ

-*n.* មួយភាគប្រាំ

fifty['fi fti] ***adj.*** ,***n.*** ហាសិប

fig[fi g] ***n.*** ផ្លែល្វា

Id. don' t care a f. ឥតខ្វល់ទេ

fight[fai t] ***n.*** have a x one' s spouse ជម្លោះ

a x broke out ការវាយតប់គ្នា

dog x ការប្រខាំគ្នា

x for liberty ការតស៊ូ

x for a hill ការប្រយុទ្ធ

-*iv.* *(pt. ,pp .* fought*)*

boys x វាយតប់គ្នា

x for a principle តស៊ូ

soldiers x ប្រយុទ្ធ

-*tv.* x the enemy ច្បាំងនឹង

x a battle ច្បាំង

x crime ប្រើមធ្យោបាយកំចាត់

f. fire លត់ភ្លើង

Boxing x an opponent ប្រដាល់

figment['fi gmənt] ***n.*** ការស្រមៃ

figurative['fi gərəti v] ***adj.*** ប្រៀបធៀប

Lit: អត្ថបដិរូប

figure['fi gər] ***n.*** Arabic x លេខ

name a x ចំនួនប្រាក់

Pl. good at x ការគិតលេខ

have a good x រាង, រាងរៅ

painted x រូប

political x កិត្តិមជន

f. of speech ពាក្យប្រៀបធៀប (ធម្មតាខ្លាំងហួស)

-*tv.* x the sum គិតលេខ

x cloth ផ្ដិតឬត្បាញរូបនៅលើ

x that she' ll go ស្មាន

f. out (a plan) គិតគូរ

f. out (a puzzle) ដោះស្រាយ

f. on (going) គិត

(didn' t) f. on (rain) គិតអំពី

-*iv.* x in the government មានសម្លេង

Coll. It doesn' t f. មិនសមហេតុសមផល

figurehead['fi gəhed] ***n.*** បដិមាននាម

figureine['fi gəri:n]] ***n.*** រូបសូនតូច, រូបចម្លាក់តូច, រូបស្មិតតូច

filament['fi lə mənt] ***n.*** សរសៃឆ្មារ

Lit: វណ្ណសូត្រ

file[1][fai l] ***n.*** card x ប្រអប់រៀប, ទូរៀប (ក្រដាស)

x of names បញ្ជី

bring me his x សំណុំរឿង

in single x ជួរ

on f. នៅក្នុងប្រអប់រៀបឬទូរៀប

-tv. x information ដាក់រៀបតាមលំដាប់

f. a complaint ប្ដឹង

x income tax returns ធ្វើប្រតិវេទបញ្ជានទៅ

iv. x out of the room ដើរជាជួរ

f. for divorce ដាក់ប្ដឹងសុំលែង (ប្ដីឬប្រពន្ធ)

file[2][fai l] ***n.*** wood x ដែកអង្រួស

metal x ដែកឆាប

-tv. x metal ឆាប

x wood រួស

filial['fi li əl] ***adj.*** នៃកូន

filibuster['fi li bʌstər] ***n.*** ការប្រឆាំងតវ៉ានឹងគម្រោងច្បាប់នៅសភា

-tv. ប្រឆាំងតវ៉ានៅភាសា

fill[fi l] ***tv.*** x a glass ដាក់ឱ្យពេញ, ចាក់

x a position បំពេញ

x a need បំពេញ

x the room with odors បំពេញ

x a tooth ដាក់ស៊ីម៉ង់

f. in បំពេញ

f. out (a form) បំពេញ

f. out (a sail) ធ្វើឱ្យឡើងពោង

f. up ចាក់ឬដាក់ឱ្យពេញ

Id. f. the bill បំពេញសេចក្ដី

-iv. eyes x with tears ពោរពេញ

sails x with wind ឡើងពោង

-n. dirt x អ្វីៗសម្រាប់ចាក់បំពេញ

eat one's f. បរិភោគទាល់តែឆ្អែត

filling['fi li ŋ] ***n.*** pie x គ្រឿងញាត់ឬដាក់ឱ្យពេញ

tooth x ស៊ីម៉ង់ឬសំណរសម្រាប់ដាក់ធ្មេញ (ដង្កូវស៊ី)

f. station កន្លែងចាក់សាំង

filly['fi li] ***n.*** កូនសេះញី

film[fi lm] ***n.*** buy x ហ្វិល (ថតរូប)

see a x កុន

x over the surface ស្រទាប់អ្វីដែលក្រាំងឬនៅគ្រាពីលើ

-tv. x a news event ថតរូប

x milk ធ្វើឱ្យក្រាំងនៅខាងលើ

-iv. ឡើងក្រាំងខាងលើ

filter['fi ltər] ***n.*** oil x តម្រង

light x ឧបករណ៍សម្រាប់ទប់ពន្លឺខ្លះ

-tv. x water ត្រង, ច្រោះ

f. out ត្រងយកចេញ

-iv. f. throuh ជ្រាប

filth[fi lθ] ***n.*** អ្វីដែលកខ្វក់

filthy[fi lθi] ***adj.*** x house កខ្វក់, ស្មោកគ្រោក

x picture អាសគ្រាម

fin[fi n] ***n.*** fish x ព្រុយត្រី

airplane x ស្លាបកន្ទុយ (ផ្នែកដែលបាស់បើកៗនៅចុងស្លាបខាងក្រោយ)

final['fai nl] ***adj.*** x touch លើកក្រោយបង្អស់

x goal ដ៏ខ្ពស់បំផុត

x decision ផ្ដាច់ព្រ័ត្រ

finale[fi 'nɑ:li] ***n.*** ទីឬផ្នែកបញ្ចប់

finalist['fai nəli st] ***n.*** អ្នកប្រកួតផ្ដាច់ព្រ័ត្រ

finally['fai nəli] ***adv.*** x he came. នៅទីបំផុត

decide x ផ្ដាច់ព្រ័ត្រ

finance['fai næns] ***n.*** high x វិជ្ជាជីវៈហេរញ្ញិក

Pl. state of his x ប្រាក់កាសដែលមាន

-tv. ផ្តល់ប្រាក់

financial[fai 'næn∫l] *adj.* x consideration ខាងលុយកាក់

x career ខាងវិជ្ជាជីវៈហេរញ្ញិក

financier[fai 'nænsi ər] *n.* ហិរញ្ញានិយុត្ត

find[fai nd] *tv. (pt.,pp.* found*)*

x a coin រើសបាន

x a lost book រកឃើញវិញ

x a solution រកឃើញ

x a person guilty យល់ឃើញ

x it necessary to យល់ថា

f. one's tongue ហ៊ាននិយាយឡើង (ដោយ លែងខ្មាស់)

f. fault with រកកំហុស

f. out (the answer) រក

f. out (a scheme) ដឹង, រកឃើញ

-iv. Law f. for កាត់ឱ្យឈ្នះ

-n. អ្វីៗដែលរកឃើញឬបាន

finding[fai di ŋ] *n.* x of the court សេចក្តីសម្រេច

x of his research លទ្ធផល

fine[1][fai n] *adj.* x quality ល្អ

x sand ដង, ល្អិត

x job ប្រសើរ

x linen ម៉ដ្ឋ, ស្តើង

x line ច្បារ

x distinction យ៉ាងតិចតួច

patient is x ស្រួល

That's f.! ល្អ!, បាន!

f. arts វិចិត្រសិល្បៈ

-adv. ល្អ

-interj. ល្អ, បាន

fine[2][fai n] *n.* ប្រាក់ពិន័យ

Lit: ធនទណ្ឌ

-tv. Form: ពិន័យ

Coll. ផាក

finery['fai nəri] *n.* គ្រឿងស្លៀកពាក់ឬតុបតែងខ្លួនយ៉ាងពិចិត្រ

finesse[fi'nes] *n.* សេចក្តីវាងវៃ, ការប៉ិនប្រសប់

finger['fi ŋgər] *n.* sprain one' s x ម្រាមដៃ

x of smoke ខង

x of whiskey ប្រវែងកន្លះធ្នាប់ឬមួយចង្អុលដៃ

Id. burn one's fingers ទទួលគ្រោះថ្នាក់

Id. have a f. in the pie ទទួលកំរៃមួយចំនួនដែរក្នុងអ្វីមួយ

Id. put one's f. on ដឹងជាប្រាកដ

-tv. x the controls មួលលេង

x a musical instrument លេងនឹងម្រាមដៃ

Sl. x the guilty party ឱ្យការអំពី

fingernail['fi ŋgəˌnei l] *n.* ក្រចកដៃ

fingerprint['fi ŋgəpri nt] *n.* ស្នាមផ្តិតម្រាមដៃ

-tv. ផ្តិតម្រាមដៃ

finish['fi ni ∫] *tv.* x a job បង្ហើយ, បញ្ចប់

x furniture ខាត់ហើយលាបពណ៌ផ្សេងៗ

x one's food បរិភោគឱ្យអស់

f. off (the enemy) សម្លាប់ឱ្យអស់

f. off (one's food) បរិភោគហួត

-tv. movie will x ចប់

f. up បញ្ចប់

-n. fight to the x ទីបញ្ចប់

exciting x ពេលជិតផ្តាច់ព្រ័ត្រ, ជិតចប់

glossy x ផ្ទៃ

Carp. install the x គ្រឿងសំអិតសំអាងចុងក្រោយ

finite['fai nai t] *adj.* ដែលមានកំណត់

fire['fai ər] *n.* hot x ភ្លើង

three-alarm x អគ្គិភ័យ, ភ្លើងឆេះ

return the enemy's x ការបាញ់

x of a diamond ពន្លឺចាំង

catch f. ឆេះ

set f. to ដុត, ធ្វើឱ្យឆេះ

Id. Don't play with f. កុំលេងភ្លើង (អ.ប.)

under f. (from the enemy) ត្រូវគេបាញ់

under f. (from a superior) ត្រូវគេបន្ទោស

-tv. x a gun បាញ់

x a furnace បំពក់ភ្លើង

x a piece of pottery ដុត

x an employee ដេញចោល

-adj. f. company ក្រុមពន្លត់ភ្លើង

f. engin ឡានទឹក (សម្រាប់ពន្លត់ភ្លើង)

f. escape ជណ្ដើរសម្រាប់ប្រើពេលមានអគ្គិភ័យ

firearm['fai ərɑ:m] *n.* កាំភ្លើង

firecraker['fai əkrækər] *n.* ផាវ

firefly['fai əflai] *n.* អំពិលអំពែក

fireman['fai əmən] *n.* អ្នកពន្លត់ភ្លើង

fireplace['fai əplei s] *n.* ជើងក្រានកំដៅផ្ទះ

fireproof['fai əpru:f] *adj.* ដែលមិនឆេះ

-tv. ធ្វើមិនឱ្យភ្លើងឆេះបាន

firewood['fai əwud] *n.* អុស

fireworks['fai əw3:k] *n.* កាំជ្រួច

firing['fai əri ŋ] *adj.* f. line ជួរមុខគេ

f. pin គន្លឹះកាំភ្លើង

f. squad ក្រុមទាហានពិឃាត

firm[1]['f3:m] *adj.* x ground រឹង, មិនស្រុត

x grip ជាប់

x voice មុឹងម៉ាត់

x discipline តឹងរឹង

x bracket មាំ

x price មិនចុះ

-tv. ធ្វើឱ្យមាំឡើង

-adv. stand f. ប្រកាន់ខ្ជាប់, មិនផ្លាស់ប្ដូរ

យោបល់

firm[2]['f3:m] *n.* ក្រុមហ៊ុន

firmament['f3:məmənt] *n.* មេឃ (ក្នុងកំណាព្យ)

first[f3:st] *adj.* x house ទីមួយ

x in line មុនគេបង្អស់

x quality លេខមួយ

at f. hand ផ្ទាល់

f. aid ការព្យាបាលជំនួយសង្គ្រោះបឋមបន្ទាន់

Gram. f. person បឋមបុរស

-adv. go x មុនគេ

place f. បានលេខមួយ

x I'll eat. មុនដំបូង

f. of all មុនដំបូង, ជាបឋម

Let's eat f. ញ៉ាំបាយសិន

-n. the x in line អ្នកមុនគេបង្អស់

win a x លេខមួយ

at f. ដើមឡើយ, កាលពីដំបូង

from the f. ពីដំបូង, តាំងពីដើម

first-born[f3:stbɔ:n] *adj.* ច្បង, ដែលកើតមុនគេ

-n. កូនច្បង

first-class[f3:stklɑ:s] *adj.* x ticket ថ្នាក់លេខ ១

x performance ប្រសើរក្រៃលែង

first-hand[f3:sthænd] *adj.*, *adv.* ផ្ទាល់

first-rate[fɜːstrei t] *adj.* ល្អបំផុត

fiscal['fi skl] *adj.* នៃសារពើពន្ធ

fish[fi ʃ] *n.* freshwater x ត្រី

Lit: មច្ឆា

Id. cold f. មនុស្សដែលមិនរួសរាយសោះ

Id. have other f. to fry មានការសំខាន់ទៀតនឹងធ្វើ

-tv. x a stream ស្ទូចត្រីក្នុង

x a boot out of the water យកបាន

-iv. He likes to f. ស្ទូចត្រី

x for compliments ស្វែងរក

fisherman['fi ʃəmən] *n.* អ្នកនេសាទត្រី

Lit: មច្ឆព័ន្ធ

fishery['fi ʃəri]*n.* operate a x កន្លែងចិញ្ចឹមត្រី

earn a living by x របរប្រកបអាជីវកម្មនេសាទត្រី

fishhook['fi ʃhuk] *n.* ផ្លែសន្ទូច

fishing['fi ʃi ŋ] *n.* ការនេសាទត្រី

Lit: នេសាទកម្ម

fishworm['fi ʃwɜːm] *n.* ជន្លេន (សម្រាប់ស្ទូចត្រី)

fishy[fi ʃi] *adj.* x tas ឆ្អាប

Coll. x story ដែលគួរឱ្យសង្ស័យ

fission['fi ʃn] *n.* cellular x ការបែងចែក

nuclear f. ការផ្ទុះបរមាណូ

fissure['fi ʃər] *n.* ក្រហែង, ស្នាមប្រេះតូចៗ, ចង្អូរ

fist[fi st] *n.* កណ្ដាប់ដៃ

fit[1][fi t] *adj.* x choice សម, ត្រូវ

x for office មានសមត្ថភាពសមនឹង

x to eat ដែលគួរនឹង

x athlete ដែលមានកម្លាំងពលំបរិបូរ

-tv. 1. (pt.,pp. fit*)*

clothes x him ត្រូវ

x the occasion សមរម្យនឹង

2. (pt., pp. fitted*)* x him for office ធ្វើឱ្យមានសមត្ថភាពសមនឹង

x a suit ធ្វើឱ្យត្រូវខ្លួន

x a door ធ្វើឱ្យដាក់ទៅចូលបានល្អ

f. out ផ្គត់ផ្គង់បរិក្ខារ

-iv. ត្រូវ

-n. ដំណើរត្រូវម៉ាថ

fit[2][fi t] *n.* convulsive x ការប្រកាច់

epileptic x ឆ្កួតជ្រូក, ការផ្ទុះដោយកំហឹង

by fits and starts បន្តិចធ្វើបន្តិចឈប់

fitting['fi ti ŋ] *n.* tailor's x កាសាក, ការលសំលៀកបំពាក់)

electrical x គ្រឿងខ្សែភ្លើង

-adj. សម

five[fai v] *adj.,n.* ប្រាំ

fix[fi ks] *tv.* x a car ជួសជុល, កែ

x an attachment ភ្ជាប់

x prices កំណត់

x one's hair ធ្វើ

Coll. x a game រៀបចំសម្រេចលទ្ធផលជាមុន

f. on's eyes on សម្លឹងមិនដាក់ភ្នែក

f. up ជួសជុលឱ្យបានល្អឡើងវិញ

f. on ចាប់អារម្មណ៍តែលើអ្វីមួយ

-n. Coll. in a x ស្ថានការណ៍លំបាក

Coll. get a f. on កំណត់ទីកន្លែង

Sl. x of heroin ការចាក់ថ្នាំបញ្ចូលតាមសរសៃ

fixation[fi k'sei ʃn] *n.* អាពល់ចិត្តនឹងអ្វីមួយ

fixed[fi kst] *adj.* x chair ដែលដាក់ជាប់នៅ១កន្លែង

x price ដែលមិនអាចថយ, ដែលមិនចុះ

x idea ដែលមិនប្រែប្រួល

Coll. x game ដែលរៀបចំសម្រេចលទ្ធផលជាមុន

fixture['fi kstʃər] *n.* គ្រឿងដាក់ជាប់មួយកន្លែង

fizz[fi z] *n.* សូរស៊ីៗៗ

-*iv.* បញ្ចេញសូរស៊ីៗៗ

fizzle[fi zl] *iv.* firecrackers x បញ្ចេញសូរស៊ុំៗៗ

Coll. plans x មិនបានសម្រេច

-*n.* x of a fuse សូរស៊ុំៗៗ

business was a x ដំណើររលំឬបាស់ដើង

flabby['flæbi] *adj.* ទន់រយាក

flaccid['flæksi d] *adj.* ទន់

flag[1][flæg] *n.* ទង់ជាតិ, ទង់ជ័យ

-*tv.* (*pt.* ,*pp.* flagged) x the train គ្រវីទង់ជាសញ្ញាបញ្ឈប់

f. down គ្រវីទង់ជាសញ្ញាបញ្ឈប់

flag[2][flæg] *iv.* (*pt.* ,*pp.* flagged) អន់ថយ

flagellate['flædʒəlei t] *tv.* វាយនឹងរំពាត់

flagpole['flægpəul] *n.* ដងទង់ជាតិ

flagrant['flei grənt] *adj.* ស្តែង (កែបទល្មើស ។ល។)

flagstone['flægstəun] *n.* ផ្ទាំងថ្ម (សម្រាប់ក្រាលផ្លូវដើរក្នុងសួនជាដើម)

flail[flei l] *n.* ឈើបោកស្រូវ

-*tv.* x grain បោក

x a student វាយ

-*iv.* f. about ព្រុសព្រាស់

flair[fleər] *n.* សេចក្តីឈ្លាសវៃ

flak[flæk] *n.* គ្រាប់កាំភ្លើងបាញ់យន្តហោះ (បាញ់ចេញពីកាំភ្លើងហើយ)

flake[flei k] *n.* អ្វីៗដែលតូចស្តើងៗស្រាលៗ

-*iv.* របក (ស្បែក ។ល។)

flmboyant[flæm'bɔi ənt] *adj.* ច្រាល, ឆ្អាល, រន្ទាល

flame[flei m] *n.* leaping x អណ្តាតភ្លើង

burst into f. ឆេះទ្រទោលឡើង

Sl. an old x សង្សារ

-*iv.* fires x ចេញអណ្តាត (ភ្លើង)

cheeks x ឡើងក្រហមខ្លាំង

flamingo[flæ'mi ŋgəu] *n.* សត្វកុកម្យ៉ាងពណ៌ស៊ីកូឡាប

flammable['flæməbl] *adj.* ដែលឆេះដោយងាយ

flange[flændʒ] *n.* គែមកង់

flank[flæŋk] *n.* horse's x ត្រគាក (សត្វ)

x of an army ផ្នែកសង្ខាង (កងទ័ព)

-*tv.* អម

flannel['flænl] *n.* សក្លាត (សំពត់ខ្សែស្តើងម្យ៉ាង)

flap[flæp] *iv.* (*pt.* ,*pp.* flapped)

clothes x in the wind បក់ភ្លឹប

wings x ទះ

-*tv.* x the wings ទះ

x the book shut ធ្វើឱ្យភ្លឹបៗ

-*n.* x of wings ការទះ

ten x គ្រប, សន្ទះគ្រប

flare[fleər] *iv.* candles x ឆេះឆ្ពោ, កញ្ជ្រោលឡើង

passions x ឆេះឡើង, កញ្ជ្រោលឡើង

pants x រីកឡើង (នៅខាងចុង)

-*tv.* x a light បញ្ចាំង

x pants ធ្វើឱ្យខាងចុងរីកធំឡើង

x a runway ដាក់ភ្លើងតាម

-*n.* x of a flame ការកញ្ជ្រោលឡើង, ការឆាបឡើង

x of a skirt ការរីកធំឡើង

singnal x ភ្លើងជាសញ្ញា

flare-up[fleərʌp] *n.* x of a fire ការកញ្ជ្រោល

x of temper ការច្រឡោត

flash[flæʃ] *n.* x of lightning ការបញ្ចេញពន្លឺភ្លែតៗ

x of color ការចាំង

in a f. មួយរំពេច

-*tv.* x a light បញ្ចាំងផាត់

x a message បញ្ចាំងភ្លើបភ្លែតៗជាសញ្ញា

x one's wealth បញ្ចេញ, បង្អួត

-*iv.* lights x បញ្ចេញពន្លឺភ្លែតៗ

thoughts x to mind មានឡើងភ្លែត

flashlight['flæʃlai t] *n.* កែវវត្ថុ:

Coll: ពិល

flashy['flæʃi] *adj.* ឆើតពេក, លេចពេក

flask[flɑ:sk] *n.* ដបតូចៗ

flat[1][flæt] *adj.* x land រាប, រាបស្មើ

f. on the ground ជាប់ទៅនឹងដី

x tire ដែលធ្លុះឥតខ្យល់ (កង់ឡានាលា។), បែក

x taste គ្មានជាតិ

x fish សំប៉ែត

x denial យ៉ាងដាច់ខាត

x pitch ទាប (ដាងកម្រិតដែលបានកំណត់)

-*n.* x of a stone ផ្ទៃករាបស្មើ

x of the hand បាត

down in the x ដីដែលរាប

car has a f. ឡានបែកកង់

-*adv.* lay it x ផ្ងើក

fall x សំប៉ែត

in three seconds x តែប៉ុណ្ណោះ

flat[2][flæt] *n.* ផ្ទះល្វែង

flatboat[flætbəut] *n.* ទូកដែក

flatcar['flætkɑ:r] *n.* ទូរថភ្លើងគ្មានជញ្ជាំងឬដំបូល

flatten['flætn] *tv.* x a cake ធ្វើឱ្យសំប៉ែត

x a building កំទេច

-*iv.* bulbs x ឡើងសំប៉ែត

(hills) f. out ឡើងរាប

(planes) f. out មានសមត្ថត្រង់ឡើងវិញ

flatter['flætər] *tv.* x the boss បញ្ចើរ

pictures x him ធ្វើឱ្យឃើញល្អជាងរូបមែនទែន

flattery['flætəri] *n.* ការបញ្ចើរ

flatulent['flætjulənt] *adj.* ហើមពោះ

flaunt[flɔ:nt] *tv.* សម្តែង

flavor['flei vər] *n.* good x និជារស, រសជាតិ

peppermint x ជាតិ

folksy x ទំនង, លក្ខណៈ, បែបបទ

-*tv.* x food ដាក់គ្រឿង

x one's speech តុបតែង (សុន្ទរកថា ។ល។)

flavoring['flei vəri ŋ] *n.* គ្រឿងសម្រាប់ដាក់ឱ្យមានជាតិអ្វីម្យ៉ាង

flaw[flɔ:] *n.* x in his character គុណវិបត្តិ

x in the finish ខ្ទោះ

-*tv.* ធ្វើឱ្យមានគុណវិបត្តិ

flax[flæks] *n.* ធ្មៃ

flay[flei] *tv.* x skin ធ្វើឱ្យរបក

x one's critics តិះដៀល, ទិតៀន

flea[fli:] *n.* ចៃឆ្កែ

fleck[flek] *n.* ស្នាមចុចៗ

-*tv.* ធ្វើឱ្យមានស្នាមចុចៗ

flee[fli:] *iv.* *(pt. , pp.* fled*)* គៀសខ្លួនចេញ, រត់ចេញ

-*tv.* គៀសខ្លួនចេញ, រត់ចេញពី

fleece[fli:s] *n.* រោមសត្វ (ដូចរោមចៀម)

-*tv.* x a sneep កោរ (រោមសត្វ)

Sl. x customers កោរ (ឧ.អ្នកលក់កោរអ្នកទិញ)

fleet[1][fli:t] *n.* naval x កងនាវា

x of cars អ្វីៗដ៏ច្រើន (រថយន្ត ។ល។)

fleet[2] [fli:t] *adj.* រហ័ស

flesh[fleʃ] *n.* human x សាច់

in the f. ដោយខ្លួនឯង

sins of the x រូបកាយ

flew[flu:] *(pt. of* fly*)*

flex[fleks] *tv.* x a saw ពត់, បត់

f. a muscle តំឡើងសាច់ដុំ

x a rubber band ធ្វើឱ្យយឺត

-iv. saws x ឡើងរពើត, រលាស់

rubber bands x យឺត

flexible['fleksəbl] *adj.* x stick ដែលអាចពត់ឬបត់បែនបាន

x rubber band ដែលអាចពត់ឬពន្លឺតបាន

x policy ដែលអាចផ្លាស់ប្តូរទៅតាមកាលៈ ទេសៈ

flick[flik] *n.* x of a whip ខ្ទប់

x of a switch ការបើកឬចុច

Sl. see a x កុន

-tv. x his skin with a whip វាត់ឱ្យត្រូវប្រេះ

x a speck of dust away ផាត់ឬផាត់ចេញ

x a switch បើក, ចុច, កេះ

flicker['flikər] *iv.* ភ្លឺបភ្លែតៗ

-n. ដំណើរភ្លឺបភ្លែតៗ

flier['flaiər] *n.* airplane x អ្នកបើកយន្តហោះ

distribute a x បណ្ណ

flight[1][flait] *n.* birds in x ការហើរ

x of ducks ហ្វូងសត្វហើរ

take a later x ជើង (យន្តហោះ)

f. of stairs ជណ្តើរពីជាន់១ទៅជាន់១

f. of fancy ការបណ្តែតអារម្មណ៍

flight[2][flait] *n.* ការភៀសខ្លួនចេញ

flighty['flaiti] *adj.* ដែលឆាប់ឆ្អើល

flimsy['flimzi] *adj.* x structure មិនមាំឬជាប់

x excuse មិនគួរឱ្យជឿ

flinch[flintʃ] *iv.* x from a blow ញោចខ្លួន

x with pain ក្រញែងខ្លួន

-n. ការញោចខ្លួន

fling[fliŋ] *tv. (pt., pp.* flung*)*

x a rat by the tail ក្រវាត់ចោល

x one's arms about ត្រវីត្រវាត់

Id. f. caution to the winds លែងគិតគូរ (ចំពោះអ្វី១)

-n. powerful x ការក្រវាត់ចោល

Sl. have a x ការចេញទៅលេងសប្បាយផ្តេសផ្តាសម្តង

flint[flint] *n.* ថ្ម (ដែកកេះ)

flip[flip] *tv. (pt., pp.* flipped*)*

f. a coin ភ្នាល់ (ដោយបោះកាក់យកដៃបិទហើយឱ្យម្នាក់ទៀតទាយថាផ្កាប់ឬផ្ងារ)

x a record ត្រឡប់, ប្រែ

x pages ត្រឡប់, បើក

-n. f. of a coin ការភ្នាល់ (ដោយបោះកាក់ហើយឱ្យម្នាក់ទៀតទាយថាផ្កាប់ឬផ្ងារ)

x of pages ការត្រឡប់

flippant['flipənt] *adj.* យ៉ាងផ្តេសផ្តាស, មិនសមគួរ

flipper[flipər] *n.* ព្រុយ (ផ្សោត ។ល។)

flirt[flɜ:t] *iv.* x with him ចែចង់, ម៉ិកម៉ក់, បញ្ចេញអាការឱ្យឃើញថាស្រឡាញ់

x with danger ប្រថុយ

-n. She's a x. មនុស្សដែលចូលចិត្តការបញ្ចេញអាការឱ្យឃើញថាស្រឡាញ់

harmless x ការបញ្ចេញអាការឱ្យឃើញថាស្រឡាញ់

flirtation[flɜ:'teiʃn] *n.* ការចែចង់, ការម៉ិកម៉ក់

flirtatious[flɜ:'teiʃəs] *adj.* ដែលចូលចិត្តម៉ិកម៉ក់ជាក់

flit[flit] *iv. (pt., pp.* flitted*)*

flies x about ហើរយ៉ាងលឿនពីកន្លែង

មួយទៅកន្លែងមួយ

time flits by ពេលវេលាកន្លងទៅយ៉ាងលឿន

float[fləut] *iv.* corks x អណ្ដែត

x downstream រសាត់តាម

rumors x សាយភាយ (អ.ប.)

-tv. x a boat បណ្ដែត

f. a loan ខ្ចីប្រាក់

-n. fishing x កំសួល

signal x ពោង

parade x រថយន្តតុបតែងយ៉ាងត្រចះត្រចង់

(នៅពេលធ្វើក្បួនហែជាដើម)

flock[flɔk] *n.* ហ្វូង

-iv. ផ្ដុំគ្នាជាហ្វូង

flog[flɔg] *tv. (pt., pp.* flogged) វាយ

(នឹងរំពាត់ឬដំបង)

flood[flʌd] *n.* have a x ទឹកជំនន់

x of letters ចំនួនដ៏ច្រើន

-iv. rivers x ជន់លិច, លិចច្រោះ

streets x លិចទឹក

-tv. x the town ជន់លិច

x a rice field បង្ហូរទឹកចូល

x the skin with milk បំពោក

floodlight['flʌdlai t] *n.* ភ្លើងបញ្ចាំង

-tv. បញ្ចាំងភ្លើង

floor[flɔ:r] *n.* wooden x ក្ដារក្រាល, កម្រាល

fifth x ជាន់

threshing f. កន្លែងបញ្ជាន់ស្រូវ

x of the ocean បាត

yield the x សិទ្ធិនិយាយក្នុងការប្រជុំ

price x ចំនួនទាបបំផុត

-tv. x a house ដាក់ក្រាល

x a boxer ផ្ដួល

Coll. words x me ធ្វើឱ្យស្រឡាំងកាំង

flooring[flɔ:ri ŋ] *n.* គ្រឿងធ្វើកម្រាល

flop[flɔp] *iv. (pt., pp.* flopped)

x down in a chair អង្គុយភ្លឹបឬព្រួស

fish x about ទទះព្រួសព្រាស

businesses x គ្មានជោគជ័យ, ដួល

-tv. x a fish into a pan ទម្លាក់ភ្លឹប

x one's legs over a chair ផ្ទងលើ

-n. fall with a x ស្នូរភ្លឹបភ្លុប

dusiness was a x. ការគ្មានជោគជ័យ

flophouse[flɔphaus] *n.* សណ្ឋាគារថោកៗ

(សម្រាប់ប្រុសៗ)

flora['flɔ:rə] *n.* ពពួកភូតតាមដុះក្នុងតំបន់មួយ

floral['flɔ:rəl] *adj.* នៃផ្កាឬអំពីផ្កា

florid['flɔri d] *adj.* x style ពិរោះក្បោះក្បាយ

x comlexion ក្រហមឆ្អៅ

florist['flɔri st] *n.* អ្នកដាំឬលក់ផ្កា

floss[flɔs] *n.* silk x អ្វីៗដូចសំឡី

dental f. ខ្សែសម្រាប់សំអាតធ្មេញ

flotilla[flə'ti lə] *n.* កងនាវាតូច

flounce[flauns] *iv.* សម្ដែងអាកប្បកិរិយាឆេវឆាវ

-n. ការសម្ដែងអាកប្បកិរិយាឆេវឆាវ

flounder[1]['flaundər] *iv.* x through the swamp ប្រវេះប្រវាស់

f. about for words ខំនឹករកពាក្យ

-n. ការប្រវេះប្រវាស់

flounder[2]['flaundər] *n.* ត្រីម្យ៉ាងដូចត្រីអណ្ដាតឆ្កែ

flour['flauər] *n.* ម្សៅ

-tv. x corn កិនជាម្សៅ

x chicken ជ្រលក់ម្សៅ, ប្រឡាក់ម្សៅ

flourish['flʌri ʃ]*iv.* businesses x ចម្រើនបានល្អ

crops x ល្អគលាស់ល្អ

-tv. x a sword គ្រវី

one' s letters សរសេរគ្រវីគ្រវាត់

-*n.* x of a sword ការគ្រវី

x of a pen ការសរសេរយ៉ាងគ្រវីគ្រវាត់

verbal x សំដីពិរោះក្បោះក្បាយ

flout[flaut] *tv.* x the law រំលោភ មើលងាយ

x one's enemies ធ្វើឱ្យខកខានមិនបានសម្រេច

flow[fləu] *iv.* rivers x ហូរ

words x from his pen ហូរ (អ.ប.)

his stories x មានដំណើរមិនរអាក់រអួល

-*n.* x of a stream លំហូរ, ការហូរ

large x ចរន្ត (ទឹក ឈាមដែលហូរ)

steady f. (of immigrants) ការមកជាបៀយៗ

flower['flauər] *n.* fragrant x ផ្កា

Lit: បុប្ផា

plants in x ដំណើរមានផ្កា

-*iv.* ផ្កា, មានផ្កា

flowerpot['flauəpɔt] *n.* ថូដាំផ្កា

flowery['flauəri] *adj.* x field ដែលមានផ្កាពាសពេញ

x style ដែលប្រើពាក្យលំអដ៏ច្រើន

flowing[flauiŋ] *adj.* x water ដែលហូរ

x language គ្មានទាក់

x hair រសាយ

flown [flaun] *(pp. of fly)*

flu[flu:] *(see influenza)*

fluctuate['flʌktʃuei t] *iv.* ប្រែប្រួល, ឡើងចុះ

fluctuation['flʌktʃu'ei ʃn] *n.* ឧច្ចាវចភាព

flue[flu:] *n.* បំពង់ (ផ្សែង ។ល។)

fluent['flu:ənt] *adj.* x French មិនរអាក់រអួល

He's f. in French. គាត់និយាយបារាំងរួ

fluff[flʌf] *n.* អ្វីៗដែលស្រទន់ដូចសំឡី

-*tv.* ធ្វើឱ្យស្រទន់ឡើង

fluffy[flʌfai] *adj.* ដែលស្រទន់

fluid['flu:i d] *n.* វត្ថុរាវ

Lit: សន្ទនីយវត្ថុ

-*adj.* x substance សន្ទនីយ

x situation ដែលប្រែប្រួល

x motion ដែលមិនរអាក់រអួល

flung[flʌŋ] *(pt., pp. of fling)*

flunk[flʌŋk] *iv.* ធ្លាក់ (ប្រលង ។ល។)

-*tv.* x a course ធ្លាក់

x a student ទម្លាក់

-*n.* ការប្រឡងធ្លាក់

fluorescence[fluə'rəns] *n.* លក្ខណៈនៃវត្ថុដែលទទួលពន្លឺពីគេ

f. lamp ទូបណេអុង

Lit: អំពូលម៉ែត្រ

fluoridate['fluəri dei t] *tv.* ដាក់ហ្វុយអ៊ូរ៉ែ

fluoriscope['fluəri skəup] *n.* ប្រដាប់សម្រាប់មើលអ្វីផ្សេងៗដែលត្រូវបាំងដោយកាំរស្មីអ៊ិច

flurry['flʌri] *n.* f. of snow ទឹកកកបន្តិចៗដែលបោកបក់ដោយខ្យល់

x of activity ការរំភើបជ្រួលជ្រើមដែលកើតមានឡើងភ្លាមៗ

flush[1][flʌʃ] *n.* x of the face ការឡើងក្រហម

x of youth ភាពស្រស់ញញឹមហើយខ្លាំងក្លា

-*tv.* x the cheecks ធ្វើឱ្យឡើងក្រហម

x a radiator បង្ហូរលាង

x a toilet បើកទឹក (បង្គន់)

x the surface with water លាងដោយបាញ់ទឹកបង្ហូរអាក់

f. out (the enemy) ធ្វើឱ្យចេញពីកន្លែងណាមួយ

-*iv.* ឡើងមុខក្រហម

flush[2] [flʌʃ] *adj.* x with the floor ស្មើ
x with wealth បរិបូណ៌
-tv. ធ្វើឱ្យស្មើ (នឹង)

fluster['flʌstər] *tv.* ធ្វើឱ្យវង្វេង
-n. ភាពរំភើបឬច្រឡំបល់

flute[flu:t] *n.* ខ្លុយ
-tv., *iv.* ផ្លុំខ្លុយ

flutter['flʌtər] *iv.* wings x បក់វិច
hearts x ញាប់ញ័រ, ដើរញាប់
-tv. បក់វិច
-n. ការបក់វិច

flux[flʌks] *n.* in a state of x ដំណើរប្រែប្រួល
x of the tide ជំនោរ
soldering x គ្រឿងផ្សារ

fly[1][flai] *iv.* (*pt.* flew. *pp.* flown)
birds x ហើរ
airplanes x ហោះ
leaves x in the wind បើង, ហើរ
(hair) flying (in the wind) រសាយ, បើង
cars x down the street ទៅយ៉ាងលឿន
-tv. x an airplane បើក, បើកបរ (យន្តហោះ)
x a flag លើក
-n. សន្ទះសំពត់ដេរបិទពីលើ (ដូចជាគម្របខ្សែរខោ)

fly[2][flai] *n.* house x រុយ
fishing x ទុយក្លែងក្លាយ (មានធ្វើពីស្លាបសត្វជាដើម)
Id. f. in the ointment អ្វីៗដែលជាឧបសគ្គ

fly-by-night['flai bai nai t] *adj.* មិនគួរឱ្យទុកចិត្ត

flyer['flai ər] (*see* flier)

flying['flai i ŋ] *adj.* x insect ដែលចេះហើរ
x start លឿនហើយយ៉ាងស្រួល
f. buttress ជញ្ជាំងជ្រែង
f. machine គ្រឿងយន្តដែលហោះហើរខ្លួនឯងបាន
f. saucer ចានហោះ

flyspeck[flai spek] *n.* ចំណុចខ្មៅតូចៗឬអាចម៍រុយ (មែនទែន)

flywheel['flai wi:l] *n.* ឧបករណ៍១យ៉ាងសម្រាប់ធ្វើឱ្យគ្រឿងយន្តដើរស្រួល (ធម្មតាកងដូចកង់រទេះ)

foal[fəul] *n.* កូនសេះឬកូនលា (អាយុក្រោម១ឆ្នាំ)
-iv. សម្រាលកូន (សេះ លា ។ល។)
-tv. សម្រាលបាន

foam[fəum] *n.* beer x ពពុះ
f. rubber កៅស៊ូពពុះ, កៅស៊ូសំឡី
-tv. sodas x ពពុះ, ឡើងពពុះ
horses x បែកពពុះមាត់

fob[fɔb] *n.* ខ្សែនាឡិកាដាក់

focal['fəukl] *adj.* ដែលប្រសព្វគ្នា

focus['fəukəs] *n.* x of a light ចំណុចប្រសព្វគ្នា
f. of attention របស់ដែលគេយកចិត្តទុកដាក់ជាខ្លាំង
out of f. ដែលមិនច្បាស់
-tv. x a light បញ្ចាំងទៅលើ
x one's attention on យកចិត្តទុកខ្លាំងចំពោះ

fodder['fɔdər] *n.* ចំណី (សម្រាប់គោក្របី ។ល។)

foe[fəu] សត្រូវ

foetus['fi:təs] (*see* fetus)

fog[fɔg] *n.* thick x អ័ព្ទ
mental x ភាពច្របូកច្របល់
-tv. (*pt.*, *pp.* fogged) x (in)an airport ធ្វើឱ្យងងឹតដោយអ័ព្ទ
x (up) an issue ធ្វើច្របល់ស្មុគស្មាញ

x (up) the windshield ធ្វើឱ្យស្រអ័ក្រ

foggy['fɔgi] *adj.* x night ដែលមានចុះអ័ក្រ

x thinking មិនច្បាស់

x lens ដែលស្រអ័ក្រ

x picture មិនច្បាស់

foghorn['flɔghɔ:n] *n.* ស៊ីហ្វេកជាល់ (ប្រើនៅពេលមានអ័ក្រ)

foible['fɔi bl] *n.* ចំណុចខ្សោយ

foil[1]['fɔi l] *tv.* ធ្វើឱ្យខកខាន, ធ្វើមិនឱ្យសម្រេច

foil[2]['fɔi l] *n.* tin x សន្លឹកស្ដើងៗ, បន្ទះស្ដើង

mirror x លោហធាតុដាក់នៅក្រោយកញ្ចក់ឱ្យចាំងពន្លឺឬឆ្លុះស្រមោល

perfect x អ្វីៗដែលធ្វើឱ្យអ្វី១ទៀតលេចឡើង

foist (off)[fɔi st] *tv.* បន្លំឱ្យទទួលយកអ្វីមួយ

fold[1][fəuld] *tv.* x clothes បត់

x one's arms ឱប (ដៃ)

x the wings សម្ងប

f. in (eggs) វាយបន្តិចៗ

-iv. doors x back បត់

(tents) f. up បត់បាន

(businesses) f. up ដួល (អ. ប.)

fold[2][fəuld] *n.* sheep x ក្រោល (ចៀម)

shepherd' s x ហ្វូងចៀម

folder['fəuldər] *n.* publicity x ប័ណ្ណដែលបត់ជាពីរ

picture x ក្រប (ដោយយកក្រដាសមកបត់ជាពីរ)

foliage['fəuli i ʤ] *n.* ស្លឹកឈើ (ទាំងដើម)

foliation['fəuli ei ʃn] *n.* ការដុះស្លឹក

filio['fəuli əu] *n.* សន្លឹកក្រដាសធំបត់ជាពីរ

folk[fəuk] *n.* country f. អ្នកស្រុកស្រែ

Pl. plain x មនុស្ស

Pl., coll. visit one' s x សាច់ញាតិ

-adj. ប្រជាប្រិយ

folklore['fəuklɔ:r] *n.* ប្រពៃណីនិងទំនៀមទម្លាប់អ្នកស្រុក

folksy['fəuksi] *adj.* ស្លូតបូតទៀងត្រង់ហើយរួសរាយ (ដូចមនុស្សនៅស្រុកស្រែ)

follicle['fɔli kl] *n.* seed x សំបកគ្រាប់ (សណ្ដែក ។ល។)

hair x ឫស (សក់ ។ល។)

follow['fɔləu] *tv.* x a car តាម

x a path ទៅតាម

x rules ប្រព្រឹត្តតាម

x a religion កាន់

days x nights មានជាបន្ទាប់មក

x his argument យល់

f. the sea ប្រកបការរកស៊ីតាមសមុទ្រ

x a trade ប្រកប

Cards f. suit លេងទឹកដូចគ្នា

Fig. f. suit ធ្វើតាម

f. up បន្តរក

-iv. What will x? មានឡើងជាបន្តបន្ទាប់

You lead and I'll x. ទៅតាម

It doesn' t f. មិនសម

as follows ដូចតទៅ

follower['fɔləuər] *n.* good x អ្នកដើរតាម (អ. ប.)

Id. camp f. បក្សព័ន្ធ

religious f. សាវ័ក

following['fɔləui ŋ] *n.* large x អ្នកជឿតាម

read the x អ្វីៗជាបន្ទាប់

-adj. x circumstances ជាបន្តបន្ទាប់

x day បន្ទាប់

x passage ដូចតទៅនេះ

follow-up['fɔləuʌp] *n.* អ្វីៗដែលធ្វើបន្តមកទៀត

-adj. ដែលសម្រាប់បញ្ជាក់អ្វីដែលធ្វើរួចមកហើយ

folly['fɔli] *n.* the x of course ភាពកំព្រើល

It was a great x. កំហុស

foment[fəu'ment] *tv.* បង្ករ (ចលាចល។ល។)

fond[fɔnd] *adj.* x parents ដែលស្រឡាញ់ (កូន)

x memories ដ៏សប្បាយ, ល្អ

be f. of ចូលចិត្តខ្លាំង

fondle['fɔndl] *tv.* ស្ទាបអង្អែល

font[fɔnt] *n.* baptismal x ថូទឹកមន្ត

x of type អក្សរពុម្ពមួយឈុតៗ

food[fu:d] *n.* good x ម្ហូបអាហារ, ចំណីអាហារ

-plant x ជី

foodstuff['fu:dstʌf] *n.* អ្វីៗសម្រាប់ធ្វើជាម្ហូប

fool[fu:l] *n.* avoid a x មនុស្សភ្លីភ្លើ

professional x ត្លុក

make a f. of ធ្វើឱ្យខ្មាសគេ

-*tv.* បន្លំ, បំភាន់

-*iv.* f. around with (useless details) ចំណាយពេលឥតប្រយោជន៍

f. with (a loaded gun) លេង

(I was only) fooling. និយាយឬធ្វើលេង

foolhardy[fu:lhɑ:di] *adj.* ក្លាហានហួសប្រមាណ

foolish['fu:liʃ] *adj.* ចោលម្សៀត

foolproof['fu:lpru:f] *adj.* មិនចេះឆ្គោយ

foot[fut] *n.* (*pl.* feet) sore x

Gen: ជើង (ផ្នែកក្រោមកជើង)

Lit: បាទ, បាទា

Roy: ព្រះបាទ

x of length ជំហាន (រង្វាស់បណ្ដោយប្រវែង ០ ម ៣០៥)

x of the hill ជើង (ភ្នំ)

x of the bed ចុងជើង (គ្រែ)

x of the class ចុងប៉ូច

on f. នឹងជើង

Id. put one's best f. forward បង្ហាញនូវអ្វីដែលល្អ

Id. have one f. in the grave ជិតស្លាប់

Id. put one's f. down រឹង

-*tv.* x a bill ចេញថ្លៃ

x a distance ដើរ

f. up បូក

iv. f. it ដើរទៅ

-*adj.* f. brake ហ្វ្រាំងជើង

f. soldier ទាហានថ្មើរជើង

footage['futidʒ] *n.* ប្រវែង

football['futbɔ:l] *n.* play x កីឡាហ្វុតបល់អាមេរិកាំង

pass the x បាល់ (សម្រាប់លេងហ្វុតបល់)

foothill['futhil] *n.* កូនភ្នំនៅជើងភ្នំធំៗ

foothold['futhəuld] *n.* find a x កន្លែងដាក់ជើង

get a x in business ជំហរដ៏នឹងនួន (អ. ប.)

footing['futiŋ] *n.* loose one's f. របូតជើង

start on a firm x ជំហរ (អ. ប.)

pour a x គ្រិះ

footlights['futlaits] *n.* ភ្លើងជាជួរនៅមុខឆាកល្ខោន

footman['futmən] *n.* អ្នកបម្រើប្រុស (សម្រាប់បើកទ្វាររថយន្តទិញអីវ៉ាន់ ។ល។)

footnote['futnəut] *n.* លេខយោង

Lit: ន័យលក្ខណៈ

footpath['futpɑ:θ] *n.* ផ្លូវតូចសម្រាប់មនុស្សដើរ

footprint['futprint] *n.* ស្នាមជើង

footrest['futrest] *n.* គ្រឿងសម្រាប់តងជើង

footstep['futstep] *n.* (hear) footsteps ស្នូរជើង

(long) footsteps ជំហាន

Id. follow in s.o.'s footsteps យកតម្រាប់តាមអ្នកណាម្នាក់

footwear['futweər] *n.* គ្រឿងសម្រាប់ពាក់នៅជើង

footwork['futwɜ:k] *n.* ការស្ទាត់ជំនាញខាងប្រើជើង

footworn['futwɜ:k] *adj.* ដែលសឹកដោយស្នាមជើង

fop[fɔp] *n.* មនុស្សដែលតែងខ្លួនហួសពេក

for[fər] *prep.* buy a gift x him ឱ្យ, ទុកឱ្យ, សម្រាប់
shut the door x me ឱ្យ
This is x my wife. សម្រាប់
work x him ឱ្យ
substitute f. him ជំនួសគាត់
go f. a walk ទៅដើរកំសាន្ត
food x eating សម្រាប់
thank him x helping ដោយ
three f. a dollar បីមួយដុល្លា
pressed f. time មិនសូវមានពេលច្រើន
f. a long time now ជាយូរណាស់មកហើយ
f. a long time to come ជាយូរតទៅមុខ
It's f. you to decide. ស្រេចតែលោកចុះ
start x London ឆ្ពោះទៅ
It's time f. dinner ដល់ពេលបរិភោគបាយល្ងាចហើយ
once and f. all ជាស្ថាពរ
shout x joy ដោយ
bad x health ចំពោះ
know f. a fact ដឹងជាប្រាកដ
walk f. a kilometer ដើរចម្ងាយមួយគីឡូម៉ែត្រ
tall f. his age អាយុប៉ុណ្ណឹងខ្ពស់ណាស់
-conj. ដោយ, ពីព្រោះ

forage['fɔri dʒ] *n.* animal x ចំណីសត្វ
go on a f. ស្វែងរកចំណីស៊ី
-iv. Pigs x for food. ស្វែងរក
x for weapons ស្វែងរឹបអូសយក

forasmuch (as)[,fɔ:rəz'mʌtʃ əz] *conj.* ដោយ

foray['fɔrei] *n.* make a x ការលុកលុយប្លន់
-iv. x for weapons ស្វែងរឹបអូសយក
-tv. x a village ប្លន់

forbear[fɔ:'beər] *iv. (pt. .pp. see* bear[1]*)* ទ្រាំ
-tv. ទប់

forbearance[fɔ:'beərəns] *n.* ការអត់ទ្រាំ ឬការទុកចិត្ត

forbid[fə'bi d] *tv. (pt. .pp .see* bid[1]*)* ហាម ឃាត់ឬហាមមិនឱ្យ

forbidden[fə'bi dn] *adj.* ត្រូវហាមឃាត់មិនឱ្យ

forbidding[fə'bi di ŋ] *adj.* គួរឱ្យខ្លាច

force[fɔ:s] *n.* take by x កម្លាំង
a x of troops កង
Pl. military x កងកម្លាំង, កម្លាំងទ័ព
x of an argument ទម្ងន់
x of character អនុភាព
(The law is) in f. កំពុងអនុវត្ត
(come out) in f. ជាច្រើន
-tv. x him to confess បង្ខំ
f. back (the enemy) ធ្វើឱ្យថយ
x a smile ខំ
x a lock គាស់
x a lock គំហុក

forced[fɔ:si d] *adj.* x labor ដែលបង្ខំឱ្យធ្វើ
x entry ដោយប្រើកម្លាំង
x smile ខំ, ក្លែង
x landing ជាចាំបាច់

forceful['fɔ:sfl] *adj.* x argument ដែលមានប្រសិទ្ធិភាព
x personality ស្វាហាប់

forceps['fɔ:seps] *n.* ដង្កៀប

forcible['fɔ:səbl] *adj.* x entry ដែលប្រើកម្លាំង
x argument ដែលមានទម្ងន់

ford[fɔ:d] *n.* កន្លែងលុយ ឆ្លង ។ល។ ទឹកបាន (រាក់ៗ)
-tv. ឆ្លងទឹក (ដោយដើរ បើកឡាន ។ល។)

fore[fɔ:r] *adj.* x part ខាងមុខ
come to the f. លេចឡើង, ធ្វើឱ្យ

គេចាប់អារម្មណ៍

f. and aft ក្បាលនិងក្រសៃ

fore[fɔ:r] *-pref. 1.* មុខ, ខាងមុខ, ឧ. ground ដី > foreground ផ្ទៃខាងមុខ

2. មុន, ជាមុន, ពីមុន, ឧ. warn ព្រមាន > forewarn ព្រមានជាមុន

forearm['fɔ:rɑ:m] ***n.*** កំភួនដៃ

-tv. ប្រដាប់អាវុធជាមុន

forebear['fɔ:beər] ***n.*** ជីដូនជីតា

forebode[fɔ:bəud] ***tv.*** ឱ្យប្រផ្នូលអាក្រក់

forecast['fɔ:kɑ:st] ***tv.*** ទាយទុកមុន

-n. ទំនាយ

foreclose[fɔ:'kləuz] ***iv.,tv.*** f. a mortgage ទាញយកសិទ្ធិជាម្ចាស់ (ពីកូនបំណុល)

x future action ទាត់ចោលជាមុន

forefather['fɔ:fɑ:ðər] ***n.*** *(usu. Pl.)* បុព្វបុរស

forefinger['fɔ:fi ŋgər] ***n.*** ចង្អុលដៃ

forefront['fɔ:frʌnt] ***n.*** ភាពចេញមុខជាងគេ

foregoing['fɔ:gəui ŋ] ***adj.*** នៅខាងមុខគេ

foregone['fɔ:gɔn] ***adj.*** x presidents មុនៗ

x conclusion ដែលចៀសមិនរួច

foreground['fɔ:graund] ***n.*** ផ្ទៃខាងមុខ, ទីខាងមុខ

forehead['fɔri d] ***n.*** ថ្ងាស

foreign['fɔrən] ***adj.*** x country ក្រៅ

x language បរទេស

x trade ក្រៅប្រទេស

x to my experience ចំឡែក

F. Affairs ការបរទេស

foreigner['fɔrənər] ***n.*** ជនបរទេស

foreleg['fɔ:leg] ***n.*** ជើងខាងមុខ (សត្វ)

forelock['fɔ:lɔk] ***n.*** សក់ខាងមុខ

foreman['fɔ:mən] ***n.*** មេក្រុម (កម្មករ)

foremost['fɔ:məust] ***adj.*** x car មុខគេបង្អស់

x scholar ដ៏ល្បីល្បាញ

forename['fɔ:nei m] ***n.*** នាមឈ្មោះ (ដែលទីទៃពីនាមត្រកូល)

forenoon['fɔ:nu:n] ***n.*** ពេលព្រឹក, ពេលមុនថ្ងៃត្រង់ (ពីម៉ោង ៨-១២)

forensic[fə'rensi k]***adj.*** x skills ខាងវាទសិល្ប

x medicine ខាងនិតិក្រម

forunner['fɔ:rʌnər] ***n.*** អ្វីៗដែលជារបស់នាំមុខអ្វីមួយទៀត

foresee[fɔ:'si:] ***tv.*** *(pt.* foresaw, *pp.* foreseen*)* ដឹងយល់ឃើញជាមុន

foreshadow[fɔ:ʃædəu] ***tv.*** ជាប្រផ្នូល

foresight['fɔ:sai t] ***n.*** សន្និដ្ឋ័យ

forest['fɔri st] ***n.*** ព្រៃ

Lit: ព្រឹក្សា

-tv. ដាំឈើ, ដាំព្រៃ

forestall[fɔ:'stɔ:l] ***tv.*** បង្ការ

forestry['fri sti] ***n.*** វនវប្បកម្ម, វិជ្ជាសាស្ត្រខាងការដាំព្រៃ

forethought['fɔ:θɔ:t] ***n.*** ការគិតទុកជាមុន

forever[fər'evər] ***adv.*** live x រហូត

Lit: ជាអនន្ត

x complaining ចេះតែ, ជានិច្ច

foreword['fɔ:wɜ:d] ***n.*** កថាមុខ, បុព្វកថា

forfeit['fɔ:fi t] ***tv.*** x one's rights ធ្វើឱ្យបាត់បង់

x a game សុំចាញ់ឬញ៉ម

-n. x of one's rights ការធ្វើឱ្យបាត់បង់

lose by x ការសុំចាញ់ឬញ៉ម

forgave[fə'gei v] *(pt. of* forgive*)*

forge[fɔ:ʤ] ***n.*** blacksmith x ជើងក្រានជាងដែក

He' s a x. ជាងដែក

-tv. x a horseshoe ដំដែកធ្វើជាអ្វីមួយ

x a signature ក្លែង

-*iv.* f. ahead ចម្រើនទៅមុខទាំងលំបាក

forgery['fɔ:ʤəri] *n.* painting is a x វត្ថុក្លែង

jailed for x ការឬបទក្លែង

forget[fə'get] *tv.* (*pt. ,pp. see* get)

x a fact ភ្លេច

x one' s keys ភ្លេចយកមក

x one' s troubles បំភ្លេច

x one' s family មិនយកចិត្តទុកដាក់

f. oneself ធ្វើទៅដោយភ្លេចខ្លួន

Coll. F. it! បំភ្លេចចោលទៅ

forgetful[fə'gətfl] *adj.* ដែលភ្លេចច្រើន

forgive[fə'gi v] *tv.* (*pt. ,pp. see* give)

x an enemy លើកទោស, លើកលែងទោស

x a wrong អត់ទោស, បំភ្លេច

x a debt មិនបង្ខំឱ្យសង

Please f. me. *Form:* សូមលោកមេត្តាអភ័យទោស

forgiveness[fə'gi vnəs] *n.* ការអត់អោន (ទោស)

forgiving[fə'gi vi ŋ] *adj.* ដែលមិនប្រកាន់ទោស

forgo[fɔ:'gəu] *tv.* x food អត់

x an opportunity បណ្ដោយឱ្យកន្លងទៅ

fork[fɔ:k] *n.* silver x សម

hay x ឈើឆាយ, ដែកឆាយ

hydraulic x ឧបករណ៍យ៉ាងសម្រាប់លើករបស់ធ្ងន់ៗ

x in the road កន្លែងបែកជាពីរ (ដូចជាផ្លូវបែក ។ល។)

-*tv.* x a stick ធ្វើឱ្យមានរាងជាចំពាម

x hay ចាក់ហើយត្រវាត់នឹងដែកឆាយ

Coll. f. in (food) បរិភោគនឹងសម

Sl. f. over ប្រគល់

-*iv.* បែកជាចំពាម

forlorn[fə'lɔ:n] *adj.* x child ដែលគេបោះបង់ចោល

x feeling កំសត់

Coll. x area ដាច់ស្រយាល, អន្ទង់អន្ទោច

x hope ឥតបានការ, ឥតប្រយោជន៍

form[fɔ:m] *n.* x of an object រាង, ទ្រង់ទ្រាយ, សណ្ឋាន

(water) in the f. of (ice) សណ្ឋាន

(payment) in the f. of (service) ជា

clay x រូបសូន

tax x ក្រដាសបំពេញ

follow proper x សណ្ដាប់

Gram. x and meanig វាចកៈ

-*tv.* x a statue ធ្វើឱ្យមានរូបរាង

f. a circle ធ្វើជារង្វង់

x an opinion គ្រោងក្នុងគំនិត

x an organization បង្កើត

x s.o.'s mind អប់រំ

-*iv.* កកើតឡើង

formal['fɔ:ml] *adj.* x occasion ជាឬតាមពិធីការ

x speech ត្រឹមត្រូវ

formalism['fɔ:məli zəm] *n.* ទម្រង់និយម

formality[fɔ:'mæləti] *n.* excessive x ទម្រង់ការ

just a f. គ្រាន់តែបង្គ្រប់កិច្ច

formalize['fɔ:məlai z] *tv.* ធ្វើឱ្យទៅតាមទម្រង់

format['fɔ:mæt] *n.* x of a book ទ្រង់ទ្រាយ (សៀវភៅ)

x of a meeting របៀប

formation[fɔ:'mei ʃn] *n.* x of a team និម្មិតកម្ម

x of ice កំណ

x of friendship ការបង្ករបង្កើត

in tight x របៀបក្បួន, លំដាប់ក្បួន

formative['fɔ:məti v] *adj.* x influences ដែលអប់រំ

x period ដែលកំពុងល្អតលាស់, ដែលកំពុងចាប់រៀន

former['fɔ:mər] *adj.* x husband មុន

Lit: អតីត

x friends ចាស់, មុន

x alternative ដំបូង

formerly['fɔ:məli] *adv.* ពីមុន

formidable['fɔ:mi dəbl] *adj.* គួរឱ្យខ្លាច

formula['fɔ:mjulə] *n.* chemical x អក្ខរសញ្ញា

magical x រូបមន្ត

formulate['fɔ:mjulei t] *tv.* រៀបចំយ៉ាងជាក់លាក់

fornicate['fɔ:ni kei t] *iv.* ប្រព្រឹត្តកាមមុច្ឆា (រវាងមនុស្សដែលឥតបានរៀបការគ្នា)

forsake[fə'sei k] *tv.* (*pt.* forsook, *pp.* forsaken) បោះបង់ចោល

fosaken[fə'sei kən] *adj.* x cat ដែលគេបោះបង់ចោល

Coll. x area ដាច់ស្រយាល

forswear[fɔ:'sweər] *tv.* (*pt., pp. see* swear)

x allegiance បដិសេធចោល

x sin ស្បថលែងធ្វើអ្វីមួយ

fort[fɔ:t] *n.* បន្ទាយ

forth[fɔ:θ] *adv.* go x ទៅមុខ

from this day f. ពីថ្ងៃនេះទៅ

and so f. ជាដើម

forthcoming['fɔ:θ'kʌmi ŋ] *adj.* x volume ដែលនឹងចេញ

x events ដែលនឹងមានឡើង, ដែលជិតមកដល់

forthright['fɔ:θrai t] *adj.* ត្រង់

fortification[,fɔ:ti fi 'kei ʃn] *n.* build x សំណង់ការពារសឹកសត្រូវ

x of the palace ការរៀបចំការពារសឹកសត្រូវ

Lit: បាការដ្ឋាន

fortify['fɔ:ti fai] *tv.* (*pt., pp* fortified)

x a castle សង់សំណង់ការពារ

x his resolve ធ្វើឱ្យកាន់តែខ្លាំងឡើង

fortitude['fɔ:ti tju:d] *n.* ចិត្តអត់ធ្មត់

fortnight['fɔ:tnai t] *n.* រយៈពេលពីរអាទិត្យ

fortress['fɔ:trəs] *n.* បន្ទាយ

fortuitous[fɔ:'tju:i təs] *adj.* ដោយជួន

fortunate['fɔ:tʃənət] *adj.* x child ដែលមានជោគវាសនា

x occurrence ដែលជាភ័ព្វល្អ

fortune['fɔ:tʃu:n] *n.* inherit a x សម្បត្តិជាច្រើន

tell his x រាសី

Pl. x of life ជោគវាសនា

find x សុភមង្គល

Id. f. hunter អ្នកស្វែងរកស្វាមីភរិយាដោយសម្លឹងតែទ្រព្យសម្បត្តិ

fortune-teller['fɔ:tʃu:n'telər] *n.* គ្រូទាយ

forty['fɔ:ti] *adj., n.* សែសិប

forum['fɔ:rəm] *n. Fr:* ហ្វូរ៉ុំ

forward['fɔ:wəd] *adj.* go x ទៅមុខ

Id. come f. ចេញមុខ

from this day f. ពីថ្ងៃនេះតទៅ

-adj. x motion ទៅមុខ

x development ឡើង

x suggestion ឥតកោតញញើត

-tv. x a letter បញ្ជូនត

x a cause ធ្វើឱ្យបានចម្រើន

forwards['fɔ:wədʒ] *adv.* ទៅមុខ

fossil['fɔsl] *n.* ហ្វូស៊ីល

Lit: បាសាណភូត

foster['fɔstər] *tv.* x trade ជំរុញឱ្យចម្រើនឡើង

x a child ចិញ្ចឹម (កូនអ្នកដទៃ)

-adj. f. child កូនចិញ្ចឹម

f. father ឪពុកចិញ្ចឹម

fought[fɔ:t] *(pt. ,pp. of* fight*)*
foul[faul] ***adj.*** x smell ស្អុយ
x weather មិនល្អ
x mood មិនស្រួល
x language អាក្រក់
Pl. x ball ក្រៅខ្សែ, ដែលចេញក្រៅខ្សែ
Id. f. play អំពើទុច្ចរិតបន្លំ
-n. Sp. personal f. កំហុសផ្ទាល់ខ្លួន
Baseball បាល់ធ្លាក់ក្រៅខ្សែ
-tv. x the air ធ្វើឱ្យកខ្វក់
x a drain ធ្វើឱ្យស្ទះ
x a ball ធ្វើឱ្យធ្លាក់ក្រៅខ្សែ
f. up (plans) ធ្វើឱ្យខូចឬមិនបានសម្រេច
f. up (the ropes) ធ្វើឱ្យជំពាក់
-iv. lines ជំពាក់
Sp. ធ្វើខុស
found[1][faund] *(pt. ,pp. of* find*)*
found[2][faund] ***tv.*** x a college បង្កើត, កសាង
x a house on rock សង់
x a conclusion on facts សំអាងលើ, អាងហេតុលើ
found[3][faund] ***tv.*** ចាក់ពុម្ព (ដោយប្រើលោហធាតុ)
foundation[faun'deiʃn] ***n.*** x of a house គ្រឹះ
x of his argument មូលការណ៍
x of a business ការបង្កើត
philanthropic x មូលនិធិ
founder[1]['faundər] ***n.*** អ្នកបង្កើត
founder[2]['faundər] ***iv.*** ships x លិច (នាវា)
businesses x ដួល, គ្មានជោគជ័យ
horses x ហត់ឬអស់កម្លាំងខ្លាំង (សេះ)
-tv. x a ship ធ្វើឱ្យលិច
x a business ធ្វើឱ្យដួល (អ. ប.)
x a horse ធ្វើឱ្យពិការ
foundling['faundliŋ] ***n.*** ក្មេងបំបបង់ (គ្មានអ្នកណាស្គាល់ឪពុកម្ដាយ)
foundry['faundri] ***n.*** រោងចក្រស្លលោហធាតុ
fount[faunt] ***n.*** ប្រភពទឹក, ទីទឹកផុសពីដី
fountain['fauntən] ***n.*** x of water ប្រភពទឹក, ទីទឹកផុសពីដី
drinking x ទីមានទឹកបាញ់សម្រាប់ផឹក
soda f. កន្លែងលក់ភេសជ្ជៈការ៉េម ។ល។
x of wealth ប្រភព
f. pen ស្លាបប៉ាកាបូម
four[fɔ:r] ***adj.*** បួន
-n. write a x លេខ ៤
Id. on all fours វារ (ដៃផងជើងផង)
fourfold['fɔ:fəuld] ***adj. , adv.*** មួយជាបួន
fourscore[fɔ:rskɔ:r] ***adj. ,n.*** ប៉ែតសិប
foursome['fɔ:səm] ***n.*** បួននាក់
fourteen['fɔ:'ti:n] ***adj. , n.*** ដប់បួន
fourth[fɔ:θ] ***adj.*** ទីបួន
-n. មួយភាគបួន
fowl[faul] ***n.*** សត្វស្លាប
fox[fɔks] ***n.*** red x កញ្ជ្រោង
a x at business មនុស្សឈ្លាសវៃប៉ិនប្រសប់
-tv. Coll. បញ្ឆោត
foxhole['fɔkshəul] ***n. Id.*** ត្រង់សេ
foxy['fɔksi] ***adj. Coll.*** ដែលប៉ិនប្រសប់ហើយមានកលល្បិច
foyer['fɔi ei] ***n.*** hotel x កន្លែងសម្រាប់ទទួលភ្ញៀវ
x of a house ច្រកដើរជាប់នឹងទ្វារចូល
fracas['frækɑ:] ***n.*** ជម្លោះក្នុងក្ដាំង
fraction['frækʃn] ***n.*** ប្រភាគ (គណិតសាស្ត្រ)
small x of the total ផ្នែកមួយ
fracture['fræktʃər] ***n.*** bone x បំណាក់ដំណើរបាក់
x of a bone ការបាក់

x in the party ការបាក់បែកគ្នា

-*tv.* x a bone ធ្វើឱ្យបាក់

x a union ធ្វើឱ្យបែកបាក់

fragile['frædʒail] *adj.* x glass ស្រួយ, ងាយបាក់បែក

x structure មិនមាំ

fragment['frægmənt] *n.* x of rock បំណែក, ភាគបែក

x of a letter ផ្នែក

-*tv.* ធ្វើឱ្យបែកជាបំណែក

fragmentary['frægməntri] *adj.* x remains ជាបំណែក

x evidence ខ្លះៗ

fragrance['freigrəns] *n.* ខ្លិនក្រអូប

Lit: គន្ធ, ពិដោរ

fragrant['freigrənt] *adj.* ក្រអូប

frail[freil] *adj.* x child ទន់ខ្សោយ

x table មិនមាំ

frailty['freilti] *n.* x of the child ភាពទន់ខ្សោយ

human x គុណវិបត្តិ

frame[freim] *n.* picture x ក្រប

x of a house គ្រោង, គម្រោង

f. of mind អារម្មណ៍

Sl. victim of a x ការឃុបឃិតទម្លាក់កំហុសទៅលើអ្នកណាម្នាក់

f. house ផ្ទះឈើ

-*tv.* x a picture ដាក់ក្រប

x a constitution ធ្វើ, ព្រាង

Sl. x a victim ឃុបឃិតទម្លាក់កំហុសទៅលើអ្នកណាម្នាក់

frame-up[freimʌp] *n. Sl.* ការឃុបឃិតទម្លាក់កំហុសទៅលើអ្នកណាម្នាក់

framework['freimwɜːk] *n.* គ្រោង, គម្រោង

France['frɑːns] *pr. n coll.* ស្រុកបារាំង

Form: ប្រទេសបារាំង

franchise['fræntʃaiz] *n.* citizen x សិទ្ធិបោះឆ្នោត

sales x សិទ្ធិលក់ដូរឬជួញ (ដែលម្ចាស់ដើមប្រគល់ឱ្យ)

large x មណ្ឌលសិទ្ធិលក់ដូរឬជួញ

frangipani['frændʒipəni] *n.* ចំប៉ី

frank[fræŋk] *adj.* ត្រង់, ស្មោះត្រង់

-*tv.* ដាក់សញ្ញាឱ្យរួចថ្លៃ (ប្រៃសណីយ៍), តែម

-*n.* សញ្ញាឱ្យរួចថ្លៃ (ប្រៃសណីយ៍), តែម

frankfurter['fræŋkfɜːtər] *n.* សាច់ក្រកម្យ៉ាង

frantic['fræntik] *adj.* x mother ដែលវិវក់ក្រហល់ក្រហាយខ្លាំង

x efforts យ៉ាងវិវក់

fraternal[frə'tɜːnl] *adj.* x love រវាងបងប្អូនប្រុស

f. society សមាគមនិស្សិតប្រុស

fraternity[frə'tɜːnəti] *n.* feeling of x ភាតរភាព

belong to a x សមាគមបុរស

fraternize['frætənaiz] *iv.* x with each other សម្តែងភាតរភាព

x with the enemy ទាក់ទងជិតស្និទ្ធ

fraud[frɔːd] *n.* win by x ការបន្លំ

perpetuate a x ការបន្លំលួច

He's a x. មនុស្សដែលបន្លំតាំងខ្លួនជាអ្វីមួយ

fraudulent['frɔːdjulənt] *adj.* x means មិនសុចរិត

x letter ក្លែងក្លាយ, បន្លំ

fraught (with)[frɔːt] *adj.* ប្រកបទៅដោយ, ពោរពេញទៅដោយ

fray[1][frei] *n.* ជម្លោះគឹកកង

fray[2][frei] *tv.* ធ្វើឱ្យដាចរបូរសាត់ (សំពត់។ល។)

-*iv.* ឡើងដាចរបូរសាត់

freak[friːk] *n.* x of nature វត្ថុចំឡែកអស្ចារ្យ

x of his character លក្ខណៈចំឡែក

Sl. He's a x. មនុស្សប្លែកពីគេ

freckle['frekl] *n.* អាចម៍រុយ

-*tv.* ធ្វើឱ្យមានអាចម៍រុយ

-iv. ឡើងអាចម៍រុយ

free[fri:] *adj.* x people ដែលមានសេរីភាព

x country សេរី

x sample ដែលឱ្យទទេ, ឥតលក់ដូរ

x trade ដែលគ្មានលក្ខខ័ណ្ឌ

x time ទំនេរ

f. of (debris) គ្មាន

f. of (danger) ផុតពី, រួចពី

f. love ការរួមរ័កស្នេហាដោយសេរី

f. with his money ដៃធូរ

f. enterprise ការប្រកបមុខរបរដោយសេរី

f. port កំពង់រួចពន្ធ

f. will ការធ្វើអ្វីទៅតាមអំពើចិត្ត

-tv. x a slave ដោះលែង

x him from danger ធ្វើឱ្យផុតពី

x a room of people ធ្វើឱ្យនៅទទេ

x one's arms ធ្វើឱ្យរួច

x oneself of debts ធ្វើឱ្យលែងមាន

-adv. go f. រួចខ្លួន

eat x ទទេ, ឥតបាច់បង់ថ្លៃ

hang x ឥតមានប៉ះអ្វី

for f. ទទេ, ឥតបាច់បង់ថ្លៃ

freedom['fri:dəm] *n.* political x សេរីភាព

x of choice ការមានសេរីភាព

x from fear សេចក្តីផុតអំពី

x of movement ភាពគ្មានអ្វីមករាំង

x of the city សិទ្ធិទៅណាមកណាក៏បាន

free-for-all[fri:fərɔ:l] *n.* ការប្រកួតប្រជែងដែលអ្នកណាចូលប្រកួតក៏បាន

freehand['fri:hænd] *adj.* ដៃទទេ, ដោយដៃទទេ, ដោយឥតប្រើគ្រឿងប្រដាប់អ្វី

free-lance[fri:lɑ:ns] *adj.* ប្រកបមុខរបរដោយឥតមានកិច្ចសន្យាហ្មត់ចត់

-iv. ប្រកបមុខរបរដោយឥតមានកិច្ចសន្យាហ្មត់ចត់ឬធ្វើដោយខ្លួនឯង

freeloader['fri:ləudər] *n.* *Coll.* មនុស្សជំហមគេ

freeway['fri:wei] *n.* យន្តបថ

freeze[fri:z] *iv.* *(pt.* froze *.pp.* frozen*)*

liquids x កក

pistons x គាំង

f. to death ស្លាប់ដោយត្រជាក់

x at a command ឈប់ស្ងៀម

-tv. x water បង្កក, ធ្វើឱ្យកក

x one's toes ធ្វើឱ្យងាប់ដោយត្រូវត្រជាក់

x prices មិនឱ្យឡើងចុះ

x a picture បញ្ឈប់

x assets រឹបយក

-n. have a x tonight អាកាសត្រជាក់ជាង 0° សង់ទីក្រាត

put a x on prices ការកំណត់មិនឱ្យឡើងចុះ

freezer['fri:zər] *n.* ម៉ាស៊ីនធ្វើឱ្យកក

freight[frei t] *n.* railway x វត្ថុផ្សេងៗដឹកនាំ

pay the x ថ្លៃដឹកនាំ

Lit: នាវាវេតន៍

-tv. x goods ដឹកនាំ

x a ship with goods ផ្ទុក

freighter[frei tər] *n.* នាវាដឹកនាំទំនិញ

French[frentʃ] *n.* speak x ភាសាបារាំង

the x បារាំង

-adj. x language បារាំង

F. doors ទ្វារម្យ៉ាងមានពីរផ្ទាំង

F. fried potatoes ដំឡូងចៀនចិតជាចង្កាមូល

Id. F. leave ការឈប់ដោយគ្មានអនុញ្ញាត

frenetic[frə'neti k] *adj.* ដែលរីវក់ក្រហល់ក្រហាយខ្លាំង

frenzy['frenzi] *n.* drive him into x ដំណើរវក់
x of activity ភាពវិវក់
frequency['fri:kwənsi]*n.* x of occurrence ភាពញឹកញាប់
radio x ប្រេកង់ស៍
frequent[fri 'kwent] *adj.* x trips ដ៏ញឹកញាប់
x guest ដែលមកជាញឹកញាប់
-tv. ទៅញឹកញាប់
frequently['fri:kwəntli] *adv..* ជាញឹកញាប់, ញយៗ, រឿយៗ
fresco['freskəu] *n.* គំនូរលើជញ្ជាំងឬពិតាន (គូរកាលជញ្ជាំងនៅទទឹកៗ)
-tv. គូរលើជញ្ជាំងឬពិតាន (គូរកាលជញ្ជាំងនៅទទឹក)
fresh[freʃ] *adj.* x air ដ៏បរិសុទ្ធ
x news ថ្មីៗ
x water សាប
x vegetables ស្រស់
x cow ដែលទើបនឹងសម្រាលកូន
Sl. x suitor ហ៊ាន (ជាមួយនឹងស្រី)
freshen['freʃn] *tv.* x one' s resolve ធ្វើឡើងជាថ្មីម្តងទៀត
x vegetables ធ្វើស្រស់ឡើង
f. up តុបតែងជាថ្មី
-iv. vegetables x ឡើងស្រស់
winds x បក់ខ្លាំងឡើង
cows x សម្រាលកូន
f. up លុបលាងខ្លួន
freshman[freʃmən] *n.* និស្សិតឆ្នាំទី១ (នៃវិទ្យាល័យឬមហាវិទ្យាល័យ)
-adj. ដើងថ្មី, ថ្មីថ្មោង
fresh-water[freʃwɔ:tər] *adj.* ទឹកសាប (ផ. ត. ទឹកសមុទ្រ)
fret[1][fret] *iv. (pt. ,pp.* fretted*)* កើតទុក្ខ, រញ៉េរញ៉ៃក្នុងចិត្ត
-tv. ធ្វើឱ្យមួម៉ៅ
-n. ទុក្ខព្រួយ
fret[2][fret] *n. Mus.* ខ្ទង់ (ចាប៉ី)
fretful[fretfl] *adj.* ដែលកើតទុក្ខ
friable['frai əbl] *adj.* ដែលងាយខ្ទេច
friction['fri kʃn] *n.* mechanical x ការកកិតឬត្រដុស
family x ការរង្កៀសចិត្តគ្នា
Friday['frai di] *pr. n.* ថ្ងៃសុក្រ
fried[fri dʒ] *(pt. ,pp. of* fry*)*
friend[frend] *n. Lit:* មិត្ត
Form: គូកន
Gen: ពួកម៉ាក
Intimate: សម្លាញ់
Arch: កើន
Rural, masc: ក្លើ
Rural, fem: ម្រាក់
friendly['frendli] *adj.* x man រាក់ទាក់
x dog ស្លូត
x soldier ដែលមិនមែនជាសត្រូវ
friendship['frendʃi p] *n.* មិត្តភាព, មេត្រីភាព
frieze[fri:z] *n.* ចម្លាក់តាមជាយជញ្ជាំងខាងលើ
frigate['fri gət] *n.* ប្រេហ្គាត់ (នាវាចំបាំងម្យ៉ាង)
fright[frai t] *n.* shake with x សេចក្តីរន្ធត់
Coll. You look a x. អ្វីៗដែលគួរឱ្យខ្លាច
frighten['frai tn] *tv.* x a child ធ្វើឱ្យរន្ធត់
f. away ធ្វើឱ្យផ្អើលទៅបាត់
frightful['frai tfl] *adj.* x experience ដែលគួរឱ្យខ្លាច
Coll. x mess អាក្រក់ណាស់
frigid['fri dʒi d] *adj.* x climate ត្រជាក់ខ្លាំង
x woman ដែលគ្មានតម្រេក

frill[fri l] ***n.*** lace x ជរដាក់ជាយ
useless x គ្រឿងក្រៅពីត្រូវការ
fringe[fri ndʒ] ***n.*** lace x ជាយ (ឧ.ជាយសំពត់)
x of the forest ជាយ (ឧ.ជាយព្រៃ)
on the x of society ភាគនៅក្រៅ
-tv. ដាក់ជាយ
-adj. x benefit ដែលបន្ទាប់បន្សំ
frisk[fri sk] ***iv.*** លោតកញ្ចោង
-tv. Sl. ស្ទាបឆែកឆេរ
frisky[fri ski] ***adj.*** ដែលលោតកញ្ចោង
fritter[1]['fri tər] ***n.*** ខ្ទះខ្ទាយ
fritter[2] ['fri tər] ***n.*** នំចៀន (ជ្រលក់ម្សៅហើយមានស្នូល)
frivolity[fr'vɔləti] ***n.*** waste time in x ការចូលចិត្តលេងឥតបានការ
x of his comment ភាពឥតបានការ
frivolous['fri vələs] ***adj.*** រទេរទាក់
friz, frizz[fri z] ***tv.*** ធ្វើឱ្យរួញ (សក់។ល។)
-n. សក់រួញ
frizzle ['fri zl] ***tv.*** រួញ
-n. សក់រួញ
fro[frəu] ***adv.*** to and f. ទៅមក
frock[frɔk] ***n.*** lady' s x អាវម៉ាដាំ
monk' s x ស្បង់ម្យ៉ាង
-tv. f. s. o. out ស្លៀកពាក់ឱ្យ
x a monk បំបួស
frog[frɔg] ***n.*** pond x កង្កែប
x in the throat ស្អេស
flower x គ្រឿងប្រើសម្រាប់ដោតផ្កា
coat x ខ្សែរអាវចិន
frolic['frɔli k] ***n.*** អំពើលេងរបិលរប៉ូច
-iv. លេង, ប្រលែងលេង
from[frɔm] ***prep.*** away x home ពី
made x wood អំពី
weak x hunger ដោយ
read x a text តាម
x 6 to 8 o'clock ពី, តាំងពី
He' s x France. មកពី
keep f. (talking) ទប់ (មិនធ្វើអ្វីមួយ)
frond[frɔnd] ***n.*** ធាង (ត្នោត ដូង)
front[frʌnt] ***n.*** x of a house ផ្នែកខាងមុខ
in f. of (the house) នៅមុខ
in f. of (one' s friends) ចំពោះមុខនៅមុខ
National Liberation x រណសិរ្ស
battle x ជួរមុខ
put up a good x គិនភាគខាងក្រៅ
Sl. x for illegal activities អ្វីៗប្រើសម្រាប់លាក់អ្វីមួយទៀត
-adj. ខាងមុខ
-tv. x a house toward the lake ប្រឈមទៅ, ធ្វើឱ្យបែរមុខទៅ
x it with a porch ដាក់នៅមុខ
-iv. houses x on the lake ឈមមុខ
Sl. x for them ធ្វើជារបាំងមុខ
frontage['frʌnti dʒ] ***n.*** x of a lot បណ្តោយក្បាលដី
river x ដីជាប់នឹងទន្លេ ផ្លូវធំ ។ល។
frontier['frʌti ər] ***n.*** x between two countries ព្រំដែន, ព្រំប្រទល់, ទល់ដែន
early x តំបន់ដែលមនុស្សមិនទាន់ទៅដល់
frontispiece['frʌnti spi:s] ***n.*** ក្បាច់រូបចំណងជើង (សៀវភៅ)
frost[frɔst] ***n.*** have a x ពេលដែលអាកាសអាចធ្វើឱ្យទឹកកកបាន
x on the window កំណក (សន្សើម)
Coll. x between friends ភាពសោះអង្គើយ

-*tv.* x the windows ធ្វើឱ្យមានសន្សើមកក

x a cake លាបស្ករ

-*iv.* f. up គ្របដណ្ដប់ទៅដោយសន្សើមកក

frostbite['frɔstbai t] ***n.*** ការស្លាប់ជាលិកាដោយត្រូវត្រជាក់

frosting['frɔsti ŋ] ***n.*** cake x ស្ករ (សម្រាប់លាបនំ)

window x ទឹកកក (នៅទ្វារឬបង្អួច)

froth[frɔθ] ***n.*** ពពុះ

-*tv.* ធ្វើឱ្យមានពពុះ

-*iv.* ឡើងពពុះ

frown[fraun] ***iv.*** x at child ចងចិញ្ចើមដាក់

f. on មិនយល់ព្រម

-*n.* ការចងចិញ្ចើម

frowzy['frauzi] ***adj.*** ស្មោកគ្រោក

froze[frəuz] *(pt. of* freeze*)*

frozen['frəuzn] ***adj.*** *(pp. of* freeze*)*

x foods ដែលគេធ្វើឱ្យកក (ដើម្បីនឹងទុកឱ្យបានយូរជាដើម)

x pond កក

x assets ដែលត្រូវគេហាមឃាត់មិនឱ្យលក់

x piston គាំង

fructify['frʌkti fai] ***iv.*** ឱ្យផល

-*tv.* ធ្វើឱ្យមានផលឡើង

frugal['fru:gl] ***adj.*** x person ដែលចេះសំចៃ

x meal អត្តខាត់

frugality[fru'gæləti] ***n.*** ភាពចេះសំចៃ

fruit[fru:t] ***n.*** delicious x ផ្លែឈើ

x of one' s labor ផល

fruitful[fru:tfl] ***adj.*** x tree ដែលមានផ្លែច្រើន

x couple ដែលសាយកូន

x search ដែលប្រកបដោយជោគជ័យ

fruition[fru:i 'ʃn] ***n.*** x of one' s labors ផល

Rare tree in x ដំណើរមានផ្លែ

fruitless['fru:tləs] ***adj.*** x efforts ឥតប្រយោជន៍

Rare x tree គ្មានផ្លែ

frustrate[frʌ'strei t] ***tv.*** x his hopes ធ្វើឱ្យមិនបានសម្រេច

x him ធ្វើឱ្យសោយឬសន្ទាបចិត្ត

frustration[frʌ'strei ʃn] ***n.*** daily x ការសោយចិត្ត

x of his hopes ការធ្វើឱ្យមិនបានសម្រេច

fry[1][frai] ***tv.*** *,iv. (pt . .pp.* fried*)*

stir f. ឆា

f. by the piece ចៀន

deep f. បំពង

-*n.* មួបឆា ចៀនឬបំពង

fry[2][frai] ***n.*** young x កូន (ត្រី)

Sl. small f. មនុស្សតូចតាច

fudge[fʌʤ] ***n.*** chocolate x ល្ពៅអ្វីៗខាប់ហើយផ្អែមដូចស្ករ

Coll. That' s a lot of x. អ្វីៗដែលមិនសមហេតុសមផល

-*tv. Coll.* បន្លំ

fuel['fju:əl] ***n.*** burn x វត្ថុសម្រាប់ដុត

Lit: ឥន្ធនៈ

lend f. to the argument

ធ្វើឱ្យជម្លោះកាន់តែខ្លាំងឡើង

-*tv.* ផ្ដល់នូវឥន្ធនវត្ថុ

-*iv.* ផ្ទុកនូវឥន្ធនវត្ថុ

fugitive['fju:ʤəti v] ***n.*** អ្នកលួចរត់

-*adj.* ដែលរត់គេច, លួចរត់

fulcrum['fulkrəm] ***n.*** កំណល់ដងថ្លឹង

fulfill[ful'fi l] ***tv.*** បំពេញ

fulfillment[fulfi lmənt] ***n.*** x of one' s duties ការធ្វើ, ការបំពេញ

personal x សេចក្ដីពេញចិត្ត

full[ful] ***adj.*** x cup ពេញ

eat until x ឆ្អែត

for a f. hour ពេញមួយម៉ោង

x garment រលុង

x moon ពេញវង់ (លោកខែ)

x cooperation ទាំងស្រុង

x recognition ពេញលេញ

in f. dress ស្លៀកពាក់តាមពិធីការ

f. stop ការឈប់នឹងថ្កល់

x of holes ដែលមានតែរន្ធពេញ

-adv. strike him x in the face ចំ

f. well យ៉ាងច្បាស់, ជាប្រាកដ

-n in f. ទាំងអស់

to the f. ទាល់តែពេញ

full-blooded[fulblʌdid] *adj.* x Indian សុទ្ធ, ឥតកាត់

x boy ដ៏មាំមួន, ស្វាហាប់

full-grown[fulgrəun] *adj.* ដែលធំពេញកម្រិត

fully['fuli] *adv.* x accounted for ទាំងអស់

x possible ប្រាកដ

x conscious ពេញលេញ

fulminate['fulmineit] *iv.* acids x ពុះកញ្ជ្រោល

x against his enemies ផ្ទុះឡើង (អ.ប)

fumble['fʌmbl] *iv.* x in his pocket ភាវរក

x of or the right words ខំរកនឹក

Sp. របូតបាល់ពីដៃ

-tv. x a job ធ្វើឱ្យខូចការ

x a ball ធ្វើឱ្យរបូតពីដៃ

-n. ការធ្វេសប្រហែស

fume[fju:m] *n. (usu. pl.)* acid x ផ្សែង, ចំហាយ

be in a f. មួម៉ៅ

-iv. acids x ចេញផ្សែង

x about a reverse ក្តៅក្រហាយ

fumigate['fju:migeit] *tv.* ធ្វើធូបទកម្ម

fun[fʌn] *n.* have x សេចក្តីសប្បាយរីករាយ

in f. គ្រាន់តែជាការលេង

make f. of ចំអកសើចលេង

-adj. Coll. សប្បាយ

function['fʌŋkʃn] *n.* x of an official មុខតំណែង, មុខការ, មុខងារ

social x ពិធី

-iv. x as president មានងារជា, ធ្វើជា

machines x ដើរ

functional['fʌŋkʃənl] *adj.* x style ដែលសំដៅទៅតែការមានប្រយោជន៍

machine is not x ដើរបាន

functionary['fʌŋkʃənəri] *n.* មន្ត្រី

fund[fʌnd] *n.* special x បេឡា

x of knowledge អ្វីៗដែលគេទុកមក

Pl. insufficient x ប្រាក់ទំនេរ

-tv. x a project ផ្តល់ប្រាក់

x one's debts បង់, សង

fundamental['fʌndə'mentl] *adj.* x principle ដែលជាគ្រឹះ, ដែលជាមូលដ្ឋាន

x change សំខាន់ៗ

-n. គោលការណ៍សំខាន់

fundamentalism['fʌndə'mentəlizəm] *n.* ការប្រកាន់តាមគម្ពីរយ៉ាងតឹងរឹងឬត្រង់ៗតាមពាក្យក្នុងគម្ពីរ

funeral['fju:nərəl] *n.* បុណ្យខ្មោច

fungicide['fʌndʒisaid] *n.* ថ្នាំសម្លាប់ផ្សិត

Lit. ថ្នាំពិឃាត

fungus['fʌŋgəs] *n.* រុក្ខជាតិចំពូកផ្សិត

funnel['fʌnl] *n.* ឡាវ, ជីវឡាវ

-tv. x gas into a tank ចាក់បញ្ចូលដោយប្រើជីវឡាវ

x one's energies ផ្តុំ (ទៅកន្លែងតែ១)

funny['fʌni] *adj.* x play ដែលកំប្លែង

x incident ប្លែក, ចំឡែក

fur[f3:r] *n.* animal x រោម

give her a x លោមចម្ម

-tv. (pt . . pp. furred*)* ដាក់លោមចម្ម

furious['fjuəri əs] ***adj.*** x parent ដែលខឹងខ្លាំង

x activity យ៉ាងខ្លាំង, យ៉ាងពេញទំហឹង

furl[fɜːl] ***tv.*** មូរ

-iv. រមូរ

furlough['fɜːləu] ***n.*** វិស្សមកាល, ការឈប់សម្រាក

-tv. បើកឱ្យយកវិស្សមកាល

furnace['fɜːni s] ***n.*** heating f. ឡសម្រាប់ដុតកំដៅផ្ទះ

smelting f. ឡសម្រាប់រំលាយរ៉ែ

furnish['fɜːni ʃ] ***tv.*** x fuel ផ្តល់

x a house ដាក់តុទូ

furnishings['fɜːni ʃi ŋz] ***n.*** x for a house គ្រឿងតុទូ

Lit: សេនាសនភណ្ឌ

men's x របស់ត្រូវការ

furniture['fɜːni tʃər] ***n.*** គ្រឿងតុទូ

Lit: សេនាសេនភណ្ឌ

furor[fju'rɔːr] ***n.*** public x រំជួលខ្លាំង

He's in a x. ការខឹងខ្លាំង

furrier['fʌri ər] ***n.*** ឈ្មួញលោមចម្ម

furrow['fʌrəu] ***n.*** គន្លង (នង្គ័ល)

-tv. x a field ភ្ជួរដី

x his face ធ្វើឱ្យស្បែកជ្រួញ

furry['fɜːri] ***adj.*** x texture មមីសៗ (ដូចរោមសត្វ)

x coat ដែលពាសលោមចម្ម

further['fɜːðər] ***adj.*** f. than ឆ្ងាយជាង

x side of the street ខាងនាយ

-adv. go x on a tank of gas ឆ្ងាយជាង

go a little x ឆ្ងាយទៀត

speak x with him តទៅទៀត

-tv. ធ្វើឱ្យបានចម្រើនទៅ

furtherance['fɜːðərəns] ***n.*** ការធ្វើឱ្យជឿនលឿនទៅមុខ

furthermore['fɜːðə'mɔːr] ***adv.*** ម្យ៉ាងទៀត

furthest['fɜːði st] ***adj.,adv.*** ឆ្ងាយជាងគេបំផុត

furtive['fɜːti v] ***adj.*** ដែលលាក់លៀម

fury['fjuəri] ***n.*** x at an insult កំហឹងខ្លាំង

x of the pace ភាពស្ទុះស្ទា

fuse[1], **fuze**[fjuːz] ***n.*** blow a x

Fr: ហ្វុយហ្ស៊ីប

bomb x ឆ្នុក, កិបឆ្នុក

fuse[2][fjuːz] ***iv.*** រលាយ

-tv. រំលាយចញ្ចូលគ្នា

fuselage['fjuːzəlɑːʒ] ***n.*** តួយន្តហោះ

fusion['fjuːʒn] ***n.*** process of x ការរលាយ

state of x ភាពរលាយ

fuss[fʌs] ***n.*** make a x about កង្វល់

Coll. have a x ជម្លោះ

-iv. x over details យកអ្វីៗបន្តិចបន្តួចមកធ្វើដូចជាធំណាស់

Coll. x over a toy ឈ្លោះគ្នា

fussy['fʌsi] ***adj.*** x with his dress ដែលយកអ្វីៗបន្តិចបន្តួចមកធ្វើដូចជាធំណាស់, សាញ

x child មូម៉ៅច្រើន

futile['fjuːtai l] ***adj.*** ដែលឥតប្រយោជន៍, អសារ

futility[fjuː'ti ləti] ***n.*** អសារភាព

future['fjuːtʃər] ***n.*** in the x អនាគតកាល

have a bright x អនាគត

-adj. អនាគត, នៅអនាគត

fuzz[fʌz] ***n.*** peach x រោមទន់, មមីស

Sl. ប៉ូលិស

G

G, g[ʤiː] អក្សរទី៧តាមលំដាប់អក្សរក្រមអង់គ្លេស

gab[gæb] *iv. (pt., pp.* gabbed*)* និយាយឡេឡប់

-n. ការនិយាយឡេឡប់

gabby[gæbi] *adj.* ដែលចូលចិត្តនិយាយឡេឡប់

gable['gei bl] *n.* ហោជាង

-tv. ដាក់ហោជាង

gad[gæd] *iv.* រសាត់អណ្តែតគ្មានទីចំពោះ

gadabout[gædə'baut] *n. Coll.* មនុស្សរសាត់អណ្តែតគ្មានទីចំពោះ

gadfly['gædflai] *n.* របោម

gadget['gæʤi t] *n.* គ្រឿងម៉ាស៊ីនកំប៉ិកកំប៉ុក

gag[1][gæg] *tv. (pt., pp.* gagged*)*

x a prisoner ចុកមាត់

Pills x me. ធ្វើឱ្យចង់ក្អួត

-iv. រកចង់ក្អួត

-n. remove a x ឆ្នុកមាត់

a x on free speech ការហាមឃាត់

gag[2][gæg] *n.* tell a x រឿងកំប្លែង

play a g. ធ្វើលេងកំប្លែង

-iv. និយាយលេងកំប្លែង

gaiety['gei əti] *n.* ភាពសប្បាយរីករាយ

gaily['gei li] *adv.* យ៉ាងសប្បាយរីករាយ

gain[gei n] *tv.* x one's ends បានសម្រេច

x time ចំណេញ (ពេល)

g. weight ឡើងទម្ងន់

x the prize ឈ្នះ

x ten dollars បានថែម

-iv. prices x កើនឡើង

-n. (ill-gotten) gains ធនប្រាបុ

x in prices ការកើនឡើង

x for a cause គុណប្រយោជន៍

gainful[gei nfl] *adj.* ដែលឱ្យគុណប្រយោជន៍

gainsay ['gei n'sei] *tv. (pt., pp.* gainsaid*)* ប្រកែក

gait[gei t] *n.* ដំណើរ (របៀបដើរ)

gala['gɑːlə] *adj.* សប្បាយអឹកធឹក

-n. មហាសមោសរ

galaxy['gæləksi] *n.* កញ្ចាំផ្កាយ

Lit: តារាវលី

gale[gei l] *n.* x of wind ខ្យល់ខ្លាំង

x of laughter សន្ទុះសូរខ្លាំង

gall[1][gɔːl] *n.* x of the bladder ប្រមាត់

x of defeat ភាពជូរចត់ (អ.ប.)

g. bladder ថង់ប្រមាត់

Lit: បិត្តាស័យ

Coll. boundless x ភាពគឃ្លើនឥតខ្មាស់

gall[2][gɔːl] *tv.* x the legs ធ្វើឱ្យរលាក (ដោយកកិត)

x an enemy ធ្វើឱ្យខឹង

-n. រលាក (ស្បែក)

gallant['gælənt] *adj.* x soldier អង់អាច, ក្លាហាន

x suitor ដែលប្រសប់ញ៉ោកញ៉ក់នឹងស្រីៗ

-n. war x មនុស្សក្លាហាន

social x មនុស្សប្រុសដែលប្រសប់ញ៉ោកញ៉ក់

gallantry['gæləntri] *n.* x of a soldier សេចក្តី

ក្លាហាន, សេចក្ដីអង់អាច

x toward women ការញ៉េកញ៉ក់នឹងស្រីៗយ៉ាងប៉ិនប្រសប់

galleon['gæli ən] *n.* សំពៅចំបាំងធំ (នៅសម័យបុរាណ)

gallery['gæləri] *n.* long x ថែវ

theater x ញក (ក្នុងរោងកុនជាដើម)

art x វិចិត្រសាល

tennis x អ្នកមើល

galley['gæli] *n.* rowing x សំពៅម្យ៉ាងប្រើចែវផង

ship's x កន្លែងធ្វើបាយ

printer's x បន្ទះរៀបអក្សរពុម្ព

gallivant['gæli'vænt] *iv.* ដើររកការសប្បាយ

gallon['gælən] *n.* ហ្គាល្លុង (មានចំណុះ៣,៧៨៥ល.)

gallop['gæləp] *iv.* ផាយ

-tv. បំផាយ

-n. ការផាយ (សេះ)

gallows['gæləuz] *n.* ឈើឆ្កោក

galore[gə'lɔ:r] *adj.* ជាច្រើន

galoshes[gə'lɔʃi z] *n.* ស្រោមស្បែកជើង (ពាក់ពីលើស្បែកជើងដើម្បីកុំឱ្យត្រូវទឹក)

galvanize['gælvənai z] *tv.* x iron ជ្រលក់ស័ង្កសី

x them into action ធ្វើឱ្យសកម្មឡើង

gamble['gæmbl] *iv.* x on horses ចាក់

He likes to x. លេងល្បែងស៊ីសង

x with one's life ប្រថុយ

-tv. ប្រថុយ

-n. ការប្រថុយ

gambler['gæmblər] *n.* អ្នកល្បែង

gambling['gæmbli ŋ] *n.* ការលេងល្បែងស៊ីសង

gambol['gæmbl] *iv.* លោតកញ្ឆោង

-n. ការលោតកញ្ឆោង

game[gei m] *n.* play a x ល្បែង

the x of football កីឡា

win a x ការប្រកួត

hunt x សត្វប្រមាញ់

-adj. x bird ដែលគេបរបាញ់

x for a dare ប្រុងប្រៀបជាស្រេច

gamut['gæmət] *n.* ទាំងគ្រប់, គ្រប់បែប, គ្រប់យ៉ាង

gamy['gei mi] *adj.* ដែលមានរសដូចសាច់សត្វព្រៃ

gander['gændər] *n.* ក្ងានឈ្មោល

gang[gæŋ] *n.* ក្រុម

-iv. g. up ប្រួតគ្នា

gangling['gæŋgli ŋ] *adj.* សំដឹក

gangplank['gæŋplæŋk] *n.* ជណ្ដើរសម្រាប់ចុះឡើងកប៉ាល់

gangrene['gæŋgri:n] *n.* ដំបៅរលួយ

gangster['gæŋstər] *n.* មនុស្សខូច (ដែលចម្ចាផ្ដុំគ្នាជាក្រុម)

gangway['gæŋwei] *n.* ship's x ផ្លូវតៀនមាត់នាវា

Coll. have no x កន្លែងចៀសគ្នា

-interj. *Coll.* ចៀសចេញ! ចេញ!

gap[gæp] *n.* x in the fence ចន្លោះ, ទីចំហ

mountain x ច្រកភ្នំ

x in the action ពេលនៅចន្លោះ

x in knowledge សេចក្ដីខ្វះ

-tv. *(pt. ,pp* gapped*)* ធ្វើឱ្យញែកចេញពីគ្នា

-iv. ញែកចេញពីគ្នា

gape[gei p] *iv.* c from sleepiness ស្វាប

x with astonishment ចំហមាត់

g. open ចំហ

-n. x in the floor ទីចំហ

smother a x ការស្វាប

garage['gærɑ:z] *n.* attached x អាគារចតរថយន្ត

Lit: យានដ្ឋាន

operate a x កន្លែងជួសជុលរថយន្ត

-tv. x a car (for the night) ចត (ក្នុងអាគារចតរថយន្ត)

x a car (for repairs) យកទៅជួសជុល

garb[gɑ:b] *n.* fashionable x សំលៀកបំពាក់

in the g. of មានភិនភាគខាងក្រៅជា

-tv. ស្លៀកពាក់ឱ្យ

garbage['gɑ:bi dʒ] *n.* x collection សម្រាមសំណេះ, សំណល់ពីផ្ទះបាយ

Fig. He writes x. អ្វីៗគ្មានតំម្លៃ

garble['gɑ:bl] *tv.* ធ្វើលែងឱ្យច្បាស់

-n. អ្វីៗដែលមិនច្បាស់ឬមិនអាចយល់បាន

garden['gɑ:dn] *n.* kitchen x ច្បារ

public x សួន, សួនច្បារ

truck x ចំការ

-iv. ដាំសួន

gardener['gɑ:dnər] *n.* អ្នកថែសួនច្បារ

Lit: និទ្យានបាល

gargle['gɑ:gl] *iv.*, *tv.* ខ្ពុរមាត់

-n. use a x ថ្នាំខ្ពុរមាត់

hear a x សូរខ្ពុរមាត់

gargoyle[gɑ:gɔi l] *n.* រាំបចម្លាក់ជារូបសត្វដាក់នៅសំយាបអាគារបុរាណ

garish['geəri ʃ] *adj.* ឆើត, លេចពេក

garland['gɑ:lənd] *n.* កម្រងផ្កាឬស្លឹកឈើ

-tv. ដាក់កម្រងផ្កាឬស្លឹកឈើ

garlic['gɑ:li k] *n.* ខ្ទឹមស

garment['gɑ:mənt] *n.* សំលៀកបំពាក់

-tv. ស្លៀកពាក់

garner['gɑ:nər] *tv.* x wheat ប្រមូលដាក់ជង្រុក

x facts ប្រមូលផ្តុំ

-n. ជង្រុក

garnet['gɑ:ni t] *n.* ត្បូងទទឹម

garnish['gɑ:ni ʃ] *tv.* តុបតែងលំអ

-n. គ្រឿងតុបតែងលំអ

garret['gærət] *n.* ស្តាក

garrison['gæri sn] *n.* យោធភូមិ

-tv. ដាក់ទ័ព

garrote[gə'rɔt] *n.* ក្លួនឬមេកំព្រាសម្រាប់សម្លាប់មនុស្ស

-tv. សម្លាប់នឹងក្លួនកំព្រា

garrulous['gærələs] *adj.* ដែលនិយាយច្រើន

garter['gɑ:tər] *n.* ខ្សែកៅស៊ូរឹបស្រោមជើង (កុំឱ្យធ្លាក់)

-tv. ដាក់ខ្សែកៅស៊ូរឹបស្រោមជើង (កុំឱ្យធ្លាក់)

gas[gæs] *n.* poison x ឧស្ម័ន

out of x សាំង

Sl. សំដីនិយាយឥតបានការ

-tv. (pt. ,pp. gassed*)*

x a criminal សម្លាប់ដោយប្រើឧស្ម័នពុល

g. up (a car)ចាក់សាំង

-iv. Sl. និយាយឥតបានការ

gasseous['gæsi əs] *adj.* ជាឧស្ម័ន

gash[gæʃ] *n.* របួស

-tv. វះយ៉ាងជ្រៅ

gasket['gæski t] *n.* ទ្រនាប់

gasoline['gæsəli:n] *n.* ប្រេងសាំង, សាំង

gasp[gɑ:sp] *iv.* g. for breath ដង្ហក់, រកខ្យល់

x with surprise ធ្វើដូចគេរកខ្យល់

-tv. g. out និយាយដូចគេរកខ្យល់

-n. ការដង្ហក់

gastric['gæstri k] *adj.* x ailment នៃក្រពះ

g. juice ទឹកគ្រន្ថិក្រពះ

gastronomy[gæ'strɔnəmi] *n.* អាហារសិល្បៈ, ភោជនីសិល្បៈ

gate[gei t] *n.* wooden x របាំង

x of the city ទ្វារធំ

sluice x ទ្វារបើកបិទទឹក

Sp. large x ប្រាក់ចូលមើលបានទាំងអស់

gateway['gei twei] *n.* ផ្លូវចូល

gather['gæðər] *tv.* x berries បេះ

x crops យកផល
g. up (trash) ប្រមូល
g. up (a child) ចាប់លើកនិប
g. dust ធូលីរុំ
x that he' s going ស្មាន
x the family together ផ្តុំ, ប្រជុំ
x a dress ជីប
x information ប្រមូលផ្តុំ
-iv. x around the table ផ្តុំគ្នា, ប្រជុំគ្នា
(dust) gathers រុំ
(clouds) x ពូនឡើង
-n. ផ្នត់ជីបឬអ្វីៗដូចគេជីប

gathering['gæðəri ŋ] *n.* x of crops ការយកផល
small x of people ប្រជុំ
x of crowds ការប្រជុំគ្នា
-*adj.* x place សម្រាប់ប្រជុំ

gauche[gəuʃ] *adj.* ភ្លូង

gaudy['gɔ:di] *adj.* ដែលឆើតហើយមិនថ្លៃថ្នូរ (ខោអាវ ។ល។)

gauge[gei ʤ] *tv.* x public opinion ស្ទង់, ថ្លឹង
x steam pressure វាស់
-*n.* x of public opinion អ្វីៗដែលបង្ហាញកម្រិត
pressure x គ្រឿងវាស់
narrow x railroad ខ្នាត

gaunt[gɔ:nt] *adj.* ល្អឹង

gauntlet ['gɔ:ntlət] *n.* (wear) gauntlets ស្រោមដៃវែង
Id. throw down the g. ហៅប្រកួត

gauze[gɔ:z] *n.* សៃ្ប

gave[gei v] *(pt. of* give*)*

gavel['gævl] *n.* ញញួរឈើ (ដែលប្រធាននៃសម័យប្រជុំប្រើគោះតុ)

gawk[gɔ:k] *iv.* សម្លឹងស្លី
-*n.* ការសម្លឹងស្លី

gay[gei] *adj.* x occasion សប្បាយរីករាយ
x colors ឆើត
Sl. x person ដែលប្រតិព័ទ្ធនឹងភេទដូចគ្នា

gaze[gei z] *iv.* សម្លឹងមិនដាក់ភ្នែក
-*n.* ការសម្លឹងមិនដាក់ភ្នែក

gear[gi ər] *n.* machine x ស្ពឺចក្រ
first x លេខ (រថយន្ត)
camping x គ្រឿងប្រដាប់
(car is) in g. ចូលលេខ
(get a project) in g. ទៅមុខ
-*tv.* x a machine ដាក់ស្ពឺចក្រ
x one project to another ធ្វើឱ្យស៊ីគ្នា
-*iv.* g. down ដាក់លេខចុះ
g. up (for sthg.) រៀបចំបម្រុង

gee[,ʤi:] *interj.* យី!
-*n.* ពាក្យសម្រាប់បញ្ជាឱ្យសេះបត់ស្តាំ
-*iv.* បត់ស្តាំ (ចំពោះសេះ)

geese[gi:s] *(pl. of* goose*)*

Geiger['gai gər] **counter** *n.* វិទ្យុសកម្មមាត្រ

gel[ʤel] *n.* ជាតិអន្ទិល
-*iv.* *(pt. .pp* gelled*)*
liquids x កកអន្ទិល
plans x មានរូបរាងឡើង

gelatin, gelatine[,ʤelәti:n] *n.* ជាតិខាប់អន្ទិលធ្វើឡើងដោយយកឆ្អឹង ស្បែក ។ល។ ទៅស្ងោរ

geld[geld] *tv.* *(pt. . pp.* gelt*)* ក្រៀវ (សត្វ)

gelding['geldi ŋ] *n.* សេះក្រៀវ

gelt[gelt] *(pt. . pp. of* geld*)*

gem[ʤem] *n.* sparkling x ត្បូង (ឆ្នៃហើយ)
x of the collection អ្វីៗដែលល្អ ។ល។ លើសគេ

gender['ʤendər] ***n.*** *Gram.* masculine x លិង្គ
Coll. of undeterminate x ភេទ
gene[ʤi:n] ***n.*** ពន្ធុ
genealogy[,ʤi:ni 'æləʤi] ***n.*** family x ពង្សាវលី
study of x សន្តតិវង្សវិទ្យា, ពង្សាវិទ្យា
genera['ʤenərə] *(pl. of* genus*)*
general['ʤenrəl] ***adj.*** x population ទូទៅ
x practice ជាធម្មតា, ជាទូទៅ
x pain តែពាសពេញ
-n. x of the army ឧត្តមសេនីយ
(explain) in g. ជានិរ៉ាល់
in g. (they do) តាមធម្មតា
generality['ʤenə'ræləti] ***n.*** a vague x និភាសការណ៍
x of application និភាសភាព
generalization[,ʤenrəlai 'zei ʃn] ***n.*** និភាសកម្ម
generalize[,ʤenrəlai z] ***iv.*** x from a few examples ធ្វើនិភាសកម្ម
pain will x សាយភាយ
-tv. x an explanation ធ្វើឱ្យទៅជានិរ៉ាល់
g. one' s study សិក្សាជាទូទៅ
generate['ʤenərei t] ***tv.*** x electricity បង្កើត
x enthusiasm ធ្វើឱ្យមាន
generation[,ʤenə'rei ʃn] ***n.*** the younger x ជំនាន់ (ឧ. ជំនាន់ឧពុកខ្ញុំ)
x of electricity ការបង្កើត
generator['ʤenərei tər] ***n.*** ម៉ាស៊ីនភ្លើង
generic[ʤə'neri k] ***adj.*** x affiliation តាមប្រភេទ
x term ទូទៅ
generosity[,ʤenə'rɔsəti] ***n.*** ចិត្តសប្បុរស
Lit: សទ្ធាទាន
generous['ʤenərəs] ***adj.*** x man ដែលមានចិត្តសប្បុរស
x supply ច្រើន

x offer ដ៏គាប់ប្រសើរ
genesis['ʤenəsi s] ***n.*** ដើមកំណើត
genetic[ʤə'neti k] ***adj.*** x disorder នៃឬស្ថិតិពីពន្ធុ
x relationship ខាងពូជ, តាមពូជ
genetics[ʤə'neti ks] ***n.*** ពន្ធុវិជ្ជា
genial['ʤi:ni əl] ***adj.*** x host រួសរាយ, រាក់ទាក់
x climate ល្អ, ស្រួល
genie['ʤi:ni] ***n.*** ទេពារក្ស
genital['ʤeni tl] ***adj.*** នៃអង្គជាតិ
genitals['ʤeni tlz] ***n.*** អង្គជាតិ
genitive['ʤenəti v] ***adj.*** *Gram.* ដែលបង្ហាញនូវភាពជាម្ចាស់
-n. និភត្តិបង្ហាញ
genius['ʤi:ni əs] ***n.*** man of great x ទេពកោសល្យ
He' s a x. មនុស្សទេព, មនុស្សដែលមានប្រាជ្ញាដ៏ក្រៃលែង
genocide['ʤenəsai d] ***n.*** ជនឃាត
genre['ʒɑ:nrə] ***n.*** ពួក, បែប, ភេទ, របៀប
gent[ʤent] *(Coll. contr. of* gentleman*)*
genteel[ʤen'ti:l] ***adj.*** ដែលមានការអប់រំល្អ, ថ្លៃថ្នូរ, ចេះគួរសម *Lit:* សេដ្ឋាចារី
gentility[ʤen'ti ləti] ***n.*** សេដ្ឋចារ
gentle['ʤentl] ***adj.*** x touch យ៉ាងថ្នមៗ, តិចៗ
x words ផ្អែមល្ហែម
x breeze តិចៗ, មិនបោកបក់ខ្លាំង
x animal ស្លូត
x slope មិនចោត
gentleman['ʤentlmən] ***n.*** មនុស្សមានការអប់រំ
gentlemen' s agreement ការព្រមព្រៀងដោយឥតមានជាលាយលក្ខអក្សរ
gentlemanly['ʤentlmənli] ***adj.*** ប្រកបដោយសេដ្ឋាចារ
gentry['ʤentri] ***n.*** មនុស្សវណ្ណៈខ្ពង់ខ្ពស់
genuflect['ʤenjuflekt] ***iv.*** បន្ទន់ជង្គង់

genuine['dʒenjui n] *adj.* x leather មែនទែន
x emotion ដែលឥតក្លែងបន្លំ
x person ដែលត្រង់, មិនក្លែង
genus['dʒi:nəs] *n.* ពួក, ចំពួក
geodesy[dʒi 'ɔdəsi] *n.* ប្រឹថពីវិភាគ
geography[dʒi 'ɔgrəfi] *n.* study x ភូមិសាស្ត្រ
x of the place លក្ខណៈភូមិសាស្ត្រ
geographic[,dʒi ə'græfi k] *adj.* នៃភូមិសាស្ត្រ
geology[dʒi 'ɔlədʒi] *n.* ភូគព្ភសាស្ត្រ
geological[,dʒi ə'lɔdʒi kl] *adj.* នៃភូគព្ភសាស្ត្រ
geologist[dʒi 'ɔlədʒi st] *n.* ភូគព្ភវិទូ
geometry[dʒi 'ɔmətri] *n.* ធរណីមាត្រ
geriatrics[,dʒeri 'ætri ks] *n.* វិជ្ជាខាងការព្យាបាលមនុស្សចាស់
germ[dʒɜ:m] *n.* disease x *Coll.* មេរោគ
Lit: ជីវាណូ
x of an idea ដើមកំណើត
German['dʒɜ:mən] *pr. n.* speak x ភាសាអាល្លឺម៉ង់
He's a x. អាល្លឺម៉ង់
-adj. អាល្លឺម៉ង់
germane[dʒɜ:'mei n] *adj.* ដែលទាក់ទង
Germany[dʒə'mei ni] *pr. n.* ប្រទេសអាល្លឺម៉ង់
germinate['dʒɜ:mi nei t] *iv.* seeds x ពន្លក, ប៉ិចឡើង
ideas x ផ្ដុចឡើង, កកើត, មានឡើង
-tv. បណ្ដុះ
gerund['dʒerənd] *n.* នាមស័ព្ទដែលបំបែកពីកិរិយាស័ព្ទ, ឧ. eat ញ៉ាំ > eating ការញ៉ាំ
gestation[dʒe'stei ʃn] *n.* period of x ដំណើរមានគភ៌
long x រយៈពេលមានគភ៌
gesticulate[dʒe'sti kjulei t] *iv.* សម្ដែងដោយកាយវិការ
gesture['dʒestʃər] *n.* កាយវិការ
-iv. ធ្វើកាយវិការ
get[get] *tv.* *(pt.* got. *pp.* gotten)
x a knife ទៅយក
x a salary បាន
x a letter ទទួល
x him a job រកឱ្យបាន
g. a haircut កាត់សក់
x dinner រៀបចំ
x him to speak ធ្វើឱ្យ
x them to school នាំទៅ
x the guilty party ចាប់បាន
x him in the leg ត្រូវ
Coll. I x you. យល់
g. across (a fence) ឆ្លង
g. across (a meaning) ធ្វើឱ្យយល់
g. in (a car) ចូលក្នុង
g. in (crops) បេះឬច្រូតកាត់
g. in a word បាននិយាយ (កាត់អ្នកណាម្នាក់ទៀត)
g. off (a horse) ចុះពី
g. off (a shot) បាញ់ទៅ
g. off (a letter) ផ្ញើ
g. on (a horse) ឡើងជិះ
g. on (one's coat) ពាក់
g. out (a knife) យកចេញ
g. out (a notice) ធ្វើចេញ
g. over (a fence) ឆ្លង
g. over (a disappointment) ផុតពី
g. over (a point) ធ្វើឱ្យយល់
g. up (a hill) ឡើង
g. up (the neighbors) ដាស់
g. up (a committee) បង្កើត
g. up (steam) បង្កើនកម្លាំង
-iv. g. sick ឈឺ
g. along (with people) ចុះចូល

g. along (on one's salary) ទៅរួច

g. away (from the police) គេចផុត

g. away (for a few days) ចេញពីកន្លែងណា

(fish) g. away រួច

g. away with រួចខ្លួន

g. by ទៅរួច

g. even with ធ្វើឱ្យរួចគ្នា

g. in ចូល

g. off (at the next stop) ចុះ

g. off (without penalty) រួចខ្លួន

g. on (at the next stop) ឡើង

g. on (with people) ចុះផ្គុះ

g. on (with the work) ខំធ្វើត

g. up (from a chair) ក្រោក, ក្រោកឡើង

g. up (from bed) ក្រោកពីដេក

Cl: តើន

Roy: ទ្រង់តើន

getaway['getəwei] *n.* ការភៀសខ្លួន

getup[getʌp] *n. Coll.* សំលៀកបំពាក់ (មើលងាយ)

geyser['gi:zər] *n.* ទឹកក្តៅផុសពីដី

ghastly['gɑ:stli] *adj.* x murder អាក្រក់ក្រៃលែង

x appearance ស្លេកស្លាំង

ghetto['getəu] *n.* តំបន់ជនភាគតិចរស់នៅ, តំបន់អ្នកទីទ័លក្ររស់នៅ

ghost[gəust] *n.* frightened by a x ខ្មោចដែលលង

Id. doesn't have a g. of a chance គ្មានផ្លូវទាល់តែសោះ

Id. g. writer អ្នកសរសេរអ្វីៗឱ្យគេម្នាក់ទៀត

ghostly['gəustli] *adj.* ដូចខ្មោច

ghoul[gu:l] *n.* ប្រែតស៊ីខ្មោច

giant['dʒai ənt] *n.* legendary x យក្ស

physical x មនុស្សមាឌមាំ

mental g. មនុស្សទេព, មហាបុរសដែលមានប្រាជ្ញាដ៏ក្រៃលែង

-adj. ធំក្រៃលែង

gibberish['dʒi bəri ʃ] *n.* សំដីនិយាយស្តាប់មិនបាន

gibbon['gi bən] *n.* ទោច

giddy['gi di] *adj.* x girl ពាយងាយ

x height ដែលធ្វើឱ្យវិលមុខ

feel g. វិលមុខ

gift[gi ft] *n. Coll:* ជំនូន, អំណោយ

Lit: ទាយជ្ជទាន

Roy: តង្វាយ

have a x for music និស្ស័យ

gifted['gi fti d] *adj.* ដែលមាននិស្ស័យខាងអ្វីមួយ

gigantic[dʒai 'gænti k] *adj.* ធំសំបើម

giggle['gi gl] *iv.* សើចក្អឹកៗតិចៗ

-n. សំណើចក្អឹកៗតិចៗ

gigolo['ʒi gələu] *n.* មនុស្សប្រុសដែលស្រីចិញ្ចឹមលុយ

gild[gi ld] *tv.* ស្រោបមាស, បិទមាស

gill[gi l] *n.* ស្រកី

gilt[gi lt] *n.* ស្នាមស្រោបទឹកមាស

gimlet['gi mlət] *n.* ដែកគណ្ដារ

gimmick['gi mi k] *n.* គ្រឿងបំភាន់ឬបន្លំ

gin[1][dʒi n] *n. Fr:* ហ្សាំង (ស្រាសម្យ៉ាង)

gin[2][dʒi n] *n.* ម៉ាស៊ីនយកគ្រាប់កប្បាសចេញ

-tv. (pt. .pp. ginned*)* យកគ្រាប់កប្បាសចេញ

ginger['dʒi ndʒər] *n.* ខ្ញី

gingerale['dʒi ndʒərəl] *n.* ភេសជ្ជៈម្យ៉ាងធ្វើពីខ្ញី

gingerly['dʒi ndʒəli] *adj.* ថ្នមៗ

gingham['gi ŋəm] *n.* សំពត់អំបោះក្រឡាចត្រង្គ

gingivitis[ʤi ngi vəti z] ***n.*** រលាកអញ្ចាញធ្មេញ

gip[ʤi p] *(see* gyp*)*

gipsy['ʤi psi] *(see* gypsy*)*

giraffe[ʤə'rɑːf] ***n.*** សត្វហ្ស៊ីរ៉ាហ្វ

gird[gɜːd] ***tv.*** x one's waist ក្រវាត់, វ័ណ្ឌ

x oneself for action ប្រុងប្រៀប

girder['gɜːdər] ***n.*** រត (ផ្ទះ)

girdle['gɜːdl] ***n.*** ខោត្រនាប់រឹប

-tv. ព័ទ្ធជុំវិញ

girl[gɜːl] ***n.*** ក្មេងស្រី

girth[gɜːθ] ***n.*** of large x វណ្ណ, វណ្ឌមណ្ឌល

harness x ខ្សែពុង, ខ្សែអុក

gist[ʤi st] ***n.*** សារៈ

give[gi v] ***tv.*** *(pt.* gave*, pp.* gaven *)*

x a gift *Gen:* ឱ្យ

Polite: ជូន

Cl: ប្រគេន

Roy: ថ្វាយ

x a party ធ្វើ

x a play សម្ដែង

x an opinion ឱ្យ, ផ្ដល់នូវ

x results ឱ្យ

g. away (property) ឱ្យទទេ

g. away (a secret) បញ្ចេញឬប្រាប់ឱ្យគេដឹង

g. off បញ្ចេញ

g. out (leaflets) ចែក

g. out (noises) បញ្ចេញ

g. up បោះបង់

g. birth *Gen:* សំរាលកូន

Polite: ឆ្លងទន្លេ

Roy: ប្រសូត្រ

Animals: កើត

-iv. everyone should x ធ្វើទាន

door won't x កម្រើក

g. in ចុះញ៉ម

(workers) g. out អស់កម្លាំង

(cars) g. out ទ្រុឌទ្រោម

g. up ចុះចាញ់

-n. ភាពទន់តាមឬយឺត

giveaway[gi və'wei] ***n.*** របស់ឱ្យទទេ

Coll. អ្វីៗដែលប្រាប់នូវអាថិកំបាំងនៃរឿងសម្ងាត់អ្វីមួយ

given['gi vn] ***adj.*** *(pp. of* give*)*

x time ណាមួយ (ពេល របស់ ។ល។)

x facts ដែលប្រាប់ជាមុន

g. name នាមខ្លួន

-n. បម្រាប់

gizzard['gi zəd] ***n.*** គោះបក្សី

glacial['glei si əl] ***adj.*** g. era ប្រវត្តិកាលទឹកកក

Fig. x smile ដែលគ្មានការកក់ក្ដៅ

x wind ត្រជាក់ខ្លាំង

glacier['glæsi ər] ***n.*** ផែនទឹកកក

glad [glæd] ***adj.*** x at the news សប្បាយ (នឹង), ត្រេកអរនឹង

x to help រីករាយ (នឹង)

x news ដែលធ្វើឱ្យសប្បាយ

gladden['glædn] ***tv.*** ធ្វើឱ្យសប្បាយ

glade[glei d] ***n.*** ព្រៃល្បោះ

gladiator['glædi ei tər] ***n.*** អ្នកប្រយុទ្ធក្នុងនាដកីឡា (នៅក្រុងរ៉ូមពីដើម)

glamor['glæmər] ***n.*** x of a woman ភាពស្រស់បំព្រងឬឆើតឆាយ

x of the big city ភាពសប្បាយហើយធ្វើឱ្យទាក់ចិត្ត

glamorous['glæmərəs] ***adj.*** x woman ដែលស្រស់បំព្រង, ឆើតឆាយ

x life ដ៏គ្រចះគ្រចង់

glance[glɑːns] ***iv.*** x at a friend ក្រឡេកមើល, ចោលកន្ទុយភ្នែក

x at the headlines មើលដោយមិនយកចិត្តទុកដាក់

bullets x away ផ្ងាត

-n. a quick x ផ្ចេករមិល, ចំណោលកន្ទុយភ្នែក

x of bullets ដំណើរផ្ងាត

gland[glænd] ***n.*** ក្រន្ថិឬក្រពេញ

glandular['glændjulər] ***adj.*** នៃឬដូចក្រន្ថិឬក្រពេញ

glare[gleər] ***iv.*** lights x ចាំង

x at a child សម្លក់

-tv. x a light at ធ្វើឱ្យចាំង

x one's disapproval សម្លក់ចង់បង្ហាញនូវអ្វីមួយ

-n. x of the sun ពន្លឺចាំង

angry x ការសម្លក់

glaring['gleəri ŋ] ***adj.*** x light ដែលចាំង

x mistake ជាក់ស្ដែង

glass[glɑːs] ***n.*** made of x កែវ

drinking x កែវ

reading x កែវភ្នែក

window x កញ្ចក់

looking g. កញ្ចក់ឆ្លុះមុខ

-tv. ដាក់កញ្ចក់

glasses[glɑːzi z] ***n.*** wear x វ៉ែនតា

Lit: ស្នងព្រះនេត្រ

field x កែវយឺត

glassware[glɑːsweər] ***n.*** គ្រឿងកែវ

glassy['glɑːsi] ***adj.*** ដូចកញ្ចក់

glaucoma[glɔː'kəumə] ***n.*** ជម្ងឺងងឹតភ្នែកម្យ៉ាង

glaze[glei z] ***tv.*** x pottery លាបថ្នាំរលោង

x meat លាបទឹករង្គ

-n. ថ្នាំលាបឱ្យរលោង

glazier['glei zi ər] ***n.*** អ្នកដាក់កញ្ចក់បង្អួច

gleam[gliːm] ***n.*** x of light ពន្លឺខ្សោយ

x of his eye ពន្លឺចាំង

g. of hope សង្ឃឹមដ៏តិចតួច

-iv. ភ្លឺចាំង

glean[gliːn] ***tv.*** x facts ប្រមូល

g. grain រើសកួរស្រូវដែលជ្រុះនៅដីក្រោយពេលច្រូតកាត់

glee[gliː] ***n.*** សេចក្ដីរីករាយជាខ្លាំង

glee club[gliː klʌb] ***n.*** ក្រុមចម្រៀង

gleeful[gliːfl] ***adj.*** ដែលរីករាយជាខ្លាំង

glen[glen] ***n.*** ជ្រលងភ្នំតូច

glib[gli b] ***adj.*** ដែលនិយាយហួរហើយឥតជម្រៅ

glide[glai d] ***iv.*** birds x ហើរសំកាំង

dancers x រត់រ៉េវដូចគេហោះ

Mus. singers x បួរកំពស់សម្លេងដោយឥតបង្អាក់សម្លេង

-tv. ហោះសំកាំង

-n. x of a plane ការសំកាំង

Mus. sing a x ការប្រើសម្លេងខ្ពស់ទាបច្រៀងព្យញ្ជនៈតែមួយ

glider['glai dər] ***n.*** អាកាសយានឥតម៉ាស៊ីន

porch x កៅអីយោល

glimmer['gli mər] ***n.*** មន្ទប្រភា

-iv. បញ្ចេញពន្លឺព្រឹមៗភ្លឹបភ្លែតៗ

glimpse[gli mps] ***n.*** ការឃើញមួយភ្លែត

-tv. ឃើញមួយភ្លែត

glint[gli nt] ***iv.*** ចាំងភ្លែតៗ

-n. ពន្លឺចាំងភ្លែតៗ

glisten['gli sn] ***iv.*** បញ្ចេញពន្លឺស្រអាប់

glitter['gli tər] *iv.* ភ្លឺរញ្ចាច, ព្រាចៗ (ដូចពេជ្រ ។ល។)
-n. ពន្លឺព្រាចៗ

gloat[gləut] *iv.* ប្រមើលមើលដោយសេចក្តីពេញចិត្ត

global['gləubl] *adj.* x shape មូល (ដូចបាល់)
x affairs នៃពិភពលោក

globe[gləub] *n.* circle the x ផែនដី
consult a x ភូគោល
lamp x អំពូលមូល, បាល់

globular['glɔbjələr] *adj.* x snape មូលដូចបាល់
x consistency ដែលមានសណ្ឋានជាគោលិកា

globule['glɔbju:l] *n.* គោលិកា

gloom[glu:m] *n.* x of the evening ភាពងងឹតឬស្រអាប់
feeling of x ភាពស្រងេះស្រងោច

gloomy['glu:mi] *adj.* x day ដែលងងឹត, ស្រអាប់
x mood ស្រពាប់ស្រពោន

glorification['glɔ:ri fi 'kei ʃn] *n.* ឧត្តុង្គសភា

glorify['glɔ:ri fai] *tv.* *(pt. ,pp.* glorified*)*
លើកតំកើង *Lit:* ធ្វើឧត្តុង្គសភា

glorious['glɔ:ri əs] *adj.* x victory ប្រកបដោយកិត្តិគុណ
x sunrise រុងរឿង, ល្អណាស់

glory['glɔ:ri] *n.* x of victory ការល្បីខ្ទរខ្ទារ
Lit: កិត្តិគុណ
x of the sunrise ភាពរុងរឿង
-iv. ប្រមើលមើលដោយសេចក្តីពេញចិត្ត

gloss[1]['glɔs] *n.* ភាពរលោង
-tv. x a pot ធ្វើឱ្យរលោង
g. over លាក់, បន្លំធ្វើ (ដូចជាមិនចង់ឱ្យឃើញកំហុសអ្វីមួយជាដើម)

gloss[2]['glɔs] *n.* ពាក្យប្រែ
-tv. ប្រែពាក្យ

glossary['glɔsəri] *n.* សទ្ទានុក្រម, អក្ខរាក្រម

glossy[glɔsi] *adj.* រលោង

glottal['glɔtl] *adj.* នៃរន្ធខ្យល់

glottis[gləuti z] *n.* រន្ធខ្យល់

glove[glʌv] *n.* ស្រោមដៃ

glow[gləu] *iv.* lights x បញ្ចេញពន្លឺសន្សៅ
g. with happiness ត្រេកអរ
-n. x of a candle ពន្លឺសន្សៅ
g. of happiness សេចក្តីត្រេកត្រអាល

glower['glauər] *iv.* សម្លក់
-n. សម្លក់

glucose['glu:kəus] *n.* គ្លុយកូស
Lit: មធុរជាតិ

glue[glu:] *n.* កាវ, ជ័រកាវ
-tv. បិទកាវ

glum[glʌm] *adj.* ស្រពាប់ស្រពោន

glut[glʌt] *tv.* *(pt. ,pp.* glutted*)*
x the appetite ធ្វើឱ្យស្កល់
x the market ធ្វើឱ្យលើសចំនួន
-n. ចំនួនហួសត្រូវការ

glutinous['glu:ti nəs] *adj.* x substance ស្អិត
g. rice បាយដំណើប

glutton['glʌtn] *n.* មនុស្សល្មោភស៊ី

gluttonous['glʌtənəs] *adj.* ដែលល្មោភស៊ី

gluttony['glʌtəni] *n.* ការបរិភោគច្រើនហួសប្រមាណ

gnarled[nɑ:ld] *adj.* ដែលពកៗឬមានថ្នាំងច្រើន

gnash[næʃ] *tv.* សង្កៀត

gnat[næt] *n.* សុច, មមង់

gnaw[nɔ:] *tv.* កកេរ

go[gəu] *iv.* *(pt.* went , *pp.* gone*)*
x to town *Gen:* ទៅ
Cl: និមន្ត
Roy: យាង
Lit: យាត្រា

car won't x ទៅមុខ
x mad ទៅជា
make a project x ដើរ, ទៅមុខ (អ. ប.)
Those x on the shelf. ត្រូវដាក់
How did it go? វាម៉េចទៅ?, ម៉េចទៅហើយ?
(won't) go into (the box) ចូល
How does (the song) go? ច្រៀងយ៉ាងម៉េច ?
These x for $5 each. លក់
brakes x ខូច
(wheels) go around វិល
go around (with crooks) សេពគប់
(enough to) go around ចែកចាយគ្នា
(cars) go by បើកកាត់មុខ
(days) go by កន្លងទៅ
(prices) go down ចុះ
(show must) go on តទៅទៀត
(lights) go on ឆេះ
(ring won't) go on ចូល, ចុះ
(joke didn't) go over សម្រេចដូចបំណង
(guns) go off ភ្លាត់គន្លឹះឬកៃ
(likes to) go out ចេញដើរលេងកំសាន្ត
(lights) go out រលត់
(prices) go up ឡើង (តម្លៃ)
-*tv.* *Sl.* can't x him ទ្រាំ
go at (an opponent) ចាប់ប្រយុទ្ធ
go at (an task) ចាប់ធ្វើ
go by (the rules) ធ្វើតាម
go by (a nickname) យកតាម, ប្រើ
go in for ចូលចិត្តធ្វើ
go over (a fence) ឆ្លង
go over (a document) មើលមួយត្រួស
go through with ធ្វើទៅទាល់តែចប់
(tie doesn't) go with (his jacket) ត្រូវនឹង, ស៊ីគ្នានឹង
(Whom does he) go with ? ដើរលេងជាមួយ
-*n.* be full of x សេចក្តីស្វាហាប់, កម្លាំង
have a go at it សាកល្បង
make a go of it សម្រេច
on the go ដើរឥតឈប់ឈរ

goad[gəud] *n.* cattle x ជន្លួញ (ចាក់គោ)
use promotion as a x គ្រឿងលើកទឹកចិត្ត
-*tv.* x cattle ចាក់នឹងជន្លួញ
x him to anger ចាក់រុក

go-ahead['gəu əhed] *n.* សេចក្តីអនុញ្ញាតឱ្យធ្វើទៅចុះ

goal[gəul] *n.* professional x គោលបំណង
Sp. cross the x ទី
Sp. make a g. ចូលមួយ (បាល់ទាត់)

goalkeeper['gəulki:pər] *n.* អ្នកចាំទី

goat[gəut] *n.* buy a x ពពែ
Year of the G. ឆ្នាំមមែ
Id. get one's g. ធ្វើឱ្យខឹង

goatee[gəu'ti:] *n.* ពុកចង្កា (រាងតូចស្រួចមិនស្រមូវ)

gob[gɔb] *n.* x of grease ដុំ
Coll. gobs of ចំនួនច្រើន

gobble['gɔbl] *tv.* Don't x your food លេបទាំងដុំ
g. up លេប (អ. ប.)
-*iv.* turkeys x ស្រែក (មាន់បារាំង)
-*n.* សម្រែកមាន់បារាំង

goblet['gɔblət] *n.* កែវមានជើង

goblin['gɔbli n] *n.* ក្រញូតខ្មោល

god[gɔd] *n.* *Cap.* *Gen:* ព្រះ *Lit:* អាទិទេព
l. c. local x ទេវតា
Coll. My God! ពុទ្ធោអើយ! លោកអើយ!

goddess['gɔdəs] *n.* ទេពធីតា

godfather['gɔdfɑːðər] *n.* ឪពុកធម៌ (ដែលគ្រាន់តែជាទីពំនាក់ខាងជំនឿសាសនា)

godly['gɔdli] *adj.* ដែលស៊ុបក្នុងសាសនា

Lit: កម្មនិដ្ឋ

godmother['gɔdmʌðər] *n.* ម្ដាយធម៌ (ដែលគ្រាន់តែជាទីពំនាក់ខាងជំនឿសាសនា)

godparents['gɔdpeərents] *n.* ឪពុកម្ដាយធម៌ (ដែលគ្រាន់តែជាទីពំនាក់ខាងជំនឿសាសនា)

godsend['gɔdsend] *n.* លាភ ភ័ព

goggle['gɔgl] *n. Pl.* វ៉ែនតាសម្រាប់ការពារភ្នែក (ដូចជាងផ្សារពាក់ជាដើម)

-tv..iv. Coll. សម្លឹងភ្នែកក្រឡែត

going['gəui ŋ] *n.* x and coming of the seasons ការកន្លងទៅ

rouge g. ការពិបាក

-adj. a x concern ដែលចំរើនឡើង

What's g. on ? មានស្អីនឹង? (ដែលកំពុងកើតឡើង)

g. on (four o'clock) ជិត

goiter, goitre['fɔi tər] *n.* ពកក

gold[gəuld] *n.* មាស

Lit: សុវណ្ណ

-adj. x watch ធ្វើអំពីមាស

Id. g. digger មនុស្សដែលគិតតែពីលុយ

g. leaf មាសសន្លឹក

golden['gəuldən] *adj.* x ring ធ្វើពីមាស

x tan ពណ៌មាស

goldfish['gəuldfi ʃ] *n.* ត្រីមាស

goldsmith['gəuldsmi ɵ] *n. Coll.* ជាងមាស

Lit: ជាងទង

golf[gɔlf] *n.* ហ្គុលហ្វ៍ (កីឡា)

-iv. លេងហ្គុលហ្វ៍

golly['gɔli] *interj.* យី! (សម្ដែងការភ្ញាក់)

gondola['gɔndələ] *n.* ទូកចែវ (នៅក្រុងវ៉ឺនីស)

gondolier[,gɔndə'li ər] *n.* អ្នកចែវទូកនៅក្រុងវ៉ឺនីស

gone[gɔn] *(pp. of go)*

gong[gɔŋ] *n.* គង

gonorrhea[,gɔnə'ri ə] *n.* ប្រមេះ

good[gud] *adj.* x man ល្អ

x driver ពូកែ

x to eat ឆ្ងាញ់

x diet គ្រប់គ្រាន់, មានរសគ្រប់មុខ

have a g. time មានការសប្បាយ

x supply ដ៏បរិបូណ៌

x day's journey ពេញ

g. for nothing ឥតបានការ

as g. as (dead) ស្រដៀងគ្នានឹង, ដូចគ្នានឹង

g. will សុជនភាព

make g. (in business) មានជោគជ័យ

make g. (his promise) ធ្វើតាម, បំពេញ

-n. do x អំពើល្អ

for one's own x ប្រយោជន៍

pl. imported x ទំនិញ

(quit) for g. ជាស្ថាពរ

-interj. ល្អ!

-adj. Coll. ល្អ

good-by, -bye['gud'bai] *interj.* លាសិនហើយ

good-hearted[,gud'hɑːtd] *adj.* ចិត្តល្អ, ចិត្តសប្បុរស

good-looking[,gud luki ŋ] *adj.* ល្អ

good-natured[,gud 'nei ʧəd] *adj.* ស្លូត, មិនឆេវឆាវ

goods[guʤ] *n.* manufactured x ផលិតកម្ម

dry x សំពត់

Id. deliver the g. ធ្វើអ្វីដែលសន្យាធ្វើ

Id. get the g. on មានភស្តុតាងដើម្បីចោទប្រកាន់

good-sized[ˌgudsai zd] ***adj.*** ធំគួរសម

goody['gudi] ***n.*** របស់ជាទីចូលចិត្ត (នំចំណី។ល។)

-adj. ក្លែងជាមនុស្សត្រឹមត្រូវ

-interj. Children ពាក្យសម្ដែងការសប្បាយសម្រាប់ក្មេង

goof[gu:f] *Coll. n.* make a x កំហុស

He's a x. មនុស្សភ្លីភ្លើ

-iv. g. up ភ្លាត់

g. off ត្រេតត្រត

-tv. ធ្វើឱ្យខូចការដោយធ្វេសប្រហែស

goose[gu:s] ***n.*** *(pl.* geese*)* ក្ងាន

goose-flesh[gu:sfleʃ] ***n.*** សម្បុរតឹងក្ដក់

gore[1][gɔ:r] ***tv.*** បុស (រមឹធ)

gore[2][gɔ:r] ***n.*** ឈាមកក

gorge[gɔ:ʤ] ***n.*** mountain x ជ្រោះជ្រៅ

x rises with sentiment បំពង់ក

-iv. Don't x. ស៊ីចាក់ច្រាស

gorging with ឡើងពេញកំពោងទៅដោយ

-tv. g. oneself ស៊ីចាក់ច្រាស

gorgeous['gɔ:ʤəs] ***adj.*** ល្អស្អាត

gorilla[gə'ri lə] ***n.*** ស្វា (ធំជាងគេ)

gory['gɔ:ri] ***adj.*** x limb ប្រឡាក់ឈាម

x details ដែលគួរឱ្យខ្ពើមរអើម

gosh[gɔʃ] ***interj.*** យី! (ប្រើសម្រាប់សម្ដែងនូវការភ្ញាក់)

gosling['gɔzli ŋ] ***n.*** កូនក្ងាន

gospel['gɔspl] ***n.*** *Christ.* សិក្ខាបទនៃព្រះយេស៊ូ

Fig. សេចក្ដីពិត

-adj. Coll. ដ៏ពិតប្រាកដ

gossip['gɔsi p] ***n.*** spread x ពាក្យរសើបរសៀវ

She's a x. មនុស្សរសើបរសៀវ

-iv. និយាយរសើបរសៀវ រអេចរអូច បេះមួយ

got[gɔt] *(pt. of* get*)*

gotten['gɔtn] *(pp. of* get*)*

gouge[gaudʒ] ***n.*** carpenter's x ពន្លាកក្រចក

a x in the table ស្នាមឆូត។

Coll. victim of a x ការកោរ (អ.ប.)

-tv. x the table ធ្វើឱ្យមានស្នាមឆូត

Coll. x customers កោរ (អ.ប.)

goulash['gu:læʃ] ***n.*** សម្លសាច់គោម្យ៉ាង

gourd[guəd] ***n.*** pick a x ឃ្លោក

dip water with a x ចូយកផ្លែឃ្លោកធ្វើ

Sl. ក្បាល

gourmand['guəmənd] ***n.*** មនុស្សល្មោភស៊ី

gourmet['guəmei] ***n.*** អ្នកស្គាល់មួបឆ្ងាញ់

gout[gaut] ***n.*** ប្រគ្រីវ

govern['gʌvn] ***tv.*** x a country គ្រប់គ្រង

Lit: អភិបាល

motives x a decision មានឥទ្ធិពលលើ

x one's temper ទប់, បង្អាប់

government['gʌvənmənt] ***n.*** present x រដ្ឋាភិបាល

good x ការគ្រប់គ្រង

study x រដ្ឋាភិបាលវិទ្យា

governor ['gʌvənər] ***n.*** x of a province ចៅហ្វាយខេត្ត *Lit:* អភិបាល

x of a bank ទេសាភិបាល

mechanical x និយតករ

gown[gaun] ***n.*** evening x អាវវែងឬអាវបំពង់រលុង។

Id. town and x ពួកនិស្សិតនិងសាស្ត្រាចារ្យ

grab[græb] ***tv.*** *(pt. .pp.* grabbed*)*

x a weapon កញ្ឆក់, ឆក់ឆាប, ចាប់យក

x territory ដណ្ដើមយក, វាយយក

-n. ការឆក់

grace[grei s] ***n.*** ferminine x ភាពសមរម្យនៃកាយវិការ

have the x to apologize សេចក្តីសមរម្យ

Rel. say x ធម៌សូត្រមុនពេលបាយ (សាសនាគ្រិស្ត)

Law three days x ពេលបន្ថែមឱ្យ

-*tv.* flowers x the table លំអ

x us with his presence អនុគ្រោះ

graceful['grei sfl] *adj.* ដ៏សមសួន, ដ៏សមរម្យខាងកាយវិការ

gracious['grei ʃəs] *adj.* x host ប្រកបដោយមេត្រីភាព, គួរសមរួសរាយ

x gesture ប្រកបដោយមេត្តាភាព

gradation[grə'dei ʃn] *n.* x from red to blue ការមានជាលំដាប់

(successive) gradation លំដាប់

grade[grei d] *n.* x of school ថ្នាក់ (ឧ.ថ្នាក់ទី១២)

make a good x in school ពិន្ទុ

high x of steel គុណភាព

steep x ទីជម្រាល

g. school សាលាបឋមសិក្សា

-*tv.* x lumber ដាក់តាមគុណភាព

x papers ឱ្យពិន្ទុ

x a road កៀរ

gradient['grei di ənt] *n.* ជម្រាល, បង្ហៀង, ភាពទេរ

gradual['grædʒuəl] *adj.* បន្តិចម្តងៗ

graduate['grædʒuət] *iv.* រៀនចប់, ចប់ការសិក្សា

-*tv.* x students ឱ្យសញ្ញាប័ត្រនៅពេលរៀនចប់

x a thermometer គ្រីត, ចែកជាកម្រិត

-*n.* អ្នកចប់ការសិក្សា, អ្នករៀនចប់

-*adj.* x nurse ដែលចប់ការសិក្សាហើយ

x student នៃផ្នែកជាន់ខ្ពស់នៃមហាវិទ្យាល័យ

graduation[,grædʒu'ei ʃn] *n.* after x ការរៀនចប់

attend his x ពិធីចែកសញ្ញាប័ត្រ

x of a vessel គំនូសក្រិត

graft[1][grɑːft] *tv.* x fruit trees បំបៅ

x skin ផ្សាំ

-*n.* tree is a x ខ្នែងបំបៅ

skin is a x សាច់ បេះដូង ។ល។ ផ្សាំ

graft[2][grɑːft] *n.* ការពុករលួយ (ក្នុងរដ្ឋាភិបាល។ល។)

grain[grei n] *n.* price of x ធញ្ញជាតិ

a x of rice គ្រាប់

cut across the x សាច់, សរសៃ

not a g. of truth គ្មានពិតបន្តិចសោះ

Id. go against the g. ធ្វើឱ្យទើសទាស់

Id. Take it with a g. of salt កុំជឿទាំងស្រុង

gram[græm] *n. Fr:* ក្រាម

grammar['græmər] *n.* វេយ្យាករណ៍

grammatical[grə'mæti kl] *adj.* x system នៃឬខាងវេយ្យាករណ៍

x sentence ត្រឹមត្រូវតាមវេយ្យាករណ៍

granary['grænəri] *n.* ជង្រុក

grand[grænd] *adj.* x palace សម្បើម, រុងរឿង

x ideas ដ៏ខ្ពង់ខ្ពស់

Coll. have a x time សប្បាយ

g. jury គណៈវិនិច្ឆ័យបឋម

g. piano ព្យ៉ាណូខ្សែដេក

g. total ចំនួនសរុបទាំងអស់

-*n. Sl.* មួយពាន់ដុល្លារ

grandchild['græntʃai ld] *n.* ចៅ

granddaughter['grændɔːtər] *n.* ចៅស្រី

Roy: ព្រះរាជានត្តា

grandeur['grændʒər] *n.* x of the palace ភាពរុងរឿងឬសម្បើម

x of his scheme ភាពសម្បើម

grandfather['grænfɑːðər] *n. Gen:* ជីតា

Coll. តា

Polite: លោកតា

Roy: ព្រះអយ្យកោ

grandiose['grændi əus] *adj.* សប្បាយហួសពេក

grandma['grænmɑ:] *n. Coll.* យាយ

grandmother['grænmʌðər] *n. Gen:* ជីដូន

Coll. យាយ

Polite: លោកយាយ

Roy: ព្រះអយ្យិកា

grandpa['grænpɑ:] *n. Coll.* តា

grandparent['grænpeərənt] *n.* become a g. មានចៅ

Pl. ជីដូនជីតា

grandson['grænsʌn] *n.* ចៅប្រុស

Roy: ព្រះរាជនត្តា

grandstand['grændstænd *n.* វេទិកា

granite['græni t] *n.* ថ្មក្រានិត

Lit: គណសិលា

granny['græni] *n. Coll.* ដូនចាស់

grant[grɑ:nt] *tv.* x money ឱ្យ

x land ឱ្យ, ផ្តល់ឱ្យ

x a point យល់ព្រមឱ្យ

-n. research g. ប្រាក់សម្រាប់ការស្រាវជ្រាវ

g. of land ដីដែលរដ្ឋការប្រគល់ឱ្យ (សម្រាប់ធ្វើអ្វីមួយ)

granular['grænjulər] *adj.* ដែលជាគ្រាប់តូចៗ

granulate['grænjulei t] *tv.* បំបែកជាគ្រាប់តូចៗ

-tv. បែកជាគ្រាប់តូចៗ

granule['grænju:l] *n.* គ្រាប់តូចៗ

grape[grei p] *n.* ទំពាំងបាយជូរ

grapefruit['grei pfru:t] *n.* ក្រូចថ្លុង

grapevine['grei pvai n] *n.* ដើមទំពាំងបាយជូរ

Id. hear by the g. ឮតាមពាក្យចចាមអារាម

graph[grɑ:f] *n.* គំនូសតាង, ក្រាហ្វិក

-tv. គូសក្រាហ្វិក

graphic['græfi k] *adj.* x arts ខាងគំនូរ

x description យ៉ាងបេះបិទ

graphite['græfai t] *n.* ត្បូងថ្មម្យ៉ាងផុយ (ប្រើធ្វើខ្មៅដៃ)

grapple['græpl] *tv.* ថ្ពក់លើកចេញពីក្នុងទឹក

-iv. x with an opponent ប្រវាយប្រតប់គ្នា

x with a problem រកមធ្យោបាយដោះស្រាយ

-n grappling hook គ្រឿងសម្រាប់ថ្ពក់ស្រង់ចេញពីក្នុងទឹក

grasp[grɑ:sp] *tv.* x a handle ចាប់យ៉ាងខ្ជាប់

x a concept យល់

Id. g. at a straw ចេះតែយកទៅដោយផុតជើង

-n. have a strong x កញ្ចាប់ដៃ

have fortune within one's x ភាពអាចលូកយល់

avoid the x of the law កណ្តាប់ដៃ (អ.ប.)

have a good x of a subject ការយល់

grasping['grɑ:spi ŋ] *adj.* ដែលលោភ

grass[grɑ:s] *n.* mow the x ស្មៅ

Sl. smoke x កញ្ឆា

-tv. x a lawn ដាំស្មៅ

x cattle ឱ្យស៊ីស្មៅ (នៅវាលស្មៅ)

grasshopper['grɑ:shɔpər] *n.* កណ្តូប

grass-roots[grɑ:s ru:ts] *adj.* នៃប្រជាជនសាមញ្ញ

grass widow[grɑ:s 'wdəu] *n.* ស្ត្រីលែងប្តី

grassy[grɑ:si] *adj.* x lawn ដែលមានស្មៅដុះដុក

x taste ធុំស្មៅៗ

grate[1][grei t] *tv.* x a coconut កោស

x the teeth សង្កៀត (ធ្មេញ)

-*iv*. g. together ត្រដុះគ្នា

g. on the ear សង្កៀរត្រចៀក

grate[2][grei t] *n*. ដែកប្រទាស

grateful['grei tfl] *adj*. x child ដែលដឹងគុណ, ដែលមានកតញ្ញូតា

x letter ដែលសម្ដែងកតញ្ញូតា

gratification[,grӕti fi 'kei tʃn] *n*. x with the results ការពេញចិត្ត

sexual x ការចំអែត

gratify ['grӕti fai] *tv*. (*pt* . , *pp*. gratified)

x one's parents ធ្វើឱ្យសប្បាយឬពេញចិត្ត

x one's appetite ចំអែត

gratis['grei ti s] *adv*.,*adj* . ទទេ, ឥតយកថ្លៃ

gratitude['grӕti tju:d] *n*. ការដឹងគុណ

Lit: កតវេទិតា

gratuitous[grə'tju:i təs] *adj*. x bene fits ដែលបានទទេ

x remark ដែលមិនប្រកបដោយសុភនិច្ច័យ

gratuity[grə'tju:əti] *n*. ទឹកតែ

grave[1][grei v] *n*. ផ្នូរ

Poet. មរណភាព

grave[2][grei v] *adj*. x illness ធ្ងន់

x expression មាំ, ស្រគត់ស្រគំ

gravel['grӕvl] *n*. ក្រួសល្អិត

-*tv*. ចាក់ក្រួស

gravestone['grei vstəun] *n*. ថ្មក្បាលផ្នូរ

graveyard['grei vjɑ:d] *n*. ទីកប់ខ្មោច

Lit: សុសាន

gravitate['grӕvi tei t] *iv*. ស្រូបទាញ

gravity['grӕvəti] *n*. force of x ភូរិពល

x of the crime ភាពធ្ងន់ធ្ងរ

Lit: ភូរិពល

x of his expression ភាពមាំ (ទឹកមុខ)

gravy['frei vi] *n*. ទឹកស្ងោរអាហារ (ធម្មតាទឹកដែលស្រក់ពីដុំសាច់ដុតឬអាំង)

gray[grei] *adj*. x suit ប្រផេះ

x skies ស្រអាប់

x head ដែលមានស្កូវ

-*iv*. ស្កូវ

-*tv*. ធ្វើឱ្យស្កូវ

-*n*. ពណ៌ប្រផេះ

gray-headed[grei əhed] *adj*. ដែលមានស្កូវ

graze[1][grei z] *iv*. ស៊ីស្មៅ

-*tv* . បន្ស៊ី

graze[2][grei z] *tv*. ប៉ះប្រផិតៗ

-*n*. ការប៉ះប្រផិតៗ

grease[gri:s] *n*. ខ្លាញ់

-*tv*. x a pan លាបខ្លាញ់

x a wheel ដាក់ខ្លាញ់

Id. g. his plam សូក

greasy['gri:si] *adj*. x food ដែលមានខ្លាញ់ច្រើន

x clothes ប្រឡាក់ប្រេងឬខ្លាញ់

x hair ដែលលាបប្រេង

great[grei t] *adj*. x man ដ៏ឆ្នើម

x house ធំក្រៃលែង

in g. numbers ជាច្រើន

x friends យ៉ាងជិតស្និទ្ធ

Coll. have a g. time សប្បាយ

great-aunt[grei t ɑ:nt] *n*. យាយមីង

great-grandchild[grei t 'grӕntʃai ld] *n*. ចៅទួត

great-grandfather[grei t'grӕnfɑ:ðər] *n*. ជីតាទួត

great-grandmother[grei t'grӕnmʌðər] *n*. យាយទួត

great-grandparent[grei t'grӕnpeərənt] *n*. ជីតាឬជីដូនទួត

great-uncle[grei tʌŋkl] *n*. មាឬឪពុកធំ (របស់ឪពុកឬម្ដាយ)

Greece[gri:ks] *pr. n*. ប្រទេសក្រិក

greed[gri:d] *n*. សេចក្ដីលោភ

greedy['gri:di] *adj*. ដែលលោភ

Greek[gri:k] ***adj.*** ក្រិក

-n. He' s a x. ជនជាតិក្រិក

speak x ភាសាក្រិក

green[gri:n] ***adj.*** x grass បៃតង

x traffic light ខៀវ

x fields ស្រស់

x kid នៅខ្ចី

x blackberry ខ្ចី

x cement មិនទាន់រឹង

-n. the color x ពណ៌បៃតងឬខៀវ

village x វាលស្មៅ

Pl. (cooked) greens បន្លែដូចជាស្ពៃខាត់ណា ។ល។

greenback['gri:nbæk] ***n.*** ក្រដាសប្រាក់អាមេរិកាំង

greenery['gri:nəri] ***n.*** ទេសភាពខៀវស្រងាត់នៃរុក្ខជាតិ

greenhouse['gri:nhaus] ***n.*** អាគារកញ្ចក់ (សម្រាប់ដាំដើមឈើនៅប្រទេសត្រជាក់)

greet[gri:t] ***tv.*** x a friend ជំរាបសួរ

x someone at the airport ទទួល

greeting[gri:ti ŋ] ***n.*** ការគំនាប់

Lit: វន្ទនាការ

grenade[grə'nei d] ***n.*** គ្រាប់បែកដៃ

grenadine[grenə'di n] ***n.*** ទឹកស៊ីរ៉ូទទឹម

grey[grei] *(see* gray*)*

greyhound['grei haund] ***n.*** ឆ្កែម្យ៉ាងស្គមហើយខ្ពស់សម្រាប់ប្រណាំង

grid[gri d] ***n.*** សំណាញ់លួស

griddle['gri dl] ***n.*** ខ្ទះសំប៉ែត

-tv. ចំអិនលើខ្ទះសំប៉ែត

gridiron['gri dai ən] ***n.*** ចង្ក្រើរ

grief[gri:f] ***n.*** bitter x ទុក្ខព្រួយយ៉ាងខ្លាំង

comme to g. វិនាសអន្តរាយ

grief-stricken['gri:fstrai kn] ***adj.*** ដែលមានទុក្ខសោក

grievance['gri:vns] ***n.*** submit a x សាទុក្ខ

suffer a x អយុត្តិធម៌

grieve[gri:v] ***iv.*** សោកសង្រេង

-tv. ធ្វើឱ្យព្រួយ

grievous['gri:vəs] ***adj.*** x news ដែលធ្វើឱ្យព្រួយ

x fault ធ្ងន់

grill[gri l] ***n.*** hot x ចង្ក្រើរ (អាំងសាច់)

mixed x សាច់អាំង

bar and x ហាងបាយម្យ៉ាង

-tv. x meat អាំង

Coll. x a suspect ឈ្លេចសួរ

grille[gri l] ***n.*** window x ប្រដាប់សឬចំរឹងដែក

auto x ប្រដាប់សរបាំងមុខ

grim[gri m] ***adj.*** x prospects មិនល្អ

x expression មាំ, ក្រៀម (ទឹកមុខ)

grimace[gri 'mei s] ***n.*** ការញញាក់មុខ

-iv. ញញាក់មុខ (ឈឺ ខ្ពើម)

grime[grai m] ***n.*** ក្អែល

grimy['grai mi] ***adj.*** ក្រខ្វក់

grin[gri n] ***iv.*** *(pt. .pp.* grinned*)* ញញឹមឬសើចស្ងាញ

-n. ការញញឹមឬសើចស្ងាញ

grind[grai nd] ***tv.*** *(pt. .pp.* ground*)*

x pepper កិន

x a knife សំលៀង

x one`s teeth សង្កៀត

x a hand organ រវៃ

-n. x of coffee លំអិត

x of gears សូរកកិតគ្នា, សូរសង្កៀតគ្នា

Coll. daily x ការពិបាកគួរឱ្យធុញទ្រាន់

Sl. He's a x. មនុស្សដែលគិតតែពីខំធ្វើការ

grindstone['grai ndstəun] ***n.*** blacksmith`s ថ្មសំលៀងកាំបិត

miller's x ថ្មត្បាល់កិន

grip[gri p] *n.* a tight x កក្តាប់ (ដៃ)
suitcase x ដៃ (សម្រាប់យួរកាន់)
-tv. (pt. ,pp. gripped*)*
x a handle ក្តាប់កាន់, ចាប់ច្បាម
x an idea យល់
gripe[grai p] *tv.* x the bowels ធ្វើចុក (ពោះ)
Coll. x s.o. ធ្វើឱ្យមួម៉ៅ
-iv. Coll. រអ៊ូ, ពោលរំអេញ, ត្អូញត្អែ
-n. រឿងត្អូញត្អែ, សាទុក្ខ
grippe[gri:p] *n.* គ្រុនផ្តាសាយធំ
grisly['gri zli] *adj.* ដែលគួរស្ញើម
grist[gri st] *n.* ស្រូវសាឡីដែលត្រូវកិនឬកិនជាម្សៅរួចហើយ
Id. g. for the mill របស់ត្រូវការដែលទន្ទឹងតែរក
gristle['gri sl] *n.* ឆ្អឹងខ្ចី
gristly['gri sli] *adj.* ដែលមានជាប់ឆ្អឹងខ្ចីច្រើន (សាច់)
grit[gri t] *n.* sediment of x អ្វីៗដូចខ្សាច់
chicken x ថ្មកិន (សម្រាប់ដាក់ឱ្យមាន់ស៊ី)
Coll. have a lot of x ចិត្តលុះ
-tv. (pt. ,pp. gritted*)* សង្កៀត
grizzled['gri zld] *adj.* (ដែលឡើង) ស្កូវ
grizzly['gri zli] *adj.* (ដែលឡើង) ស្កូវ
-n. ខ្លាឃ្មុំសាហាវម្យ៉ាងនៅអាមេរិកខាងជើង
groan[grəun] *n.* សូរថ្ងូរ
-iv. ថ្ងូរ
grocer['grəusər] *n.* ឈ្មួញលក់គ្រឿងធ្វើម្ហូប
grocery['grəusəri] *n. pl.* (buy) groceries គ្រឿងធ្វើម្ហូប
shop at the x ហាងលក់ម្ហូប
grog[grɔg] *n.* ភេសជ្ជៈម្យ៉ាងមានស្រារោមលាយនឹងទឹកក្តៅ
groggy['grɔgi] *adj.* ងើរងើ

groin[grɔi n] *n.* ក្រលៀន
groom[gru:m] *n.* bride and x កូនប្រុស (អាពាហ៍ពិពាហ៍)
stable x អ្នកថែរក្សាសេះ
-tv. x oneself សំអិតសំអាង
x a horse ដុសក្រាស (សេះ)
x someone for a position ហ្វឹកហ្វឺន (សម្រាប់ការងារធ្វើ)
groomsman[gru:mzmæn] *n.* អ្នកកំដរប្រុស
groove[gru:v] *n.* ចង្អូរ, ស្នាមលក
-tv. លក
-iv. Sl. សប្បាយ
grope[grəup] *iv.* x for a weapon រាវរក
x for words នឹករក
gross[grəus] *adj.* x manners គម្រោះ, គម្រោល, គ្មានសមរម្យ
x income ដែលបានមកទាំងអស់ (មិនទាន់ហូតពន្ធ)
-n. one x of oranges ១២ឡូ
in the g. ទូទៅ
-tv. រកបានទាំងអស់
grotesque[grəu'tesk] *adj.* អាក្រក់អាក្រៃ
grotto['grɔtəu] *n.* ល្អាង
grouch[grauntʃ] *iv.* ទន្ទេញទន្ទូរ
-n. He's a x. មនុស្សទន្ទេញទន្ទូរ
in a g. ទន្ទេញទន្ទូរ
grouchy['grautʃi] *adj.* ដែលទន្ទេញទន្ទូរ
ground[1][graund] *n.* soft x ដី
(often pl.) circus x បរិវេណ
(often pl.) x for មូលបទ
Pl. coffee x កាក (កាហ្វេ)
Elect. radio x ខ្សែដី
gain g. មានការចម្រើន

lose g. អន់ថយ

stand one's g. មិនព្រមថយក្រោយ

-*tv.* x a radio ដាក់ខ្សែដី

x him in math ផ្ដល់នូវបឋមវិធានផល

x planes មិនឱ្យហោះហើរ

x a boat ធ្វើឱ្យកើលឬកៀង

-*adj.* x floor ខាងក្រោម, ទីមួយ (ជាន់)

x troops ជើងគោក

ground[2][graund] (*pt.*, *pp.* *of* grind)

groundless['graundləs] ***adj.*** គ្មានហេតុផល, គ្មានមូលដ្ឋាន

groundwork['graundwɜːk] ***n.*** ការតាំងមូលដ្ឋាន, មូលដ្ឋាន

group[gruːp] ***n.*** ក្រុម, ពួក

-*tv.* ដាក់ជាក្រុម, ពួក

-*iv.* ផ្ដុំគ្នា

grove[grəuv] ***n.*** x of trees ព្រៃ (មានឈើប្ដូនដប់ដើម)

orange x ចំការ (ក្រូច ។ល។)

grovel['greɔvl] ***iv.*** x in the dirt ក្រាប

x before a superior លុតក្រាប (មុខចៅហ្វាយនាយជាដើម)

grow[grəu] ***iv.*** (*pt.* grew, *pp.* grown)

crops x ដុះ, លូតលាស់

troubles x កើនឡើង

g. old ចាស់ទៅ

habits x ដុះ

g. up ធំឡើង, ចាស់ឡើង

-*tv.* x rice ដាំ

x a beard ទុក, ទុកឱ្យដុះ

x hogs ចិញ្ចឹម

growing[grəuiŋ] ***adj.*** x child ដែលកំពុងលូតលាស់

x alarm ដែលកើនឡើងជាលំដាប់

g. season រដូវដាំដំណាំ

growl[graul] ***iv.*** dogs x គ្រហឹម (ចង់ខាំ)

x about conditions រអ៊ូរទាំ (ដាក់)

-*n.* សូរគ្រហឹម

grown[grəun] (*pp.* *of* grow)

grown-up[grəuŋnʌp] ***adj.*** ដែលពេញវ័យ

-*n.* មនុស្សពេញវ័យ

growth[grəuθ] ***n.*** population x ការកើនឡើង

stunt one's x ការលូតលាស់

malignant x សាច់ដុះ

x of weeds អ្វីៗដែលដុះដាលឡើង

grub[grʌb] ***n.*** beetle x ដង្កូវ

Sl. get some x ចំណីអាហារ

-*tv.* (*pt.*, *pp.* grubbed)

x stumps ជីកយកចេញ

Sl. x soldiers ផ្ដល់ស្បៀង

-*iv.* x for a living ធ្វើការយ៉ាងនឿយហត់

x for roots ជីក

grubby['grʌbi] ***adj.*** មិនស្អាត

grubstake[grʌbsteik] ***n.*** ស្បៀង

-*tv.* ផ្ដល់ស្បៀង

grudge[grʌdʒ] ***n.*** ដំណើរចងកំហឹង

-*tv.* x him his success ច្រណែន

x him the money ឱ្យទាំងទើសទាល់ឬមិនស្មោះចំពោះ

gruel['gruːəl] ***n.*** បបររាវៗ

grueling['gruːəliŋ] ***adj.*** ដែលធ្វើឱ្យនឿយហត់យ៉ាងខ្លាំង

gruesome['gruːsəm] ***adj.*** ដែលធ្វើឱ្យខ្ពើមរអើម

gruff[grʌf] ***adj.*** x voice តឹងដើមក

x manner គម្រោះគម្រើយ

grumble['grʌmbl] ***iv.*** រអ៊ូរទាំ, រទូរទាំ

-*n.* ការរអ៊ូរទាំ, ការរទូរទាំ

grumpy['grʌmpi] ***adj.*** ដែលទន្ទេញទន្ទូរ, ដែលមួជាប់, ចេះតែក្ដៅក្រហាយ

grunt[grʌnt] ***iv.*** pigs x ស្រែក (ជ្រូកខ្លាឃ្មុំ)

x with effort បន្លឺសូរអ៊ឹះៗ (ដូចខំធ្វើអ្វីមួយ)

-*n.* x of a pig សម្រែកជ្រូក ខ្លាឃ្មុំ ។ល។

x of approval សូរអ៊ឺ (សម្ដែងការយល់ព្រម។ល។)

guarantee[,gærən'ti:] *tv.* ធានា

-*n.* ការធានា

guarantor[,gærən'tɔ:r] *n.* អ្នកធានា

guaranty['gærənti] *n.* កិច្ចធានា

guard[gɑ:d] *tv.* យាម, ចាំយាម

-*iv.* g. against ការពារ

-*n.* duty as a x អ្នកយាម

Lit: ឆ្មាំ

as a x against accident គ្រឿងការពារ

wheel x គម្រប

off g. ឥតបីងខ្លួន

guarded[gɑ:di d] *adj.* x speech ប្រយ័ត្នប្រយែង

x optimism ដែលព្រំដែន

guardian['gɑ:di ən] *n.* child' s x អ្នកថែរក្សា

x of civil rights អ្នកគាំពារ

-*adj.* ដែលថែរក្សា

guava['gwɑ:və] *n.* ត្របែក

gubernatorial[,gu:bənətɔ:ri əl] *adj.* នៃចៅហ្វាយខេត្ត

guerrilla[gə'ri lə] *n.* ទ័ពឈ្លប

guess[ges] *tv.* x the answer ស្មាន, ប្រមាណ

I x I'll go. គិត

-*iv.* ស្មាន, និយាយព្រាវ

-*n.* ការស្មាន, ប្រមាណ

guesswork['geswɜ:k] *n.* អ្វីៗធ្វើដោយស្មានឬប្រហាក់ប្រហែល

guest[gest] *n.* ភ្ញៀវ

Coll. ភ្ញៀវពន្លឺ

guidance['gai dns] *n.* ការណែនាំ

guide[gai d] *tv.* x hunters នាំផ្លូវ

x a car កាច់ចង្កូត

x a child ណែនាំ

-*n.* professional x អ្នកនាំផ្លូវ

Lit: មគ្គុទ្ទេសក៍

buy a tourist x សៀវភៅមគ្គុទ្ទេសក៍

spiritual x អ្នកណែនាំ

rope x អ្វីៗដែលធ្វើឱ្យអ្វីមួយទៀតទៅតាម

guidebook['gai dbuk] *n.* សៀវភៅមគ្គុទ្ទេសក៍

guideline['gai dlai n] *n.* គោលការណ៍ណែនាំ

guild[gi ld] *n.* អាជីវៈសង្គម

guile[gai l] *n.* កលោបាយ

guillotine['gi ləti:n] *n.* ម៉ាស៊ីនកាត់ក

-*tv.* កាត់នឹងម៉ាស៊ីនកាត់ក

guilt[gi lt] *n.* ភាពមានទោស

Lit: កិរុទ្ធភាព

guilty[gi lti] *adj.* ខុស, ដែលធ្វើខុស

guise[gai z] *n.* អាការៈក្រៅ

guitar[gi 'tɑ:r] *n.* ហ្គីតា (ចាប៉ីម្យ៉ាង)

gulch[gʌltʃ] *n.* ជ្រោះជ្រៅ

gulf[gʌlf] *n.* ឈូងសមុទ្រ

gull[gʌl] *n.* សត្វរំពេ

gullet['gʌli t] *adj.* បំពង់អាហារ

gullible[gʌləbl] *adj.* ដែលឆាប់ជឿ

gully['gʌli] *n.* ជ្រោះតូចតាមជ្រលងភ្នំ

gulp[gʌlp] *iv.* , *tv.* លេបក្លៀក, អក

-*n.* ការលេបក្លៀក, ការអក

gum[1][gʌm] *n.* pine x ជ័រ (ឈើ)

adhesive x កាវ

chewing g. ស្ករកៅស៊ូ

-*tv.* (*pt.* .*pp.* gummed)

x a label បិទកាវ

g. up (a machine) ធ្វើឱ្យគាំងជាប់

g. up (progress) រារាំង, ធ្វើឱ្យរំខានដល់

gum[2][gʌm] *n.* ដើមធ្មេញ, អញ្ចាញធ្មេញ

gun[gʌn] *n.* military x កាំភ្លើង

Roy: ព្រះទម្រង់អគ្គិ

caulking x គ្រឿងសម្រាប់បាញ់ថ្នាំលាប

Id. jump the g. ចាប់ធ្វើមុនពេលកំណត់

-tv. (pt . . pp. gunned*)*

x an engine រោទ៍

g. down បាញ់សម្លាប់

g. for (an enemy) កាន់កាំភ្លើងដើររក

g. for (victory) ប៉ងប្រាថ្នា, សម្លឹងឆ្ពោះទៅ

gunboat['gʌnbəut] *n.* នាវាប្រដាប់អាវុធ (តូចៗ)

gunfire['gʌnfai ər] *n.* ការបាញ់កាំភ្លើង

gunner['gʌnər] *n.* ទាហានបាញ់កាំភ្លើងធំ

gunnery['gʌnəri] *n.* វិជ្ជាខាងការធ្វើឬប្រើកាំភ្លើងធំ

gunpowder['gʌnpaudər] *n.* រំសេវ

gunshot['gʌnʃɔt] *n.* hear a x សូរបាញ់កាំភ្លើង ១គ្រាប់

out of g. ផុតចម្ងាយដែលកាំភ្លើងអាចបាញ់ទៅដល់

gunsmith['gʌnsmi θ] *n.* ជាងកាំភ្លើង

gunwale['gʌnl] *n.* កែម (ទូក នាវា)

gush[gʌʃ] *iv.* waters x បាញ់ចេញ

g. over (a baby) លើកឬសរសើរយ៉ាងរំភើប

-n. ការបាញ់ចេញ

gusher[gʌʃər] *n.* អណ្តូងប្រេងកាតដែលបាញ់ចេញពីដី

gushy[gʌʃi] *adj.* ដែលលើកសរសើរយ៉ាងរំភើប

gust[gʌst] *n.* កំសួល, សន្ទុះ

-iv. បក់ជាកំសួល

gustatory[gʌstətri] *adj.* នៃជីវ្ហាបសាទ

gusto['gʌstəu] *n.* សេចក្តីសាទរ

gut[gʌt] *n.* human x ពោះវៀន

Sl. (have) guts សេចក្តីក្លាហាន

-tv. (pt . . pp . gutted *)*

x a pig វះពោះស្រាវយកពោះវៀនចេញ

x the treasury ធ្វើឱ្យរលោះអស់

fires x buildings ធ្វើឱ្យហិនហោច

gutter['gʌtər] *n.* street x ប្រឡាយ

roof x ទ

Fig. mind in the g. គំនិតថោកទាបឬស្មោកគ្រោក

-tv. x a house ដាក់ទ

gutteral['gʌtərəl] *adj.* ដែលបន្លឺឡើងនៅបំពង់ក

Lit: កណ្ឋជៈ

guy[1][gai] *n. Sl. (usu. masc.)* មនុស្ស (ប្រុស)

guy[2][gai] *n.* ខ្សែយោង

-tv. ចងខ្សែយោង

guzzle['gʌzl] *tv.* អក (ស្រា)

gymnasium[ʤi m'nei zi em] *n.* គ្រឹះស្ថានហាត់ប្រាណ

gynecology[,gai nə'kɔləʤi] *n.* វិជ្ជាពេទ្យខាងរោគរបស់ស្ត្រី

gyp[ʤi p] *tv. (pt. . pp..*gypped*)* បោក

-n. The deal was a x. ការបោក

He`s a x. មនុស្សបោកគេ

gypsum['ʤi psəm] *n.* មនោសិលា

gypsy['ʤi psi] *n.* ចរជនស្បែកសម្ញយក្រុមដែលមកពីប្រទេសឥណ្ឌា

gyrate[,ʤai 'rei t] *iv.* វិល

gyroscope['ʤai rəskəup] *n.* សន្ទងផ្ទៃ (ឧបករណ៍ដែលប្រាប់នូវចំណុចផ្ចិតផ្ទៃដើម)

H

H, h[ei ʧ] អក្សរទីផតាមលំដាប់អក្ខរក្រមអង់គ្លេស

ha[hɑː] *interj.* ហ្ន៎!, ឃើញទេ! (សម្រាប់សម្ដែងការចំអក)

haberdasher['hæbədæʃər] *n.* អ្នកលក់សំលៀកបំពាក់ប្រុស។

haberdashery['hæbədæʃəri] *n.* ហាងលក់សំលៀកបំពាក់ប្រុស។

habit['hæbi t] *n.* bad x ទម្លាប់

nun's x សំលៀកបំពាក់

habitable['hæbi təbl] *adj.* អាចនៅបាន

habitat['hæbi tæt] *n.* លំនៅឋាន

habitation[,hæbi 'tei ʃn]*n.* comfortable x លំនៅ

extended x ការរស់នៅ

habitual[hə'bi ʧuəl] *adj.* x response ដែលឥតគិត

x drunkard ញៀន

x place ដដែល

habituate[hə'bi ʧuei t] *tv.* ទម្លាប់

hack[1][hæk] *tv.* កាប់

-iv. Coll. ក្អករន្ទើនៗ

-n. make a x ស្នាមកាប់

have a bad x ក្អករន្ទើន

hack[2][hæk] *n. Coll.* horse and x រទេះសេះ

Coll. literary x អ្នកនិពន្ធផ្ដេសផ្ដាស

-tv. Coll. h. out សរសេរ តែងសុន្ទរកថា ។ល។ ដោយប្រញាប់ប្រញាល់

hackle['hækl] *n.* (colorful) hackles ស្លាបក

Id. get one's hackles up ខឹង

hackney['hækni] *n.* រទេះសេះឈ្នួល

hackneyed['fækni d] *adj.* ដែលប្រើជ្រាំដែល

hacksaw['hæksɔː] *n.* រណារអារដែក

had[həd] *(pt . . pp. of* have*)*

haft[hɑːft] *n.* ដង (កាំបិត ដាវ ។ល។)

hag[hæg] *n.* ស្ត្រីចាស់កំណាច

haggard['hægəd] *adj.* ស្គាំងស្គម

haggle['hægl] *iv.* ជជែកតវ៉ាគ្នា

-n. ការជជែកតវ៉ាគ្នា

had[hɑː] *interj.* ហ្ន៎ !

hail[1][hei l] *tv.* x the winner សាទរគំនាប់

x a taxi ហៅ

Coll. h. from មកពី

-n. ការសាទរគំនាប់

hail[2][hei l] *n.* ព្រិល

-iv. ធ្លាក់ព្រិល

hair[heər] *n.* x of the human head សក់

Lit: កេសា

Roy: ព្រះកេសា

body h. រោម

pubic h. មមិស

lose by a x បន្តិចបន្តួច

Id. split hairs យករឿងតូចតាចមកញែកធ្វើជាធំ

haircut['heəkʌt] *n.* ការកាត់សក់

hairdo['heərduː] *n.* បែបបទធ្វើសក់

hairdresser['heədresər] *n.* ជាងធ្វើសក់

hairpin['heəpi n] *n.* ដង្កៀបសក់

-adj. ដែលបត់ទៅក្រោយវិញជារាងអក្សរ U

hair-raising['heərei zi ŋ] *adj.* ដែលធ្វើឱ្យរន្ធត់

hairy['heəri] *adj.* ដែលមានរោមឬមមិសពាសពេញ

half[hɑ:f] *n.* *(pl.* halves*)*

x of the money ពាក់កណ្ដាល

x of an apple មួយចំហៀង

x an hour កន្លះ

-adj. x speed ពាក់កណ្ដាល

x measures មិនពេញលេញ, មិនគ្រប់គ្រាន់

h. brother បងប្អូនប្រុស នឹពុកម្ដាយតែមួយ

-adv. x full ត្រឹមពាក់កណ្ដាល

x dead ជិត

half-and-half[hɑ:f ənd hɑ:f] *adj.* ពាក់កណ្ដាលៗ (ឧ.ទឹកត្រីពាក់កណ្ដាលទឹកខ្មេះពាក់កណ្ដាល)

half-blooded[hɑ:f blʌd] *adj.* កូនកាត់

half-breed[hɑ:f bri:d] *n.* កូនកាត់

half-hearted[hɑ:f hɑ:td] *adj.* ស្ទាក់ស្ទើរ, ខ្វះការអបអរសាទរ

half-hour[hɑ:f 'auər] *n.* កន្លះម៉ោង

half-mast[hɑ:f mɑ:st] *n.* ចំណុចត្រង់ពាក់កណ្ដាល (ទង់ជ័យ)

halfway[,hɑ:f 'wei] *adj.* x point ពាក់កណ្ដាល

x measures មិនពេញលេញ

-adv. ពាក់កណ្ដាល

half-wit['hɑ:f wi t] *n.* មនុស្សភ្លើៗ

halitosis[,hæli 'təusi s] *n.* ក្លិនស្អុយមាត់

hall[hɔ:l] *n.* narrow x គេហបថ

music x មហាសាល

city h. ទីស្ដីការអភិបាលក្រុង

dining h.ភោជនដ្ឋាន

university x អាគារ (ក្នុងបរិវេណមហាវិទ្យាល័យ)

hallmark['hɔ:lmɑ:k] *n.* ត្រាឬសញ្ញាសំគាល់ (ថាពិត)

hallow['hæləu] *tv.* ធ្វើឱ្យទៅជាសក្ការ

hallucinate[hə,lu:si nei t] *iv.* មមាល

hallucination[hə,lu:si 'nei ʃn] *n.* have a x មមាល

induce ការមមាល

hallway['hɔ:lwei] *n.* គេហបថ

halo['hei ləu] *n.* ប្រភាមណ្ឌល, រង់រស្មី

halt[hɔ:lt] *iv.* troops x ឈប់

h. in speaking និយាយទាក់ៗ

-tv. បញ្ឈប់

-n. come to a h. ឈប់

have a x in his voice ការទាក់ៗ

halter['hɔ:ltər] *n.* horse' s x ខ្សែបង្ហៀ

woman' s x អាវម្យ៉ាងគ្របតែដោះហើយមានខ្សែចងទៅនឹងក

-tv. ពាក់ខ្សែបង្ហៀឱ្យ

halve[hɑ:v] *tv.*ចែកឬបំបែកជាពីរ

-iv. បែកជាពីរ

halves[hɑ:vz] *(pl. of* half*)*

halyard['hæljəd] *n.* ខ្សែទង់ជ័យ

ham[hæm] *n.* hog' s x ភ្លៅក្រោយទាំងមូល (ជ្រូក)

eat x *Fr:* ហ្សំបុង *Eng:* ហាំ

Sl. He' s a x. អ្នកបំភ្លៃក្នុងការសម្ដែងសិល្បៈ

Coll. radio x អ្នកប្រកបអ្វីមួយជាល្បែង

-iv. Sl. បំភ្លៃក្នុងការសម្ដែងសិល្បៈ

-adj. Sl. x actor ដែលបំភ្លៃក្នុងការសម្ដែងសិល្បៈ

Coll. x radio operator ដែលប្រកបអ្វីមួយជាល្បែង

hamburger['hæmbɜ:gər] *n.* made with x សាច់ចិញ្ច្រាំ (ធម្មតាសាច់គោ)

buy a x សាច់គោចិញ្ច្រាំអាំង

hamlet['hæmlət] *n.* ភូមិតូច

hammer['hæmər] *n.* carpenter' s ញញួរ

gun x ក្បាលឆ្កែ (កាំភ្លើង)

-tv. x a nail វាយនឹងញញួរ

h. out (a fender) វាយតម្រង់នឹងញញួរ

f. out (an agreement) សម្រួល

hammock['hæmək] *n.* អង្រឹង

hamper[1]['hæmpər] *tv.* រារាំង, រំខាន

hamper[2]['hæmpər] *n.* កញ្ជ្រោមានគ្រប

hand[hænd] *n.* human x *Gen:* ដៃ

Lit: ហត្ថ, ហត្ថា

Roy:, Cl: ព្រះហស្ត

clock x ទ្រនិច

farm x កម្មករ

x of cards មួយដៃៗ (ល្បែងបៀ ។ល។)

get a x from the audience ការទះដៃ

in the hands of នៅក្នុងកណ្ដាប់ដៃ

be a good h. at ពូកែខាង

(supplies are) at h. ជិតៗដែរ

(time is) at h. ជិតៗហើយ

by h. នឹងដៃ, ដោយដៃ

Id. with a heavy h. យ៉ាងផ្ដាច់ការ

a helping h. ជំនួយ

Id. from h. to mouth បានប៉ុន្មានចាយប៉ុណ្ណឹង

Id. h. in glove យ៉ាងជិតស្និទ្ធ

Id. have a h. in មានជាប់ទាក់ទងនឹង

(cash) in h. ដែលមាន

(situation is) in h. ដែលទប់ទល់បានហើយ

off one' s hands ផុតពីដៃ

have on h. មានហើយ

be on h. នៅទីនោះ

Id. wash one' s hands of ដកខ្លួនចេញ

get out of h. លែងទប់ទល់បានហើយ

-tv. x me that book ហុចឱ្យ

h. down (a decision) សម្រេច

h. down (clothes) ឱ្យបន្ត

h. in ឱ្យមក

h. out ចែកឱ្យ

h. over ប្រគល់

-adj. x tools ដៃ (សម្រាប់ប្រើនឹងដៃ)

x work ធ្វើនឹងដៃ

handbag['hændbæg] *n.* កាបូប (ស្រី)

handbook['hænbuk] *n.* ក្បួន (ជាសៀវភៅ)

handcuff['hændkʌf] *n. (usu. pl.)* ខ្នោះដៃ

-tv. ដាក់ខ្នោះដៃ

handful[hændful] *n.* x of dirt ចំណុះមួយក្ដាប់

x of people ចំនួនយ៉ាងតិច, មួយក្ដាប់

handicap['hændi kæp] *n.* physical x វិកល

x to progress គ្រឿងរារាំង

-tv. (pt. ,pp. handicapped*)* រាំង

handicraft['hændi krɑːft] *n.* learn x សិប្បកម្ម

(usu. pl) sell x វត្ថុធ្វើដោយដៃ

handily['hændəli] *adj.* situated h. នៅជិតស្រួល

win x យ៉ាងស្រួល, ដោយងាយ

handiwork['hændi wɜːk] *n.* good at x សិប្បកម្ម

sell x វត្ថុធ្វើដោយដៃ

handkerchief['hæŋkətʃi f] *n.* កន្សែងដៃ

handle['fændl] *n.* knife x ដង

door x ដៃ

Id. fly off the h. ច្រឡោតខឹង

-tv. x eggs carefully កាន់

x children ធ្វើឱ្យស្ដាប់បង្គាប់

x a line of goods លក់

x a gun ប្រើ

x a subject បកស្រាយ

x a situation រកផ្លូវដោះស្រាយ

x a business កាន់កាប់

handling['hændli ŋ] *n.* ការប្រើ

handmade['hænd'mei d] *adj.* ធ្វើដៃ, ធ្វើដោយដៃ

handmaid['hændmei d] ***n.*** អ្នកបម្រើស្រី

Derog: ខ្ញុំស្រី

handout['hændaut] ***n*** [illegible]ណ៍ចែកឱ្យមនទេ

handshake['hændʃei k] ***n.*** ការចាប់ដៃ, ការរលាក់ដៃ

handsome['hænsəm] ***adj.*** x man ស្អាត(ប្រុស)

x reward ជាដុំកំភួន

hand-to-hand[fænd tu hænd] ***adj.*** ប្រកៀកគ្នា (ការប្រយុទ្ធ)

handwork['hændwɜ:k] ***n.*** ការធ្វើនឹងដៃ

handwriting['hændrai ti ŋ] ***n.*** attractive f. អក្សរល្អ (ចំពោះអក្សរសរសេរដៃ)

letter in x អក្សរសរសេរដៃ

handy['hændi] ***adj.*** x tool មានប្រយោជន៍ហើយស្រួលប្រើ

x excuse សម

have tools x នៅជិតដៃ

x with tools ប៉ិនប្រសប់

h. man មនុស្សដែលគេជួលឱ្យធ្វើការគ្រប់ជំពូក

come in h. មានប្រយោជន៍

hang[hæŋ] *tv. 1: (pt. , pp.* hanged *)*

x a criminal ចងក, ឆ្កោក (សម្លាប់)

x one's head ឱន

2. (pt . ,pp. hung*)*

x a hat on a peg ពាក់, ព្យួរ

x a door ដាក់ត្រចៀក (ទ្វារ។ល។)

h. up (clothes) ព្យួរ

h. up (progress) បង្អាក់

h. on to (a limb) តោង

h. on to (customs) មិនព្រមបោះបង់ចោល

-iv. x from a peg ធ្លាក់ចុះ

He will x. ស្លាប់ដោយគេចងក

h. back រួញរា

(shirttails) h. out ចេញមកក្រៅ

Sl. h. out (at a bar) ទៅជារឿយៗ

h. around នៅជិតៗ

(We must) h. together សាមគ្គីគ្នា

(story doesn't) h. together សមហេតុសមផល

h. up តាំង, ជាប់

-n. x of a curtain ដំណើរធ្លាក់ចុះ

get the h. of ស៊ាំ

Sl. don't give a h. មិនខ្វល់

hangar['hæŋər] ***n.*** បង្ហា, រោង

hanger['fæŋər] ***n.*** ប្រដាប់សម្រាប់ពាក់អ្វីៗព្យួរ

hanging['hæŋi ŋ] ***n.*** attend a x ពិធីចងក (មនុស្សទោស)

(usu. pl.) beautiful x គ្រឿងព្យួរលំអជញ្ជាំង

-adj. x gardens ដែលធ្លាក់ចុះ

x judge ដែលហៃកាត់ទោសចងក

hangman['hæŋmən] ***n.*** ពេជ្ឈឃាត (សម្រាប់តែអ្នកចងកឆ្កោកមនុស្សទោស)

hangnail['hæŋnei l] ***n.*** សាច់ដុះនៅគល់ក្រចក

hangout['hæŋaut] ***n.*** ទីដែលឧស្សាហ៍ទៅ

hangover['hæŋəuvər] ***n.*** *Coll.* have a x ដំណើរឆេងឆោងឈឺក្បាល (នៅបន្ទាប់ថ្ងៃហួបស្រាច្រើន)

a x from a previous administration សំណល់

hank[hæŋk] ***n.*** x of yarn ប្រវែង ៧៦៨,៧៦ម.

x of hair របុំ

hanker['hæŋkər] *iv. (usu. fol. buy* for, after*)* ចង់ (បាន ញុំា ។ល។)

hansom['hænsəm] ***n.*** រទេះសេះ (កង់ពីរ មានដំបូល)

haphazard[hæp'hæzəd] ***adj.*** ឥតលំដាប់, គ្មានរបៀប

hapless['hæpləs] ***adj.*** អភ័ព្វ

happen['hæpən] *iv.* What will x ?
 កើតមានឡើង
 h. to (see him) ជួនជា
 What will h. to them ? តើគេនឹងទៅជាអ្វីទៅ ?
 What happened to you ? ថីហ្នឹង ?
 h. on/onto ប្រទះឃើញ
 it happened that ជួនជា
happening['hæpəni ŋ] *n.* ព្រឹត្តិការណ៍
happily['hæpi li] *adv.* laugh x យ៉ាងសប្បាយ
 x it turned out alright. ហេតុតែសំណាងល្អ
happiness['hæpi nes] *n.* សុភមង្គល
happy['hæpi] *adj.* x child សប្បាយ
 x to see you ត្រេកអរ, សប្បាយ
 x occurrence ដែលជាភ័ព្វសំណាង
happy-go-lucky[,hæpi gəu 'lʌki] *adj.*
 ដែលឥតកង្វល់, ដែលមិនចេះកើតទុក្ខ
harangue[hə'ræŋ] *n.* ការនិយាយច្រំដែល
 -*tv.*, *iv.* និយាយច្រំដែល
harass['hærəs] *tv.* x the enemy បៀតបៀន
 harassed (by troubles) រំខាន
harbinger['hɑːbi nʤər] *n.* អ្វីៗដែលជាសញ្ញា
 នៃការមកដល់នៃអ្វីមួយទៀត, ប្រផ្នូល
 -*tv.* ប្រាប់ឱ្យដឹងជាមុន
harbor['hɑːbər] *n.* deep x កំពង់ផែ
 find x ទីជ្រកកោន
 -*tv.* x a ship ចូលចត
 x criminals ឱ្យសំចតនៅ
 x suspicions មាននៅក្នុងខ្លួន
hard[hɑːd] *adj.* x rock រឹង
 x job ពិបាក
 h. times គ្រាលំបាក
 h. worker មនុស្សដែលខំធ្វើការណាស់
 x problem ពិបាកដោះស្រាយ
 x master ពិបាកបំពេញចិត្ត, ដែលតឹងតែង
 x to please ពិបាក
 h. feelings ការផ្ទាត់ផ្ទាំងក្នុងចិត្ត
 x cider ឡើងជូរ (ដូចទឹកត្នោត)
 x water ដែលមានអាករខនិជ
 x liquor ខ្លាំង (មិនមែនដូចជាស្រាទំពាំងបាយជូរឬបៀរ)
 h. of hearing អន់ត្រចៀក
 h. up ខ្វះខាតប្រាក់កាស
 -*adv.* work x ខំណាស់
 look x at the results យ៉ាងពិនិត្យពិច័យ
hard-boiled[hɑːdbɔi ld] *adj.* x egg ស្ងោរ
 x criminal លែងរៀតបាន
harden['hɑːdn] *tv.* x syrup ធ្វើឱ្យរឹង
 x one' s position ពង្រឹង
 -*iv.* ឡើងរឹង
hard-headed[hɑːdheddi d] *adj.* x administrator មានះ, ចចេស (ចង់សម្រេចអ្វីមួយ)
 x student ក្បាលរឹង
hard-hearted[hɑːd hɑːtd] *adj.* គ្មានមេត្តាករុណា
hardiness[hɑːdi nes] *n.* x of plants ភាពមិនចាញ់ធាតុអាកាស
 x of the troops ភាពមាំមួនខ្លាំងក្លា
hardly['hɑːdli] *adv.* x possible ស្ទើរតែមិន
 will x come now ប្រហែលមិន
hard-set[hɑːdset] *adj.* x cement រឹង (ស៊ីម៉ង់)
 x position ដែលមិនប្រែប្រួល
hardship['hɑːdʃi p] *n.* សេចក្ដីលំបាកវេទនា
hardware['hɑːdweər] *n.* គ្រឿងដែក
hardwood['hɑːdwud] *n.* ឈើខ្លឹម
hardy['hɑːdi] *adj.* x plants ខ្លាំង, ដែលមិនចាញ់ធាតុអាកាសត្រជាក់

x soldiers ដែលមាំមួនខ្លាំងក្លា

x adventurer ដែលមានការតស៊ូនិងក្លាហាន

hare[heər] ***n.*** ទន្សាយស្ទីក

Year of the H. ឆ្នាំថោះ

harelip['heəli p] ***n.*** បបូរមាត់ឆែប

harem['hɑ:ri:m] ***n.*** ទីកន្លែងស្រីស្នំរបស់ស្តេចអារ៉ាប់

hark[hɑ:k] ***iv.*** *Arch.* ស្តាប់

h. back to ត្រឡប់ទៅចំណុចដើមវិញ

harlot['hɑ:lət] ***n.*** ស្ត្រីពេស្យា

harm[hɑ:m] ***n.*** do x អំពើអាក្រក់

come to h. មានគ្រោះថ្នាក់

-tv. x a child ធ្វើទុក្ខទោស

x one' s health ធ្វើឱ្យមានគ្រោះថ្នាក់

x the plants មានផលអាក្រក់

x one' s cause ធ្វើឱ្យខូចប្រយោជន៍ផល

harmful[hɑ:mfl] ***adj.*** x drugs ដែលឱ្យទុក្ខទោស

x to the cause ដែលធ្វើឱ្យខូចប្រយោជន៍

harmless[hɑ:dmles] ***adj.*** ដែលមិនឱ្យទុក្ខទោស

harmonious[hɑ:'məuni əs] ***adj.*** x group ដែលគ្មានការទំនងគំនិត

x decor ដែលស៊ីគ្នា, មិនទាស់ភ្នែក, សម

x sounds ពីរោះ

harmonize['hɑ:mənai z] ***tv.*** x various views ធ្វើឱ្យស្របគ្នា

x music ប្រគុំ

-iv. views don't x ស្រប, ចុះសម្រុងគ្នា

notes don't x ស៊ីគ្នា, សមគ្នា

harmony['hɑ:məni] ***n.*** x of views ភាពត្រូវគ្នា, ភាពចុះសម្រុងគ្នា

x of tones ភាពស៊ីគ្នា

harness['hɑ:ni s] ***n.*** អស្សាករណ៍

-tv. x a horse បំពាក់អស្សាករណ៍

x energy យកមកប្រើប្រាស់, ធ្វើឱ្យផ្តល់នូវ ប្រយោជន៍ផ្សេងៗ

harp[hɑ:p] ***n.*** ពិណ (ប្រទេសអឺរ៉ុប)

-iv. លេងពិណ

h. on និយាយហើយនិយាយទៀត (អំពីអ្វីមួយ)

harpist[hɑ:pi st] ***n.*** អ្នកលេងពិណ

harpoon[hɑ:'pu:n] ***n.*** លំពែងមានផ្លែសម្រាប់ចាក់ឬបាញ់

-tv. ចាក់នឹងលំពែងមានផ្លែ

harrow['hærəu] ***n.*** រនាស់

-tv. រាស់

harry['hæri] ***tv.*** *(pt . .pp.* harried*)* យាយី, រំខាន

harsh[hɑ:ʃ] ***adj.*** x punishment យ៉ាងឃោរឃៅ

x criticism យ៉ាងខ្លាំង

x sound មិនពិរោះស្តាប់

x colors ឆើតពេក

hart[hɑ:t] ***n.*** ក្តាន់ឈ្មោល

harvest['hɑ:vi st] ***n.*** help with the x ការច្រូតកាត់

Lit: លាយនគមួ

get a good x ផលដំណាំ

-tv. x rice ច្រូតកាត់

x crops ប្រមូល

has[həz] *(3rd pers sg. pres. of* have*)*

hash[hæʃ] ***n.*** ម្ហូបម្យ៉ាងមានសាច់និងបន្លែចិញ្ច្រាំលាយគ្នា

-tv. ចិញ្ច្រាំ

hashish['hæʃi:ʃ] ***n.*** ថ្នាំស្រវឹងម្យ៉ាង

hasn't['hæznt] *(contr. of has not)*

hasp[hɑ:sp] ***n.*** ស្រទះសោ

hassle['hæsl] ***n.*** *Coll.* loud x ជម្លោះ

difficult x ការពិបាក, ការស្មុគស្មាញ

-tv. Sl. ឆាឆៅ, រំខាន

-iv. ឈ្លោះ

hassock['hæsək] ***n.*** ប្រដាប់សម្រាប់គងជើងឬប្រើ

ជាជើងម៉ាយ៉ាង

haste['hei st] *n.* ការប្រញាប់ប្រញាល់

make h. ប្រញាប់ប្រញាល់

hasten['hei sn] *iv.* ប្រញាប់

-tv. បង្ខំ

hasty['hei sti] *adj.* x decision ដែលធ្វើឡើងដោយរួសរាន់, ដោយប្រញាប់ប្រញាល់

x temper ដែលឆាប់ឆេវឆាវ

hat[hæt] *n.* មួក

Id. pass the h. អង្គាសប្រាក់

Id. throw one' s h. in the ring ឈរឈ្មោះ

hatch[1][hætʃ] *iv.* ញាស់

-tv. x eggs ភ្ញាស់

x a plot គិតគូរអ្វី

-n. កូនមាន់មួយសំបុកដែលញាស់នៅពេលជាមួយគ្នា

hatch[2][hætʃ] *n.* ship's x គម្របបើកចេញចូល (នាវា យន្តហោះ)

hatch[3][hætʃ] *tv.* x a gun handle គូសឆ្នូតៗ

-n. គំនូសឆ្នូតៗ

hatchery['hætʃəri] *n.* កន្លែងភ្ញាស់ពងមាន់ឬត្រី

hatchet['hætʃi t] *n.* ពូថៅដៃ

Id. bury the h. ស្រុះស្រួលគ្នា

hatchway['hætʃwei] *n.* គម្របបើកចេញចូល (នាវា យន្តហោះ)

hate[hei t] *tv.* x the enemy ស្អប់

x to do it មិនចូលចិត្ត, មិនចង់

-n. សេចក្ដីស្អប់

hateful['hei tfl] *adj.* ដែលគួរឱ្យស្អប់

hatred['hei tri d] *n.* សេចក្ដីស្អប់

haughty['hɔ:ti] *adj.* ក្រអឺត

haul[hɔ:l] *tv.* x coal ដឹក

h. up a sail ទាញពួលើកក្ដោង

h. up (a criminal) បញ្ជូនទៅឱ្យតុលាការកាត់ទោស

-iv. Naut. winds x ផ្លាស់ទិស

Naut. h. away ទាញពួ

Coll. h. off and ស្រាប់តែ

-n. large x of fish ត្រីចាប់បាន (ក្នុងពេលលើកមកម្ដង)

give a x on the rope ការទាញ

long x ចម្ងាយបើកបរ

Sl. bandit's x របស់បានមក (លួចគេ។ល។)

haunch[hɔ:ntʃ] *n.* ត្រគាកម្ខាង

haunt[hɔ:nt] *tv.* ghosts x houses លង

memories x him មកបន្ទាច

Fig. x a bar ទៅជាញឹកញាប់

-n. (usu. pl.) កន្លែងដែលធ្លាប់នៅដើរលេងរង

haunting[hɔ:nti ŋ] *adj.* ដែលមនៃក្នុងអារម្មណ៍

have[hæv] *tv. (pt. ,pp.* had, *3rd pers. sg.* has*)*

x a car មាន

h. a cold ផ្ដាសសាយ

x another serving យក

h. a baby ឆ្លងទន្លេ (បាន), កើតកូន

x to go ត្រូវតែ

x s.o. go ឱ្យ

h. s.o. over អញ្ជើញឱ្យមក

h. it fixed ឱ្យគេជួសជុល

x one's opponent មានជោគជ័យលើ

h. a talk និយាយគ្នា

h. a good time សប្បាយ

h. it in for មានគំនុំនឹង

h. on (a coat) ស្លៀកឬពាក់

-aux v. (pres. perf. tense) He has gone. គាត់ទៅបាត់ហើយ

(past perf. tanse) When I got

there. he had gone. កាលខ្ញុំទៅដល់គាត់ទៅបាត់ហើយ

haven['hei vn] ***n.*** ជម្រក

-tv. ផ្ដល់នូវទីជម្រក

haversack['hævəsæk] ***n.*** ថង់សំពត់

havoc['hævək] ***n.*** wreak x ការបំផ្លាញ

play h. with បំផ្លាញខ្ទេចខ្ទី

haw[hɔ:] ***interj.*** *1.* សួរស៊ើចខ្លាំង

2. សម្រែកប្រាប់ឱ្យសេះបត់ឆ្វេង

hawk[1][hɔ:k] ***n.*** ស្ទាំង

hawk[2][hɔ:k] ***iv.*** , ***tv.*** ដើរពាយនាយលក់

hawk[3][hɔ:k] ***iv.*** , ***tv.*** ក្រហែម

hawker[hɔ:kər] ***n.*** អ្នកដើរលក់អីវ៉ាន់

hawser['hɔ:zər] ***n.*** ពួរ (កញ្ចាល់)

hay[hei] ***n.*** ស្មៅស្ងួត (សម្រាប់ជាចំណីសត្វ)

Id. make h. while the sun shines ឆ្លៀតបាន ឆ្លៀតទៅ

h. fever ជម្ងឺគឹងច្រមុះ (រោគផ្ដាសាយម្យ៉ាង)

-iv. ច្រូតកាត់ស្មៅ

hayloft['hei lɔft] ***n.*** ជង្រុកដាក់ស្មៅឬចំបើង

haymow['hei məu] ***n .*** ជង្រុកដាក់ស្មៅឬចំបើង

haywire['hei wai ər] ***adj.*** *Sl.* ត្រឡប់ត្រឡិន

hazard['hæzəd] ***n.*** x of the job គ្រោះថ្នាក់

golf x កន្លែងធ្វើជាឧបសគ្គ

-tv. ផ្សងវាសនា

hazardous['hæzədəs] ***adj.*** ដែលប្រកបដោយ គ្រោះថ្នាក់

haze[hei z] ***n.*** morning x អ័ព្ទ (មិនក្រាស់)

mental x ដំណើរស្រពេចស្រពិល

-iv. h. over ចុះអ័ក្រ

hazy['hei zi] ***adj.*** x weather ដែលមានចុះអ័ក្រ

x recollection ស្រពេចស្រពិល

he[hi:z] ***pron.*** *(poss.* his. *obj.* him*)*

Polite: គាត់

Indef: គេ

Pej: វា

Cl: ព្រះអង្គ

Roy: 1. high-ranking: ព្រះអង្គ

2. low-ranking: ទ្រង់

head[hed] ***n.*** human x *Gen:* ក្បាល

Lit: សិរសា

Cl: ព្រះកេស

Roy: ព្រះសិរ

x of a nail ក្បាល

x of grain ក្ងួរ

x of the government ប្រមុខ

at the h. (of the line) នៅមុខគេ

at the h. (of the class) លើគេ

at the h. of (the page) នៅក្បាល

beer x ពពុះ

ten x of cattle ក្បាល (ឧ.គោដប់ក្បាល)

(boils) come to a h. កុំមុខ

(matters) come to a h. ជិតផ្ទុះ

x of a coin ខាងផ្កាប់

recording x ក្បាល (ម៉ាស៊ីនថតសម្លេង)

(alcohol) goes to his h. ធ្វើឱ្យស្រវឹង

(success) goes to his h. ធ្វើឱ្យស្រវឹង (អ.ប.)

make h. or tail of យល់

go over his h. មិនស្មើរគាត់សិន

have a good h. for ពូកែខាង

-tv. x the government ដឹកនាំ

x the list នៅមុខគេ

x a boat toward shore តម្រង់

h. off (cattle) ស្ទាក់មិនឱ្យទៅមុខ

h. off (disaster) បង្ការ

-iv. h. for/toward តម្រង់ឆ្ពោះទៅ

(grain) heads ចេញកួរ

-adj. x man មេ

x runner នៅមុខគេ

x wind ចំពីមុខ

headache['hedei k] ***n.*** ជម្ងឺឈឺក្បាល

headdress['hedres] ***n.*** គ្រឿងពាក់នៅក្បាល

heading['hedi ŋ] ***n.*** h. of a letter ក្បាលសំបុត្រ, ក្បាលលិខិត

x of a story ចំណងជើង

Aero. x of a plane ទិសដែលសំដៅឆ្ពោះទៅ

headlight['hedlai t] ***n. Fr:*** ហ្វារ

headline['hedlai n] ***n.*** ចំណងជើង, ដើមរឿង

headlong['hedlɔŋ] ***adv.*** plunge x ក្បាលទៅមុន

rush x ដោយឥតគិតគូរ

-adj. x plunge ក្បាលទៅមុន

x rush ដោយឥតគិតគូរ

headman[hedmæn] ***n.*** មេ

head-on[,hed'ɔn] ***adj. , adv.*** ចំពីមុខ

headquarters[,hed'kwɔ:tər] ***n.*** ទីបញ្ជាការ

headstrong['hedstrɔŋ] ***adj.*** រឹង

headway['hedwei] ***n.*** ការចម្រើន

heady['hedi] ***adj .*** ដែលធ្វើឱ្យស្រវឹង

heal[hi:l] ***tv.*** x a wound ធ្វើឱ្យសះ

x an illness ធ្វើឱ្យជាឡើង

x a quarrel សម្រុះសម្រួល

-iv. wounds សះ

quarrels x ស្រុះស្រួល

health[helθ] ***n.*** x of a person សុខភាព

x of an intitution ស្ថានភាព

healthy[helθi] ***adj.*** x child ដែលមានសុខភាព

x diet ដែលធ្វើឱ្យមានសុខភាពល្អ

heap[hi:p] ***n.*** x of papers គំនរ, ពំនូក

Coll. x of trouble ច្រើន

-tv. x dirt ពូន, គរ

h. insults on ប្រមាថញាំញី

-iv. h. up ពូនឡើង, គរឡើង

heaping[hi:pi ŋ] ***adj.*** ដែលពេញកំពង់

hear[hi ər] ***tv.*** *(pt. , pp.* heard*)*

x a noise ឮ

x a case ស្ដាប់

(He won't) h. of (it.) យល់ព្រម

(I've never) heard of (him.) ឮ, ឮឈ្មោះ

-iv. can't h. ស្ដាប់មិនបាន, ស្ដាប់មិនឮ

x from a friend បានដំណឹង

hearing['hi əri ŋ] ***n.*** have good x សោតវិញ្ញាណ

grant a x សវនាការ

out of x ចម្ងាយដែលស្ដាប់ឮ

hearsay['hi əsei] ***n.*** ពាក្យចចាមអារាម

hearse[hɜ:s] ***n.*** ឆរថ, រថយន្តដឹកសព

heart[hɑ:t] ***n.*** weak x បេះដូង

win her x ចិត្ត

Roy: ព្រះហឫទ័យ

x of the matter ចំណុចសំខាន់

at h. ក្នុងចិត្តគំនិត

by h. ចាំមាត់, រត់មាត់

take h. ឡើងទឹកចិត្ត

have a h. មានចិត្តករុណា

have no h. to ធ្វើទៅមិនកើត

break the h. of ធ្វើឱ្យខូចទឹកចិត្ត

from the h. ពីដួងចិត្ត

have the h. to ហ៊ាន

take to h. យកទៅពិចារណាឱ្យបានហ្មត់ចត់

with all one's h. អស់ពីដួងចិត្ត

heartache['hɑ:tei k] ***n.*** ការឈឺចាប់ក្នុងចិត្ត

heartbreak['hɑ:tbrei k] ***n.*** សេចក្តីខ្លួចចិត្ត

heartbreaking['hɑ:tbrei ki ŋ] ***adj.*** ដែលធ្វើឱ្យឈឺចាប់ក្នុងចិត្ត

heartbroken['hɑ:tbrəukən] ***adj.*** ដែលខ្លួចចិត្ត

heartburn['hɑ:tbɜ:n] ***n.*** ឆ្អល់ក្តៅចុងដង្ហើម

hearten['hɑ:tn] ***tv.*** ធ្វើឡើងទឹកចិត្ត

heartfelt['hɑ:tfelt] ***adj.*** ពីដួងចិត្ត

hearth[hɑ:θ] ***n.*** fire in the x ជើងក្រានគ្រួ

Fig. x and home គ្រួសារ

heartily['hɑ:ti li] ***adv.*** laugh x យ៉ាងក្អាកក្អាយ, ដោយសុក្រិត

eat x យ៉ាងឆ្ងាញ់

heartless['hɑ:tles] ***adj.*** គ្មានចិត្តមេត្តាករុណា

heartsick['hɑ:tsi k] ***adj.*** ដែលឈឺចាប់ក្នុងចិត្ត

heart-to-heart[hɑ:t tu hɑ:t] ***adj.*** ដោយស្មោះ, អស់ពីពោះ

hearty['hɑ:ti] ***adj.*** x welcome យ៉ាងរាក់ទាក់, យ៉ាងកក់ក្តៅ

x laugh យ៉ាងក្អាកក្អាយ

x meal យ៉ាងហូរហៀរ

heat[hi:t] ***n.*** x of a fire កំដៅ

x of an argument កំហួលកំហឹង

x of a race លើកនិមួយៗ

Id. in h. កំពុងរកឈ្មោល

-iv. កំដៅ

-iv. ឡើងក្តៅ

heater[hi:tər] ***n.*** គ្រឿងកំដៅ

heathen['hi:ðn] ***n.*** អ្នកមិនជឿសាសនា

-adj. ដែលមិនជឿសាសនា

heatstroke['hi:tstrəuk] ***n:*** ការសន្លប់ដោយត្រូវកំដៅខ្លាំងពេក

heave[hi:v] ***tv.*** x s.o. overboard លើកបោះ

x a rope ទាញ

h. a sigh ដកដង្ហើមធំ

-iv. oceans x ឡើងចុះៗ

(breast) heaves ផតផោងៗ

h. (up) ក្អួត

Naut. h. to ឈប់

-n. give a x ការលើក

road x ទីផោងឡើង, ទីទលឡើង

have the heaves ក្អួត

heaven['hevn] ***n.*** ឋានសួគ៌

heavenly ['hevnli] ***adj.*** x being នៃឋានសួគ៌

x spot ល្អ, សប្បាយ

heavily['hevi li] ***adv.*** walk x ជើងធ្ងន់

rain x យ៉ាងខ្លាំង

x loaded យ៉ាងធ្ងន់

h. populated ដែលមានប្រជាជនច្រើន

heavy['hevi] ***adj.*** x load ធ្ងន់

x line ក្រាស់

x syrup ខាប់

x rain ខ្លាំង

x clothing ក្រាស់, ធ្ងន់

x heart ដែលមានទុក្ខព្រួយ

x responsibility ដ៏ធ្ងន់

x food ដែលធ្វើឱ្យធ្ងន់ពោះ

x meal ធំ

x drinker ដែលផឹក (ស្រា) ច្រើន

x loss ដ៏ច្រើន

-n. Theat. អ្នកដើរតួជាមនុស្សអាក្រក់

heavy-duty['hevi 'dju:ti] ***adj.*** ដែលធំ ក្រាស់ ជាប់ជាងធម្មតា

heavy-handed['hevi hændi d] ***adj .*** ទ្រគោះ, តឹងរ៉ឹង

heckle['hekl] ***tv.*** ឆាឆៅ

hactare['hekteər] ***n. Fr:*** ហិកតារ

hectic['hekti k] ***adj.*** ច្របូកច្របល់, ដែលចលាចល

hedge[hedʒ] ***n.*** plant a x របងឈើរស់

answer was a x ជំនៀស (ការជៀស)

-tv. x a yard ដាំរបងឈើជារបង

h. one's answer ឆ្លើយគេចៗ

hedgehog['hedʒhɔg] ***n.*** ប្រមា

hedonism['hi:dəni zəm] ***n.*** គរុប្រកនិយម

heed[hi:d] ***tv.*** x my warning យកចិត្តទុកដាក់នឹង

x the speed limit គោរព (ច្បាប់)

-n. ការយកចិត្តទុកដាក់នឹង

heel[1][hi:l] ***n.*** x of the foot កែងជើង

h. of a shoe កែងស្បែកជើង

x of bread ចុង

Id. down at the h. ទ្រុឌទ្រោម

take to one's heels រត់គេចទៅ

Sl. He's a x. មនុស្សអាក្រក់

-tv. ដាក់កែងថ្មី (ស្បែកជើង)

-iv. បែរក្រោយ

heel[2][hi:l] *iv. Naut.* ផ្អៀង

-tv. ធ្វើឱ្យផ្អៀង

hefty['hefti] ***adj.*** *Coll.* x boxer មាំ, មានសាច់ដុំច្រើន

x meal ធំ

hegemony[hi 'geməni] ***n.*** អនុត្តរភាព

heifer['hefər] ***n.*** មេគោ (មិនទាន់មានកូន)

height[hai t] ***n.*** x of a building កំពស់

Pl. rise to great x ឋានៈខ្ពង់ខ្ពស់

at the x of his career ទីខ្ពស់បំផុត

x of the season ពេលមានសកម្មភាពខ្លាំង

heighten['hai tn] ***tv.*** x a doorway ធ្វើឱ្យខ្ពស់ឡើង

x their excitement ធ្វើឱ្យខ្លាំងឡើង

x colors ធ្វើឱ្យឆេះឡើង

-iv. children x ខ្ពស់ឡើង

feelings x មានកម្រិតខ្ពស់ឡើង

heinous['hei nəs] ***adj.*** សាហាវយង់ឃ្នង

heir[eər] ***n.*** *(fem.* heiress*)* អ្នកទទួលមរតក

Lit: ទាយាទ

heirloom['eəlu:m] ***n.*** របស់ដែលជាមរតកតាមតពីដូនតា

held[held] *(pt. ,pp. of* hold*)*

helicopter['heli kɔptər] ***n. Fr:*** អេលីកុបទែរ

Coll: អេលីកុ

Lit: ឧទ្ធម្ភាគចក្រ

heliograph['hi:li əgra:f] ***n.*** សូរ្យបិដោន

hell[hel] ***n.*** នរក

hello[hə'ləu] ***interj.*** *1. in person:* ជំរាបសួរ

2. on the telephone: អាឡោ

helm[helm] ***n.*** ship's x ដៃចង្កូតនាវា

at the x of government ឋានៈជាអ្នកដឹកនាំ

helmet['helmi t] ***n.*** មួកដែក

help[help] ***tv.*** x a friend ជួយ

x a cause ទ្រទ្រង់

x the pain សម្រាល

can't x doing sthg. ទប់

h. oneself (to sthg.) អញ្ជើញយក

-iv. (every little bit) helps ធ្វើឱ្យបានសម្រេច

h. out ជួយ

-n. call for h. ហៅឱ្យគេមកជួយ

hired x អ្នកបម្រើ, អ្នកជំនួយ

his words were a x. អ្វីៗដែលមានប្រយោជន៍នៅពេលត្រូវការ

There's no h. for it now. ធ្វើអ្វីទៀតក៏មិនកើតដែរ

-interj. help! ជួយផង!

helper[helpər] ***n.*** ជំនួយ, អ្នកជំនួយ

helpful[helpfl] ***adj.*** x suggestion ដែលមានប្រយោជន៍

x person ដែលចូលចិត្តជួយ ឬចិត្តបាន

helping['helpiŋ] ***n.*** ចំនួនចាប់បរិភោគម្តង

-adj. ដែលជួយ

helpless['helples] ***adj.*** x child តែលតោល, ដែលគ្មានពំនឹង

x feeling ដែលរកធ្វើអ្វីមិនកើត

helter-skelter[,heltə-'skeltər] ***adj., adv.*** រាយប៉ាយ

hem[hem] ***tv.*** *(pt . pp.* hemmed *)*

x a dress ចំ (ដេរជាក់)

h. in (the enemy)ព័ទ្ធជុំវិញ

-n. ជាយ

hemisphere['hemi sfi ər] ***n.*** អឌ្ឍគោល

hemoglobin[,hi:mə'gləubi n] ***n.*** លោហជាតិ (ជាតិក្រហមនៃឈាម) *Fr:* អេម៉ូគ្លោប៊ីន

hemorrhage['heməri ʤ] ***n.*** ដំណើរធ្លាក់ឈាម

-tv. ធ្លាក់ឈាម

hemorrhoid['hemərɔi d] ***n.*** ឫសដូងបាត

hemp[hemp] ***n.*** ធ្មៃ

hen[hen] ***n.*** មាន់មេ

hence[hens] ***adv.*** x he went ដូច្នោះហើយ

a month x ពីនេះ

henceforth[,hens'fɜ:ɵ] ***adv.*** ពីនេះតទៅ

henchman['henʧmən] ***n.*** អ្នកជឿតាម, អ្នកដើរតាម (អ.ប.)

her[hɜ:r] *1. (poss. adj. of* she*)*

her dog *Polite:* ឆ្កែគាត់

pej: ឆ្កែវា

2. (obj. pron. of she*)*

hit her *Polite:* វាយគាត់

Pej: វាយវា

herald['herəld] ***n.*** អ្នកនាំដំណឹងមកមុនគេ

Lit: សនោផ្សាយសារ

-tv. ប្រាប់ឱ្យដឹងជាមុន

herb[hɜ:b] ***n.*** តិណាទេស (រុក្ខជាតិក្លិនក្រអូបប្រើជាគ្រឿងសម្លឬថ្នាំ)

herd[hɜ:d] ***n.*** x of cattle ហ្វូង

Id. run with the h. ទៅតែតាមគេ

-tv. x cattle គង្វៀង

x children into the house ដេញបញ្ចូល

-iv. ជុំគ្នាជាហ្វូង

here[hi ər] ***adv.*** come x នេះ

put it x ត្រង់នេះ, កន្លែងនេះ

Yes. he' s h. គាត់នៅនេះទេ

He' s h. ! គាត់មកដល់ហើយ

h. and there ត្រង់នេះត្រង់នោះ

Id. neither h. nor there ឥតមានទាក់ទង

hereafter[hi ər'ɑ:ftər] ***adv.*** ពីនេះតទៅ

-n. បរលោក

hereby[hi ə'bai] ***adv.*** តាមរយៈនេះ

hereditary[hə'redi tri] ***adj.*** ដែលតពូជ, ដែលស្នងពូជ

heredity[hə'redəti] ***n.*** តំណពូជ, ការស្នងពូជ

herein[,hi ər'i n] ***adv.*** ក្នុងនេះ

heresy['herəsi] ***n.*** អញ្ញមតិ, អញ្ញទិដ្ឋិ

heretic['herəti k] ***n.*** អញ្ញទិដ្ឋិជន

-adj. ប្រកបទៅដោយអញ្ញមតិ

heritable['heri təbl] ***adj.*** ដែលអាចស្នងពូជ

heritage['heri ti ʤ] ***n.*** កេរ្តិ៍ដំណែល

hermaphrodite[hɜ:'mæfrədai t] ***n.*** ខ្ទើយ

Lit: ឧភតោភេទ

hermetic[hɜ:'meti k] ***adj.*** ជិតស្លុង

hermit['hɜ:mi t] ***n.*** ឥសី, ឫសី, តាបស

hermitage['hɜ:mi ti ʤ] ***n.*** អាស្រមឥសី, អាស្រមបទ

hernia['hɜ:ni ə] ***n.*** ក្លូនលូន

hero['hi ərəu] ***n.*** war x វីរបុរស, វីរជន

x of the play តួឯកប្រុស

heroic[hə'rəui k] *adj.* x soldiers ដែលមានភាពជាវីរបុរស
x effort យ៉ាងក្លាហាន
x tale អំពីវីរបុរស
heroin['herəui n] *n.* ថ្នាំជាតិអាភៀន
heroine['herəui n] *n.* x of the battle វីរស្ត្រី
x of the play ស្ត្រីតួឯក
heroism['herəui zəm] *n.* វីរសម្បត្តិ
heron['herən] *n.* ក្រសា
herring['heri ŋ] *n.* ត្រីសារឌីនធំៗ
hers[hɜ:z] *(poss. pron. of* she*)*
herself[hɜ:'self] *fem. refl. pron.* ខ្លួនឯង, ដោយខ្លួនឯង
he' s[hi:z] *(contr. of* he is, he has*)*
hesitant['hezi tənt] *adj.* ដែលស្ទាក់ស្ទើរឬមិនដាច់ស្រេច
hesitate['hezi tei t] *iv* ស្ទាក់ស្ទើរ, ទីទើរ
hesitation[,hezi tei ʃn] *n.* feel x about going សន្ទាក់សន្ទើរ (ការស្ទាក់ស្ទើរ)
have a x in his voice ការអាក់ៗ
heterodox['hetərədɔks] *adj.* អប្បាបដិបន្ន
heterogeneous[,hetərə'dʒi:ni əs] *adj.* វិសមាន
heterosexual[,hetərə'sekʃuəl] *adj.* ដែលប្រតិព័ទ្ធភេទផ្ទុយគ្នា
hew[hju:] *tv.* x a log កាប់ (នឹងពូថៅ)
h. the line ប្រព្រឹត្តតាមគន្លង
hex[hek] *n.* បណ្ដាសា
-tv. ដាក់បណ្ដាសា
hexagon['heksəgən] *n.* ឆកោណ
hexagonal['heks'ægənl] *adj.* ឆកោណ, ដែលមាន៦ជ្រុង
hey[hei] *interj.* តែ! យ៉ី!, អេ!
hiatus[hai 'ei təs] *n.* ចន្លោះ
hibernate['hai bənei t] *iv.* សម្ងំស្ងៀមក្នុងសិសិររដូវ
hibernation['hai bə'nei ʃn] *n.* ហេមន្តជីត
hiccup, hiccough[hi kʌp] *n.* ឡើក
-iv. ឡើក
hick[hi k] *n. Coll.* មនុស្សស្រែ
-adj. សស្រែ
hid[hi d] *(pt. of* hide*)*
hidden['hi dn] *(pp. of* hide*)*
hide[1][hai d] *tv. (pt., pp.* hidden*)*
x jewels លាក់
x her face បាំង
x one' s feeling មិនបញ្ចេញ
-iv. ពួន
hide[2][hai d] *n.* x of a cow ស្បែក (សត្វធំៗ)
Id. save one' s h. យករួចខ្លួន
-tv. Coll. វាយ
hide-and-seek['hai d ənd 'si:k] *n.* បិទពួន (ល្បែងក្មេងម្យ៉ាង)
hideous['hi di əs] *adj.* x sight គួរខ្ពើម
x crime អាក្រក់ក្រៃលែង (ឧ.សម្លាប់គត់ក)
hide-out['hai daut] *n.* កន្លែងលាក់ពួន
hierarchy['hai ərɑ:ki] *n.* លំដាប់សក្តិ
Lit: ឋានានុក្រម
hieroglyph['hai ərəgli f] *n.* វត្ថុលេខា
hi-fi['hai fai] *(short for* high fidelity *)*
high[hai] *adj.* x building ខ្ពស់
x hopes ជាខ្លាំង
x speed យ៉ាងលឿន, ដ៏លឿន
h. rate ចំនួនច្រើន
h. gear លេខលឿន
h. price ថ្លៃខ្ពស់
h. noon ថ្ងៃត្រង់
Sl. x on alcohol ស្រវឹង
h. school មធ្យមសិក្សា
It' s h. time (you dit it.) ល្មម
-adv fly x ខ្ពស់
h. and low គ្រប់ច្រកល្ហក
-n. Sl. get a h. ស្រវឹង

· *Auto* in x លេខលឿន

highborn[,hai bɔːn] *adj.* ដែលកើតមកជាអភិជន

highboy['hai bɔi] *n.* ទូម្យ៉ាងមានតែថត

highbrow['hai brau] *n.* បញ្ញវន្តជន

-adj. ដែលជាបញ្ញវន្តជន

high-fidelity[hai 'fi deləti] *n.* គ្រឿងអេឡិចត្រូនិចសម្រាប់លេងភ្លេង (មានវិទ្យុ អំភ្លី។ល។)

-adj. ដែលមានសម្លេងល្អ

high-flown[,hai 'fləun] *adj.* ដោយបំភ្លៃវោហា

high-grade[,hai 'grei d] *adj.* ដែលមានគុណភាពល្អ

high-handed[,hai 'hendi d] *adj.* ដែលប្រើអំណាច

highland[hai lənd] *n.* ដំបន់មានភ្នំខ្ពស់ៗ

highlight['hai lai t] *tv.* h. the main points លើកយកមកគោលសំខាន់

x the reds ធ្វើឱ្យលេចឡើង

-n. pl. x of the trip ផ្នែកសំខាន់

pl. have x in her hair កន្លែងដែលចាំងផ្លេកៗ

highly['hai li] *adv.* x amused ដ៏ក្រៃលែង

speak x of him ដោយសរសើរ

high-minded[hai 'mai ndi d] *adj.* ដែលមានឧត្តមគតិខ្ពង់ខ្ពស់

highness['hai nes] *n.* x of his aims ភាពខ្ពង់ខ្ពស់ ភាពថ្លៃថ្នូរ

Cap. Your Royal x អ្នកអង្គម្ចាស់

high-priced[,hai prai zd] *adj.* ថ្លៃ

high-spirited[,hai 'spi ri ti d] *adj.* អង់អាច

high-strung[,hai strʌŋ] *adj.* ដែលឆាប់រំជួលចិត្ត

highway['hai wei] *n.* យន្តបថ

highwayman[hai wei mən] *n.* ចោរប្លន់តាមផ្លូវ

hijack ['hai ʤæk] *tv.* x goods ប្លន់តាមផ្លូវ

x a plane បង្ខំឱ្យបើកទៅទីផ្សេង

hike[1][hai k] *iv.* ដើរលេងកាត់ព្រៃភ្នំ។ល។

-tv. ដើរលេងតាម

-n. ការដើរលេងកាត់ព្រៃភ្នំ។ល។

hike[2][hai k] *tv.* x prices តម្លើង

h. up (one' s pants) លើក

-n. ការឡើង

hilarious[hi 'leəri əs] *adj.* កំប្លែងណាស់, គួរឱ្យសើច

hill[hi l] *n.* climb a x ភ្នំ (តូចៗ)

x of ants ដំបូក

x of potatoes រង (ដំឡូង ត្រាវ។ល។)

-tv. h. (up) ពូន

hillbilly['hi lbi li] *n. Coll.* មនុស្សសម្រែរស់នៅក្នុងទីដាច់ស្រយាល

hillock['hi lək] *n.* ដីទួល

hilltop['hi ltɔp] *n.* កំពូលភ្នំ

hilly['hi li] *adj.* ដែលមានភ្នំតូចៗច្រើន

hilt[hi lt] *n.* knife x ដង (ដាវ កាំបិតស្នៀត)

to the h. ដល់កម្រិត

him[hi m] *(obj. pron. of* he*)* គាត់

Himalayas[hi məlai əs] *pr. n.* ភ្នំហេមពាន្ត, ភ្នំហេមវន្ត

himself[hi m'self] *masc. refl. pron.* ខ្លួនឯង, ដោយខ្លួនឯង

hind[hai nd] *adj.* ក្រោយ, ខាងក្រោយ

hinder[,hi dər] *tv.* រាំង, បង្អាក់

hindquarter[,hai d'kwɔːtə] *n.* ភ្លៅក្រោយ (គោ ជ្រូក)

hindrance['hi ndrəns] *n.* ឧបសគ្គ, ការបង្អាក់

hindsight['hai dsai t] *n.* ការយល់ឃើញជាខាងក្រោយ

Hindu[,hi n'duː] *pr. n.* អ្នកកាន់សាសនាហិណ្ឌូ

-adj. ហិណ្ឌូ

Hinduism['hi nduːi zəm] *n.* លទ្ធិហិណ្ឌូ

Hindustani[,hi ndu'stai ni] *n.* He' s a x. ក្លឹងនៅតំបន់ហិណ្ឌូស្ថាន

speak x ភាសាហិណ្ឌូស្ថាន

hinge[hi nʤ] *n.* ត្រចៀក (ទ្វារ បង្អួច)

-iv. h. on អាស្រ័យលើ

-*tv.* ដាក់ត្រចៀក (ទ្វារ បង្អួច)

hint[hi nt] ***n.*** give me a x ពាក្យប្រលយ

x of garlic ជាតិបន្តិចបន្តួច

-*iv* . *tv.* ប្រលយពាក្យ, បន្តិចឬហុចសំដី

hinterland['hi ntəlænd] ***n.*** តំបន់ឆ្ងាយដាច់ស្រយាលពីក្រុង

hip[hi p] ***n.*** (large) hips ត្រគាក

break a x ឆ្អឹងត្រគាក

carry on the h. កណ្ដៀត

hippo['hi pəu] *(short for* hippopotamus*)*

hippopotamus[,hi pə'pɔtəməs] ***n.*** ដំរីទឹក

hire['hai ər] ***tv.*** x workers ជួល

h. it done ជួលឱ្យគេធ្វើជំនួស

h. out ជួលឱ្យទៅអ្នកទៀត

-*n.* for h. សម្រាប់ជួល

pay the x ថ្លៃឈ្នួល

his[hi s] *1. (masc. sg. poss. adj.)* x car

Polite: របស់គាត់

Pej. របស់វា

2. (masc. sg. poss. pron.)

The car is x. *Polite:* របស់គាត់

Pej: របស់វា

hiss[hi s] ***tv.*** snakes x បន្លឺសូរស៊ីៗ

spectators x សម្តែងការមិនពេញចិត្តដោយបន្លឺសូរផ្សៀងៗ

-*tv.* សម្តែងការមិនពេញចិត្តចំពោះ

-*n.* សូរស៊ីៗ

histology[hi 'stɔ:lədʒi] ***n.*** ជាលិកាសាស្ត្រ

historian[hi 'stɔ:ri ən] ***n.*** អ្នកប្រវត្តិសាស្ត្រ, ប្រវត្តិសាស្ត្រិន

historic[hi 'stɔri k] ***adj.*** x event សំខាន់ (ក្នុងប្រវត្តិសាស្ត្រ)

x facts ដែលមានក្នុងប្រវត្តិសាស្ត្រ

historical[hi 'stɔri kl] ***adj.*** x account ដែលជាប្រវត្តិសាស្ត្រ

x evidence ដែលមានក្នុងប្រវត្តិសាស្ត្រ

history['hi stri] ***n.*** study x ប្រវត្តិសាស្ត្រ

medical x ប្រវត្តិ

histrionic[,hi stri 'ɔni k] ***adj.*** x arts ខាងការលេងល្ខោន

x behavior ដែលបំផ្លើស

histrionics[,hi stri 'ɔni ks] ***n.*** study x សិល្បៈខាងលេងល្ខោន

indulge in x ការបំផ្លើស

hit[hi t] ***tv.*** *(pt.. pp.* hit*)* x a child វាយ

h. with the fist តប់ឬដាល់

h. with the flat of the hand ទះ

h. with the knuckles គ្បក

x with a switch វាត់

x a gong គោះ

hand x the windshield ទង្គិច

x another car បុក

hail x the ground ធ្លាក់លើ

x the right answer រកឃើញ

Sl. h. the road ចេញដំណើរ

Id. h. it off with ត្រូវគ្នានឹង

snows x Canada មានទៅ

x one' s fancy ចំចំណុច

Sl. h. the bottle ផឹកស្រា

Id. h. the nail on the head និយាយត្រូវម៉ាំង

-*n.* give the child a x ការវាយ

Baseball get a x ការវាយត្រូវ

play was a x ជោគជ័យធំ

hit-and-run[hi t ənd rʌn] ***adj.*** ដែលបុកគេហើយគេចបាត់ទៅ

hitch[hi tʃ] ***tv.*** x a horse to a post ចង

h. up (horses) ទឹម

h. up (one' s pants) លើកឬទាញឡើងលើ

Coll. h a ride ឈរតាមផ្លូវសុំជោយសារឡានគេ
-*n.* firm x ការជាប់គ្នា
walk with a x ដំណើរខ្មើចៗ
a x in the proceedings ការរអាក់រអួល

hitchhike['hi ʧhai k] *iv.* ឈរតាមផ្លូវសុំជោយសារឡានគេ

hitchhiker['hi ʧhai kər] *n.* អ្នកឈរតាមផ្លូវសុំជោយសារឡានគេ

hither['hi ðər] *adv.* ឆ្ពោះមកទីនេះ

hitherto[,hi ðə'tu:] *adv.* រហូតមកដល់ពេលនេះ

hive[hai v] *n.* x of bees សំបុក, បង្កង
x of activity ទីរវល់រកី
-*tv.* បង្កសំបុកឃុំ, ផ្ទុំ

hives[hai z] *n.* ផ្លូត, ផ្លូចៗជាច្រើននៅលើស្បែក

hoard[hɔ:d] *tv.* ,*iv.* គរលាក់ទុក
-*n.* របស់ដែលគរលាក់ទុក (លើសពីត្រូវការ)

hoarse[hɔ:s] *adj.* ស្អក (សម្លេង)

hoary['hɔ:ri] *adj.* ស្កូវ

hoax[həuks] *n.* ការបញ្ឆោត
-*tv.* បញ្ឆោត

hobble['hɔbl] *tv.* ដាក់ណែងណង (សេះ)
-*iv.* ដើរខ្វក
-*n.* ដំណើរខ្វក

hobby['hɔbi] *n.* ការប្រកបអ្វីមួយជាការកំសាន្ត

hobbyhorse['hɔbi hɔ:s] *n.* សេះឈើ (សម្រាប់ក្មេងជិះលេង)

hobgoblin[hɔb'gɔbli n] *n.* ប្រែត

hobnail[,hɔbnei l] *n.* ដែកគោលសម្រាប់វាយក្រចកសេះ

hobnob['hɔbnɔb] *iv.* សេពគប់, ទាក់ទងជិតស្និទ្ធ

hobo['həubəu]. *n.* អ្នកដើរឥតគោល

hock[1][hɔk] *n.* តន្លាក់ជើង (សត្វចតុបាទ)

hock[2][hɔk] *tv. sl.* បញ្ចាំរបស់ផ្សេងៗ
-*n.* ការបញ្ចាំរបស់

hockey['hɔki] *n.* កីឡាវាយកូនគោលលើទឹកកក

hockshop['hɔkʃɔp] *n.* ហាងបញ្ចាំវត្ថុ, ហាងលក់ចេញទិញចូល

hocus-pocus[,həukəs'pəukəs] *n.* ពាក្យឥតបានការ

hod[hɔd] *n.* ជាលព្រនរ

hodgepodge['hɔʤpɔʤ] *n.* វត្ថុផ្សេងៗលាយឡំគ្នា

hoe[həu] *n.* ចបកាប់
-*tv.* កាប់នឹងចបកាប់

hog[hɔg] *n.* (raise) hogs ជ្រូក (សត្វ)
Don' t be a x. មនុស្សលោភហួសពេក
-*tv.* (*pt. . pp.* hogged) លោភយកតែឯង

hogshead['hɔgzhed] *n.* ធុងឈើធំ

hogtie[hɔgtai] *tv.* ចងដៃចងជើងភ្ជាប់គ្នា

hoist[hɔi st] *tv.* លើក
-*n.* គ្រឿងលើកស្ទួចរបស់ធ្ងន់ៗ

hold[həuld] *tv.* (*pt . .pp.* held)
x in the hand កាន់
x a suitcase យួរ
x three gallons ដាក់បាន
x a position កាន់, កាន់កាប់
h. a meeting ប្រជុំ
x stock មាន
h. a belief ជឿ, កាន់
h. s.o. responsible ឱ្យទទួលខុសត្រូវ
x a fort ការពារកុំឱ្យធ្លាក់
h. in (one's stomach) បំផុត
h. in (one's emotions) មិនបញ្ចេញឱ្យឃើញ
h. off ទប់ជាប់
h. on to កាន់ឬតោងយ៉ាងជាប់
h. out ហុចឱ្យ
h. up (one's hand) លើក

h. up (the floor) ទ្រ

h. up (work) បង្អាក់, បញ្ឈប់

h. up (a bank) ប្លន់

(pan) doesn' t h. water លិច

(story) does't h. water មិនគួរឱ្យជឿ

h. one's own ទប់ទល់ទៅបាន

h. one's tongue នៅស្ងៀម, មិននិយាយ

-*iv.* rope won't x ទ្រូច

rule doesn' t x ប្រើបាន

h. still នៅស្ងៀម

h. off ផ្អាក

h. out ទប់ទល់

h. up (for awhile) ឈប់

(Those care don't) h. up. ជាប់បានយូរ

-*n.* get a good x ចំណាប់, ការកាន់

get h. of (a rope) ចាប់បាន

get h. of (some money) រកបាន

get h. of (oneself) ទប់

have a x over អំណាច

x of a ship កន្លែងផ្ទុកទំនិញក្នុងនាវា

holder['həuldər] ***n.*** cigarette h. កន្ទុយបារី

policy x ម្ចាស់

holdings['həuldiŋ] ***n.*** សម្បត្តិផ្សេងៗដូចជាហ៊ុន ។ល។

holdup['həuldʌp] ***n.*** bank x ការប្លន់

What' s the x ? ការពន្យារពេល

hole[həul] ***n.*** x in the wall ប្រហោង

x in the ground រូង

snake x រន្ធ, រូង

have a x in his theory ឆ្លក

Coll. His apartment is a x. កន្លែងកខ្វក់

Id. be in a h. មានបញ្ហា, ជាប់គុក

Id. be in the h. ខាត

-*tr.* x the ground ជីករូង

x an animal ដេញបញ្ចូលរូង

Sp. x the ball វាយបញ្ចូលរន្ធ

-*iv.* x into the ground ជីករូង

h. up ចូលពួន (ជាពិសេសចំពោះសត្វខ្លះនៅរដូវត្រជាក់)

holiday['hɔlədei] ***n.*** ថ្ងៃឈប់បុណ្យ, បុណ្យទិន

holiness['həuli nəs] ***n.*** សន្តភាព

hollow['hɔləu] ***adj.*** x log មិនតាន់, ប្រហោងក្នុង

x surface ផត

x cheeks ខួង

voice មិនណែន

x victory ឥតសារសំខាន់

-*n.* x in a log ប្រហោង

x of his back ផ្នែកខ្វងចង្កេះខាងក្រោយ

down in the x ច្រកភ្នំ

-*tv.* ធ្វើឱ្យខ្វងឡើង

holocaust['hɔləkɔ:st] ***n.*** ហាយនភាព

holster['həulstər] ***n.*** ស្រោមកាំភ្លើងដៃ

holy['hɔli] ***adj.*** ពិសិដ្ឋ

homage['hɔmi dʒ] ***n.*** អភិវន្ទនាការ

home[həum] ***n.*** buy a x ផ្ទះ

Where is his x? ស្រុកកំណើត

x for the aged គ្រឹះស្ថាន

x of Schlitz beer កន្លែងធ្វើ

(He's not) at h. នៅផ្ទះ

Make yourself at h. ធ្វើដូចនៅផ្ទះលោក (កុំខ្លាចឬញញើតចិត្ត)

-*adj.* x office ធំ

h. rule អំណាចគ្រប់គ្រងខ្លួនឯង

h. economics វិជ្ជាមេផ្ទះ

Lit: គេហសេដ្ឋសាស្ត្រ

-*adv.* go h. ទៅផ្ទះ
strike h. មានប្រសិទ្ធិភាព
-*iv.* pigeons x ត្រឡប់ទៅទីដើមវិញ
h. in on តម្រង់ឆ្ពោះទៅ
homeland[həumlænd] *n.* ប្រទេសកំណើត
Lit: ជាតិភូមិ
homeless[həumləs] *adj.* គ្មានផ្ទះសម្បែង
homly['həumli] *adj.* x fare ធម្មតា
x face មិនស្រស់, មិនឆើតឆាយ
homemade[,həumei d] *adj.* ដែលធ្វើនៅផ្ទះ (ផ្ទុយនឹងធ្វើនៅរោងចក្រ)
homesick['həumsi k] *adj.* (ដែល) នឹកផ្ទះ
homespun['həumspʌn] *adj.* ដែលត្បាញនៅផ្ទះ
-*n.* សំពត់ត្បាញនៅផ្ទះ
homestead[həumsted] *n.* legal x ទីលំនៅ
the old x ផ្ទះកំណើត
-*iv.* ចាប់ដី
homeward[həumwəd] *adj.* , *adv.* ឆ្ពោះទៅផ្ទះ
homework['həumwɜ:k] *n.* កិច្ចការត្រូវដាក់ឱ្យធ្វើ (នៅផ្ទះ)
homicidal['hɔmi 'sai dl] *adj.* x maniac ដែលអាចសម្លាប់មនុស្ស
x investigation នៃមនុស្សឃាត
homicide['hɔmi sai d] *n.* មនុស្សឃាត
homing pigeon['həumi ŋ] *n.* ព្រាបនាំសារ
hominy['hɔmi ni] *n.* ពោតកំបោរ
homogeneous[,hɔmə'ʤi:ni əs] *adj.* សភាគ
homogenize[hə'mɔʤənai z] *tv.* ធ្វើឱ្យសភាគ
homonym ['hɔməni m] *n.* សទិសសព្ទ
homophonous['hɔməfəunəs] *adj.* ដែលមានសម្លេងដូចគ្នា
homo sapiens[,həuməu'sæpi enz] *n.* អូម៉ូសាព្យាង
homosexual[,həumə'sekʃuəl] *adj.* ដែលប្រតិព័ទ្ធមនុស្សភេទដូចគ្នា
-*n.* មនុស្សដែលប្រតិព័ទ្ធមនុស្សភេទដូចគ្នា
hone[həun] *tv.* សំលៀងនឹងថ្មសំលៀងកាំបិត
-*n.* ថ្មសំលៀងកាំបិត
honest['ɔni st] *adj.* x man ទៀងត្រង់
x answer ឥតលាក់លៀម
x effort មែនទែន
x face ដែលបញ្ចេញឱ្យឃើញថាទៀងត្រង់
honesty['ɔnəsti] *n.* សេចក្ដីទៀងត្រង់
honey['hʌni] *n.* eat x ទឹកឃ្មុំ
Coll. She' s my x. មនុស្សជាទីស្រឡាញ់
-*tv. Coll.* បញ្ចោរ
honeybee['hʌni bi:] *n.* ឃ្មុំ
honeycomb['hʌni kəum] *n.* រន្ធក្នុងសំបុកឃ្មុំ
-*iv.* ឡើងដូចសំបុកឃ្មុំ
honeymoon['hʌni mu:n] *n.* ដំណើរកំសាន្តនៃគូរស្រករថ្មី
-*iv.* ទៅកំសាន្តក្រោយរៀបការ
honk[hɔŋk] *n.* x of a goose សម្រែក (ក្ងាន)
x of a horn សូរស៊ីហ្វេ
-*tv.* ស៊ីហ្វេ
-*iv.* ស្រែក (ក្ងាន)
honor['ɔnər] *n.* receive an x កិត្តិយស
a man of x ភាពសុចរិតទៀងត្រង់
-*tv.* x one' s parents គោរព
x a hero ផ្ដល់នូវកិត្តិយសទៅ
x a check ទទួលយក
honorable['ɔnərəbl] *adj.* x man សុចរិតទៀងត្រង់
x act ដ៏ប្រសើរ
honorarium[,ɔnə'reri əm] *n.* ប្រាក់សគុណ
honorary['ɔnərəri] *adj.* ដែលគេឱ្យគ្រាន់ជាកិត្តិយស
hood[hud] *n.* monk's x គម្របក្បាល
auto x គម្របម៉ាស៊ីន, គម្របក្បាលរថយន្ត
Sl. common x អ្នកប្រព្រឹត្តនូវអំពើទុច្ចរិត
-*tv.* ពាក់គម្របក្បាល
hoodlum['hu:dləm] *n.* អ្នកប្រព្រឹត្តនូវអំពើទុច្ចរិត
hoodwink['hudwi ŋk] *tv.* បោក

hoof[hu:f] ***n.*** *(pl.* hooves*)*
horse's x ក្រចក (សេះ គោ)
on the h. នៅរស់ (សត្វ)
-iv. Sl. ដើរ
hook[huk] ***n.*** x on the wall ទំពក់
fish x ផ្លែសន្ទូច
Boxing left x ការដាល់ដោយចលនាកេវបញ្ឆៀល
Id. by h. or by crook ដោយប្រើវិធីយ៉ាងម៉េចក៏ដោយ(លួក៏ដោយ អាក្រក់ក៏ដោយ)
Id. on one's own h. ដោយខ្លួនឯង
-tv. x one' s hat on a nail ពាក់, ថ្កក់
x a fish ស្ទូច
x arms ថ្កក់គ្នា
Sl. x an apple លួច
h. up (the traces) ថ្កក់ភ្ជាប់
h. up (a radio) បន្តជាក់ខ្សែភ្លើង
-iv. ថ្កក់ជាប់គ្នា
hookworm['hukw3:m] ***n.*** ព្រូនម្យ៉ាង
hoop[hu:p] ***n.*** barrel x វ័ណ្ឌ (ធុងឈើ)
roll a x កង (ក្មេងវាយលេង)
-tv. ដាក់វ័ណ្ឌ
-adj. h. skirt សំពត់សម័យពីដើមម្យ៉ាងទ្បើងប៉ោង
h. snake ពស់ក្បាល់
hooray[hu'rei] ***interj.*** សម្រែកបន្ទរ យ៉េ!
hoot[hu:t] ***iv.*** owls x យំ (ទីទុយ)
Sl. h. at បន្លឺសូរចំអកឱ្យ
-tv. និយាយចំអកដាក់
-n. x of an owl សូរទីទុយយំ
h. of laughter ការសើចចំអក
Sl. don' t give a h. ឥតឈឺក្បាលទេ
hop[hɔp] ***iv.*** *(pt. . pp.* hopped*)*
frogs x លោតជើងទាំងបួនព្រមគ្នា
x on one foot លោតជើងតែមួយ
h. around (in a book) មើលត្រង់នេះបន្តិចត្រង់នោះបន្តិច
-tv. x a fence ផ្លោះ
Coll. x a plane ជិះ
h. over ផ្លោះ
-n. x of a frog ការលោត
x of a plane ដំណើរមួយតន្លាក់យ៉ាងខ្លី
hope[həup] ***n.*** (have high) hopes សេចក្ដីសង្ឃឹម
lose h. អស់សង្ឃឹម
our only x មធ្យោបាយចុងក្រោយបំផុត, ផ្លូវចេញ
-iv. សង្ឃឹម
hopeful['həupfl] ***adj.*** ដែលមានសង្ឃឹម
hopeless['həupləs] ***adj.*** ដែលគ្មានសង្ឃឹម
hopper ['hɔpər] ***n.*** grain x ធុងធំរាង
ជីវឡាវដែលអាចបើកបាតចាក់អ្វីចេញបាន
leal x ពួកសត្វល្អិតដូចជាកណ្ដូប ។ល។
horde[hɔ:d] ***n.*** ហ្វូងធំ
horizon[hə'rai zn] ***n.*** distant x
ជើងមេឃ
Lit: ឥតភាបាទ
nothing new on the x ពេលខាងមុខដ៏ជិតៗនេះ
horizontal[,hɔri 'zɔntl] ***adj.*** ផ្ដេក, ដេក
Lit: ឥតាបទិ
hormone[,hɔ:məun] ***n. Fr:*** អ័រម៉ូន
horn[hɔ:n] ***n.*** buffalo x ស្នែង
brass x ត្រែម្យ៉ាង
car x ស៊ីហ្វេ
-tv. ចុសឬជុលនឹងស្នែង
-iv. Sl. h. in ចូលទាំងកំរោល
-adj. ធ្វើអំពីស្នែង

hornet['hɔ:ni t] *n.* ឪម៉ាល់ (ម្យ៉ាង)

horny[hɔ:ni] *adj.* x projection រាងដូចស្នែង
x skin ក្រិន

horology[bɔrɔlədʒi] *n.* សិល្បៈខាងធ្វើនាឡិកា

horoscope['hɔrəskəup] *n.* ឥក្ខត្តយោគព្យាករណ៍

horrendous[hɔ'rendəs] *adj.* អាក្រក់ណាស់, គួរឱ្យខ្លាចណាស់

horrible['hɔrəbl] *adj.* x sight គួររន្ធត់
x poverty ហួសប្រមាណ
x noise អាក្រក់ក្រៃលែង

horrid['hɔri d] *adj.* x sight គួរឱ្យខ្ពើម
Coll. x child មិនគួរឱ្យចូលចិត្តសោះ

horrify['hɔri fai] *tv.* (*pt.* , *pp.* horrified) ធ្វើឱ្យរន្ធត់

horror['hɔrər] *n.* feel x សេចក្តីរន្ធត់
Pl. x of war អំពើអាក្រក់
have a h. of ខ្លាច, ស្អប់ជាខ្លាំង

hors d'oeuvre[ɔ:'dɜ:v] *n.* គ្រឿងក្លែម

horse[hɔ:s] *n.* សេះ *Lit:* ពាជី, ពាជិនី អាជានេយ្យ, វលាហក, អស្សតរ
Year of the H. ឆ្នាំមមី
-iv. Sl. h. around ប្រឡែងលេង
-adj. h. sense សុភនិច្ឆ័យ

horseback['hɔ:sbæk] *n.* on h. ជិះសេះ, លើខ្នងសេះ
-adv. លើខ្នងសេះ

horsehair['hɔ:sheər] *n.* រោមសេះ

horseman[hɔ:smən] *n.* អ្នកជំនាញខាងជិះសេះ

horsemanship[hɔ:smənʃi p] *n.* សិល្បៈជិះសេះ
Lit: អស្សសិល្បៈ

horseplay['hɔ:splei] *n.* ការប្រឡែងលេង

horsepower['hɔ:spauər] *n.* សេះ (រង្វាស់កម្លាំងគ្រឿងយន្ត)

horseradish['hɔ:srædi ʃ] *n.* គ្រឿងទេសម្យ៉ាងដូចរំដេង

horseshoe['hɔ:ʃʃu:] *n.* lose a x ដែកក្រចកជើងសេះ
Pl. play x ល្បែងដែកក្រចកជើងសេះ
-adj. រាងដូចក្រចកជើងសេះ

horsewhip['hɔ:swi p] *n.* រំពាត់ខ្សែតី
-tv. វាយនឹងរំពាត់ខ្សែតី

horsy['hɔ:si] *adj.* x crowd ដែលចូលចិត្តសេះ
Sl. x woman មាឌធំ

hortatory['hɔ:tətəri] *adj.* ដែលជម្រុញឬប្រៀនប្រដៅ

horticulture['hɔ:ti kʌltʃər] *n.* សាកវប្បកម្ម

hose[həuz] *n.* garden បំពង់ទឹកកៅស៊ូ
silk x ស្រោមជើង
-tv. បាញ់ទឹកលាង

hosiery['həuzi əri] *n.* ស្រោមជើង

hospitable['hɔ'spi təbl] *adj.* ដែលទទួលស្វាគមន៍យ៉ាងរាក់ទាក់
Lit: សមាវសថ

hospital['hɔspi tl] *n.* មន្ទីរពេទ្យ, មន្ទីរព្យាបាលរោគ

hospitality[,hɔspi 'tæləti] *n.* សមាវសថភាព

hospitalize['hɔspi tlai z] *tv.* ឱ្យចូលដេកពេទ្យ, ឱ្យចូលព្យាបាលរោគក្នុងមន្ទីរពេទ្យ

host[1][həust] *n.* gracious x បាហនិក, អ្នកទទួលភ្ញៀវ
x of a parasite សត្វដែលសត្វឯទៀតមកតោងនៅដោយសារ
-tv. ទទួលភ្ញៀវ

host[2][həust] *n.* ចំនួនច្រើន

hostage['hɔsti dʒ] *n.* មនុស្សដែលត្រូវគេចាប់ទុកយកថ្លៃ

hostel['hɔstl] *n.* សណ្ឋាគារ (សម្រាប់ក្មេង)

hostess['həustəs] *n.* ស្រីទទួលភ្ញៀវ
Lit: បាហនិកា

hostile['hɔstai l] *adj.* ដែលជាសត្រូវ
Lit: អរិភូត

hostility[hɔ'sti ləti] *n.* អរិភាព, ប្រទូសភាព
Pl. អំពើបង្កសង្គ្រាម

hot[hɔt] *adj.* x fire ក្តៅ
x curry ហឹរ, ហើរ (ហើល)

x wire ដែលមានចរន្តអគ្គិសនីរត់

x battle ដ៏ខ្លាំង

x news ថ្មីៗហើយសំខាន់

Sl. x goods ដែលលួចគេ

h. off the press ទើបនឹងបោះពុម្ព

x pursuit កិតពីក្រោយ

not so h. មិនសូវល្អ

Id. be in h. water មានបញ្ហាធំ

Id. make it h. for ធ្វើឱ្យលំបាកដល់

Id. h. air សំដីឥតបានការ

Id. h. dog សាច់ក្រកអាមេរិកាំង

Id. h. line ទូរសព្ទភ្ជាប់គ្នារវាងប្រមុខរដ្ឋ សម្រាប់ប្រើនៅពេលប្រថុយចញ្ចេច

h. plate (for cooking) ជើងក្រានអគ្គិសនីតូចៗ

(choose the) h. plate ម្ហូបក្ដៅ

hotbed['hɔtbed] ***n.*** x for plants ប្រអប់មានកញ្ចក់គ្របពីលើសម្រាប់បណ្ដុះកូនឈើ

x of crime កន្លែងបណ្ដុះបណ្ដាល

hot-blooded['hɔtblʌdi d] ***adj.*** ឈាមរាវ

hotel[həu'tel] ***n.*** ផ្ទះសំណាក់

Fr: អូតែល

Lit: សណ្ឋាគារ

hot-headed['hɔthed] ***adj.***ឆាប់ច្រឡោត

hothouse['hɔthaus] ***n.*** អាគារកញ្ចក់ (សម្រាប់ដាំដើមឈើនៅប្រទេសត្រជាក់)

hot-rod['hɔt rɔd] ***n.*** រថយន្តចាស់ដែលគេយកទៅដាក់ម៉ាស៊ីនធំ

hot-temperd['hɔt 'tempəd] ***adj.*** ឆាប់ខឹង

hound[haund] ***n.*** hunting x ឆ្កែបរបាញ់

Sl. movie x មនុស្សញៀន (មើលកុន ។ល។)

-tv. x foxes បរបាញ់ដោយប្រើឆ្កែ

x him for money ទទូចច្រំដែលៗ

hour['auər] ***n.*** one x ម៉ោង

What' s the h.? ម៉ោងប៉ុន្មាន ?

x of triumph គ្រា

man of the h. មនុស្សដែលគេចោមរោមចូលចិត្តក្នុងសម័យណាមួយ

after hours ក្រោយពេលបើកធម្មតា

Pl. What are his x ? ម៉ោងធ្វើការ

keep late hours នៅរស់យប់ជ្រៅ

per h. ក្នុង១ម៉ោង (ឧ.បាន៥ដុល្លាក្នុងមួយម៉ោង)

on the h. គ្រប់ម៉ោង

hour-glass['auə glɑ:s] ***n.*** នាឡិកាដីខ្សាច់

hourly['auəli] ***adj.*** , ***adv.*** រាល់ម៉ោង

house[haus] ***n.*** buy a x ផ្ទះ

Form: គេហដ្ឋាន, ទីលំនៅ

Roy: ដំណាក់

chicken x ទ្រុង

banking x គ្រឹះស្ថានធនាគារ

x of Orange រាជវង្សត្រកូលណាមួយ

lower x of Congress សភា

Id. on the h. ទទេ, មិនបាច់ចេញលុយ

Id. bring down the h. ធ្វើឱ្យសើចខ្លាំង

-tv. x orphans ឱ្យលំនៅជ្រកកោន

x machinery ដាក់ក្នុងអាគារ

x electric wire រុំ

houseboat['hausbəut] ***n.*** នាវាមួយប្រភេទដែលមានគ្រឿងប្រដាប់ប្រើប្រាស់សព្វគ្រប់ដូចនៅផ្ទះ

housebreaker['hausbrei kər] ***n.*** ចោរ (ចូលលួចក្នុងផ្ទះ)

housebroken['hausbrəukn] ***adj.*** ដែលគេបង្ហាត់ឱ្យទៅជុះនោមបានហើយ (សត្វ)

housefly['hausflai] ***n.*** រុយ

household['haushəuld] ***n.*** ផ្ទះសម្បែង

housekeeper['hauski:pər] អ្នកថែទាំបោសសំអាតផ្ទះ

housekeeping['hauski:pi ŋ] ***n.*** គេហកិច្ច

housewarming['hauswɔːmiŋ] *n.* ពិធីបុណ្យឡើងផ្ទះ

housewife['hauswaif] *n.* ស្ត្រីមេផ្ទះ

housing['hauziŋ] *n.* find x ទីលំនៅ, កន្លែងនៅ

the x of refugees ការផ្តល់នូវទីសំណាក់

Mech. metal x គម្រប

hovel['hɔvl] *n.* ខ្ទម

hover['hɔvər] *iv.* helicopters x សំកាំង (លើអាកាស)

mothers x over a child មើលពីលើ

x between life and death មិនប្រាកដជាទៅខាងណា

how[hau] *adv.* x did you do it ? ដូចម្តេច

I don't know x he did it. យ៉ាងម៉េច

How much ? ប៉ុន្មាន?

H. are you ? លោកសុខសប្បាយជាទេ ?

however[hau'evər] *adv.* x it's true. យ៉ាងណាក៏ដោយ

Do it x you with. តាមតែ

x did you manage ? យ៉ាងម៉េច

howl[haul] *iv.* dogs x លូ

winds x ថ្ងូរ (អ.ប.)

x with pain ថ្ងូរ

hub[hʌb] *n.* x of a wheel ដុំ (កង់រទេះ)

x of activity មជ្ឈមណ្ឌល

hubbub['hʌbʌb] *n.* សូរកងរំពង

huckster['hʌkstər] *n.* ឈ្មួញតូចតាច (ដើរពីកន្លែងមួយទៅកន្លែងមួយ)

huddle['hʌdl] *tv.* ប្រមូលផ្តុំ

-*iv.* ផ្តុំគ្នាឡើង

-*n.* អ្វីៗដែលផ្តុំគ្នា

hue[hjuː] *n.* a particular x of red ភាពលាំៗនៃពណ៌

Pl. all the x of the rainbow ពណ៌

hue and cry[,hjuː ənd ɔrai] *n. Id.* សូរឡោឡេ

huff[hʌf] *n.* ដំណើរច្រឡោត

-*tv.* ធ្វើឱ្យខឹង

-*iv.* x at his suggestion ច្រឡោត

h. and puff ដង្ហក់

huffy[hʌfi] *adj.* ឆាប់ច្រឡោត

hug[hʌg] *tv.* (*pt. pp.* hugged)

x a child. ឱប, ឱបរឹត

x the shore ប៉ៃ (នៅជិតៗ)

-*n.* ការឱបរឹត

huge[hjuːdʒ] *adj.* ធំសម្បើម

hulk[hʌlk] *n.* abandonned x គ្រោង (នាវាលិចទឹក)

h. of a man មនុស្សធំចង្រៃ្កង

-*iv.* ព្រងោ

hull[1][hʌl] *n.* peanut x សំបក (ធញ្ញជាតិ)

-*tv.* យកសំបកចេញ

hull[2][hʌl] *n.* ship's x គ្រោង (នាវាយន្តហោះ ។ល។)

hullabaloo[,hʌlə'bəˈluː] *n.* សូរកងរំពង, សូរអ៊ូអរ

hum[hʌm] *iv.* (*pt. pp.* hummed)

x while working ច្រៀងរហ៊ឹមៗ

wires x in the wind បន្លឺសូររហ៊ឹមៗ

Coll. make things x មានចលនាឡើង

-*tv.* ច្រៀងតិចៗ

-*n.* សូរង៉ូងៗតិចៗ

human['hjuːmən] *adj.* នៃមនុស្សលោក

-*n.* មនុស្ស

humane[hjuː'mein] *adj.* ដែលមានមេត្តា, ដែលចេះជួយសង្គ្រោះ

humanism['hjuːmənizəm] *n.* មនុស្សនិយម

humanity[hjuː'mænəti] *n.* all x មនុស្សជាតិ, នរជាតិ

x of their treatment មនុស្សធម៌

Pl. study x មនុស្សសាស្ត្រ
humanize['hju:mənai z] ***tv.*** ធ្វើឱ្យមាន មនុស្សធម៌
humankind[,hju:mən'kai nd] ***n.*** មនុស្សជាតិ
humble['hʌmbl] ***adj.*** x scholar ដែលដាក់ខ្លួន
x origins ថោកទាប
-tv. x the enemy ផ្ចាញ់
x oneself ដាក់ខ្លួន, បន្ទាប (ខ្លួន)
humbug['hʌmbʌg] ***n.*** It's all x. ពាក្យភូតកុហក
He ' s a x. មនុស្សក្លែង
-tv. បំភាន់, បញ្ឆោត
humdrum['hʌmdrʌm] ***adj.*** ដដែលៗ, ដែល ធ្វើឱ្យធុញទ្រាន់
humid['hju:mi d] ***adj.*** សើម
humidifier[hju:'mi dəfai ər] ***n.*** ម៉ាស៊ីនផ្សើម
humidify[hju:'mi dəfai] ***tv.*** *(pt., pp.* humidified *)* ធ្វើឱ្យសើម
humidity[hju:'mi di ti] ***n.*** សំណើម (ក្នុងអាកាស)
humiliate[hju:'mi li ei t] ***tv.*** ធ្វើឱ្យអាម៉ាស់មុខ
humility[hju:'mi ləti] ***n.*** ភាពដាក់ខ្លួនឬ បន្ទាបខ្លួន
Lit: នតិភាព
humor['hju:mər] ***n.*** x of a play ការកំប្លែង
have a sense of h. ចេះកំប្លែង
in a bad x អារម្មណ៍
out of h. មិនសប្បាយក្នុងចិត្ត
-tv. បណ្តោយទៅតាម
humorist['hju:məri st] ***n.*** អ្នកនិពន្ធរឿងកំប្លែង
humorous['hju:mərəs] ***adj.*** ដែលកំប្លែង
hump[hʌmp] ***n.*** camel' s x បូក
x of ground ខ្នង
Id. over the h. ផុតដំណាក់លំបាកហើយ
-tv. x one's back ចំកោង
x (up) dirt ពូន
humpback[,hʌmpbæk] ***n.*** មនុស្សគម
humus['hju:məs] ***n.*** មមោក

hunch[hʌntʃ] ***tv.*** ចំកោង
-n. h. on the back ខ្នងកោង
Coll. have a x ប្រផ្នូល
hunchback['hʌntʃbæk] ***n.*** មនុស្សគម
hundred['hʌndrəd] ***n.,adj.*** មួយរយ (១០០)
hundredth['hʌndrədθ] ***adj.*** ទីមួយរយ
-n. មួយភាគមួយរយ
hung[hʌŋ] *(pt . . pp. of* hang *)*
hunger['hʌŋgər] ***n.*** die of x ការអត់បាយ
cry with x ការឃ្លានបាយ
x for affection ការស្រេកឃ្លាន (អ.ប.)
-iv. x for food ឃ្លាន
x for affection ស្រេកឃ្លាន
hungry['hʌŋgri] ***adj.*** x dog ដែលឃ្លាន
I ' m h. ខ្ញុំឃ្លានបាយ
x for love ស្រេកឃ្លាន
go h. អត់បាយ
hunk[hʌŋk] ***n.*** *Coll.* ដុំ
hunt[hʌnt] ***tv.*** x game បរបាញ់
x a criminal រកចាប់, ដេញចាប់
h. for រក
-iv. បរបាញ់សត្វ
-n. for x ការបាញ់
x for a candidate ការស្វែងរក
hunter[hʌntər] ***n.*** live as a x ព្រាន, ប្រមាញ់
The hound is a x. សត្វសម្រាប់បរបាញ់សត្វ
fortune x អ្នកស្វែងរក
hurdle['hɜ:dl] ***n.*** race x របង (សម្រាប់កីឡា ផ្លោះរបង)
last x to the goal ឧបសគ្គ
-tv. x a gate ផ្លោះ, លោតផ្លោះ
x a problem ជំនះ, ពុះពារ (រួច)

hurl[hɜ:l] *tv.* x a ball ចោលយ៉ាងខ្លាំង

x him down ចាប់ក្រវាត់

h. insults និយាយបោះបោកផាក់

hurrah[hə'rɑ:] *interj.* ជយោ!

hurricane['hʌri kən] *n.* វេរម្ភវាត

hurry['hʌri] *iv.* (*pt., pp.* hurried)

x with one's work ប្រញាប់ប្រញាល់

h. along ស្រូតរូត, វិរសរៀស

H. up! ប្រញាប់ឡើង

-tv. x a decision ធ្វើដោយរូសរាន់

x a person បង្ខំ

-n be in a h. មានការប្រញាប់

There's no h. គ្មានអ្វីជាបន្ទាន់ទេ

hurt[hɜ:t] *tv.* x a child ធ្វើឱ្យរងទុក្ខ

x one's chances ធ្វើឱ្យខូចប្រយោជន៍ផល

x one's foot ធ្វើឱ្យឈឺ

x the engine ធ្វើឱ្យខូច

h. his feelings ធ្វើឱ្យឈឺចាប់

get h. ត្រូវរបួស

-iv (My finger) hurts. ឈឺ

His words x. ធ្វើឱ្យឈឺចាប់ (ក្នុងចិត្ត)

It can't h. ជាការល្អដែរ

-n. physical x ការឈឺ

mental x សេចក្តីឈឺចាប់

hurtful[hɜ:tfl] *adj.* ដែលធ្វើឱ្យខូចប្រយោជន៍ផល

hurtle['hɜ:tl] *iv.* បោះពួយ

-tv. ធ្វើឱ្យបោះពួយទៅ

husband['hʌzbənd] *n.* ប្តី

Lit: ស្វាមី

Roy: ព្រះស្វាមី, ព្រះភស្តា

-tv. គិតគូរសំចៃ

husbandry['hʌzbəndri] *n.* x of resources ការគិតគូរសំចៃ

animal h. ការចិញ្ចឹមសត្វ

hush[hʌʃ] *interj.* ស្ងៀម

-tv. x a child ធ្វើឱ្យស្ងៀម

x (up) a scandal បំបិទ

-iv. ស្ងាត់, ស្ងៀមឡើង

-n. ភាពស្ងាត់ចិនស្លាម

-adj. x money ដែលសម្រាប់សូកគេកុំឱ្យនិយាយឡើយ

husk[hʌsk] *n.* សំបក (គ្រាប់ស្រូវ ។ល។)

-tv. យកសំបកចេញ

husky['hʌski] *adj.* x boy ក្រអាញ

x voice ស្អកៗ (សម្លេង)

hustle['hʌsl] *iv. Coll.* x in one's work ប្រញាប់ប្រញាល់

x one's way through រុលប្រជ្រៀត

-tv. x a worker បង្ខំ

x him out of the country ឱ្យចេញទៅយ៉ាងប្រញាប់ប្រញាល់

Sl x customers បោក

-n. ការប្រញាប់ប្រញាល់

hustler['hʌslər] *n. Coll.* x at work មនុស្សញាប់ដៃញាប់ជើង

pool x មនុស្សឆបោក

hut[hʌt] *n.* ខ្ទម

hybrid['hai bri d] *n.* អ្វីៗដែលកាត់

Lit: ប្រសង្ករណ៍

-adj. ដែលកាត់

hybridize['hai bri dai z] *tv.* បង្កាត់ពូជ

hydrant['hai drənt] *n.* ក្បាលម៉ាស៊ីនទឹក (សម្រាប់តបំពង់លត់ភ្លើង)

hydrate['hai drei t] *n.* អបោសំសម្ពកម្ម

hydraulic[hai 'drɔ:li k] *adj.* x power ដែលប្រើទឹក

x brakes ដើរដោយវិលីនធាតុ

hydraulics[hai drauli ks] *n.* ជលគតិវិជ្ជា

hydrocarbon[,hai drə'kɑ:bən] *n.* ឧទម្ពារ

hydroelectric['hai drəui 'ləktri k] *adj.* ជលាគ្គិសនី

hydrogen['hai drədʒən] *n. Fr:* អ៊ីដ្រូហ្សែន

hydrolysis[,hai drəlai zi s] *n.* ឧទកកម្ម (ការញែកយកធាតុទឹកចេញ)

hydrometer[,hai drəmtər] *n.* អបោមាត្រ

hydrophobia[,hai drə'fəubi ə] *n.* ជម្ងឺខ្លាចទឹក

hydroplane['hai drəplei n] *n.* កប៉ាល់ហោះចុះទឹក

Lit: ជលាកាសយាន

hydrotherapy[,hai drəu'θerəpi] *n.* អាបោតិកិច្ឆា

hyena[hai 'i:nə] *n.* សត្វស្វាន

hygiene['hai dʒi:n] *n.* អនាម័យ

hyienic[hai 'dʒi:ni k] *adj.* ដែលទាក់ទងនឹងឬខាងអនាម័យ

hymen['hai mən] *n.* ភ្នាសសន្ទះរន្ធយោនី

hymn[hi m] *n.* ចម្រៀងថ្វាយអាទិទេព

hyper[hai 'pɜ:] *- pref.* បុព្វបទមានន័យថាៈ លើស, ហួសហេតុ, ខ្លាំងពេក, ឧ. active សកម្ម > hyperactive សកម្មហួសហេតុ

hyperbole[hai 'pɜ:beli] *n.* ការបំផ្លើសសំដី

hypertension[,hai pə'tenʃn] *n.* ដំណើរឡើងឈាម

hyphen['hai fn] *n.* សហសញ្ញា, សញ្ញា (-)

hyphenate['hai fənei t] *tv.* ភ្ជាប់គ្នាដោយសហសញ្ញា

hypnosis[hi p'nəusi s] *n.* ភាពត្រូវសណ្ដំ

hypnotic[hi p'nɔti k] *adj.* នៃការសណ្ដំ

hypnotism['hi pnəti zəm] *n.* ការសណ្ដំ

hypnotize['hi pnətai z] *tv.* សណ្ដំ

hypochondriac['hai pə'kɔndri æk] *adj.* ដែលចេះតែព្រួយថាខ្លួនឯងមានជម្ងឺ

-n. មនុស្សដែលចេះតែព្រួយថាខ្លួនមានជម្ងឺ

hypocrisy[hi 'pɔkrəsi] *n.* ការលាក់ពុត

hypocrite['hi pəkri t] *n.* មនុស្សលាក់ពុត

-adj. ដែលលាក់ពុត

hypodermic[,hai pə'dɜ:mi k] *adj.* x tissue សើៗស្បែក

x needle សម្រាប់ចាក់សើៗស្បែក (ម្ជុល)

-n. use a x ម្ជុលសម្រាប់ចាក់សើៗស្បែក

adminster a x ការចាក់ថ្នាំសើស្បែក

hyportension[,hai pɔ:tenʃn] *n.* ដំណើរចុះឈាម

hypotenuse[,hai 'pɔtənju:z] *n.* អ៊ីប៉ូតេនុហ្ស៍

hypothesis[hai 'pɔθəsi s] *n.* សម្មតិកម្ម

hypothetical[,hai pə'θeti kl] *adj.* ដែលជាសម្មតិកម្ម, ដែលជាការស្មាន

hysteria[hi 'ṣti əri ə] *n.* ការរំជួលចិត្តយ៉ាងខ្លាំង

hysterical[hi 'steri kl] *adj.* x patient ដែលរំជួលចិត្តយ៉ាងខ្លាំង

h. laughter សំណើចហៀរទឹកភ្នែកទឹកសំបោរ

I

I, i [ai] អក្សរទី៩តាមលំដាប់អក្ខរក្រមអង់គ្លេស

Cap. លេខមួយរ៉ូម៉ាំង

I *1st pers. sg. nom. pron.*

(poss. adj. my *poss . pron.* mine*)*

Gen: ខ្ញុំ

Form: 1. masc. ខ្ញុំបាទ

2. fem. នាងខ្ញុំ

Condescending: អញ

By Cl: អាត្មា, អាត្មាភាព

To. Cl: ខ្ញុំករុណា

To Roy: ទូលបង្គំ, ទូលបង្គំជាខ្ញុំ, ទូលព្រះបង្គំជាខ្ញុំ

ibid, ibidem['i bi dem] *adv.* ក្នុងសៀវភៅដដែល

ibis['ai di s] ***n.*** សត្វកុក

ice[ai s] ***n.*** x and snow ទឹកកក (ដែលកកជាដុំឬផ្ទាំង)

lemon x ការ៉េមម្យ៉ាង

Id. break the i. បំបាត់នូវការរារង់ញញើតញញើម

Id. on thin i. ជិតមិនស្រួលមែនទែនហើយ

Sl. cut no i. ឥតបានការ

-tv. x a stream ធ្វើឱ្យកក

x a drink ដាក់ទឹកកក

x a cake លាបស្ករ

-iv. ឡើងកក

-adj. i. age ប្រវត្តិកាលទឹកកក

i. cream ការ៉េម

i. pack កញ្ចប់ទឹកកកសម្រាប់ស្អំ

iceberg['ai sbɜ:g] ***n.*** អែស៊្បែរ, ផ្ទាំងទឹកកកអណ្ដែត

icebox['ai sbɔks] ***n.*** ទូទឹកកក

ice-skate['ai skei t] ***iv.*** លេងប៉ាតាំង (លើទឹកកក)

ichthyology[ai θi ələʤi] ***n.*** មច្ឆភក្សា

icicle['ai si kl] ***n.*** ទឹកកកដែលជាប់អ្វី១ហើយធ្លាក់រតាយ

icing['ai si ŋ] ***n.*** ស្ករលាបនំ

icon['ai kɔn] ***n.*** បដិមា

iconoclast[ai 'kɔnəklæst] ***n.*** អ្នកបំផ្លាញបដិមា

icy['ai si] *adj.* x wind ដ៏ត្រជាក់, យ៉ាងត្រជាក់

x road ដែលមានទឹកកក

x stare ដែលសម្ដែងនូវការមិនចូលចិត្តឬរាប់អាន

I'd[ai d] *(contr. of* I would/ I *had)*

idea[ai 'di ə] ***n.*** new x គំនិត

What' s the i.! ម៉េចក៏ធ្វើអ៊ីចឹង!

ideal[ai 'di:əl] ***n.*** moral x ឧត្ដមគតិ

He' s my x. មនុស្សដែលខ្លួនចង់ឱ្យដូច

-adj. x beauty ឥតខ្ចោះ

x spot ល្អណាស់ (សម្រាប់ធ្វើអ្វីមួយ)

idealism[ai 'di:əli zəm] ***n.*** ឧត្ដមគតិនិយម

idealize[ai 'di:əlai z] *adj.* គិតថាប្រកបដោយសុក្រឹតភាព

identical[ai 'denti kl] *adj.* ដូចសុទ្ធសាធ, ដូចបេះបិទ

identification[ai ˌdenti fi 'kei ʃn] ***n.***

x of the problem អត្តសញ្ញាណកម្ម

carry one' s x ប័ណ្ណសំគាល់ខ្លួន

Lit: អត្តសញ្ញាណប័ណ្ណ

identify[ai 'denti fai] ***tv.*** *(pt . . pp.* identified *)* x a corpse ស្គាល់

x the problem រកឃើញ

This card will x you. ប្រាប់ថាអ្នកណាៗ

x sthg. with ប្រកាសថាដូចគ្នា

-*iv.* i. with យល់ចិត្ត

identity[ai 'dentəti] *n.* x of stranger អត្តសញ្ញាណ

x of the problem អត្តសញ្ញាណកម្ម

x of purpose ភាពដូចគ្នា

ideology[,ai di 'ɔlədʒi] *n.* មនោគមវិជ្ជា

ideological[,ai di ə'lɔdʒi kl] *adj.* ខាងមនោគមវិជ្ជា

idiocy['i di əsi] *n.* ភាពភ្លើ, ភាពលីលា

Lit: វិកមតិ

idiom['i di əm] *n.* in the local x ភាសាដោយឡែកនៃជាតិណាមួយ

x of the language ពាក្យឬឃ្លាមានន័យមិនធម្មតា

idiomatic[,i di ə'mæti k] *adj.* ដែលមានន័យពិសេស

idiosyncrasy[,i di ə'si ŋkrəsi] *n.* លក្ខណៈពិសេស

idiot['i di ət] *n.* មនុស្សភ្លើឬលលា

ideotic[,i di 'ɔti k] *adj.* ភ្លើ, លលា

idle['ai dl] *adj.* x workers ឥតការធ្វើ

x factory ដែលមិនដើរ

x thoughts ឥតបានការ

-*tv.* x workers ធ្វើលែងឱ្យមានការធ្វើ

i. time away ចំណាយពេលធ្វើអ្វីៗឥតប្រយោជន៍

x a motor បញ្ឆេះឱ្យដើរ (តែឥតបើកទៅមុខ)

-*iv.* motors x ឆេះនៅស្ងៀម

idol['ai dl] *n.* religious x គរូរូប

He' s my x. មនុស្សដែលខ្លួនចង់ឱ្យដូច

idolatry[ai 'dɔlətri] *n.* condemn x សរណវត្ថុបូជា

his x of her ការស្រឡាញ់ងប់

idolize['ai dəlai z] *tv.* ស្រឡាញ់ឬគោរពយ៉ាងជ្រាលជ្រៅ

idyllic[i 'di li k] *adj.* មនោហរ

i. e. *(id. est) conj.* គឺ, គឺថា

if[i f] *conj.* x he goes បើ

even if ... ទោះបើ

What if. ... ចុះបើ

igloo['i glu:] *n.* ផ្ទះធ្វើពីទឹកកក (សម្រាប់ពួកអេស្គីម៉ូ)

igneous['i gni əs] *adj.* ដែលកើតឡើងដោយអំពើនៃភ្លើង

ignite[i g'nai t] *tv.* អុជ, ធ្វើឱ្យឆេះឡើង

-*iv.* ឆេះឡើង

ignition[i g'ni ʃn] *n.* x of a fire ការឆេះឡើង

x of a car កុងតាក់

ignominious[,i gnə'mi ni əs] *adj.* ដែលធ្វើឱ្យអាម៉ាស់មុខ

ignominy[,i gnəmi ni] *n.* ភាពទុយស

ignoramus[,i gnə'rei məs] *n.* មនុស្សខ្លៅ

ignorance['i gnərəns] *n.* state of x ភាពល្ងង់ខ្លៅ

Lit: អវិជ្ជា

x of the law ការមិនដឹង, ការមិនយល់

ignorant['i gnərənt] *adj.* x farmer ល្ងង់, ខ្លៅ

x of the law ដែលមិនដឹង, មិនយល់

ignore[i g'nɔ:r] *tv.* មិនអើពើនឹង

ill[i l] *adj.* He' s x ឈឺ

x repute អាក្រក់

x manners ច្រឡើសបើស

have x feelings ដែលមានការមិនចូលចិត្ត

-*adv.* think i. of អន់ចិត្ត (នឹង)

i. at ease ចង្អៀតចង្អល់ក្នុងចិត្ត

i. afford មិនអាចធ្វើទៅកើត (ដោយខ្លាចមានផលបកមកវិញជាដើម)

-*n.* ជម្ងឺ

ill-bred[i 'lbred] *adj.* ឥតពូជ

illegal[i 'li:gl] *adj.* ដែលល្មើសច្បាប់

Lit: អនិត្យានុកូល

illegality[,i li 'gæləti] *n.* ភាពខុសនឹងច្បាប់

Lit: អនិត្យានុកូល

illegible[i 'ledʒəbl] *adj.* ដែលមើលមិនដាច់ (ដោយមិនច្បាស់)

illegitimate[,i lədʒi təmət] *adj.* x child មិនពេញច្បាប់, ឥតខាន់ស្លា

x act ខុសច្បាប់

Lit: អធម្មានុរូប

illicit[i 'li si t] *adj.* ខុសច្បាប់, ខុសទម្លាប់

illiteracy[i 'li tərəsi] *n.* ការមិនចេះអក្សរ

illiterate[i 'li tərət] *adj.* ដែលមិនចេះអក្សរ

illness['i lnəs] *n.* ជម្ងឺ

illogical[i 'lɔdʒi kl] *adj.* ដែលមិនសម តាមតក្កវិជ្ជា

illuminate[i 'lu:mi nei t] *tv.* x a scene ដាក់ភ្លើងបំភ្លឺ

x a problem បំភ្លឺឱ្យច្បាស់

illusion[i 'lu:ʒn] *n.* មាយាការ

Lit: ដំណើរភាន់នៃវិញ្ញាណឬគំនិត

illustrate['i ləstrei t] *tv.* x a book តែងលំអ ដោយរូប

x a principle ពន្យល់ (ដោយឧទាហរណ៍)

illustration[,i lə'strei ʃn] *n.* newspaper x រូបភាពសម្រាប់លំអឬពន្យល់

x of a principle ការពន្យល់ (ដោយប្រើ ឧទាហរណ៍)

illustative['i ləstrəti v] *adj.* ដែលសម្រាប់ លំអឬពន្យល់

illustrious[i 'lʌstri əs] *adj.* ល្បីល្បាញ, ចំណាន, វិស្សុត

I'm[ai m] *(contr. of* I am*)*

im[i m] *-pref.* បុព្វបទ ក្នុងពាក្យខ្លះមានន័យ ថា:មិន,

ឧ. proper សមរម្យ > improper មិនសមរម្យ

image['i mi dʒ] *n.* Buddhist x បដិមា, បដិមាករ

mental x ចម្មារម្មណ៍

cast an x ស្រមោល

the very i. of ដូចបេះបិទ

imagery['i mi dʒəri] *n.* ការប្រៀបធៀបយ៉ាង ប៉ិនប្រសប់

imaginable[i 'mædʒi nəbl] *adj.* ដែល ប្រមើលក្នុងចិត្តបាន

imaginary[i 'mædʒi nəri] *adj.* ដែលមាន តែក្នុងមនោគតិ

imagination[i ,mædʒi 'nei ʃn] *n.* vivid x មនោគតិ

show great x ប្រឌិតញាណ

the x of danger ការនឹកឃើញក្នុងមនោគតិ

imaginative[i 'mædʒi nəti v] *adj.* x child ដែលមានប្រឌិតញាណ

x approach ប្រកបដោយប្រឌិតញាណ

imagine[i 'mædʒi n] *tv.* x a situation នឹកក្នុងមនោគតិ

I x he 'll go. ស្មានថា

imbecile['i mbəsi:l] *n.* មនុស្សល្ងីល្ងើ

-adj. ល្ងីល្ងើ

imbecility['i mbə'si ləti] *n.* ភាពល្ងីល្ងើ

imbibe[i m'bai b] *tv.* x alcohol ផឹក

sponges x liquid ស្រូប

x ideas ជ្រួតជ្រាប

imbue[i m'bju:] *tv.* ធ្វើឱ្យជ្រួតជ្រាប

imitate['i mi tei t] *tv.* x one's elders ត្រាប់, ធ្វើតាម

x genuine leather ក្លែងធ្វើតាម

It' s rude to x idiots. ធ្វើត្រាប់ (ចំអក)

imitation[,i mi 'tei ʃn] *n.* x of one' s elders ការធ្វើតាម

an x of the original របស់ត្រាប់ឬក្លែង

do an x of ការធ្វើត្រាប់

-adj. ដែលក្លែងក្លាយ

immaculate[i 'mækjulət] *adj.* ថែស (ថ្មី ស្អាត)

immaterial[,i mə'ti əri əl] *adj.* x to the case មិនទាក់ទង

x substance អរូប

immature[,i mə'tjuər] *adj.* នៅខ្ចី

immeasurable[i 'meʒərəbl] *adj.* អប្បមាណ

immediate[i 'mi:di ət] *adj.* x delivery ភ្លាម

x problem បន្ទាន់

immediately[i 'mi:di ətli] *adv.* ភ្លាម, មួយរំពេច

immemorial[,i mə'mɔ:ri əl] *adj.* យូរអង្វែងមកហើយ

immense[i 'mens] *adj.* ធំមហិមា

immensity[i 'mensəti] *n.* ភាពធំមហិមា

immerse[i 'mɜ:s] *tv.* x meat in brine ត្រាំ

x his head ជ្រមុជ

x students in culture ធ្វើឱ្យជ្រួតជ្រាប

immigrant['i mi grənt] *n.* អន្តោប្រវេសី

-adj. អន្តោប្រវេសន

immigrate['i mi grei t] *iv.* ធ្វើអន្តោប្រវេសន៍

immigration[,i mi 'gei ʃn] *n.* អន្តោប្រវេសន៍

imminence['i mi nəns] *n.* អចាសន្នភាព

imminent['i mi nənt] *adj.* ដែលជិតកើតមានឡើង, ដែលនឹងកើតមានឡើង

immobile[i 'məubai l] *adj.* x desk នឹងថ្កល់

remain x ស្ងៀម

immobilize[i 'məubəlai z] *tv.* ធ្វើឱ្យលែងទៅណារួច

immoderate[i 'mɔdərət] *adj.* ហួសប្រមាណ, ហួសហេតុ (ការបរិភោគ។ល។)

immodest[i 'mɔdi st] *adj.* ដែលលើកតំកល់ខ្លួនឯង

immolate['i məlei t] *tv.* បូជាយញ្ញ

immoral[i mɔrəl] *adj.* ដែលផ្ទុយនឹងឬខុះសីលធម៌

immorality[,i mə'ræləti] *n.* engage in x អំពើផ្ទុយនឹងសីលធម៌

x of his act ភាពខុះសីលធម៌

immortal[i 'mɔ:tl] *adj.* x beings ដែលមិនស្លាប់

Lit: អមតៈ

x legacy ដែលមិនស្លាប់

immortality[,i mɔ:'tæləti] *n.* ភាពមិនចេះស្លាប់

Lit: អមតភាព

immune[i 'mju:n] *adj.* x to cholera ដែលស៊ាំនឹងរោគអ្វីមួយ

x to criticism ដែលស៊ាំ, ដែលលែងឈឺ

x to danger ដែលមិនអាចមកប៉ះពាល់បាន

immunity[i 'mju:nəti] *n.* x against cholera ភាពស៊ាំនឹងរោគអ្វីមួយ

diplomatic x អភ័យឯកសិទ្ធិ

immunize['i mjuai z] *tv.* ធ្វើឱ្យស៊ាំនឹងរោគ

imp[i mp] *n.* ប្រែត

impact['i mpækt *n.* injured in the x ផលរំពើនទង្គិច

x of a decision ឥទ្ធិពល

impair[i m'peər] *tv.* ធ្វើឱ្យអន់ថយ

impale[i m'pei l] *tv.* x a head ដោត

x a snake ចាក់

impalpable[i m'pælpəbl] *adj.* មិនអាចស្ទាបដឹង

impart[i m'pɑ:t] *tv.* ចែកឱ្យ (ចំណេះ។ល។)

impartial[i m'pɑ:ʃl] *adj.* មិនលំអៀង

Lit: អគតិគាមី

impassable[i m'pɑ:səbl] *adj.* ដែលមិនអាចឆ្លងកាត់បាន

impasse['æmpɑ:s] *n.* ស្ថានភាពគេផ្លូវចេញគ្មាន

impatient[i m'pei ʃnt] *adj.* x parent គ្មានអំណត់

x to go ប្រាស់ប្រាល, អន្ទះអន្ទែង (ចង់ធ្វើអ្វីមួយ)

x answer ដូចគេខឹង, តំបុកតំបុយ

impatience[i m'pei ʃns] *n.* x with a child ការខ្វះអំណត់ *Lit:* អក្ខន្តិភាព

x to go ការប្រាស់ប្រាល, ការអន្ទះអន្ទែង

impeach[i m'pi:ʧ] *tv.* x an official ចោទចំពោះមុខតុលាការ

x his motives ធ្វើឱ្យមានការសង្ស័យផល

impeccable[i m'pekəbl] *adj.* ឥតខ្ចោះ

impecunious[,i mpi 'kju:ni əs] *adj.* ក្រណាស់, ដែលគ្មានប្រាក់មួយសេនសោះ

impede[i m'pi:d] *tv.* បង្អាក់

impediment[i m'pedi mənt] *n.* ឧបសគ្គ

impel[i m'pel] *tv.* *(pt., pp.impelled)*
x him to speak out ជម្រុញ
x a rocket រុញ

impend[i m'pend] *iv.* ជិតកើតមានឡើង

impenetrable[i m'peni trəbl] *adj.* x forest ដែលមិនអាចចូលបាន, ក្រាស់ពេក
x mystery ដែលមិនអាចយល់បាន

imperative[i m'perəti v] *adj.* x that we go ចាំបាច់
Gram. x sentence ដែលបង្គាប់ឬបញ្ជា
-n. x of the situation ការចាំបាច់
Gram. in. the x បែបបង្គាប់បញ្ជា

imperceptible[,i mpə'septəbl] *adj.* អសញ្ញានិយ (មិនអាចចាប់យកដោយវិញ្ញាណបាន)

imperfect[i m'pɜ:fi kt] *adj.* x specimen អសុក្រឹត
Gram. x tense ដែលបង្ហាញនូវអំពើដែលមិនទាន់ចប់

imperfection[,i m'pə'fekʃn] *n.* sase has an x ឆ្អក
the x of human nature អសុក្រឹតភាព

imperial[i m'pi əri əl] *adj.* x order នៃរាជាធិរាជ
x manner ដូចស្ដេច

imperialism[i m'pi əri əli zəm] *n.* ចក្រពត្តិនិយម

imperil[i m'perəl] *tv.* ធ្វើឱ្យមានគ្រោះថ្នាក់ដល់

imperious[i m'pi əri əs] *adj.* x command ដែលបង្គាប់បញ្ជា, ដែលក្រអឺតក្រទម
x need បន្ទាន់

imperishable[i m'peri ʃəbl] *adj.* មិនខូច

impersonal[,i m'pɜ:sənl] *adj.* x relationship មិនជិតស្និទ្ធ
Gram. x pronoun អបុគ្គលិក

impersonate[i m'pɜ:sənei t] *tv.* x an officer ក្លែងធ្វើជា
x the best values តំណាង

impertinence[i m'pɜ:ti nəns] *n.* x of his remark ភាពព្រហើន
remark was an x អំពើព្រហើន
x of a fact ដំណើរមិនទាក់ទង

impertinent[i m'pɜ:ti nənt] *adj.* x reply ព្រហើន
x fact ដែលមិនទាក់ទង

imperturbable[,i mpə'tɜ:bəbl] *adj.* ដែលមិនចេះរំភើប

impervious[i m'pɜ:vi əs] *adj.* x to water ដែលមិនជ្រាប (ទឹក។ល។)
x to criticism ដែលមិនងាយធ្វើឱ្យរញ្ជួយ (អ.ប.)
i. to attack ដែលមិនអាចវាយយកបាន

impetuous[i m'petʃuəs] *adj.* x girl ដែលឆាប់លោត
x act ដែលធ្វើទៅដោយឥតបានគិតច្រើន

impetus['i mpi təs] *n.* សន្ទុះ

impiety[i m'pai əti] *n.* ការខ្វះសេចក្ដីគោរព

impinge[i m'pi ndʒ] *iv.* rays x on the eye ប៉ះ
x on his freedom ទន្ទ្រាន (អ.ប.)
facts x on the problem ទាក់ទង

implacable[i m'plækəbl] *adj.* មិនអាចធ្វើឱ្យស្ងប់បាន

implant[i m'plɑ:nt] *tv.* x principles បំពាក់បំប៉ន, ធ្វើឱ្យជ្រួតជ្រាប
x an organ បណ្ដុះ, ផ្សាំ
-n. អ្វីៗដែលបណ្ដុះឬផ្សាំ

implausible[i m'plɔ:zəbl] *adj.* ដែលមិនគួរឱ្យជឿ, មិនគួរទុកជាពិតបាន

implement['i mpli ment] *n.* ប្រដាប់ប្រដា
Lit: ឧបករណ៍
-tv. x a plan ប្រតិបត្តិ
x an expedition ផ្ដល់នូវប្រដាប់ប្រដា

implicate['i mpli kei t] *tv.* ធ្វើឱ្យឃើញថាជំពាក់ទាក់ទង

implication[,i mpli 'kei ʃn] *n.* the x of s. o. in a crime ការជំពាក់ទាក់ទង

objectionable x ការពោលមិនទំ

Pl. the x of amnesty អ្វីៗដែលកើតឡើងដែលជាលទ្ធផលនៃអ្វីមួយទៀត

implicit[i m'pli si t] *adj.* x consent វាចរហិត

x trust ទាំងស្រុង

implore[i m'plɔ:r] *tv.* អង្វរករ, អង្វរសុំ

imply[i m'plai] *tv. (pt. .pp.* implied*)*

x that he' s dishonest ថ្លែងបញ្ជាក់

effects x causes បញ្ជាក់នូវ

What does the word x ? មានន័យកំបាំង

impolite[,i mpə'lai] *adj.* ឥតគួរសម

Lit: អសុភោះ

import[i m'pɔ:t] *tv.* x cars នាំចូល

x ideas យកមកពីប្រភពឯទៀត

-n. foreign x វត្ថុនាំចូល

fact has no x ខ្លឹមសារ

importation[,i mpɔ:'tei ʃn] *n.* x of goods លំនាំចូល, ការនាំទំនិញចូល

Lit: អាហរណកម្ម

idea is an x អ្វីដែលយកមកពីក្រៅ

importance[i m'pɔ:tns] *n.* fact has no x សារសំខាន់

man of x ឋានៈខ្ពង់ខ្ពស់

importune[,i mpɔ:'tju:n] *iv.*, *tv.* ខំខ្វចសុំ (ដោយធ្វើឱ្យខាន)

impose[i m'pəuz] *tv.* x one's authority បង្ខំលើ

i. taxes ឱ្យបង់ពន្ធ

-iv. i. on s. o. រំលោភ (ដូចជាកេពឹងពាក់ហួសពេក)

imposing[i m'pəuzi ŋ] *adj.* សម្បើម

imposition[,i mpə'zi ʃn] *n.* i. of taxes ការដាក់កម្រិតឱ្យបង់ពន្ធ

his request was an x ការបង្ខំលើ

impossibility[i m,pɔsə'bi ləti] *n.* That is an x. អ្វីៗដែលធ្វើទៅពុំកើត

x of achievement ភាពមិនអាចធ្វើទៅបាន

impossible[i m'pɔsəbl] *adj.* x occurrence ដែលមិនអាចនឹងកើតមានឡើង

x objective ដែលមិនអាចធ្វើទៅបាន

x situation ដ៏លំបាក

x person ពិបាកបំពេញចិត្ត

impostor[i m'pɔstər] *n.* មនុស្សក្លែងខ្លួន

imposture[i m'pɔstʃər] *n.* ការក្លែងខ្លួនជាអ្នកដទៃ

impotent['i mpətənt] *adj.* x man ងាប់, ហែងធ្វើការកើត (ខាងផ្លូវកាម)

x ruler ដែលគ្មានអំណាច

impound['i m'paund] *tv.* x an animal ដាក់ក្នុងបន្ទាយបើស

x goods យកទុក

impoverish[i m'pɔvəri ʃ] *tv.* x a nation ធ្វើឱ្យចុះក្រ

x soil ធ្វើឱ្យអស់ជីជាតិ

impraticable[i m'prækti kəbl] *adj.* ដែលមិនអាចធ្វើទៅបានឬប្រព្រឹត្តបាន

Lit: អប្រតិបត្តិយ

impractical[i m'prækti kl] *adj.* មិនស្រួលអនុវត្ត, មិនអនុវត្តទៅស្រួលឬបានផលល្អល្មម

imprecate['i mpri kei t] *tv.* ដាក់បណ្ដាសា

imprecation[,i mpri 'kei ʃn] *n.* បណ្ដាសា

impregnable[i m'pregnəbl] *adj.* x fortress ដែលមិនអាចវាយយកបាន

x argument ដែលបដិសេធចោលមិនបាន

impregnate['i mpregnei t] *tv.* x an animal ធ្វើឱ្យមានកូន

x a cloth with oil ជោក

impress[i m'pres] *tv.* x one' s friends ធ្វើឱ្យស្ញើច

x a fact on his mind ធ្វើឱ្យជាប់នៅ

x a stamp on wood ធ្វើឱ្យមានស្នាមបុផិត

x seamen ចាប់យកទៅទាំងបង្ខំឱ្យធ្វើការអ្វីមួយ

-n. ស្នាមផិត

impression[i m'preʃn] *n.* make a good i. ធ្វើឱ្យចាប់អារម្មណ៍

get the i. that យល់ថា

make an x on wood ស្នាមផិត, ផំណិត

Printing second x ការផ្ដិត

impressionable[i m'preʃənəbl] *adj.* ងាយធ្វើឱ្យរំភើប

impressionism[i m'preʃəni zəm] *n.* អារម្មណ៍និយម

impressive[i m'presi v] *adj.* ដែលធ្វើឱ្យរំភើប, សមៀម

imprint[i mpri nt] *tv.* x a mark ផ្ដិត

x one' s ideas on them ផ្ដិតជាប់

-n. x of a hand ស្នាមផ្ដិត

mental x លក្ខណៈដែលឆ្លងឬផិតជាប់

imprison[i m'pri zn] *tv.* ដាក់គុក

impropmtu[i m'prɔmptju:] *adj.* ដែលឥតគ្រោងទុកជាមុន, ឥតបានប្រុងប្រៀបជាមុន

improper[i m'prɔpər] *adj.* x conduct ខុសឆ្គង

x tools មិនត្រូវ

impropriety[,i mprə'prai əti] *n.* x of his conduct ភាពខុសឆ្គង

commit an x អំពើមិនសមរម្យ

improve[i m'pru:v] *tv.* x one' s health ធ្វើឱ្យប្រសើរឡើង

x property ធ្វើឱ្យមានតម្លៃឡើង

-tv. health will x គ្រាន់បើឡើង

i. on ធ្វើឱ្យប្រសើរឡើងទៅទៀត

improvement[i m'pru:vmənt] *n.* patient shows x ការគ្រាន់បើឡើង

difficult of x ការធ្វើឱ្យប្រសើរឡើង

x of property ការធ្វើឱ្យមានតម្លៃឡើង

Lit: បសិដ្ឋកម្ម

This copy is an x. អ្វីដែលប្រសើរជាងអ្វីមុន

improvident[i m'prɔvi dənt] *adj.* ឥតគំនិត

improvise['i mprəvai z] *iv.*, *tv.* ប្រឌិតធ្វៃ (ពេលលកផ្ដល់នូវគ្រឿងត្រូវការ ដោយប្រើនូវអ្វីៗដែលមាននៅជិតដៃ)

improvisation[,i mprəvai 'zei ʃn] *n.* by x ការច្នៃប្រឌិត

an x អ្វីៗដែលច្នៃប្រឌិតជាបណ្ដោះអាសន្ន

imprudent[i m'pru:dnt] *adj.* ដែលធ្វេសប្រហែស

impudent['i mpjədənt] *adj.* ឥតអៀនខ្មាស់

impugn[i m'pju:n] *tv.* ចោទសួរនូវសេចក្ដីទៀងត្រង់ ។ល។ របស់អ្នកណាម្នាក់

impulse['i mpʌls] *n.* sudden x ពលវេគ (កម្លាំងជំរុលចិត្ត)

electrical x សន្ទុះ

impulsive[i m'pʌlsi v] *adj.* ដែលធ្វើទៅតាមតែសន្ទុះចិត្ត

impunity[i m'pju:nəti] *n.* ដំណើរគ្មានទោស

impure[i m'pjuər] *adj.* x water មិនស្អាត

x gold មិនសុទ្ធ

x girl មិនបរិសុទ្ធ

impurity[i m'pjuərəti] *n.* x of gold ភាពមិនសុទ្ធ

pl. x in water អ្វីៗដែលធ្វើឱ្យលែងស្អាតឬលែងសុទ្ធ

impute[i m'pju:t] *tv.* x guilt ផ្ដោល (ទោស)

x authorship សន្មត

in[i n] *prep.* x the house ក្នុង

x ancient times នៅ

return x 10 minutes ក្នុងពេល

dressed x white ជា

in secret ជាសម្ងាត់

in conference ជាប់, កំពុងជាប់ (និយាយ)

in honor of ជាកិត្តិយសដល់

put in operation ដាក់ (ប្រតិបត្តិ)

in a hurry ប្រញាប់

x English ជាភាសា (ឧ.សរសេរជាភាសាខ្មែរ)

in fun ជាការលេង, ជាការកំប្លែង

break in two កាច់ជាពីរ

-adv. come in ចូល

cave in ស្រុតចុះ

write in សរសេរបំពេញ

-adj. Is he in ? គាត់នៅទេ ?

democrats are x មានអំណាច, មានសម្លេង (ដោយមានចំនួនច្រើនៗលៗ)

Coll. the x thing ដែលគេនិយម

in[i n]-*pref.* បុព្វបទៈ មិន, ឧ. expensive ថ្លៃ > inexpensive មិនថ្លៃ, ថោក

defensible ការពារ > indefensible មិនអាចការពារបាន

inane[i 'nei n] *adj.* គ្មានខ្លឹមសារ

inasmuch as[,i nəz'mʌʧ əz] *conj.* ដោយហេតុថា

inaugural[i 'nɔ:gjərəl] *adj.* នៃពិធីសម្ពោធ

-n. សម្ពោធន៍

inagurate[i 'nɔ:gjurei t] *tv.* x a new president ធ្វើពិធីប្រគល់តំណែង

x new train service ចាប់ផ្តើម

inauguration[i ,nɔ:gjə'rei ʃn] *n.* x of new president ការធ្វើបុណ្យប្រគល់តំណែង

x of a new building សម្ពោធន៍

x of new train service ការចាប់ផ្តើម

inborn[,i n'bɔ:n] *adj.* ដែលមានពីកំណើត

Lit: សជាតិកៈ

inbred[,i n'bred] *adj.* x qualities ដែលមានពីកំណើត

x strain ដែលកាត់នឹងពូជតែមួយ

incalculable[i n'kælkjələbl] *adj.* អគណនីយ (មិនអាចគណនាបាន, មិនអាចរាប់បាន)

incandescent[,i nkæn'desnt] *adj.* ដែលក្តៅឡើងស

incantation[,i nkæn'tei ʃn] *n.* មន្តគាថា, របៀន

incapacitate[,i nkə'pæsi tei t] *tv.* ធ្វើឱ្យលែងធ្វើការកើត

incarpacity[,i nkə'pæsəti] *n.* អសមត្ថភាព

incarcerate[i n'kɑ:sərei t] *tv.* ដាក់គុក

incanate[i n'kɑ:nei t] *tv.* x the devil ធ្វើឱ្យមានរូបជាមនុស្ស

x ideal qualities តំណាង

-adj. ជារូបមនុស្ស

incarnation[,i nkɑ:'nei ʃn] *n.* អវតារ

incendiary[i n'sendi əri] *adj.* i. bomb គ្រាប់បែកឆេះ

x speech ដែលអុជអាល

incense[1]['i nsens] *n.* ធូប

incense[2][i n'sens] *tv.* ធ្វើឱ្យខឹង

incentive[i n'senti v] *n.* គ្រឿងលើកទឹកចិត្ត

inception[i n'sepʃn] *n.* ការចាប់ផ្តើម

incertitude[i n'sɜ:ti tju:d] *n.* ភាពមិនប្រាកដឬមិនទៀង

incessant[i n'sesnt] *adj.* ដែលឥតឈប់ឈរ

incest['i nsest] *n.* សន្ធគារ

inch[i nʧ] *n.* an x in length អ៊ិញ្ឈ៍ (រង្វាស់ប្រវែង ២,៥៣៨ម^លម^)

within an i. of his life ជិតស្លាប់

i. by i. បន្តិចម្តងៗ

-tv. ធ្វើទៅបន្តិចម្តងៗ

-iv. ទៅមុខយ៉ាងយឺតៗ

incidence['i nsi dəns] *n.* x of a disease ការកើតមានឡើង

single x គ្រា, លើក

incident['i nsi dənt] *n.* ឧប្បត្តិហេតុ

-adj. ដែលកើតឡើងដោយសារអ្វីមួយ

incidental[,i nsi 'dentl] *adj.* x to the main theme បន្ទាប់បន្សំ

i. expenses ចំណាយមិនបានគ្រោងទុកជាមុន

incinerate[i n'si nərei t] *tv.*, *iv.* ដុតឱ្យទៅជាផេះ

incinerator[i n'si nərei tər] *n.* ឡដុតសម្រាម

incipeint[i n'si pi ənt] *adj.* ដែលទើបនឹងចាប់មានឡើង

incise[i n'sai z] *tv.* កាត់, វះ, ឆ្វត

incision[i n'si ʒn] *n.* make an x ស្នាមវះ

x of the skin ការវះ

incisive[i n'sai si v] *adj.* មុត (អ.ប.)

incisor[i n'sai zər] *n.* ធ្មេញមុខ

incite[i n'sai t] *tv.* ញុះញង់, ពន្យុះ

inclemency[i n'klemənsi] *n.* ភាពគ្មានសេចក្ដីអត់ឱន

inclement[i n'klemənt] *adj.* x judge ដែលគ្មានសេចក្ដីអត់ឱន

x weather មិនល្អ

inclination[,i nkli 'nei ʃn] *n.* against his x ចិត្តរវេទៅរក

degree of x ជម្រាល

The car has an x to stall. ការរកផ្លូវតែ

incline[i n'klai n] *iv.* rooves x ជ្រាលចុះ

poles x ទេរ, ទ្រេត

I x to agree. រកកល់នឹង, រកកល់ចង់

-tv. x the head ឱនក

x a roof ធ្វើឱ្យជ្រាលចុះ

x a pole ធ្វើឱ្យទេរ

factors x him to go ជម្រុលឱ្យ

-n. ភាពទេរឬទ្រេត

inclined[i n'klai nd] *adj.* x roof ជ្រាល

x pole ទេរ

x to agree ដែលបម្រុងតែនឹង

include[i n'klu:d] *tv.* x him in the party បញ្ចូល

(list), includes (apples) មាន

x a letter ដាក់ក្នុង, បន្ថែម

inclusion[i n'klu:ʒn] *n.* the x of others ការបញ្ចូល

add an x វត្ថុដាក់ចូលបន្ថែម

inclusive[i n'klu:si v] *adj.* ដែលមាននៅក្នុង, ដែលរាប់បញ្ចូល

Lit: ជាបរិយាប័ន្ន

incognito[,i nkɔg'ni:təu] *adv.*, *adj.* អញ្ញាតករវេស

income[i ŋkʌm] *n.* anual x ប្រាក់ចំណូល, ប្រាក់រកបាន

i. tax ពន្ធលើប្រាក់ចំណូល

incoming[,i nkʌmi ŋ] *adj.* x tide ដែលឡើង

x mayor ដែលនឹងចូលកាន់តំណែង

x train ដែលមកដល់

incomparable[i n'kɔmprəbl] *adj.* ឥតឧបមា, មិនអាចប្រៀបផ្ទឹមបាន, អនុបមា

incompatibility[,i nkəmpætə'bi ləti] *n.* វិសមិតភាព

incompatible[,i nkəm'pætəbl] *adj.* x personalities វិសមិត

x facts ដែលមិនស៊ីគ្នា

incompetent[i n'kɔmpi tənt] *adj.* ដែលខ្វះសមត្ថកិច្ច, ដែលគ្មានសមត្ថភាព

Lit: អសមត្ថ

-n. មនុស្សដែលខ្វះសមត្ថកិច្ចឬដែលគ្មានសមត្ថភាព

incongruous[i n'kɔŋgruəs] *adj.* មិនស៊ីគ្នា

inconsequential[i n,kɔnsi 'kwenʃl] *adj.* មិនសំខាន់

inconsiderate[,i nkən'si dərət] *adj.* ឥតគិតក្រែង

inconsistent[,i nkən'si stənt] *adj.* ម្ដងដូច្នេះម្ដងដូច្នោះ

inconstant[i n'kɔnstənt] *adj.* ដែលផ្លាស់ប្ដូរ, ប្រែប្រួល

incontestable[,i nkən'stestəbl] *adj.* មិនអាចប្រកែកឬតវ៉ាបាន

inconvencience[,i nkən'vi:ni əns] *n.* x of the location ភាពមិនស្រួល

an additional x ការរំខាន

inconvenient[,i nkən'vi:ni ənt] *adj.* x kitchen មិនស្រួល

x arrival ដែលរំខាន

incorporate[i n'kɔ:pərei t] *tv.* x all three points in the report បញ្ចូល

these x those មានបញ្ចូល

x one's business បង្កើតជាសាជីវកម្ម

-iv. Bus. រួបរួមគ្នាជាសាជីវកម្ម

incorrigible[in'kɔri dʒəbl] *adj.* ដែលកែលែងបាន, កែមិនឡើង

increase [iŋ'kri:s] *tv.* x his salary តម្លើង

x speed បង្កើន

x intensity តម្លើង

x the population ធ្វើឱ្យមានច្រើនឡើង

-iv. salaries x ឡើង

sales x កើន

populations x កើនចំនួន

-n. កំណើន

increasingly[in'kri:si ŋli] *adv.* រឹតតែ, កាន់តែ

incredible[in'kredəbl] *adj.* មិនគួរឱ្យជឿ, ហួសនិស្ស័យ

incredulous[in'kredʒjələs] *adj.* ដែលមិនជឿ

increment['iŋkrəmənt] *n.* ចំនួនបន្ថែម

incriminate[in'kri mi nei t] *tv.* ដាក់ពាក់ព័ន្ធក្នុងបទឧក្រិដ្ឋ

incubate['iŋkjubei t] *tv.* x eggs ភ្ញាស់

x babies ដាក់ក្នុងកែវ

-iv. ញាស់

incubation['inkjubei ʃn] *n.* x of eggs ការញាស់

Med. period of x ពេលបង្ករោគ

incubator['inkju'bei tər] *n.* egg x ប្រដាប់ភ្ញាស់ ឬបណ្តុះជាត់មេរោគ

baby x កែវក្រុងទារក

incumbent[in'kʌmbənt] *adj.* x candidate ដែលកំពុងកាន់តំណែង (នៅពេលបោះឆ្នោត)

x posture ដែលផ្ទេក

i. on ដែលត្រូវរ៉ាប់រង

-n. អ្នកកំពុងកាន់តំណែង

incur [in'kɜ:r] *tv.* (*pt., pp.* incurred)

x debts ជាប់

x his displeasure នាំមកនូវ

incursion[in'kɜ:ʃn] *n.* ការលុកលុយ

indebted[in'deti d] *adj.* x to the bank ដែលជំពាក់

x to him for support ដែលជំពាក់គុណ

indecision[,indi 'si ʒn] *n.* ការអល់អែក, ការមិនដាច់ស្រេច, ដំណើររារែក

indeed[in'di:d] *adv.* It's sad x. មែនទែន, ណាស់

I. it is! មែនហើយ

x. I would go further. មិនតែប៉ុណ្ណោះ

indefatigable[,indi 'fæti gəbl] *adj.* មិនចេះហត់, មិនចេះអស់កម្លាំង

indefinite[in'defi nət] *adj.* មិនជាក់លាក់, គ្មានកំណត់

Gram. x pronoun មិនចំពោះ (អ្នកណាមួយ)

indefinitely[in'defi nətli] *adj.* answer x តតព្រាកដប្រជា

continue x គ្មានទីកំណត់

indelible [in'deləbl] *adj.* x ink ដែលលុបមិនជ្រះ

x impression ដែលមិនរលុប

indelicacy[in'deli kəsi] *n.* x of the act ភាពគ្រោតគ្រោះ, ភាពច្រឡើសបើស

commit an x អំពើគ្រោតគ្រោះ

indelicate[in'deli kət] *adj.* គ្រោតគ្រោះ

indemnify[in'demni fai] *tv.* x a loss សង

x a risk ធានា

indemnity[in'demnəti] *n.* x against loss ការធានា

x of loss សំណង

indent[in'dent] *tv.* x a line ដកឃ្លាដើមបន្ទាត់

x a surface ធ្វើឱ្យរៀច

indentation[,inden'tei ʃn] *n.* x in a letter ការចោលចន្លោះដើមបន្ទាត់

x in a table ស្នាមរៀច

independence[,indi 'pendəns] *n.* x of a country ឯករាជ្យ

x of thought ភាពមិនពឹងពាក់លើអ្នកណាម្នាក់ទៀត

independent[,i ndi 'pendənt] *adj.* x country ឯករាជ

x discoveries ដែលមិនទាក់ទងគ្នា

x thinker ដែលមិនពឹងផ្អែកលើអ្នកឯទៀត

indeterminate[,i ndi 'tɜ:mi nət] *adj.* មិនច្បាស់

x period គ្មានកំណត់

index['i ndeks] *n.* x of authors តារាងរៀងតាមអក្សរ *Lit:* លិបិក្រម

x to his character គ្រឿងសំគាល់

-tv. ធ្វើតារាងរៀងតាមអក្សរ, ធ្វើលិបិក្រម

-adj. i. finger ចង្អុលដៃ

India['i ndi ə] *pr. n.* ប្រទេសឥណ្ឌា

Indian['i ndi ən] *n.* East x ឥណ្ឌា

Coll. ក្លិង

American I. អាមេរិកកាំងស្បែកក្រហម

indicate['i ndi kei t] *tv.* x the right man ចង្អុលប្រាប់

x his willingness បង្ហាញ

thermometers x temperature ប្រាប់

indication[,i ndi 'kei ʃn] *n.* អ្វីៗដែលប្រាប់ឱ្យដឹង

Lit: សន្ទស្សន៍

indicative[i n'di kəti v] *adj.* x of approaching winter ដែលប្រាប់ឱ្យដឹង

Gram. xmood ដែលប្រាកដប្រជា, ជាក់លាក់

indicator['i ndi kei tər] *n.* business x គ្រឿងសម្រាប់ឱ្យដឹងជាមុន

temperature x ទ្រនិច

indict[i n'dai t] *tv.* ចោទ (តុលាការ)

indictment[i n'dai tmənt] *n.* ដីកាបណ្ដោះអាសន្ន

indifferent[i n'di frənt] *adj.* x to the plight of others កន្តើយ, មិនអើពើ

x toward the choices មិនខ្វល់

of x quality មិនល្អមិនអាក្រក់

indigenous[i n'di dʒənəs] *adj.* អន្តោប្រាម

indigent['i ndi dʒənt] *adj.* ខ្សត់, ទលិទ្ទ, ទុគ្គត

indigestion[,i ndi 'dʒestʃn] *n.* ជម្ងឺចាក់ច្រាល

Lit: អជីរណា

indignant[i n'di gnənt] *adj.* ដែលឈឺចិត្ត, ដែលតូចចិត្ត

indignation[,i ndi g'nei ʃn] *n.* ការឈឺចិត្ត, សេចក្ដីតូចចិត្ត

indignity[i n'di gnəti] *n.* ការអាម៉ាស់មុខ

indigo['i ndi gəu] *n.* plant x ធ្លះ

color of x ពណ៌ធ្លះ

indirect[,i bdə'rekt] *adj.* x route វាង

x insult បញ្ឆិតបញ្ឆៀង

x evidence ដែលយកជាតឹកតាងបាន

indiscretion[,i ndi 'skreʃn] *n.* x of his remark ការមិនចេះលាក់អាថិកំបាំង

commit an x អំពើមិនចេះលាក់អាថិកំបាំង

indiscriminate[,i ndi 'skri mi nət] *adj.*

x killing មិនថាអ្នកណាជាអ្នកណា

x treatment មិនរើសមុខ

individual[,i ndi 'vi dʒuəl] *adj.* x containers ដាច់ពីគ្នា

x members ម្នាក់ៗ

x tastes នៃម្នាក់ៗ

x portions សម្រាប់ម្នាក់ៗ

x style ផ្ទាល់ខ្លួន

-n. a single x ឯកត្តជន

strange x មនុស្ស

individualist[,i ndi 'vi dʒuəli st] *n.* អ្នកឯកត្តនិយម

individuality[,i ndi ,vi dʒu'æləti] *n.* ឯកត្តភាព

individually[,i ndi 'vi dʒuəli] *adv.* treat them x មួយម្ដងឬម្នាក់ម្ដង

work x ទីទៃពីគ្នា

Indochina[,i ndəu'tʃai nə] *Pr. n.* ឥណ្ឌូចិន

Coll: អ៉ិងដូស៊ីន

indoctrinate[i n'dɔktri nei t] *tv.* បញ្ចុះបញ្ចូលឱ្យដោយតាម

Neol: អប់រំ

indolence['i ndələns] *n.* អលសភាព

indolent['i ndələnt] *adj.* ខ្សោះអង្គើយ
indomitable[i n'dɔmi təbl] *adj.* ដែលមិនអាចបង្ក្រាបបាន
indoor['i ndɔ:r] *adj.* នៅក្នុងអាគារផ្សេងៗ
indoors[,i n'dɔz] *adv.* នៅក្នុងអាគារផ្សេងៗ
indubitable[i n'dju:bi təbl] *adj.* មិនអាចសង្ស័យបាន
induce[i n'dju:s] *tv.* x him to go អន្ទោកអន្ទង
I. sleep នាំឱ្យឬធ្វើឱ្យធ្វើឱ្យងុយដេក
inducement[i n'dju:smənt] *n.* the x of sleep ការនាំឱ្យ (ងុយដេក។ល។)
financial x គ្រឿងលើកទឹកចិត្ត
induct[i n'dʌkt] *tv.* x trainees កេណ្ឌ (ឧ.កេណ្ឌឱ្យចូលធ្វើទាហាន)
x current បញ្ឆាល
induction[i n'dʌkʃn] *n.* *Elect.* magnetic x ការបញ្ឆាល
x into the army ការកេណ្ឌបញ្ឆាល
reasoning by x វិសេសានុមាន
indulge[i n'dʌlʤ] *tv.* x a child ទំយើ
x his whims ផ្ដេកផ្ដួលទៅតាម
-iv. i. in បណ្ដោយខ្លួនក្នុង, ប្រព្រឹត្តនូវ
indulgence[i n'dʌlgəns] *n.* I beg your x. ការមិនប្រកាន់ទោស
x of one' s desires ការផ្ដេកផ្ដួលទៅតាម
x in alcohol ការបណ្ដោយខ្លួនក្នុង
indulgent[i n'dʌlʤənt] *adj.* មិនតឹងតែង, ដែលបណ្ដោយ
industrial[i n'dʌstri əl] *adj.* x development ខាងឬនៃឧស្សាហកម្ម
x nation ដែលលូតលាស់ខាងឧស្សាហកម្ម
industrializationi n,dʌstri əlai 'zei ʃn] *n.* ឧស្សាហូបនីយកម្ម
industrialize[i n'dʌstri əlai z] *tv.* ធ្វើឧស្សាហូបនីយកម្ម
-iv. លូតលាស់ខាងឧស្សាហកម្ម
industrious[i n'dʌstri əs] *adj.* ឧស្សាហ៍
industry['indəstri] *n.* development of x ឧស្សាហកម្ម
x of a student ការឧិហាត
inebriate[i 'ni:bri ei t] *tv.* ធ្វើឱ្យស្រវឹង
-n. មនុស្សប្រមឹក
-adj. ស្រវឹង
ineffectual[,i ni 'fektʃuəl] *adj.* x remedy មិនត្រូវ, មិនស័ក្ដិសិទ្ធ
x effort មិនបានការ
inept[i 'nept] *adj.* x student ដែលគ្មានសមត្ថភាព
x remark មិនសមរម្យ
inert[i 'nɜ:t] *adj.* x matter និចល
x feeling មិនខ្លាំងក្លា
inertia[i 'nɜ:ʃə] *n.* property of x និចលភាព
feeling of x ភាពល្ហិតល្ហៃ
inescapable[,i ni 'skei pəbl] *adj.* ដែលចៀសមិនរួច
inestimable[i n'esti məbl] *adj.* ឥតគណនា
inevitable[i n'evi təbl] *adj.* ដែលចៀសមិនរួច
inexorable[,i n'eksərəbl] *adj.* ដែលមិនអាចទប់បាន
inexperienced[,i ni k'spi əri ənsi d] *adj.* គ្មានការពិសោធ
inexplicable[,i ni k'spli kəbl] *adj.* មិនអាចពន្យល់បាន
infallible[i n'fæləbl] *adj.* x rule មិនចេះខុស
Nobody is x. ដែលមិនចេះធ្វើខុស
infamous['i nfəməs] *adj.* ទុយិស
infamy['i nfəmi] *n.* ភាពទុយិស
infancy['i nfənsi] *n.* injured in x ទារកភាព
x of a project ភាពទើបនឹងចាប់ផ្ដើមឡើង
infant['i nfənt] *n.* cradle an x ទារក
revolution is still an x អ្វីៗដែលនៅក្មេងខ្ចី (អ.ប.)
-adj. x son ជាទារក
x nation នៅក្មេងខ្ចី (អ.ប.)
infantile['i nfəntai l] *adj.* x behavior ដូចកូនក្មេង
x disease នៃទារក
infantry['i nfəntri] *n.* ទ័ពថ្មើរជើង

infatuated[i n'fætʃuei ti d] *adj.* x with her ដែលស្រើបស្រាល

x by politics ដែលជាប់ចិត្ត

infect[i n'fekt] *tv.* germs x wounds ធ្វើឱ្យក្លាយ

x the air with poison ធ្វើឱ្យលែងស្អាត (ទឹក ខ្យល់ ។ល។)

x others with his courage ធ្វើឆ្លងទៅ (អ.ប.)

infection[i n'fekʃn] *n.* have an x ដំបៅក្លាយ

the x of others ការឆ្លងទៅ

infectious[i n'fekʃəs] *adj.* ដែលឆ្លង

infer[i n'fɜːr] *tv.* *(pt . pp.* inferred *)* ឱ្យបេយ្យាលន័យ

inference['i nfərəns] *n.* បេយ្យាលន័យ

inferior[i n'fi əri ər] *adj.* x quality អន់

i. to អន់ជាង

x rank តូចជាង

x part ខាងក្រោម

-n. អ្នកតូចជាង

inferiority[i n,fi əri 'ɔrəti] *n.* x of the specimen ភាពអន់ជាង *Lit:* ហីនភាព

i. complex ហីនមានៈ

infernal[i n'fɜːnl] *adj.* x demons នៃនរក

x plot អាក្រក់ណាស់

infest[i n'fest] *tv.* មានច្រើនពាសពេញ

infidel['i nfi dəl] *n.* មនុស្សមិនជឿសាសនាណាមួយ

infidelity[,i nfi 'deləti] *n.* marital x អស្វាមីភក្តិ

religious x ការមិនស្មោះត្រង់ចំពោះ

infiltrate['i nfi ltrei t] *tv.* x cloth ជ្រាប

x enemy lines លបចូល

infinite['i nfi nət] *adj.* x space គ្មានទីបំផុត

Lit: អនន្ត

x patience គ្មានព្រំដែន (អ.ប.)

infinitesimal[,i nfi ni 'tesi ml] *adj.* តូចក្រៃលែង

infinitive[i n'fi nəti v] *n. Gram.* កិរិយាសព្ទដែលមិនទាន់ធ្វើកិរិយាវិភាគ, កិរិយាសព្ទភាពដើម

infinity[i n'fi nəti] *n.* the x of space ភាពគ្មានទីបំផុត *Lit:* អនន្តភាព

last for an x ពេលដ៏យូរអង្វែង

infirm[i n'fɜːm] *adj.* physically x ពិការ

x of purpose មិនម៉ឺងម៉ាត់

infirmary[i n'fɜːməri] *n.* គិលានដ្ឋាន

infirmity[i n'fɜːməti] *n.* physical x ពិការភាព

x of purpose ភាពមិនម៉ឺងម៉ាត់

infix[i n'fi ks] *tv.* x an idea ធ្វើឱ្យជ្រួតជ្រាប

Gram. x a particle ដាក់អន្តរបទ

-iv. Gram. ធ្វើអន្តរបទ

-n. Gram. អន្តរបទ

inflame[i n'flei m] *tv.* x a house ដុត (ឱ្យឆេះទ្រលោម)

x the sky ធ្វើឱ្យឡើងក្រហមឆ្អាល

x the skin ធ្វើឱ្យរលាក

x passions ធ្វើឱ្យកញ្ជ្រោលឡើង

inflammable[i n'flæməbl] *adj.* x material ដែលអាចឆេះ

x emotions ដែលឆាប់ស្រើបស្រាល

inflammation[,i nflə'mei ʃn] *n.* x of a house ការដុត

x of the eye ដំណើររហើមរលាក

inflammatory[i n'flæmətri] *adj.* ដែលអុជអាល

inflate[i n'flei t] *tv.* x a balloon ធ្វើឱ្យប៉ោង

x prices ដំឡើងហួសប្រមាណ

-iv. ឡើងប៉ោង

inflation[i n'flei ʃn] *n.* monetary x ប្រាក់ចុះថ្លៃ

Lit: អតិផរណា

x of a balloon ការធ្វើឱ្យប៉ោងឡើង

inflect[i n'flekt] *tv.* x a ray ឆ្លុះត្រឡប់

x one' s voice លើកដាក់

Gram. x a noun ផ្លាស់ប្តូរទ្រង់ទ្រាយដោយបន្ថែមបច្ច័យជាដើម

inflection[i n'flekʃn] ***n.*** x of a ray ការឆ្លុះត្រឡប់

x of the voice ការលើកដាក់

Gram. x of a verb ការផ្លាស់ប្តូរទ្រង់ទ្រាយដោយបន្ថែមបច្ច័យជាដើម

inflict[i n'fli kt] ***tv.*** x punishment ដាក់, ធ្វើ

i. a wound ធ្វើឱ្យមានរបួស

influence['i nfluəns] ***n.*** man of great x អនុភាព

destructive x ឥទ្ធិពល

-tv. មានអនុភាពលើ

influential[,i nflu'enʃl] ***adj.*** x man ដែលមានទឹកមាត់ប្រៃ (អ.ប.)

x factors ដែលមានអនុភាព

influenza[,i nflu'enzə] ***n.*** គ្រុនផ្តាសាយម្យ៉ាងធ្ងន់

influx[i nflʌks] ***n.*** x of water ការហូរចូល

large x ចំនួនដែលចូលមក

inform[i n'fɔ:m] ***tv.*** x the authorities ប្រាប់ឱ្យដំណឹងទៅ

x the voters ធ្វើឱ្យដឹងយល់

this is to x you ជំរាប, ប្រាប់ឱ្យដឹង

-tv. ឱ្យការណ៍

informal[i n'fɔ:ml] ***adj.*** x affair ធម្មតា

x visit ក្រៅផ្លូវការ

x arrangement គ្មានរបៀបជាប្រាកដ

informant[i n'fɔ:mənt] ***n.*** អ្នកឱ្យការណ៍

information[,i nfəmei ʃn] ***n.*** important x ដំណឹង, ពត៌មាន

for the x of the public ការឱ្យដំណឹង

Minister of I. រដ្ឋមន្ត្រីក្រសួងឃោសនាការ

informative[i n'fɔ:məti v] ***adj.*** ដែលផ្តល់នូវអ្វីៗដែលមិនទាន់ដឹងឮ

infraction[i n'frækʃn] ***n.*** ការប្រព្រឹត្តបទល្មើស

infringe[i n'fri nʤ] ***tv.*** រំលោភ

-iv. i. on ប៉ះពាល់ដល់

infuriate[i n'fuəri ei t] ***tv.*** ធ្វើឱ្យខឹងខ្លាំង

infuse[i n'fju:z] ***tv.*** x funds បញ្ចូល

x courage ផ្តល់នូវ

ing[i n-i ŋ] ***suf.*** បច្ច័យប្រើដូចតទៅៈ *1.* កំពុងតែ, ឧ. He is eating គាត់កំពុងតែញ៉ាំ

2. ប្រែកិរិយាសព្ទឱ្យទៅជានាមសព្ទ, ឧ. Eating is necessary ការបរិភោគជាការចាំបាច់

ingenious[i n'ʤi:ni əs] ***adj.*** x scholar វិសូកម្ម៉ឺក

x solution ប៉ិនប្រសប់

ingenuity[,i nʤə'nju:əti] ***n.*** វិសូកម្មភាព

ingenuous[i n'ʤenjuəs] ***n.*** និរទោស, គ្មានគំនិតអាក្រក់

ingest[i n'ʤest] ***tv.*** លេបចូល

ingot['i ŋgət] ***n.*** ឆ្នោរ, ដុំស្វិត, ដុំលោហធាតុសិត

ingrain[i n'grei n] ***tv.*** ជ្រួតជ្រាបក្នុង

ingrate[i ngrei t] ***tv.*** មនុស្សអកតញ្ញូ

ingratiate[i n'grei ʃi ei t] ***tv.*** ផ្គាប់ផ្គុន

ingredient[i n'gri:di ənt] ***n.*** *Pl.* x of a cake គ្រឿងផ្សំ

x of the situation កត្តា

ingrown[i ngrəun] ***adj.*** x toenail ដែលដុះទៅក្នុងសាច់

x defects ដែលមានជាប់ជាមួយ

inhabit[i n'hæbi t] ***tv.*** នៅ

inhabitant[i n'hæbi tən] ***n.*** អ្នកស្រុក

inhale[i n'hei l] ***tv.*** x vapors ស្រូបចូលតាមច្រមុះ

x a cigarette បឺត, ស្រូបផ្សែងមាត់

inherent[i n'hi ərənt] ***adj.*** ជាប់ជាមួយ

inherit[i n'heri t] ***tv.*** ទទួល (មរតកដំណែល)

inheritance[i n'heri təns] ***n.*** large x មរតក

the x of a fortune ការទទួល

inhibit[i n'hi bi t] ***tv.*** រាំងរា, ទប់

inhibition[,i nhi 'bi ʃn] ***n.*** កាតរទប់ចិត្ត (មិនធ្វើអ្វីមួយ)

inhuman[i n'hju:mən] ***adj.*** x treatment ឥតមនុស្សធម៌

x monster អមនុស្ស

inimical[i'ni mi kl] *adj.* ដែលជាសត្រូវដល់(អ.ប.)

inimitable[i'ni mi təbl] *adj.* ដែលធ្វើមិនដូច, ពុំអាចត្រាប់បាន

iniquity[i ni kwəti] *n.* ភាពទុច្ចរិត

initial[i'ni ʃl] *adj.* x step ដំបូង

x syllable ដើម

-n. អក្សរអាទិសង្កេត, ហត្ថលេខាសង្ខេប

-tv. ការអក្សរអាទិសង្កេត

initiate[i'ni ʃi ei t] *tv.* x reforms ផ្ដើមឬប្រព្រឹត្ត

x a new member ធ្វើពិធីទទួលលើកដំបូងបង្អស់

-n. សមាជិកថ្មី

initiative[i'ni ʃəti v] *n.* lack x បណ្ដើមគំនិត

take the i. ផ្ដើមឡើង

make an x បណ្ដើមគំនិត (សម្រាប់ល្បងមើលជាលើកដំបូង)

inject[i n'ʤekt] *tv.* x medicine ចាក់ (ថ្នាំ)

x a remark ស៊ក

injection[i n'ʤekʃn] *n.* give him an x ការចាក់ថ្នាំ

the x of liquid ការចាក់បញ្ចូល

the x of a remark ការស៊ក

injunction[i n'ʤʌŋkʃn] *n.* *Law* court x អធិបញ្ញា

moral x ដំបូន្មាន

injure['i nʤər] *tv.* x passengers ធ្វើឱ្យរបួស

x his feelings ធ្វើឱ្យទង្គិច (អ.ប.)

x a cause បង្ខូចប្រយោជន៍

injurious[i n'ʤuəri əs] *adj.* ដែលធ្វើឱ្យខូចប្រយោជន៍ដល់

injury['i nʤəri] *n.* escape x ការត្រូវរបួស

do x to a cause ការធ្វើឱ្យខូចប្រយោជន៍

injustice[i n'ʤʌsti s] *n.* អយុត្តិធម៌

ink[i ŋk] *n.* ទឹកខ្មៅ

-tv. Coll. ស៊ីញ៉េ

inkling['i ŋkli ŋ] *n. Coll.* ដំណើរដឹងរហៀងអំពីរឿងអ្វីៗ

inkwell['i ŋkwel] *n.* ដបទឹកខ្មៅ

inky['i ŋki] *adj.* x fingers ប្រឡាក់ទឹកខ្មៅ

x darkess ងងឹត

inlaid[,i n'lei d] *adj.* ដែលមានដាំ (ត្បូង។ល។)

inland['i n'lænd] *adj.* ដែលនៅឆ្ងាយពីមាត់សមុទ្រ

-adv. ឆ្ងាយៗទៅពីមាត់សមុទ្រ

in-law['i n-lɔː] *n.* សាច់ថ្លៃ

inlay[,i n'lei] *tv. (pt. , pp.* inlaid*)* ដាំ(ត្បូង។ល។)

inlet['i nlet] *n.* ដៃ (សមុទ្រ បឹង)

inmate['i nmei t] *n.* មនុស្សដែលគេបង្ខាំងក្នុងគុក ពេទ្យឆ្កួត ។ល។

inmost['i nməust] *adj.* x areas ដែលចូលជ្រៅទៅយ៉ាងឆ្ងាយ

x thoughts សម្ងាត់បំផុត

inn[i n] *n.* ភោជនាល័យ

innate[i 'nei t] *adj.* ដែលមានពីកំណើត

inner['i nər] *adj.* x layer ខាងក្នុង

x thoughts សម្ងាត់

x meaning ជ្រៅ

innermost['i nərməust] *adj.* ដែលចូលទៅជ្រៅយ៉ាងឆ្ងាយ

innertube['i nərtjuːb] *n.* ពោះវៀន (កង់)

innocence['i nəsns] *n.* x of the prisoner ដំណើរគ្មានទោស *Lit:* និរទោសភាព

x of a child និរទោស

innocent['i nəsnt] *adj.* x prisoner ដែលមិនបានប្រព្រឹត្តដូចពាក្យគេចោទ

x fun ដែលគ្មានបំណងអាក្រក់

x girl កញ្ញោត

innoculate['i nəkʌlət] *tv.* ចាក់មេរោគចម្លង (ដើម្បីបង្ការរោគនោះ)

innocuous[i 'nɔkjuəs] *adj.* ដែលមិនអាចធ្វើឱ្យមានទុក្ខទោស

innovation[,i nə'vei ʃn] *n.* a recent x អ្វីៗប្លែកដែលទើបនឹងចេញ

succeed by x ការបញ្ចូលរបៀបថ្មី

Lit: នវានុវត្តន៍

innovator['inəvei-tər] ***n.*** អ្នកដែលបញ្ចូលរបៀបថ្មី

innuendo[,i njuendəu] ***n.*** ពាក្យបញ្ឆៀងឬដៀមដាម, សំដីបិទមុខ

innumerable[i 'nju:mərəbl] ***adj.*** ច្រើនរាប់មិនអស់

inoperative[,i n'ɔpərəti v] ***adj.*** ដែលមិនដើរ

inordinately[i 'nɔ:di nətli] ***adv*** . ហួសហេតុជ្រុល

inorganic[,i nɔ:'gæni k] ***adj.*** ដែលគ្មានជីវិត (ដូចជាថ្ម។ល។)

Lit: អវិញ្ញាណកៈ

input['i nput] ***n.*** microphone x កន្លែងបញ្ចូល

coputor x អ្វីៗដែលដាក់បញ្ចូលទៅ

inquest['i ŋkwest] ***n.*** អង្កេត

inquire[i n'kwai ər] ***tv.*** សួរ

-iv. i. about សួរ

i. into ស៊ើបអង្កេត

inquiry[i n'kwai əri] ***n.*** legal x ការស៊ើបអង្កេត

scientific x ការរិះរក

student' s x សំណួរ

inquisition[,i nkwi 'zi ʃn] ***n.*** អង្កេត

inquisitive[i n'kwi zəti v] ***adj.*** x child ដែលចង់ដឹងចង់ឮ

x look ដូចជាចង់ដឹងចង់ឮ (ទឹកមុខ)

inquisitor[i n'kwi zi tər] ***n.*** អ្នកសួរ, អ្នកអង្កេត

inroad[i nrəud] ***n.*** x on our funds ការស៊ីចូល (អ.ប.)

energy x ការលុកលុយ

insane[i n'sei n] ***adj.*** person ឆ្កួត

.x attempt ដែលមិនអាចសម្រេច

i. asylum ពេទ្យឆ្កួត

Lit: ពេទ្យវិកលចរិត

insanity[i n'sænəti] ***n.*** ភាពឆ្កួតវង្វេង

insatiable[i n'sei ʃəbl] ***adj.*** ដែលមិនចេះស្កប់ឬឆ្អែត

inscribe[i n'skrai b] ***tv.*** x a bracelet ចារ

x a name សរសេរ, ចារ

inscription[i n'skri pʃn] ***n.*** stone x អក្សរចារឹក

x of a name ការសរសេរ, ការចារ

author' s x ចំណារ

inscrutable[i n'skru:təbl] ***adj.*** ដែលមិនអាចយល់ជម្រៅគំនិតបាន

insect['i nsekt] ***n.*** សត្វល្អិត

Lit: បាណកសត្វ

insecticide[i n'sekti sai d] ***n.*** ថ្នាំបំផ្លាញសត្វល្អិត

Lit: បាណកឃាតោសថ

insecure[,i nsi 'kjuər] ***adj.*** feel x ដែលគ្មានកក់ក្តៅ

x position ដែលមិនប្រាកដថាអាចនឹងជន់នឹងសត្រូវបាន

x area ដែលប្រកបដោយអសន្តិសុខ

insecurity[,i nsi 'kjərəti] ***n.*** អសន្តិសុខ, អនិរភ័យ

insensible[i n'sensəbl] ***adj.*** x to the touch អវេទយិត

x to their feelings មិនចាប់អារម្មណ៍

insert[i n'sɜ:t] ***tv.*** x a coin ច្រក, ដាក់ចូល

x a sheet of paper ស៊ៀត

x a knife ចាក់

x a key ស៊ក

x an ad ដាក់, ផ្សាយ (តាមកាសែត)

x a remark ស៊ក

x a note ដាក់បន្ថែម

-n. metal x អ្វីៗដែលគេយកទៅស៊ៀត

newspaper x ទំព័របន្ថែម

insertion[i n'sɜ:ʃn] ***n.*** x of a key into a lock ការស៊ក

newspaper has an x ទំព័របន្ថែម (ដាក់ក្នុងកាសែត)

inset['i nset] ***tv.*** x a wall បង្កប់

x one end លាក់, លាក់ចូល

-*n.* គន្លាក់

insidе[in'said] *prep.* ក្នុង

-*adv.* go x ខាងក្នុង

x of a mile នៅក្នុងរយៈចម្ងាយ

-*n.* the x of a house ទីឬផ្នែកខាងក្នុង

pl. hurt his x គ្រឿងខាងក្នុងខ្លួន

-*adj.* x work នៅក្នុងអាគារ (ផ.ន. នៅកណ្ដាលវាល)

Id. i. man រនុកក្នុង

x information សម្ងាត់

insider[in'saidər] *n.* អ្នកខាងក្នុង, អ្នកដែលដឹងរឿងសម្ងាត់នៃក្រុមណាមួយ

insidious[in'sidiəs] *adj.* ដែលបញ្ឆោត, ដែលជាសៀតបញ្ឆោត

insight['insait] *n.* ការយល់ធ្លុះជ្រៅ

insignia[in'signiə] *n.* គ្រឿងសំគាល់

insignificant[,insig'nifikənt] *adj.* មិនសំខាន់

insincere[,insin'siər] *adj.* មិនស្មោះ

insinuate[in'sinjueit] *tv.* x that he is guilty ពោលបញ្ចិតបញ្ចៀង

x oneself into his favor សសៀរចូល (អ.ប.)

-*iv.* ពោលបញ្ចៀង, ជាយបៀង

insinuation[in,sinju'eiʃn] *n.* make an x សំដីបញ្ចិតបញ្ចៀង

good at x ការពោលបញ្ចិតបញ្ចៀង

insipid[in'sipid] *adj.* x food គ្មានរសជាតិ

x personality សោះកក្រោះ

insist[in'sist] *iv.* ទទូចចង់ធ្វើ ចង់បាន។ល។

insistent[in'sistənt] *adj.* រឹងរូស

insofar as[,insə'fa:r əs] *conj.* ត្រឹមតែ

insole['insəul] *n.* ទ្រនាប់ក្នុងនៃស្បែកជើង

insolence['insələns] *n.* សេចក្ដីព្រហើន

insolent['insələnt] *adj.* ព្រហើន

insolvency[in'sɔlvənsi] *n.* ការមិនអាចសងបំណុលបាន

Lit: អសាធភាព

insolvent[in'sɔlvənt] *adj.* ដែលមិនអាចសងបំណុលគេបាន

Lit: អសាធនីយ

insomnia[in'sɔmniə] *n.* ដំណើរដេកពុំលក់

inspect[in'spekt] *tv.* x a specimen ពិនិត្យ

i. troops ត្រួតពល

inspection[in'spekʃn] *n.* ការពិនិត្យមើល

inspector[in'spektər] *n.* អ្នកត្រួត, អ្នកពិនិត្យ

Lit: អធិការ

inspiration[,inspə'reiʃn] *n.* no x to work ជម្រុលចិត្តឱ្យចង់

poetic x ការផុសគំនិត

sudden x គំនិតដែលនឹងឃើញ

the x of others ការលើកទឹកចិត្ត

x of breath ការដកដង្ហើមចូល

inspire[in'spaiər] *tv.* x others to work ញុំាងឱ្យចង់, ជម្រុលចិត្តឱ្យចង់

x loyalty ញុំាងឱ្យមាន, បណ្ដុះគំនិត

x smoke កើត, ស្រូបចូលតាមច្រមុះ

instability[,instə'biləti] *n.* អស្ថិរភាព, ភាពមិនឋិតថេរ

install[in'stɔ:l] *tv.* x an appliance ដាក់ (ឧ. ដាក់តេឡេហ្វូន)

x s.o. in office ប្រគល់តំណែង

installation[,instə'leiʃn] *n.* the x of an appliance ការដាក់, ឋបនាការ

the x of officers ការប្រគល់តំណែង

military x ទីតាំង (យោធា)

installment[in'stɔ:lmənt] *n. Pl.* pay in x ប្រាក់សងបន្តិចម្ដងៗ

i. plan ការទិញដាក់ខែ

instance['instəns] *n.* an x of carelessness ការកើតមានឡើងម្ដង

at the x of ការជម្រិត

for i. ឧបមាដូចជា

instant['i nstənt] *n.* in an x ស្របក់

at the x of contact ខណៈ

-adj. x relief ភ្លាមៗ

x need បន្ទាន់

x coffee ដែលធ្វើភ្លាមបានភ្លាម (មិនបាច់កំបិច កំប៉ុកច្រើន)

instantaneous[,i nstən'tei ni əs] *adj.* ដែលកើតមានឡើងភ្លាម

instantly['i nstəntli] *adv.* ភ្លាម

instead[i n'sted] *adv.* have tea x of coffee ជំនួសវិញ

send him x វិញ

instep['i nstep] *n.* ខ្នងជើង

instigate['i nsti gei t] *tv.* x rebellion ចាក់រុក ញុះញង់ឱ្យធ្វើ, នាំឱ្យធ្វើ, នាំអាទិ

x a investigation ផ្ដើម

instigation[,i nsti 'gei ʃn] *n.* ការញុះញង់, ការចាក់រុក

instill[i n'sti l] *tv.* x loyalty ផ្ដាំបណ្ដុះ

Lit: បំពាក់បំប៉ន

x liquid សម្រកតក់ៗ

instinct['i nsti ŋkt] *n.* enimal x សភាវគតិ

an x for art ការផុះ

(act) on i. ដោយឥតមានគិត

instinctive[i n'sti ŋkti v] *adj.* x behavior ដែលកើតពីសភាវគតិ

x response ស្វ័យប្រវត្តិ

institute['i nsti tju:t] *tv.* x reforms ចាប់ធ្វើឬអនុវត្ត

x a government ចាត់តាំង, តែងតាំង

-n. វិជ្ជាស្ថាន

institution[,i nsti 'tju:ʃn] *n.* educational x គ្រឹះស្ថាន (សិក្សាឬអប់រំ)

cultural x ស្ថាប័ន

the x of law ការចាប់អនុវត្ត

instruct[i n'strʌkt] *tv.* x students បង្ហាត់, បង្រៀន

x him to go ប្រាប់, បង្គាប់

instruction[i n'strʌkʃn] *n.* x in history ការបង្រៀន

follow his x បញ្ជា

Pl. read the x អនុទេស

instructive[i n'strʌkti v] *adj.* ដែលនាំឱ្យចេះ

instructor[i n'strʌktər] *n.* អ្នកបង្រៀន

Lit: អធ្យាប័ក

instrument['i nstrəmənt] *n.* surgical x ប្រដាប់, គ្រឿង

dashboard បរិធាន

-tv. អនុវត្ត

instrumental[,i nstə'məntl] *adj.* be i. in ជួយធ្វើឱ្យកើតមានឡើង

x music ដែលប្រើគ្រឿងភ្លេងធម្មតា

insubordinate[,i nsə'bɔ:di nət] *adj.* រឹងរូស

insufferable[i n'sʌfrəbl] *adj.* ដែលមិនអាចឱ្យទ្រាំបាន

insular[i nsjələr] *adj.* x territories ដែលជាកោះ

x existence ដែលនៅដាច់ពីគេ

insulate['i nsjulei t] *tv.* x a wire រុំ (កុំឱ្យឆ្លងភ្លើង)

x a house ដាក់ទ្រនាប់កំដៅ (កុំឱ្យកំដៅចេញចូលបាន)

x oneself from society ធ្វើឱ្យនៅដាច់ពីគេ

insulation[,i nsju'lei ʃn] *n.* electrical x អ៊ីសូឡង់

wall x ទ្រនាប់កំដៅ

his x from the world ការនៅដាច់ពីគេ

insulin['i nsjəli n] *n. Fr:* អាំងស៊ុយលីន (ថ្នាំសម្រាប់ជម្ងឺទឹកនោមផ្អែម)

insult[i n'sʌlt] *tv.* ធ្វើឱ្យអាម៉ាស់មុខ

-n. អំពើធ្វើឱ្យអាម៉ាស់មុខ

insupportable[,i nsə'pɔ:təbl] *adj.* ដែលមិនអាចឱ្យទ្រាំបាន

insurance[in'ʃuərəns] ***n.*** car x ការធានា, ការរ៉ាប់រង *Coll:* ធ៉ាកេ

as an i. against ជាមធ្យោបាយសម្រាប់ទប់ទល់, កុំឱ្យ

insure[in'ʃɜːr] ***tv.*** x one' s loyalty ធ្វើឱ្យកក់ក្ដៅ

x one' s life ធានា *Coll:* ធ៉ាកេ

insurgency[in'sɜːdʒənsi] ***n.*** កុបកម្ម

insurgent[in'sɜːdʒənt] ***n.*** អ្នកបះបោរ

Lit: កុបករ

-adj. ដែលបះបោរ

insurrection[,insə'rekʃn] ***n.*** ការបះបោរ

Lit: កុបកម្ម

intact[in'tækt] ***adj.*** ដែលគ្មានខូចខាត, នៅដដែល

intake['inteik] ***n.*** daily x ចំណូល

the x of oxygen ការស្រូបចូល

intangible[in'tændʒəbl] ***adj.*** គ្មានរូបរាង, មិនអាចប៉ះពាល់បាន (អ.ប.)

Lit: អផុសន៏យ

-n. វត្ថុឥតរូបរាង (ឧ.អារម្មណ៍ ព្រះឥន្ទ្រិញ្ញាណ ចំណង់។ល។)

integer['intidʒər] ***n.*** លេខគត់

integral['intigrəl] ***adj.*** x part ដែលជាបតិដ្ឋាប័ន

x text ទាំងស្រុង, ទាំងមូល

integrate['intigreit] ***tv.*** x two theories បញ្ចូលជាមួយគ្នា

x a school ធ្វើឱ្យលែងមានការប្រកាន់ជាតិសាសន៍

-iv. ចូលគ្នា

integration[,inti'greiʃn] ***n.*** racial x ការបញ្ចូលលាយឡំគ្នា

Math. អនុកលកម្ម

integrity[in'tegrəti] ***n.*** moral x សេចក្ដីសុចរិត

territorial x បូរណភាព

intellect['intəlekt] ***n.*** បញ្ញា

intellectual[,intə'lektʃuəl] ***adj.*** បញ្ញាវន្ត

-n. (អ្នក) បញ្ញាវន្ត

intelligence[in'telidʒəns] ***n.*** of great x បញ្ញា

military x ការស៊ើបយកការណ៍

intelligent[in'telidʒənt] ***adj.*** x student ដែលមានប្រាជ្ញា

x plan ឥបិនប្រសប់

intelligentsia[in,teli'dʒəntsiə] ***n.*** វណ្ណៈបញ្ញាវន្ត

intelligible[in'telidʒəbl] ***adj.*** ដែលយល់បាន

intemperate[in'tempərət] ***adj.*** x climate ដែលក្ដៅឬត្រជាក់ហួស

x indulgence ហួសប្រមាណ

intend[in'tend] ***tv.*** x to go បម្រុង

x a gift for her ទុកសម្រាប់ឱ្យ

intended[in'tendid] ***adj.*** x effect ដែលបានប្រមាណគ្រោងទុកមក

i. wife ស្ត្រីដែលគេបម្រុងនឹងរៀបការជាមួយ

intense[in'tens] ***adj.*** ឥខ្លាំង, ខ្លាំងក្លា

Lit: ប្រពល

intensify[in'tensifai] ***tv.*** *(pt., pp* intensified*)* ធ្វើឱ្យរឹតតែខ្លាំងឡើង

-iv. ឡើងខ្លាំងឡើង

intensity[in'tensəti] ***n.*** *Phys.* អ័ងតង់ស៊ីតេ

x of emotion ប្រពលភាព

intensive[in'tensiv] ***adj.*** x shelling យ៉ាងខ្លាំង

x questioning ល្អិតល្អន់

x course បង្ហំ

i. farming កសិកម្មអតិផល

intent[1][in'tent] ***n.*** criminal x បំណង

What is your x? គោលបំណង

for all intents and purposes តាមពិតទៅ

intent[2][in'tent] *adj.* x gaze មិនដាក់ភ្នែក

x on his work ដែលស៊ប, ដែលស្ទុង

x on revenge ដែលប្តេជ្ញា

intention[in'tenʃn] *n.* It was-my x to បំណង

*Lit:*ចេតនា

x of the book គោលបំណងដែលគ្រោងសម្រាប់ទុកមកជាមុន

intentional[in'tenʃənl] *adj.* ដោយបំណង, ដោយចេតនា

inter[in'tɜːr] *tv.* *(pt. . pp.* interred*)* កប់ (ខ្មោច)

inter[in'tɜːr]– *pref.* បុព្វបទមានន័យថាៈ

1. ចន្លោះ, ក្នុង ឧ. lining ទ្រនាប់ > interlining ទ្រនាប់ក្នុង

2. ទៅវិញទៅមក, ឧ. related ទាក់ទងគ្នា > interrelated ទាក់ទងគ្នាទៅវិញទៅមក

3. រវាង, ឧ. state រដ្ឋ > interstate រវាងរដ្ឋ

intercede[,intə'siːd] *.iv.* ជួយសុំទោសឱ្យ

intercept[,intə'sept] *tv.* ស្ទាក់, ស្កាត់

intercession[,intə'seʃn] *n.* ការជួយសុំទោសឱ្យ

interchange[,intə'ʧeindʒ] *tv.* ប្តូរគ្នា

-n. the x of commodities ការប្តូរគ្នា

traffic x ផ្លូវបែកពីផ្លូវមួយទៅផ្លូវមួយទៀត

interchangeable[,intə'ʧeindʒəbl] *adj.* ប្តូរគ្នាបាន

intercourse['intəkɔːs] *n.* x between nations ការទាក់ទង

sexual x ការរួមសង្វាស

interdict[,intədikt] *tv.* ហាមមិនឱ្យធ្វើអ្វីមួយ

-n. បំរាម, ការហាមមិនឱ្យធ្វើអ្វីមួយ

interest['intrəst] *n.* strong x ការចាប់អារម្មណ៍

Pl. has many x ការចូលចិត្ត

buy an x a business ហ៊ុន

have an x in the outcome ការទាក់ទងនិងផលប្រយោជន៍

earn x on a loan ការ (ប្រាក់)

look out for one' s own x ផលប្រយោជន៍

in the i. of ជាប្រយោជន៍ដល់

-tv. animals x him ធ្វើឱ្យចាប់អារម្មណ៍

These decisions x us all. ប៉ះពាល់

interested['intrestid] *adj.* x in science ដែលចូលចិត្ត, ដែលយកចិត្តទុកដាក់

x parties ជាសាមី

interesting['intrestiŋ] *adj.* គួរឱ្យចាប់អារម្មណ៍

interfere[,intə'fiər] *iv.* x in my affairs ជ្រៀតជ្រែក

x with progress បង្អាក់

interference[,intə'fiərəns] *n.* his x in my affairs ការជ្រៀតជ្រែក

radio x ម៉ែងតែរហ្សេរហ្សៃ (អ្វីៗដែលធ្វើឱ្យការទទួលសម្លេងវិទ្យុមិនបានល្អ)

interim['intərim] *adj.* ស្តីទី

-n. រយៈពេលចន្លោះ

interior[in'trəriər] *adj.* x section ខាងក្នុង

x city ដែលនៅឆ្ងាយពីសមុទ្រ

x trade ក្នុងប្រទេស

Ministry of the I. ក្រសួងមហាផ្ទៃ

-n. x of a house ទីខាងក្នុង

x of a country តំបន់ឆ្ងាយពីសមុទ្រ

interject [,intə'dʒekt] *tv.* x a comment ស៊ក (សំដី)

x a new element បញ្ចូល

interjection[,intə'dʒekʃn]*n.* x of new material ការបញ្ចូល

x of a comment ការស៊ក (សំដី)

Gram. use an x ឧទានសព្ទ

interlock[,intəˈlɔk] *iv.*, *tv.* ចាក់ស្រេះគ្នា

interlude[ˈintəluːd] *n.* peaceful x រយៈពេលនៅចន្លោះ

x between acts ពេលសម្រាក (ក្នុងការសម្ដែងសិល្បៈ)

musical x ភ្លេងកំសាន្តពេលសម្រាក

intermediary[,intəˈmiːdiəri] *adj.* x step ជាន់កណ្ដាល

x agent អន្តរការី

-n. អន្តរការី

intermediate[,intəˈmiːdiət] *adj.* មធ្យម

-iv., *tv.* ធ្វើជាអន្តរការី

interminable[inˈtɜːminəbl] *adj.* មិនចេះចប់

intermingle[,intəˈmiŋgl] *iv.* ច្របូកច្របល់គ្នា

intermission[,intəˈmiʃn] *n.* ពេលសម្រាកក្នុងការសម្ដែងសិល្បៈ

intermittent[,intəˈmitənt] *adj.* x fever លស់

x activity ដែលមានឈប់ៗ

x stations ពីកន្លែង១ទៅកន្លែង១

intern[1][intɜːn] *iv.*, *tv.* ឃុំ

intern[2][intɜːn] *n.* អន្តេវាសិក

internal[inˈtɜːnl] *adj.* x organs ក្នុងខ្លួន

x affairs ក្នុងប្រទេស

international[,intəˈnæʃnəl] *adj.* អន្តរជាតិ

interplanetary[,intəˈplænitri] *adj.* អន្តរបូក្ស

interpret[intˈtɜːprit] *tv.* x his speech ប្រែ, បកប្រែ

x a law បកស្រាយ

x omens កាត់

-iv. បកប្រែ

interpretation[in,tɜːpriˈteiʃn] *n.* x of a speech បំណកប្រែ, ការបកប្រែ

x of law បំណកស្រាយ, ការបកស្រាយ

interpreter[inˈtɜːpretə] *n.* អ្នកបកប្រែ

interrelated[,intəriˈleitid] *adj.* ដែលទាក់ទងទៅវិញទៅមក

interrogate[inˈterəgeit] *tv.* សួរ, សួរចម្លើយ, ចោទសួរ

interrogation[in,terəˈgeiʃn] *n.* ការចោទសួរ

interrogator[inˈterəgeitər] *n.* អ្នកសួរចម្លើយ

interrogative[,intəˈrɔgətiv] *adj.* ដែលសំគាល់សំណួរ

Lit: បុច្ឆនៈ

interrupt[,intəˈrʌpt] *tv.* x one's father កាត់សំដី

x a speaker ធ្វើអ្វីៗដើម្បីកុំឱ្យនិយាយមើលៗលៗទៅកើត

x one's work ផ្អាក

x the flow of water ខប់, បញ្ឈប់

interruption[,intəˈrʌpʃn] *n.* the x of trade ការបញ្ឈប់

have an x ការឈប់

intersect[,intəˈsekt] *tv.* កាត់

-iv. កាត់គ្នា

intersection[,intəˈsekʃn] *n.* traffic x ប្រសព្វ

divide by x ការកាត់ជាផ្នែក

intersperse[,intəˈspɜːs] *tv.* លាយឡំគ្នា

interval[ˈintəvl] *n.* x of 10 years រយៈពេល, ចន្លោះពេល

x of 10 feet ចន្លោះ

at intervals ម្ដងម្កាល

intervene[,intəˈviːn] *iv.* ធ្វើអន្តរាគមន៍

intervention[,intəˈvenʃn] *n.* អន្តរាគមន៍

interview[ˈintəvjuː] *tv.* ធ្វើសម្ភាសន៍

-n. សម្ភាសន៍

interweave[,intəˈwiːv] *tv.*, *iv.* x threads ត្បាញបញ្ចូលគ្នា

x themes បញ្ចូលគ្នា

intestate[inˈtesteit] *adj.* អមតកសាសនី

intestine[inˈtestin] *n.* ពោះវៀន

intimate[1][ˈintimət] *adj.* x friends ស្និទ្ធស្នាល

Id. be i. with រួមសង្វាសជាមួយនឹង

intimate[2]['i nti mei t] *tv.* ស៊ិចសាល

intimidate[i n'ti mi dei t] *tv.* បំភ័យ

into['i ntu:] *prep.* go i. (the house) ចូល

go i. detail បរិយាយយ៉ាងល្អិតល្អន់

go i. (business) ចាប់ប្រកប

break i. (a house) ចូលដោយគ្មានអនុញ្ញាត

break i. (small pieces) បែកជា

get i. (a car) ចូល

Id. get i. (candy) យក (ដោយឥតអនុញ្ញាត)

get i. trouble មានរឿង

intolerable[i n'tɔlərəbl] *adj.* ពុំអាចអត់ទ្រាំបាន

intolerant[i n'tɔlərənt] *adj.* ដែលមិនចេះអត់និន

intonation[,i ntə'nei ʃn] *n.* ការលើកដាក់សម្លេង

intone[i n'təun] *iv.*, *tv.* លើកដាក់សម្លេង

intoxicant[i n'tɔksi kənt] *n.* គ្រឿងធ្វើឱ្យស្រវឹង

intoxicate[i n'tɔksi kei t] *tv.* ធ្វើឱ្យស្រវឹង

intractable[i n'træktəbl] *adj.* ពិបាកប្រដៅ

intransigent[i n'trænsi dʒənt] *adj.* អហង្ការ

intransitive[i n'trænsəti v] *adj.* អកម្មកិរិយា

intravenous[,i ntrə'vi:nəs] *adj.* តាមសរសៃ

intrepid[i n'trepi d] *adj.* ដែលមិនចេះតក់ស្លុត នៅពេលមានអាសន្ន, ក្លាហាន, អង់អាច

intrepidity[,i ntri 'pi dəti] *n.* និក្ភយភាព

intricacy['i ntri kəsi] *n.* ភាពសាំញ៉ាំ, ភាពស្មុគស្មាញ

intricate['i ntri kət] *adj.* សាំញ៉ាំ, ស្មុគស្មាញ

intrigue[i n'tri:g] *tv.* នាំឱ្យចង់ដឹងចង់ឮ

-iv. ប្រើកូដោបាយ

-n. political x កូដោបាយ

lovers' x រហស្សបាយ

hold great i. for me ធ្វើឱ្យខ្ញុំចាប់អារម្មណ៍

intrinsic[i n'tri nsi k] *adj.* សជ្ឈត្តិករ

introduce[,i ntrə'dju:s] *tv.* x a friend នាំឱ្យជួបឬស្គាល់

x a speaker នាំបង្ហាញខ្លួន

x a new method បញ្ចេញមកជាលើកដំបូង

x a chemical additive ដាក់ចូល

introduction[,i ntrə'dʌkʃn] *n.* make an x ការនាំជួបឬស្គាល់

x to a book បុព្វកថា

x of a composition បុព្វយោគ

the x of a new product ការបញ្ចេញមកជាលើកដំបូង

the x of foreign matter ការដាក់ចូល

introductory[,i ntrə'dʌktəri] *adj.* ដែលផ្ដើម

introspection[,i ntrə'spekʃn] *n.* អត្តោបនិជ្ឈាន, អត្តពិគ្រោះ

introvert[,i ntrəvɜ:t] *n.* មនុស្សដែលមានកង្វល់តែនឹងខ្លួនឯង

-adj. ដែលមានកង្វល់តែនឹងខ្លួនឯង

intrude[i n'tru:d] *iv.* x on a meeting រំលោភ, ឈ្លានពាន

seas x into the land ចូល

-tv. ស៊ក

intrusion[i n'tru:ʒn] *n.* x into a meeting ការរំលោភ, ការឈ្លានពាន

x into the land ការចូល

intrusive[i n'tru:si v] *adj.* x remark ដែលរំលោភ

x inlet ដែលលយចូល

intuition[,i ntju'i ʃn] *n.* អព្ភន្តរញាណ

intuitive[i n'tju:i ti v] *adj.* ដែលធ្វើដោយអំណាចអព្ភន្តរញាណ

inundate['i nʌndei t] *tv.* ជន់, លិច

inure[i 'njuər] *tv.* ផ្សាំ

-iv. ស៊ាំ

invade[i n'vei d] *tv.* x a country លុកលុយ, រុករាន

x one' s privacy ឈ្លានពានមកលើ

invader[i n'vei dər] *n.* អ្នកលុកលុយឬរុករាន

invalid[1][i n'væli d] *n.* ទុព្វលជន

-adj ទុព្វល

invalid[2]['i nvəli d] *adj.* មោឃៈ, ដែលទុកជាមោឃៈ

invalidate[i n'væli dei t] *adj.* ធ្វើឱ្យទៅជាមោឃៈ

invaluable[i n'væljuəbl] *adj.* ដែលរកតម្លៃពុំបាន

invasion[i n'vei ʒn] *n.* enemy x ការលុកលុយ

x of privacy ការឈ្លានពានមកលើ

invent[i n'vent] *tv.* x a gadget ប្រឌិត

Lit: ធ្វើតក្កកម្ម

x an excuse បង្កើតឡើងខ្លួនឯង

invention[i n'venʃn] *n.* a new x អ្វីៗដែលទើបនឹងប្រឌិតឡើង

the x of the cotton gin ការប្រឌិត

inventory['i nvəntri] *n.* take x បញ្ជីសារពើភ័ណ្ឌ

total x សារពើភ័ណ្ឌទាំងអស់

-tv. ធ្វើបញ្ជីសារពើភ័ណ្ឌ

inverse[i n'v3:s] *adj.* ច្រាស, ប្រច្រាស

Lit: វិលោម

inversion[i n'v3:ʃn] *n.* ការរៀបបញ្ច្រាស

Lit: វិលោមកិច្ច

invert[i n'v3:t] *tv.* ដាក់បញ្ច្រាស

invertebrate[i n'v3:ti brət] *adj.* ដែលឥតឆ្អឹងខ្នង

Lit: និប្បិដ្ឋាដ្ឋិក

-n. សត្វឥតឆ្អឹងខ្នង

Lit: និប្បិដ្ឋាដ្ឋិកសត្វ

invest[i n'vest] *tv.* x money ធ្វើវិនិយោគ

x time ចំណាយ

x him in fine clothes ស្លៀកពាក់ឱ្យ

x a new mayor ប្រគល់តំណែង (ឱ្យអ្នកណាម្នាក់)

investor[i n'vestər] *n.* អ្នកធ្វើវិនិយោគ

investigate[i n'vesti gei t] *tv.* ស៊ើបអង្កេត

investigation[i n,vesti 'gei ʃn] *n.* ការស៊ើបអង្កេត

Lit: សមេសនា

investment[i n'vestmənt] *n.* large x ធនដាក់ធ្វើវិនិយោគ

the x of large sums វិនិយោគ

x of a new official ការប្រគល់តំណែង

inveterate[i n'vetərət] *adj.* ដុះបួស

invigorate[i n'vi gərei t] *tv.* x the body ធ្វើឱ្យមានកម្លាំង

x plants ធ្វើឱ្យលូតលាស់ឡើង

invincible[i n'vi nsəbl] *adj.* មិនចេះចាញ់

Lit: អបរាជ័យ

inviolable[i n'vai ələbl] *adj.* អវីតិក្កមិយ

invisible[i n'vi zəbl] *adj.* ដែលមើលមិនឃើញ

Lit: អទិស្សមាន

invitation[,i nvi 'tei ʃn] *n.* send an x សំបុត្រអញ្ជើញ

the x of a guest ការសុំអញ្ជើញ

Lit: អាមន្តនា

invite[i n'vai t] *tv.* x guests អញ្ជើញ

Coll: ហៅ

x donations សុំ

i. trouble ធ្វើញរឿង

inviting[i n'ai ti ŋ] *adj.* ដែលធ្វើឱ្យចិត្តចង់

invoice['i nvɔi s] *n.* វិក័យប័ត្រ

-tv. ធ្វើវិក័យប័ត្រ

invoke[i n'vəuk] *tv.* x spirits អំពាវនាវសុំបួងសួង

x a law យកមកប្រើ

involuntary[i n'vɔləntri] *adj.* ឥតបំណង

Lit: អចេតនា

involve[i n'vɔlv] *tv.* x others in a crime ធ្វើឱ្យជាប់ទាក់ទង

plans x building ចាំបាច់

involved[i n'vɔlvd] *adj.* x in the crime ជាប់ទាក់ទង

x in his work ជក់ស្លុង

situation is very x ស្មុគស្មាញ

invulnerable[i n'vʌlnərəbl] *adj.* អភេទនិយ

inward['i nwəd] *adv.* move x ឆ្ពោះទៅខាងក្នុង

look x for strength ទៅក្នុងខ្លួន

-adj. x movement ឆ្ពោះទៅខាងក្នុង

x feeling ក្នុងខ្លួន

iodine['ai ədi:n] *n. Fr:* អ៊ីយ៉ូដ

ion['ai ən] *n. Fr:* អ៊ីយ៉ុង

irascible[i 'ræsəbl] *adj.* ឆាប់ខឹង

irate[ai 'rei t] *adj.* ខឹង

iris['ai ri s] *n.* ប្រស្រីភ្នែក

irk[ɜ:k] *tv.* ធ្វើឱ្យធុញទ្រាន់

irksome[ɜ:ksəm] *adj.* ដែលធ្វើឱ្យធុញទ្រាន់

iron['ai rən] *n.* made of x ដែក

pressing x ឆ្នាំងអ៊ុត

branding x ត្រាដែក (សម្រាប់ដុតបោះលើស្បែកគោសម្រាប់សំគាល់ថាគោអ្នកណា)

in irons ជាប់ខ្នោះ

Id. have many irons in the fire មានការច្រើន

-adj. x pot ធ្វើពីដែក

x will ដូចដែក (អ.ប.)

-tv. x clothes អ៊ុត

i. out សម្រុះសម្រួល, សម្រួលដោះស្រាយ

ironclad['ai rənklæd] *adj.* x destroyer ដែលពាសដែក

x rule ដែលមិនអាចរំលោភឬប្រព្រឹត្តល្មើសបាន

ironical[ai 'rɔni kl] *adj.* ជាការចំអក, ហួសចិត្ត, ដែលមិនសមនឹងកើតមានឡើង

irony['ai rəni] *n.* deliberate x ការចំអក

x of the situation ការដែលមិនសមកើតមានឡើង

irrational[i 'ræʃənl] *adj.* x behavior មិនសមហេតុសមផល

x animals អវិចារណ៍

irrefutable[.i ri 'fju:təbl] *adj.* ដែលមិនអាចប្រកែកបាន (ភស្តុតាង ។ល។)

irregular[i 'regjuələr] *adj.* x occurrence មិនទៀងទាត់ *Lit:* អនិយ័ត

x coastline រវេចរវៀច

irregularity[i ,regjəlærəti] *n.* ភាពមិនទៀងទាត់ *Lit:* អនិយតភាព

irrelevant[i 'reləvənt] *adj.* ដែលមិនទាក់ទង

irremediable[,i ri 'mi:di əbl] *adj.* ដែលអាចកែបាន

irreparable[i 'repərəbl] *adj.* ដែលមិនអាចកែបានវិញ

x loss ដែលមិនអាចរកអ្វីមកជំនួសបាន

irreplaceable[.i ri 'plei səbl] *adj.* មិនអាចជំនួសបាន

irresistable[,i ri 'zi stəbl] *adj.* ដែលពុំអាចទប់បាន

irresolute[i 'rezəlu:t] *adj.* ស្ទាក់ស្ទើរ, មិនដាច់ស្រេច

irrespective (of)[,i ri 'spekti v] *adj.* ដោយគ្មានគិតដល់

irresponsible[,i ri 'spɔnsəbl] *adj.* x ruler មិនគិតមុខគិតក្រោយ

mentally x មិនអាចទទួលខុសត្រូវ

irretrievable[,i ri 'tri:vəbl] *adj.* ដែលយកមកវិញមិនបាន

irreverent[i 'revərənt] *adj.* មិនគោរពកោតខ្លាច

irreversible[,i ri 'vɜ:səbl] *adj.* x change ពុំអាចផ្លាស់ប្រែបាន

x jacket ពុំអាចត្រឡប់បាន

irrevocable[i 'revəkəbl] *adj.* ពុំអាចបដិសេធបាន

irrigate['i ri gei t] *tv.* x rice បញ្ចូលទឹក (ក្នុងស្រែ)

x a wound លាង

irritable['i ri təbl] *adj.* x man ឆាប់ខឹង

x skin ដែលងាយរោលឬរលាក

irritant['i ri tənt] *adj.* ដែលរោលឬរលាក

-*n.* ជាតិដែលរោលឬធ្វើឱ្យក្រហាយ

irritate['i ri trei t] ***tv.*** x the teacher ធ្វើឱ្យខឹង

x the skin ធ្វើឱ្យរោលឬក្រហាយ, រលាក

irritation[,i ri 'tei ʃn] ***n.*** the x of his parents សេចក្ដីក្ដៅក្រហាយ

a minor x អ្វីៗដែលធ្វើឱ្យមួម៉ៅ

have a skin x ដំណើរក្រហាយឬរោលរាល

is[i s] *(3rd pers. sg. pres. of be)*

-ish[i ʃ] ***suf.*** បច្ច័យមានន័យថា: ដូច, ស្រដៀង, ឧ. boy ក្មេងប្រុស > boyish ដូចក្មេងប្រុស

island['ai lənd] ***n.*** tropical x កោះ

pedestrian x កន្លែងឈរនៅកណ្ដាលថ្នល់

x of serenity កោះ (អ.ប., ឧ. កោះសន្តិភាព)

islander['ai ləndər] ***n.*** ប្រជាជនដែលរស់នៅលើកោះ

isle[ai l] ***n.*** កោះ, កោះតូច

ism['i zəm] ***suf.*** បច្ច័យមានន័យថា: និយម, ឧ. Marx ម៉ាក្ស > Marxism ម៉ាក្សនិយម

isolate['ai səlei t] ***tv.*** ដាក់ឱ្យនៅដាច់ពីគេ

isolation[,ai sə'lei ʃn] ***n.*** the x of patients ការដាក់ឱ្យនៅដាច់ពីគេ

put patients in x កន្លែងដាក់ឱ្យនៅដាច់ពីគេ

the x of the village ភាពនៅឆ្ងាយដាច់ពីគេ

isolationism['ai sə'lei ʃni zəm] ***n.*** ឯកានិយម

issue['i ʃu:] ***n.*** political x រឿង

x of a magazine លេខ

die without x កូន

at i. កំពុងជជែកវែកញែក

take i. with ជំទាស់

-*tv.* x a decree ចេញ

x a newspaper ចេញ

x rations ចែកឱ្យ

x a cry បញ្ចេញ

-*iv.* gases x from the ground ចេញ

problems x from jealousy កើតមក

-ist ***suf.*** បច្ច័យមានន័យថា: *1.* អ្នកកាន់, ឧ. Marx ម៉ាក្ស > Marxist អ្នកកាន់លទ្ធិម៉ាក្សនិយម

2. អ្នកធ្វើអ្វីមួយ, ឧ. type វាយម៉ាស៊ីន > typist អ្នកវាយម៉ាស៊ីន

isthmus['i sməs] ***n.*** ប្លរជី

it[i t] ***pron.*** *(poss. its)* សព្វនាមម្យ៉ាងដែលឥតមានប្រើក្នុងភាសាខ្មែរ តែជួនកាលគេអាចប្រែថា « វា » បានដែរ, ឧ.:

It' s slow. វាយឺតបន្តិចឬយឺតបន្តិច

It' s raining. កំពុងភ្លៀង

It' s late យឺតហើយ

It' s a boy ជាកូនប្រុស

buy it ទិញទៅ

How' s it going ? ម៉េចទៅ ?

x country and its people ប្រទេសនឹងប្រជាជន

Italian[i təli ən] ***adj.*** នៃប្រទេសអ៊ីតាលី

-*n.* He' s an x. ជនជាតិអ៊ីតាលី

Fr. អ៊ីតាល្យាង

speak x ភាសាអ៊ីតាល្យាង

italic[i 'tæli k] ***adj.*** ផ្ដេក, ទ្រេត

-*n. (usu. pl.)* អក្សរទ្រេត

itch[i ʧ] ***iv.*** feet x រមាស់

x to go ច្រាស់ច្រាលចង់

-*n.* scratch an x ការរមាស់

contagious x រោគរមាស់

have an x to travel ចំណង់អន្ទះអន្ទែង

itchy[i ʧi] ***adj.*** x rash ដែលរមាស់

Id. i. palms កំណាញ់

item['ai təm] ***n.*** x on a list អ្វីដែលរាយ១មួយៗ

x of business ចំណុច, ប្រការ

(buy various) items របស់

itemize['ai təmai z] ***tr.*** រាយមួយមួយៗ

itinerary[ai 'ti nərəri] ***n.*** plan one' s x គម្រោងផ្លូវ, លំនាំផ្លូវ

write an x កំណត់ទីនិមិត្តដំណើរ

its[i ts] *(poss. pron. of it)*

it's [i ts] *(contr. of it is)*

itself[i t'self] ***refl. pron*** . destroy x ខ្លួនឯង

The idea x is good. នោះឯង

by i. ដោយខ្លួនឯង

I' ve[ai v] *(contr. of I have)*

ivory['ai vəri] ***n.*** made of x ភ្លុក

the color x. ពណ៌ភ្លុកដំរី

-adj. x statue ធ្វើពីភ្លុក

x color ពងមាន់ (ពណ៌)

ivy['ai vi] ***n.*** វល្លិជាតិមួយ

J

J, j[ʤei] អក្សរទី១០តាមលំដាប់អក្សរក្រមអង់គ្លេស
jab[ʤæb] *tv.* (*pt. . pp.* jabbed) ចាក់ឆួច
-*n.* ការចាក់មួយឆួច
jabber['ʤæbər] *iv.* , *tv.* និយាយប៉ប៉ោចមិនបានការ
-*n.* ការនិយាយប៉ប៉ោចមិនបានការ
jack[ʤæk] *n.* car x ដែកគ្រីប
Elect. speaker x ស្នូក
Cards x of spades កម្លោះ (បៀ)
-*tv.* (*usu. fo l. by* up)
x a car គ្រីបឡើង
x prices តម្លើង
jackal['ʤækɔ:l] *n.* ឆ្កែព្រៃម្យ៉ាង
jackass['ʤækæs] *n.* buy a x លាឈ្មោល
Sl. He' s a x មនុស្សចម្កួត
jacket['ʤækit] *n.* leather x អាវធំខ្លី
book x ក្រប
-*tv.* ស្រោបពីក្រៅការពារ
jackknife['ʤæknaif] *n.* កាំបិតស្លា, កាំបិតបត់
jack-of-all-trades[ʤæk əv 'ɔ:l treidz] *n.* មនុស្សដែលចេះគ្រប់មុខ
jackpot['ʤækpɔt] *n.* sweepstakes x រង្វាន់លេខ១
Id. hit the j. ចំកៅឌី (អ.ប.)
jade[1][ʤeid] *n.* ថ្មយក់
jade[2][ʤeid] *tv.* ធ្វើឱ្យឆ្អែតឆ្អន់
jag[ʤæg] *n.* mental x ខ្នែងស្រួចៗ
Coll. x of hay បន្ទុកមិនពេញ
-*tv.* (*pt. . pp.* jagged) ទាក់នឹងខ្នែងស្រួច
jagged['ʤægid] *adj.* ស្រួចរឆេករឆូច
jaguar['ʤægjuər] *n.* ខ្លារខិនម្យ៉ាង
jail[ʤeil] *n. Coll:* គុក
Lit: ពន្ធនាគារ
-*tv.* ដាក់គុក
jailer, jailor['ʤeilər] *n.* night x អ្នកយាមគុក
Seek revenge on one' s x អ្នកធ្វើឱ្យមកជាប់គុក
jam[ʤæm] *tv.* (*pt. . pp.* jammed)
x the brakes ចាក់ខ្លាំង
x the room ធ្វើឱ្យណែនណាន់
x radio signals ផ្សាយបញ្ចូលអសនិពលដើម្បីនឹងរំខាន
-*iv.* guns x ជាប់
Sl. musicians x ជួបជុំលេងភ្លេងសប្បាយ
-*n.* strawberry x ដំណាប់
traffic j. សន្ទះផ្លូវ (ការស្ទះផ្លូវ)
jamb[ʤæm] *n.* មេ (ទ្វារ បង្អួច)
jangle['ʤæŋgl] *iv.* បន្លឺសូរច្រាវ
-*tv.* x bracelets ធ្វើឱ្យឮច្រាវៗ
j. one' s nerves ធ្វើឱ្យខ្វាញ់ឬមួម៉ៅ
-*n.* សូរច្រាវ
janitor['ʤænitər] *n.* អ្នកបោសសំអាត
January['ʤænjuəri] *pr. n. Fr:* ខែយ៉ាំងវីយេ
Solar system: ខែមករា
Lunar system: ខែបុស្ស មាឃ
Japan[ʤəpæn] *pr. n. Coll:* ជីពុន
Form: ជប៉ុន

Japanese[ʤəpæniːz] *adj.* នៃប្រទេសជប៉ុន

-n. He' s a x. ប្រជាជនជប៉ុន, ជប៉ុន (ម្នាក់)

speak x ភាសាជប៉ុន

jar[1][ʤɑːr] *n.* stone j. ក្រឡ

glass j. កែវ

jar[2][ʤɑːr] *tv.* *(pt. , pp.* jarred *)*

x the windows ធ្វើឱ្យករក្រើក

j. the nerves ធ្វើឱ្យមួម៉ៅឬខ្វាញ់

x him out of his apathy ក្រឡុក (ឱ្យរើងខ្លួន)

-iv. ញ័រ

-n. x of a collision ការករក្រើក

mental x រន្ធត់

jasmine['ʤæzmi n] *n.* ផ្កាម្លិះ

jargon['ʤɑːgən] *n.* professional x ភាសាដោយឡែក

speak a x ភាសាលាយឡំ

jasper['ʤæspər] *n.* ថ្មមែនភ្ញៀម

jaundice['ʤɔːndi s] *n.* ill from x ជម្ងឺខាន់លឿង

x toward an issue យោបល់លំអៀង (ប្រឆាំងនឹងអ្វីមួយ)

-tv. x a patient នាំឱ្យកើតខាន់លឿង

x his view លំអៀង (ប្រឆាំង)

jaunt[ʤɔːnt] *n. Coll.* ដំណើរកំសាន្ត

jaunty['ʤɔːnti] *adj.* ហ៊ឹកហ៊ាក់ (ដោយសប្បាយចិត្ត)

javelin['ʤævli n] *n.* លំពែង

jaw[ʤɔː] *n.* broken x ថ្គាម

in the jaws of death ជិតឬទៀបនឹងស្លាប់

-iv. Sl. និយាយឥតបានការ

jaywalk['ʤei wɔːk] *iv. Coll.* (ដើរ) ឆ្លងថ្នល់ខុសច្បាប់

jazz[ʤæz] *n.* play x (ភ្លេង) ហ្សាស

Sl. car has a lot of x គ្រឿងលំអគោរគៀវ

-tv. Sl. j. up ធ្វើឱ្យហ៊ឹកហ៊ាក់ឡើង

jealous['ʤeləs] *adj.* x husband ប្រច័ណ្ឌ

x of another' s success ច្រណែន

x of one' s own possessions មិនចង់ឱ្យអ្នកណាមកប៉ះពាល់

jealousy['ʤeləsi] *n.* marital x ប្រច័ណ្ឌ, សេចក្តីប្រច័ណ្ឌ

professional x សេចក្តីច្រណែន

Lit: ឥស្សា

jeans[ʤiːnz] *n. Coll.* ខោកោបយ

jeep[ʤiːp] *n.* ឡានហ្ស៊ីប

jeer[ʤi ər] *iv. , tv.* សើចចំអក

-n. ការសើចចំអក

jell[ʤel] *iv. Coll.* Jello didn' t x. កក

plans didn' t x កើតជារូបរាងឡើង (អ.ប.)

jelly['ʤeli] *n.* grape x ទឹកផលេធ្វើឱ្យខាប់អន្ទិល។

petroleum x អ្វីៗដែលដូចជាចាហួយ

-tv. យក (ផ្លែឈើផ្សេងៗ) ធ្វើឱ្យខាប់អន្ទិល។

-iv. កក, ឡើងកក (ដូចចាហួយ)

jellyfish['ʤeli fi ʃ] *n.* ជពុលទឹក, ខ្វៃសមុទ្រ

jeopardize['ʤepədai z] *tv.* ធ្វើឱ្យមានគ្រោះថ្នាក់

jeopardy['ʤepədi] *n.* live in x គ្រោះថ្នាក់, ហានិភ័យ

Law double j. ការយកមកឱ្យតុលាការវិនិច្ឆ័យពីរដងចំពោះរឿងតែមួយ

jerk[ʤɜːk] *tv.* កន្ត្រាក់, ញោច

-iv. ញោចឬកន្ត្រាក់ឡើង

-n. give the rope a j. ញាក់ខ្សែ

-Sl. He' s a x. មនុស្សមិនគួរឱ្យចូលចិត្ត

jest[ʤest] *n.* make a x សំដីនិយាយកំប្លែង

in j. គ្រាន់តែជាការលេងកំប្លែង

-iv. កំប្លែង

jet[ʤet] *n.* x of water កំសួលដែលបាញ់ចេញយ៉ាងខ្លាំង

gas j. ក្បាល (ទីដែលគេផុត)

supersonic x *Fr. Coll.* យ៉េអាត់សូរ

Lit. យន្តហោះប្រតិកម្ម

-iv. (*pt.*, *pp.* jetted)

(water) jets (out) បាញ់ចេញ

x to Europe ជិះយន្តហោះប្រតិកម្ម

-adj. x plane ប្រតិកម្ម

j. black ខ្មៅស្រិល

j. set អ្នកមានដែលជិះកប៉ាល់ហោះដើរលេងជារឿយៗ

jettison['ʤeti sn] ***tr.*** ទម្លាក់ឬបញ្ចោញចោល ដើម្បីនឹងសម្រាល (នាវា យន្តហោះ។ល។)

-n. ការទម្លាក់ឬបញ្ចោញចោលដើម្បីនឹងសម្រាល

jewel['ʤu:əl] ***n.*** precious x រតនវត្ថុ, ថ្មមានតម្លៃ

Pl. wear x គ្រឿងមាសពេជ្រ

-tr. ដាំត្បូង, បញ្ចុះត្បូង

jeweler['ʤu:ələ] ***n.*** skilled x ជាងទង

Lit. សុវណ្ណការ

(firm of) jewelers ឈ្មួញគ្រឿងអលង្ការ

jewelry['ʤu:əlri] ***n.*** គ្រឿងអលង្ការ

Lit. អលង្ការភណ្ឌ, រតនភណ្ឌ

jig[ʤi g] ***n.*** dance a x ហ្ស៊ីក (ឈ្មោះរបាំម្យ៉ាង)

Coll. the j. is up ចប់រឿងហើយ

-iv. (*pt.*, *pp.* jigged) រាំហ្ស៊ីក

jigger['ʤi gər] ***n.*** *Coll.* What's that x? របស់តូចតាចគ្មានឈ្មោះ

x of whiskey រង្វាស់ស្រា (ចំណុះប្រហែល ១ អោនសកន្លះ)

jiggle['ʤi gl] ***tr.*** ធ្វើឱ្យញ័រ

-iv. ញ័រឡើង

-n. ការធ្វើឱ្យញ័រ

jigsaw['ʤi gsɔ:] ***n.*** use a x រណារឈូសម្យ៉ាង

j. puzzle រូបដែលគេកាត់ជាផ្នែកតូចៗ សម្រាប់ឱ្យយកផាក់ផ្គុំលេង

jilt[ʤi lt] ***tr.*** ដកដៃ, ចោលសង្សារ, ដោះដៃ

jimmy['ʤi mi] ***n.*** *coll.* ដែកគាស់

-tr. គាស់

jingle['ʤi ngl] ***iv.*** បន្លឺសូររ៉ុងៗឬក្រិកៗ

-tr. អង្រួនឱ្យបន្លឺសូររ៉ុងៗឬក្រិកៗ

-n. x of small bells សូររ៉ុងៗ

write a x ពាក្យស្លោក (ជាឃ្លាខ្លីៗ)

jinx[ʤi ŋks] ***n.*** វត្ថុដែលធ្វើឱ្យស៊យ, វត្ថុចង្រៃ

-tr. ធ្វើឱ្យស៊យ

jitter['ʤi tər] ***iv.*** ច្រាស់ច្រាល

-n. pl. ការច្រាស់ច្រាល

jitterbug['ʤi təbʌg] ***n.*** របាំហ្ស៊ីតត័របឺក

-iv. រាំហ្ស៊ីតត័របឺក

job[ʤɔb] ***n.*** get a x ការ (សម្រាប់ប្រកបចិញ្ចឹមជីវិត)

do a good j. ធ្វើបានល្អ

finish a x កិច្ចការ

-tr. (*pt.*, *pp.* jobbed)

x merchandise ទិញរបស់មកលក់រាយ

j. out work ម៉ៅការបន្ត

jockey['ʤɔki] ***n.*** អ្នកជិះសេះប្រណាំង

-tr. ជិះប្រណាំង (សេះ)

-iv. ប្រកបរបរជាអ្នកជិះសេះប្រណាំង

jacular['ʤɔkjələr] ***adj.*** ដែលកំប្លែងលេង

jog[ʤɔg] ***tr.*** (*pt.*, *pp.* jogged)

x a friend គះ (នឹងកែងដៃ)

j. one's memory រំលឹក

x papers គោះតម្រឹក (ក្រដាស។ល។)

-iv. រត់ត្រឹកៗ

-n. give him a j. គះ

run at a x ការរត់ត្រឹកៗ

joggle['ʤɔgl] ***tr.*** ប៉ះខ្លាំង, ធ្វើឱ្យរញ្ជួយ

-iv. ព្រោយខ្លាំង

-n. ការព្រោយ

join[ʤɔi n] *tv.* j. the army ចូលធ្វើទាហាន

x the firm ចូលធ្វើការនៅឬឌិរ

x two ends ភ្ជាប់គ្នា

My lands x his. ជាប់គ្នានឹង

x forces រួម

x some friends ទៅចូលរួម, ទៅជួបជុំ

-iv. ជាប់គ្នា

joint[ʤɔi nt] *n.* knee x សន្លាក់

pipe x តំណ

(shoulder is) out of j. ភ្លាត់ (ឆ្អឹង)

(feelings are) out of j. មិនស្រួល

Sl. gambling x កន្លែងលេងល្បែងស៊ីសង

Sl. smoke a x កញ្ឆា (មូរជាបារីហើយ)

-adj. x effort រួម

x owners ចូលគ្នា

-tv. x a pipe ត, ដាក់តំណ

x a chiken កាត់នៅត្រង់សន្លាក់ (ជើងស្លាប។ល។)

jointly[ʤɔi ntli] *adv.* រួមគ្នា

joist[ʤɔi st] *n.* floor x រនូត

ceiling x បង្កង់ (ផ្ទោង ផ្ទាត)

joke[ʤəuk] *n.* tell a x រឿងកំប្លែង (និយាយកំប្លែងលេង)

play a practical j. លេងធ្វើបាប

his effort was a x ការគួរឱ្យអស់សំណើច

-iv. និយាយកំប្លែង

jolly['ʤɔli] *adj.* x mood/ song រីករាយ

x time សប្បាយ

-tv. ធ្វើឱ្យរីករាយឡើង

jolt[ʤəult] *n.* x of the collision ភាពករព្រើក

news was a x ការរន្ធត់

-tv. ធ្វើឱ្យករព្រើក

jostle['ʤɔsl] *tv.* ប្រជ្រៀត, ច្រានរុញទទឹងទទែង

-n. ការរុញច្រានទៅមកទទឹងទទែង

jot[ʤɔt] *tv.* (pt., pp. jotted)

j. down កត់, កត់ចុះ

-n. អ្វីបន្តិចបន្តួច

journal['ʤɜ:nl] *n.* scholarly x ទស្សនាវដ្ដី

daily x ទិនានុប្បវត្តិ

journalism['ʤɜ:nəli zəm] *n.* វិជ្ជាជីវៈខាងសារពត៌មាន

journalist['ʤɜ:nəli st] *n.* អ្នកសារពត៌មាន

journey['ʤɜ:ni] *n.* ដំណើរ

-iv. ធ្វើដំណើរ

jovial['ʤəuvi əl] *adj.* រីករាយ សប្បាយ

jowl[ʤaul] *n.* ថ្ពាល់

joy[ʤɔi] *n.* fell great x សេចក្ដីសប្បាយរីករាយ

She is a x. អ្វីៗដែលជាទីគាប់ចិត្ត

joyful['ʤɔi fl] *adj.* ដ៏រីករាយ, សប្បាយ, ដ៏សប្បាយ

joyous['ʤɔi əs] *adj.* ដ៏សប្បាយ, យ៉ាងសប្បាយ

jubilant['ʤu:bi lənt] *adj.* ដែលបង្ហាញនូវការសប្បាយរីករាយ

jubilee['ʤu:bi li:] *n.* golden x បុណ្យខួបគម្រប់ ៥០ឆ្នាំ

wild x ពិធីយ៉ាងសប្បាយអ៊ូអរ

judge[ʤʌʤ] *n.* federal x ចៅក្រម

good j. of people អ្នកប្រសប់មើលមនុស្ស

cattle x អាជ្ញាកណ្ដាល

-tv. x a case កាត់ក្ដី, វិនិច្ឆ័យ (ក្ដី)

x his character ប្រមើល

judgment['ʤʌʤmənt] *n.* x from the benh ការវិនិច្ឆ័យ

have good x ការប្រមាណមើល, ថ្លឹងមើល

trust his x យោបល់

judicial[ʤu'di ʃl] *adj.* x process នៃតុលាការ

x selection ដ៏ប្រិតប្រៀត, យ៉ាងពិនិត្យពិច័យ

judiciary[ʤudi ʃəri] *adj.* នៃតុលាការ

-*n.* តុលាការ

judicious[ʤudi ʃəs] *adj.* x approach ប្រកបដោយវិចារណញ្ញាណ

x use ដ៏ប្រិតប្រៀន, ត្បិតត្បៀត

jug[ʤʌg] *n.* water x ក្អម, ក្លួច

Sl put him in the x គុក

-*tv.* (*pt . , pp.* jugged) ដាក់ក្នុងក្អមឬក្លួច

juggle['ʤʌgl] *tv.* x balls ត្រែះ

x figures លៃបញ្ចោញបញ្ចូលចុះឡើង

juggler['ʤʌglər] *n.* អ្នកលេងក្បាច់ត្រែះ

jugula['ʤʌgjələr] *adj.* នៃបំពង់ក

-*n.* ធមនីបំពង់ក, សរសៃក

juice[ʤu:s] *n.* orange x ទឹក (ផ្លែឈើបន្លែ។ល។)

Sl. turn off the x ចរន្ត (អគ្គិសនី)

-*tv.* គាប, ច្របាច់យកទឹក

juicy['ʤu:si] *adj.* x fruit ដែលមានទឹកជមច្រើន

Coll. x scandal ដែលធ្វើឱ្យគេចាប់អារម្មណ៍ក្រៃលែង

jukebox['ʤu:kbɔk] *n.* ម៉ាស៊ីនចាក់ថាសភ្លេង (ធម្មតាត្រូវដាក់លុយ)

july[ʤu'lai] *pr. n. Fr:* ស៊ូយេត

Solar system: ខែកក្កដា

Lunar system: អាសាធ-ស្រាពណ៍

jumble['ʤʌmbl] *tv.* ច្របូកច្របល់

-*n.* ភាពច្របូកច្របល់

jumbo['ʤʌmbəu] *adj. Coll.* ធំជាងគេ, ធំជាងធម្មតា

jump[ʤʌmp] *iv.* grasshoppers x លោត

muscles x កំរើកខ្ញើចៗ

prices x ឡើង

j. to conclusions សម្រេច (យោបល់) ដោយឥតគិតគូរត្រឹមត្រូវ

-*tv.* x the fence ហោះ

x a horse ធ្វើឱ្យលោតហោះ

x a trespasser វាយ

(trains) j. the track ធ្លាក់ចេញពីផ្លូវដែក

(ideas) j. the track ចាកប្រធាន

-*n.* high x ការលោត

x in prices ការឡើង (តម្លៃ)

Id. get the j. on ធ្វើអ្វីមុនគេ

jumpy[ʤʌmpi] *adj.* x horse រអើល

feel x about ជ្រួលច្រាល

junction['ʤʌŋkʃn] *n.* ទីប្រសព្វ

juncture['ʤʌŋkʧər] *n.* at this x in time ខណៈ

x of two lines កន្លែងជួបគ្នា

June[ʤu:n] *pr. n. Fr:* យូវាំង

Solar system: ខែមិនា

Lunar system: ជេស្ឋ-អាសាធ

jungle['ʤʌŋgl] *n.* ព្រៃស្បាត

junior['ʤu:ni ər] *adj.* x member ថ្មីថ្មោង

x Smith កូនដែលមានឈ្មោះដូចឪពុក

x year ឆ្នាំទី៣ (វិទ្យាល័យឬមហាវិទ្យាល័យ)

j. college អនុមហាវិទ្យាល័យ

-*n.* He' s my x. ប្អូន

Educ. She' s a x. និស្សិតឆ្នាំទី៣

junk[1][ʤʌŋk] *n.* របស់ដែលគេបោះចោល

-*tv.* បោះចោល

junk[2][ʤʌŋk] *n.* ទូកប៉ុកចាយ

junket['ʤʌŋki t] *n.* eat x គ្រឿងបរិភោគម្យ៉ាងធ្វើពីទឹកដោះគោកក

pleasure x ដំណើរកំសាន្ត

-*iv.* ធ្វើដំណើរកំសាន្ត

jurisdiction[,ʤuəri s'di kʃn] *n.* យុត្តាធិការ

jurisprudence[,ʤuəri s'pru:dns] *n.* នីតិសាស្ត្រ

juror['ʤuərər] *n.* ប្រឹក្សាគុលាការ

jury['ʤuəri] *n.* គណៈវិនិច្ឆ័យ

just[ʤʌst] *adj.* x man ត្រឹមត្រូវ, ប្រកបដោយ យុត្តិធម៌

x punishment សម

-adv. x arrived ទើប

x right ចំ

j. missed it ផុត

x a common man គ្រាន់តែ (ជា)

Coll. x wonderful មែន

justice['ʤʌsti s] *n.* uphold x យុត្តិធម៌

x of his cause ការសមហេតុសមផល

do j. to ធ្វើឱ្យសមនឹង

justification[,ʤʌsti fi 'kei ʃn] *n.* ការបង្ហាញឱ្យឃើញថាត្រូវ *Lit:* យុត្តិកម្ម

justify['ʤʌsti fai] *tv.* *(pt. . pp.* justified*)*

x one' s behavior បង្ហាញនូវការសមហេតុសមផល

x a rule ធ្វើយុត្តិកម្ម

x a margin ធ្វើឱ្យត្រឹមគ្នា

jut[ʤʌt] *iv.* *(pt. . pp.*jutted. *usu. fol. by* out*)* លយចេញ

jute[ʤu:t] *n.* ក្រចៅ

juvenile['ʤu:venai l] *adj.* x court សម្រាប់យុវជន

x delinquency នៃយុវភាព

x behavior ដូចកូនក្មេង

-n. យុវជន

juxtapose[,ʤʌkstə'pəuz] *tv.* x two buildings ដាក់ទល់មុខគ្នា

x two examples ផ្ទឹមគ្នា

K

K, k[kei] អក្សរទី១១តាមលំដាប់អក្សរក្រមអង់គ្លេស

kale, kail[keil] *n.* ស្ពៃក្តោបម្យ៉ាង

kaleidoscope[kə'laidəskəup] *n.* ទស្សនភណ្ឌ មានដាក់កំទេចកែវពណ៌នៅខាងក្នុង ហើយមើលទៅឃើញរូបដែលមានសមប្បមាណហើយផ្លាស់ប្តូរជាដរាប

kangaroo[,kæŋgə'ru:] *n.* Australian x សត្វកង់ហ្គូរូ

Id. k. court ក្រុម១ដែលដែលតាំងខ្លួនជាតុលាការ (មិនមែនជាផ្លូវការ)

kapok['keipɔk] *n.* គរ, សំឡីគរ

karat['kærət] *n.* ទឹក (ឧ.មាសទឹក១០)

kayak['kaiæk] *n.* ទូកធ្វើពីស្បែក (នៃពួកអេស្គីម៉ូ)

keel[ki:l] *n.* មេបាតនាវា

keen [ki:n] *adj.* x mind វៃ

x eyes មុត

x interest ដែលប្រកបដោយការយកចិត្តទុកដាក់ក្រៃលែង

x wind ត្រជាក់ផលស្ពឹង

x competition ដ៏ខ្លាំងក្លា

keep[ki:p] *tv.* (*pt.*, *pp.* kept)

x some money ទុក

x hogs ចិញ្ចឹម

x a secret លាក់

x records កត់ទុក

x a light burning ទុកឱ្យ

x walking ធ្វើតទៅ, បន្ត

k. one's word ចាំពាក្យសន្យា

x old papers សន្សំទុក

k. sthg. for (s.o) ទុកឱ្យ

k. it clean ប្រយ័ត្នកុំឱ្យប្រឡាក់

k. in mind ចាំទុក

x the faith រក្សាទុកក្នុងខ្លួន

k. a holiday ឈប់សម្រាកនៅថ្ងៃបុណ្យ

k. watch ឃ្លាំមើល

k. house ធ្វើកិច្ចការក្នុងផ្ទះ

k. time (to the music) គោះចង្វាក់

(watch doesn't) k. time ដើរត្រូវ

k. time (for a race) មើលម៉ោង (ឱ្យដឹងអស់ពេលប៉ុន្មាន)

k. to (the left) ផែបទៅខាង (ឆ្វេង)

k. to (a schedule) ធ្វើតាម

k. track of តាមមើល

k. up (one's work) ធ្វើត

k. up (a farm) ថែរក្សា

k. up speed បើកល្បឿនដដែល (មិនបង្កើនឬបន្ថយ)

x bothering him ចេះតែ

-iv. apples x for months ទុកបាន

can't k. warm ធ្វើម៉េចក៏មិនក្តៅ

k. from ទប់

k. to oneself ចៀស (មិនចង់ជួបមនុស្សឯទៀត)

k. up with (a car) តាមទាន់

k. up with (payments) បង់ទាន់ពេលវេលា

k. away នៅឆ្ងាយ

k. back ថយចេញទៅនៅឱ្យឆ្ងាយ

k. off ចៀសចេញ

k. out ហាមមិនឱ្យចូល

k. up ធ្វើទាន់

-*n.* work for one' s x មបអាហារនិងទីសំណាក់អាស្រ័យ

stone x បន្ទាយ

for keeps រហូត

keeper['ki:pər] ***n.*** x of a restaurant ម្ចាស់

x of a museum អភិរក្ស

x of bees អ្នកចិញ្ចឹម

bread x ប្រអប់សម្រាប់ដាក់ (កុំឱ្យខូច។ល។)

goal k. ឆ្មាំទី

keeping['ki:piŋ] ***n.*** x of old papers ការសន្សំទុក

x of bees ការចិញ្ចឹម

in k. with ទៅតាម, សមនឹង

keepsake['ki:pseik] ***n.*** អនុស្សាវរីយ៍

keg[keg] ***n.*** x of beer ធុង

x of nails ទម្ងន់១០០ផោន (ប្រហែលជា ៤៥, ៣៥ គក)

kennel['kenl] ***n.*** សុនខាគារ

-*tv.* ដាក់ក្នុងសុនខាគារ

kept[kept] *(pt., pp. of* keep*)*

kerb[k3:b] *(see* curb*)*

kerchief['k3:ʧif] ***n.*** កន្សែង (បង់ក ជូតក្បាល។ល។)

kernel['k3:nl] ***n.*** x of a nut សាច់គ្រាប់

x of grain គ្រាប់ (ស្រូវ ពោត។ល។)

x of truth សារ

kerosene['kerəsi:n] ***n.*** ប្រេងកាត

ketch[keʧ] ***n.*** នាវាម្យ៉ាងមានក្តោងពីរ

ketchup['keʧəp] ***n.*** ទឹកប៉េងប៉ោះ

kettle['ketl] ***n.*** tea x កំសៀវ (តែ)

boiling x ឆ្នាំង

Id. different k. of fish រឿងផ្សេងទៀត

key[ki:] ***n.*** x to a lock កូនសោ

x to a puzzle កូនសោ (អ្វីៗដែលសំខាន់សម្រាប់ដោះស្រាយបញ្ហាអ្វីមួយ)

x to success អាថិកំបាំង

typewriter x ផ្ទៃចុច

Mus. x of C. កូនសោ (ព. ភ្លេង)

-*adj.* សំខាន់

-*tv.* k. s.o. up ធ្វើឱ្យជ្រួល

x my project to his ធ្វើឱ្យស្របទៅតាម

keyboard['ki:bɔ:d] ***n.*** ខ្ទង់សម្រាប់ចុច

keyhole['ki:həul] ***n.*** រន្ធសោ

keynote['ki:nəut] ***n.*** *Mus.* x of a key តានិក

x of the campaign ចំណុចឬគោលសំខាន់

-*tv.* ចាប់ប្រកាសចំណុចឬគោលសំខាន់

keystone['ki:stəun] ***n.*** x of the arch ថ្មដែលទប់ថ្មឯទៀតកុំឱ្យធ្លាក់

x of the theory មូលដ្ឋាន

khaki['ka:ki] ***adj.*** កាគី

-*n.* made of x សំពត់កាគី

Pl. wear one' s x ខោអាវកាគី

khmer[kəmeər] ***adj.*** ខ្មែរ

-*n.* He' s a x. ជនជាតិខ្មែរ

speak x ភាសាខ្មែរ

kick[kik] ***tv.*** k. with the top of the foot ទាត់

k. with the bottom of the foot ធាក់

Sl. x a habit បោះបង់ចោល

Id. k. the bucket ស្លាប់

-*iv.* guns x ធាក់

Coll. x a bout conditions រអ៊ូរទាំ, រទូរទាំ

-n. give the pedal a x ការធាក់

give the ball a x ការទាត់

Id. get a k. out of សប្បាយនឹង

Sl. on a temporary x ដំណើរស្រេចស្រើបចិត្តមួយរឹងទៅ

kickback['ki kbæk] ***n.*** ប្រាក់ចំណូល (ក្រោយដែលបានធ្វើអ្វីមួយឱ្យគេហើយ)

kick-off['ki k ɔf] ***n.*** *Fottball* initial x ការទាត់ចាប់ផ្ដើមលេង

compaign x ការចាប់ផ្ដើម

kid[1]['ki d] ***n.*** goat x កូនពពែ

Coll. mischievous x ក្មេង

made of x ស្បែកពពែ

-iv. កើតកូន (ពពែ)

kid[2]['ki d] ***iv.*** , ***tv.*** *(pt.. pp.* kidded*)* កុហកលេង

kidnap['ki dnæp] ***tv.*** *(pt.. pp.* kidnapped) ចាប់មនុស្សជំរិតយកប្រាក់

kidnapping['ki dnæpi ŋ] ***n.*** ចំណាប់មនុស្សជំរិតយកប្រាក់

kidney['ki dni] ***n.*** diseased x តម្រងនោម

Lit: វក្កំ

k. beans សណ្ដែកម្យ៉ាង

kill[ki l] ***tv.*** សម្លាប់

Lit: ពិឃាត, ប្រហារជីវិត, ប្រល័យជីវិត, ផ្ដាច់ជីវិត

Roy: ធ្វើគត់

x grass ធ្វើឱ្យងាប់

x the motor ពន្លត់

x his hopes ធ្វើឱ្យអស់

k. time ចំណាយពេល (ដូចជានៅពេលរង់ចាំ)

Sl. His jokes x me. ធ្វើឱ្យអស់សំណើចខ្លាំង

-n. close in for the x ការសម្លាប់

x of game សត្វដែលគេសម្លាប់

killer[ki lər] ***n.*** អ្នកសម្លាប់ឬអ្វីៗដែលសម្លាប់

killing['ki li ŋ] ***n.*** stop the x ការកាប់សម្លាប់

Id. make a k. (in trade) បានចំណេញច្រើន

-adj. x substance ដែលបណ្ដាលឱ្យស្លាប់

x pace ដែលលឿនក្រៃពេក

kiln['ki ln] ***n.*** ឡ (ឥដ្ឋ កំបោរ)

-tv. ដុតក្នុងឡ (ផើង ក្អម ដើម្បីឱ្យស្ងួត)

kilo['ki:ləu] *(short for* kilometer/ kilogram*)*

kilo['ki lə]-***pref.*** បុព្វបទមានន័យថា: មួយពាន់

kilocycle['ki ləsai kl] ***n. Fr:*** មួយពាន់ស៊ីក

kilogram['ki ləgræm] ***n. Fr:*** គីឡូក្រាម

kilometer['ki ləmi:tər] ***n. Fr:*** គីឡូម៉ែត្រ

kilowatt['ki ləwɔt] ***n. Fr :*** គីឡូវ៉ាត់

kilt[ki lt] ***n.*** សំពត់គិល (នៃជនជាតិអេកុស្ស)

kimono[ki 'munəu] ***n.*** គីម៉ូណូ (អាវជប៉ុនម្យ៉ាង)

kin[ki n] ***n.*** ញាតិសន្ដាន

-adj. ដែលជាសាច់ញាតិ

kind[1]['kai nd] ***adj.*** x man ចិត្តល្អ

x words ល្អ

kind[2]['kai nd] ***n.*** different x យ៉ាង, ជំពូក, ពុន, ប្រភេទ

retaliate in k. ធ្វើសងឱ្យដូចវិញ

repay in k. សងរបស់ដូចដើមវិញ

-adv. Coll. k. of ដូចជា

kindergarten['ki ndəgɑ:tn] ***n.*** មត្តេយ្យសាលា

kindhearted[,kai ndhɑ:t] ***adj.*** ចិត្តល្អ

kindle['ki ndl] ***tv.*** x a fire បង្កាត់

x emotions បង្ក

kindling['ki ndli ŋ] ***n.*** កំទេចឈើសម្រាប់បង្កាត់ភ្លើង

kindly['kai ndli] ***adj.*** ចិត្តល្អ

-adv. answer x យ៉ាងស្រួល, សុភាព

Thank you k. អំណរគុណយ៉ាងជ្រាលជ្រៅ

kindness['kai ndnəs] ***n.*** x of his offer ភាពប្រកបដោយចិត្តសប្បុរស

treat him with x ចិត្តប្រណី

bestow a x អំពើអនុគ្រោះ

kindred['ki ndrəd] ***n.*** ញាតិ

-adj. x languages ដែលមានពូជតែមួយដែលជាប់ពូជគ្នា

x situations ដូចគ្នា

kinematic[ki 'neməti k] ***adj.*** ជវកម្មនា

kinematics[ki 'neməti ks] ***n.*** ជវកម្មនា

kinetic[ki 'neti k] ***adj.*** នៃចលនា

king[ki ŋ] ***n.*** ស្តេច

Form: ព្រះមហាក្សត្រ

Lit: ព្រះចៅ, ព្រះរាជា, ព្រះចបពង្ស

Coll: ហ្លួង

kingdom['ki ŋdəm] ***n.*** royal x ព្រះរាជាណាចក្រ

animal x រជ្ជ

kingfisher['ki ŋfi ʃər] ***n.*** ចចាត

king-size[ki ŋsai z] ***adj.*** *Coll.* ធំជាងធម្មតា

kink[ki ŋk] ***n.*** x in a rope កំណួច

x in the neck ដំណើររមេចសរសៃ

-tv. កួច

-iv. ឡើងកួច

kinky[ki ŋki] ***adj.*** x hair រួញ

Sl. x ideas ប្លែក

kinship['ki nʃi p] ***n.*** ភាពជាសាច់ញាតិ

kinsman['ki nzmən] ***n.*** ញាតិ

kiosk['ki:ɔsk] ***n.*** តូប

kipper['ki pər] ***n.*** ត្រីប្រឡាក់ (ហាលឬឆ្អើរ)

-tv. ប្រឡាក់ហើយយកទៅហាលឬឆ្អើរ

kiss[ki s] ***tv.*, *iv.*** ថើប

Roy: ត្រង់ចុម្ពិត

-n. give her a x ការថើបមួយខ្សឺត

chocolate k. ស៊ូកូឡាដែលមានរាងដូចតំណក់ទឹក

kit[ki t] ***n.*** tool x សម្រាប់

radio x គ្រឿងអ្វី១ដែលត្រូវយកតម្លើងខ្លួនឯង

Id. whole k. an kaboodle អ្វីៗទាំងអស់

kitchen['ki ʧi n] ***n.*** roomy x ផ្ទះបាយ

k. garden សួនបន្លែ

kitchenware['ki ʧi nweər] ***n.*** ប្រដាប់ប្រដា

kite[kai t] ***n.*** ខ្លែង (សម្រាប់បង្ហោះ)

kith and kin[ki θ ənd ki n] ***n.*** ញាតិមិត្ត

kitten['ki tn] ***n.*** កូនឆ្មា

kitty['ki ti] ***n.*** Here, x! កូនឆ្មា

Poker large x ចំនួនប្រាក់ឈ្នះបានក្នុងមួយដៃ

kleptomania[,kleptə'mei ni ə] ***n.*** ចោរម័ទ

knack[næk] ***n.*** ការប៉ិនប្រសប់

knapsack['næpsæk] ***n.*** ថង់ព្រនាក់

knead[ni:d] ***tv.*** ច្របាច់, លុញ (ម្សៅធ្វើនំ)

knee[ni:] ***n.*** ជង្គង់

kneecap['ni:kæp] ***n.*** អង្គុញ (នៃជង្គង់)

kneel[ni:l] ***iv.*** *(pt., pp.* knelt*)* លុតជង្គង់

knelt[nelt] *(pt., pp. of* nkeel*)*

knew[nju:] *(pt. of* know*)*

knickers['ni kəz] ***n.*** ខោជើងវែងត្រឹមជង្គង់

knickknack['ni knæk] ***n.*** eat a x គ្រឿងបរិភោគកំប៉ិកកំប៉ុក

buy a x អ្វីៗកំប៉ិកកំប៉ុក

knife[nai f] ***n.*** កាំបិត

-tv. ចាក់នឹងកាំបិត

knight[nai t] ***n.*** អស្សឫទ្ធិ

-tv. តាំងជាអស្សឫទ្ធិ

knit[ni t] ***tv.*** *(pt., pp.* knitted*)*

x a sweater ចាក់ (អាវយឺត។ល។)

k. the brow ចង (ចិញ្ចើម)

-iv. brows x ចង (ចិញ្ចើម)

bones x ផុះជាប់គ្នាឡើង

knitting['ni ti ŋ] ***n.*** likes x ការចាក់ (អាវយឺត ។ល។)

brought her x គ្រឿងចាក់

knob[nʌb] ***n.*** x of a door ប្រដាប់សម្រាប់កាន់មួល

x on a tree ពក

radio x ប្រដាប់សម្រាប់មួល

knock[nɔk] ***tv.*** x heads together ទង្គិច

x a ball away វាយ

Coll. Don't x it. រិះគន់

k. on (the door) គោះ

Id. k. on wood គោះឈើដើម្បីឱ្យហេង

k. down (a house) រំលំ, រុះ

Sl. k. down (a good salary) បាន, ទទួល

Sl. k. off (work) ឈប់

Sl. k. off (a man) សម្លាប់

k. out (an opponent) វាយឱ្យសន្លប់

Coll. k. out (a rough draft) ព្រាង

-iv. knees x together ទង្គិច

x at the door គោះ

motors x បញ្ចេញសូរដូចគេវាយឬគោះ (ពេលដែលរថយន្តដើរមិនស្រួល)

Coll. k. about ដើរចច្រប់គ្មានទីចំពោះ

-n. hear a x at the door សូរគោះ

a x on the head ការត្រូវ, ការប៉ះ

Pl. suffer the x of life អកុសល

knocker['nɔkər] ***n.*** ដែកគោះទ្វារ

knockout['nɔkaut] ***n.*** *Boxing* win by a x ការវាយសន្លប់

Sl. She's a x. ស្ត្រីដែលល្អឆើតឆាយក្រៃលែង

knoll[nəul] ***n.*** ទួល

knot[nɔt] ***n.*** tie a x ចំណង

x on a log ពក

Naut. រង្វាស់ចម្ងាយ ១.៨៥៣,២៨ម

-tv. (pt., pp. knotted)

x a rope គួច, ចង

x a tie ចង

x one's muscles តម្លើង

-iv. strings x ជំពាក់

trees x ឡើងពក

knothole[nɔthəul] ***n.*** ប្រហោងភ្នែក (លើបន្ទះក្ដារ)

knotty[nɔti] ***adj.*** x string ដែលមានចំណងគំណាបុកំណួចច្រើន

x tree ដែលមានពកច្រើន

x problem ស្មុគស្មាញ, ពិបាក

know[nəu] ***tv.*** (pt. knew, pp. known)

x a fact ដឹង

x a poem by heart ចេះ

x John ស្គាល់

x your problem យល់

x great sorrow ស្គាល់នូវ, កិសោច

k. how to ចេះ (ប្រើនៅមុខកិរិយាសព្ទ)

Id. k. the ropes ដឹងក្រឡឹកក្រឡុក

-n. *Coll.* in the k. ដែលដឹងរឿង

know-how[nəu hau] ***n.*** ការចេះ, ការជំនាញ

knowing['nəui ŋ] ***adj.*** x look ដែលបង្ហាញថាដឹងមុនហើយ

x omission ដោយចេតនា

knowingly['nəui ŋli] ***adv.*** ដោយចេតនា

knowledge['nɔli dʒ] ***n.*** gain x វិជ្ជា

without his x ការដឹងឮ

known[nəun] (*pp. of* know)

knuckle['nʌkl] *n.* scrape his x គន្លាក់ម្រាមដៃ

pig' s x ជើង

brass knuckles ស្នាប់ដៃ

-iv. k. down ខំយកចិត្តទុកដាក់

k. under ចុះញ៉ម

Koran[kə'rɑːn] *pr. n.* គម្ពីរសាសនាអ៊ីស្លាមឬមហាម៉ាត់

Korean[kəri ən] *adj.* នៃប្រទេសកូរ៉េ

-n. He' s a x ប្រជាជនកូរ៉េ, កូរ៉េ (ម្នាក់)

speak x ភាសាកូរ៉េ

kumquat['kʌmkwɔt] *n.* ផ្លែកុមខ្វាត

L

L, l[el] អក្សរទី១២តាមលំដាប់អក្សរក្រមអង់គ្លេស

Cap. លេខ៥០រ៉ូម៉ាំង

lab[læb] *(short for* laboratory*)*

label['lei bl] ***n.*** x on a can សលាក, ស្លាក

Id. put a l. on (people) ដាក់ក្នុងចំពូកណាៗមួយ

-tv. (pt. , pp. labelled*)*

x a can បិទស្លាក

x him a criminal ចាត់ជា

labial['lei bi əl] ***adj.*** x swelling នៃបបូរមាត់

Phonet x sound បបូរមាត់, ដែលបន្លឺឡើងត្រង់បបូរមាត់

labor['lei bər] ***n.*** fruits of x ការងារ

x and management កម្មករ

in l. ឈឺពោះឆ្លងទន្លេ

-iv. workmen x ធ្វើការ

l. under an illusion ជឿខុស

ships x in a storm ខំពុះពារទាំងលំបាក

-tv. x a point បញ្ជាក់ម្ដងហើយម្ដងទៀត

laboratory[lə'bɔrətri] ***n.*** ទីពិសោធន៍

laborious[lə'bɔ:ri əs] ***adj.*** x task ពិបាក, ដ៏លំបាក

x craftsmanship ដែលផ្ចិតផ្ចង់

lace[lei s] ***n.*** fancy x ជរ

shoe x ខ្សែ

-tv. x (up) shoes ចង (ខ្សែស្បែកជើង)

x coffee with whiskey ចាក់លាយនឹង

x a blouse ដាក់ជរ

lacerate['læsərei t] ***tv.*** ធ្វើឱ្យដាច់ដាចហែកហួរ

lack[læk] ***tv.*** x food គ្មាន

(set) lacks (one piece) ខ្វះ

-iv. ខ្វះ

-n. ការខ្វះ

lackey['læki] ***n.*** កញ្ជះ, បាវ

lackluster['læklʌstər] ***adj.*** x vase ស្រអាប់

x career គ្មានអ្វីគួរឱ្យចាប់អារម្មណ៍

laconic[lə'kɔni k] ***adj.*** x style សង្ខេប, ឥតប្រើពាក្យច្រើន

x reply ខ្លី

lacquer['lækər]] ***n.*** ម្រ័ក្សណ៍ខ្មុក

-tv. ខ្មុកម្រ័ក្សណ៍

lacuna[lə'kju:nə] ***n.*** *(pl.* lacunae*)* ចន្លោះ, ភាពដាច់

lacy['lei si] ***adj.*** ដូចជរ

lad[læd] ***n.*** ប្រុសក្មេង

ladder['lædər] ***n.*** painter' s x ជណ្ដើរ

x of success ជាន់ថ្នាក់

laden['lei dn] ***adj.*** ដែលមានផ្ទុកយ៉ាងច្រើន

lading['lei di ŋ] ***n.*** បន្ទុក

ladle['lei dl] ***n.*** វែក (សម្រាប់ដួសសម្ល)

-tv. ដួស (សម្ល)

lady['lei di] ***n.*** ស្ត្រី

ladibug['lei di bʌg] ***n.*** អណ្ដើកមាស

lag[læg] ***iv.*** *(pt . ,pp.* lagged*)*

x behind the others តាមមិនទាន់

(production) lags មិនបានដល់កម្រិត, អន់ថយ

-*n.* production x ការមិនបានផលកម្រិត

publication x រយៈពេលក្រោយពេលកំណត់

lagoon[lə'gu:n] ***n.*** បឹងទឹកប្រៃក្បែរមាត់សមុទ្រ

laid[lei d] *(pt., pp. of* lay*)*

lain[lei n] *(pp. of* lie*)*

lair[leər] ***n.*** ជម្រកសត្វព្រៃ

laity['lei ti] ***n.*** គ្រហស្ថ

lake[lei k] ***n.*** បឹង

lamb[læm] ***n.*** baby x កូនចៀម

eat x សាច់កូនចៀម

She' s a x. មនុស្សស្លូត

-*iv.* កើតកូន (ចៀម)

lame[lei m] ***adj.*** x man ពិការ

x excuse ពុំគួរឱ្យជឿ

l. duck ដែលនៅធ្វើការក្រោយពេលធ្លាក់ឆ្នោត

-*iv.* ធ្វើឱ្យពិការ

lament[lə'ment] ***iv.,tv.*** ទួញសោក, សោកស្ដាយ

-*n.* ទុក្ខពិត

lamentable['læməntəbl] ***adj.*** អាណោចអាធ័ម

lamentation[,læmen'tei ʃn] ***n.*** ការសោកស្ដាយ, សំណោក

Lit: បរិទេវៈ

laminate[,læmi nət] ***tv.*** x mental ធ្វើឱ្យបានជាបន្ទះៗ

x layers បិទភ្ជាប់គ្នា

lamp[læmp] ***n.*** ចង្កៀង

lampblack[læmpblæk] ***n.*** ម្រែងភ្លើង

lance[lɑ:ns] ***n.*** លំពែង

-*tv.* ចាក់នឹងលំពែង

lancer[lɑ:nsər] ***n.*** ខ្មាន់លំពែង

land[lænd] ***n.*** buy x ដី

a foreign x ប្រទេស

by l. តាមផ្លូវគោក

-*iv.* planes x ចុះ (យន្តហោះ សត្វស្លាប)

boats x ចូលចត (នាវា)

Id. How did you x here ? មក

-*tv.* x a plane បើកចុះ

x a fish ទាញឡើងមក

x a job រកបាន

landing['lændi ŋ] ***n.*** smooth x ការចុះ (យន្តហោះ)

ferry x កន្លែងចូលចត

stair l. ទីរាបស្មើត្រង់កន្លែងដែលជណ្ដើរបត់

landlady['lændlei di] ***n.*** ស្ត្រីម្ចាស់ផ្ទះឈ្នួល

landlocked['lændlɔkd] ***adj.*** ដែលឥតមានជាប់នឹងសមុទ្រ

landlord['lændlɔ:d] ***n.*** apartment x ប្រុសម្ចាស់ផ្ទះឈ្នួល

absentee x ម្ចាស់ដី (អ្នកដែលមានដីជួលឱ្យគេ)

landmark['lændmɑ:k] ***n.*** useful x អ្វីៗសម្រាប់សំគាល់កន្លែង

event was a x អ្វីៗដែលគួរកត់សំគាល់ក្នុងប្រវត្តិសាស្ត្រ

landscape['lændskei p] ***n.*** beautiful x ទេសភាព

paint a x គំនូរទេសភាព

-*tv.* ឈូសដីនិងដាំដើមឈើលំអ (កន្លែងណាមួយ)

landslide ***n.*** covered by a x ផ្ទាំងដីឬថ្មដែលរអិលចុះ

win by a x ការទទួលសន្លឹកឆ្នោតដ៏លើសលុប

lane[lei n] ***n.*** small x ផ្លូវតូច

traffic x ចំណែកផ្លូវ

language['læŋgwi dʒ] ***n.*** foreign x ភាសា

use bad x សំដី

languid['læŋgwi d] ***adj.*** ល្ហើយ, ស្រយុតស្រយង់

languish['læŋgwi ʃ] ***iv.*** x in the sun ស្រពាប់ស្រពោន

x in prison រាំរៃ

(His power) languished. អន់ថយ, ទន់ខ្សោយ

languor['læŋgər] ***n.*** physical x រហេតរហៃ, ភាពស្រយុតស្រយង់, ភាពមិនភ្លៀវភ្លា

x of a hot afternoon ភាពស្ងប់ឈឹង

lanky[læŋki] *adj.* ខ្ពស់ស្រឡឹត

lantern['læntən] *n.* គោម

Lao[lav] *adj.* នៃជនជាតិលាវ

-n. He's a x. ជនជាតិលាវ, លាវ (ម្នាក់)

speak x ភាសាលាវ

lap[1][læp] *n.* sit in his x ភ្លៅ (ផ្នែកខាងមុខ)

Id. l. of luxury សភាពរុងរឿង

lap[2][læp] *tv.* *(pt., pp.* lapped*)*

x two ends ធ្វើឱ្យជាន់លើគ្នា

x cloth around រុំ

-iv. ជាន់លើគ្នា

-n. 6-inch x ផ្នែកជាន់គ្នា

Racing fast x ជុំ (នៃវាលប្រណាំងរថយន្ត ។ល។)

lap[3][læp] *tv.* *(pt., pp.* lapped *)*

waves x the shore ប៉ះព្លឹបៗ

cats x milk លិត

-iv. ប៉ះព្លឹបៗ

-n. សូរប៉ះព្លឹបៗ

lapel[lə'pel] *n.* កបើក (នៃអាវធំ)

lapse[læps] *n.* x of one hour រយៈពេលកន្លងទៅ

x of memory ដំណើរភាំង

x of an insurance policy ការហួសថ្ងៃ

moral x ការធ្លោយ

-iv. (time) lapses កន្លងទៅ

laws x អស់សុពលភាព

x into savagery ត្រឡប់ដូចដើមវិញ

larceny['lɑ:səni] *n.* ការលួច

lard[lɑ:d] *n.* ខ្លាញ់ជ្រូក

-tv. លាបខ្លាញ់ជ្រូក

larder['lɑ:dər] *n. Arch.* ទូទុកម្ហូបចំណី

large[lɑ:dʒ] *adj.* x house ធំ

a l. power មហាអំណាច

x producer ចំនួនច្រើន

(criminal is) at l. នៅក្រៅការឃុំឃាំង, ដែលនៅទីណាមួយមិនប្រាកដ

(the country) at l. ទូទៅ

largely[lɑ:dʒli] *adv.* ភាគច្រើន

large-scale[lɑ:dʒskeil] *adj.* x production ជាចំនួនច្រើន

x map ខ្នាតធំ

largess[lɑ:'dʒes] *n.* ចិត្តទូលាយ, សប្បុរស

lark[lɑ:k] *n.* meadow x ក្រួចអ៊ិត

Id. go on a l. ទៅលេងយ៉ាងសប្បាយរីករាយ

larva['lɑ:və] *n.* កូនញាស់

Lit: ដិម្ភ

laryngitis[,læri n'dʒai ti s] *n.* រោគរលាកបំពង់ក (នាំឱ្យស្អកក)

Lit: កណ្ឋរោគ

larynx['læriŋks] *n.* កណ្ឋ

Lit: ឃោសិត្រ

lascivious[lə'si vi əs] *adj.* ដែលលំឱនទៅកាមមុច្ឆា

lash[læʃ] *n.* leather x ខ្សែតី

pl. 50 x មួយខ្វាប់ៗ (នៃខ្សែតី)

get a x in the eye រោមភ្នែក

-tv. x a prisoner វាយនឹងខ្សែតី

x a man to a post ចងភ្ជាប់

-iv. x through the air វាត់

(tails) l. out ក្រវាត់ទៅ

l. out (at s.o.) ធ្វើឱ្យវេទនាយ៉ាងធ្ងន់

lass[læs] *n.* ស្ត្រីក្មេង

lassitude['læsi tju:d] *n.* ភាពរហិតរហៃ

lasso[læ'su:] *n.* រងក, ខ្សែរពាត់រូត

-tv. ទាក់នឹងរងក.

last[1][lɑ:st] *adj.* x day ក្រោយបង្អស់បំផុត

x month មុន

l. night យប់មិញ

x drop បង្ហើយ

x hours ពេលមុនស្លាប់

-adv. ក្រោយគេបំផុត

-n. He' s the x. អ្នកក្រោយគេ

x of the money ចំណែកបង្ហើយ

Id. see the l. of លែងឃើញទៀតហើយ

at l. នៅទីបំផុត

last[2]**[lɑ:st]** ***iv.*** sessions x two hours អស់ពេល

The rain មានតទៅ

money won' t គ្រប់គ្រាន់

He won' t x until tomorrow. នៅរស់បាន

cars don' t x ធន់, ប្រើបានយូរ

last[3]**[lɑ:st]** ***n.*** ដែកទ្រនាប់ជាងស្បែកជើង

latch[lætʃ] ***n.*** គន្លឹះ (ទ្វារបង្អួច។ល។)

-tv. x the door ដាក់គន្លឹះ(ទ្វារបង្អួច។ល។)

Coll. l. onto បានមក

late[lei t] ***adj.*** x train យឺត, មិនទាន់ម៉ោង

l. hour យប់ជ្រៅ

x frost ក្រោយធម្មតា

latest (news) ថ្មីៗ, ក្រោយបំផុត

the x President ដែលស្លាប់ទៅហើយ

x Gothic នៃសម័យចុងក្រោយ

-adv. come x មិនទាន់ម៉ោង, យឺត

work x ហួសម៉ោង

of l. នៅពេលថ្មីៗនេះ

lately['lei tli] ***adv.*** ថ្មីៗនេះ

latent['lei tnt] ***adj.*** មិនទាន់ចេញឱ្យឃើញ

lateral['lætərəl] ***adj.*** ទៅខាង

laterite['lætərai t] ***n.*** ថ្មបាយក្រៀម

latex['lei teks] ***n.*** ជ័រកៅស៊ូក្រាស់

lath[lɑ:θ] ***n.*** បន្ទះឈើតូចៗ

lathe[lei ð] ***n.*** ម៉ាស៊ីនក្រឡឹង

-tv. ក្រឡឹង

lather['lɑ:ðər] ***n.*** shaving x ពពុះ

x on a horse ញើស

-tv. x the face លាបពពុះ (សាប៊ូ។ល។)

x a horse ធ្វើបែកញើសជាខ្លាំង

Latin['læti n] ***adj.*** ឡាតាំង

-n. He' s a x. ប្រជាជនដែលនិយាយភាសាក្លាយមកពីភាសាឡាតាំង

study x ភាសាឡាតាំង

latitude['læti tju:d] ***n.*** northern x រិយាវន្ត

allow great x សេរីភាព

x of a report ទំហំ (អ.ប.)

latrine[lə'tri:n] ***n.*** បង្គន់សាធារណៈ

latter['lætər] ***adj.*** x choice ទីពីរ (នៃអ្វីៗដែលទើបនឹងថ្លែងរួចមកហើយ។ច្រើនមានភាពផ្ទុយគ្នា)

x years ខាងចុងក្រោយ

letter-day['letərdei] ***adj.*** x cities ទំនើប, សម័យថ្មី

x prophecies ដែលនិយាយអំពីការសាបសូន្យនៃពិភពលោក

lattice['læti s] ***n.*** ប្រដឹស, ប្រទាស

laud[lɔ:d] ***tv.*** សរសើរ

laudable[lɔ:dəbl] ***adj.*** គួរសរសើរ

laudatory['lɔ:dətəri] ***adj.*** ដែលសរសើរ

laugh[lɑ:f] ***iv.*** x loudly សើច

Roy: ទ្រង់ព្រះសម្រួល

l. at (a joke) សើច (នឹង)

l. at (others) ចំអក

l. at (danger) មើលងាយ

-n. loud x សំណើច

Coll. That' s a x! អ្វីៗគួរឱ្យអស់សំណើច

Id. have the last l. ឈ្នះគេនៅទីបំផុត

laughable[lɑːfəbl] *adj.* គួរឱ្យអស់សំណើច

laughingstock['lɑːfiŋstɔk] *n.* អ្វីៗសម្រាប់តែគេសើចចំអកដាក់

laughter['lɑːftər] *n.* សំណើច

launch[lɔːntʃ] *tv.* x a ship ដាក់ចុះទឹក (ដូចជាទូកដែលទើបនឹងធ្វើហើយ)

x a missle បាញ់ (រ៉ុកកែត)

x a program ចាប់

-n. កាណូត (នាវាតូចៗ)

launder['lɔːndər] *tv.* បោកអ៊ុត

laundry['lɔːndri] *n.* do the x ខោអាវកខ្វក់ត្រូវបោកអ៊ុត

go to a x កន្លែងបោកអ៊ុតខោអាវ

lava['lɑːvə] *n.* កម្អែភ្នំភ្លើង

lavatory['lævətri] *n.* small x បន្ទប់លប់លាងខ្លួន

Euph. go to the x បង្គន់

lavish['læviʃ] *adj.* x gifts ដ៏មានតម្លៃ

x spending ដែលកញ្ចះកញ្ចាយ

-tv. ឱ្យឬចំណាយយ៉ាងកញ្ចះកញ្ចាយ

law[lɔː] *n.* obey the x ច្បាប់

inform the x ប៉ូលិស, តម្រួត

study x *Coll:* ច្បាប់

Lit: ធម្មសាស្ត្រ

l. and order របៀបរៀបរយ

against the l. ខុសច្បាប់

Id. lay down the l. និយាយឬប្រាប់ឱ្យច្បាស់ៗ (ដូចជាឱ្យធ្វើឬមិនឱ្យធ្វើអ្វីមួយ)

law-abiding['lɔːæbi diŋ] *adj.* ដែលគោរពច្បាប់

lawful[lɔːfl] *adj.* x use តាមច្បាប់អនុញ្ញាតឱ្យ

x marriage ត្រឹមត្រូវតាមច្បាប់

lawless['lɔːles] *adj.* x town គ្មានអ្នកត្រួតត្រា

x act ខុសច្បាប់

lawn[lɔːn] *n.* ថ្លាមានដាំស្មៅ

Lit: ស្នាប់ស្មៅ

lawsuit['lɔːsuːt] *n.* ក្តី

lawyer['lɔːjər] *n. Fr:* អាវ៉ូកា

Lit: មេធាវី

lax[læks] *adj.* ធូរ

laxative['læksəti v] *n.* ថ្នាំបញ្ចុះ

-adj. ដែលធ្វើឱ្យចុះ

lay[1][lei] *tv.* (*pt., pp.* laid)

x a book on the table ដាក់

x an egg ពង (មាន់ ទា។ល។)

x a floor រៀប, ក្រាល

x their doubts ធ្វើឱ្យអស់ឬលែងមាន

x the dust ធ្វើកុំឱ្យហុយ (ដោយបាចទឹក។ល។)

x a trap ដាក់ (អន្ទាក់)

x bricks រៀប (ឥដ្ឋ)

l. a bet ភ្នាល់

l. one's hands on (the table) ដាក់លើ

Coll. l. one's hands on (a rare book) រកបាន

x one's case before the judge លាតត្រដាង (អ. ប.)

l. down (a board) ផ្តេក

l. down one's weapons ទម្លាក់អាវុធ

l. a hand on ប៉ះ

l. hold of ចាប់

l. off (rows) ដាក់, ពឹក, លើក (រង)

l. off (workers) បញ្ឈប់លែងឱ្យធ្វើការ (បណ្តោះអាសន្ន)

l. out (clothes) លាតត្រដាង

l. out (an opponent) វាយសន្លប់

l. out (money)ចាយ

l. out (a plan) លាតត្រដាង

l. up (savings) សន្សំ

-*iv.* hends don' t x ពង

Coll. l. off ឈប់

lay[2][lei] *(pt. of lie)*

lay[3][lei] *adj.* ជាគ្រហស្ថ

layer['lei ər] *n.* ស្រទាប់

-*tv.* ដាក់ជាស្រទាប់

layman['lei mən] *n.* x of the church ឧបាសក

written for the x មនុស្សធម្មតា

layoff['lei ɔf] *n.* ការបញ្ឈប់លែងឱ្យធ្វើការបណ្ដោះអាសន្ន

layout['lei aut] *n.* គំនូសព្រាង

laywoman['lei wumən] *n.* ឧបាសិកា

lazy['lei zi] *adj.* x man ខ្ជិល, ច្រអូស

x stream ដែលហូររ៉ុយៗ

leach[li:tʃ] *tv.* ត្រង, ច្រោះ

x a horse នាំមុខ

x the way នាំ

x an orchestra ដឹកនាំ

x the list នៅលើគេ, នៅមុខគេ (ដូចជាឈ្មោះក្នុងបញ្ជីអ្វីមួយ)

x a wild life រស់នៅ

x a race នៅមុខគេ (ក្នុងការប្រកួត)

-*iv.* roads x to Rome ទៅ, តម្រង់ទៅ

l. off (to the right) បែកទៅ

-*n.* follow his x គំរូ

Theat. play the l. ដើរតួឯក

-*adj.* x role សំខាន់

x horse ដែលនៅមុខគេ

lead[2][li:d] *n.* made of x សំណ

pencil x ស្នូល (ខ្មៅដៃ)

leaden['ledn] *adj.* x bullets ដែលធ្វើពីសំណ

x steps ធ្ងន់ហើយមួយ (ជំហានជើង)

leader['li:dər] *n.* x of the parade អ្នកនាំមុខគេ

political x អ្នកដឹកនាំ

Lit: អត្ថបទវិចារណ៍

orchestra x អ្នកដឹកនាំ

x in the race អ្នកមុខគេបង្អស់

leaf[li:f] *n. (pl.* leaves*)* tree x ស្លឹក

x of a book សន្លឹក

table x បន្ទះថែម (ដូចជាក្ដារដាក់ពង្រីកតុឱ្យធំឡើង)

-*iv.* បើកមួយសន្លឹកម្ដងៗ (សៀវភៅ។ល។)

leaflet['li:flət] *n.* សន្លឹកបណ្ណ

leafy[li:fi] *adj.* x tree ដែលមានស្លឹកច្រើន

x vegetables ដែលគេស៊ីស្លឹក

league[li g] *n.* international x សម្ព័ន្ធ

in l. with ចូលដៃនឹង

nautical x រង្វាស់ចម្ងាយ ២៤,៨ គម

leak[li:k] *iv.* boats x លិច (ឧ.ទូកនោះលិច)

taps x មិនជិត

secrets x បែកឡើង

-*tv.* x water ជ្រាប

x a secret បញ្ចេញឱ្យគេដឹងឮឡើង

-*n.* spring a x កន្លែងលិច

news x ការបែកឡើង

leakage[li:ki dʒ] *n.* stop the x ដំណើរជ្រាបឬលិច

collect the x វត្ថុដែលជ្រាបឬលិច

lean[1][li:n] *iv.* x against a wall ផ្អែក

trees x in the wind ទោរ, ទេរ

x on the table ទ្រោប

x on him for help ពឹង

x toward socialism លំអៀង

-*tv.* x a board against the wall ផ្អែក

x one' s head forward ផ្អៀងឬបន្ទោរ

lean[2][li:n] *adj.* x cattle ស្គម

x meat គ្មានខ្លាញ់

x year ដែលមិនសូវបានផលល្អ

leaning[li:ni ŋ] *n.* ការលំអៀង

lean-to[li:n tu] *n.* សំណង់សង់ភ្ជាប់នឹងអាគារមួយទៀត

leap[li:p] *iv.* *(Obs. pt. , pp.* leapt*)*

x over a fence ផ្លោះ, លោតផ្លោះ

x aside លោត

-tv. x a wall ផ្លោះ

x a horse ធ្វើឱ្យលោតផ្លោះ

-n. ការលោតផ្លោះ

learn[lɜ:n] *tv.* x French រៀន

x the news ដឹង

Lit: ជ្រាប

Id. l. one' s lesson រាងចាល

-iv. l. rapidly រៀនឆាប់ចេះ

l. of ដឹងអំពី

Lit: ជ្រាបអំពី

learned['lɜ:ni d] *adj.* ដែលមានវិជ្ជាជ្រៅជ្រះ

learning['lɜ:ni ŋ] *n.* great x វិជ្ជាជ្រៅជ្រះ

skill at x ការរៀន

lease[li:s] *n.* កិច្ចសន្យាជួល

Lit: ភតិសន្យា

-tv. ជួល

leash[li:ʃ] *n.* ខ្សែ (ចងឆ្កែ។ល។)

-tv. ចងខ្សែ

least[li:st] *adj.* តូច តិច មិនសំខាន់ ។ល។ ជាងគេ

-adv. ដែលមិន ... ជាងគេបំផុត (ឧ.ដែលមិនចាំបាច់ជាងគេបំផុត)

-n. take the x ចំនួនតូចជាងគេ

at l. យ៉ាងតិចណាស់, យ៉ាងហោចណាស់

not in the l. មិនសោះ

leather['leðər] *n.* ស្បែក (សម្ងាប់ហើយ)

leathery['leðəri] *adj.* ដូចស្បែក

leave[li v] *tv.* *(pt. , pp.* left*)*

x town ចាកចេញពី

x the door open ទុក (ឧ.ទុកទ្វារឱ្យចំហ)

(You should) l. him alone. កុំប៉ះពាល់គាត់

(I'm afraid to) l. him alone. ឱ្យនៅម្នាក់ឯង

x some for him ទុក (ឧ.ទុកខ្លះឱ្យគាត់)

x a scar ធ្វើឱ្យមាន

l. out (intentionally) មិនបញ្ចូល

l. out (accidentally) ភ្លេច

-iv. ចេញទៅ, ចាកចេញ

-n. go on x វិស្សមកាល, ការឈប់សម្រាក

take l. of លា

leaven['levn] *n.* bread x ដំបែ

x for good គ្រឿងបង្កើត

-tv. x bread ធ្វើឱ្យឡើង (ដូចដំបែ។ល។)

x their crudeness ធ្វើឱ្យអន់ថយឡើង

leaving(s)['li:vi ŋz] *n.* សំណល់

lecher['letʃər] *n.* មនុស្សមានកាមរាគច្រើន

lectern['lektən] *n.* តុ (សម្រាប់អ្នកឈរធ្វើសុន្ទរកថា)

lecture['lektʃər] *n.* public x សុន្ទរកថា

classroom x ការបង្រៀន

disciplinary x ការស្ដីប្រដៅ

-tv. x students បង្រៀន

x a wayward child ស្ដីប្រដៅ

ledge[ledʒ] *n.* ផ្នែកលយចេញទៅក្រៅ

ledger['ledʒər] *n.* បញ្ជីកត់ចេញចូល

lee[li:] *n.* find x ទីជ្រក, ជម្រក

Naut. toward the x ចំហៀងក្រោមខ្យល់

leech[li:tʃ] *n.* water l. ឈ្លើង

land l. ទាក

Fig. He' s a x. អ្វីៗដែលរស់ដោយសារគេ

-*tv.* ជញ្ជាក់យក

leek[li:k] ***n.*** គុយឆាយម្យ៉ាងដើមធំៗ

leer[li ər] ***n.*** ការមើលចុងភ្នែកដោយពេញចិត្ត

-*iv.* មើលចុងភ្នែកដោយពេញចិត្ត

leeward['li:wəd] ***adj.*** ដែលនៅក្រោមខ្យល់

-*n.* ចំហៀងក្រោមខ្យល់

leeway['li:wei] ***n.*** *Naut.* ដំណើររសាត់បណ្ដោយខ្យល់

Coll. one hour' s x ពេលបន្ថែម

Coll. x for movement ចន្លោះទុកចោល

left[1][left] ***adj.*** x hand ឆ្វេង

x politics នៃមតិឬលទ្ធិខាងឆ្វេង

-*n.* toward the x ខាងឆ្វេង

political x មតិខាងឆ្វេង

left[2][left] *(pt . , pp . of* leave*)*

left-handed[,lefthændi d] ***adj.*** x person ដែលប្រើដៃឆ្វេង

x tools សម្រាប់ប្រើដៃឆ្វេង

Id. x compliment ដែលដូចជាចំអកបន្តិច

leftist[lefti st] ***n.*** ពួក (ប្រកាន់មតិ) ខាងឆ្វេង

-*adj.* ដែលប្រកាន់មតិខាងឆ្វេង

leftover['leftəuvər] ***n.*** សំណល់, របស់សល់

-*adj.* ដែលសល់

leg[leg] ***n.*** x of a dog / table / trousers ជើង

x of a triangle ជ្រុង

x of a journey ដំណាក់

Id. on one' s last legs ជិតទៅហើយ

Id. pull s.o.' s l. ជន្ទជន្ទេញ

Sl. shake a l. ប្រញាប់ប្រញាល់

legacy['legəsi] ***n.*** large x កេរ្តិ៍

cultural x កេរ្តិ៍ដំណែល

legal['li:gl] ***adj.*** x methods ត្រឹមត្រូវតាមច្បាប់

x profession នៃមេធាវី

Id. l. tender រូបិយវត្ថុដែលប្រើបាន

legality[li:'gæləti] ***n.*** នីត្យានុកូលភាព

legalize['li:gəlai z] ***tv.*** ធ្វើឱ្យមានឡាក់ថានពេញច្បាប់

lagation[li 'gei ʃn] ***n.*** ស្ថានអគ្គរដ្ឋទូត

legend['ledʒənd] ***n.*** folk x រឿងព្រេង

x of a chart ចំណងជើង

legendary['ledʒəndri] ***adj.*** x literature ខាងរឿងព្រេង

x feats ដ៏អស្ចារ្យ

legging(s)['legi ŋ] ***n.*** ប្រដាប់ស្រោបកំភួនជើង (សម្រាប់ការពារ)

legible['ledʒəbl] ***adj.*** មើលដាច់ (អក្សរ)

legibility[ledʒə'bi ləti] ***n.*** ភាពមើលដាច់ (អក្សរ)

legion['li:dʒən] ***n.*** ហ្វូង, កង

'-*adj. Lit:* ដ៏ច្រើន

legislate['ledʒi slei t] *iv.* , *tv.* ធ្វើច្បាប់

legislation[,ledʒi s'lei ʃn] ***n.*** new x ច្បាប់

period of x និតិកម្ម

legislative['ledʒi sləti v] ***adj.*** x body ដែលតែងច្បាប់

Lit: នីតិបញ្ញត្តិ

x decision នៃអង្គនីតិបញ្ញត្តិ

legislator['ledʒi sletər] ***n.*** នីតិពន្ធ

legislature['ledʒi slei tʃər] ***n.*** អង្គនីតិបញ្ញត្តិ

legitimacy[li 'dʒi ti məsi] ***n*** . ធម្មានុរូបភាព, ភាពត្រូវច្បាប់

legitimate[li 'dʒi ti mət] ***adj.*** x activities ត្រឹមត្រូវតាមច្បាប់ *Lit:* ធម្មានុរូប

x conclusion សម

x child ពេញច្បាប់

l. theater ល្ខោន

legitimatize[li 'dʒi ti mətai z] ***tv.*** ធ្វើឱ្យត្រឹមត្រូវតាមច្បាប់

legitimize[li 'dʒi təmai z] ***tv.*** ធ្វើឱ្យត្រឹមត្រូវតាម-ច្បាប់

leisure['leʒər] ***n.*** life of x ការលំហែ

during one' s x ពេលលំហែ

(examine it) at l. ដោយមិនប្រញាប់ប្រញាល់

(He' s) at l. ទំនេរ

-adj. ទំនេរ

leisurely['leʒərli] *adj.* x pace ដោយមិនប្រញាប់ប្រញាល់

x life ស្រួល

-adv. ដោយមិនប្រញាប់ប្រញាល់

lemon['lemən] *n.* pick a x ក្រូចឆ្មារសំពៅ, ក្រូចឆ្មារលឿង

Sl. car is a x របស់ដែលចេះតែមិនស្រួលឬដែលនាំមកនូវបញ្ហា

-adj. x flavor ដូចក្រូចឆ្មារ

x color លឿង

lemonade[,lemə'nei d] *n.* ទឹកក្រូចឆ្មារដាក់ស្ករ (ភេសជ្ជៈម្យ៉ាង)

lend[lend] *tv.* (*pt.*, *pp.* lent)

x money ឱ្យខ្ចី

x aid ផ្តល់

x dignity ធ្វើឱ្យមាន

l. itself to សម (នឹង)

l. a hand ជួយ

length[leŋθ] *n.* x of a meeting រយៈពេល

Lit: ចិរវេលា

x of a board បណ្តោយ

a x of rope ប្រវែង

at l. យ៉ាងវែង (ពេល)

lengthen['leŋθən] *tv.* x a string បន្លាយ

x trousers ធ្វើឱ្យវែងឡើង

x a meeting បន្តពេល

-iv. arms x វែងឡើង

meetings x បន្តៗទៅ

lengthwise['leŋθwai z] *adv.*, *adj.* តាមបណ្តោយ

lengthy['leŋθi] *adj.* វែង, ជំយូរ

leniency['li:ni ənsi] *n.* ភាពប្រកបដោយការអត់អោន

lenient['li:ni ənt] *adj.* ដែលអត់អោន

lens[lenz] *n.* កែវ (ឧ. កែវម៉ាស៊ីនថតរូប)

Lit: មសូរ

lent[lent] (*pt.*, *pp.* of lend)

leonine['li ənai n] *adj.* នៃឬដូចសត្វតោ

leopard['lepəd] *n.* ខ្លាល្ហិង, ខ្លាដំបង

leper['lepər] *n.* មនុស្សកើតឃ្លង់

leprosy['leprəsi] *n.* ឃ្លង់

leprous['leprəs] *adj.* គំលង់, ដែលកើតឃ្លង់

lesbian['lezbi ən] *n.* ស្ត្រីដែលប្រតិព័ទ្ធស្ត្រីដូចគ្នា

lesion['li:ʒn] *n.* ជាលិកាឬសរីរាង្គវិបរិត

less[les] *adv.* x loud អន់

l. than តិចជាង

no l. than មិនតិចជាង

-adj. x money តិចជាង

2 is x than 3. តិច

-n. តិចជាង

-prep. ដកចេញ, យកចេញ

-less[les] *suf.* បច្ច័យមានន័យថា: គ្មាន, ឧ. child កូន > childless គ្មានកូន

lessee[le'si:] *n.* អ្នកជួល

lessen['lesn] *tv.* ធ្វើឱ្យអន់ថយ

-iv. ចុះអន់ថយ

lesser['lesər] *n.* the x of two evils អ្វីៗដែលអន់ជាង

the x of two sums អ្វីដែលតិចជាង

lesson['lesn] *n.* មេរៀន

lessor[le'sɔ:r] *n.* អ្នកជួលឱ្យ

lest[lest] *conj.* ក្រែង, ក្រែងលោ

let[let] *tv.* x him talk ទុកឱ្យ

x rooms ជួល

x work ឱ្យ (ទៅអ្នកណាមួយទៀត)

l. me know ប្រាប់ឱ្យខ្ញុំដឹង

l. work go ពន្យារការ

l. go of លែង

l. me see now មើល, ឱ្យខ្ញុំគិតមើលសិន

l. s.o. off ឱ្យរួចខ្លួន

l. s.o. down ធ្វើឱ្យស្រងាកចិត្ត

-*iv.* (Don' t) l. on ធ្វើឱ្យគេឯងដឹង

(pain will) l. off ស្រាក

(Schools) l. out ឱ្យចេញ

(rains) l. up អន់ស្រាក

letdown[letdauwn] ***n.*** news was a x ភាពធ្វើឱ្យស្រងាកចិត្ត

x in sales ការធ្លាក់ចុះ

lethal['li:θəl] ***adj.*** ដែលបណ្ដាលឱ្យស្លាប់

lethargic[lə'θɑ:ʤi k] ***adj.*** និទ្រាលុ

lethargy['leθəʤi] ***n.*** និទ្រាលុភាព

letter['letər] ***n.*** send a x សំបុត្រ

Arch:. Poet: អក្ខរា

Roy: ចុតហ្មាយ

x of the alphabet អក្សរ, អក្ខរ

x of the law ន័យត្រង់ (ដូចសរសេរចុះ)

(man of) letters អក្សរសាស្ត្រ

-*tv.* ចារអក្សរ (នៅលើ)

letterhead['letəhed] ***n.*** ឈ្មោះនិងទីលំនៅលើក្រដាសក្បាលសំបុត្រ

lettering['letəri ŋ] ***n.*** ចំណារ

lettuce['leti s] ***n.*** សាឡាត់ម្យ៉ាង

levee['levi] ***n.*** ទំនប់ទឹក (តាមមាត់ព្រែក)

level['levl] ***n.*** water x ផ្ទៃ (ទឹក)

x of education កំពស់

carpenter' s x កែវស្ទង់

Lit: នីវ៉ូ

Coll. on the l. ប្រាកដប្រជា, មិនលេង

-*adj.* x ground ស្មើ, រាប

x head ដែលមិនឆេវឆាវ

Coll. do one' s l. best ខំអស់ពីចិត្ត

-*tv.* x a floor ធ្វើឱ្យស្មើ, កុំឱ្យទាបកុំឱ្យខ្ពស់

x the enemy ធ្វើឱ្យអន្តរាយ

x differences ធ្វើឱ្យដូចគ្នា, ធ្វើឱ្យស្មើគ្នាឡើង

x a plane ធ្វើឱ្យស្មើឡើង, កុំឱ្យផ្អៀងឬបះចុះបះឡើង

x criticism at ធ្វើចំពោះទៅ

-*iv.* l. off ទៅជាស្មើ

Coll. x with me ប្រាប់ការពិត

level-headed['levəlhædi d] ***adj.*** នឹងនួន (គំនិត)

lever['li:vər] ***n.*** move a stone with a x ដងថ្លឹង, គម្ទាស់

control x ដៃ (សម្រាប់បិទបើក។ល។)

-*tv.* គាស់នឹងដងថ្លឹង

leverage['li:vəri ʤ] ***n.*** mechanical x កម្លាំងគាស់

political អានុភាព

levity['levəti] ***n.*** ភាពទុកថាជាមិនសំខាន់

levy['levi] ***tv.*** *(pt. , pp.* levied *)*

x taxes ហូត (ពន្ធ)

x troops កេណ្ឌ, លើក (ទ័ព)

x war ធ្វើ

-*n.* the x of taxes ការហូត

the x of troops ការកេណ្ឌ

lewd[lju:d] ***adj.*** អាសគ្រាម

lexicography[leksi 'kɔgrəfi] ***n.*** វិជ្ជារៀបចំសទ្ទានុក្រម

lexicon['leksi kən] ***n.*** write a x សទ្ទានុក្រម

the x of English ពាក្យទាំងអស់ (នៃភាសាណាមួយ)

in his x ពាក្យទាំងអស់ដែលចេះ (នៃជនណាម្នាក់)

liability[,lai ə'bi ləti] *n.* legal x ភាពទទួលខុសត្រូវ

a political x អ្វីៗដែលនាំឱ្យខូចប្រយោជន៍

x to disease ភាពឆាប់ឱ្យកកើតឡើង

financial x បំណុល

liable['lai əbl] *adj.* x to prosecution អាចនឹងមាន

x for his debts ទទួលខុសត្រូវ, ត្រូវទទួលសង

Coll. x to die មុខជា

liaison[li 'ei zn] *n.* office of x ការទាក់ទង

Lit: សម្ពន្ធការ

serve as a x អ្នកទាក់ទង

amorous x ការទាក់ទងគ្នា

liar['lai ər] *n.* មនុស្សកុហក

libel['lai bl] *n.* ការបង្ខូចកេរ្តិ៍

-*tv.* បង្ខូចកេរ្តិ៍

libelous['lai bələs] *adj.* ដែលបង្ខូចកេរ្តិ៍

liberal['li bərəl] *adj.* x politics ដែលប្រកាន់ទៅតាមសេរីនិយម

x outlook ដែលមិនសុញ, ដែលមើលឃើញវែងឆ្ងាយ

x amount ដ៏សប្បុរស

l. arts សិល្បៈសេរី

-*n.* អ្នកសេរីនិយម

liberalism['li bərəli zəm] *n.* សេរីនិយម

liberality[,li bə'ræləti] *n.* x of outlook ភាពមិនសុញ, ភាពឃើញវែងឆ្ងាយ

x of his politics ភាពប្រកាន់ទៅតាមសេរីនិយម

x of his donation ភាពសប្បុរស

liberalize['li brəlai z] *tv.* បន្ធូរ

-*iv.* ធូរឡើង

liberate['li bərei t] *tv.* x prisoners ដោះលែង (ឱ្យមានសេរីភាព)

x gas បញ្ចេញ

x a country រំដោះ

liberation[,li bə'rei ʃn] *n.* x of a country ការរំដោះ

Lit: សេរីការ

x of gas ការបញ្ចេញ

liberator['li bərei tər] *n.* អ្នករំដោះ

liberty['li bəti] *n.* political x សេរីភាព

be at l. to មានសេរីភាព

libidinous[li 'bi di nəs] *adj.* ដែលលំនឹងទៅកាមមុច្ឆា

libido[li 'bi:dəu] *n.* កាមតម្រេក

librarian[lai 'brəri ən] *n.* បណ្ណារក្ស

library['lai breəri] *n.* បណ្ណាល័យ

lice[lai s] *(pl. of* louse*)* ចៃ

license['lai sns] *n.* driver' s l. សំបុត្របើកបររថយន្ត, អាជ្ញាបណ្ណ, សំបុត្រធី

grant x to សិទ្ធិ

moral x ការមិនប្រកាន់តាម

poetic l. បដិប្បញ្ញត្តិសម្រាប់កវីនិពន្ធ

-*tv.* ឱ្យសិទ្ធិ

licentious[lai 'senʃəs] *adj.* ខុសសីលធម៌

lichen['lai kən] *n.* ករកាប្ប

lick[li k] *tv.* x the spoon លិត

Coll. x a child វាយ

Coll. x the enemy ឈ្នះលើ

-*n.* x of the tongue ការលិត

salt l. ដុំអំបិលធំៗដាក់ឱ្យសត្វលិត

Coll. x of a switch ខ្ទាប់

lid[li d] *n.* x of a box / pot គ្រប

x of the eye ត្របក (ភ្នែក)

Sl. មួក

lie[1][lai] *iv.* (*pt.* lay. *pp.* lain)

x on a bed ទម្រេត

books x on the table នៅស្ងៀក (លើ)

Where does the treasure x ? នៅ

·Where does the truth x ? មាននៅ

His interests x in his work. ជាប់នៅនឹង

winds x អន់, ឈប់បក់

l. down ទម្រេត

-*n.* x of the land សណ្ឋាន (ភូមិសាស្ត្រ)

x of the ball ទីតាំង

lie[2][lai] *iv.* ភូត, ភរ, កុហក

-*n.* ពាក្យកុហក

lien[li ən] *n.* សិទ្ធិយកទ្រព្យរបស់កូនបំណុល

lieu[luː] *n.* in l. of ជំនួស

lieutenant[lef'tenənt] *n. Mil.* rank of x អនុសេនីយ (ទោឬត្រី)

x governor ភូឈួយ

life[lai f] *n.* lose one' s x ជីវិត

Lit: ជន្ម, ជន្មា, ជីពជន្ម

hard x ការរស់នៅ

x of a battery ជីវិត

x on the moon អ្វីៗដែលមានជីវិត

full of x ដំណើររស់រវើក

Id. l. of the party អ្នកដែលនាំមកនូវសេចក្តីរីករាយ

l. expectancy អាយុរស់នៅមធ្យម

l. insurance ការធានាជីវិត

l. span អាយុ (ពីពេលកើតដល់ស្លាប់)

lifeless['lai fles] *adj.* x body គ្មានជីវិត

Lit: អជីវចល

x speaker មិនហ៊ឺកហ៊ាក់

lifelike['lai flai k] *adj.* ដូចមានជីវិត, ដូចមែនទែន

lifesaver['lai fsei vər] *n.* work as a x តម្រួតទីហែលទឹក

food was a x អ្វីៗដែលធ្វើឱ្យរស់ជីវិត

lift[li ft] *tv.* x a rock / a foot លើក

x the head ងើប

l. the spirits លើកទឹកចិត្ត

l. the ban លែងហាមប្រាម

x the voice តម្លើង

Coll. x valuables លួច

-*iv.* fog will x រសាត់បាត់ទៅ

l. off ហោះឡើង

-*n.* x of a hand ការលើក

mechanical x ប្រដាប់សម្រាប់លើកវត្ថុធ្ងន់

x for their spirits ការលើក

Coll. giv s.o. a l. ឱ្យជោយសារ

x of the air ដំណាល

Brit. take the x ជណ្តើរយោង

ligament['li gəmənt] *n.* សរសៃចង, សរសៃភ្ជាប់ឆ្អឹងត្រង់សន្លាក់

ligature['li gətʃər] *n.* តំណ, ចំណង

light[1][lai t] *n.* electric x ភ្លើង

not enough x ពន្លឺ

in a favorable x សភាព

give me a x ភ្លើង (សម្រាប់អុជបារី)

throw l. on (an issue) បំភ្លឺ (អ. ប.)

in l. of ដោយមាន

Id. see the l. យល់

-*tv.* (*pt. . pp.* lit) x a candle អុជ

x a cigarette អុជ, ដុត

x the way បំភ្លឺ

x her face ធ្វើឱ្យឡើងពព្រាយឡើង

-*iv.* fire won' t x ឆេះ

(skies) l. up ឡើងភ្លឺ

(faces) l. up ឡើងពព្រាយ

-*adj.* x room ភ្លឺ

x red ព្រឿងៗ

x green ខ្ចី

light[2][lai t] *adj.* x load ស្រាល

x clothing ស្តើងៗ

x rain តិចៗ

x meal យ៉ាងតិចតួច

x comment មិនជ្រៅ

x heart មិនខ្វល់

x pressure តិចៗ

light[3][lai t] *iv.* *(pt. , pp.* lit *)*

x in a tree ទុំ

eyes l. on (sthg.) ប៉ះភ្នែក

l. on (an idea) ស្រាប់តែនឹកឃើញឡើងភ្លាម, ភ្នកឃើញ

lighten[1]['lai tn] *tv.* ធ្វើឱ្យភ្លឺឡើង

-tv. ភ្លឺឡើង

lighten[2]['lai tn] *tv.* សម្រាល

-iv. ស្រាលឡើង

lighter['lai tər] *n.* cigarette x ដែកកេះ, ដែកភ្លើង

lamp x អ្នកអុជ

light-headed[,lai t hedi d] *adj.* x student ផ្តេសផ្តាស

x patient មមើមមាយ

light-hearted['lai thɑ:td] *adj.* x children សប្បាយ

laugh ដែលឥតខ្វល់

lighthouse['lai thaus] *n.* ស៊េនបញ្ចាំងភ្លើង (សម្រាប់នាំផ្លូវនាវា) *Fr:* ហ្វារ

lighting['lai ti ŋ] *n.* insufficient x ពន្លឺ

x of lights ការបើកឬអុជភ្លើង

x of a picture ការដាក់ភ្លើងបំភ្លឺ

lightly['lai tli] *adv.* press x តិចៗ

take it l. គិតថាមិនសំខាន់

behave x ដូចរកខ្ជត, រវៀករវៀក

lightning['lai tni ŋ] *n.* thunder and x ផ្លេកបន្ទោរ

l. rod បារសនី (គ្រឿងស្រូបផ្លេកបន្ទោរ)

lightweight['lai twei t] *adj.* ស្រាល

-n. box a x អ្នកប្រដាល់ទម្ងន់ស្រាល

a x in the profession មនុស្សគ្មានអំណាច

light-year[lai t ji ər] *n.* ឆ្នាំពន្លឺ (ចម្ងាយ ៩.៤៦១×១០[១២] គម)

lignite['li gnai t] *n.* ធ្យូងថ្មម្យ៉ាង

likable, likeable['lai kəbl] *adj.* គួរជាទីស្រឡាញ់

Lit: រមណីយ

like[1][lai k] *tv.* x a person/dessert ចូលចិត្ត

would l. to ចង់

would x a banana ចង់បាន

-iv. if you l. បើលោកចង់

-n. (usu. pl.) ការចូលចិត្ត

like[2][lai k] *adj.* x his father ដូច

in a l. manner ដូចគ្នា

it' s l. him to ជាការធម្មតារបស់គាត់

-prep. ដូច

-conj. ដូចជា

-n. oranges and the x របស់ស្រដៀងៗគ្នានោះ

no one of his x ប្រភេទ

-like[lai k]*suf.* បច្ច័យមានន័យថា: ដូច, ឧ.

ball បាល់ > ball-like ដូចបាល់

likelihood['lai kli hʊd] *n.* ភវនីយភាព

likely['lai kli] *adj.* x story ទំនង

x to go ប្រហែល

liken['lai kən] *tv.* ប្រដូច

likeness['lai knəs] *n.* a good x ភាពដូច, ដំណូច

assume the x of a bird រូបរាង

likewise['lai kwai z] *adv.* ដូចដែរ

liking['lai ki ŋ] *n.* ចំណូលចិត្ត, ការចូលចិត្ត

lilt[li lt] *n.* ចង្វាក់

limb[li m] *n.* tree x មែកធំៗ

human x អវយវៈ

Id. go out on a l. ផ្សងសំណាង

limber['li mbər] *adj.* ទន់ភ្លន់
-*iv.* ទៅជាទន់
-*tv.* ធ្វើឱ្យទន់
lime[1][lai m] *n.* កំបោរ
-*tv.* ដាក់កំបោរ
lime[2][lai m] *n.* ក្រូចឆ្មារ
limelight['lai mlai t] *n.* ការចេញមុខមាត់
limestone['lai mstəun] *n.* ថ្មកំបោរ
Lit: ចុណ្ណសិលា
limit['li mi t] *n.* establish a x ព្រំដែន
city x ព្រំប្រទល់
speed x កម្រិតខ្ពស់បំផុត
catch one's x ចំនួនកំណត់
-*tv.* x his rations រឹតត្បិត
x oneself to two ដាក់កម្រិតត្រឹមតែ
x his freedom ដាក់ព្រំដែន
limited['li mi td] *adj.* x supply ដែលមានកំណត់
x monarchy មិនពេញលេញ
limousine['li məzi:n] *n.* រថយន្តហ្ស៊ីន
limp[li mp] *adj.* ទន់
-*iv.* ដើរខ្វិច
-*n.* ដំណើរខ្វិច
limpid['li mpi d] *adj.* ថ្លាឆ្វង់
line[1][lai n] *n.* draw a x បន្ទាត់
Lit: រេខា
fishing x ខ្សែ
x of poetry បន្ទាត់
x of trees ជួរ
x of kings ជួរ (ញាតិ)
x of reasoning បែបបទ, របៀប
x is busy លេខ
political x មាគ៌ា
battle l. ជួរទ័ព
forget one's x ពាក្យពេចន៍ដែលត្រូវទន្ទេញចាំមាត់ (ក្នុងការល្ខោនឬកុន)
x of work ប្រភេទ
-*tv.* x paper គឹកបន្ទាត់
x her face ធ្វើឱ្យមានជ្រួញ
l. up (troops) ដាក់ជាជួរ
l. up (a date) ប្រុងប្រៀបទុកជាមុន
-*iv.* l. up ឈរជាជួរ
line[2][lai n] *tv.* x a coat ដាក់ទ្រនាប់ពីក្នុង
Id. l. one's pockets ចូលហោប៉ៅ
lineage['li ni ʤ] *n.* ត្រកូល, ពូជ, ប្រយូរ
lineal['li ni əl] *adj.* ជាប់ពូជ
linear['li ni ər] *adj.* x arrangement ជាជួរ
x measure បណ្ដោយ
x drawing ជាបន្ទាត់
lineman['lai nmən] *n.* អ្នកដាក់ឬជួសជុលខ្សែភ្លើង
linen['li ni n] *n.* made of x សំពត់ធ្វើពីសរសៃរុក្ខជាតិម្យ៉ាង *Lit:* ខោមពស្ត្រ
change the x កម្រាលពូកនិងស្រោមខ្នើយ
liner['lai nər] *n.* air l. អាកាសយានធំៗដឹកមនុស្ស
ocean l. នាវា
plastic x ទ្រនាប់
linga, lingam['li ŋgəm] *n.* លិង្គ
linger['li ŋgər] *iv.* អែនអន, ពន្យឺបង្អង់
lingo['li ŋgəu] *n.* *Coll.* ភាសាដោយឡែក
linguist['li ŋgwi st] *n.* scientific x ភាសាវិទូ
Coll. quite a x មនុស្សចេះភាសាច្រើន
linguistic[li ŋ'gwi sti k] *adj.* x change ខាងភាសា
x method នៃភាសាសាស្ត្រ
linguistics[li ŋ'gwi sti kz] *n.* ភាសាសាស្ត្រ
liniment['li nəmənt] *n.* ថ្នាំរឹត
lining['lai ni ŋ] *n.* ទ្រនាប់ខាងក្នុង
link[li ŋk] *n.* chain x កងនិមួយៗនៃច្រវាក់ ។ល។

sausage x មួយដុំៗ

historical x ការទាក់ទង

-*tv.* ភ្ជាប់

linkage['li ŋki ʤ] ***n.*** ការទាក់ទងគ្នា

linseed['li nsi:d] ***n.*** គ្រាប់ថ្ងៃ

lint[li nt} ***n.*** កំទេច

lintel['li ntl] ***n.*** ធ្នឹម

lion['lai ən] ***n.*** តោ, សិង្ហ

Lit: សីហៈ, សីហ៍

lip[li p] ***n.*** chapped x បបូរមាត់

x of a glass រឹម

x of a canyon មាត់

Sl. Don' t give me any x. សំដីព្រហើន

Id. pay l. service to ថាតែមាត់

lipstick['li psti k] ***n.*** ថ្នាំលាបបបូរមាត់

liquify['li kwi fai] *tv.* *(pt. , pp.* liquified *)* ពង្រាវ, ធ្វើឱ្យក្លាយជាទឹក

-*iv.* ក្លាយជាទឹក

liqueur[li 'kjuər] ***n.*** ស្រាផ្អែមម្យ៉ាង

liquid['li kwi d] ***adj.*** x substance រាវ

x assets ដែលដូចជាប្រាក់បាន

-*n.* វត្ថុរាវ *Lit:* វិលីនជាតិ

liquidate['li kwi dei t] ***tv.*** x a debt ទូទាត់

x one' s assets ដូរយកជាប្រាក់

x a program បិទ

x the enemy បំផ្លាញ, កំចាត់

liquor['li kər] ***n.*** ស្រា

lisp[li sp] ***iv.*** និយាយឡូលៗ

-*n.* ការនិយាយឡូលៗ

list[1]['li st] ***n.*** បញ្ជី

-*tv.* ធ្វើជាតារាង

list[2]['li st] ***iv.*** ផ្ទៀង

-*tv.* ធ្វើឱ្យផ្ទៀង

-*n.* ដំណើរផ្ទៀងនៃនាវា

listen['li sn] ***iv.*** x to music ស្តាប់

x to one' s parents ស្តាប់បង្គាប់

listless['li stləs] ***adj.*** ល្ហើយកន្តើយ

litchi['lai ʧi:] ***n.*** គូលែន

liter['li:tər] ***n.*** លីត្រ

literacy['li tərəsi] ***n.*** ការចេះអាននិងសរសេរ

literal['li tərəl] ***adj.*** x translation ត្រង់ៗ, តាមន័យនៃពាក្យ

x destruction មែនទែន

literally['li tərəli] ***adv.*** x translate x តាមន័យនៃពាក្យ, ត្រង់ៗ

x destroyed មែនទែន

literary['li tərəri] ***adj.*** x pursuits ខាងអក្សរសាស្ត្រ

x man ចំណានខាងអក្សរសាស្ត្រ

x style ប្រើសម្រាប់តែសរសេរ

loterate['li tərət] ***adj.*** ដែលចេះអាននិងសរសេរ

-*n.* មនុស្សដែលចេះអាននិងសរសេរ

literature['li trəʧər] ***n.*** English x អក្សរសាស្ត្រ

scientific x និពន្ធ

lithe[lai ð] ***adj.*** ទន់ភ្លន់

lithography[li 'ɔgrəfi] ***n.*** ការបោះពុម្ពដោយប្រើថ្ម

Lit: សិលាលេខ

litigation[,li ti 'gei ʃn] ***n.*** ក្តី

Lit: វិវាទ

litter['li tər] ***n.*** pick up x សម្រាម

cat x សម្រាមដាក់ឱ្យសត្វដេក

x of pups សំបុក (កូនសត្វទើបនឹងកើត)

medic' s x គ្រែប្ញអង្រឹងស្នែង, ស្នែងរបួស

-*tv.* ពង្រាយ

-*iv.* ពង្រាយសម្រាម

little['li tl] ***adj.*** x house តូច

x while ខ្លី, ដ៏ខ្លី (ពេល)

x hope ឥតិចតួច

x farmer តូចតាច

x minds ដែលមិនទូលំទូលាយ (អ.ប.)

-adv. x improved មិនច្រើន, មិនប៉ុន្មាន

a l. បន្តិចបន្តួច

-n. a l. បន្តិច

livable['li vəbl] *adj.* អាចរស់នៅបាន

live[lai v] *iv.* Where do you x? នៅ

x on five dollars a day រស់

l. up to ធ្វើតាម

l. by (a philosophy) ប្រព្រឹត្តទៅតាម

long l. (the king) ជយោ

-tv. x a long life នៅរស់

Id. l. down ធ្វើឱ្យបាត់ស្ងាត់

live[li v] *adj.* x animals នៅរស់, មានជីវិត

x party ដ៏ឈូឆរ

x show ស្រស់ៗ, ដែលមិនថតទុកជាមុន

x wire ដែលមានចរន្តអគ្គិសនី

Id. (He' s a) l. wire មនុស្សកំប្លែងហើយរ៉ៃ

x ammunition ដែលអាចនឹងផ្ទុះ

livelihood['lai vli hud] *n.* ការចិញ្ចឹមជីវិត

lively['lai vli] *adj.* x child ក្លា

x conversation យ៉ាងសកម្ម, រស់រវើក

liven['lai vn] *tv.* ធ្វើឱ្យរស់រវើក, ធ្វើឱ្យមានសកម្មភាពឡើង

-iv. ឡើងរស់រវើក

liver['li vər] *n.* ថ្លើម

liverwurst['li vəwɜ:st] *n.* សាច់ក្រកថ្លើម

livery['li vəri] *n.* សំលៀកបំពាក់អ្នកបម្រើ

livestock['lai vstɔk] *n.* បសុសត្វ

livid['li vi d] *adj.* ស្លាំង

living['li vi ŋ] *adj.* នៅរស់

-n. ជីវភាព

livingroom['li vi ŋru:m] *n.* បន្ទប់ទទួលភ្ញៀវ

lizard['li zəd] *n.* សត្វពពួក, តុកកែ ជីងចក់ ថ្លែន បង្កួយ ។ល។

load[ləud} *n.* heavy x បន្ទុក

x of a gun គ្រាប់

Coll. loads (of people) ចំនួនដ៏ច្រើន

-tv. x a wagon ផ្ទុក

x a gun ច្រកគ្រាប់

-iv. ផ្ទុក

loaf[1][ləuf] *n.* ដុំ (នំប៉័ង)

loaf[2][ləuf] *iv.* ចំណាយពេលទទេគ្មានធ្វើអ្វីឱ្យបានការ

loafer[ləufər] *n.* inveterate x មនុស្សដែលចំណាយពេលទទេគ្មានធ្វើអ្វីឱ្យបានការ

Pl. pair of x ស្បែកជើងគ្មានខ្សែ

loam[ləum] *n.* ដីមានជីជាតិល្អ

loan[ləun] *tv.* ឱ្យខ្ចី

-n. កម្ចី

loath[ləuθ] *adj.* ស្ទាក់ស្ទើរ

loathe[ləuð] *tv.* ស្អប់ខ្ពើម

loathing[ləuði ŋ] *n.* ការស្អប់ខ្ពើម

loathsome[ləuðsəm] *adj.* គួរឱ្យស្អប់ខ្ពើម

lobby['bɔbi] *n.* hotel x របៀង (កន្លែងទទួលភ្ញៀវនៅក្នុងសណ្ឋាគារ)

political x ក្រុមអ្នកតវ៉ាបញ្ចុះបញ្ចូលសមាជិកសភាឱ្យជួយគាំទ្រអ្វីមួយ

lobe[ləub] *n.* ear l. ខងត្រចៀក

lung x អ្វីៗរាងមូលសំប៉ែត

lobster['lɔbstər] *n.* បង្កងសមុទ្រ

local['ləukl] *adj.* x people នៃតំបន់ណាមួយ

x infection តែមួយកន្លែង

x train ដែលឈប់ច្រើនកន្លែង

locale[ləu'kɑ:l] ***n.*** កន្លែង

locality[ləu'kæləti] ***n.*** តំបន់

localize['ləukəlaiz] ***tv.*** ធ្វើមិនឱ្យរាលដាល

-iv. នៅតែមួយកន្លែង, មិនរាលដាល

locate[ləu'keit] ***tv.*** x a missing person រកឃើញ

x a business in a city តាំងទីកន្លែង

-iv. តាំងទីលំនៅ

location[ləu'keiʃn] ***n.*** present x កន្លែង

x of missing persons ការរកឃើញ

Movies on l. ដែលថតផលកន្លែង (មិនមែនតាក់តែងក្លែងក្លាយ)

loc. cit *(loco citato)* នៅទំព័រដដែល

loch[lɔk] ***n.*** បឹង

lock[1][lɔk] ***n.*** metal x សោ

safety x of a gun គន្លឹះ

canal x សន្ទះផ្លូវទឹក

-tv. x the door ចាក់សោ (បិទ)

l. arms យកដៃទៅកៀកថ្កក់ភ្ជាប់នឹងដៃអ្នកម្នាក់ទៀត

l. up (an office) ចាក់សោ (បិទ)

l. up (a prisoner) ដាក់គុក

-iv. wheels x គាំង

l. up ចាក់សោបិទទ្វារបិទបង្អួច

lock[2][lɔk] ***n.*** ផ្នត់សក់

locker['lɔkər] ***n.*** ទូឬហិបមានសោ

locket['lɔkit] ***n.*** បន្តោងក (ធម្មតារាងបេះដូង)

lockjaw['ləkʤɔ:] ***n.*** ជម្ងឺរឹងថ្គាម

locksmith['lɔksmiθ] ***n.*** ជាងសោ

lockup['lɔk ʌp] ***n.*** *Coll* គុក

locomotion['ləukə'məuʃn] ***n.*** ចាលកម្ម

locomotive['ləukəməutiv] ***adj.*** ដែលមានចាលកម្ម

-n. ក្បាលរថភ្លើង

locus['ləukəs] ***n.*** ទីឋាន

Geom. ស្ថានរេខាគណិត

locust['ləukəst] ***n.*** កណ្ដូប

lodge[lɔʤ] ***n.*** mountain x ផ្ទះសម្រាប់មកនៅមួយដងមួយកាល

guest x ផ្ទះសំណាក់

x of a society អាគារ (របស់សមាគម)

-iv. x in a hotel សំណាក់ (នៅ)

x between the teeth នៅ, ជាប់នៅ (កន្លែងណាមួយ)

-tv. x guests ឱ្យសំចត, ឱ្យសំណាក់

forests x wildlife ធ្វើជាជម្រក

l. a complaint ប្ដឹង

lodger[lɔʤər] ***n.*** អ្នកជួលបន្ទប់សំណាក់

lodging['lɔʤiŋ] ***n.*** ទីស្នាក់អាស្រ័យ

loft[lɔft] ***n.*** hay x ទីក្រោមដំបូល

x of a ball កំពស់ឡើងទៅលើខ្ពស់បំផុត

-tv. ធ្វើឱ្យឡើងខ្ពស់ទៅលើអាកាស

lofty['lɔfti] ***adj.*** x mountains ខ្ពស់ត្រដែត

x ideals ដ៏ខ្ពង់ខ្ពស់

log[lɔg] ***n.*** fireplace x ដើមឈើកាត់ជាកំណាត់ៗ

dead l. ដើមឈើងាប់ដេកដួល

ship's x កំណត់នៃល្បឿនឬទិសបើកបរ (នៃនាវាឬយន្តហោះ)

sleep like a l. ដេកដូចគេស្លាប់

-tv. (pt., pp. logged)

x a mountain កាប់ឈើ (នៅលើ)

He logged 200 hours of flight. គាត់បើកយន្តហោះទាំងអស់បាន២០០ម៉ោង

-iv. រកស៊ីកាប់ឈើ

logarithm['lɔgəriðəm] ***n.*** មេលេខជំរឿន

logic['lɔʤik] ***n.*** តក្កវិជ្ជា

logical['lɔʤi kl] ***adj.*** សមហេតុសមផល, សម, ទំនង

logistics[lə'ʤi sti ks] ***n.*** ការផ្គត់ផ្គង់នូវពស្ដុភានិងទំព

loin[lɔi n] ***n.*** x of animals ចំឡក

Pl. . Poet. អង្គជាតិ

loincloth['lɔi nklɔθ] សំពត់ប៉ឹង

loiter['lɔtər] ត្រែតត្រត

lollipop, lollypop['lɔli pɔp] ***n.*** ស្ករគ្រាប់មានឈើកាន់

lone[ləun] ***adj.*** តែឯកឯង

lonely['ləunli] ***adj.*** feel x តែឯង, ឆ្ងាយពីគេឯង

x road ដាច់ស្រយាល

lonesome['ləunsəm] ***adj.*** x feeling ដែលព្រួយដោយនៅតែម្នាក់ឯង

x journey តែឯង

long[1]['lɔŋ] ***adj.*** x stick វែង

x distance ឆ្ងាយ

x time យូរ

x meeting ដែលអស់ពេលដ៏យូរ

in the l. run ដល់យូរទៅ

Id. (plan is a) l. shot អ្វីៗដែលអាចមិនបានសម្រេច

Id. not by a l. shot មិន . . . សោះ

-adv. stay x យូរ·

x expected ជាយូរមកហើយ

so l. as ឱ្យតែ

long[2][lɔŋ] ***iv.*** l. for ចង់បានជាខ្លាំង

longevity[lɔn'ʤevəti] ***n.*** ទីឃាយុភាព, ភាពមានអាយុវែង

longhand['lɔŋhænd] ***n.*** អក្សរដៃធម្មតា

longing['lɔŋi ŋ] ***n.*** ចំណង់យ៉ាងខ្លាំង

longitude['lɔnʤi tju:d] ***n.*** អាយាមន្តរ

long-range[lɔŋrei nʤ] ***adj.*** x plans ទៅអនាគតយូរឆ្ងាយ

x gun ដែលបាញ់បានឆ្ងាយ

longshoreman[lɔŋʃɔ:rmən] ***n.*** កម្មករផែកបាល់

long-standing[lɔŋ 'stændi ŋ] ***adj.*** ដែលមានយូរណាស់មកហើយ

longways['lɔŋwei z] ***adv.*** តាមបណ្ដោយ

long-winded[lɔŋwi ndi d] ***adj.*** ដែលនិយាយវែងពេក

longwise[lɔŋwai z] ***adv.*** តាមបណ្ដោយ

look[luk] ***iv.*** x at pictures មើល

things x bad មានទំនង

x at the facts ប្រមាណមើល

(house) looks (to the east) បែរមុខ

l. in (occasionally) ចូលលេង

l. on (from afar) ឈរមើល

l. out for yourself មើលថែរក្សាខ្លួន

l. out for (cars) ប្រយ័ត្ន

l. down on មើលងាយ

l. up to ទុកជាទីគោរពនិងជាទីសង្ឃឹម

-tv. x him in the eye មើលទៅ

l. after ថែរក្សា

l. for (a book) រក

l. for (rain) ទន្ទឹង (ចាំ)

l. up (a word) រក (នៅក្នុងវចនានុក្រម។ល។)

-n. take a x ការមើលឬក្រឡេកមើល

questioning x ទឹកមុខ

unhealthy x ភិនភាគខាងក្រៅ

Pl. like her x រូបរាង

looking-glass[lʊki ŋglɑ:s] ***n.*** កញ្ចក់

lookout[lʊkaut] ***n.*** keep a x ការឃ្លាំមើល, ការឈ្លបមើល

climb the x ទើនសម្រាប់ឃ្លាំមើល

He's a x. អ្នកឃ្លាំមើល

Coll. That's your x. កិច្ចការ, បញ្ហា

loom[1][lu:m] ***n.*** កី

-tv. ត្បាញ (នឹងកី)

loom[2][lu:m] ***iv.*** លេចឡើងស្លុងៗ

loony['lu:ni] *adj. Sl.* ឆ្កួត

loop[lu:p] *n.* x in the cord រង្វង់ (ខ្សែ)

x around a city ជុំ

-tv. x a string around រុំ

highways x the city ព័ទ្ធជុំវិញ

-iv. strings x ឡើងរង្វង់ៗ

airplanes x បើកឡើងទៅលើហើយចុះវិញជារង្វង់

loophole['lu:phəul] *n.* gun x ប្រេកបាញ់

tax x កលល្បិច (ដើម្បីដោះកុន ។ល។)

loose[lu:s] *adj.* x hands ដែលឥតជាប់ចំណង

x horse ដែលរួច

x papers ដែលឥតជាប់គ្នា

x funds ដែលប្រើបាន

x woman អាវ៉ាសែ, រាត់រាយ

x shirt រលុង

l. tongue មាត់បិទមិនជិត (អ.ប.)

x thinking រាត់កំភែល, មិនច្បាស់លាស់

x weave មិនណែន, រខាក

Id. l. ends រឿងមិនទាន់ដាច់ស្រេច

-tv. x a horse លែង, ធ្វើឱ្យរួច

x a knot ស្រាយ

x a boat ស្រាយឱ្យរសាត់ទៅ

x restrictions បន្ធូរ

Lit: x an arrow បាញ់

-adj. let l. (a bird) ដោះលែង

Coll. let. l. (an oath) ប្រកាស

run l. ទៅណាក៏បាន

loosen['lu:sn] *tv.* x one' s shoe ស្រាយ

x restrictions បន្ធូរ

x the soil ជ្រោយ

-iv. ឡើងធូរ

loot[lu:t] *n.* របស់លួចប្លន់បាន, របស់ចោរ

-tv. លួច

lop (off)[lɔp] *tv.* កាត់ចេញ, ច្រិប (ចោល)

lope[ləup] *iv.* ពោល

-tv. បំពោល

-n. ដំណើរពោល

lopsided['lɔp'sai di d] *adj.* ផ្អៀងទៅម្ខាង

loquacious[lə'kwei ʃəs] *adj.* ដែលនិយាយច្រើន

lord[lɔ:d] *n.* x of manor ម្ចាស់ .

Brit. House of Lords សភាជាន់ខ្ពស់ប្រទេសអង់គ្លេស

Cap. , *Rel.* praise the x ព្រះអាទិទេព

-tv. Id. l. it over s. o . ជិះជាន់, សង្កត់សង្កិន

lore[lɔ:r] *n.* ជំនឿទាក់ទងនឹងរឿងព្រេង

lose[lu:z] *tv.* *(pt.* , *pp.* lost *)*

x a coin បាត់

x a battle ចាញ់

x money in business ខាត

l. one' s way វង្វេង

l. one' s balance អស់លំនឹង

l. one' s mind ឆ្កួត

x one' s life បាត់បង់

l. time ខាតពេល

l. face អាប់មុខ

x speed ថយ, ចុះ

x a friend (by death) អស់, បាត់បង់ (ដោយស្លាប់)

x 20 soldiers ស្លាប់

-iv. x on a deal ខាត

both sides x ចាញ់

loss[lɔs] *n.* financial x ការខាត

x of a friend ការបាត់បង់ (ដោយស្លាប់)

x of confidence ការអស់

x of a battle ការចាញ់

(sell) at a l. ខាត

at a l. for words រកអ្វីនិយាយគ្មាន

lost[lɔst] *adj.* x books បាត់

x in the woods វង្វេង

get l. (in a city) វង្វេង

Sl. get l. ទៅឯណាបាត់ទៅ

l. cause គោលបំណងដែលគ្មានសង្ឃឹម

lot[lɔt] *n.* lakeside x ដីសម្រាប់សង់សំណង់

choose by x សំណាង

one' s x in life ភ័ព្វ

a l. of ច្រើន

a damaged x of merchandise ១ចំនួន

lotion['ləuʃn] *n.* ថ្នាំរាវសម្រាប់លាបឬលាង

lottery['lɔtəri] *n.* ឆ្នោត (ប្រាក់)

lotus['ləutəs] *n.* ឈូក

Lit: បទុម

loud[laud] *adj.* x noise ខ្លាំង

x colors ឆើត

x children ឡូឡាខ្លាំង

read out l. មើលឱ្យឮ

loudspeaker[,laud'spi:kər] *n.* ប្រដាប់បំពងសម្លេង

Fr: អូប៉ាល័រ

lounge [laundʒ] *n.* x on the couch សណ្ដូកខ្លួន

l. around ត្រែតត្រត

-n. public x កន្លែងសម្រាប់អង្គុយលេង

overstuffed x សូហ្វាឬគ្រែទម្រេត

louse[laus] *n.* *(pl.* lice *)* body x ចៃ

Coll. He' s a x. មនុស្សអាក្រក់

lousy['lauzi] *adj.* x chicken ដែលមានចៃ

Sl. x day អាក្រក់

lout[laut] *n.* មនុស្សច្រឡោះបោះ

louver['lu:vər] *n.* ស្លាបព្រិលសម្រាប់ឱ្យខ្យល់ចេញចូល

lovable, loveable['lʌvəbl] *adj.* គួរឱ្យស្រឡាញ់

love[lʌv] *n.* romantic x សេចក្ដីស្រឡាញ់

Lit: សេចក្ដីស្នេហា

x of books ការចូលចិត្តខ្លាំង

in l. (with) មានសេចក្ដីប្រតិព័ទ្ធលើ

make l. រួមស្នេហា

marry his x សង្សារ

His great x is music. ចំណូលចិត្ត

-tv. x one' s spouse ស្រឡាញ់

Lit: ស្នេហា

x music ចូលចិត្ត

lovely ['lʌvli] *adj.* x woman ល្អ, ស្រស់

x afternoon ដែលមានធាតុអាកាសល្អមិនត្រជាក់មិនក្ដៅ (គ្មានភ្លៀង)

Coll. x time ដ៏សប្បាយ

lover['lʌvər] *n.* take a x សាហាយ

x of music អ្នកចូលចិត្ត

Pl. គូស្នេហា

loving['lʌviŋ] *adj.* x glance ដែលបង្ហាញនូវសេចក្ដីស្នេហា

l. cup ពើងពានសម្រាប់ជារង្វាន់

low[1][ləu] *adj.* x table ទាប

x noise តិចៗ

x prices ថោក

x status ទាប

Mech. l. gear លេខយឺត (រថយន្ត។ល។)

x ground ទំនាប

l. spirits ដំណើរមានទឹកចិត្តស្រពាប់ស្រពោន

x number តូច

-adv. sing x ទាប (សម្លេង)

talk x តិចៗ

sell x ថោក

lay l. (the enemy) បំផ្លាញ

-*n.* temperature x កម្រិតទាបជាងគេ

car is in x លេខយឺត

low[2]['ləu] *iv.* រោទ៍

-*n.* សូររោទ៍

lowboy[ləubɔi] *n.* ទូទាបមួយៗ

lowbrow['ləubrau] *n.* មនុស្សកម្រោល

-*adj.* កម្រោល

lowdown['ləudaun] *n. sl.* រឿងពិតនៃអ្វីមួយ

-*adj. Coll.* ថោកទាប, អាក្រក់

lower['ləuər] *tv.* x the table ធ្វើឱ្យទាបឡើង

x prices បញ្ចុះ

x a flag ដាក់

x the water ធ្វើឱ្យចុះ

x the voice បន្ថូន

x one's head ឱន, ដាក់ចុះ

x a house window បិទ

x a car window បើក

-*iv.* prices x ចុះ

skies x មានពពកខ្មៅជាប់នឹងដី

-*adj.* x prices ថោកជាង

x drawer ខាងក្រោម

lower-case['ləuərkei s] *adj.* ជាអក្សរតូច

lowermost['ləuərməust] *adj.* ទាបជាងគេ

lowland['ləulənd] *n.* ទំនាប, ដីទំនាប ·

lowly['ləuli] *adj.* ទាប (យសស័ក្តិ ។ល។)

low-spirited[ləu'spi ri td] *adj.*
ដែលមានទឹកចិត្តស្រពាប់ស្រពោន

loyal['lɔi əl] *adj.* ស្មោះចំពោះ

Lit: ភ័ក្តិ

loyalty['lɔi əlti] *n.* សេចក្តីស្មោះចំពោះ

Lit: ភ័ក្តិភាព

lozenge['lɔzi ndʒ] *n.* គុលិកា

lubricant['lu:bri kənt] *n.* ប្រេងឬខ្លាញ់ (សម្រាប់ដាក់គ្រឿងយន្ត)

-*adj.* ដែលធ្វើឱ្យរអិល

lubricate['lu:bri kei t] *tv.* ដាក់ប្រេង, បួមខ្លាញ់

lubrication['lu:bri 'kei ʃn] *n.* constant x ការដាក់ប្រេង

have no x ប្រេងឬខ្លាញ់

lucid['lu:si d] *adj.* x explanation ច្បាស់

x glass ថ្លា

luck[lʌk] *n.* វាសនា, សំណាង

lucky['lʌki] *adj.* មានសំណាង

lucrative['lu:krəti v] *adj.* ដែលឱ្យកម្រៃច្រើន

ludicrous['lu:di krəs] *adj.* គួរឱ្យសើច (ចំអក)

lug[1][lʌg] *tv.* (*pt. ,pp.* lugged) កាន់, យួរ, អូស (ទាំងលំបាក)

lug[2][lʌg] *n.* ក្បាលឡោស៊ី (សម្រាប់កង់ឡានជាដើម)

luggage['lʌgi dʒ] *n.* carry his x អីវ៉ាន់អ្នកដំណើរ

Lit: ភារវត្ថុ

buy new x ហឹប

lagubrious[lə'gu:bri əs] *adj.* អាណោចអាធ័ម, គួរឱ្យសង្វេគ

luke-warm[,lu:k'wɔ:m] *adj.* x water ក្តៅឧណ្ហៗ

x enthusiasm មិនសូវកក់ក្តៅ (អ. ប.)

lull[lʌl] *tv.* លួង

-*iv.* ស្ងប់

-*n.* ភាពស្ងប់

lullaby['lʌləbai] *n.* ទំនុកបំពេរ

-*tv.* ច្រៀងបំពេរ

lumbago[lʌm'bei gəu] *n.* ជម្ងឺចុកចង្កេះ

lumbar['lʌmbər] *adj.* នៃចង្កេះ

lumber[1]['lʌmbər] *n.* ឈើ (អាររួចហើយ)

-*iv.* រកស៊ីកាប់ឈើ

lumber[2]['lʌmbər] *iv.* ទៅយឺតៗដោយបញ្ចេញសូរយ៉ាងខ្លាំង

lumberjack['lʌmbədʒæk] *n.* អ្នករកស៊ីកាប់ឈើ

luminary['lu:mi nəri] *n.* វត្ថុដែលបញ្ចេញពន្លឺ

luminous['lu:mi nəs] *adj.* x paint ដែលបញ្ចេញពន្លឺ

x writings ច្បាស់, ងាយយល់

lump[lʌmp] *n.* x of iron ដុល

x of sugar ដុំ

x on the head ពក

-tv. x everything together បញ្ចូល

Sl. l. it ទទួលទ្រាំទៅ

-adj. x sugar ជាដុំ

x sum សរុប

lumpy[lʌmpi] *adj.* x gravy ដែលមានកកដុំៗមិនរលាយចូលគ្នាទាំងអស់

x bed ដែលមានអ្វីរឹងៗនៅខាងក្នុង

lunacy['lu:nəsi] *n.* ដំណើរឆ្កួត

lunar['lu:nər] *adj.* x orbit នៃលោកខែ

x month ចន្ទគតិ

lunatic['lu:nəti k] *n.* មនុស្សឆ្កួត

-adj. ដែលឆ្កួត

lunch[lʌntʃ] *n.* បាយថ្ងៃត្រង់

-iv. បរិភោគបាយថ្ងៃត្រង់

luncheon['lʌntʃən] *n.* ការជប់លៀងថ្ងៃត្រង់

lung[lʌŋ] *n.* សួត

lunge[lʌndʒ] *iv.* ហក់ (ឆ្ពោះទៅរកអ្វីមួយ)

-n. ដំណើរហក់

lurch[lɜ:tʃ] *iv.* កញ្ឆក់ៗ

-n. train gave a x ការកញ្ឆក់ៗ

Id. leave s. o. in the l. ទុកឱ្យនៅមឹងម៉ាំងម្នាក់ឯង

lure[luər] *tv.* ទាក់, បង្ហាញនុយ (ត្រីវ។ល។)

-n. x of adventure ការទាក់ឬទាញទឹកចិត្ត

fish x នុយ

lurid['luəri d] *adj.* x sky ស្រអាប់

x stories ដែលទាញទឹកចិត្ត (ច្រើនតែអ្វីៗមិនថ្លៃថ្នូរ)

lurk[lɜ:k] *iv.* x in the shadows ចាំឆ្មក់

mysteries x មិនបង្ហាញឱ្យដឹង

luscious ['lʌʃəs] *adj.* x fruit ដែលមាននិជារស

Coll. x blond ដែលធ្វើឱ្យស្រើបស្រាល

lush[lʌʃ] *adj.* ត្រសុំត្រសាយហើយខៀវស្រងាត់

lust[lʌst] *n.* ការត្រអាលនឹងកាម

Lit: កាមមុច្ឆា

-iv. ឈ្លក់នឹងអ្វីមួយ

luster['lʌstər] *n.* x of new paint ភាពរលោង

x of his reputation ភាពល្បីល្បាញ

lustrous['lʌstrəs] *adj.* x eyes ថ្លា

x reputation ដែលល្បីល្បាញ

lute[lu:t] *n.* ពិណម្យ៉ាង

luxuriant[lʌg'ʒuəri ənt] *adj.* x vegetation ដែលត្រសុំហើយខៀវស្រងាត់

x soil មានជីជាតិល្អ

luxurious[lʌ'ʒuəri əs] *adj.* x hotel ប្រណីត

x life ដែលបរិបូណ៌ទៅដោយគ្រឿងប្រណីតគ្រប់យ៉ាង

luxury['lʌkʃəri] *n.* indulge in x ដំណើរមានគ្រឿងប្រណីតគ្រប់យ៉ាង

a TV. is a x របស់មិនចាំបាច់ដែលគ្រាន់តែជួយធ្វើឱ្យជីវិតធូរស្រួលឡើង

lye[lai] *n.* ទឹកក្បុង

lymph[li mf] *n.* លសិកា

lynch[li ntʃ] *tv.* ចងកសម្លាប់ដោយឥតមានដាក់ឱ្យតុលាការវិនិច្ឆ័យ

lyre['lai ər] *n.* ពិណបុរាណ

lyric['li ri k] *adj.* ដែលធ្វើឱ្យអណ្ដែតអណ្ដូង

-n. ទំនុក

M

M, m[em] អក្សរទី១៣តាមលំដាប់អក្ខរក្រមអង់គ្លេស

Cap. លេខមួយពាន់រ៉ូម៉ាំង

ma[mɑ:] ***n.*** *Coll.* ម៉ែ

M. A.[em ei] *(Master of Arts)* ព.ស.ក. នៃបរិញ្ញាទោផ្នែក មនុស្សសាស្ត្រ

ma' am[mæm] ***n.*** *Coll.* អ្នកស្រី, លោកស្រី

macadam[mə'kædəm] ***n.*** ថ្មលាយកៅស៊ូសម្រាប់ក្រាលថ្នល់

mace[1][mei s] ***n.*** warrior' s x ញ្ញោងមានដែកគោល (ប្រើក្នុងសង្គ្រាមជំនាន់ដើម)

king' s x ដំបងដែលជានិមិត្តរូបនៃការិយាល័យ

mace[2][mei s] ***n.*** សំបកចន្ទន៍ក្រស្នា (គ្រឿងទេស)

machete[mə'ʃeti] ***n.*** កាំបិតម្យ៉ាងដងខ្លីផ្លែវែង (សម្រាប់កាប់ព្រៃ។ល។)

machination[,mæʃi 'nei ʃn] ***n.*** ឧបាយទុច្ចរិត

Lit: កូដប្រព័ន្ធ

machine[mə'ʃi:n] ***n.*** threshing x ម៉ាស៊ីន

political x អង្គការ

-tv. ធ្វើដោយប្រើម៉ាស៊ីន

-adj. m. gun កាំភ្លើងយន្ត

m. tools ម៉ាស៊ីនប្រើសម្រាប់ធ្វើអ្វីផ្សេងទៀត

machinery[mə'ʃi:nəri] ***n.*** farm x ម៉ាស៊ីន

Lit: យន្តសារព័ន

administrative x អ្វីទាំងឡាយប្រើដើម្បីធ្វើឱ្យអង្គការអ្វីមួយដើរ

machinist[mə'ʃi:ni st] ***n.*** យន្តការី

mackerel['mækrəl] ***n.*** ត្រីស្បែកា

mackintosh['mæki ntɔʃ] ***n.*** អាវភ្លៀង

mad [mæd] ***adj.*** x king ឆ្កួត

x rush ច្របូកច្របល់

Coll. ខឹង

madam['mæ'dəm] ***n.*** *Cap.* x Sok លោកស្រី, អ្នកស្រី

Wife of high official: លោកជំទាវ

Commoner wife royalty: អ្នកម្នាង

brothel x ស្រីមេបន

madden['mædn] ***tv.*** ធ្វើឱ្យឆ្កួតឬខឹង

-iv. ទៅជាឆ្កួតឬខឹង

made[mei d] *(pt. . pp. of* make *)*

made-to-order[mei d tu 'ɔ:rdər] ***adj.*** ដែលធ្វើតាមបញ្ជាអ្នកទិញ

madhouse['mædhaus] ***n.*** put him in a x ពេទ្យឆ្កួត

Coll. The place was a x. ទីអ្វីអែច្របូកច្របល់

madly[mei dli] ***adv.*** work x វីវក់

love x វក់

madman[mædmən] ***n.*** មនុស្សឆ្កួត

madness[mei dnəs] ***n.*** ដំណើរឆ្កួត

magazine[,mægə'zi:n] ***n.*** news x ទស្សនាវដ្ដី

powder x ឃ្លាំង (ទាហាន)

cartridge x ឡុត (សម្រាប់ច្រកគ្រាប់កាំភ្លើង)

maggot[,mægət] ***n.*** ដង្កូវ

Lit: និម្មា

magic[mædʒi k] ***n.*** by x មន្តអាគម, មន្តវិជ្ជាការ

black m. អំពើ (ឧ. ដាក់អំពើ)

x of his name ឥទ្ធិពល

-adj. x power នៃមន្តអាគម

x name ដែលមានឥទ្ធិពលក្រៃលែង

magical['mædʒi kl] *adj.* x power ខាងមន្តអាគម
x transformation ដោយប្រើមន្តអាគម
magician[mə'dʒi ʃn] *n.* មនុស្សចេះភ្លិនភ្នែក, ជាហ៊ី
magistrate['mædʒi strei t] *n.* ចៅក្រម
magnanimity[,mægnə'ni məti] *n.* ចិត្តអធ្យាស្រ័យ
Lit: មហាស្រ័យភាព
magnate['mægnei t] *n.* មហាទូជន
magnesium[mæg'ni:zi əm] *n.* *Fr:* ម៉ាញេស៊ីយុម
magnet['mægnət] *n.* មេដែក
Lit: លោហកាន្ត·
magnetic[mæg'neti k] *adj.* x force នៃមេដែក
Lit: ចុម្ពិត, នៃលោហកាន្ត
x personality ដែលធ្វើឱ្យគេចូលចិត្ត
magnetism['mægni ti zəm] *n.* attract by x ចុម្ពិតពល
x of his smile ភាពដែលធ្វើឱ្យគេចូលចិត្ត
magnetize['mægnətai z] *tv.* បញ្ចុះមេដែក
magnificence[mæg'ni fi sns] *n.* អធិកភាព
magnificent[mæg'ni fi snt] *adj.* x palace ឆើតឆាយ, រុងរឿង *Lit:* អធិក
x opportunity ប្រសើរក្រៃលែង
magnify['mægni fai] *tv.* *(pt. . pp.* magnified *)*
x a picture ពង្រីក
x a problem ពន្លើស
magnifying glass['mæni fai i ŋ glɑ:s] *n.* កែវយើម, កែវពង្រីក
magnitude['mægni tju:d] *n.* ទំហំ
Mahabharata['mæhəbəret] *pr. n.* មហាភារត
maharajah[,mɑ:hə'rɑ:dʒə] *n.* មហារាជា
mahogany[mə'hɔgəni] *n.* អាកាហ្សូ (ឈើខ្លឹមម្យ៉ាង)
mahout[məhaut] *n.* ទ្រមាក់
maid[mei d] *n.* young x ស្ត្រីសៅកែ
hire a x អ្នកបម្រើស្រី
m. of honor ស្រីកំដរ
Coll: កូនអណ្តើក
maiden['mei dn] *n.* ស្ត្រីក្រមុំ
-adj. x lady ដែលមិនដែលរៀបការ
x voyage លើកដំបូង
m. name ឈ្មោះដើម (កាលមិនទាន់មានប្តី)
maidenhead['mei dnhed] *n.* ភ្នាសសន្ទះរន្ធយោនិ
mail[1][mei l] *n.* receive x របស់ផ្ញើតាមប៉ុស្តិ៍
by m. តាមប៉ុស្តិ៍
-tv. ផ្ញើតាមប៉ុស្តិ៍
mail[2][mei l] *n.* អាវចំបាំងជំនាន់ដើមធ្វើដោយដែកប្រចាក់ស្រេះគ្នា
mailbox[mei lbɔks] *n.* ប្រអប់សំបុត្រ
mailman[mei lmæn] *n.* អ្នករត់សំបុត្រ
Fr: ហ្វាក់ទ័រ
maim[mei m] *tv.* ធ្វើឱ្យពិការ
main[mei n] *adj.* x office ធំ
x idea សំខាន់បំផុត
-n. water x បំពង់ធំ
Poet. on the x សមុទ្រ
in the m. បើគិតឱ្យសព្វទៅ
mainland[mei nlænd] *n.* ទ្វីប
mainly[mei nli] *adv.* ច្រើនតែ
mainstay[mei nstei] *n.* *Naut.* ship' s x ខ្សែពួរដែលចងយោងដងក្តោងធំ
He' s my x. អ្នកគាំទ្រសំខាន់
maintain[mei n'tei n] *tv.* x a house ថែទាំ
m. altitude បើកកំពស់ដដែល
x that it is true អះអាង
maintenance['mei ntənəns] *n.* x of a house គំហែទាំ (ការថែទាំ)
pay x only ប្រាក់សម្រាប់ចិញ្ចឹមអ្នកណាម្នាក់
maize[mei z] *n.* ពោត
majestic[mə'dʒesti k] *adj.* ប្រកបដោយសិរីវិលាស
majesty['mædʒəsti] *n.* x of the mountains ភាពដ៏សមឿម

Cap. His Royal M. ព្រះករុណាជាម្ចាស់ជីវិតលើត្បូង

major['mei ʤər] ***adj.*** x part ច្រើនជាងគេ

x question សំខាន់ជាងគេ

Educ. x subject ដែលជាគោលដៅឬជាធំ

-n. Mil. He's a x. ស័ក្តិបួន, វរសេនីយត្រី

Educ. choose a x វិស័យសិក្សាជាគោលដៅ

-iv. Educ. រៀនឬរើសយកវិស័យសិក្សាអ្វីមួយ

majority[mə'ʤɔrəti] ***n.*** x of the people ភាគច្រើន

age of m. អាយុពេញច្បាប់

make[mei k] ***tv.*** *(pt. , pp.* made *)*

x a chair ធ្វើ

x money រក

x a bed រៀប

x it go ធ្វើឱ្យ

x him go បង្ខំឱ្យ

He will x a good lawyer អាចទៅជា

x 60 miles per hour បើកបាន

What do you x of it? គតិ

x port ទៅដល់

2 and 2 x 4 ត្រូវជា

x a speech ថ្លែង, ធ្វើ

x one's goal សម្រេច

Sl. x a girl ស្រឡាញ់បាន

m. away with យកបានទៅ, លួចបាន

m. out (a will) ធ្វើ

m. out (the meaning) យល់បាន

m. over (a dress) កែ

m. over (a deed) ផ្ទាស់ឈ្មោះ

m. up (a story) ប្រឌិត

m. up (one's face) ផាត់ម្សៅលាបក្រែម។ល។ (មុខ)

m. up (one's mind) សម្រេច

m. up (back work) ធ្វើសង

-iv. m. sure ពិនិត្យឱ្យច្បាស់

m. believe សន្មតក្នុងចិត្តលេងៗ (ដូចជាក្មេងលេងបាយឡុកបាយឡជាដើម)

m. out លែលកទៅរួច

m. for home តម្រង់ទៅផ្ទះ

m. it (on one's salary) លៃឱ្យគ្រប់គ្រាន់

m. it (home) ទៅដល់

m. it on time ទៅទាន់

(enemies) m. up ស្រុះស្រួល

(actresses) m. up ផាត់ម្សៅលាបក្រែម។ល។

-n. x of car ម៉ាក

Sl. get a x on ពតិមាន, ការណ៍

Sl. on the m. កំពុងចង់ស្រី

make-believe[mei kbɪli:v] ***n.*** ការសន្មតក្នុងចិត្តលេងៗ

-adj. លេងៗ, ដែលគ្រាន់តែសន្មតលេងៗថាជាអ្វីមួយទៀត

makeshift['mei kʃi ft] ***adj.*** បណ្តោះអាសន្ន

-n. អ្វីៗគ្រាន់តែជំនួស

make-up[mei k ʌp] ***n.*** cosmetic x គ្រឿងសំអិតសំអាងខ្លួន (ម្សៅ ក្រែម ។ល។)

physical x សមាសភាព

maladjusted[,mælə'ʤʌsti d] ***adj.*** x child ដែលចូលគេមិនចុះ, មិនចុះសម្រុង

x part ដែលដាក់លៃមិនត្រូវ

malady[,mælədi] ***n.*** ជម្ងឺ, រោគ

malaria[mə'leəri ə] ***n.*** ជម្ងឺគ្រុនចាញ់

Malay[mə'lei] ***adj.*** ជ្វា

-n. He's a x. ជ្វា

speak x ភាសាជ្វា

male[mei l] ***adj.*** x human ប្រុស

x animal ឈ្មោល

x plug ឈ្មោល

-n. human m. ប្រុស, មនុស្សប្រុស

animal m. ឈ្មោល, សត្វឈ្មោល

malevolent[mə'levələnt] ***adj.*** អាក្រក់, ដែលចូលចិត្តធ្វើទុក្ខទោសគេ

malformation[,mælfɔ:'mei ʃn] ***n.*** វិរូបភាព

malice['mæli s] ***n.*** ព្យាបាទ

malicious[mə'li ʃəs] ***adj.*** ដែលព្យាបាទ

malign[mə'lai n] ***tv.*** និយាយបង្ខូច

malignant[mə'li gnənt] ***adj.*** x tumor ដែលអាចបណ្ដាលឱ្យស្លាប់

x influence អាក្រក់

mall[mæl] ***n.*** ផ្លូវឬលានដើរលេងសាធារណៈ

malleable['mæli əbl] ***adj.*** x metal ទន់, ស្រួលបត់បែន

Lit: បដិយ

x mind ទន់, ស្រួលកាច់ (អ. ប.)

mallet['mæli t] ***n.*** អន្លូងក្បាលស្នា

malnutrition[,mælnju:'tri ʃn] ***n.*** ការទទួលអាហារមិនគ្រប់គ្រាន់ *Lit:* ឱនាហារូបត្ថម្ភ

malodorous[,mæl'əudərəs] ***adj.*** ស្អុយ

malpractice[,mæl'prækti s] ***n.*** ការធ្វេសប្រហែស, ការធ្វើមិនត្រឹមត្រូវ

maltreat[,mæl'tri:t] ***tv.*** ធ្វើបាប, ធ្វើទុក្ខទោសដល់

mama, mamma [mə'mɑ:] ***n.*** *Coll.* ម៉ែ

mammal['mæml] ***n.*** ថនិកសត្វ

mammoth['mæməθ] ***n.*** prehistoric x សត្វម៉ាំមុត

organization is a x អ្វីៗដែលធំក្រៃលែង

-adj. ធំក្រៃលែង

man[mæn] ***n.*** *(pl.* men*)* tall x មនុស្សប្រុស

the history of x មនុស្ស, មនុស្សជាតិ

Id. be m. សមជាប្រុស

Checkers move your x កូន

Id. m. in the street មនុស្សធម្មតា

Id. m. of the world មនុស្សដែលមានសុជីវធម៌

-tv. *(pt. , pp.*manned*)* x a ship បើកបរ កាន់កាប់ ធ្វើការលើ ។ល។

x a gun កាន់ (គឺប្រុងចាំពេលត្រូវការប្រើ)

manage['mæni dʒ] ***tv.*** x a business កាន់កាប់

x a child ព្យាបាល, ថែរក្សា

x another serving អាចបរិភោគបាន

x a contribution លៃឱ្យ

x a performer ធ្វើជាអ្នកចាត់ការ

x to go លៃលក (+ កិរិយាសព្ទ)

-iv. លៃលក

management ['mæni dʒmənt] ***n.*** good at x ការចាត់ការ

labor and x ក្រុមអ្នកចាត់ការ

talk to the x អ្នកកាន់កាប់

manager['mæni dʒər] ***n.*** business x គម្រូតការ, អ្នកចាត់ការ, អ្នកកាន់កាប់ការ

boxer's x អ្នកចាត់ការ (ឱ្យជនម្នាក់ទៀត)

She's a good m. គាត់ប្រសប់លៃលកណាស់

managerial[,mænə'dʒəri əl] ***adj.*** ខាងការចាត់ការ

mandarin['mændəri n] ***n.*** Chinese x មន្ត្រី (ចិន) ជាន់ខ្ពស់

Cap. speak x ភាសាម៉ង់ដារិន (ភាសាជាផ្លូវការនៅប្រទេសចិន)

mandate['mændei t] ***n.*** អាណត្តិ

-tv. ប្រគល់អាណត្តិ

mandatory ['mændətəri] ***adj.*** ជាចាំបាច់

mandible['mændi bl] ***n.*** human x ឆ្អឹងថ្គាមក្រោម

insect x ថ្គាម (សត្វល្អិត)

mane[mei n] ***n.*** សក់សេះឬរោមសិង្ហ

maneuver[mə'nu:vər] ***n.*** military x កលល្បិច

Pl. (on) meneuvers ការសមយុទ្ធ
-*tv.* x troops បញ្ជាសមយុទ្ធ
x a raise ប្រើកលល្បិចដើម្បីឱ្យបានសម្រេចអ្វីមួយ
-*iv.* troops x សមយុទ្ធ
politicians x ប្រើកលល្បិច

manganese['mæŋgəni:z] ***n. Fr:*** ម៉ង់ហ្គាណែហ្ស

mange[mei nʤ] ***n.*** អង្គែ

manger['mei nʤər] ***n.*** កន្លែងដាក់ចំណីឱ្យសត្វស៊ី

mangle['mæŋgl] ***tv.*** x an arm ហែកហួរ, ធ្វើឱ្យខូចខ្ទី
x a report ធ្វើឱ្យខុសស្រឡះពីសេចក្ដីដើម

mango['mæŋgəu] ***n.*** ស្វាយ

mangy ['mei nʤi] ***adj.*** ដែលកើតអង្គែ

manhole['mænhaul] ***n.*** ច្រកចូលទៅបំពង់លូទឹកសំអុយ។ល។

manhood['mænhud] ***n.*** reach x វ័យពេញរូបរាង (ប្រុស)
question his x ភាពពេញលេញជាប្រុស

mania['mei ni ə] ***n.*** ការឆ្កួតនឹងអ្វីមួយ

maniac['mæni æk] ***n.*** មនុស្សឆ្កួត
-*adj.* ឆ្កួត

manicure['mæni kjuər] ***n.*** ការដុសខាត់សំអាតក្រចក
-*tv.* ដុសខាត់សំអាតក្រចក

manifest['mæni fest] ***adj.*** ជាក់ស្ដែង
-*tv.* x strange behavior បញ្ចេញឱ្យឃើញ, សម្ដែងនូវ
x cargo កត់ក្នុងបញ្ជី
-*n.* របាយការណ៍ (បញ្ជីទំនិញ ឬអ្នកដំណើរ)

manifestation[,mæni fe'stei ʃn] ***n.*** the x of fear ការបញ្ចេញឱ្យឃើញ
What is its x? អ្វីៗដែលបញ្ចេញឱ្យឃើញ

manifesto[,mænɪ'festəʊ] ***n.*** សេចក្ដីថ្លែង, សេចក្ដីប្រកាស
Lit: និវេទនប័ណ្ណ

manifold['mænɪfəʊld] ***adj.*** ច្រើន, ផ្សេងគ្នា
-*n.* ផ្នែកបំពង់ផ្សេងដែលនៅជាប់នឹងម៉ាស៊ីន

manipulate[mə'ni pjulei t] ***tv.*** x a tractor ប្រើយ៉ាងប៉ិនប្រសប់
x others ប្រើ
x prices សម្របសម្រួល

mankind[,mæn'kai nd] ***n.*** មនុស្សជាតិ

manlike['mænlai k] ***adj.*** x monster ដូចមនុស្ស
x courage ដូចមនុស្សប្រុស

manly['mænli] ***adj.*** សមជាប្រុស

manner['mænər] ***n.*** x of construction របៀប
haughty x ឫក
have good manners របៀបរបប
every x of animal យ៉ាង, បែប

mannerism['mænəri zəm] ***n.*** ទម្លាប់ប្លែកនៃមនុស្សណាម្នាក់

mannerly['mænəli] ***adj.*** របៀបរបប

manoeuvre[mə'nu:vər] (*see* maneuver)

man-of-war[mæn əv wɔ:r] ***n.*** នាវាចំបាំង

manor['mænər] ***n.*** គេហដ្ឋានដ៏ស្កុកស្កម្ភ ធម្មតាមានផ្ទាស្មៅឬសួនច្បារដ៏ធំព័ទ្ធជុំវិញ

manpower['mænpauər] ***n.*** ហត្ថពលិក

mansion['mænʃn] ***n.*** rich x គេហដ្ឋានដ៏ស្កុកសម្ភ
governor' s x វិមាន

manslaughter['mænslɔ:tər] ***n.*** widespread x មនុស្សឃាត
Law charged with x មនុស្សឃាតដោយឥតចេតនា

mantel['mæntl] ***n.*** ឃ្នងជើងក្រានគ្រូ

mantis['mænti s] ***n.*** កណ្ដូបសេះ

mantle['mæntl] ***n.*** silk x អាវផណ្ដប់គ្មានដៃ
lamp m. សំបុកម៉ាំងសុង
-*tv.* គ្របដណ្ដប់

manual['mænjuəl] ***adj.*** x labor ដែលធ្វើនឹងដៃ
Lit: ហត្ថកម្ម
-*n.* ក្បួន *Neol:* ជំនិតដៃ

manufacture[,mænju'fæktʃər] *tv.* x furniture ធ្វើ
x a story ប្រឌិតឡើង
-n. of recent x ការធ្វើ
(varied) manufactures ផលិតផល
manure[mə'njuər] *n.* ជីអាចម៍សត្វ
-tv. ដាក់ជីអាចម៍សត្វ
manuscript['mænjuskri pt] *n.* និពន្ធមិនទាន់បោះពុម្ព
written in x អក្សរសរសេរដៃ
-adj. ដែលសរសេរដៃ
many['meni] *adj.* x people ច្រើន
How m. ? ប៉ុន្មាន?
m. a day ច្រើនដង
-n. ចំនួនច្រើន
map[mæp] *n.* ផែនទី
-tv. (pt. , pp. mapped *)*
x an area គូរផែនទី, ធ្វើផែនទី
m. out (a project) រៀបចំផែនការណ៍
Coll: វាយប្លង់
mar[mɑ:r] *tv. (pt. . pp.*marred *)* ធ្វើឱ្យសៅហ្មង, ធ្វើឱ្យខូច
marathon['mærəθən] *n.* run the x ការរត់ប្រណាំងឆ្ងាយ
dance a x ការប្រកួតប្រជែង (រកអ្នកណាធ្វើបានយូរជាងគេ)
maraud[mə'rɔ:d] *iv.* , *tv.* លួចប្លន់
marble['mɑ:bl] *n.* made of x ថ្មពពាល
Lit: មោរ៉ា *Fr:* ម៉ាប
Pl. play with x កូនឃ្លី
Sl. lose one' s marbles ទៅជាឆ្កួត
march[1][mɑ:tʃ] *iv.* soldiers x ដើរព្រមជើងគ្នា
(time) marches (on) ទៅមុខ
-tv. ធ្វើឱ្យដើរព្រមជើងគ្នា
-n. forced x ដំណើរដោយជើង
play a x ភ្លេងហែក្បួន
x of progress ដំណើរទៅមុខ
March[mɑ:tʃ] *pr. n. Fr:* ម៉ាស់
Solar system: មីនា
Lunar system: ផល្គុណ-ចេត្រ
mare['meər] *n.* សេះឬលាញី
margarine[,mɑ:dʒə'ri:n] *n.* ប៊ឺរធ្វើពីប្រេងរុក្ខជាតិ
Lit: សេតវនីត
margin['mɑ:dʒi n] *n.* page x រឹមជើងទំព័រ
x of error កម្រិតទុកឱ្យ
by a wide m. ច្រើនលើសលុប
-tv. ទុករឹមជើងទំព័រ
marginal['mɑ:dʒi nl] *adj.* x notes ដែលសរសេរនៅក្នុងរឹមជើងទំព័រ
x significance បន្ទាប់បន្សំ
marijuana[,mærə'wɑ:nə] *n.* កញ្ឆា
marinate['mæri nei t] *tv.* ប្រឡាក់គ្រឿង
-n. គ្រឿងសម្រាប់ប្រឡាក់សាច់ឱ្យមានជាតិ
marine[mə'ri:n] *adj.* x life នៅក្នុងសមុទ្រ
x trade តាមសមុទ្រ
-n. become a x ទាហានម៉ារីន
merchant m. កងនាវាជំនួញ
mariner['mæri nər] *n.* អ្នកដើរកប៉ាល់
marionette[,mæri ə'net] *n.* អាយ៉ង
marital['mæri tl] *adj.* រវាងប្ដីប្រពន្ធ
maritime['mæri tai m] *adj.* x law នៃសមុទ្រ, នៃនាវាចរណ៍
x trade តាមសមុទ្រ
mark[mɑ:k] *n.* x on the table ស្នាម
put a x beside it គំនូសចំណាំ
a x of genius សញ្ញា
make one' s x in life គោលបំណង
Id. hit the m. បានសម្រេច

Fig. illness left its x ស្លាកស្នាម

punctuation m វណ្ណយុត្តិ

Educ. (make good) marks ពិន្ទុ

-tv. x the right one គូសសំគាល់

Educ. x papers ឱ្យពិន្ទុ

x the spot (for a cut) ដៅ

x the boundary បោះគោល (ចំណាំ)

x him for murder ចំណាំ, សំគាល់ទុក

Id. m. my words ចាំ

m. time (with a baton) គោះចង្វាក់

m. down (prices) បញ្ចុះតម្លៃ

m. off (lengths) ក្រិត

m. off (items) គូស

m. out គូសចោល

m. up (a book) គូសក្រវែមក្រវាម

marked[ma:kt] *adj.* x improvement ជាក់ស្តែង

x man ដែលគេចំណាំទុក (សម្រាប់យកទៅធ្វើអ្វីមួយ)

market['ma:ki t] *n.* central x ផ្សារ

meat x ហាងលក់

no x for ការត្រូវការ

Lit. ផ្សារ

be on the m. ដាក់លក់

be in the m. for រកទិញ

stock m. កន្លែងទិញលក់ហ៊ុន

Common M. ផ្សាររួម

-tv. លក់

marking[ma:ki ŋ] *n.* សញ្ញាសំគាល់

marksman['ma:ksmən] *n.* អ្នកបាញ់ត្រង់

markup[ma:k ʌp] *n.* ចំនួនទឹកប្រាក់ដែលលើសពីតម្លៃដើម (ក្នុងការតម្លើងថ្លៃទំនិញ)

marmalade['ma:məlerd] *n.* ដំណាប់ផ្លែឈើម្យ៉ាង

maroon[1]['mə'ru:n] *n.* ពណ៌ត្នោតចាស់

-adj. ត្នោតចាស់ (ពណ៌)

maroon[2]['mə'ru:n] *tv.* ព្រោះចោល (មនុស្ស)

marriage['mæri dʒ] *n.* contemplate x ការរៀបការ

good x ការរស់នៅរវាងប្តីប្រពន្ធ

x of two ideas ការបញ្ចូលគ្នា

marrow['mærəu] *n.* ខួរឆ្អឹង

Lit. មិញ្ញា

marry['mæri] *tv.* (*pt.*, *pp.* married)

x a wifeការ

x a couple រៀបការ

x two concepts បញ្ចូលគ្នា

-iv. រៀបការ

marsh[ma:ʃ] *n.* វាលភក់

marshal['ma:ʃl] *n.* military x សេនាប្រមុខ

federal x តម្រួត

-tv. x troops ត្រៀប

x aid ប្រមែប្រមូល

marsupial[ma:'su:pi əl] *n.* ថនិកសត្វ (ពពួកសត្វដែលមានថង់នៅពោះសម្រាប់ដាក់កូនដូចសត្វកង់ហ្គូរូជាដើម)

mart[ma:t] *n.* ហាងលក់

martial['ma:ʃl] *adj.* x arts ចំបាំង, សឹក

x music សម្រាប់ក្បួនដង្ហែ

m. law ច្បាប់អាជ្ញាសឹក

martyr['ma:tər] *n.* ទុក្ករបុគ្គល

-tv. ធ្វើឱ្យទៅជាទុក្ករបុគ្គល

martyrdom['ma:tədəm] *n.* ទុក្ករកិរិយា, ទុក្ករកម្ម

marvel['ma:vl] *n.* អ្វីៗដ៏អស្ចារ្យ

Lit. អច្ឆរិយវត្ថុ

-iv. (*pt.*, *pp.* marvelled) ស្ញប់ស្ញែង

marvelous['ma:vələs] *adj.* x event ដ៏អស្ចារ្យ, គួរឱ្យស្ញប់ស្ញែង

Coll. x time សប្បាយអស្ចារ្យ

Marxism['ma:ksi zəm] *pr. n.* ម៉ាក្សនិយម

mascot['mæskət] ***n.*** សុភមង្គលវត្ថុ

masculine['mæskjəli n] ***adj.*** x sex ប្រុស

x pursuits សមជាប្រុស

x attire ដូចប្រុស

Gram. x noun បុំលិង្គ

masculinity[,mæskju'li nəti] ***n.*** ភាពជាប្រុស

mash[mæʃ] ***tv.*** x potatoes កិនឱ្យទៀងដូចបបរ

x one' s finger ធ្វើឱ្យខ្ទេច, ធ្វើឱ្យស្អាត

-n. ម្សៅកិនគ្រឹមៗហើយសើមៗ

mask[mɑ:sk] ***n.*** party x របាំងមុខ

x for his true feelings គ្រឿងលាក់បំបាំង

-tv. x one' s face ពាក់របាំងមុខ

x one' s feelings លាក់

mason['mei sn] ***n.*** ជាងកំបោរ

masonry['mei sənri] ***n.*** built of x ឥដ្ឋ កំបោរ ស៊ីម៉ង់ ។ល។

learn x កិច្ចការជាងកំបោរ

masquerade[mɑ:skə'rei d] ***n.*** attend a x ពិធីរាំពាក់របាំងមុខ

His bravery was a x. ការក្លែង

-iv. ក្លែង

mass[mæs] ***n.*** x of dough ដុំ, ដុល

of great x ម៉ាស់

x of people ចំនួនច្រើន

Id. the masses ប្រជាករ

-iv. , tv. ប្រជុំ, ផ្តុំ

-adj. m. meeting ប្រជុំប្រជាជន

x production ច្រើន (ផ្ទុយនឹងតិចតួច)

massacre['mæsəkər] ***n.*** ការសម្លាប់រង្គាល

Lit: វិនាសការ

-tv. សម្លាប់រង្គាល

massage['mæsɑ:ʒ] ***tv.*** គក់ច្របាច់, ធ្វើសរសៃ

-n. ការគក់ច្របាច់, ការធ្វើសរសៃ

masseur[mæ'sɜ:r] ***n.*** *(fem.* masseuse*)* អ្នកធ្វើសរសៃ, អ្នកគក់ច្របាច់

massive['mæsi v] ***adj.*** x rock ធំសម្បើម

x attack យ៉ាងខ្លាំង, ដែលប្រើមនុស្សនិងអាវុធច្រើន

mast[mɑ:st] ***n.*** ដងក្តោង

-tv. ដាក់ដងក្តោង

master['mɑ:stər] ***n.*** serve one' s x ចៅហ្វាយ, នាយ

x of serveral languages. អ្នកជំនាញ

x of a school ចាងហ្វាង

Cap. young x Bill អ្នក, នាង

M. of Arts បរិញ្ញាទោផ្នែកមនុស្សសាស្ត្រ

M. of Science បរិញ្ញាទោផ្នែកវិទ្យាសាស្ត្រ

-adj. x bedroom ធំជាងគេ

x key ដែលសម្រាប់បិទ បើក។ល។ អ្វីទាំងអស់

x painter ជមនាញ, មានថ្វីដៃ

-tv. x a child កាច់

x one' s emotions ទប់

m. a skill ធ្វើឱ្យស្ទាត់ជំនាញ

masterful['mɑ:stəfl] ***adj.*** x personality ដែលមានលក្ខណៈជាចៅហ្វាយគេ

x performance យ៉ាងជំនាញ, យ៉ាងប៉ិនប្រសប់

masterly['mɑ:stəli] ***adj.*** យ៉ាងជំនាញ, យ៉ាងប៉ិនប្រសប់

mastermind['mɑ:stəmai nd] ***tv.*** ធ្វើជាមេគំនិត

-n. អ្នកជាមេគំនិត

masterpiece['mɑ:stəpi:s] ***n.*** ស្នាដៃឯក

mastery['mɑ:stəri] ***n.*** ចំណេះចំណាន (ខាងវិជ្ជាអ្វីមួយ)

masticate['mæsti kei t] ***tv.*** ទំពា, អង្កៀម

mat[mæt] ***n.*** woven x អ្វីៗដែលដូចកន្ទេល

wrestling x កម្រាលក្រាស់

hot dish x ទ្រនាប់

x of hair របុំក្រាំងជាប់គ្នា

-*tv.* (*pt.* . *pp.* matted) x the floor ក្រាលកម្រាល

x his hair ធ្វើឱ្យកណ្ដាញ់

-*iv.* កណ្ដាញ់, ក្រាំងជាប់គ្នា

matador['mætədɔːr] ***n.*** អ្នកកីឡាចាក់គោ

match[1][mætʃ] ***n.*** ឈើគូស

match[2][mætʃ] ***n.*** wrestling x ការប្រកួត

x between two colors ភាពស៊ីគ្នា

marital x ការផ្សំផ្គុំ, ការផ្គូ (ប្រុសនិងស្រី)

find a x for a shoe មួយចំហៀង (នៃអ្វីដែលមានគូ)

meet one' s x ដៃគូ

-*tv.* x colors ធ្វើឱ្យស៊ីគ្នា

x a boy and a girl ផ្គូ

x his performance ធ្វើឱ្យដូច

-*iv.* shoes don' t x ត្រូវគ្នា

colors don' t x ស៊ីគ្នា

matchless[mætʃləs] ***adj.*** មិនអាចប្រៀបផ្ទឹមបាន

matchmaker['mætʃmei kər] ***n.*** អ្នកផ្សំ

Coll: មេអណ្ដើក

mate[mei t] ***n.*** marital x ប្ដីឬប្រពន្ធ

school m. សិស្សថ្នាក់ជាមួយគ្នា

x of a shoe មួយចំហៀង (នៃអ្វីដែលមានគូ)

ship' s x វរនាវីទោ

-*tv.* x shoes ដាក់ឱ្យត្រូវគ្នា, រកគូ

x a boy and a girl ផ្គូផ្គង

-*iv.* ពាក់គ្នា

material[mə'ti əri əl] ***n. pl.*** building x សម្ភារ (គ្រឿងសម្រាប់យកមកផ្សំធ្វើអ្វីមួយ)

shirt of soft x សំពត់

raw m. វត្ថុធាតុដើម

-*adj.* x world ដែលមានរូបធាតុ

x evidence ដែលទាក់ទង

materialism[mə'ti ri əli zəm] ***n.*** វត្ថុនិយម

materialist[mə'ti əri əli st] ***n.*** អ្នកវត្ថុនិយម

materialize[mə'ti əri əlai z] ***iv.*** មានរូបរាងឡើង

-*tv.* ធ្វើឱ្យមានរូបរាងឡើង

materiel[mə'tɪərɪəl] ***n.*** សម្ភារ

maternal[mə'tɜːnl] ***adj.*** x love នៃម្ដាយ, ដូចម្ដាយ

Lit: មតេយ្យ

x grandfather ខាងម្ដាយ

maternity[mə'tɜːnəti] ***n.*** m. ward មន្ទីរសម្ភព

feeling of x ភាពជាម្ដាយ, មាតុភាព

math[mæθ] (*short for* mathematics) ខាងឬនៃគណិតសាស្ត្រ

x precision ដែលទៀងទាត់ក្រៃលែង, ដ៏ជាក់លាក់

mathematics[,mæθə'mæti ks] ***n.*** ចំណោទលេខ

Lit: គណិតសាស្ត្រ

matinée['mæti nei] ***n.*** ការសម្ដែងសិល្បនៅពេលរសៀល

matriarch['mei tri ɑːk] ***n.*** ស្ត្រីដែលជាមេគ្រួសារឬកុលសម្ព័ន្ធ

Lit: មតេយ្យកា

matriarchy['mei tri ɑːki] ***n.*** មតេយ្យកា

matricide['mætri sai d] ***n.*** ការសម្លាប់ម្ដាយឯង

Lit: មាតុឃាតកម្ម

matriculate[mə'tri kjulei t] ***iv.*** ,***tiv.*** ចុះឈ្មោះរៀន

matrimonial[,mætri 'məuni əl] ***adj.*** នៃអាពាហ៍ពិពាហ៍

matrimony[,mætri məni] ***n.*** អាពាហ៍ពិពាហ៍

matron[,mei trən] ***n.*** older x ស្ត្រីចាស់ទុំគួរឱ្យគោរព

x of an institution អាយុត្តកៈ

matted['mæti d] ***adj.*** x hair កណ្ដាញ់

x jungle ក្រាស់, ដែលរុក្ខជាតិទាក់កណ្ដាញ់

matter['mætər] ***n.*** mind over x រូបធាតុ

discuss a x រឿង

printed m. អ្វីៗដែលបោះពុម្ព
What' s the m.? ចឹហ្នឹង?, កើតអី ?
no m. មិនអីទេ
x from an infection ខ្ទុះ
as a m. of fact តាមការពិត
-*iv.* សំខាន់
matter-of-fact['mætər əv fækt] ***adj.*** ដូចជាឥត ខ្វល់
matting['mæti ŋ] ***n.*** ទ្រនាប់
mattock['mætək] ***n.*** ចបកាប់ម្យ៉ាងផ្លែពីរ
mattress['mætrəṣ] ***n.*** ពូក
mature[mə'tjuər] ***adj.*** x adult ពេញវ័យ
x attitude ចាស់ទុំ
x plans សម្រេច
x insurance policy ដែលគ្រប់រយៈពេល
-*tv.* ធ្វើឱ្យមានគំនិតមារយាទចាស់ទុំ
-*iv.* children x ពេញវ័យឡើង
students x មានគំនិតចាស់ទុំឡើង
debts x ដល់ពេលកំណត់
maturity[mə'tjuərəti] ***n.*** បក្កភាព
maudlin['mɔ:dli n] ***adj.*** ចិត្តទន់, ភ្នែកទន់ (ហួសហេតុ)
maul[mɔ:l] ***n.*** ញញួរធំ
-*tv.* ហែកញ្ចក់ញី
mausoleum[,mɔ:sə'li:əm] ***n.*** មតចេតិយ
mauve[məuv] ***n.*** ពណ៌ផ្កាត្របែកព្រៃ
-*adj.* ដែលមានពណ៌ផ្កាត្របែកព្រៃ
maverick['mævəri k] ***n.*** steer is a x សត្វគ្មានម្ចាស់
x in his profession មនុស្សឯកឆន្ទ
maw[mɔ:] ***n. Gen:*** ក្រពះសត្វ
of pigs and cattle: ពោះ (គោ ។ល។)
maxim['mæksi m] ***n.*** ភាសិត
maximum['mæksi məm]] ***adj.*** ខ្ពស់បំផុត
Lit: អតិបរិមា
-*n.* អតិបរិមាណ
may[mei] ***aux. v.*** We x go. ប្រហែលជា
You x enter. ត្រូវអនុញ្ញាតឱ្យ
x you be happy. សូមឱ្យ
May[mei] ***pr. n. Fr:*** ម៉េ
Solar system: ឧសភា
Lunar system: ពិសាខៈជេស្ឋ
maybe['mei bi:] ***adv.*** x I ' ll go. ប្រហែលជា
He' s at home. x. មើលទៅ
mayday['mei dei] ***n.*** ជួយផង (សញ្ញាផ្សាយតាមវិទ្យុនៅពេលនាវាឬយន្តហោះមានគ្រោះថ្នាក់)
mayor[meər] ***n.*** ចៅហ្វាយក្រុង
maze[mei z] ***n.*** hedge x ទីខ្វាត់ខ្វែងនាំឱ្យវង្វេង
Rare in a x ភាពវិលវល់
M. D., MD[,em 'di:] *(Doctor of Medicine)* គ្រូពេទ្យ
me[mi:] *(obj. pron. of I)*
meadow['medəu] ***n.*** វាលស្មៅ (នៅទីទំនាប)
meager['mi:gər] ***adj.*** តិចតួច, ស្តួចស្តើង
meal[1][mi:l] ***n.*** អាហារ (មួយពេលៗ)
meal[2][mi:l] ***n.*** ម្សៅកិនគ្រើមៗ
mealtime['mi:ltai m] ***n.*** ពេលបរិភោគបាយ
Lit: ភត្តកាល
mean[1][mi:n] ***tv.*** *(pt. . pp.* meant *)* What does the word x? មានន័យ, មានន័យថា
I x to go. មានបំណង (នឹង)
(Peace) means (prosperity.) បណ្តាលឱ្យមាន
-*iv.* They x well. មានបំណង
mean[2][mi:n] ***adj.*** x dog កាច
x abode យ៉ាងតោកយ៉ាក
x with his money កំណាញ់
mean[3][mi:n] ***n. , adj.*** មធ្យម
meander[mi 'ændər] ***iv.*** streams x ភ្នែន, របត់

x along the street ត្រេតត្រត

meaning[mi:ni ŋ] *n.* x of a word ន័យ

I get your x. បំណង

meaningful['mi:ni ŋfl] *adj.* x comment ដែលមានអត្ថន័យ

x difference សំខាន់

meaningless['mi:ni ŋles] *adj.* គ្មានន័យ, ឥតន័យ

means[mi:nz] *n.* use any x មធ្យោបាយ

x of transportation គ្រឿង

man of x ធនធាន

Id. by all m. មានអី

Id. by no m. ឥតសោះ, ឥតទេ

meantime['mi:ntai m] *n.* in the x ពេលចន្លោះ

meanwhile['mi:nwai l] *adv.* នៅគ្រាដដែលនោះ

measles['mi:zlz] *n.* កញ្ច្រឹល

measly['mi:zli] *adj.* x skin ដែលកើតកញ្ច្រឹល

Sl. x salary ដ៏តិចតួច, ស្កួចស្តើង

measurable['meʒərəbl] *adj.* អាចវាស់បាន

measure['meʒər] *n.* take the x of ទំហំ

disciplinary x វិធានការ

wooden x គ្រឿងវាល់

a x of caution ខ្លះ

in great m. ជាច្រើន

-tv. x the floor វាស់

x liquid វាល់

x his characture ស្ទង់

planks x one meter in length មានប្រវែង

measurement['meʒərmənt] *n.* length x រង្វាស់, ខ្នាត (ប្រវែង)

volume x រង្វាល់, ខ្នាត (ទំហំ)

surface x រង្វាស់ផ្ទៃ

usu. pl. take his x ទំហំ

meat[mi:t] *n.* សាច់ *Lit:* មំសំ

mechanic[mi 'kæni k] *n.* ជាងម៉ាស៊ីន

Lit: យន្តករី

mechanical[mə'kæni kl] *adj.* x matters នៃឬខាងគ្រឿងយន្ត

x horse យន្ត

x reply ដែលធ្វើដោយគ្មានគិត

mechanics[mə'kæni ks] *n.* study x យន្តសាស្ត្រ

x of the move ដំណើរ, របៀប

mechanism['mekəni zəm] *n.* complicated x យន្តម៉ូយ

x of change របៀប

mechanize['mekənai z] *tv.* x farming ធ្វើយន្តកម្ម

x their responses ធ្វើឱ្យដូចជាយន្ត (អ.ប.)

mechanization[,mekənai 'zei ʃn] *n.* យន្តកម្ម

medal['medl] *n.* មេដៃយ៍

-tv. បំពាក់មេដៃយ៍

medallion[mə'dæli ən] *n.* មេដៃយ៍ធំៗ

meddle['medl] *iv.* ជ្រៀតជ្រែកចូលក្នុងកិច្ចការរបស់គេ

meddlesome['medlsəm] *adj.* ដែលជ្រៀតជ្រែកចូលក្នុងកិច្ចការរបស់គេ

media['mi:di ə] *n.* (*pl. of* medium)

news x គ្រឿងផ្សាយពត៌មាន

medial['mi:di əl] *adj.* x course កណ្តាល

Phonet. x consonant ដែលនៅកណ្តាលស្រះ

-n. Phonet. ព្យញ្ជនៈដែលនៅកណ្តាលស្រះ

median['mi:di ən] *n.* 4 is the x of. 1. 3, 4, 8, 9 សមន្យលេខា

Don' t cross the x. ខ្សែកណ្តាល

-adj. x line នៅកណ្តាល

x number កណ្តាល

mediate['mi:di ei t] *iv.* ធ្វើជាសន្មានករី

-tv. នាំសម្រុះសម្រួល

mediation[,mi:di 'ei ʃn] *n.* ការនាំសម្រុះសម្រួល

Lit: សន្ទានកម្ម

mediator['mi:di ei tər] *n.* អ្នកនាំសម្រុះសម្រួល

Lit: សន្ទានការី

medic['medi k] *n.* ទាហានពេទ្យ

medical['medi kl] *adj.* x science ខាងវិជ្ជាពេទ្យ

x properties (of a drug) ជាឱសថ

medicament[mi 'dəkəmənt] *n.* ថ្នាំកែរោគ

medicate['medi kei t] *tv.* ឱ្យថ្នាំ

midication[,medi 'kei ʃn] *n.* under x ការឱ្យថ្នាំ

strong x ថ្នាំកែរោគ

medicinal[mə'di si nl] *adj.* ដែលប្រើជាឱសថ

medicine['medsn] *n.* dose of x ថ្នាំ

Lit: ឱសថ

study x វិជ្ជាពេទ្យ

Lit: វេជ្ជវិជ្ជា

Id. take one' s m. ទទួលទណ្ឌកម្មដោយស្ម័គ្រចិត្ត

medieval[,medi 'i:vl] *adj.* x times នៅមជ្ឈិមសម័យ (សតវត្សទី៥-១៥)

Coll. x conditions ដូចកាលនៅមជ្ឈិមសម័យ

mediocre[,mi:di 'əukər] *adj.* បង្គួរ

meditate['medi tei t] *iv.* ភាវនា

meditation['medi tei ʃn] *n.* ភាវនា, សញ្ជឹងគិតខ្លាំង

medium['mi:di əm] *n. (pl.* media*)*

x of communication គ្រឿងសម្រាប់

m. of exchange អ្វីៗប្រើជំនួសរូបិយវត្ថុ

spiritual x គ្រូខ្មោច

Lit: មជ្ឈគតិ

I wear a x. ខ្នាតកណ្ដាល

-adj. មធ្យម, ចំទើរ

medley['medli] *n.* បទភ្លេងដែលយកបទភ្លេងច្រើនលាយគ្នា

meek[mi:k] *adj.* ញ៉ីបៗ, ញើបៗ

meet[mi:t] *tv. (pt . . pp.* met*)*

x new friends ជួប

x him on the street ប្រទះ, ជួបប្រទះ

x dangers ជួបប្រទះ

x their demands ធ្វើតាម

-iv. friends x ជួបគ្នា

members x ប្រជុំគ្នា

meeting['mi:ti ŋ] *n.* hold a x ជំនួប, កិច្ចប្រជុំ

Neol: មិទិញ

fortuitous x ការជួបប្រទះ

m. of minds ការព្រមព្រៀងគ្នា

megaphone['megəfəun] *n.* ប្រដាប់សម្រាប់ពង្រីកសម្លេង

megaton['megətʌn] *n.* មួយលានតោន

melancholia[,melən'kəuli ə] *n.* រោគបណ្ដាលឱ្យព្រួយប្លែក

melancholy['melənkɔli] *n.* សេចក្ដីអន្លង់អន្លោច, សេចក្ដីស្រងេះស្រងោច

mellow['meləu] *adj.* x fruit ទុំជោរ

x wine ស្រាល (មិនខ្លាំងមិនល្វីង)

x mood មានអារម្មណ៍ល្អ

-iv. ទុំជោរ

-tv. បន្ទុំ

melodious[mi 'ləudi əs] *adj.* ពិរោះ, អន្លង់អន្លោច

melodrama['melədrɑ:mə] *n.* រឿងកំសត់

melody['melədi] *n.* បទ

melon['melən] *n.* ម៉ុឡុង (ត្រសក់ស្រូវម្យ៉ាង)

melt[melt] *iv.* snows x រលាយ

(anger) melts រលាយ

-tv. x ice ធ្វើឱ្យរលាយ

x iron រំលាយ

x anger ធ្វើឱ្យរសាយ

member['membər] *n.* x of a club សមាជិក

x of the body អវយវៈ

Math. x of an equation អង្គ

membership['membərʃi p] *n.* renew one' s x ភាពជាសមាជិក

notify the x សមាជិកទាំងឡាយ

membrane['membrei n] *n.* ភ្នាស, កលា

memento[mə'mentəu] *n.* អនុស្សាវរីយ

memoirs['memwɑ:r] *n.* កំណត់ប្រវត្តិ

memorable['memərəbl] *adj.* ដែលចាំជាប់ជានិច្ច

memorandum[,memə'rændəm] *n.* issue a x អនុស្សរណៈ

make oneself a x កំណត់ហេតុរំឭក

memorial[mə'mɔ:ri əl] *n.* hold a ពិធីរំឭក

erect a x សំណង់រំឭក

-adj. ដែលរំឭកដល់

memorize[memərai z] *tv.* ទន្ទេញ

memory['meməri] *n.* have a good x សតិ

pleasant x អនុស្សាវរីយ

from m. តាមចាំ, ដោយមិនបាច់មើល

in m. of ជាអនុស្សាវរីយចំពោះ

within m. តាមដែលចាំបាន

men[mən] *(pl. of* man*)*

menace['menəs] *tv.* x a child គំរាម, កំហែង

x his health គំរាម, កំហែង (អ.ប.)

-iv. គំរាមកំហែង (អ.ប.)

-n. អ្វីដែលគំរាមកំហែង

mend[mend] *tv.* x clothes ប៉ះ

x relations ធ្វើឱ្យបានស្រួលឡើងវិញ

m. one' s ways ប្រព្រឹត្តិត្រឹមត្រូវឡើង

-iv. wounds x សះ

relations x បានស្រួលឡើងវិញ

-n. on the m. កំពុងគ្រាន់បើ

mendacious[mən'dei ʃəs] *adj.* កុហក

mendicant['mendi kənt] *adj.* ដែលសូមទាន

-n. សូម

menial['mi:ni əl] *adj.* ថោកទាប

***-n.* អ្នកធ្វើការថោកទាប**

meningitis[,meni n'ʤai ti s] *n.* រោគរលាកស្រោមខួរ

menopause['menəpɔ:z] *n.* ការអស់រដូវ (ស្ត្រី)

menstruate['menstruei t] *iv.* មានរដូវ

Coll: មានថ្ងៃខែ

menstruation[,menstru'ei ʃn] *n.* ដំណើរមានរដូវ (ស្ត្រី)

-ment *suf.* បច្ច័យដែលប្រែកិរិយាសព្ទឱ្យទៅជាសព្ទនាម, ឧ. abridge សង្ខេប > abridgment អត្ថបទសង្ខេប develop ចម្រើនលូតលាស់ > development ការចម្រើនលូតលាស់

mental['mentl] *adj.* ខាងខួរក្បាលឬគំនិតប្រាជ្ញា

Lit: មានសិក

mentality[men'tæləti] *n.* average x មានសិកភាព

colonialist x ទឹកចិត្ត, គំនិត

Lit: ពុទ្ធិប្រភាព

mention['menʃn] *tv.* សម្ដែងវែកញែកសេចក្ដី

Lit: ធ្វើនិទ្ទេស

-n. និទ្ទេស

mentor['mentɔ:r] *n.* អ្នកណែនាំ, អ្នកប្រៀនប្រដៅ

menu['menju:] *n.* បញ្ជីមុខម្ហូប

Fr: ម៉ឺនុយ

meow[mei w] *n.* សម្លេងសត្វឆ្មា

-iv. យំ (ឆ្មា)

mercantile['mɜ:kəntai l] *adj.* ពាណិជ្ជវិស័យ

mercenary['mɜ:sənəri] *adj.* x motives ដែលគិតតែពីលុយឬទ្រព្យសម្បត្តិ

x soldier ដែលស៊ីឈ្នួលនៅស្រុកក្រៅ (ទាហាន)

Lit: ភតិកា

merchandise['mɜ:ʧəndai z] *n.* ទំនិញ

-tv. លក់ដូរ

merchant['mɜ:ʧənt] *n.* ឈ្មួញ, ពាណិជ្ជករ

Lit: ពាណិជ្ជការ

-adj. ខាងជំនួញ, ខាងការលក់ដូរ

merciful['mɜːsi fl] *adj.* ប្រកបដោយការញ្ញចិត្ត

merciless['mɜːsi li s] *adj.* x man គ្មានមេត្តា, ឥតប្រណី

x storm ដ៏កំណាច

mercurial[mɜː'kjuəri əl] *adj.* x compound ដែលមានបារត

x personality ដែលឆាប់ប្រែប្រួល

Lit: អស្ថិរ

mercury['mɜːkjəri] *n.* បារត

mercy['mɜːsi] *n.* show x ការប្រោសប្រណីឬមេត្តា

Lit: ការញ្ញាចិត្ត

at the m. of ស្រេចតែលើ

-adj. m. killing ការសម្លាប់ដោយអាណិត

mere[mi ər] *adj.* x mortal ដែលគ្រាន់តែជា

x $5 តែប៉ុណ្ណោះ

merely[mi ərli] *adv.* គ្រាន់តែ

merge[mɜːdʒ] *iv.* ចូលគ្នា (ទៅជាតែមួយ)

-tv. បញ្ចូលគ្នា

merger['mɜːdʒər] *n.* ការរួបរួមចូលគ្នា

meridian[mə'ri di ən] *n.* ខ្សែវណ្ណ, ខ្សែបណ្ដោយ

merit['meri t] *n.* promotion by x គុណសម្បត្តិ

accumulation of x បុណ្យ, កុសល

-tv. សមនឹងបាន, សមនឹងទទួល

meritorious[,meri 'tɔːri əs] *adj.* គួរសរសើរ

mermaid['mɜːmei d] *n.* មច្ឆានុ

merriment['meri mənt] *n.* សេចក្ដីសប្បាយក្អាកក្អាយ

merry['meri] *adj.* x party សប្បាយក្អាកក្អាយ

x nature សប្បាយរហូត

merrymaking['meri mei ki ŋ] *n.* ការលេងសប្បាយអ៊ូអែក្អាកក្អាយ

mesh[meʃ] *iv.* gears x ខាំគ្នា, ចូល (ស្ពឺ ។ល។)

plans x ស៊ីគ្នា

-tv. x gears ធ្វើឱ្យចូលឬឱ្យខាំគ្នា

x plans ធ្វើឱ្យស៊ីគ្នា

-n. wire x សំណាញ់

x of gears ដំណើរខាំគ្នា (ស្ពឺ)

mess[mes] *n.* room was in a x សភាពរាយប៉ាយ

involved in a x រឿងស្មុគស្មាញ

x of papers គំនរច្របូកច្របល់

officers' x សហភោជនដ្ឋាន

x of greens មួយចំនួន (បន្លែ)

-tv. m. up (a room) ធ្វើឱ្យរាយប៉ាយ

m. up (one' s plans) ធ្វើឱ្យរអាក់រអួល

-iv. m. around ត្រេតត្រតឥតធ្វើអ្វីឱ្យបានការ (មនុស្សខ្ជិល)

m. in ជ្រៀតជ្រែកក្នុងកិច្ចការអ្នកណាម្នាក់

message['mesi dʒ] *n.* សារ

messenger['mesi ndʒər] *n.* អ្នកនាំសារ

Lit: សារហារី

messy[mesi] *adj.* x house រាយប៉ាយ, រាត់រាយ

x affairs ដែលច្របូកច្របល់ស្មុគស្មាញ

x work ប្រឡូកប្រឡាក

met[met] *(pt.,pp. of* meet*)*

metal['metl] *n.Lit:* លោហធាតុ

Coll: ដែក

-adj. ដែលធ្វើពីលោហធាតុ *Coll:* ដែក

metallic[mə'tæli k] *adj.* x substance ដែលមានលោហធាតុ

x sound ដែលដូចគេវាយដែក

x paint ដែលចាំងផ្លេកៗ (ដោយមានជាតិលោហធាតុក្នុងនោះ)

metallurgy[mə'tælədʒi] *n.* លោហស្សាហកម្ម

metamorphosis[,metə'mɔːfəsi s] *n.* ការក្លាយរូបកាយ (ឧ.ក្លាតក្លាយទៅជាកន្ធៃប)

Lit: រូបវិបត្តិ

metaphor['metəfər] *n.* ពាក្យប្រៀប

metaphysics[,metə'fi zi ks] *n.* បរមតវិជ្ជា

mete (out)[miːt] *tv.* x punishment កំណត់ដាក់ (ទោស)

x assignments ចែក

meteor['miːti ər] *n.* អាកាសបាតភ្លត់

meteoric[ˌmiːti ˈɔri k] *adj.* x shower នៃអាកាសធាតុភ្ជួត

x career ដែលឡើងយ៉ាងឆាប់រហ័ស (ដូចជាបុណ្យស័ក្តិ។ល។)

meteorite[ˈmiːti ərai t] *n.* អាចម៍ផ្កាយ

Lit: ឧក្កាបាត

meteorology[ˌmiːti əˈrɔlədʒi] *n.* ឧតុនិយមវិទ្យា

meter[ˈmiːtər] *n.* x of length ម៉ែត្រ

poetic x បទ

gas x *Fr.* កុងទ័រ *Coll:* នាឡិកា

method[ˈmeθəd] *n.* x of construction វិធី

work with x របៀប

methodical[məˈθɔdi kl] *adj.* x approach តាមវិធីឬវិធីសាស្ត្រ

x person ដែលធ្វើអ្វីៗតាមវិធីសាស្ត្រ

methodology[ˌmeθəˈdɔlədʒi] *n.* វិធីសាស្ត្រ

meticulous[məˈti kjələs] *adj.* ដែលប្រយ័ត្នប្រយែងដិតដល់ខ្លាំង

metric[ˈmetri k] *adj.* x system ដែលប្រើម៉ែត្រជាមូលដ្ឋាន

m. ton ទម្ងន់១០០០គ.ក ឬ ២២០៤,៦២ផោន

metronome[ˈmetrənəum] *n.* មាត្រា (ពាក្យភ្លេង)

metropolis[məˈtrɔpəli s] *n.* ទីក្រុងធំ

metropolitan[ˌmetrəˈpɔli tən] *adj.* នៃទីក្រុងធំៗ

-n. ប្រជាជននៃទីក្រុងធំៗ

mettle[ˈmetl] *n.* សេចក្ដីក្លៀវក្លា

mica[ˈmai kə] *n. Fr:* មីកា

mice[mai s] *(pl. of* mouse*)*

microbe[ˈmai krəub] *n.* មេរោគ

Lit: អតិសុខុមប្រាណ

microbiology[ˌmai krəubai ˈɔlədʒi] *n.* អតិសុខុមជីវសាស្ត្រ

microcosm[ˈmai krəkɔzəm] *n.* អតិសុខុមលោក

microfilm[ˈmai krəufi lm] *n.* មីក្រូហ្វីលម៍

micrometer[mai ˈkrɔmi tər] *n.* អតិសុខុមមាត្រ

microorganism[ˌmai krəuˈɔːgəni zəm] *n.* អតិសុខុមកាយ

microphone[ˈmai krəfəun] *n. Coll: Fr:* មីក្រូ

Lit: ឧបករណ៍សង្គ្រួ

microscope[ˈmai krəskəup] *n.* អតិសុខុមទស្សន៍

microscopic[ˌmai krəˈskɔpi k] *adj.* តូចក្រៃលែង

mid[mi d] *adj.* កណ្ដាល

midday[ˌmi dˈdei] *n.*, *adj.* ថ្ងៃត្រង់

middle[ˈmi dl] *n.* find the x ទីកណ្ដាល

He has a large x. ពោះ

in the m. (of a field) នៅកណ្ដាល

in the m. (of eating) កំពុងតែ

-adj. x part កណ្ដាល

x size មធ្យម

m. age មជ្ឈិមវ័យ

m. class ថ្នាក់កណ្ដាល

M. East មជ្ឈិមបូព៌ា

M. West ផ្នែកកណ្ដាល (ស.រ.អ.)

M. Ages មជ្ឈិមសម័យ (ពីសតវត្សទី៥ទៅសតវត្សទី១៥)

middleman[ˈmi dlmæn] *n.* អន្តរការ

middling[ˈmi dli ŋ] *adj.* មធ្យម, ល្មម, គួរសម

midget[mi dʒi t] *n.* មនុស្សតឿ

-adj. តូច (មិនធំដូចធម្មតា), តឿ

midland[ˈmi dlənd] *n.* ផ្នែកកណ្ដាលនៃប្រទេសណាមួយ

midnight[ˈmi dnai t] *n.* អធ្រាត្រ

midriff[ˈmi dri f] *n.* ឧរប្រាចីរ (សន្ទះខណ្ឌទ្រូងនឹងពោះ)

midshipman[ˈmi dʃi pmən] *n.* សិស្សិតនាយទាហាននាវាចរ

midst[mi dst] *n.* in the m.of (eating) កំពុងតែ

in the m. of (the forest) នៅកណ្ដាល

in our x ចំណោម

midway[ˌmi dˈwei] *adv.* stop x នៅកណ្ដាល

-adj. x point នៅកណ្ដាល

-n. at x ទីនៅកណ្ដាល

x of a fair ផ្នែកលេងល្បែងកំសាន្តឬសម្ដែងសិល្បឱ្យមនុស្សមើល

midwife['mi dwai f] ***n.*** ឆ្មប

mien[mi:n] ***n.*** ពហិលក្ខណៈ

might[1][mai t] ***n.*** កម្លាំង *Lit:* អនុភាព

might[2][mai t] ***aux. v.*** I x go. ប្រហែលនឹង

He told me I x go . អាចនឹង

mighty['mai ti] ***adj.*** ខ្លាំង, ពូកែ, ដែលមានអនុភាព

migraine['mi grei n] ***n.*** ប្រកាំង, រោគឈឺមួយចំហៀងក្បាល

migrant['mai grənt] ***adj.*** ដែលផ្លាស់ពីកន្លែងមួយទៅកន្លែងមួយ

-n. អ្នកដើរពីកន្លែងមួយទៅកន្លែងមួយរកការធ្វើ

migrate[mai 'grei t] ***iv.*** workers x ផ្លាស់ពីកន្លែងមួយទៅកន្លែងមួយ

birds x ផ្លាស់លំនៅតាមរដូវ

migration[mai 'grei ʃn] ***n.*** បម្លាស់លំនៅ

migratory['mai grətri] ***adj.*** x workers ដែលផ្លាស់ពីកន្លែងមួយទៅកន្លែងមួយ

x birds ដែលផ្លាស់លំនៅតាមរដូវ

mild[mai ld] ***adj.*** x person ស្លូត, មិនឆុងឆាំង

x flavor មិនខ្លាំង

x weather មិនត្រជាក់ឬក្តៅពេក

x penalty មិនធ្ងន់

mildew['mi ldju:] ***n.*** ផ្សិត (ដូចជាផ្សិតដែលដុះលើសំពត់សើមដែលទុកផ្លាប់យូរ)

-iv. ដុះផ្សិត

-tv. ធ្វើឱ្យដុះផ្សិត

mile[mai l] ***n.*** មីល (រង្វាស់ចម្ងាយប្រវែង ១.៦០៨គ.ម.)

mileage['mai li ʤ] ***n.*** x from New York to Chicago ចម្ងាយ

get good x ចម្ងាយរត់បានក្នុងមួយហ្គាឡុង

pay x តម្លៃក្នុងមួយមីល

milestone['mai lstəun] ***n.*** read the x គោល (ប្រាប់ចម្ងាយ)

significant x in his life ព្រឹត្តិការណ៍សំខាន់

milieu['mi:ljɜ:] ***n.*** មជ្ឈដ្ឋាន

militant['mi li tənt] ***adj.*** សកម្មប្រយុទ្ធ

-n. អ្នកសកម្មប្រយុទ្ធ

military['məli tri] ***adj.*** x science យោធា

x discipline នៃទាហាន

m. attache សេនានុព័ន្ធ

m. police កងស្រ្គួតយោធា

-n. ទាហាន

militate[mi li tei t] ***iv.*** m. against ប្រយុទ្ធប្រឆាំង

m. for ប្រយុទ្ធដើម្បី

militia[mə'li ʃə] ***n.*** *Obs.* ជីវពល

Neol: កងឈ្លប

cow' s m. ទឹកដោះគោ

coconut m. ទឹកដូង

-tv. x a cow រីតដោះយកទឹកដោះ

x information from him ច្បូរ (យក)

-adj. m. shake ការ៉េមច្របល់នឹងទឹកដោះគោ

m. teeth ធ្មេញកំណើត

milkmaid['mi lkmei d] ***n.*** ស្ត្រីអ្នករីតទឹកដោះ

milkman[mi lkmən] ***n.*** ឈ្មួញអ្នកយកទឹកដោះគោឱ្យដល់ផ្ទះ

milky['mi lki] ***adj.*** x substance ដូចទឹកដោះ, មិនថ្លា, ស

M. Way គន្លងដំរីស (ផ្កាយ)

mill[mi l] ***n.*** flour x រោង (អារឈើ កិន ស្រូវ ។ល។)

steel x រោងចក្រធ្វើអ្វីមួយ

coffee x ប្រដាប់កិន

-tv. x wheat កិន

x a coin បោះ (ប្រាក់កាក់ ។ល។)

-iv. m. around រញ៉េរ

millennium[mi 'leni əm] ***n.*** សហស្សវត្សរ (កំឡុង១.០០០ឆ្នាំ)

miller['mi lər] ***n.*** ម្ចាស់រោងកិនស្រូវឬម្សៅ

millet['mi li t] ***n.*** ស្រូវមីយេ

milligram['mi li græm] *n.Fr:* មីលីក្រាម

millimeter['mi li mi:tər] *n.* លិ *Fr:* មីលីម៉ែត្រ

milliner['mi li nər] *n.* អ្នកលក់មួកសម្រាប់ស្ត្រី

million['mi li ən] *n.* លាន (១.០០០.០០០)

millionaire[,mi ljə'neər] *n.* សេដ្ឋី (អ្នកមានប្រាក់រាប់លាន)

millstone['mi lstəun] *n.* ត្បាល់កិន (ថ្ម)

mime[mai m] *n.* do x របាំត្រាប់

He' s a x. អ្នកលេងត្រាប់

-*tv.* ធ្វើឬនិយាយត្រាប់

mimeograph['mi mi əgrai f] *n.* ម៉ាស៊ីនរ៉ូណេអូ (ម៉ាស៊ីនបោះពុម្ព)

-*tv.* បោះពុម្ពនឹងម៉ាស៊ីនរ៉ូណេអូ

mimic['mi mi k] *tv.* ធ្វើត្រាប់

-*n.* អ្នកធ្វើត្រាប់

mimicry['mi mi kri] *n.* ការធ្វើត្រាប់

minaret[,mi nə'ret] *n.* ប៉មវិហារអ៊ីស្លាម

mince[mi ns] *tv.* x meat កាត់ជាដុំតូចៗ, ចិញ្ច្រាំ

m. words និយាយមិនចំ, និយាយសៀរៗ

-*iv.* កាច់រាង

mind[mai nd] *n.* human x សតិ

He' s a great x. មនុស្សមានប្រាជ្ញា

lose one' s m. ទៅជាឆ្កួត

keep in m. ចាំ (ឧ.ត្រូវចាំថា)

Coll. have a m. to នឹកចង់

-*tv.* x the children មើល

x his words ស្ដាប់

x your own business គិតតែគេ, គិតតែពី...ទៅ

I don' t x going យល់ទាស់

-*iv.* never m. អត់អីទេ (សម្រាប់សម្ដែងនូវការមិនត្រូវការ)

mindful['mai ndfl] *adj.* x of one' s obligations យកចិត្តទុកដាក់

x of others គិតយល់

x of one' s parents ស្ដាប់បង្គាប់

mine[1][mai n] *(1st pers. poss. pron. of I)*

That book is x. របស់ខ្ញុំ

a friend of m. ពួកម៉ាកខ្ញុំម្នាក់

mine[2][mai n] *n.* coal x អណ្ដូងរ៉ែ

x of information ប្រភពសំខាន់

explosive x គ្រាប់បែកកប់ *Fr:* មីន

-*tv.* x coal ជីកយករ៉ែ

x a battlefield ដាក់មីន

miner['mai nər] *n.* កម្មករអណ្ដូងរ៉ែ

mineral['mi nərəl] *n.*, *adj.* ខនិជ

mineralogy[,mi nə'ræləʤi] *n.* ខនិជវិទ្យា

mingle['mi ŋgl] *iv.* colors x លាយគ្នា

x with the crowd ចូលលាយឡំ

x with the guests និយាយលេងទាក់ទង

-*tv.* x guests ធ្វើឱ្យចូលលាយឡំនិយាយលេងរកគ្នា

x joy with sadness បញ្ចូលគ្នា

miniature['mi nəʧər] *adj.* តូចៗ *Lit:* ឧទ្ទក

-*n.* paint a x រូបតូចៗ

reproduce in x ឧទ្ទកភាព

minimize['mi ni mai z] *tv.* x the loss ធ្វើឱ្យតិចទៀង

x the seriousness និយាយធ្វើឱ្យស្រាល

minimum['mi ni məm] *adj.* អប្បបរិមា

-*n.* charge the x ភាពតូចបំផុត

restaurant has a x ចំនួនតិចបំផុត (ត្រូវចំណាយ ។ល។)

mining['mai ni ŋ] *n.* ការជីករ៉ែ

minister['mi ni stər] *n.* foreign x រដ្ឋមន្ត្រី

Coll: កុងស៊ី

religious x *Fr:* បាស្ទ័រ

-*iv.* ជួយផ្គត់ផ្គង់

ministry['mi ni stri] *n.* x of foreign affairs មន្ទីររដ្ឋមន្ត្រី

Rel. enter the m. ចូលធ្វើជាជាស្ទ័រ

mink[miŋk] ***n.*** សំពោចម្យ៉ាង

minor['mainər] ***adj.*** x difficulty តូចតាច

x age ដែលមានអាយុមិនទាន់ពេញច្បាប់

Educ. x subject បន្ទាប់បន្សំ

-n. still a x អនីតិជន

Educ. choose a x រើសយកវិស័យសិក្សាបន្ទាប់បន្សំ

minority[mai'nɔrəti] ***n.*** ethnic x ជនភាគតិច

x of the vote ចំនួនភាគតិច, អប្បភាគ

political x បក្សដែលចំនួនអ្នកតំណាងតិច

during his x អនីតិភាព

mint[1][mint] ***n.*** ជីអង្កាម

mint[2][mint] ***n.*** កន្លែងធ្វើប្រាក់កាក់

-tv. ធ្វើប្រាក់កាក់

minus['mainəs] ***prep.*** 10 m. 6 ១០ដក៦ចេញ

x the first page ខ្វះ

-adj. m. sign សញ្ញាលេខសង

x quantity ដែលមានសញ្ញា (-) នៅពីមុខ

-n. សញ្ញា (-)

minute[1]['minit] ***n.*** នាទី *Fr.* មីនុត

wait a x មួយភ្លែត

Come here a m. មកនេះបន្តិចមើល

pl. x of the meeting កំណត់ហេតុ

Geom. x of a degree មីនុត

-adj. x steak ស្តើងៗ (អាំងឆាប់ឆ្អិន)

m. hand ទ្រនិចវែង (នាឡិកា)

minute[2]['minit] ***n.*** តូចតាច

miracle['mirəkl] ***n.*** អច្ឆរិយហេតុ

miraculous[mi'rækjələs] ***adj.*** អច្ឆរិយ

mirage['mirɑ:ʒ] ***n.*** មរិចិកា

mire['maiər] ***n.*** ទីមានភក់ជ្រៅ

-tv. ធ្វើឱ្យជាប់ផុងក្នុងភក់

-iv. m. up ផុង

mirror['mirər] ***n.*** កញ្ចក់

-tv. x an image ចាំង

x one's defects បញ្ចាំងឱ្យឃើញ (អ.ប.)

mirth[mɜ:θ] ***n.*** ការចង់សើច

mirthless[mɜ:θles] ***adj.*** មិនចេះសើច

mis[mis] ***-pref.*** បុព្វបទមានន័យថា: ខុស, ច្រឡំ, មិនត្រូវ, មិន, ទុ. understand យល់ > misunderstand យល់ច្រឡំ

fire ឆេះ > misfire មិនឆេះ

guide នាំ > misguide នាំឱ្យខុស

misanthrope['misənθrəup] ***n.*** មនុជទេសស្បី

misapprehend[,misæpri'hend] ***tv.*** យល់ខុស

misbehave[,misbi'heiv] ***iv.*** កាន់កិរិយាមិនល្អ ឬមិនសមរម្យ ការខុសឆ្គាយ

suffer a x ដំណើរល្អកន

miscellaneous[,misə'leiniəs] ***adj.*** ផ្សេងៗ

mischief['mistʃif] ***n.*** get into x ធ្វើពិបិលប៉ូច

cause x ការខូចខាត

mischievous['mistʃivəs] ***adj.*** x child ប៉ិផ្លិល ប៉ិផ្លូច, របិលរប៉ូច

x scheme អាក្រក់

misconception[,mis'kən'sepʃn] ***n.*** ការកាន់ច្រឡំ (អំពីរឿងអ្វីមួយ។ល។)

misconduct[,mis'kɔndʌkt] ***n.*** កិរិយាមិនត្រឹមត្រូវ

misconstrue[,miskən'stru:] ***tv.*** កាត់យល់ខុស

misdeed[,mis'di:d] ***n.*** បាបកម្ម, អំពើអាក្រក់

misdemeanor[,misdi'mi:nər] ***n.*** បទល្មើសជាមជ្ឈិម

miser[,maizər] ***n.*** មនុស្សកំណាញ់ *Lit.* មច្ឆរី

miserable['mizrəbl] ***adj.*** x refugees វេទនា, វេទនា

feel x មិនស្រួលសោះ

x failure ទាំងស្រុង

Coll. x day អាក្រក់ណាស់ (មានភ្លៀងមាន បញ្ហាច្រើន ។ល។)

miserly['mai zərli] *adj.* កំណាញ់

misery['mi zəri] *n.* live in x សេចក្ដីវេទនា

Lit: ទុគ្គតភាព

physical x ការឈឺចាប់

misfire[,mi s'fai ər] *iv.* guns x មិនឆេះ

plans x មិនសម្រេចដូចបំណង

misfit['mi sfi t] *n.* He' s a x. មនុស្សចូលគេមិនចុះ

plumbing x ដំណើរមិនត្រូវគ្នា

misfortune[,mi s'fɔ:ʧu:n] *n.* អកុសល, គ្រោះកាច

misgiving[,mi s'gi vi ŋ] *n.* ពិភាល់

mishap['mi shæp] *n.* គ្រោះថ្នាក់អកុសល

misinterpret[,mi si n'tɜ:pri t] *tv.* កាត់យល់ខុស

misjudge[,mi s'ʤʌʤ] *tv.* ស្មានខុស, មាន យោបល់ខុស

mislay [,mi s'lei] *tv.* (*pt* . *pp.* mislaid) ច្រឡំដៃ

mislead[,mi s'li:d] *tv.* (*pt.* . *pp.* misled) នាំឱ្យយល់ខុស

misnomer[,mi s'nəumər] *n.* ឈ្មោះមិនសម

misplace[,mi s'plei s] *tv.* x a comma ដាក់ខុស កន្លែង

m. one' s trust ទុកចិត្តលើមនុស្សខុស

Coll. x a letter ច្រឡំដៃ (ដាក់)

misprint[,mi spri nt] *n.* ការបោះពុម្ពខុស

-tv. បោះពុម្ពខុស

misrepresent[,mi s,repri 'zent] *tv* . ធ្វើឱ្យ ឃើញផ្ទុយពីការពិត

miss[1] [mi s] *tv.* x a train ទៅមិនទាន់

x a target ខុស (ខុ.បាញ់ខុស, ចោលខុស)

x a loved one នឹក, រឭក

x his point មិនយល់

x an appointment ខានមិនបានទៅ

-tv. motors x ដើរមិនស្រួល (ដោយឆេះមិនស្រួល)

-n. motor has a x ការដើរមិនស្រួល (ចំពោះ គ្រឿងម៉ាស៊ីនខ្លះ)

shot was a x ការបាញ់ឬចោលខុស

miss[2][mi s] *n. Cap.* x Smith នាង

Lit: កញ្ញា

the little ក្មេងស្រីតូច

missile['mi sai l] *n.* stone x អ្វីៗដែលបាញ់ ឬចោលទៅមុខ

guided m. កាំជ្រួចឬគ្រាប់បែកបញ្ជាពីចម្ងាយ

missing[mi si ŋ] *adj.* x person ដែលបាត់ខ្លួន

x page ដែលខ្វះ

mission['mi ʃn] *n.* go on a x បេសកកម្ម

send a x គណៈប្រតិភូ

his x in life គោលបំណង

missionary['mi ʃənri] *n.* សាសនទូត

missive['mi si v] *n.* សារឬសំបុត្រ

mist[mi st] *n.* x in the air អ័ព្ទ

x on the window សំណើមឬដំណក់ទឹកកើត មកពីចំហាយ

x in one' s eyes ទឹកភ្នែកដែលគ្រាន់តែធ្វើឱ្យភ្នែក ស្រអាប់

-iv. រលើមភោយស្បៃ, ចុះអ័ព្ទ

-tv. ធ្វើឱ្យស្រអាប់

mistake[mi 'stei k] *n.* spelling m. ការសរសេរខុស

x of judgment កំហុស

-tv. (*pt* . . *p p. see* take)

x his inentity ច្រឡំ

x his words យល់ខុស

mistaken[mi 'stei kn] *adj.* x identity ច្រឡំ

x notion ដែលយល់ខុស

x policy ខុស

mister['mi stər] *n.* (*abbr.* Mr.) *Cap.* x Smith លោក

Pej. that x អា

mistook[mi 'stuk] (*pt. of* mistake)

mistreat[,mi s'tri:t] *tv.* ធ្វើបាប, ធ្វើទុក្ខទោសផល់

mistress['mi strəs] *n.* keep a x ស្រីកំណាន់

Coll: ប្រពន្ធលួចលាក់

x of the house ស្រីមេផ្ទះ

school x អ្នកគ្រូ

Cap. (abbr. Mrs.*)* x Smith

Gen: លោកស្រី, អ្នកស្រី

Wife of high official: លោកជំទាវ

Commoner wife of royality: អ្នកម្នាង

mistrial[,mi s'ttrai əl] *n.* សេចក្ដីសម្រេចថា

ខុសជាមោឃៈ (នូវការចោទប្រកាន់ចំពោះតុលាការ)

mistrust[,mi strʌst] *tv.* មិនទុកចិត្ត

-n. ការមិនទុកចិត្ត

misty['mi sti] *adj.* x day ដែលចុះអ័ព្ទ

x eyes ស្រអាប់

x past មិនច្បាស់លាស់, មិនជាក់លាក់

misunderstand[,mi sʌndə'stænd] *tv.* យល់ខុស

misunderstanding *n.* a x on his

part ការយល់ខុស

Euph. have a x ការឈ្លោះគ្នា

mite[mai t] *n.* ពួកសត្វល្អិតដែលកាត់ខោអាវ

miter['mai tər] *n.* bishop' s x មួកដែលអេវ៉េកពាក់

carpenter' s x ប្រមុំ

-tv. (ផ្គុំ)

mitigate['mi ti gei t] *tv.* សម្រាល, បន្ធូរ

mitten['mi tn] *n.* ស្រោមដៃឥតម្រាម

-tv. ពាក់ស្រោមដៃឥតម្រាម

mix[mi ks] *tv.* x ingredients លាយបញ្ចូលគ្នា

x a drink លាយ

x business with pleasure បញ្ចូលលាយឡំគ្នា

x breeds បង្កាត់

m. up (cement) លាយ

m. up (two words) ច្រឡំ

m. up (students) ធ្វើឱ្យឡប់

-iv. oil and water don' t x ចូលគ្នា

x with the guests ចូលលាយឡំ

x with criminals សេពគប់

-n. change the x សមាសភាគ

dog is a x ពូជកាត់

cake x អ្វីៗដែលលាយហើយស្រេច

mixed[mi kst] *adj.* x concrete លាយហើយ

m. company មានទាំងប្រុសទាំងស្រី

x blessing មិនទាំងស្រុង

(cake is) m. up លាយហើយស្រេច

(sequence is) m. up ច្រឡំបល់

(students are) m. up ឡប់, វិលក្បាល

mixer['mi ksər] *n.* electric x ម៉ាស៊ីនវាយឬលាយ

Coll. (He' s) a good m. មនុស្សដែលទៅត្រង់ណាក៏

ចូលគេចុះ

mixture['mi kstʃər] *n.* dry x ល្បាយ (វត្ថុដែល

លាយច្រើនមុខ)

x of sweets ចម្រុះ

the x of two ideas ការបញ្ចូលគ្នា

mix-up['mi ks ʌp] *n.* ការច្របូកច្របល់

mnemonic[ni 'mɔni k] *adj.* ដែលជួយស្មារតី

moan[məun] *iv.* x with pain ថ្ងូរ

winds x បន្លឺសូរដូចគេថ្ងូរ

-tv. និយាយដោយថ្ងូរ

-n. x of a patient សម្លេងថ្ងូរ

x of the wind សូរឮដូចគេថ្ងូរ

moat[məut] *n.* ស្នាមភ្លោះ (ដីកនៅជុំវិញបន្ទាយ

ជំនាន់ដើម)

mob[mɔb] *n.* ហ្វូងមនុស្សឥតសណ្ដាប់ធ្នាប់

-tv. *(pt . . pp.* mobbed*)* ឡោមព័ទ្ធយ៉ាងសោចកុះ

mobile['məubai l] *adj.* x lab ដែលយកពីកន្លែងមួយទៅកន្លែងមួយបាន *Lit:* ចល័ត

x face ដែលប្រែប្រួល

-n. គ្រឿងតុបតែងម្យ៉ាងមានចងខ្សែប្រទាក់ប្រទិនគ្នា ហើយវិលវល់បះចុះបះឡើងកាលណាត្រូវខ្យល់

mobility[məu'bi ləti] *n.* ចលភាព

mobilize['məubəlai z] *tv.* m. troops ធ្វើយោធូបនីយកម្ម

x resources យកមកប្រើប្រាស់

-iv. ប្រមូលគ្នាឡើងធ្វើអ្វីមួយ

mock[mɔk] *tv.* x his suggestion ចំអក

x the teacher ធ្វើត្រាប់ (ចំអក)

-adj. ក្លែងក្លាយ

mockery['mɔkəri] *n.* ការចំអក

mock-up['mɔk ʌp] *n.* សំណាក

mode[mɔd] *n.* x of construction វិធី, របៀប

the current x *Fr:* ម៉ូដ

model['mɔdl] *n.* airplane x គំរូ (នៃវត្ថុអ្វីមួយ)

fashion x *Fr:* ម៉ូដែល

He serves as a x for others. គំរូគួរយ៉ាង

buy a different x បែប(នៃម៉ាកណាមួយ)

-tv. m. clothes ស្លៀកពាក់សម្រាប់ឱ្យគេមើលឬថត

x one' s life after his យកតាម

-iv. ធ្វើជាម៉ូដែល, ប្រកបរបរជាម៉ូដែល

-adj. x airplane ជាគំរូតូចៗ

x student ដែលជាគំរូ, ដែលគួរត្រាប់តាម

moderate['mɔdərət] *adj.* x price ល្មម (មិនថោកមិនថ្លៃ)

x temperature ស្រួល (មិនត្រជាក់មិនក្តៅ)

x response មិនខ្លាំងពេក

x politician មជ្ឈន្តិក

-n. មជ្ឈន្តិកជន

-tv. x one' s speech បង្អន់

x a meeting ធ្វើជាមជ្ឈន្តិកី

-iv. storm will x អន់ឡើង

x at a meeting ធ្វើជាមជ្ឈន្តិកី

moderation[,mɔdə'rei ʃn] *n.* political x ការទប់ឱ្យនៅជាកណ្តាល

Lit: មជ្ឈន្តិកភាព

drink in x ការមានការប្រមាណ

x of the temperature ការទៅជាស្រួលឡើង

moderator['mɔdərei tər] *n.* មជ្ឈន្តិកី

modern['mɔdn] *adj.* x house ទំនើប

Lit: សម័យថ្មី

m. age សម័យទំនើប

modernize['mɔdənai z] *tv.* , *iv.* ធ្វើទំនើបនីយកម្ម

modest['mɔdi st] *adj.* x man ដែលដាក់ខ្លួន

x income មិនសូវច្រើន

modesty['mɔdi sti] *n.* physical x ដំណើរមិនចូលចិត្តឱ្យគេឃើញខ្លួន

professional x ភាពមិនលើកតំកើងខ្លួនឯង

modification[,mɔdi fi 'kei ʃn] *n.* កំណែប្រែ (ការកែប្រែ)

modifier['mɔdi fai ər] *n.* use a x គ្រឿងដាក់កែសម្រួល

Gram. noun x ពាក្យសម្រាប់បញ្ជាក់ន័យ

modify ['mɔdi fai] *tv.* (*pt* . . *pp.* modified)

x one' s position កែប្រែ, ប្តូរ

Gram. x a noun ប្រើពាក្យបញ្ជាក់ន័យ

modulate['mɔdjulei t] *tv.* ប្តូរគោន

modulation[,mɔdju'lei ʃn] *n.* ការប្តូរគោន

moist[mɔi st] *adj.* x air ដែលសើម

x eyes សើមៗ

x cake ដែលមិនស្ងួតឬក្រៀម

moisten['mɔi sn] *tv.* ធ្វើឱ្យសើម

-*iv.* ឡើងដំណើម

moisture['mɔi stʃər] *n.* សំណើម

molar['məulər] *n.* ថ្គាម

molasses[mə'læsi z] *n.* ស្ករ

mold[1]['məuld] *n.* ពុម្ព

-*tv.* x a sculpture សូន

x butter ចាក់ពុម្ព

x his thought បំពាក់បំប៉ន (ព.ថ្មី)

mold[2]['məuld] *n.* ផ្សិត

-*iv.* ដុះផ្សិត

-*tv.* ធ្វើឱ្យដុះផ្សិត

moldy['məuldi] *adj.* ដែលដុះផ្សិត

mole[1]['məul] *n.* ប្រជ្រុយ (ដុះ)

mole[2]['məul] *n.* សត្វកំពឹងផ្លូង

molecular[mə'lekjələr] *adj.* នៃអណូ

molecule['mɔli kju:l] *n. Fr:* ម៉ូលេគុល

Lit: អណូ

molest[mə'lest] *tv.* x an animal ធ្វើបាប, ធ្វើទុក្ខទោស

x a young girl រំលោភ

mollify ['mɔli fai] *tv. (pt . . pp.* mollified*)* ធ្វើឱ្យស្ងប់, ឱ្យស្រាក

mollusk['mɔləsk] *n.* សិប្បិជាតិ, សិប្បិសត្វ

molt['məult] *iv.* ជម្រុះរោមឬស្លាប

-*tv.* ធ្វើឱ្យជ្រុះ

-*n.* ការជ្រុះរោមឬស្លាប

molten['məultən] *adj.* រលាយ

mom['mɔm] *n. Coll.* ម៉ែ

moment['məumənt] *n.* wait a x ស្របក់

event of great x សេចក្ដីសំខាន់

an important x ពេលវេលា

momentarily['məuməntrəli] *adv.* pause x មួយស្របក់, មួយភ្លែត

Coll. come x នៅពេលឥឡូវនេះ

momentary['məuməntri] *adj.* x pause ឥឡូវ (ពេល)

Coll. x arrival ក្នុងពេលឥឡូវ

momentous[mə'mentəs] *adj.* សំខាន់

momentum[mə'mentəm] *n.* គំរុសា

monarch['mɔnək] *n.* ព្រះមហាក្សត្រ, ព្រះរាជា

monarchy['mɔnəki] *n.* រាជាធិបតេយ្យ

monastery['mɔnəstri] *n.* វត្ត

monastic[mə'næsti k] *adj.* នៃបព្វជិត

Monday['mʌndi] *pr. n.* ថ្ងៃចន្ទ

monetary['mʌni tri] *adj.* x policy ខាងរូបិយវត្ថុ

x reward ជាប្រាក់

money['mʌni] *n.* earn x ប្រាក់, លុយ, ប្រាក់កាស

issue x រូបិយវត្ថុ

mongrel['mʌŋgrəl] *n.* សត្វពូជកាត់

-*adj. Coll:* កូនកាត់ *Lit:* មិស្ស

monitor['mɔni tər] *n.* student x សិស្សដែលចាត់ឱ្យជួយមើលរបៀបរៀបរយក្នុងបន្ទប់រៀន

TV m. ឧបករណ៍សម្រាប់ត្រួតពិនិត្យការផ្សាយ

-*tv.* x an exam ធ្វើជាមេប្រយោគ

x a TV broadcast ចាប់ (វិទ្យុ។ល។) ដើម្បីពិនិត្យមើលអ្វីមួយ

monk[mʌŋk] *n. Coll:* លោកសង្ឃ

Lit: បព្វជិត

monkey['mʌŋki] *n.* wild x ស្វា

Lit: ពានរ

Year of the M. ឆ្នាំវក

Coll. make a m. of him ធ្វើឱ្យអាម៉ាស់មុខ

-*iv.* m. around with លេងឬធ្វើអ្វីមួយដោយគើសនៃ

monkeywrench['mʌŋki rentʃ] *n.* គ្រឿងមួលឱ្យធំឬតូចបាន

Mon-Khmer[mɔn khmeər] *adj.* មន-ខ្មែរ

monkhood['mʌŋkhud] *n.* enter the x ភាពជាព្រះសង្ឃ

meeting of the x ព្រះសង្ឃ

monogamous[mə'nɔgəməs] *adj.* ដែលមានប្រពន្ធឬប្ដីតែមួយ

monogamy[mə'nɔgəmi] *n.* ការនិយមមានប្រពន្ធ ឬប្ដីតែមួយ
Lit: ឯកពន្ធ៍
monogram['mɔnəgræm] *n.* ឯកក្ខរា
monograph['mɔnəgrɑ:f] *n.* ឯកលេខនា
monolith['mɔnəliθ] *n.* ផ្ទាំងថ្មធំ
monolithic[,mɔnə'liθik] *adj.* x monument ដែលធ្វើពីផ្ទាំងថ្ម
x organization ដ៏ធំ, នៅក្រោមរបបគ្រប់គ្រងតែមួយ
monologue['mɔnəlɔg] *n.* ឯកវាទ
monoplane['mɔnəplein] *n.* យន្តហោះមានស្លាបតែមួយជាន់
monopolize[mə'nɔpəlaiz] *tv.* x the sugar trade យកផ្ដាច់មុខ
m. the conversation និយាយតែម្នាក់ឯង
monopoly[mə'nɔpəli] *n.* have a x on the sugar trade ការផ្ដាច់មុខ
Lit. ឯកាធិភាព
monosyllabic[mɔnəsi'læbik] *adj.* x word ដែលមានតែមួយព្យាង្គ *Lit:* ឯកព្យាង្គ
x language ដែលមានពាក្យសុទ្ធតែមួយព្យាង្គ
monosyllable['mɔnəsiləbl] *n.* ពាក្យឯកព្យាង្គ
monotheism['mɔnəiθi:zəm] *n.* ឯកទិទេពនិយម
monotone['mɔnətəun] *n.* សូរដដែលៗ
monotonous[mə'nɔtənəs] *adj.* ដដែលៗ
monotony[mə'nɔtəni] *n.* ភាពដដែលៗ
monsoon[,mɔn'su:n] *n.* ខ្យល់មូសុង (ខ្យល់រដូវនៅតំបន់ឥណ្ឌានិងអាស៊ីប៉ែកអាគ្នេយ៍)
monster['mɔnstər] *n.* វិរូបកាយ (សត្វចម្លែក)
Fig. The man's a x. មនុស្សអាក្រក់
monstrous['mɔnstrəs] *adj.* x sum ដ៏ច្រើនក្រៃលែង
x crime អាក្រក់ក្រៃលែង
x dog ធំក្រៃលែង
month[mʌnθ] *n.* ខែ *Lit:* មាស
monthly[mʌnθli] *adj.* x visit រាល់ខែ
x statement ប្រចាំខែ
x journal ដែលចេញរាល់ខែ
x rent ក្នុងមួយខែៗ
-n. ទស្សនាវដ្ដីដែលចេញរាល់ខែ
monument['mɔnjumənt] *n.* reliquary x វិមាន
scientific x ស្នាដៃឬសាដៃដ៏សំខាន់
monumental[,mɔnju'mentl] *adj.* x size ដ៏ក្រៃលែង
Coll. x error ដ៏ធ្ងន់
moo[mu:] *iv.* រោទ៍ (គោ)
-n. សម្លេងគោរោទ៍
mood[mu:d] *n.* in a bad m. អារម្មណ៍មិនស្រួល, មិនស្រួលចិត្ត
x of the meeting បរិយាកាស
moody[mu:di] *adj.* ដែលអាក់អន់ស្រពន់ក្នុងអារម្មណ៍
moon[mu:n] *n.* ខែ, លោកខែ
Lit: ចន្ទ, ព្រះចន្ទ, ព្រះខែ
poet: ចន្ទ្រា
-iv. សម្រេងសម្រែ
moonbeam['mu:nbi:m] *n.*ការស្មើព្រះចន្ទ
moonlight['mu:nlait] *n.* ពន្លឺលោកខែ
Lit: រស្មីព្រះចន្ទ, ចន្ទ្រាភា
moonlit['mu:mlit] *adj.* ដែលភ្លឺដោយរស្មីព្រះចន្ទ
moonshine['mu:nʃain] *n.* in the x រស្មីព្រះចន្ទ
Sl. run x ស្រាបិតដោយលួចលាក់
moonstone['mu:nstəun] *n.* ត្បូងហ្វូលស្ប៉ាថ
moor[muər] *tv.*, *iv.* ចត
moorings['muəriŋz] *n.* strain at the x គ្រឿងចងនាវាកុំឱ្យរសាត់
find x ទីចត (នាវា ទូក)
moot[mu:t] *adj.* អាចយកមកជជែកបាន
-tv. យកមកជជែក
mop[mɔp] *n.* floor x គ្រឿងជូតសំលាងក្ដារក្រាលមានដង
x of hair របុំយ៉ាងធំ

-tv. (pt . . pp. mopped)

x the floor ជូតសលាងនឹងគ្រឿងជូតសលាងមានដង

m. up (water) ជូតឱ្យស្ងួត

Coll. m. up (the enemy) សំអាត, កំទេច

mope[məup] *iv.* បង្ហាញសេចក្តីព្រួយបារម្ភណ៍

moral['mɔrəl] *adj.* x consideration ខាង ឬ នៃសីលធម៌

x man ប្រកបដោយសីលធម៌

x support ខាងផ្លូវចិត្ត

-n. pl. good x សីលធម៌

x of the story ដំបូន្មាន

morale[mə'rɑ:l] *n.* ទឹកចិត្ត

morality[mə'ræləti] *n.* teach x ធម្មចរិយា

x of the act គុណភាពតាមសីលធម៌

moralize['mɔrəlaiz] *iv.* វែកញែកបង្ហាញតាមផ្លូវសីលធម៌

morass[mə'ræs] *n.* swampy x ដីទំនាប

Lit: ឧទកដ្ឋាន

x of details អ្វីៗដែលស្មុគស្មាញច្របូកច្របល់

moratorium[,mɔrə'tɔ:riəm] *n.* ការបង្អាក់សិន

morbid['mɔ:bid] *adj.* x infection ដែលអាចបណ្តាលឱ្យស្លាប់

x details ដែលទាក់ទងនឹងរឿងងងឹតឬសេចក្តីស្លាប់ ឬនឹងសេចក្តីវេទនា

more[mɔ:r] *adj.* He wants m. money. គាត់ចង់បានលុយច្រើនទៀត

He has m. than I do. គាត់មានច្រើនជាងខ្ញុំ

-adv. sing x គទៅទៀត

m. beautiful than ល្អជាង

Don' s do it any m. កុំធ្វើទៀត

-n. Give me x. (អ្វីៗកំពុងនិយាយ) ថែមទៀត

moreover[mɔ:'rəuvər] *adv.* ម្យ៉ាងទៀត, មួយវិញទៀត

morgue[mɔ:g] *n.* កន្លែងដាក់សព *Lit:* ឆវគ្រឹះ

moribund['mɔri bʌnd] *adj.* ដែលនឹងស្លាប់, ជិតស្លាប់

morning['mɔ:niŋ] *n.* tomorrow x ព្រឹក

(We' ll do it) this m. ព្រឹកនេះ

(I did it) this m. ព្រឹកមិញ

(It' s cooler) in the m. នៅពេលព្រឹក

(We' ll do it) in the m. ព្រឹកស្អែក

-adj. x hours នៅពេលព្រឹក

x paper ដែលចេញពេលព្រឹក

moron['mɔ:rən] *n.* មនុស្សល្ងិល្ងើ

morose[mə'rəus] *adj.* ដែលមានទុក្ខព្រួយ

morphine['mɔ:fi:n] *n.* ម័រហ្វីន (ឱសថមានជាតិអាភៀន)

morphology[mɔ:'fɔlədʒi] *n.* រូបសាស្ត្រ

morsel['mɔ:sl] *n.* ម៉ាត់ (មប), ដុំតូច

mortal['mɔ:tl] *adj.* x beings ដែលអាចស្លាប់

x wound ដែលបណ្តាលឱ្យស្លាប់

m. enemy មហាសត្រូវ, សត្រូវស៊ីសាច់ហុតឈាម

-n. មនុស្ស (ផ្ទុយនឹងអាទិទេព)

mortality[mɔ:'tæləti] *n.* human x ភាពអាចនឹងស្លាប់

rate of m. មរណប្រមាណ

mortar[1]['mɔ:tər] *n.* បាយអ

-tv. បាតបាយអ

mortar[2]['mɔ:tər] *n.* x an pestle ត្បាល់បុក

x shell កាំភ្លើងត្បាល់

-tv. បាញ់នឹងកាំភ្លើងត្បាល់

mortgage['mɔ:gidʒ] *n.* និក្ខេប

-tv. ខ្ចីប្រាក់ដោយមានយកអ្វីទៅតកក

mortician[mɔ:'tiʃn] *n.* អ្នករកស៊ីរៀបចំសពដែលត្រូវយកទៅកប់ឬបូជា

mortify['mɔ:tifai] *tv.* (pt . . pp. mortified)

x their pride ធ្វើឱ្យអាប់មុខ, បំបាក់មុខ

x one' s body ប្រព្រឹត្តអត្តកិលមថានុយោគ

mosaic[məu'zeiik] *n.* គំនូរវិចិត្រដោយផ្គុំរូបតូចៗ

mosque[mɔsk] *n.* វិហារអ៊ិស្លាម

mosquito[məs'ki:təu] *n.* មូស

moss[mɔs] *n.* ស្លែ

most[məust] *adj.* have the x money ច្រើនជាងគេ

x people like it ភាគច្រើន

-adv x beautiful បំផុត, ផ្ដាច់ ជាងគេ, លើសគេ

work x ច្រើនជាងគេ

That's x interesting. ណាស់, ក្រៃលែង

motel[məu'tel] *n.* ផ្ទះសំណាក់តាមផ្លូវ

Coll: ម៉ូតែល

moth[mɔθ] *n.* មេណុប្បត្តសត្វ

mother['mʌðər] *n.* ម្ដាយ

Fam., Urban: ម៉ាក់

Fam., Rural: ម៉ែ

Formal: អ្នកម្ដាយ

Lit: មាតា, ជននី

Roy: ព្រះមាតា

Animal: មេ

Cl: ញោមស្រី

-adj x bird សត្វដែលជាមេ

x love នៃម្ដាយ

m. tongue ភាសាកំណើត

-tv. ថែរក្សាដូចម្ដាយ

mother-in-law['mʌðər i n lɔ:] *n.* ម្ដាយក្មេក

motherland['mʌðəlænd] *n.* មាតុប្រទេស

motherless['mʌðərles] *adj.* ឥតម្ដាយ, ឥតម៉ែ

Lit: កំព្រាម្ដាយ

motherly['mʌðəli] *adj.* ដែលធ្វើដូចម្ដាយ

mother-of-pearl[,mʌðər əv pɜ:l] *n.* ខ្យងដាំ

motion['məuʃn] *n.* sound and x ការកម្រើក

Lit: ចលនា

x of the hand សញ្ញា

in m. ដែលកំពុងដើរ, ដែលកំពុងកម្រើក

second a x ញត្តិ

m. picture ភាពយន្ត

-tv. . iv. ធ្វើសញ្ញា (ឧ.បោយដៃ។ល។)

motionless['məuʃnles] *adj.* នៅស្ងៀម, ដែលឥតកម្រើក

motivate['məuti vei t] *tv.* x students ធ្វើឱ្យចង់ធ្វើអ្វីមួយ (ដោយបង្ហាញនូវហេតុផល)

x an action បណ្ដាលឱ្យធ្វើអ្វីមួយ

motivation[,məuti 'vei ʃn] *n.* students lack x ការចង់ដោយយឹងយល់នូវហេតុផល

What was the x of his action ? ហេតុដែលបណ្ដាលឱ្យធ្វើអ្វីមួយ

motive['məuti v] *n.* ហេតុដែលជំរុញឱ្យធ្វើអ្វីមួយ

-adj. ដែលជំរុញឱ្យធ្វើអ្វីមួយ

motley['mɔtli] *adj.* x crowd លាយឡំគ្នាច្រើនប្រភេទ

m. colors ចម្រុះពណ៌

motor['məutər] *n.* electric x ម៉ាស៊ីន

Pl. invest in x ឧស្សាហកម្មរថយន្ត

-adj. x trouble ម៉ាស៊ីន

x industry ដែលធ្វើរថយន្ត

-iv. បើកឡាន

motorboat['məutəbəut] *n.* កាណូត

motorcade['məutəkei d] *n.* ក្បួនដង្ហែរថយន្ត

motorcar['məutəka:r] *n.* រថយន្ត

motorcycle['məutə'sai kl] *n. Coll.* ម៉ូតូ

Lit: ទោចក្រយានយន្ត

motorist['məutəri st] *n.* អ្នកបើកបររថយន្ត

motorize['məutərai z] *tv.* ដាក់ម៉ាស៊ីន

motorscooter['məutə'sku:tər] *n. Coll:* វេស្ប៉ា

Fr: ស្កុតទែរ

mottle['mɔtl] *tv.* ធ្វើឱ្យមានពណ៌ចម្រុះគ្នា

-n. ពណ៌ចម្រុះគ្នា

motto['mɔtəu] *n.* បាវចនា

mould[məuld] *(see* mold[1]*)*

mound[maund] ***n.*** x of earth ពំនូក

m. of hay គំនរ

termite m. ដំបូក

-tv. m. up គរ, ពូន

mount[1][maunt] ***tv.*** x a horse ឡើងជិះ

x the stairs ឡើង

m. an attack វាយប្រហារ

x a photograph ដាក់ក្រប

x a gun ដាក់

-iv. costs x ឡើង

riders x ឡើងជិះ

-n. trusty x សេះ (សម្រាប់ជិះ)

photograph x ក្រប

mount[2][maunt] ***n.*** ភ្នំ

mountain['mauntən] ***n.*** climb a x ភ្នំ

Lit: គីរី, បុព្វត, បព៌ត

x of garbage ពំនូកឬគំនរធំ

-adj. x people ដែលរស់នៅក្នុងភ្នំ

x air ភ្នំ, នៃភ្នំ

mountaineer[,maunti 'ni ər] ***n.*** backward មនុស្សរស់នៅក្នុងព្រៃភ្នំ

skilled x អ្នកឡើងភ្នំ

-iv. ឡើងភ្នំ (ជាកីឡា)

mounted[mauntd] ***adj.*** x police ដែលជិះសេះ

x guns ដែលដាក់ជាប់នៅកន្លែងមួយ

x photograph ដែលមានដាក់ក្រប

mounting[maunti ŋ] ***n.*** gun x កន្លែងដាក់

picture x ក្រប

mourn[mɔ:n] ***iv.***, ***tv.*** កាន់ទុក្ខ

mournful[mɔ:nfl] ***adj.*** x voice ដែលសោកសង្រេង

x occasion ប្រកបទៅដោយទុក្ខព្រួយ

mourning['mɔ:ni ŋ] ***n.*** be in x មរណទុក្ខ

wear x មរណសញ្ញា

mouse[maus] ***n.*** *(pl.* mice*)* កណ្ដុរប្រមេះ

-iv. ចាប់កណ្ដុរ

moustache[mə'stɑ:ʃ] *(see* mustache*)*

mouth[mauθ] ***n.*** human x មាត់

Roy: ព្រះឱស្ឋ

x of a jar មាត់, ពាង (ក្អម)

x of a river ពាម

-tv. x loyalty និយាយតែមាត់

x one' s words និយាយខ្សុំៗ

mouthful[mauθful] ***n.*** ម៉ាត់ (ចំនួនល្មមមាត់)

mouthpiece['mauθpi:s] ***n.*** x of a trumpet អណ្ដាត (គ្រឿងភ្លេងផ្លុំ)

Sl. x for an organization មេធាវី

movable, moveable['mu:vəbl] ***adj.*** ដែលផ្លាស់ប្ដូរកន្លែងបាន

move[mu:v] ***tv.*** x a chair យកពីកន្លែងមួយទៅកន្លែងមួយទៀត

x an audience ធ្វើឱ្យរំភើបឬរំជួលចិត្ត

x one' s residence ផ្លាស់

x adjournment ស្នើឱ្យ

m. the bowels បត់ជើងធំ

-iv. x to Philadelphia ផ្លាស់លំនៅ

x from one job to another ផ្លាស់

compass needles x កម្រើក

m. in (to a new house) ចូលនៅ, ឡើងនៅ

(police) m. in ចូលចាប់ ប្រហារ ។ល។

m. out (of a house) ចេញលែងនៅ

(troops) m. out ចេញពីទីណាមួយ

m.up ឡើង

-n. x to Chicago ការផ្លាស់ផ្ទះ

sudden x ការកម្រើក

It' s your x. វេនធ្វើអ្វីមួយ

movement['mu:vmənt] *n.* sudden x រំពើក (ការកម្រើក)

political x ចលនា

follow his movements តាម (មើល) គាត់

x of watch គ្រឿងម៉ាស៊ីន

movie['mu:vi] *n.* កុន *Lit:* ភាពយន្ត

moving[mu:viŋ] *adj.* x target ដែលនៅមិននឹង

x performance ដែលធ្វើឱ្យរំភើបរំជួលចិត្ត

m. picture ភាពយន្ត

mow[1][məu] *tv.* x the lawn កាត់ស្មៅ

x hay with a scythe ច្រូត

m. down (the enemy) បាញ់ផ្ដួល

mow[2][məu] *n.* ធ្មើចំបើង

mower['məuər] *n.* lawn x ប្រដាប់កាត់ស្មៅ

work as a x អ្នកកាត់ស្មៅ

m.p.h *(miles per hour)* ម៉ីលក្នុងមួយម៉ោង

Mr.['mi stər] *(Mister)* លោក

Mrs.['mi si z] *(Mistress)* លោកស្រី

M.S. *(Master of Science)* បរិញ្ញាទោខាងវិទ្យាសាស្ត្រ

much[mʌtʃ] *adj.* x money ច្រើន

-adv. m. better ក្រាន់បើច្រើន

not m. better មិនក្រាន់បើជាងប៉ុន្មានទេ

-n. eat x ច្រើន

make m. of ឱ្យតម្លៃទៅលើ

don't think m. of មិនចូលចិត្តប៉ុន្មានទេ

mucilage['mju:si li dʒ] *n.* កាវ

muck[mʌk] *n.* clear out the x វត្ថុស្មោកគ្រោក ឬក្រាំ

Coll. political x រឿងអាស្រូវ

muckrake['mʌkrei k] *iv. Coll.* ជជីករករឿងអាស្រូវ

muckraker['mʌkrei kər] *n.* អ្នកជជីករករឿងអាស្រូវ

mucous['mju:kəs] *adj.* x substance ដែលរអិលៗដូចសំបោរ

m. membrane ស្បែកស្ដើងៗដូចជានៅក្នុងច្រមុះជាដើម

mucus['mju:kəs] *n.* សេមហកណា (អ្វីៗដូចសំបោរ)

mud[mʌd] *n.* stuck in the x ភក់

Sl. political x រឿងសម្រាប់សំអុយ

muddle['mʌdl] *tv.* x the job ធ្វើឱ្យខូចការ

x the brain ធ្វើឱ្យច្រឡំបល់

-iv. m. about ធ្វើអ្វីមិនបានការ

m. through សម្រេចទៅបានទាំងត្រដរ

-n. in a x ការច្រឡំបល់

muddy['mʌdi] *adj.* x river ល្អក់

x road ដែលមានភក់

x reasoning មិនច្បាស់

-tv. *(pt., pp.* muddied*)*

x the river ធ្វើឱ្យល្អក់

x the floor ធ្វើឱ្យប្រឡាក់ភក់

muffle['mʌfl] *tv.* m. sound ខ្ទប់ បិទ។ល។ បង្អន់សូរ

x the face រុំ, ហ៊ុំ

muffler['mʌflər] *n.* wear a x កន្សែងរុំកឱ្យក្ដៅ

exhaust x គ្រឿងបង្អន់សូរ

mug[mʌg] *n.* coffee x ពែងឬកែវធំមានដៃ

Sl. ugly x មុខ

-tv. *(pt., pp.* mugged*)*

Sl. x a victim វាយប្លន់ (យកទ្រព្យ)

Sl. x a criminal ថតពាក់កណ្ដាលខ្លួន

muggy['mʌgi] *adj.* ស្អុះស្អាប់

mulatto[mju'lætəu] *n.* កូនកាត់ជនជាតិស្បែកសនិងស្បែកខ្មៅ

mulch[mʌltʃ] *n.* សម្រាមសម្រាប់ដាក់កុំឱ្យដីហួត

-tv. ដាក់សម្រាមសម្រាប់ដាក់កុំឱ្យដីហួត

mule[mju:l] *n.* buy a x សេះលាស

Coll. He's a x. មនុស្សក្បាលរឹង

mull[1][mʌl] *iv., tv.* រិះគិត, ត្រិះរិះ

mull²[mʌl] *tv.* លាយគ្រឿងទេសក្នុងស្រាហើយ យកទៅកំដៅ

multi['mʌlti]- *pref.* បុព្វបទមានន័យថា: ច្រើន, ឧ. colored មានពណ៌ > multicolored មានច្រើនពណ៌

multiple['mʌlti pl] *adj.* ច្រើន

-*n.* ពហុគុណ

multiplicand['mʌlti pli kənd] *n.* តំណាងគុណ, ដើងតាំង

multiplication[,mʌlti pli 'kei ʃn] *n.* study x លេខគុណ

solve by x ការគុណលេខ

x of difficulties ការមានច្រើនឡើង

multiplicity[,mʌlti 'pli səti] *n.* ចំនួនច្រើន

Lit: អនេកគុណ

multiplier['mʌlti plai ər] *n.* តួគុណ

multiply['mʌlti plai] *tv.* (*pt* . *pp.* multiplied)

Math. x 4 by 5 គុណ

x the problems ធ្វើឱ្យមានច្រើនឡើង

-*iv* rabbits x កើតកូនចៅច្រើនឡើង

problems x មានច្រើនឡើង

Math. know how to x គុណលេខ

multitude['mʌlti tju:d] *n.* talk to the x ហ្វូងមនុស្ស

a x of friends ច្រើនអនេក

the x of problems ពហុភាព

mumble['mʌmbl] *iv.* , *tv.* និយាយរអ៊ូៗ, និយាយរអ៊ើមៗ

-*n.* សូរនិយាយរអ៊ូៗ, សូរនិយាយរអ៊ើមៗ

mummify['mʌmi fai] *tv.* ធ្វើឱ្យសពកុំឱ្យរលួយតាម វិធីបុរាណ

mummy['mʌmi] *n.* សពដែលគេរក្សាទុកមិនឱ្យរលួយ ធម្មតារុំសំពត់ជុំវិញ)

Lit: រក្ខិតសព

mumps[mʌmps] *n.* សាលាទែន

munch[mʌntʃ] *tv.* ទំពាគ្រូបៗ

mundane[mʌn'dei n] *adj.* x concerns លោកិយ

x details សាមញ្ញ

municipal[mju:'nı si pl] *adj.* ក្រុង, នៃក្រុង

municipality[mju:,ni sı pæləti] *n.* ក្រុមមៀង

munificence[mju:'ni fi sns] *n.* ការកេតនា

munitions[mju:'ni ʃn] *n.* គ្រាប់រំសេវ

mural['mjuərəl] *n.* ផ្ទាំងគំនូរគូរនៅជញ្ជាំង

-*adj.* នៅជញ្ជាំង

murder['mɜ:dər] *tv.* x s o សម្លាប់ដោយចេតនា

Lit: ធ្វើឃាតកម្ម

Coll. x a language ប្រើមិនត្រឹមត្រូវ

-*n.* commit x ឃាតកម្ម, ឃាតកម្ម

Coll. The trip was x . ពិបាកក្រៃលែង

murderer['mɜ:dərər *n.* ឃាតករ

murderous['mɜ:dərəs] *adj.* x look ដូចចង់ សម្លាប់

Coll. x heat ពិបាកនឹងទ្រាំ

murky[mɜ:ki] *adj.* ងងឹតស្រអាប់ណាស់

murmur['mɜ:mər] *iv.* , *tv.* បញ្ចេញសូរខ្សឹបៗ

-*n.* សូររអ៊ើមៗឬខ្សឹបៗ

muscle['mʌsl] *n.* strain a x សាច់ដុំ

military x កម្លាំង

-*iv.* សម្រុក

muscular['mʌskjələr] *adj.* x disease រោគសាច់ដុំ

x man មានសាច់ដុំច្រើន

musculature['mʌskjələtʃər] *n.* សរុបសាច់

muse[mju:z] *iv.* ជញ្ជឹងគិត

museum[mju:'zi əm] *n.* សារមន្ទីរ

mush[mʌʃ] *n.* cornmeal x បបរម្សៅគ្រើមៗ

Coll literary x រឿងស្រទេះស្រទោចឬតរលោក

mushroom['mʌʃrum] *n.* ផ្សិត

-*iv* clouds x ឡើងមានរាងដូចជាផ្សិត

troubles x រីកធំឡើង

music['mju:zi k] *n.* listen to x ភ្លេង

Lit. តូរ្យតន្ត្រី

x of the waves សូរដ៏ពិរោះ, សូរដូចគេលេងភ្លេង

musical['mju:zi kl] *adj.* x ability ខាងភ្លេង
x sound ដែលពិរោះដូចភ្លេង
x play ដែលប្រើភ្លេងនិងចម្រៀង
x instrument សម្រាប់លេងភ្លេង
-n. នាដកម្មមានចម្រៀងនិងភ្លេង

musician[mju'zi ʃn] *n.* អ្នកលេងភ្លេង
Lit: វាទក:

musk[mʌsk] *n.* ឈ្មសប្រែងឬឈ្មសទេស

musket['mʌski t] *n.* កាំភ្លើងម្យ៉ាងដែលគេច្រកំរសេវ និងគ្រាប់តាមមាត់ត្រែ

muskmelon[mʌsk'melən] *n.* ត្រសក់ស្រូវ

muslin['mʌzli n] *n.* សំពត់អម្បោះម្យ៉ាង

muss[mʌs] *n.* ដំណើរមិនរៀបរយឬច្របូកច្របល់, ដំណើរវាយឬកដ៍យ
-tv. ធ្វើឱ្យច្របូកច្របល់, ធ្វើឱ្យលែងរៀបរយ

mussel['mʌsl] *n.* គ្រុំចំពុះទា

must[mʌst] *aux. v.* We x go. ត្រូវ, ត្រូវតែតោង, តោងតែ
You x be crazy! ប្រហែល
-n. របស់ជាចាំបាច់

mustache['mʌstæʃ] *n.* ពុកមាត់

mustard['mʌstəd] *n. Fr:* មូតាត
m. greens ស្ពៃខ្មៅ

muster['mʌstər] *tv.* x troops ផ្ដុំ, ប្រមូល
x courage ប្រមូលផ្ដុំ (អ. ម.)
-iv. troops x ផ្ដុំគ្នា
-n. x of troops ការផ្ដុំ
pass m. គ្រប់គ្រាន់, ដល់កម្រិតដែលគេកំណត់

musty['mʌsti] *adj.* x smell ធុំខ្មោះឬផ្សូរ
x relics ចួល៉ីរុំ

mutation[mju:'tei ʃn] *n.* ការប្ដូរ, ការផ្លាស់
Lit: បរិវត្តន៍

mute[mju:t] *adj.* x person គ
keep a m. silence គ្មាននិយាយស្ដីសោះ
x h ដែលមិនត្រូវបញ្ចេញសម្លេង
-tv. x a trumpet បង្អន់សម្លេង
x their protest បង្អន់
-n. មនុស្សគ

mutilate['mju:ti lei t] *tv.* x a soldier ធ្វើកាយវិកល កម្មផល
x a book ធ្វើឱ្យដាច់ដាចឬខូចខ្ទី

mutiny['mju:təni] *n.* ការបះបោរ (ធម្មតាលើនាវា)
Lit: សង្កុបកម្ម
-iv. បះបោរ

mutt[mʌt] *n. Sl.* ឆ្កែកាត់ច្រើនពូជ

mutter['mʌtər] *iv.*, *tv.* រអ៊ូ
-n. ការរអ៊ូ

mutton['mʌtn] *n.* សាច់ចៀម

mutual['mju:ʧuəl] *adj.* x respect ទៅវិញទៅមក
Lit: អញ្ញមញ្ញ
x interest ទាំងសង្ខាង

mutually['mju:ʧuəli] *adv.* ទៅវិញទៅមក
Lit: ជាអញ្ញមញ្ញ

muzzle['mʌzl] *n.* x of a gun ចុងមាត់ត្រែ
x of a dog ច្រមុះមាត់
put a x on a dog ប្រដាប់ឃ្លុំមាត់សត្វ
-tv. x a dog ឃ្លុំ
x the opposition ធ្វើកុំឱ្យនិយាយឬសម្ដែងយោបល់បាន

my [mai] *(1st pers. sg. poss. pron. of I)*
x house ខ្ញុំ, របស់ខ្ញុំ
-interj. My! My! អូយយ៉ូយ! (សម្រាប់សម្ដែងសេចក្ដីភ្ញាក់ផ្អើល)

myopia[mai 'əupi ə] *n.* ទូរន្ធភាព

myopic[mai 'ɔpi k] *adj.* x eyes ទូរន្ធ

x policy ដែលមិនគិតវែងឆ្ងាយ

myriad['mi ri əd] *n.* អនេកប្បមាណ, ចំនួនច្រើនជាអនេក

-adj. ច្រើនអនេក

myself[mai 'self] *(refl. pron. of I)* hit m. វាយត្រូវខ្លួនឯង

go x ខ្លួនឯង

mysterious[mi 'sti əri əs] *adj.* ដែលមានអាថិកំបាំង

mystery['mi stri] *n.* His disappearance is a x អាថិកំបាំង

write a x រឿងប្រកបដោយអាថិកំបាំង

mystic['mi sti k] *adj.* ដែលប្រកបដោយអាថិកំបាំង, នៃអធិធម្មជាតិ

-n. មនុស្សមានជំនឿលើអធិធម្មជាតិ

mystical['mi sti kl] *adj. (see mystic)*

mysticism['mi sti si zəm] *n.* ជំនឿខាងអធិធម្មជាតិ

mystify['mi sti fai] *tr. (pt pp.mystified)* ធ្វើឱ្យឆ្ងល់

myth[mi θ] *n.* legendary x រឿងដើមទាក់ទងនឹងប្រពៃណីអ្វីមួយ

explode a x ជំនឿសាមញ្ញ, រឿងមិនពិតដែលគេតែងនិយមជឿ

mythical['mi θi kl] *adj.* x literature ខាងទេវកថា

x identity ដែលមិនពិត

mythology[mi 'θɔlədʒi] *n.* ទេវកថាវិទ្យា

N

N. n [en] អក្សរទី១៤តាមលំដាប់អក្ខរក្រមអង់គ្លេស

nab[næb] *tv. (pt . pp.* nabbed*)*

Coll ចាប់

nag[1][næg] *tv., iv. (pt . . pp.* nagged *)*

និយាយច្រំដែលៗ (ឱ្យធ្វើអ្វីមួយ)

-n. មនុស្សដែលនិយាយច្រំដែលៗ

nag[2][næg] *n. Coll.* សេះកញ្ចាស់

nail[nei l] *n.* metal x ដែកគោល

finger x ក្រចក

Id. hit the n. on the head ចាចំម៉ាច់, ចាម៉ុង

-tv. x the door shut បោះដែកគោលភ្ជាប់

Sl. x a criminal ចាប់បាន

naive, naive[nai 'i:v] *adj.* កញ្ចាត

naiveté[nai 'i:tei] *n.* ភាពកញ្ចាត

Lit: មន្ទភាព

naked['nei ki d] *adj.* x child ខ្លួនទទេ

Lit: អាក្រាត

x eye ទទេ, ដោយឥតប្រើកែវយឺតឬអតិសុខុមទស្សន៍

x trees គ្មានស្លឹក, ដែលជ្រុះស្លឹកអស់

x truth សុទ្ធសាធ

x sword ដែលដកចេញពីស្រោម

name[nei m] *n.* given x ឈ្មោះ *Lit:* នាម

Roy., Cl ព្រះនាម

have a bad x កេរ្តិ៍ឈ្មោះ

call him a n. ជាឱ្យ

in the n. of ក្នុងនាមនៃ

family n. នាមត្រកូល

-tv. x a child ដាក់ឈ្មោះ, ឱ្យឈ្មោះ

n. a price ឱ្យថ្លៃ

x one' s successor តែងតាំង

Can you x the states? រាប់ឈ្មោះទាំងអស់

namely['nei mli] *adv.* គឺ

namesake['nei msei k] *n.* អ្នកដែលយកឈ្មោះតាមអ្នកណាម្នាក់ទៀត

nap[1][næp] *n.* ការដេកមួយល្បក់

-iv. (pt . . pp . napped*)* ដេក (មួយល្បក់)

nap[2][næp] *n.* រោម

napkin['næpki n] *n.* កន្សែង (ប្រើនៅពេលបរិភោគបាយ)

narcotic[nɑ:'kɔti k] *adj.* x treatment ដែលប្រើថ្នាំស្រវឹង

x effect ធ្វើឱ្យងុយដេកឬស្រវឹង

-n. use a x ថ្នាំស្រវឹង (ប្រើសម្រាប់បន្ធូរការចុកចាប់)

Sl. He' s a x. មនុស្សញៀន

narrate[nə'rei t] *tv., iv.* x events រ៉ាយរ៉ាប់

x a documentary ធ្វើអត្ថាធិប្បាយ

narration[nə'rei ʃn] *n.* his x of the events ការរ៉ាយរ៉ាប់

an interesting x និទានកថា, រឿងនិទាន

do the x ការធ្វើអត្ថាធិប្បាយ

narrative['nærəti v] *n.* និទានកថា, រឿងនិទាន

-adj. ដែលជានិទានកថា

narrator[nə'rei tər] *n.* x of an athletic event អ្នករៀបរាប់កឡល់

x of a story អ្នកនិទាន

narrow['nærəu] *adj.* x road តូច

x alley ចង្អៀត

x stick រៀវ

x mind សុញ, រាក់កំផែល, មិនឃើញវែងឆ្ងាយ

x escape ប្រផុតៗ

-tv. ធ្វើឱ្យតូចឬរៀវឡើង

-iv. ទៅជាតូចឬរៀវឡើង

-n. កន្លែងចង្អៀត

narrow-minded['nærəu'mai ndi d] *adj.* សុញ, ដែលមើលមិនឃើញវែងឆ្ងាយ

nasal['nei zl] *adj.* x surgery ច្រមុះ, នៃច្រមុះ

Phonet. x sound ដែលគរ

-n. Phonet. ស្វរគរ, នាសិកជៈ

nasalize['nei zəlai z] *tv.* ធ្វើឱ្យមានសូរគរ

nascent['næsnt] *adj.* ដែលកំពុងចាប់កំណើត

nasty['nɑ:sti] *adj.* x medicine ដែលមានរសអាក្រក់

x comment កំណាច

x habit អាក្រក់

x weather មិនល្អ

nation['nei ʃn] *n.* ប្រជាជាតិ

national['næʃnəl] *adj.* ជាតិ

-n. ជនជាតិណាមួយ

nationalism['næʃnəli zəm] *n.* ជាតិនិយម

nationalist[znæʃnəli st] *n.* អ្នកជាតិនិយម

nationality[,næʃə'næləti] *n.* សញ្ជាតិ

nationalization[,næʃnəlai 'zei ʃn] *n.* ជាតូបនីយកម្ម

nationalize['næʃnəlai z] *tv.* ធ្វើជាតូបនីយកម្ម

native['nei ti v] *adj.* n. land ប្រទេសកំណើត

x beauty ពីកំណើត

x crafts នៃប្រជាជននៃស្រុកណាមួយ

x plants អន្ទោគ្រាម

-n. x of France ប្រជាជន

hostile x អ្នកស្រុកដើម

native-born['nei ti vbɔ:n] *adj.* n. khmer ដែលកើតនៅស្រុកខ្មែរ

nativity[nə'ti vəti] *n.* កំណើត

Lit: ប្រសូតិកម្ម

NATO, N.A.T.O.['nei təu] *(North Atlantic Treat Organization)* ណ.ស.ក. នៃអង្គការសន្ធិសញ្ញាអាត្លង់ទិកខាងជើង

natural['nætʃrəl] *adj.* x bridge ដែលជាធម្មជាតិ

n. resources ធនធានធម្មជាតិ

x inclinations ពីកំណើត

x manner ធម្មតា

x outcome ដែលត្រូវនឹងគ្រួល

x death ដោយជម្ងឺឬចាស់

naturalization[,nætʃrəlai 'zei ʃn] *n.* សញ្ជាតូបនីយកម្ម

naturalize['nætʃrəlai z] *tv.* x an alien ធ្វើសញ្ជាតូបនីយកម្ម

x one' s gestures ធ្វើឱ្យធម្មតា

naturally['nætʃrəli] *adv.* act x ធម្មតា

x he refused អញ្ចឹងហើយបានជា

rocks form x ដោយឯកឯង

nature['nei tʃər] *n.* laws of x. ធម្មជាតិ

He has a good x. ចរិត

a book of the same x ប្រភេទ

by n. of ដោយហេតុតែ

naughty['nɔ:ti] *adj.* x child ទិល

x word អាក្រក់

nausea['nɔ:si ə] *n.* ដំណើរចង់ក្អួត

nauseate['nɔ:si ei t] *tv.* ធ្វើឱ្យរកចង់ក្អួត

-iv. រកចង់ក្អួត

nauseous['nɔ:si əs] *adj.* x odor ដែលធ្វើឱ្យចង់ក្អួត

feel x រកចង់ក្អួត

nautical['nɔ:ti kl] ***adj.*** វារិចរ, នាវិចរ

naval['nei vl] ***adj.*** នៃកងនាវា

navel['nei vl] ***n.*** ផ្ចិត *Lit:* នាភី

Roy: ព្រះនាភី *Lit:* ផ្សិត

navigable['nævi gəbl] ***adj.*** អាចធ្វើនាវាចរណ៍បាន

navigate['nævi gei t] ***tv.*** x the ocean បើកនាវា (ក្នុងឬតាម)

x an airplane ស្ទង់មើលទិសទី (ក្នុងពេលធ្វើអាកាសចរណ៍ឬនាវាចរណ៍)

-iv. ship won' t x បើកបាន

Aero. Who' s going to x.? ស្ទង់មើលទិសទី (ក្នុងពេលធ្វើអាកាសចរណ៍ឬនាវាចរណ៍)

navigation[,nævi 'gei ʃn] ***n.*** x of a river នាវាចរណ៍

x of a craft ការស្ទង់មើលទិសទី (ក្នុងពេលធ្វើអាកាសចរណ៍ឬនាវាចរណ៍)

navigator['nævi gei tər] ***n.*** អ្នកស្ទង់មើលទិសទី (ក្នុងពេលធ្វើអាកាសចរណ៍ឬនាវាចរណ៍)

navy['nei vi] ***n.*** join the x ទ័ពជើងទឹក

raise a x កងនាវា

n. beans សណ្ដែកម្យ៉ាង

n. blue ពណ៌ខៀវចាស់

near[ni ər] ***adv. , prep.*** ជិត

-adj. x neighbors ដែលនៅជិត

in the x future ឆាប់ៗនេះ

a x friend ជិតស្និទ្ធ

x accident ដែលវិសឬហៀបនឹងកើតមាន

-tv. ទៅជិតដល់ឡើងៗ

-iv. មកជិតដល់ឡើងៗ

nearby[,ni ə'bai] ***adj. adv.*** នៅជិតៗ

nearly['ni əli] ***adv.*** ជិត

near-sighted[,ni əsai td] ***adj.*** x reader ដែលមើលឃើញតែ ជិតៗ

x policy ដែលមិនឃើញវែងឆ្ងាយ

neat[ni:t] ***adj.*** x room មានរបៀបបទ, ស្អាតបាត

x description យ៉ាងប៉ិនប្រសប់

x whiskey សុទ្ធ, មិនលាយ

nebulous['nebjələs] ***adj.*** ព្រិលៗ

necessary['nesəsəri] ***adj.*** ចាំបាច់

-n. វត្ថុចាំបាច់

necessitate[nə'sesi tei t] ***tv.*** តម្រូវ

necessity[ni 'sesəti] ***n.*** water is a x វត្ថុចាំបាច់

usu. pl. buy some x របស់ត្រូវការ

x of a decision ការចាំបាច់

neck[nek] ***n.*** human x ក *Ror:* ព្រះសូរង

x of a bottle ក (ដប ក្អមៗល។)

x of land ទីស្ដួច

n. and n. កិតៗគ្នា

-iv. Coll. អង្អែលថ្ពាល់ថើប

necklace[nekləs] ***n.*** ខ្សែក

necktie['nektai] ***n. Fr:*** ក្រាវ៉ាត់

necrology['nəkrəuləʤi] ***n.*** បញ្ជីមរណភាព

nectar['nektər] ***n.*** ទឹកដមផ្កា *Lit:* មករន្ទ

need[ni:d] ***n.*** *usu. pl.* take care of his x សេចក្ដីត្រូវការ

(They are) in n. ដែលខ្វះខាត

in n. (of a leader) មានសេចក្ដីត្រូវការ

no x for concern ការចាំបាច់

-tv. ត្រូវការ

needle[ni:dl] ***n.*** sewing x ម្ជុល

altimeter x ទ្រនិច

pine x ស្លឹកឈើរាងដូចម្ជុល

-tv. Coll. ធ្វើឱ្យមួម៉ៅ

needless['ni:dles] ***adj.*** មិនចាំបាច់

needlework['ni:dlwɜ:k] ***n.*** good at x ការប៉ាក់ឬចាក់

produce fine x វត្ថុប៉ាក់ឬចាក់

needy['ni:di] ***adj.*** ដែលខ្វះខាត, ក្រខ្សត់

ne' er-do-well['neə du: wel] *n.* មនុស្សចោលម្សៀត

-*adj.* ចោលម្សៀត

nefarious[ni 'fəri əs] *adj.* អាក្រក់ឬកំណាចណាស់

negate[ni 'gei t] *tv.* x a verb ប្រើអវិជ្ជមានកម្ម

x our efforts ធ្វើឱ្យទៅជាឥតប្រយោជន៍

negation[ni 'gei ʃn] *n. Gram.* the x of a verb អវិជ្ជមានកម្ម

the x of our efforts ការធ្វើឱ្យទៅជាឥតប្រយោជន៍

negative['negəti v] *adj.* x particle ដែលបដិសេធ

x attitude ហែជំទាស់

x influence អាក្រក់ (ផល)

Math. x number ដែលមានសញ្ញាលេខសងនៅពីមុខ

Elect. x pole អវិជ្ជមាន

Photo. x film ដែលស្រមោលរូបប្លែកពីធម្មជាតិ

-*n.* answer in the x ភាពមិនយល់ព្រម, ភាពផ្ទុយនឹងសេចក្ដីស្នើ

Gram. word is a x ពាក្យបដិសេធ

Photo. film x រូបថតដែលស្រមោលប្លែកពីធម្មជាតិ

neglect[ni 'glekt] *tv.* x one' s duties មិនយកចិត្តទុកដាក់នឹង

x to mention ខាន, ភ្លេចមិនបាន

-*n.* his x of duty ការមិនយកចិត្តទុកដាក់

fall into x សភាពទ្រុឌទ្រោម

negligée['negli ʒei] *n.* អាវវែងបុរាណផ្សេងៗសម្រាប់ស្ត្រីពាក់នៅផ្ទះ

negligence['negli ʤəns] *n.* សេចក្ដីធ្វេសប្រហែស

negligent['negli ʤənt] *adj.* ទ្ធិទ្ធា, ដែលមិនយកចិត្តទុកដាក់

negligible['negli ʤəbl] *adj.* ស្ដួចស្ដើង, ដែលអាចទាត់ចោលបាន

negotiable[ni 'gəuʃi əbl] *adj.* price is x ដែលអាចតថ្លៃបាន, ដែលអាចជជែកគ្នាបាន

x bonds ដែលអាចលក់ឬផ្ទេរឈ្មោះបាន

negotiate[ni 'gəuʃi ei t] *iv.* ចរចា

-*tv.* x a settlement ធ្វើអ្វីមួយដោយការចរចា

x securities លក់ឬផ្ទេរឈ្មោះ

negotiation[ni ,gəuʃi 'ei ʃn] *n.* settlement by x ការចរចា

x of securities ការលក់ឬផ្ទេរឈ្មោះ

negotiator[ni 'gəuʃi ei tər] *n.* អ្នកចរចា

neigh[nei] *iv.* កញ្ជ្រៀវ (សេះ)

-*n.* សូរកញ្ជ្រៀវ (សេះ)

neighbor['nei bər] *n.* get along with one' s x អ្នកជិតខាង

France is a x of Spain. អ្វីៗដែលនៅជិត

-*adj.* ជិតខាង

-*tv.* នៅជិត

neighboring['nei bəri ŋ] *adj.* ដែលនៅជិត

neighborhood['nei bərhud] *n.* fashionable x សង្កាត់

arouse the x មនុស្សក្នុងសង្កាត់ណាមួយ

Coll. in the n. of ($10) ម៉្លោះ

neighborly['nei bərli] *adj.* ដែលរាក់ទាក់ (ដូចអ្នកជិតខាង)

neither ['nai ðər] *conj.* n. eat nor sleep ស៊ីក៏មិនស៊ីដេកក៏មិនដេក

-*prep.* n. food nor water ឥតមបនិងទឹក

-*adj.* n. one is good មួយណាក៏មិនល្អ (ចំពោះតែអ្វីៗពីរ)

-*pron.* n. is good មួយណាក៏មិនល្អ

neologism[ni 'ɔləʤi zəm] *n.* ពាក្យថ្មី

neophyte['ni:əfai t] *n.* អ្នកថ្មី, ជើងថ្មី

nephew['nevju:] *n.* ក្មួយប្រុស

Roy. ព្រះភាគិនេយ្យ

nepotism['nepəti zəm] *n.* ញាតិបក្សនិយម

Neptune['neptju:n] *pr. n.* ភពណិបទូន

nerve[nɜ:v] *n.* sensitive x សរសៃប្រសាទ

lose one' s x សេចក្តីក្លាហាន

Coll. have a lot of x សេចក្តីតឃ្លើន

Pl. Her x are bad. ស្មារតី

Id. get on one' s nerves ធ្វើឱ្យមួម៉ៅ

nervous['nɜ:ves] *adj.* x system នៃប្រសាទ, នៃសរសៃវិញ្ញាណ

x student ផ្ដើលច្រួលក្នុងចិត្ត (ដោយភ័យផង ព្រួយផងខ្លាចផង។ល។)

x horse រអើល

nest[nest] *n.* bird សំបុក

machine-gun x ទីដាក់

iv. birds x ធ្វើសំបុក

(cups) n. together ត្រួតគ្នា

nestle['nesl] *iv.* នៅយ៉ាងស្រួល (ដូចសត្វក្នុងសំបុក)

-tv. ដាក់យ៉ាងស្រួលក្នុងអ្វីមួយ (ឧ.បីកូននៅក្នុងដៃ)

net[1][net] *n.* mosquito x មុង

fishing x *1. Two-man net:* មង

2. Fishing-boat net: អួន

3. Small two-man net: អញ្ចាង

4. Drop-net: សំណាញ់

5. Scoop-net: ថ្នុង

6. Lit (all types): ជាលភណ្ឌ

-tv. x fish ចាប់ដោយប្រើមង អួន អញ្ចាង សំណាញ់ឬថ្នុង ។ល។

x a bed ចងមុង

net[2][net] *adj.* ដែលទូទាត់សោហ៊ុយ ។ល។ ចេញហើយ

-n. ចំនួនបានមក (ក្រោយទូទាត់សោហ៊ុយ ។ល។ ចេញហើយ)

-tv. បានមក (ក្រោយទូទាត់សោហ៊ុយ ។ល។ ចេញហើយ)

network[netwɜ:k] *n.* បណ្ដាញ

neural['njuərəl] *adj.* នៃប្រសាទ

neurology[njuə'rɔlədʒi] *n.* ប្រសាទសាស្ត្រ

neuron[njuə'rən] *n.* កោសិកាកាយប្រសាទ

neurosis[njuə'rəusi s] *n.* ជម្ងឺខួរក្បាល

Lit: ជម្ងឺវិកលចរិត

neurotic[njuə'rɔti k] *adj.* ដែលប្រសាទដើរមិនស្រួល

Lit: វិកលចរិត

-n. មនុស្សវិកលចរិត

neuter['nju:tər] *adj. Gram.* នបុំសកលិង្គ

Biol: ខ្ទើយ *Lit:* អលិង្គ

neutral['nju:trəl] *adj.* x country អព្យាក្រឹត

x color ដែលស៊ីគ្នានឹងពណ៌ឯទៀត

neutralism[nju:'træli zm] *n.* អព្យាក្រឹតនិយម

neutrality[nju:'træləti] *n.* អព្យាក្រឹតភាព

neutralize [nju:'trælai z] *tv.* x a country ធ្វើឱ្យទៅជាអព្យាក្រឹត

x the opposition ធ្វើលែងឱ្យមានប្រសិទ្ធភាព

Chem. x an acid បន្សាប

never['nevər] *adv.* I' ve x been there. មិនដែល

x go there. កុំ...ឱ្យសោះ

N. mind. មិនអីទេ

N. fear កុំភ័យអី

nevermore[,neve'mɔ:r] *adv.* មិន...ទៀតឡើយ

nevertheless[,nevəðə'les] *adv..* យ៉ាងណាក៏ដោយ

new[nju:] *adj.* x car ថ្មី

x to me មិនដែលប្រទះ

n. moon លោកខែដើមខើត

newborn['nju:bɔ:n] *adj.* ដែលទើបនឹងកើត

newcomer['nju:kʌmər] *n.* អ្នកថ្មី, ជើងថ្មី

newly['nju:li] *adv.* ថ្មីៗ

newlywed['nju:li wed] *n.* អ្នកទើបនឹងរៀបការហើយថ្មីៗ

news[nju:z] ***n.*** world x ដំណឹង, ពត៌មាន

Id. It' s news to me! ខ្ញុំឥតបានដឹងសោះ

newsboy['nju:zbɔi] ***n.*** ក្មេងកាសែត (ក្មេងដែលពាយនាយលក់កាសែតតាមផ្លូវ)

newscast['nju:zkɑ:st] ***n.*** ការផ្សាយដំណឹង

newspaper['nju:speipər] ***n. Fr:*** កាសែត

Lit: សារពត៌មាន

newsprint['nju:zprint] ***n.*** ក្រដាសសម្រាប់បោះពុម្ពកាសែត

newsreel['nju:zri:l] ***n.*** ខ្សែភាពយន្តបច្ចុប្បន្នភាព

newsstand['nju:zstænd] ***n.*** តូបលក់កាសែតនិងទស្សនាវដ្ដី

newsy['nju:zi] ***adj. Coll.*** ដែលមានដំណឹងច្រើន

newt[nju:t] ***n.*** ត្រកួតម្យ៉ាង

next[nekst] ***adj.*** the x day បន្ទាប់

the x room ដែលនៅជាប់

x month ក្រោយ

-adv. come x បន្ទាប់ពីនេះ

When x we meet លើកក្រោយ

stand x to me ជាប់

x. add suger បន្ទាប់មក

-n. n. of kin ញាតិដែលជិតជាងគេ

nibble['nibl] ***iv., tv.*** ស៊ីញ៉េញ៉ៗ, ស៊ីចុិចៗ

-n. ការស៊ីញ៉េញ៉ៗ ការស៊ីចុិចៗ

nice[nais] ***adj.*** x man ចិត្តល្អគួរឱ្យចូលចិត្ត

x girl ត្រឹមត្រូវ, ល្អជាង

x day ល្អ, មិនក្តៅមិនត្រជាក់មិនភ្លៀង

have a n. time សប្បាយ

x distinction ល្អិតល្អន់

nicety['naisəti] ***n.*** x of distinction ភាពល្អិតល្អន់

Pl. observe the x សុជីវធម៌

niche[nitʃ] ***n.*** x in the wall អង្គុ (ល្អងក្នុងជញ្ជាំង)

find one' s x in life កន្លែងស្រួល

nick[nik] ***tv.*** x a plate ធ្វើឱ្យឆែប

(bullet) nicked (him) ត្រូវសើៗ

-n. a x in a plate ស្នាមឆែប

Id. in the n. of time ចំពេលអាសន្ន

nickname['nikneim] ***n.*** ឈ្មោះក្រៅ

Lit: សម្មតិនាម

-tv. ឱ្យសម្មតិនាម ហៅក្រៅ

nicotine['nikəti:n] ***n. Fr:*** និកូទីន (ជាតិជ័រថ្នាំជក់)

Neol: និកូតំរស

niece[ni:s] ***n.*** ក្មួយស្រី *Roy:* ព្រះភាគិនេយ្យា

nigh[nai] ***adj. Arch., Poet.***ជិត

-adv. Coll. well n. ស្ទើរតែ, ជិត

night[nait] ***n.*** at x. យប់ *Lit:* រាត្រី

Id. n. owl មនុស្សនៅយប់ៗ (ក្រចូលដេក)

n. school សាលាបង្រៀននៅពេលយប់

n. watch យាមពេលយប់

nightcap['naitkæp] ***n.*** silk x កាតិបពាក់ដេក

Id. have a x ស្រាផឹកមុនចូលដេក

night-club['naitklʌb] ***n.*** កន្លែងស៊ីផឹកនិងរាំលេងនៅពេលយប់

Neol: ណៃក្លឹប

nightfall['naitfɔ:l] ***n.*** ពេលព្រលប់, ពេលថ្ងៃលិច

nightgown['naitgaun] ***n.*** អាវវែងសម្រាប់ពាក់ដេក

nightly['naitli] ***adj.*** x revels នៅពេលយប់

x occurrence រាល់ៗយប់

-adv. រាល់យប់, យប់ៗ

nightmare[naitmeər] ***n.*** សុបិនអាក្រក់

Lit: ទុស្សបិន

nihilism['naiilizəm] ***n.*** លទ្ធិបដិវត្ត

nil[nil] ***n.*** សូន្យ

nimble['nimbl] ***adj.*** x feet រហ័ស, រហ័សរហួន

x wits វៃ, រហ័ស

nimbus['nimbəs] ***n.*** ផលឥរ

nine[nain] ***n., adj.*** ប្រាំបួន

nineteen[,nain'ti:n] ***n., adj.*** ដប់ប្រាំបួន

Coll: ប្រាំបួនដណ្តប់

ninety['nainti] ***n., adj.*** កៅសិប

ninth[nainθ] ***adj.*** ទីប្រាំបួន

-*n.* មួយភាគប្រាំបួន

nip[nip] *tv.* *(pt . . pp.* nipped*)* ក្តិច (យកចេញ)

dogs x ខាំបន្តិចៗ ញោញាៗឬចឹបៗ

x liquor ចៀប

Id. n. it in the bud កាត់ស្លាបកែវ (អ.ប.),

បុំចឡើងក្តិចពន្លកចោល (អ.ប.)

-*n.* dog gave him a x ការខាំញោញាៗចឹបៗ

There' s a x in the air. ដំណើរត្រជាក់ស្រើប

Coll. take a x of whiskey មួយចៀប

nipple['ni pl] *n.* x of the breast ចុងដោះ

x of a bottle ក្បាលដោះ

grease n កន្លែងបូមខ្លាញ់

Nirvana[ni ə'vɑːnə] *pr. n.* និព្វាន

nitrogen['nai trədʒən] *n.* *Fr:* អាសូត

nitwit['ni twi t] *n.* មនុស្សឆ្កួតល្ងីល្ងើ

no[nəu] *interj.* No (I' m not going.) ទេ

No ! (Don' t do it!) កុំ!

No! (I don' t believe it!) អត់ទេ!

-*adj.* have no money គ្មានលុយទេ

-*adv.* He' s no better. គាត់មិនជាគ្រាន់បើជាងទេ

-*n.* received a x ការជំទាស់

noblility[nəu'bi ləti] *n.*privileged x វណ្ណៈអភិជន

x of his birth អភិជនភាព

noble['nəubl] *adj.* x family អភិជន

x act ថ្លៃថ្នូរ, ដ៏ប្រសើរ

-*n.* អភិជន

nobleman['nəublmən] *n.* អភិជន

nobody['nəubədi] *pron.* គ្មានអ្នកណាម្នាក់

-*n.* មនុស្សមិនសំខាន់

nocturnal[nɔk'tɜːnl] *adj.* រាត្រីចរ

Lit. រត្តិចរ

nod[nɔd] *iv.* *(pt . . pp.* nodded*)*

x in approval ងក់ក្បាល

x in disapproval គ្រវីក្បាល

x with sleep ងោក

-*tv.* x approval ងក់ក្បាល (ដើម្បីបង្ហាញការយល់ព្រមៗលៗ)

x disapproval គ្រវីក្បាល (ដើម្បីបង្ហាញការមិនយល់ព្រម)

-*n.* x of approval ការងក់ក្បាល

x of disapproval ការគ្រវីក្បាល

node[nəud] *n.* bamboo x ថ្នាំង

x of a leaf ខងស្លឹកជាប់នឹងមែក

noise[nɔi z] *n.* loud x សូរ

public x សម្រែក (ទាមទារ ប្រឆាំងៗលៗ)

-*tv.* ធ្វើឱ្យឮខ្ចាយ

noisy['nɔi zi] *adj.* អ៊ូអែ, កឹកកង

nomad['nəumæd] *n.* ចរជន

nomadic[nəu'mædi k] *adj.* ដែលមិននឹងលំនៅ

nomenclature[nə'menklətʃər] *n.* នាមវលិ

nominal['nɔmi nl] *adj.* x peace តែឈ្មោះ

x sum ដ៏ស្តួចស្តើង

x value ធម្មតា, មធ្យម, ដែលកំណត់ទុកមុន

Gram. x form នៃសព្ទនាម

nominate['nɔmi nei t] *tv.* x a candidate ជ្រើសឱ្យឈរឈ្មោះ

x one' s successor តែងតាំង

nomination[,nɔmi 'nei ʃn] *n.* the x of candidates ការជ្រើសឱ្យឈរឈ្មោះ

receive the x ការតែងតាំង

nominative['nɔmi nəti v] *adj.* ដែលជាប្រធាននៃកិរិយាសព្ទ

nominee[,nɔmi 'niː] *n.* អ្នកដែលត្រូវគេជ្រើសរើសឱ្យឈរឈ្មោះ

non-[,nɔn] *pref.* បុព្វបទមានន័យដូចតទៅ:

1. ប្រើនៅមុខគុណនាមមានន័យថា: មិន , ឧ. contagious ឆ្លង > noncontagious មិនឆ្លង

2. a) ប្រើនៅមុខនាមសព្ទមានន័យថា: មិន, ឧ. equality ភាពស្មើគ្នា > non-equality ភាពមិនស្មើគ្នា

b) ប្រើនៅមុខនាមសព្ទមានន័យថា: អ, ឧ. human មនុស្ស > nonhuman អមនុស្ស

nonchalant['nʌnʃələnt] *adj.* កន្ទើយ, ល្ងើយ, មិនអើពើ

nonchalance['nɔnʃələnt] *n.* ភាពកន្ទើយ, ភាពល្ងើយ, ភាពកើ *Lit:* ឧទាសីនភាព

noncombatant[nəu'kɔmbətən] *n.* អយុទ្ធជន

noncommittal[nəukəmi tl] *adj.* មិនព្រមបង្ហាញនូវសេចក្តីសម្រេចចិត្ត

nonconformist[nəukən'fɔ:mi st] *n.* អ្នកបដិលោមនិយម

nondescript['nɔndi skri pt] *adj.* ដែលមិនប្រាកដជាប្រភេទអ្វី

none[nʌn] *pron.* (egg dealer) has n. ឥតមានមួយសោះ

(gas dealer) has n. គ្មានបន្តិចសោះ

x came គ្មានម្នាក់

-adv. n. too large ស្មើរតែមិនធំល្មម

nonentity[nɔ'nentəti] *n.* មនុស្សតូចតាច

nonetheless[nʌnðəles] *adv.* យ៉ាងណាក៏ដោយ

nonpareil[,nɔnpə'rei l] *n.* រកផ្ទឹមគ្មាន

nonpartisan[nɔn,pɑ:ti zæn] *adj.* មិនចូលខាងណា

nonprofit[,nɔn'prɔfi t] *adj.* ដែលមិនសំដៅរកកម្រៃ, ដែលមិនប្រាថ្នាចង់ចំណេញ

nonresident[,nɔn'rezi dənt] *n.* អ្នកមានលំនៅពេញច្បាប់នៅទីដទៃ

nonsense['nɔnsns] *n.* សំដីឬរឿងមិនសមហេតុសមផល

nonstop[,nɔn'stɔp] *adj.* x flight ឥតឈប់តាមផ្លូវ

x trouble ឥតឈប់ឈរ

noodle['nu:dl] *n. (usu. pl.) 1. white rice noodles:* គុយទាវ

2. yellow noodles: មី

3. fomented rice noodles: នំបញ្ចុក

4. clear noodles: មីសួ

nook[nuk] *n.* eating x បន្ទប់តូចនៅកៀនកោះ

Id. every n. and cranny គ្រប់កន្លៀតកន្លោង, គ្រប់ច្រកល្ហក

noon[nu:n] *n.* ថ្ងៃត្រង់

no-one['nəuvʌn] *pron.* គ្មានអ្នកណាមួយ

noose[nu:s] *n.* អន្ទាក់រូត

nor [nɔ:r] *conj. prep.* (see neither)

norm[nɔ:m] *n.* ធម្មនិយម, បទដ្ឋាន

normal['nɔ:ml] *adj.* x child ដែលមានសុខភាពធម្មតា

x procedure ដូចសព្វដង, ធម្មតា

n. school សាលាគរុវិជ្ជា

normalcy['nɔ:mlsi] *n.* ភាពដូចធម្មតា

normally['nɔ:məli] *adv.* ជាធម្មតា

north[nɔ:θ] *n.* ទិសខាងជើង *Lit:* ទិសឧត្តរ

-adj. x direction ខាងជើង

x wind ពីខាងជើង

-adv. ខាងជើង

northeast[,nɔ:r'i:st] *n.* ខាងជើងឆៀងខាងកើត *Lit:* ឦសាន

-adj. x location ទិសឦសាន

x wind ពីខាងទិសឦសាន

-adv. ពីខាងទិសឦសាន

northerly['nɔ:ðəli] *adj.* x direction ខាងជើង

x wind ពីខាងជើង

northern['nɔ:ðən] *adj.* x direction នៅខាងជើង

x wind ពីខាងជើង

northward['nɔ:θwədʒ] *adj., adv.* ឆ្ពោះទៅខាងជើង

northwest[nɔ:west] *n.* ទិសខាងជើងឆៀងខាងលិច

Lit: ទិសពាយព្យ

-adj. x direction ទិសពាយព្យ

x wind ពីទិសពាយព្យ

-adv. ឆ្ពោះទៅទិសពាយព្យ

nose[nəuz] *n.* human x ច្រមុះ *Lit:* នាសា

x of a plane ផ្នែកខាងមុខ

-iv. planes x forward តម្រង់ក្បាលទៅ

n. around រកមើល

-tv. dogs x children's faces យកច្រមុះទៅញល់ៗ

n. out (news) ស្វែងរក

nose-dive['nəuzdaiv] *iv.* ចោះពួយចុះ (យន្តហោះ)

nostalgia[nɔ'stældʒə] *n.* ការអាឡោះអាល័យ

nostaligic[nɔ'stældʒikl] *adj.* feel x ដែលមានការអាឡោះអាល័យ

x experience ដែលគួរឱ្យអាឡោះអាល័យ

nostril['nɔstrəl] *n.* រន្ធច្រមុះ

nosy, nosey['nəuzi] *adj.* ដែលចូលចិត្តចង់ដឹងចង់ឮរឿងគេ

not[nɔt] *adv.* I'm n. going ខ្ញុំមិនទៅទេ

He's n. a doctor. គាត់មិនមែនជាគ្រូពេទ្យទេ

notable['nəutəbl] *adj.* x success គួរកត់សំគាល់

x author ដែលគេដឹងស្គាល់គ្រប់គ្នា

-n. អ្នកមានមុខមាត់

notably['nəutəbli] *adv.* ជាពិសេស

notarize['əutəraiz] *tv.* បញ្ជាក់

Lit: ធ្វើវិញ្ញាបនកម្ម

notary['nəutəri] *n.* សារការី

notation[nəu'teiʃn] *n.* make a x កំណត់

x of their names ការកត់

notch[nɔtʃ] *n.* cut a x ស្នាមលាក់

tighten it another x គន្លាក់ (អ.ប.)

-tv. លាក់

note[nəut] *n.* write him a x សារយ៉ាងខ្លី (ជាលាយលក្ខអក្សរ)

make a x of the date កំណត់

musical x សញ្ញាសព្ទ (លេខភ្លេង)

promissory x លិខិតរាយមុខបំណុល

a man of x ការគួរឱ្យកត់សំគាល់

x of disbelief អាការដែលបង្ហាញឱ្យឃើញ

take n. of កត់សំគាល់

-tv. x the difference កត់សំគាល់

x one's impressions កត់ទុក

notebook['nəutbuk] *n.* សៀវភៅសរសេរ

noteworthy['nəut'wɜ:ði] *adj.* គួរកត់សំគាល់

nothing['nʌθiŋ] *pron.* He said n. គាត់មិនថាអ្វីសោះ

N. happened. គ្មានអ្វីកើតមានឡើងសោះ

(get it) for n. ឥតខេ

(It was all) for n. ឥតបានការ, អសារ

He's a x. មនុស្សតូចតាច

score of 2 to x សូន្យ

nothingness['nʌθiŋnes] *n.* ភាពគ្មានអ្វីឡើយ

notice['nəutis] *n.* put up a x ប្រកាស

take n. of កត់សំគាល់

give n. ប្រាប់ជាមុន

-tv. x a blemish សង្កេតឃើញ

x his absence ចាប់អារម្មណ៍

x high achievement សរសើរ

noticeable['nəutisəbl] *adj.* x improvement ដែលគួរឱ្យកត់សំគាល់

x defect ដែលងាយឃើញ

notification[,nəutifi'keiʃn] *n.* x of the police ការប្រាប់ឱ្យដឹង

receive a x ប្រវេទន៍

notify ['nəuti fai] *tv. (pt . pp.* notified) ប្រាប់

polite: ជូនដំណឹងចំពោះ, ជំរាបឱ្យដឹង

notion['nəuʃn] *n.* have a sudden x សញ្ញាណ

have no x of ការយល់

Pl. small x គ្រឿងតំបិតតំប៉ុក (លក់នៅតូបតូចៗ)

notoriety[,nəutə'rai əti] *n.* ការគេដឹងឮគ្រប់គ្នា

notorious[nəu'tɔ:ri əs] *adj.* ល្បី (ខាងជឿង មិនល្អ)

notwithstanding[,nɔtwi ɵ'stændi ŋ] *pre.,adv.* ថ្វីបើមាន

noun[naun] *n.* នាមសព្ទ

nourish['nʌri ʃ] *tv.* x a baby ចិញ្ចឹម

x the body ផ្តល់នូវគ្រឿងដែលធ្វើឱ្យធំធាត់

x a hope ចិញ្ចឹមទុកក្នុងចិត្ត

nourishing['nʌri ʃi ŋ] *adj.* ដែលមានគ្រឿងដែលធ្វើឱ្យរូបកាយធំធាត់

nourishment['nʌri ʃmənt] *n.* full of x គ្រឿងដែលធ្វើឱ្យរូបកាយធំធាត់

the x of the body ការផ្តល់នូវគ្រឿងដែលធ្វើឱ្យធំធាត់

novel[nɔvl] *n.* ប្រលោមលោក

-adj. ថ្មីកើតប្លែក

novelist[nɔvli st] *n.* អ្នកនិពន្ធប្រលោមលោក

novelty['nɔvlti] *n.* x of the experience ភាពថ្មីប្លែក

buy a x សម្ភារៈល្បែងតំបិតតំប៉ុក

Lit: នវោត្បន្ន

November[nəu'vembər] *pr. n.Fr:* ណូវែម

Solar system: វិច្ឆិកា

Lunar system: កត្តិក-មិគសិរ

novice['nɔvi s] *n.* Buddhist x លោកនេន

be a x at អ្នកថ្មី, ជើងថ្មី *Lit.* នវកជន

novitiate[nə'vi ʃi ət] *n.* នវកភាព

novocaine[,nə'vəu'kei ʃn] *n.* ថ្នាំធ្វើឱ្យស្ពឹក

now[nau] *adv.* He' s here x. ឥឡូវនេះ, នៅពេលនេះ

(He) just n. (came.) ទើបតែមិញៗ

(He was here) just n. មិញៗនេះ

x. what does it mean ? ចុះ

x don' t ! ! នែ!

n. and then យូរៗម្តង

-conj. n. that ដោយឥឡូវនេះ

-n. the here and n. បច្ចុប្បន្នកាល

nowadays['nauədei z] *adv.* សព្វថ្ងៃនេះ

nowhere['nəuweər] *adv.* go n. ឥតទៅណាទេ

Id. get n. ឥតបានការសោះ

nowise['nəuwai z] *adv.* មិនទាល់តែសោះ

noxious['nɔkʃəs] *adj.* x gas ពុល

x influence អាក្រក់

nozzle['nɔzl] *n.* ក្បាល (ទុយោ ។ល។)

nuance['nju:ɑ:ns] *n.* ភាពល្អិតល្អន់ (ន័យ ពណ៌ ។ល។)

nubile['nju:bai l] *adj.* គ្រប់ការ

nuclear['nju:kli ər] *adj.* x physics *Fr:* នុយក្លេអែរ

Lit: ខាងនយស្តិ

x warfare ប្រើគ្រាប់បែកនុយក្លេអែរ

x family ដែលមានតែឪពុកម្តាយនិងកូន

nucleus['nju:kli əs] *n.* x of an atom នយស្តិ

x of a group ស្នូល

nude[nju:d] *adj.* x model ស្រាតខ្លួនទទេ

Lit: អាក្រាត

x land គ្មានរុក្ខជាតិ

-n. artist' s x មនុស្សស្រាតឱ្យគេថតឬគូរ

paint a x រូបស្រីស្រាត

in the n. ស្រាតនៅខ្លួនទទេ

nudge[nʌdʒ] *tv.* កេះនឹងកែងដៃ

-n. ការកេះនឹងកែងដៃ

nudism[nʌʤi zəm] *n.* ឥត្តនិយម

nudity['nju:dəti] *n.* ភាពអាក្រាត *Lit:* ឥត្តភាព

nugget['nʌgi t] *n.* gold x ដុំ (មាស ។ល។)

n. of information ដំណឹងគួរឱ្យចាប់អារម្មណ៍

nuisance['nju:sns] *n.* អ្វីៗធ្វើឱ្យរំខានឬសៅហ្មងក្នុងចិត្ត

null[nʌl] *adj.* marriage is x ទុកជាមោឃៈ

profit is x សូន្យ

n. and void ទុកជាមោឃៈ

nullify['nʌləfai] *tv.* (*pt* . . *pp.* nullified)

x a contract ធ្វើឱ្យទៅជាមោឃៈ

x their efforts ធ្វើឱ្យទៅជាឥតប្រយោជន៍

numb[nʌm] *adj.* x hand ស្ពឹក

x with fear ស្លុត

-tv. ធ្វើឱ្យស្ពឹក

number['nʌmbər] *n.* write a x លេខ

large x of people ចំនួន

a n. of មួយចំនួន

x of a journal លេខរៀង

Gram. language has x វចនៈ

in great numbers ជាច្រើន

without n. រាប់មិនអស់, ច្រើនក្រៃលែង

-tv. x pages ដាក់លេខរៀង

(His days are) numbered. ជិតៗណាស់ហើយ

-iv. x in the thousands មានចំនួន

numeral['nju:mərəl] *n.* Arabic x លេខ

Gram. word is a x លេខសរសេរជាអក្សរ

Roman n. លេខរ៉ូម៉ាំង

numerator['nju:mərei tər] *n.* ភាគយក

numerical[nju:'meri kl] *adj.* ជាលេខ

numerous['nju:mərəs] *adj.* ច្រើន, ជាច្រើន

numismatics[,nju:mi z'mæti ks] *n.* វិទ្យាសាស្ត្រខាងរូបិយវត្ថុ មេដៃ។ល។

nun[nʌn] *n.* ដូនជី, សមណី

nunnery['nʌnəri] *n.* អាវាសដូនជី

nuptial['nʌpʃl] *adj.* នៃអាពាហ៍ពិពាហ៍

-n. (*usu. pl.*) អាពាហ៍ពិពាហ៍

nurse[nɜ:s] *n.* female n. *Fr:* អាំងហ្វីមីញែរ

Lit: គិលានុបដ្ឋាយិកា

male n. *Fr:* អាំងហ្វីមីញេ

Lit: គិលានុបដ្ឋាក

children' s x មេដោះ

-tv. x a child បំបៅ

x a patient ព្យាបាល, មើលថែទាំ

x a project ជួយទ្រទ្រង់

nursemaid[nɜ:smei d] *n.* ឈ្នួលមើលក្មេង

nursery['nɜ:səri] *n.* child x កន្លែងមើលក្មេង

plant x កន្លែងបណ្ដុះនិងលក់ដើមឈើ

n. rhyme កំណាព្យសម្រាប់ក្មេង

n. school មត្តេយ្យសាលា

nurture['nɜ:ʧər] *tv.* x a baby ចិញ្ចឹម

x plants ថែទាំ

x a dream ចិញ្ចឹមទុកក្នុងចិត្តនូវ

x students អប់រំប្រដៅប្រដៅ

-n. moral x ការអប់រំ

physical x ការចិញ្ចឹម

nut[nʌt] *n.* eat a x គ្រាប់ (ផ្លែឈើ)

bolt and x ក្បាលខ្មៅស៊ី

Sl. He' s a real x. មនុស្សចំកួត

Sl. a movie x មនុស្សឆ្កួតនឹងអ្វីមួយ

nut-cracker['nʌtkrækər] *n.* ប្រណាក

nutmeg['nʌtmeg] *n.* ចន្ទន៍ក្រស្នា

nutrient['nju:tri ənt] *adj.* ដែលមានគ្រឿងធ្វើឱ្យធំធាត់

-n. គ្រឿងធ្វើឱ្យធំធាត់

nutriment['nju:tri mənt] *n.* ចំណីអាហារ

nutrition[nju'tri ʃn] *n.* serve as x ចំណីអាហារ

the x of children ការផ្តល់នូវចំណីអាហារត្រឹមត្រូវដល់

study x ពោសនា

nutritious[nju'tri ʃəs] *adj.* ដែលមានគ្រឿង

ដែលធ្វើឱ្យរូបកាយធំធាត់

nutritive['nju:trəti v] *adj.* ដែលមានគ្រឿងដែល

ធ្វើឱ្យរូបកាយធំធាត់

nuts[nʌts] *interj. Sl.* ចង្រៃ

-*adj. Sl.* ចំកួត

nutshell['nʌtʃel] *n.* (collect) nutshells

សំបកគ្រាប់ឈើ

Id. in a n. ជាសង្ខេប

nutty['nʌti] *adj.* x cake ដែលមានលាក់សណ្តែកដី

គ្រាប់ស្វាយចន្ទី ។ល។

x flavor ឈ្ងុយ

Sl. x idea ចំកួត

nuzzle['nʌzl] *iv.*, *tv.* យកច្រមុះទៅញៀវៗ

nymph[ni mf] *n.* forest x អារក្ខទេវី

Poet. beautiful x ស្រីមានរូបឆើតឆាយ

nymphomaniac[,ni mfə'mei ni ək] *n.* ស្រីដែល

មិនស្កប់នឹងកាមគុណ

O

O, o [əu] អក្សរទី១៥តាមលំដាប់អក្ខរក្រមអង់គ្លេស

oak[əuk] ***n.*** ដើមសែន

oar[ɔ:r] ***n.*** loose o. ចង្វា

fixed o. ចែវ

-tv., iv. With a loose oar: អុំ

With a fixed oar: ចែវ

oasis[əu'ei si s] ***n. Fr:*** អូអាស៊ីស (ទីមានឈើដុះមានទឹកក្នុងវាលខ្សាច់)

oat[əut] ***n.*** *(usu. pl.)* plant x អាវ៉ែន (ស្រូវសាឡីម្យ៉ាង)

Id. sow one's wild oats ប្រព្រឹត្តអំពើពាលា (ស្រា ស្រី ។ល។)

oath[əuθ] ***n.*** take an x សំបថ

utter an x ពាក្យលាន់មាត់អាក្រក់

o. of allegiance សច្ចាប្រណិធាន

oatmeal ['əutmi:t] ***n.*** ម្សៅអាវ៉ែន

obedience[ə'bi:di əns] ***n.*** ការស្ដាប់ឱវាទ

obedient[ə'bi:di ənt] ***adj.*** ដែលស្ដាប់ឱវាទ

obeisance[əu'bei sns] ***n.*** make an x ការគំនាប់

Lit: វន្ទនា

show x សេចក្ដីគោរព

obelisk['ɔbəli sk] ***n.*** សិលាស្ដម្ភ (បួនជ្រុង)

obese[əu'bi:s] ***adj.*** ធាត់ពេក

obesity[əu'bi:səti] ***n.*** ភាពធាត់ពេក

obey[ə'bei] ***tv.*** x an order ធ្វើតាម

x one's parents ស្ដាប់បង្គាប់

obituary[ə'bi ʧuəri] ***n.*** ដំណឹងមរណភាព (ចុះក្នុងកាសែត)

object['ɔbʤi kt] ***n.*** concrete x វត្ថុ

x of study កម្មវត្ថុ

x of a visit គោលបំណង

Gram. direct x កម្ម

-iv. ជំទាស់, ប្រឆាំង

objection[əb'ʤekʃn] ***n.*** ការជំទាស់

Lit: វិរុទ្ធហេតុ

objectionable[əb'ʤekʃənəbl] ***adj.*** ដែលគួរឱ្យជំទាស់

objective[əb'ʤekti v] ***n.*** គោលដៅ, ទីដៅ, ទិសដៅ

Lit: យថាវត្ថុ

-adj. x criticism មិនលំអៀង

x art ដូចធម្មជាតិ, មិនបំផ្លើស

objectivity[,ɔbʤek'ti vəti] ***n.*** កម្មវិស័យភាព

obligate['ɔbli gei t] ***tv.*** x him to go តម្រូវ

x funds ទុកដោយឡែកសម្រាប់

obligation[,ɔbli 'gei ʃn] ***n.*** fulfill an x កាតព្វកិច្ច

without x ភាពត្រូវជាប់ជំពាក់

obligatory[ə'bli gətri] ***adj.*** ដែលខានមិនបាន

oblige[ə'blai ʤ] ***tv.*** x him to go តម្រូវ

x him to me ធ្វើឱ្យជំពាក់គុណ

x with a song ជាប់ចិត្ត

I'm much obliged ខ្ញុំសូមអរគុណជាពន្លឹក

obliging['əblai di ŋ] ***adj.*** ដែលចូលចិត្តផ្គាប់ចិត្តគេ

oblique[ə'bli:k] ***adj.*** x angle បញ្ឆៀង, បញ្ឆិត

x reference បញ្ឆិតបញ្ឆៀង

obliterate[ə'bli tərei t] ***tv.*** ធ្វើកុំឱ្យឃើញដាន

oblivion[ə'bli vi ən] ***n.*** banished to x ភាពគ្មានអ្នកណានៅចាំ

x to insults ភាពគ្មានចាប់អារម្មណ៍នឹងអ្វីមួយ

oblivious[ə'bli vi əs] *adj.* o. of ដែលគ្មានចាប់អារម្មណ៍

o. of ដែលគ្មានរវល់នឹង

oblong['ɔblɔŋ] *adj.* ទ្រវែង

-*n.* រាងទ្រវែង

obnoxious[əb'nɔkʃəs] *adj.* ដែលធ្វើឱ្យខ្ពើមរអើម

obscene[əb'si:n] *adj.* អាសគ្រាម

obscenity[əb'senəti] *n.* x of the book ភាពអាសគ្រាម

utter an x ពាក្យអាសគ្រាម

obscure[əb'skjuər] *adj.* x idea មិនច្បាស់ ពិបាកយល់

x poet មិនសូវល្បីល្បាញ, មិនសូវមានគេស្គាល់

x view មិនច្បាស់, ស្រអាប់

-*tv.* x one's view ធ្វើឱ្យបាំង

x the issue ធ្វើឱ្យស្មុគស្មាញ

obscurity[əb'skjuərəti] *n.* x of his point ភាពមិនច្បាស់ឬពិបាកយល់

doom to x ភាពមិនសូវមានគេស្គាល់

x of the view ភាពស្រអាប់ឬមិនច្បាស់

obsequious[əb'si:kwi əs] *adj.* ដែលលំទោនឬលុតក្រាបពេក

observance[əb'zɜ:vəns] *n.* x of the law ការប្រតិបត្តិតាម

religious x ពិធីបុណ្យ

observation[,ɔbzə'vei ʃn] *n.* x of the planets ការសង្កេតមើល

under a doctor's x ការពិនិត្យមើល

tour of x ការទស្សនា

an intelligent x សេចក្ដីសង្កេត

observatory[əb'zɜ:vətri] *n.* កន្លែងសង្កេតមើលផ្កាយ

Lit: និរលោកដ្ឋាន

observe[əb'zɜ:v] *tv.* x the scene មើល, ទស្សនា

x the law ប្រតិបត្តិតាម

o. quiet ស្ងាត់

x that ... កត់សំគាល់ (ថា)

observer[əb'zɜ:vər] *n.* អ្នកសង្កេតការណ៍

obsess[əb'ses] *tv.* ធ្វើឱ្យគិតដល់ជានិច្ច, ធ្វើឱ្យនឹកឃើញជានិច្ច

obsession[əb'seʃn] *n.* x with death ការគិតមមៃដល់ជានិច្ច

Death is an x with him. អ្វីៗដែលធ្វើឱ្យគិតមមៃដល់ជានិច្ច

obsolescent[,ɔbsə'lesnt] *adj.* ជិតផុតសម័យ

obsolete['ɔbsəli:t] *adj.* x word ដែលគេលែងប្រើ

x model ផុតសម័យ

obstacle['ɔbstəkl] *n.* ឧបសគ្គ

obstetrician[,ɔbstətri'ʃn] *n.* គគ្គបរិហារពេទ្យ

obstetrics[əb'stetri ks] *n.* គគ្គបរិហារវិទ្យា

obstinacy['ɔbsti nəsi] *n.* ការចចេស

obstinate['ɔbsti nət] *adj.* x person ចចេស, រឹង

x disease ដែលពិបាកបំបាត់ឬរម្ងាប់

obstreperous[əb'strepərəs] *adj.* ពិបាកកាន់កាប់

obstruct[əb'strʌkt] *tv.* x passage រាំង, ខាំង

x one's view បាំង

x progress រារាំង

obstruction[əb'strʌkʃn] *n.* x of progress ការរាំង, ការរារាំង

remove an x របាំង

an x in the pipe ការស្ទះ

obtain[əb'tei n] *tv.* បាន

-*iv.* rules don't x មានតទៅ

obviate['ɔbvi ei t] *tv.* ធ្វើមិនឱ្យត្រូវការជាមុន

obvious['ɔbvi əs] *adj.* x conclusion ជាក់ស្តែង

symptoms become x ដែលអាចឃើញបាន

occasion[ə'kei zn] *n.* (on several) ពេល, លើក

take this x to ឱកាស

quite an x ពិធី
have o. to បាន, មានឱកាសនឹង
-*tv.* បណ្ដាល, នាំឲ្យ
occasional[ə'kei ʒənl] *adj.* យូរៗម្ដង
occasionally[ə'kei ʒənəli] *adv.* យូរៗម្ដង
occident['ɔksi dənt] *n. Cap.* បស្ចិមប្រទេស
l.c. ទិសខាងលិច *Lit:* បស្ចិមទិស
occidental[,ɔksi dentl] *adj.* ខាងលិច
Lit: បស្ចិម
-*n. Cap.* ជនជាតិបស្ចិមប្រទេស
occlude[,ɔk'lu:d] *tv.* ធ្វើឲ្យជិត, បិទ
occult['ɔkʌlt] *adj.* នៃរហស្សវិទ្យាសាស្ត្រ
-*n.* រហស្សវិទ្យាសាស្ត្រ
occupancy['ɔkjəpensi] *n.* x of the house ការនៅ
x of two years រយៈពេលដែលនៅ
occupant['ɔkjupənt] *n.* អ្នកនៅ (ផ្ទះបន្ទប់។ល។)
occupation[,ɔkju'pei ʃn] *n.* satifying x របររកស៊ី
Lit: អាជីព
x of the house ការនៅ
military x ការកាន់កាប់, ការត្រួតត្រា
x with a problem ការរវល់
occupy['ɔkjupai] *tv. (pt., pp.* occupied*)*
x a house in June ចូលនៅ
x a house for two years នៅ
x space យកកន្លែង
o. oneself with រវល់ (នឹង)
x a position កាន់
x a country ដាក់ឲ្យកងទ័ពត្រួតត្រា (ទឹកដីប្រទេសដទៃ ។ល។)
occur['əkɜ:r] *iv. (pt., pp.* occurred*)*
incidents x កើតឡើង
x once a year កើតមានឡើង
It occurred to him that . . . គាត់នឹកភ្នកថា
occurrence[ə'kʌrəns] *n.* daily x អ្វីៗដែលកើតមានឡើង
. of limited x in nature ការកើតមានឡើង
ocean['əuʃn] *n.* មហាសមុទ្រ *Lit:* មហាសាគរ
oceanic[,əuʃi 'æni k] *adj.* នៃមហាសមុទ្រ
ocher, ochre['əukər] *n.* ថ្នាំក្រហមម្យ៉ាង
o' clock[ə'klɔk] *adv.* six o. ម៉ោងប្រាំមួយ
octagon['ɔktəgən] *n.* អដ្ឋកោន
October[ɔk'təubər] *pr. n. Fr:* អុកតូប្រ៍
Solar system: តុលា
Lunar system: អស្សុជ-កត្តិក
octogenarian['ɔktədʒə'neəri ən] *adj.* ដែលមានអាយុពីប៉ែតសិបឆ្នាំទៅកៅសិបឆ្នាំ
-*n.* មនុស្សដែលមានអាយុពីប៉ែតសិបទៅកៅសិបឆ្នាំ
octopus['ɔktəpəs] *n.* អដ្ឋករ
ocular['ɔkjələr] *adj.* នៃភ្នែក
oculist['ɔkjəli st] *n.* ពេទ្យភ្នែក
odd[ɔd] *adj.* x specimen ប្លែក
x number សេស
x shoe ខក
x jobs ផ្សេងៗ
x person ឈ្លើយៗ, រាងឈ្លើយ
oddity['ɔdəti] *n.* x of the situation ភាពចម្លែកប្លែក
The object is an x. អ្វីៗដែលខុសពីធម្មតា
odds[ɔdz] *n.* x in a bet សង្ឃឹម
at o. ទាស់ទែងគ្នា
o. and ends របស់កំប៉ិកកំប៉ុក
odious['əudi əs] *adj.* គួរឲ្យស្អប់
odometer[əu'dɔmi tər] *n.* ឧបករណ៍វាស់ចម្ងាយ
odor['əudər] *n.* ក្លិន
Lit: គន្ធ

of[əv] *prep.* speak x him អំពី, ពី

made x wood ពី, អំពី

leg x the table នៃ

son x my friend របស់

x good background មាន

die x hunger ដោយ

one x five choices ក្នុង

20 minutes x six មុន

glass of water ទឹកមួយកែវ

city of Paris ទីក្រុងប៉ារី

of course មានអី

off[ɔf] *adv.* take o. (one' s hat) យកចេញ, ដោះចេញ

(planes) take o. ហោះ (ឡើង)

run o. រត់ទៅបាត់

far o. នៅឆ្ងាយ

still a week o. នៅមួយអាទិត្យទៀត

break o. (a piece) កាច់យក (ចេញ)

break o. (negotiations) ឈប់

right o. ភ្លាម

(points) wear o. សឹកអស់

(effects) wear o. អស់ឥទ្ធិពល

see s.o.o. ជូនឡើង (កញ្ចប់ហោះ រថភ្លើង ។ល។)

do it o. and on ជួនធ្វើជួនមិនធ្វើ

-prep. fall x a horse ពី

o. work ឈប់ធ្វើការហើយ

Sl. o. liquor ឈប់ផឹកស្រាទៀតហើយ

o. the mark ខុស, មិនត្រូវ

-adj. shot was x ខុស, មិនត្រូវ

deal is x បដិសេធ

well o. មាន

x hours ទំនេរ

I' m x (work) today មិននៅធ្វើការ

x year for apples មិនល្អ

prices are x ចុះ

offal['ɔfl] *n.* កំទេចសាច់សេសសល់ (នៃសត្វដែលគេសម្លាប់យកសាច់)

off-color[ɔf'kʌlər] *adj.* x story ថោកទាប

x colth ខ្មោះ

offend[ə'fend] *tv.* x someone ធ្វើឱ្យអាក់អន់ចិត្ត

x one' s taste ធ្វើឱ្យទាស់ចិត្ត

offense[ə'fens] *n.* criminal x ទោសកម្ម

take o. អាក់អន់ចិត្ត

weapons of x ការប្រហារ

offensive[ə'fensi v] *adj.* x remark ដែលធ្វើឱ្យអាក់អន់ចិត្ត

x warfare ដែលវាយលុក, ប្រហារ

-n. take the o. ផ្ដើមប្រហារ

allied x ការវាយលុក

offer['ɔfər] *tv.* x him money ស្នើផ្ដល់នូវអ្វីមួយ

x a suggestion ផ្ដល់នូវ, ជូន

x to go ស្ម័គ្រចិត្ត

o sacrifices (to spirits) សែនព្រេន

x a good view មាន

x a house for sale ដាក់ (លក់ ។ល។)

x $10 for it ឱ្យថ្លៃ

-n. x of help ការសុំធ្វើអ្វីមួយ

x of $10 ការឱ្យថ្លៃ

offering['ɔfəri ŋ] *n.* Thanks for x. ការស្នើផ្ដល់នូវ

a large x តង្វាយ

offhand[,ɔf'hænd] *adj.* x estimate ដោយមិនបានគិតច្រើន

x manner បែបមើលងាយ

office['ɔfi s] *n.* doctor' s x ការិយាល័យ

x of the President តំណែង

seek x តំណែង (សាធារណៈ)

post o. *Fr:* ប៉ុស្តិ៍ *Lit:* ប្រៃសណីយដ្ឋាន

o. hours ម៉ោង (បើក) ធ្វើការ

officer['ɔfi sər] ***n.*** military x នាយទាហាន

police x ភ្នាក់ងារ

x of an organization គម្មកសមាជិក

official[ə'fi ʃl] ***n.*** ឥស្សរជនផ្លូវការ, មន្ត្រីផ្លូវការ, អ្នកផ្លូវការ

-adj. ជាផ្លូវការ

officialdom[ə'fi ʃldəm] ***n.*** ការិយាធិបតេយ្យ

officiate[ə'fi ʃi ei t] ***iv.*** ធ្វើជាអធិបតី

officious[ə'fi ʃəs] ***adj.*** ដែលចាត់ចែងច្រើន

offset['ɔfset] ***tv.*** gains x losses ទូទាត់

Printing x a book បោះពុម្ពតាមរបៀបអុហ្វសិត

Archit. x a wall ធ្វើឱ្យលយចេញ

-n. x in the wall កាតដែលលយចេញ

print by x អុហ្វសិត (របៀបបោះពុម្ពម្យ៉ាង)

offshoot['ɔfʃu:t] ***n.*** x of a plan ខ្នែង

x of a plan អ្វីដែលកើតឡើងពីអ្វីមួយទៀត

offshore[,ɔf'ʃɔ:r] ***adj.*** នៅក្នុងសមុទ្រ (តែមិនសូវឆ្ងាយពីឆ្នេរសមុទ្រ)

offspring['ɔfspri ŋ] ***n.*** កូន

often['ɔfn] ***adv.*** go x ញឹកញាប់

He x goes. ឧស្សាហ៍

are x found in the lakes ច្រើន

ogle['əugl] ***iv.***, ***tv.*** មើលដោយចេតនាឬពេញចិត្ត

ogre['əugər] ***n.*** យក្ស *Lit:* អសុរ

oh[əu] ***interj.*** អូ

ohm[əum] ***n.*** ***Fr:*** អុម

oil[ɔi l] ***n.*** drill for x ប្រេងកាត (នៅក្នុងដី)

vinegar and x ប្រេង

change the o. ផ្លូវប្រេង

-tv. x a hinge ដាក់ប្រេង

x the deal with a bribe ធ្វើឱ្យប្រព្រឹត្តទៅបានស្រួល

-adj. o. well អណ្តូងប្រេងកាត

o. painting វិចិត្រកម្មដែលគូរដោយប្រើថ្នាំលាយប្រេង

oily['ɔi li] ***adj.*** x liquid ដូចប្រេង

x machine ដែលប្រឡាក់សុទ្ធតែប្រេង

Id. x speech រអិល, មិនរកាក់រគុប

ointment['ɔi ntmənt] ***n.*** ក្រមួនឬប្រេងសម្រាប់លាបស្បែកឬដំបៅ

O.K., okay[,əu'kei] ***adj.*** patient is x ស្រួលហើយ

That' s O. K. មិនអីទេ

It' s O. K. with me. ខ្ញុំឥតជំទាស់ទេ

-tv. យល់ព្រម

-interj. x, let' s go. អញ្ចឹង

O. k.? បានទេ?

O. K. អឹងហើយ

-n. សេចក្តីយល់ព្រម

old[əuld] ***adj.*** x man ចាស់

(my house is) three years o. ចំណាស់បីឆ្នាំ

(My son is) three years. o. អាយុបីខួប

30 years o. អាយុ៣០ឆ្នាំ

x bread អស់រសជាតិ (ដោយទុកយូរពេក)

x friend ពីយូរណាស់មកហើយ

my x teacher អតីត

o. maid ក្រមុំចាស់, ក្រមុំសៅកែ

o. World ទ្វីបអឺរ៉ុបនិងអាស៊ី

-n. the x មនុស្សចាស់

of x បុរាណសម័យ

old-fashioned[,əuld 'fæʃnd] *adj.* x car ពីសម័យមុន
x clothes ផុតសម័យ
He' s x. បុរាណ (ខាងចំនៀមទម្លាប់
old-timer[,əuld'tai mər] *n.* ជើងចាស់
oleander[,əuli 'ændər] *n.* ផ្កាយីថូឬយីថោ
olfactory [ɔl'fæktəri] *adj.* នៃឃានវិញ្ញាណ
oligarchy['ɔli gɑ:ki] *n.* អប្បជនាធិបតេយ្យ
olive['ɔli v] *n. Fr:* អូលីវ, ផ្លែអូលីវ
omelet['ɔmlət] *n.* ពងមាន់វាយច្របល់ហើយចៀន
Fr: អូម៉្លែត
omen['əumen] *n.* ប្រផ្នូល *Lit:* បុព្វនិមិត្ត
ominous['ɔmi nəs] *adj.* ដែលគំរាមកំហែង
omit[ə'mi t] *tv. (pt . pp.* omitted *)* មិនបញ្ចូល
x intentionally ចោល
x unintentionally ភ្លេច
omnipotent[ɔm'ni pətənt] *adj.* ប្រកបដោយសព្វានុភាព
omniscience[ɔm'ni si əns] *n.* សព្វញ្ញុភាព
omniscient[ɔm'ni si ənt] *adj.* ប្រកបដោយសព្វញ្ញុភាព
omnivorous[ɔm'ni vərəs] *adj.* ដែលបរិភោគអាហារគ្រប់យ៉ាង
Lit: សព្វាសី
on[ɔn] *prep.* x the table លើ, នៅលើ
opinion x politics ចំពោះ, អំពី
happen on (s . o.) ប្រទះឃើញ
on the way តាមផ្លូវ
work on កំពុងធ្វើ
house x the lake នៅក្បែរ, នៅជិត
-adv. put on shoesពាក់ស្បែកជើង
hold on tight កាន់ឱ្យជាប់
look on មើល, សម្លឹងមើល
further on ឆ្ងាយទៀត
later on ក្រោយ, ក្រោយមក
Come on! មក!
get on with it ធ្វើទៅ
Sl. put s. o. on និយាយលេង
-adj. lights are x បើកហើយ
It' s x for the 20th. នឹងមាន
once[wʌns] *adv.* do it x ម្តង
at o. ភ្លាម
o. in a while ម្តងម្កាលម្តងម្កាល
o. and for all ជាស្ថាពរ
a x powerful nation ពីមុន
for o. ម្តង
(Don' t both speak) at o. នៅពេលជាមួយ
o. upon a time កាលពីព្រេងនាយ, កាលនោះ
all at o. (he jumped) ពេលនោះស្រាប់តែ
-conj. x you go. don' t come back. កាលបើ
x you get there, go see him . កាលណា
oncoming['ɔnkʌmi ŋ] *adj.* ខាងមុខ ៗ
one[wʌn] *adj.* x house មួយ
o. person ម្នាក់
of o. mind មានមតិដូចគ្នា
x John Smith ឈ្មោះ
-n. write a x លេខមួយ
be at o. with ស្រុះស្រួលនឹង
o. at a time មួយម្តងៗ
o. by o. មួយហើយមួយទៀត
-pron. x doesn' t do that. គេ
a red o . អាក្រហម, អាមួយក្រហម
one' s (family) របស់ខ្លួន
onerous['əunərəs] *adj.* ជាទីមិនគួរឱ្យចូលចិត្ត
oneself[wʌn'self] *refl. pron.* ខ្លួនឯង

one-sided[,wʌn'sai di d] *adj.* ដែលលំអៀងទៅខាងម្ខាង

one-way[,wʌn wei] *adj.* ឯកទិស, ទៅតែទិសម្ខាង

onion['ʌni ən] *n.* large x ខ្ទឹមបារាំង

spring o. ដើមខ្ទឹម

onionskin['ʌnjənski n] *n.* ក្រដាសម្យ៉ាងស្តើងរលោងហើយមើលឃើញធ្លុះ

onlooker['ɔnlukər] *n.* អ្នកមើល

only['əunli] *adv.* go x on Sunday តែ

stay o. three days នៅតែបីថ្ងៃទេ

She x smiled គ្រាន់

-adj. That' s the x door. តែមួយ

an x son តែម្នាក់

-conj. Coll. I' s buy it. x I have no money. ប៉ុន្តែ

onomatopoeia[,ɔnə,mætə'pi ə] *n.* តម្រាប់សូរ

onrush['ɔnrʌʃ] *n.* ការរុល

onset['ɔnset] *n.* ផ្ដើកផ្ដើម

onto['ɔntu:] *prep.* លើ

onus['əunəs] *n.* ការទទួលខុសត្រូវ

onward['ɔnwəd] *adv.*, *adj.* ទៅមុខ

onyx['ɔni ks] *n.* ត្បូងមែវគៀម

ooze[u:z] *iv.* liquids x through ជ្រៀប

(courage) oozed (away) រសាយ

opal['əupl] *n.* រតនោបល (ពេជ្រម្យ៉ាង)

opaque[əu'pei k] *adj.* x glass ស្រអាប់, ដែលពន្លឺចេញចូលមិនបាន

x treatise ស្មុគស្មាញ

x person អព្យក្ត

op.['ɔp] cit. *(opere citator)* ក្នុងសៀវភៅដែល

open['əupən] *tv.* បើក

-iv. (door) opened បើក, ចំហ

blossoms x រីក

o. onto បែរទៅ

schools x បើកទ្វារ

-adj. x door ដែលចំហ

x spaces គ្មានអ្វីបិទបាំង

have an o. mind មិនសុញ

position is x នៅចំហ, មិនទាន់មានអ្នកណាយក

o. to question. គួរឱ្យសង្ស័យ

x session ចំហ

x hour ទំនេរ

x defiance ចេញមុខ

o. house ពេលបើកទ្វារឱ្យចេញចូលជាសាធារណៈ

-n. out in the x កណ្ដាលវាល

open-and-shut[,əupən ən 'ʃʌt] *adj.* ច្បាស់ក្រឡែត

opener['əupnər] *n.* can x គ្រឿងសម្រាប់បើក

as an x អ្វីដែលផ្ដើម

open-handed[,əupən'hændi d] *adj.* ចិត្តទូលាយ

opening['əupəni ŋ] *n.* an x in the top ប្រហោង, ទីចំហ

x of a letter សេចក្ដីផ្ដើម

job x កន្លែងទំនេរ

find an x through the forest ផ្លូវចេញ

grand o. ពិធីបើកទ្វារលើកដំបូង (ហាង)

openly['əupənli] *adv.* speak x អស់ពីពោះ

challenge x ឥតលាក់លៀម, ដោយចេញមុខ

opera['ɔprə] *n.* Western x សង្គីតនាដក៍

Fr: អុប៉េរ៉ា

Cambodian x ល្ខោន

operable['ɔprəbl] *adj.* x plan ដែលអាចប្រើបាន

x wound ដែលអាចវះកាត់បាន

operate['ɔpərei t] *iv.* x on a patient វះកាត់

machine won' t x ដើរ

spies x secretly ធ្វើប្រតិបត្តិការ
-*tv.* x a machine ប្រើ, ធ្វើឱ្យដើរ
x a tractor បើក
o. a business ធ្វើជំនួញ
operation[,ɔpə'rei ʃn] *n.* surgical x ការវះកាត់ (ពេទ្យ)
x of a machine ការប្រើ, ការធ្វើឱ្យដើរ
x of a tractor ការបើក
military x ប្រតិបត្តិការ
(elevator is not) in o. ដើរ
(That business is not) in o. បើក
mathematical x ការធ្វើលេខ
operative['ɔpərəti v] *adj.* x law កំពុងអនុវត្តិ
machine is not x ដែលដើរឬប្រើបាន
-*n.* ភ្នាក់ងារ
operator['ɔpərei tər] *n.* telephone x កាវី
Sl. smooth o. មនុស្សប៉ិនប្រសប់
ophthalmic[ɔf'θælmi k] *adj.* នៃភ្នែក
ophthalmologist[,ɔfθæl'mɔlədʒi st] *n.* ពេទ្យភ្នែក
Lit: ចក្ខុពេទ្យ
ophthalmology[,ɔfθæl'mɔlədʒi] *n.* ចក្ខុរោគសាស្ត្រ
opiate[ə'pi ət] *n.* The drug is an x. ថ្នាំមានជាតិអាភៀន
Religion is an x. គ្រឿងល្ងងចិត្ត
opinion[ə'pi ni ən] *n.* express one' s x យោបល់
Lit: មតិ
x of the court សេចក្តីសម្រេច
opinionated[ə'pi ni ənei ti d] *adj.* ដែលប្រកាន់ទៅតាមតែមតិរបស់ខ្លួន
opium['əupi əm] *n.* អាភៀន
opponent[ə'pəunənt] *n.* អ្នកប្រឆាំង
-*adj.* ដែលប្រឆាំង
opportune['ɔpətju:n] *adj.* ត្រូវកាល, ត្រូវពេលវេលា

Lit: កាលានុរូប
opportunism[,ɔpə'tju:ni zəm] *n.* កាលានុវត្តនិយម
opportunist[,ɔpə'tju:ni st] *n.* អ្នកកាលានុវត្តនិយម
opportunity[,ɔpə'tju:nəti] *n.* x to go កាលៈទេសៈដ៏គួរ
full of x ភាពអាចនឹងចំរើនរុងរឿង
have the o. to បាន, មានឱកាសនឹង
oppose[ə'pəuz] *tv.* x a plan ប្រឆាំង, ជំទាស់
opposite['ɔpəzi t] *adj.* x meaning ផ្ទុយ
x side ទល់មុខ, ខាងម្ខាង
opposition[,ɔpə'zi ʃn] *n.* his x to the plan ការប្រឆាំងឬជំទាស់
defeat the x អ្នក ពួក ខាង ដែលប្រឆាំង
two teams in x ការប្រឆាំងគ្នា
oppress[ə'pres] *tv.* សង្កត់សង្កិន, ជិះជាន់
oppression[ə'preʃn] *n.* ការសង្កត់សង្កិនឬជិះជាន់
oppressive[ə'presi v] *adj.* ដែលសង្កត់សង្កិនឬជិះជាន់
opt[ɔpt] *iv.* រើសយក (ខាងណាមួយ)
optic['ɔpti k] *adj.* នៃភ្នែក
optical['ɔpti kl] *adj.* x lenses ខាងទស្សនសម្ពន្ធ
x illusion នៃភ្នែក
optician[ɔp'ti ʃn] *n.* អ្នកលក់ឬធ្វើវ៉ែនតា
Lit: អ្នកទស្សនភណ្ឌ
optics['ɔpti ks] *n.* អាភាវិទ្យា
optimism['ɔpti mi zəm] *n.* សុទិដ្ឋិនិយម
optimist['ɔpti mi st] *n.* អ្នកសុទិដ្ឋិនិយម
optimistic[,ɔpti 'mi sti k] *adj.* សុទិដ្ឋិនិយម
optimum['ɔpti məm] *adj.* ប្រសើរបំផុត
-*n.* ភាពប្រសើរបំផុត
option['ɔpʃn] *n.* have an x អំណាចនឹងរើស
at one' s x ចំណង់
take an x on a house សិទ្ធិទិញឬលក់តាមកាលកំណត់

radio is an x របស់ដែលយកក៏បានមិនយកក៏បាន

optional['ɔpʃnl] *adj.* ស្រេចលើចិត្ត

optometry['ɔptɔːmətri] *n.* សិល្បពិនិត្យភ្នែកនិងកែភ្នែកដោយទស្សភណ្ឌ

opulent['ɔpjulənt] *adj.* x family ដែលស្តុកស្តម្ភទៅដោយសម្បត្តិទ្រព្យ

x vegetation សម្បូណ៌

opus['əupəs] *n.* ស្នាដៃ

or[ɔːr] *conj.* ឬ

-or *suf.* បច្ច័យសម្រាប់ប្រើនឹងសព្ទខ្លះ មានន័យថា: អ្នកប្រព្រឹត្ត ប្រើ ឬ ធ្វើ, ឧ.

operate ប្រើ > operator អ្នកប្រើ

oral['ɔːrəl] *adj.* x hygiene នៃមាត់

x agreement ដែលធ្វើមាត់ទទេ

-n. Educ. ការសួរមាត់ទទេ, ការដេញប្រយោគ (ប្រឡង)

orange['ɔriʤ] *n.* eat an x ក្រូចពោធិ៍សាត់

the color x ពណ៌លឿងទុំ, ពណ៌ស្វាទុំ

-adj. x car ដែលមានពណ៌ឬលាបពណ៌លឿងទុំ

x marmalade ដែលធ្វើពីក្រូចពោធិ៍សាត់

orangutan[ɔː,ræŋuː'tæn] *n.* ស្វាធំម្យ៉ាង

oration[ɔː'reiʃn] *n.* សុន្ទរកថា

orator['ɔrətər] *n.* អ្នកស្លូត្រសុន្ទរកថា

Lit: វាគ្មិន

oratory['ɔrətri] *n.* សិល្បខាងការថ្លែងសុន្ទរកថា

orbit['ɔːbit] *n.* x of the earth គ្រហបថ

x of an atom គន្លងមូលឬពងក្រពើ

social o. រង្វង់មិត្ត

-tv. ក្រឡឹងជុំវិញ, វិលជុំវិញ

orchard['ɔːʧəd] *n.* ចំការឈើផ្លែ

Lit: ឧទ្យានារាម, ចំការផលព្រឹក្ស

orchestra['ɔːkistrə] *n.* conduct an x វង់ភ្លេង

Lit: វង់តន្ត្រី, តូរិយាង្គ

seats in the x ជាន់ក្រោមនៃរោងកុនល្ខោន។ល។

orchestrate['ɔːkistreit] *tv.* តែងភ្លេងសម្រាប់វង់តន្ត្រី

Fig. x the operation សម្របសម្រួល, ធ្វើឱ្យប្រព្រឹត្តទៅបានស្រួល

orchid['ɔːkid] *n.* ផ្កាកេសរ *Fr:* អ័រគីដេ

ordain[ɔː'dein] *tv.* x a priest បំបួស

(God) ordained (it.) កំណត់វាសនាជាមុន

ordeal[ɔː'diːl] *n.* ពិសោធន៍ (អាក្រក់)

order['ɔːdər] *n.* obey an x បញ្ជា, សេចក្តីបង្គាប់

put the house in x រៀបរៀបរយ, សណ្តាប់ធ្នាប់

consecutive x លំដាប់

purchase o. បញ្ជាទិញ

Biol. x of mammals ចំពូក

an x of fried chicken អាហារមួយចានមួយមុខ (នៅហាងបាយ)

(affairs are) in o. រៀបរយ

(march) in o. ជាលំដាប់

(Rest is) in o. ជាការគួរធ្វើ

(Watch is) out of o. ខូច, មិនដើរ

(cards are) out of o. មិនត្រូវលំដាប់

(comment is) out of o. មិនគួរសម

in o. to ដើម្បីនឹង

in short o. ភ្លាមៗ, ដែលធ្វើភ្លាមៗ

-tv. x him to go ឱ្យបញ្ជា

x a drink ហៅ

x a replacement ដាក់បញ្ជាទិញ

x the cards ដាក់ឱ្យរៀងគ្នាជាលំដាប់

orderly['ɔːdəli] *adj.* x housekeeper ដែលមានសណ្តាប់ធ្នាប់

x citizen ត្រឹមត្រូវ, ដែលគោរពច្បាប់

-n. Mil. general's x ទាហានដែលគេចាត់ឱ្យបម្រើ

នាយទាហានធំ

hospital x អ្នកជួយធ្វើការផ្សេងៗក្នុងមន្ទីរពេទ្យ

ordinal['ɔ:di nl] ***adj.*** បូរណសំខ្យា (ដូចជាទី១ ទី២ ។ល។)

ordinance['ɔ:di nəns] ***n.*** បញ្ញត្តិ

ordinary['ɔ:dnri] ***adj.*** x variety សាមញ្ញ

x quality (ធុន) អន់

for all x purposes ធម្មតា

-n. out of the o. ប្លែក

ordinate[,ɔ:di nei t] ***n.*** អរដោនេ

ordnance['ɔ:dnəns] ***n.*** *Mil.* យុទ្ធភ័ណ្ឌ

ore[ɔ:r] ***n.*** រ៉ែ

organ['ɔ:gən] ***n.*** pipe x *Fr.* អកហ្គ៍, ប៉ីយ៉ាណូខ្យល់ (គ្រឿងភ្លេងម្យ៉ាងស្រដៀងគ្នានឹងប៉ីយ៉ាណូ)

x of the body សរីរាង្គ

x of a political party អង្គការពតិមាន

organic[ɔ:'gæni k] ***adj.*** x functions នៃសរីរាង្គ

x matter ដែលមានឬធ្លាប់មានជីវិត

organism['ɔ:gəni zəm] ***n.*** living x អ្វីៗដែលមានជីវិត (សត្វនិងរុក្ខជាតិ)

political x អង្គការ

organization[,ɔ:gənai 'zei ʃn] ***n.*** political x អង្គការ

the x of the government របៀបរៀបចំ, របៀបចាត់ចែង

good at x ការរៀបចំ, ការចាត់ចែង

organize['ɔ:gənai z] ***tv.*** x a political party រៀបចំបង្កើត

x one' s affairs ចាត់ចែងឱ្យបានស្រួល

-iv. រួបរួមជាអង្គការ

orgasm['ɔ:gæzəm] ***n.*** ទីបំផុតនៃតម្រេក

orgy['ɔ:ʤi] ***n.*** ការសេពហួសប្រមាណ (ដូចជានៅពិធីជប់លៀងដ៏ធំជាដើម)

orient['ɔ:ri ənt] ***n. Cap.*** អាស៊ី

-tv. x a program តម្រង់ទៅខាងណាមួយ

x students បង្ហាញផ្លូវ, ណែនាំ (លើកដំបូង)

o. oneself ងាករកទិស

oriental[,ɔ:ri 'entl] ***adj.*** x direction ខាងកើត

Cap. x philosophy នៃបូព៌ាប្រទេស

orientation[,ɔ:ri ən'tei ʃn] ***n.*** x of students ការបង្ហាញផ្លូវ, ការណែនាំ (លើកដំបូង)

theoretical x អនុស្ថាប័ន

x of a journey របកទិស

orifice['ɔri fi s] ***n.*** ប្រហោង, រន្ធ

origin['ɔri ʤi n] ***n.*** x of a movement កំណើត

x of a stream ប្រភព

of German x ពូជពង្ស

original[ə'ri ʤənal] ***adj.*** x tires ដែលជាប់មកជាមួយ (តាំងពីដើម)

x idea ដែលឥតយកលំនាំតាមគេ, ខ្លួនឯង

x copy ដើម

originality[ə,ri ʤə'næləti] ***n.*** x of an idea ភាពឥតយកលំនាំតាមអ្នកណា

prove the x of a painting ភាពមែនទែន (ផ. ន. ក្លែងក្លាយ)

originate[ə'ri ʤi nei t] ***tv.*** ផ្ដើម

-iv. ចាប់ផ្ដើម

ornament['ɔ:nəmənt] ***n.*** គ្រឿងតុបតែង

-tv . តែង, តុបតែង

ornate[ɔ:'nei t] ***adj.*** ដែលតុបតែង, លំអ

ornithology[,ɔ:ni 'θɔləʤi] ***n.*** បក្សីសាស្ត្រ

ornithologist[,ɔ:ni 'θɔləʤi st] ***n.*** អ្នកបក្សីសាស្ត្រ

orphan['ɔ:fn] ***n.*** ក្មេងកំព្រា (ទាំងម្ដាយទាំងឪពុក)

-tv. ធ្វើឱ្យកំព្រា

orphanage['ɔ:fəni ʤ] ***n.*** គ្រឹះស្ថានរក្សាក្មេងកំព្រា

orthodox['ɔ:θədɔks] *adj.* x Jew ដែលប្រកាន់វិន័យចាស់
x approach ធម្មតា
orthography[ɔ:'θɔgrəfi] *n.* អក្ខរាវិរុទ្ធ
orthopedics[,ɔ:θə'pi:di ks] *n.* សិល្បខាងកែខៃរូបកាយ
oscillate[,ɔsi lei t] *iv.* យោលទៅយោលមក
oscillation[,ɔsi 'lei ʃn] *n.* ការយោលទៅយោលមក
osmosis[ɔz'məusi s] *n.* អាសារ៉ណ
ossification[,ɔsi fi 'kei ʃn] *n.* អដ្ឋិរូហណា
ossify['ɔsi fai] *iv.* *(pt. , pp.* ossified*)* ក្លាយទៅជាឆ្អឹង
-tv. ធ្វើឱ្យក្លាយទៅជាឆ្អឹង
ostensible[ɔ'stensəbl] *adj.* ដែលជាពហិលក្ខណៈ
ostentatious[,ɔsten'tei ʃəs] *adj.* ដែលសម្ញែងឬបញ្ចេញ
ostracize['ɔstrəsai z] *tv.* បណ្ដេញចេញពីក្រុមអ្វីមួយ
ostrich['ɔstri ʧ] *n. Fr:* អូទ្រុស (សត្វស្លាបយ៉ាងធំម្យ៉ាងមិនចេះហើរ តែរត់លឿនណាស់)
other['ʌðər] *adj.* x people ឯទៀត
one x person ទៀត
the o. side ខាងម្ខាងទៀត
on the o. hand ម្យ៉ាងទៀត
the o. day ថ្ងៃមុននោះ
every o. day មួយថ្ងៃខានមួយថ្ងៃ
o. than ក្រៅពី
-pron. I' ll take the x. មួយទៀត
each o. ទៅវិញទៅមក
Pl. respect for x អ្នកឯទៀត
otherwise['ʌðəwai z] *adv.* x you'll die. បើមិនដូច្នោះទេ
I' d do it x. ផ្សេងពីនេះ, តាមបែបផ្សេង
otter['ɔtər] *n.* ភេ
ouch[auʧ] *interj.* អូយ!, អ៊ុយ!, អូយយ៉ូយ!
ought[ɔ:t] *aux.* ត្រូវ, គោង, គួរ
ounce[auns] *n.* x of weight រង្វាស់ទម្ងន់ ២៨, ៣៥ក.
x of volume រង្វាស់ចំណុះ០, ០២៩លីត្រ
our['auər] *1st pers. pl. poss. adj.* យើង
ours['auəz] *1st pers. pl. poss. pron.* របស់យើង
ourselves[auə'selv] *1st pers. pl. refl. pron.*
do it x. ខ្លួនឯង
among o. រវាងគ្នាយើង
oust[aust] *tv.*ដេញចេញពីតំណែង
ouster[austər] *n.* ការដេញចេញពីតំណែង
out[aut] *adv.* take it x ចេញ
pick o. (a dress) រើសយក
work o. (a solution) ដោះស្រាយ
try o. for សាក
fall o. (with s . o.) ខាស់អធ្យាស្រ័យ
o. and away ឆ្ងាយណាស់ (ល្អជាង។ល។)
-prep. o. the door តាមទ្វារទៅក្រៅ
go x Chestnut Street តាម (ឆ្ពោះទៅខាងក្រៅ)
Coll. (made) o. of (wood) ពី, អំពី
o. of (spite) ដោយ
-adj. doctor is x មិននៅ
light is x បិទហើយ
fire is x រលត់ហើយ
patient is x មិនដឹងខ្លួន
o. of (gas) អស់ (ឧ.អស់សាំង អស់ភ្លើង)
o. of alignment មិនត្រង់ឬមិនស្មើ
-n. leave himself an x សេចក្ដីដោះសា
ins and outs កិច្ចការក្នុងក្រៅ
Id. on the outs with ខាស់អធ្យាស្រ័យនឹង
out-[aut] *pref.* បុព្វបទមានន័យថា:
1. ប្រព្រឹត្តទៅបានប្រសើរជាង,
ឧ. run រត់ > outrun រត់លឿនជាង
2. ក្រៅ, ឆ្ពោះទៅក្រៅ, ឧ.
side ខាង > outside ខាងក្រៅ

out-and-out[,aut ən 'aut] ***adj.*** ពេញទី,
ទាំងស្រុង
outbound['autbaund] ***adj.*** ដែលសំដៅទៅក្រៅ
outbreak['autbrei k] ***n.*** ការកើតមាន
outburst['autbɜ:st] ***n.*** ការផ្ទុះ, ការផ្ទុះ
outcast['autkɑ:st] ***n.*** ស្ទូរ:
-adj. ដែលគេបន្សាត់ចោល
outcome['autkʌm] ***n.*** លទ្ធផល
outcry['autkrai] ***n.*** x of pain សម្រែកយ៉ាងខ្លាំង
public x ការប្រឆាំងឬជំទាស់ឬទាមទារអ្វីមួយយ៉ាងខ្លាំង
outdated[aut'dei ti d] ***adj.*** ហួសសម័យ
outdo[,aut'du:] ***tv.*** ធ្វើបានល្អជាង
outdoor[,autdɔ:r] ***adj.*** នៅក្រៅ, ក្រៅអាគារ,
នៅកណ្ដាលវាល
outdoors[,aut'dɔ:z] ***adj.*** He' s x. នៅក្រៅអាគារ
-n. the great x ទីកណ្ដាលវាល
outer['autər] ***adj.*** ខាងក្រៅ
outermost['autəməust] ***adj.*** ក្រៅគេបំផុត
outfit['autfi t] ***n.*** cowboy x គ្រឿងស្លៀកពាក់
military x ក្រុម
-tv. (pt., pp. outfitted*)*
x her in fine clothing បំពាក់, ស្លៀកពាក់ឱ្យ
x an expedition ផ្ដល់នូវបរិក្ខារ
outgo['autgəu] ***n.*** ចំណាយ
outgoing['autgəui ŋ] ***adj.*** x train ដែលចេញ
x funds ដែលចំណាយ
x personality រួសរាយ
outgrow[,aut'grəu] ***tv.*** *(pt. , pp. see* grow*)*
ធំហួស
outgrowth['autgrəuθ] ***n.*** x of an earlier plan
អ្វីៗដែលជាលទ្ធផលនៃអ្វីមួយទៀត
x of leaves អ្វីដែលដុះចេញ
outhouse['authaus] ***n.*** *Coll.* បង្គន់ក្រៅផ្ទះ
outing['auti ŋ] ***n.*** ដំណើរកំសាន្ត

outlandish[aut'lændi ʃ] ***adj.*** ចំឡែកខុសពី
គេខ្លាំងពេក
outlast['aut'lɑ:st] ***tv.*** រស់, ជាប់ ។ល។
បានយូរជាង
outlaw['autlɔ:] ***n.*** ចោរ
-tv. ប្រកាសថាខុសច្បាប់,ចាត់ជាខុសច្បាប់
outlet['autlet] ***n.*** x of a lake ច្រកទឹកហូរចេញចូល
sales x ផ្សារលក់ចេញ, វិវដ្ឋាន
electrical o. កន្លែងសម្រាប់ដោតបន្តអគ្គិសនី
outline['autlai n] ***n.*** x for an essay គម្រោង
see only his x ទម្រង់ក្រៅ
-tv. x his plan ផ្ដល់នូវចំណុចសំខាន់ៗ
x a drawing គូរវាសខ្សែស។
outlive[,aut'li v] ***tv.*** មានអាយុវែងជាង (អ្នកណា
ម្នាក់) រស់បានយូរជាង
outlook['autluk] ***n.*** x on life ទស្សនវិស័យ
business x ការប្រមើលអនាគត
outlying['autlai i ŋ] ***adj.*** នៅឆ្ងាយ (ពីទីណាមួយ)
outmoded[,aut'məudi d] ***adj.*** ផុតសម័យ
outnumber[,aut'nʌmbər] ***tv.*** មានចំនួនច្រើនជាង
out-of-date[,aut əv dei t] ***adj.*** ផុតសម័យ
out-of-the-way[,aut əv ðə wei] ***adj.*** x places
ដែលនៅឆ្ងាយពីគេ
x ideas ប្លែកពីធម្មតា
outpost['autpəust] ***n.*** ប៉ុស្តិ៍មុខ
output['autput] ***n.*** industrial x ទិន្នផល
x of a tape recorder កន្លែងបញ្ចេញ
outrage['autrei ʤ] ***n.*** react with x កំហឹងខ្លាំង
the act was an x អំពើទ្រគោះយង់ឃ្នងជាខ្លាំង
-tv. ធ្វើឱ្យខឹងខ្លាំង
outrageous[aut'rei ʤəs] ***adj.*** x insult
ទ្រគោះយង់ឃ្នងជាខ្លាំង
x prices ថ្លៃហួសហេតុ
x outfit គួរឱ្យសើច

outrank[,aut'ræŋk] *tv.* មានស័ក្តិធំជាង

outright[aut'rai t] *adj.* x loss ទាំងស្រុង

x refusal ជាដាច់ខាត

outset['autset] *n.* ដើមដំបូង

outside[,aut'sai d] *n.* on the x ខាងក្រៅ

Id. at the o. យ៉ាងច្រើនបំផុត

-adj. x door ខាងក្រៅ

x influences ពីខាងក្រៅ

x estimate ជ្រុល

-prep. x the house ក្រៅ

o. the law ខុសច្បាប់

o. of ក្រៅ

-adv. go x ក្រៅ

outsider[,aut'sai dər] *n.* អ្នកក្រៅ

outskirts['autskɜːts] *n.* ជាយ (ក្រុង។ល។)

outsmart[,aut'smɑːt] *tv.* បញ្ឆោត, បន្លាច

outspoken[autspəukn] *adj.* ដែលនិយាយត្រង់ៗ

outspread[,aut'spred] *adj.* ដែលលាតត្រដាង, សន្ធឹង

outstanding[,aut'stændi ŋ] *adj.* x performance ដ៏ល្អ, ប្រសើរ, ចំណាន

x debts មិនទាន់សង

outstretch[,aut'stretʃ] *tv.* លាតត្រដាង, សន្ធឹង

outward['autwəd] *adj.* x appearances ខាងក្រៅ

x direction ឆ្ពោះទៅខាងក្រៅ

-adv. go x ខាងក្រៅ

outwit[,aut'wi t] *tv. (pt., pp.* outwitted*)* បញ្ឆោត, បន្លាច

oval['əuvl] *adj.* ពងក្រពើ, មូលទ្រវែង

ovary['əuvəri] *n. Fr:* អូវែរ *Lit:* អណ្ឌាសយ

ovation[əu'vei ʃn] *n.* សទ្ទសាទរ

oven['ʌvn] *n.* ឡ

over['əuvər] *prep.* roof x the house លើ

cross x the bridge លើឬកាត់

travel x Europe ពាសពេញ

look o. (papers) ពិនិត្យមើល

quarrel x money អំពី

x a mile ជាង, លើសពី

-adv. cross x ទៅកាត់

look sthg. o. ពិនិត្យមើល

(feel bad) all o. ពាសពេញទាំងខ្លួន

(travel) all o. ពាសពេញ

do it x ជាថ្មី, សាជាថ្មី

o. and o.ម្តងហើយម្តងទៀត

stay o. ស្នាក់នៅ

go o. (to the opposition) រត់ចូល, ចេញពីខាងនេះទៅចូលខាងនោះ

move o. a little ខិតទៅបន្តិចទៅ

-adj. x amount លើស

war is x ចប់ (ហើយ)

over-[,əuvər] *pref.* បុព្វបទមានន័យថា:

1. ច្រើន, ពេក, ហួស, ជ្រុល, ឧ. eat បរិភោគ > overeat បរិភោគច្រើនហួស

2. ក្រៅ, លើ, ឧ. coat អាវ > overcoat អាវពាក់ពីក្រៅ

overall[,əuvər'ɔːl] *adj.* x price សរុប

x measurement ទាំងមូល

-n. pl. overalls ខោអៀម (ពាក់ពីក្រៅខោអាវនៅពេលធ្វើការ)

overbalance[,əuvə'bæləns] *tv.* ធ្វើឱ្យអស់លំនឹង, ធ្វើឱ្យម្ខាងធ្ងន់ឬស្រាលជាងម្ខាង

overbearing [,əuvə'beəri ŋ] *adj.* ដែលប្រើអំណាចឬជិះជាន់

overboard['əuvəbɔːd] *adv.* ពីនាវាទៅក្នុងទឹក

-adj. ដែលធ្លាក់ទៅក្នុងទឹកពីនាវា

overcast[,əuvə'kɑːst] *adj.* ស្រទំ, ខ្ទឹម (មេឃ)

overcharge[,əuvə'tʃɑːdʒ] *tv.* x a customer យកលើសតម្លៃ

x a battery បញ្ចូលអគ្គិសនីហួសកម្រិត

-*n.* an x of $5 ចំនួនយកលើសតម្លៃ

battery x អគ្គិសនីបញ្ចូលហួស

overcloud[,əuvə'klaud] *tv.* x the sky ធ្វើឱ្យបាំងទៅដោយពពក

x the future ធ្វើឱ្យស្រអាប់ (អ.ប.)

-*iv.* ស្រទំ, ឡើងស្រទំ

overcoat['əuvəkəut] *n.* អាវធំវែង

overcome[,əuvə'kʌm] *tv.* *(pt. , pp. see* come*)*

x the enemy ឈ្នះ

x difficulties ពុះពារហើយបានសម្រេចលើ, មានជ័យជំនះ

x by fumes ធ្វើឱ្យសន្លប់

-*iv.* ឈ្នះ

overdraw [,əuvə'drɔ:] *tv. Banking* សរសេរសែកហួសចំនួនប្រាក់ដែលមាននៅក្នុងកុង

overdrive['əuvədrai v] *n.* លេខខ្ពស់បំផុត, លេខលឿនបំផុត (រថយន្ត)

overdue['əuvə'dju:] *adj.* យឺត, ហួសកំណត់ពេល

overflow[,əuvə'fləu] *iv.* rivers x ហៀរ

-*tv.* x its banks ហៀរ

-*n.* catch the x អ្វីៗដែលហៀរចេញ

overhaul[,əuvə'hɔ:l] *tv.* ជួសជុល (ម៉ាស៊ីន)

overhead[,əuvəhed] *adj.* នៅខាងលើ

-*n.* ប្រាក់ចំណាយផ្សេងៗ

overhear[,əuvə'hi ər] *tv.* ឮ (ដោយឥតបានបម្រុងនឹងស្តាប់)

overland['əuvəlænd] *adj.* go x តាមផ្លូវគោក

-*adj.* o. route ផ្លូវគោក

overlap[,əuvə'læp] *iv.* *(pt. , pp. see* lap*)*

boards x ជាន់លើគ្នា, គងលើគ្នា

times x ជាន់គ្នា

subjects x ចូលគ្នាខ្លះ

-*tv.* x boards ដាក់ជាន់លើគ្នា

x times ធ្វើឱ្យជាន់គ្នា

x subjects ធ្វើឱ្យចូលគ្នាខ្លះ

-*n.* physical x ដំណើរជាន់លើគ្នា

time x ដំណើរជាន់គ្នា

content x ផ្នែកខ្លះដែលដូចគ្នា

overlay[,əuvə'lei] *tv.* លាប ឬបិទឬក្រប (ពីលើ)

-*n.* អ្វីៗដែលលាបឬបិទពីលើ (មានទឹកមាស ប្រាក់។ល។)

overlook[,əuvə'luk] *tv.* x a detail មើលមិនឃើញ

x his faults បំភ្លេច

x the valley ចិតនៅកន្លែងដែលអាចមើលឃើញ

-*n.* scenic x កន្លែងដែលអាចមើលឃើញទៅក្រោម

overlord['əuvəlɔ:d] *n.* អធិរាជ

overly['əuvəli] *adv.* ក្រៃពេក, ហួស

overnight[,əuvə'nai t] *adv.* stay x មួយយប់

-*adj.* o. stop ការឈប់នៅពេលយប់ (ដូចនៅពេលធ្វើដំណើរឆ្ងាយ)

o. bag កូនវ៉ាលិស

overpass['əuvəpɑ:s] *n.* ផ្លូវដែលឆ្លងកាត់លើផ្លូវមួយទៀត

-*tv.* ឆ្លងកាត់ពីលើ

overpower[,əuvə'pauər] *tv.* x the enemy មានជ័យជំនះលើ

x a criminal ឈ្នះដៃ (ច្រើនក្រោយការ ប្រវាយប្រតប់គ្នាជាដើម)

x an impulse ទប់បាន

drugs x ធ្វើឱ្យធ្វើមួយលែងកើត

override[,əuvə'rai d] *tv.* *(pt. , pp. see* ride*)*

x their objections មានជ័យជំនះលើ

x all others in importance លើសលុប

x the curb ឡើងលើ

overrun[,əuvə'rʌn] *tv.* *(pt. , pp. see* run*)*

x the enemy camp លុកលុយ

weeds x the garden រាតត្បាត

words x the margin ហួស

x its banks ហៀរ

-n. cost o. ប្រាក់លើសពីការប្រមាណ (ក្នុងការចំណាយធ្វើអ្វីមួយ)

overseas[,əuvə'si:z] *adj.* នៅក្រៅប្រទេស

-adv. go o. ទៅក្រៅប្រទេស

-n. ស្រុកក្រៅ

oversee[,əuvə'si:] *tv. (pt.,pp. see* see*)* មើលខុសត្រូវ, ត្រួតត្រា

overshadow[,əuvə'ʃædəu] *tv.* His accomplishments x mine. លុបលើ

Clouds x the scene. ចោលស្រមោលទៅលើ

overshoe['əuvəʃu:] *n.* ស្រោមស្បែកជើង (ពាក់កំឱ្យស្បែកជើងត្រូវទឹក ។ល។)

oversight['əuvəsai t] *n.* អំពើធ្វើដោយធ្វេសប្រហែស

oversleep[,əuvə'sli:p] *iv. (pt. , pp. see* sleep*)* ដេកជ្រុល, លង់ដំណេក

overt['əuv3:t] *adj.* ដែលបញ្ចេញឱ្យឃើញ

overtake[,əuvə'tei k] *tv. (pt., pp. see* take*)* ទាន់

overthrow[,əuvə'θrəu] *tv. (pt. , pp. see* throw*)*

x a regime ទម្លាក់, រំលំ

-n. x of the regime ការទម្លាក់, ការរំលំ

overtime['əuvətai m] *n.* get payed for x ពេលធ្វើការក្រៅម៉ោងធ្វើការធម្មតា

get x ប្រាក់បំណាច់ក្រៅម៉ោងធ្វើការធម្មតា, ប្រាក់បំណាច់លើសម៉ោង

-adj. x pay សម្រាប់ពេលធ្វើការក្រៅម៉ោង

x work ក្រៅម៉ោងធ្វើការធម្មតា

overtone['əuvətəun] *n.* high x frequency ស្នូរខ្ពស់ជាងស្នូរឯទៀត

x of suspicion ន័យមិនបញ្ចេញឱ្យឃើញត្រង់

overture['əuvətjuər] *n.* make an x to them ការស្នើលមើល

Mus. x to the symphony សេចក្តីផ្តើម

overturn[,əuvə't3:n] *tv.* x a cup ធ្វើឱ្យដួល

x a bus ធ្វើឱ្យក្រឡាប់

x a decision បដិសេធ

-iv. cups x ដួល

cars x ក្រឡាប់

overweight [,əuvə'wei t] *adj.* x patient ធាត់ហួស

x passenger លើសទម្ងន់ (អីវ៉ាន់ដែលគេអនុញ្ញាតឱ្យយកទៅជាមួយ)

-n. ទម្ងន់លើស

overwhelm[,əuvə'welm] *tv.* x the enemy សង្កប់យក

(His emotions) overwhelmed (him) ធ្វើឱ្យរំភើបយ៉ាងខ្លាំង

overwhelming[,əuvə'welmi ŋ] *adj.* ដែលលើសលប់

oviparous[əu'vi pərəs] *adj.* ដែលកើតពីស៊ុត

Lit: អណ្ឌជៈ

ovoid['əuvɔi d] *adj.* ដែលមានរាងជាស៊ុត

ovum['əuvəm] *n.* ពង *Lit:* បញ្ចុណ្ឌ

owe[əu] *tv.* x him the money ជំពាក់

o. his success to hard work គាត់មានជោគជ័យដោយសារការខំធ្វើការ

owl[aul] *n.* ទីទុយ

own[əun] *tv.* x a house មាន (ជាម្ចាស់)

o. one' s faults ទទួលកំហុស

-iv. o. up to ទទួលសារភាព

-adj. his x money ដែលមានខ្លួនឯង

Id. be his o. man គ្មានអ្នកណាជាចៅហ្វាយពីលើ

-n. It' s my o. ជារបស់ខ្ញុំ

on one' s o. ដោយខ្លួនឯង

owner['əunər] *n.* ម្ចាស់

ox[ɔks] *n. (pl.*oxen*)* គោឈ្មោល

Year of the O. ឆ្នាំឆ្លូវ

oxidation[,ɔksi dei ʃn] *n.* អុកស៊ីដកម្ម

oxide['ɔksai d] *n. Fr:* អុកស៊ីដ

oxidize['ɔksi dai z] *tv.* x gas ដាក់លាយបញ្ចូលនឹងអុកស៊ីហ្សែន

x metal ធ្វើឱ្យច្រេះចាប់

-iv. gases x ស្រូបយកអុកស៊ីហ្សែន

metals x ច្រេះ

oxygen['ɔksi dʒen] *n. Fr:* អុកស៊ីហ្សែន

Lit: ជាតិកា

oyster['ɔi stər] *n.* ខ្យងស៊ិត , ងាវ

oz., ozs. (ព. ស. ក. នៃ ounce, ounces)

ozone['əuzəun] *n. Fr:* អូហ្សូន

P

P, p[piː] អក្សរទី១៦តាមលំដាប់អក្ខរក្រមអង់គ្លេស

Id. Mind your p' s and q' s. ប្រព្រឹត្តឱ្យសមរម្យ

pa[pɑː] *n. Coll.* ប៉ា

pace[pei s] *n.* one x to the right ជំហាន

rapid x ល្បឿន

-tv. x the floor ដើរទៅមកៗ

x one' s work ធ្វើដោយប្រមាណ

p. off វាស់នឹងជំហាន

-iv. ដើរទៅវិញទៅមកៗ

pachyderm['pæki dɜːm] *n.* ពហលចម៌ (សត្វដែលមានស្បែកក្រាស់ មានសត្វដំរីជាដើម)

pacific[pə'si fi k] *adj.* x nation ដែលស្នេហាសន្តិភាព

x policy ដើម្បីនឹងធ្វើឱ្យមានសន្តិភាព

-n. Cap. មហាសមុទ្រប៉ាស៊ីហ្វិក

pacification[,pæsi fi 'kei ʃn] *n.* សន្តិភាវកម្ម

pacifier['pæsi fai ər] *n.* skilled as a x អ្នកធ្វើឱ្យមានសន្តិភាព

Lit: សន្តិភាវករ

baby' s x គ្រឿងសម្រាប់កូនង៉ាជញ្ជក់លេង

pacifism['pæsi fi zəm] *n.* សន្តិនិយម

pacifist['pæsi fi st] *n.* អ្នកសន្តិនិយម

pacify ['pæsi fai] *tv.* (*pt.*, *pp.* pacified)

x the countryside ធ្វើឱ្យមានសន្តិភាព

x a baby ធ្វើឱ្យស្ងៀម

x one' s appetite ធ្វើឱ្យស្ងប់

pack[pæk] *n.* x of cigarettes កញ្ចប់

x of wolves ហ្វូង (ឆ្កែ ចចក ។ល។)

back x ចង់ស្ពាយ (ពីក្រោយខ្នង)

ice p. កញ្ចប់ទឹកកកស្ទំ

-tv. x clothes រៀបដាក់ហឹប

x a trunk រៀបដាក់ (ក្នុង)

x supplies on one' s back ស្ពាយពីក្រោយខ្នង

x the snow បង្ហាប់

-iv. x for a trip រៀបចំអីវ៉ាន់ដាក់ហឹបឬវ៉ាលិស

(snow) packs ឡើងហាប់

p. up រៀបចំអីវ៉ាន់ដាក់ហឹបឬវ៉ាលិស

-adj. x animal សម្រាប់ដឹកនាំអីវ៉ាន់ផ្ទាល់នឹងខ្នង (សេះ លា ។ល។)

package['pæki dʒ] *n.* កញ្ចប់

-tv. ខ្ចប់

packet['pæki t] *n.* សំណុំ (តូច)

-tv. ចងជាសំណុំ

packing['pæki ŋ] *n.* works at x ការរៀបដាក់ប្រអប់

use paper as x វត្ថុប្រើសម្រាប់រុំទ្រាប់ឬញាត់របស់ដែលត្រូវដឹកនាំដើម្បីកុំឱ្យបែកបាក់

pact[pækt] *n.* កតិកាសញ្ញា

pad[pæd] *n.* felt x ទ្រនាប់

x of paper ដុំកំណត់

kin p. ប្រអប់ទឹកខ្មៅត្រា

x of a dog' s foot ស្បែកក្រាស់នៃបាតដៃបាតជើងសត្វខ្លះ

hear the x of feet សូរជើងតិចៗ

heating p. ខ្នើយកំដៅស្តំ

lily x ស្លឹក (ព្រលឹត ឈូក ។ល។)

Sl. rent a x ផ្ទះល្វែង

-tv. (pt., pp. padded*)* x a table ទ្រាប់

x a speech បន្ថែមឱ្យតែបានវែង

x a path ដើរស្ងាត់ៗ

padding['pædi ŋ] ***n.*** cotton x ទ្រនាប់

x in a speech សេចក្ដីបន្ថែមឱ្យតែបានវែង

paddle['pædl] ***n.*** boat x ចង្វា

dog p. ការហែលទឹកដូចឆ្កែ

teacher' s x បន្ទាត់សម្រាប់វាយ

-tv. x a canoe អុំ

x butter កូរនឹងចង្វា (ដូចជានៅពេលគេធ្វើស្ក្រោតជាដើម)

x a child វាយនឹងបន្ទាត់

-iv. ហែលដូចឆ្កែ

paddock['pædək] ***n.*** វាលស្មៅមានរបងព័ទ្ធជុំវិញ

paddy['pædi] ***n.*** irrigated rice x ស្រែ

five kilos of x ស្រូវ

padlock['pædlɔk] ***n.*** សោត្រដោក

-tv. ចាក់សោ (ដោយប្រើសោត្រដោក)

pagan['pei gən] ***n.*** អ្នកមិនជឿគ្រិស្តសាសនា

Lit: ពាហិរជន

page[1]['pei ʤ] ***n.*** ទំព័រ

-tv. បង់លេខទំព័រសៀវភៅ, ដាក់លេខទំព័រ

page[2]['pei ʤ] ***n.*** ក្មេងបម្រើ

Lit: ហៅឈ្មោះ

pageant['pæʤənt] ***n.*** ពិធីសម្តែងឱ្យមើលយ៉ាងអធឹកអធម

pagoda[pə'gəudə] ***n.*** walls of the x វត្ត

three-tiered x វិហារ

paid[pei d] *(pt., pp. of* pay*)*

pail[pei l] ***n.*** water x ធុង (មានដៃសម្រាប់យួរ)

lunch p. ប្រអប់ដាក់បាយ

pain[pei n] ***n.*** physical x ការឈឺចាប់ឬចុក

mental x សេចក្ដីលំបាកឈឺចាប់

(take great) pains ការផ្ចិតផ្ចង់

on x of death ទោស

-tv. ធ្វើឱ្យឈឺចាប់ឬចុក

-iv. ឈឺ

painful[pei nfl] ***adj.*** x wound ដែលឈឺដែលចាប់

x decision ដែលបណ្ដាលឱ្យមានឈឺចាប់ក្នុងចិត្ត

painstaking['pei nztei ki ŋ] ***adj.*** ដែលផ្ចិតផ្ចង់

paint[pei nt] ***n.*** red x ថ្នាំលាប (ឡាន ជញ្ជាំង ផ្ទះ ។ល។)

face p. ថ្នាំផាត់មុខ (សម្រាប់តែងខ្លួន)

-tv. x a house លាបពណ៌

x a picture គូរ

x a sore លាបថ្នាំ

x a dark picture ពណ៌នា

painter['pei ntər] ***n.*** famous x ជាងគំនូរ

Lit: វិចិត្រករ

house x ជាងលាប (ផ្ទះ ។ល។)

painting['pei nti ŋ] ***n.*** famous x គំនូរលាបពណ៌

Lit: រូបវិចិត្រ

house x ការលាបពណ៌

pair[peər] ***n.*** x of shoes គូ

p. of pants ខោមួយ

happy x មួយគូ (សម្រាប់តែស្រីនិងប្រុស)

-tv. x shoes ដាក់ជាគូ, ផ្គូ

p. off (young people) ផ្គូ, ផ្សំផ្គុំ

-iv. p. off រួមគ្នាជាគូ

pajamas[pə'ʤɑːməz] ***n.*** ខោអាវស្លៀកដេក

Fr: ភីស្សាម៉ា

pal[pæl] ***n.*** *Coll.* គូកនជិតស្និទ្ធ

palace['pæləs] ***n.*** royal x វាំង

Lit: ព្រះបរមរាជវាំង

exhibition x វិមាន (អាគារដ៏ល្អវិសេស)

palatable['pælətəbl] *adj.* x food មានឱជារស, បរិភោគបាន

x duty ល្មមទទួល

palatal['pælətl] *adj.* នៃក្រអូមឬពិតានមាត់

palate['pælət] *n.* cleft x ពិតានមាត់

Lit: កន្ទើង, តាលុ

delicate x ការដឹងរសជាតិ

palatial[pə'lei ʃl] *adj.* ដូចវាំង

pale[1][pei l] *adj.* x complexion ស្លាំង

x yellow ព្រលែត

x imitation ធីអន់

-iv. ឡើងស្លាំង

-tv. ធ្វើឱ្យស្លាំង

pale[2][pei l] *n.* fence x បង្គោល (របង)

beyond the x of the church ព្រំដែន

paleontology[,pæli ɔn'tɔlədʒi] *n.* បាសាណភូតវិទ្យា

palette['pælət] *n.* ក្ដារសម្រាប់លាយថ្នាំពណ៌

pali['pei li] *pr. n.* ភាសាបាលី *Lit:* មគធភាសា

palisade[,pæli 'sei d] *n.* របងការពារ (ធ្វើដោយបង្គោលឬចម្រឹង)

pall[pɔ:l] *iv.* ធ្វើឱ្យធិនណាយ

-n. បរិយាកាសស្រងូតស្រងាត់

pallbearer['pɔ:lbeərər] *n.* អ្នកសែងមឈូស

pallet['pælət] *n.* ពូកញាត់ចំបើងឬស្លឹកឈើ

pallid['pæli d] *adj.* ស្លេកស្លាំង

pallor['pælər] *n.* សម្បុរស្លាំង

palm[1][pɑ:m] *n.* ប្រអប់ (ដៃ)

-tv. x a card លាក់នឹងប្រអប់ដៃ

Id. p. off បន្លំបន្ទំអ្នកដទៃទទួលយកទៅឱ្យតែផុតពីដៃខ្លួន

palm[2][pɑ:m] *n.* plant a x ត្នោតព្រឹក្ស

sugar p. (ដើម) ត្នោត

coconut p. (ដើម) ដូង

areca p. (ដើម) ស្លា

palmistry['pɑ:mi stri] *n.* វិជ្ជាទាយបាតដៃ

Lit: ហត្ថរេខាវិជ្ជា

palsy['pɔ:lzi] *n.* រោគស្លាប់អវយវៈ

pamper['pæmpər] *tv.* ថ្នាក់ថ្នម

pamphlet['pæmflət] *n.* លិខិតខ្លីៗ

Lit: ចុល្លលិខិត

pan[pæn] *n.* frying x ខ្ទះ

water x ចានដែក

-tv. (*pt.* , *pp.* panned) x gold លាង (ឱ្យដីអណ្តែតអស់ទៅដោយប្រើចានដែក។ល។)

Sl. x a new play ទិទាតយ៉ាងខ្លាំង

-iv. p. out បានសម្រេច

pancake['pænkei k] *n.* នំចាក់ចុល

pancreas['pæŋkri əs] *n.* លំពែង (អាការក្នុងខ្លួន)

pandemonium[,pændə'məuni əm] *n.* ចលាចលស្រែកឡូឡាយ៉ាងខ្លាំង

pander['pændər] *n.* មេអណ្ដើក

-iv. ធ្វើមេអណ្ដើក

p. to ផ្គាប់ចិត្ត

pane[pei n] *n.* កញ្ចក់បង្អួចឬទ្វារ

panel['pænl] *n.* wooden x បន្ទះ

Law x of jurors ក្រុម

-tv. x a room ពាសនឹងបន្ទះក្តារ

Law x a jury ជ្រើសរើស

pang[pæŋ] *n.* ការឈឺចាប់, ការចុកចាប់

panic['pæni k] *n.* ភ័យរកគិតអ្វីមិនទាន់

Lit: អហេតុកភ័យ

-iv. ស្លន់

-tv. ធ្វើឱ្យស្លន់

panic-stricken['pæni k strai kn] *adj.* ស្លន់

panorama[,pænə'rɑ:mə] *n.* ទេសភាពធំទូលាយ

Lit: សព្វទស្សន៍

pant[pænt] *iv.* x with exhaustion ដង្ហក់
x for revenge ញ៉ាំរ៉ៃ (ចង់ធ្វើអ្វីមួយ)
-n. ដង្ហក់

pantheism['pænθi i zəm] ***n.*** ជំនឿថាមានអាទិទេពគ្រប់កន្លែង

panther['pænθər] ***n.*** ខ្លារខិន

panties['pænti z] ***n.*** ខោទ្រនាប់ (របស់ស្រី)

pantomine['pæntəmai n] ***n.*** មូកភាសា
-tv . . iv. សម្ដែងមូកភាសា

pantry['pæntri] ***n.*** បន្ទប់ដាក់ចានឆ្នាំងស្បៀង ។ល។

pants[pænts] ***n.*** ខោ

papa[pə'pɑ:] ***n.*** *Coll.* ប៉ា

papaya[pə'pai ə] ***n.*** ល្ហុង

paper[pei pər] ***n.*** writing x ក្រដាស
history x និពន្ធ, អត្ថបទ
(indentity) papers សំបុត្រស្នាម
daily x កាសែត
-tv. x a room បិទក្រដាសពាស
-adj. x doll ធ្វើពីក្រដាស
x profits ដែលមានតែនៅលើក្រដាស

paperback['pei pəbæk] ***n.*** សៀវភៅមានក្របស្ដើង

paprika['pæpri kə] ***n.*** ម្ទេសផ្លោកទុំកិនយ៉ាងល្អិត

par[pɑ:r] ***n.*** not up to p. មិនល្អដូចធម្មតា
on a p. with ស្មើរនឹង
Id. p. for the course ធម្មតា
Golf កម្រិតចំនួនត្រូវវាយចូលរន្ធនិមួយៗ (ហ្គុល)
-tv. Golf p. a hole វាយចូលរន្ធត្រូវនឹងចំនួនដែលគេកំណត់

parable['pærəbl] ***n.*** អធិប្បាយជារូបាធិដ្ឋាន

parachute['pærəʃu:t] ***n.*** ឆត្រយោង
Fr: ប៉ារ៉ាស៊ុត
-iv. លោតឆត្រយោង
-tv. ទម្លាក់ពីលើយន្តហោះដោយប្រើឆត្រយោង

parade[pə'rei d] ***n.*** military x ដំណើរក្បួន
Lit: ព្យុហយាត្រា
x of callers ដំណើរតៗគ្នា
-iv. ដើរជាព្យុហយាត្រា
-tv. ឱ្យដើរតៗគ្នា

paradise['pærədai s] ***n.*** ឋានសួគ៌

paradox['pærədɔks] ***n.*** បរមតិ, ប្រតិមតិ

paraffin['pærəfi n] ***n. Fr:*** ប៉ារ៉ាហ្វីន

paragraph['pærəgrɑ:f] ***n.*** វគ្គ, ភាគ
Lit: កថាខណ្ឌ
-tv. ចែកជាវគ្គ

parakeet['pærəki:t] ***n.*** សេកម្យ៉ាងតូចៗ

parallel['pærəlel] ***adj.*** x lines ស្រប
x developments ដែលប្រព្រឹត្តទៅជាមួយគ្នា
x opinions ដែលស្របគ្នា
-n. Geom. from a x ខ្សែស្រប
draw a x between ការប្រៀបធៀប
without p. ដែលរកអ្វីប្រៀបធៀបគ្មាន

parallelogram[,pærə'leləgræm] ***n.*** ចតុរស្សព្នាយស្រប

paralysis[pə'ræləsi s] ***n.*** mascular x ដំណើរកម្រើកលែងបាន
x of action ដំណើរគាំង

paralyze['pærəlai z] ***tv.*** x a muscle ធ្វើឱ្យកម្រើកលែងបាន
x him with fear ធ្វើឱ្យស្លន់

paramount['pærəmaunt] ***adj.*** ខ្ពង់ខ្ពស់ឬលើសលប់បំផុត, ឧត្តម

paraphernalia[,pærəfə'nei li ə] ***n.*** វិមាណវត្ថុ (ដែលត្រូវប្រើក្នុងការណ៍ណាមួយ)

paraplegic[,pærə'pli:ʤi k] ***n.*** មនុស្សខ្វិនដៃជើងទាំងអស់

parasite['pærəsai t] ***n. Fr:*** ប៉ារ៉ាស៊ីត
Lit: បរាសិត

parasol['pærəsɔl] ***n.*** តាំងយូ

paratrooper['pærətru:pər] ***n.*** ទាហានឆត្រយោង

parcel['pɑ:sl] ***n.*** x of clothing កញ្ចប់, បង្វិច
x of land ក្បាល (ដី)
-tv. (pt. , pp. parcelled*)* x goods ខ្ចប់

x land ចែកជាផ្នែកតូចៗ

p. out ចែក

-adj. p. post កញ្ចប់ប្រៃសណីយ

parch[pɑ:tʃ] *tv.* (sun) parches (the land) ធ្វើឱ្យរីងស្ងួត

(dust) parches (the throat) ធ្វើឱ្យស្ងួត

-iv. រីងស្ងួតទៀង

pardon['pɑ:dn] *tv.* x a criminal លើកទោស

x his faults អត់ឱន, អត់ទោស (ឱ្យ)

P. me. សូមទោស

Formal: សូមមេត្តាអភ័យទោស

-n. grant a x ការលើកលែងទោស

Lit: និទោសកម្ម, ខមាទោស

I beg your p. សូមទោស

pare[peər] *tv.* x apples ចិតសំបកចេញ

x the budget បន្ថយបន្តិចម្តងៗ

parent['peərənt] *n.* one x ឪពុកឬម្តាយ

Work is the x of success. ប្រភព

Pl. respect one' s x ឪពុកម្តាយ

Lit: មាតាបិតា

parenthesis[pə'renθəsi s] *n.(pl.* parentheses*)* វង់ក្រចក

parenthetic[,pærən'θeti k] *adj.* ដែលដាក់· បញ្ចូលតែមិនជាចាំបាច់

parish['pæri ʃ] *n.* church x ជើងវត្ត, អ្នកស្រុកជើងវិហារ

civil x ខណ្ឌ, ស្រុក (ដូចនៅក្នុងរដ្ឋល្វីស៊ីយ៉ាណា)

parity['pærəti] *n.* យុកភាព

park[pɑ:k] *n.* សួន *Lit:* ឧទ្យាន, ពិរណោទ្យាន

-tv. x a car ចត

Coll. x yourself here. អង្គុយ

-iv. ចតឡាន, ចតរថយន្ត

parking lot['pɑ:ki ng lɔt] *n.* ធ្លាចតឡាន

Lit: វាលយន្ត

parkway['pɑ:kwei] *n.* យន្តបថយ៉ាងធំ ច្រើនមានដើមឈើឬផ្កាស្មៅនៅកណ្តាល

parley['pɑ:li] *n.* កិច្ចចរចា

-iv. ធ្វើកិច្ចចរចា

parliament['pɑ:ləmənt] *n .* សភាតំណាងរាស្ត្រ

parliamentarian[,pɑ:ləmən'teəri ən] *n.*

good x អ្នកជំនាញខាងកិច្ចការសភា

elected as x សមាជិកសភាតំណាងរាស្ត្រ

parlor['pɑ:lər] *n.* formal x បន្ទប់ទទួលភ្ញៀវ

beauty p. ហាងអ៊ុតសក់

parochial[pə'rəuki əl] *adj.* x school ដែលនៅក្រោមការត្រួតត្រាសាសនាអ្វីមួយ

x attitude ដែលមិនឃើញវែងឆ្ងាយ, សុញ

parody['pærədi] *n.* ការត្រាប់កំប្លែងដើម្បីរិះគន់

-tv. ត្រាប់កំប្លែងរិះគន់

parole[pə'rəul] *n.* ការដោះលែងដោយមានលក្ខខណ្ឌមុនកំណត់ត្រូវដោះលែង

-tv. ដោះលែងដោយមានលក្ខខណ្ឌមុនកំណត់ត្រូវដោះលែង

parrot['pærət] *n.* សេក

-tv. ថាតាមដូចសេក

parry['pæri] *tv. (pt . . pp.* parried*)* កាត់ (ដូចក្នុងការប្រដាល់គ្នាដោយដាវ)

-n. ការកាត់

parsimonious[,pɑ:si 'məuni əs] *adj.* ដែលកំណាញ់

parsley['pɑ:sli] *n.* វ៉ាន់ស៊ុយបារាំង

part[pɑ:t] *n.* x of the money ចំណែក, ភាគ

replacement x គ្រឿងទោ

play a x in a play តួ (លេងតួ)

x of a conspiracy ការចូលដៃ

take p. in ចូលរួមក្នុង

x in his hair ការវែកចំហៀង

do one' s p. ធ្វើកិច្ចការរបស់ខ្លួន

for my p. ចំណែកខ្ញុំ

for the most p. ភាគច្រើន

a good p. of ភាគដ៏ធំ

in p. ម្យ៉ាង

p. of speech ចំពូកនៃសព្ទ (ឧ.កិរិយាសព្ទ គុណនាម ។ល។)

-*tv.* x the hair វែកចំហៀង

p. company with បែកចេញពី

x fighting dogs បំបែក

-*iv.* x for the night បែកគ្នា

p. with លះបង់ (ឱ្យទៅអ្នកដទៃ)

partake[pɑ:'tei k] ***iv.*** p. of សេព

p. in ចូលរួមក្នុង

partial['pɑ:ʃl] ***adj.*** x blindness បន្តិច, ភាគខ្លះ

x to one side ដែលលំអៀង, ដែលកាន់ជើងម្ខាង

Lit: អគតិគមន៍

x to sodas ចូលចិត្ត

partiality[,pɑ:ʃi 'æləti] ***n.*** decision showed x សេចក្ដីលំអៀង *Lit:* អគតិ

have a x for dark girls ការចូលចិត្ត

participant[pɑ:'ti si pənt] ***n.*** អ្នកចូលរួម

participate[pɑ:'ti si pei t] ***iv.*** x in the effort ចូលរួម (ក្នុង)

x in the benefits មានចំណែកក្នុង

participation[pɑ:,ti si 'pei ʃn] ***n.*** ចំណូលរួម

participle['pati si pl] ***n.*** គុណនាមដែលក្លាយមកពីកិរិយាសព្ទ

ឧ. *1. present participle:*

burn ឆេះ > burning ដែលកំពុងឆេះ

2. past participle: tire ធ្វើឱ្យអស់កម្លាំង > tired ដែលអស់កម្លាំង

particle ['pɑ:ti kl] ***n.*** x of dust ចុណ្ណភាគ (ចំណែកយ៉ាងតូចៗ)

Gram. បរិវារសព្ទ, អបគមៈ

particular[pə'ti kjələr] ***adj.*** a x day ណាមួយ

one' s x interest ផ្ទាល់ខ្លួន

make a x effort ពិសេស

x about food ដែលរើស

-*n.* in any x ចំណុច

in p. ជាពិសេស

particularly[pə'ti kjulərli] ***adv.*** x interesting ដ៏ក្រៃលែង

x the small one ជាពិសេស

partisan[,pɑ:ti 'zæn] ***n.*** បក្សព័ន្ធ

-*adj.* ដែលប្រកាន់បក្សពួក

partition[pɑ:'ti ʃn] ***n.*** wooden x ជញ្ជាំង

x of a country ការបែងចែក

-*tv.* x a room ខាំងចែក

Law x an estate ចែក

partly[pɑ:tli] ***adv.*** x done ដោយអន្លើ, ភាគខ្លះ

x because ម្យ៉ាង

partner['pɑ:tnər] ***n.*** ដៃគូ

partridge['pɑ:tri dʒ] ***n.*** (សត្វ) ទទា

party['pɑ:ti] ***n.*** have a x ការជួបជុំស៊ីផឹក

Fr: ប៉ារទី

political x គណៈបក្ស

x of three ក្រុម (មនុស្ស)

the guilty x អ្នក, មនុស្ស

-*adj.* x dress សម្រាប់ពាក់ទៅប៉ារទី

(take the) p. line គោលនយោបាយនៃគណៈបក្សណាមួយ

Tel. be on a x line ដែលមានចូលនឹងអ្នកឯទៀត

pass[pɑ:s] ***tv.*** x (meet) a car ចៀស

x (overtake) a car វ៉ា (ទៅមុន)

x a building ទៅហួស

x the butter ហុចឱ្យ

x a test ជាប់ (ក្នុងការប្រឡង)

x a bill អនុម័ត

x a football ឱ្យ, ចោល, ទាត់ឬបោះទៅឱ្យ

p. blood ចេញឈាម (ដូចនៅពេលបត់ជើងតូចឬធំ)

p. out (books) ចែក

p. off (a threat) ធ្វើព្រងើយនឹង

p. off (counterfeit) បន្លំ (យកអ្វីមួយមកធ្វើថាជាល្អ។ល។)

p. over (a bridge) ឆ្លង

p. up (an opportunity) មិនឆ្លៀតយកប្រយោជន៍ (ដោយសម្រេចចិត្តទុកជាមុនហើយ)

-iv. (time) passes កន្លងទៅ

troubles x បាត់ទៅ

ships x in the night ជ្រួសគ្នា

bill will x ត្រូវគេអនុម័ត

students x ជាប់

could p. for (the real thing) អាចចាត់ទុកបានជា

come to p. មានឡើង

x from solid to liquid ទៅ

Euph. p. away ចាកស្ថាន, ស្លាប់

(the old) p. on ចាកស្ថាន

(cars) p. on ទៅ (ឥតឈប់)

p. out សន្លប់

-n. mountain x ច្រក (ភ្នំ)

entrance x សំបុត្រ (អនុញ្ញាតឱ្យចេញចូលកន្លែងណាមួយ)

Sp. quick x ការឱ្យទៅ

Sl. make a p. at ធ្វើអ្វីមួយដើម្បីលមើលចិត្ត (ជាពិសេសចំពោះស្ត្រី)

passage['pæsidʒ] ***n.*** x of scripture វគ្គ

secret x ច្រក

pay his x ថ្លៃដំណើរ (តាមនាវា)

rough x ដំណើរឆ្លង

x of a bill ការអនុម័ត

passenger['pæsindʒər] ***n.*** អ្នកដំណើរ

Lit: យានចរ

passerby[,pɑːsə'bai] ***n.*** *(pl.* passersby*)* អ្នកដើរកាត់

passing['pɑːsiŋ] ***adj.*** x time ដែលកន្លងទៅ

x grade ដែលជាប់ (មិនធ្លាក់)

x mention ខ្លី

passion['pæʃn] ***n.*** sexual x តណ្ហា, កាមរោគ

a x for music ការងប់ (ទៅលើអ្វីមួយ)

speak with x ការរំភើបរំជួល

passionate['pæʃənət] ***adj.*** x love ប្រកបដោយតម្រេកខ្លាំង

x speech យ៉ាងរំភើបរំជួល

x devotion ដែលរក់ចិត្តយ៉ាងខ្លាំង

passive['pæsiv] ***adj.*** x wife ដែលឥតប្រកែកឬប្រឆាំង

Gram. x verb អកម្ម

passport['pɑːspɔːt] ***n.*** លិខិតឆ្លងដែន

Lit: ប្រមាណបត្រ

password['pɑːswɜːd] ***n.*** ពាក្យសម្ងាត់

past[pɑːst] ***adj.*** x events ដែលកន្លងទៅហើយ

this p. year ឆ្នាំទៅ

-n. live in the x អតីតកាល

He has a mysterious x. ប្រវត្តិ

-adv. march x ហួស

five years x មុន

prep. x noon ក្រោយ

x the house ហួស

paste[peist] ***n.*** bottle of x ការ

tooth p. ថ្នាំដុសធ្មេញ

tomato x. ទឹកខាប់ៗ

-*tv.* x them together បិទ

x tomatoes កិនឱ្យហួត់ហើយខាប់ៗ

pasteboard['pei stbɔ:d] ***n.*** កាកតុងម្យ៉ាង

pastel['pæstl] ***adj.*** ស្រៀងៗ

-*n.* paint it a x ពណ៌ស្រៀងៗ

draw a x គំនូរជ៉ាស្តែល, គំនូរផាត់ដីសពណ៌

pasteurize['pæstʃərai z] ***tv.*** កំដៅរម្ងាប់មេរោគ

pastime['pɑ:stai m] ***n.*** គ្រឿងកំសាន្ត

pastry['pei stri] ***n.*** នំផ្សេងៗធ្វើពីម្សៅ

pasture['pɑ:stʃər] ***n.*** cows are in the x វាលស្មៅ (សម្រាប់សត្វស៊ី) *Lit:* តិណភូមិ

seek x ស្មៅ (សម្រាប់សត្វស៊ី)

pat[1][pæt] ***tv.*** (*pt.*, *pp.* patted) x a dog ទះតិចៗ

x one' s foot to the music គោះតិចៗ

-*n.* a x on the back ការទះតិចៗ

x of his foot ការគោះតិចៗ

x of butter ដុំ

pat[2][pæt] ***adj.*** x answer ដែលគិតទុកជាមុន

Id. stand p. ប្រកាន់ខ្ជាប់នូវសេចក្ដីសម្រេចចិត្ត (របស់ខ្លួន)

patch[pætʃ] ***n.*** x on his pants បំណះ

eye p. របាំងភ្នែក

Mil. infantry x ញួក (ពាក់នៅដៃសម្រាប់សំគាល់ក្រុម)

potato x ដីមួយក្បាលតូច

x of blue ផ្នែកដ៏តូចនៃអ្វីមួយ

-*tv.* x pants ប៉ះ

p. up (an old house) ជួសជុល

p. up (a quarrel) សម្រុះសម្រួល

patent['pei tnt] ***n.*** ប្រកាសនីយប័ត្រតក្កកម្ម

-*tv.* ឱ្យឬទទួលប្រកាសនីយប័ត្រតក្កកម្ម

-*adj.* x medicine ដែលមានប្រកាសនីយប័ត្រតក្កកម្ម

x nonsense ជាក់ស្តែង, ពេញទី

x leather ខ្មៅរលោង

paternal[pə'tɜ:nal] ***adj.*** x affection នៃឳពុក

x grandfather ខាងឳពុក

paternalism[pə'tɜ:nəli zəm] ***n.*** បិតុនិយម

paternity[pə'tɜ:nəti] ***n.*** of uncertain p. ដែលមិនប្រាកដថាអ្នកណាមួយជាឳពុក

unaccustomed to x ភាពជាឳពុក

Lit: បិតុភាព

path[pɑ:θ] ***n.*** narrow x ផ្លូវលំ, ផ្លូវក្រាយ

x of the storm ផ្លូវ

x of conduct គន្លង, បថ

pathetic[pə'θeti k] ***adj.*** ដែលគួរឱ្យអាណិត

pathology[pə'θɔlədʒi] ***n.*** រោគសាស្ត្រ

pathway[pɑ:θwei] ***n.*** ផ្លូវលំ

patience['pei ʃns] ***n.*** limitless x អំណត់

lose one' s p. អស់អំណត់, អត់ទ្រាំលែងបាន

have no p. with ទ្រាំមិនបាន

patient['pei ʃnt] ***adj.*** ដែលចេះអត់ធ្មត់, ដែលមានអំណត់

-*n.* អ្នកជម្ងឺ

patio['pæti əu] ***n.*** រានហាលផ្ទាល់នឹងដី

patriarch['pei tri ɑ:k] ***n.*** religious p. ព្រះសង្ឃរាជ

tribal x ចាស់ព្រឹទ្ធាចារ្យ ដែលជាមេគ្រួសារ ឬកុលសម្ពន្ធណាមួយ

patrician[pə'tri ʃn] ***n.*** អភិជន

-*adj* . អភិជន

patricide['pætri sai d] ***n.*** guilty of x ការសម្លាប់ឳពុកឯង *Lit:* បិតាឃាតកម្ម

He' s a x. អ្នកសម្លាប់ឳពុកឯង

Lit: បិតាឃាតកៈ

patrimony['pætri məni] ***n.*** កេរ្តិ៍ពីឳពុក

Lit: បេតិកភណ្ឌ

patriot['pætri ət] ***n.*** អ្នកស្នេហាប្រទេស

patriotic[,pætri 'ɔti k] *adj.* ដែលស្នេហាប្រទេស

patriotism['pætri əti zəm] *n.* ការស្នេហាជាតិ

patrol[pə'trəul] *tv.*, *iv.* ល្បាត

-*n.* border x កងល្បាត

x of the border ការល្បាត

x of Boy Scouts ក្រុម

patrolman[pə'trəulmən] *n.* ប៉ូលិសដើរល្បាត

patron['pei trən] *n.* x of a restaurant ភ្ញៀវ

x of the arts អ្នកឧបត្ថម្ភ (ដោយជួយជាប្រាក់។ល។)

patronage ['pætrəni dʒ] *n.* x of a restaurant ការទៅទិញ ។ល។

x of the arts ការឧបត្ថម្ភ

Lit: បរិបាលកិច្ច

an air of x ការធ្វើធំ ចេះជាងឬពូកែជាងគេ

patronize ['pætrənai z] *tv.* x a restaurant ចេះតែទៅទិញ ទៅបរិភោគកន្លែងណាមួយ ។ល។

x an opponent ធ្វើធំ ចេះជាងឬពូកែជាងគេ

patronymic[,pætrə'ni mi k] *adj.* ដែលដាក់តាមឈ្មោះឪពុក

-*n.* ឈ្មោះដាក់តាមឈ្មោះឪពុក

patter['pætər] *iv.* drops x on the roof បន្លឺសូរប៉ុកៗឬស្រឹបៗ

x about nonsense និយាយប៉ប៉ាច់ប៉ប៉ោច

-*tv.* x water on the floor ធ្វើឱ្យឮសូរប៉ុកៗឬស្រឹបៗ

x nonsense និយាយប៉ប៉ាច់ប៉ប៉ោច

-*n.* x of rain សូរស្រឹបៗឬប៉ុកៗ

empty x សំដីប៉ប៉ាច់ប៉ប៉ោច

pattern['pætn] *n.* dress x គំរូ (សម្រាប់កាត់តាម)

x of cloth គំនូរ

x of events ទំនង (សញ្ញាដែលបញ្ចេញឱ្យឃើញថាទៅផ្លូវណា)

-*tv.* x one' s conduct after យកលំនាំតាម

-*iv.* facts don' t x បញ្ចេញឱ្យឃើញថាទៅផ្លូវណា

patty['pæti] *n.* ដែន, អ្វីៗរាងមូលសំប៉ែត

paucity['pɔ:səti] *n.* ភាពកម្រ

paunch[pɔ:ntʃ] *n.* ពោះ (កំពោង)

pauper['pɔ:pər] *n.* ជនទ័លក្រ

pause['pɔ:z] *iv.* ផ្អាក, ឈប់សិន

-*n.* sudden x ពេលឈប់ផ្អាក

give p. ធ្វើឱ្យឈប់ហើយជញ្ជឹងគិត

pave[pei v] *tv.* x a road ក្រាលថ្ម

p. the way for ក្រាយផ្លូវឱ្យ (អ. ប.)

pavement['pei vmənt] *n.* ទីក្រាលថ្មឬស៊ីម៉ង់

pavilion[pə'vi li ən] *n.* ពន្លា

paw[pɔ:] *n.* ក្រញាំ (ឆ្កែ ឆ្មា ។ល។)

-*tv.* x the ground កកាយនឹងជើង

Coll. x a girl ស្ទាប, អង្អែល

pawn[pɔ:n] *tv.* បញ្ចាំ

-*n.* in p. ដែលដាក់បញ្ចាំ

Chess move his x ត្រី (កូនចត្រង្គ)

He' s just a x. មនុស្សសម្រាប់ប្រើក្បាល

pay[pei] *tv.* *(pt. . pp.* paid*)* x a bill បង់, បង់ថ្លៃ

x an employee បើកប្រាក់ខែឱ្យ

p. for (a purchase) ចេញថ្លៃ

p. for (one ' s mistakes) ទទួលខុសត្រូវ

p. off (a debt) សងទាំងអស់

p. off (a blackmailer) សូក (កុំឱ្យគេធ្វើទុក្ខទោស)

p. out (money) ចំណាយ

p. out (rope) ប្រឡាយ

-*iv.* Who will x? ចេញប្រាក់, ចេញលុយ

They don' t x well. ឱ្យប្រាក់ខែ

Crime doesn' t x. ផ្តល់នូវប្រយោជន៍

p. off ឱ្យផល

p. up (at the end of the month) សង (ចំនួន)

p. up (for one ' s deeds) ទទួលខុសត្រូវ

-*n.* good x ប្រាក់ខែ

in their p. ធ្វើការឱ្យគេ

payment['pei mənt] ***n.*** third x ប្រាក់ត្រូវបង់ម្តងៗ

x of debts ការសង

pay-off[pei ɔf] ***n.*** *Coll.* make a x ការស្នូកកុំឱ្យគេធ្វើទុក្ខទោស

Coll. That' s the x. លទ្ធផល

payroll['pei rəul] ***n.*** make out a x បញ្ជីប្រាក់ខែ

steal the x ប្រាក់សម្រាប់បើកប្រាក់ខែ

pea[pi:] ***n.*** សណ្តែកបារាំង

peace[pi:s] ***n.*** world x សន្តិភាព

x of mind សេចក្តីស្ងប់ស្ងៀម

make p. with ស្រុះស្រួល (នឹង)

peaceful['pi:sfl] ***adj.*** x people ដែលស្នេហាសន្តិភាព

x place ស្ងៀមក្សាន្ត

peach[pi:ʧ] ***n.*** ***Fr:*** ប៉ែស

peacock['pi:kɔk] ***n.*** ក្ងោក *Lit:* មយូរ

peak[pi:k] ***n.*** mountain x កំពូលស្រួច

x of a career កំពូល, កម្រិតខ្ពស់បំផុត

x of his beard ចុង

-*tv.* ធ្វើឱ្យខ្ពស់ស្រួចឡើង

-*iv.* ឡើងខ្ពស់បំផុត

peal[pi:l] ***tv.*** x the bells ធ្វើឱ្យឮសូរ (ជួង)

-*iv.* bells x បន្លឺសូរ (ជួង)

-*n.* x of a bell សូរជួង

peanut['pi:nʌt] ***n.*** សណ្តែកដី

pear[peər] ***n.*** ***Fr:*** ព័រ *Eng:* ប៉ែរ

pearl[pɜ:l] ***n.*** គុជខ្យង *Lit:* មុក្តា

-*iv*. ឡើងទៅជាគ្រាប់តូចៗដូចគុជខ្យង

peasant['peznt] ***n.*** អ្នកស្រែ

peasantry['pezntri] ***n.*** x of a country អ្នកស្រែចំការ (ទូទៅ)

reduced to x ឋានៈជាអ្នកស្រែចំការ

peat[pi:t] ***n.*** រុក្ខជាតិពុក

pebble['pebl] ***n.*** គ្រួស

peck[1][pek] ***tv.*** , ***iv.*** ចិក

-*n.* ការចិក

peck[2][pek] ***n.*** រង្វាល់មានចំណុះប្រហែល៨លីត្រ

peculiar[pi 'kju:li ər] ***adj.*** x taste ចំឡែក

x to Indians ដែលជាលក្ខណពិសេស (នៃ)

peculiarity[pi ,kju:li 'ærəti] ***n.*** x of the situation ភាពចំឡែក

individual x លក្ខណពិសេស

pedagogy['pedəgɔʤi] ***n.*** គរុកោសល្យ

pedagogical['pedəgɔʤi kl] ***adj.*** នៃគរុកោសល្យ

pedal['pedl] ***n.*** ឈ្នាន់

-*tv.* x a bicycle ធាក់ (អ្វីៗមានឈ្នាន់)

x an organ ជាន់ (ឈ្នាន់ធាក់)

pedantic[pi 'dænti k] ***adj.*** ពហុភាណី

peddle['pedl] ***tv.*** ដើរលក់អីវ៉ាន់ (កំប៉ិកកំប៉ុក)

peddler['pedlər] ***n.*** អ្នកដើរលក់អីវ៉ាន់កំប៉ិកកំប៉ុក

pedestal['pedi stl] ***n.*** ជើងទ្រ, បាទដ្ឋាន

pedestrian[pə'destri ən] ***n.*** ថ្មើរជើង, *Lit:* បាទចារី

-*adj.* x crosswalk សម្រាប់អ្នកដើរ

x performance មិនថ្លៃថ្នូរ, ឥតខ្លឹមសារ

pediatrics[,pi:di 'ætri ks] ***n.*** វិជ្ជាពេទ្យកុមារ

pediatrician[,pi:di ə'tri ʃn] ***n.*** ពេទ្យកុមារ

pedigree['pedi gri:] ***n.*** រាង្សាវលី

peek[pi:k] ***iv.*** លួចមើល

peek-a-boo[ˌpi:k ə 'bu:] *interj.* រូមរ:!

peel[pi:l] *tv.* x a banana បក

x an apple ចិតយកសំបកចេញ

Id. keep an eye peeled ចាំលបមើល

-iv. (paint) peels របក

Sl. ដោះខោអាវ

-n. orange x សំបក (ក្រូច ចេក ។ល។)

peeling[pi:li ŋ] *n.* សំបក

peep[1][pi:p] *iv.* x through the window លួចឬលប មើល

(sun) peeped (over the hill) លេចឡើង

Id. Peeping Tom អ្នកលបលួចមើលស្រីស្រាត

-n. ការលួចមើល

peep[2][pi:p] *iv.* យំចេបៗ

-n. x of a bird សម្លេងយំចេបៗ

Don' t make a p.! ស្ងាត់!

peer[1][pi ər] *n.* (group of) peers មនុស្សមានវ័យ ឬឋានៈស្មើគ្នា

without p. គ្មាននរណាស្មើ, គ្មាននរណាប្រៀបបាន

Brit. អភិជន

-adj. x group ដែលមានវ័យស្មើគ្នា

peer[2][pi ər] *iv.* ខំសម្លឹងមើល (អ្វីដែលនៅឆ្ងាយ)

peeve[pi:v] *tv.* ធ្វើឱ្យមួម៉ៅ

-n. អ្វីៗឬគ្រឿងដែលធ្វើឱ្យមួម៉ៅ

peevish['pi:vi ʃ] *adj.* រញ៉េរញ៉ូវ

peg[peg] *n.* tent x ស្នឹង

guitar x ប្រដាប់រឹតខ្សែ ចាប៉ី ។ល។

Coll. down a x កម្រិត

-tv. (pt . , pp. pegged*)* p. down (a sheet) បោះស្នឹងធ្វើឱ្យតឹង

p. off (a plot of ground) បោះ បង្គោលឬស្នឹង (ចំណាំកន្លែង)

x it to the price of gold ធ្វើឱ្យទៅតាម

pejorative[pi 'ʤɔrəti v] *adj.* ដែលមើលងាយ

pelican['peli kən] *n.* ទុង (សត្វ)

pellet['peli t] *n.* គ្រាប់

pell-mell[pel 'mel] *adj . , adv.* ច្របូកច្របល់, ភន្លាំភន្លោ

pelt[1][pelt] *tv.* ចោលឬធ្លាក់ត្រូវបន្តូនលើគ្នា

pelt[2][pelt] *n.* ស្បែក (សត្វ) មានទាំងរោមផង

pelvis['pelvi s] *n.* ឆ្អឹងត្រគាក

pen[1][pen] *n.* fountain p. ប៉ាកកាបូម

ballpoint p., *Fr:* ប៊ិច

from the p. of សរសេរដោយ, និពន្ធដោយ

-tv. (pt . . pp. penned*) Poet* សរសេរ, និពន្ធ (ប្រើក្នុងកាព្យ)

-adj. p. name ឈ្មោះក្លែង

Lit: រហស្សនាម

pen[2][pen] *n.* hog x ទ្រុង (ជ្រូក ។ល។)

Sl. He' s in the x. គុក

-tv. (pt . , pp. penned*)* ឃុំឃាំង

penal['pi:nl] *adj.* ព្រហ្មទណ្ឌ

penalize['pi:nəlai z] *tv.* x a criminal ដាក់ទោស, ដាក់ទណ្ឌកម្ម

x a player ពិន័យ

penalty['penlti] *n.* x for murder ទោស

Lit: ទោសបញ្ញត្តិ

pay a x ពិន័យ

Sp. Fr: ប៉េណាល់ទី

penance['penəns] *n.* អនុតាប

penchant['penʧənt] *n.* ការចូលចិត្តខ្លាំង (ទៅលើអ្វីមួយ)

pencil['pensl] *n.* ខ្មៅដៃ, ដៃខ្មៅ

-tv. សរសេរនឹងខ្មៅដៃ

pend[pend] *iv.* (decision is) pending មិនទាន់សម្រេច

x from the ceiling សំយុងចុះ, ព្យួរចុះ

pendant['pendənt] *n.* បន្តោង (គ្រឿងអលង្ការ)

pending['pendi ŋ] *prep.* x his return ដោយរង់ចាំ

-adj. decision is x មិនទាន់សម្រេច

x from the ceiling ដែលព្យួរចុះ

pendulum['pendjələm] *n.* ប៉ោល

penetrate['peni trei t] *tv.* x a paper ធ្វើឱ្យធ្លុះ

x the flesh ចូលក្នុង

oil will x the cloth ជ្រាបចូល

x a mystery យល់, ដឹង

penetration[,peni 'trei ʃn] *n.* x of the paper ការធ្លុះ

x by the enemy ការទម្លាយចូលបាន, ការជ្រៀតចូលបាន

student of great x សេចក្តីវាងវៃ

penicillin[,peni 'si li n] *n. Fr:* ប៉េនីស៊ីលីន

penis['pi:ni s] *n.* ក្ត *Lit:* លិង្គ

Roy: ព្រះសិង្គលិង្គ

penitent['peni tənt] *adj.* ដែលនឹកស្តាយ

-n. អ្នកនឹកស្តាយ

penitentiary[,peni 'tenʃəri] *n.* ពន្ធនាគារ

penknife['pennai f] *n.* កាំបិតបត់, កាំបិតស្លា

penmanship['penmænʃi p] *n.* សិល្បខាងការសរសេរ

pannant['penənt] *n.* ship' s x ទង់វែងស្រួច

Sp. win the p. ឈ្នះគេទាំងអស់

penniless['peni ləs] *adj.* ដែលក្រណាស់, រកសេនក្រហមកោសខ្យល់គ្មាន

penny['peni] *n.* សេន

penology[pi:'nɔləʤi] *n.* ពន្ធនាគារសាស្ត្រ

pension['penʃn] *n.* receive a x ប្រាក់សោធននិវត្តន៍

Lit: សោធន

stay in a x ផ្ទះសំណាក់តូចៗ (នៅទ្វីបអឺរ៉ុប)

-tv. p. (off) ដាក់ឱ្យស៊ីប្រាក់រ៉ែត្រែត

pensive['pensi v] *adj.* សញ្ជប់សញ្ជឹង

pentagon['pentəgən] *n.* បញ្ចកោណ

Cap. ទីស្តីការក្រសួងការពារប្រទេស (ស.រ.អ.)

penthouse['penthaus] *n.* ផ្ទះល្វែងយ៉ាងថ្លៃនៅជាន់លើគេបង្អស់

penury['penjəri] *n.* ភាពក្រខ្សត់ក្រៃលែង

people['pi:pl] *n.* x of Cambodia ប្រជាជន

visit her x ញាតិសន្តាន

man of the x មនុស្សសាមញ្ញ

x will talk គេ

-tv. ធ្វើឱ្យមានមនុស្សនៅ

pep[pep] *n.* lots of x សេចក្តីក្លៀវក្លា

-tv. (*pt . . pp.* pepped) ធ្វើឱ្យក្លៀវក្លា

-adj. p. talk ការនិយាយលើកទឹកចិត្ត

pepper['pepər] *n.* black p. ម្រេច

chili p. ម្ទេស

sweet p. ម្ទេសផ្អែក

-tv. x the stew ដាក់ម្រេចឬម្ទេស

x it with flour រោយ

peppercorn['pepəkɔ:n] *n.* គ្រាប់ម្រេច

peptic['pepti k] *adj.* នៃការរំលាយអាហារ

per[pɜ:r] *prep.* p. year ក្នុងមួយឆ្នាំ

p. person ម្នាក់ (ឧ. ប្រាំរៀលម្នាក់)

p. family មួយគ្រួសារ

perambulator[pə'ræmbjulei tər] *n.* រទេះកូនង៉ា

per annum[pər 'ænəm] *adv.* , *adj.* ក្នុងមួយឆ្នាំ, ប្រចាំឆ្នាំ

per capita[pə 'kæpi tə] *adv.* , *adj.* ម្នាក់ៗ

perceive[pə'si:v] *tv.* ដឹង (ដោយវិញ្ញាណ)

percent, per cent[pə'sent] *n* . ភាគរយ

percentage[pə'senti ʤ] *n.* ចំនួនភាគរយ

perceptible[pə'septəbl] *adj.* អាចដឹងដោយវិញ្ញាណ

Lit: សញ្ញានិយ

perception[pə'sepʃn] *n.* សញ្ញាក្ខន្ធ

perceptive[pə'septi v] *adj.* ដែលឆាប់ដឹងយល់

perch[pɜ:ʧ] *iv.* ទំ

-*tv.* ដាក់ទើរ

-*n.* ទ្រុង

percolate[pɜ:kəlei t] *tv.* ត្រង

-*iv.* ជ្រៀប

percussion[pə'kʌʃn] *n.* ការគោះ វាយឬទង្គិច

p. cap គីបគ្រាប់កាំភ្លើង

p. instrument ចំពួកគ្រឿងភ្លេងខ្លះ ដូចជាស្គរ

ឃ្មោះ គង ។ល។

per diem[per di əm] *adj.*, *adv.* ក្នុងមួយថ្ងៃ

-*n.* សោហ៊ុយប្រចាំថ្ងៃ

peremptory[pə'remptəri] *adj.* ដាច់ខាត,

ដែលធ្វើយតបវិញមិនបាន

perennial[pə'reni əl] *adj.* x plant ដែលរស់

ឡើងវិញរាល់ឆ្នាំ

x drought ដ៏យូរ

-*n.* រុក្ខជាតិដែលរស់ឡើងវិញរាល់ឆ្នាំ

perfect['pɜ:fi kt] *adj.* x performance ឥតខ្ចោះ

Lit: សុក្រិត

x weather ល្អណាស់

x circle ខ្វង់

p. stranger មនុស្សដែលមិនដែលស្គាល់សោះ

Gram. x tense ដែលបង្ហាញនូវអំពើដែលចប់ហើយ

-*tv.* x an invention បង្ហើយ, បញ្ចប់

x a product ធ្វើកុំឱ្យមានខ្ចោះ

perfection[pə'fekʃn] *n.* achieve x សុក្រិតភាព

x of an invention ការបង្ហើយ

x of a product ការធ្វើកុំឱ្យមានខ្ចោះ

perfectionist[pə'fekʃəni st] *n.* អ្នកសុក្រិតនិយម

perfidious[pə'fi di əs] *adj.* វៀចវេរ, ទុច្ចរិត

perforate['pɜ:fərei t] *tv.* ទម្លុះ

perforation[,pɜ:fə'rei ʃn] *n.* make a x ស្នាមធ្លុះ

by x ការទម្លុះ

perform[pə'fɔ:m] *tv.* x duties ធ្វើ

x miracles បង្កើតឱ្យមានឡើង

x a ceremony ចាត់ចែង

x a play លេង *Lit:* សម្តែង

-*iv.* She likes to x. សម្តែងសិល្ប

machine doesn' t x property ដើរ (ឧ.ម៉ាស៊ីននេះ

ដើរស្រួល)

performance[pə'fɔ:məns] *n.* theatrical x

ការលេង (ល្ខោន សិល្ប ។ល។)

x of one' s duties ការធ្វើ

perfume['pɜ:fju:m] *n.* ទឹកអប់ *Lit:* គន្ធរស

-*tv.* ធ្វើឱ្យក្រអូប

perfunctory[pə'fʌŋktəri] *adj.* ដែលធ្វើគ្រាន់តែជា

ការគ្រប់

perhaps[pə'hæps] *adv.* x he' ll go. ប្រហែល

I' ll have a cake, x. មើលទៅ

perigee['peri dʒi:] *n.* សមីសង្គត

peril['perəl] *n.* x of the trip គ្រោះថ្នាក់

Lit: ហានិភ័យ

at the p. of ដោយប្រថុយខ្លួនចបង់ថ្វីមួយ

perilous['perələs] *adj.* ប្រកបដោយហានិភ័យ

ឬគ្រោះថ្នាក់

perimeter[pə'ri mi tər] *n.* បរិវេណ, បរិមាត្រ

period['pi əri əd] *n.* x of time កំឡុងពេល

x of history ប្រវត្តិកាល

Educ. third x ម៉ោងឬលើក

menstrual x រដូវ (ស្ត្រី), ពេលមានរដូវ

put a x សញ្ញា (.) (ប្រហែលគ្នានឹង (។))

periodic[,pi əri 'ɔdi k] *adj.* សាមាយិក

periodical[,pi əri 'ɔdi kl] *n.* ទស្សនាវដ្តីដែល

គេបោះពុម្ពផ្សាយតាមពេលកំណត់

Lit: សាមាយិកប័ត្រ

-*adj.* សាមាយិក

periodically[,pi əri 'ɔdi kli] *adv.* យូរៗម្តង

peripheral[pə'ri fərəl] *adj.* x to the main

argument សើរៗ

x decay ខាងក្រៅ

periphery[pə'ri fəri] *n.* បរិមណ្ឌល

periscope['peri skəup] *n.* បរិទស្សន៍

perish['peri ʃ] *iv.* x in battle ស្លាប់

fruits x ខូច, ស្អុយ, រលួយ

Coll. x for water ស្រេកខ្លាំង

perishable['peri ʃəbl] *adj.* x foods ដែលអាចខូច រលួយ ។ល។

x pleasures មិនឋិតថេរ

-n. អ្វីៗដែលអាចខូច ស្អុយ រលួយ ។ល។

perjury['pɜ:dʒəri] *n.* ការភូតភរ (ព.តុលាការ)

perk[pɜ:k] *tv.* p. up (his spirits) លើកទឹកចិត្ត

x coffee ដាក់តម្រងឱ្យជ្រាបចេញ (ដូចជាគេធ្វើកាហ្វេជាដើម)

-iv. p. up ឡើងភ្លា

(coffee) perks ជ្រាបចេញតាមតម្រង

permanence['pɜ:mənəns] *n.* និច្ចការ

permanent['pɜ:mənənt] *adj.* x position ជាអចិន្ត្រៃ, ជាស្ថាពរ, ជានិរន្តរ

stone is x គង់នៅបានយូរ

-n. សក់អ៊ុត

permeable['pɜ:mi əbl] *adj.* ដែលជ្រាបទឹក

permeate['pɜ:mi ei t] *iv.*, *tv.* ជ្រាប

permissible[pə'mi səbl] *adj.* បានត្រូវអនុញ្ញាតឱ្យ

permission[pə'mi ʃn] *n.* អនុញ្ញាត, សេចក្ដីអនុញ្ញាត

permissive[pə'mi si v] *adj.* ដែលបណ្តោយ (ឧ.គាត់បណ្តោយកូនណាស់)

permit[pə'mi t] *tv.* (*pt.*, *pp.* permitted)

x him to go អនុញ្ញាតឱ្យ

x disobedience បណ្ដាលឱ្យមាន

vents x gas to escape ឱ្យ

-n. លិខិតអនុញ្ញាត

perpendicular[,pɜ:pən'di kjələr] *adj.* ដែលកាត់កែង

-n. បន្ទាត់ពុះ (ខទឹង) ត្រង់

perpetrate['pɜ:pətrei t] *tv.* ប្រព្រឹត្ត (បទឧក្រិដ្ឋអ្វីមួយ)

perpetuity[,pɜ:pə'tju:əti] *n.* និច្ចភាព, និរន្តរភាព

perplex[pə'pleks] *tv.* ធ្វើឱ្យអល់អែក, ធ្វើឱ្យកន្ទះភា, ធ្វើឱ្យស្ទាក់ស្ទើរ

persecute['pɜ:si kju:t] *tv.* ធ្វើទុក្ខបុកម្នេញ

Lit: ធ្វើវិហេឋការ

persecution[,pɜ:si 'kju:ʃn] *n.* ការធ្វើទុក្ខបុកម្នេញ

Lit: វិហេឋការ

persevere[,pɜ:si 'vi ər] *iv.* ខំព្យាយាម

Lit: ឧស្សាហ៍

perseverance[,pɜ:si 'vi ərəns] *n.* ស្មារតីលះបង់

persimmon[pə'si mən] *n.* សេដា

persist[pə'si st] *iv.* x in the face of difficulty តស៊ូ, ខំព្យាយាម

diseases x មិនសុខចិត្តបាត់

persistence[pə'si stəns] *n.* x of a claimant ការមិនព្រមលះបង់, ការប្រជេញ

x in spite of difficulty ការតស៊ូ

x of a disease ភាពមិនងាយសះស្បើយ

Lit: វិលម្ពនការ

persistent[pə'si stənt] *adj.* x suitor ដែលតស៊ូ

x disease ដែលមិនព្រមសះស្បើយ

person['pɜ:sn] *n.* three persons មនុស្សបីនាក់

in p. ដោយផ្ទាល់ខ្លួន

if a x feels like it អ្នកណា

What can a x do? គេ

injury to his x រាងកាយ, ខ្លួន

Gram. 1st x pronoun បុរិសៈ

personage['pɜ:səni dʒ] *n.* ឥស្សរជន

personal['pɜ:sənl] *adj.* x affairs ផ្ទាល់ខ្លួន

x question ដែលប៉ះពាល់រឿងផ្ទាល់ខ្លួន

x meeting ដោយផ្ទាល់

x cleanliness នៃរាងកាយ

personality [,pɜ:sə'næləti] *n.* pleasant បុគ្គលិកលក្ខណៈ

has a lot of x ចរិយាសម្បត្តិ

x in the news ឥស្សរជន

personally['pɜ:sənəli] *adv.* go x ដោយផ្ទាល់ខ្លួន

take sthg. p. ទុកជារឿងផ្ទាល់ខ្លួន

x, I don' t care. ខ្ញុំ

personify[pə'sɔni fai] *tv.* (*pt .,pp.* personified)

x nature ធ្វើបដិរូបកម្ម

x greed ជាតួយ៉ាងនៃ

x death ជាតួអង្គ

personnel[,pɜ:sə'nel] *n.* បុគ្គលិក

perspective[pə'spekti v] *n.* picture has x យថាទស្សន៍

take a different x ទស្សនៈ

beautiful x ទេសភាព

perspiration[,pɜ:spə'rei ʃn]*n.* dry his x ញើស

achieve only by x ការបែកញើស

perspire[pə'spai ər] *iv* . , *tv.* បែកញើស

persuade[pə'swei d] *tv.* អង្វង, បញ្ចុះបញ្ចូល

persuasion[pə'swei ʒn] *n.* method of x ការអង្វង

religious x ជំនឿ

persuasive[pə'swei si v] *adj.* ដែលធ្វើឱ្យចុះចូល

pertain[pətei n] *iv.* ជាប់ទាក់ទង, មានទាក់ទង

pertinent['pɜ:ti nənt] *adj.* ដែលជំពាក់ទាក់ទង

perturb[pə'tɜ:b] *tv.* ធ្វើឱ្យខ្វល់ក្នុងចិត្ត, ធ្វើឱ្យរំជួលចិត្ត

peruse[pə'ru:z] *tv.* មើលយ៉ាងយកចិត្តទុកដាក់

pervade[pə'vei d] *tv.* His ideas x the work of his students. ជ្រួតជ្រាបទូទៅ

rumors x the country រាលដាលពាសពេញ

pervasive[pə'vei si v] *adj.* ដែលរាលដាល, ដែលសាយទូទៅ

perverse[pə'vɜ:s] *adj.* x child រឹង, មានះ

x morals ដែលផ្ទុយនឹងសីលធម៌

perversion[pə'vɜ:ʃn] *n.* x of a minor ការនាំឱ្យខូច

a x of the original ការកែប្រែក្រឡប់

sexual x អំពើខុសពីប្រក្រតី *Lit:* វិបល្លាស

pervert[pə'vɜ:t] *tv.* x morals នាំទៅផ្លូវអាក្រក់

x funds ប្រើខុសបទ

-n. មនុស្សដែលសេពកាមមេថុនប្លែកពីគេ

pessimism['pesi mi zəm] *n.* ទុទិដ្ឋិនិយម

pessimist['pesi mi st] *n.* អ្នកទុទិដ្ឋិនិយម

pessimistic[,pesi 'mi sti k] *adj.* ប្រកបដោយទុទិដ្ឋិនិយម

pest[pest] *n.* មនុស្ស សត្វ ។ល។ ចង្រៃ

pester['pestər] *tv.* ឆាឆៅ, រំខាន

pesticide['pesti sai d] *n.* ថ្នាំសម្លាប់សត្វចង្រៃ

pestilence['pesti lens] *n.* រោគប៉េស្ត

pestle['pesl] *n.* អង្រែ

-tv. បុក

pet[pet] *n.* keep a x សត្វចិញ្ចឹមលេង

teacher' s x កំណាន់, សំណប់

-adj. x cat ដែលចិញ្ចឹមលេង

x child ដែលចូលចិត្តជាងគេ

-tv. អង្អែល

petal['petl] *n.* ត្របកផ្កា *Lit:* ទលី

petition[pə'ti ʃn] *n.* draw up a x បណ្ដឹងលិខិត

a x for aid ការប្ដឹងសុំ

-tv . , *iv.* ប្ដឹងសុំ

pertrify['petri fai] *tv.* (*pt.* , *pp.* petrified)

x wood ធ្វើឱ្យទៅជាថ្ម

x him with fear ធ្វើឱ្យស្លន់

-iv. ទៅជាថ្ម

petrification[,petri 'fækʃn] *n.* ដំណើរក្លាយជាថ្ម

petrol['petrəl] *n. Brit.* ប្រេងសាំង (នៅស្រុកអង់គ្លេស)

petroleum[pi 'trəuli əm] *n.* ប្រេងកាត (មិនទាន់ស្ល)

Lit: តេលសិលា

petticoat['peti kəut] *n.* សំពត់ទ្រនាប់

petty['peti] *adj.* x problems កំប៉ិកកំប៉ុក

x mind ដែលខ្វល់នឹងការកំប៉ិកកំប៉ុក

p. cash ប្រាក់បន្តិចបន្តួចទុកដោយឡែកសម្រាប់ចាយវាយ

petulant['petjulənt] *adj.* ដែលឆាប់ក្តួចុងច្រមុះ

pewter['pju:tər] *n.* សំណប៉ាហាំង

phalanx['fælæŋks] *n.* x of troops ទ័ពរៀបជាផ្លែព្រួញ

x of the hand ឆ្អឹងថ្នាំងដៃឬជើង

phallus['fæləs] *n.* លិង្គ

phantom['fæntəm] *n.* ខ្មោច (ដែលស្រមៃឃើញឬលង)

pharmaceutics['fɑ:mə'su:ti ks] *n.* ឱសថវិទ្យា

pharmacist['fɑ:məsi st] *n.* ឱសថការី

pharmacolocy['fɑ:mə'kɔlədʒi] *n.* ឱសថវិទ្យា

pharmacy['fɑ:məsi] *n.* *Fr:* ហ្វាម៉ាស៊ី

Lit: ឱសថស្ថាន

pharynx['færi ŋks] *n.* ដើមក, បំពង់អាហារផ្នែកខាងលើ

Lit: ត្រសនី

phase[fei s] *n.* ដំណាក់ជាបន្តបន្ទាប់ ឬដំណើរជាបន្តបន្ទាប់

-tv. p. out ធ្វើឱ្យលែងមានបន្តិចម្តងៗ

Ph.D.[.pi: ei tʃ 'di:] *(Doctor of Philosophy)* បណ្ឌិត

pheasant['feznt] *n.* មាន់ទោរ

phenomenal[fə'nɔmi nl] *adj.* x speed សម្បើម, អស្ចារ្យ

x observation នៃធាតុភូត

phenomenon[fə'nɔmi nən] *n.* *(pl.* phenomena*)*

natural x ធាតុភូត

The man a x វត្ថុឬមនុស្សចំឡែកខុសគេ

philander[fi 'lændər] *iv.* ចែចង់លេង

philanthropist[,fi lən'θrəpi st] *n.* មនុជប្រេមី

philanthropy[fi 'lænθrəpi]*n.* spend a fortune in p. ការធ្វើទាន

life of មនុជប្រេមភាព

philately[fi 'lætəli] *n.* ការសន្សំតែម, ការលេងតែម

Lit: សម្ពហកម្មតែម

philatelist[fi 'lætəli st] *n.* អ្នកលេងតែម, អ្នកសន្សំតែម

philippine Islands[fi li pi n 'ai lənd] *pr. n.* ប្រទេស ហ្វីលីពីន

philology[fi 'lɔlədʒi] *n.* និរុត្តិសាស្ត្រ

philosopher[fə'lɔsəfər] *n.* ទស្សនវិទូ

philosophy[fə'lɔsəfi] *n.* study of x ទស្សនវិជ្ជា

have a x of life ទស្សនៈ

phlegm[flem] *n.* ស្លេស្ម

phlegmatic[fleg'mæti k] *adj.* ដែលមិនចេះរំភើបចិត្តដោយងាយ

phobia['fəubi ə] *n.* រោគខ្លាច

phone[fəun] *n.* *Coll.* hang up the x *Fr:* តេឡេហ្វូន *Lit:* ទូរសព្ទ

Phonet. សូរ (សម្លេង)

-tv. ហៅតេឡេហ្វូន

phoneme['fəuni:m] *n.* មូលសព្ទ

phonetic[fə'neti k] *adj.* x quality ខាងសូរសព្ទ

x transcription តាមសូរសព្ទ

phonetics[fə'neti ks] *n.* សទ្ទសាស្ត្រ

phonograph['fəunəgrɑ:f] *n.* ម៉ាស៊ីនច្រៀង

phonology[fə'nɔlədʒi] *n.* study x សទ្ទវិទ្យា

x of a language ប្រព័ន្ធសូរសព្ទ

phony['fəuni] *adj.* ដែលក្លែង, ដែលមិនមែនមែនទែន

-n. អ្វីៗដែលក្លែង

phosphate['fɔsfei t] *n.* *Fr:* ហ្វូសហ្វាត

phosphorous['fɔsfərəs] *n.* *Fr:* ហ្វូសហ្វ័រ

photo['fəutəu] *n.* *(Short for* photograph*)* រូបថត

photogenic['fəutəu:'dʒəni k] *adj.* ដែលថតសម

photograph['fəutəgrɑ:f] *n.* រូបថត

Lit: ឆាយាលក្ស

-tv. ថត (រូប)

photography[fə'tɔgrəfi] *n.* ការថតរូប

photostat['fəutəstæt] *n.* ច្បាប់ចម្លងហ្វូតូស្តាត

-tv. ធ្វើហ្វូតូស្តាត (ចម្លងដោយថតតាមរបៀបម្យ៉ាង)

phrase[frei z] *n.* three-word x ឃ្លា (ប្រយោគមានពាក្យយ៉ាងតិច២)

legal x ពាក្យ

-*tv.* រៀបពាក្យ

phraseology[,frei zi 'ɔlədʒi] *n.* របៀបរៀបពាក្យ

phylum['fai ləm] *n.* ចំពូក, អម្បូរ

physical['fi zi kl] *adj.* p. exercise ការហាត់ប្រាណ

p. desires កាមរាគ

p. education ការហាត់ប្រាណ

Lit: កាយវប្បកម្ម

p. science វិទ្យាសាស្ត្របនិយម

physician[fi 'zi ʃn] *n.* គ្រូពេទ្យ

physics['fi zi ks] *n.* រូបសាស្ត្រ

physicist['fi zi si st] *n.* អ្នករូបនិយម

physiognomy['fi zi 'ɔnəmi] *n.* ទ្រង់ទ្រាយមុខ

physiology[,fi zi 'ɔlədʒi] *n.* សរីរវិទ្យា

physiotherapy['fi zi əu'θerəpi] *n.* ការព្យាបាលដោយការហាត់ប្រាណ

physique[fi 'zi:k] *n.* រូបរាងកាយ

piano['pjɑ:nəu] *n. Fr:* ព្យាណូ (គ្រឿងភ្លេង)

picayune[pi kei jun] *adj.* កំប៉ិកកំប៉ុក

pick[pi k] *tv.* x peas បេះ

x a number រើស

p. a quarrel រករឿងឈ្លោះ

p. a pocket ឆក់ (លួចរបស់ពីហោប៉ៅគេ)

x one' s teethចាក់

x one' s nose ឆ្កឹះ ឬ ឆ្កេះ

x a chicken បោច

x a guitar ដេញ

p. at (a worm) ឆ្កឹះ ឬ ឆ្កេះ

p. at (a playmate) ឆាឆៅធ្វើបាប

p. at one' s food ច្បិចច្បើម, ស៊ីដូចគេមិនឃ្លាន

p. off (an apple) បេះ

p. off (soldiers) បាញ់ប្រទ្បេះ, បាញ់ឬសម្លាប់មួយម្ដងៗ

Coll. p. on ឆាឆៅធ្វើបាប

p. out (bones) យកចេញ

p. out (a book) រើសយក

p. up (a suitcase) លើក

p. up (a passenger at the station) ទៅទទួល

p. up (a hitchhiker) ឈប់ឱ្យជោយសារ

x a disease ឆ្លង

p. up a girl រកស្រីបាន (តាមផ្លូវតាមបារ)

p. up (an order of goods) ទៅយក

p. up (a radio station) ចាប់បាន (វិទ្យុ)

p. up (speed) បង្កើន

-*n.* take your p. រើសទៅ

x of the crop ជំរើស

good x of apples ចំនួនបេះបាន

digging x ចបក្រសេះ

guitar x ក្រចក (ចាប៉ី ។ល។)

pickax['pi kæks] *n.* ចបក្រសេះ

picket['pi ki t] *n.* wooden x ចម្រឹង, បង្គោល

strike x អ្នកបាតុកម្មជំទាស់

-*tv.* x the path បោះបង្គោលរាំង

x a business ធ្វើបាតុកម្មជំទាស់

pickle['pi kl] *n.* ជ្រក់ (ធម្មតាត្រសក់ជ្រក់)

Sl. in a p. គុន, ជាប់គុន

-*tv.* ជ្រក់, ត្រាំ

pickpocket['pi kpɔki t] *n.* ចោរឆក់

pickup['pi kʌp] *n.* She' s a x. ស្រីដែលចង់បានតាមផ្លូវបារ ។ល។

car has good x សន្ទុះ

x in sales ការកើន

drive a x ឡានដឹកទំនិញតូចៗ

picnic['pi kni k] *n. Fr:* ពិចនិច
Lit: វនភោជន៍
pictorial[pi k'tɔːri əl] *adj.* ដែលប្រើរូប
-*n.* កាសែតឬទស្សនាវដ្ដីរូបភាព
picture['pi ktʃər] *n.* draw a x រូប, គំនូរ
take a x រូប (ថត)
mental p. រូបដែលស្រមៃឃើញ
x for the future ស្ថានការណ៍
motion p. ភាពយន្ត
be the p. of health មានសុខភាពដ៏ល្អ
-*tv.* books x the past ពិពណ៌នា
I can' t x it. ស្មាន, គិតក្នុងចិត្ត
picturesque[,pi ktʃə'resk] *adj.* x town គួរចាប់ចិត្ត
x description ច្បាស់ដូចគំនូរ
piddle['pi dl] *iv.* ចំណាយពេលវេលាឥតប្រយោជន៍
Euph. នោម (ក្មេង)
piddling['pi dli ŋ] *adj.* មិនជាដុំកំភួន
pidgin['pi dʒi n] *n.* ភាសាមិនត្រឹមត្រូវ (ធម្មតាមានភាសាពីរបីលាយឡំគ្នា)
pie[pai] *n.* cherry x *Eng:* នំផៃ
mud x អ្វីៗរាងដូចនំផៃ
piece[piːs] *n.* x of candy ដុំ
x of pie ចម្រៀង
x of pipe កំណាត់
x of land ក្បាល
x of paper សន្លឹក
literary x អត្ថបទ
x of music បទ
tear sthg. to pieces ហែកកំទេច
x of a motor ផ្នែក
-*tv.* x the parts together ភ្ជាប់គ្នាវិញ
pier[pi ər] *n.* ផែ, សំណង់លយទៅក្នុងទឹក
pierce[pi əs] *tv.* x the paper ទម្លុះ, ទម្លាយ
noises x the ears ធ្វើឱ្យសង្កៀរ

piety['pai əti] *n.* ការស្រឡាញ់និងគោរពសាសនា
pig[pi g] *n.* raise a x សត្វជ្រូក
Sl. He' s a x. មនុស្សអាក្រក់
x of iron ដុំទ្រវែង (លោហធាតុ)
Year of the P. ឆ្នាំកុរ
pigeon['pi dʒi n] *n.* ព្រាប
pigeon-hole['pi dʒi n həul] *n.* កូនបន្ទប់តូច, ថតតូចៗនៅជាប់ៗគ្នា
-*tv.* ទុកចោលមួយអន្លើសិន
piggyback['pi gi bæk] *adj.*, *adv.* ដែលផាក់ឬបញ្ជិះពីលើ
pigheaded[,pi 'hedi d] *adj.* រឹង, មុខរឹង, ក្បាលរឹង, ចចេស, មានះ
pigment['pi gmənt] *n.* ជាតិពណ៌
pigsty['pi gstai] *n.* ទ្រុងជ្រូក
pigtail *n.* soup made of x កន្ទុយជ្រូក
hair in a x កន្ទុយសេះ (របៀបចងសក់)
pike[1][pai k] *n.* លំពែងម្យ៉ាង
-*tv.* ចាក់នឹងលំពែង
pile[2][pai k] *n.* សសរ
pike[3][pai k] *n.* យន្តបថបង់ថ្លៃ
Coll. ថ្នល់
pile[1][pai l] *n.* x of rocks គំនរ, ពំនូក
Coll. x of money ច្រើន
-*tv.* x rocks on គរ
p. up គរ
-*iv.* p. up ឡើងគរ
pile[2][pai l] *n.* *(uau. pl.)* ឫសដូងបាត
pilfer['pi lfər] *iv.*, *tv.* លួច (បន្តិចបន្តួច)
pilgrim['pi lgri m] *n.* អ្នកធម្មយាត្រា
pilgrimage['pi lgri mi dʒ] *n.* ធម្មយាត្រា
pill[pi l] *n.* ថ្នាំគ្រាប់ *Lit:* គុលិកា
pillage['pi li dʒ] *tv.*, *iv.* លួចប្លន់
-*n.* ការលួចប្លន់

pillar['pi lər] *n.* stone p. សសរថ្មធំៗ
Lit: ស្ដម្ភ
bridge x សសរ
x of society អ្នកគាំទ្រ, អ្នកការពារ
Id. from p. post ដូចចក
pillbox['pi lbɔks] *n.* enemy x ប៉ុកកូសតូចៗ
silver x ប្រអប់ដាក់ថ្នាំ
pillory['pi ləri] *n.* បង្គោលចងអ្នកទោសនៅទីសាធារណៈ
pillow['pi ləu] *n.* ខ្នើយ *Roy:* រង្វព្រះសិរ
-tv. កើយ
pillowcase['pi ləukei s] *n.* ស្រោមខ្នើយ
pilot['pai lət] *n.* airplane x អ្នកបើកយន្តហោះឬនាវា
Coll: តៃកុង *Lit:* កណ្ណធារ
x of a gas stove ភ្លើងសម្រាប់បញ្ឆេះ
-tv. x a plane បើក
x us to safety នាំ
-adj. x light សម្រាប់បញ្ឆេះ
x project សម្រាប់ពិសោធមើល
pimiento, pimento[pi məntəu] *n.* ម្ទេសផ្លោកម្យ៉ាងវែង
pimp[pi mp] *n.* អ្នកផ្ដល់ស្រីឱ្យគេ
-iv. ផ្ដល់ស្រីឱ្យគេ
pimple['pi mpl] *n.* មុន (រោគស្បែក)
pin[pi n] *n.* safety p. ម្ជុលខ្ទាស់
straight x ម្ជុល
diamond x កន្លាស់ (គ្រឿងអលង្ការ)
axle x កន្លាស់
Id. be on pins and needles អន្ទះអន្ទែងដោយខ្វល់ខ្វាយ
-tv. (pt . . pp. pinned*)* x a diaper ខ្ទាស់នឹងម្ជុលខ្ទាស់
x a wheel on an axle ដាក់កន្លាស់
pinned (by debris) ធ្វើមិនឱ្យមិខ្លួនរួច
Id. p. s. o. down បង្ខំឱ្យថាយ៉ាងណាៗម្យ៉ាង
pincers['pi nsəz] *n.* electrician' s x ដង្កាប់
crab' s x គង្កៀប
pinch[pi ntʃ] *tv.* x her cheek ក្ដិច
shoes x my feet ធ្វើឱ្យឈឺ (ដោយចង្អៀត។ល។)
Id. p. pennies សំចៃ
coll. x candy លួច
-n. give her a x ការក្ដិច
x of salt មួយចិប
x of inflation គ្រាឬស្ថានការណ៍លំបាក (ដូចនៅពេលសង្គ្រាមជាដើម)
in a p. ក្នុងគ្រាអាសន្ន
pinchers['pi nsəz] *(see* pincers*)*
pine[1][pai n] *n.* ស្រល់
-adj. p. cone ផ្លែស្រល់
p. needle ស្លឹកស្រល់
p. tar ជ័រស្រល់
pine[2][pai n] *iv.* p. for អាល័យ
p. away សង្រេងសង្រៃ
-tv. x one' s loss អាល័យ
pineapple['pai næpl] *n.* ម្នាស់
ping[pi ŋ] *iv.* បន្លឺសូរដូចគ្រាប់កាំភ្លើងប៉ះដែក
-n. សូរដូចគ្រាប់កាំភ្លើងប៉ះដែក
ping-pong['pi ŋpɔŋ] *n.* ពីងប៉ុង
pinion['pi ni ən] *n.* ស្លាប (សត្វ)
-tv. x a bird ដកស្លាប
x s.o.' s arms ចងភ្ជាប់គ្នា
pink[1][pi ŋk] *n.* the color x ពណ៌ស៊ីជម្ពូផ្កាឈូក
(corsage of) pinks ផ្កាអឺយយើ
Id. in the p. មានសុខភាពល្អ
-adj. ស៊ីជម្ពូ, ផ្កាឈូក
pink[2][pi ŋk] *tv.* កាត់ឱ្យរលេចរឆ្លូចដូចធ្មេញរណា
pinnacle['pi nəkl] *n.* កំពូល
pinpoint['pi npɔi nt] *n.* ចុងម្ជុល

-*tv.* រកឬបង្ហាញកន្លែងជាក់លាក់

pint['pai nt] ***n.*** រង្វាល់ចំណុះប្រហែលកន្លះលីត្រ

pin-up['pi nʌp] ***n.*** រូបស្រីល្អៗបិទនៅជញ្ជាំង

pioneer['pai ə'ni ər] ***n.*** អ្នកត្រួសត្រាយ

-*iv.* ធ្វើអ្វីឡើងមុនគេបង្អស់

pious['pai əs] ***adj.*** ដែលស្រឡាញ់ហើយគោរព, ដែលជឿយ៉ាងស៊ប់ (សាសនា ជាតិ ។ល។)

pipe[pai p] ***n.*** lead x បំពង់ *Lit:* រ៉ែម្ភ

smoke a x ខ្សៀ

play a x ប៉ី

-*tv.* x water បង្ហូរតាមបំពង់

x a tune ផ្លុំប៉ី (បទអ្វីមួយ)

-*iv.* birds x យំ

p. up ស្រែកឬនិយាយខ្សឡើង

Coll. p. down បង្អន់

-*adj.* p. dream ការយល់សប្តិ (អ.ប.)

p. line បំពង់នាំប្រេងឬឧស្ម័នទៅឆ្ងាយ

piper['pai pər] ***n.*** អ្នកផ្លុំប៉ី

Id. pay the p. ទទួលវិបាក

piping['pai pi ŋ] ***n.*** copper x បំពង់

shrill x សូរយំ

-*adj.* x voice គ្រលួច (សូរ)

p. hot ក្តៅគគុក

piracy['pai rəsi] ***n.*** x on the high seas បន្លន់ (អំពើប្លន់តាមសមុទ្រ)

x of another' s work ការបន្លំយករបស់គេជារបស់ខ្លួន (សៀវភៅ ភ្លេង ។ល។)

pirate['pai rət] ***n.*** ចោរប្លន់តាមសមុទ្រ

piss[pi s] ***n.*** ទឹកនោម *Lit:* មូត្រ

-*iv.* នោម *Polite:* បត់ជើងតូច

Cl: ដោះទុក្ខសត្វ

pistil['pi stl] ***n.*** ស្បូនផ្កា

pistol['pi stl] ***n. Fr:*** ពិស្តូឡេ

piston['pi stən] ***n. Fr:*** ពិស្តុង

pit[pi t] ***n.*** dig a x រណ្តៅ, អន្លុង

cherry x គ្រាប់

cockfighting x ទីមានរបាំងជុំវិញសម្រាប់ជល់មាន់ ។ល។

x in the skin សម្លាកខូងៗឬផតចូល

-*tv.* *(pt . . pp.* pitted*)*

x cherries យកគ្រាប់ចេញ

x the skin ធ្វើឱ្យខូង

x forces against each other ផាក់

pitch[1]['pi ʧ] ***tv.*** p. overhanded ចោល

p. underhanded បោះ

x a tent បោះ (តង់)

Mus. p. it higher ធ្វើឱ្យមានសូរខ្ពស់ឡើង

-*iv.* x forward ដួល, ទៅ (ទៅមុខ)

Coll. (Everyone should) p. in ចូលប្រាក់

Coll. (The food' s ready, so) p. in. ចាប់, ផ្តើម

-*n.* a hard x ការចោល, ការបោះ

x of a roof ជម្រេ

sing off x កំពស់នៃសូរ, ទីកនៃសូរ

Id. make a p. for ប្រឹងប្រែងដើម្បីឱ្យបានសម្រេចគោលបំណងអ្វីមួយ

pitch[2]['pi ʧ] ***n.*** កៅស៊ូក្រាលថ្នល់

pitch-black['pi ʧblæk] ***adj.*** ខ្មៅអ៊ិញ, ខ្មៅដូចធ្យូង

pitch-dark['pi ʧdɑ:k] ***adj.*** ងងឹតស្លុង, ងងឹតចាក់ភ្នែកមិនយល់

pitcher[1]['pi ʧər] ***n.*** ថូទឹកឬស្រា

pitcher[2]['pi ʧər] ***n.*** អ្នកចោលឬបោះ

pitchfork['pi ʧfɔ:k] ***n.*** ចំង្វាយ, ដែកឬឈើឆាយ

pitfall['pi tfɔ:l] ***n.*** animal x អន្លុងអន្ទាក់

Pl. x of life គ្រោះថ្នាក់

pithy[pi θi] ***adj.*** x orange ស្លោត, ស្លោក

x style ដែលមានខ្លឹមសារ

pitiful['pi ti fl] *adj.* x fate គួរឱ្យអាណិត

x amount ស្តួចស្តើង

pitiless['pi ti li s] *adj.* គ្មានមេត្តា, ឥតប្រណី, ឥតមានអាណិត

pity['pi ti] *n.* សេចក្តីអាណិត *Lit:* ចិត្តករុណា

What a p.! ស្តាយណាស់!

-tv. (pt., pp pitied*)* អាណិត, មេត្តា

Roy: ទ្រង់ករុណា

pivot['pi vət] *n.* ស្នូល (ដែលមានអ្វីវិលជុំវិញ)

-iv. វិលជុំវិញ (ស្នូល)

-tv. ដាក់ស្នូលឱ្យអ្វីមួយវិលជុំវិញ

pivotal['pi vətl] *adj.* x issue សំខាន់ក្រៃលែង

x block ដែលសម្រាប់ធ្វើស្នូល

placard['plækɑːd] *n.* ប្រកាសបិទ

-tv. បិទប្រកាស

placate[plə'kei t] *tv.* ធ្វើឱ្យស្ងប់

place[plei s] *n.* strange x កន្លែង

in p. of ជាជំនួស

in the first p. មុនដំបូង

take p. កើតឡើង

If I were in your p. បើខ្ញុំជាលោកវិញ

in third p. លេខបី

-tv. x it on the table ដាក់

p. an order ស្នើឱ្យគេទិញឬធ្វើ។ល។ ឱ្យ

x a ball តម្រង់ដាក់ទៅកន្លែងណាមួយ

I can't p. him. ខ្ញុំរកនឹកគាត់មិនឃើញ

-iv. p. first បានលេខមួយ

placement['plei smənt] *n.* x of a building កន្លែង

p. of an order ការស្នើឱ្យគេទិញឱ្យ

x agency ការរកការឱ្យធ្វើ

x of a ball ការតម្រង់ដាក់ទៅកន្លែងណាមួយ

placenta[plə'sentə] *n.* សុក

placid['plæsi d] *adj.* មិនរំភើប, ស្ងប់ស្ងៀម

plagiarize['plei dʒərai z] *tv.* លួចយកនិពន្ធអ្នកឯទៀត

plagiarism['plei dʒəri zəm] *n.* ការលួចយកនិពន្ធអ្នកឯទៀត

Lit: សព្ទចោរនិយម

plague[plei g] *n.* bubonic p. *Fr:* ប៉េស្ត

a x of fires គ្រោះកាចកើតឡើងជាបន្តបន្ទាប់គ្នា

-tv. disasters x them ញាំញី

plaid[plæd] *n.* សំពត់ខៀនក្រឡាចត្រង្គ

-adj. ដែលដូចក្រឡាចត្រង្គ

plain[plei n] *adj.* x meaning ច្បាស់

x cloth លាត, ឥតមានរូបឬក្រឡា

x talk ត្រង់ៗ, ឥតវៀចវេរ

x people ធម្មតា

x woman រូបមិនល្អ

x country រាប

in p. sight នៅកណ្តាលវាល

-n. វាល, ទីវាល

plaint[plei nt] *n.* បណ្តឹង

plaintiff['plei nti f] *n.* ដើមក្តី, អ្នកប្តឹង

plaintive['plei nti v] *adj.* ដែលថ្ងូរ, ដែលតម្ងួញ

plaint[plænt] *tv.* x hair ក្រង

x a mat ត្បាញ

-n. x of hair កម្រង

plan[plæn] *n.* x for the future ផែនការណ៍

formulate a x គម្រោងការណ៍

floor x ប្លង់

x of the city ផែនទី

-tv. (pt., pp. planned*)* x an event គ្រោង, គម្រោង

x to go គិត, បម្រុង, ប៉ង

x a house គូរប្លង់

plane[plei n] *n.* horizontal x ផ្ទៃរាប

moral x កំពស់, កម្រិត

take a x យន្តហោះ, កប៉ាល់ហោះ

carpenter' s x ដែកឈូស

-*tv.* x wood ឈូស

x them to the next city ផ្ញើឬបញ្ជូនតាមយន្តហោះ

-*iv.* boats x on the water ទៅមុខប្រផិតៗ

(land) planes off រាបទៅៗ

-*adj.* p. geometry រេខាគណិតរាប

planet['plæni t] ***n.*** ផ្កាយព្រះគ្រោះ

planetarium[,plæni 'teəri əm] ***n.*** សំណាក ចក្រវាល

plank[plæŋk] ***n.*** wooden x ក្តារ

x of the party platform ចំណុច, ប្រការ

-*tv.* x a floor ក្រាលក្តារ

plankton['plæŋktən] ***n.*** ធាតុសុខមប្រាណ

plant[plɑ:nt] ***n.*** flowering x ភូតគាម

set out a x កូន (រុក្ខជាតិ)

industrial x រោងចក្រ

Sl. He' s a x. ចារបុរស

-*tv.* x a tree ដាំ

x riceplants ស្ទូង

x rice (broadcast) ព្រោះ, សាប

x an idea បញ្ចូល

x a post បោះ, ដាំ

x one' s feet ដាក់

x evidence លួចដាក់ (ដោយបំណងអាក្រក់ផ្សេងៗ)

plantain['plænti n] ***n.*** ចេកម្យ៉ាងស្រដៀងចេក ណាប់មុខ

plantation[plæn'tei ʃn] ***n.*** ចំការធំៗ (ដូចចំការ កៅស៊ូ ។ល។)

planter[plæntə] ***n.*** cotton x អ្នកដាំ

mechanical p. ម៉ាស៊ីនដាំ

flower x ថូ (ដាំផ្កា ។ល។)

plaque[plɑ:k] ***n.*** សន្លឹកឬបន្ទះលោហធាតុ ។ល។ (ចម្លាក់សម្រាប់ដាក់តាំង)

plasma['plæzmə] ***n.*** ប្លាស្មា, ទឹកឈាម

Lit: លោហិតម្ត

plaster['plɑ:stər] ***n.*** ceiling x កំបោរបាយអម្យ៉ាង

mustard x ថ្នាំបំពោក

p. of Paris ម្នាងសិលាម្យ៉ាង (ប្រើសម្រាប់សូន រូបផ្សេងៗ)

-*tv.* x walls បិទ

x the walls with posters បិទពាសពេញ

plastic['plæsti k] ***adj.*** p. arts សិល្បខាងសូនរូប

x toys ធ្វើពីប្លាស្ទិកឬជ័រ

x substance ដែលអាចយកមកបត់, បួកឬសូនបាន

p. surgery ការវះកាត់កែរាងកាយ

x mind ដែលអាផ្លាស់ប្តូរ

-*n. Fr:* ប្លាស្ទិក

plat[plei t] ***n.*** ដីមួយក្បាលតូច

plate[plei t] ***n.*** earthenware x ចានទាប

mixed x មួយមុខចាន

x of steel សន្លឹក, បន្ទះ

dental p. ធ្មេញក្លែង

-*tv.* x with gold ស្រលក់ (ទឹកមាសទឹកប្រាក់។ល។)

x an armored car បិទដែក

plateau['plætəu] ***n.*** mountain x ខ្ពង់រាប

x of ability កម្រិតដែលពិបាកនឹងធ្វើឱ្យលើសបាន

platform['plætfɔ:m] ***n.*** speaker' s x វេទិកា

party x កម្មវិធី (ជាមូលដ្ឋាន)

platinum['plæti nəm] ***n. Fr:*** ប្លាទីន

platitude[plæti tju:d] ***n.*** គំនិត សំដី ។ល។ ឥតតម្លៃ

platoon[plə'tu:n] ***n.*** កងអនុសេនាតូច

platter['plætər] *n.* meat x ចានទាបធំ
Coll. phonograph x ថាសម៉ាស៊ីន

plausible['plɔ:zəbl] *adj.* សម, ទំនង, គួរឱ្យជឿ

play[plei] *tv.* x a game លេង
x a role ដើរ (តួ)
x a record ចាក់ (ម៉ាស៊ីនច្រៀង ។ល។)
x the radio បើក
p. tricks on លលេង, ប្រើកលលេង
x water on a fire បាញ់
-iv. children x លេង
radios x ដើរ
p. into the hands of ធ្វើឱ្យត្រូវគំនិត, ផ្ដល់នូវអត្ថប្រយោជន៍ដល់
(lights) p. on (a scene) ចាំងទៅលើ
p. on (his feelings) ប្រើ (ដើម្បីទាញយកអត្ថប្រយោជន៍)
p. up to យកចិត្ត
-n. present a x រឿងល្ខោន
engage in x ការលេង
Sp. brilliant x សៀតលេង
Grames It' s your x. វេន
p. on words ការលេងពាក្យ
make a p. for (ខ្ញុំ) ទាក់ចិត្តអ្នកណាមួយ
steering has p. ដៃចង្កូតមិនតឹងឬណែន

playboy['plei bɔi] *n.* មនុស្សប្រុសហ៊ឺហា

player['plei ər] *n.* baseball x អ្នកលេង
record p. ម៉ាស៊ីនច្រៀង

playful['plei fl] *adj.* x kitten ដែលចូលចិត្តប្រឡែង, ប្រឡែងច្រើន
x remark លេង

playground['plei graund] *n.* ធ្លាសម្រាប់ក្មេងលេង
Lit: សួនកុមារ

playmate['plei mei t] *n.* អ្នកលេងជាមួយ

play-off[plei ɔf] *n. Sp.* ការប្រកួតផ្ដាច់ព្រាត់ (ដើម្បីរើសយកជើងឯក)

playwright['plei rai t] *n.* អ្នកនិពន្ធរឿងល្ខោន

plaza['pɑ:zə] *n.* ធ្លានៅកណ្ដាលក្រុង

plea[pli:] *n.* a x for help ការអង្វរករ
Law guilty x ចម្លើយថាទទួលឬមិនទទួលទោស (នៃចុងចោទ)

plead[pli:d] *iv.* *(pt.* . pleaded / pled. *pp.* pled*)*
x for help អង្វរករ, សុំ
Law How do you x? ឆ្លើយទទួលឬមិនទទួលទោស (តុលាការ)
-tv. x ignorance យកជាលេស
x a case ជជែកការពារ (រឿងក្ដី)
x guilty ឆ្លើយថាដូចម្ដេចម្យ៉ាង (ចំពោះមុខតុលាការ)

pleasant['pleznt] *adj.* x surprise ដែលធ្វើឱ្យពេញចិត្ត
x weather ស្រួល, ល្អ
x manner គួរជាទីចូលចិត្ត *Lit:* រមណីយ

please[pli:z] *aux.* សូម (ឧ.សូមបើកទ្វារ)
-tv. x the public ផ្គាប់ចិត្ត, បំពេញចិត្ត
p. yourself តាមតែលោក
x one' s taste ត្រូវ
-iv. if you p. បើលោកចង់, បើលោកមិនថាអី
Go where you p. ចង់អញ្ជើញទៅណាអញ្ជើញទៅចុះ

pleased[pli:zi d] *adj.* សប្បាយចិត្ត, រីករាយ, ពេញចិត្ត

pleasure['pleʒər] *n.* x at the news សេចក្ដីរីករាយ
Pl. temporal x ការសប្បាយ
travel for x ការកំសាន្ត
-adj. x trip កំសាន្ត

pleat[pli:t] *n.* ផ្នត់

-*tv.* ធ្វើឱ្យមានផ្នត់

plebiscite['plebi si t] ***n.*** ប្រជាសិទ្ធ, សេចក្តីសម្រេចនៃប្រជារាស្ត្រ

pled[pled] *(pp. of* plead*)*

pledge[pledʒ] ***n.*** solemn x ពាក្យសន្យា

x of aid ការសន្យា

a x of $100 ចំនួនប្រាក់សន្យាឱ្យ

recite the x សច្ចាប្រណិធាន

-*tv.* x money សន្យាឱ្យ

x to help សន្យា

p. allegiance ធ្វើសច្ចាប្រណិធាន

plenary['pli:nəri] ***adj.*** x power ដ៏ពេញលេញ

x session ពេញអង្គ

plenipotentiary[,pleni pə'tenʃəri] ***adj.*** ដ៏ពេញលេញ

-*n.* អ្នកតំណាងរដ្ឋដែលមានអំណាចសម្រេចការ

plenitude['pleni tju:d] ***n.*** ភាពសម្បូណ៌ហូរហៀរ

Lit: បុណ្ណភាព

plentiful['plenti fl] ***adj.*** សម្បូណ៌, មានច្រើន

plenty['plenti] ***n.*** x of time ច្រើន

in time of x ភាពសម្បូណ៌

-*adj.* This is x. បរិបូណ៌

plethora['pleθərə] ***n.*** ដំណើរសម្បូណ៌ជាអតិបរិមា

Lit: ពហុតរភាព

pleurisy['pluərəsi] ***n.*** រោគរលាកស្រោមសួត

pliable['plai əbl] ***adj.*** x material ដែលបត់បែនបាន

x mind ដែលស្រួលបញ្ចុះបញ្ចូល

pliant['plai ənt] ***adj.*** x material ដែលបត់បែនបាន

x mind ដែលស្រួលបញ្ចុះបញ្ចូល

pliers['plai əz] ***n.*** ដង្កាប់

plight[plai t] ***n.*** ស្ថានភាព (ធម្មតាចំពោះអ្វីៗដែលអាក្រក់)

plod[plɔd] ***iv.*** *(pt . . pp.* plodded*)* x along ដើរអឹកអាកៗ

x at one' s work ធ្វើមួយៗឥតឈប់ឈរ

-*tv.* x the path ដើរអឹកអាកៗតាម

-*n.* ដំណើរអឹកអាកៗ

plop[plɔp] ***iv.*** *(pt . . pp.* plopped*)* ធ្លាក់ផ្លុក

-*tv.* ទម្លាក់ផ្លុក

-*n.* សូរផ្លុក

plot[1][plɔt] ***n.*** secret x ការលបធ្វើអំពើអាក្រក់ទៅលើអ្នកណាម្នាក់

x of rhe novel ដំណើររឿង

-*tv.* *(pt . . pp.* plotted) x mischief លបធ្វើអំពើអាក្រក់ទៅលើអ្នកណាម្នាក់

x one' s course គ្រោង

-*iv.* លបធ្វើអំពើអាក្រក់ទៅលើអ្នកណាម្នាក់

plot[2][plɔt] ***n.*** ដីមួយក្បាលតូច

-*tv.* ចែកជាក្បាលតូចៗ

plow, plough[plau] ***n.*** double x នង្គ័ល

snow p. ប្រដាប់ឈូសទឹកកក (ដើម្បីធ្វើឱ្យផ្លូវថ្នល់ស្អាត ។ល។)

-*tv.* x a field ភ្ជួរ

x snow ឈូសចេញ

-*iv.* x with a horse ភ្ជួរដី

p. through (the snow) បោះពួយកាត់

p. through (work) ខិតខំធ្វើទៅយ៉ាងលឿន

plowshare['plauʃeər] ***n.*** ផាល

pluck[plʌk] *tv.* x flowers បេះ

x a chicken បោច

x a guiter កេះ (ចាប៉ី ។ល។)

p. up (one' s courage) ធ្វើឱ្យកក្រើកឡើង (អ. ប.)

-*n.* give it a x មួយកឹក (ការកេះមួយដង)

Coll. has lots of x សេចក្តីក្លាហាន

plug[plʌg] ***n.*** wooden x ឆ្នុក

electric x តំណចរន្ត

p. of tobacco ថ្នាំមួយកញ្ចប់

-tv. (pt pp plugged*)* hole ចុក

p. in (an appliance) ចុចក្នុងកំណាចរន្ត

Sl. x a product ឃោសនាសរសើរ

plum[plʌm] ***n.*** pick a x *Fr:* ព្រូន (ផ្លែឈើ)

Coll. This one's a x. អ៊ីៗដែលល្អ

plumage['plu:miʤ] ***n.*** ស្លាប (ទាំងអស់នៃបក្សីនិមួយៗ)

plumb[plʌm] ***tv.*** x the river វាស់ជម្រៅនឹងខ្សែប្រយោល

x the mystery ដោះស្រាយ

x an upright ស្ទង់នឹងខ្សែប្រយោល

-n. carpenter's x ខ្សែប្រយោល

out of p. មិនត្រង់ទៅលើ

-adj. wall is x ឈរត្រង់

-adv. Coll x crazy មែនទែន

plumber['plʌmər] ***n.*** ជាងបំពង់ (ទឹកឬឧស្ម័ន)

plumbing['plʌmiŋ] ***n.*** work at x របរជាងបំពង់ទឹកឬឧស្ម័ន

worn-out x ប្រព័ន្ធនៃបំពង់ទឹកឬឧស្ម័ន

plume[plu:m] ***n.*** bird's x ស្លាប

x of a helmet ស្លាបសៀតលំអ

-tv. យកស្លាបសត្វមកដាក់លំអ

plummet['plʌmit] ***iv.*** ធ្លាក់ចុះក្រោមត្រង់

-n. ខ្សែប្រយោល

plump[plʌmp] ***adj.*** ក្រមប់, ធាត់ទ្រលុច

plunder['plʌndər] ***tv.*, *iv.*** ប្លន់

-n. get rich by x ការលួចប្លន់

divide the x របស់ដែលលួចប្លន់មកបាន

plunge[plʌnʤ] ***tv.*** x a dagger into him ចាក់

x the country into chaos ជំរុញឱ្យធ្លាក់ (អ.ប.)

-iv. x into the water បោះពួយចុះ, លោតចុះ

p. into (an action) ចាប់ធ្វើអ្វីមួយដោយឥតគិតគួរឱ្យហ្មត់ចត់

p. through (a wall) ទៅប៉ះឬបុកធ្លាយ

-n. x of a diver ការលោតចុះ (ទឹក), ការបោះពួយចុះ

economy took a x ការធ្លាក់ចុះ

plunger[plʌnʤər] ***n.*** toilet x គ្រឿងសម្រាប់ធ្វើឱ្យបំពង់បាត់ស្ទះ

pump x *Fr:* ពិស្តុង

plural['pluərəl] ***adj.*** x society មានមនុស្សច្រើនសាសន៍

Gram. x number ពហុវចនៈ

plurality[pluə'ræləti] ***n.*** x of votes ពហុភាព

x of factors ដំណើរមានច្រើន

plus[plʌs] ***prep.*** two p. two ពីរនឹងពីរ, ពីរថែមពីរទៀត

p. the fact that ហើយម្យ៉ាងទៀត

-adj. x factor ដែលជាអត្ថប្រយោជន៍

Elect. x terminal វិជ្ជមាន

-n. សញ្ញា (+)

a x for us ការល្អ, ប្រយោជន៍, អត្ថប្រយោជន៍

plush[plʌʃ] ***n.*** សំពត់ដែលមានរោមក្រាស់ៗ

-adj. x unpholstery ដែលមានរោមក្រាស់ (សំពត់)

Fig. x surroundings ឆើតឆាយ

Pluto['plu:təu] ***pr. n.*** ភពភ្លុយតុង

plutocracy[plu:'tɔkrəsi] ***n.*** ធិនិកាធិបតេយ្យ

ply[1][plai] ***tv.*** *(pt., pp.* plied*)* x a trade ប្រកប

x the ocean ឆ្លងកាត់ទៅវិញទៅមក

p. him with questions ជជីកសួរ

ply[2][plai] ***n.*** បន្ទះ, ស្រទាប់

plywood['plai wud] *n.* ក្តារបន្ទះ

p.m[,pi:'em] *(post meridiem)* ពេលក្រោយថ្ងៃត្រង់: រសៀល, ល្ងាច, យប់, ។ល។

3:00 p.m ម៉ោងបីរសៀល

6:00 p.m ម៉ោងប្រាំមួយល្ងាច

10:00 p.m ម៉ោងដប់យប់

pneumatic[nju:'mæti k] *adj.* ដែលប្រើខ្យល់

pneumonia[nju:'məuni ə] *n.* រោគរលាកសួត

P.O.[,pi: əu] *(post Office)* ប្រៃសណីយ៍ស្ថាន

poach[1][pəutʃ] *tv.* ស្ងោរពងមាន់ដែលគោះចេញពីសំបក

poach[2][pəutʃ] *tv.*, *iv.* បរបាញ់ឬនេសាទដោយលួចលាក់

pocket['pɔki t] *n.* pants x ហោប៉ៅ

form a x with cloth ថង់

x of resistance តំបន់ឬក្រុមតូច

-adj. p. watch នាឡិកាដៃ

p. money ប្រាក់ជាប់នឹងខ្លួនបន្តិចបន្តួច

-tv. x a marble ដាក់ក្នុងហោប៉ៅ

x public fund យកដាក់ហោប៉ៅ, បន្លំលួច

pocketbook['pɔki tbuk] *n.* កាបូប

poketknife['pɔki tnai f] *n.* កាំបិតបត់, កាំបិតស្លា

pockmark['pɔkmɑ:k] *n.* សម្លាកអុត

pod[pɔd] *n.* ស្រោមផ្លែ (កប្បាស សណ្តែក)

-iv. (pt., pp. podded*)* ផ្លែ

podium['pəudi əm] *n.* វេទិកា

poem['pəui m] *n.* កំណាព្យ, កាព្យនិពន្ធ

poet['pəui t] *n.* កវី

poetic[pəu'eti k] *adj.* x composition ជាកាព្យនិពន្ធ

x description ដូចកំណាព្យ, ដែលធ្វើឱ្យរំភើប

Lit: កវីភាវិក

p. license បដិប្បញ្ញាត្តិកវីនិពន្ធ

poetry['pəuətri] *n.* កវីនិពន្ធន៍

pogrom['pɔgrəm] *n.* ចលនាសម្លាប់បំបាត់ប្រជាជនពពួកណាមួយ

poignant['pɔi njənt] *adj.* ដែលធ្វើឱ្យចុកសៀតក្នុងចិត្ត

point[pɔi nt] *n.* x of a knife ចុង

x of land ជ្រោយ

debate a x ចំណុច (ឧ. ចំណុចសំខាន់ៗ)

decimal x ចំណុច (.)

scoring x ពិន្ទុ

poiling x កម្រិត

points (on sailing) ទិស

to the p. of (rundeness) សឹងតែជា

on the p. of (dying) ជិតៗ, ស្ទើរតែ

p. of view ទស្សនៈ

What' s the p. in . . . ម៉េចក៏ចាំ

make a p. of បញ្ជាក់ឱ្យច្បាស់

a case in p. ឧទាហរណ៍

miss the p. of ចាប់មិនបាន

to the p. ចំ, មិនបំវាង

beside the p. គ្មានទាក់ទង

-tv. x one' s finger ចង្អុល

x a gun តម្រង់ទៅ

p. out (his house) ចង្អុលប្រាប់

p. out (that it' s late) បង្ហាញឱ្យឃើញ

-iv. don' t x ចង្អុល

facts x to his guilt ធ្វើឱ្យឃើញនូវ

(needle) points (north) ចង្អុលទៅ

pointblank[,pɔi nt'blæŋk] *adj.*, *adv.* x shot យ៉ាងជិត

x accusation ឆៅៗ

pointed[,pɔi nti d] *adj.* x stick ស្រួច

x remark ចំៗ

pointer['pɔi ntər] *n.* blackboard x ឈើសម្រាប់ចង្អុល

hunting x ឆ្កែសម្រាប់បរបាញ់សត្វម្យ៉ាង

Pl. give me some x on យោបល់

pointless['pɔi ntləs] *adj.* ឥតប្រយោជន៍

poise[pɔi z] *n.* x of a bird in flight របៀបធើរអង្គុយ ។ល។

has a lot of x ការរៀបចំខ្លួនឱ្យបានតឹងនឬសមរម្យ

-*tv.* x a spear ប្រុងប្រៀប

x a basket on the head ដាក់ឬបន្ទុបលើអ្វីដែលគ្មានតុល្យភាព

poison['pɔi zn] *n.* ថ្នាំពុល, ថ្នាំបំពុល

-*tv.* បំពុល

-*adj.* ពុល, ដែលមានពិសឬដែលពោល

poisonous['pɔi zənəs] *adj.* x drug ពុល

x snake ដែលមានពិស

poke[1]['pəuk] *tv.* x a stick into ចាក់

x with the elbow គះ, ឬក

p. fun at និយាយចំអកលេង

-*iv* p. around រកកេកេះកកាយត្រង់នេះបន្តិចត្រង់នោះបន្តិច

Coll. p. along ត្រេតត្រត

-*n. Coll.* មនុស្សចំរៀក, មនុស្សយឺត

poke[2][pəuk] *n. Dial.* paper x ថង់

Id pig in a p. អ្វីដែលគេមិនដឹងថាជាល្អឬអាក្រក់

poker[1]['pəukər] *n.* ដែកឆ្កឹះរងើកភ្លើង

poker[2]['pəukər] *n.* បៀរផៃ *Fr:* ល្បែងប៉ូកែរ

Id p. face ទឹកមុខស្មើ

polar['pəulər] *adj.* x opposites ដែលផ្ទុយគ្នាស្រឡះ

p. bear ខ្លាឃ្មុំស

p. Regions តំបន់អក្ខោសាន

polarize['pəulərai z]*tv.* x iron ធ្វើឱ្យមានអក្ខោសាន

x opinion ធ្វើឱ្យបែកខ្ញែកគ្នា

pole[1][pəul] *n.* wooden x ឈើវែង

utility x បង្គោល

boat x ថ្មោល

-*tv.* x a boat ដោល (នឹងថ្មោល)

pole[2][pəul] *n.* north x *Fr:* ប៉ូល

Lit: អក្ខោសាន

negative x *Fr:* ប៉ូល

polemic[pə'lemi k] *adj.* ដែលគ្រាន់តែជាការជំទាស់

polemics[pə'lemi ks] *n.* សង្គ្រាមបាក្យា

police[pə'li:s] *n.* call the x *Fr:* ប៉ូលិស

national p. ក្រុមនគរបាលជាតិ

-*tv.* ល្បាត

policeman[pə'li:smən] *n.* តម្រួត

Fr: ប៉ូលិស (ម្នាក់ៗ)

policy['pɔləsi] *n.* foreign x នយោបាយ

new x in the department ច្បាប់ (គោលការណ៍ដែលកំពុងអនុវត្ត)

insurance p. បណ្ណសន្យា

poliomyelitis[,pəuli əu,mai ə'lai ti s] *n.* រោគខ្ទិនស្វិតស្វែ

polish['pɔli ʃ] *tv.* x a table ខាត់

x shoes black វាយ

x a speech កែឱ្យល្អ

Sl. p. off វាត់អស់ (អាហារ ។ល។)

p. up (one' s French) រៀនសាឡើងវិញ

x gems ច្នៃ

-*n.* rub to a high x ភាពភ្លឺរលោង

shoe x ថ្នាំខាត់

polite[pə'lai t] *adj.* គួរសម, ចេះគួរសម

Lit: ដែលមានបញ្ញាភាព

political[pə'li ti kl] *adj.* x science នយោបាយ

x job ដែលគេតែងតាំង

politician[,pɔli 'ti ʃn] *n.* អ្នកនយោបាយ

politics['pɔləti ks] *n.* go into x នយោបាយ

what are your x? ជំនឿខាងនយោបាយ

poll[pəul] *n.* x of the electorate ការបោះឆ្នោត

Pl. go to the x ទីបោះឆ្នោត

take a x ការស្ទង់មតិមហាជន

-*tv.* x the voters ឱ្យបោះឆ្នោត

x the membership ស្ទង់មតិ

-*adj.* p. tax ពន្ធបោះឆ្នោត

pollen['pɔlən] ***n.*** លំអង

pollinate['pɔləneit] ***tv.*** រោយលំអងផ្កា (ទៅលើ)

pollute[pə'lu:t] ***tv.*** ធ្វើឱ្យកខ្វក់

pollution[pə'lu:ʃn] ***n.*** x of the air ការធ្វើឱ្យកខ្វក់

clean up x វត្ថុដែលធ្វើឱ្យកខ្វក់

polyandry[,pɔli 'ændri] ***n.*** ពហុស្វាមីភាព

polygamy[pə'li gəmi] ***n.*** ពហុពន្ធភាព

polyglot['pɔli glɔt] ***adj.*** x book ដែលសរសេរជាច្រើនភាសា

x speaker ដែលចេះច្រើនភាសា

-*n.* មនុស្សដែលចេះច្រើនភាសា

polygon['pɔli gən] ***n.*** ពហុកោណ

polygyny['pɔli dʒi ni] ***n.*** ការមានប្រពន្ធច្រើនជាងមួយ

polyhedron['pɔli hədrən] ***n.*** ពហុតល

polyp['pɔli p] ***n.*** រូហសិលាប្រាណ

polysyllabic[,pɔli si 'læbi k] ***adj.*** x word ពហុព្យាង្គ

x language ដែលប្រើសព្ទពហុព្យាង្គ

polytechnic[,pɔli 'tekni k] ***adj.*** ពហុបច្ចេកទេស

polytheism[zpɔli θi:i zəm] ***n.*** ពហុទេពនិយម

pomade[pə'mɑ:d] ***n.*** ក្រមួនលាបសក់

-*tv.* លាបក្រមួនលាបសក់

pomegranate['pɔmi græni t] ***n.*** ទទឹម (ផ្លែ)

pomp[pɔmp] ***n.*** ដំណើរអធិកអធម, អធិកភាព

pompous['pɔmpəs] ***adj.*** ឡឺត, ក្រអឺតក្រទម, វាយឫក

pond[pɔnd] ***n.*** large p. ស្រះ

small p. ត្រពាំង

tiny p. ថ្លុក

ponder['pɔndər] ***iv.***, ***tv.*** ជញ្ជឹងគិតខ្លាំង

pontoon[pɔn'tu:n] ***n.*** ពោងធំៗ (ប្រើសម្រាប់ធ្វើស្ពាន។ល។)

p. bridge ស្ពានអណ្តែតទឹក

pony['pəuni] ***n.*** ride a x សេះតូច

Sl. classroom x សំណៅសម្រាប់លួចចម្លង

Coll. x of liquor កែវតូចសម្រាប់វាល់ស្រា

pooh-pooh[,pu: 'pu:] ***tv.*** ចំអកដាក់

pool[pu:l] ***n.*** swimming x អាងហែល

mountain x ថ្លុក, ស្រះ

x of blood ថ្លុក (អ.ប., ឧ.ឈាមមួយថ្លុក)

x of investors ក្រុម

Mil. motor p. ទីដាក់រថយន្ត

betting x ប្រាក់ដាក់ភ្នាល់ទាំងអស់

play x ប៊ីយ៉ា

-*tv.* x resources បញ្ចាលគ្នា

poor[puər] ***adj.*** x family ក្រ, ក្រីក្រ

Lit: ទុគតិ

x health មិនល្អ (សុខភាព)

in p. spirits មានទឹកចិត្តស្រពាប់ស្រពោន

x cook មិនពូកែ, មិនប្រសប់

x at math ខ្សោយ

x crop មិនសូវបានផលល្អ

x horse ស្គម

poorly['puəli] ***adv.*** មិនសូវបានល្អ

-*adj.* មិនសូវមានសុខភាពល្អ

pop[1][pɔp] ***tv.*** *(pt., pp.* popped)

x a balloon ធ្វើឱ្យបែកឬផ្ទុះ

x a cork បើកឮសូរ « ផុប »

x pills into his mouth បង់ផ្លុប

x corn លីង (ពោត)

Id. p. the question ស្នើសុំរៀបការជាមួយ

-*iv.* ballons x ផ្ទុះ, បែកភ្លូស

guns x ឮសូរផែសៗ (ដូចជាផាវផ្ទុះ)

(corn) pops ផ្ទុះ

p. in (for a visit) ចូលលេង (ដោយឥតមានប្រាប់

ជាមុន)

(heads) p. up ងើបឡើង

(questions) p. up មានឡើង

-*n.* loud x សូរផ្ទុស

Coll. drink x ភេសជ្ជៈដែលមានលាយទឹកសូដា

pop[2][pɔp] *adj. Coll.* ដែលគេនិយម

pop[3][pɔp] *n. Coll.* ឪ

popcorn['pɔpkɔ:n] *n.* ពោតលីង

pope[pəup] *n.* សង្ឃរាជវិហារកាតូលិច *Fr:* ប៉ាប

poplin['pɔpli n] *n.* ប៉ូប៊ុលីន (សំពត់ម្យ៉ាង)

poppy['pɔpi] *n.* ដើមអាភៀន, ពួលវាក

populace['pɔpjələs] *n.* រាស្ត្រជាន់ទាប

Lit: អនុប្រជា

popular['pɔpjələr] *adj.* x style ដែលគេនិយម

x music ប្រជាប្រិយ

x demand នៃប្រជាជន, នៃប្រជារាស្ត្រ

popularization[,pɔpjələrai 'zei ʃn] *n.* ឧត្តានកម្ម

popularity[,pɔpju'lærəti] *n.* ភាពដែលគេនិយមច្រើន

popularize['pɔpjələrai z] *tv.* x a song ធ្វើឱ្យគេនិយមទូទៅ

x a theory ធ្វើឱ្យគេដឹងពូទៅ

populate['pɔpjulei t] *tv.* ធ្វើឱ្យមានមនុស្សនៅ

Lit: ធ្វើប្រជាភិវឌ្ឍន៍

population[,pɔpju'lei ʃn] *n.* What' s the x? ចំនួនទាំងអស់នៃប្រជាជន

local x ប្រជាជន

x of new territory ប្រជាភិវឌ្ឍន៍

populous['pɔpjələs] *adj.* ដែលមានប្រជាជនច្រើន

porcelain['pɔ:səli n] *n.* ព័រស៊ីឡែន

porch[pɔ:ʧ] *n.* ហប់, ហោណ៍ង

porcupine['pɔ:kjupai n] *n.* ប្រមា

pore[1][pɔ:r] *n.* រន្ធញើស

pore[2][pɔ:r] *iv.* p. over អានយ៉ាងផ្ចិតផ្ចង់

pork[pɔ:k] *n.* សាច់ជ្រូក

pornography[pɔ:'nɔgrəfi] *n.* និពន្ធន៍ឬរូបអាសគ្រាម

porous['pɔ:rəs] *adj.* មានរន្ធតូចៗជាច្រើន, ដែលទឹក ឧស្ម័ន ។ល។ អាចជ្រាប

porpoise['pɔ:pəs] *n. Fr:* ម៉ារស៊ួង (ត្រីសមុទ្រម្យ៉ាង)

Lit: សមុទ្រសូករ

porridge['pɔ:ri ʤ] *n.* បបរ

port[1][pɔ:t] *n.* shipping x កំពង់ផែ

international x ក្រុងផែ

find a x in a storm ជម្រក; ទីជ្រក

port[2][pɔ:t] *n. Naut.* តែមខាងឆ្វេងនៃនាវា

-*adj.* ខាងឆ្វេង

-*iv.* បត់ទៅខាងឆ្វេង

port[3][pɔ:t] *n. Fr:* ស្រាព័រ (ស្រាទំពាំងបាយជូរម្យ៉ាងពណ៌ក្រហមហើយផ្អែម)

portable['pɔ:təbl] *adj.* ដែលអាចផ្លាស់ប្ដូរកន្លែងបានយ៉ាងស្រួល

portal['pɔ:tl] *n.* ក្លោងទ្វារធំ

portend[pɔ:'tend] *iv.* ឱ្យប្រផ្នូល

portent['pɔ:tent] *n.* ប្រផ្នូល

porter['pɔ:tər] *n.* ឈ្នួលជញ្ជូនឬកាន់អីវ៉ាន់

portfolio[pɔ:t'fəuli əu] *n.* leather x កាតាប

ministerial p. តំណែងរដ្ឋមន្ត្រី

investment x ផលប័ត្រ

portion['pɔ:ʃn] *n.* x of a book ផ្នែក

x of rice ចំនួន (អាហារ) ចាប់ម្ដងៗ

x of an inheritance ចំណែក

-*tv.* ចែក

portly['pɔ:tli] *adj.* ដែលធាត់ហើយមានឫកពាដូចអ្នកធំ

portrait['pɔ:trei t] *n.* paint one' s x គំនូររូបថត (នៃអ្នកណាម្នាក់)

verbal x សេចក្ដីពណ៌នាយ៉ាងបេះបិទ

portray[pɔ:'trei] *tv.* artists x scenes គូរ

actors x roles លេង

writers x life ពណ៌នា

portrayal[pɔ:'trei əl] ***n.*** artistic x ការគូរពណ៌នា

theatrical x ការដើរតួ

literary x ពណ៌នា

pose[pəuz] ***iv.*** x for a picture ឈរឬអង្គុយ (ឱ្យគេថតឬគូរ)

p. as លួចតាំងខ្លួនជាមនុស្សផ្សេង

-tv. x a group for a picture រៀបចំ (ដើម្បីឱ្យគេថតឬគូរ)

x a question សួរ

x a problem ចោទ

-n. strike a x ទំនងឬបែបបទឈរឬអង្គុយ។ល។

Her liberalism is all a x. ការក្លែងក្លាយ

posit['pɔzi t] ***tv.*** ដាក់ជាឧបធារណ៍

position[pə'zi ʃn] ***n.*** fortified x ទីតាំង

x of troops ការដាក់

reclining x ទំនងឬបែបបទឈរឬអង្គុយ ។ល។

difficult x ស្ថានភាព

social x ឋានៈ

x in a bakn មុខងារ

political x គោលជំហរ

-tv. ដាក់

positive['pɔzəti v] ***adj.*** x outlook ប្រកបដោយសេចក្ដីសង្ឃឹម

x date ជាក់លាក់

x about it ច្បាស់, ប្រាកដ

Elect. x charge វិជ្ជមាន

Med. test was x ដែលមាននូវអ្វីៗដែលគេចង់ពិនិត្យមើល

-n. given as a x អ្វីៗដែលជាក់លាក់

film x រូបដែលផ្តិតហើយ

posse['pɔsi] ***n.*** ក្រុមដែលចាត់ជាជំនួយប៉ូលីស

possess[pə'zes] ***tv.*** x riches មាន

(The idea) possesses (him). យាយី

Demons x him.ចូល (ខ្មោច)

possession[pə'zeʃn] ***n.*** x of property ការមានជារបស់ខ្លួន

prized x សម្បត្តិ, ទ្រព្យ *Lit:* ភោគ

take p. of (a new house) ទៅជាម្ចាស់

take p. of (an enemy position) យកបាន

territorial x ដែនដីនៅក្រោមការត្រួតត្រានៃប្រទេសណាមួយ

in p. of (one' s emotions) ទប់បាន

p. by demons ដំណើរខ្មោចចូល

possessive[pə'zesi v] ***adj.*** x parents ដែលរំលោភ

Gram. x case សាមីសម្ពន្ធ

-n. Gram. សមីសម្ពន្ធ

possibility[,pɔsə'bi ləti] ***n.*** x of achievement ភាពអាចនឹងកើតមានឡើង

Lit: លទ្ធភាព

Another x is to go now. ការដែលអាចធ្វើបាន

the x of error ការដែលអាចមានឡើង

He has possibilities គាត់មានផ្លូវ

possible['pɔsəbl] ***adj.*** x dream អាចសម្រេចបាន

x date អាចធ្វើបាន

It' s p. that . . . វាអាចនឹង (ឧ.វាអាចនឹងដាក់មិនត្រូវ)

post[1][pəust] ***n.*** fence x បង្គោល

Id. from pillar to p. ដូចចក

-tv. x a notice បិទ

x a reward ប្រកាស

post[2][pəust] ***n.*** diplomatic x តំណែង, មុខតំណែង

military x បន្ទាយ

-tv. x a sentry ដាក់

x him to Africa ចាត់ឱ្យទៅកាន់មុខតំណែង

post[3][pəust] ***n.*** send by first x ប្រៃសណីយ

parcel p. កញ្ចប់ប្រៃសណី

-tv. ដាក់ (ក្នុងប្រអប់សំបុត្រ)

-adj. p. office ប៉ុស្តិ៍

Lit: ប្រៃសណីយស្ថាន

p. card កាតប៉ុស្តាល់

post-[pəust] ***pref.*** បុព្វបទមានន័យថា:

1. បន្ទុយ, ឧ. date ដាក់ថ្ងៃខែ > posdate ដាក់ថ្ងៃខែបន្ទុយ *2.* ក្រោយ, ឧ. war សង្គ្រាម > postwar ក្រោយសង្គ្រាម

postage['pəusti ʤ] ***n.*** pay the x ថ្លៃតែម

p. stamp តែម (ប្រៃសណីយ)

postal['pəustl] ***adj.*** x service នៃប្រៃសណីយ

p. card ប្រៃសណីប័ត្រ

poster['pəustər] ***n.*** ប័ណ្ណប្រកាស

posterior[pɔ'sti əri ər] ***adj.*** x section ដែលនៅខាងក្រោយ

x to his death ក្រោយ

-n. គូទ

posterity[pɔ'sterəti] ***n.*** កូនចៅខាងក្រោយ

Lit: បច្ឆាសន្តាន

postgraduate[,pəust'grædjuət] ***adj.*** ក្រោយទទួលសញ្ញាប័ត្រ

-n. និស្សិតដែលរៀនតក្រោយទទួលសញ្ញាបត្រហើយ

posthumous['pɔstjuməs] ***adj.*** ក្រោយស្លាប់

Lit: បច្ឆាមរណៈ

postlude['pəustlud] ***n.*** ផ្នែកបន្ថែមខាងក្រោយ

postman['pəustmən] ***n.*** អ្នករត់សំបុត្រ

Fr: ហ្វាក់ទ័រ

postmark['pəustmaːk] ***n.*** ត្រាវាយលើសំបុត្រ

-tv. វាយត្រាលើសំបុត្រ

postmaster['pəustmaːstər] ***n.*** *(fem.* postmistress*)* បជិគ្គាហកប្រៃសណីស្ថាន

post mortem[,pəust'mɔːtəm] ***adj.*** ក្រោយស្លាប់

-n. ការវះពិនិត្យសព

postnatal['pəust'nei tl] ***adj.*** ក្រោយកើតហើយ

postpaid['pəustpei d] ***adj.*** ដែលបង់ថ្លៃតែមហើយ

postpone[pə'spəun] ***tv.*** ផ្អាក

Lit: លើកវារកាល

postscript['pəustskri pt] ***n.*** បច្ឆាលិខិត

postulate['pɔstjulei t] ***tv.*** ដាក់ជាឧបធារណ៍

-n. ឧបធារណ៍

posture['pɔsʧər] ***n.*** poor x របៀបឈរឬអង្គុយ

his x on the issue គោលជំហរ

military x ស្ថានការណ៍

-tv. ដាក់

-tv. ក្លែងបួក

pot[pɔt] ***n.*** iron x ឆ្នាំង

Sl. take the whole p. ស៊ីទាំងអស់ (ល្បែងស៊ីសង)

Sl. have a p. ផុះពោះកំប៉ោង

Sl. take a p. at បាញ់

Coll. go to p. កាន់តែយ៉ាប់យ៉ឺនឡើង

-tv. (pt . . pp . potted*)* x plants ដាក់ដាំក្នុងថូ

Sl. x birds បាញ់

potable['pəutəbl] ***adj.*** អាចផឹកបាន

potato[pə'tei təu] ***n.*** ដំឡូង

sweet p. ដំឡូងជ្វា

p. chips ដំឡូងចិតជាចំណិតស្តើងហើយបំពង

potbelly['pəutbəli] ***n.*** ពោះកំប៉ោង (ដោយធាត់ពេក)

potent['pəutnt] ***adj.*** x drug ខ្លាំង

x reason ដែលគួរឱ្យជឿ

x male ដែលអាចសេពមេថុនបាន (ប្រុស)

potential[pə'tenʃl] ***adj.*** សក្តានុភូត

-n. power x អ្វីៗដែលអាចយកមកប្រើប្រាស់បាន

Lit: សក្តានុពល

He has a lot of x. ភាពដែលអាចធ្វើអ្វីៗមួយទៅបាន

potentiality[pə,tenʃi'æləti] ***n.*** សក្តានុភាព

pothole['pɔthəul] ***n.*** ត្រលុក

potion['pəuʃn] ***n.*** ឱសថទឹក

potter['pɔtər] ***n.*** ស្មូនឆ្នាំង *Lit:* កុម្ភការី

pottery['pɔtəri] ***n.*** make x គ្រឿងក្អម ឆ្នាំង ពាង

Lit: កុម្ភកាភ័ណ្ឌ

a course in x សិល្បស្មូនឆ្នាំង

pouch[pautʃ] ***n.*** tobacco x ថង់

mail x ការ៉ុង, បាវ

-tv. ដាក់ក្នុងថង់

poultry['pəultri] ***n.*** បសុបក្សី (មាន់ទា ក្ងាន។ល។

pounce[pauns] *iv.*, *tv.* សង្គ្រប់ (លើ)

-n. ការសង្គ្រប់លើ

pound[1][paund] *tv.* x the door គោះឬវាយយ៉ាងខ្លាំង

x meat ដំ

x corn បុក

p. in (a stake) បោះ, ដំបញ្ចូល

-iv. p. on (a door) គោះ, វាយ

hearts x ដើរយ៉ាងខ្លាំង

drums x បន្លឺសូរយ៉ាងខ្លាំង

pound[2][paund] ***n.*** x of meat រង្វាស់ទម្ងន់អង់គ្លេស (០,៤៥៣ គ.ក.)

Fin. British x លីវ្រ៍ (រូបិយវត្ថុអង់គ្លេស)

pound[3][paund] ***n.*** មន្ទីររបើស

-tv. ដាក់ក្នុងមន្ទីររបើស

pour[pɔ:r] *tv.* x water សិត, ចាក់

x salt ចាក់

p. out ចាក់ចេញ

Rivers x their water into the ocean. ហូរចាក់

-iv. (water) pours (through the channel) ហូរ

rains x ធ្លាក់ខ្លាំង, ធ្លាក់ដូចគេចាក់ទឹក

people x into town នាំគ្នាទៅទាំងហ្វូង

pout[paut] *iv.* children x ក្អឹកក្អក់

lips x ឡើងច្រមួញ

-n. x of the lips ដំណើរឡើងច្រមួញ

be in a x ការក្អឹកក្អក់

poverty['pɔvəti] ***n.*** condition of x ភាពក្រ

Lit: ទលិទ្ទភាព

x of ideas ភាពមិនសូវសម្បូណ៌, ភាពខ្វះខ្វាត

x of the soil ភាពគ្មានជីជាតិ

poverty-stricken['pɔvəti 'stri kən] ***adj.*** ក្រលំបាក, តោកយ៉ាក

POW[,pi: əu 'dʌblju:] *(prisoner of War)* ឈ្លើយសង្គ្រាម

powder['paudər] ***n.*** face x ម្សៅ

gun p. រំសេវ

-tv. x one's face លាបម្សៅ, ផាត់ម្សៅ

x with sugar រោយ

x salt កិនយកម៉ដ្ឋ

-iv. ឡើងម៉ដ្ឋ

power['pauər] ***n.*** mechanical x កម្លាំង

Lit: ពលានុភាព

political x អំណាច

(mental) powers អានុភាព

(party) in p. កំពុងកាន់កាប់អំណាច

a world p. មហាអំណាច

to the 4th x ស្វ័យគុណ

-tv. x a car ធ្វើឱ្យដើរ

-adj. x saw ដែលមានម៉ាស៊ីន

powerful['pauəfl] ***adj.*** x machine ខ្លាំង

x official ដែលមានអំណាច

x drug ខ្លាំង

x speech ដែលធ្វើឱ្យរំភើប

powerhouse['pauəhaus] ***n.*** រោងចក្រអគ្គិសនី

pox[pɔks] ***n.*** អុត

Id. French p. ស្វាយ (រោគ)

practicable['prækti kəbl] *adj.* ដែលអាចនឹងធ្វើទៅបាន, ដែលអាចសម្រេចបាន

practical['prækti kl] *adj.* x person មិនសំាញុាំ
x application ប្រតិបត្តិ
a x certainty ស៊ីងតែជា
x tool មានប្រយោជន៍
p. joke ការលេងផ្សេងៗដូចជាទាញកៅអីចេញឱ្យអុកក្ដិត។ល។

practically[,prækti kli] *adv.* x finished ជិត
p. speaking បើនិយាយពីការស្រួលឬបានការវិញ
do it x ដោយមិនសំាញុាំ

practice['prækti s] *n.* x makes perfect ការហាត់
p. of medicine កិច្ចការធ្វើជាគ្រូពេទ្យ
questionable x ទម្លាប់
theory and x ប្រតិបត្តិ, អនុវត្តន៍
doctor with a large x ចំនួនមនុស្សមករកពឹងពាក់
-tv. x a skill ហាត់ (ធ្វើអ្វីមួយ)
x a play ហាត់ (លេងកុន ល្ខោន ។ល។)
p. medicine ធ្វើគ្រូពេទ្យ

practitioner[præk'ti ʃənər] *n.* អ្នកប្រកបមុខវិជ្ជាអ្វីមួយ

pragmatic[præg'mæti k] *adj.* ដែលគិតតែពីលទ្ធផល, ដែលសំអាងលើការណ៍

pragmatism['prægməti zəm] *n.* ការណ៍និយម

prairie['preəri] *n.* វាលស្មៅធំធេង

praise[prei z] *tv.* x his work សរសើរ
x God ធ្វើឧត្តុំសនា
-n. x from his superior ការសរសើរ
religious x ឧត្តុំសនា

praiseworthy[prei zwɜːði] *adj.* គួរឱ្យសរសើរ

prance [prɑːns] *iv.* លោតកញ្ឆោង
-tv. ធ្វើឱ្យលោតកញ្ឆោង
-n. ការលោតកញ្ឆោង

prank[præŋk] *n.* អំពើរបិលរបូច (ដូចជាបញ្ចាញខ្យល់ពីកង់ឡាន ។ល។)

prate[prei t] *iv., tv.* និយាយប៉ប៉ាច់ប៉ប៉ោច

prattle['prætl] *iv. ,tv.* និយាយឥតបានការ
-n. ការនិយាយឥតបានការ

prawn[prɔːn] *n.* ព្រោនសំបកពណ៌ក្រហម

pray[prei] *iv.* x to God ឧទ្ទិស
monks x សូត្រធម៌
x that he will come បន់ (សុំឱ្យ)
-tv. Obs. x your forgiveness អង្វរ, អង្វរសុំ

prayer[preər] *n.* recite a x ធម៌
engage in x ការសូត្រធម៌
answer my x សំណូមពរ

pre-[pre] ***pref.*** បុព្វបទមានន័យដូចតទៅ
1. មុន, ឧ. war សង្គ្រាម > prewar មុនសង្គ្រាម
2. ជាមុន, ឧ. pay បង់ថ្លៃ > prepay បង់ថ្លៃជាមុន

preach[priːts] *tv.* x a sermon ទេសនា
x economy ប្រាប់ឱ្យប្រកាន់នូវ
practice what you p. កុំថាតែមាត់
-iv. x for a living ឃោសនាសាសនា
Don't x. ប្រដៅ

preamble[pri 'æmbl] *n.* លំនៅដើម
Lit: បុព្វកថា

precarious[pri 'keəri əs] *adj.* មិនទៀង
Lit: អថាវរៈ

precaution[pri 'kɔːʃn] *n.* ការប្រុងប្រយ័ត្នទុកជាមុន

precede[pri 'siːd] *iv.* Ladies x men ដើរមុន
(Two) precedes (three.) នៅមុខ
x my remarks with ដាក់ពីមុខ
-iv. មាននៅខាងមុខ

precedence['presi dəns] *n.* អាទិភាព

precedent['presi dənt] *n.* អ្វីដែលធ្លាប់មានពីមុនមក

preceding['presi di ŋ] ***adj.*** x page មុន

x remarks ពីមុន

precept['pri:sept] ***n.*** សិក្ខាបទ

precinct['pri:si ŋkt] ***n.*** municipal x សង្កាត់, មណ្ឌល

Pl. x of a town ទីនៅជិតៗ

precious['preʃəs] ***adj.*** x stones មានតម្លៃ

x wife ជាទីស្រឡាញ់

-n. Cap. មនុស្សជាទីស្រឡាញ់

-adv. Coll. ណាស់

precipice['presəpi s] ***n.*** ទីយ៉ាងចោត

precipitant[pri 'si pi tənt] ***adj.*** x rush* ឈូ, ព្រួ

x downfall យ៉ាងឆាប់រហ័ស

x act ដោយឥតគិតគូរឱ្យល្អិតល្អន់

-n. Chem. តុរបាត

precipitate[prɪ'si pi tei t] ***tv.*** x a quarrel ធ្វើឱ្យឆាប់កើតឡើង

Chem. x a solid បង្ករតុរបាត

x their exit. ធ្វើឱ្យបានឆាប់រហ័ស

-iv. Chem. ករជាតុរបាត

It will x today ភ្លៀងឬធ្លាក់ទឹកកក។ល។

-adj. x downfall យ៉ាងឆាប់រហ័ស

x decision ដោយឥតគិតគូរ

-n. Chem. តុរបាត

precipitation[pri ,si pi 'tei ʃn] ***n.*** three inches of x ភ្លៀង ទឹកកក ព្រិល ។ល។

Chem. ការបង្ករតុរបាត

x of a quarrel ការធ្វើឱ្យឆាប់មានឡើង

precise['pri 'sai s]] ***adj.*** x instructions ច្បាស់, ជាក់លាក់

x measurement ទៀងទាត់

precision[pri 'si ʒn] ***n.*** predict with x ភាពត្រូវ

x of a wacth ភាពទៀង, ភាពទៀងទាត់

state with x ភាពជាក់លាក់

speak with x ភាពច្បាស់លាស់

preclude[pri 'klu:d] ***tv.*** ច្រានចោលជាមុន

precocious[pri 'kəuʃəs] ***adj.*** ទុំមុនកាល

Lit: វយាកិវឌ្ឍ

preconcetion[,pri:kən'sepʃn] ***n.*** មតិមានមកហើយ

Lit: បុរេនិច្ឆ័យ

precursor[pri:'kɜ:sər] ***n.*** x of Shakespeare អ្នកមុន, អ្នកធ្វើមកមុន

x of famine ប្រផ្នូល

predatory['predətri] ***adj.*** x animal ដែលស៊ីសាច់សត្វដទៃជាអាហារ *Lit:* អជ្ឈប្បាត

x member of society ដែលជញ្ជក់ឈាម

predecessor['pri:di sesər] ***n.*** my x អ្នកមុន

Lit: បុព្វាធិការី

it ' s x វត្ថុចំពូកដូចគ្នាដែលមានមកជាមុន

predestination[,pri:desti 'nei ʃn] ***n.*** បុព្វវាសនា

predicament[pri 'di kəmənt] ***n.*** ស្ថានការណ៍ដ៏លំបាក

predicate['predi kei t] ***tv.*** x one' s conclusions on សំអាង

-n. កិរិយាសព្ទនិងសព្ទបរិវារ

predict[pri 'di kt] ***tv.*** ទាយ

predictable[pri 'di ktəbl] ***adj.*** ដែលអាចទាយទុកមុនបាន

prediction[pri 'dɪkʃn] ***n.*** make a x ទំនាយ

x of the future ការទាយ

predisposition[,pri:di spə'zi ʃn] ***n.*** ទំនួលចិត្ត

predominant[pri 'dɔmi nənt] ***adj.*** លុប

predominance[pri 'dɔmi nəns] ***n.*** ភាពលុបលើ

Lit: អធិកភាព

predominate[pri 'dɔmi nei t] ***iv.*** Which theory will x ? មានអធិកភាព

x in the sample មានចំនួនច្រើនជាង

-tv. មានអធិកភាពលើ

pre-empt[,pri: 'empt] ***tv.*** មានសិទ្ធិបុព្វក្រ័យលើ

preen[pri:n] *tv.* x the feathers សសិត
p. oneself បង្ខូតខ្លួន
preface['prefəs] *n.* អារម្ភកថា, ពាក្យប្រារព្ធ
-*tv.* ដាក់ជាអារម្ភកថា
prefer[prɪ'fɜ:r] *tv.* *(pt. , pp.* preferred *)*
p. rice to bread ចូលចិត្តបាយជាងនំប៉័ង
Law p. charges ប្ដឹង
preferable['prefrəbl] *adj.* គួរឱ្យចូលចិត្តជាង
preference['prefrəns] *n.* សេចក្ដីស្រឡាញ់ឬចូលចិត្តជាង
Lit: បុរិមា
preferential[,prefə'renʃl] *adj.* ដែលសម្ដែងសេចក្ដីចូលចិត្តជាង
prefix['pri:fɪks] *n.* បុព្វបទ
-*tv.* ដាក់បុព្វបទ (នៅមុខ)
pregnancy['pregnənsi] *n.* ដំណើរមានគភ៌
pregnant['pregnənt] *adj.* x woman ពោះធំ, មានផ្ទៃពោះ
Form: មានគភ៌
Animals. Derog: ដើម
Roy: ទ្រង់ព្រះគភ៌
x idea ដែលអាចនឹងមានលទ្ធភាព
prehensile[prɪ'hensai l] *adj.* ដែលចេះចាប់
prehension[prɪ'henʃn] *n.* ចំណាប់កាន់
prehistoric[,pri:hi stɔri k] *adj.* បុរេប្រវត្តិ
prejudge[,pri:'ʤʌʤ] *tv.* វិនិច្ឆ័យទុកជាមុន
prejudice['preʤudɪz] *n.* racial p. ការប្រកាន់សាសន៍
x to his case សេចក្ដីលំអៀង
Lit: បុរេនិច្ឆ័យ
-*tv.* x a jury ធ្វើឱ្យលំអៀង
x a case ធ្វើឱ្យខូចខាត (ដល់)
prejudicial[,preʤu'di ʃl] *adj.* ដែលឱ្យខូចប្រយោជន៍
preliminary[pri 'li mɪnəri] *adj.* x business ផ្ដើមមុន
x investigation ដំបូង, ដែលជាការចាប់ផ្ដើម
prelude['prelju:d] *n.* x to his remarks សេចក្ដីផ្ដើម
x to war ស្ថានការណ៍ឬព្រឹត្តិការណ៍ដែលជាបុព្វហេតុនៃស្ថានការណ៍ឬព្រឹត្តិការណ៍មួយទៀត
musical x ផ្នែកផ្ដើម
-*tv.* ដាក់នៅមុខ (សុន្ទរកថា អត្ថបទ។ល។)
premature['premətjər] *adj.* x decision ដែលធ្វើឡើងមុនកាលគួរពេលកំណត់
x baby ដែលកើតមិនគ្រប់ខែ
premeditation[pri:,medi 'tei ʃn] *n.* ការគិតទុកជាមុន
premier['premi ər] *n.* នាយករដ្ឋមន្ត្រី
première['premi eər] *n.* ការសម្ដែងឬបញ្ចាំងលើកដំបូង
premise['premɪs] *n.* reasonable x ការសន្មត
pl. or the x ទីក្នុងបរិវេណ
-*tv.* សំអាង
premium['pri:mi əm] *n.* pay a x for high quality ប្រាក់បង់ថែមពីលើ
insurance x ប្រាក់បង់ឱ្យក្រុមហ៊ុនធានារ៉ាប់រង
at a p. ដែលមានគេត្រូវការច្រើន
-*adj.* x quality ខ្ពស់ឬល្អជាងគេ
premonition[,pri:mə'ni ʃn] *n.* ពិភាល់
prenatal[,pri:'nei tl] *adj.* មុនឆ្លងទន្លេ, នៅពេលមានគភ៌
preoccupation[,pri:ɔkju'pei ʃn] *n.* អំពល់, កង្វល់
preoccupy[prɪ'ɔkjupai] *tv.* *(pt. , pp.* preoccupied*)*
x his attention ធ្វើឱ្យអំពល់ឬខ្វល់
x a house ចូលនៅមុន
preparation[,prepə'rei ʃn] *n.* x of a dish ការធ្វើ
Pl. make x for a trip ការរៀបចំ
Neol: របៀបចំ
medicinal x ថ្នាំ (ផ្សំ)
preparatory[pri 'pærətri] *adj.* ដែលរៀបចំបម្រុង, ដែលត្រៀមទុក *Lit:* បរិវច្ឆ័ណ
prepare[pri 'peər] *tv.* x a dish ធ្វើ
x lessons រៀន

x an excuse រកទុកមុន

x oneself for bad news ប្រុងប្រៀបខ្លួនទុកជាមុន

-tv. រៀបចំ, ប្រុងប្រៀប

preponderance[pri 'pɔndərəns] ***n.*** ឧត្តមានុភាព, អតិភាររភាព

preposition[,prepə'zi ʃn] ***n.*** អាយតនិបាត

prepossessing[,pri:pə'zəsi ŋ] ***adj.*** ដែលគ្រាន់តែឃើញគួរឱ្យចូលចិត្ត

preposterous[pri 'pɔstərəs] ***adj.*** មិនសមហេតុសមផល

prerequisite[,pri:'rekwi zi t] ***adj.*** ដែលត្រូវការជាមុន

-n អ្វីៗដែលត្រូវការជាមុន

prerogative[pri 'rɔgəti v] ***n.*** បុព្វសិទ្ធិ

prescribe[pri 'skrai b] ***tv.*** x treament ដាក់បញ្ញត្តិ

x medicine ចេញសំបុត្រឱ្យថ្នាំ (ពីគ្រូពេទ្យ)

x honesty ឱ្យប្រកាន់នូវ

prescription[pri 'skri pʃn] ***n.*** write a x សំបុត្រថ្នាំ (ពីគ្រូពេទ្យ), អាណាប័ណ្ណ

x of honesty ការឱ្យប្រកាន់នូវ

moral x បញ្ញត្តិ

presence ['prezns] ***n.*** in the p. of ចំពោះមុខ, នៅមុខ

the x of alcohol in the blood ការមាន

Lit: វត្តមាន

p. of mind ប្រាជ្ញាវាងវៃ

present[1]['preznt] ***adj.*** the x government សព្វថ្ងៃនេះ *Lit:* បច្ចុប្បន្ន

x at the wedding ដែលមក, ដែលនៅ

Gram. p. tense បច្ចុប្បន្នកាល, វត្តមានកាល

alcohol is x in the blood មាន

-n. at p. ឥឡូវនេះ *Lit:* នាបច្ចុប្បន្នកាល

for the p. ជាបណ្ដោះអាសន្ន

present[2]['preznt] ***tv.*** x a gift ជូនដល់, ប្រគល់ឱ្យ

x a friend នាំឱ្យគេស្គាល់

x a play សម្ដែងឱ្យមើល

x an argument ជូន, ថ្លែងប្រាប់

p. oneself បង្ហាញខ្លួន

storms x a problem ធ្វើឱ្យមាន, បង្កើតឡើង

Mil. p. arms វន្ទាវុធ

-n. អំណោយ

presentable[pri 'zəntəbl] ***adj.*** ល្មមដាក់ឱ្យគេឃើញបាន

presentation[,prezn'tei ʃn] ***n.*** x of a gift ការប្រគល់ឱ្យ, ការជូនដល់

make a x អំណោយ

x of a play ការសម្ដែងឱ្យមើល

x of a friend ការនាំឱ្យគេស្គាល់

presentiment[pri 'zənti mənt] ***n.*** ពិភាល់

presently['prezntli] ***adv.*** x occupied ឥឡូវនេះ, សព្វថ្ងៃនេះ

be here x បន្តិចទៀត

preservative[pri 'zɜ:vəti v] ***n.*** អ្វីៗដែលបង្ការកុំឱ្យខូច ពុក ថ្នំមជាដើម

-adj. ដែលបង្ការកុំឱ្យខូច ពុក ថ្នំមជាដើម

preserve[pri 'zɜ:v] ***tv.*** x wildlife ការពារ (កុំឱ្យអ្វីមកបៀតបៀន)

x food ធ្វើឱ្យទុកបានយូរ

x one' s composure រក្សានូវ

-n. game p. កន្លែងដែលសត្វៗល។ ត្រូវគេការពារ

Pl. strawberry x ដំណាប់

preservation[,prezə'vei ʃn] ***n.*** x of wildlife ការការពារ (កុំឱ្យមានអ្វីមកបៀតបៀន)

x of food ការធ្វើឱ្យទុកបានយូរ

x of one' s sanity ការរក្សានូវ

preside[pri 'zai d] ***iv.*** ធ្វើជាប្រធាន, ធ្វើជាអធិបតី

presidency ['prezi dənsi] *n.* តំណែងប្រធានាធិបតី

president['prezi dənt] *n.* x of a country ប្រធានាធិបតី

x of a meeting ប្រធាន

press[pres] *tr.* x a button ចុច

x a coat អ៊ុត

x an orange ច្របាច់

p. down on សង្កត់

pressed for time ប៉ផិតប៉ផើយ

x a claim ទាមទារ

x men into the army កេណ្ឌ

-iv. times x បន្ទាន់

p. for ទទូច

p. on ខំប្រឹងបន្ត

-n. leak news to the x សារពត៌មាន

freedom of the p. សេរីភាពក្នុងការសរសេរកាសែត ឬខាងសារពត៌មាន

printing x ម៉ាស៊ីនបោះពុម្ព

university x ក្រុមហ៊ុនបោះពុម្ព

wood x គ្រឿងគាប

at the x of a button ការចុច

the x of responsiblilities ទម្ងន់

pressing[presi ŋ] *adj.* បន្ទាន់, ប្រញាប់

pressure['preʃər] *n.* air x សម្ពាធ

x of public life ការបង្ខិតបង្ខំខាងផ្លូវចិត្ត

-tr. បង្ខិតបង្ខំ

pressurize['preʃərai z] *tr.* x an aiplane ធ្វើឱ្យសម្ពាធខ្យល់ដូចនៅឯផ្ទៃដី

x a balloon បញ្ចូលខ្យល់ឱ្យតឹង

prestige[pre'sti:ʒ] *n.* កិត្យានុភាព

presto['prestəu] *adv., adj.* ឆាប់, លឿន, ភ្លាម

presume[prɪ'zju:m] *tr.* x innocence សន្មតជាមុន

I x you're going. ស្មាន

x to address him ហ៊ាន, ឥតកោតក្រែង

-iv. p. on រំលោភលើសប្បុរសធម៌របស់គេ

presumption[pri 'zʌmpʃn] *n.* x of innocence ការសន្មតជាមុន

boorish x ការឥតកោតក្រែង

presumptuous[prɪ'zʌmptʃuəs] *adj.* ឥតកោតក្រែង

presuppose[,pri:sə'pəuz] *tr.* x a situation សន្មតជាមុន

effects x causes ត្រូវមាន

pretend[pri 'tend] *tr.* ធ្វើជា, ពុតជា, ធ្វើពើ

-iv. p. to be តាំងខ្លួនជា

p. to (the throne) ទាមទារ, ប្រាថ្នាចង់បាន

pretense[pri 'tens] *n.* x of innocence ការខំធ្វើជា

drop all x អភិមាន

x to the throne សេចក្តីប្រាថ្នាចង់បាន

pretentious[pri 'tenʃəs] *adj.* ដែលប្រកាន់ថាខ្លួនគ្រាន់បើ

Lit: អភិមានី

pretext['pri:tekst] *n.* លេស *Lit:* អគ្គោកាស

pretty['pri ti] *adj.* x girl ល្អ

x song ពិរោះ

-adv. p. good ល្អគ្រាន់បើ

p. serious គួរតែរ

prevail[prɪ'vei l] *iv.* truth will x ឈ្នះ, មានជ័យជំនះ

(silence) prevailed មាននៅ

green colors x លុបលើ

p. on បញ្ចុះបញ្ចូល

prevailing[prɪvei li ŋ] *adj.* x belife ទូទៅ

x wind ដែលបក់ច្រើនជាងគេ

prevalent['prevələnt] *adj.* ទូទៅ

prevaricate[prɪ'væri kei t] *iv.* កុហក, ភូតភរ

prevent[pri 'vənt] *tr.* x disaster បង្ការ

x him from going ធ្វើឱ្យអាក់ខាន

prevention[prɪ'vənʃn] *n.* វិធានការបង្ការឬការពារ

preventive[pri 'vənti v] *adj.* ដែលបង្ការ

-*n.* គ្រឿងបង្ការ

preview['pri:vju:] ***n.*** movie x ការបញ្ចាំងឱ្យមើលបន្តិចៗមុន

x of the future ការឃើញជាមុន

-*tv.* មើលមុនពេលបញ្ចាំងជាផ្លូវការ ជាសាធារណៈ។ល។

previous['pri:vi əs] ***adj.*** the x day មុន

have a x engagement ពីមុន

prey[prei] ***n.*** hunter's x សត្វដែលគេបរបាញ់

fall p. to ទទួលរងគ្រោះ

beast of p. សត្វរំពា

-*iv.* p. on (smaller animals) ចាប់ជាចំណី

p. on (the poor) បៀតបៀន

(worries) p. on (his mind) ធ្វើឱ្យកង្វល់

price[prai s] ***n.*** x of bread តម្លៃ

have a x on his head រង្វាន់ដែលឱ្យទៅអ្នកណាដែលចាប់បាន

pay a heavy x for his greed ទណ្ឌកម្ម

at any p. ទុកជាយ៉ាងណាក៏ដោយ

-*tv.* x diamonds ដាក់តម្លៃ

x goods before buying សួរតម្លៃ

priceless[prai sləs] ***adj.*** រកតម្លៃដាក់គ្មាន, អនគ្ឃ

prick[pri k] ***tv.*** x a balloon ចាក់ (ឱ្យធ្លាយ)

p. one's finger on a thorn មុតដៃនឹងបន្លា

x one's conscience ធ្វើឱ្យឈឺចាប់

(dogs) p. up (their ears) បំបះ

Id. p. up one's ears ស្តាប់ខ្ជាប់ខ្ជួនស្លឹកត្រចៀក

-*iv.* rashes x ចាក់ (ឆៀបៗ), ស្ញៀប

(ears) p. up ឡើងបះ

-*n.* feel the x of a needle ចំណាក់, ការចាក់

(bushes have) pricks បន្លា

pride[prai d] ***n.*** empty x ដំណើរឡើងឬក្រអឺត

Lit: មោទនភាព

x in one's work ភាពអៀរ, ការពេញចិត្ត

the x of his family អ្វីៗដែលធ្វើឱ្យអៀរ

the x of the litter អ្វីៗដែលល្អជាងគេ

-*tv.* p. oneself on អៀរនឹង

priest [pri:st] ***n.*** លោកសង្ឃ *Lit:* បព្វជិត

priesthood[pri:sthud] ***n.*** enter the p. បួស, ទៅបួស

decision of the x បព្វជិត

confer x ភាពជាបព្វជិត

prim[prɪm] ***adj.*** ដែលត្រឹមត្រូវ, រៀបរយ, គួរសមហួសហេតុ

primary['prai məri] ***adj.*** x reason ធំជាងគេ

x stages ដំបូង

x aducation បឋម

x sources ដើម

p. teeth ធ្មេញទឹកដោះ

-*n.* *U. S.* ការបោះឆ្នោតល្បង (នៅស.រ.អ.)

primarily['prai mərəli] ***adv.*** It's x a history. ជាអាទិ

list x under initial consonant ជាបឋម

They are x farmers. ច្រើនតែ, ភាគច្រើន

primate['prai mei t] ***n.*** វានរជាតិ

prime[prai m] ***adj.*** of x importance ជាងគេបំផុត

x cut ល្អជាងគេ

p. minister នាយករដ្ឋមន្ត្រី

-*n.* the p. of life វ័យកំពុងពេញ

-*tv.* x a pump ចាក់ទឹកក្នុងម៉ាស៊ីនបូមទឹកដើម្បីឱ្យចាប់បឺតទឹកបូម

x a gun ច្រកគ្រាប់រំសេវ

x a house លាប (ថ្នាំ) ស្រទាប់ដំបូង

x oneself for a test ប្រុងប្រៀប

primer['prai mər] ***n.*** English x សៀវភៅហាត់អានដំបូង

paint on a x ស្រទាប់ថ្នាំលាបដំបូងគេ

primitive['pri məti v] ***adj.*** x man នៃយុគដំបូង

x society ដែលមានអារ្យធម៌មិនទាន់ថយ

x technology កម្រិតទាបបំផុត

primordial[prai 'mɔ:di əl] ***adj.*** ដំបូង

primp[pri mp] ***iv.*** , ***tv.*** សំអិតសំអាង

prince[pri ns] ***n.*** crown x ព្រះអង្គម្ចាស់

ruling x ស្ដេច

x of thieves អ្នកជាច្បង, មេធំ

princess[,pri n'ses] ***n.*** ព្រះអង្គម្ចាស់ក្សត្រី

principal['pri nsəpl] ***adj.*** សំខាន់បំផុត

-*n.* school x ចាងហ្វាង (បឋមសិក្សានិងមធ្យមសិក្សា)

Fin. reduce the x ប្រាក់ដើម (ផ្ទុយនឹងការ)

Law He' s a x in the case. តួក្ដី

principality[,pri nsi 'pæləti] ***n.*** ក្សត្របុរី

principle['pri nsəpl] ***n.*** moral x គោលការណ៍

x of mathematics បឋបរិធាន

man of x គោលសីលធម៌

print[prɪnt] ***tv.*** x a book បោះពុម្ព

Journ. x a story ចុះកាសែត

x one' s name សរសេរជាអក្សរពុម្ព

x a photograph ផ្ដិត

-*n.* in p. ចេញហើយ

out of p. (លក់) អស់ហើយ (សៀវភៅ។ល។)

bold x អក្សរ

write in x អក្សរពុម្ព

make a x in butter ស្នាម

(leave one' s) prints (on the glass) ស្នាម (ដៃជើង)

photographic x រូបថតផ្ដិតហើយ

(exhibition of) prints រូបផ្ដិត

printing[pri nti ŋ] ***n.*** business of x ការបោះពុម្ព

a large x ចំនួនបោះពុម្ពម្ដង

p. press ពុម្ព (សម្រាប់បោះពុម្ពសៀវភៅ)

prior['prai ər] ***adj.*** មុន

priority[prai 'ɔrəti] ***n.*** have x over សិទ្ធិនឹងធ្វើអ្វីឬទទួលអ្វីមុនគេ *Lit:* អាទិភាព

a x of the program អ្វីៗដែលទុកជាសំខាន់

p. of his birth ភាពកើតមុន

prism[pri zəm] ***n.*** ព្រិស្ម

prison['pri zn] ***n.*** គុក *Lit:* ពន្ធនាគារ

prisoner['pri znər] ***n.*** political x មនុស្សដែលជាប់គុក, អ្នកទោស

p. of war ឈ្លើយសង្គ្រាម

privacy ['pri vəsi] ***n.*** ភាពដាច់ពីគេ

private['prai vət] ***adj.*** x property ឯកជន

x thoughts ក្នុងចិត្ត, សម្ងាត់

x car ផ្ទាល់ខ្លួន

x place ស្ងាត់ដាច់ពីគេ

-*n.* x in the army កូនទាហាន

(dine) in p. ដាច់ពីគេ

(say) in p. ក្នុងចំណោមមនុស្សជិតស្និទ្ធ

privation[prai 'vei ʃn] ***n.*** ការខ្វះខាត *Lit:* បរិហីនភាព

privilege['pri vəli ʤ] ***n.*** enjoy special x សិទ្ធិ

Pl. x of education ប្រយោជន៍

-*tv.* ឱ្យសិទ្ធិ

privy['pri vi] ***adj.*** x to the plot ដែលចូលរួម

x purse ផ្ទាល់ខ្លួន

-*n.* *Coll.* បង្គន់ក្រៅផ្ទះ

prize[prai z] ***n.*** win first x រង្វាន់

capture a x របស់រឹបអូសបានពីសត្រូវ

-*adj.* x bull ដែលទទួលរង្វាន់

x possessions ដែលមានតម្លៃ (ចំពោះម្ចាស់ទ្រព្យ)

x fight ដែលអ្នកឈ្នះត្រូវទទួលរង្វាន់

-*tv.* ឱ្យតម្លៃទៅលើ

pro[1][prəʊ] *adv.* p. and con ស្របនិងប្រឆាំង

-*n.* cast a x ឆ្នោតយល់ព្រម

pros and cons ផលល្អនិងផលអាក្រក់, រឿងឥតប្រយោជន៍និងមានប្រយោជន៍

pro[2][preu] ***n., adj.*** *Coll. (short for* professional*)*

pro[,prəu]- ***pref.*** បុព្វបទមានន័យថា: និយម, លំអៀងទៅ, កាន់ជើង, ឧ. Chinese ចិន > pro-Chinese កាន់ជើងចិន

probability[,prɔbə'bi ləti] ***n.*** x of his coming ភាពអាចនឹងមានឡើង *Lit:* ភវនីយភាព

in all p. ប្រហែល

probable['prɔbəbl] ***adj.*** x outcome ដែលអាចនឹងមានឡើង

It's x that I will go. មុខជា

probably['prɔbəbli] ***adv.*** មុខជា

probate['prəʊbei t] ***n.*** សុពលកម្ម

-*tv.* ធ្វើសុពលកម្ម

probation[prə'bei ʃn] ***n.*** *Law* out on x ពេលល្បង

educational x ការល្បង

buy on p. ទិញយកទៅប្រើសាកមើលសិន

probe[prəub] ***tv.*** ស្ទង់

-*iv.* p. for ស្ទង់រក

-*n.* use a x ប្រដាប់ស្ទង់

congressional x ការអង្កេត

probity['prəubəti] ***n.*** សុចរិតភាព

problem['prɔbləm] ***n.*** personal x បញ្ហា

mathematical x ចំណោទ

-*adj.* x child ដែលមានបញ្ហា

x play ដែលយកបញ្ហាពិតមកសម្តែង

problematic[,prɔblə'mæti k] ***adj.*** មិនដាច់ស្រេច

proboscis[prə'bɔi si s] ***n.*** ប្រមោយ

procedure[prə'si:ʤər] ***n.*** ទម្រង់ការ

proceed[prə'si:d] ***iv.*** x to the next step តទៅ

p. with បន្ត, ធ្វើត

Law x against s. o. ប្តឹង

p. from បណ្តាលមកអំពី

-*n. pl.* អ្វីៗដែលបានមកឬចំណេញ, ចំណូល

proceedings[prə'si:di ŋz] ***n.*** interrupt the x ទម្រង់ការ

legal x បណ្តឹង

process['prəʊses] ***n.*** manufacturing x របៀប

x of decay ដំណើរ

legal p. រឿងក្តី

in the p. of កំពុងតែ

-*tv.* យកទៅរចនាធ្វើអ្វីៗម្យ៉ាង (ដូចជាយកត្រីទៅធ្វើជាម្ហូបកំប៉ុង)

procession[prə'seʃn] ***n.*** military x ក្បួនហែ

a x of callers ដំណើរតៗគ្នា

proclaim[prə'klei m] ***tv.*** ប្រកាស

proclamation[,prɔklə'mei ʃn] ***n.*** issue a x សេចក្តីប្រកាស

by x ការប្រកាស

procrastinate[prəu'kræsti nei t] ***iv.*** បណ្តាក់ទៅពេលក្រោយ

procreate['prəukri ei t] ***iv.*** , ***tv.*** បង្កើតកូន

Lit: ធ្វើជាតិកម្ម

procure[prə'kjuər] ***tv.*** x supplies នាំមកឱ្យ

p. s. o.'s death ធ្វើឱ្យស្លាប់

x women រកឱ្យ (ឧ.រកស្រីឱ្យគាត់)

-*iv.* រកស្រីឱ្យគេ

procurer[prə'kjuərər] ***n.*** មេអណ្តើក

prod[prɔd] ***tv.*** *(pt. .pp.* prodded *)* x a cow ចាក់នឹងជន្លួញ

x him to work ចាក់, បង្ខំ

-*n.* cattle x ជន្លួញ

give him a x ការចាក់

prodigious[prədi dʒəs] *adj.* សម្បើម, អស្ចារ្យ

prodigy['prɔdi dʒi] *n.* មនុស្សអស្ចារ្យ (ដូចជាពូកែខាងអ្វីមួយ)

produce[prə'dju:s] *tv.* x goods *Coll:* ធ្វើ

Lit: ផលិត

x vegetables ដាំ *Lit:* ផលិត

x pork ចិញ្ចឹម

investments x interest ឱ្យ

x a play ចាត់ចែងបង្កើត

x an effect ធ្វើឱ្យមាន

x one' s credentials បង្ហាញ

-iv. ឱ្យផល

-n. ផលដំណាំ *Lit:* ផល, ផលិតផល

product['prɔdʌkt] *n.* manufacturing x ផលិតផល

x of greed ផល

x of multiplication ផលគុណ

production[prə'dʌkʃn] *n.* x of merchandise ផលិតកម្ម

increased x ផលិតផល

theatrical x ការលេងឬសម្តែងកុន ល្ខោន។ល។

productive[prə'dʌkti v] *adj.* ដែលឱ្យផល

productivity[,prɔdʌk'ti vəti] *n.* ផលិតភាព

profane[prə'fei n] *adj.* x language ដែលមិនគោរពសរណវត្ថុ

x history ក្រៅសាសនា

-tv. ប្រមាថ

profanity[prə'fænəti] *n.* use x ពាក្យប្រមាថ (សាសនា)

x of his speech ភាពមិនគោរពឬប្រមាថ (សាសនា)

profess[prə'fes] *tv.* x innocence អះអាង (ថា)

x his objection បង្ហាញ

x Christianity កាន់

profession[prə'feʃn] *n.* teaching x វិជ្ជាជីវៈ

x of innocence ការអះអាងថា

p. of faith ការប្រកាសជំនឿ

professional[prə'feʃənl] *adj.* x actor ដែលយកអ្វីមួយជាវិជ្ជាជីវៈ

x degree ខាងវិជ្ជាជីវៈ

-n. sp. អ្នកយកកីឡាជាវិជ្ជាជីវៈ

The job was done by a x. អ្នកប្រកបមុខការអ្វីមួយជាវិជ្ជាជីវៈ

professor[prə'fesər] *n.* x of history សាស្ត្រាចារ្យ

x of Christianity អ្នកកាន់

proffer['prɔfər] *tv.* សុំជូនឬធ្វើអ្វីមួយឱ្យ

-n. ការសុំជូនឬធ្វើអ្វីមួយឱ្យ

proficiency[prə'fi ʃnsi] *n.* ការប៉ិនប្រសប់

proficient[prəfi ʃnt] *adj.* ដែលប៉ិនប្រសប់

profile['prəʊfai l] *n.* striking x ទម្រង់

snapshot is a x ទម្រង់, ចំហៀង

Bus. x of the project គម្រោង

-tv. គូរទម្រង់

profit['prɔfi t] *n.* net x ប្រាក់ចំណេញ, កម្រៃ

derive x from mistakes គុណប្រយោជន៍

-iv. x from a sale ចំណេញ

x from mistakes ទាញគុណប្រយោជន៍ (ពី)

-tv. x $25 ចំណេញ

x him nothing ឱ្យគុណប្រយោជន៍

profitable['prɔfi təbl] *adj.* x business ដែលឱ្យកម្រៃ

x experience ដែលជាគុណប្រយោជន៍

profitteer[,prɔfi tiər] *n.* អ្នកឆ្លៀតរកកម្រៃធំ (ក្នុងពេលមានទំនិញស្ទួចស្តើង)

profound[prə'faund] *adj.* ជ្រៅ (អ.ប.)

profuse[prə'fju:s] *adj.* ច្រើនក្រៃលែង

profusion[prə'fju:ʒn] *n.* ភាពច្រើនក្រៃលែង

progenitor[prəu'dʒəni tər] *n.* ជីដូនជីតា

progeny['prɔdʒəni] *n.* កូនចៅ

prognosis[prɔg'nəusi s] *n.* បុរេនិមិត្ត

prognosticate[prɔg'nɔsti kei t] *tv.* ទាយ, ស្មាន, ជាក់

program['prəugræm] *n. Fr:* ប្រូក្រាម *Lit:* កម្មវិធី

-*tv.* x activities រៀបចំកម្មវិធី, ធ្វើកម្មវិធី

x a computer ដាក់បញ្ជា (ឱ្យធ្វើអ្វីមួយ)

progress['prəugres] *n.* economic x ភាពជឿនលឿន

Lit: វឌ្ឍនធម៌

patient' s x ភាពគ្រាន់បើឡើង

social x វឌ្ឍនភាព

x of a disease ជំនឿន

x of a parade ដំណើរទៅមុខ

in p. កំពុងធ្វើ, កើតឡើងឬប្រព្រឹត្តទៅ

-*iv.* economies x ចម្រើន, ជឿន, កើន

Lit: មានវឌ្ឍនធម៌

patients x គ្រាន់បើ

diseases x ចូលឡើង

parades x ទៅមុខ

progression[prə'greʃn] *n.* evolutionary x ជំនឿន

Lit: វឌ្ឍនកម្ម

arithmetic p. ជំនឿនលេខគណិត

geometric p. ជំនឿនរេខាគណិត

progressive[prə'gresi v] *adj.* x ideas ដែលទៅមុខ

Lit: វឌ្ឍន

p. tax ពន្ធកើន (ពន្ធដែលកើនឡើងតាមទឹកប្រាក់ត្រូវជាប់ពន្ធ)

x decay ជាលំដាប់

progressivly[prə'gresi vli] *adv.* កាន់តែ... ឡើង

prohibit[prə'hi bi t] *tv.* ហាមឃាត់ *Lit:* អាយ័ត

prohibitive[prə'hi bəti v] *adj.* x measure សម្រាប់ហាមឃាត់

x price ដែលហួសពេក

prohibition[,prəui 'bi ʃn] *n.* ការហាមឃាត់

Lit: អាយ័តកម្ម

project['prɔdʒekt] *n.* ការងារ (ដែលកំពុងនឹងសម្រេច)

-*tv.* x a missile ចោល, ធ្វើឱ្យស្ទុះទៅមុខ

x a shadow ចោល

x a false image បញ្ចាំងឱ្យឃើញ

x increased sales ប្រមាណឬជាក់ទុកជាមុន

x a roof ធ្វើឱ្យលយចេញ

-*iv.* លយចេញ

projectile[prə'dʒektai l] *n.* វត្ថុដែលចោល បាញ់ ហោះ។ល។ (ដូចគ្រាប់កាំភ្លើងបាញ់ចេញទៅ)

rojection[prə'dʒekʃn] *n.* sharp x អ្វីៗដែលលយចេញ

x of missiles ចំណោល

x of future sales ការជាក់ទុកជាមុន

proletarian[,prəulə'teəri ən] *adj.* ពលជីវៈ

-*n.* អ្នកប្រកបរកស៊ីដោយកម្លាំងកាយ

Lit: ពលជីវី

proletariat[,prəulə'teəri ət] *n.* វណ្ណៈពលជីវី, វណ្ណៈអធន

prolific[prə'li fi k] *adj.* x animal សាយកូន

x plant ផ្លែច្រើន

x writer ដែលផលិតច្រើន

prologue['prəulɔg] *n.* បុរេកថា, អារម្ភបទ

prolong[prə'lɔŋ] *tv.* x one' s life ធ្វើឱ្យបានយូរ

x a line ធ្វើឱ្យវែងឡើង

promenade[,prɔmə'nɑ:d] *n.* make a x ការដើរលំហែ

ship' s x ទីនៅតែមនាវាសម្រាប់ដើរទៅមក

school x ពិធីរាំរែក

-*iv.* ដើរលំហែ

-*tv.* នាំដើរលំហែ

prominent['prɔmi nənt] *adj.* x citizen ដ៏ធំដុំ

x chin ដែលលយចេញ

promiscuity[,prɔmi 'skju:əti] *n.* ភាពមិនរើសមុខ

promiscuous[prə'mi skjuəs] *adj.* sexually x មិនរើសមុខ

x parts ដែលផ្សេងៗគ្នា

promise['prɔmi s] *n.* make a x ការសន្យាឬពាក្យសន្យា

has a lot of x ភាពនឹងបានជោគជ័យ

-*tv.* x to go សន្យា

x help សន្យាឱ្យ

x one' s daughter ឱ្យ

crops x to be abundant ប្រាកដជាបាន

promising['prɔmi si ŋ] ***n.*** ដែលអាចនឹងមានជោគជ័យ

promotory['prɔməutri] ***n.*** ជ្រោយខ្ពស់

promote[prə'məut] ***tv.*** x a soldier ដំឡើងស័ក្តិ

x a student ឱ្យឡើងថ្នាក់

x a product ផ្សាយ (របស់អ្វីមួយ)

x good health ធ្វើឱ្យមាន

promotion[prə'məuʃn] ***n.*** x to captain ការដំឡើងស័ក្តិ

x of a student ការឱ្យឡើងថ្នាក់

x of a product ការផ្សាយ (លក់)

x of health ការធ្វើឱ្យមាន

prompt[prɔmpt] ***adj.*** x reply យ៉ាងឆាប់, យ៉ាងរហ័ស

x person ដែលមិនបណ្តាក់ទៅពេលក្រោយ

x to argue ឆាប់

-*tv.* x him to go នាំឱ្យ, បណ្តាលឱ្យ

x an actor ចាំប្រាប់

-*n.* give him a x ការប្រាប់ (ទៅអ្នកណាម្នាក់ដែលភ្លេច)

serve as a x គ្រឿងរំលឹក

promulgate['prɔmlgei t] ***tv.*** x a law ប្រកាសឱ្យប្រើ, ប្រកាសអនុវត្ត

x a religion ផ្សាយ

prone[prəun] ***adj.*** x to anger ហៃ, ឆាប់, ដែលរហ័ស (កែ ខឹង ។ល។)

x position ដែលស្រទាប

prong[prɔŋ] ***n.*** x of antlers អ្វីៗដែលដូចខ្នែង

x of a fork ធ្មេញ, ផ្លែ (សម ចប្កក។ល។)

pronominal[prəu'nɔmi nl] ***adj.*** នៃសព្វនាម, ដូចសព្វនាម

pronoun['prəunaun] ***n.*** សព្វនាម

pronounce[prə'nauns] ***tv.*** x a word ថា, អាន

p. sentence កាត់ទោស

x him dead ថ្លែង (ជាផ្លូវការ)

pronounced[prənaunsi d] ***adj.*** ដែលច្បាស់, ដែលឱ្យឃើញច្បាស់

pronouncement[prənausmənt] ***n.*** official x សេចក្តីថ្លែងឬប្រកាស

legal x វិនិច្ឆ័យ

pronto['prɔntəu] ***adv.*** ភ្លាម

pronunciation[prə,nʌnsi 'ei ʃn] ***n.*** his x of the word របៀបបន្លឺសូរ

French x សូរសព្ទ

proof [pru:f] ***n.*** demand x ភស្តុតាង, តឹងតាង

arithmetic x បែបពិសោធលេខ

photograph x រូបថតលមើល

Print. page x សំណៅ *Lit:* វិញ្ញាសា

proofread['pru:fri:d] ***iv., tv.*** មើលកែ

prop[1]['prɔp] ***tv.*** *(pt. . pp.* propped *)*

x up a roof ទល់

x one' s feet against a table ដាក់ទល់

-*n.* ចន្ទល់, បង់បាញ់

prop[2][prɔp] ***n.*** *(short for* property *)* គ្រឿងតែងឆាក

prop[3][prɔp] ***n.*** *Coll. (short for* propeller*)*

propaganda[,prɔpə'gændə] ***n.*** ឃោសនា

propagandize[,prɔpə'gændai z] ***iv. , tv.*** ឃោសនា, ធ្វើឃោសនា

propagate['prɔpəgei t] ***tv.*** x plants ធ្វើឱ្យដុះដាល, បណ្តុះបណ្តាល

x offspring បង្កើត

x a rumor ផ្សាយ

-*iv.* កើតកូនកើតចៅ

propel[prə'pel] ***tv.*** *(pt. .pp.* propelled*)* ធ្វើឱ្យទៅមុខ

propeller[prə'pelər] ***n.*** ship x ស្លាប់ចក្រ

airplane x ផងាល់ *Lit:* កង្ហារ

propensity[prə'pensəti] ***n.*** ឧបនិស្ស័យ

proper['prɔpər] ***adj.*** x conduct សមរម្យ, ត្រឹមត្រូវ

x method ត្រូវបែបយ៉ាង

x society ល្អ

Gram. p. noun អសាធារណនាម

within the city x តែម្តង

property['prɔpərti] ***n.*** x of the deceased ទ្រព្យ, សម្បត្តិ

water-front x ដី

on the x ទីក្នុងបរិវេណ

chemical x គុណភាព

stage x គ្រឿងតែងឆាក

prophecy['prɔfəsi] ***n.*** make a x ទំនាយ

Lit: ព្យាករណ៍

gift of x ភាពចេះមើលទំនាយ

prophesy ['prɔfi sai] ***iv.*** , ***tv.*** *(pt. , pp.* prophesied *)* ទាយ

prophet['prɔfi t] ***n.*** religious x ព្យាការី

weather x អ្នកប្រមើល

prophetic[prə'feti k] ***adj.*** ដែលទាយទុកជាមុន

prophylactic[,prɔfi 'lækti k] ***adj.*** សម្រាប់បង្ការរោគ

-n. គ្រឿងបង្ការរោគ

propitiate[prə'pi ʃi ei t] ***tv.*** ធ្វើឱ្យស្ងប់ចិត្ត

propitiatory[prə'pi ʃi ətri] ***adj.*** ដែលធ្វើឱ្យស្ងប់ឬសុខចិត្ត

propitious[prə'pi ʃəs] ***adj.*** ល្អ, ប្រកបដោយនក្ខត្តឫក្សផ្សប្រសើរ

proponent[prə'pəunənt] ***n.*** អ្នកគាំទ្រ

proportion[prə'pɔ:ʃn] ***n.*** correct x សមាមាត្រ

large x ភាគ

(rock of huge) proportions ទំហំ

out of p. មិនសមគ្នា

-tv. លៃឱ្យសម

proportionate[prə'pɔ:ʃənət] ***adj.*** x amount ទៅតាមសមាមាត្រ

x body សម

proposal[prə'pəuzl] ***n.*** legislative x សេចក្តីស្នើ

marriage x ការស្នើសុំរៀបការជាមួយ

propose[prə'pəuz] ***tv.*** x a plan ដាក់ស្នើ

x s. o. for office ដាក់ (អ្នកណាម្នាក់ឱ្យគេជ្រើសរើស)

x to do sthg. ស្នើ

p. marriage ស្នើសុំរៀបការជាមួយ

-iv. x to a girl ស្នើសុំរៀបការជាមួយ

proposition[,prɔpə'zi ʃn] ***n.*** business សំណើ

x of logic សេចក្តីអះអាង

-tv. Sl. សុំរួមដំណេកជាមួយ

propound[prə'paund] ***tv.*** ថ្លែងអះអាង

proprietor[prə'prai ətər] ***n.*** ម្ចាស់ *Lit:* បរិចាល

propriety[prə'prai əti] ***n.*** moral x បែបបទ

Lit: លោកានុកូល

x to the situation ភាពសម (ទៅនឹង)

propulsion[prə'pʌlʃn] ***n.*** ការធ្វើឱ្យទៅមុខ

prorate[prəurei t] ***tv.*** លៃតាមចំនួន

prosaic[prə'zei i k] ***adj.*** មិនថ្លៃថ្នូរ, គ្មានខ្លឹមសារ

proscribe[prə'skrai b] ***tv.*** ហាមមិនឱ្យធ្វើឬប្រើ, ដាក់អាយ័ត

Lit: និសេធ

prose[prəuz] ***n.*** ពាក្យរាយ, ពាក្យលាត

prosecute['prɔsi kju:t] ***tv.*** x a criminal យកមកកាត់ទោស

p. a case មានភារៈធ្វើជាអាជ្ញាសាលា

prosecution[,prɔsi 'kju:ʃn] ***n.*** x of a criminal ការយកមកកាត់ទោស

prosecutor['prɔsi kju:tər] ***n.*** សុភាចារបុរស

proselyte['prɔsəlai t] ***n.*** មនុស្សដែលផ្លាស់សាសនាដោយគេបញ្ចុះបញ្ចូល

proselytize['prɔsəli tai z] *iv., tv.* ញ៉ាំងឱ្យផ្លាស់សាសនា

prosody['prɔsədi] *n.* កាព្យសាស្ត្រ

prospect['prɔspekt] *n. Pl.* x for the future សង្ឃឹម

a x of rain ភាពអាចមានភ្លៀង

x from his window ទស្សនីភាព

He's a good x for the job. អ្នកប្អូនបុគ្គលដែលហែលបំពេញការត្រូវការ

-iv., tv. ពិនិត្យមើលទីកន្លែងក្រែងមានធាតុរ៉ែ

Lit: ធ្វើបុរេសនា

prospecting[prə'spekti ŋ] *n.* ការពិនិត្យមើលទីកន្លែងក្រែងមានធាតុរ៉ែ

Lit: បុរេសនា

prospective[prə'spekti v] *adj.* x bride នៅថ្ងៃមុខ

x look ដែលប្រមើលមើលអនាគត

prospector[prə'spektər] *n.* បុរេសី

prosper['prɔspər] *iv.* បានចម្រើន

-tv. ធ្វើឱ្យចម្រើន

prosperity[prɔ'sperəti] *n.* ភាពចម្រើន

Lit: វិបុលភាព

prosperous['prɔspərəs] *adj.* ដែលចម្រើន

prostitute['prɔsti tju:t] *n.* ស្រីខូច

Lit: ស្រីពេស្យា, ស្រីផ្កាមាស

Pej. សំផឹង, ស្រីសំផឹង, ស្រីអ្នកលេង

-tv. x one's talent បន្ថោក

prostitution[,prɔsti 'tju:ʃn] *n.* outlaw x ការធ្វើជាស្រីពេស្យា *Lit:* ពេស្យាចារ

x of one's talents ការបន្ថោក

prostrate[prɔ'strei t] *tv.* x oneself ក្រាប

x the enemy បង្ក្រាប

-adj. x position ក្រាប

x country ដែលដុនដាប

protagonist['prə'tægəni st] *n.* តួឯក

protect[prə'tekt] *tv.* ការពារ, ការពារ

protection[prə'tekʃn] *n.* x of the country ការការពារ, ការគាំពារ

wear a x របស់សម្រាប់ការពារ

protective[prə'tekti v] *adj.* x measures ដើម្បីការពារ

x parents ដែលការពារកូន

x material សម្រាប់ការពារ

protégé['prɔtəʒei] *n.* ជននៅក្នុងការឧបត្ថម្ភ

protein['prəuti:n] *n.* ប្រូតេអ៊ីន

protest['prəutest] *tv.* x a decision តវ៉ា

x innocence សុំថាស្បថានាមអត

-iv. តវ៉ា

-n. make a x ការតវ៉ា

under p. ដោយប្រឆាំងក្នុងចិត្ត, ទាំងទើសទាល់

protocol['prəutəkɔl] *n.* diplomatic x ពិធីការ

proton['prəutɔn] *n.* ប្រូតុង

protoplasm['prəutəplæzəm] *n.* មូលជីវធាតុ

prototype['prəutətai p] *n.* គំរូដើម *Lit:* បឋមរូប

protract[pre'trækt] *tv.* x time ពន្យារ

p. an angle ប្រើរាប់ព័រទ័រគូរមុំ

protractor[prə'træktər] *n.* គ្រឿងវាស់មុំ

Fr: រ៉ាប់ព័រទ័រ

protrude[prə'tru:d] *iv., tv.* លយចេញ, លេចចេញ

protrusion[prə'tru:ʒn] *n.* a sharp អ្វីៗដែលលយចេញ

the x of a nail ដំណើរលេចចេញមកក្រៅ

proud[praud] *adj.* x of one's son ដែលពេញចិត្តនឹង

x official ក្រអឺតក្រទម, អេវ៉ង

x achievement គួរឱ្យសរសើរ

prove[pru:v] *tv. (pp.* proven*)* x a claim បង្ហាញភស្តុតាង

x one's love បង្ហាញ

Math. x a solution ពិសោធលេខ

-iv. x rewarding ទៅជា

proverb['prɔvɜ:b] *n.* ភាសិត

provide[prəˈvai d] *tv.* x the food ផ្តល់
Money can't x happiness. នាំមកនូវ, ផ្តល់នូវ
The rules x that we vote on it. ថែងឬព្រម ព្រៀង *Lit:* បដិញ្ញាត
-iv. p. for (a family) ចិញ្ចឹម
p. for (error) បម្រុងសម្រាប់
God will x ជួយ, ផ្តល់នូវរបស់ត្រូវការ
provided[prəˈvai di d] *conj.* ឲ្យតែ
providence[ˈprɔvi dəns] *n.* ទិព្វញ្ញាណ
province[ˈprɔvi ns] *n.* x of a country ខេត្ត
the Provinces ខេត្តក្រៅ
in the x of paychology វិស័យ
provincial[prəˈvi nʃl] *adj.* x affairs នៃខេត្ត
x attitude ស្រែ, សម្រែ
provision[prəˈvi ʒn] *n.* the x of food ការផ្តល់
a x of the contract ខដែលមានចែង (កុងកិច សន្យា។ល។)
Pl. buy x គ្រឿងត្រូវការ
-tv. ផ្តល់គ្រឿងត្រូវការឲ្យ
provisional[prəˈvi ʒənl] *adj.* x government បណ្តោះអាសន្ន
p. on ស្រេចតែលើ, ពឹងពាក់លើ
proviso[prəˈvai zəu] *n.* សេចក្តីព្រមព្រៀងដែលចែង ក្នុងកិច្ចសន្យា
Lit: បដិញ្ញា
provocation[ˌprɔvəˈkei ʃn] *n.* ការញុះញង់
proocative[prəˈvɔkəti v] *adj.* x words ដែលបង្ក ហេតុ
x dress ដែលធ្វើឲ្យស្រើប
x idea ដែលធ្វើឲ្យចាប់អារម្មណ៍ខ្លាំង
provoke[prəˈvəuk] *tv.* x anger បង្កើត, ធ្វើឲ្យមាន
x the anemy ធ្វើឲ្យខឹង
prow[prau] *n.* ក្បាលនាវាឬទូក
prowess[ˈprauəs] *n.* x in battle អំពើក្លាហាន

psychiatry
mental x ជំនាញ
prowl[praul] *iv.* ដើររកចាប់ (សត្វ។), ដើរលបៗ, ដើរក្រវែល
-tv. ដើរលបៗ, ដើរក្រវែលតាម
-n. ការដើរលបៗ, ការដើរក្រវែល
prowler[praulər] *n.* អ្នកក្រវែលរកលួចទ្រព្យគេ
proximity[prɔkˈsi məti] *n.* x to the goal ភាពជិត។
in the p. (of) នៅម្តុំ, ជិត។
proxy[ˈprɔksi] *n.* by p. ដោយសិទ្ធិប្រទាន
He's my x. អ្នកតំណាង
written x លិខិតប្រគល់អំណោយឬសិទ្ធិតំណាង
prude[pru:d] *n.* មនុស្សប្រកាន់សីលធម៌ហួសហេតុ
prudence[ˈpru:dns] *n.* ការប្រុងប្រយ័ត្ន
prudent[ˈpru:dnt] *adj.* ដែលប្រុងប្រយ័ត្ន
prudery[ˈpru:dəri] *n.* ដំណើរប្រកាន់សីលធម៌ ហួសហេតុ
prudish[ˈpru:di ʃ] *adj.* ដែលប្រកាន់សីលធម៌ហួស ហេតុ
pryne[1][pru:n] *n.* ផ្លែព្រូនហាល
prune[2][pru:n] *tv.* x a tree កាត់មែកតូចតាចចេញ
x unecessary expenses កាត់ចេញ
prurient[ˈpruəri ənt] *adj.* ដែលលិចនៅកាមមុច្ឆា
pry[prai] *tv.* *(pt., pp.* pried*)*
x the door open គាស់
x a secret out ជជីកសួរ
-iv. ជ្រៀតជ្រែក (ក្នុងកិច្ចការអ្នកដទៃ)
-n. steel x ដែកឬឈើគាស់
He's a x. អ្នកជ្រៀតជ្រែកក្នុងកិច្ចការអ្នកដទៃ
psalm[sɑ:m] *n.* ចម្រៀងសាសនា
-tv. ច្រៀងសរសើរ
pseudo[ˈsju:dəu]- *pref.* បុព្វបទមានន័យថា: ធ្វើជា, តាំងខ្លួនជា
pseudonym[ˈsju:dəni m] *n.* នាមក្លែង
Lit: រហស្សនាម
psychiatrist[sai ˈkai ətri st] *n.*ពេទ្យវិកលចរិត
psychiatry[sai ˈkai ətri] *n.* វេជ្ជវិទ្យាខាងវិកលចរិត

psychic['sai ki k] *adj.* x person ដែលមានតែភ្នែកទិព្វ ត្រចៀកទិព្វ
x disorder នៃចិត្ត, នៃអារម្មណ៍
-n. មនុស្សដែលមានតែភ្នែកទិព្វត្រចៀកទិព្វ

psychoanalysis[,sai kəu ə'næləsi s] *n.* មនោវិភាគ

psychoanalyst[,sai kəu 'ænəli st] *n.* អ្នកបច្ចេកទេសខាងមនោវិភាគ

psychological[,sai kə'lɔʤi kl] *adj.* នៃចិត្តវិជ្ជា

psychologist[,sai kɔləʤi st] *n.* អ្នកចិត្តវិជ្ជា

psychology[sai 'kɔləʤi] *n.* ចិត្តវិជ្ជា

psychopath['sai kəupæθ] *n.* អ្នកវិកលចរិត

psychosis[sai 'kəusi s] *n.* ចិត្តរោគ

psychosomatic[,sai kəusə'mæti k] *adj.* នៃជម្ងឺដែលបណ្ដាលមកពីចិត្តរោគ

psychotherapy[,sai kəu'θerəpi] *n.* ចិត្តតិកិច្ឆា

puberty['pju:bəti] *n.* ភាពគ្រប់ការ *Lit:* យោវ្វនភាព

pubic['pju:bi k] *adj.* នៃថ្ងាសដែលនៅលើខ្មាស់ប្រុសស្រី

public['pʌbli k] *adj.* x official ខាងប្រជាជន
x library សាធារណៈ
x knowledge ដែលសុះសាយ
-n. inform the x សាធារណជន
reach a wider x អ្នកមើលឬស្ដាប់
in p. ចំពោះមុខគេឯង (ផ. ដោយលាក់កំបាំង)

publication[,pʌbli 'kei ʃn] *n.* x of news ការបោះពុម្ពផ្សាយ
x news x ប្រកាសនវត្ថុ

publicity[pʌb'li səti] *n.* ការផ្សាយជាសាធារណៈ
Lit: ប្រកាសនៈ, អបលោកន

publicize['pʌbli sai z] *tr.* ផ្សាយឬឃោសនា, អបលោក

public-spirited['pʌbli k'spi ri ti d] *adj.* ដែលគិតផលប្រយោជន៍សាធារណជន

publish['pʌbli ʃ] *tr.* x a book បោះពុម្ព
x the results ផ្សាយ

pucker['pʌkər] *tr.* x the lips បួញ
x a dress ជិបឱ្យជោង
-iv. p. up បួញមាត់
-n x of the lips ការបួញមាត់
dress x ផ្នែកជិបឡើងជោង

pudding['pudi ŋ] *n.* សង់ខ្យា *Eng:* ភូឌិញ(បង្អែម)

puddle['pʌdl] *n.* x in the road ត្រពាំងមានទឹកដក់
x on the floor កណ្ដាប់នៃរាវលិចធាតជ្រេងៗ

puff[pʌf] *n.* x of wind កំសួល
take a x មួយហឺត
powder x សំឡីឬរោមសម្រាប់ផាត់ម្សៅ
cream p. នំម្យ៉ាងមានដាក់ក្រែមផ្ទៃៗជាសួល
dress x កន្លែងជោងឡើងដោយជិប
-tr. x out a light ផ្លុំ
p. on (a pipe) បឺតបង្ហុយ
x the cheeks បំប៉ោង
-iv. x with fatigue ដង្ហក់
(wind) puffs បក់មួយៗ
p. out ឡើងប៉ោង
p. up ប៉ោងឡើង

pugnacious[pʌg'nei ʃəs] *adj.* ចូលប្រឈ្លោះ

puke[pju:k] *iv.*, *tr.* *Coll.* ក្អួត
-n កំអួត

pulchritude['pʌlkri tju:d] *n.* សោភ័ណភាព

pull[pul] *tr.* x a cart/ lever ទាញ
x a tooth/ weeds ដក
x a muscle ប្រទាញឱ្យឈឺចុក
p. at ទាញ
p. for ខំប្រឹងប្រែងរក
p. in (one's stomach) បំផត
Sl. p. in (a suspect) ចាប់យកបាន
p. off (one's shoes) ដោះ
Sl. p. off (a coup) សម្រេចធ្វើ

p. on (a pipe) បិត

p. on (one's socks) ពាក់

p. out ដក, ដកយកចេញ

-iv (car) won't p. ទាញមិនរួច, អត់កម្លាំង

(car) pulls (to the right) ទាញ

p. ahead ទៅមុខ

p. apart ដាច់ពីគ្នា

p. in (to a garage) ចូល, បើកចូល

p. out (into traffic) ចេញ

p. through រួចខ្លួនផុតពីក្ដីស្លាប់

-n. give it a x ទំនាញ

car has no x កម្លាំងទាញ

steep p. ទីចោតពិបាកឡើង

have p. in high places ស្គាល់អ្នកធំៗដែលអាចជួយបានទៅពេលត្រូវការ

the x of riches អំណើរទាញចិត្ត

pullet['puli t] *n.* មាន់ញីជំទង់

pulley['puli] *n.* រ៉ក

pulmonary['pʌlmənəri] *adj.* នៃសួត

pulp[pʌlp] *n.* orange x សាច់ (ផ្លែឈើ)

make it into a x អ៊ីខាប់ៗ

dental x បណ្ដូល (ធ្មេញ។ល។)

-iv. ធ្វើឱ្យខាប់ៗ

pulsate[pʌl'sei t] *iv.* ប្រព្រឹត្តទៅជានិយ័ត (ដូចបេះដូងដើរ។ល។)

pulsation[pʌl'sei ʃn] *n.* ការប្រព្រឹត្តទៅជានិយ័ត

pulse[pʌls] *n.* take his x ជីបចរ

x of emotion សន្ទុះ

-iv ប្រព្រឹត្តទៅជានិយ័ត (ដូចបេះដូងដើរ។ល។)

pulverization['pʌlvərai zei ʃn] *n.* បចណ្ណកម្ម

pulverize['pʌlvərai z] *tv.* លំអិតឱ្យជាធូលី

Lit: ធ្វើបចុណ្ណកម្ម

pumice['pʌmi s] *n.* ថ្មខាត់

pump[pʌmp] *n.* water x ប្រដាប់បូម, ម៉ាស៊ីនបូម (ទឹក សាំង ។ល។)

air p. ស្នប់

-tv. x water បូម

x up a tire សប់

x a handle ព្រួញទាញៗ

x him full of bullets បាញ់គ្រាប់ទៅ

x him for answers ជជីកសួរ

pumpkin['pʌmpki n] *n.* ល្ពៅ

pun[pʌn] *n.* ការលេងពាក្យ (ធម្មតាដោយយកពាក្យមានន័យច្រើនមកប្រើ)

-iv. *(pt. , pp.* punned*)* លេងពាក្យ

punch[1][pʌntʃ] *tv.* p. a hole through ចម្លុះ

x s. o. with a finger ចាក់

x s. o. with a fist ដាល់

-n wood x ដែកចោះ

paper x ដែកចោះ

x of the finger ការចាក់

x of the fist ការដាល់

punch[2][pʌntʃ] *n.* ភេសជ្ជៈម្យ៉ាងមានលាយទឹកផ្លែឈើ

punctual['pʌŋktʃuəl] *adj.* ទៀងទាត់ពេលវេលា

punctuality[,pʌŋktʃu'æləti] *n.* ទំនៀងពេល

punctuate['pʌŋktʃuei t] *tv.* ដាក់វណ្ណយុត្ត

punctuation[,pʌŋktʃu'ei ʃn] *n.* វិធីប្រើវណ្ណយុត្ត

puncture['pʌŋktʃər] *tv.* x the skin ធ្វើជាមុត

x a tire ធ្វើឱ្យធ្លុះ

pundit['pʌndi t] *n.* បណ្ឌិត

pungent['pʌndʒənt] *adj.* x taste ហឹរ

x smell ឈ្ងុល

x criticism មុត

punish ['pʌni ʃ] *tv.* x a child ដាក់ទោស

Lit: ដាក់ទណ្ឌកម្ម

x a horse ធ្វើបាប, ធ្វើទុក្ខ

punishable['pʌni ʃəbl] *adj.* ត្រូវធ្វើទោស, ត្រូវដាក់ទណ្ឌកម្ម

punishment['pʌni ʃmənt] ***n.*** x of a child ការធ្វើទោស

Lit: ការដាក់ទណ្ឌកម្ម

a servere x ទណ្ឌកម្ម

tires withstand x ការប្រើប្រាស់ញុកញី

punitive['pju:nəti v] ***adj.*** សម្រាប់ដាក់ទណ្ឌកម្ម

punk[pʌŋk] ***n.*** incendiary x ប្រឆេះ (ដាវដាដើម)

Sl. young x មនុស្សពាល

-adj. Sl. គម្រក់

punt[pʌnt] ***tv.*** x a football ទាត់មុនធ្លាក់ដល់ដី

x a boat ដោល

-n. Football long x ការទាត់មុនធ្លាក់ដល់ដី

cross by x ទូកសំប៉ែតមួយ៉ាង

puny['pju:ni] ***adj.*** x child តូចកំប្រិង

x effort តិចតួច

pup[pʌp ***n.*** កូនឆ្កែ

pupa['pju:pə] ***n.*** ដឹកដៀ

pupil[1]['pju:pl] ***n.*** សិស្ស, កូនសិស្ស

pupil[2]['pju:pl] ***n.*** ទេប្រស្រី

puppet['pʌpi t] ***n.*** អាយ៉ង, តុក្កតា

puppy['pʌpi] ***n.*** កូនឆ្កែ ឆ្លាម ។ល។

purchase['pɜ:ʧəs] ***tv.*** ទិញ *Eleg:* ជាវ

-n. make a x ការទិញ, ការជាវ

valuable x វត្ថុទិញបានមក

pure[pjuər] ***adj.*** x gold សុទ្ធ

x ingnorance មែនទែន

x heart បរិសុទ្ធ

by p. accident ដោយចៃដន្យ

purebred[pjuəbred] ***adj.*** សុទ្ធ, មិនកាត់នឹងពូជផ្សេង

-n. សត្វពូជសុទ្ធ (មិនកាត់)

purée['pjuərei] ***n.*** ស៊ុបខាប់ៗ

purgative['pɜ:gəti v] ***adj.*** សម្រាប់បញ្ចុះ

-n. ថ្នាំបញ្ចុះ

purgatory['pɜ:gətri] ***n.*** នរក

purge['pɜ:ʤ] ***tv.*** x the party of undesirable members បន្សុតបក្ស *Lit:* ធ្វើវិសុទ្ធិកម្ម

x oneself of guilt កំចាត់ចេញ

Lit: ធ្វើវិសុទ្ធិកម្ម

x the bowels បញ្ចុះ (លាមក)

-n. political x វិសុទ្ធិកម្ម

medicinal x ថ្នាំបញ្ចុះ

purify['pjuəri fai] ***tv.*** *(pt. , pp.*purified *)*

x water ធ្វើឲ្យស្អាតឡើង

x gold បន្សុទ្ធ, ធ្វើឲ្យទៅជាសុទ្ធ

Lit: ធ្វើសុទ្ធិកម្ម

x one' s thoughts ធ្វើឲ្យបរិសុទ្ធ

purificatio[,pjuəri fi kei ʃn] ***n.*** x of water ការធ្វើឲ្យស្អាត

x of sinners បរិសុទ្ធកម្ម

x of metal ការធ្វើឲ្យទៅជាសុទ្ធ

Lit: សុទ្ធិកម្ម

purism['pjuəri zəm] ***n.*** សុទ្ធិនិយម

puritan['pjuəri tən] ***n.*** អ្នកបរិសុទ្ធនិយម

puritanical[,pjuəri tæni kl] ***adj.*** ដែលប្រកាន់គោលការណ៍សាសនាយ៉ាងតឹងរឹង

purity['pjuərəti] ***n.*** x of the metal ភាពសុទ្ធ

x of the language ភាពត្រឹមត្រូវ

x of his motives ភាពបរិសុទ្ធ

x of water ភាពស្អាត

purple['pɜ:pl] ***n.*** ពណ៌ស្វាយ (ក្រហមបន្តិច)

Id. wear the p. ឡើងជាស្តេច

-adj. x dress ស្វាយ (ក្រហមបន្តិច)

purport[pə'pɔ't] ***tv.*** អះអាង

-n. សេចក្តីឬគំនិតទូទៅ

purpose['pɜ:pəs] ***n.*** For what p. ? សម្រាប់ធ្វើអ្វី?

What' s your x ? គោលបំណង

put to good x ប្រយោជន៍

on p. ដោយចេតនា

-iv. មានបំណង

purr[pɜːr] *iv.* ធ្វើខ្មុរៗ (ឆ្មា)

-n. សូរខ្មុរៗ (ឆ្មា)

purse[pɜːs] *n.* lady's x កាបូប (ស្ត្រី)

Sl. What's the x ? ប្រាក់រង្វាន់

-tv. p. the lips ខាំមាត់

pursuant[pəˈsjuːənt] *adj., adv.* ស្រប, អនុលោម ទៅតាម

pursue[pəˈsjuː] *tv.* x a criminal តាមរក

x a fox ដេញ, ប្រដេញ

x a course ទៅតាម

x studies បន្ត

x a pastime ធ្វើ, ប្រព្រឹត្ត

x happiness ស្វែងរក

x a question ដេញដោល

pursuit[pəˈsjuːt] *n.* x of a criminal ការតាមរក

high-speed x ការប្រដេញ

x of happiness ការស្វែងរក

(recreational) pursuits សកម្មភាព

purvey[pəˈvei] *tv.* ផ្គត់ផ្គង់ឱ្យ (ម្ហូប)

pus[pʌs] *n.* ខ្ទុះ

push[puʃ] *tv.* x a car រុញ

p. with the open hand ច្រាន

x a button ចុច

x him to achieve បង្ខំ, ជំរុញ

Sl. x drugs លក់ដោយលួចលាក់

pushed for time ប្រញាប់

p. for (repeal) ខ្នះខ្នែងឱ្យបានសម្រេច

p. on (a button) ចុច

p. through (a crowd) រុញឬប្រជ្រៀតទៅមុខ

p. through (a bill) ខំខ្នះខ្នែងឱ្យបានគេយល់ព្រម

-iv. don't x ច្រាន

p. off (from shore) រុញ (ទូកចេញពីច្រាំង)

-n. give the car a x ការរុញ

give him a x ការច្រាន

make a x for ការខ្នះខ្នែង

x of the crowd ជំរុញ

push-over[ˈpuʃəʊvər] *n. Sl.* The job was a x. អ្វីៗដែលស្រួល (ធ្វើ)

He's a x. មនុស្សស្រួលដឹក

puss[pus] *n. Coll.* ឆ្មា

Sl. មុខ

pussy[ˈpusi] *n. Coll.* កូនឆ្មា

Vulg. អង្គជាតស្ត្រី (ពាក្យអាសគ្រាម)

pustule[ˈpʌstjuːl] *n.* ពងខ្ទុះ, រលកកែរ

put[put] *tv.* x it threre ដាក់

x salt on it (sprinkle) រោយ

x butter on it (spread) លាប

p. in order ធ្វើឱ្យរៀបរយ

p. to death សម្លាប់

p. to work ឱ្យធ្វើការ

p. to flight បង្ហើលឱ្យហើរទៅ

p. it in writing ដាក់ជាលាយលក្ខណអក្សរ

p. an end to បំបាត់, ធ្វើឱ្យលែងមាន

p. a tax on ហូតពន្ធលើ

p. it on (s. o. else) ដាក់កំហុសលើ

Sl. p. the shot ចោល (ដោយរុញទៅមុខ មិនមែនក្រវែងដូចធម្មតា)

p. away (clothes) រៀបទុកដាក់

p. away (money) សន្សំ

p. down (a gun) ដាក់ចុះ

p. down (an uprising) បង្ក្រាប

p. down (a friend) បន្ទុះ, បង្អាប់, បន្ទោក

p. off (a task) បណ្ដាក់ទៅពេលក្រោយ

p off (a firecracker) ធ្វើឱ្យផ្ទុះ

p. on (shoes/ shirts/ hats/ gloves) ពាក់

p on (pants/ sarongs) ស្លៀក

p on (a play) រៀបចំសម្ដែង (ល្ខោន)

p. out (a fire) លត់, ពន្លត់

p. out (the cat) ដាក់ទៅក្រៅផ្ទះ

p. out roots ចាក់ឫស

p. through (a bill) ធ្វើឱ្យបានគេយល់ព្រម

p. through (a call) ធ្វើទៅបាន (ដោយគ្មានបញ្ហា)

p. up (a sign) ដាក់ (ឱ្យគេឃើញ)

p. up (one's hand) លើក

p. up (an antenna) លើក, ដាក់ឱ្យខ្ពស់ (ដោយរបៀបផ្សេងៗ)

p. up (vegetables) ដាក់កំប៉ុង

p. across (a point) ធ្វើឱ្យយល់បាន

p. sthg. over on គោរ, បោក

-tv. x to sea ចេញ (ពីឆ្នេរសមុទ្រឆ្ពោះទៅទីណាមួយ)

p. in (to shore) ចូល, ចូលចត

p. out (to sea) ចេញ

p. up with ទ្រាំ

putrify['pju:tri fai] *iv. (pt. , pp.* putrified *)* រលួយ, ពុករលួយ

-*tv.* ធ្វើឱ្យពុករលួយ. ធ្វើឱ្យស្អុយរលួយ

putrid['pju:tri d] *adj.* ស្អុយ

putt[pʌt] *tv.* , *iv. Golf* វាយបញ្ចូលរន្ធ

-*n. Golf* ការវាយបញ្ចូលរន្ធ

putter['pʌtər] *iv.* ធ្វើលេងៗ

putty['pʌti] *n.* ជីលែង

-*tv.* បិទឬបាំតនឹងជីលែង

puzzle['pʌzl] *n.* mechanical x គ្រឿងលេងម្យ៉ាងដែលប្រើប្រាជ្ញាឬការឈ្លាសវៃដើម្បីដោះស្រាយ

jigsaw x រូបដែលគេកាត់ជាផ្នែកតូចៗហើយយកមករៀបឱ្យដូចដើមវិញ

It's a x to me. អ្វីៗដែលធ្វើឱ្យងឿងឆ្ងល់

in a x ដំណើរងឿងឆ្ងល់

-*tv.* His actions x me. ធ្វើឱ្យឆ្ងល់

p. out (a problem) ដោះស្រាយ

-*iv.* p. about ឆ្ងល់នឹង

pygmy['pi gmi] *n.* Asian x មនុស្សកញ្ជ្រឹកអម្បូរស្បែកខ្មៅ

The plant is a x. អ្វីៗតូចទាបច្រើនជាងធម្មតា

Fig. He's just a x in the organization. មនុស្សតូចតាច

-*adj.* ដែលតូចទាបច្រើនជាងធម្មតា

pyjamas[pə'ʤɑ:məz] *n.* ខោអាវស្លៀកដេក

pylon['pai lən] *n.* សសរឬបង្គោលធំៗ

pyramid['pi rəmi d] *n.* សាជីជ្រុង

pyre['pai ər] *n.* គំនរឧសបូជាសព

python['pai θn] *n.* ពស់ថ្លាន់

Q

Q, q[kju:] អក្សរទី១៧តាមលំដាប់អក្សរក្រមអង់គ្លេស

quack[1][kwæk] *iv.* ស្រែកកាបៗ

-n. សម្រែកកាបៗ

quack[2][kwæk] ***n.*** គ្រូពេទ្យឆ្កើសផ្កាសឬក្លែង

-adj. ដែលក្លែងធ្វើជាគ្រូពេទ្យ

quadrangle['kwɔdræŋgl] ***n.*** ចតុកោណ

quadrant['kwɔdrənt] ***n.*** ចតុត្ថភាគមណ្ឌល

quadrilateral[,kwɔdri 'lætərəl] ***adj.*** ដែលមានជ្រុងឬមុខបួន

Lit. ចតុរង្ស

-n ចតុរង្ស

quadruped['kwɔdruped] ***n.*** សត្វជើងបួន

Lit. ចតុប្បាទ

-adj. ដែលមានជើងបួន

quadruple['kwɔdrupl] ***adj.*** ចត្វាគុណ

-tv. គុណនឹងបួន

-iv. ឡើងមួយជាបួន

quadruplet['kwɔdruplət] ***n.*** in x វត្ថុបួនដូចគ្នា

Pl. She had x. កូនភ្លោះបួន (កូនបួននាក់កើតនៅពេលជាមួយគ្នា)

quamire['kwægmai ər] ***n.*** ភក់ជ្រៅ

Fig. បញ្ហាដែលធ្វើឱ្យជាប់ជំពាក់

quail[1][kwei l] ***n.*** ក្រួច (សត្វ)

quail[2][kwei l] *iv.* អស់កម្លាំងចិត្ត

quaint[kwei ŋt] ***adj.*** x houses បុរាណហើយគួរឱ្យចាប់ចិត្ត

x customs ចាស់ហួសសម័យហើយប្លែក

quake[kwei k] *iv.* x with fear ញាប់ញ័រ

buildings x រញ្ជួយ

-n. mild x រញ្ជួយ (ដី ផែនដី)

x in his voice ការញ័រ

qualification[,kwɔli fi 'kei ʃn] ***n.*** *pl.* have excellent x for the job គុណវុឌ្ឍិ

x for welfare ភាពមានលក្ខណៈជាចាំបាច់, ភាពមានសិទ្ធិទទួល

x of one' s statement ការដាក់ព្រំដែន

qualified['kwɔli fai əd] ***adj.*** x for the job ដែលមានគុណវុឌ្ឍិគ្រប់គ្រាន់

x for benefits ដែលមានសិទ្ធិទទួល

x statement ដែលមានកំណត់ព្រំដែន

qualify['kwɔli fai] ***tv.*** *(pt. . pp.* qualified *)*

education will x you for employment ធ្វើឱ្យមានគុណសម្បត្តិគ្រប់គ្រាន់

x a bold statement កំណត់ព្រំដែន

-iv. q. for មានលក្ខណៈជាចាំបាច់

qualitative['kwɔli təti v] ***adj.*** នៃគុណភាពឬលក្ខណៈ

quality['kwɔləti] ***n.*** of good x គុណសម្បត្តិ

a useful x គុណភាព

goods of x គុណភាពដ៏ប្រសើរ

have the q. of (a refusal) មានន័យដូចគ្នានឹង

-adj. x goods ធុនល្អ

qualm[kwɑ:m] ***n.*** have qualms about នឹករអែងនឹង

a q. of nausea ការរកចង់ក្អួត

quandary['kwɔndəri] ***n.*** ភាពអល់អែក

quantitative['kwɔnti təti v] ***adj.*** (នៃ) បរិមាណ

quantity['kwɔntəti] *n.* small x ចំនួន

Lit: បរិមាណ

in q. ច្រើន, ជាច្រើន

quarantine['kwɔrəntiːn] *n.* ការដាក់ឱ្យនៅដាច់ពីគេ

-tv. ដាក់ឱ្យនៅដាច់ពីគេ

quarrel['kwɔrəl] *n.* bitter x ជម្លោះ

Lit: ភណ្ឌនៈ

have no q. with គ្មានយល់ទាស់

-iv. x with a friend ឈ្លោះ, ប្រឈ្លោះ

x with his conclusions យល់ទាស់

quarrelsome['kwɔrəlsəm] *adj.* ហៃប្រឈ្លោះ

quarry[1]['kwɔri] *n.* កន្លែងយកថ្ម

-tv. (pt., pp. quarried*)* គាស់យកថ្ម

quarry[2]['kwɔri] *n.* hunter's x សត្វដែលគេបរបាញ់

policeman's x អ្វីៗដែលគេតាមរក

quart[kwɔːt] *n.* ក្វាត (រង្វាល់ ០,៩៤៦)

quarter['kwɔːtər] *n.* x of an apple មួយភាគបួន

q. of a dollar ២៥សេន

q. of an hour ១៥នាទី

Latin x សង្កាត់

from high quarters ពីខាងលើ

(soldier's) quarters កន្លែងនៅ

-tv. x an apple ពុះជាបួន

x soldiers ឱ្យនៅ

quarterly['kwɔːtəli] *adj.* x journal ចេញកាលបីខែ

-adv. compounded x រាល់បីខែ

-n. ទស្សនាវដ្ដីចេញបីខែម្ដង

Lit: សាមយិកប័ត្រ

quartet[kwɔː'tet] *n.* អ្វីៗដែលមានបួន

Mus. form a x ក្រុមភ្លេងមានអ្នកលេងបួននាក់

Mus. play a x បទភ្លេងសម្រាប់លេងដោយគ្រឿងបួន

quartz[kwɔːts] *n.* ក្វាត្ស (សិលាម្យ៉ាងរឹង)

quash[kwɔːʃ] *tv.* x a rebellion កំទេច, បំផ្លាញ

x a law បដិសេធ

quatrain['kwɔtrein] *n.* បទកាព្យដែលមានបួនឃ្លា

quaver['kweivər] *iv.* ញ័រ (សូរសម្លេង)

-tv. ធ្វើឱ្យញ័រ (សូរសម្លេង)

-n. សូរញ័រ (សូរសម្លេង)

quay[kiː] *n.* ផែកប៉ាល់

queasy['kwiːzi] *adj.* ដែលរកចង់តែក្អួត

queen[kwiːn] *n. 1. Reigning queen:* ព្រះមហាក្សត្រិយានី

2. Royal wife: ព្រះអគ្គមហេសី

queer[kwiər] *adj.* x ideas ប្លែក

Coll. x in the head ឆ្កួត

Sl. ដែលរួមប្រតិព័ទ្ធនឹងមនុស្សភេទដូចគ្នា (ព.ផ្សារ)

-tv. ធ្វើឱ្យខូច

-n. មនុស្សប្រតិព័ទ្ធនឹងមនុស្សភេទដូចគ្នា

quell[kwel] *tv.* x an uprising បង្ក្រាប, ពង្រាប

x fears បំបាត់

quench[kwentʃ] *tv.* x a fire ពន្លត់

x thirst ធ្វើឱ្យបាត់ (ស្រេក)

querulous['kwerələs] *adj.* រអ៊ូរទាំ

query['kwiəri] *n.* សំណួរ

-iv., tv. (pt., pp. queried*)* សួរសំណួរ

quest[kwest] *n.* ការស្វែងរក

-tv. ស្វែងរក

question['kwestʃən] *n.* ask a x សំណួរ

academic x បញ្ហា

be a q. of ជារឿង

(the point) in q. ដែលកំពុងយកមកពិនិត្យ

(It's success is) in q. មិនទាន់ប្រាកដ

beyond q. គ្មានអ្វីគួរឱ្យសង្ស័យសោះ

That's out of the q. មិនបាច់យកមកនិយាយទេ

call into q. នាំឱ្យគេសង្ស័យផល

q. mark បុច្ឆសញ្ញា (?)

-tv. x the teacher សួរ

x a witness សាកសួរ

x his conclusions មិនយល់ស្របនឹង, ជំទាស់

questionable['kwestʃənəbl] ***adj.*** គួរឱ្យសង្ស័យ

questionnaire['kwestʃə'neər] ***n.*** បញ្ជីសំណួរ

queue[kju:] ***n.*** x of hair កម្រង (សក់)

x of people ជួរមនុស្សឈរបន្តគ្នា

-iv. ឈរបន្តកន្ទុយគ្នា

quibble['kwi bl] *iv*. ជញ្ជៀង

-n. ការជញ្ជៀង

quick[kwi k] ***adj.*** x motion រហ័ស

have a q. temper ឆាប់ខឹង

x student វៃ, ឆ្លាត

x money បានដោយស្រួល

quicken['kwi kən] ***tv.*** x one' s pace ធ្វើឱ្យញាប់ឡើង

q. hope ធ្វើឱ្យមានសង្ឃឹមឡើងវិញ

-iv. steps x ញាប់ឡើង

hopes x មានឡើងវិញ

quicksand['kwi ksænd] ***n.*** ខ្សាច់ផុង

quiet['kwai ət] ***adj.*** x night ស្ងាត់

x life ស្ងៀមស្ងាត់

x waters នឹងឬហូរតិចៗ

x neighbors ដែលមិនឡូឡាឬក្ដុងក្ដាំង

x person ដែលមិនសូវមាត់ក

x colors មិនសូវឆើត

-tv. x a child ធ្វើឱ្យស្ងៀម

x his fears ធ្វើឱ្យស្ងប់

quietude['kwai ətju:d] ***n.*** សេចក្ដីស្ងប់

quietus[kwai 'i:təs] ***n.*** ការបញ្ចប់ដែលឱ្យមាន

quill[kwi l] ***n.*** goose x ស្លាប

writing x ដងប៉ាកាធ្វើពីស្លាបសត្វ

porcupine x កាំ (នៃសត្វកាំប្រមា)

quilt[kwi lt] ***n.*** ភួយមានញាត់សំឡីៗលៗពីក្នុង

-tv. ញាត់សំឡីៗលៗហើយដេរភ្ជាប់ពីម្ខាងទៅម្ខាង

quinine[kwi 'ni:n] ***n.*** គីនីន

quintessence[kwi n'tesns] ***n.*** ខ្លឹមសារ, ភាគប្រសើរបំផុត

Lit: អគ្គសារ

quintet[kwi n'tət] ***n.*** ក្រុមភ្លេងដែលមានអ្នកលេងប្រាំនាក់

quintuplet['kwi ntju:plet] ***n.*** in x វត្ថុប្រាំដូចគ្នា

Pl. She had x. កូនភ្លោះប្រាំ (កូនប្រាំនាក់កើតនៅពេលជាមួយគ្នា)

quip[kwi p] ***n.*** ពាក្យកំប្លែងយ៉ាងមុត

-iv. និយាយកំប្លែងយ៉ាងមុត

quirk[kw3:k] ***n.*** a x of his personality លក្ខណៈចម្លែក

a x of nature អនិយតភាព

quit[kwi t] ***tv.*** x working ឈប់

x his job លាបចាក

x the premises ចេញពី

-iv. លះបង់, បោះបង់

-adj. be q. of បញ្ចាត់ចោល, រលាស់ចោល

quitclaim[kwi tklei m] ***n.*** *Law* draw up a x ការផ្ទេរសិទ្ធិ

q. deed សំបុត្រផ្ទេរសិទ្ធិ

-tv. x the property ផ្ទេរសិទ្ធិ

quite[kwai t] ***adv.*** x wrong ខាងស្រុង, ពេញទី

x ill ខ្លាំង, ធ្ងន់, ណាស់

x good ដែរ, (ឧ.ល្អដែរ ឆ្ងាញ់ដែរ)

not q. done (meat) មិនទាន់ឆ្អិនមែនទែន

quittance['kwi tn] ***n.*** pay as a x សំណង

x from debt ការរួច

draw up a x បង្កាន់ដៃសម្រេច

quiver[1]['kwi vər] *iv.* x with cold ញ័រ

-*tv.* x his nose ញាក់

-*n.* with a x ការញ័រ

quiver[2]['kwi vər] *n.* បំពង់ព្រួញ

quixotic[kwi k'sɔti k] *adj.* ដែលមានគំនិតរវើរវាយ

quiz[kwi z] *tv.* (*pt . , pp.* quizzed)

x a student ដាក់ចំណោទសួរឡើងល្បង

x a messenger ចោទសួរ

-*n.* ចំណោទសួរ

quizzical['kwi zi kl] *adj.* ដូចគេឆ្ងល់

quorum['kwɔ:rəm] *n.* ចំនួនចាំបាច់ដើម្បីបើកអង្គប្រជុំ

quota['kwəutə] *n.* ចំនួនកម្រិត, បមាណភាគ

quotation[kwəu'tei ʃn] *n.* famous x ពាក្យស្រង់ចេញពីប្រភពណាមួយ

the x of a source ការស្រង់

x of a price ដំណាក់តម្លៃ (ការដាក់តម្លៃ)

q. marks អញ្ញាប្រកាស (សញ្ញា «...»)

quote[kwəut] *tv.* x an author ស្រង់ពាក្យពីប្រភពណាមួយ

x a price ដាក់ឬវាយ (តម្លៃ)

-*n.* a x from Shakespeare សម្រង់ចេញពីប្រភពណាមួយ

Pl. put x អញ្ញាប្រកាស (សញ្ញា «...»)

in quotes ដែលស្រង់ចេញពីប្រភពណាមួយ

quotient['kwəuʃnt] *n.* ផលចែក

R

R, r [ɑ:r] អក្សរទី១៨តាមលំដាប់អក្ខរក្រមអង់គ្លេស

Id. the three R' s ព. ស. គ. នៃអានសរសេរ លេខគណិត

rabbit['ræbi t] *n.* ទន្សាយ

rabble['ræbl] *n.* ពួកមនុស្សថោកទាប

rabid['ræbi d] *adj.* x liberal ហួសហេតុ

x hunger យ៉ាងខ្លាំង

x dog ឆ្កួត (ឆ្កែ ។ល។)

rabies['rei bi:z] *n.* រោគឆ្កួតម្យ៉ាង

Lit: ឧម្មត្តករោគ

race[1]['rei s] *n.* horse x ការប្រណាំង

the x of time ដំណើរលឿនទៅមុខ

mill x ចង្ហូរទឹក

-iv. ប្រណាំង

-tv. x an opponent ប្រកួត, ប្រជែង

x horses ប្រណាំង

x a motor រោទ៍

race[2]['rei s] *n.* white x សាសន៍

Lit: អម្បូរ, ពូជ

human r. មនុស្សជាតិ

racial['rei ʃl] *adj.* ខាងសាសន៍, នៃសាសន៍

racism['rei si zəm] *n.* សាសន៍និយម

racist['rei si st] *n.* អ្នកប្រកាន់សាសន៍

rack[ræk] *n.* hat x ប្រដាប់សម្រាប់ព្យួរ

wagon x បន្ទាសឈើជាជញ្ជាំងរទេះសម្រាប់ទប់អីវ៉ាន់ កុំឱ្យធ្លាក់

x and pinio គ្រឿងមានធ្មេញតែមិនមែនជាកង់មូល

torture x ឧបករណ៍បុរាណម្យ៉ាងសម្រាប់ធ្វើទណ្ឌកម្មអ្នកទោស

r. and ruin ភាពទ្រុឌទ្រោម

-tv. racked by pain ឈឺចុកចាប់ពេញខ្លួន

r. one' s brain ខំប្រឹងគិតខ្លាំង

x a prisoner ធ្វើទណ្ឌកម្មដោយប្រើឧបករណ៍បុរាណម្យ៉ាង

racket[1]['ræki t] *n.* loud x សូរក្ដុងក្ដាំង

Coll. illegal x របរទុច្ចរិត

racket[2]['ræki t] *n.* *Sp.* រ៉ាកែត

racketeer[,rækə'ti ər] *n.* អ្នកប្រកបរបរទុច្ចរិត

-iv. ប្រកបរបរទុច្ចរិត

racy['rei si] *adj.* x story មិនសមរម្យ

x spirits ស្វាហាប់

rada['rei dɑ:r] *n.* *Fr:* រ៉ាដា

radial['rei di əl] *adj.* ដែលចែកចេញដូចកាំកង់

radiant['rei di ənt] *adj.* x sun ភ្លឺចាំង

x skile ប្រិមប្រិយ

x heat ដែលភាយចេញ

radiate['rei di ei t] *tv.* x light បញ្ចេញ

x feat ផ្សាយ, បំភាយ

-iv. ភាយ, សាយ

radiation[,rei di 'ei ʃn] *n.* x of heat ការភាយ

emit x ចំហាយវិទ្យុសកម្ម

radiator['rei di ei tər] *n.* auto x *Fr:* រ៉ាឌីយ៉ាទ័រ

geating x គ្រឿងកំដៅ

radical['rædi kl] *adj.* x opinion អច្ចន្តិភាព

x change យ៉ាងធំទូលាយហើយឆាប់រហ័ស

x party មូលវិវដ្ដ

-n. He' s a x អ្នកមូលវិវដ្ដនិយម

Gram. មូលស័ព្ទ

radicalism['rædi kəli zəm] ***n.*** មូលវិវដ្ដនិយម

radio['rei di əu] ***n.*** វិទ្យុ

-iv . , tv. ផ្សាយវិទ្យុ

radioactive[,rei di əu'ækti v] ***adj.*** វិទ្យុសកម្ម

radioactivity[,rei di əuæk'ti vəti] ***n.*** វិទ្យុសកម្មភាព

radiography[,rei di ɔgrəfi] ***n.*** វិទ្យុឆាយាកម្ម

radiology[,rei di 'ɔlədʒi] ***n.*** ការប្រើវិទ្យុសកម្មក្នុងវិធីព្យាបាលរោគ

radiotherapy[,rei di əu'θerəpi] ***n.*** វិធីព្យាបាលរោគដោយចំហាយវិទ្យុសកម្ម *Lit:* វិទ្យុតិកិច្ឆា

radish['rædi ʃ] ***n. Fr:*** រ៉ាឌី

radium['rei di əm] ***n. Fr:*** រ៉ាឌីយ៉ូម

radius['rei di əs] ***n.*** x of a circle កាំ

within a 50 km. r. ចម្ងាយ៥០ គម ពីចំណុចណាមួយ

operating r. រង្វង់ប្រតិបត្តិការ

raffle['ræfl] ***n.*** ឆ្នោត, ឆ្នោតវត្ថុ

-tv. លក់ចេញដោយធ្វើឆ្នោតវត្ថុលក់

raft[rɑ:ft] ***n.*** ក្បូន

rafter['rɑ:ftər] ***n.*** បង្កង់ឬផ្ទោង (គ្រឿងដំបូល)

rag[rʌg] ***n.*** dust x កន្ទប (សម្រាប់ជូតតុទូជាដើម)

in rags រហែករហ៊ែវរហ៊ៃ

rage[rei dʒ] ***n.*** in a x កំហឹងដ៏ខ្លាំង

x of the storm ការបក់បោកយ៉ាងខ្លាំង, អំពើឃោរឃៅ

Coll. It' s all the r. ជាទីនិយម

-iv. prisoners x ឆេវឆាវក្នុងក្ដាំង

storms x បក់បោកយ៉ាងខ្លាំង

battles x ឆេះឆួលយ៉ាងខ្លាំង

fires x ឆេះយ៉ាងខ្លាំង

ragged['rægi d] ***adj.*** x clothing រហែករហ៊ែវរហ៊ៃ

x fur គ្រោតគ្រាត, តម្រាង

x edge ដែលរឆេចឆេច

ragout['rægu:] ***n. Fr:*** រ៉ាហ្គូ (ឈ្មោះសម្លម្យ៉ាង)

raid[rei d] ***n.*** police x ការឆ្មក់ចូលលុក

air x ការប្រហារតាមអាកាស

-tv. ឆ្មក់ចូលលុក

rail[1][rei l] ***n.*** hand r. បង្កាន់ដៃ

train r. ផ្លូវដែកសម្រាប់រថភ្លើង

Lit: អយបថ, រេណបថ

go by x រទេះភ្លើង, រថភ្លើង

r. fence កំណាត់ឈើឬដែកគេយកមកដាក់រាំងជារបង

-tv. ដាក់បង្កាន់ដៃ

rail[2][rei l] ***iv.*** r. at / against តិះដៀលប្រមាថប្រឆាំង

railing['rei li ŋ] ***n.*** របាំងការពារ, របងទេះភ្លើង

railroad['rei lrəud] ***n.*** build a x ផ្លូវរទេះភ្លើង

sue the x ក្រុមហ៊ុនអយស្ម័យយាន

-tv. x goods ដឹកតាមរទេះភ្លើង

Id. x a bill ដាក់ឱ្យអនុម័តដោយប្រញិបប្រញាប់ដើម្បីកុំឱ្យគេប្រឆាំងទាន់

railway['rei lwei] ***n.*** national x ក្រុមអយស្ម័យយាន

small x ផ្លូវដែក

rain[rei n] ***n.*** insufficient x ភ្លៀង

a x of blows អ្វីៗមានដំណើរញាប់ដូចភ្លៀង

Id. r. check ប័ណ្ណសម្រាប់ប្រើថ្ងៃក្រោយ

-iv. ភ្លៀង

-tv. r. blows វាយញាប់ឆ្វេរឬសាប់

Id. r. cats and dogs ភ្លៀងដូចគេហែកមេឃ

rainbow['rei bəu] ***n.*** ឥន្ទធនូ

raincoat['rei nkəut] ***n.*** អាវភ្លៀង

rainfall['rei nfɔ:l] ***n.*** ភ្លៀង

rainy['rei ni] ***adj.*** x weather ដែលមានភ្លៀងច្រើន

(have a) r. day ថ្ងៃមានភ្លៀង

Id. (save for a) r. day ពេលប្រថុជួន

raise[rei z] ***tv.*** x one' s hand លើក

x one' s head ងើប

x the price តម្លើង

x cattle ចិញ្ចឹម

a corn ដាំ

x dust ធ្វើឱ្យហុយឡើង

x a question ចោទ

x an army· កេណ្ឌ (បង្កើតជាទ័ព), លើក

x a rebellion បង្កើត

x one' s voice តម្លើង (សម្លេង)

r. a racket ក្អុងក្អាំង

-n. ប្រាក់ខែដែលគេតម្លើងឱ្យ

raisin['rei zn] ***n.*** ទំពាំងបាយជូរក្រៀម

rake[1][rei k] ***n.*** រនាស់

-tv. រាស់

rake[2][rei k] ***n.*** មនុស្សចោលម្សៀត

rally['ræli] ***tv.*** x an army ប្រមូលផ្តុំហើយ

ឱ្យមានរបៀបរៀបរយឡើងវិញ

x one' s strength ខំប្រឹងធ្វើឱ្យមានឡើង, ប្រមូលផ្តុំ

-tv. x to a cause រួបរួមគ្នាតដៃធ្វើអ្វីមួយ

patient will x បានស្រួលឡើងវិញ

stock sprices x ឡើងថ្លៃវិញ

-n. hold a x ការប្រជុំ

x of one' s opponent ការចាប់ឈ្នះឡើង

stock market x ការឡើងថ្លៃវិញ

ram[ræm] ***n.*** mean x ចៀមឈ្មោល

battering r. ប្រដាប់បុកទម្លាយទ្វារ ជញ្ជាំង

(ប្រើក្នុងចម្បាំងសម័យបុរាណ)

-tv. (pt . , pp. rammed*)*

x the door បុកទម្លាយ

x a ship បុក

ramble['ræmbl] ***iv.*** និយាយឥតចុងឥតដើម,

និយាយពីនេះបន្តិចពីនោះបន្តិច

x around the country ដើរចរច្រប់

-n. ការដើរចរច្រប់

rambunctious[ræm'bʌŋkʃəs] ***adj.*** ច្រងេង

ច្រងាងក្អុងក្អាំង

rambutan[rædmbʌtn] ***n.*** សាវម៉ាវ

ramification[,ræmi fi 'kei ʃn] ***n.*** x of an idea

ហេតុផលដែលកើតឡើងបន្តបន្ទាប់ពីអ្វីមួយទៀត

x of a nerve ខ្នែង

ramify['ræmi fai] ***iv.,tv.*** *(pt. . pp.* ramified*)*

បែកមែក

ramp[ræmp] ***n.*** ច្រកឬផ្លូវជម្រាលដែលឡើងពីជាន់

មួយទៅជាន់មួយទៀត

rampage[ræm'pei ʤ] ***n.*** ការប្រព្រឹត្តដូចកំរោងចូល

-iv. waters x ហូរដូចព្យុះសង្ឃរា

cattle x រត់ព្រួសប្រាសយ៉ាងខ្លាំង

rampant['ræmpənt] ***adj.*** ដែលឥតគ្រៀងទប់

rampart['ræmpɑ:t] ***n.*** កំពែង

ramrod['ræmrɔd] ***n.*** ដែកសម្រាប់ដុះខាត់មាត់ត្រែ

កាំភ្លើង

ran[ræn] *(pt. of* run*)*

ranch[rɑ:nʧ] ***n.*** វាលស្រែចិញ្ចឹមសត្វ, វាលស្រែដ៏

ធំធេងដែលមានចិញ្ចឹមគោ សេះ ។ល។

-tv. រកស៊ីចិញ្ចឹមសត្វលើវាលស្រែដ៏ធំធេង

-tv. ចិញ្ចឹមសត្វលើវាលស្រែដ៏ធំធេង

-adj. r. house ផ្ទះម្យ៉ាងមានតែ១ជាន់

rancid['rænsi d] ***adj.*** ខារ

rancor['ræŋkər] ***n.*** គំនុំ, ការចងកំហឹង

Lit: ឧបនាហ:

random['rændəm] ***adj.*** ព្រាវ, ព្រាវៗ

Coll: ដោយបិទភ្នែក

-*n.* at r. ព្រាវៗ

rang[ræŋ] *(pt. of* ring)

range[rei ndʒ] ***n.*** have a wide price r. ថ្លៃប៉ុន្មាន

ក៏មានដែរ

x of vision ចម្ងាយដែលទៅដល់ មើលដល់។ល។

rifle r. កន្លែងបាញ់វង់

x of mountains ជួរឬផង

x of pasture វាលធំធេង

electric x ជើងក្រាន (ទំនើប ប្រើអគ្គីសនីឬឧស្ម័ន)

-*tv.* x troops over an area ដាក់ត្រៀប

x cattle ដាក់ឱ្យស៊ីស្មៅនៅក្នុងវាលស្មៅ

x one' s gun តម្រង់

-*iv.* prices r. from $5 to $10 មានតម្លៃពី

៥ទៅ១០ដុល្លារ

(lines) r. east and west សន្ធឹងពីខាងកើតទៅខាង

លិច

let a child x ទៅណាមកណាតាមចិត្ត

ranger['rei ndʒər] ***n.*** military x អ្នកល្បាត

forest r. រុក្ខារក្ស

rangy['rei ndʒi] ***adj.*** ស្រដឹត

ramk[1][ræŋk] ***n.*** high x សក្តិ, ឋានន្តរសក្តិ

x of troops ជួរ

join the ranks of ទៅចូល (ពួកក្រុមអ្វីមួយ),

ចូលក្នុងជួរ

r. and file អង្គនៃសមាជិកជាន់ក្រោមនៃអង្គការអ្វីមួយ

-*tv.* x applicants ដាក់តាមលំដាប់អ្វីមួយ

x troops ដាក់ជាជួរ

-*iv.* troops x តម្រៀបជាជួរ

r. among (the best) ចាត់ក្នុងចំពួក

rank[2][ræŋk] ***adj.*** x grass ដែលដុះទ្រុប

x odor អាក្រក់ (ខ្លិន រស)

x beginner មែនទែន

rankle['ræŋkl] ***iv.*** ឈឺចាប់ក្នុងចិត្ត

ransack['rænsæk] ***tv.*** ពង្រាត់ពង្រាយ, រុករើរក

ransom['rænsəm] ***n.*** large x តម្លៃលោះ,

ប្រាក់លោះ

in x of ការលោះ

-*tv.* លោះ

rant[rænt] ***iv.*** និយាយឡូឡា

rap[ræp] ***tv.*** *(pt . . pp. rapped)*

x his head ត្បុកឬខោក

x out a code គោះ

x an opponent (និយាយ) ចាប់កំហុស

-*iv.* គោះ

-*n.* ការគោះ

rapacious[rə'pei ʃəs] ***adj.*** ដែលលោភលន់

ហួសប្រមាណ

Lit: អតិលុទ្ធ

rape[rei p] ***tv.*** ចាប់ (រំលោភលើស្ត្រី)

-*n.* ការចាប់ (ស្ត្រី)

rapid['ræpi d] ***adj.*** x growth យ៉ាងឆាប់រហ័ស

x worker លឿន

-*n. pl .* ជួរ (កន្លែងទឹកហូរខ្លាំងតាមទន្លេឬព្រែក)

rapidity[rə'pi dəti] ***n.*** ភាពលឿនឬញាប់

rapport[ræ'pɔ:t] ***n.*** ការទាក់ទងគ្នាយ៉ាងសុខដុម

rapt[ræpt] ***adj.*** x attention យ៉ាងស្ងប់

x smile ពោរពេញដោយបីតិ

rapture['ræptʃər] ***n.*** សេចក្តីអណ្តែតអណ្តូង

rare[1][reər] ***adj.*** x species កម្រ (មាន)

x book មានតម្លៃក្រៃលែង (ព្រោះកម្ររកមាន)

x occurrence កម្រកើតមានឡើង

rare[2][reər] ***adj.*** មិនសូវឆ្អិន, ព្រលៗ (សាច់)

rarity['reərəti] ***n.*** a x among men អ្វីៗដែល

កម្រមាន

x of occurrence ភាពកម្រកើតមានឡើង

rascal['rɑːskl] ***n.*** The man is a x. មនុស្សខូច

You little x! ក្មេងឬសត្វរពិលរប៉ូច

rash[1][ræʃ] ***adj.*** ដែលធ្វើទៅដោយប្រញាប់ប្រញាល់ ពុំបានគិតឱ្យស្រួលបួល

rash[2][ræʃ] ***n.*** skin r. រោល, កន្ទួលច្រើន, រលាក

Fig x of crimes ការកើតមានឡើងជាញឹកញាប់

rasp[rɑːsp] ***tv.*** x wood រូស

x a reply និយាយដោយស្អកស្អា

-n. wood x ដែកអង្រួសបន្ទាធំ

speak with a x សូរស្អកស្អាក

rat[ræt] ***n.*** catch a x កណ្ដុរប្រែង

Year of the R. ឆ្នាំជូត

Sl. He' s a x. មនុស្សអាក្រក់

Coll. a x in the hair កណ្ដាញ់

-tv. Sl. r. on ក្បត់

rate[rei t] ***n.*** r. of interest អត្រាកម្រិតការប្រាក់ក្នុងមួយខែឬមួយឆ្នាំ

r. of speed ល្បឿនមួយនាទី មួយម៉ោង ។ល។

cut x តម្លៃ

at any r. យ៉ាងណាក៏ដោយ

-tv. x candidates ឱ្យលេខ

x doods ស្មៃតម្លៃ

-iv. r. first លេខមួយ

rather['rɑːðər] ***adv.*** x good ដែរ, គួរសម

It' s r. the opposite. គឺជាការផ្ទុយទៅវិញទេ

I' d r. have cake. ខ្ញុំសុំយកនំវិញ

(I' ll have pears) r. than (beans.) ជំនួស

(I' d run) r. than (fight.) ជាជាង

ratify['ræti fai] ***tv.*** *(pt. , pp.* ratified*)* ឱ្យសច្ចានុមតិ

ratification[,ræti fi 'kei ʃn] ***n.*** សច្ចានុមតិ

rating['rei ti ŋ] ***n.*** កម្រិតគុណភាព

ratio['rei ʃi əu] ***n.*** អនុបាត

ration['ræʃn] ***n.*** daily x ចំណែក (ប្រចាំថ្ងៃ។ល។

soldier' s x អាហារវិភាគ

-tv. x coffee ចែកតាមចំនួនកម្រិត

x troops ចែកស្បៀងឱ្យ

rational['ræʃnəl] ***adj.*** x approach សមហេតុ

Lit: សទ្ធិទានិយ

Man is a x animal. ដែលប្រកបដោយវិចារណញ្ញាណ, ចេះគិត

patient is x ដែលមិនវង្វេង

rationale[,ræʃə'nɑːl] ***n.*** សនិទានភាព

rationalize['ræʃnəlai z] ***tv.*** ធ្វើឱ្យឃើញថាសម

Lit: ធ្វើសនិទានកម្ម

rationlization[,ræʃnəlai 'zei ʃn] ***n.*** សនិទានកម្ម

rattan['rætæn] ***n.*** ផ្តៅ

rattle['rætl] ***iv.*** បន្លឺសូរក្រឹកៗដោយរណ្តំគ្នា។ល។

-tv. x the door អង្រន់

Sl. x the teacher ធ្វើឱ្យវិលក្បាល

Id. r. off និយាយយ៉ាងញាប់ (ដូចចាំមាត់)

-n. loud x សូរក្រឹកៗ, សូររណ្តំ

baby' s x ប្រដាប់ទារកអង្រន់លេង

rattlesnake['rætlsnei k] ***n.*** ពស់មានពិសម្យ៉ាង

raucous['rɔːkəs] ***adj.*** ស្អកស្អា, ធ្វើឱ្យសង្វៀរត្រចៀក

ravage['ræviʤ] ***tv.*** បំផ្លិចបំផ្លាញ, វាតត្បាត

-n. (usu. pl.) ការបំផ្លិចបំផ្លាញ

rave[rei v] ***iv.*** x like a madman ស្រែកឡូឡាច្រងេងច្រងាង

x about a new play សរសើរហួសហេតុ

-n. ការស្រែកឡូឡាច្រងេងច្រងាង

-adj. ដែលសរសើរហួសហេតុ

revel['rævl] *tv.* ធ្វើឱ្យសោត

-*iv* សោត

raven['rei vn] *n.* ក្អែកម្យ៉ាងធំ

-*adj* ខ្មៅរលោង

ravenous['rævənəs] *adj.* r. hunger ដំណើរឃ្លានស្ទើរដាច់ពោះ

x thief លោភលន់ហួសប្រមាណ

ravine[rə'vi:n] *n.* ជ្រោះជ្រៅ

ravish['rævi ʃ] *tv.* x s. o. with joy ធ្វើឱ្យរីករាយ

x the town ប្លន់

x a woman ចាប់ (ស្ត្រី)

ravishing['rævi ʃiŋ] *adj.* ដែលធ្វើឱ្យជាប់ចិត្ត, ដែលធ្វើឱ្យស្រឡាញ់

raw[rɔ:] *adj.* x meat / vegetables ឆៅ

x sore របេល

x recruit គ្មានការពិសោធ

x humor ទ្រគោះ

x weather ដែលសើមហើយត្រជាក់

r. materials វត្ថុធាតុដើម

rawhide['rɔ:hai d] *n.* ស្បែកមិនទាន់សម្ងាប់

ray[1][rei] *n.* x of light កាំរស្មី

x of hope ពន្លឺ (នៃសេចក្តីសង្ឃឹម ។ល។)

ray[2][rei] *n.* ប្រដែល

rayon['rei ɔn] *n. Fr:* រ៉ៃយ៉ោន

raze[rei z] *tv.* វាយចោល, កំទេចចោល, រុះចោល

razor['rei zər] *n.* កាំបិតកោរពុកមាត់

re[ri:]- *pref.* បុព្វបទមានន័យថា: ជាថ្មី,ម្តងទៀត, ឡើងវិញ, ឧ. do ធ្វើ > redo ធ្វើឡើងវិញ

type វាយ > **retype** វាយឡើងវិញ

reach[ri:tʃ] *tv.* x the shore មកដល់, ទៅដល់

can' t x the sugar លូកដល់, យកដល់

x the public ដឹងទៅដល់, ឮទៅដល់

cost will x millions ឡើងទៅដល់

Kindness doesn' t x him មានឥទ្ធិពលលើ

r. out (one' s hand) លោង

-*iv.* r. for (a gun) លូកយក

r. for (success) ស្វែងរក

powers x throughout the country សាយ, ទៅដល់, រាល, ផាល

-*n.* (gun is) within r. នៅចម្ងាយដែលលូកដល់

(success is) within r. ដែលអាចលូកដល់ (អ.ប.)

make a x for a gun ការលូកយក

beyond the x of his voice ចម្ងាយដែលអាចទៅដល់បាន

outer reaches (of the kingdom) តំបន់ឆ្ងាយដាច់ស្រយាល

react[ri 'ækt] *iv.* x to his proposal តប

acids x with bases មានប្រតិកម្ម (ជាមួយ)

reaction[ri 'ækʃn] *n.* chemical x ប្រតិកម្ម

x to treatment ដំណើរប្រែប្រួលដែលជាផលនៃអំពើអ្វីមួយទៀត

x of the enemy អំពើតប

reactionary[ri 'ækʃənri] *adj.* ប្រតិកិរិយា

-*n.* អ្នកប្រតិកិរិយា

reactor[ri 'æktər] *n.* គ្រឿងបង្កើតកំដៅ ។ល។ ដោយប្រតិកម្មបន្តនៃនុយក្លេអ៊ែ

read[ri:d] *tv.* x a book មើល *Form:* អាន

x Frenchចេះមើល

-*iv.* He likes to x. មើលសៀវភៅ

r. to (s.o) អានឱ្យស្តាប់

(law) reads (as follows) ចែងថា

reader['ri:dəʴ] *n.* good x អ្នកអាន

English x សៀវភៅហាត់អាន

readily['redili] *adv.* r. available ស្រួលរក

r. apparent ងាយមើលទៅឃើញ

readiness['redinəs] *n.* ភាពត្រៀមជាស្រេច

reading['ri:diŋ] *n.* good at x ការអាន

a different x បំណកស្រាយ

ready['redi] *adj.* dinner is x រៀបចំស្រេចហើយ

very x to forgive ដែលឆាប់

x reply ដែលបម្រុងជាស្រេច

x to collapse ជិត

x money ដែលអាចនឹងយកមកបានភ្លាមៗ

-tv. រៀបចំ

ready-made[redi meid] *adj.* x clothes កាត់ស្រេច

x reply ដែលមានហើយជាស្រេច

real[riəl] *adj.* x reason ពិត

x life មែនទែន

x sympathy ដ៏ពិតប្រាកដ

x gold សុទ្ធ

r. estate អសង្ហារិមភណ្ឌ

realism['riəlizəm] *n.* ប្រាកដនិយម

realist[riəlist] *n.* អ្នកប្រាកដនិយម

realistic[,riə'listik] *adj.* x philosophy ប្រាកដនិយម

x plan ដែលសមហេតុផល, ដែលអាចសម្រេចបាន

x portrayal ដូចបេះបិទ

reality[ri'æləti] *n.* in touch with x ហេតុការណ៍ដែលមានមែនទែន

make his dream a x របស់ពិត

in r. ដោយពិត

realize['riəlaiz] *tv.* x the danger យល់, ដឹងយល់

x that you were coming ដឹង

x a profit បាន

x securities លក់យកជាប្រាក់

realization[,riəlai zeiʃn] *n.* sudden x ការដឹងយល់

x of a profit ការបានទទួល (ទូរ)

really['riəli] *adv.* x honest មែន, មែនទែន

Coll. x big ណាស់, មែនទែន

Really? មែនឬ?, អីចឹងឬ?, អញ្ចឹងឬ?

realm[relm] *n.* British x ព្រះរាជាណាចក្រ

in the x of physics វិស័យ

realtor['riəltər] *n.* អ្នករកស៊ីដូរផ្ទះដី

realty['ri:əlti] *n.* អសង្ហារិមភណ្ឌ

ream[1][ri:m] *n.* រាម (ដុំក្រដាស៥០០សន្លឹក)

ream[2][ri:m] *tv.* ខួងពង្រីករន្ធ

reap[ri:p] *tv.* x crops បេះប្រមូលយកផល

Lit: ធ្វើលាយនកម្ម

x a large profit បាន, ទទួល

x the consequences ទទួល

reaper[ri:pər] *n.* mechanical x ម៉ាស៊ីនច្រូតកាត់

work as a x អ្នកច្រូត

rear[1][riər] *n.* x of the train ផ្នែកខាងក្រោយ

human x គូទ

in the r. of the house នៅក្រោយផ្ទះ

-adj. ក្រោយ, ខាងក្រោយ

rear[2][riər] *tv.* x a child ចិញ្ចឹមអប់រំ

x cattle ចិញ្ចឹម

x one's head ងើប (ក្បាលៗលៗ)

-iv. horses x ចំប្រាវ (សេះ)

buildings x to the skies ឡើងត្រដែត

reason['ri:zn] *n.* give a x សេចក្ដីសំអាង

power of x វិចារណញ្ញាណ

For what x? ហេតុ

within r. សមហេតុសមផល

by r. of ដោយហេតុតែ

-iv. power to x ពិចារណា

r. with ពិគ្រោះ

-*tv.* r. that គិតឃើញថា

r. out ដោះស្រាយ

reasonable['ri:znəbl] *adj.* x conclusion សមហេតុផល

x price ថោកគួរសម

x man ប្រុសដោយវិចារណញ្ញាណ

reasonably['ri:znəbli] *adv.* x good គួរសម, ដែរ

talk x ដោយមានការពិចារណា

reassure[,ri:ə'ʃuər] *tv.* His words x me. ធ្វើឱ្យមានការទុកចិត្ត, ធ្វើឱ្យទុកចិត្តឡើង

x me that he would go ធានាជាថ្មី

rebate['ri:bei t] *n.* ប្រាក់បង្វិលឱ្យមកវិញ

-*tv.* បង្វិលប្រាក់ឱ្យវិញ

rebel['rebl] *iv.* *(pt* , *pp.* rebelled*)* បះបោរ

-*n.* ខុទ្ទាម

-*adj.* ដែលបះបោរ

rebellion[ri 'beljən] *n.* ការបះបោរ

Lit: ឧទ្ទាមកម្ម

rebellious[ri 'beljəs] *adj.* x population ដែលកំពុងបះបោរ

x child រឹងរ, មិនស្ដាប់បង្គាប់

rebound[ri 'baund] *iv.* មកវិញ, ឡើងវិញ

-*n.* ការលោត (ធាក់។ល។)

rebuff[ri 'bʌf] *tv.* ទាត់ចោល, ច្រានចោល

-*n.* ការទាត់ចោល

rebuke[ri 'bju:k] *tv.* ស្ដីបន្ទោស

-*n.* ការស្ដីបន្ទោស

rebuttal[ri 'bʌtl] *n.* ការឆ្លើយតបឬឆ្លើយបដិសេធ

recalcitrant[ri 'kælsi trənt] *adj.* រឹងរូស

recall[ri 'kɔ:l] *tv.* x a event នឹកឃើញឡើងវិញ

x an ambassador ហៅមកវិញ

-*n.* beyond x ការនឹកឃើញឡើងវិញ

x of an ambassador ការហៅមកវិញ

recap['ri:kæp] *tv.* *(pt.* , *pp.* recapped*)*

x a tire ប៉ះបន្ទះកៅស៊ូឡើងជាថ្មី

Coll. x the main points សរុប, សង្ខេប

recapitulate[,ri:kə'pi tʃulei t] *tv.* សង្ខេបចំណុចសំខាន់

Lit: ធ្វើសរុបកម្ម

recapture[,ri:'kæptʃər] *tv.* x a criminal ចាប់បានវិញ

x one's losses បានមកវិញ

recede[ri 'si:d] *iv.* waters x ស្រក, ស្រកចុះ

hairlines x ឆក, ឡើងខេច

receipt[ri 'si:t] *n.* x for expenses បង្កាន់ដៃ

Pl. gate x ប្រាក់ចំណូល

acknowledge x ការទទួល

-*tv.* ឱ្យបង្កាន់ដៃ, ចេញបង្កាន់ដៃឱ្យ

receive[ri 'si:v] *tv.* x a letter ទទួល

x a degree បាន

r. injuries ត្រូវរបួស, របួស

r. guests ទទួលភ្ញៀវ

received (pronunciation) ដែលគេនិយម

x a radio broadcast ចាប់

receiver[ri 'si:vər] *n.* radio r. វិទ្យុទទួលសម្លេង

television r. ទូរទស្សន៍

telephone r. ប្រដាប់ស្ដាប់ទូរសព្ទ

x of stolen goods អ្នកទទួល

recent['ri:snt] *adj.* ថ្មី, ថ្មីៗ, ដែលទើបនឹងកើតមានឡើង

receptacle[ri 'septəkl] *n.* trash x ប្រដាប់សម្រាប់ដាក់

electrical r. កន្លែងសម្រាប់ស៊កបន្ទុះភ្លើងអគ្គិសនី

reception[ri 'sepʃn] *n.* hold a x ពិធីទទួល

a warm x ការទទួល *Lit:* បដិសណ្ឋារកិច្ច

radio x ការចាប់ (វិទ្យុ)

receptionist[ri 'sepʃəni st] *n.* អ្នកទទួលភ្ញៀវ

receptive[ri 'septi v] *adj.* ដែលស្ដាប់មតិអ្នកដទៃ

recess[ri 'ses] *n.* lunch x ពេលសម្រាក

summer x វិស្សមកាល

x in the wall កន្លែងផតខូងចូល (ក្នុងជញ្ជាំង។ល។)

-tv. x a meeting បញ្ឈប់

x a wall ធ្វើឱ្យទៅក្រោយ

-iv. ឈប់សម្រាក

recession[ri'seʃn] *n.* x of the condition ការធូស្រាល

x in the wall កន្លែងផតខូងចូល

economic x ដំណើរមិនចម្រើនទៅមុខ

Lit: សង្កុចកម្ម

recessive[ri'sesi v] *adj.* x symptoms ដែលបង្ហាញនូវការធូស្រាល

x genes ដែលខ្សោយជាង

recipe['resəpi] *n.* x for a dish រូបមន្តធ្វើម្ហូប

x for success របៀប, ស្បៀត

recipient[ri'si pi ənt] *n.* អ្នកទទួល

reciprocal[ri'si prəkl] *adj.* x love ទៅវិញទៅមក

Lit: ជាបដិការ

x labor ប្រវាស់គ្នា

reciprocate[ri'si prəkei t] *iv.* x in kind ធ្វើតបវិញ

pistons x មួយទៅមួយមក

-tv. ធ្វើតប

reciprocity[,resi'prɔsəti] *n.* ភាពមានទៅមានមក

Lit: បដិការ

recital[re'sai tl] *n.* musical x ឯកឧត្យាណ

x of the facts ការរៀបរាប់

recitation[,resi'teiʃn] *n.* lesson x ការសូត្រ (មេរៀន)

x of the facts ការរៀបរាប់

recite[ri'sai t] *tv.* x scriptures/ lessons សូត្រ

x the facts រៀបរាប់

reckless['rekləs] *adj.* x driving មិនប្រយ័ត្នប្រយែង

x act ឥតបើគិត, កំព្រើល

reckon['rekən] *tv.* x the cost គន់គូរ, គិតគូរ

x him a genius ចាត់ (ថា), ទុកជា

Coll. I x he'll go. ស្មាន (ថា)

-iv. r. on គិតទុកជាមុន

r. with ដោះស្រាយជាមួយ

reckoning['rekəni ŋ] *n.* x of the cost ការគិតគូរ (ប្រាក់ចំណាយ ។ល។)

day of r. ការទទួលនូវផល

reclaim[ri'klei m] *tv.* x swamp land ភ្ជួរ (ដី)

x salt from water ទាញយក

reclamation[,reklə'meiʃn] *n.* land x ការភ្ជួរ (ដី)

salt x ការទាញយក

recline[ri'klai n] *iv.* x on the floor ទម្រេត

some chairs x បាស់

-tv. ធ្វើឱ្យទ្រេត

recluse[ri'klu:s] *n.* មនុស្សដែលមិនសេពគប់នឹងអ្នកណាសោះ

Lit: ឯកវាសី

recognition[,rekəg'niʃn] *n.* x of a friend ការស្គាល់បាន

achieve x for his work ការល្បីល្បាញ

recognize['rekəgnai z] *tv.* I didn't x you. (មើល) ស្គាល់

x the symptoms ដឹង

x a government ទទួលស្គាល់

x a speaker អនុញ្ញាតឱ្យនិយាយ

recoil[ri'kɔi l] *iv.* springs x រួញមកវិញ

x from a sight ភាំងដោយខ្លាច ខ្លាច ។ល។

rifles x ធាក់ (កាំភ្លើង)

-n. x of a spring ការរួញមកវិញ

x of a gun ការធាក់ថយ

x from a sight ការភាំងដោយខ្លាច ខ្លាច។ល។

recollect[,rekə'lekt] *tv.* នឹកឃើញ, ចាំ

recollection [,rekə'lekʃn] *n.* powers of x ការចាំ

an amusing x របស់នឹកឃើញឡើងវិញ

recommend[,rekə'mend] *tv.* ឱ្យសេចក្ដីយល់ព្រម *Lit:* អនុសាស

recommendation[,rekəmen'dei ʃn] *n.* write a personal x លិខិតផ្ដាំផ្ញើឬឱ្យសេចក្ដីយល់ព្រម

x of the committee អនុសាសន៍

recompense['rekəmpens] *tv.* សង, ទូទាត់ឱ្យ

-n. សំណង

reconcile['rekənsai l] *tv.* x two enemies ផ្សះផ្សា

x two facts ធ្វើឱ្យឃើញថាស៊ីគ្នាវិញ

reconciliation[,rekən,si li 'ei ʃn] *n.* achieve x ដំណើរស្រុះស្រួលគ្នា

the x of their differences ការផ្សះផ្សា

recondition[,ri:kən'di ʃn] *tv.* កែកុនឱ្យបានល្អដូចថ្មីវិញ

reconnaissance[ri 'kɔni sns] *n.* ការឈ្លបយកការណ៍

reconnoiter[,rekə'nɔi tər] *tv.* x the enemy position ឈ្លបយកការណ៍ (នៃទីតាំងសត្រូវ ។ល។)

x the terrain ពិនិត្យមើល

-iv. ឈ្លបយកការណ៍

reconsider[,ri:kən'si dər] *tv.* x a proposal ថ្លឹងគិតសាជាថ្មី, ពិនិត្យឡើងវិញ

x an earlier decision ប្រែ

-iv. ប្ដូរយោបល់

reconstruct[,ri:kən'strʌkt] *tv.* **x** a building សង់ឬសាងឡើងវិញ

x a war-torn country កសាងឡើងវិញ

record['rekɔ:d] *tv.* x events កត់ទុក

x a birth ចុះបញ្ជី

x sound ថត (សម្លេង)

-n. historical x ឯកសារ, បណ្ណសារ

(keep business) records បញ្ជី

He has a good x. ប្រវត្តិ

break the existing x អ្វីៗដែលលើសផុតគេទាំងអស់ *Lit:* លទ្ធផលឯតទគ្គៈ

no x of its existence ភស្តុតាង

police x សំបុត្រថ្កោលទោស

phonograph x ថាស (ម៉ាស៊ីនច្រៀង)

Lit: ថាលសព្ទ

-adj. x crop ដែលលើសពីមុនៗមក

recorder[ri 'kɔ:dər] *n.* court x អ្នកកត់

tape r. ម៉ាស៊ីនថតសម្លេង *Lit:* ចម្លិតសព្ទ

Mus. play a x ប៉ីម្យ៉ាង

recording[ri 'kɔ:di ŋ] *n.* សម្លេងដែលថតហើយ

recount[ri 'kaunt] *tv.* x the facts រ៉ាយរ៉ាប់

x his experiences ដំណាល (ប្រាប់)

x the vote រាប់សាឡើងវិញ

-n. ការរាប់សាឡើងវិញ

recoup[ri 'ku:p] *tv.* x losses បានមកវិញ

x him for his losses ប៉ូវ, ជួយប៉ូវ

recourse[ri 'kɔ:s] *n.* គ្រឿងជួយដោះបន្ទាល់ *Lit:* ឧបាស្រ័យ

recover[ri 'kʌvər] *tv.* x lost property បានមកវិញ

x salt from water ទាញយក

-iv. x from illness ជា, បានស្រួលឡើងវិញ

economies x ងើបឡើងវិញ

recovery[ri 'kʌvəri] *n.* x of stolen goods ការបានមកវិញ

x from illness ដំណើរជាវិញ

x of salt from water ការទាញយក

recreation[,rekri 'ei ʃn] *n.* ការកំសាន្ត

recriminate[,rekri 'mi nei t] *iv.* ចោទប្រកាន់ទៅវិញ

recrimination[ri ,kri mi 'nei ʃn] *n.* ការចោទប្រកាន់ទៅវិញ

recruit[ri 'kru:t] *tv.* ជ្រើសរើស

-*n.* អ្នកដែលទើបនឹងជ្រើសរើស

rectal['rektəl] *adj.* នៃចុងពោះវៀនធំ

rectangle['rektaŋgl] *n.* ផ្ទៃបួនជ្រុងទ្រវែង

rectangular[rek'tæŋgjələr] *adj.* បួនជ្រុងទ្រវែង

rectify['rekti fai] *tv.* (*pt* . , *pp* . rectified)

x a course កែតម្រង់

x a situation កែ

rectum['rektəm] *n.* ចុងពោះវៀន

recuperate[ri 'kju:pərei t] *iv.* x from illness

បានស្រួលឡើងវិញ

x from financial loss ងើប, រើបឡើងវិញ

recur[ri 'k3:r] *iv.* (*pt* . , *pp* . recurred)

situation will not x មានឡើងវិញ

ideas x មានឡើងជារឿយៗ

recurrence[ri 'kʌrəns] *n.* ការមានឡើងវិញ

recurrent[ri 'kʌrənt] *adj.* ដែលមានឡើងជារឿយៗ

red[red] *adj.* x car ក្រហម

x politics កុម្មុយនិស្ត

Id. r. tape ច្បាប់កំប៉ិកកំប៉ុក (រដ្ឋការ)

Id. r. herring កល្បិចសម្រាប់បំភាន់

-*n.* a deep x ពណ៌ក្រហម

Id. in the r. ខាត, ចំណាយលើសចំណូល

Cap . *Coll.* He' s a x កុម្មុយនិស្ត

Id. see r. ខឹង (ឡើង)

-*tv.* លាបឱ្យក្រហម (ថ្ពាល់។ល។)

red-blooded[red blʌdi d] *adj.* ខ្លាំងក្លា,

ស្វាហាប់

redden['redn] *tv.* x one' s lips លាបឱ្យក្រហម

x a painting ធ្វើឱ្យក្រហមបន្តិចឡើង

-*iv.* ឡើងក្រហម

redeem[ri 'di:m] *tv.* x a mortgage សងអស់

x a watch លោះ

r. oneself ធ្វើសងឡើង

redemption[ri 'dempʃn] *n* . x of a mortgage

ការសងអស់

x of a watch ការលោះ

r. from sin ការរំដោះបាប

red-handed[red hændi d] *adv.* ដោយកំពុង

ប្រព្រឹត្តបទល្មើស

redhead[redhed] *n.* មនុស្សដែលមានសក់ក្រហម

red-hot[red hɔt] *adj.* r. coals រងើកភ្លើង

x chili ហឹរខ្លាំង

Coll. x product ដែលលក់ដាច់ណាស់

redouble[ri:'dʌbl] *tv.* ធ្វើឡើងមួយជាពីរ

redoubtable[ri 'dautəbl] *adj.* គួរខ្លាចណាស់

redress[ri 'dres] *tv.* កែឱ្យត្រូវវិញ

-*n.* ដំណើរកែ (កំហុស)

reduce[ri 'dju:s] *tv.* x the price បញ្ចុះ

x speed បន្ថយ, បង្អង់

x a fat person ធ្វើឱ្យស្រកទម្ងន់

x glass to powder ធ្វើ...ឱ្យទៅជា...

-*iv.* ស្រកឬចុះទម្ងន់

reduction [ri 'dʌkʃn] *n.* x of the current

ការបន្ថយ

buy at a x ថ្លៃថោក

redundant[ri 'dʌndənt] *adj.* x part លើស,

ដែលមិនត្រូវការ

x style of speech ដែលមានសេចក្តីដដែលៗឬ

សាមញ្ញាជាច្រើន

reed[ri:d] *n.* *Bot.* slender x ត្រែង, ប្របុស

Mus. clarinet x អណ្តាត (គ្រឿងភ្លេងផ្លុំ)

reef[ri:f] *n.* ថ្មប៉ប្រះទឹក

reek[ri:k] *iv* . បញ្ចេញក្លិនខ្លាំង

-*n.* ក្លិនខ្លាំង

reel[ri:l] *n.* tape x ថែន

x of tape មួយថែន

rod and x គ្រឿងរវៃស្រាវខ្សែសន្ទូច

Virginia x ជ្រោំម្យ៉ាង

-*tv*. x tape ដាក់បញ្ចូលផែន

r. in (a fish) រវៃទាញឱ្យចូលមកជិត

-*iv*. ដើរទ្រេតទ្រោត

refer[ri 'fɜ:r] *tv. (pt. , pp.* referred*)*

x the reader to a footnote យោងទៅ

x him to a book ប្រាប់ឱ្យទៅរក

x it to the courts បញ្ជូនទៅ

-*iv*. r. to (an incident) សំដៅចំពោះ

r. to (one's notes) មើល (អ្វីៗដែលមិនចាំឬភ្លេច)

referee[,refə'ri:] *n.* អាជ្ញាកណ្ដាល

Lit: មជ្ឈត្ថករ

-*tv*. , *iv*. ធ្វើជាអាជ្ញាកណ្ដាល

reference['refrəns] *n*. make a passing x សេចក្ដីព្រាង

bibliographic x ឯកសារយោង

for public x ការយកជាសំអាង

employment x សំបុត្របញ្ជាក់ផ្ដាំផ្ញើ

without r. to age ឥតមានស្ដីពីអាយុ

referendum[,refə'rendəm] *n*. ប្រជាមតិ

refill[,ri:'fil] *tv*. ដាក់បំពេញឡើងវិញ

-*n*. វត្ថុសម្រាប់ផ្លាស់

refine[ri 'fain] *tv*. x oil ស្ល, ចម្រាញ់ (ប្រេងកាត)

x a technique ធ្វើឱ្យប្រសើរឡើង

refined[ri 'fainid] *adj*. x sugar . សុទ្ធ

x speech ថ្លៃថ្នូរ

x taste ប្រណីត

refinery[ri 'fainəri] *n*. រោងចក្រស្លប្រេងកាត ស្ករ ។ល។

Lit: សុទ្ធាគារ

refit[,ri:'fit] *tv*. x with new equipment កែដាក់គ្រឿងថ្មី

x a suit កែតម្រូវខ្លួន

-*n*. ការកែ

reflect[ri 'flekt] *tv*. x light ជះត្រឡប់មកវិញ

x an image ធ្វើឱ្យឃើញស្រមោល (កញ្ចក់)

Good grades x hard work. បង្ហាញឱ្យឃើញនូវ

x shame on the parents ធ្វើឱ្យជះមកលើ (អ. ប.)

-*iv*. sit and x ជញ្ជឹងគិត

r. on (the past) ជញ្ជឹងគិតដល់

r. on (his reputation) ធ្វើឱ្យខូចដល់

reflection[ri 'flekʃn] *n*. x of light ការជះត្រឡប់វិញ

see his x in the mirror ស្រមោល

careful x តម្រិះរិះ, ការជញ្ជឹងគិត

a x of his attitude គ្រឿងបញ្ចាំងនូវ (អ. ប.)

reflector[ri 'flektər] *n*. អ្វីៗសម្រាប់ធ្វើឱ្យអ្វីមួយជះត្រឡប់មកវិញ

reflective[ri 'flektiv] *adj*. x mood ដែលសញ្ជប់សញ្ជឹង

x mirror ដែលចាំង

reflex['ri:fleks] *n*. ការធ្វើទៅដោយមិនដឹងខ្លួន (ឧ. ញាក់ត្របកភ្នែក)

Lit: អំពើបដិបក្ខិធ, បដិក្លេម

-*adj*. ដែលធ្វើដោយឥតគិត *Lit:* បដិក្ខិត

reflexive[ri 'fleksiv] *adj*. ដែលបកទៅប្រធានវិញ

reflux[,ri:flʌks] *n*. ដំណើរត្រឡប់មកវិញ

reforest[ri 'fɔrist] *tv*. ដាំព្រៃជាថ្មី

reform[ri 'fɔ:m] *tv*. x a criminal អប់រំ, កែ

x institution ធ្វើបដិរូបករ

-*iv*. កែខ្លួន

-*n*. បដិរូបការ

reformation[,ri:fə'meiʃn] *n*. x of structure បដិរូបកម្ម

x of criminals ការអប់រំ, ការកែ

reformatory[ri 'fɔ:mətri] *n*. កន្លែងអប់រំមនុស្សទោស

-*adj.* សម្រាប់កែឬអប់រំ

refract[ri 'frækt] *tv.* x light ធ្វើឱ្យកាំរស្មីចាំងវៀច, ធ្វើឱ្យរស្មីងាក

x one' s eyes ពិនិត្យមើលដើម្បីឱ្យដឹងថាត្រូវវ៉ែនតាយ៉ាងណា

refraction[ri 'frækʃn] *n.* ដំណើរងាកនៃកាំរស្មី

Lit: វង្គរស្មី

refrain[1][ri 'frei n] *iv.* ទប់

refrain[2][ri 'frei n] *n. Mus.* បទបន្ទរ

refresh[ri 'freʃ] *tv.* x oneself after a trip សម្រាក ងូតទឹក បរិភោគអាហារផ្សេងៗ ។ល។ ដើម្បីឱ្យស្រួលខ្លួន

r. one' s memory រំលឹកឱ្យឃើញជាថ្មងទៀត

cool breezes x ធ្វើឱ្យត្រជាក់ស្រួល

-*iv.* សម្រាក ងូតទឹក បរិភោគអាហារផ្សេងៗ ។ល។ ដើម្បីឱ្យស្រួលខ្លួន

refreshment[ri 'freʃment] *n. (usu. pl.)* have some x ភេសជ្ជៈ

x of one' s memory ការរំលឹកឱ្យឃើញជាថ្មងទៀត

x of the guests ការឱ្យសម្រាក ងូតទឹកបរិភោគអាហារផ្សេងៗ។ល។ដើម្បីឱ្យស្រួលខ្លួន

refrigerate[ri 'fri ʤərei t] *tv.* ធ្វើឱ្យត្រជាក់ (កុំឱ្យស្អុយឬខូច)

Lit: ធ្វើសីតកម្ម

refrigeration[ri ,fri ʤə'rei ʃn] *n.* សីតកម្ម

refrigerator[ri 'fri ʤərei tər] *n.* ទូទឹកកក

Lit: សីតូបករណ៍

refuge['refju:ʤ] *n.* safe x ទីជ្រក, ទីជ្រកពួន

Lit: ជម្រកភ័យ

take r. ជ្រក

refugee[,refju'ʤi:] *n.* ជនភៀសខ្លួន

refund[ri 'fʌnd] *tv.* x a deposit ឱ្យប្រាក់មកវិញ

x a project បន្តផ្តល់ប្រាក់សម្រាប់ធ្វើអ្វីមួយ

-*n.* ប្រាក់ឱ្យមកវិញ

refurbish[ri:fɜ:'bi ʃ] *tv.* ដាក់គ្រឿងតុបតែងថ្មី

refusal[ri 'fju:zl] *n.* ការបដិសេធ

refuse[ri 'fju:s] *tv.* x to go មិនព្រម

x money មិនយកឬទទួល

x a request បដិសេធនូវ

-*n.* អ្វីៗមិនត្រូវការ

-*adj.* ដែលមិនត្រូវការ, សម្រាប់ចោល

refute[ri 'fju:t] *tv.* ឆ្លើយបដិសេធ

regain[ri 'gei n] *tv.* x lost property បានមកវិញ

r. consciousness ដឹងខ្លួនវិញ

regal['ri:gl] *adj.* x affairs នៃស្តេច

x manner ដូចស្តេច

regale[re'gei l] *tv.* x them with food ជប់លៀងយ៉ាងហូរហៀរ

Coll. r. him with laughter សើចដាក់ជុំវិញអឺងកង

regalia[ri 'gei li ə] *n.* លក្ខណសញ្ញាព្រះរាជា

regard[ri 'gɑ:d] *tv.* x it an insult គិតថា, យល់ឃើញ (ថា)

x the scene មើល

x one' s parents គោរព

x him as a friend ទុក (ជា)

-*iv.* មើល

-*n.* in r. to ចំពោះ

in that r. ចំពោះរឿងនោះ

x for parents សេចក្តីគោរព

(Give them my) regards. សេចក្តីរាប់អាន

regarding[ri 'gɑ:di ŋ] *prep.* ចំពោះ

regardless[ri 'gɑ:dli s] *adv.* x of the consequences ដោយឥតគិតអំពី, គ្មានគិតដល់

do it x យ៉ាងណាក៏ដោយ

regatta[ri 'gætə] *n.* ពិធីប្រណាំងទូកឬនាវា

regency['ri:ʤənsi] *n.* during his x តំណែង រាជានុសិទ្ធិ

The colony is a x. ដែនដីនៅក្រោមការត្រួតត្រា នៃរាជានុសិទ្ធិ

regenerate[ri'ʤənərei t] *tv.* x a criminal អប់រំ, កែ

x one's strength ធ្វើឱ្យមានឡើងវិញ

-iv. មានឡើងវិញ

-adj. ដែលបានទទួលការអប់រំហើយ

regent['ri:ʤənt] *n.* x of the king រាជានុសិទ្ធិ

x of a university ប្រឹក្សាភិបាល

regime[rei'gi:m] *n.* របប

regimen['reʤi mən] *n.* របប

regiment['reʤi mənt] *n.* កងវរសេនាធំ

-tv. x troops រៀប, រៀបជាកង

x students ដាក់វិន័យដ៏តឹងតែង

region['ri:ʤən] *n.* តំបន់ *Lit:* ភូមិភាគ

register['reʤi stər] *tv.* x voters ចុះឈ្មោះ, ចុះបញ្ជី

x a letter អនុស្សាវ *Fr:* រ៉េកូម៉ង់ដេ

x a complaint ដាក់

x 100 degrees មានកម្រិត

-iv. x to vote ចុះឈ្មោះ (បោះឆ្នោត)

Coll. thought didn't x គិតជាប់, ជាប់នៅ

-n. x of names បញ្ជី (ឈ្មោះ។ល។)

musical x កំពស់នៃសូរ

cash r. ម៉ាស៊ីនគិតលុយ

registrar[,reʤi'stra:r] *n.* អ្នកកាន់កាប់បញ្ជី

registration[,reʤi'strei ʃn] *n.* ការចុះឈ្មោះ

registry['reʤi stri] *n.* បញ្ជីឈ្មោះ

regress[ri'gres] *iv.* ថយក្រោយ (អ.ប.)

regression[ri'greʃn] *n.* ការថយក្រោយ (អ.ប.)

regret [ri'grei t] *tv.* (*pt.,pp.* regretted) ស្ដាយ, ស្ដាយក្រោយ

-n. a sense of x សេចក្ដីស្ដាយក្រោយ

(send my) regrets ការសម្ដែងសេចក្ដីស្ដាយ ដោយមកខាងមិនបានទទួលសេចក្ដីអញ្ជើញ

regrettable[ri'gretəbl] *adj.* គួរឱ្យស្ដាយ

regular['regjulər] *adj.* his x place ធម្មតាៗ, ទៀងទាត់

have x teeth ស្មើ

x intervals ដែលទៀងទាត់វេលាៗ

Lit: និយ័ត

x customer ដែលមកជារៀយៗ

Coll. x rascal ពេញទី

regularize['regjulərai z] *tv.* x one's meals ធ្វើឱ្យទៀងទាត់ពេលវេលា

x the sizes ធ្វើឱ្យត្រូវគ្នា

x illegal activities ធ្វើឱ្យត្រឹមត្រូវឡើង

regularly['regjuləli] *adv.* attend x រឿយៗ

eat x ទៀងទាត់ (ពេលវេលា)

regulate['regjulei t] *tv.* x their activities ដាក់កម្រិត

x the controls មួល, ដាក់ឱ្យត្រឹមត្រូវ

x the voltage ធ្វើឱ្យនៅនឹង

Lit. ធ្វើនិយតកម្ម

regulator['regjulei tər] *n.* និយតករ

regulation[,regju'lei ʃn] *n.* a new x បទបញ្ញត្តិ

x of trade ការធ្វើឱ្យត្រឹមត្រូវតាមច្បាប់

Lit: និយតកម្ម

voltage x ការធ្វើឱ្យនឹង *Lit:* និយតកម្ម

rehabilitate['ri:əbi li tei t] *tv.* ធ្វើឱ្យបានល្អឡើងវិញ

rehabilitation[ri'ə,bi li'tei ʃn] *n.* ការធ្វើឱ្យបានល្អឡើងវិញ

rehearse[ri'hɜ:s] *tv.* x a play សម, ហាត់

x students បង្ហាត់

rehearsal[ri'hɜ:sl] *n.* ការសម, ការហាត់

reign[rei n] *n.* during his x រជ្ជកាល

under his x រាជ្យ

Fig. x of terror ការរាតត្បាត

-*iv.* kings x សោយរាជ្យ

(terror) reigned រាតត្បាត

reimburse[ri:i m'bɜ:s] *tv.* សង

reimbursement[,ri i mbɜ:smənt] *n.* សំណង

rein[rei n] *n.* horse' s x បង្ហៀរ

Fig. put a r. on ទប់

-*tv.* x a horse ទាញបង្ហៀរ

Fig. x one' s passions ទប់

reincarnation[,ri:i nkɑ:nei ʃn] *n.* believe in x

ការចាប់បដិសន្ធិជាថ្មី

He is a x of Siva. បុគាវតារ

reinforce[,rɪi n'fɔ:s] *tv.* x a wall ធ្វើឱ្យមាំឡើង

x an army បន្ថែមកម្លាំង

x his determination ពង្រឹង

reinforcement[,ri:i n'fɔ:smənt] *n.* x of a wall

ការធ្វើឱ្យមាំឡើង

steel x វត្ថុធាតុឱ្យមាំឡើង

x of an army ការបន្ថែម

(send in) reinforcements ទ័ពជំនួយ

Lit: ទឡ្ហពល

x of his option ការពង្រឹង

reinstate[,ri:i n'stei t] *tv.* x a member ដាក់នៅ

កន្លែងដើមវិញ

x a law យកមកអនុវត្តឡើងវិញ

reiterate[ri 'i tərei t] *tv.* ថាម្តងទៀត

reject[ri:dʒekt] *tv.* x an application ច្រាន

ចោល, មិនទទួល

x a friend លែងរាប់រក

x defective products ចោល បោះចោល

-*n.* អ្វីដែលគេមិនយកបុបោះចោល

rejection[ri 'dʒekʃn] *n.* x of an application

ការច្រានចោល

x of a friend ការលែងរាប់អាន

x of bad products ការបោះចោល

rejoice[ri 'dʒɔi s] *iv.* ត្រេកអរ, រីករាយជាខ្លាំង

-*tv.* ធ្វើឱ្យសប្បាយរីករាយ

rejoinder[ri 'dʒɔi ndər] *n.* ការឆ្លើយតប

rejuvenate[ri:'dʒu:vənei t] *tv.* ធ្វើយុវកម្ម

rejuvenation[ri ,dʒu:və'nei ʃn] *n.* យុវកម្ម

relapse[ri 'læps] *iv.* r. into error ធ្លោយ

ប្រព្រឹត្តអំពើអាក្រក់ឡើងវិញ

patients x ធ្លាប់

-*n.* moral x ការធ្លោយប្រព្រឹត្តនូវអំពើអាក្រក់ឡើងវិញ

patient had a x អំពើរលាប់ជម្ងឺ

relate[ri 'lei t] *tv.* x a story និទាន, អំណាលប្រាប់

x two facts ធ្វើឱ្យឃើញថាទាក់ទងគ្នា

-*iv.* (remarks) r. to (a past vent) ទាក់ទងទៅនឹង

(can' t) r. to (other people) ចូលសម្រុងគ្នា

related[ri 'lei ti d] *adj.* x events ដែលទាក់ទងគ្នា

He' s x to me. ជាប់សាច់ញាតិ

relation[ri 'lei ʃn] *n.* no x between events

ទំនាក់ទំនង (ការទាក់ទង)

sexual relations ការរួមបវេណី

foreign relations ការបរទេស

What' s his r. to you? គាត់ត្រូវជាអ្វីលោក ?

He' s a x of mine. ញាតិសន្ដាន, សាច់ញាតិ

his x of the facts ការអំណាល

with r. to ចំពោះ

relationship[ri 'lei ʃnʃi p] *n.* x between two

events

blood x ការទាក់ទងជាសាច់ញាតិ

relative['relətiv] *adj.* happiness is x

គ្មានអ្វីជាដាច់ណាត់ *Lit:* ជាសាបេក្ខ

Value is x to demand. ទាក់ទង

-n. ញាតិសន្តាន, សាច់ញាតិ

relativity[,relə'tivəti] *n.* សាបេក្ខភាព

relax[ri'læks] *tv.* x a muscle សម្រាក, បន្ធូរ

x controls បន្ធូរ

x a person ធ្វើឱ្យធូរក្នុងខ្លួន

-iv. សម្រាក

relaxation[,ri:læk'seiʃn] *n.* period of x ការសម្រាក

x of a grip ការបន្ធូរ

relay['ri:lei] *n.* run a x ការរត់បណ្ដាក់

x of a message ការបញ្ជូនត

-tv. បញ្ជូនត

release[ri'li:s] *tv.* x a prisoner ដោះលែង

x him from a contract អនុញ្ញាតឱ្យរួច

x the brakes លែង

x energy បញ្ចេញ

-n. x of the prisoner ការដោះលែង

x from everyday cares ការធ្វើឱ្យផុត

x of energy ការបញ្ចេញ

relegate['religeit] *tv.* x him to the provinces ដាក់ទៅកន្លែងមិនសំខាន់

x the matter to a committee បញ្ជូនទៅ

x it to the trash heap ចោល, បោះចោល

relent[ri'lent] *iv.* បន្ធូរចិត្ត

relantless[ri'lentlis] *adj.* x enemy ឥតឈប់ឈរ

x beating ឥតបង្អង់ដៃ

relevance['reləvəns] *n.* ភាពទាក់ទង

relevant['reləvənt] *adj.* ទាក់ទង

reliable[ri'laiəbl] *adj.* x worker ដែលសង្ឃឹមលើបាន

x information ដែលគួរជឿបាន

reliance[ri'laiəns] *n.* can't put any x in him សេចក្ដីសង្ឃឹមលើ

his x on his father ការពឹងពាក់

relic['relik] *n.* វត្ថុគង់នៅពីសម័យបុរាណ

relief[ri'li:f] *n.* x from pain ដំណើរធូរស្បើយ

x of a guard ការផ្លាស់វេន បា:ឡា

send in a x ជំនួយ

carved in x ក្បាច់អណ្ដែត

relieve[ri'li:v] *tv.* x pain ធ្វើឱ្យធូរស្បើយ, ធ្វើឱ្យស្រាក, រម្ងាប់

x the guard ផ្លាស់វេន

Euph. r. oneself បត់ជើង, ដោះទុក្ខសត្វ

religion[ri'lidʒən] *n.* សាសនា

religious[ri'lidʒəs] *adj.* x beliefs នៃសាសនា

x person ដែលជឿប្រកាន់សាសនា (យ៉ាងមាំ)

x observance of the rules ដោយយកចិត្តទុកដាក់ក្រៃលែង

relinquish[ri'liŋkwiʃ] *tv.* x one's rights លះបង់, បដិសេធចោល

x his gun បង្ហូនឱ្យទៅ

x his grip លែង

relish['reliʃ] *n.* take x in សេចក្ដីសប្បាយរីករាយ

chopped x គ្រឿងបរិភោគម្យ៉ាងសម្រាប់បន្ថែមលើម្ហូបឯទៀត

-tv. សប្បាយនឹង

reluctance[ri'lʌktəns] *n.* ការស្ទាក់ស្ទើរ

reluctant[ri'lʌktənt] *adj.* ស្ទាក់ស្ទើរ, ទើសទាល់

rely[ri'lai] *iv.* (*pt., pp.* relied) x on one's parents (for support) ពឹងពាក់

You can't x on him. ទុកចិត្ត (ឱ្យធ្វើអ្វីមួយ)

x on a single authority សំអាង (ទៅលើ)

remain[ri'mei n] *iv.* x at peace នៅតែ

x at home នៅ

only the seeds x នៅសល់

-n. Pl. អ្វីៗដែលនៅសល់

remainder[ri'mei ndər] *n.* x of the day ផ្នែកនៅសល់

x of the food សំណល់

Math. សេស (នៃលេខសង)

remand[ri'ma:nd] *tv.* បញ្ជូនទៅវិញ

remark[ri'ma:k] *tv.* x that he was tired ថា

x his absence សង្កេតឃើញ

-iv. កត់សំគាល់, ធ្វើសេចក្ដីសង្កេត

-n. សេចក្ដីសង្កេត

remarkable[ri'ma:kəbl] *adj.* x recovery ដ៏អស្ចារ្យ

nothing x about the man គួរចាប់អារម្មណ៍

remedial[ri'mi:di əl] *adj.* ដែលសម្រាប់កែ

remedy['remədi] *n.* folk x ឱសថ, ថ្នាំ

find a x to the problem គ្រឿងដោះស្រាយ

Fig: ឱសថ

-tv. x an illness ធ្វើឱ្យជា

x a problem ដោះស្រាយ

remember[ri'membər] *tv.* x a detail ចាំ

x one' s past នៅចាំ

x him with a gift សម្ដែងនូវការនឹករឭក

remembrance[ri'membrəns] *n.* give her a x វត្ថុជាអនុស្សាវរីយ៍

x of things past ការនៅចាំ

Pl. relate his x របស់នៅចាំ

remind[ri'mai nd] *tv.* x her to go រំឭក

You x me of him. ធ្វើឱ្យនឹកឃើញ

reminisce[,remi'ni s] *iv.* x together សំណេះសំណាល

x privately នឹកពីរឿងដើម

reminiscence[,remi'ni sns] *n.* joint x ការសំណេះសំណាល

private x ការនឹកពីរឿងដើម

reminiscent[,remi'ni snt] *adj.* x of the past ដែលធ្វើឱ្យនឹកឃើញ

x mood ដែលនឹកពីរឿងដើម

remiss[ri'mi s] *adj.* ខ្ជិលខ្ជា, ដែលធ្វេសប្រហែស

remission[ri'mi ʃn] *n.* ការលើកលែងទោស

remit[ri'mi t] *tv. (pt . , pp* remitted*)*

x payment ផ្ញើទៅឱ្យ

x a sin លើកទោស

remittance[ri'mi tns] *n.* ប្រាក់ផ្ញើទៅឱ្យ

remnant['remnənt] *n.* a x of cloth សំពត់ចុងកី

x of an earlier civilization សំណល់

remodel[,ri:'mɔdl] *tv.* ធ្វើឱ្យល្អឡើងវិញ

remorse[ri'mɔ:s] *n.* សេចក្ដីស្ដាយក្រោយ

Lit: វិប្បដិសារី

remote[ri'məut] *adj.* x village ឆ្ងាយដាច់សង្វែង, ដាច់ស្រយាល

x past យូរមកហើយ

x attitude មិនជិតជិត

x control ពីចម្ងាយ

removable[ri'mu:vəble] *adj.* ដែលដោះចេញបាន

removal[ri'mu:vl] *n.* garbage x ការយកចេញ

x from office ការដកយកចេញ, ការដេញចេញ

remove[ri'mu:v] *tv.* x garbage យកចេញ

x him from office ដកយកចេញ

x a stain ធ្វើឱ្យលុប

x suspicion បំបាត់

remunerate[ri'mju:nərei t] *tv.* សង, ចេញថ្លៃ ប្រាក់ដែលចំណាយឬខូចខាតឱ្យអ្នកណាម្នាក់

remuneration[ri,mju:nə'rei ʃn] *n.* by x ការសង

What was your x.? ចំនួនប្រាក់សង

renaissance[ri 'nei sns] ***n.*** x of an idea ដំណើរមានជាថ្មី

Cap. បុនរុ័ខ្សិលិល្បៈ

rend[rend] ***tv.*** *Poet.(pt.,pp. rent)* ហែក

render['rendər] ***tv.*** x him speechless ធ្វើឱ្យ

x a service ផ្តល់នូវ

x it in French ប្រែ (ជា)

x lard ចំរាញ់, ចំហៀរ

rendezvous['rɔndi vu:] ***n.*** arrange a x ការណាត់ជួបគ្នា

choose a x កន្លែងណាត់ជួបគ្នា

-iv. ជួបគ្នា

rendition[ren'di ʃn] ***n.*** x into French ការបកប្រែ

x of a song របៀបសម្តែង

renegade['reni gei d] ***n.*** មនុស្សដែលប្រព្រឹត្តទៅតាមតែចិត្តរបស់ខ្លួន

-adj. ដែលប្រព្រឹត្តទៅតាមតែចិត្តរបស់ខ្លួន

renew[ri 'nju:] ***tv.*** x a lease បន្ត

r. one' s efforts ខំប្រឹងជាថ្មី

x stocks of goods ធ្វើឱ្យមាន (គ្រឿនដូចដើមឡើងវិញ)

x diplomatic relations ទាក់ទងឡើងវិញ

renewal[ri 'nju:əl] ***n.*** x of a lease ការបន្ត

r. of efforts ការខំប្រឹងជាថ្មី

x of stocks ការធ្វើឱ្យមាន (គ្រឿនដូចដើមវិញ)

x of diplomatic relations ការទាក់ទងឡើងវិញ

renounce[ri 'nauns] ***tv.*** លះបង់

renovate['renəvei t] ***tv.*** x a house រៀបចំកែឡើងជាថ្មី *Sl:* ស្រៀ

x one' s plans កែ

renown[ri 'nauŋ] ***n.*** កិត្តិនាម

renowned[ri nauni d] ***adj.*** ល្បីឈ្មោះ

Lit: ដែលមានកិត្តិនាម

rent[rent] ***tv.*** ជួល

-n. ឈ្នួល

rental['rentl] ***n.*** x is high ថ្លៃឈ្នួល

by x ការជួល

a x of one year កំឡុងពេលជួល

renunciation[ri ,nʌnsi 'ei ʃn] ***n.*** ការលះបង់ចោល

repair[ri 'peər] ***tv.*** ជួសជុល, កែ

-n. make a x ការជួសជុល

in good r. នៅល្អ

reparation[,repə'rei ʃn] ***n.*** make x for a wrong ការធ្វើសង

pay war x សំណង

repartee[,repɑ:'ti:] ***n.*** ការសើកសំដីតបវិញភ្លាម

repast[ri 'pɑ:st] ***n.*** ភត្តាហារ

repatriate[ri:'pætri ei t] ***tv.*** នាំចូលមកមាតុភូមិវិញ

Lit: ធ្វើមាតុភូមិនិវត្ត

-n. អ្នកដែលគេនាំមកមាតុភូមិវិញ

repay[ri 'pei] ***tv.*** *(pt.,pp. repaid)* សង

repeal[ri 'pi:l] ***tv.*** លុបចោល (ច្បាប់។ល។), បដិសេធ

-n. ការលុបចោលឬបដិសេធ

repeat[ri 'pi:t] ***tv.*** x a question ថាឡើងវិញ

x an action ធ្វើម្តងទៀត

r. a grade រៀននៅថ្នាក់ដដែល (ដោយមិនបានជាប់ឡើងថ្នាក់លើ)

-n. ការមានឡើងម្តងទៀត

repeated[ri 'pi:ti d] ***adj.*** ម្តងហើយម្តងទៀត

repel[ri 'pel] ***tv.*** *(pt.,pp.*repelled*)*

x the enemy (វាយ) ច្រានទៅវិញ

x water ធ្វើមិនឱ្យជ្រាបចូលបាន

Worms x her ធ្វើឱ្យខ្ពើម

Same polarities x. ច្រានចេញ

repellent[ri'pelənt] *adj.* x idea ដែលគួរឱ្យខ្ពើម រអើម

water x fabric ដែលមិនជ្រាប

-n. ថ្នាំធ្វើឱ្យសត្វមិនហ៊ានមកជិត

repent[ri'pent] *iv.,tv.* ស្ដាយក្រោយ (ចំពោះអំពើអាក្រក់ដែលខ្លួនបានធ្វើ ហើយខំលះបង់អំពើអាក្រក់ទាំងនោះចោល)

repentance[ri'pentəns] *n.* កុក្កុច្ចៈ

repercussion[,ri:pə'kʌʃn] *n.* x of the incident ប្រតិឃាត

x of an explosion ទង្គុកទង្គើ

repertory[,repətri] *n.* varied x បញ្ជីចម្រៀងឬរឿងល្ខោន *Lit:* លិបិក្រម

-adj. r. company ក្រុមល្ខោនដែលសម្ដែងរឿងឆ្លាស់រាល់ថ្ងៃ

repetition[,repə'tiʃn] *n.* x of the question ការថាឡើងវិញ

x by the student ការថាតាម

x a of the disaster ការកើតមានឡើងម្ដងទៀត

repetitious[,repə'tiʃəs] *adj.* x speaker ដែលនិយាយច្រំដែល

x work ដដែលៗ

replace[ri'pleis] *tv.* x a light bulb យកមួយថ្មីទៀតមកដាក់ជំនួស, ប្ដូរ

machines x workers ជំនួស, ធ្វើការជួស

x him for five minutes ជួស

replacement[ri'pleismənt] *n.* the x of a part ការប្ដូរ, ការដាក់ជួស

This part is a x. អ្វីៗដែលគេយកមកដាក់ជួស

x of a worker ការយកមកជំនួស

He is my x. មនុស្សជំនួស

replenish[ri'pleniʃ]. *tv.* បន្ថែមឱ្យមានដូចដើមវិញ

replete[ri'pli:t] **(with)** *adj.* ពោរពេញ (ទៅដោយ)

replica['replikə] *n.* វត្ថុចម្លង

reply[ri'plai] *iv.* *(pt., pp.* replied*)*

x to his letter ឆ្លើយតប

x to his challenge ប្រកួតតប

-tv. ឆ្លើយ (ថា)

-n. write a x ចម្លើយតប

in x to his action ការធ្វើតប

report[ri'pɔ:t] *n.* write a x សេចក្ដីរាយការណ៍

Neol: របាយការណ៍

There's a x that he's coming. ដំណឹងរហៀងៗ

the x of a gun សូរក្ទុង

-iv. x on one's activities រាយការណ៍

x for work បង្ហាញខ្លួន

x for a newspaper យកការណ៍ឱ្យ, សរសេរអត្ថបទ (ឱ្យ)

-tv. x the result រាយការណ៍ (អំពើ)

x a crime នាំទៅប្រាប់

reportedly[ri'pɔ:tli] *adj.* តាមដឹងមក (ថា)

reporter[ri'pɔ:tər] *n.* អ្នកយកព័ត៌មាន (ឱ្យកាសែត វិទ្យុ ឬទូរទស្សន៍)

repose[ri'pəuz] *n.* disturb his x ការសម្រាក

in r. នៅឈប់ស្ងៀម

-iv. x for the night សម្រាក

His remains x in a museum. តម្កល់ (នៅ), ដាក់នៅ

repository[ri'pɔzətri] *n.* កន្លែងដាក់ទុក

repossess[,ri:pə'zes] *tv.* យកមកវិញ

reprehensible[,repri'hensəbl] *adj.* គួរធ្វើទោស

represent[,repri'zent] *tv.* x the people តំណាង

symbols x sounds ជាសញ្ញាន (នៃ)

His writings x life in France. បង្ហាញឱ្យឃើញ

representative[,repri 'zəntəti v] ***n.*** x of a company អ្នកតំណាង

congressional x តំណាងរាស្ត្រ

a x of its genre តំណាង

-adj. x government ដែលមានតំណាងរាស្ត្រ

x of the genre ដែលជាតំណាង

repress[ri 'pres] ***tv.*** x a desie ទប់

a x child បង្ក្រាបមិនឱ្យងើបមុខរួច

repression[ri 'preʃn] ***n.*** x of a desire ការទប់

x of a child ការបង្ក្រាបមិនឱ្យងើបមុខរួច

reprieve[ri 'pri:v] ***tv.*** លើកទោសឱ្យ

-n. ការលើកទោសឱ្យ

reprimand['repri mɑ:nd] ***tv.*** ស្តីបន្ទោស

-n. ពាក្យស្តីបន្ទោស

reprint[,ri:'pri nt] ***tv.*** បោះពុម្ពម្តងទៀត

-n. ច្បាប់បោះពុម្ពថែម

reprisal[ri 'prai zl] ***n.*** ការផ្ចាល់តប

reproach[ri 'prəuʃ] ***tv.*** បន្ទោស

-n. សេចក្តីបន្ទោស

reprobate['reprəbei t] ***n.*** មនុស្សចោលម្សៀត

reproduce [,ri:prə'dju:s] ***tv*** . x themselves បណ្តុះបណ្តាល

x a painting ចម្លងតាម

x a pamphlet ចម្លង

-iv. បង្កើតកូនចៅ

reproduction[,ri:prə'dʌkʃn] ***n.*** x of the spccies ការបង្កើតកូនចៅ

The painting is a x. វត្ថុចម្លងតាម

reproof[ri 'pru:f] ***n.*** ការស្តីបន្ទោស

reprove[ri 'pru:v] ***tv.*** ស្តីបន្ទោស

reptile['reptai l] ***n.*** សត្វលូន *Lit:* ឧរង្គសត្វ

republic[ri 'pʌbli k] ***n.*** សាធារណរដ្ឋ

republican [ri 'pʌbi kən] ***adj.*** x affairs នៃសាធារណរដ្ឋ

Cap. R. Party គណៈបក្សសាធារណរដ្ឋ (ស.រ.អ.)

-n. Cap. សមាជិកនៃគណៈបក្សសាធារណរដ្ឋ(ស.រ.អ.)

repudiate[ri 'pju:di ei t] ***tv.*** x a religion លែងទទួលស្គាល់

x a friend លែងរាប់រក

repudiation[ri ,pju:di 'ei ʃn] ***n.*** បហានកម្ម

repugnant[ri 'pʌgnənt] ***adj.*** ដែលជាទីមិនគួរឱ្យចូលចិត្ត, គួរឱ្យស្អប់ខ្ពើម

repulse[ri 'pʌls] ***tv.*** x the enemy វាយច្រានទៅវិញ

x his advances មិនសុខចិត្ត, មិនព្រម

repulsion[ri 'pʌlʃn] ***n.*** ដំណើរច្រានចេញ

Lit: បដិវេគ

repulsive[ri 'pʌlsi v] ***adj.*** ដែលគួរឱ្យស្អប់ខ្ពើម

reputable['repjətəbl] ***adj.*** ដែលមានឈ្មោះល្អ

repulsion[ri 'pʌlʃn] ***n.*** x of the enemy ការវាយច្រានទៅវិញ

feeling of x ការមិនចូលចិត្តជាខ្លាំង

reputation[,repju'tei ʃn] ***n.*** កេរ្តិ៍ឈ្មោះ, កិត្តិសព្ទ

repute[ri 'pju:t] ***n.*** កិត្តិសព្ទ

-tv. reputed to be ល្បីថា

request[ri 'kwest] ***tv.*** សុំ, ស្នើសុំ

-n. សេចក្តីស្នើសុំ, សំណើ

require[ri 'kwai ər] ***tv.*** What do you x? ត្រូវការ

x him to go តម្រូវ

requirement[ri 'kwai əmənt] ***n.*** អ្វីៗដែលតម្រូវឱ្យមាន

requisite['rekwi zi t] ***adj.*** ដែលតម្រូវឱ្យមាន

-n. របស់ដែលតម្រូវឱ្យមាន

requisition[,rekwi 'zi ʃn] ***n.*** x of private cars ការឈ្លៀស

sign a x សំបុត្រឈ្លៀស

-tv. ឈ្លៀស

rescind[ri 'si nd] *tv.* រំលាយចោល, ទុកជាមោឃៈ

rescue['reskju:] *tv.* ជួយឱ្យរួចពីគ្រោះថ្នាក់, សង្គ្រោះ

-n. ការជួយឱ្យរួចពីគ្រោះថ្នាក់

research[ri 'sɜ:ʧ] *n.* ការស្រាវជ្រាវ, ការរិះរក

-iv.,tv. ស្រាវជ្រាវ, ធ្វើការស្រាវជ្រាវ, រិះរក

resemblance[ri 'zembləns] *n.* ភាពដូច, សមានលក្ខណ៍

resemble[ri 'zembl] *tv.* ដូច

resent[ri 'zent] *tv.* តូចចិត្ត (នឹង), មិនសប្បាយចិត្តនឹង

reservation[,rezə'vei ʃn] *n.* have a x about a plan ការមិនទៅទាំងស្រុង

hotel x ការឱ្យគេបម្រុងទុកជាមុន

Indian x ដីទុកសម្រាប់ធ្វើអ្វីម្យ៉ាង

x of funds កាទុកបម្រុង

person of x ដំណើរអឹមអៀន

reserve[ri 'zɜ:v] *tv.* x a room រកបម្រុងទុក (ជាមុន)

x some funds ទុកបម្រុង

x the right to រក្សានូវ

-n: capital x ប្រាក់បម្រុង *Lit:* ថបនីយ

forest r. ព្រៃ (រដ្ឋការ) ទុកដោយឡែក

Mil. (call in the) reserves ទាហានបម្រុង

in r. ដែលបម្រុងទុក

-adj. ដែលទុកបម្រុង

reserved[ri 'zɜ:vd] *adj.* x seat ដែលទុកឱ្យគេហើយ

x person មិនសូវបានមាត់ក, ស្រគត់ស្រគំ

reservoir['rezəvwɑ:r] *n.* lake r. ជលដ្ឋាន

tank r. អាង, ធុង

reside[ri 'zai d] *iv.* នៅ, មានទីលំនៅ

residence['rezi dəns] *n.* Where is his x? ទីលំនៅ

Lit: និវាសដ្ឋាន

during his x រយៈពេលនៅ

in r. ដែលនៅក្នុង (សាលារៀន។ល។)

resident['rezi dənt] *n.* a x of Boston អ្នកស្រុក, អ្នកមានលំនៅជាប់ (នៅកន្លែងណាមួយ)

British x *Fr:* រ៉េស៊ីដង់

-adj. x in Boston ដែលមានទីលំនៅ

r. students និស្សិតដែលរស់នៅ (ក្នុងសាលា)

residential[,rezi 'denʃl] *adj.* សម្រាប់តែលំនៅឯកជន

residual[ri 'zi djuəl] *adj.* ដែលនៅសល់, ដែលជាកាក

residue['rezi dju:] *n.* x of funds អ្វីៗដែលនៅសល់

chemical x កាក, សំណល់

resign[ri 'zai n] *iv.* សុំឈប់ពីតំណែង

-tv. x one' s job សុំលាលែង

r. oneself to ទ្រាំ

resignation[,rezi g'nei ʃn] *n.* accept his x ការឈប់ពីតំណែង

attitude of x ភាពទទួលទ្រាំទៅ

resigned[ri 'zai ni d] *adj.* ដែលទទួលអត់ទ្រាំ

resilient[ri 'zi li ənt] *adj.* x material យឺត, មិនទ្រុឌ (ឧ.កៅស៊ូ រ៉ឺស្សរ។ល។)

x personality ដែលឆាប់ងើបឡើងវិញ

resin['rezi n] *n.* ជ័រឈើ

resist[ri 'zi st] *tv.* x the enemy ទប់ទល់, ទ្រទប់

x arrest រឹងទទឹង, មិនព្រម

x disease ធន់, មិនចាញ់

x a temptation ទប់

resistance[ri 'zi stəns] *n.* put up x ការទប់ទល់

join the x ក្រុមអ្នកតស៊ូ

his x to disease ការមិនចាញ់

Elect. x of a conductor រ៉េស៊ីស្តង់

resistant[ri 'zi stənt] *adj.* x population ដែលមានការតស៊ូ

x breed ដែលធន់

Elect. x conductor ដែលមានរ៉េស៊ីស្តង់

resistor[ri 'zi stər] ***n. Fr:*** រ៉េស៊ីស្ទ័រ

resolute['rezəlu:t] ***adj.*** ដែលតាំងចិត្តយ៉ាងមាំ ជាស្រេចហើយ

resolution[,rezə'lu:ʃn] ***n.*** make a សេចក្ដីសម្រេចចិត្ត, ការតាំងចិត្ត *Lit:* អធិដ្ឋាន

pass a x សេចក្ដីសម្រេចចិត្ត (នៃសភា។ល។)

with great x សេចក្ដីតាំងចិត្ត

x of the conflict ការដោះស្រាយ

resolve[ri 'zɔlv] ***tv.*** x a problem ដោះស្រាយ

x doubts កំចាត់

x to do better តាំងចិត្ត

x that we will support him សម្រេច

-n. pass a x សេចក្ដីសម្រេច

strength of his x សេចក្ដីតាំងចិត្ត

resonance['rezənəns] ***n.*** អនុរវភាព

resonant['rezənənt] ***adj.*** ដែលខ្ទរ

resort[ri 'zɔ:t] ***iv.*** x to violence ប្រវារកគ្រាប់ទាល់ (អ. ប.)

x to the beach ទៅកំសាន្ត

-n. summer x កន្លែងកំសាន្ត

last r. មធ្យោបាយក្រោយបំផុត, គ្រឿងដោះបន្ទាល់

resound[ri 'zaund] ***iv.*** shots x លាន់ខ្ទរ

x with cheering លាន់រំពង

His praises x throughout the country. ខ្ទរខ្ទារ (អ. ប.)

-tv. x the cheer ធ្វើឱ្យលាន់រំពង

x his praises ធ្វើឱ្យខ្ទរខ្ទារ (អ. ប.)

resource[ri 'sɔ:s] ***n. pl.*** natural x ធនធាន

Pl. financial x ប្រាក់ដែលមាន

x to war ការប្រើជាមធ្យោបាយក្រោយបំផុត

will depend on his x ការចេះរំលែលក

resourceful[ri 'sɔfl] ***adj.*** ដែលប្រសប់លៃលកប្រកែខ

respect[ri 'spekt] ***n.*** x for elders សេចក្ដីគោរព

defective in some x ប្រការ

with r. to ចំពោះ

pl. pay one' s r. ទៅលេងដើម្បីសម្ដែងសេចក្ដីគោរពរាប់អាន

-tv. x one' s elders គោរព

x his wishes ធ្វើតាម

respectable[ri 'spektəbl] ***adj.*** x citizen ត្រឹមត្រូវ

x neighborhood ល្អ

x amount ច្រើនគួរសម

respective[ri 'spekti v] ***adj.*** ទីទៃ, រៀងខ្លួន, និមួយៗ

respectively[ri 'spekti vli] ***adv.*** តែរៀងខ្លួននិមួយៗ

respiration[,respə'rei ʃn] ***n.*** ការដកដង្ហើម

respiratory[rə'spi rərətri] ***adj.*** x system សម្រាប់ដកដង្ហើម

x disease នៃគ្រឿងដកដង្ហើម

respite['respai t] ***n.*** x from toil ពេលសម្រាក

x from execution ពេលពន្យា

resplendent[ri 'splendənt] ***adj.*** ត្រចះត្រចង់

respond[ri 'spɔnd] ***iv.*** x to his question តប, ឆ្លើយ

x to a charity drive បរិចាគ

x to treatment បង្ហាញនូវប្រសិទ្ធិភាពនៃអ្វីមួយ

respondent[ri 'spɔndənt] ***adj.*** ដែលឆ្លើយតប

-n. អ្នកឆ្លើយតប

response [ri 'spɔns] ***n.*** x to his question ចម្លើយ

x to a letter ការតប

x to a charity drive ប្រាក់បរិច្ចាគ

x to treatment ការបង្ហាញនូវប្រសិទ្ធិភាពនៃអ្វីមួយ

responsibility[ri ,spɔnsə'bi ləti] ***n.*** his x for the accident ទំនួលខុសត្រូវ

discharge a x កិច្ចការ

a person of r. មនុស្សមានការទទួលខុសត្រូវ

The child is his x. បន្ទុក

responsible[ri 'spɔnsəbl] *adj.* x for the accident ដែលទទួលខុសត្រូវ
Iflation is x for decreased sales. ជាដើមហេតុ

responsive[ri 'spɔnsi v] *adj.* x to their needs ឆើតើ
x to treatment ដែលឆ្លើយតបនូវប្រសិទ្ធិភាព
x motor ស្ទុះ

rest[1][rest] *n.* take a x សម្រាក, ការសម្រាក
mind at x សេចក្តីស្ងប់
lay (the dead) to r. កប់
lay (a rumor) to r. ធ្វើឱ្យបាត់ស្ងាត់
come to r. ឈប់
foot x ប្រដាប់ទប់ ទល់ តង
-*iv.* You should x. សម្រាក
(The body) rests (in the church.) ដាក់តម្កល់
arms x on the table នៅលើ
eyes x on the picture ជាប់នឹង
-*tv.* x oneself សម្រាក
x the horses ឱ្យសម្រាក
x one' s arms on the table ដាក់លើ
Law x one' s case បញ្ចប់

rest[2][rest] *n.* spend the x of the money អ្វីដែលនៅសល់
the r. of you អ្នកឯទៀត

restaurant['restrɔnt] *n.* ហាងបាយ
Lit: ភោជនីយដ្ឋាន

restful[restfl] *adj.* x place ស្ងាត់ស្រួល
x sleep ស្រួល

restitution[,resti 'tju:ʃn] *n.* សំណង
Lit: បដិទាន

restive['resti v] *adj.* ច្រួលច្រាល់, អន្ទះអន្ទែង

restless['restləs] *adj.* x mood រសាប់រសល់, ច្រាស់ច្រាល, អន្ទះអន្ទែង (ក្នុងខ្លួន)
x child នៅមិនតនឹង
x night ដែលសម្រាកឥតបានស្រួល

restoration[,restə'rei ʃn] *n.* x of a building ការធ្វើឱ្យដូចដើមវិញ, ប្រត្យាស្ថាបន
The building is a x. របស់ដែលធ្វើឱ្យទៅដូចដើមវិញ
x of health ការធ្វើឱ្យមានដូចដើម
x of lost property ការប្រគល់សងវិញ

restorative[ri 'stɔ:rəti v] *adj.* ដែលលើកកម្លាំងឬទឹកចិត្ត
-*n.* អ្វីៗដែលលើកកម្លាំងឬទឹកចិត្ត

restore[ri 'stɔ:r] *tv.* x an old building ធ្វើឱ្យដូចដើមវិញ
r. him to health ធ្វើឱ្យមានសុខភាពឬស្រួលខ្លួនវិញ
x lost property ធ្វើបដិទាន
x his high spirits ធ្វើឱ្យមានដូចដើម

restrain[ri 'strei n] *tv.* x one' s enthusiasm ទប់ (ចិត្ត ។ល។)
x a horse ធ្វើកុំឱ្យកញ្ច្រោល

restraint[ri 'strei nt] *n.* ues x in dealing with insurrection សេចក្តីអត់ធ្មត់
no x on his actions កម្រិត
(within the) restraints (of the budget) ព្រំដែន

restrict [ri 'stri kt] *tv.* x his movements ធ្វើឱ្យចើសទាស់
x trade ដាក់ព្រំដែន, ដាក់ឱ្យមានលក្ខខណ្ឌ

restriction[ri 'stri kʃn] *n.* the x of his movement ការធ្វើឱ្យចើសទែង
the x of trade ការដាក់កម្រិត
Pl. impose no x កម្រិត, លក្ខខណ្ឌ

restrictive [ri 'stri kti v] *adj*. x clothing ដែលទើសទែង, ចង្អៀត

x clause ប្រកបដោយលក្ខខ័ណ្ឌ, ដែលដាក់ព្រំដែន

rest-room[rest ru:m] *n.* បង្គន់

result[ri 'zʌlt] *n.* What was the x? ផល, លទ្ធផល

final r. អវសានផល

Id. get results បានការ

-iv. r. in ជាលទ្ធផល

r. from កើតមានឡើងដោយសារ, មានមកពី

resultant[ri 'zʌltənt] *adj.* ដែលជាលទ្ធផល

resume[ri 'zju:m] *tv.* x a journey បន្ត

r. one' s seat អង្គុយចុះវិញ

x one' s maiden name យកមកប្រើវិញ

-iv. ចាប់បន្ត

résumé['rezjumei] *n.* សង្ខេប *Lit:* សង្ខិត្ត

resumption[ri 'zʌmpʃn] *n.* ការចាប់ផ្ដើមបន្ត

resurgence[ri 'sɜ:dʒəns] *n.* បុនកម្សនា

resurgent[ri 'sɜ:dʒənt] *adj.* ដែលមានឡើងវិញ

resurrect[,rezə'rekt] *tv.* x the dead ធ្វើឱ្យរស់ឡើងវិញ

x a law យកមកប្រើឡើងវិញ

resurrection[,rezə'rekʃn] *n.* x from the dead ដំណើររស់ឡើងវិញ

x of ancient practices ការយកមកប្រើឡើងវិញ

resuscitate[ri 'sʌsi tei t] *tv.* ជួយធ្វើឱ្យរស់ឡើងវិញ

retail['ri:tei l] *n.* ការលក់រាយ

-adj. ដែលលក់រាយ

-tv. លក់រាយ

retain[ri 'tei n] *tv.* x one for himself ទុក

clothes x their color ចាំ (ពណ៌), មិនចេញ (ពណ៌)

x s.o. in office ទុកឱ្យបន្ត

x facts in one' s memory ចាំ

x a lawyer ជួល

retainer[ri 'tei nər] *n.* ថ្លៃឈ្នួល, ប្រាក់ថ្លៃឈ្នួល

retaliate[ri 'tæli ei t] *iv.* enemy will x សងសឹក (ដោយប្រការផ្សេងៗ)

r. in kind ធ្វើទៅឱ្យដូចវិញ

-tv. x a wrong ធ្វើតបវិញដើម្បីសងសឹក

x my feelings ធ្វើតប

retaliation[ri ,tæli 'ei ʃn] *n.* enemy x ការធ្វើតបដើម្បីសងសឹក

in x for his kindness ការធ្វើតប

retard[ri 'tɑ:d] *tv.* x progress ពន្យឺត

x a child ធ្វើឱ្យវិកលទាំងប្រាជ្ញាទាំងចិត្ត

retarded[ri 'tɑ:di d} *adj.* វិកលទាំងប្រាជ្ញាទាំងចិត្ត

retch[retʃ] *iv.* រកចង់ក្អួត

retention[ri 'tenʃn] *n.* student has good x ការចាំ

x of water ការទប់មិនឱ្យហូរចេញ

x of old customs ការរក្សាទុក

reticent['reti snt] *adj.* រញ៉ារក្នុងចិត្ត

retina['reti nə] *n. Anat.* ចក្រុបដ

retinue['reti nju:] *n.* អ្នកហែហម *Lit:* បរិវារ

retire[ri 'tai ər] *iv.* x at age 65 *Fr:* រ៉ឺតែ្រត *Lit:* និវត្ត

x at 8 o' clock ចូលដេក

x from battle ដកចេញ, ថយចេញ

-tv. x a debt សងរួច

x an officer ឱ្យរ៉ឺតែ្រត, បញ្ឈប់, លែងឱ្យធ្វើការ

x troops from battle ដកចេញ

retiring[ri 'tai əri ŋ] *adj.* a x manner ដែលស្ងាត់ស្ងៀមហើយមិនសូវទាក់ទងនឹងអ្នកឯទៀត

the x president ដែលនឹងនិវត្ត

retort[ri 'tɔ:t] *tv.,iv.* សមសំដី, សឹកសំដី

-*n.* សំពិសិក

retouch[,ri:'tʌtʃ] *tv.* កែ (នៅកន្លែងដែលខ្លួក)

retrace[ri:'trei s] *tv.* r. one' s steps ដើរត្រឡប់តាមផ្លូវដដែល

x the history of ស្រាវជ្រាវពីចុងទៅដើម

x a drawing គូរតាមស្នាមចាស់ឡើងវិញ

retract[ri 'trækt] *tv.* x an antennaពន្លិបចូល, សម្រុកចូល

x a statement ដក

retractable[ri 'træktəbl] *adj.* ដែលពន្លិបបាន

retraction[ri 'trækʃn] *n.* x of an antenna ការពន្លិបចូល

x of a statement ការដក

retread['ri:tred] *tv.* ដាក់សំបកកង់ជាថ្មី

-*n.* កង់ដែលចាក់សំបកថ្មី

retreat[ri 'tri:t] *n.* make a x ការដកថយ

stay at a quiet x ទីស្ងាត់ដាច់ពីគេ

-*iv.* ថយក្រោយ

-*tv.* ដកថយ

retrench[ri 'trentʃ] *tv.* x a budget បន្ថយ (ចំណាយ)

x forces ដកថយហើយរៀបចំជាថ្មី

-*iv.* ថយ (ទ័ព) ទៅតាំងកន្លែងការពារថ្មី

retribution[,retri 'bju:ʃn] *n* . ទៀរ

retrieval[ri 'tri:vl] *n.* x of losses ការបានមកវិញ

x of information ការបានមក

x of a bird ការទៅយកមកឱ្យ

retrieve[ri 'tri:v] *tv.* x one' s losses បានមកវិញ

x information រកបានមក

x a bird ទៅយកមកឱ្យ

retroactive[,retrəu'ækti v] *adj.* ប្រតិសកម្ម

retrogress[,retrə'gres] *iv.* ថយក្រោយ (អ.ប.)

retrospect['retrəspekt] *n.* in r. ក្រឡេកមើលទៅខាងក្រោយ

retrospection[,retrə'spekʃn] *n* . ការក្រឡេកមើលទៅក្រោយឬអតីតកាល

return[ri 'tɜ:n] *iv.* ត្រឡប់ (មកឬទៅវិញ)

-*tv.* x a favor ធ្វើតបវិញ

x a book យកទៅឱ្យវិញ, យកទៅសងវិញ

x a profit ឱ្យ

r. their fire បាញ់ទៅវិញ

r. a verdict វិនិច្ឆ័យទោស

-*n.* await his x ការត្រឡប់មកដល់

x of a book ការយកទៅឱ្យវិញ

get a good a on one' s investment ចំណេញ

in r. for ជាសំណង

-*adj.* x trip ត្រឡប់ទៅវិញ

x ticket សម្រាប់ត្រឡប់ទៅវិញ

reunion[ri:'nju:ni ən] *n.* x of two friends ការជួបគ្នា

family x ប្រជុំ

reunite[,ri:ju:'nai t] *tv.* x lovers ធ្វើឱ្យជួបជុំគ្នាឡើងវិញ

x parties ធ្វើឱ្យរួបរួមគ្នាឡើង

-*iv.* lovers x ជួបជុំគ្នាវិញ

parties x រួបរួមគ្នាវិញ

revamp[,ri:'væmp] *tv.* កែប្រែ

reveal[ri 'vi:l] *tv.* x a secret បញ្ចេញឱ្យដឹង

x her thigh បញ្ចេញឱ្យឃើញ

revel['revl] *iv.* (*pt* . , *pp.* revelled)

x in his misfortune សប្បាយ (នឹង), រីករាយ (នឹង)

x throughout the night សប្បាយអ៊ូអែ

-*n.* *(usu. pl.)* ការសប្បាយអ៊ូអែ

revelry['revlri] *n.* ការសប្បាយអ៊ូអែ

revelation[,revə'lei ʃn] *n.* the x of new facts ការបញ្ចេញឱ្យដឹង

a recent x រឿងដែលបញ្ចេញឱ្យដឹង

revenge[ri 'vendʒ] *n.* ការសងសឹក

-*tv.* សងសឹក

revenue['revənju:] ***n.*** ប្រាក់ចំណូល

reverberate[ri 'vɜ:bərei t] ***iv.*** ខ្ទរ

-*tv.* ធ្វើឱ្យខ្ទរ

reverberation[ri ,vɜ:bə'rei ʃn] ***n.*** បច្ចាភា

revere[ri 'vi ər] ***tv.*** គោរពយ៉ាងជ្រាលជ្រៅ

reverence['revərəns] ***n.*** feel x toward គរុការភាព

Cap. His x ព្រះតេជព្រះគុណ (បុរិសសព្វនាមនៃបព្វជិត)

-*tv.* គោរពយ៉ាងជ្រាលជ្រៅ

reverent['revərent] ***adj.*** ដែលគោរព, គួរសម

reverie['revəri] ***n.*** ការគិតរវើរវាយ

reversal[ri 'vɜ:sl] ***n.*** x of direction ការត្រឡប់ទៅក្រោយវិញ

x of a decision ការប្រែត្រឡាប់

reverse[ri 'vɜ:s] ***adj.*** x direction បញ្ច្រាស, ផ្ទុយ

r. side ខាងក្រោយ, ខាងម្ខាងទៀត

x gear ដែលសម្រាប់ថយក្រោយ

-*n.* the x of his intention ការផ្ទុយ

the x of a coin ខាងម្ខាងទៀត

a business x សេចក្តីអភ័ព្វ

put the car in x លេខទៅក្រោយ

-*tv.* r. direction ត្រឡប់ទៅក្រោយ

x one' s coat ប្រែ, ត្រឡប់ (ពីក្នុងទៅក្រៅ)

x the order ដាក់បញ្ច្រាស

x a decision ប្ដូរបញ្ច្រាសទៅវិញ

reversible [ri 'vɜ:səbl] ***adj.*** x decision ដែលអាចនឹងប្ដូរបញ្ច្រាសទៅវិញបាន

x coat ដែលត្រឡប់ពីក្រៅទៅក្នុងបាន

reversion[ri 'vɜ:ʃn] ***n.*** ការត្រឡប់ទៅដូចដើមវិញ

revert[ri 'vɜ:t] ***iv.*** x to smoking ត្រឡប់ទៅដូចដើមវិញ

x to an earlier passage ត្រឡប់

x to solid state ត្រឡប់ទៅជា...វិញ

profits x to the owner បានទៅ

review[ri 'vju:] ***n.*** literary x ទស្សនាវដ្ដីដែលមានវិវេចនាសៀវភៅផ្សេងៗ

book x វិវេចនា

a x of the situation ការពិនិត្យដោយហ្មត់ចត់ឡើងវិញ

x of the lesson ការរៀនសាឡើងវិញ

military r. ពិធីត្រួតពល

-*tv.* x the lesson រៀនសាឡើងវិញ

x a book ធ្វើវិវេចនា

x the alternatives ពិនិត្យដោយហ្មត់ចត់ឡើងវិញ

r. troops ត្រួតពល

-*iv.* រៀនសាឡើងវិញ

revile[ri 'vai l] ***tv.*** ជេរប្រមាថ

revise[ri 'vai z] ***tv.*** x one' s opinion ផ្លាស់ប្ដូរ

x an article កែ, បន្ថែមបន្ថយ

revision[ri 'vi ʒn] ***n.*** the x of an article ការកែ, ការបន្ថែមបន្ថយ

latest x អ្វីៗកែប្រែបន្ថែមបន្ថយហើយ

revival[ri 'vai vl] ***n.*** x of old customs ការនិយមឡើងវិញ

x of an earlier play ការយកមកសម្ដែងឡើងវិញ

The play is a x. រឿងដែលយកសម្ដែងឡើងវិញ

revive[ri 'vai v] ***tv.*** x old customs និយមឡើង

x an earlier play យកមកសម្ដែងឡើងវិញ

x a patient ធ្វើឱ្យដឹងខ្លួនឡើងវិញ

x one' s spirits ធ្វើឱ្យមានដូចដើមវិញ

-*iv.* ជា, ស្រួល (ខ្លួន) វិញ

revoke[ri 'vəuk] *tv.* ដកហូតមកវិញ

revolt[ri 'vəult] *iv.* natives x បះបោរ

I x at the idea. ជិនឆ្អន់

-*tv.* ធ្វើឱ្យជិនឆ្អន់

-*n.* military x ការបះបោរ

intellectual x ការធ្វើប្រឆាំងនឹងអ្វីដែលគេកំពុងនិយម

feel x at the idea សេចក្ដីជិនឆ្អន់

revolution[,revə'lu:ʃn] *n.* political x បដិវត្តន៍

x of the earth around the sun ការវិលជុំវិញ

Pl. x per minute ជុំ

revolutionary[,revə'lu:ʃənəri]*adj.* x war បដិវត្ត

x idea ដែលខុសប្លែកច្រើនពីធម្មតា

-*n.* អ្នកបដិវត្ត

revolutionize[,revə'lu:ʃənai z] *tv.* ធ្វើឱ្យមានការ

ផ្លាស់ប្ដូរយ៉ាងខ្លាំង

revolve[ri 'vɔlv] *iv.* wheels x វិល

planets x about the sun វិលជុំវិញ

ideas x in his mind វិលវល់

-*tv.* x a wheel បង្វិល

x one object around another ធ្វើឱ្យវិលជុំវិញ

(អ្វីមួយ)

x an idea in his mind ធ្វើឱ្យវិលវល់

revolver[ri 'vɔlvər] *n. Fr:* រ៉ឺវ៉ុលវ៉ែរ (កាំ

ភ្លើងដៃម្យ៉ាង)

revulsion[ri 'vʌlʃn] *n.* ដំណើរត្រឡប់ទៅជាស្អប់

ខ្ពើមយ៉ាងខ្លាំង

reward[ri 'wɔ:d] *n.* in x for faithful service

ការឱ្យរង្វាន់

x for the capture of a criminal រង្វាន់

Pl. the x of virtue ផលល្អដែលកើតពី

-*tv.* ឱ្យរង្វាន់

rhapsody['ræpsədi] *n.* x feeling of x ដំណើរ

អណ្ដែតអណ្ដូង

Mus. play a x បទភ្លេងម្យ៉ាងដែលធ្វើឱ្យអណ្ដែតអណ្ដូង

rhetoric['retəri k] *n.* វោហារសាស្ត្រ

rhetorical[ri 'tɔri kl] *adj.* x skill ខាងវោហារសាស្ត្រ

r. question សំណួរដែលឥតបម្រុងនឹងឱ្យមានចម្លើយ

rheumatism['ru:məti zəm] *n.* រោគសន្លាក់ឆ្អឹង

rhinestone['rai nstəun] *n.* ត្បូងសិប្បនិម្មិត

rhinoceros[rai 'nɔsərəs] *n.* រមាស

rhomboid['rɔmbɔi d] *n.* ផ្ទៃបួនជ្រុងល្មាយស្រប

rhombus['rɔmbəs] *n.* ផ្ទៃបួនជ្រុងល្មាយ (ស្មើ)

rhyme[rai m] *n.* the two words form a x ចួន,

ចុងចួន

use x for euphony ពាក្យចួន

write a x កំណាព្យ

-*iv.* ចួនគ្នា

-*tv.* ធ្វើឱ្យចួនគ្នា

rhythm['ri ðəm] *n.* x of a song ចង្វាក់

in r. with ត្រូវគ្នានឹង

rhythmical['ri ðmi kl] *adj.* x song ដែលមាន

ចង្វាក់ល្អ

x changes of the moon ដែលមានទៀងរាល់ថ្ងៃ ខែ

ឆ្នាំ។ល។

x sense ខាងចង្វាក់

rib[ri b] *n.* break a x ឆ្អឹងជំនីរ

x of an umbrella ឆ្អឹង (ឆ័ត្រ)

x of a boat កង (ទូក)

ribbon['ri bən] *n.* x of cloth បន្ទះមានបណ្ដោយវែង

Lit: បដិកា

hair x បូ

typewriter x រុយបង់, បន្ទះទឹកខ្មៅ

Pl. clothes torn to x ចម្រៀក

rice[rai s] *n.* staike of r. ដើមស្រូវ

unhusked r. ស្រូវ

husked r. អង្ករ

cooked r. បាយ *Lit:* ព្រះក្រយា

rich[ri ʧ] *adj.* x man មាន

x food ដែលមានគ្រឿងដូចជាស្ករក្រែម ។ល។ ច្រើន

x color ដិត

x sound ណែនល្អ, មិនសាវៗ

x source សម្បូណ៌

x soil មានជីជាតិ (ល្អ)

riches['ri ʧi z] *n.* have great x ភោគទ្រព្យ

the x of a country ធនធានធម្មជាតិ

the x of literature តម្លៃ (អ.ប.)

rick[ri k] *n.* ឆ្នឹម (ចំបើង), ពំនូក

-tv. គរ (ជាឆ្នឹម)

rickets['ri ki ts] *n.* រោគក្រិស

rickety['ri kəti] *adj.* x chair ដែលរកតែបាក់

x old man ទ្រេតទ្រោត

x child មានរោគក្រិស

rickshaw['ri kʃɔ:] *n.* ឡានកង់

ricochet['ri kəʃei] *iv.* ប្លាត

-n. ដំណើរប្លាត

rid[ri d] *tv.* x the country of criminals កំចាត់

x the mind of worries បំបាត់ចេញ, ធ្វើឱ្យលែងមាន

get r. of កំចាត់, ធ្វើឱ្យបាត់ពីមុខពីមាត់ទៅ

riddance['ri dns] *n.* x of evil ការកំចាត់ចេញ

Good r.! បាត់ទៅឬអស់ទៅក៏ម្យ៉ាងដែរ

riddle[1]['ri dl] *n.* ask a x ពាក្យប្រស្នា

His whereabouts is a x. ការដែលគួរឱ្យពិបាកយល់

riddle[2]['ri dl] *tv.* x a target ធ្វើឱ្យធ្លុះសុស

(flour) is riddled with (bugs) មានពាសពេញ

(government) is riddled with (corruption) មានគ្រប់កន្លែង

ride[rai d] *iv.* *(pt. rode , pp.* ridden *)*

x a horse/train/bike ជិះ

x him on a bike/one' s back ព្រនាក់

x the waves អណ្តែតលើ

x the territory ជិះសេះកាត់

-iv. He likes to x . ជិះសេះ

(cowboys) r. well ពូកែជិះសេះ

(These cars) r. well. ជិះស្រួល

hopes x on the outcome ស្រេចតែ

x at anchor អណ្តែត

Trains x on rails . រត់បើក

-n. give s.o. a r . ឱ្យជិះ

take a r. ជិះ (អ្វីមួយលេង)

a long x ការជិះ (ឡាន រថភ្លើង ។ល។)

rider['rai dər] *n.* horse an x អ្នកជិះ

attach a x to the bill ខបន្ថែមភ្ជាប់មកជាមួយ

ridge[ri ʤ] *n.* mountain x ជួរ

x of the roof កំពូល

(table has) ridges ចង្អូរ

-tv. ពូន

-iv. ឡើងជាខ្ពស់

ridicule['ri di kju:l] *tv.* ចំអក

-n. ការចំអក

ridiculous[ri 'di kjələs] *adj.* គួរឱ្យអស់សំណើច

riffraff['ri fræf] *n.* មនុស្សថោកទាប

rifle[1]['rai fl] *n.* កាំភ្លើង (វែងធម្មតា)

rifle[2]['rai fl] *tv.* ពិរុះកកាយ

rift[ri ft] *n.* x in the board ស្នាមបែកឬប្រេះ

Fig. x between the two men ការបែកបាក់

rig[ri g] *tv.* *(pt. ,pp.* rigged*)*

x a sailing ship ចងក្ដោង

r. out (an expedition) ផ្ដល់សម្ភារៈ

r. up (a makeshift device) ប្រើគ្រឿងមិនចំមក ផ្សំផ្គុំធ្វើអ្វីមួយ

r. oneself up (in a costume) តុបតែងខ្លួន

Coll. x an election ប្រើមធ្យោបាយមិនសុចរិត ដើម្បីនឹងសម្រេចអ្វីមួយ

-n. ship' s x គ្រឿងក្ដោង

x of an expedition គ្រឿងសម្ភារៈ

Coll. hauling x រថយន្តដឹកទំនិញ

oil x កញ្ចាម, សំណង់ខ្ពស់លើមាត់អណ្ដូងប្រេងកាត

rigging[ri gi ŋ] *n.* គ្រឿងក្ដោង

right[rai t] *adj.* x conduct ត្រឹមត្រូវ

x answer ត្រូវ

x turn ស្ដាំ

r. angle មុមកែង

x owner ពិតប្រាកដ

x politics ខាងស្ដាំ

-n. be in the x ភាពត្រូវ

Pl. civil x សិទ្ធិ

political x ខាងស្ដាំ (នយោបាយ)

-adv. x to the bottom តែម្ដង

Coll. x ill គួរសមដែរ

r. here ត្រង់នេះ

r. away ភ្លាម

do it x ឱ្យត្រូវ

turn out r. បានល្អ

turn x ទៅខាងស្ដាំ

Id. serves him r. សមនឹងអំពើដែលគាត់ បានធ្វើហើយ

-tv. x an overturned glass ដាក់ឱ្យត្រង់

x a wrong កែឬធ្វើឱ្យត្រូវវិញ

-iv. ទៀងត្រង់

-interj. ហ្នឹងហើយ!

righteous['rai tʃəs] *adj.* ត្រឹមត្រូវ

rightful['rai tfl] *adj.* x owner ពេញច្បាប់

x property ត្រឹមត្រូវតាមច្បាប់

right-hand[rai t hænd] *adj.* x turn ស្ដាំ

x glove សម្រាប់ដៃស្ដាំ

Id. r. man ដៃស្ដាំ (ឧ.គាត់ជាដៃស្ដាំរបស់លោក ប្រធានាធិបតី)

right-handed[rai t hændi d] *adj.* x man ស្ដាំ, ដែលប្រើដៃស្ដាំ

x tool សម្រាប់ដៃស្ដាំ

rightist[rai ti st] *adj.* ខាងស្ដាំ

-n. អ្នកកាន់នយោបាយខាងស្ដាំ

right-of-way[rai t əv wei] *n.* traffic x សិទ្ធិឱ្យទៅមុន

x across his land សិទ្ធិទៅកាត់ឬប្រើប្រាស់

buy a x ច្រកដែលខ្លួនមានសិទ្ធិប្រើប្រាស់

right-wing[rai t wi ŋ] *adj.* ខាងស្ដាំ

rigid['ri ʤi d] *adj.* x post រឹងឆ្អឹង, មិនអាចបត់បាន

x opinions មិនចេះប្រែប្រួល

x discipline តឹងរ៉ឹង

rigor['ri gər] *n.* enforced with x ការម៉ឺងម៉ាត់តឹងរ៉ឹង

scholarly x សេចក្ដីហ្មត់ចត់

Pl. x of winter ភាពលំបាក

rigorous['ri gərəs] *adj.* x life ប្រកបដោយការ លំបាក

x exam យ៉ាងពិបាក

x academic approach យ៉ាងហត់ចត់

rile[rai l] *tv. Coll.* ធ្វើឱ្យខឹង

rim[ri m] *n.* x of a wheel ខ្នងកង់

x of a canyon មាត់, គែម

x of a glass មាត់

x of a skirt ជាយ

rime[rai m] *(see* rhyme*)*

rind[rai nd] *n.* orange x សំបក

cheese x ផ្នែករឹងៗនៅខាងក្រៅ

pork x ស្បែក

ring[1][ri ŋ] *n.* diamond x ចិញ្ចៀន, ខ្សែង

x of trees អ្វីដែលតំរៀបគ្នាជារង់

x of thieves ក្រុម

boxing x សង្វៀន, សៃវៀន, ស្នាម

-tv. x the area ព័ទ្ធជុំវិញ

x the nose (of an animal) ដាក់កង

ring[2][ri ŋ] *tv. (pt .* rang *, pp.* rung*)*

x a bell វាយ (ជួង)

x a doorbell ចុចប្ញូងរោទ៍

x his office តេឡេហ្វូន (ទៅ)

r. up (a friend) តេឡេហ្វូន (ទៅ)

-iv. bells x បន្លឺសូរ (ជួង)

telephones x រោទ៍

-n. x of bells សូរ

x of the telephone សូររោទ៍

give him a r. ហៅតេឡេហ្វូនទៅគាត់

have the x of truth ទំនង

ringleader['ri ŋli:dər] *n.* មេ, មេក្រុម

ringlet['ri ŋlət] *n.* សក់ខ្ញើងរមួរ

ringworm['ri ŋwɜ:m] *n.* ស្រែង

rink[ri ŋk] *n.* កន្លែងលេងជាតាំង

rinse[ri ns] *tv.* x clothes លាងជំរះ

r. out លាងជំរះ

-n. give them a x ការលាងជំរះ

mouth x ទឹកសម្រាប់លាងជំរះ

riot['rai ət] *n.* prison x កុបកម្ម

a r. of color ពណ៌ច្រើនច្របូកច្របល់

Sl. He' s a x. មនុស្សប្រសប់កំប្លែង

-iv. prisoners x ធ្វើកុបកម្ម

Id. run r. ធ្វើអ្វីតាមចិត្ត

riotous['rai ətəs] *adj.* x prisoners ដែលរករែកធ្វើកុបកម្ម

x laughter យ៉ាងក្អាកក្អាយ

rip[ri p] *tv. (pt.,pp.* ripped*)*

x his pants ធ្វើឱ្យរហែក

r. up (cloth) ហែក

r. up (his argument) បង្ហាញឱ្យឃើញថាខុសទាំងស្រុង

x a plank អារជាបន្ទះ, ច្រៀក

-iv. រហែក

-n. ស្នាមរហែក

ripcord[ri pkɔd] *n.* ខ្សែទាញបើកឆ័ត្រយោង

ripe[rai p] *adj.* x fruit ទុំ

x wine ចាស់

Id. time is r. និកាលល្អហុចមកហើយ

r. old age វ័យចាស់ជ្រាទ្រលែង

x maiden ពេញរូបគង

ripen['rai pən] *iv.* fruits x ទុំ

wines x ឡើងចាស់

-tv. បន្ទុំ, ធ្វើឱ្យទុំ

ripple[ri pl] *iv.* ឡើងរអាញ់ៗឬរេជ្ជាៗ

-tv. ធ្វើឱ្យឡើងរអាញ់ៗឬរេជ្ជាៗ

-n. អ្វីដែលរអាញ់ៗឬរេជ្ជាៗ

ripsaw['ri psɔ:] *n.* រណារច្រៀកឈើ

rise[ra...] *iv.(pt.* rose*, pp.* risen*)*

x from a sitting position ក្រោកឈរ

x at 8 o'clock ក្រោកពីដេក

(sun) rises រះ (ថ្ងៃ ខែ ។ល។)

r. against (tyranny) ក្រោកប្រឆាំង

prices x ឡើងថ្លៃ

building will x on the site សង់

(dough) rises ឡើង

birds x in the air ហើរឡើង

(building) rises (60 stories) មានកំពស់

river will x ឡើង (ទឹកទន្លេ ព្រែក)

voices x in anger ឡើងខ្លាំងឡើង

-n. the x of tyranny ដំណើរកើតឡើង

x in prices ការឡើង

a x in the road ទីខ្ពស់

x of a river ការឡើង (ទឹកទន្លេ ។ល។)

give r. to បណ្ដាលឱ្យមាន

riser[rai zər] ***n.*** an early r. មនុស្សងើបពីព្រលឹម

x of a stair step ក្ដារបញ្ឈរនៅចន្លោះកាំជណ្ដើរ

rising[rai ziŋ] ***adj.*** x moon ដែលកំពុងរះឡើង

x fear ដែលខ្លាំងឡើង

risk[ri sk] ***n.*** take a x ការប្រថុយ

He' s a good r. គាត់ជាមនុស្សគួរឱ្យប្រថុយ

-tv. x one' s life ប្រថុយ, ប្ដូរ

x injury អាចនឹងមាន

risky[ri ski] ***adj.*** ដែលប្រកបដោយគ្រោះថ្នាក់

rite[rai t] ***n.*** ចារិត្ត, វិធី

ritual['ri tʃuəl] ***n.*** religious x ក្បួនវិធី

daily x ការធ្វើជាទម្លាប់

-adj. ជាទម្លាប់

rival['rai vl] ***n.*** គូប្រជែង

-adj. ដែលប្រជែង

-tv. អាចប្រកួត (នឹង), ប្រៀបបាន (នឹង)

rivalry['rai vlri] ***n.*** ការប្រកួត

river['ri vər] ***n.*** large r. ទន្លេ

small r. ស្ទឹង

r. basin ជលសីមានៃទន្លេ

r. bank មាត់ទន្លេ

riverside['ri vəsai d] ***n.*** មាត់ទន្លេ

rivet['ri vi t] ***n.*** ដែកគោលមីង

-tv. x a plate មីងភ្ជាប់

x a nail មីង, វាយមីង

r. one' s eyes on មើលមិនដាក់ភ្នែក

rivulet['ri vjələt] ***n.*** អូរ

roach[rəutʃ] ***n.*** កន្លាត

road[rəud] ***n.*** follow this x ថ្នល់, ផ្លូវថ្នល់

(He' s) on the r. (most of the time.) ធ្វើដំណើរ

on the r. to recovery ងើបពីជម្ងឺ

(take a show) on the r. ពីកន្លែងមួយទៅកន្លែងមួយ

roadbed['rəudbi d] ***n.*** គ្រឹះថ្នល់

roadside['rəudsai d] ***n.*** ជាយផ្លូវ

-adj. តាមផ្លូវ

roam[rəum] ***iv.*** ដើរចរ្យ, ដើរទេស

-tv. ដើរមិនឆ្ពោះទៅទីណា (ក្នុង កាត់។ល។)

roar[rɔ:r] ***iv.*** lions x គោម, គ្រហឹម

r. with laughter សើចយ៉ាងខ្លាំង

engines x គោម (ម៉ាស៊ីន)

-tv. គោម

-n. x of a lion សូរគោម

x of laughter សូរលាន់ខ្លាំង

roast[rəust] ***tv.*** x pieces of meat អាំង

r. whole ខ្វៃ

x meat in the coals ដុត

x one's feet កំភៅ

-*n.* have a x for dinner សាច់ជ្រូកខ្វៃ

buy a x សាច់សម្រាប់យកទៅដុតឬខ្វៃ

-*adj.* x pig ខ្វៃ

x chicken អាំង

x chestnuts ដុត

x peanuts លីង

rob[rɔb] *tv.* *(pt . pp.* robbed*)*

x a bank (by force) ប្លន់

x a bank (by stealth) លួច

x him of his fun ធ្វើលែងឱ្យមាន

Id. r. the cradle យកប្រពន្ធក្មេង

robbery['rɔbəri] *n.* r. by force ការប្លន់

r. by stealth ការលួច

robe[rəub] *n.* flowing x អាវផាយ

judge's x អាវវែង (សញ្ញាអាជីពអ្វីមួយ)

lap x ភួយ

-*tv.* ស្លៀកពាក់ឱ្យ

robin['rɔbin] *n.* សត្វស្លាបម្យ៉ាង (មានទ្រូងក្រហម)

robot['rəubɔt] *n.* រូបយន្ត

robust[rəu'bʌst] *adj.* x child មាំ

x plant ខ្លាំង, ធ្ងន់

rock[1][rɔk] *n.* mountain of x ថ្ម

Lit: សិលា

throw a x ដុំថ្ម

Id. on the rocks ជិតទៅហើយ

-*adj.* (river has a) r. bottom បាតថ្ម

(spirits hit) r. bottom កម្រិតទាបបំផុត

r. salt អំបិលយកមកពីក្នុងដី

rock[2][rɔk] *tv.* x a cradle យោល

x a boat ធ្វើឱ្យយ៉ឹងយោងៗ

Id. Don't r. the boat. កុំនាំឱ្យចលាចល

-*iv.* cradles x យោលទៅយោលមក

boats x យ៉ឹងយោងៗ

tables x រញ្ជួយ

rocker[rɔkər] *n.* curved x ឈើកោងធ្វើជាជើងកៅអីយោល

sit in a x កៅអីយោល

rocket['rɔkit] *n.* *Fr:* រ៉ុកកែត *Lit:* កាំជ្រួច

-*iv.* ហោះឡើងទៅ

-*tv.* បាញ់នឹងរ៉ុកកែត, បាញ់រ៉ុកកែតទៅលើ

rocking-horse['rɔkiŋ hɔs] *n.* សេះឈើ (ជិះលោកៗ)

rocky['rɔki] *adj.* ពាសពេញទៅដោយថ្ម

rod[rɔd] *n.* metal x អ្វីៗដែលមូលវែង

fishing r. ដងសន្ទូច

one x in length រង្វាស់ប្រវែង១៦ហ៊ីត (ប្រហែល៤,៨៨ម)

Id. spare the r. ធុរ (នឹងកូនចៅ)

Sl. carry a x កាំភ្លើងដៃ

rode[rəud] *(pt. of* ride*)*

rodent['rəudnt] *n.* ពួកសត្វកកេរ *Lit:* រទេច្ឆទី

rodeo[rəu'dei əu] *n.* entertainment x ការប្រកួតជិះសេះឬគោដែលមិនទាន់ផ្សាំង

ranch x ការកៀងគោ

roe[rəu] *n.* ពងត្រី

rogue[rəug] *n.* dishonest x មនុស្សទុច្ចរិត

playful x មនុស្សខិល

-*adj.* x elephant សាហាវ

Sl. x cop ទុច្ចរិត, ពុករលួយ

roil[rɔil] *tv.* ធ្វើឱ្យឡើងកករ

role[rəul] *n.* *Theat.* play a r. ដើរតួ

x of women នាទី, មុខងារ

roll[rəul] *iv.* wheels x រមៀល

Trains x on rails រត់

(smoke) rolls រមូរឡើង

hills x ឡើងចុះៗ

eyes x ក្រឡាប់ចុះក្រឡាប់ឡើង

(thunder) rolls លាន់គគ្រឹម

waves x រត់ត្របាញ់ (អ.ប.)

ships x ឃ្លីងឃ្លោង

r. up (to sleep) រមូរខ្លួន

(ends) r. up ឡើងរមូរ

-*tv.* x a ball ប្រមៀល

x a cart រុញ

x a cigarette មូរ

x one's eyes ធ្វើឱ្យក្រឡាប់ចុះក្រឡាប់ឡើង

x a drum វាយ

x clay លុញ

x a roadbed កិនឱ្យរាបស្មើ

r. up (a paper) មូរ

r. up (string) រុំជារបុំ

-*n.* x of paper រមូរ, របុំ

call the x បញ្ជីឈ្មោះ

x of fat ដុំ, គម្សារ

drum x សូរវាយ

x of the land សភាពឡើងចុះ

x of a ship ដំណើរឃ្លោង

roller['rəulər] ***n.*** dirt x រូឡូ

hair r. ប្រដាប់មូរសក់

paper x ប្រដាប់មូរ

bed x កង់

-*adj.* r. coaster រ៉ូល័រកូស្ទ័រ (គ្រឿងជិះលេងម្យ៉ាងរត់ឡើងចុះលើផ្លូវដែក)

r. skate ស្បែកជើង រំអិល មានកង់

Roman['rəumən] ***adj.*** x law នៃក្រុងរ៉ូមសម័យបុរាណ

R. Catholic កាតូលិករ៉ូម៉ាំង

R. numerals លេខរ៉ូម៉ាំង

l. c. x alphabet រ៉ូម៉ាំង

-*n.* អ្នកប្រ ក្រុងរ៉ូម

romance[rəu'mæns] ***n.*** literary x រឿងប្រលោមលោក

x of the situation ភាពធ្វើឱ្យស្រើបចិត្តឬរំជួលចិត្ត

summer x ស្នេហា

-*adj. Cap.* R. languages ភាសាក្លាយមកពីភាសាឡាតាំង

-*tv. Coll.* ចែចង់

romantic[rəu'mænti k] ***adj.*** x novel ដែលធ្វើឱ្យរំជួលចិត្តឬស្រើបចិត្ត

x affair ខាងរឿងស្នេហា

-*n.* អ្នកចិត្តនិយម

romanticism[rəu'mænti si zəm] ***n.*** ចិត្តនិយម

romp[rɔmp] ***iv.*** លេងឬប្រឡែងច្រងាប់ច្រងិល

-*n.* ការលេងឬប្រឡែងច្រងាប់ច្រងិល

roof[ru:f] ***n.*** *(pl.* rooves*)* house x ដំបូល

x of the mouth ពិតាន (មាត់), ក្រអូម (មាត់)

-*tv.* ប្រក់ (ដំបូលផ្ទះ)

roofing[ru:fi ŋ] ***n.*** គ្រឿងដំបូល

rookie['ru:ki] ***n.*** ជើងថ្មី (ទាហាន។ល។)

room[ru:m] ***n.*** large x បន្ទប់

take up a lot of x កន្លែង

There's r. for improvement. អាចធ្វើឱ្យប្រសើរជាងនេះទៀតបាន

-*iv.* សំណាក់, ជួលបន្ទប់នៅ

roomer[ru:mər] ***n.*** អ្នកជួលបន្ទប់នៅ

rooming house[ru:miŋ haus] ***n.*** ផ្ទះមានបន្ទប់សម្រាប់ជួល

roomy[ru:mi] ***adj.*** ទូលាយ

roommate[ru:mei t] ***n.*** អ្នកនៅបន្ទប់ជាមួយគ្នា

roost[ru:st] ***iv.*** ទំ

-*n.* ទ្រនំ

rooster['ru:stər] ***n.*** មាន់ឈ្មោល

Year of the R. ឆ្នាំរកា

root[1][ru:t] ***n.*** tree x ឫស

the x of the matter ដើមហេតុ

(He has no) roots. ទីកន្លែងសម្រាប់សំគាល់ថាជាស្រុករបស់ខ្លួន

Math. square r. ឫសការេ

Math. cube r. គីប

Gram. x of a derivative មូលសព្ទ

take r.ចាក់ឫស

-tv. pigs x ឈូស

x around in his room រើកកាយ

-tv. r. out ស្វះស្វែងរកកំចាត់ចោល

r. up ធ្វើឱ្យមានអាចម៍ដីគរឡើង

-adj. x crop ដែលមានមើម

root[2][ru:t] *iv. Coll.* r. for ទះដៃឡូឡា លើកទឹកចិត្ត

rope[rəup] ***n.*** hemp x ពួរ

die by the x ការចងក

Id. on the ropesជិតអស់សង្ឃឹម

-tv. x him to the mast ចង (នឹងពួរ)

x a steer ទាក់នឹងរង្វង់

r. off (an area) ចងពួរធ្វើជារបង

rosary['rəuzəri] ***n.*** ចង្វាយក្រាប់ផ្គាំ

rose[1][rəuz] ***n.*** red x ផ្កាកុលាប

Id. beb of roses សភាពស្រណុកស្រួល

the color x ពណ៌សីកុលាប សីជម្ពូផ្កាឈូក

-adj. សីកុលាប សីជម្ពូផ្កាឈូក (ពណ៌)

rose[2][rəuz] *(pt. of* rise*)*

roster['rɔstər] ***n.*** បញ្ជីឈ្មោះ

rostrum['rɔstrəm] ***adj.*** វេទិកា

rosy['rəuzi] ***adj.*** x cheeks ក្រហមប្រឿង

x future ប្រកបទៅដោយសេចក្ដីសង្ឃឹម

rot[rɔt] *iv. (tp. . pp .*rotted*)*

apples x ខូច, រលួយ, ស្អុយ

dead trees x ពុក

r. away ពុករលួយទៅ

-tv. elements x wood ធ្វើឱ្យពុក

bacteria x meat ធ្វើឱ្យរលួយ ខូច ស្អុយ

-n. cut off the x កន្លែងពុករលួយ

loss due to x ការពុករលួយ

plants caught a x ជម្ងឺដែលធ្វើឱ្យពុក

Sl. That' s a lot of x. អ្វីៗដែលមិនសមហេតុផល

rotary['rəutəri] ***adj.*** ដែលវិល

rotate[rəu'tei t] *iv.* wheels x វិល

(earth) rotates (around the sun) វិល (ជុំវិញអ្វីមួយទៀត)

(chairmanship) rotates ផ្លាស់គ្នា

-tv. x a wheel បង្វិល

r. crops ផ្លាស់ដំណាំ

rote[rəut] ***n.*** daily x ការដដែលៗ

by r. ដោយគ្មានគិត

-adj. x learning ដោយធ្វើតាមឬថាតាម

rotten['rɔtn] ***adj.*** x apples ខូច, រលួយ, ស្អុយ

x wood ពុក

x character អាក្រក់

Sl. feel r. មិនស្រួលខ្លួន

Sl. x weather អាក្រក់

rotunda[rəu'tʌndə] ***n.*** អាគាររាងមូល ដំបូលក្រឡុម

rouge[ru:ʒ] ***n.*** ថ្នាំលាបថ្ពាល់ឱ្យក្រហម, ថ្នាំក្រហម

-tv. លាបថ្នាំក្រហម (ជមូគាទៅត្រង់ថ្ពាល់)

rough[rʌf] ***adj.*** x surface គគ្រាត

x road រដិបរដុប

x player ឃោរឃៅ

x manners គ្រោតគ្រាត (អ. ប.)

x life កំបាក

x draft ព្រាង

x guess ដោយប្រហាក់ប្រហែល

-*n.* lost in the x កន្លែងមានស្មៅខ្ពស់

(do it) in the r. មិនទាន់ឆៃ

-*tv.* x a surface ធ្វើឱ្យគគ្រើមគគ្រាត

r. in ដាក់គ្រោងព្រាងៗ

r. (s.o) up វាយដំ

Id. r. it រស់នៅដោយខ្វះនូវគ្រឿងត្រូវការគ្រប់យ៉ាង

roughage['rʌfiʤ] ***n.*** គ្រឿងបរិភោគសម្រាប់តែធ្វើឱ្យយតឹងពោះ

roughen['rʌfn] ***tv.*** ធ្វើឱ្យគគ្រាតឬគគ្រើម

-*iv.* ឡើងគគ្រាតឬគគ្រើម

roughneck['rʌfnek] ***n.*** អ្នកលេង, មនុស្សកាប់ចាក់

round[raund] ***adj.*** x wheel/ball មូល

x numbers គត់

x trip ទៅមក

-*n.* a perfect x រង្វង់មូល

x of bargaining លើក

x of ammunition គ្រាប់

policeman' s x ផ្លូវដើរល្បាត

daily x ការដដែលៗ

-*adv.* go r. ទៅកន្លែងនេះទៅកន្លែងនោះ

turn r. បែរក្រោយ

the country x ជិតៗ

all year r. ពីដើមឆ្នាំដល់ចុងឆ្នាំ

show him r. បង្ហាញកន្លែងផ្សេងៗ

(when the time) comes r. មកដល់

-*prep.* put paper x a package ជុំវិញ

go x the world ជុំវិញ

the country x here ជិតៗ

wander x the country ទីផ្សេងៗ (ក្នុង)

x the corner ខាងម្ខាងទៀត (នៃជ្រុង)

-*tv.* x a ball of clay ធ្វើឱ្យមូល

x an edge ធ្វើឱ្យបាត់ជ្រុង

r. a street corner បត់ទៅខាងម្ខាងនៃកែងថ្នល់

x one' s lips ធ្វើឱ្យមូល

r. out (a schedule) បង្គ្រប់

r. up (cattle) កៀងប្រមូល (គោ។ល។)

roundabout['raundəbaut] ***adj.*** the country x នៅជិតៗ

x route វាង

x answer ពង្វាង

roundly['raundli] ***adv.*** យ៉ាងខ្លាំង

round-up['raundʌp] ***n*.** ការកៀងផ្តុំ, ការប្រមូលផ្តុំ

roundworm['raundwɜ:m] ***n.*** ព្រូន (ធម្មតា)

rout[raut] ***tv.*** ធ្វើឱ្យខ្ចាត់ខ្ចាយ, ធ្វើឱ្យបាក់ទ័ព

-*n*. ដំណើរខ្ចាត់ខ្ចាយ

route[ru:t] ***n.*** ផ្លូវ

-*tv*. ឱ្យទៅតាម (ផ្លូវណាមួយ)

routine[ru:'ti:n] ***n.*** follow the proper x ទម្រង់ការ

bored by x ការដដែលៗ

-*adj.* x duties ដដែលៗ

x check ជាការធម្មតា

rove[rəuv] ***iv.,tv*.** ដើរចរច្របអារ៉ប់

row[1][rəu] ***n.*** x of trees ជួរ

x of events ដំណើរបន្តបន្ទាប់គ្នា

(three defeats) in a r. បន្តៗគ្នា, ជាន់ៗលើគ្នា

-*tv.* ដាក់ជាជួរ

row[2][rəu] ***iv.*** x with a loose oar អុំ

x with a fixed oar ចែវ

-*n.* ការអុំទូកលេង

row[3][rəu] ***n.*** ជម្លោះឆោឡោ

rowboat[rəubɔt] ***n.*** ទូកអុំ

rowdy['raudi] ***adj.*** ក្តុងក្តាំង, ឆុងឆាំង

-*n.* មនុស្សឆុងឆាំង

royal['rɔi əl] *adj.* r. family ព្រះរាជវង្សានុវង្ស

x order រាជ, ព្រះរាជា, នៃស្ដេច, នៃព្រះមហាក្សត្រ

x splendor សមតែសម្រាប់ស្ដេច

royalist['rɔi əli st] *n.* អ្នករាជនិយម

royalty['rɔi əlti] *n.* x member of the x ពួកពូជស្ដេច

Lit: វណ្ណៈនៃអ្នកជាប់ពូជស្ដេច

question his x ភាពជាប់ពូជស្ដេច

throughout the x ព្រះរាជាណាចក្រ

receive a x for his book កំរៃអ្នកនិពន្ធ

rub[rʌb] *tv. (pt..pp* rubbed*)* x a table ដុស, ត្រដុស (ដូចជាគេជូតតុកខ្វក់ជាដើម)

x wax on ខាត់, រាយ

x his back រឹត

x two sticks together ត្រដុស

r. in (liniment) លាបហើយ

r. off (dirt) ជូតឱ្យជ្រះ

r. out (a word) លុប

Sl. r. out (an emeny) សម្លាប់

Id. Don' t r. it in! កុំនិយាយច្រើនពេក!

-iv. wheels x against the fender កកិត, ត្រដុស (នឹង), ប៉ះនឹង

(colors) r. off រលុប

-n. give the cat a x ការអង្អែល

give his back a x ការរឹត

Id. There' s the x. បញ្ហា

rubber['rʌbər] *n.* made of x កៅស៊ូ

pencil x ជ័រលុប

pl. wear your x ស្រោមស្បែកជើង

r. band កៅស៊ូ (ជាកង់ៗ)

r. stamp ត្រាកៅស៊ូ

rubberize['rʌbərai z] *tv.* លាបកៅស៊ូ, ពាសកៅស៊ូ

rubber-stamp['rʌbər stæmp] *tv.* x a letter បោះត្រា

Id. x his proposal យល់ព្រមដោយឥតពិនិត្យ (ដោយខ្ជាចឬឥតខ្វល់)

-adj. Id. x congress ដែលគ្មានអំណាចពិតប្រាកដ

rubbish['rʌbi ʃ] *n.* litter with x សម្រាម

Fig. The book is x. របស់ឥតបានការ

rubble['rʌbl] *n.* កំទេច

rubdown['rʌbdaun] *n.* ការរឹតច្របាច់

rubric['ru:bri k] *n.* និទ្ទេសបទ

ruby['ru:bi] *n.* made of x ត្បូងទទឹម

the color x ពណ៌ឈាមជ្រូក

-adj. ពណ៌ឈាមជ្រូក

rudder['rʌdər] *n.* ចង្កូត (ទូក យន្តហោះ។ល។)

ruddy['rʌdi] *adj.* ក្រហមព្រឿង (ដោយមានសុខភាពល្អ)

rude[ru:d] *adj.* x person ទ្រគោះ, គ្រោតគ្រាត

x accomodations ដ៏អត្តខាត់

rudiment['ru:di mənt] *n. (usu. pl.)* បឋមវិជ្ជា

rudimentary[,ru:di 'mentri] *adj.* x principles ជាបឋមវិជ្ជា

x living conditions ដ៏អត្តខាត់

rue[ru:] *tv.* ស្ដាយក្រោយ

ruffian['rʌfi ən] *n.* អ្នកលេង, មនុស្សពាល, មនុស្សកាប់ចាក់

ruffle['rʌfl] *iv.* breezes x the water ធ្វើឱ្យរអាក់ៗ

hens x their feathers ធ្វើឱ្យបាស

x his composure ធ្វើឱ្យរំជួល

x a dress ជីបឱ្យបៅងឡើង

-n. a x in the sand ស្នាមរអាក់ទាបខ្ពស់ៗ

x of a dress កន្លែងជីបហើយឡើងបៅងៗ

rug[rʌg] *n.* ព្រំ

rugged['rʌgi d] *adj.* x terrain ដែលរមាំងរមោងខ្លាំង

x soldier ដែលខ្លាំងពូកែ, ម៉ាំមួន

x vehicle មាំ

x life ដែលមិនដែលស្គាល់ស្រណុក, យ៉ាប់យ៉ឺន

ruin['ru:i n] *n. pl.* x of an ancient city សំណង់

បាក់បែក *Lit:* វិកិណ្ណដ្ឋាន

gambling was x ការហិនហោច, សេចក្ដីវិនាស

-tv. x a good tool ធ្វើឱ្យខូច

x his reputation ធ្វើឱ្យខូច, ធ្វើឱ្យសៅហ្មងឈ្មោះ

gambling will x him ធ្វើឱ្យវិនាសអន្តរាយ

rule[ru:l] *n.* break a x វិន័យ

x of grammar វិធាន, ក្បួន

during his x ការគ្រប់គ្រង

as a r. ជាធម្មតា, ជាទម្លាប់

wooden x បន្ទាត់

Id. r. of thumb វិធីធ្វើអ្វីមួយតាមទម្លាប់ឬការពិសោធ

-tv. x the country គ្រប់គ្រង

x him out of order សម្រេចថា

x his passions ទប់

x lines on a paper ឆូត (បន្ទាត់)

r. out បដិសេធ, ទាត់ចោល

ruler['ru:lər] *n.* benevolent x អ្នកគ្រប់គ្រង

straightedge x បន្ទាត់

rumble['rʌmbl] *iv.* លាន់សូរសន្ធឹក

-tv. ធ្វើឱ្យលាន់សូរសន្ធឹក

-n. សូរសន្ធឹក

ruminant['ru:mi nənt] *n.* សត្វទំពាអៀង

Lit: រោមិន្ថក

-adj. x animal ដែលទំពាអៀង

x mood ដែលជញ្ជឹងគិត

ruminate['ru:mi nei t] *iv.* cows x ទំពាអៀង

scholars x ជញ្ជឹងគិត

rummage['rʌmi dʒ] *iv.* ឆឹកកាយ

-n. ការឆក់របស់ថោកៗ

rumor['ru:mər] *n.* ពាក្យចចាមអារ៉ាម

Lit: ជនវាទ

-tv. It' s rumored that... ឮពាក្យចចាមអារ៉ាមមកថា

rump[rʌmp] *n.* គ្រគាក

rumple['rʌmpl] *tv.* ញាក់ញី

-n. កន្លែងមិនតឹងរាបស្មើ

rumpus['rʌmpəs] *n.* សូរគគ្រឹកគគ្រេង

run[rʌn] *iv.* (*pt.* ran, *pp.* run)

children x រត់

(motor) runs (well) ដើរ

x up to New York ទៅ (ហើយមកវិញភ្លាម)

x for election ឈរឈ្មោះ

rivers x ហូរ

colors x ចេញ

thoughts x through his head វិលវល់

shelves x around the wall មាននៅ

buses x every hour រត់

(clocks) r. down' អស់

sizes x large ជាធម្មតា

r. out of (gas) អស់

x with the wrong crowd សេពគប់

r. away from home រត់ចោលផ្ទះ

(rabbits) r. away រត់បាត់

-tv. x a race ប្រកួត (ក្នុង)

x the streets ដើរលេងត្រេតត្រត (តាម)

x a business កាន់កាប់

x a horse ធ្វើឱ្យរត់

x a truck បើក

x a blockade ទំលាយ

x a machine ប្រើ, បណ្ដើរ

x a line around the corner បន្ទាយ

r. a nail through one' s foot ដែកគោលមុតជើង

x a rabbit up a tree ដេញ

x a daily route ទៅតាម

r. a finger over it ស្ទាបស៊ើៗ

r. down (a criminal) រកចាប់

r. down (a pedestrian) បុកហើយបើកពីលើ (ដោយចេតនា)

r. over (a child) កិន

r. over (the details) ពិនិត្យឡើងវិញ

r. up (a flag) លើក, បង្ហូត

r. up (a debt) គរៗលើគ្នា (បំណុល។ល។)

r. off (excess liquid) បង្ហូរចេញ

r. off (15 copies) ធ្វើ

r. off (a stray dog) ដេញចេញ

r. across (the street) រត់កាត់

r. across (a fact) ប្រទះ, ប្រទះឃើញ

r. into (a tree) បុក

r. into (trouble) ជួបប្រទះនឹង

r. into (the thousands) មានដល់ទៅ

-*n.* go for a x ការរត់

take a car out for a x ការរត់ល្បង

daily x of a delivery van ផ្លូវ

make a x up to N.Y. ដំណើរ (មួយគ្រួស)

move at a x ការដើរដូចរត់

play had a long x រយៈពេលសម្ដែងឬបញ្ចាំង

a x of 100 copies ចំនួនបោះពុម្ពម្ដង

a x in her stocking រសាត់

make a r. for it ប្រញាប់រត់ទៅ

a x of bad luck ដំណើរមានជាបន្តបន្ទាប់គ្នា

mill x ព្រែក, អូរ

Baseball score a x ការរត់បាន១ជុំ

a chicken x ធ្លាមានរបង (សម្រាប់មាន់ទា។ល។)

a x on oil stocks ការលក់ដាច់

in the long r. ទៅថ្ងៃមុខ

runaway[ˌrʌnəwei] *adj.* x child ដែលរត់ចោលផ្ទះ

x inflation ឥតបង្អៀរទប់, ដែលរកធ្វើអ្វីទប់មិនជាប់

-*n.* មនុស្សចោលផ្ទះ

run-down[ˌrʌn 'daun] *adj.* x health អន់ថយ

x building ទ្រុឌទ្រោម

-*n.* សេចក្ដីសង្ខេប

rung[1][rʌŋ] *(pp. fo ring)*.

rung[2][rʌŋ] *n.* x of a ladder កាំជណ្ដើរ

r. of a chair ខ្នង់ជើងកៅអី

runner['rʌnər] *n.* a fast x អ្នករត់

office x អ្នកនាំសារ

sled x ជើង

plant put out a x ទងវែង

runner-up[ˌrʌnər 'ʌp] *n.* អ្នកជាប់លេខ២

running['rʌniŋ] *adj.* x horse កំពុងរត់

x motor ដែលកំពុងដើរ

x commentary ហូរហែ

three nights x ជាប់គ្នា

r. board កន្លែងឡើងជាន់

r. mate ដៃគូ

run-off[ˌrʌn ɔf] *n.* catch the x អ្វីៗដែលហៀរចេញ

hold a x ការបោះឆ្នោតសាជាថ្មី (កាលណាអ្នកជាប់ឆ្នោតទទួលសន្លឹកឆ្នោតស្មើគ្នា)

runt[rʌnt] *n.* កូនសត្វដែលកើតមកតូចជាងធម្មតា

runway['rʌnwei] *n.* ផ្លូវយន្តហោះចុះឬឡើង

rupture['rʌptʃər] *n.* abdominal x ការធ្លុះឬធ្លាយ

x of relations ការកាត់, ការផ្ដាច់

-tv. x a blood vessel ធ្វើឱ្យធ្លាយឬផ្ទុះ

x a friendship កាត់, ផ្ដាច់

rural['ruərəl] *adj.* នៃស្រុកស្រែ *Lit:* នៃជនបទ

ruse[ru:z] *n.* កល, ឧបាយ

rush[rʌʃ] *iv.* x with his work ប្រញាប់

x to the door ស្ទុះទៅ

-tv. x an order ប្រញាប់, បង្ខំឱ្យឆាប់

x a worker បង្ខំឱ្យលឿន

x him to hospital ប្រញាប់ប្រញាល់យកទៅ

x the enemy ស្ទុះសម្រុកចូល

-n. in a x ការប្រញាប់ប្រញាល់

make a x for the door ការស្ទុះទៅ

the x of daily life ដំណើរមមាញឹក

-adj. x order ដែលបន្ទាន់

r. hour ពេលដែលមានរថយន្តច្រើនតាមថ្នល់

Russian['rʌʃn] *adj.* រុស្ស៊ី

-n. He's a x. ជនជាតិរុស្ស៊ី

speak x ភាសារុស្ស៊ី

rust[rʌst] *n.* iron x ច្រេះ

the color x ពណ៌ច្រេះ, ពណ៌ស៊ីកុឡា

-iv. ច្រេះ, ច្រេះចាប់

-tv. ធ្វើឱ្យច្រេះចាប់

rustic['rʌstik] *adj.* x setting ដូចស្រុកស្រែ

x manner សម្រែ

-n. មនុស្សសម្រែ

rustle[1]['rʌsl] *iv.* បន្លឺសូរដូចស្លឹកឈើត្រូវខ្យល់

-tv. ធ្វើឱ្យឮសូរក្រិកៗ

-n. សូរតិចៗដូចស្លឹកឈើត្រូវខ្យល់

rustle[2]['rʌsl] *tv.* លួច (គោ។ល។)

rusty[rʌsti] *adj.* x gate ច្រេះ, ច្រេះចាប់

Id. x French លែងស្ទាត់ (ដូចកាលមុន)

rut[1][rʌt] *n.* x in the road ស្នាមខ្វង់ (ដោយរថបើកបរលើ)

Id. get into a r. ជាប់ជាទម្លាប់

-tv. (pt., pp. rutted) ធ្វើឱ្យខ្វង់ឬប្រឡុង

rut[2][rʌt] *n.* ការកាល់ញី

ruthless['ru:θləs] *adj.* គ្មានមេត្តា

rye[rai] *n.* cultivate x ធញ្ញជាតិម្យ៉ាងដូចស្រូវសាលី

drink x ស្រាវីស្គីម្យ៉ាង

S

S, s [es] អក្សរទី១៩តាមលំដាប់អក្សរក្រមអង់គ្លេស

-s, -es[1] *suf.* បច្ច័យដែលប្រើដូចតទៅ:

1. - s សម្រាប់ដាក់សំគាល់ពហុវចននៃនាមសព្ទអង់គ្លេសខ្លះ, ឧ.

dog ឆ្កែ > dogs ឆ្កែ (ច្រើនជាង១)

2. -es នាមសព្ទឯទៀតមាន ch. sh. s. x ឬ z នៅខាងចុងត្រូវទទួល -es បន្ថែមកាលណាប្រើជាពហុវចន, ឧ. match ឈើគូស > matches ឈើគូស (ច្រើនជាងមួយ)

-s, -es[2] *suf.* បច្ច័យដែលប្រើដូចតទៅ:

1. -s សម្រាប់សំគាល់គតិយបុរិសៈឯកវចនៈនៃកិរិយាសព្ទ, ឧ. I hit ខ្ញុំវាយ > he hit គាត់វាយ

2. -es កិរិយាសព្ទខ្លះទៀតដែលមាន ch. sh. s. x. ឬ z នៅខាងចុងត្រូវទទួល -es បន្ថែមកាលណាប្រើជាតតិយបុរសៈឯកវចនៈ, ឧ. I watch ខ្ញុំមើល > he watches គាត់មើល

-'s[1] *suf.* បច្ច័យដែលសម្រាប់សំគាល់ថា «ភាពជាម្ចាស់», ឧ. the boy's father ឪពុករបស់ក្មេងប្រុស

-'s[2] *contr.* ក.បំ. ដែលប្រើដូចតទៅ:

1. សម្រាប់បំព្រួញ is ឬ has ក្រោយសព្ទខ្លះ, ឧ. He is a student. > He's a student. គាត់ជានិស្សិត

2. សម្រាប់បំព្រួញ us ក្រោយសព្ទ let ឧ. Let us go. > Let's go. ទៅទៅ!

Sabbath['sæbəθ] *pr. n.* ថ្ងៃសីល

sabbatical[sə'bæti kl] *adj.* *Cap.* x observances នៅថ្ងៃសីល

s. year ឆ្នាំឈប់សម្រាកដើម្បីយកពេលធ្វើការស្រាវជ្រាវ

-n. ពេលឈប់សម្រាកដើម្បីយកពេលធ្វើការស្រាវជ្រាវ

saber, sabre['sei bər] *n.* ដាវ *Fr:* សាប

sabotage['sæbətɑːʒ] *n.* ការបំផ្លិចបំផ្លាញដោយចេតនា

Lit: អនត្ថការ

-tv. បំផ្លិចបំផ្លាញដោយចេតនា

Lit: ធ្វើអនត្ថការ

saboteur[,sæbə'tɜːr] *n.* អ្នកបំផ្លិចបំផ្លាញ

Lit: អនត្ថករ

sac[sæk] *n.* សរីរាង្គមានរាងដូចថង់ឬថ្លោក

sacerdotal[,sæsə'dəutl] *adj.* នៃបព្វជិត

sack[1][sæk] *n.* x of rice *1. large:* បាវ *2. medium:* ការ៉ុង *3. small:* ថង់

Sl. hit the s. ទៅដេក

Sl. give him the s. ដេញចោល

-tv. x rice ច្រកបាវ ការ៉ុងឬថង់

Sl. x an employee ដេញចោល

sack[2][sæk] *tv.* លួចប្លន់ហើយបំផ្លិចបំផ្លាញ

-n. ការលួចហើយបំផ្លិចបំផ្លាញ

sacrament['sækrəmənt] *n.* religious x ប្រសិទ្ធិ

make a x សច្ចាប្រណិធាន

sacred['sei kri d] *adj.* x place ពិសិដ្ឋ

x music សាសនា

x oath យ៉ាងឧឡារិក

x privacy សំខាន់, នឹងមិនអាចរំលោភបាន

sacrifice['sækri fai s] *n. Rel.* the x of an animal ការបូជា

Rel. kill an animal as a x គ្រឿងបូជា

(make) sacrifices (to achieve a goal) ពលិកម្ម

sell at a s. លក់ទាំងខាត

-tv. Rel. x an animal ពិឃាតបូជា

x beauty for economy សុខចិត្តលះបង់

-iv. ធ្វើពលិកម្ម

sacrilege['sækrəli ʤ] *n.* x of a holy place ការប្រមាថពិសិដ្ឋវត្ថុ

Fig. It' s a x to put catsup on steak. បទឧក្រិដ្ឋ (ពាក្យនិយាយលេង)

sacrilegious[,sækrə'li ʤəs] *adj.* ដែលប្រមាថពិសិដ្ឋវត្ថុ

sacrosanct['sækrəusæŋkt] *adj.* ពិសិដ្ឋដ៏ក្រៃលែង

sad[sæd] *adj.* x person ព្រួយ

x face ស្រងូតស្រងាត់

x tale កំសត់

Sl. x performance អន់, មិនល្អ

Id. x bread មិនទាន់ឆ្អិនល្អ ហើយមិនសូវឡើង

sadden['sædn] *tv.* ធ្វើឱ្យព្រួយ

-iv. ទៅជាស្រងូតស្រងាត់

saddle['sædl] *n.* horse x កែប, អានbicycle x កែប

x of mutton សាច់មានជាប់ឆ្អឹងខ្នង

-tv. x a horse ចងកែប

Fig. x him with duties ផ្ទុក (អ.ប.)

sadism['sei di zəm] *n.* ការសប្បាយដោយធ្វើបាបគេ

safari[sə'fɑ:ri] *n.* ដំណើរបរបាញ់សត្វ

safe[sei f] *adj.* x place ឥតគ្រោះថ្នាក់

x driver ប្រយ័ត្នប្រយែង

x guess មិនខុសឆ្ងាយ, ស្ទើងថាមិនខុស

Id. to be on s. ground ដើម្បីនឹងកុំឱ្យឆ្គោយ

-n. ទូដែក

safe-conduct[,sei f 'kɔndʌkt] *n.* ការអនុញ្ញាតឱ្យឆ្លងកាត់

s. pass លិខិតបើកផ្លូវ

safeguard['sei fgɑ:d] *n.* ការការពារ

-tv. ការពារ

safekeeping[sei fki pi ŋ] *n.* ការរក្សាទុកមិនឱ្យបាត់បង់

safety['sei fti] *n.* x of one' s family ភាពគ្មានគ្រោះថ្នាក់ *Lit:* និរភ័យ

s. measures វិធានការបង្ការគ្រោះថ្នាក់

s. belt ខ្សែក្រវាត់បង្ការគ្រោះថ្នាក់

s. pin ម្ជុលខ្ទាស់

s. glass កញ្ចក់ដែលមិនបែកខ្ចាយ

s. razor កាំបិតកោរម្យ៉ាង

s. valve វ៉ាល់អាសន្ន

saffron['sæfrən] *n.* រមៀតម្លៀត

sag[sæg] *iv. (pt. .pp.*sagged *)* (skin) sags ធ្លាក់

ropes x ធ្លាក់, មិនតឹង (ខ្សែ ។ល។)

spirits x ចុះ, អន់ចុះ

shoulders x ស្លុប (អ.ប.)

-n. have a s. in a skirt សំពត់មានជាយធ្លាក់ស្រយាក

have a x in a sail ដំណើរធ្លាក់ស្រយាក

economic x ការអន់ចុះ

sagacious[sə'gei ʃəs] *adj.* ប្រកបដោយសុខុមញ្ញាណ

sagacity[sə'gæsəti] *n.* សុខុមញ្ញាណ

sage[1][sei ʤ] *n.* បណ្ឌិត

-adj. ប្រកបដោយគតិបណ្ឌិត

sage[2][sei ʤ] *n.* ជីម្យ៉ាង (រុក្ខជាតិ)

said[sed] *(pt. .pp. of* say*)*

sail[seil] *n.* ship's x ក្ដោង

go for a s. បើកទូកក្ដោង

set s. ចេញដំណើរតាមសមុទ្រ

under s. ដែលទៅមុខដោយកម្លាំងក្ដោង

-iv. likes to x បើកទូកក្ដោង

We x at dawn. ចេញ (នាវា)

clouds x overhead រសាត់

Coll. cars really x along ទៅមុខឬបើកយ៉ាងលឿន

-tv. s. a boat បើកទូកក្ដោង

s. the ocean ធ្វើដំណើរតាមសមុទ្រ

sailboat['seilbɔ:t] *n.* ទូកក្ដោង

sailor['seilər] *n.* x in the Navy ពលទាហានជើងទឹក

He's a good x. អ្នកបើកទូកក្ដោង

work as a x កម្មករនាវា

saint[seint] *n.* x of the Church *1. Masc:* សន្ត *2. Fem:* សន្តី

Fig. He's a x. មនុស្សដូចព្រះ

-tv. តែងតាំងជាសន្តឬសន្តី

saintly[seintli] *adj.* វិសុទ្ធ

sake[seik] *n.* He did it for my x. ប្រយោជន៍

for the s. of (decency) ដើម្បី (មាន)

salable, saleable['seiləbl] *adj.* ដែលអាចមានគេទិញ, អាចលក់បាន

salacious[sə'leiʃəs] *adj.* ដែលនាំឱ្យគិតដល់កាមមុច្ឆា

salad['sæləd] *n.* fresh x សាឡាត់ (ហាន់ច្របល់ហើយ)

s. dressing ទឹកសាឡាត់

salamander['sæləmændər] *n.* សត្វចំពូកត្រកួតថ្លែនាល។

salami[sə'lɑ:mi] *n.* សាឡាមី (សាច់ក្រក់ម្យ៉ាង)

salary['sæləri] *n.* ប្រាក់ខែ

sale[seil] *n.* the x of merchandise ការលក់

auction s. ការលក់ឡាយឡុង

a x on men's clothing ចំណុះថ្លៃ, ការលក់ចុះថ្លៃ

on s. (everywhere) មានលក់, ដាក់លក់

(buy sthg.) on s. ចុះថ្លៃ

salesman[seilzmən] *n.* អ្នកលក់ (ប្រុស)

salesmanship[seilmənʃip] *n.* សិល្បខាងលក់ដូរ

Lit: វិក្រយិក

salient['seiliənt] *adj.* ដែលលេចចេញឡើង

saline['seilain] *adj.* ប្រៃ, ដែលមានជាតិអំបិល

saliva[sə'laivə] *n.* ទឹកមាត់

salivate['sæliveit] *iv.* ស្រក់ទឹកមាត់

sallow['sæləu] *adj.* ស្លាំង, លឿង

sally['sæli] *n.* x of troops ការរត់សម្រុកព្រួទៅ

(make short) sallies (out of the hotel) ការចេញទៅដើរលេងនៅទីជិតៗ

x of anger ការផ្ទុះឡើង

-iv. *(pt. . pp.* sallied*)* x toward the enemy position រត់សម្រុកព្រួទៅ

s. out on a walk ចេញដើរលេងនៅទីជិតៗ

salmon['sæmən] *n.* ត្រីសូម៉ុង

salon['sælɔn] *n.* beauty x ហាង (កាត់សក់ ធ្វើសក់)

art x ទីតាំង, បន្ទប់តាំង

saloon[sə'lu:n] *n.* បារ *Eng:* សាលូន

salt[sɔ:lt] *n.* table x អំបិល

Fig. add x to the conversation របោយ (អ.ប.)

Sl. an old x ទាហានជើងទឹក

Id. s. of the earth មនុស្សត្រឹមត្រូវ

Id. (take it) with a grain of s. ដោយមន្ទិល

s. shaker ដបអំបិល (ប្រើនៅតុបាយ)

s. water ទឹកសមុទ្រ, ទឹកប្រៃ

-tv. x one's food ដាក់អំបិល

x fish ប្រឡាក់

s. a mine ដាក់រ៉ែបន្លំឱ្យគេជឿថាមានរ៉ែ

Coll. s. away (money) សន្សំ

saltcellar[sɔ:lt'selər] ***n.*** ដបអំបិល

salt-water[sɔ:lt'wɔ:tər] ***adj.*** x marsh ដែលមានទឹកប្រៃ

x fish ទឹកប្រៃ, សមុទ្រ

salty[sɔ:lti] ***adj.*** x taste ប្រៃ

Fig. x speech គ្រោតគ្រោតតែគ្រង់ (សំដី)

salutary['sæljətri] ***adj.*** x climate ដែលល្អ (ចំពោះសុខភាព)

x effect ដែលជាប្រយោជន៍

salutation[,sælju:'tei ʃn] ***n.*** warm x ការគំនាប់

Lit: វន្ទនាការ

x of a letter ពាក្យផ្ដើមសម្រាប់សម្ដែងសេចក្ដីគួរសម

salute[sə'lu:t] ***tv.*** x an officer គំនាប់

Lit: ធ្វើវន្ទនាការ

x his achievements សរសើរ គំនាប់ (អ.ប.)

-n. military x វន្ទនា

a x to his greatness ការសរសើរ

salvage['sælvi dʒ] ***n.*** the x of a sunken ship ការយកបានមកវិញ

sell the x វត្ថុដែលយកបានមកវិញឬដែលមិនអន្តរាយ

the x of a marriage ការជួយស្រោចស្រង់

-tv. x goods from a wreck យកបានមកវិញ (អ្វីៗដែលសង្ស័យថាខូចឬអន្តរាយទៅហើយ)

x a bad marriage ជួយស្រោចស្រង់

salvation[sæl'vei ʃn] ***n.*** *Rel.* ការសង្គ្រោះ

salve[sælv] ***n.*** antiseptic x ឱសថប្រេង (សម្រាប់លាប)

a x to his conscience អ្វីៗដែលធ្វើឱ្យធូរស្រាល

-tv. x a sore លាបថ្នាំប្រេង

x one' s conscience ធ្វើឱ្យធូរស្រាល

salvo['sælvəur] ***n.*** ការបាញ់កាំភ្លើង (គំនាប់)

same[sei m] ***adj.*** x man I saw yesterday ដដែល

both love the x woman តែម្នាក់

of the x color ដូចគ្នា

-pron. I' ll have the x. អាដូចគ្នា

-adv. It' s all the s. with me. ម៉េចក៏បានដែរ

I' ll do it all the s. ខ្ញុំក៏នៅតែធ្វើ

(These cats are) all the s. ដូចគ្នា

I' ll do it just the s. ខ្ញុំក៏នៅតែធ្វើ

(These two look) just the s. ដូចគ្នា

sampan['sæmpæn] ***n.*** ទូកសំប៉ាន

sample['sɑ:mpl] ***n.*** x of his work គំណាង

free x សំណាក

-tv. x food សាក

x soil យកមកពិនិត្យឬធ្វើវិភាគ

-adj. ដែលជាតំណាង

sanctify[,sæŋkti fai] ***tv.*** *(pt., pp.*sanctified*)* ធ្វើឱ្យទៅជាសក្ក:

sancttification[,sæŋkti fi 'kei ʃn] ***n.*** សន្ធបនីយកម្ម

sanctimonious[,sæŋkti 'məuni əs] ***adj.*** ដែលប្រកាន់ខ្លាំងពេក (សាសនា ស្នេហាជាតិ ។ល។)

sanction['sæŋkʃn] ***n.*** do it with his x ការយល់ព្រម

legal x កម្មវិបាក

trade x ការធ្វើទណ្ឌកម្ម

-tv. x his proposal ឱ្យសេចក្ដីយល់ព្រម, ព្រមឱ្យអនុម័ត

x an unruly member បន្ទោស (ជាផ្លូវការ)

sanctity['sæŋktəti] ***n.*** x of a temple សក្កភាព

x of the marriage vows ភាពមិនអាចរំលោភបាន

sanctuary['sæŋktʃuəri] *n.* x of church អរង្គធំក្នុងវិហារ

request x ទីជម្រក, បដិសរណដ្ឋាន

sand[sænd] *n.* ដីខ្សាច់

-tv. x a table ខាត់នឹងក្រដាសខាត់

x a spot of oil ដាក់ អោយ ឬ បាចដីខ្សាច់ (ទៅលើ)

sandal['sændl] *n.* ស្បែកជើងសង្រែក

-tv. ពាក់ស្បែកជើងសង្រែក (ឱ្យអ្នកណាម្នាក់)

sandalwood['sændlwud] *n.* ចន្ទន៍ក្រស្នា

sandbag['sændbæg] *n.* បាវដីខ្សាច់

-tv. ដាក់បាវដីខ្សាច់ការពារ

sandpaper['sændpeipər] *n.* ក្រដាសខាត់

-tv. ខាត់នឹងក្រដាសខាត់

sandpiper['sændpaipər] *n.* ជើងទៀន (បក្សីម្យ៉ាង)

sandstone['sændstəun] *n.* ថ្មភក់, ថ្មខ្សាច់

sandwich['sænwidʒ] *n.* នំប៉័ងញាត់សាច់

Eng: សនវិច

-tv. ដាក់ឱ្យនៅកណ្តាល

sandy[sændi] *adj.* x beach ដែលមានខ្សាច់ច្រើន

x consistency គ្រាត់ៗ

x hair ពណ៌ដីខ្សាច់

sane[sein] *adj.* of x mind មិនឆ្កួត, មិនវង្វេង

x decision ត្រឹមត្រូវតាមវិចារណញ្ញាណ

sanguine['sæŋgwin] *adj.* x attitude ដែលមិនខ្វល់

x complexion ក្រហម (ពណ៌សម្បុរ)

sanitarium[,sæni'teəriən] *n.* អនាម័យដ្ឋាន

sanitary['sænitri] *adj.* អនាម័យ

sanitation[,sæni'teiʃn] *n.* អនាម័យ

sanity['sænəti] *n.* question his x ភាពមិនឆ្កួតវង្វេង

x of his suggestion ភាពត្រឹមត្រូវតាមវិចារណញ្ញាណ

sank[sæŋk] *(pt. of* sink*)*

Sanskrit, Sanscrit['sænskrit] *pr. n.* ភាសាសំស្ក្រឹត

sap[sæp] *n.* maple x ជ័រឈើ

Sl. He's a x. មនុស្សភ្លឺភ្លើ, មនុស្សឆ្កួត

-tv. (pt., pp. sapped*)* ធ្វើឱ្យអស់

sapling['sæpliŋ] *n.* កូនឈើ

sapphire['sæfaiər] *n.* ត្បូងកណ្តៀង

sarcasm['sɑːkæʒəm] *n.* ការចំអកបញ្ឈឺចិត្ត, ម៉ែតក្បាលពោយ

Lit: និមសវាទ

sarcastic [sɑː'kæstik] *adj.* ដែលចំអកបញ្ឈឺចិត្ត

sardonic[sɑː'dɔnik] *adj.* ដែលចំអកហើយមើលងាយ

sari['sɑːri] *n.* សារី (សំលៀកបំពាក់ប្រពៃណីស្ត្រីឥណ្ឌា)

sarong[sə'rɔŋ] *n.* សារុង

sartoial[sɑː'tɔːriəl] *adj.* នៃការដេរកាត់

sash[1][sæʃ] *n.* x around the waist ខ្សែក្រវាត់

x across one shoulder ខ្សែឆៀង

sash[2][sæʃ] *n.* បង្អួច (ភាគដែលគេបើកបិទ)

sat[sæt] *(pt., pp. of* sit*)*

satanic[sə'tænik] *adj.* កំណាច, អាក្រក់, ចង្រៃ, ដូចបិសាច

satchel['sætʃəl] *n.* សម្ពៀតស្បែកឬសំពត់

satellite['sætəlait] *n. Astron.* The moon is a x of the earth ផ្កាយរណប

an x of the king បរិវារ

an x of Russia ប្រទេសរណប

launch a space x ផ្កាយសិប្បនិម្មិត

satiate['seiʃieit] *tv.* ចំអែត (រហូតដល់ទៅរអើម)

satin['sætin] *n. Fr:* សាតាំង (សំពត់សូត្រលាតម៉ដ្ឋហើយរលើប)

satire['sætaiər] *n.* និពន្ធន៍ចៀលត្មះ

satirical[sə'tirikl] *adj.* ដែលចំអក, ដែលចៀលត្មះ

satirize['sætəraiz] *tv.* ចំអកចៀលត្មះ (ដោយប្រើនិពន្ធន៍ផ្សេងៗ)

satisfaction[,sætis'fækʃn] *n.* express his x សេចក្តីពេញចិត្ត

the x of his desires ការចំអែត, ការបំពេញ

She' s a x to him អ្វីៗដែលបំពេញចិត្ត

in x of the requirement ការបំពេញ, ការបង្គ្រប់

satisfactory[,sæti s'fæktəri] *adj.* x solution ដែលជាទីពេញចិត្ត

in x condition បង្គួរ, មិនល្អមិនអាក្រក់

satisfy['sæti sfai] *tv.* *(pt., pp.* satisfied *)*

x his appetite ធ្វើឱ្យស្កប់

x the requirements បំពេញ

x one' s master បំពេញចិត្ត

-iv. បំពេញចិត្ត

saturate['sætʃərei t] *tv.* x a cloth with water ជ្រលក់យ៉ាងជោក

x the air with smoke ធ្វើឱ្យជ្រួតជ្រាបសព្វអន្លើ, ផ្សព្វផ្សាយ

saturated with water ជ្រួតទឹក

saturation[,sætʃə'rei ʃn] *n.* x point តិត្ថិភាព

x of a cloth with water តិត្ថិកម្ម

Saturday['sætədi] *pr. n.* ថ្ងៃសៅរ៍

Saturn['sætən] *pr. n.* ផ្កាយសៅរ៍

satyr['sætər] *n.* mythological x សាទៀរ

He 's a x. មនុស្សល្មោភកាមគុណ

sauce[sɔ:s] *n.* ទឹកជ្រលក់, ទឹកគ្រឿង, ទឹកសម្រាប់ស្រូបឱ្យមានជាតិ

saucepan['sɔ:spən] *n.* (ក្ងូន) ឆ្នាំងតូចមានដៃ

saucer['sɔ:sər] *n.* ទ្រនាប់, ចានទ្រនាប់

saucy , sassy[sɔ:si] *adj.* x child ដែលគមាត់

x smile ដែលព្រហើន

sauerkraut['sauəkraut] *n.* ស្ពៃក្តោបជ្រក់ (ហាន់ជាសរសៃៗ)

saunter['sɔ:ntər] *iv.* ដើរគ្រេតគ្រត

-n. ការដើរគ្រេតគ្រត

sausage['sɔsi ʤ] *n.* សាច់ក្រក

sauté['səutei] *tv. adj.* លីងនឹងខ្លាញ់, ចៀន

savage['sævi ʤ] *adj.* x beast សាហាវ

x tribe ដែលគ្មានអារ្យធម៌ល្អតលាស់

x temper កន្រ្ទាល

x attack ឃោរឃៅ

-n. អព្ភាយុគជន

savagery['sævi ʤri] *n.* state of x អព្ភាយុគ

x of his attack ភាពសាហាវ

savanna[sə'vænə] *n.* វាលស្មៅ

savant['sævənt] *n.* អ្នកប្រាជ្ញ

save[sei v] *tv.* x money សន្សំ

x time សំចៃ

x his life ជួយសង្គ្រោះ

s. up សន្សំ

-iv. សន្សំប្រាក់

-prep. obs. លើកលែងតែ

saving['sei vi ŋ] *n.* a x of 3 minutes ការចំណេញ

Pl. life x ប្រាក់សន្សំបាន

-adj. x housekeeper ដែលចេះសំចៃ

his x characteristic ដែលជួយ, ដែលល្អ

savior['sei vi ər] *n.* អ្នកជួយរំដោះ *Cap.* ព្រះយេស៊ូ

savoir-faire[,sævwɑ:'feər] *n.* ការប៉ិនប្រសប់

savor['sei vər] *n.* x of salt រស

Fig. x of illegality ក្លិន (អ.ប.)

-tv. x it with salt ធ្វើឱ្យមានរសជាតិ

x his food ក្រេបនិជ្ជារស

x an experience ក្រេបយកសារប្រយោជន៍

savory['sei vəri] *adj.* x dish ឆ្ងាញ់

not a very x character ដែលជាទីចូលចិត្ត

saw[1][sɔ:] *n.* រណារ

-tv. អារ

saw[2][sɔ:] *(pt. of* see *)*

sawdust['sɔ:dʌst]*n.* អាចម៍រណា

sawhorse['sɔ:hɔ:s] *n.* បង្គង (សម្រាប់ដាក់ឈើអារ)

sawmill['sɔ:mi l] *n.* រោងអារឈើ

sawyer['sɔ:jər] *n.* អ្នកអារឈើ

say[sei] *tv. (pt. , pp.* said*)* What did he x?

Coll: ថា

Gen: និយាយ (ថា)

Cl: 1. Coll: មានពុទ្ធដីការ

2. Lit: ថេរដីកា

Roy: 1. Masc: មានព្រះបន្ទូល, មានព្រះតម្រាស់, មានព្រះរាជឱង្ការ

2. Fem: មានព្រះសុវណ្ណីយ

x a prayer សូត្រ (ធម៌)

It' s hard to x what he' ll do. ថា

Give me. x. five minutes. ប្រហែល

that is to s. គឺថា

-n. have a x in the government សម្លេង

Who has the x in this matter ? អំណាចសម្រេច

-interj. ហ្ហេះ!, នែ!

Id. What do you s. there ! ម៉េចទៅ !

saying['sei i ŋ] *n.* old x. ពាក្យចាស់

goes without s. ប្រាកដហើយ

-adv. thus s. . (he left) ថាដូច្នេះហើយ

say-so[sei səu] *n.* on the strength of his x សំដី

Who has the x ? អំណាចសម្រេច

scab[skæb] *n.* form a x ក្រមរ

Id. work as a x អ្នកដែលមិនចូលរួមក្នុងកូដកម្ម

-iv. (pt., pp. scabbed*)* the sore will x ក្រៀម, ឡើងក្រមរ

workers x មិនចូលរួមក្នុងកូដកម្ម

scabbard['skæbəd] *n.* ស្រោម (ដាវ ។ល។)

-tv. ស៊កក្នុងស្រោម (ដាវ កាំបិតស្នៀត។ល។)

scabies['skei bi:z] *n.* រមាស់ (រោគស្បែក)

scaffold['skæfəuld] *n.* painter' s x រន្ទា

execution x រានពិឃាតមនុស្សទោស

-tv. សង់រន្ទា (នៅជិតឬជុំវិញ)

scaffolding['skæfəldi ŋ] *n.* រន្ទា

scald[skɔ:ld] *tv.* x one' s arm ធ្វើឱ្យរលាក (នឹងទឹកពុះ។ល។)

x vegetables ស្រុស

-n. ស្នាមរលាក (នឹងទឹកក្តៅ។ល។)

scale[1][skei l] *n.* ស្រកា

-tv. ស្រកា (ត្រី)

-iv. s. off របក

scale , scales[skei l] *n.* accurate x ជញ្ជីង

Id. tip the s. at មានទម្ងន់

scale[3][skei l] *n.* graduated x ស្នាមក្រិតបន្ទាត់

salary x កម្រិត

on a large s. ធំ, មិនតិចតួច, មិនតូចតាច

x of one inch to a mile មាត្រដ្ឋាន

-tv. x a wall ឡើង

s. down បន្ថយ

-adj. s. model សំណាក

scallion[skæli ən] *n.* ខ្ទឹម (ដើម)

scallop['skɔləp] *n.* fried x លាសសមុទ្រម្យ៉ាង

x on a dress សំពត់ដែលជីបជ៉ោងៗដូចផ្កា

-tv. x a dress ជីបឱ្យជ៉ោងៗដូចផ្កា

x fish ដាក់ក្នុងសំបកគ្រំហើយដុត

scalp[skælp] *n.* ស្បែក (លលាដ៍ក្បាល)

-tv. x an enemy បកស្បែកលលាដ៍ក្បាល

Sl. x a customer កោរ

Sl. x tickets ទិញយកមកលក់ដំឡើងថ្លៃ

scalpel['skælpəl] *n.* កាំបិតវះកាត់ (ពេទ្យ)

scamper['skæmpər] *iv.* រត់ត្របាញ់ជើង

-*n.* ការរត់ត្របាញ់ជើង

scan[skæn] *tv.* *(pt., pp.* scanned*)*

x the horizon មើលចុះឡើង

x verse ធ្វើវិភាគ (កំណាព្យ)

-*n.* ការធ្វើវិភាគកំណាព្យ

scandal['skændl] ***n.*** bring x on the family ការអាស្រូវ

a political x រឿងអាស្រូវ

scandalize['kændəlai z] ***tv.*** ធ្វើឱ្យទង្គិចចិត្តជាខ្លាំង

scandalous['skændələs] ***adj.*** អាស្រូវ

scant[skænt] ***adj.*** x of breath មិនដល់គ្នា (ដង្ហើម)

x 15$ ខ្វះ

a x five minutes មិនដល់ទាំង

-*tv.* x the sugar បង្អង់ដៃ

x an important point ផ្តល់ឱ្យមិនគ្រប់គ្រាន់

scanty[skænti] ***adj.*** x supply ស្ដួចស្ដើង

x treatment មិនជិតដល់

scapegoat ['skei pgəut] ***n.*** អ្នករងកំហុសអ្នកឯទៀត

scar[skɑ:r] ***n.*** x of a former wound សម្លាក

psychological x ស្លាកស្នាម (អ.ប.)

-*tv.* *(pt., pp.* scarred*)* (smallpox) scars (the skin) ធ្វើឱ្យមានសម្លាក

s. him psychologically ធ្វើឱ្យជិតជាប់ក្នុងចិត្ត

-*iv.* មានសម្លាក

scarce[skeəs] ***adj.*** sugar is x ក្រ

x book កម្ររកបាន

Id. make oneself s. មិនបញ្ចេញមុខ, លាក់ៗមុខ

x five minutes មិនដល់ទាំង

scarcely['skeəsli] ***adv.*** x arrived ទើបនឹង

x five minutes មិនដល់ទាំង

s. correct មិនត្រូវសោះ

scarcity['skeəsəti] ***n.*** កម្រ, ភាពហោច

Lit: គន្ធភាព

scare[skeər] ***tv.*** x a child បន្លាច

x a horse បង្ហើល

s. up (money) ផ្សំផ្សំរក, លៃលករក

be scared of ខ្លាច

-*n.* You gave me a s. លោកធ្វើឱ្យខ្ញុំភ័យ

typhoid x ការភ័យ (នឹង)

scarecrow['skeəkrəu]] ***n.*** ទីងមោង, ចន្លោង

scarf[skɑ:f] ***n.*** head x ក្រមា, កន្សែង

neck x កន្សែង (រុំក)

table x កម្រាល (តុ)

-*tv.* x one' s head ជូត, រុំ

x a table ក្រាល

scarlet['skɑ:lət] ***n.*** ពណ៌ក្រហមឆ្អាល

-*adj.* ក្រហមឆ្អាល

scat[skæt] ***iv.*** *(pt., pp.*scatted*)* ប្រាយ

-*tv.* បំប្រាយ

-*interj.* ចេញ!

scathe[skei ð] ***tv.*** ធ្វើវិវេចនាយ៉ាងខ្លាំង

scathing['skei ði ŋ] ***adj.*** យ៉ាងខ្លាំង, យ៉ាងដំណំ

scatter['skætər] ***tv.*** x books ពង្រាយ

x seeds បាច, ប្រាយ, ព្រាច

x birds ធ្វើឱ្យបែកខ្ញែក

-*iv.* crumbs s all over រាយស្ទុះ

(enemy) scattered ខ្ចាត់ខ្ចាយ

-*n.* pick up the x អ្វីៗដែលរបាត់របាយ

pell-mell x ប្រសេកប្រសាច

scatterbrained['skætəbrei n] ***adj.*** ផ្តេសផ្តាស

scattering['skætəri ŋ] ***n.*** ការមានដោយកន្លែងឬត្រង់នេះបន្តិចត្រង់នោះបន្តិច

scavenge['skævi nʤ] ***iv., tv.*** ដើររក

scavenger['skævi nʤər] ***n.*** សត្វដើររកអាហារខ្លួនឯង

scenario[sə'nɑ:ri əu] *n.* ឆាក

scene[si:n] *n.* beautiful x ទស្សនីយភាព

x of the crime កន្លែងដែលព្រឹត្តិការណ៍អ្វីមួយកើតឡើង

Lit: វិការដ្ឋាន

cause a x ការឈោឡោ

Theat. second x ឈុត

love x ឆាក

scenery['si:nəri] *n.* mountain x ទស្សនីយភាព

Theat. build the x អលង្ការ (គ្រឿងលម្អឆាកល្ខោនទាំងមូល)

scenic['si:ni k] *adj.* x drive ដែលមានទស្សនីយភាពល្អ

x painting នៃទស្សនីភាព

scent[sent] *n.* distinctive x ក្លិន

on the s. of កំពុងតាមដាន

Dogs have keen x. ឃានវិញ្ញាណ

-tv. x a room ធ្វើឱ្យមានក្លិនក្រអូប

x a rabbit ហិតក្លិនតាមដាន

x trouble សង្ស័យថានឹងមាន

scepter, sceptre['septər] *n.* ដំបងរាជ្យ

Lit: រាជទណ្ឌ

schedule['ʃedju:l] *n.* train x តារាងពេល, កម្រោងពេល

on s. ដូចកំណត់

-tv. x one's day ចែកពេល

x an exam កំណត់ពេល

schematic[ski:'mæti k] *adj.* នៃគំរូបំព្រួញ

scheme[ski:m] *n.* x of action គ្រោងការណ៍

criminal x របាយ

color s. ពណ៌ចម្រុះ

-iv.,tv. ប្រើឧបាយ

schism['si zəm] *n.* ដំណើរបែកមតិ *Lit:* ជម្លោះ

scholar['skɔlər] *n.* renowned x អ្នកប្រាជ្ញ, មនុស្សមានវិជ្ជាជ្រៅជ្រះ, វិជ្ជាករ, ញាតា

grade-school x កូនសិស្ស, និស្សិត

scholarly['skɔləli] *adj.* x book ដែលមានខ្លឹមសារ

x pursuits ខាងការសិក្សា

scholarship ['skæləʃi p] *n.* win a x អាហារូបករណ៍

excellent x ភាពមានវិជ្ជាជ្រៅជ្រះ

scholastic[skə'læsti k] *adj.* នៃការសិក្សា

school[1][sku:l] *n.* build a x សាលារៀន

go to s. ទៅរៀន

hold s. រៀន, បើកទ្វារសាលា

law x មហាវិទ្យាល័យ

x of thought ពួក

s. board ក្រុមប្រឹក្សាសិក្សាធិការ

-tv. បង្រៀន, អប់រំ

school[2][sku:l] *n.* ហ្វូង (ត្រី)

-iv. ផ្តុំគ្នាជាហ្វូង

schoolbook[sku:lbuk] *n.* សៀវភៅសិក្សា

schoolboy['sku:lbɔi] *n.* សិស្សប្រុស

schoolgirl['sku:lgɜ:l] *n.* សិស្សស្រី

schoolhouse['sku:lhaus] *n.* សាលា (អាគារ)

Lit: អាគារសិក្សា

schooling[sku:li ŋ] *n.* ការសិក្សា

schoolmaster['sku:lmɑ:stər] *n.* ចាងហ្វាងសាលា

schooner['sku:nər] *n.* នាវាសមុទ្រម្យ៉ាងមានក្ដោង២

science['sai əns] *n.* វិទ្យាសាស្ត្រ

scientific[,sai ən'ti fi k] *adj.* x research នៃវិទ្យាសាស្ត្រ

x approach តាមរបៀបវិទ្យាសាស្ត្រ

scientist[,sai ənti st] *n.* អ្នកវិទ្យាសាស្ត្រនិយម

scissors['si zəz] *n.* កន្ត្រៃ

sclerosis[sklə'rəusi s] *n.* ដំណើរឡើងរឹងនៃសាច់ (ដោយជម្ងឺម្យ៉ាង)

scoff[skɔ:f] *iv., tv.* ចំអក, មើលងាយ

-n. ពាក្យមើលងាយឬចំអក

scold[skəuld] *tv.,iv.* ស្តីបន្ទោស

scoop[sku:p] *n.* snow x ប៉ែលធំម្យ៉ាង

flour x ប្រដាប់ចូក

water x ស្នាច

x of ice cream មួយចូក, មួយដុំ

Sl. news x ការយកពត៌មានមុនគេបង្អស់ (កាសែត)

-tv. x snow ចូក

x water បាច

s. out (with the hands) បាររចេញ

s. up (corn stalks) ត្រកង (លើក)

Sl. x a story យកពត៌មានមុនគេបង្អស់ (កាសែត)

scoot[sku:t] *iv.* mice x here and there រត់ភ្លែត

chairs x across the floor រអិល

s. over អង្គិល, ខិត

-tv. x him away បណ្តេញ, ប្រាប់ឱ្យទៅជាប្រញាប់

x a shoe across the floor រុញរំកិល

-n. ការរុញរំកិល

scooter['sku:tər] *n.* child's x កង់ដែលក្មេងរុញ ហើយឈរពីលើកង់តូចៗពីរ

motor x *coll:* វែស្ប៉ា *Fr:* ស្កូតែរ

scope[skəup] *n.* x of the investigation ទំហំ (អ.ប.)

Coll: gun with a x កែវយឹត

scorch[skɔ:ʧ] *tv.* x the butter ធ្វើឱ្យខ្លោច

x one's clothes ធ្វើឱ្យឆេះរោល

-n. ស្នាមខ្លោចឬឆេះរោលៗ

score[skɔ:r] *n.* test x ពិន្ទុ

put a x on a gun barrel ស្នាមឆូតឬលាក់

a x of years ម្ភៃ

on that x ចំណុច

musical x សន្លឹកលេខភ្លេង

Id. settle a s. សងសឹក

-tv. x 5 points បាន (ពិន្ទុ)

x a test ឱ្យ (ពិន្ទុ)

x one's gun ឆូត, លាក់

x musicចេញជាលេខភ្លេង

-iv. Sp. ទទួលពិន្ទុ (កីឡា)

Id. x with s.o. ធ្វើឱ្យគាប់ចិត្ត

scorn[skɔ:n] *tv.* x a friend ឈប់រាប់រក

x danger ប្រមាថ

x help មិនទទួល

-n. object of his x ការប្រមាថ

x for help ការមិនព្រមទទួល

scornful[skɔ:nfl] *adj.* ដែលមើលងាយ

scorpion['skɔ:pi ən] *n.* small x ខ្ទួយ

large x ខ្យាដំរី

Scot[skɔt] *pr. n.* ប្រជាជនអេកូស

Scotch[skɔʧ] *adj.* នៃប្រជាជនអេកូស

-n. the x ប្រជាជនអេកូស

drink x ស្កុត (ស្រាវីស្គីម្យ៉ាងធ្វើនៅអេកូស)

scot-free[,skɔt 'fri:] *adj.* ដោយឥតមោះហ្មង

Scotland [,skɔtlənd] *pr. n.* ប្រទេសអេកូស

Scottish['skɔti ʃ] *adj.* នៃប្រជាជនឬភាសាអេកូស

-n. He likes the x. ប្រជាជនអេកូស

speak x ភាសាអេកូស

scoundrel['skaundrəl] *n.* មនុស្សថោកទាប

scour['skauər] *tv.* x the floor ដុះលាង

Coll. x the earth រកសុសសព្វ

scourge[skɜ:ʤ] *n.* អ្វីៗដែលឱ្យទុក្ខទោស

scout[skaut] *n.* enemy x ទាហានឈ្លប

boy scout ស្កុត *Lit:* កាយរិទ្ធ

-iv.,tv. ឈ្លបយកការណ៍

scowl[skaul] *iv., tv.* ចងចិញ្ចើម, ធ្វើមុខក្រញូវ

-n. ការចងចិញ្ចើម

scraggly['skrægli] *adj.* ស្គកស្គាំងហើយស្មោគគ្រោក

scramble['skræmbl] *iv.* x over rough ground វារប្រវេសប្រវាស (ទាំងដៃទាំងជើង)

x to get spilled candy ប្រញាយគ្នា

-tv. x cards ច្របល់គ្នា

x eggs ចៀន (ពង) វាយចូលគ្នា

-n. a mad x ការប្រញាយគ្នា

cards are in a x ភាពច្របល់គ្នា

scrap[1]['skræp] *n. pl.* x of paper កំទេច

sell it as x របស់អេតចាយ

-adj. x lumber ដែលសេសសល់

s. metal កំទេចដែក

-tv. (*pt.* . *pp.* scrapped)

x a plan បោះបង់ចោល

x a car ចោល

scrap[2]['skræp] *Sl.n.* ជម្លោះ

-iv. (*pt.* .*pp* scrapped) ប្រណ្ដោះ

scrapbook['skræpbuk] *n.* សៀវភៅសម្រាប់បិទអ្វីផ្សេងៗ

scrape[skrei p] *tv.* x paint (off) កោស (យកចេញ)

x a coconut (out) កោស

x a knee ធ្វើឱ្យរលាត់

x a road កៀរ (ឱ្យស្មើរ)

Coll. s. up (some money) លៃលកររក, ផ្សំផ្សំរក

-iv. cars x together កកិតគ្នា

x and save ផ្សំផ្សំ

-n. hear a x សូរកកិត

a x on her knee ស្នាមរលាត់

Coll. get into a x ជម្លោះ

scraper[skrei pər] *n.* coconut x ខ្វាស

road x ម៉ាស៊ីនកៀរដី

paint x ប្រដាប់កោស

scratch[skrætʃ] *tv.* x one's head អេះ

cats x people ក្រចៅ

briars x the legs ធ្វើឱ្យរលាត់

s. out (a word) គូសចោល

Id. s. out a living រកស៊ីចិញ្ចឹមជីវិតយ៉ាងលំបាក

x a horse (from a race) ដកចេញ, យកចេញ (ពីការប្រណាំង)

-iv. wool pants x ចាក់, ធ្វើឱ្យស្លៀប

cats x ក្រចៅ

-n. a x on a fender ស្នាមឆូត

a x on his hand ស្នាមរលាត់

hear a x សូរកកាយឬកកិត

Id. start from s. ចាប់ពីហ្មើរ

-adj. s. paper ក្រដាសព្រាង

scrawl[skrɔ:l] *iv.* , *tv.* សរសេរច្រងាច់ច្រងូរ

-n. កាសរសេរច្រកាច់ច្រកូរ, ការសរសេរច្រងាច់ច្រងូរ

scrawny['skrɔ:ni] *adj.* គ្មានសាច់គ្មានឈាម, ស្គម

scream[skri:m] *iv., tv.* ស្រែក

-n. loud x សម្រែក

Coll. he's a x. អ្វីៗដែលកំប្លែងណាស់

screech[skri:tʃ] *iv.* បន្លឺសូរងឹតៗ ច្រេចៗ

-n. សូរងឹតៗ ច្រេចៗ

screen[skri:n] *n.* partittion x របាំង

window x សំណាញ់

movie x សំពត់បញ្ចាំងរូប *Fr:* អេក្រង់

smoke s. (to protect troops) របាំងផ្សែង

(verbal) smoke s. កលសម្រាប់លាក់បំបាំង

-tv. x windows ដាក់សំណាញ់

x off a room បាំង

x their activities បំបិទបាំង

x sand រែង

x candidates ពិនិត្យជ្រើសរើស

x a play សម្រួលដើម្បីយកមកធ្វើជាភាពយន្ត

screw[skru:] *n.* wood x វីស, ខ្ចៅ (មួល)

submarine x ស្លាបចក្រ

Id. put the screws on បង្ខឹង, គាប

-tv. x a nut មួល (ខ្សៀស៊ី។ល។)

x a bracket to the wall ដាក់ភ្ជាប់ដោយប្រើវីស

s. up (one's face) ធ្វើ (មុខ) ជូរល្វីង

screwdriver['skru:draivər] *n. Fr:* ទួរណឺវីស

scribble['skribl] *tv.* ខ្សៀក

-iv. គូសវាស

-n. ការខ្សៀកឬគូសវាស

scrimmage['skrimidʒ] *n.* ការប្រឡូក

-iv. ចូលប្រឡូក

scrimp[skrimp] *iv., tv.* សំចៃ

script[skript] *n.* Cambodian x អក្សរ

x of a play គំរោងកថា

scripture['skriptʃər] *n.* គម្ពីរសាសនា (អ្វីមួយ)

scroll[skrəul] *n.* ខ្សៀវក្រដាស

scrub[1][skrʌb] *iv., tv. (pt. . pp.*scrubbed*)* ដុះដូត

-n. ការដុះដូត

scrub[2][skrʌb] *n.* low x ព្រៃកម្ពោត

Sp. substitute a x អ្នកជំនួស

-adj. x pine ពេញ

x player សម្រាប់ជំនួស

scruple['skru:pl] *n. (usu. pl.)* ការនឹករអែង

Lit: អាសង្កា

scrupulous['skru:pjələs] *adj.* x man ប្រកប ដោយអាសង្កា

x observance of the rules យ៉ាងហត់ចត់

scrutinize[skru:tənaiz] *tv.* ពិនិត្យពិច័យ

scrutiny['skru:təni] *n.* ការពិនិត្យពិច័យ

scuff[skʌf] *tv.* x one's feet បង្អូស

x the furniture ធ្វើឱ្យមានស្នាម (វណាត់។ល។)

-n. x of his feet សូរបង្អូស (ជើង)

a x on the floor ស្នាម (វណាត់ ឆ្នូត ឆេ ។ល។)

scuffle['skʌfl] *iv.* ប្រវាយប្រតប់គ្នា

-n. ការប្រវាយប្រតប់គ្នា

scull[skʌl] *n.* row in a x ទូកអុំយ៉ាងតូច

work a x ចែវ

-iv. ចែវ

sculptor['skʌlptər] *n.* ជាងចម្លាក់

sculpture['skʌlptʃər] *n.* good at x សិល្បៈនៃជាង ចម្លាក់

a beautiful x រូបចម្លាក់

-tv. x stone ឆ្លាក់

x clay សូន

scum[skʌm] *n.* remove the x ពពុះ

Id. s. of the earth មនុស្សថោកទាប

*-tv. (pt. .pp.*scummed*)* ដួសយកពពុះចេញ

scurrilous['skʌrələs] *adj.* គម្រោះ, គម្រោល

scurry['skʌri] *iv. (pt., pp.*scurried*)* រត់ស្ទេ

-n. ការរត់ស្ទេ

scurvy['skɜ:vi] *n.* រោគម្យ៉ាងបណ្ដាលមកពីការខ្វះ វីតាមីនសេ

scuttle[1]['skʌtl] *iv.* រត់ស្ទេ, រត់ត្រដាញ់ជើង

-n. ការរត់ស្ទេ, ការរត់ត្រដាញ់ជើង

scuttle[2][skʌtl] *n.* ប្រឡាយសម្រាប់ដាក់បន្ទាលចំនិញទៅ ក្នុងនាវា

-tv. ចោះធ្លុះពន្លិច (ទូក។ល។)

scuttlebutt[skʌtlbʌt] *sl. n.* ពាក្យចចាមអារាម

scythe[saið] *n.* កណ្ដៀវ (ធារាំង)

-tv. ច្រូត (នឹងកណ្ដៀវធារាំង)

sea[si:] *n.* life under the x សមុទ្រ

a x of people ហ្វូងយ៉ាងធំ

Id. at s. នៅមិនទាំង

go to s. ចូលធ្វើជាកម្មករនាវាសមុទ្រ

put to s. ចេញដំណើរតាមសមុទ្រ

follow the s. ប្រកបការងារតាមសមុទ្រ

-adj. s. food អាហារសមុទ្រ, ម្ហូបសមុទ្រ, គ្រឿងសមុទ្រ

s. green ពណ៌ខៀវស្រាយបៃតងតិចៗ

s. horse សេះសមុទ្រ

s. level ផ្ទៃសមុទ្រ

(have great) s. power កម្លាំងខាងកងនាវា

(be a) s. power មហាអំណាចខាងកងនាវា

seaboard['si bɔ:d] ***n.*** ឆ្នេរសមុទ្រ

seafarer[si:feərər] ***n.*** អ្នកដើរកប៉ាល់សមុទ្រ

seagoing['si:gəu:i ŋ] ***adj.*** សមុទ្រ (គុណនាម)

seal[1][si:l] ***n.*** put his x ត្រា

Roy: ព្រះសង្ហារ

x of a letter កន្លែងបិទ

x of a joint គ្រឿងឬថ្នាំភិត

-tv. x a letter បិទ

x a leak ភិត, បិទ

x a document បោះត្រា

Id. s. his fate ធ្វើឱ្យអស់សង្ឃឹម

seal[2][si:l] ***n.*** ហ្វូក (សត្វសមុទ្រម្យ៉ាងសន្ធានជ្រូក)

seam[si:m] ***n.*** tailor's x ថ្នេរ

x of a molded object ស្នាមប៉ះ

-tv. x a dress ដេរភ្ជាប់

x a wall ធ្វើឱ្យមានស្នាមជ្រួញៗ

seaman['si:mən] ***n.*** កម្មករនាវាសមុទ្រ

seamstress['si:mstrəs] ***n.*** ជាងកាត់ដេរ (ស្រី)

seamy['si:mi] ***adj.*** x side of life កខ្វក់, គួរឱ្យខ្ពើម

x wall ដែលមានស្នាមជ្រួញ

seance['sei ɔns] ***n.*** spiritualist x ពិធីហៅខ្មោច

diplomatic x សម័យប្រជុំ

seaplane['si:plei n] ***n.*** កប៉ាល់ហោះចុះទឹក

seaport['si:pɔ:t] ***n.*** កំពង់ផែសមុទ្រ

sear[si er] ***tv.*** x hair ធ្វើឱ្យរោលឬខ្លោច

x meat ធ្វើឱ្យឡើងខ្លោចតិចៗ

x the earth ធ្វើឱ្យរីងស្ងួត

-iv. ស្រពោន

search [sɜ:ʧ] ***tv.*** x a house ឆែក, ឆែកឆេរ

s. one's memory រកនឹក

s. out (the facts) ស្រាវជ្រាវរក

-iv. s. for រក

-n. conduct a x ការឆែកឆេរ

the x for truth ការស្វែងរក

in s. of ក្នុងការស្វែងរក

searching[sɜ:ʧi ŋ] ***adj.*** x look ដែលពិនិត្យពិច័យ

x wind មុត

searchlight['sɜ:ʧlai t] ***n.*** ភ្លើងបញ្ចាំង (សម្រាប់រកឬបង្ហាញផ្លូវ)

seashore['si:ʃɔ:r] ***n.*** ឆ្នេរសមុទ្រ

seasick['si:si k] ***adj.*** ពុលរលក

seaside['si:sai d] ***n.*** មាត់សមុទ្រ

-adj. ដែលជិតមាត់សមុទ្រ

season['si:zn] ***n.*** cold x រដូវ

This is a bad s. for corn. ឆ្នាំនេះពោតមិនសូវបានសោះ

in s. ត្រូវរដូវ, ដល់ខែ

out of s. ខុសរដូវ

-tv. x food ដាក់គ្រឿង

x conversation ធ្វើឱ្យមានការរីករាយ

x lumber ធ្វើឱ្យស្ងួត

x troops ធ្វើឱ្យមានការពិសោធបរិបូរណ៍

seasonable['si:znəbl] *adj.* x weather សមតាមរដូវ

x action ត្រូវកាលៈទេសៈ

seasonal['si:zənl] *adj.* តាមរដូវ

seasoning['si:zni ŋ] *n.* គ្រឿង (ដាក់ម្ហូបឱ្យមានរសជាតិឆ្ងាញ់)

seat[si:t] *n.* find a x បង្គុយ, កន្លែងអង្គុយ

kick his x គូទ

x of his pants ក្លិត

a x at the U.N. អាសនៈ

x of learning មជ្ឈមណ្ឌល

country x ទីតាំងនៃអ្នកអភិបាល

-tv. s. oneself អង្គុយ

x guests នាំទៅអង្គុយ

(The hall) seats (5,000.) អង្គុយបាន

seaward['si:wəd] *adj., adv.* ឆ្ពោះទៅកណ្ដាលសមុទ្រ

seaway['si:wei] *n.* ផ្លូវទឹកភ្ជាប់ទៅសមុទ្រ

seaweed['si:wi:d] *n.* រុក្ខជាតិដុះក្នុងសមុទ្រចំពួកសារាយ

seaworthy['si:wɜ:ði] *adj.* អាចនឹងឆ្លងកាត់សមុទ្របាន

secede[si 'si:d] *iv.* បែកចេញឬដកចេញពីសហពន្ធ

secession[si 'seʃn] *n.* ការបែកចេញពីសហពន្ធ

Lit: អបគមន៍

seclude[si 'klu:d] *tv.* ធ្វើឱ្យនៅដាច់ពីគេ

seclusion[si 'klu:ʒn] *n.* វិវេកភាព, ឯកវាសភាព

second[1]['sekənd] *adj.* x position ទី២

s. nature ទម្លាប់

Gram. s. person ទុតិយបុរសៈ

on s. thought ក្រោយគិតសាជាថ្មី

Id. play s. fiddle នៅក្រោមអ្នកណាម្នាក់, មានឋានៈទាបជាង

-n. He' s the x. ទី២

(buy) seconds របស់លេខ២

a x to the motion សំដីគាំទ្រ

-tv. គាំទ្រ

second[2]['sekənd] *n.* (five) seconds វិនាទី

just a x មួយភ្លែត

secondary['sekəndri] *adj.* of x importance បន្ទាប់បន្សំ

x official មិនសំខាន់, ទាប

s. education មធ្យមសិក្សា

x reaction ក្រោយមកទៀត

-n. អ្នកដែលសក្ដិតូចជាង

second-class['sekənd klɑ:s] *adj.* x student ថ្នាក់ទី២

x citizen ទាបជាង, គ្មានសិទ្ធិដូចគេ

second-hand['sekənd hænd] *adj.* x car ចាស់

x knowledge ដែលគេពីគេមក

secondly['sekəbli] *adv.* ទីពីរ

second-rate['sekənd rei t] *adj.* អន់, ថោក

secrecy['si:krəsi] *n.* held in x ការសម្ងាត់

can ' t understand his x about it ការលាក់អាថ៌កំបាំង

secret['si:krət] *adj.* សម្ងាត់

-n. keep a x ការសម្ងាត់

Pl. x of nature អាថ៌កំបាំង

x of happiness កូនសោ (អ.ប.)

secretary['sekrətri] *n.* office x លេខា

x of an organization លេខាធិការ

S. of State រដ្ឋលេខាធិការ

S. General អគ្គលេខាធិការ

roll-top x តុ (សរសេរ)

secretariat[,sekrə'teəri ət] *n.* លេខាធិការដ្ឋាន

secrete[si 'kri:t] *tv.* ធ្វើសេមាចនា

secretion[si 'kri:ʃn] *n.* សេមាចនា

secretive['si:krəti v] *adj.* ដែលលាក់គំនិត

sect[sekt] *n.* និកាយ

sectarian[sek'teəri ən] *n.* និកាយិក

section['sekʃn] *n.* x of the country ភាគ

x of an orange ក្លែប
x of pipe កំណាត់, ផ្នែក
cross x មុខកាត់
-tv. x the country ចែកជាផ្នែក
x an apple កាត់ជាជ្រុង

sector['sektər] ***n.*** x of a circle ចម្រៀករង្វង់
military x តំបន់
-tv. ចែកជាចម្រៀករង្វង់

secular['sekjələr] ***adj.*** ដែលមិនទាក់ទងនឹងសាសនា
Lit: អាណាចក្រ

secure[si 'kjuər] ***adj.*** family is x ផុតពីគ្រោះថ្នាក់
financially x ដែលមិនខ្វះខាត
x load ដែលចងយ៉ាងជាប់
-tv. x wealth បានមក, រកមក
x a load ចងយ៉ាងជាប់

security[si 'kjuərəti] ***n.*** x from danger ភាពផុតពីគ្រោះថ្នាក់ *Lit:* និរភ័យ
financial x ភាពមិនខ្វះខាត
x measures សន្តិសុខ
x for a loan វត្ថុដាក់បញ្ចាំធានា
Pl. invest in x ហ៊ុនឬសញ្ញាប័ណ្ណផ្សេងៗ

sedan[si 'dæn] ***n.*** buy a x រថយន្តមានដំបូលអង្គុយបានបួននាក់ឬលើសពីបួននាក់
s. chair ក្រែស្នែង

sedate[si 'dei t] ***adj.*** រម្យទម, នឹងធឹង
-tv. ឱ្យថ្នាំរម្ងាប់ការឈឺចាប់ ទុក្ខព្រួយ ។ល។

sedative['sedəti v] ***adj.*** ដែលរម្ងាប់ការឈឺចាប់
-n. ថ្នាំរម្ងាប់ការឈឺចាប់

sedentary['sedntri] ***adj.*** x occupation ដែលអង្គុយច្រើន
x animals ដែលនៅមួយកន្លែង *Lit:* និសិន្ន

sediment['sedi mənt] ***n.*** កករ *Lit:* អវសាទ

sedimentary['sedi 'mentri] ***adj.*** x material ជាអវសាទ
s. rock ថ្មសេឌីម៉ង់ទែរ

sedition[si 'di ʃn] ***n.*** ការនាំបំបះបំបោរ

seditious[si 'di ʃəs] ***adj.*** ដែលបំបះបំបោរ

seduce[si 'dju:s] ***tv.*** x a woman ប្រលោម
x a public official ទាក់ចិត្ត

seduction[si 'dʌkʃn] ***n.*** ការប្រលោម, ការទាក់ចិត្ត

seductive[si 'dʌkti v] ***adj.*** ដែលប្រលោម

see[si:] ***tv.*** *(pt.*saw *.pp.*seen *)*
x an accident ឃើញ
x a show មើល *Roy:* ទត
I x what you mean. យល់
x who it is. ទៅមើល
x s.o. home នាំឬជូន (ទៅ)
x that it is done ធ្វើឱ្យប្រាកដ (ថា)
x hard wear បានស្គាល់, ទទួលនូវ
x a doctor ទៅជួប
s. it through ទៅដល់ទីបញ្ចប់
-iv. Can he x? មើលឃើញ
Do you x? យល់
let me s. now ឱ្យខ្ញុំគិតមើលៗ
s. to it ទទួលរ៉ាប់
s. after មើលថែទាំ
s. through (a scheme) ដឹងនូវ (ដំណើរទំនង)

seed[si:d] ***n.*** apple x គ្រាប់
keep the best rice for x ពូជ
Fig. seeds (of discord) ហេតុ
he and his x កូនចៅ
go to s. មានគ្រាប់, មានផ្លែ
-tv. x a field សាប, ព្រោះ
x cherries យកគ្រាប់ចេញ
s. discord បង្ករហេតុ
-iv. time to x សាប, ព្រោះ

Flowers x n the fall. ផាត់គ្រាប់

-*adj.* x rice សម្រាប់ធ្វើពូជ

seedling['si:dliŋ] ***n.*** rice s. សំណាប

tree x កូនឈើ, កូនបណ្ដុះ

seedy['si:di] ***adj.*** x fruit មានគ្រាប់ច្រើន

x clothes រយ៉ាក

seeing[si:iŋ] ***conj.*** ដោយយល់ឃើញថា

seek[si:k] ***tv.*** *(pt. , pp.* sought)

x a new home ស្វែងរក

x advice សូម

x to convince him ប្រឹងប្រែង, ខំ

seem[si:m] ***iv.*** មានទំនងជា, ដូចជា

seeming[si:miŋ] ***adj.*** ដែលបង្ហាញឱ្យឃើញ

seemly['si:mli] ***adj.*** សមរម្យ

seen[si:n] *(pp. of* see *)*

seep[si:p] ***iv.*** ជ្រាប

seepage['si:piʤ] ***n.*** stop x ការជ្រាប

collect the x អ្វីៗដែលជ្រាប

see-saw[si:-sɔ:] ***iv.*** children x ជិះក្ដារបះចុះឡើង

x on an issue ផ្លាស់ប្ដូរចុះឡើង

-*n.* ក្ដារវែងបះចុះឡើងសម្រាប់ក្មេងជិះលេង

seethe[si:ð] ***iv.*** pots x កញ្ជ្រោលឡើងពពុះ

s. with excitement រំភើបយ៉ាងខ្លាំង

segment['segmənt] ***n.*** x of rope កំណាត់

x of a circle ភាគរង្វង់

-*tv.* កាត់ជាផ្នែកឬកំណាត់

-*iv.* ដាច់ជាផ្នែកឬកំណាត់

segregate['segri gei t] ***tv.*** ដាក់ឱ្យនៅដោយឡែក, បំបែកចេញដោយឡែក *Lit:* ធ្វើវិយោគកម្ម

-*iv.* បែកចេញដោយឡែក

segregation['segri 'gei ʃn] ***n.*** វិយោគកម្ម

seine[sei n] ***n.*** អួន, អញ្ចង

-*tv.* , *iv.* ដឹកអញ្ចងឬអួន

seismic['sai zmi k] ***adj.*** នៃការរញ្ជួយប្រផេទី

Lit: នៃភូមិចាល

seismograph['sai zməgrɑ:f] ***n.*** ប្រដាប់ស្ទង់រយៈពេលនិងកម្លាំងនៃការរញ្ជួយដី *Lit:* ភូមិចាលមាត្រ

seize[si:z] ***tv.*** x a weapon ចាប់យក

x a criminal ចាប់

x smuggled goods រឹបអូស

x an opportunity ឆ្លៀត

Panic seized the public. សាធារណជនភ័យតក្កមា

seizure['si:ʒər] ***n.*** epilectic x ការចាប់នៃរោគ

x of property ការរឹបអូសយក

Neol: អំណូស

amount of the x អ្វីៗដែលត្រូវបានរឹបអូស

seldom['seldəm] ***adv.*** ដោយកម្រ, មិនសូវ

select[si 'lekt] ***tv.*** រើសយក, ជ្រើសរក, ជ្រើសរើស

-*adj.* x fruit ជំរើស, សម្រាំង

x group ដែលគេស្រាល់ជ្រើស

selection[si 'lekʃn] ***n.*** x of a mate ការជ្រើសរក, ការស្រាល់ជ្រើស

good s. (of goods) ច្រើនយ៉ាង

read another x សេចក្ដីសម្រាំង

Biol. natural s. ជំរើសធម្មជាតិ

selective[si 'lekti v] ***adj.*** Don' t be so x. រើស

x sampling សម្រាំង

self[self] ***n.*** *(pl.*selves *)*

one' s own s. ខ្លួន (ឯង)

one' s better x អត្តា

self[self] - ***pref.*** បុព្វបទ មានន័យថាៈ ដោយខ្លួនឯង, ចំពោះខ្លួន, លើខ្លួនឯង, ស្វ័យ ឧ-

help ការជួយ > self-help ការជួយខ្លួនឯង

propelled ដែលទៅមុខ >self-propelled ដែលទៅមុខខ្លួនឯង, ស្វ័យចលិត

self-denial[,selfdi 'nai əl] ***n.*** បរិច្ចាគ

selfish['selfi ʃ] ***adj.*** x child ចិត្តអាត្មានិយម

x motives ប្រកបដោយអត្តទត្ថភាព

selfless['selfli s] ***adj.*** ដែលមិនគិតដល់ខ្លួនឯង

sell[sel] ***tv.*** *(pt . pp.*sold *)* x cars លក់

x an idea ធ្វើឱ្យគេយល់ព្រម

s. out (stocks) លក់ចេញ

s. out (one' s country) លក់ (ម.ប.)

-iv. cars x well ដាច់, លក់ដាច់

idea won' t x ត្រូវគេយល់ព្រម

sell-out['sel aut] ***n.*** *Coll.* play is a x ការលក់ដាច់អស់ (សំបុត្រ)

Sl. x of his position ការលក់ខ្លួន, ការលះបង់នូវគោលការណ៍ដើម្បីបំរើអ្នកឯទៀត

selves[selvz] *(pl. of* self *)*

semantic[si 'mænti k] ***adj.*** នៃនិរុត្តិសាស្ត្រ

semantics[si 'mænti ks] ***n.*** និរុត្តិសាស្ត្រ

semaphore['seməfɔ:r] ***n.*** បរិធានម្យ៉ាងប្រើជាសញ្ញា *Lit:* សញ្ញាគ័រ

semblance['sembləns] ***n.*** create a x of a country store សភាពខាងក្រៅ *Lit:* ពហិលក្ខណ

maintain a x of order ភាពដូចជា

semen['si:mən] ***n.*** ទឹកកាម *Lit:* ទឹកសុក្ក, ទឹកអសុចិ

semester[si 'mestər] ***n.*** ឆមាស

semi['semi] ***-pref.*** បុព្វបទមានន័យថា: *1.* ពាក់កណ្ដាល, កន្លះ, ឧ. circle រង្វង់ > semicircle ពាក់កណ្ដាលរង្វង់ *2.* ពីរដងក្នុងមួយថ្ងៃ ខែ ឆ្នាំ។ល។ ឧ. annual រាល់ឆ្នាំ semiannual ពីរដងមួយឆ្នាំ

semicolon[,semi 'kəulən] ***n.*** ចំណុចក្បៀស

semiconscious[,semi 'kɔnʃəs] ***adj.*** ដឹងខ្លួនមិនទាន់ស៊ប់

seminar['semi nɑ:r] ***n.*** ការអប់រំដោយមានការពិភាក្សាគ្នា

seminary['semi nəri] ***n.*** សិក្ខាសាលា

Semitic[si 'mi ti k] ***adj.*** នៃប្រជាជនឬភាសាសេមិត

senate['senət] ***n.*** ព្រឹទ្ធសភា

senator['senətər] ***n.*** សមាជិកព្រឹទ្ធសភា

send[send] ***tv.*** *(pt. . pp.* sent *)*

x a letter ផ្ញើ

x him to the store ប្រើឱ្យទៅ

s. (him) away បញ្ជូនទៅ

x a ball 200 yards ធ្វើឱ្យទៅមុខ

sender['sendər] ***n.*** អ្នកផ្ញើ

send-off[send ɔf] ***n.*** ពិធីជប់លៀងមុនបែកគ្នា

senile['si:nai l] ***adj.*** ចាស់វង្វេងវង្វាន់

senility[si 'ni ləti] ***n.*** ភាពវង្វេងវង្វាន់

senior['si:ni ər] ***adj.*** x colleague ធំជាង (សក្តិ)

x class នៅថ្នាក់ទី៨, ទី៤

s. high school វិទ្យាល័យ

-n. Educ. He' s a x. សិស្សថ្នាក់ទីបំផុត

three years my s. ចាស់ជាងខ្ញុំបីឆ្នាំ

seniority[,si:ni 'ɔrəti] ***n.*** ភាពចាស់វស្សាជាង

sensation[sen'sei ʃn] ***n.*** x of cold វេទនា, វេទនារម្មណ៍

cause a x in the neighborhood ការធ្វើឱ្យមានការចាប់អារម្មណ៍ជាខ្លាំង

Coll. He' s a x. អ្វីៗដែលធ្វើឱ្យមានការចាប់អារម្មណ៍ជាខ្លាំង

sensational[sen'sei ʃənl] ***adj.*** *Coll.* x performance អស្ចារ្យ

x journalism ដែលបំផ្លើសដើម្បីធ្វើឱ្យមានការចាប់អារម្មណ៍ជាខ្លាំង

sense[sens] ***n.*** x of smell វិញ្ញាណ

the five senses វិញ្ញាណទាំងប្រាំ

get the x of the statement ន័យ

doesn' t make s. មិនសមហេតុផល

s. of duty ការស្គាល់ករណីកិច្ចរបស់ខ្លួន

good s. សុភនិច្ច័យ

x of humor និច្ច័យ

common s. សាទិសនិច្ច័យ

Id. horse s. សាទិសនិច្ច័យ

What's the s. of... មានប្រយោជន៍អ្វី

Id. sixth s. មនោវិញ្ញាណ, វិញ្ញាណទី៦

-tv. x cold ដឹង (ដោយវិញ្ញាណ)

x his hostility ចំក្លិន (អ.ប.)

senseless['sensləs] *adj.* x slaughter ឥតសម

ហេតុផល

x message គ្មានន័យ

knock him s. វាយឱ្យសន្លប់

sensibility[,sensə'biləti] *n.* person of great

x វេទយិតភាព

Pl. offend his x ភាពឆាប់ខឹង

sensible['sensəbl] *adj.* x person ដែលមានសុភ

និច្ច័យ

x plan សមហេតុផល

sensitive['sensətiv] *adj.* x about his height

ដែលមិនចង់ដឹងឮអំពី

x issue ពិបាកដោះស្រាយ, ងាយប្រែប្រួល, អាច

និងរុះ

x scales រស់ (ជញ្ជីង)

x bruise ឆាប់ឈឺ

sensitivity[,sensə'tivəti] *n.* x on subject ភាព

ឆាប់ខឹង *Lit:* វេទយិតភាព

x to others ភាពប្រែប្រួលក្រោមអនុភាពនៃអ្វីមួយ

sensory['sensəri] *adj.* ខាងវិញ្ញាណ

sensual['senʃuəl] *adj.* x person ដែលត្រេក

ត្រអាលនឹងកាមរាគ

s. pleasures កាមរាគ

sensuous['senʃuəs] *adj.* x music ធ្វើឱ្យកម្រើក

អារម្មណ៍

x temperament ដែលញាក់ទៅតាមអារម្មណ៍

sent [sent] *n.* (*pt. . pp. of* send)

sentence['sentəns] *n.* write a x ឃ្លា

judge's x សាវិនិច្ឆ័យ (ទោស)

-tv. កាត់ទោស *Lit:* វិនិច្ឆ័យទោស

sentiment['sentimənt] *n.* x of pity វេទនា

public x មតិ

exaggerated x មនោសញ្ចេតនា

sentimental[,senti'mentl] *adj.* x novel ដែល

បញ្ចេញមនោសញ្ចេតនា

x person ដែលងាយបញ្ចេញនូវមនោសញ្ចេតនា

x value ខាងមនោសញ្ចេតនា

sentimentality[,sentimen'tæləti] *n.* សញ្ចេត

ភាព

sentinel['sentinl] *n.* អ្នកយាម, ឆ្មាំ

sentry['sentri] *n.* អ្នកយាម, ឆ្មាំ (ទាហាន)

separable['sepərəbl] *adj.* អាចបែកពីគ្នាបាន

separate['seprət] *tv.* x the men from the

women បំបែកដោយឡែក

x a room into offices ដាក់ជញ្ជាំង, ជាំងចែក

x two fighters បំបែកចេញពីគ្នា

x cream from milk ត្រងយកស្លែកចេញ

(Work) separates (him from his family)

ធ្វើឱ្យបែកពី

20 years x their ages ខុសគ្នា

-iv. roads x បែកចេញពីគ្នា

oil and water s. ប្រេងទៅដោយប្រេងទឹកទៅ

ដោយទឹក

They decided to x. នៅបែកគ្នា

-adj. x tables ផ្សេង

x events ឥតមានទាក់ទងគ្នា, ទីទៃពីគ្នា

x from his family បែកគ្នា

separation[,sepə'rei ʃn] *n.* x of two facts ការបំបែក

x of cream from milk ការរំលែកយកចេញ

x from his family ការបែកចេញ

x of 20 years in age ការខុសគ្នា

marital x ការនៅបែកពីគ្នា

September[sep'tember] *pr. n. Fr:* ខែកញ្ញា

សេតមប្រ៍

solar system: ខែកញ្ញា

Luner system: កត្តិក-អាសាឍ

septic['septi k] *adj.* x wound ក្លាយ

s. tank អាងទទួលទឹកសំអុយ

sepulcher['seplkər] *n.* ផ្នូរ

sequel['si:kwəl] *n.* អ្វីៗដែលត

sequence['si:kwəns] *n.* alphabetical x លំដាប់

x of events ដំណើរបន្តគ្នា

in s. ជាលំដាប់, តៗគ្នា

sequester[si'kwestər] *tv.* ធ្វើឱ្យនៅដាច់ពីគេ

serenade[,serə'nei d] *n.* សេរ៉េណាត (ចម្រៀងសរសើរ ឬ ល្បួងលោម)

-tv. ច្រៀងសេរ៉េណាត

serene[sə'ri:n] *adj.* x old age ស្ងប់ស្ងៀម

x weather ស្ងប់ហើយស្រឡះ

serenity[si'renəti] *n.* accept fate with x ភាពស្ងប់ស្ងៀម

x of the sea ភាពស្ងប់

serf[s3:f] *n.* ខ្ញុំកញ្ជះគេ *Lit:* សេវកា

sergeant['ɑ:dʒənt] *n. Mil.* rank of x ពលបាល

s. at arms អ្នកធ្វើឱ្យមានរបៀបរៀបរយ

serial['si əri əl] *n.* newspaper x រឿងមានតៗគ្នា

scientific x ទស្សនាវដ្ដី

-adj. x story ត

s. number លេខ, លេខសំគាល់

series['si əri:z] *n.* x of numbers *Fr:* សេរី

x of events អ្វីៗដែលមានតៗគ្នា

(write) in series ជាលំដាប់

Elect. (connect) in series បន្តៗគ្នា

serious['si əri əs] *adj.* x illness ធ្ងន់

x expression មាំ

x disposition មិនលេងសើច

x attempt ប្រាកដប្រជា

x reading ប្រកបដោយសារសំខាន់

sermon['s3:mən] *n.* ធម្មទេសនា

serpent['s3:pənt] *n.* ពស់

serpentine['s3:pəntai n] *adj.* ដែលបត់បែន (ដូចសណ្ឋានពស់វារ)

serrate, serrated [sə'rei ti d] *adj.* ដែលដូចធ្មេញរណារ

serration['s3:rei ʃn] *n.* អ្វីដូចធ្មេញរណារ

serum['si ərəm] *n. Fr:* សេរ៉ូម

servant ['s3:vənt] *n.* domestic x អ្នកបម្រើ

Lit: ទាសី

Coll: ឈ្នួល, ខ្ញុំ, ខ្ញុំកំដរ

Derog: បាវ

public s. អ្នករាជការ, មន្ត្រី

serve [s3:v] *tv.* x one's master បម្រើ

x food យកមកឱ្យ, បម្រើ

x one's country បម្រើ, ធ្វើការឱ្យ

s. the purpose អាចប្រើបាន

Id. s. s.o. right សម

Tennis x the ball ផ្ដើមវាយបាល់ (តិន្និស)

-iv. help her mother x បម្រើម្ហូប

s. in the army ធ្វើទាហានជើងគោក

s. as (a sailor) ប្រកបអាជីពអ្វីមួយ

s. as (a reminder) ប្រើសម្រាប់ជា

Tennis his turn to x ផ្ដើមវាយបាល់

service ['s3:vi s] *n.* render a x ហិតប្រយោជន៍

military s. យោធសេវា

give good x ការបម្រើ

Lit: បរិច្ចារកិច្ច

hold a religious x ពិធី

tea x សម្រាប់

Tennis hard x ការផ្ដើមវាយបាល់

-tv. x our needs បម្រើ

x an automobile ចាក់ប្រេង បូមខ្លាញ់

x a cow យកបាមកឱ្យជាន់, បំពើម

-adj. (T .V.) s. man ជាងធ្វើឬជួសជុល

s. station កន្លែងចាក់សាំង

servitude ['s3:vi tju:d] ***n.*** សេវគតិភាព

sesame ['sesəmi] ***n.*** ល្ង

session ['seʃn] ***n.*** x of congress សម័យប្រជុំ

class x ពេលរៀន ប្រជុំ។ល។ ម្ដងៗ

in s. កំពុងប្រជុំ

set [set] ***tv.*** *(pt., pp* set*)* x a vase on the table ដាក់

x a date កំណត់ (ពេល។ល។)

s. a price ដាក់តម្លៃ

s. an example ធ្វើជាគំរូ

s. the table រៀបតុបាយ (មានដាក់សមស្លាប-ព្រាជាដើម)

x a clock មួលដាក់ឱ្យត្រូវម៉ោង

x an alarm ដាក់ឱ្យរោទ៍

x a stone in a ring ដាំ

x a scene (in the 18th century) រៀបចំឆាកល្ខោន ។ល។ ឱ្យត្រូវនឹងរឿង

s. (sthg.) on fire ដុត, ធ្វើឱ្យឆេះ

s. great store by ទុកជាសំខាន់

s. one's hopes on រំពឹង

x a hen ដាក់ឱ្យក្រាប

s. the dogs on បង្ខាំ

x a bone ដាក់ឱ្យត្រង់

Print. x a page រៀបពុម្ព

s. about (working) ចាប់ផ្ដើម

s. aside (money) ទុកដោយឡែក

s. aside (a verdict) លើក

s. down (one's ideas) កត់ទុក

s. off an explosion ធ្វើឱ្យផ្ទុះ

s. to (working) ចាប់ផ្ដើម

s. up (a business) បើក

s. up (a machine) តម្លើង

s. up (the thermostat) ដាក់តម្លើង

s. upon (the enemy) កំណត់

s. upon (the enemy) វាយ, វាយប្រហារ

-iv. sun will x លិច *Lit:* អស្តង្គត

concrete will x រឹង, ឡើងរឹង

hens x ក្រាប (ពង)

(darkness) s. in មកដល់

s. off ចេញដំណើរ

s. out (for Europe) ចេញដំណើរ

s. out (to prove) តាំងចិត្ត

-n. x of dishes ឈុត, សម្រាប់

radio x គ្រឿង

Tennis play a x សិត (តិន្នីស)

Theat. stage x ឆាក

Naut. x of the sails ការដាក់ឱ្យបែរទៅខាងទិសណាមួយ

-adj. x time ដែលកំណត់រួចមកហើយ

x rules ដែលនិយមជាប់មកហើយ

x phrases ដែលដឹងឮជាញឹកញាយហើយ

x in his ways ដែលជុះជាប់

setback[setbæk] ***n.*** x to progress ដំណើរថយក្រោយ (អ.ប.)

x in a wall គន្លាក់ចូលទៅក្នុង

settee[se'ti:] ***n.*** កៅអីអង្គុយបានពីរនាក់

settle[setl] ***tv.*** x an argument ផ្សះផ្សា

x debts ដោះ, សង

x a country តាំងលំនៅ

x one's nerves រម្ងាប់

x sediment ធ្វើឱ្យរង

x an estate ចែក

-iv. x in Australia តាំងលំនៅ

dregs x រង, ធ្លាក់ទៅបាត

houses x ស្រុត

x on a price ព្រមព្រៀង

winds x ស្ងប់

x with a person ទូទាត់

s. down មានផ្ទះសម្បែង

settlement['setlmənt] ***n.*** financial x ប្រាក់ទទួលក្រោយការព្រមព្រៀងក្នុងរឿងអ្វីមួយ

x of a claim ការទូទាត់សម្រុះសម្រួល

political x កតិការ

x of a strike ការព្រមព្រៀងគ្នា

frontier x ការតាំងលំនៅ

settler['setler] ***n.*** អ្នកតាំងលំនៅនៅតំបន់ថ្មី

setup['setʌp] ***n.*** temporary x របៀបរៀបចំ

Sl. police x អន្ទាក់ (ម.ប.)

seven['sevn] ***n.,adj.*** ប្រាំពីរ

seventeen[,sevn'ti:n] ***n.,adj.*** ដប់ប្រាំពីរ

coll: ប្រាំពីរដណ្ដប់

seventeenth[,sevn'ti:nθ] ***adj.*** ទីដប់ប្រាំពីរ

-n. មួយភាគដប់ប្រាំពីរ

seventh['sevnθ] ***n.*** ទីប្រាំពីរ

-n. មួយភាគប្រាំពីរ

seventieth ['sevnti əθ] ***adj.*** ទីចិតសិប

-n. មួយភាគចិតសិប

seventy['sevnti] ***n.,adj.*** ចិតសិប

sever['sevər] ***tv.*** x a hand ធ្វើឱ្យកំបុត

x relations ផ្ដាច់

x a string កាត់ផ្ដាច់

several['sevrəl] ***adj.*** x days បីបួន (ឧ. ខ្ញុំចាំបីបួនថ្ងៃ)

go thier x ways ដោយឡែក

-n. បីបួន (ឧ. ខ្ញុំមានបីបួន)

severance[,sevərəns] ***n.*** ការផ្ដាច់

-adj. s. pay ប្រាក់ដែលទទួលក្រោយឈប់ធ្វើការ

severe[si'vi ər] ***adj.*** x pain ខ្លាំង

x discipline តឹងរឹង

x weather អាក្រក់

x criticism យ៉ាងខ្លាំងក្លា

severity[si'verəti] ***n.*** x of the pain ភាពខ្លាំង

x of the punishment ភាពធ្ងន់

sew[səu] ***tv.*** *(pt.* sewed *.pp.*sewn *)*

x garments ដេរ

s. up (a hole) ដេរប៉ះ

Sl. s. up (a deal) សម្រេច

-iv. ប្រកបអាជីពជាជាងដេរកាត់

sewage['su:idʒ] ***n.*** ទឹកសំអុយ

sewer['sju:ər] ***n.*** លូទឹកសំអុយ (ក្រោមដី)

sewing[səuiŋ] ***n.*** She does x. ការដេរកាត់

s. machine ម៉ាស៊ីនដេរ

sewn[səun] *(pp. of sew)*

sex[seks] ***n.*** male x ភេទ

have s. រួមដំណេក

Lit: សេពមេថុនកម្ម, រួមមេត្រី

s. appeal សម្រស់ (ដែលធ្វើឱ្យស្រើបស្រាល)

-tv. x chickens ដាក់ញីដោយឡែក ឈ្មោលដោយឡែក

sextant['sekstənt] ***n.*** សិចស្ដង់ (បរិធានធ្វើនាវាចរម្យ៉ាង)

sexton['sekstən] ***n.*** អ្នកថែទាំព្រះវិហារ

sexual['sekʃuəl] ***adj.*** x characteristics នៃភេទ

s. relations ការសេពមេថុន

sexy[seksi] *adj.* ដែលធ្វើឱ្យស្រើបស្រាល, ដែលសម្រើប

shabby['ʃæbi] *adj.* x clothes រយាក
x treatment មិនសមរម្យ

shack[ʃæk] *n.* ខ្ទម, តូប

shackle['ʃækl] *n. pl.* put him in x ច្រវាក់, ខ្នោះ
Pl. x of servitude នឹម (អ.ប.)
-tv. x a prisoner ដាក់ច្រវាក់
x with red tape ធ្វើឱ្យមានការពិបាក

shade[ʃeid] *n.* cool x ម្លប់
Pl. two x of blue ពណ៌ព្រឿងៗ
not a x of difference បន្តិច
window x វាំង
-tv. x the yard ធ្វើឱ្យមានម្លប់
x the eyes បាំង
x it with blue លាបព្រឿងៗ
Coll. x the price បញ្ចុះបន្តិច
-iv. ផ្លាស់បន្តិចម្តងៗ (ពណ៌ ពន្លឺ។ល។)
-adj. ដែលផ្តល់ម្លប់

shadow['ʃædəu] *n.* cast a x ស្រមោល
Pl. in the x ទីងងឹត
not a x of doubt បន្តិច

shadowy[ʃædəuwi] *adj.* x street ងងឹត
x presence ដែលឥតមានរូបរាង

shady['ʃeidi] *adj.* x path ដែលមានម្លប់
x past គួរឱ្យសង្ស័យ

shaft['ʃɑ:ft] *n.* x of an arrow ដង (ព្រួញ)
x of sunlight កាំ (ពន្លឺ)
drive x ដងបង្វិល
elevator s. ប្រឡោះជណ្តើរយោង

shag[ʃæg] *n.* x of an animal រោមវែងគ្រោស
x of a rug ព្រុយវែង

shaggy['ʃægi] *adj.* x dog ដែលមានរោមស្រមូវ
x carpet ដែលមានរោមស្នើងតែវែងជាងធម្មតា
x head វែងកណ្តាញ់

Shah[ʃɑ:] *pr. n.* មហាក្សត្រប្រទេសអៀរ៉ង់

shake[ʃeik] *tv.* (*pt.*shook ,*pp.*shaken)
x a sleeping person អង្រួន
winds x the house ធ្វើឱ្យញ័រ
x the head (in approval) ងក់
x the head (in disapproval) គ្រវី
Sl. x one's pursuers គេចផុត
s. hands ចាប់ដៃ
x one's faith ធ្វើឱ្យសៅហ្មង
x a bottle of medicine គ្រលុក
x a rug រលាស់, ជម្រុះ
s. down (the contens) រលាក់ឱ្យចុះទៅក្រោម
Sl. s. down (a merchant) សំឡុតយកប្រាក់
s. up ក្រឡុក
-iv. houses x ញោយ
x with anger ញ័រខ្លួន
hands x ញ័រ
-n. He has a x. ជំងឺញ័រ
milk s. ការើមរ៉ា
Sl. I'll be there in a x. រំពេច
Sl. have the shakes ញ័រ (ដោយភ័យ ។ល។)

shaker [ʃeikər] *n.* salt s. ដបអំបិល
bell x ដៃ, ដង

shake-up[ʃeik ʌp] *n.* ការផ្លាស់ប្តូរខ្លួនទៅ

shaky['ʃeiki] *adj.* x hand/voice ដែលញ័រ
x business ដែលដើរមិនស្រួល

shale[ʃeil] *n.* ថ្មភាជន៍, ថ្មស្រទាប់

shall[ʃəl] *mv.* I x go tomorrow. នឹង
x I open the window? ឱ្យ
You x do it! ត្រូវតែ
s. we go? យើងទៅឬ?
shallot[ʃə'lɔt] *n.* ខ្ទឹមក្រហម
shallow['ʃæləu] *adj.* x water រាក់
x dish ទៀប
Fig. x character គ្មានខ្លឹមសារ
-n ទីរាក់
sham[ʃæm] *n.* អ្វីៗដែលក្លែងឬមិនពិត
-tv. *(pt., pp.* shammed*)* ក្លែង, ធ្វើជា
-adj. បញ្ឆោត, ក្លែង
shaman[ʃæmən] *n.* គ្រូ (អ្នកមើលជម្ងឺ។ល។)
shamble['ʃæmbl] *iv.* ដើររួសជើង
shambles['ʃæmblz] *n.* ការច្របូកច្របល់
shame[ʃeim] *n.* feel x សេចក្តីខ្មាស់
Lit. លជ្ជាភាព
What a s.! គួរឱ្យស្តាយណាស់
put to s. ធ្វើឱ្យខ្មាស់
S. on you! ធ្វើអីចឹង!, មិនល្អទេ!
-tv. x one's family ធ្វើឱ្យខ្មាស
x him ito doing it បង្ខំ (ដោយចង់ឱ្យធ្វើអ្វីមួយ)
shamefaced[ʃeim'feist] *adj.* ដែលខ្មាស់, អៀនប្រៀន
shameful[ʃeimfl] *adj.* x conduct ដែលនាំខូចកិត្តិយស
x waste គួរឱ្យស្តាយ
shampoo[ʃæm'pu:] *tv.* កក់ (សក់ ព្រំ។ល។)
-n. buy some x ថ្នាំកក់
give him a x ការកក់
shank[ʃæŋk] *n.* x of the leg ផ្នែកពីក្បាលជង្គង់ទៅកជើង
x of a hammer ក
shan't[ʃɑ:n't] *(contr. of* shall not*)*
shanty['ʃænti] *n.* ខ្ទម

shape[ʃeip] *n.* x of a vase រាង, ទ្រង់ទ្រាយ
dim s. ស្រមោល
in bad s. យ៉ាប់
(ideas) take s. ចាប់មានរូបរាងឡើង (អ.ប.)
get the house in x របៀបរៀបរយ
-tv. x a bowl ធ្វើឱ្យចេញជារាងអ្វីមួយ, ធ្វើឱ្យមានរូបរាងជាអ្វីមួយ
x a reply ព្រាង
x one's future រៀបចំ
-iv. (plans) s. up មានរូបរាងឡើង
Sl. (You'll have to) s. up ធ្វើឱ្យប្រសើរជាងដើមឡើង
shapely['ʃeipli] *adj.* ដែលមានរាងល្អ
share[ʃeər] *n.* take his x ចំណែក
Lit: បមាណភាគ
buy a x of stock ហ៊ុន
-tv. x one's wealth ចែកចាយ
x the benefits ទទួលចំណែក
s. s.o.'s opinion មានយោបល់ត្រូវគ្នា
-iv. s. in (the benefits) បានទទួលចំណែក
s. in (the discussion) ចូលរួម
s. in (the guilt) ទទួលខុសត្រូវដែរ
sharecrop [ʃeəkɔp] *iv.*, *tv.* ប្រវាស់
shareholder[ʃeəhəuldər] *n.* ម្ចាស់ហ៊ុន
shark[ʃɑ:k] *n.* killer x ឆ្លាម
Sl. loan s. អ្នកចងការប្រាក់យកការថ្លៃហួសហេតុ
sharp[ʃɑ:p] *adj.* x knife មុត
x point ស្រួច
x turn ខ្លាំង (ផ្ទុយនឹងបន្តិចម្តងៗ)
x mind វៃ, មុត
x pain ដូចគេចាក់

x taste មុត

x criticism យ៉ាងដំណំ, ខ្លាំង

x cry ស្រួល, ក្រលួច

-adv. stop x ងក់

one o' clock x គត់

-n. Sl. មនុស្សបោកប្រាស់

sharpen['ʃɑ:pən] ***tv.*** x a knife សំលៀង

x a pencil សម្រួល, ចិត

-iv. points x ឡើងស្រួច

minds x វៃឡើង

paints x កាន់តែខ្លាំងឡើង

sharpshooter['ʃɑ:pʃutər] ***n.*** មនុស្សដៃត្រង់ (បាញ់)

shatter['ʃætər] ***tv.*** x a glass ធ្វើឱ្យបែកខ្ចាយ

x his dream ធ្វើឱ្យអស់

-iv. បែកខ្ចាយ

shave[ʃei v] ***iv.*** កោរពុកមាត់

-tv. x one's face កោរ

x wood ឈូស, ចាំង, កោស

x the price បញ្ចុះបន្ថិច

-n. give him a x ការកោរ

Id. have a close s. វិះៗ, ជិតមានគ្រោះថ្នាក់

shaver[ʃei vər] ***n.*** electric x ប្រដាប់កោរ

professional x ជាងកោរពុកមាត់

Coll. just a little x កូនក្មេង

shaving(s)[ʃei vi ŋ] ***n.*** planer x អាចម៍ ដែកឈូស

whittling x ចំណាំង

shawl[ʃɔ:l] ***n.*** កន្សែងបង់កឬជូតក្បាលម្យ៉ាង

she[ʃi:] *(fem. sg. nom. pron.)*

Polite: គាត់

Formal: លោកស្រី

Pej. or of children: វា

Roy: ព្រះអង្គ, ទ្រង់

Impers. or Sarcastic: គេ

sheaf[ʃi:f] ***n.*** *(pl.* sheaves*)* x of wheat កណ្ដាប់ (ស្រូវ។ល។)

x of papers ដង់, គំនរ (ក្រដាស។ល។)

shear[ʃi ər] ***tv*** *(pp.*sheared/shorn*)*

x sheep កាត់ឬកោរយករោម

x off a bolt ធ្វើឱ្យដាច់ឬបាក់

shorn (of his power) ដកយក

shears [ʃi əz] ***n.*** កន្ត្រៃធំ

sheath[ʃi:θ] ***n.*** ស្រោម (ដាវ កាំបិតស្នៀត)

sheathe[ʃi:ð] ***tv.*** x a knife ស៊កឬច្រកក្នុងស្រោម

x pipe ស្រោប

shed[1][ʃed] ***n.*** រោង

shed[2][ʃed] ***tv.*** *(pt. . pp.* shed*)*

x tears សម្រក់

x blood បង្ហូរ

x water មិនឱ្យជ្រាបចូល

x light បញ្ចាំង

x one's clothing ដោះ

x bad habits លះបង់

-iv. chickens x ជម្រុះ (ស្លាប ស្លឹក ។ល។)

grains x ជ្រុះ

sheen[ʃi:n] ***n.*** ភាពភ្លឺរលោង

sheep[ʃi:p] ***n.*** *(pl.* sheep*)* ចៀម

sheepish[ʃi:pi ʃ] ***adj.*** អឹមអៀម, អៀនប្រៀន

sheepskin[ʃi:pski n] ***n.*** cure x ស្បែកចៀម

Sl. សញ្ញាប័ត្រ

sheer[ʃi ər] ***adj.*** x cloth ស្តើង (សំពត់)

x rock សុទ្ធ

x drop ចោតខ្លាំង

x folly ទាំងស្រុង

sheet[ʃi:t] ***n.*** beb x កម្រាល

x of paper សន្លឹក

x of metal បន្ទះ

x of ice ស្រទាប់

-*tv.* x a bed ក្រាលកម្រាល

x with metal ដាក់បាំនពីលើ

shelf[ʃelf] *n.* (*pl.* shelves) wall x ថ្នាក់,ធ្នើរ

x of rocke ថ្មាំងឬស្រទាប់លើនៅក្រោមដី

Id. on the s. ទុកចោល

shell[ʃel] *n.* oyster x សំបក

coconut x ត្រឡោក

snail x ស្នូក

shotgun x គ្រាប់

cartridge x ឡុតគ្រាប់កាំភ្លើង

-*tv.* x peas បកយកគ្រាប់

x corn ប្រឡេះ

x a city បាញ់ផ្គក់

sl. s out (money) ចំណាយ

shellac[ʃə'læk] *n.* ស៊ុំឡិច

-*tv.* លាបស៊ុំឡិច

shellfish['ʃelfiʃ] *n.* សត្វសន្ទានខ្យង ខ្ចៅ លៀស ក្រំ ។ល។

shelter['ʃeltər] *n.* ជម្រក

-*tv.* x criminals ឱ្យជ្រកកោន, លាក់

Trees x us from the sun. ការពារ

x him from reality ធ្វើមិនឱ្យប៉ះពាល់នឹង

-*iv.* រកទីជ្រក

shelve[ʃelv] *tv.* x books ដាក់លើធ្នើរ

x an issue ទុកចោល

x a wall ដាក់ធ្នើរ, ធើរធ្នើរ

shelves[ʃelv] (*pl. of* shelf)

shepherd['ʃepəd] *n.* (*fem.* -ess) គង្វាល ចៀម

-*tv.* ឃ្វាល (ចៀម)

sheriff[ʃerif] តម្រួតតំបន់

she's[ʃi:z] (*contr. of* she is/she has)

shied[ʃi:d] (*pt., pp. of* shy)

shield[ʃi:ld] *n.* soldier's x ខែល

machine x គម្រប

-*tv.* x one's eyes គ្របឬបាំងការពារ

x a friend from criticism ការពារ

shift[ʃift] *tv.* x one's weight ប្ដូរកន្លែង

x the blame លើកដាក់ទៅលើគេ

s. gears ប្ដូរលេខ (ឡាន)

-*iv.* loads x អណ្ដិល

winds x ប្ដូរទិស

s. for oneself ពឹងពាក់តែខ្លួនឯង

-*n.* x of the earth ការអណ្ដិល

x of opinion ការប្រែប្រួលឬផ្លាស់ប្ដូរ

work x វេន

wear a x អាវវែងយ៉ាងរបស់ស្រី

shimmer['ʃimər] *iv.* ចាំងពន្លឺព្រឹមៗ (ឧ.ដូច លោកខែចាំងលើទឹក)

shin[ʃin] *n.* ស្មងជើង

shine[ʃain] *iv.* (*pt., pp.* shone)

lights x បញ្ចេញពន្លឺ, ព្រាយពន្លឺ

eyes x ឡើងភ្លឺថ្លា

shoes x ភ្លឺ

-*tv.* (*pt., pp.* shined)

x a light បញ្ចាំង

x shoes ខាត់ (ឱ្យរលោង)

-*n.* bright x ភាពរលោង

get a s. ឱ្យគេខាត់ស្បែកជើងឱ្យ

come rain or s. ទុកជាយ៉ាងណាក៏ដោយ

Id. take a s. to ចាប់ចិត្ត

shingle['ʃiŋgl] *n.* wooden x បន្ទះឈើ ។ល។ សម្រាប់ប្រក់ឬធ្វើជញ្ជាំង

Id. put out a s. ចេញប្រកបមុខរបរ

-tv. ប្រក់ឬវាយជញ្ជាំងនឹងបន្ទះឈើ

shinto[ʃi ntə] *pr. n.* សិនតូ (សាសនាជប៉ុន)

shiny[ʃi ni] *adj.* រលោង, ភ្លឺរលោង

ship[ʃi p] *n.* passenger x កប៉ាល់ *Lit:* នាវា

sailing s. សំពៅ

-tv. *(pt. pp.* shipped *)*

x merchandise ផ្ញើ

Naut. s. water មានទឹកចូល

-ship[ʃi p] *suf.* បច្ច័យប្រើដូចគ្នានឹងពាក្យ_ភាព,ន.

friend មិត្ត >friendship មិត្តភាព

shipboard['ʃi pbɔ:d] *n.* ផ្ទៃកខាងក្នុងនាវា

shipment['ʃi pmənt] *n.* x by rail ការផ្ញើរ

make up a x របស់ផ្ញើមួយលើក

shipshape ['ʃi pʃei p] *adj.* រៀបរយ

shipwreck['ʃi prek] *n.* suffer a x ការលិចទូកឬនាវា

find a x នាវាដែលលិច

Fig. x of his hopes ការបាត់បង់

-tv. storms x passengers ធ្វើឱ្យលិចកប៉ាល់

Fig. x his hopes ធ្វើឱ្យអស់

shipyard['ʃi pi ɑ:d] *n.* កន្លែងសង់នាវា

Lit: នាវាស្ថាបនដ្ឋាន

shirk[ʃɜ:k] *iv., tv.* គេចពីភាតកិច្ច

-n. អ្នកគេចពីភាតកិច្ច

shirt[ʃɜ:t] *n.* អាវ *Roy:* ព្រះភូសា

shit[ʃi t] *Vulg. n.* អាចម៍

-iv., tv. ជុះ

shiver['ʃi vər] *iv.* ញ័រ

-n. ការញ័រ

shoal[ʃəul] *n.* ទីខ្ពស់នៅក្រោមផ្ទៃទឹក

shock[1][ʃɔk] *n.* x of a collision ឥណេរីរទង្គិចរង្គើ

mental x តំណក់ស្លុត

electric x ការឆក់ (អគ្គិសនី)

-tv. x one' s friends ធ្វើឱ្យរំភើបខ្លាំង

x cattle ឆាក់ឱ្យឆក់ (នឹងអគ្គិសនី)

shock[2][ʃɔk] *n.* x of wheat គំនរ (ដែលយកចុងកណ្ដាប់ទល់គ្នា)

s. of hair សក់ក្រាស់សំពោង

-tv. គរ (ដោយយកចុងឬចុងកណ្ដាប់ទល់គ្នា)

shocking[ʃɔki ŋ] *adj.* x experience ដែលធ្វើឱ្យរំភើបជាខ្លាំង

Coll. x manners ទ្រគោះខ្លាំង

shod[ʃɔd] *(pt. . pp. of* shoe *)*

shoddy ['ʃɔdi] *adj.* x goods ថោក, អន់

x action ថោកទាប

shoe[ʃu:] *n.* leather x ស្បែកជើង

Roy: ព្រះសុពណ៌បាទ

horse x ដែកក្រចកជើង (សេះ គោ ។ល។)

brake x ទ្រនាប់

-tv. (pt. . pp. shod *)*

x horses ពាសក្រចក (សេះ គោ។ល។)

x children ពាក់ស្បែកជើងឱ្យពាក់

shoehorn['ʃu:hɔ:n] *n.* ស្លាបព្រាស្បែកជើង

shoelace['ʃu:lei s] *n.* ខ្សែស្បែកជើង

shoestring['ʃu:stri ŋ] *n.* tie a x ខ្សែស្បែកជើង

Id. start out on a s. ចាប់ឡើងមានតែខោមួយចង្កេះ

shone[ʃəun] *(pt. .pp. of* shine *iv)*

shoo[ʃu:] *interj.* ទៅ!, ស្រោ!

-tv. ដេញចេញ (សត្វស្លាប)

shook[ʃuk] *(pt. of* shake *)*

shoot [ʃu:t] *tv.* *(pt. , pp.*shot *)*

x a deer/gun បាញ់

s. questions at សួរផ្ទួនៗ

s. rapids ជិះទូកតាមទឹកធ្លាក់

x a picture ថត

-*iv.* (sparks) s. up បាញ់ឡើង

s. across (the road) ឆ្លងកាត់យ៉ាងរហ័ស

plants x ពន្លក, បិច

pains x ឈឺចាក់

-*n.* go on a s. ទៅបរបាញ់សត្វ

(plants put out) shoots ពន្លក

bamboo s. ត្រពាំង

shop[ʃɔp] ***n.*** book x ហាង

talk s. និយាយពីការងាររបស់ខ្លួន

-*iv.* (*pt. . pp.* shopped) ទិញអីវ៉ាន់, រកទិញ

shoplifter['ʃɔpli ftər] ***n.*** ចោរ (លួចអីវ៉ាន់ដែលគេដាក់លក់)

shopper[ʃɔpər] ***n.*** អ្នកដើរទិញអីវ៉ាន់

shopping[ʃɔpi ŋ] ***n.*** do the grocery x ការដើរទិញអីវ៉ាន់

go s. ទៅរកទិញអីវ៉ាន់, ដើរទិញអីវ៉ាន់

s. center មជ្ឈមណ្ឌលលក់ដូរ

shore[1][ʃɔ:r] ***n.*** along the x មាត់ (បឹង សមុទ្រ)

poet. native x ស្រុក, ប្រទេស

Naut. on x ដី

shore[2][ʃɔ:r] ***tv.*** ទល់

-*n.* ចន្ទល់

short[ʃɔ:t] ***adj.*** x stick ខ្លី, មិនវែង

x session ខ្លី, ឆាប់ចប់

x man ទាប

s. of (money) គ្មាន

s. of (the mark) មិនដល់

x five dollars ខ្វះ

'Phone' is x for 'telephone' ពាក្យបំព្រួញ

x dough ដែលមានដាក់បិរឬខ្លាញ់

s. cut ផ្លូវកាត់

s. circuit ការឆ្លងភ្លើង (អគ្គិសនី)

s. wave រលកខ្លី (រលកអគ្គិសនីចម្ងាយតិចជាង៦០ម.)

-*n.* electrical x ការឆ្លងភ្លើង (អគ្គិសនី)

Pl. (wear) shorts ខោខ្លី

in s. ដោយសង្ខេប

-*adv.* stop x ផ្អាក់

fall s. មិនដល់ (អ្វីៗដែលកំណត់ទុកមកហើយ)

-*tv.* x someone ឱ្យមិនគ្រប់

x a circuit ធ្វើឱ្យឆ្លងឬប៉ះគ្នា (អគ្គិសនី)

-*iv.* ប៉ះគ្នា (អគ្គិសនី)

shortage['ʃɔ:ti ʤ] ***n.*** ការខ្វះ, ការខ្វះខាត

short-change[ʃɔ:t ʧei nʤ] ***tv.*** x a customer អាប់លុយខ្វះ, ថែមលុយខ្វះ

Fig. x a friend ធ្វើអ្វីមិនសមសួន (ទៅ)

short-circuit [ʃɔ:t'sɜ:ki t] ***tv.*** ធ្វើឱ្យឆ្លងភ្លើង

-*iv.* ប៉ះគ្នា, ឆ្លងភ្លើង

shortcoming['ʃɔ:tkʌmi ŋ] ***n.*** កំហុស

Lit: គុណវិបត្តិ

shorten ['ʃɔ:tn] ***tv.*** x a dress ធ្វើឱ្យខ្លី, បង្រួម

x a string បង្រួញ

x an article សង្ខេប, កាត់ឱ្យខ្លី

x pastry ដាក់បិរ ខ្លាញ់ ។ល។

-*iv.* ទៅជាខ្លី, ឡើងខ្លី

shortening ['ʃɔ:tni ŋ] ***n.*** បិរ ប្រេង ខ្លាញ់។ល។ សម្រាប់ដាក់លាយម្សៅធ្វើនំ

shorthand['ʃɔ:thænd] ***n.*** ជវលេខ

short-handed['ʃɔ:thændi d] ***adj.*** ខ្វះមនុស្សធ្វើការ

short-lived['ʃɔ:tli vi d] ***adj.*** ដែលមានជីវិតខ្លី

shortly['ʃɔ:tli·] ***adv.*** arrive x បន្តិចទៀត

answer x ទ្រគោះ

stop s. ឈប់ផ្អាក់

short-sighted['ʃɔ:t sai ti d] ***adj.*** x vision ដែលមើលឃើញជិតៗ

x policy ដែលមិនគិតវែងឆ្ងាយ

short-tempered['ʃɔ:ttəmprəd] ***adj.*** ដែលឆាប់ខឹង

short-winded['ʃɔ:t wi ndi d] ***adj.*** ដែលឆាប់ហត់, ដង្ហក់

shot[1]['ʃɔt] *n.* hear a x សូរកាំភ្លើង
bird x គ្រាប់កាំភ្លើង (តូចៗ)
He's a good s. គាត់ជាអ្នកបាញ់ដែលត្រង់
Sp. make a x ការបោះ វាយ។ល។ បញ្ចាល
x of penicillin ការចាក់ (ថ្នាំ)
x of whiskey ដូស (រង្វាល់ស្រា)
shot[2][ʃɔt] *(pt. , pp. of* shoot*)*
shotgun['ʃɔtgʌn] *n.* កាំភ្លើងគ្រាប់ព្រាយ
should[ʃud] *mv.* You x work hard. គួរតែ
He x be here by now. ត្រូវតែ
x he object ប្រសិនបើជា
shoulder['ʃəuldər] *n.* human x ស្មា, ប្រស្មា
x of the road ជាយ (ថ្នល់)
s. blade ឆ្អឹងស្លាបប្រចៀវ
Id. turn a cold s. ធ្វើព្រងើយដាក់
-tv. x them aside យកស្មារុញ
x a trunk ដាក់លើស្មា
x the blame ទទួល
shouldn't['ʃudnt] *(cont. of* should not*)*
shout[ʃaut] *iv. , tv.* ស្រែក
-n. សម្រែក
shove[ʃʌv] *iv.* Don't x. រុញ
Naut. s. off រុញទូកចេញ
Coll. s. off ចេញ
-tv. x the crowd រុញច្រាន
x a car រុញ
-n. ការរុញ
shovel['ʃʌvl] *n.* ប៉ែល
-tv. x snow ចូកចោលនឹងប៉ែល
s. a path ឈូសត្រាយធ្វើផ្លូវនឹងប៉ែល
show[ʃəu] *tv. (pt* showed *,pp.*shown *)*
x him the way ប្រាប់
x him to his room នាំទៅ
x them my stamps បង្ហាញ
x one's feelings បញ្ចេញឱ្យឃើញ
s. a profit បានចំណេញ
x dirtឆាប់ឃើញ
s. favors ផ្តល់សេចក្តីអនុគ្រោះ (ទៅ)
s. off បញ្ចេញ, សម្តែង
s. up ធ្វើឱ្យឃើញថាអន់ជាង
-iv. marks x នៅឱ្យឃើញ, មើលទៅឃើញ
efforts x បង្ហាញឬធ្វើឱ្យឃើញលទ្ធផល
s. off បញ្ចេញ, សម្តែង
(prints don't) s. up ជាប់, ផិត
(He didn't) s. up. មក
-n. dramatic s. ល្ខោន
movie s. កុន *Lit:* ភាពយន្ត
art x ប្រទស្សន៍, ពិពណ៌
make a x of his emotions ការបញ្ចេញឱ្យឃើញ
showdown['ʃəudaun] *n.* ការជំរុញឱ្យបង្ហាញនូវអំណាចអំណត់ ។ល។
shower['ʃauər] *n.* take a x ការងូតទឹកផ្កាឈូក
x of rain ភ្លៀងឆាប់រាំង
s. of bullets គ្រាប់កាំភ្លើងដូចទឹកភ្លៀង
bridal s. ជប់លៀងឱ្យអនុស្សាវរីយសាមីខ្លួនខាងស្រី (មុនរៀបការ)
-tv. x him with gifts ឱ្យជាច្រើន
-iv. ភ្លៀងដែលឆាប់រាំង
shown *(pp. of* show*)*
show-off[ʃəu ɔf]] *n.* មនុស្សបញ្ចេញ, មនុស្សសម្តែង
showroom['ʃəuru:m] *n.* បន្ទប់តាំង
showy['ʃəuwi] *adj.* ដែលសម្តែងហួសពេក
shrank[ʃræŋk] *(pt. of* shrink *)*
shrapnel['ʃræpnəl] *n.* កំទេចគ្រាប់បែក, ផ្នែកតូចៗនៃគ្រាប់បែក

shred[ʃred] *n.* x of paper បន្ទះតូចៗ, ចម្រៀក

x of evidence អ្វីៗដ៏តិចតួច

-*tv.* (*pt.*, *pp.* shredded) ច្រៀក

shrew[ʃru:] *n.* ស្រីឆាស់

shrewd[ʃru:d] *adj.* មានប្រាជ្ញាល្អិត

shriek[ʃri:k] *iv.*, *tv.* បញ្ចេញសម្លេងដូចចង្រៀត

-*n.* សម្លេងដូចចង្រៀត

shrill[ʃril] *adj.* ស្រួយ (ស្ងួរ)

shrimp[ʃrimp] *n.* ព្រោន

shrine[ʃrain] *n.* ទីធ្វើសក្ការបូជា

shrink[ʃriŋk] *iv.* (*pt.*shrank , *pp.*shrunk)

clothes x រួញ

x from responsibility គេច

-*tv.* ធ្វើឱ្យរួញ

shrivel['ʃrivl] *iv.* ស្វិត, រួញ

-*tv.* ធ្វើឱ្យស្វិតឬជ្រួញ

shroud[ʃraud] *n.* ស្បៃ

shrub[ʃrʌb] *n.* ចុល្លព្រឹក្សសម្រាប់លំអ

shrubbery['ʃrʌbəri] *n.* ចុល្លព្រឹក្សទាំងឡាយ

shrug[ʃrʌg] *iv.* (*pt.*, *pp.*shrugged) ញាក់ស្មា

-*tv.* s. off (a problem) ធ្វើកន្តើយ

-*n.* ការញាក់ស្មា

shrunk[ʃrʌŋk] (*pp.* of shrink)

shrunken[srʌŋk] *adj.* ដែលរួញ

shuck[ʃʌk] *tv.* បក (ពោត។ល។)

-*n.* សំបក (ពោត ។ល។)

shudder['ʃʌdər] *iv.* ញាក់ខ្លួន(ដោយភ័យ ខ្ពើម)

-*n.* ការញាក់ខ្លួន (ដោយភ័យ ខ្ពើម ។ល។)

shuffle['ʃʌfl] *iv.* ដើរអូសជើង

-*tv.* x one's feet បង្អូស, អូស

x cards សាប់

-*n.* x of feet ការបង្អូស, ការអូស

It's your x. ការសាប់

shun[ʃʌn] *tv.* (*pt.*, *pp.* shunned) ចៀស (មិនចង់ជួប)

shunt[ʃʌnt] *tv.* x rail cars បង្វែរចូលទៅផ្លូវមួយទៀតដើម្បីនឹងចៀសគ្នា

x s. o. aside ទាត់ចោល

-*n.* ប្រដាប់បែរកផ្លូវរថភ្លើង

shush[ʃuʃ] *interj.* ស្ងាត់!

shut[ʃʌt] *tv.* (*pt.*, *pp.*shut)

x the door/eyes បិទ

s. down (a factory) បិទ (រោងចក្រ។ល។)

s. in (a cat) បិទមិនឱ្យចេញ

s. off (s motor) ពន្លត់

s. off (a room) ឃាំង, បិទ

s. out (a cow) បិទមិនឱ្យចូល

s. out (noise) ធ្វើមិនឱ្យឮសូរ

s. up (a prisoner)ឃុំឃាំង

s. up (a crying child) ធ្វើឱ្យស្ងាត់មាត់

-*iv.* doors x បិទ

s. down បិទ, បិទទ្វារ

s. off រលត់

s. up ស្ងៀមមាត់ក

-*adj.* doors are x បិទ

Coll. get s. of ធ្វើឱ្យទៅបាត់ពីមុខពីមាត់

shutdown[ʃʌtdaun] *n.* ការបិទ, ការឈប់

shut-in[ʃʌtin] *n.* មនុស្សពិការចេញទៅណាមិនរួច

shutter[ʃʌtər] *n.* window x បង្អួច (បង្អួច)

camera x សន្ទះបើកឱ្យពន្លឺចូល

-*tv.* ដាក់បង្អួច

shuttle['ʃʌtl] *n.* weaving x ត្រល់

passenger x ការដឹកទៅមក

-*iv.* ទៅមក

-*tv.* ដឹកនាំទៅមក

shy[ʃai] *adj.* x person អៀន
x horse ព្រើល
x of the goal ខ្វះបន្តិច
-iv. (*pt. . pp.* shied) ផ្អើល
shyster['ʃai stər] *n. Sl.* មនុស្សរកស៊ីដោយប្រព្រឹត្តនូវអំពើទុច្ចរិតផ្សេងៗ
Siamese[,sai ə'mi:z] *adj.* x language សៀម
S. twins កូនភ្លោះជាប់គ្នា
-n. He's a x. សៀម
speak x ភាសាសៀម
sibling['si bli ŋ] *n.* older s. បង
younger s. ប្អូន
full siblings បងប្អូនបង្កើត
sick[si k] *adj.* x child ឈឺ *Cl.* ប្រឈួន
Roy: ទ្រង់ព្រះអាពាធ
x room បន្ទប់មនុស្សឈឺ
s. leave ការឈប់នៅពេលឈឺ
s. of ធុញទ្រាន់
s. at heart ពិបាកក្នុងចិត្តខ្លាំង
-n. the s. មនុស្សឈឺ
sick, sic[si k] *tv.* ពន្យុះ (ឱ្យខាំ)
sicken['si kən] *tv.* ធ្វើឱ្យពិបាកចិត្ត
-iv. ពិបាកចិត្ត
sickening['si kəni ŋ] *adj.* x smell នាំឱ្យចង់ក្អួត
x situation ដែលធ្វើឱ្យពិបាកចិត្ត
sickle['si kl] *n.* កណ្ដៀវ
sickly['si kli] *adj.* ដែលគ្មានសុខភាពល្អ
sickness['si knəs] *n.* ជម្ងឺ
side[sai d] *n.* at the x of the house ចំហៀង
by his s. នៅជិតគាត់, ជិតខាងគាត់
this x up ខាង
east x of the city ខាង, ផ្នែកខាង
take their s. ចូលខាងគេ
right-hand s. ខាងស្ដាំដៃ
(consider) both sides (of an issue) មុខៗ
x of a hill ចង្កេះ
paternal s. ខាងឪពុក
on the s. បន្ទាប់បន្សំ
-adj. x aisle នៅខាង, ជាយខាង
x issue បន្ទាប់បន្សំ
-iv. s. with ចូល (ខាងណាមួយ)
sideburns['sai dbɜ:nz] *n.* អមត្រចៀក
sidelight[sai dlai t] *n.* ពន្លឺបន្ទាប់បន្សំ
sideline['sai dlai n] *n. Sp.* across the x. ខ្សែបណ្ដោយ, ខ្សែចំហៀង
an interesting x កិច្ចការបន្ទាប់បន្សំ
Id. on the s. នៅក្រៅសៃវៀន (អ.ប.)
sidelong['sai dlɔŋ] *adj.* ត្រង់ចំហៀង
sideshow['sai dʃəu] *n.* ល្បែងសម្ដែងជាបន្ទាប់បន្សំ
sidestep['si dstep] *tv.* x a pedestrian ជៀសចៀស
x an issue ចៀស
side-track[sai d træk] *tv.* x a train បង្វែរចូលទៅផ្លូវមួយទៀត
x the proceedings បង្វែរ
-n. railroad s. ផ្លូវរថភ្លើងសម្រាប់ឈប់សំចត
Fig. go off on a s. ចេញពីប្រធាន
sidewalk['sai dwɔ:k] *n.* ទីសម្រាប់ធ្វើដំណើរនៅសងខាងថ្នល់ *Coll:* ចិញ្ចើមថ្នល់
sideways['sai dwei z] *adj.* walk x ចំហៀងខ្លួន
insert x ពីចំហៀង
-adj. ទទឹង
siding['sai di ŋ] *n.* railroad x ផ្លូវរថភ្លើងសម្រាប់ឈប់សំចត
building x ក្ដារជញ្ជាំង
sidle['sai dl] *iv.* សសៀរ

siege[si:ʤ] ***n.*** ការឡោមព័ទ្ធ

siesta[si'estə] ***n.*** ដំណេកថ្ងៃត្រង់

sieve[siv] ***n.*** កញ្ច្រែង

sift[sift] ***tv.*** x sand រែង

x the evidence រែងរក (អ.ប.), កកេរកកាយរក (អ.ប.)

-iv. រោយ

sigh[sai] ***iv.*** ដកដង្ហើមធំ

-tv. និយាយដោយដកដង្ហើមធំ

-n. ការដកដង្ហើមធំ

sight[sait] ***n.*** power of x ចក្ខុវិស័យ

beautiful x ទេសភាព

in s. of (land) មើលឃើញ

in s. of (a solution) ជិតហើយ

rifle x ចំណុចតម្រង់, គោលកាំភ្លើង

Coll. His clothes are a x. អ្វីៗដែលអាក្រក់មើល

-tv. x land ឃើញ

x a gun តម្រង់

sightseeing['saitsi:ŋ] ***n.*** ការដើរទស្សនាកំសាន្ត

-adj. សម្រាប់នាំដើរទស្សនាកំសាន្ត

sign[sain] ***n.*** mathematical x សញ្ញា

advetizing x ប្រកាស

there's no s. of ឥតមានឃើញ

-tv. x a letter *Fr:* ស៊ីញ៉េ

Lit: ចុះហត្ថលេខា

-iv. He won't x. ស៊ីញ៉េ

s. off ឈប់ផ្សាយ (វិទ្យុ)

s. up ចុះឈ្មោះ

signal['signəl] ***n.*** make a x សញ្ញា

radio x is weak អសនីពល

-tv. x a message ផ្ញើ (ដោយសញ្ញា)

x a ship ឱ្យសញ្ញា

-adj. សំខាន់

signatory['signətri] ***n.*** អ្នកចុះហត្ថលេខា

Coll: អ្នកដែលស៊ីញ៉េឈ្មោះ *Lit:* ហត្ថលេខី

-adj ដែលចុះហត្ថលេខា

signature['signətʃər] ***n.*** *Fr:* ស៊ីញ៉េ

Lit. ហត្ថលេខា

signboard['signbɔ:d] ***n.*** ក្ដារប្រកាស, ក្ដារឃោសនា

significance[sig'nifikəns] ***n.*** of great x សារៈសំខាន់

x of a word ន័យ

x of an event គតិចេតន៍

significant[sig'nifikənt] ***adj.*** x event សំខាន់, ជាដុំកំភួន

x glance ដែលមានន័យសម្ងាត់

signify['signifai] ***tv.*** *(pt., pp.* signified)

x his agreement ធ្វើសញ្ញាប្រាប់

(term) signifies (respect) មានន័យថា

x hard times ប្រាប់ឱ្យដឹង (ថា)

silence['sailəns] ***n.*** x of the night ភាពស្ងាត់

respond with x តណ្ហីភាព

-tv. ធ្វើឱ្យស្ងាត់

silencer['sailənsər] ***n.*** ប្រដាប់ធ្វើកុំឱ្យឮសូរ

silent['sailənt] ***adj.*** x night ស្ងាត់

x prayer ដែលមិនចេញស្ដី

x letter គ (ដូចជាអក្សរ h បារាំងជាដើម)

silhouette[,silu'et] ***n.*** draw a x គំនូរស្រមោល

see his x ស្រមោល

-tv. ធ្វើឱ្យឃើញដូចស្រមោល

silk[silk] ***n.*** spin x សូត្រ

shirt of x សំពត់សូត្រឬព្រៃ

Lit: កោសេយ្យម័យ

corn s. សក់ពោត

-adj. សូត្រ, ធ្វើពីសូត្រ

-iv. មានសក់, ចេញសក់ (ពោត)

silkworm['si lkwɜ:m] ដង្កូវនាង
silky['si lki] *adj.* ទន់ហើយរលោងៗ (ដូចកាំម៉ី)
sill[si l] ធរណី (ទ្វារ បង្អួច)
silly['si li] *adj.* x laughter រអៀះរអៀះ
x act ឆ្កួតៗ
x scheme ផ្ដេសផ្ដាស, ដូចក្មេងក្មេង
silo['sai ləu] *n.* ជលាភាជ
silt[si lt] *n.* ល្បប់ម៉ដ្ឋ
-iv. ពេញដោយដីល្បប់
-tv. នាំដីល្បប់មកចាក់
silver['si lvər] *n.* made of x ប្រាក់
the color x ពណ៌ប្រាក់
-adj. x spoon ប្រាក់, ដែលធ្វើពីប្រាក់
x color ដែលមានពណ៌ប្រាក់
silversmith['si lvəsmi θ] *n.* ជាងប្រាក់
silver-tongued[,si lvər tʌŋgi d] *adj.* ពោះហារ កោសល្យ
silverware['si lvəweər] *n.* កាំបិត ស្លាបព្រា សម ។ល។
similar['si mələr] *adj.* ស្រដៀងគ្នា, ប្រហែលគ្នា ណាំ
similarity[,si mə'lærəti] *n.* ភាពស្រដៀងគ្នា, ភាពប្រហែលគ្នា, ភាពដូច *Lit:* សមានលក្ខណ៍
similitude[si mi lətjudʒ] *n.* ភាពដូចគ្នា
Lit: សទិសភាព
simmer['si mər] *tv.* រម្ងាស់ (កែមិនឱ្យពុះ)
-iv. ពុះរ៉ូយៗ
-n. ការពុះរ៉ូយៗ
simple['si mpl] *adj.* x task មិនពិបាក, ស្រួល
x tools ងាយប្រើ
x home ដែលគ្មានអ្វីហ៊ឺហា
x person មិនសូវវៃឆ្លាត, ភ្លើៗ
x substance សុទ្ធ *Lit:* សារល
x truth ត្រង់ៗ
simple-minded[,si mpl-mai ndi d] *adj.* ដែលមិនឆ្លាត, ភ្លើៗ
simpleton['si mpltən] *n.* មនុស្សភ្លើភ្លើ
simplicity[si m''pli səti] *n.* x of a task ភាពងាយស្រួល
x of a design ភាពមិនស្មុគស្មាញ
x of mind ភាពមិនឆ្លាត, ភាពភ្លើៗ
simplify['si mpli fai] *tv. (pt. . pp.*simplified*)*
x a task ធ្វើឱ្យងាយស្រួល
x a design ធ្វើមិនឱ្យស្មុគស្មាញ
simply['si mpli] *adj.* decorate x សាមញ្ញ
explain x ស្រួលៗ
x push the button គ្រាន់តែ
Coll. x beautiful មែនទែន
simulate ['si mjulei t] *tv.* x battle conditions ធ្វើឱ្យដូច
x surprise ធ្វើជា, ពុតជា (មាន)
simultaneous[,si ml'tei ni əs] *adj.* ដែលកើតមានដំណាលគ្នា, ដែលកើតមានក្នុងពេលជាមួយគ្នា
sin[si n] *n.* អំពើបាប, បាប *Lit:* បាបកម្ម
*-iv. (pt. . pp.*sinned *)* ប្រព្រឹត្តនូវបាបកម្ម
since[si ns] *conj.* x you asked ដោយហេតុថា
x he came តាំងពី
-prep តាំងពី
-adv. ever s. តាំងពីនោះមក
long s. យូរមកហើយ
sincere[si n'si ər] *adj.* ស្មោះ, ស្មោះចំពោះ, ឥតក្លែង
sincerity[si n'serəti] *n.* សេចក្ដីស្មោះចំពោះ
Lit: វិស្សាសភាព
sinew['si nju:] *n.* សរសៃ
sing[si ŋ] *tv. (pt.* sang *.pp.* sung*)*
x a song ច្រៀង
s. one's praises សរសើរ
-iv. choirs x ច្រៀង
birds x យំ
teakettles x បន្លឺសូរដូចគេហួច
-n. Coll. hold a x ការប្រជុំគ្នាច្រៀងលេង
radio has a x សូរស៊ីៗៗ

Singapore[siŋgəpɔː] ***pr. n.*** *Coll:* សាំងកាប៉ូ

Lit: សឹង្ហបុរី

singe[sindʒ] ***tv.*** រោល

single['siŋgl] ***adj.*** x star តែមួយ

x woman នៅលីវ

x room សម្រាប់តែមនុស្សម្នាក់

every s. (piece) មួយណាក៏ដោយ

every s. (person) គ្រប់គ្នាគ្មានចន្លោះ

s. file មួយជួរ

-tv. s. out ចុចយកឬលើកតែមួយក្នុងចំណោមអ្វីជាច្រើន

-n. have only a x left បន្ទប់សម្រាប់មនុស្សម្នាក់

pl. party for x មនុស្សនៅលីវ

singlehanded [ˌsiŋgl'hædid] ***adj.*** ដែលធ្វើដោយមនុស្សតែម្នាក់

-adj. តែម្នាក់ឯង, គ្មានអ្នកណាឯទៀតជួយ (ធ្វើ)

singly[siŋgli] ***adv.*** work x ទីទៃពីគ្នា, ម្នាក់ឯង

treat them x មួយៗម្តង

singular['siŋgjələr] ***adj.*** x success ដ៏អស្ចារ្យ

Gram x form ឯកវចនៈ

sinister['sinistər] ***adj.*** s. omen ប្រផ្នូលអាក្រក់

x appearance គួរឱ្យខ្លាច

sink[siŋk] ***iv.*** *(pt.* sank. *pp.* sunk*)*

ships x លិច (ចុះក្នុងទឹក)

(the sun) sinks លិច, អស្តង្គត

(ground) sinks ស្រុត

prices x ចុះ

(shoes) s. in (mud) ផុង

(dyes) s. in ជាប់, ជិត

(ideas) s in ជ្រួតជ្រាបចូល

-tv. x a ship ធ្វើឱ្យលិច, ពន្លិច

x a post ដាំ

x a business ធ្វើឱ្យលិចលង់

x a screw ធ្វើឱ្យលិបចូល

-n. kitchen x ស្តុកទឹក, ផុងលាងចាន

land x ទីស្រុត

sinker['siŋkər] ***n.*** គ្រឿងសណ្តូន

sinuous['sinjuəs] ***adj.*** ដែលបត់បែន

sinus['sainəs] ***n.*** រន្ធ (នៅក្នុង) ឆ្អឹង

sip[sip] ***tv.*** *(pt. . pp.* sipped*)* ជញ្ជាប, ជាប, បឺតតិចៗ

-n. មួយជាប

siphon['saifn] ***n.*** បំពង់ផ្ទេរ

-tv. បង្ហូរដោយបំពង់ផ្ទេរ

sir[sɜːr] ***n.*** Yes. sir. បាទលោក

Cap. សម្តេច (ឧ. សម្តេចប៉ែន-នុត)

sire['saiər] ***n.*** បា

-tv. បង្កាត់ (កូន)

siren['sairən] ***n.*** fire x ស៊ីរ៉ែន

seductive x ស្រីដែលធ្វើឱ្យប្រុសវង្វេង

Lit: មោហិនី

sissy['sisi] ***n.*** ប្រុសបូកពាដូចស្រី

sister ['sistər] ***n.*** older s. បងស្រី

younger s. ប្អូនស្រី

sister-in-law['sistər-in-lɔː] ***n.*** older s. បងថ្លៃស្រី

younger s. ប្អូនថ្លៃស្រី

sit[sit] ***iv.*** *(pt. . pp.* sat*)* x here អង្គុយ

Cl: គង់ *Roy:* ទ្រង់គង់ , ទ្រង់និសីទនាការ

houses x on lots នៅ

s. in session ប្រជុំគ្នា

-tv. s. (s.o.) down ដាក់ឱ្យអង្គុយ

site[sait] ***n.*** កន្លែង, ទី *Lit:* ទីស្ថិត

sitting[sitiŋ] ***n.*** tired of x ការអង្គុយ

portrait x រយៈពេលអង្គុយឱ្យគេថតឬគូរ

do at one x ពេលអង្គុយម្តង

situate['sitʃueit] ***tv.*** ដាក់

-*iv.* តាំងនៅ

situated ***adj.*** house is x one corner ឋិត, ឋិតនៅ

Fig. well s. មានមុខតំណែងល្អ

situation[,siʧu'eiʃn] ***n.*** serious x ស្ថានការណ៍

x of a house ទីតាំង

if I were in your x ស្ថានភាព

find him a x in the company តំណែង

siva[sivə] ***pr. n.*** *Coll:* ព្រះឥសូរ *Lit:* ព្រះសិវៈ

six[siks] ***n., adj.*** ប្រាំមួយ

sixteen[,siks'tiːn] ***n., adj.*** ដប់ប្រាំមួយ

Coll: ប្រាំមួយដណ្ដប់

sixteenth[,siks'tiːnθ] ***adj.*** ទីដប់ប្រាំមួយ

-*n.* មួយភាគដប់ប្រាំមួយ

sixth[siksθ] ***adj.*** x child ទីប្រាំមួយ

Id. s. sense វិញ្ញាណទីប្រាំមួយ

-*n.* មួយភាគប្រាំមួយ

sixty['siksti] ***n..adj.*** ហុកសិប

sizable, sizeable ***adj.*** ច្រើនឬធំគួរសម

size[1][saiz] ***n.*** x of a stone ទំហំ

x of a person មាឌ

-*tv.* x eggs ដាក់តូចដោយតូចធំដោយធំ

s. up (a situation) ពិនិត្យ, ប្រមាណមើល

size[2][saiz] ***n.*** កាវ

-*tv.* លាបកាវ, ប៉ានកាវ

sizzle['sizl] ***iv.*** បន្លឺសូរស៊ុៗៗៗ

-*n.* សូរស៊ុៗៗៗ

skate[skeit] ***n.*** ស្បែកជើងរអិល *Fr:* ប៉ាតាំង

-*iv.* លេងប៉ាតាំង

skein[skein] ***n.*** ដុំ (អំបោះ)

skeleton['skelitn] ***n.*** human x គ្រោងឆ្អឹង

Lit: អដ្ឋិសង្ខលិក

x of a building គ្រោង

x of an article គម្រោង

-*adj.* x outline ខ្លួសៗ

s. key សោម្យ៉ាងដែលអាចចាក់ទ្វារបានច្រើន

skeptic, sceptic[skeptik] ***n.*** He's a x in everything មនុស្សដែលចេះតែសង្ស័យ

Lit: អ្នកមជ្ឈធាតុនិយម

religious x មនុស្សដែលចេះតែមានការចោទសួរ (អំពីសាសនា ។ល។)

skeptical, sceptical[skiptikl] ***adj.*** x person ដែលចេះតែសង្ស័យ

x about sthg. ដែលមិនជឿសោះ

skepticism,scepticism[skeptisizəm] ***n.*** ការមិនជឿតាមមតិទូទៅ *Lit:* មជ្ឈធាតុនិយម

sketch[sketʃ] ***n.*** draw a x គំនូរវាស, គ្រោង

x of an article គម្រោង

dramatic x រឿងល្ខោនយ៉ាងខ្លី

-*tv.* x a scence គ្រាង, គូរគ្រាង

x a plan ពិពណ៌នាខ្លួសៗ

sketchy[sketʃi] ***adj.*** x description មិនល្អិតល្អន់ ខ្លួសៗ

x meal អត្តខាត់, រលីបរលាប

skew[skjuː] ***n.*** ភាពឆៀង ឬ វៀច

-*iv.* ទៅជាឆៀង ឬ វៀច

-*tv.* ធ្វើឱ្យទៅជាឆៀងឬវៀច

-*adj* ដែលវៀច

skewer['skjuːər] ***n.*** ចង្កាក់

-*iv.* *(pt. ,pp.* skiied*)* លេងស្គី

skid[skid] ***n.*** x of a sled ជើង (គាវ)

go into a s. រអិលទៅចំហៀង

-*iv.* *(pt. . pp.* skidded*)* រអិលទៅចំហៀង

-*tv.* ធ្វើឱ្យរមិលទៅចំហៀង

skiff[skiʃ] ***n.*** ទូកអុំតូច (ជិះបានតែម្នាក់)

skill['skil] ***n.*** ការប៉ិនប្រសប់, ជំនាញការ

skillful['skilfl] ***adj.*** ប៉ិនប្រសប់, ជំនាញ

skillet['skilit] ***n.*** ខ្ទះ (មានដៃមួយ)

skim[skim] ***tv.*** *(pt. , pp.*skimmed*)*

x cream ចូកយកចេញ

x the water ប៉ះប៉ផុតៗ

x a book មើលត្រួសៗ

-*iv.* x over the water ប៉ះប៉ផុតៗ

(milk) skims ឡើងកកខាងលើ

-*n.* milk forms a x ពពុះក្រាំងកក

s. milk ទឹកដោះដែលគេយកក្រែមចេញអស់

skimp[skimp] ***iv., tv.*** ត្បិតត្បៀត

skimpy[skimpi] ***adj.*** ប៉ផុតប៉ផើយ

skin[skin] ***n.*** human x ស្បែក *Lit:* ព្រះតចៈ

x of an orange សំបក

wine x ថង់ស្បែក (ប្រដាប់ដាក់ទឹក ។ល។)

Id. save one's s. ដោះខ្លួនឱ្យរួច

Id. by the s. of one's teeth បិ៊ៗ, ប៉ផុតៗ

-*tv* *(pt., pp.* skinned*)*

x a deer ពន្លះយកស្បែកចេញ

x one's kness ធ្វើឱ្យរបកស្បែក

Id. x a customer គោរមិនដាក់ទឹក

skin-deep[ˌskin-'di:p] ***adj.*** ស្រើ, ស្រើៗ

skinny[skini] ***adj.*** *Coll.* ស្គម, សំគម

skip ***tv.*** *(pt. , pp.* skipped*)*

x a line រំលង

x rocks ធ្វើឱ្យបួត

s. rope លោតអន្ទាក់

-*iv.* x and play លោតជើងម្ខាង

s. around (in a book) មើលត្រង់នេះបន្តិចត្រង់នោះបន្តិច

-*n.* hop and a x ការលោតជើងម្ខាង

a x in the music ការបាត់សម្លេងមួយភ្លែត

skipper['skipər] ***n.*** មេបញ្ជានាវា

-*tv.* ធ្វើជាមេបញ្ជានាវា

skirmish['skɜ:miʃ] ***n.*** ការប្រយុទ្ធបន្តិចបន្តួច

-*iv.* ប្រយុទ្ធបន្តិចបន្តួច

skirt[skɜ:t] ***n.*** woman's x សំពត់

Id. (chase) skirts ស្រី

-*tv.* សសៀរ

skit[skit] ***n.*** ឆាកកំប្លែងខ្លី

skittish[skitiʃ] ***adj.*** រមើល

skull[skʌl] ***n.*** លលាដ៏ក្បាល

skunk[skʌŋk] ***n.*** សត្វស្កុង

sky[skai] ***n.*** មេឃ

Lit: នភា, នភ៏, នភាល័យ, មេឃា

skylight['skailait] ***n.*** កញ្ចក់ឱ្យពន្លឺតាមដំបូល

skyline['skailain] ***n.*** ជើងមេឃ

skyrocket['skairɔkit] ***n.*** កាំជ្រួច (បាញ់នៅពិធីបុណ្យ)

-*iv.* ឡើងស្រិតៗ (តម្លៃ)

skyscraper['skaiskreipər] ***n.*** អាគារខ្ពស់ៗ

Lit: វិចឆ្នាគ្រឹះ

skyward['skaiwəd] ***adj., adv.*** ទៅលើមេឃ

slab[slæb] ***n.*** x of stone បន្ទះក្រាស់ៗ

x of bread បន្ទះ

x from a log ផ្នែកជិតសំបកឈើដែលគេអារចោល

slack[slæk] ***adj.*** x rope ធូរ

x worker ខ្ជិលខ្ជា

x business អន់, មិនសូវដាច់

-*n.* have x in a rope ដំណើរធូរ

business is in a x ការលក់មិនសូវដាច់

-*tv.* x speed បន្ថយ

x a rope បន្ធូរ

-*iv.* x at one's work ខ្ជិល

business may x អន់ថយ, មិនសូវដាច់

s. off អន់ថយ

s. up ស្រាក, អន់

slacken['slækən] ***tv.*** x speed បន្ថយ

x efforts បង្អន់

x a rope បន្ធូរ

-*iv.* x in one's efforts ខ្ជិល

business may x អន់

rain may x ស្រាក

ropes x ធូរ

slacks[slæks] ***n.*** ខោ (បារាំង) ជើងវែង

slag[slæg] ***n.*** អាចម៍ដែក

-*iv.* *(pt., pp.* slagged*)* ទៅជាអាចម៍ដែក

slain[slæn] *(pp. of* slay*).*

slake[sleik] *tv.* x thirst សម្រន់

x anger ធ្វើឱ្យស្រាក

x lime ចាក់ទឹក (ទៅលើកំបោរស)

slam[slæm] ***tv.*** *(pt., pp.* slammed*)*

x the door រុញផ្ទប់ឬបិទយ៉ាងខ្លាំង

x s.o. against the wall ធ្វើឱ្យផ្ទប់ (ទៅនឹង)

x an enemy ទិតៀនយ៉ាងខ្លាំង

-*iv.* doors x បិទក្តាំង

x into the wall ផ្ទប់យ៉ាងខ្លាំង (នឹង)

-*n.* door closed with a x សូរផ្ទប់យ៉ាងខ្លាំង, សូរក្តាំង

a x against his character ការទិតៀន

slander['slɑːndər] ***tv.*** និយាយបង្ខូច, បង្កាច់

-*n.* ពាក្យបង្ខូច, ពាក្យបង្កាច់

slanderous['sɑːndərəs] ***adj.*** ដែលបង្កាច់, បង្ខូច

slang[slæŋ] ***n.*** ពាក្យផ្សារ, ពាក្យសាមញ្ញ

slant[slɑːnt] ***tv.*** x a floor ធ្វើឱ្យទ្រេល

x an upright ធ្វើឱ្យទេរ

x the news លំអៀង (ដោយចេតនា)

-*iv.* (floor) slants ទ្រេល

posts x ទេរ

-*n.* x of a floor ភាពទ្រេល

x of a post ភាពទេរ

x of an article ការលំអៀង

slap[slæp] ***tv.*** *(pt., pp.*slapped*)*

x his face ទះ

x paint on ចាក់

Coll. s. s.o. in jail ដាក់គុក

Coll. *s.* together (a meal, etc.) ធ្វើអ៊ីមួយ ដោយឥតក្បាច់ក្បូរច្រើន

Id. s. s.o.'s wrists ដាក់ទោសមិនសម

-*n* hard x ការទះ

Fig. s. in the face ការធ្វើឱ្យអាម៉ាស់មុខ

slapstick['slæpstik] ***n.*** កំប្លែងគោក

slash[slæʃ] ***tv.*** x one's wrists កាប់, កាត់, ឆូត, ឆ្វត

x the air with a sword ក្រវាត់កាប់

x prices បញ្ចុះច្រើន (តម្លៃ)

-*n.* cut a x ស្នាមកាត់ឬឆូត

x wild x ការក្រវាត់កាប់

x in prices ការបញ្ចុះ (តម្លៃ) ច្រើន

slat[slæt] ***n.*** បន្ទះឈើឬដែកតូចៗ

-*tv.* *(pt., pp.*slatted*)* យកបន្ទះឈើឬដែកមកដាក់តម្រៀបគ្នា

slate[sleit] ***n.*** roof of x សិលាឆ្នួន សម្រាប់ប្រក់ផ្ទះ

writing x ក្តារឆ្នួន

s. of candidates បញ្ជីឈ្មោះបេក្ខជន

Id clean s. កេរ្តិ៍ឈ្មោះស្អាតស្អំ

-tv. x a roof ប្រក់នឹងសិលាឆ្នួន

(house is) slated (for demolition) បម្រុង

slattern['slætən] ***n.*** ស្រីកខ្វក់

slaughter['slɔ:tər] ***tv.*** x cattle សម្លាប់

x innocent people កាប់សម្លាប់

-n. x of animals ការសម្លាប់

senseless x ការកាប់សម្លាប់

slaughterhouse['slɔ:təhaus] ***n.*** កន្លែងសម្លាប់សត្វយកសាច់

Lit: ទីសត្វឃាត

slave[slei v] ***n.*** own a x កញ្ញុះ

Lit: . Masc: ទាសា *Fem:* ទាសី

x to duty មនុស្សស៊ប់នឹងអ្វីមួយ

-iv. ធ្វើការដូចខ្ញុំគេឬគ្មានឈប់ឈរ

slavery['slei vəri] ***n.*** ទាសភាព

slavish['slei vi ∫] ***adj.*** x submission របៀបកញ្ញុះគេ

x imitation ដោយគ្មានល្បៀង

slaw [slei w] ***n.*** ស្ពៃក្តោបចិញ្ច្រាំ

slay[slei] ***tv.*** *(pt.* slew *.pp.* slain *)* សម្លាប់ (ដោយអំពើឃោរឃៅ)

sled[sled] ***n.*** គាវទឹកកក

-iv. (pt. . pp . sledde *)* ជិះគាវទឹកកក

-tv. ដឹកនឹងគាវទឹកកក

sledge[sledʒ] **(- hammer)** ***n.*** ញញួរធំ, ភ្លើន

sleek[sli:k] ***adj.*** x fur រលាប, រលោង

x cattle ធាត់

sleep[sli:p] ***iv.*** *(pt., pp.*slept *) Gen:* ដេក

Polite (of others) : សម្រាន្ត

Polite (of oneself) : ទទួលទានដំណេក

Urban: គេង

Lit: និទ្រា

Roy. ផ្ទំ

Cl. ស៊ឹង

Children: អើង, គេង

-tv. x a long sleep ដេក

s. away (one' s time) ដេកចំណាយពេលចោល

-n. a deep x ដំណើរដេកលក់

go to s. ចូលគេង, ចូលដេក

Euph. put (a pet) to s. សម្លាប់

sleeper['sli:pər] ***n.*** heavy s. មនុស្សដេកដូចគេស្លាប់

railway x ទូដំណេក, រ៉ាហ្វុងដេក

sleeping['sli:pi ŋ] ***adj.*** s. bag ថប (សំពត់)

s car ទូដំណេក, រ៉ាហ្វុងដេក

s sickness រោគងងុយ

Lit: និទ្ររោគ

sleepy['sli:pi] ***adj.*** x person ងុយដេក, ងងុយដេក

Roy. ទ្រង់ព្រះថីនៈ

x afternoon ស្ងាត់ជ្រងំ

sleet[sli:t] ***n.*** ភ្លៀងលាយព្រិល

-iv. ភ្លៀងលាយព្រិល

sleeve[sli:v] ***n.*** (long) sleeves ដៃ (អាវ។ល។)

Mech. cylinder x ស្រៀងស្រោប

Id have stgh. up one's s. មានស្បៀតដោះបន្ទាល់

sleigh[slei] ***n.*** គាវទឹកកក

-iv. ជិះគាវទឹកកក

sleight-of-hand[,slei əv hænd] ***n.*** ការឆ្និនភ្នែក

slender['slendər] ***adj.*** x girl ស្រាវ

x income ស្តួចស្តើង

x prospects ដ៏តិចតួច

slenderize['slendərai z] ***tv.*** x one 's body ធ្វើឱ្យទៀងស្រាវ

(That dress) slenderizes (her.) ធ្វើឱ្យឃើញ

ស្រាវឬខ្ពស់ស្រឡះ

slept[slept] *(pt.,pp. of* sleep *)*

sleuth[slu:θ] ***n.*** គិញ

-iv ស៊ើបយកការណ៍

slew[1][slu:] *(pt. of* slay *)*

slew[2][slu:] ***n.*** *Coll.* មួយគំនរ

slice[slai s] *tv.* x pork ហាន់

x bread កាត់ជាបន្ទះ

ships x the sea បើកកាត់ឬឆ្លង

x one's hand with a knife មុត

-n x of bread បន្ទះ

x of pie ជ្រុង, ដុំ

x of apple ចំណិត

slick[sli k] *adj.* x surface រអិល

Coll. x manner ប្រសប់ (ខាងខូច)

-n. icy x ទីរអិល

oil s. ទឹកដែលមានប្រេងអណ្តែតត្រា

slide[slai d] *iv. (pt. . pp.* slid *)*

x down a hill រអិល (ចុះ)

Coll let things s. មិនរវល់

-tv x a table over រំអិល

x the bolt to រុញបញ្ចូល

-n go into a x ការរអិល

trombone x អ្វីៗសម្រាប់រុញទៅមក

playground x គ្រឿងក្មេងរំអិលលេងម្យ៉ាង

color x រូបថតបញ្ចាំង

slight[slai t] *adj.* x increase ដ៏តិចតួច

s. of build មាឌតូច

-tv x the sugar ប្រើយ៉ាងតិច

x an heir ឱ្យកេរ្តិ៍តិចជាងអ្នកឯទៀត

x an acquaintance មើលងាយ

-n. x of an heir ការឱ្យបន្តិច (ជាងគេ)

intentional x ការមើលងាយ

slim[sli m] ***adj.*** x person ស្រាវ

x chance ដ៏ស្តួចស្តើង

-iv. (pt. . pp. slimmed *)* ឡើងស្រាវ

-tv ធ្វើឱ្យឡើងស្រាវ

slime[slai m] ***n.*** riverbottom x ស្លែភក់ៗ

Fig x of society អ្វីៗដែលថោកទាបបំផុត

sling[sli ŋ] ***n.*** shoot with a x ដង្កក់

arm in a x ខ្សែស្ពាយ

give it a x ការគ្រវែងចោល

-tv. (pt. . pp. slung *)*

x a stone away គ្រវែងចោល, ក្រវាត់

x a rifle from the shoulder ស្ពាយ

slingshot['sli ŋʃɔt] ***n.*** ចំពាម, ចំពាមកៅស៊ូ

slink[sli ŋk] ***iv.*** *(pt.. pp.* slunk *)* លបៗ

slip[sli p] ***iv.*** *(pt.. pp.* slipped *)*

x on a banana peel រអិល

(fish) s away របូតទៅ, រូច

(opportunities) s. away ផុតពីដៃ (អ.ប.), ផុតរបូត

(minutes) s. away រសាត់ទៅឬកន្លងទៅយ៉ាងឆាប់រហ័ស

bolt won't x រអិល

s. into (a hole) រអិលចូលប្អូក

s. into (a dress) ពាក់

(bolts) s. out ចេញ

s. out (of the house) វេះចេញ (ពី)

Id. s. up ផុតស្នៀត, ធ្លោយ

-tv. x the bolt ទាញចេញឬរុញចូល

s. on (a robe) ពាក់

x money into his hand ឱ្យដោយលួចលាក់

x letters through a slot ញាត់

s. one's memory ភ្លេច

let s. (a remark) ជ្រលួសមាត់, របូតមាត់

-*n.* sudden x ការរអិល

Id. s. of the tongue ការរបូតមាត់

s. of paper ក្រដាសតូច

put on a x សំពត់ទ្រនាប់

Id. give s. o. the s. គេចបាត់, គេចផុត

pillow x ស្រោម

boat x ច្រកចត

slipper['sli pər] ***n.*** ស្បែកជើងម្យ៉ាងសម្រាប់ពាក់នៅផ្ទះ

slippery['sli pəri] ***adj.*** x surface រអិល

x criminal ដែលចាប់ថ្នាក់មិនបាន

slipshod['sli pʃɔd] ***adj.*** ដែលធ្វើដោយមិនយកចិត្តទុកដាក់

slip-up['sli p ʌp] ***n.*** *Coll.* កំហុស (ដោយធ្វេសប្រហែស)

slit[sli t] ***tv.*** *(pt., pp.* slit*)*

x a paper វះឬកាត់ទម្លុះ

s. s.o.'s throat អារក

-*n.* អ្វីៗដូចស្នាមកាត់ឬវះ

slither['sli ðər] ***iv.*** លូន (ដូចពស់)

-*n.* ការលូន (ដូចពស់)

sliver['sli vər] ***n.*** អ្វីៗដែលតូចឆ្មារហើយមុត

slob[slɔb] ***n. Sl.*** មនុស្សកខ្វក់

slobber['slɔbər] ***iv.*** ហៀរទឹកមាត់

-*n.* ទឹកមាត់

slogan['sləugən] ***n.*** ពាក្យស្លោក

sloop[slu:p] ***n.*** ទូកក្តោងតូចម្យ៉ាង មានដងក្តោងពីរ

slop [slɔp] ***tv.*** *(pt., pp.* slopped*)*

x water ខ្ទាត, ខ្ចាយ, កំពប់

x the hogs ឱ្យបាយស៊ី (ជ្រូក)

-*iv.* ខ្ទាតឬខ្ចាត់ចេញ

-*n.* clean up the x អ្វីៗដែលខ្ចាយចេញឬកំពប់

Coll. tastes like x បាយជ្រូក (អ.ប.)

hog s. បាយជ្រូក

slope[sləup] ***iv.*** ជ្រាល, ទេរ

-*tv.* ធ្វើឱ្យជ្រាលឬទេរ

-*n.* ចំណោត, ទីជម្រាល

sloppy['slɔpi] ***adj.*** x work ដែលធ្វេសប្រហែស

x dress ដែលមិនស្អាតស្អំ

x ground ដែលមានភក់ពាសពេញ

slot[slɔt] ***n.*** coin x រង្វះ, រន្ធ

Fig. comfortable x តំណែង

sloth[sləuθ] ***n.*** *Lit.* ការចំណាយពេលចោលទទេ

Zoll. សត្វមានដោះម្យ៉ាងមានជើងបួន

slouch[slautʃ] ***iv.*** អង្គុយឬឈរ ។ល។ ដូចគេអត់សរសៃ

-*n.* stand with a x ការធ្វើដូចគេអត់សរសៃ

Coll. He's no x. មនុស្សមិនស្ទាហាប់

slough[slʌf] ***tv.*** (Snakes) s. off (skin.) សក

s. off (depression) កំចាត់នូវ

-*n.* សំណក

slovenly ['slʌvnli] ***adj.*** ស្មោកគ្រោក

slow[sləu] ***adj.*** x pace យឺតៗ, មួយៗ

x worker យឺត

x student is x មិនឆ្លាត, មិនពូកែ

business is x មិនសូវដាច់

watch is x យឺត

-*adv.* យឺតៗ

-*tv.* x a car បន្ថយល្បឿន

x progress ធ្វើឱ្យអន់ថយ

-*iv.* s. down បន្ថយល្បឿន

s. up បន្ថយល្បឿន

slowly[sləuli] ***adv.*** walk x យឺតៗ, ទ្រុយៗ

talk x មួយៗ

sludge[slʌdʒ] ***n.*** ភក់, កករខាប់ៗ

slug[1][slʌg] ***n.*** garden x ខ្យងគោកម្យ៉ាងឥតស្នូក

x of metal ដុំ

Print. បន្ទះសំណសម្រាប់បោះពុម្ពមួយបន្ទាត់

slug[2][slʌg] ***tv.*** *(pt., pp.* slugged*)* *sl.* វាយ

-n. ការវាយ

sluggard ['slʌgɑ:d] ***n.*** មនុស្សចំអៀក

sluggish['slʌgiʃ] ***adj.*** x stream ហូររ៉ុយៗ

x worker ចំអៀក, ស្ពឹក

x business មិនសូវមានសកម្មភាព

sluice[sɪu:s] ***n.*** ផ្លូវទឹកដែលមានសន្ទះបិទបើក

slum[slʌm] ***n.*** តំបន់រស់នៅមនុស្សក្រីក្រ

slumber['slʌmbər] ***iv.*** ដេកដ៏លង់លក់

-n. ការដេកដ៏លង់លក់

slump[slʌmp] ***iv.*** x down in one' s seat ធ្វើដូចគេអត់សរសៃ

markets x ចុះច្រើន

-n. sit in a x ការធ្វើដូចគេអត់សរសៃ

market x ការចុះច្រើន

slung [slʌŋ] *(pt., pp. of* sling*)*

x one' s speech និយាយខ្សុលៗជាប់គ្នារដឹក

x an opponent បង្កាច់

-n. speak with a x ការនិយាយខ្សុលៗជាប់គ្នារដឹក

nasty x ពាក្យបង្កាច់

slush[slʌʃ] ***n.*** អ្វីៗដែលប៉ប៉ាច់ឬប៉ផ្លៀច

-tv ជះលាង, បាញ់លាង

slut[slʌt] ***n.*** ស្រីចើក

sly[slai] ***adj.*** វាងវៃ

smack[smæk] ***tv.*** x his face ទះ

x the lips ផ្ទាត់ (បបូរមាត់)

-n. a sharp x ការទះ

Coll. a x on the lips ការថើប, ការបឹត

small[smɔ:l] ***adj.*** x house តូច

x amount តិច

fell x ខ្មាស់

s. change លុយរាយ

Id. s. fry មនុស្សឬរបស់តូចតាច

s. letter អក្សរតូច

s. talk ការនិយាយពីនេះពីនោះ

-n. s. of the back ទីខ្នងនៅលើផ្នែកខាងក្រោម

He wears x. លេខតូច (ខោ អាវ ។ល។)

smallpox['smɔ:lpɔks] ***n.*** អុតធំ

smart[smɑ:t] ***adj.*** x student ពូកែ

x appearance ហ៊ឺហា

x reply ព្រហើន

-iv. wounds x ផ្សា

x with shame ឈឺចាប់ (អ.ប.)

-n. សេចក្ដីឈឺចាប់

smash[smæʃ] ***tv.*** x a glass ធ្វើឱ្យបែកខ្ទេច

x the enemy កំទេច

-iv. (glass) smashed (against the wall) បែកខ្ទេច

x through a wall ប៉ះទង្គិចបែកខ្ទាយ

-n. hear a x សូរបែកខ្ទាយ

feel the x ការប៉ះទង្គិចគ្នា

Sl. song was a x អ្វីៗដែលមានជោគជ័យដ៏ក្រៃលែង

smash-up[smæʃ ʌp] ***n.*** ការប៉ះអង្គិចយ៉ាងខ្លាំង

smattering['smætəriŋ] ***n.*** ស៊េរៗ

smear [smiər] ***tv.*** x paint ប៉ូកបាច (នឹង)

x his face ប៉ូកបាច

Fig. x an opponent បង្ខូចឈ្មោះ

-n. ink x ស្នាមប្រឡាក់

political x ការបង្ខូច (កេរ្តិ៍ឈ្មោះ)

laboratory x អ្វីៗដែលគេយកទៅលាបលើ

បន្ទះកញ្ចក់ដើម្បីយកទៅពិនិត្យនឹងអតិសុខុមទស្សន៍

smell[smel] *tv.* x this flower. ធើប

x this perfume ហិត

I x perfume. ធុំក្លិន

sit and x the spring air ស្រង់ក្លិន

Fig s. out (the enemy) រុករក

Id. s. a rat ធុំក្លិនមិនស្រួល (អ.ប.)

-iv. flowers x sweet មានក្លិន, ធុំក្លិន

His feet x ធុំក្លិន, ធក្លិនអាក្រក់, មានក្លិនអាក្រក់

-n. sense of x ឃានវិញ្ញាណ

pleasant x ក្លិន

house has a x ក្លិនអាក្រក់

smelly[smeli] *adj.* មានក្លិនអាក្រក់

smelt[1][smelt] *tv.* រំលាយ (លោហធាតុ)

smelt[2][smelt] *n.* ត្រីម្យ៉ាង (ស្រដៀងត្រីចង្វា)

smile[smai l] *iv.* x pleasantly ញញឹម

s. at (his faults) ព្រងើយកន្តើយ (នឹង)

(Fotune) smiled on (him.) ញញឹមរក (អ.ប.)

-tv. សម្ដែងដោយញញឹម

-n. ការញញឹម

smirch[smɜ:ʧ] *tv.* x the page ធ្វើឱ្យប្រឡាក់

Fig. x his honor ធ្វើឱ្យខូច (ឈ្មោះ)

smirk[smɜ:k] *iv.* ញញឹមចំអក

smite[smai t] *tv. Arch. (pt.* smote . *pp.* smitten*)*

x one' s enemies កំទេច

(conscience) smote (him) ធ្វើឱ្យឈឺចាប់

smith[smi θ] *n.* ជាង (ដែក មាស ។ល។)

smithy['smi ði] *n. Coll.* រោងជាងដែក

smog[smɔg] *n.* ផ្សែងលាយអ័ព្ទ

smoke[sməuk] *n.* black x ផ្សែង

have a s. ជក់ (បារី ខ្សៀ ។ល។)

s. screen គ្រឿងលាក់បំបាំងឬបិទ

-iv. stoves x ចេញផ្សែង

Don' t x. ជក់ (បារី ។ល។)

-tv. x a cigarette ជក់

x mêat ឆ្អើរ

s. out (an animal) បង្ហុយផ្សែងបញ្ចូលរន្ធ (ដើម្បីឱ្យចេញមកក្រៅ)

smokestack['sməukstæk] *n.* បំពង់ផ្សែងខ្ពស់ៗ

smoky['sməuki] *adj.* x room ដែលពេញទៅដោយផ្សែង

x color ប្រផេះ

smolder, smoulder[sməuldər] *iv.* ឆេះងំ (ឥតមានអណ្ដាត)

smooth[smu:ð] *adj.* x table រលោង

x seas ឥតរលក

x talker ប្រសប់និយាយ

x life គ្មានអ្វីមកបៀតបៀន, ឥតបញ្ហា

x wine ដែលមានឱជារសល្អ, ដែលមិនខ្លាំងហ៊ាង

-tv. x the surface ធ្វើឱ្យស្មើ

s. the way គ្រាយផ្លូវ (អ.ប.)

x his feathers ធ្វើឱ្យរាប

s. over (a situation) ធ្វើឱ្យបានស្រួល

smote[sməut] *(pt. of* smite*)*

smother['smʌðər] *tv.* x a fire លត់

x a child សម្លាប់ដោយធ្វើឱ្យថប់ខ្យល់

x a yawn ទប់

x a scandal បំបិទ

smudge[smʌʤ] *n.* ស្នាមប្រឡាក់

-tv. ធ្វើឱ្យប្រឡាក់

smug[smʌg] *adj.* ឡឹត

smuggle['smʌgl] *tv.* រត់គយ

smut[smʌt] *n.* lamp x ម្រែងភ្លើង

He writes x. និពន្ធអាសគ្រាម

snack[snæk] ***n.*** អាហារក្រៅពេល

-iv. ស្រស់ស្រូប, បរិភោគអាហារក្រៅពេល

snag[snæg] ***n.*** underwater x អ្វីៗដែលធ្វើឱ្យទាក់

plans hit a x ឧបសគ្គដែលមិនបាននឹកស្មានដល់

-tv. (pt., pp. snagged*)* x a boat ជាប់

x one's clothing ទាក់

snail[sneil] ***n.*** large x ខ្យង

small x ខ្ចៅ

snake[sneik] ***n.*** ពស់ *Poet.* សត្វអសេរពិស

Year of the S. ឆ្នាំម្សាញ់

-iv. បត់ចុះបត់ឡើង

snap[snæp] ***tv.*** *(pt., pp.* snapped*)*

x one's fingers ផ្ទាត់

x a twig កាច់

x a command និយាយម៉ាត់ៗ

x a photo ថត

s. (a lid) shut ធ្វើឱ្យបិទឮស្នូរគ្រឹបៗ

-iv. limbs x បាក់

dogs x ត្របាក់

s. shut បិទឮគ្រឹប

Fig. s. at (s. o.) និយាយម៉ាត់ៗដាក់

strings x ដាច់

-n. x of a switch ស្នូរគ្រឹប

shirt x ខ្ទៀវគឹប

x of a twig ដំណើរបាក់ឮស្នូរគ្រឹបប្រឹប

Sl. course is a x. អ្វីៗដែលស្រួល

-adj. x decision ភ្លាមៗមិនគិតគូរយូរ

Sl. x course ស្រួល

snappy[snæpi] ***adj.*** x old person រញ៉េរញ៉ៃ

x fire ដែលឮស្នូរប្រឹបៗ

Coll. x outfit ហ៊ឺហា

Coll. Make it s.! ប្រញាប់ឡើង!

snapshot['snæpʃɔt] ***n.*** រូបថត (ថតដោយឥតរៀបចំជាមុន)

snare[sneər] ***n.*** bird x អន្ទាក់

legal x ឧបសគ្គ

-tv. x birds ដាក់អន្ទាក់, ទាក់

x one's opponent នាំឱ្យចូលសំង (អ. ប.)

snarl[1][snɑːl] ***n.*** x of a dog ស្នូរគ្រហឹម

say with a x សម្លេងដូចគ្រហឹម

-iv. dogs x គ្រហឹមដោយបញ្ចេញធ្មេញ

criminals x និយាយដូចឆ្កែប្រខាំគ្នា

snarl[2][snɑːl] ***n.*** x of hair កណ្ដាញ់

x of string អ្វីៗដែលជំពាក់

Things are in a x. ដំណើរច្របូកច្របល់

-tv. x hair ធ្វើឱ្យកណ្ដាញ់

x their plans បង្កើតឧបសគ្គ

snatch[snætʃ] ***tv.*** x the cheese កញ្ឆក់

s. a chance ឆ្លៀត

-n. take it with a x ការកញ្ឆក់

snatches (of conversation) ត្រង់នេះបន្តិចត្រង់នោះបន្តិច

work in snatches ធ្វើឈប់ៗ

sneak[sniːk] ***iv.*** s. in លបចូល

s. out លបចេញ

s. up on លបទៅជិត

-tv. x a gun to a prisoner លួចឱ្យ

x a cookie យកដោយលួចលាក់

-n. He's a x. មនុស្សលាក់ពុត

s. thief ចោរលួចរបស់តិចតួចបន្ទាប់

sneer[sniər] ***iv., tv.*** និយាយមើលងាយ

-n. ទឹកមុខសម្ដែងសេចក្ដីមើលងាយ

sneeze[sniːz] ***iv.*** កណ្ដាស់

-n. កណ្ដាស់

snicker['snikər] ***iv.*** សើចបិទមាត់

-n. សំណើចបិទមាត់

snide[snaid] ***adj.*** ដែលដាក់ដង្ហើ

sniff[sni f] *tv.* x the air ហិត (ក្លិន)

x cocaine ហិត

x a flower ថើប

-iv. s. with disdain បញ្ចេញខ្យល់តាមច្រមុះមើលងាយ

s. at (danger) មើលងាយ

-n. loud x ការហិតខ្លាំង

x of pepper ការហិតចូល

sniffle['sni fl] *iv.* ហិតខ្លាំង

snip[sni p] *tv.* *(pt.. pp.* snipped*)*

x a ribbon កាត់ច្រឹប

s. off ក្តិច ច្រឹប កាត់ ចេញ

-iv. cut with a x ការច្រឹប

a s. of mint ជីអង្កាមមួយចង

sniper[snai pər] *n.* អ្នកពួនឃ្លបបាញ់

snob[snɔb] *n.* មនុស្សវាយឫក

snobbery['snɔbəri] *n.* ដំណើរវាយឫក

snobbish[snɔbi ʃ] *adj.* ដែលវាយឫក

snoop[snu:p] *iv.* ជ្រៀតជ្រែកក្នុងកិច្ចការអ្នកដទៃ

-n. អ្នកដែលជ្រៀតជ្រែកក្នុងកិច្ចការអ្នកដទៃ

snore[snɔ:r] *iv.* ស្រមុក

-n. ការស្រមុក

snort [snɔ:t] *iv.* បញ្ចេញខ្យល់ខ្លាំងតាមច្រមុះ (សេះ)

-n. ការបញ្ចេញខ្យល់ខ្លាំងតាមច្រមុះ (ដូចសេះ)

snot[snɔt] *n.* *Vulg.* សំបោរ

snout[snaut] *n.* ច្រមុះ (ឆ្កែ ជ្រូក ។ល។)

snow[snəu] *n.* ទឹកកក (ធ្លាក់ពីលើមេឃ)

Lit: ហិមៈ

-iv. ធ្លាក់ទឹកកក

-tv. to be snowed in ចេញទៅណាមិនបានដោយទឹកកកធ្លាក់ច្រើន

snowdrift['snəudri ft] *n.* គំនរទឹកកកដែលខ្យល់បក់នាំមក

snowman['snəumæn] *n.* សំណាកមនុស្សទឹកកក

snow-white[snəu wai t] *adj.* សស្គុះ

snub[snʌb] *tv.* *(pt. . pp.* snubbed*)* ធ្វើព្រងើយកន្តើយដាក់ដោយមើលងាយ

-n. ការធ្វើព្រងើយកន្តើយដាក់ដោយមើលងាយ

-adj. ខ្ទីជាងធម្មតា

snuff[1][snʌf] *tv.* x the air ហិត (ក្លិន)

x tobacco ហិត

-n. loud x ការហិតខ្លាំង

use x ថ្នាំជក់សម្រាប់ហិត

snuff[2][snʌf] *tv.* x a candle លត់, ពន្លត់

s. out (his life) ធ្វើឱ្យបាត់បង់ (ជីវិត)

snug[snʌg] *adj.* x apartment ក្តៅស្រួល, កក់ក្តៅ

x pants ចង្អៀត

x position នឹងនរ

snuggle['snʌgl] *iv.* ប្របៀតគ្នា

so[səu] *adv.* Do it x. ដូច្នេះ *Coll:* អញ្ចឹង

Why walk so fast ? ម៉េចក៏ដើរលឿនម្ល៉េះ ?

It's so cold! ត្រជាក់ណាស់ !

so far as I know តាមដែលខ្ញុំដឹង

so they say គេថាអញ្ចឹង

and so on របៀបនឹង, ហើយដូចអញ្ចឹងៗ

an hour or so មួយម៉ោងជាយ

so is he គាត់ដែរ

Is that so ? អញ្ចឹងឬ?

Do so immediately! ធ្វើភ្លាមទៅ!

-conj. ដូច្នេះ, អញ្ចឹង!

and so អញ្ចឹងហើយ

so that ដើម្បីឱ្យ

so as to ដើម្បីនឹង

so long as ដរាបណា... ដរាបនោះ

just so ឱ្យតែ

-interj. អញ្ចឹង!

soak[səuk] *tv.* x beans ត្រាំទឹក

(wood) soaks up (water) ស្រូប

(rain) soaks (the earth) ធ្វើឱ្យជោក

-iv. (water) soaks in ជ្រាបចូល

(beans) are soaking ត្រាំទឹក

-n. put it in a x ទឹក (សម្រាប់ត្រាំ)

Sl. He' s a x. មនុស្សប្រមឹក

soaked[səukt] *adj.* x in wine ដែលត្រាំ

s. to the skin ទទឹកជោក

(customer) got s. ត្រូវគេគោរ

soap[səup] *n.* bar of x សាប៊ូ

s. opera រឿងល្ខោនដែលមានតៗ (លេងតាមវិទ្យុឬទូរទស្សន៍នៅពេលថ្ងៃ)

-tv. ដុសសាប៊ូ

soapbox['səupbɔks] *n.* wooden x ធុងសាប៊ូ

x orator ដែលទៅឈរធ្វើសន្ទរកថាឱ្យគេស្តាប់ (ដោយគ្មានប្រកាសជាមុន)

soar[sɔ:r] *iv.* birds x សំកាំង

Sp. He likes to x. បើកអាកាសយានម្យ៉ាងឥតម៉ាស៊ីន

mountains x to clouds ឡើងខ្ពស់

-tv. ហោះឡើង

-n. ការសំកាំង

sob[sɔb] *iv.* (*pt.*, *pp.* sobbed) យំខ្សឹកខ្សួល

-tv. និយាយដោយខ្សឹកខ្សួល

-n. ការខ្សឹកខ្សួល

sober['səubər] *adj.* still x មិនស្រវឹង

x expression ស្រគត់ស្រគំ

x facts ដែលគ្មានបញ្ចេញបញ្ចូល

-iv. s. up បាត់ស្រវឹង

-tv. s. s. o. up ធ្វើឱ្យបាត់ស្រវឹង

sobriety[sə'braiəti] *n.* x of the occasion ភាពមាំ , ភាពមិនលេងសើច

x of a drinker ភាពឥតស្រវឹង

so-called[,səu 'kɔ:ld] *adj.* ដែលគេតាំងជា, ដែលអួតថាជា

soccer['sɔkər] *n.* កីឡាបាល់ទាត់

sociable['səuʃəbl] *adj.* ដែលមានការទាក់ទងល្អនឹងអ្នកឯទៀត *Lit:* សេវន:

social[səuʃl] *adj.* x person ដែលចូលចិត្តមានគ្នីគ្នា

s. function ពិធីសង្គម

s. class វណ្ណៈ

s. organization របបនៃសង្គម

s. problem បញ្ហាសង្គម

s. work កិច្ចការសង្គមកិច្ច

s. science វិទ្យាសាស្ត្រខាងសង្គម

s. security សន្តិសុខសង្គ្រោះ

-n. hold a x ការប្រជុំគ្នាកំសាន្ត

socialism['səuʃəlizəm] *n.* សង្គមនិយម

socialist['səuʃəlist] *n.* អ្នកសង្គមនិយម

socialite['səuʃəlait] *n.* ជនវណ្ណខ្ពស់ចូលចិត្តបញ្ចេញមុខ

sociallize['səuʃəlaiz] *tv.* x a person នាំឱ្យមានការទាក់ទងនឹងមនុស្សឯទៀត

x a government ធ្វើឱ្យទៅជាសង្គមនិយម

Lit: ធ្វើសង្គមូបនិយកម្ម

-iv. សេពគប់ទៅមកនឹងមនុស្សឯទៀត

professional x សាមគម

society[sə'saiəti] *n.* human x សង្គម

high s. ពួកវណ្ណៈខ្ពស់

sociology[,səusi 'ɔlədʒi] *n.* សង្គមវិជ្ជា

sock[1][sɔk] *n.* ស្រោមជើង

sock[2][sɔk] *tv.* *Coll.* ដាល់

-n ការដាល់

socket['sɔkit] *n.* light-bulb x រន្ធសម្រាប់សក

Fr: ឌុយ

eye x រន្ធ (ភ្នែក ។ល។)

sod[sɔd] *n.* ស្មៅដុះចាក់ឫសកណ្តាញ់

-tv. (*pt.*, *pp* sodded) យកស្មៅពីកន្លែងមួយទៅដាំនៅកន្លែងមួយទៀត

soda['səudə] *n.* bicarbonate of x ស៊ូដ

whiskey and x សូដា

drink a x ភេសជ្ជៈឥតមានជាតិស្រា

Coll: ទឹកក្រូច

s. jerk អ្នកធ្វើការនៅកន្លែងលក់ទឹកក្រូច ការ៉េម។ល។

sodden['sɔdn] *adj.* ដែលជោកទឹក

sodium['səudi əm] *n. Fr:* សូឌីយ៉ូម

sofa['səufə] *n.* កៅអីពូកវែង *Eng:* សូហ្វា

soft[sɔft] *adj.* x wool ទន់ៗ, មិនរឹង, មិនគគ្រើម

x ground ជ្រាយ, ដែលផុង

x voice ទន់

x light ដែលមិនចាំងភ្នែក

x music មិនក្តុងក្តាំង, ស្រទន់

x soldier មិនមាំមួន

s. thinking ការគិតមិនបានផិតផល់

x job ស្រួល

s. drink ភេសជ្ជៈឥតមានជាតិស្រា

s. coal ធ្យូងថ្មម្យ៉ាងដែលស្តោតៗ

soft-boiled[,sɔftbɔi li d] *adj.* ដែលនៅជ័រក្មៅ (ស៊ុត)

soften['sɔfn] *tv.* x ground ធ្វើឱ្យទន់ឬជ្រាយ

x one' s voice បង្អន់, បន្ធូរ

-iv. ឡើងទន់ឬជ្រាយ

soft-hearted[sɔftha:ti d] *adj.* ចិត្តទន់, ចិត្តធមិ

softness[sɔfni s] *n.* ទំនន់ *Lit:* កោមលភាព

soft-pedal[,sɔft'pedl] *tv.* ធ្វើទៅដូចជាមិនសូវមានសារសំខាន់

soft-spoken[,sɔft 'spəukn] *adj.* ដែលសំដីទន់ៗ ឬផ្អែមល្ហែម

soggy['sɔgi] *adj.* x soil ប៉ប៉ិចប៉ោច

x bread ប៉ផៀច, ផៀច

soil[1][sɔi l] *n.* fertile x ដី

foreign x ប្រទេស

soil[2][sɔi l] *tv.* x one' s clothes ធ្វើឱ្យប្រឡាក់

Fig x one' s honor ធ្វើឱ្យខូចឬស្មុយ

-iv x easily ប្រឡាក់

-n. ស្នាមប្រឡាក់

sojourn['sɔdʒən] *n.* ការសំចត

-iv. សំចតស្នាក់អាស្រ័យបណ្ដោះអាសន្ន

solace['sɔləs] *n.* find x សេចក្ដីធូរស្បើយខាងផ្លូវចិត្ត

He' s a x to her. អ្វីៗដែលធ្វើឱ្យស្រាកទុក្ខ

-tv ធ្វើឱ្យធូរស្បើយ, ធ្វើឱ្យស្រាកទុក្ខ

solar['səulər] *adj.* x energy នៃព្រះអាទិត្យ

x calendar សុរយគតិ

s. system ប្រព័ន្ធសុរិយគតិ

sold[səuld] *(pt., pp. of* sell*)*

solder['səuldər] *n.* លោហធាតុផ្សេងៗសម្រាប់ផ្សារ

-tv. x two bars together ផ្សារ

x their relationship ធ្វើឱ្យបានថិតថេរឬរឹងប៉ឹង

soldering-iron['səuldəri ŋ 'ai ən] *n.* គ្រឿងសម្រាប់ផ្សារ

soldier['səuldʒər] *n.* be a x ទាហាន

simple s. កូនទាហាន

s. of fortune ទាហានស៊ីឈ្នួល

-iv. ធ្វើទាហាន

sole[1][səul] *adj.* x reason តែមួយ

x survivor តែម្នាក់

sole[2][səul] *n.* s. of the foot បាតជើង

x of a shoe បាត, ទ្រនាប់ (ស្បែកជើង)

sole[3][səul] *n..* ត្រីអណ្ដាតឆ្កែសមុទ្រធំៗ

solely ['səulli] *adv.* x responsible តែម្នាក់ឯង

found x in Africa តែ

solemn['sɔləm] *adj.* x expression មាំ (ទឹកមុខ ។ល។)

x occasion ឧឡារិក

solemnity[sə'lemnəti] *n.* ឧឡារភាព

solemnize['sɔləmnai z] *tv.* ធ្វើឱ្យទៅជាឧឡារិក

solicit[sə'li si t] *tv.* x contributions រៃ, អង្គាស

x support រក

-iv. x for a cause អង្គាសប្រាក់, សុំឱ្យចូលប្រាក់

prostitutes x សួរហៅប្រុសឱ្យទៅរួមដំណេកជាមួយ (ស្រីខូច)

solicitor[sə'li si tər] *n.* អ្នកដើរលក់ឬដើរអង្គាសប្រាក់

solicitous[sə'li si təs] *adj.* ដែលយកចិត្តទុកដាក់ (ចំពោះ)

solicitude[sə'li si tju:d] *n.* ភាពយកចិត្តទុកដាក់ . (ចំពោះ)

solid['sɔli d] *adj.* x substance រឹង

x wall ឥតប្រហោង

x ground ដែលមិនផុង

x support មិនប្រែប្រួល, ដ៏មុតមាំ, យ៉ាងប្រាកដប្រជា

x gold សុទ្ធ

x scholarship យ៉ាងពិតប្រាកដ, ជាដុំកំភួន

x blow យ៉ាងដំណំ

for a s. hour ពេញមួយម៉ោង

s. geometry រេខាគណិតឃនាវេហាស៍

-n. Coll: វត្ថុរឹង *Lit:* ឃនធាតុ

solidarity[,sɔli 'dærəti] *n.* x of the party សាមគ្គីភាព

x of a company ភាពជិតដេរឬរឹងប៉ឹង

solidification[sə,li di fi 'kei ʃn] *n.* កំណក

solidify[sə'li di fai] *tv.* *(pt. .pp.* solidified *)* ធ្វើឱ្យកក

-iv. កកឡើង

solidity[sə'li dəti] *n.* x of a substance ភាពរឹង

x of support ភាពប្រាកដប្រជា

solitary['sɔlətri] *adj.* x passenger តែម្នាក់ឯង, ទោល

x place ស្ងាត់ដាច់ពីគេ

solitude['sɔli tju:d] *n.* live in x វិវេកដ្ឋាន

x of the island និជ្ជនភាព

solo['səuləu] *n.* sing a x ភ្លេងឬចម្រៀង លេងឬច្រៀងដោយមនុស្សម្នាក់

fly a s. បើកម្នាក់ឯង

-adj. , adv. ធ្វើទៅឬសម្តែងដោយមនុស្សម្នាក់

-iv. ធ្វើ (អ្វីៗ) តែម្នាក់ឯង

solstice['sɔlsti s] *n.* សុលស្ទីស

soluble['sɔljəbl] *adj.* x substance ដែលអាចរលាយ

x problem ដែលអាចដោះស្រាយបាន

solution[sə'lu:ʃn] *n.* find a x ផ្លូវដោះស្រាយ

difficult of x ការដោះស្រាយ

chemical x ល្បាយរាវ *Fr:* សូលុស្យុង

solve [sɔlv] *tv.* ដោះស្រាយ

solvency['sɔlvənsi] *n.* សាធនភាព

solvent['sɔlvənt] *adj.* financially x ដែលមានប្រាក់សងឬបង់ *Lit:* សាធនីយ

x substance ដែលអាចធ្វើឱ្យវត្ថុដទៃរលាយ

-n. គ្រឿងដាក់រលាយ

somber, sombre['sɔmbər] *adj.* x day ងងឹត, មិនសូវមានថ្ងៃ

x expression ស្រងូតស្រងាត់

sombrero[sɔm'breərəu] *n.* មួកហាមធំ

some [səm] *adj.* x money បន្តិចបន្តួច

x days I feel good. ខ្លះ

for s. years យូរឆ្នាំហើយ

x four or five people ប្រហែល

Coll. That was x storm! មែន, គួរ

-pron. x say he ' s dead. អ្នកខ្លះ

I want x of that. បន្តិច

-adv. បន្តិច

somebody['sʌmbədi] *pron.* I saw x. អ្នកណា, អ្នកណាម្នាក់

-n. Coll. He' s a x. អ្នកធំ

someday['sʌmdei] *adv.* ថ្ងៃណាមួយ

somehow['sʌmhau] *adv.* មិនដឹងជាយ៉ាងម៉េច, មិនដឹងម៉េចទេ, មិនដឹងជារឿងអ្វី

someone['sʌmwʌn] *pron.* អ្នកណាមួយ, អ្នកណាម្នាក់

somersault['sʌməsɔ:lt] *n.* ការផ្កាប់ខឹង, ការផ្កាប់ផ្ដួង -*iv.* ផ្កាប់ខឹង, ផ្កាប់ផ្ដួង

something['sʌmθi ŋ] *pron.* អ្វីមួយ
-*n. Coll.* That' s s. ! អស្ចារ្យហើយ!

sometime['sʌmtai m] *adv.* x last week គ្រាមួយនាអតីតកាល
come over x ពេលណាមួយ
-*adj.* a x thing មិនទៀង

sometimes['sʌmtai mz] *adv.* ជួនកាល

somewhat['sʌmwɔt] *adv.* បន្តិចបន្តួច, ខ្លះ

somewhere['sʌmweər] *adv.* កន្លែងណាមួយ

somnolent['sɔmnələnt] *adj.* x student ដែលងុយដេក
x day ដែលធ្វើឱ្យងុយដេក

son[sʌn] *n.* កូនប្រុស *Lit:* បុត្រ
Roy: ព្រះរាជបុត្រ

sonar['səunɑ:r] *n. Fr:* សូណារ

song[sɔŋ] *n.* sing a x ចម្រៀង
play a x ភ្លេង
Id. for a s. ដូចគេឱ្យទទេ

songbird['sɔŋbɜ:d] *n.* សត្វស្លាបដែលយំពីរោះ

sonic['sɔni k] *adj.* នៃសូរ, នៃសម្លេង

son-in-law['sʌn i n lɔ:] *n.* កូនប្រសាប្រុស
Roy: ព្រះជិតបតី

sonnet['sɔni t] *n.* កវីនិពន្ធមាន១៤បាទ

sonority[sə'nɔrəti] *n.* ភាពខ្ទរ

sonorous['sɔnərəs] *adj.* ខ្ទរ

soon[su:n] *adv.* He' ll be here x. បន្តិចទៀត
arrive too s. ឆាប់មកពេក
pretty s. បន្តិចទៀត
I' s as s. go as stay. ចំណែកខ្ញុំទៅក៏បានមិនទៅក៏បាន
as s. as possible ឱ្យបានឆាប់ជាទីបំផុត
as s. as he gets here គាត់មកដល់ភ្លាម

sooner[su:nər] *adv.* get there x ឆាប់ជាង
I' d s. go than stay. ខ្ញុំចង់ទៅជាងនៅ
no s. said than done ហាមមាត់ទៅបានហើយ

soot[sut] *n.* លំអងផ្សែង, ម្រែងភ្លើង

soothe[su:ð] *tv.* x pain ធ្វើឱ្យស្រាក
x a child លួង

soothsayer['su:θsei ər] *n.* គ្រូទាយ

sop[sɔp] *n.* bread x នំប៉័ង ចាខ្វៃ ។ល។ សម្រាប់ជ្រលក់ស៊ុប កាហ្វេ ។ល។
as a x to his conscience គ្រឿងសម្រាប់លួងចិត្ត
-*tv.* (*pt.* , *pp.*sopped) x bread ជ្រលក់
s. up ស្រូប

sophisticate[sə'fi sti kei t] *tv.* x student ធ្វើឱ្យមានសុជីវធម៌ខ្ពង់
x a process ធ្វើឱ្យស្មុគស្មាញ
-*n.* មនុស្សមានសុជីវធម៌

sophisticated[sə'fi sti kei ti d] *adj.* x society ជឿនលឿន
x equipment ដែលស្មុគស្មាញ
Lit: ប្រកបដោយមិស្សភាព

soprano[sə'prɑ:nəu] *n.* She' s a x. អ្នកច្រៀងសម្លេងថ្នារ
sing the x (ផ្នែកខាង) សម្លេងថ្នារ
-*adj.* x singer ដែលមានសម្លេងថ្នារ
x part ខាងសម្លេងថ្នារ

sorcery['sɔ:səri] *n.* អាប, ធ្មប់

sordid['sɔ:di d] *adj.* គួរឱ្យខ្ពើមរអើម, ថោកទាប

sore[sɔ:r] ***adj.*** x arm ចុក, ឈឺ

x at heart ចុកចាប់, ឈឺចាប់ (អ.ប.)

x need ជាបន្ទាន់

Coll. Don' t be x. ខឹង

Id. s. spot ចំណុចខ្សោយ

-n. ដំបៅ

sorghum['sɔ:gəm] ***n.*** ស្គៅ

sorority[sə'rɔrəti] ***n.*** សមាគមស្រី

sorrow['sɔrəu] ***n.*** ទុក្ខព្រួយ

-iv. មានទុក្ខព្រួយ

sorry['sɔri] ***adj.*** be s. about ស្ដាយ

x state of affairs គួរឱ្យស្ដាយ

x crop ដែលមិនបានផលល្អ

-interj. សុំទោស!

sort[sɔ:t] ***n.*** a x of grain ប្រភេទ

of some s. យ៉ាងណាម្យ៉ាង

of sorts ម្យ៉ាង

Id. out of sorts មួ

-tv. x potatoes ផាក់ដោយធុន

x mail បំបែកទៅតាមចំពួកផ្សេងៗ

s. out (the rotten ones) រើសយកចេញ

s. out (the facts) ស្រាល់ជ្រើស

-adv. Coll. s. of ដូចជា

sortie['sɔ:ti] ***n.*** ការចេញទៅប្រហារម្ដងៗ

SOS[,es əu 'es] *(Save Our Ship)* សម្រែកហៅគេឱ្យមកជួយនៅពេលនាវាមានគ្រោះថ្នាក់

so-so[,səu'səu] ***adj.*** , ***adv.*** មិនជាណាស់ណា, ដូចធម្មតា

sot[sɔt] ***n.*** ប្រមឹក

sought[saut] *(pt., pp. of* seek*)*

soul[səul] ***n.*** human x ព្រលឹង *Lit:* វិញ្ញាណក្ខន្ធ

He' s the x of honesty គំរូ

Coll. the x of poor x មនុស្ស

sound[1][saund] ***n.*** hear a x សូរ

high-fidelity x សម្លេង

news has a bad x សូរ (អ.ប.)

-iv. trumpets x បន្លឺសូរឡើង

x loud ឮសូរ

x serious ឮដូចជា

Id. s. off បញ្ចេញការមិនសប្បាយឱ្យឃើញច្បាស់

-tv. x the bell វាយ

x an alarm ធ្វើឱ្យរោទ៍

x a retreat ផ្ដុំត្រែជាសញ្ញា

x each letter មើលឱ្យឮ

sound[2][saund] ***adj.*** x mind មិនឆ្កួត, មិនវង្វេង

x body នៅមាំមួន

x reasoning សម, ត្រឹមត្រូវ

x sleep យ៉ាងលង់លក់

give him a x beating យ៉ាងធ្ងន់

sound[3][saund] ***tv.*** x the river វាស់ជម្រៅ

s. out (his views) ថ្លឹង

x internal organs ពិនិត្យដោយប្រើបរិធានសម្រាប់ស្ទង់ផ្សេងៗ

-iv. whales x មុជ

-n. ប្រដាប់សម្រាប់ស្ទង់ម្យ៉ាង

sound[4][saund] ***n.*** ដៃសមុទ្រ

soundproof['saundpru:f] ***adj.*** ដែលមិនឮសូរពីខាងក្រៅ

-tv. ធ្វើកុំឱ្យឮសូរពីខាងក្រៅ, ដាក់របាំងសូរ

soup[su:p] ***n.*** *1. broth:* ស៊ុប *2. broth with meat or vegetables:* ស្ងោរ

3. rice soup, porridge: បបរ

sour['sauər] ***adj.*** x soup ជូរ

x milk ផ្អូម, ជូរ

x mood មួម៉ៅ

Id. s. grapes ការបន្ទុះបង្អាប់ដោយខ្លួនទាល់

-*iv.* (wine) sours ឡើងជូរ
outlooks x ទៅជាស្រអាប់ (អ.ប.)
-*tv.* ធ្វើឱ្យជូរ
-*n.* ស្រាលាយជូរ។
source[sɔ:s] ***n.*** ប្រភព
souse[saus] ***tv.*** x his head in water ជ្រមុជ
x in vinegar ត្រាំ, ជ្រលក់
-*n.* pork s. ជើងជ្រូកត្រាំទឹកខ្មេះ, ជើងជ្រូកជ្រក់
Sl. He' s a real x. ប្រមឹក
south[sauθ] ***n.*** ទិសខាងត្បូង *Lit:* ទក្សិណ
-*adj.* x gate ខាងត្បូង
x wind ពីខាងត្បូង
s. Pole អក្សាំសាទក្សិណ
-*adv.* ទៅខាងត្បូង
southeast [sauθi:st] ***n.*** ទិសខាងត្បូងឆៀងខាងកើត
Lit: អគ្នេយ៍
-*adj.* . *adv.* ខាងត្បូងឆៀងខាងកើត
southerly['sʌðəli] ***adj.*** x direction ទៅខាងត្បូង
x wind ពីខាងត្បូង
southern['sʌðən] ***adj.*** x point ខាងត្បូង
x direction ទៅខាងត្បូង
southerner['sʌðənər] ***n.*** មនុស្សនៅប៉ែកខាងត្បូងនៃប្រទេសណាមួយ
southward['sauθwəd] ***adj., adv.*** ឆ្ពោះទៅខាងត្បូង
southwest[,sauθ'west] ***n.*** ទិសខាងត្បូងឆៀងខាងលិច
Lit: នីរតី
-*adj.*. *adv.* ខាងត្បូងឆៀងខាងលិច
souvenir[,su:və'ni ər] ***n.*** អនុស្សាវរីយ៍
sovereign[,sɔvri n] ***n.*** *1. Masc:* មហាក្សត្រ
2. Fem: មហាក្សត្រិយានី
-*adj.* ដែលមានអំណាចគ្រប់គ្រា
sovereignty[,sɔvrənti] ***n.*** អធិបតេយ្យភាព

Soviet['səuvi ət] ***pr.n.*** សូវៀត (ក្រុមប្រឹក្សាប្រតិភូៈ កម្មករ កសិករ នៅស្រុកសូវៀ)
-*adj.* នៃសហភាពសូវៀត
Soviet Union['sauvi ət 'ju:ni ən] ***pr.n.*** សហភាពសូវៀត
sow[1][sau] ***tv.*** *(pt.* sowed . *pp.*sown *)*
x rice សាប
x grass seed ព្រោះ
s. a field with rice សាបស្រូវក្នុងស្រែ
x discord សាបព្រោះ (អ.ប.)
sow[2][sau] ***n.*** ជ្រូកញី
soy['sɔi] ***n.*** សណ្តែកសៀង
s. sauce ទឹកស៊ីអ៊ីវ
soybean['sɔi bi:n] ***n.*** សណ្តែកសៀង
space[spei s] ***n.*** outer x មេឃ *Lit:* អវកាស
open x ចំហ
x between two buildings ទីចំហ, ទីនៅទំនេរ
parking x កន្លែង (ចតឡាន ។ល។)
get x on an airplane កន្លែងអង្គុយ
x between words ឃ្លា
-*tv.* x plants ដាក់ឱ្យឃ្លាតគ្នា
s. out ដាក់ឱ្យឆ្ងាយពីគ្នា
spaceship['spei sʃi p] ***n.*** អវកាសយាន
spacious['spei ʃəs] ***adj.*** ធំ, ធំទូលាយ
poet: ល្វឹងល្វើយ, ធំធេង
spade[spei d] ***n.*** digging x ចបជីក
Id. call a s. a s. ហៅអ្វីហៅឱ្យចំឈ្មោះ
Cards draw a x ពិក (បៀ)
-*tv.* ជីកនឹងចបជីក
spadework['spei dwз:k] ***n.*** កិច្ចការជាទីចាប់ផ្ដើម
Spain[spæn] ***pr. n.*** ប្រទេសអេស្ប៉ាញ
spaghetti[spə'geti] ***n.*** នំបញ្ចុកអ៊ីតាលី
Eng. ស្ប៉ាហ្គែតទី

span[spæn] *n.* one x in legnth ចំអាមកួនដៃ (ប្រវែងពីចុងមេដៃទៅចុងកូនដៃ)

time x រយៈ

bridge x ចំណែក

life x វិសាលគម

wing x កំណាង

-tv. (*pt.*, *pp.* spanned)

x a river ឆ្លងពីត្រើយម្ខាងទៅត្រើយម្ខាង

s. two centuries រស់ពេលពីរសតវត្ស

spangle['spæŋgl] *n.* អ្វីៗតូចៗហើយភ្លឺៗ (សម្រាប់លំអ)

Spanish['spæniʃ] *adj.* អេស្ប៉ាញ៉ុល

-n. ភាសាអេស្ប៉ាញ៉ុល

spank[spæŋk] *tv.* ទះគូទ (ធ្វើទណ្ឌកម្ម)

-n. ការទះគូទ (ធ្វើទណ្ឌកម្ម)

spanking[spæŋkiŋ] *n.* ការទះគូទ (ធ្វើទណ្ឌកម្ម)

spar[1][spɑ:r] *n.* ឈើប្រើធ្វើជងក្ដោង អាវក្ដោង។ល។

spar[2][spɑ:r] *iv.* (*pt.*, *pp.* sparred)

boxers x ជន្លជាល់

x with words ឆ្លើយឆ្លងជាត់គ្នា

spare[speər] *tv.* x his feelings ប្រណី (ផល)

s. his life ឱ្យរួចជីវិត, មិនសម្លាប់

can't x the money លៃឱ្យបាន

x your strength សំចៃ

-adj. x tire សម្រាប់បម្រុងការ

s. time ពេលទំនេរ

x diet ដ៏ស្ដួចស្ដើង

x figure ស្គម

-n. អ្វីៗសម្រាប់ផ្លាស់ប្ដូរ

sparerib[ˌspeəri b] *n.* ឆ្អឹងជំនី

spark[spɑ:k] *n.* electrical x ផ្កាភ្លើង

still has a s. of life នៅមិនទាន់សូន្យជីវិតនៅឡើយទេ

s. plug ប៊ូហ្ស៊ី

-iv. បែកផ្កាភ្លើង, ចេញភ្លើងព្រាតៗ

-tv. ធ្វើឱ្យមានពន្លឺព្រាយឡើង

sparkle['spɑ:kl] *iv.* diamonds x ចេញ, ចាំងផ្លេកៗ

eyes x ឡើងថ្លាឆ្វង់

wines x ចេញពពុះ

-n. x of diamonds ការចេញផ្លេកៗ

x of one's eyes ការឡើងថ្លាឆ្វង់

sparrow['spærəu] *n.* សត្វចាប

sparse[spɑ:s] *adj.* x population រលោះ, ស្រឡះ

x hair រ៉ុយៗ

spasm['spæzəm] *n.* ដំណើរកន្ត្រាក់ឬញាក់សាច់ដុំ

spasmodic[spæz'mɔdi k] *adj.* x movements កន្ត្រាក់ៗ

x efforts មិនទៀងទាត់, ធ្វើឈប់ៗ

spastic['spæsti k] *adj.* កន្ត្រាក់ៗ

-n. មនុស្សដែលកើតជម្ងឺកន្ត្រាក់ដៃជើង មុខ ។ល។

spat[1][spæt] *n.* ជម្លោះកំប៉ិកកំប៉ុក

-iv. ឈ្លោះគ្នា

spat[2] [spæt] (*pt.*, *pp.* *of* spit)

spatial['speiʃl] *adj.* x aspect នៃទំហំ

x research នៃអវកាស

spatter['spætər] *tv.* x mud ធ្វើឱ្យខ្ទាត

x paper សាចទៅលើ, បាចសាចលើ

-iv. ខ្ទាត

-n. ការសាចឬខ្ទាត

spatula['spætʃələ] *n.* វែកកូរ

spawn[spɔ:n] *n.* fish x ពង (ត្រី កង្កែប។ល។)

pej. he and his x កូន

-tv. x eggs ពង (ត្រី កង្កែប ។ល។)

pej. x children បង្កើត (កូន)

x ideas បង្កើតឱ្យមានឡើង

spay[spei] *tv.* ក្រៀវសត្វញី

speak[spi:k] *iv.* (*pt.* spoke *pp.* spoken)

unable to x និយាយ

Polite (of others:) មានប្រយោជន៍

Roy: មានព្រះរាជនិង្គារ

Cl: មានពុទ្ធដីការ

He doesn' t s. គាត់មិននិយាយស៊ីសោះ

s. to him និយាយនឹងគាត់

s. for him និយាយជួសគាត់

He' ll x tonight. ថ្លែង, ថ្លែងសុន្ទរកថា

s. up (for one' s rights) បញ្ចេញឱ្យគេដឹងឮ

s. up (a little) និយាយឱ្យខ្លាំងឡើង

-tv. និយាយ

speaker[spi:kər] ***n.*** x of the words អ្នកនិយាយ

public x អ្នកថ្លែង

radio x អ្នកប៉ាល័រ

spear[spi ər] ***n.*** លំពែង

-tv. ចាក់នឹងលំពែង

spearhead[spi əhed] ***n.*** stone x ផ្លែលំពែង

military x ទ័ពស្រួច

-tv. Mil. ចូលឬនៅមុខគេ

special['speʃl] ***adj.*** x program ពិសេស

x friend ជិតស្និទ្ធ

s. delivery ប្រញាប់ *Fr:* មិនសប្បែស

-n. have a x on hamburger ការចុះថ្លៃ

T.V. x ការសម្តែងជាពិសេស

specialist['speʃəli st] ***n.*** អ្នកឯកទេស

specialization[,speʃəlai 'zei ʃn] ***n.*** ឯកទេសកម្ម

specialize ['speʃəlai z] ***iv.*** x in surgery ធ្វើ ឯកទេសកម្ម

meanings x មានព្រំដែនវែងទូលំទូលាយ

-tv. x a student ផ្តល់ឱ្យនូវឯកទេសកម្ម

x meanings កម្រិតព្រំដែន

specialty , speciality[,speʃi 'æləti] ***n.*** វិជ្ជាឯកទេស

x of the restaurant មុខពិសេស

x of the occasion ភាពពិសេស

specie['spi:ʃi:] ***n.*** x of the realm ប្រាក់ម្យ៉ាង

repay in s. សងនឹងរបស់ដែលខ្ចីទៅ (ដូចជាខ្ចីអង្ករយកអង្ករមកសងវិញ)

species['spi:ʃi:z] ***n.*** ពូក, ចំពូក, ប្រភេទ

specific[spə'si fi k] ***adj.*** x example ចំៗ, មិនទូទៅ

x amount ជាក់លាក់

x to the situation យថាប្រភេទ

s. gravity ទម្ងន់យថាប្រភេទ

-n. pl. ចំណុចចំៗឬជាក់លាក់

specification[,spesi fi 'kei ʃn] ***n.*** x of an amount ការបញ្ជាក់ឱ្យច្បាស់

pl. x of a machine កម្រិតទំហំ ។ល។

specify['spesi fai] ***tv.*** *(pt., pp.*specified *)*

x the details ប្រាប់ឱ្យជាក់លាក់

x that it be paid in gold បញ្ជាក់

specimen['spesi mən] ***n.*** exellent x គំរូម៉្យាង

Lit: បដិរូប

urinary x សំណាក

speck[spek] ***n.*** fly x ចំណុច

x of dirt ចំណែកដ៏ល្អិត

Coll. doesn' t make a s. of sense គ្មានន័យបន្តិចសោះ

-tv. ធ្វើឱ្យមានចំណុចឬស្នាមចុចតូចៗ

spectacle['spektəkl] ***n.*** entertainment x ទស្សនីយភាព

Pl. (wear) spectacles វ៉ែនតា

Coll. make a public s. ធ្វើរឿងអាម៉ាស់

spectacular[spek'tækjələr] ***adj.*** ដ៏អស្ចារ្យ

-n. Coll. ទស្សនីយភាពដ៏អស្ចារ្យ

spectator[spek'tei tər] ***n.*** អ្នកមើល

Lit: អ្នកទស្សនា

specter['spektər] ***n.*** x of a departed friend ឆាយាភូតបិសាច (របស់មនុស្សដែលស្រម័យឃើញ)

Fig. s. of famine ប្រផ្នូលនៃទុរ្ភិក្ស

spectrograph['spek'trəgrəf] *n.* វិសាលគមពិទុ រេខិយ

spectroscope['spektrəskəup] *n.* ឧបករណ៍សម្រាប់ធ្វើវិភាគឆព្វណ្ណរង្សី

spectrum['spektrəm] *n.* វិសាលគម

speculate['spekjulei t] *iv.* x about the future ស្មង់មើលពីចម្ងាយ

x in gold រកស៊ីប្រថុយដើម្បីចង់ចំណេញច្រើន

Lit: ធ្វើបរិកប្ប

speculation[,spekju'lei ʃn] *n.* pure x ការស្មាន

gold x បរិកប្ប

speculative[spekjələti v] *adj.* x conclusion ដែលស្មាន, ដែលមិនប្រាកដ

x venture ដែលប្រថុយ

speech[spi:tʃ] *n.* power of x ការនិយាយ

make a x សុន្ទរកថា

x of a given region ភាសាដោយឡែក

Drama forgot his x អ្វីៗដែលត្រូវនិយាយ

speechless[spi:tʃli s] *adj.* x with astonishment ដែលអួលដើមក, ដែលនិយាយមិនរួច

x from birth គ, និយាយមិនរួច

speed[spi:d] *n.* unsafe x ល្បឿន

transmission x លេខ (រថយន្ត)

-tv. *(Obs. pt. . pp.* sped *)*

x a car ធ្វើឱ្យទៅមុខយ៉ាងលឿន

x a message ធ្វើឱ្យទៅដល់យ៉ាងឆាប់រហ័ស

x production បង្កើនល្បឿន

-iv. Don' t x . បើកលឿនពេក

s. up លឿនឡើង

speedometer[spi:'dɔmi tər] *n.* សម្ទង់ល្បឿន

speedway['spi:dwei] *n.* ទីប្រណាំងឡាន

speedy[spi:di] *adj.* លឿន

spell[1][spel] *tv.* x a word ប្រកប, សរសេរ

What does that s. អានថាម៉េច ?

inflation will x disaster មានន័យ

spell[2][spel] *n.* អំពើ (មន្តអាគម)

spell[3][spel] *n.* take a x at the wheel វេន

cold x រយៈពេល

-tv. ជំនួស, ជួយរំដោះដៃ

spellbound['spelbaund] *adj.* ដែលចាប់ចិត្តក្រៃលែង

speller[spelər] *n.* តម្រាបរៀនសរសេរ

spelling[speli ŋ] *n.* អក្ខរាវិរុទ្ធ

spelt[spelt] *(Brit. pt. . pp. of* spell[1] *)*

spend[spend] *tv.* *(pt. . pp.* spent*)*

x moneyចាយ, ចំណាយ (ប្រាក់)

x time ចំណាយ

x one' s strength បង្ហស់

spendthrift['spendθri ft] *n.* មនុស្សចាយឥតគិត, មនុស្សខ្ជះខ្ជាយប្រាក់

-adj. ដែលចាយឥតគិត, ដែលខ្ជះខ្ជាយប្រាក់

spent [spent] *(pt. . pp. of* spend *)*

-adj. អស់កម្លាំង

sperm[spɜ:m] *n.* ទឹកកាម *Lit:* សុក្កាណូ

spew[spju:] *tv.* x water ព្រួស

x one' s dinner ក្អួត

-iv. ព្រួសចេញ

sphere[sfi ər] *n.* perfect x ដុំមូល *Lit:* គោល

Math. ស្វ៊ែរ

heavenly s. មេឃ

x of influence ដែន

x of expertise វិស័យ

sphincter['sfi ŋktər] *n.* ក្រសាល់

spice[spai s] *n.* cooking x គ្រឿង, គ្រឿងទេស

add x to life របោយ (អ.ប.)

-tv. x food ដាក់គ្រឿងទេស

x the conversation ដាក់របោយ (អ.ប.)

spick-and-span , spic-and-span

[,spi k ənd 'spæn] *adj.* ស្អាតថៃស, ស្អាតឆេង

spider[ˌspai dər] ***n.*** ពីងពាង

s. web មងពីងពាង

spigot ['spi gət] ***n.*** ចំពួយ

Dial: ក្បាលរ៉ូប៊ីណេ

spike[spai k] ***n.*** 20- penny x ដែកគោលធំៗ

Sp., *pl.* baseball x ស្បែកជើងមានបន្លា

-tv. x a board down បោះភ្ជាប់

Sp. x an opponent ចាក់នឹងស្បែកជើងមានបន្លា

x a rumor បញ្ឈប់, ធ្វើលែងឲ្យមាន

spill[spi l] ***tv.*** x water ធ្វើឲ្យកំពប់

x blood បង្ហូរ

x the occupants ធ្វើឲ្យធ្លាក់ចេញ

Id. s. the beans ធ្វើឲ្យបែកការ

-iv. កំពប់

-n. a x on the floor អ្វីៗមួយចំនួនដែលកំពប់នៅលើអ្វីមួយ

riders took a x ការធ្លាក់ចេញ

spin[spi n] ***tv.*** *(pt., pp.* spun*)*

x a top ធ្វើឲ្យវិលខ្ចាល់

x a knob មួល

x thread រវៃ (អំបោះ ។ល។)

s. a web ធ្វើសំណាញ់ (ពីងពាង)

Coll. s. a yarn ប្រឌិតឡើង (កុហក)

s. the wheels ធ្វើឲ្យវិលកង់

-iv. វិល

-n. x of the wheels ការវិល

Coll. go for a s. ជិះដើរលេង

spinach['spi ni ʧ] ***n.*** អេពីណារ (បន្លែម្យ៉ាង), បន្លែម្យ៉ាងដូចស្ពៃខៀវ

spinal['spai nl] ***adj.*** x disorder នៃឆ្អឹងខ្នង

s. column ឆ្អឹងខ្នង

s. cord មិញ្ញាឆ្អឹងខ្នង

spindle['spi ndl] ***n.*** weaving x ផ្លៃរហាត់

turntable x ស្នូល

wheel x ភ្លៅ , ដុំ

spine[spai n] ***n.*** x of an animal ឆ្អឹងខ្នង

(bush has sharp) spines បន្លា

spineless[spi nli s] ***adj.*** x animal ដែលគ្មានឆ្អឹងខ្នង

x plant គ្មានបន្លា

Fig. x person ដែលតាមតែគេដឹក

spinning wheel[spi ni ŋ wel] ***n.*** រហាត់

spinster['spi nstər] ***n.*** ក្រមុំសោរែ

spiny[spai ni] ***adj.*** ដែលមានបន្លាច្រើន

spiral['spai rəl] ***n.*** rising x អ្វីៗដែលមូរដូចរេស័រ

flat x អ្វីៗរាងគួចខ្យង

prices are in a x ការចេះតែឡើងស្រឹតៗ

(fly) in a s. ខង់វង់

-adj. x spring កងង់

x course ខង់វង់

-iv. ឡើងខ្ពស់ឡើងៗ

spire['spai ər] ***n.*** កំពូល (ដែលស្រួច)

spirit['spi ri t] ***n.*** his x lives on ព្រលឹង

Lit: វិញ្ញាណក្ខន្ធ

x of the dead ខ្មោច

tutelary x អ្នកតា

benevolent x ភូត

evil x អសុរកាយ

x of cooperation គំនិត

pl. in good x អារម្មណ៍, សតិអារម្មណ៍

pl. alcoholic x ស្រា

-tv. s. s.o. on ជំរុញទឹកចិត្ត

s. (sthg.) away យកចេញមិនឲ្យអ្នកណាដឹងសោះ

spirited['spi ri ti d] *adj.* ដែលក្លៀវក្លា, ដែលហ៊ឹកហាក់

spiritual['si ri ʧuəl] *adj.* x experience ខាងផ្លូវចិត្ត ខាងអារម្មណ៍

x health ខាងសាសនា

x phenomena ដែលទាក់ទងនឹងអធិធម្មជាតិ

-n. negro x ចម្រៀងសាសនា

spiritualism['spi ri ʧuəli zəm] *n.* ចេតោនិយម

spiritualist['spi ri ʧuəli st] *n.* អ្នកចេតោនិយម

spit[1][spi t] *iv.* *(pt. , pp.* spat*)* ស្ដោះ

Id. s. up ក្អួត, ខ្ជាក់ (ក្មេងអ៊ៅ)

-n. សំដោះ

spit[2][spi t] *n.* ឈើឬដែកច្រនូច

spite[spai t] *n.* out of x គំនុំ

in s. of the fact that ថ្វីបើ

-tv. ធ្វើ (អ្វីមួយ) ដើម្បីបញ្ឈឺចិត្ត

spittle['spi tl] *n.* ទឹកមាត់, សំដោះ

spittoon [spi 'tu:n] *n.* កន្ថោរ

splash[splæʃ] *tv.* x water សាច

x pedestrians សាចផាត់

-iv. liquids x សាច, ខ្ទាត

children x បាចសាច

-n. a x of water អ្វីៗដែលសាចទៅលើអ្វីមួយ

hear a x សូរខ្ទាយ, សូរខ្ទាត

splatter['splætər] *tv.* x ink ខ្ទាត, សាច

x the table ខ្ទាតលើ

-iv. ខ្ទាត

-n. ស្នាមខ្ទាតប្រឡាក់

splay[splei] *tv.* ធ្វើឱ្យញែក

-iv. ឡើងញែក

-n. ការញែក

-adj. ដែលញែក

spleen[spli:n] *n.* *Anat.* ផាល

vent one's x កំហឹង

splendid['splendi d] *adj.* x temple រុងរឿង

x lad ប្រសើរ

Coll. x vacation សប្បាយអស្ចារ្យ

splendor['splendər] *n.* ភាពរុងរឿង, ភាពត្រចះត្រចង់

Lit: វិភោគន៍

splice[splai s] *tv.* x a rope បន្តដោយវេញបញ្ចូលគ្នា

x two boards ត

-n. តំណ

splint[spli nt] *n.* ឈើអមឆ្អឹងបាក់, រណបឆ្អឹង

-tv. ដាក់រណបឆ្អឹង

splinter['spli ntər] *n.* បំណែកតូចៗ

-iv. បែកចេញជាបំណែកតូចៗ

-tv. បំបែកជាបំណែកតូចៗ

-adj. x group ដែលបែកចេញពីក្រុមធំ

split[spli t] *tv.* *(pt. , pp.* split*)*

x a board ពុះ, ច្រៀក, បំបែក

x the profits ចែក

x two factions ធ្វើឱ្យបែកគ្នា

x a bottle of wine ចែកគ្នា

-iv. boards x បែក (ដូចគេពុះ)

s. off បែកចេញ

s. up បែកគ្នា

Sl. Let's x. ចេញទៅ

-n. x in a board ស្នាមបែក

x in the party ការបែកបាក់គ្នា

splotch[splɔʧ] *n.* ស្នាមប្រឡាក់ប្រឡូស

-tv. ធ្វើឱ្យប្រឡាក់ប្រឡូស

splurge[slɜ:ʤ] *iv.* ចំណាយច្រើនហួសធម្មតា

splutter['splʌtər] *iv.* x with anger និយាយញាប់ស្ទាប់មិនបាន (ដូចនៅពេលខឹងខ្លាំងជាដើម)

-n. angry x សំដីនិយាយញាប់ស្ទាប់មិនបាន

spoil[spɔi l] *tv.* x a sheet of paper ធ្វើឱ្យខូច

x his chances ធ្វើឱ្យខក, ធ្វើឱ្យខូច

x a child ទំយើ, ទំនើស

-*iv.* (milk) spoils ខូច

(rice) spoils ផ្អូម

(meat) spoils ស្អុយ, ខូច

-*n. pl.* x of war របស់លួចឬប្លន់បានមក

pl. x of office ប្រយោជន៍

spoilage['splɔi li dʒ] ***n.*** loss from x ការខូចរលួយ ស្អុយ ឬ ផ្អូម

discard the x អ្វីៗដែលខូច ស្អុយ រលួយឬផ្អូម

spoke[1][spəuk] ***n.*** កាំ (កង់ រទេះ ។ល។)

spoke[spəuk] *(pt. of* speak*)*

spoken[spəukn] *(pp. of* speak*)*

spokesman['spəuksmən] ***n.*** អ្នកនាំពាក្យ

sponge[spʌndʒ] ***n.*** (dive for) sponges អេប៉ុងប្យ

Sl. He's a x. មនុស្សរស់ដោយសារគេ

-*tv.* x the walls លាង, ជូត (នឹងអេប៉ុងហ្ស៊ី)

Sl. x a meal បួម

sponsor['spɔnsər] ***n.*** អ្នកធានា

-*tv.* ធានា

spontaneity[,spɔntə'nei əti] ***n.*** សយម្ភូតភាព

spontaneous[spɔn'tei ni əs] ***adj.*** ដែលធ្វើទៅដោយឯកឯង

Lit: សយម្ភូត

s. combustion ការឆេះមិនបាច់គេដុត

spook[spu:k] ***n.*** *Coll.* ខ្មោច

spooky[spu:ki] ***adj.*** *Coll.* ដែលធ្វើឱ្យព្រឺក្បាល

spool[spu:l] ***n.*** ហុង, គ្រសាល់, ខ្នារ

-*tv.* ហុង, ខារដាក់ហុង

spoon[spu:n] ***n.*** ស្លាបព្រា *Roy:* ស្នងព្រះអង្គុលិ

-*tv. Id.* ដួសនឹងស្លាបព្រា

-*iv.* ថើបអង្អែលគ្នា

spoonfeed['spu:nfi:d] ***tv.*** x a child បញ្ចុក

Fig. x knowledge បកចេកបញ្ចុក (អ.ប.)

spoonful [spu:nful] ***n.*** ចំណុះមួយស្លាបព្រា

spoor[spuər] ***n.*** ដាន, ស្នាមជើង (សត្វ)

sporadic[spə'rædi k] ***adj.*** x efforts យូរៗម្តង, មិនទៀងទាត់

x occurrence (of a disease) ដែលចាប់តែមនុស្សម្នាក់

sport [spɔ:t] ***n.*** engage in x *Fr:* ស្ព័រ

Lit: កីឡា

say in s. និយាយលេង

good s. មនុស្សចិត្តធូន់

-*iv.* s. about បញ្ចេញ

s. with លោក, បញ្ឆោត

-*tv* *Coll.* x the girls នាំដើរលេង

x a new [illegible] បញ្ចេញ

sportsman['spɔ:tsmən] ***n.*** អ្នកកីឡា

sportsmanship['spɔ:tsmənʃi p] ***n.*** ភាពមិនចេះគុំគួន

Lit: កីឡាភាព

spot [spɔ:t] ***n.*** black x ស្នាមអុជៗ

x on his honor សេចក្តីសៅហ្មង

on this very x កន្លែង

on the s. ឥតបង្អង់, ភ្លាម

Coll. in a s. [illegible], ទាស់ការ

-*tv.* *(pt., pp* spotted*)*

x one's clothing ធ្វើឱ្យមានស្នាម

x a friend ប្រទះភ្នែក

-*iv.* មានស្នាមអុជៗ

-*adj.* x check ព្រាវ, ទ្រូសៗ

spotlight['spɔtlai t] ***n.*** ភ្លើងបញ្ចាំង

-*tv.* បញ្ចាំងភ្លើងដាក់

spotter[spɔtər] ***n.*** អ្នកពិនិត្យរកអ្វីមួយ

spotty[spɔti] ***adj.*** x cloth ដែលប្រឡាក់ច្រើនអន្លើ

x performance ដែលមានឆ្លកខ្វះ, ដែលមិនល្អ

ទាំងអស់, លួចដោយអន្ទ្រី

spouse[spaus] ***n.*** ប្ដីឬប្រពន្ធ

spout [spaut] ***n.*** teakettle x ចំពួយ

drain x បំពង់បង្ហូរ

-tv. x water into the air បាញ់ចេញ

Coll. s. nonsense និយាយច្រើនឥតបានការ

sprain[sprei n] ***tv.*** គ្រេច

-n. ដំណើរគ្រេច

sprang[spræŋ] *(pt. of* spring*)*

sprawl[sprɔ:l] ***iv.*** x on the bed ដេកសន្ធឹង

suburbs x លាតសន្ធឹង

-tv. សន្ធឹង

-n. ការលាតសន្ធឹង

spray[1][sprei] ***tv.*** x water បាញ់

x files បាញ់ថ្នាំសម្លាប់ (សត្វល្អិតផ្សេងៗ)

x bullets បាញ់រះ

-iv. (water) sprays បាញ់ឡើង

bullets x រះ

-n. ocean x ទឹកសាច

fly s. ថ្នាំបាញ់រុយ

x of bullets ការបាញ់រះ

spray[2][sprei] ***n.*** ធាងតូចៗ, មែកតូចៗ

spread[spred] ***tv.*** *(pt. . pp.* spread *)*

x a cloth ក្រាល

x its wings ត្រដាង

x one' s legs កន្ទេក

x butter លាប, ញ៉ាត់លើ

x news ផ្សាយ

x a rivet វាយពង្រីក

-iv. diseases x ឆ្លង, រាលដាល

rumors x រាលដាល

rivers x at the mouth រីកធំឡើង

rails x រីក

-n. x of disease ការរាលដាល

wing x កំណាង

bed x កម្រាល

sandwich x គ្រឿងលាបនំប៉័ង សាច់ ។ល។ ដូចជាប៊ឺរ ។ល។

spree[spri:] ***n.*** ការធ្វើហួសប្រមាណ

sprig[spri g] ***n.*** មែង

sprightly['sprai tli] ***adj.*** រហ័សរហួន

spring[spri ŋ] ***n.*** mountain x ទឹកចេញក្រោមដី

metal x ឡាន *Fr.* រ៉េស្ស័រ

x of the year និទាឃរដូវ

x of a tiger ការលោត

x of a board ដំណើររលាស់

*-iv. (pt.*sprang *.pp.* sprung *)*

tigers x លោត

diving-boards x រលាស់

(flowers) s. up ផុះឡើង

(rumors) s. up មានឡើង

They x from good stock. មក, កើតមក

ideas x from reading កើតមានឡើង

-tv. x him up រលាស់ឱ្យទៅលើវិញ

x a lock ធ្វើឱ្យរឿច

Id. s. a surprise ពញ្ញាក់

Id. s. a leak លេច

springboard['spri ŋbɔ:d] ***n.*** dive from a x ក្ដារលោត

use the position as a x ប្រតិដ្ឋាន

springtime['spri ŋtai m] ***n.*** និទាឃរដូវ

springy[spri ŋʤi] ***adj.*** ដែលរលាស់, ដែលយឺត

springkl['spri ŋkl] ***tv.*** x pepper រោយ

x clothes ព្រោះ

-iv. (water) sprinkles បាច, សាច

It ' s going to x. រលឹម, ភ្លៀងស្រិចៗ

-*n.* a light x ភ្លៀងរ៉យៗ, ភ្លៀងស្រិចៗ

s. of pepper ម្រេចមួយចិប

sprint[sprint] *iv.* រត់សាប់

-*n* ការរត់សាប់

sprite[sprait] *n.* ម្រេញគង្វាល

sproket['sprɔkit] *n.* កង់មានធ្មេញ

sprout [spraut] *iv.* ពន្លក

-*tv.* បណ្ដុះ

-*n.* asparagus x ពន្លក

bean s. សណ្ដែកបណ្ដុះ

spung[sprʌŋ] *(pp. of* spring *)*

spry[sprai] *adj.* រហ័សរហួន

spud[spʌd] *n.* digging x ដែកស្រួចមូលសម្រាប់ជីករណ្ដៅ

Coll (peel) spuds ដំឡូងបារាំង

spun[spʌn] *(pt. pp. of* spin *)*

spunk[spʌŋk] *n.* សេចក្ដីក្លាហាន

spur[spɜːr] *n.* cook x ខ្នាយ

usu. pl riding x ក្រចាប់ (ចាក់សេះ)

s. of a mountain ខ្នងភ្នំ

-*tv.* *(pt. pp.* spurred *)*

x a cock ដាក់ខ្នាយ

x a horse ចាក់នឹងក្រចាប់

Fig. x them on ធ្វើឱ្យមានសន្ទុះទឹកចិត្ត

spurious['spjuəriəs] *adj.* មិនត្រឹមត្រូវ

spurn [spɜːn] *tv.* ច្រានចេញ (ទាំងមើលងាយ)

spurt [spɜːt] *iv.* (blood) spurted (out. up) ចេញព្រលៗ

(production) spurted ស្ទុះឡើង

-*tv.* បាញ់ឬបញ្ចេញព្រលៗ

-*n.* x of blood ការបាញ់ចេញព្រលៗ

x of activity សន្ទុះ

sputter['spʌtər] *iv., tv.* fuses x ខ្នាយព្រាតៗ ហើយឮសូរប្រេះៗ

x with anger និយាយដូចគេគ្រឹតដោយខឹងខ្លាំង

-*n.* x of a fuse ដំណើរខ្នាយព្រាតៗហើយឮសូរប្រេះៗ

angry x ការនិយាយដូចគេគ្រឹតដោយខឹងខ្លាំង

sputum ['spjuːtəm] *n.* កំហាក

spy[spai] *n.* *Masc.* ចារបុរស *Fem.* ចារស្ត្រី

-*iv.* *(pt. . pp.* spied *)* លបយកការណ៍

Lit: ធ្វើចារកិច្ច

-*tv.* s. out a secret យកការណ៍សម្ងាត់ដោយលួចលាក់

x land ឃើញ

squab['skwɔb] *n.* កូនព្រាប

squabble['skwɔbl] *n.* ការវាយតប់គ្នា

-*iv.* វាយតប់គ្នា

squad[skwɔd] *n.* ក្រុម

squadron['skwɔdrən] *n.* s. of ships នាវាចំបាំងមួយកង

s. of planes អាកាសយានមួយកង

s. of troops កងអនុសេនាធំ

squalid['skwɔlid] *adj.* កខ្វក់, ស្មោកគ្រោក

squall[skwɔːl] *n.* ព្យុះខ្លាំងហើយឆាប់ពាត់ទៅវិញ

Lit: ពលវាត

squalor['skwɔlər] *n.* ភាពកខ្វក់, ភាពគគ្រេច

Lit: អសុចភាព

squander['skwɔndər] *tv.* ចាយវាយខ្ជះខ្ជាយ

-*n.* ការចាយវាយខ្ជះខ្ជាយ

square[skweər] *n.* draw a x ចតុរង្សកែងស្មើ

carpenter's x កែង

city x វិសាលដ្ឋាន

Sl. He's a x. មនុស្សមិនទាន់សម័យ

s. of a number ចំនួនការ៉េ

-*adj.* x mile ក្រឡា, បួនជ្រុង

Lit: ទ្វេគុណ

x box ប្ងនជ្រុង

s corner មុមត្រង់

x account ឥតលើសឥតខ្វះ

s. dance របាំប្រជាប្រិយអាមេរិកាំងម្យ៉ាង

Id. x deal ស៊សុចរិត, ត្រឹមត្រូវ

s. knot ចំណងសម្លាប់មុខ

s. number ចំនួនការ៉េ

s. root ឫសការ៉េ

-tv. x a corner ធ្វើឱ្យមានមុមត្រង់

x a number គុណនឹងចំនួនដដែល

x accounts ទូទាត់

-iv. s. off ចេញស្ទៀតដាក់គ្នា (ប្រដាល់)

doesn' t x with the facts ស៊ីគ្នា

squash[1]**[skwɔʃ]** ***tv.*** x a bug កិនបំបែក, ញ្ញេច

x a rebellion កំទេច, បំផ្លាញ

-iv. Tomatoes x easily. ខ្ទេច, បែក

-n. hear a x សូរច្រិច

play x កីឡាម្យ៉ាងស្រដៀងគ្នានឹងតិននិស

lemon s. ភេសជ្ជៈមាក់ក្រូចឆ្មារ

squash[2]**[skwɔʃ]** ***n.*** បន្លែម្យ៉ាងស្រដៀងរនោងឬល្ពៅ

aquat[skwɔt] ***iv.*** x on the floor អង្គុយច្រហោង

x on govt. land តាំងលំនៅ (ឥតច្បាប់)

-adj. កន្ទុល, ក្រអាញ

-n. អង្គុយច្រហោង

squatter[skwɔtər] ***n.*** អ្នកមកនៅ (ឥតច្បាប់)

squaw[skwɔ:] ***n.*** ស្ត្រីស្បែកក្រហម

squawk [skwɔ:k] ***iv.*** យំ (មាន់)

-n. សម្រែកមាន់យំ

squeak [skwi:k] ***iv.*** hinges x បន្លឺសូរង៉ឹត

-n. សូរង៉ឹត

squeal[skwi:l] ***iv.*** pigs x បន្លឺសូរញ៉ោកៗ

Sl. informers x ឱ្យការណ៍

-n. សម្រែកញ៉ោកៗ

squeamish['skwi:miʃ] ***adj.*** ឆាប់រអើម, ឆាប់ស្អប់

squeeze['skwi:z] ***tv.*** x her hand ច្របាច់

x two people into a seat ដាក់ប្រជ្រៀតគ្នា

Sl. x a debtor គាប (អ.ប.)

-iv. s. into ប្រជ្រៀតចូល

-n. give her hand a x ការច្របាច់

Id. in a tight s. មានបញ្ហា

Sl. put the s. on គាប

squelch[skweltʃ] ***tv.*** x a rumor ធ្វើឱ្យបាត់ស្ងាត់

x an uprising ពង្រាប, បង្ក្រាប

x a critic ធ្វើឱ្យលែងតមាត់កើត, ធ្វើមិនឱ្យឆ្លើយរួច

-n. ពាក្យធ្វើមិនឱ្យឆ្លើយរួច

squid[skwid] ***n.*** ត្រីមឹក

squint['skwint] ***iv.*** x at the sun មើលដោយបើកភ្នែកព្រិមៗ

(He) squints (slightly). ស្រលៀងភ្នែក

-n. look with a x ការមើលដោយបើកភ្នែកព្រិមៗ

He has a x. ភាពស្រលៀងភ្នែក

squirm[skwɜ:m] ***iv.*** កម្រើករវីករវើក

-n. ការកម្រើករវីករវើក

squirrel['skwirəl] ***n.*** កំប្រុក

squirt[skwɜ:t] ***tv.*** x water បាញ់ច្រូច, បាញ់ឆ្វាច

x him បាញ់ឆ្វាចដាក់

-iv. បាញ់ច្រូច

-n. x of oil មួយឆ្វាច, មួយច្រូច

Coll., Sl. មនុស្សក្រអឺត

stab[stæb] ***tv.*** *(pt. , pp.* stabbed *)*

x an assailant ចាក់

s. a finger at s. o. យកម្រាមដៃទៅចុចឬចាក់

inflict a x របួសដោយចាក់

Id. make a s. at សាក

stability[stə'bi ləti] ***n.*** x of a structure ភាពនឹង, ភាពមិនរញ្ជួយ

emotional x លំនឹង, ភាពនឹង (ទឹកចិត្ត)

stablilaize['stei bəlai z] ***tv.*** x a table ធ្វើឱ្យនឹង

x prices ធ្វើមិនឱ្យឡើងចុះ

-iv. economy will x មានចិរភាព

airplane will x លែងឃ្លេងឃ្លោង

stable[1]['stei bl] ***adj.*** x structure ដែលមាំឬនឹង

x government ចិរវន្ត

x economy ដែលមានចិរភាព

emotionally x ដែលមិនផ្លាស់ប្តូរ

stable[2]['stei bl] ***n.*** ក្រោល

-tv. បញ្ចូលក្រោល

stack[stæk] ***n.*** hay x ភ្នឹម (ចំបើង)

x of dishes ជង់

smoke s. បំពង់ផ្សែង (រោងចក្រ)

-tv. x hay គរជាភ្នឹម

x dishes ជង់

x books ដាក់តម្រួតគ្នា

Id. s. the cards រៀមចំដើងព្រួលហើយជាមុន

stadium['stei di əm] ***n.*** កីឡាមណ្ឌល

staff[stɑːf] ***n.*** shepherd' s x ដំបង, ឈើច្រត់

Mil. chief of x សេនាធិការ

x of the school អ្នកធ្វើការ

Lit: បុគ្គលិក

flag x ដង (ទង់ ។ល។)

x of life អ្វីៗដែលចាំបាច់

-tv. រកមនុស្សឱ្យកាន់ការ

stag[stæg] ***n.*** ក្តាន់ឈ្មោល

-adj. Sl. x party មានតែឬសម្រាប់តែប្រុសៗ

-adj. sl. go x តែម្នាក់ឯង, ដោយគ្មានគេហែហម

stage[stei ʤ] ***n.*** mount the x វិការដ្ឋាន

Drama career on the x សិល្បខាងវិនាកម្ម

x of a project ដំណាក់

go by x រទេះសេះ

-tv. x a revolt បង្កើតឡើង

x a play ផលិត

stagger['stægər] ***iv.*** ដើរទ្រេតទ្រោត

-tv. s. the mind ធ្វើឱ្យហួសនិស្ស័យ

x lunch hours កំណត់ពេលតៗគ្នា

-n. ដំណើរទ្រេតទ្រោត

stagnant['stægnənt] ***adj.*** x water កខ្វក់ (ដោយមិនហូរ)

x air អាប់អួ

x economy ដែលមិនទៅមុខ, ដែលមិនជឿនលឿន

staid[stei d] ***adj.*** នឹងធឹង, រមទម

stain[stei n] ***n.*** gress x ស្នាមប្រឡាក់

x on his reputation សេចក្តីសៅហ្មង

apply wood x ថ្នាំលាប

-tv. x one' s clothes ធ្វើឱ្យប្រឡាក់

x one' s reputation ធ្វើឱ្យខូច (កេរ្តិ៍ឈ្មោះ)

x wood លាបថ្នាំឱ្យឡើងពណ៌ផ្សេងៗ

stainless steel[ˌstei nləs 'stiːl] ***n.*** ដែកថែបច្រេះមិនចាប់

stair[steər] ***n.*** one x at a time កាំជណ្តើរ

reached by a x ជណ្តើរ

pl. go up the x ជណ្តើរ

staircase['steərkei s] ***n.*** ជណ្តើរនិងបង្កាន់ដៃ

stake[1][stei k] ***n.*** tether x ស្នឹង

fence x បង្គោល

-tv. s. off (an area) បោះបង្គោលសំគាល់

s. out a claim ចាប់ដី

s. out (a criminal) ដាក់ឱ្យចាំមើល

s. up (a plant) បោះបង្គោលទប់

stake[2][steik] ***n.*** s. winner's x ប្រាក់ដាក់ភ្នាល់

have a s. in មានជាប់ជំពាក់

gambler's x ប្រាក់ (យកមកលេងល្បែងស៊ីសង)

be at s. អាចនឹងមានផលអាក្រក់

Coll. prospector's x ប្រាក់សម្រាប់ចាប់ផ្ដើមរកស៊ី

-tv. x $15 on a race ដាក់ភ្នាល់

x my life on it ដាក់ប្ដូរ

x a gambler ឱ្យប្រាក់ល្មមសម្រាប់ផ្ដើមរកស៊ី

stalactite['stælətait] ***n.*** អាចុតសិលា

Fr: ស្តាឡាក់ទីត

stalagmite['stæləgmait] ***n.*** និចុតសិលា

Fr: ស្តាឡាក់មីត

stale[steil] ***adj.*** x bread ចាស់, មិនស្រស់

x air ធុំមិះៗ (ដោយឥតបើកទ្វារបង្អួច)

x beer ខូច (ដោយបើកចោលយូរ ។ល។)

x news ចាស់, មិនថ្មី

stalk[1][stɔ:k] ***n.*** ដើម, ទង, មែក

stalk[2][stɔ:k] ***iv.*** ដើរពើងខ្លួន

-tv. ឈ្លបចាប់

-n. ការឈ្លបចាប់

stall[1][stɔ:l] ***n.*** cow x ច្រកនិមួយៗសម្រាប់ចងគោ សេះ ។ល។ (នៅក្នុងក្រោល)

theater x បន្ទប់ពិសេស (សម្រាប់អង្គុយមើលល្ខោន)

book x រានលក់

stall[2][stɔ:l] ***iv.*** motors x រលត់ (ម៉ាស៊ីន)

x for time ពន្យារពេល

-tv. x a motor ធ្វើឱ្យរលត់

x the proceedings ធ្វើឱ្យអាក់

x the enemy បញ្ឈប់

-n. កលល្បិចពន្យារពេល

stallion['stæliən] ***n.*** សេះឈ្មោល (ឥតក្រៀវ)

stalwart['stɔ:lwət] ***adj.*** x soldier មាំ

x supporter ដែលមិនងាយដកដៃឬលះបង់ចោល

stamina['stæminə] ***n.*** អំណត់, ការធន់

stammer['stæmər] ***iv.***, ***tv.*** និយាយជាប់ៗ

-n. ការនិយាយជាប់ៗ

stamp[stæmp] ***tv.*** x the foot ទន្ទ្រាំ (ជើង)

x a letter បិទតែម

x a passport បោះត្រា

s. out (a fire) ជាន់ពន្លត់

s. out (crime) បំបាត់

-iv. x restlessly ទន្ទ្រាំជើង

x out of the room ដើរទន្ទ្រាំជើង

-n. postage x តែម

rubber x ត្រា

s. of approval ការយល់ព្រម

s. of his influence លំអាននៃឥទ្ធិពលគាត់

stampede[stæm'pi:d] ***iv.*** រត់ប្រាស់ប្រសេចប្រសាច

-tv. ធ្វើឱ្យរត់ប្រាស់ប្រសេចប្រសាច

-n. ការរត់ប្រាស់ប្រសេចប្រសាច

stance[stæns] ***n.*** ជំហរ

stanch[1][stænʃ] ***tv.*** ទប់, ឃាត់ (ឈាម ។ល។)

stanch[2][stænʃ] ***adj.*** ដែលមិនងាយបោះបង់ចោល

stanchion['stæntʃən] ***n.*** ចន្ទល់

stand[stænd] ***iv.*** *(pt., pp.* stood *)*

s. up ក្រោកឈរ

x here ឈរ

x six feet tall មានកំពស់

s. aside ចៀសផ្លូវ

(temperature) stands at (80) មានចំនួនកម្រិត ។ល។

x for election ឈរឈ្មោះ

s. by (for later news) ចាំ

s. by (while other atsrve) នៅស្ងៀម, មិនធ្វើអ្វី

s. out លេចធ្លោ

s. to reason មិនជាករប្លែកទេ (ដែល)

(rule) still stands នៅបានការ, នៅប្រើនៅឡើយ

-*tv.* x it there បញ្ឈរ, ដាក់បញ្ឈរ

x the cold ទ្រាំ

s. a chance អាចនឹងបានសម្រេច

s. by (a friend) ទ្រទ្រង់, ជយយ

s. on (ceremony) ប្រកាន់

s. up for ក្រោកឈរការពារ

s. up to ក្រោកឈរប្រឆាំង

won' t s. for មិនអនុញ្ញាត

(M.) stands for (Mary) ប្រើជំនួស

-*n.* flower x ជើងសម្រាប់ដាក់ទ្រ

take a s. សម្រេចទ្រទ្រង់អ្វីមួយ, សម្រេចទៅខាងណាម្ខាង

witness x វេទិកា

concession x រាន (លក់អីវ៉ាន់)

taxi x កន្លែងចត

standard['stændəd] ***n.*** x of measurement ខ្នាតគំរូ

Lit: បមាណីយ

military x ទង់

s. of living បមាណីយនៃជីវភាព

-*adj.* x size ធម្មតា, ដែលគេសន្មត់យកតាមទូទៅ

x usage ដែលគេសន្មត់យកតាមទូទៅ

standardize['stændədai z] ***tv.*** ធ្វើបមាណីយកម្ម

stand-by[stænd bai] ***n.*** theatrical x អ្នកចាំជំនួស, មនុស្សសម្រាប់ជំនួស

reliable x មនុស្សដែលអាចពឹងពាក់បានឬទុកចិត្តបាន

-*adj.* x actor ចាំជំនួស

x passenger ដែលចាំយកកន្លែងអ្នកដែលមិនទៅ ឬកន្លែងទំនេរ

stand-in[,stænd 'i n] ***n.*** អ្នកជំនួស

standing[stændi ŋ] ***n.*** in good s. គ្មានវនិសឋាន

of long x រយៈពេល

-*adj.* x room សម្រាប់ឈរ

x rule អចិន្ត្រៃយ៍

s. army កងទ័ពសកម្ម

stand-off[stænd ɔf] ***n.*** ភាពមិនចាញ់មិនឈ្នះ

standpoint['stændpɔi nt] ***n.*** theoretical x ទស្សនៈ

higher x កន្លែងឈរមើល

standstill['stændsti l] ***n.*** ដំណើរនៅនឹងមួយកន្លែង, ដំណើរលែងទៅមុខ

stank[stæŋk] *(pt. of* stink*)*

stanza['stænzə] ***n.*** វគ្គ, គាថា

staple[1]['stei pl] ***n.*** វត្ថុសំខាន់ជាងគេ

-*adj.* ដែលសំខាន់ជាងគេ

staple[2]['stei pl] ***n.*** ដែកល្ងួសកឹប

-*tv.* វាយកឹបភ្ជាប់

stapler['stei plər] ***n.*** ប្រដាប់វាយដែលល្ងួសកឹប

star [stɑ:r] ***n.*** bright x ផ្កាយ *Lit:* តារា

movie x តួឯក *Lit:* តារា

His x is rising. យីអ៊ុន

-*adj.* សំខាន់ជាងគេ

-*iv.* *(pt. , pp.* starred*)* ដើរជាតួឯក

-*tv.* x a famous actor មានលេងជាតួឯក

x a word ដាក់សញ្ញារូបផ្កាយ

stardoard['stɑ:bəd] ***n.*** *Naut.* គែមស្ដាំ (នៃនាវា)

-*adj.*, *adv.* នៃឬនៅគែមខាងស្ដាំ

starch[stɑ:ʧ] ***n.*** rich in x បិដ្ឋជាតិ

laundry x ម្សៅ (ជ្រលក់ខោអាវ)

Fig. He has a lot of x. សេចក្ដីជំនះ

-*tv.* ជ្រលក់ម្សៅ (ខោអាវ)

stardom ['stɑ:dəm] ***n.*** ភាពជាតួឯក

stare[steər] ***iv.*** សម្លឹងមិនដាក់ភ្នែក

-n. ការសម្លឹង

starfish['stɑ:fi ʃ] ***n.*** ក្រចាប់សមុទ្រ

stark[stɑ:k] ***adj.*** x landscape ដែលសោះកក្រោះ

x madness ឆ្កួតលប់

-adv. x mad លប់, មែនទែន

x naked ទាំងអាស

start[stɑ:t] ***iv.*** x to work ចាប់, ចាប់ផ្ដើម

x with surprise ភញ្ញាក់

s. up ចាប់ឡើង

s. out (for home) ចេញទៅ

s. out (on a small scale) ចាប់ផ្ដើម

-tv. x work ចាប់

x a car បញ្ឆេះ

x a business បើក

-n. x of a project ដើមដំបូង

x of the day ដើម, ផ្នែកដំបូង

x of a race ការចាប់ផ្ដើម

from the s. ពីដើមមក

awaken with a x ការភ្ញាក់

get a s. on (s.o) ទៅមុន

startle['stɑ:tl] ***tv.*** ធ្វើឱ្យភ្ញាក់

starve [stɑ:v] ***iv.*** ស្លាប់ដោយអត់បាយ

-tv. x the people បង្អត់បាយ

starved for (love) ត្រូវការខ្លាំង

state[stei t] ***n.*** x of disrepair ភាព

x of mind ភាវ

obedient to the x រដ្ឋាភិបាល

governor of a x រដ្ឋ (ស.រ.អ.)

a Middle Eastern x ប្រទេស

The States សហរដ្ឋអាមេរិក

-tv. ថ្លែង, បញ្ចេញ

stately['stei tli] ***adj.*** ប្រកបដោយសិរីវិលាស

statement['stei tmənt] ***n.*** x of fact ការថ្លែង

offical x សេចក្ដីថ្លែង

bank x តុល្យបញ្ជី

statesman['stei tsmən] ***n.*** រដ្ឋបុរស

static['stæti k] ***adj.*** ឋិតិវន្ត

-n. អគ្គិសនីអាកាស

statics['stæti ks] ***n.*** ស្ថាទិក

station['stei ʃn] ***n.*** radio x ស្ថានីយ

x in life ឋានៈ (ក្នុងសង្គម)

experimental s. ឋានពិសោធ

service s. កន្លែងចាក់សាំង

Lit. ដំណាក់សេនា

s. wagon រថយន្តគ្រួសារ

Eng. ស្ថាស្យុងរ៉ាហ្គុង

-tv. ដាក់ (ទ័ព ។ល។)

stationary['stei ʃənri] ***adj.*** x desk ដែលនៅមួយកន្លែង

x car នៅស្ងៀម

stationery['stei ʃənri] ***n.*** ក្រដាសនិងគ្រឿងសម្រាប់ការិយាល័យ

statistics[stə'ti sti ks] ***n.*** study x ស្ថិតិលេខ

personal x ស្ថិតិ

statue['stætʃu:] ***n.*** រូបចម្លាក់ *Lit.* បដិមាករ

stature['stætʃər] ***n.*** of slight x មាឌ, កំពស់កំពង់

professional x ឋានៈ, កេរ្តិ៍ឈ្មោះ

status['stei təs] ***n.*** x in society ឋានៈ

x of the case ស្ថានការណ៍

s. quo ស្ថានភាពនៅដដែល

statute['stætʃu:t] ***n.*** លក្ខន្តិកៈ

statutory ['stætʃətri] ***adj.*** x law ដែលមានលក្ខន្តិកៈ

x rape តាមច្បាប់

stave[stei v] ***tv.*** s. in (a wall) ធ្វើឱ្យទ្រុឌចូល

s. off (hunger) ធ្វើមិនឱ្យមានឡើង

-*n.* ក្ដារសំបកធុងឈើ

stay[1][stei] *iv.* x home នៅ (ផ្ទះ ។ល។)

x clean នៅ (ស្អាត ល្អ ។ល។)

x in the race មិនដកថយ

s. up នៅ (មិនចូលដេក), មិនដេក

-*n.* x progress បង្អាក់, បញ្ឈប់

s. the day នៅពេញមួយថ្ងៃ

-*n.* short x ការនៅសំណាក់

legal x ការពន្យារពេល

stay[2][stei] *n.* ឆ្អឹង (អាវទ្រនាប់ ។ល។)

stead[sted] *n.* go in his s. ទៅជួសគាត់

stand one in good s. ធ្វើឱ្យមានប្រៀប

steadfast['stedfɑ:st] *adj.* នឹង, ខ្ជាប់ខ្ជួន, មិនប្រែប្រួល

steady['stedi] *adj.* x table នឹង, មិនរញ្ជួយ

x diet មិនប្រែប្រួល

x friend ដែលមិនដែលបោះបង់ចោល

x flow ស្មើ

x course ដែលមិនងាកចុះឡើង

-*tv.* x a table ធ្វើឱ្យនឹង, ធ្វើមិនឱ្យរញ្ជួយ

s. one's nerves ធ្វើមិនឱ្យរំភើប

x one's course ធ្វើឱ្យទៅត្រង់

-*n. Coll.* សង្សារជិតស្និទ្ធ

steak[steik] *n.* បន្ទះសាច់ (សម្រាប់អាំងឬចៀន)

steal[sti:l] *tv.* (*pt.* stole *.pp.*stolen *)*

x money លួច

x a nap ឆ្លៀតធ្វើអ៊ីមួយ

s. a glance ចោលកន្ទុយភ្នែក

-*iv.* Don't x. លួច

s. away លបចេញ

s. up on លបទៅជិត

Poet. time steals by ពេលកន្លងទៅ

-*n. Sl.* របស់ដែលទិញបានមកយ៉ាងថោក

stealth[stelθ] *n.* ការលាក់លៀម

stealthy[stelθi] *adj.* លាក់លៀម

steam[sti:m] *n.* hot x ចំហាយ អស់ខ

Id. run out of s. អស់ខ្យល់, អស់សាំង (អ. ប.)

-*iv.* (water) steams ចេញចំហាយ

x into the station បើកទៅមុខ (ដោយកម្លាំងចំហាយ)

-*tv.* x rice ចំហុយ

s. off (a stamp) ប្រើចំហាយទឹកដើម្បីនឹងបកយកចេញ

steamer[sti:mər] *n.* នាវាដុតធ្យូង

steel[sti:l] *n.* ដែកថែប

-*adj.* x rod ធ្វើពីដែកថែប

x wool ធ្វើពីសរសៃដែក

-*tv.* x a door ពាំងដែក

x oneself against attack ប្រុងខ្លួនទុក

steep[1][sti:p] *adj.* x hill ចោត

Coll. x price ហួសហេតុ (តម្លៃទំនិញ)

steep[2][sti:p] *tv.* x tea in water ឆុង (តែ)

x meat in soysauce ត្រាំ, ប្រឡាក់ (នឹងទឹកស៊ីអ៊ីវ ទឹកត្រី ។ល។)

x children in tradition ធ្វើឱ្យស៊ប់ (ទៅនឹងអ្វីមួយ)

-*iv.* The tea is steeping. តែកំពុងចេញ

steeple['sti:pl] *n.* កំពូលស្រួច (ប្រាសាទ វិហារគ្រិស្ត-សាសនា ។ល។)

steer[1][stiər] *tv.* x a ship កាច់ចង្កូត

s. a course តម្រង់ទៅ

x him to his destination តម្រែតម្រង់

-*iv.* (Who's) steering? កាច់ចង្កូត

Id. s. clear of ចៀសវាង

-*n. Sl.* bum s. ពត៌មានខុសឬឥតបានការ

steer[2][stiər] *n.* គោក្រៀវ

stele[stel] *n.* គោថ្មចារឹក *Lit:* សិលាស្តម្ភចារឹក

stem[1][stem] *n.* x of a flower ដើម, មែក, ទង

x of a goblet ផ្នែកដែលស្តួចនៃជើងពែង ពែង ។ល។

x of a pipe ដង

watch x ប្រដាប់មួល

apple x ទង

Gram. x of a word ឫស

-iv. *(pt., pp.* stemmed*)* s. from កើតមកពី

-tv. បេះយកទងចេញ

stem[2][stem] *tv. (pt., pp.*stemmed *)* ទប់, ឃាត់

stench[stentʃ] *n.* ក្លិនស្អុយ

stencil['stnl] *n.* ស្តិនស៊ីល

-tv. បោះពុម្ពដោយប្រើស្តិនស៊ីល

stenographer[stə'nɔgrəfər] *n.* អ្នកជវលេខ

stenography[stə'nɔgrəfi] *n.* ជវលេខ

step[step] *n.* long x ជំហាន

x in the right direction ជំហាន (អ.ប.)

(take legal) steps វិធានការ

x of a procedure ដំណាក់

keep s. (to the music) ដើរតាមចង្វាក់

keep s. with the times ដើរឱ្យទាន់សម័យ

stair x កាំ (ជណ្ដើរ)

-iv. *(pt., pp.*stepped*)* x forward បោះជំហាន, ឈាន, ឈានជើង

(Don't s. on (the grass.) ជាន់លើ

s. down (from a chair) ចុះ

s. down (from a position) លាឈប់

s. aside ចៀសផ្លូវ

s. into (pants) ស្លៀក

s. into (a fortune) ប៉ះ

Coll. s. out on ក្បត់ (ប្ដីឬប្រពន្ធ)

-tv. x one's foot ឈាន, បោះ (ជើង)

x a bank ធ្វើជាថ្នាក់ៗ

s. off (a distance) វាស់នឹងជំហាន

s. up (production) បង្កើន

step-[step] *pref.* បុព្វបទមានន័យថា: ចុង ន.

father ឪពុក > stepfather ឪពុកចុង

sister បងស្រី > stepsister បងស្រីដែលជាកូនឪពុកឬម្ដាយចុង

stepladder['steplædər] *n.* ជណ្ដើរម៉្យាងមានជើងបួន

steppe[step] *n.* វាលស្មៅដ៏ធំធេង

stereo['steri əu] *n. Coll.* គ្រឿងចាក់ភ្លេង

in x ស្តេរ៉េអូ

stereophonic[zsteri ə'fɔni k] *adj.* ស្តេរ៉េអូ

stereoscope['steri ə'skɔp] *n.* ឧត្ថទស្សន៍ (គ្រឿងមើលរូបថតឃើញក្រឡោត)

stereotype['steri ətai p] *n.* printing x បន្ទះលោហធាតុឆ្លាក់អក្សរសម្រាប់បោះពុម្ព

x of its genre របស់ដែលគេបានសន្មត់ថាជាគំរូយ៉ាងនៃអ្វីមួយ

-tv. ចាត់ទុកជាគំរូយ៉ាង

sterile['sterai l] *adj.* x bandage គ្មានមេរោគ

Lit: និម្មោស

x man មិនអាចមានកូន

x woman អា

x ground គ្មានជីជាតិ

sterilization[,sterəlai zei ʃn] *n.* x of bandages វិញ្ញូកម្ម

x of a man ការធ្វើលែងឱ្យមានកូន

sterilize['sterəlai z] *tv.* x intsrument ម្លាប់មេរោគ *Lit:* ធ្វើវិញ្ញូកម្ម

x a man ធ្វើលែងឱ្យមានកូន

stering['stɜ:li ŋ] *adj.* x silver សែរលិញ

x qualities ខ្ពស់បំផុត, ដាច់គេ (គុណភាព)

stern[1][stɜ:n] *adj.* x discipline តឹង

x face មាំ

x rebuke ខ្លាំង, យ៉ាងខ្លាំង

stern[2][stɜ:n] *n. Naut.* កន្សៃទូក

stethoscope['steθəskəup] *n.* ឧបករណ៍ស្តាប់

stevedore['sti:vədɔ:r] *n.* កម្មករលើកដាក់ទំនិញនាវា

stew[stju:] *tv.* ស្ល

-tv. vegetables x កំពុងដាក់ស្ល

Coll. x about nothing ច្រាសច្រាល, អន្ទះអន្ទែង

-n. meat x សម្ល (មានដុំសាច់ធំៗល្មម)

Id. in a s. ជាប់អន្ទះអន្ទែង

steward , stewardess[stju:əd] *n.* ship ' s x

អ្នកបម្រើ

x of his father' s property អ្នកកាន់កាប់

-tv. កាន់កាប់

stick[1][sti k] *n.* wooden x ដំបង, ប្រនង

x of candy ដុំស្ករវែង

a s. of chalk ដីសមួយដើម

walking s. ឈើច្រត់

Coll. (come from the) sticks ព្រៃ, ទិសឆ្ងាយ

ពីក្រុង

stick[2][sti k] *tv. (pt. . pp.* stuck*)*

x him with a pin ចាក់

x a finger in the hole រុក

x a peg in the hole ញុក, ញាត់

x a pig សម្លាប់ (ដោយចាក់ក)

x a stamp បិទ

x a badge on his coat ខ្ទាស់

x a potato on a fork ចាក់ភ្ជាប់

x his head on a pole ដោត

x a car in the mud ធ្វើឱ្យជាប់

s. up (a finger) លើកឡើង (ត្រង់ទៅលើ)

Sl. s. up (a bank) ប្លន់ដោយយកអាវុធមកភ្ជង់

s. out (the tongue) លៀន (បញ្ចេញមកក្រៅ)

s. out (a job) ទ្រាំៗទៅ

Id. s. out one' s neck ស៊ូគ្រោះដោយគ្មានគេបង្ខំ

-iv. pins x មុត

stamps x ជាប់

(mud) sticks (to the shoes) ជាប់

x to a job កាន់កាប់ឱ្យខ្ជាប់

facts x in the mind ជាប់នៅ

(nails) s. លេចឬចេញ, ឡើងត្រង់ទៅលើ

(hairs) s. out ឡើងច្រោង

(rooves) s. out ចេញលយ

s. out (in a crowd) ទើសភ្នែក

sticker['sti kər] *n.* bumper x ស្លាក

Coll. (bush has) stickers បន្លា

stickler['sti klər] *n.* អ្នកកាន់នូវចរិយាសាស្ត្រដ៏តឹងរ៉ឹង

Lit: អ្នកនុកកំនិយម

stick-up[,sti k ʌp] *n. Sl.* ការប្លន់ដោយយកអាវុធមកភ្ជង់

stickly['sti ki] *adj.* x glue ស្អិត

x day អាប់អួ, ស្ទះស្ទាប់

x problem ពិបាកដោះស្រាយ

stiff[sti f] *adj.* x collar រឹង

x joints តឹង, ពិបាកបត់ចុះបត់ឡើង

x winds ខ្លាំង

x competition ពិបាក

x jelly រឹង

Id. x prices ខ្ពស់

x resistance ដ៏ស្វិតស្វាញ, មិនងាយលែង

x manner មិនទន់ភ្លន់

-n. sl. ខ្មោច

stiffen['sti fn] *iv.* joints x ទៅជារឹងពិបាកបត់ចុះបត់ឡើង

jellies x ឡើងរឹង

winds x រឹតតែខ្លាំងឡើង

competition x រឹតតែពិបាកឡើង

-tv. x jelly ធ្វើឱ្យរឹង

x loints ធ្វើឱ្យរឹងពិបាកបត់ចុះបត់ឡើង

x competition ធ្វើឱ្យកាន់

stiff-necked[,sti f neki d] *adj.* ដែលចចេសឬជំនះ

stifle['stai fl] *tv.* x a child ធ្វើឱ្យថប់ដង្ហើមស្លាប់

x a yawn ទប់

x a revole បង្ក្រាប, ពង្រាប

-iv. ថប់ដង្ហើមស្លាប់

stigma['sti gmə] *n.* ស្លាកស្នាមទុយ៌ស

stigmatize['sti gmətai z] *tv.* ធ្វើឱ្យមានស្លាកស្នាមទុយ៌ស

stile[stai l] *n.* ជណ្ដើរ (សម្រាប់ឆ្លងរបង)

still[1][sti l] *adj.* stand x ស្ងៀម

x night ស្ងាត់

x water ដែលមិនហូរ

Id. s. life គំនូរវត្ថុគ្មានជីវិត

-n. x of the night ភាពស្ងប់ស្ងាត់

Photo. រូបថត

-adv. x asleep នៅ...នៅឡើយ

s. more ច្រើនជាងទៀត

They will x complain. នៅតែ

-conj. តែយ៉ាងណាក៏ដោយ

-tv. x a child ធ្វើឱ្យស្ងៀម

x **the** seas ធ្វើស្ងប់

still[2][sti l] *n.* គ្រឿងប្រដាប់បិតស្រា

stillborn['sti lbɜ:n] *adj.* ស្លាប់ក្នុងពោះ (ម្ដាយ)

stilt[sti lt] *n. (usu. pl.)* walk on x ឈើង

built on x សសរ

stilted['sti lti d] *adj.* ដែលធ្វើឫក, កាច់រាង

stimulant['sti mjələnt] *n.* គ្រឿងលើកកម្លាំងឬទឹកចិត្ត

Lit: ឧទ្ទីប

stimulate['sti mjulei t] *tv.* x the blood ធ្វើឱ្យកម្រើកឡើង (អ. ប.)

x discussion ធ្វើឱ្យមានច្រើនឡើង

stimulus['sti mjələs] *n.* អ្វីៗដែលសម្រាប់ជំរុញ

sting[sti ŋ] *tv. (pt., pp.stung)*

bees x people ទិច

(His words) stung (me.) ធ្វើឱ្យឈឺចាប់

(Smoke) stings (the eyes.) ធ្វើឱ្យផ្សា

-n. bee x ការទិច

x of his words ការឈឺចាប់

x of his blow ដំណើរឈឺ

stingy ['sti ndʒi] *adj.* កំណាញ់

stink[sti ŋk] *iv. (pt.stank ,pp.stunk)*

clothes x ស្អុយ, មានក្លិនអាក្រក់

Sl. (The play) stinks. មិនកើតសោះ

-tv. s. out (the enemy) ដាក់បញ្ចាលក្លិនស្អុយដើម្បីឱ្យចេញមក

s. up (a room) ធ្វើឱ្យមានក្លិនអាក្រក់, ធ្វើឱ្យស្អុយជាខ្លាំង

stint[sti nt] *tv., iv.* កំណត់, ដក់កម្រិត

-n. កំណត់

stipend['stai pend] *n.* ប្រាក់ខែ (ធម្មតាជាអាហារូបករណ៍)

stipple['sti pl] *tv.* ចុចៗ

-n. ចំណុចច្រើនផ្ដុំគ្នា

stipulate['sti pjulei t] *tv.* ចែងលក្ខខ័ណ្ឌឬចុះក្នុងកិច្ចសន្យា

Lit: បដិញ្ញាត

stipulation[,sti pju'lei ʃn] *n.* បដិញ្ញា

stir[stɜːr] *tv.* *(pt., pp.*stirred *)*

x coffee កូរ, វឹក

x public opinion ធ្វើឱ្យជ្រួលជ្រើម

s. oneself (to help) ប្រវេប្រវា (ម.ប.) រវើរវល់

breezes x the leaves ធ្វើឱ្យកម្រើក

s. up (sugar) កូរ

s. up (trouble) បង្កើត

-iv. leaves x in the wind កម្រើក

s. around (the house) ដើរប៉ប្រុក

rumors x សាយភាយ

-n. x of the leaves ការកម្រើក

in a x of activity ការជ្រួលជ្រើម

stirrup['sti rəp] *n.* ឈ្នាន់កែបសេះ

stitch[sti tʃ] *n.* lose a x ថ្នេរ

different x របៀបដេរ

Coll. without a s. of clothing គ្មានខោអាវសោះ

-tv. ដេរ

stock[stɔk] *n.* x of merchandise ស្តុក

Lit: សន្និធិ

in s. មានស្តុកទុក

stocks (and bonds) ហ៊ុន

of hardy x ពូជ

raise x បសុសត្វ

x of languages ត្រកូល (នៃភាសា)

gun x ស្មាយ (កាំភ្លើង)

(prisoner) stocks គ្រឿងបង្ខាំងម្យ៉ាងសម្រាប់ដាក់ម្ជៃជើងអ្នកទោស

soup x ទឹកសាច់ស្ងោរ

theatrical x បក្ខពួកនាមរឿងនឹងយកមកសម្តែង

take s. of (the situation) ស្ទង់

Coll. put no s. in មិនទុកចិត្ត

-adj. x articles ដែលមានស្តុកទុក

x argument ទូទៅ, ធម្មតា

s. car រថយន្តធម្មតាដែលគេយកមកប្រណាំង

s. market ផ្សារហ៊ុន

-tv. x merchandise ស្តុក

x a farm យកសត្វមកដាក់ចិញ្ចឹម

x a camp ផ្គត់ផ្គង់នូវគ្រឿងត្រូវការផ្សេងៗ

-iv. s. up (on) រកមកទុកឱ្យបានច្រើន

stockade[stɔ'kei d] *n.* របងសម្រឹង

stockbroker['stɔkbrəukər] *n.* ឈ្មួញហ៊ុន

stockholder['stɔkhəuldər] *n.* ក្មួនហ៊ុន

stocking['stɔki ŋ] *n.* ស្រោមជើងវែង

stockpile['stɔkpai l] *n.* របស់ស្តុកប្រើប្រាស់ថ្ងៃក្រោយ

-tv. ស្តុកប្រើប្រាស់ថ្ងៃក្រោយ

stocky['stɔki] *adj.* ក្រអាញ, កន្លាញ

stodgy[stɔʤi] *adj.* គួរឱ្យធុញទ្រាន់, គ្មានអ្វីជាទីចាប់អារម្មណ៍

stoical['stəui kl] *adj.* ដែលមានអំណត់ខ្លាំង, មិនអុះ

stoke[stəuk] *tv.* x a fire បំពក់ (ភ្លើង)

x a furnace មើលភ្លើង (ថែមអុស ធ្យូង)

stole[1][stəul] *n.* ក្រមាបង់កម្យ៉ាង

stole[2][stəul] *(pt. of* steal *)*

stolen[stəuln] *(pp. of* steal *)*

stolid['stɔli d] *adj.* ដើយ, មិនរន្ធត់

stomach['stʌmək] *n.* cancer of the x ក្រពះ

fat x ពោះ *Lit:* ផ្ទៃ *Roy:* ព្រះឧទរ

have a s. ache ឈឺពោះ

Id. have no s. for ស្អប់ខ្ពើម

-tv. can' t x mushrooms រំលាយ (ក្រពះ)

Fig. can' t x him ទ្រាំ

stone[stəun] *n.* made of x ថ្ម

throw a x ដុំថ្ម
peacj x គ្រាប់ (ផ្លែឈើខ្លះ)
precious s. ត្បូង
-*adj.* ធ្វើពីថ្ម
-*tv.* x the crowd ចោលដុំថ្មទៅលើ
x a criminal សម្លាប់ដោយចោលនឹងដុំថ្ម

stone-broke[stəun brəuk] ***adj.*** រលីងដូចគេជះ, ស្លុតហោពៅ

stone-deaf[stəun'def] ***adj.*** ថ្លង់មែនទែន

stony['stəuni] ***adj.*** x field មានថ្មច្រើន, សុទ្ធតែថ្ម
x stare ថ្លៃ

stony-hearted['stəuni hɑ:ti d] ***adj.*** ចិត្តដូចថ្ម

stood[stud] *(pt., pp. of* stand*)*

stooge[stu:ʤ] ***n.*** comic x មនុស្សកំប្លែងល្ងើយ
Sl. x of the rich កញ្ជះបាទជើង (អ.ប.)

stool[stu:l] ***n.*** high x ជើងម៉ា
bathroom x បង្គាន់
fecal x លាមក
Id. s. pigeon អ្នកឱ្យការណ៍

stoop[1][stu:p] ***iv.*** x to pick it up ឱន
x with age កោងខ្នង
x to theft ធ្លាក់ខ្លួន (ទៅជល់)
-*n.* ការកោងខ្នង

stoop[2][stu:p] ***n.*** ខឿន (មុខទ្វារ)

stop[stɔp] ***tv.*** *(pt., pp.* stopped*)*
x smoking ឈប់
x a car បញ្ឈប់
x a leak ទប់
x a check ប្រាប់កុំឱ្យបើកឱ្យ
s. up (a hole) ធ្វើឱ្យជិត
-*iv.* cars x ឈប់
noises x បាត់, លែង, (ឮ ។ល។)
s. over ឈប់សំណាក់
-*n.* make a x ការឈប់
come to a x ជមហប់
put a s. to បញ្ឈប់
barrel x ឆ្នុក
full s. ខ័ណ្ឌ
Phonet. voiceless x ព្យញ្ជនៈដែលមានខ្យល់ទប់

stop-gap['stɔpgæp] ***n.*** របស់បណ្ដោះអាសន្ន
-*adj.* បណ្ដោះអាសន្ន

stoplight[stɔplai t] ***n.*** stop at a x ភ្លើងក្រហម
Lit: ភ្លើងចរាចរ
brake s. ភ្លើងហ្វ្រាំង

stopover[stɔpəuvər] ***n.*** ការឈប់សំណាក់

stoppage['stɔpi ʤ] ***n.*** work x ការឈប់
x of a check ការប្រាប់មិនឱ្យបើកឱ្យ

stopped['stɔpi d] ***adj.*** x car ដែលឈប់
x drain ដែលស្ទះ, ដែលជិត
Phonet. x syllable ដែលមានខ្យល់ទប់
s. up ជិត, ស្ទះ

stopper['stɔ:pər] ***n.*** ឆ្នុក

storage['stɔ:ri ʤ] ***n.*** x of merchandise ការដាក់នៅមួយកន្លែងសិន
cold x កន្លែងសម្រាប់ដាក់អ្វីផ្សេងៗ
pay x តម្លៃផ្ញើអីវ៉ាន់
s. battery អាគុយ

store[stɜ:r] ***n.*** food a *1. small:* ភនលក់
2. large: ហាងលក់
x of supplies ការគរទុក
pl. x of food សម្ភារគរទុក
keep in s. ទុកប្រការ
set s. by ទុកចិត្តលើ
-*tv.* x furniture យកទៅទុកមួយកន្លែង
s. up គរទុក, រកទុក

storehouse['stɔ:hause] ***n.*** ឃ្លាំង

storekeeper[stɔ:ki:pər] *n.* ម្ចាស់ឃ្លាំង

storeroom['stɔ:ru:m] *n.* កន្លែងដាក់អីវ៉ាន់

storm[stɔ:m] *n.* heavy x ព្យុះ *Lit:* អសនិបាត

electric s. ព្យុះចម្អិត

rain s ព្យុះភ្លៀង

snow s ព្យុះទឹកកក

s. of protest សេចក្ដីតវ៉ាដូចព្យុះសង្ឃរា

-iv. x violently មានព្យុះ

s. with anger ខឹងច្រងេងច្រងាង

-tv. វាយសម្រុកចូល, សន្ធប់វាយចូល

-adj. s. door ទ្វារបន្ថែមខាងក្រៅសម្រាប់ទប់អាកាសត្រជាក់ ។ល។

s. window កញ្ចក់ដាក់ពីក្រៅបង្អួចសម្រាប់ទប់ខ្យល់អាកាសត្រជាក់ ។ល។

s. warning ការព្រមានអំពីខ្យល់ព្យុះ

stormy[stɔ:mi] *adj.* x weather ដែលមានព្យុះ

x sea ដែលរលកបោកបោះជាខ្លាំង

x debate យ៉ាងរំជើបរំជួល

story[1]['stɔ:ri] *n.* love x រឿង

x of a play ដំណើររឿង

What's the x ? រឿងហេតុ

Coll. tell a x. រឿងភូតភរ

-iv. Coll. កុត, កុហក

story[2]['stɔ:ri] *n.* ជាន់ (នៃអាគារ)

stout[staut] *adj.* x man ធាត់

x worker ខ្លាំង

-n. ប៊ីយែរខ្មៅម្យ៉ាងខ្លាំង

stove[stəuv] *n.* ជើងក្រាន (សម័យថ្មី)

stow[stəu] *tv. Nau.* x in the hold ដាក់ទុក

Sl. S. it ! ឈប់និយាយទៅ!, លែងនិយាយទៅ!

-iv. S. away លួចជិះកប៉ាល់ដោយឥតបង់ថ្លៃ

stowaway['stəuəwei] *n.* មនុស្សលួចជិះកប៉ាល់

straddle['strædl] *tv.* x a bicycle ជិះច្រកកាវ

Fig. s. an issue មិនព្រមសម្រេចទៅខាងណាក្នុងរឿងអ្វីមួយ

strfe[strɑ:f] *tv.* បាញ់រះនឹងកាំភ្លើងយន្តពីលើអាកាសយាន

straggle['strægl] *iv.* រ៉ែរពីក្រោយ

straight[strei t] *adj.* x line ត្រង់

x hair សួត (មិនរួញ)

x talk ចំៗ, ត្រង់ៗ

get the story x ច្បាស់, ជាក់

get the room s. រៀបចន្ទប់ឱ្យរៀបរយ

-adv. walk x ត្រង់, ត្រង់ផ្លូវ

go x to the door ត្រង់ឆ្ពោះទៅ

keep s. on ទៅមុខត្រង់

Id. go s. ដែលប្រព្រឹត្តអំពើទុច្ចរិត

straightaway[,strei tə'wei] *adv.* ភ្លាម

straightedge['strei ti dʒ] *n.* បន្ទាត់

straighten['strei tn] *tv.* x one's posture ធ្វើឱ្យត្រង់

x a picture ដាក់ឱ្យត្រង់

x a nail តម្រង់

x a room ធ្វើឱ្យរៀបរយ

s. out (a rope) ទាញឱ្យត្រង់

s. out (a misunderstanding) ដោះស្រាយ

-iv. roads ទៅជាត្រង់, ឡើងត្រង់

s. up (from a troop) ងើប

(She likes to) s. up ធ្វើឱ្យមានរបៀបរៀបរយ

Coll. (You'd better) s. up. ប្រព្រឹត្តត្រឹមត្រូវឡើង

straightforward['strei t'fɔ:wəd] *adj.* x talk ចំៗ

x dealing ត្រង់, ស្មោះត្រង់

Brit. ស្រួល, មិនស្មុគស្មាញ

strain[1][strei n] *tv.* x a muscle ធ្វើឱ្យឈឺ (ដោយបន្ទាញឱ្យយឺត)

s. one' s ears ប្រុងស្តាប់

x a rope ធ្វើឱ្យតឹងស្ទើរតែនឹងដាច់

x milk ត្រង, ច្រោះ

s. one' s patience ធ្វើឱ្យសឹងតែទ្រាំទៅទៀតមិនបាន

-iv. (milk) strains (through) ច្រោះ

dogs x at a leash ទាញឱ្យតឹង

-n. muscular x ការធ្វើឱ្យឈឺចាប់ដោយបន្ទាញខ្លាំង

eye x ការរោយ

put a s. on (the economy) ធ្វើឱ្យមានការលំបាកឬមិនស្រួល (ដល់)

put a s. on (one' s resources) បង្ហាញ

strain[2][strei n] *n.* a good x of dogs ពូជ

x of musin ផ្នែកនៃបទមួយ

x of insanity ស្នាមអ្វីមួយដែលមានមកពីដូនតា

strained[strei ni d] *adj.* តឹងតែង

strainer[strei nər] *n.* តម្រង

strait[strei t] *n.* narrow x ច្រកសមុទ្រ, ទ្វារសមុទ្រ

pl. (in serious) straits ការពិបាក, បញ្ហា

straitjacket['strei dʒæki t] *n.* អាវសម្រាប់ពាក់កុំឱ្យបម្រះរួច (គ្រឿងធ្វើទណ្ឌកម្ម)

strand[1][strænd] *n.* x of hair របំ

x of beads ខ្សែ, ត្រណោត

Pl. rope made of x ធ្នង (ខ្សែ)

strand[2][strænd] *tv.* x a boat បញ្ជើល, ធ្វើឱ្យកឿង

x passengers in Chicago ធ្វើឱ្យជាប់

strange[strei ndʒ] *adj.* ប្លែក, ចំឡែក

stranger['strei ndʒər] *n.* He' s a x to me. មនុស្សចំឡែក

Id. be no s. to (poverty) ធ្លាប់ដឹង, ធ្លាប់ស្គាល់

strangle['stræŋgl] *tv.* x a person with the hands ច្របាច់ក

(water) strangled (him) ធ្វើឱ្យឈ្លក់

x a movement បង្ក្រាប

-iv. ឈ្លក់

strangulate['stræŋgjulei t] *tv.* x a blood vessel រឹតរួត (មិនឱ្យហូរកើត)

x an enemy បង្ក្រាប

strap[stræp] *n.* leather x ខ្សែសំប៉ែត

shoulder s. ចាំនស្មា

-tv. *(pt. . pp.* strapped*)* x a pack on his back ចងភ្ជាប់

x a razor សង្កូត

x a child វាយនឹងខ្សែសំប៉ែត

strapped for (money) គ្មាន, ខ្វះ

strata[strætə] *(pl. of* stratum *)*

stratagem['strætədʒəm] *n.* military s. យុទ្ធោបាយ, ឧបាយសឹក

political x ឧបាយកល

strategic[strə'ti:dʒi k] *adj.* x consideration ខាងឬ នៃយុទ្ធសាស្ត្រ

x move សំខាន់តាមក្បួនយុទ្ធសាស្ត្រ

strategy['strætədʒi] *n.* military s. យុទ្ធសាស្ត្រ

a clever x ឧបាយកល

stratify['stræti fai] *tv.* *(pt. . pp.*stratified *)* ដាក់ជាស្រទាប់ឬជាន់ថ្នាក់

-iv. ទៅជាស្រទាប់ៗ

stratum['strɑ:təm] *n.* geological x ស្រទាប់

Lit. ស្ពាភ

social x ជាន់, ថ្នាក់

straw[strɔ:] ***n.*** rice x ចំបើង

drinking x បំពង់បឺត

Id. grasp at a s.ចេះតែយកទៅដោយផុតជើង

Id. be the last s. ជារបស់ចុងក្រោយបំផុតដែលធ្វើឱ្យលែងតស៊ូទៅបាន

-adj. x mattress ញាត់ចំបើង

Id. s. man រឿងយកមកធ្វើជាលេស

Id. s. vote ចំណាប់ឆ្នោតផ្សង

strawberry['strɔ:bəri] ***n.*** *Fr:* ហ្វ្រែហ្ស៍

stray[strei] ***iv.*** cats x វង្វេង

x from the path ងាកចេញពី

x from the issue ឃ្លាត, ចាក

-adj. x cat វង្វេង

x occurrence មួយដងមួយកាល

-n. សត្វវង្វេង

streak[stri:k] ***n.*** x of dirt ស្នាមប្រឡាក់ (ឆ្នូតៗ)

s. of lightning ស្នាមពន្លឺផ្លេកបន្ទោរ

x of humor ស្នាមបន្តិចបន្តួច

s. of bad luck ស៊យតៗគ្នា

-tv. ធ្វើឱ្យមានស្នាមឆ្នូតវែងៗ

-iv. មានស្នាមឆ្នូតវែងៗ

stream[stri:m] ***n.*** mountain x ជ្រោះ, អូរ

x of cars អ្វីៗដែលបន្តគ្នាវែក

against the x ខ្សែទឹក

-iv. (water) streamed (out) ហូរ

passengers x out ដើរទាំងហ្វូងជាជួរ

-tv. x water បង្ហូរ

Educ. x students ចែកតាមសមត្ថភាព។ល។

streamer[stri:mər] ***n.*** paper x អ្វីវែងៗសម្រាប់ចងលំអ

jet s. ស្នាមផ្សែងខាងក្រោយយន្តហោះប្រតិកម្ម

street[stri:t] ***n.*** ផ្លូវ *Lit.* វិថី

Id. man in the s. មនុស្សធម្មតាឬសាមញ្ញ

streetcar['stri:tkɑ:r] ***n.*** អយស្ម័យអគ្គិសនី

streetwalker['stri:twɔ:kər] ***n.*** ស្រីចិញ្ចឹមថ្នល់, ស្រីពេស្យា

strength [streŋθ] ***n.*** physical x កម្លាំង

x of a beam ភាពរឹងឬមាំ

x of offee ភាពខ្លាំងឬខ្សោយ (នៃកាហ្វេ ។ល។)

x of an argument ទម្ងន់, ភាពយកជាការបាន

(one of his) strengths គុណភាព

(turn out) in s. ជាច្រើន

on the s. of សំអាងលើ

strengthen['streŋθ] ***tv.*** x a patient ធ្វើឱ្យមានកម្លាំងឡើង

x coffee ធ្វើឱ្យខ្លាំងឡើង

x a relationship ពង្រឹង

-iv. muscles will x មាំមួនឡើង

friendship will x ពង្រឹងពង្រីកឡើង

strenuous['strenjuəs] ***adj.*** x effort ដ៏ខ្លាំងក្លា

x exercise ដែលត្រូវការកម្លាំងកាយច្រើន ឬពិបាក

stress[stres] ***tv.*** x a fact បញ្ជាក់, ដាក់ទម្ងន់

x a syllable សង្កត់សម្លេង

x materials ធ្វើឱ្យតឹង (ដូចដាក់ទម្ងន់សង្កត់)

-n. lay x on ការបញ្ជាក់

Phonet. primary x ការសង្កត់សម្លេង

mental x ភាពតានតឹង

Phys. តំណឹង (ដំណើរតឹង)

stretch[stretʃ] ***tv.*** x a rubber band ធ្វើឱ្យយឺត

x one' s legs សណ្ដូក

x one' s supplies ធ្វើឱ្យទៅវែងឆ្ងាយ

x a rope across សន្ធឹង

x the truth ពន្លើស

tretches the imagination ពិបាកយល់

x a mucle ធ្វើឱ្យឈឺចាប់ (ដោយបន្ទាញខ្លាំង)

Don't x your shirt! ធ្វើឱ្យខូច (ដោយបន្ទាញឱ្យយឺតជ្រុល)

s. out (a blanket) លាត, ត្រដាង

s. out (the legs) សន្ធឹង

-iv. clothes will x យឺត

get up and x តម្រង់ខ្នង ចង្កេះ ។ល។ ឱ្យបាត់ស្រពន់ ។ល។

mountains x for 100 miles លាតសន្ធឹង

s. out (on a couch) ដេកសន្ធឹង

-n. degree of x ការយឺត

x of road កំណាត់ (ផ្លូវ), ផ្នែកមួយ

x of 10 years រយៈពេល

stretcher['stretʃər] ***n.*** first aid x ស្នែងរបួស

shoe x ប្រដាប់ធ្វើឱ្យយឺត

strew [stru:] ***tv.*** *(pp.* strewn*)* រាយ, បាចលាច

striated[strai 'ei ti d] ***adj.*** ឆ្នូត, ឆ្នូតៗ

stricken['stri kən] ***adj.*** s. with a disease កើតរោគ

s. with fear ដែលភិតភ័យស្រឡាំងកាំង

strict[stri kt] ***adj.*** x discipline តឹងរ៉ឹង

x observance យ៉ាងហ្មត់ចត់, យ៉ាងមធ្យ័ត

x confidence ជាដាច់ខាត

strictly[stri ktli] ***adv.*** x enforced យ៉ាងពិតផល់

s. for (my use) សម្រាប់តែ, ចំពោះតែ

x confidential ជាដាច់ខាត

stricture['stri ktʃər] ***n.*** x of the law ព្រំដែន (អ.ប.)

x of a blood vessel ដំណើររួមតូចឡើង

stride[strai d] ***iv., tv.*** *(pt.* strode. *pp.*stridden*)* ដើរជំហានវែងៗ

-n. rapid x ជំហាន

(make great) strides ជំហាន (អ.ប.)

strident['strai dnt] ***adj.*** ដែលធ្វើឱ្យសង្កៀរត្រចៀក

strife[strai f] ***n.*** សេចក្ដីវេទនាតស៊ូ

strike[strai k] ***tv.*** *(pt. .pp.* struck*)*

x a child វាយ (ក្មេង)

x a bell វាយ (ជួង)

s. twelve វាយម៉ោងដប់ពីរ

(lightning) struck (him) បាញ់

(disaster) struck (them) មកពាធា

struck (by his manner) ធ្វើឱ្យចាប់អារម្មណ៍

x a match គូស

ships x rocks ទៅប៉ះ

s. at (the enemy) ប្រហារ

s. at (a ball) វាយ (ដោយប្រាថ្នាឱ្យត្រូវ)

s. out (a sentence) ឆូតចោល

s. up (a conversation) ផ្ដើម

-iv. clocks x វាយម៉ោង

snakes x ចឹក (ពស់។ល។)

troubles x ពាធា, យាយី

(lightning) strikes បាញ់

workers x បះ *Lit:* ធ្វើកូដកម្ម

s. out (on one's own) ផ្ដើម

-n. a x at the enemy ការប្រហារ

union x កូដកម្ម

Baseball ការវាយខុស

Bowling ការបោះប៊ូលមួយរលំកូនទាំងអស់

striking['strai ki ŋ] ***adj.*** x appearance ដែលឱ្យមានការចាប់អារម្មណ៍ខ្លាំង

x workers ដែលធ្វើកូដកម្ម

string[stri ŋ] ***n.*** cotton x ខ្សែ

x of beads ខ្សែ, ត្រណោត

x of fish ត្រណោត

x of cars អ្វីដែលបន្តគ្នាដឹក

guitar x ខ្សែ (គ្រឿងភ្លេង)

Id. no strings attached ដោយឥតមានល័ក្ខខ័ណ្ឌ

Id. keep s.o. on the s. ធ្វើឱ្យគេះតែមានសង្ឃឹម

-tv. (pt., pp. strung*)* x beads ដោត

x a violin ដាក់ខ្សែ

x a wire សន្ធឹង (ខ្សែ)

x beans យកសរសៃចេញ

Id. s. s.o. up ចងក

-iv. (taffy) strings ឡើងសរសៃ (ដូចស្ករគោងម៉ៃ ទាញឱ្យវែងឡើង)

s. out រាយតៗគ្នា

stringbean[striŋbi n] ***n.*** សណ្ដែកកួរ

stringent['strindʒənt] ***adj.*** x laws តឹងរ៉ឹង

x necessity ជារួសរាន់

stringy[strindʒi] ***adj.*** x meat សរសៃៗ

x hair រមូរៗ

strip[1][strip] ***tv.*** *(pt., pp.* stripped*)*

x leaves off a branch ច្បូតយកចេញ

x him of his rights ដកយកចេញ

x gears ធ្វើស៊ីក

s. off (one's clothes) ដោះចេញយ៉ាងរហ័ស

-iv Coll. ដោះខោអាវចេញ, ស្រាត

strip[2][strip] ***n.*** x of cloth បន្ទះ, ចម្រៀក

s. of land ដីមួយក្បាល

landing s. ផ្លូវយន្តហោះឡើងចុះ

comic s. រឿងកំប្លែងជារូបភាពដែលមានតៗគ្នា

-tv. (pt., pp. stripped*)* ច្រៀក, កាត់ជាបន្ទះ

stripe[straip] ***n.*** zebra x ឆ្នូត

Mil., Pl. (win his) stripes ស័ក្តិ

Id. show one's stripes បញ្ចេញឱ្យឃើញលក្ខណពិត

-tv. ធ្វើឱ្យឆ្នូតៗ

strive[straiv] ***iv.*** *(pt.* strove*, pp.* striven*)* ខំយ៉ាងខ្លាំង

strode[strəud] *(pt. of* stride*)*

stroke[1][strəuk] ***n.*** x of a hammer ការវាយមួយប៉ុង

x of twelve ការវាយម៉ោង (នាឡិកា)

suffer a x ដំណើរដាច់សរសៃឈាមក្នុងខួរក្បាល (អាចបណ្ដាលឱ្យពិការអវយវៈ)

x of luck ការកើតមានឡើង

x of a piston ជំរុញមួយឈុត

swimming s. របៀបហែលទឹកបែបណាមួយ

x of a pen ឆ្វាប់

-tv. x a boat អុម

x the water កាយ

stroke[2][strəuk] ***tv.*** អង្អែល

-n. ការអង្អែល

stroll[strəul] ***iv.*** ដើរលំហែ

-tv. ដើរលំហែ (តាម)

-n. ការដើរលំហែ

strong[strɔŋ] ***adj.*** x man មាំមួន, ខ្លាំង

x ligh ខ្លាំង, ចាំងខ្លាំង

x in math ពូកែ

x argument ដែលមានខមន់

x drink ខ្លាំង, មានជាតស្រាច្រើន

x coffee ខ្លាំង, ល្វីងខ្លាំង

x table មាំ

10.000 s. ចំនួន ១០.០០០

strong-arm['stɔŋ ɑ:m] ***tv.*** ច្រាន

-adj. ដែលប្រើកម្លាំងបាយ ប្លន់ធ្វើបបំ

strongbox['stɔŋdɔks] ***n.*** ទូឬហិបយ៉ាងមាំ

stronghold['strɔŋhəuld] ***n.*** ដំបន់ការពារ

strop[strɔp] ***n.*** ស្បែកសង្កូតកាំបិតកោរ

-tv. (pt., pp. stropped*)* ត្រដុះ, សង្កូត (កាំបិត)

strove[strəuv] *(pt. of* strive*)*

struck[strʌk] *(pt., pp. of* strike*)*

structural['strʌktʃərəl] ***adj.*** នៃរចនាសម្ព័ន្ធ

structure['strʌktʃər] ***n.*** x of society ទម្រង់, គ្រោង

Lit: រចនាសម្ព័ន្ធ

wooden x អាគារ

-tv. ធ្វើឱ្យមានរចនាសម្ព័ន្ធ

struggle['strʌgl] ***iv.*** x with an assailant ប្រយុទ្ធ, ប្រវាយប្រតប់

x through the crowd ខំប្រឹងទាំងលំបាក

x against poverty តទល់

-n. physical x ការប្រយុទ្ធ, ប្រវាយប្រតប់

x against crime ការខំតតាំង, ការខំប្រឹងដោះស្រាយ

strum[strʌm] ***tv., iv.*** *(pt., pp.*strummed*)* ដេញ, កេះ

strung[strʌŋ] *(pt., pp. of* string*)*

strut[1][strʌt] ***iv.*** *(pt., pp.*strutted*)* ដើរកើងខ្លួង, ធ្វើក្រអឺត

-n. ដំណើរដើរកើងខ្លួង, ការធ្វើក្រអឺត

strut[2][strʌt] ***n.*** ឈើឬដែកទាម

stub[stʌb] ***n.*** tree x ដង្កត់ (ឈើគូថ)

x of an arm គល់នៃអវយវៈដែលគេកាត់មួយផ្នែកចោលហើយ

ticket x កន្ទុយ

-tv. (pt., pp. stubbed*)* ជំពប់ (ជើង)

stubble['stʌbl] ***n.*** rice x ជញ្ជ្រាំង, គល់ (ដូចជាស្រូវទើបនឹងច្រូតហើយ)

beard s. ពុកចង្កាទៅខ្លី

stubborn['stʌbən] ***adj.*** x child រឹងរូស, ចចេស

Lit: មានះ

x problem ពិបាកដោះស្រាយ

x resistance យ៉ាងស្វិតស្វាញ

stubby['stʌbi] ***adj.*** x figure កន្ធញ, កន្ធាញ

x groundbd ដែលមានដង្កត់ឈើពាសពេញ

stucco['stʌkəu] ***n.*** ស៊ីម៉ង់ត្រើមាសម្រាប់ពាសជញ្ជាំង

-tv. បាំនស៊ីម៉ង់ត្រើមា (លើជញ្ជាំង)

stuck[stʌk] *(pt., pp. of* stick*)*

stuck-up[,stʌk ʌp] ***adj.*** *Coll.* ឆ្មើង

stud[1][stʌd] ***n.*** tire x ដែកបញ្ចុះកង់ (ឱ្យខាំអ៊ីៗដែលរអិល)

wall x មេជញ្ជាំង

shirt x ឡេវអាវកុត

-tv. (pt., pp. studded*)* x tires បញ្ចុះដែកលើកង់ឡាន

studded (with diamonds) បញ្ចុះ, ដាំ

stud[2][stʌd] ***n.*** keep a horse as a x បា (សត្វ)

Sl. He' s a x. មនុស្សមានក្តួធំ

-adj. x horse បា (សម្រាប់បង្កាត់)

studding[stʌdiŋ] ***n.*** មេជញ្ជាំង

student['stju:dnt] ***n.*** university x និស្សិត

grade-school x កូនសិស្ស

x of history អ្នកដែលមានចំណេះវិជ្ជាជ្រៅជ្រះខាងអ្វីមួយ

studio['stju:di əu] ***n.*** painter's x ការដ្ឋានសិល្បករ

Fr: ស្ទូឌីយោ

movies s. កន្លែងថតភាពយន្ត

studious['stju:di əs] ***adj.*** x student ឧស្សាហ៍រៀនសូត្រ

x care ដែលយកចិត្តទុកដាក់, ផ្ចិតផ្ចង់

study['stʌdi] ***tv.*** *(pt., pp.* studie*)*

x one' s lesson រៀន

x the situation ពិចារណា, ពិនិត្យយ៉ាងល្អិតល្អន់

-*iv.* like to x រៀន *Lit:* សិក្សា

Coll: រៀនសូត្រ

Coll. x on it គិតមើល

-*n.* period of s. ពេលរៀន

pl. pursue one' s ការសិក្សា

a recent x វិចារណ៍

in a deep x ការជញ្ជឹងគិត

use a room as a x បន្ទប់ធ្វើការ, បន្ទប់សម្រាប់អង្គុយមើលសៀវភៅ ។ល។

stuff[stʌf] *n.* What' s that x? វត្ថុ, របស់

Coll: ស្អី

x for garments សំពត់

Coll. collect one' s x អីវ៉ែអីវ៉ាន់

Id. That' s the s. ! ពិតទៅ !, ត្រូវហើយ !

-*tv.* x a sausage ញាត់

x clothes into a suitcase ដាក់ចូល

x oneself with food បរិភោគច្រើនជ្រុល

Id. s. the ballot box លួចបន្ថែមសន្លឹកឆ្នោត

s. up (a hole) ចុក, បិទភ្ជិត

stuffing[stʌfiŋ] *n.* chicken x គ្រឿងញាត់ (មាន់ ទា ។ល។)

pillow x វត្ថុសម្រាប់ញាត់ (អេប៉ុង គុក ។ល។)

stuffy['stʌfi] *adj.* x room អាប់អួ

x subject ដែលមិនធ្វើឱ្យចាប់អារម្មណ៍

stultify['stʌltifai] *tv.* (*pt.* . *pp.* stultified) ធ្វើឱ្យធុញ

stumble['stʌmbl] *iv.* x and fall ភ្លាត់ជើង, ចំពប់ជើង (ចង់ដួល)

x over a word និយាយខាក់ៗ

s. on (a fact) ប្រទះឃើញដោយជួន

-*n.* ការភ្លាត់ជើង

stump[stʌmp] *n.* tree x គល់ឈើ

arm x គល់អវយវៈដែលគេកាត់ផ្នែកចោលហើយ

Id. go on the s. ដើរឃោសនា

-*tv.* x a student ផ្ចាល់

x one' s toe ជំពប់

Polit. x the state ដើរឃោសនា

-*iv.* ដើរខ្ទិច

stun[stʌn] *tv.* (*pt.* . *pp.* stunned) x a cow ធ្វើឱ្យវង្វេងស្មារតីស្ទុង ឬដើ

x one' s parents ធ្វើឱ្យស្រឡាំងកាំង

stung[stʌŋ] (*pt.* . *pp.* *of* sting)

stunk[stʌŋk] (*pp.* *of* stink)

stunt[1][stʌnt] *tv.* ធ្វើឱ្យក្រញេ

stunt[2][stʌnt] *n.* do acrobatic stunts សម្ដែងល្បិច យ៉ាងពិបាក

Coll. foolish x អំពើចំកួត

stupa[stju:pər] *n.* ចេតិយ

stupefy['stju:pi fai] *tv.* (*pt.* . *pp.*stupefied)

x the senses ធ្វើឱ្យស្ពឹក

x the audience ធ្វើឱ្យភ្ញាក់ឬស្រឡាំងកាំង

stupendous[stju:'pendəs] *adj.* x feat អស្ចារ្យ

x size សម្បើម

stupid['stju:pi d] *adj.* x person ខ្លៅ

x act ល្ងីល្ងើ, ពក់ភ្លី

stupidity[stju'pi dəti] *n.* x of his act ភាពខ្លៅ

commit a x អំពើភ្លើ

stupor['stju:pər] *n.* ភាពវេងវោង

sturdy['stɜ:di] *adj.* x child មាំមួន

x chair មាំ

x support រឹងប៉ឹង

stutter['stʌtər] *iv.*, *tv.* ក្រមិក, និយាយជាប់

-*n.* សំដីក្រមិក

sty[1][stai] *n.* ទ្រុងជ្រូក

sty[1] , **stye**[stai] ***n.*** ពកភ្នែក

style[stai l] ***n.*** latest x *Coll. Fr:* ម៉ូដ

Lit: របៀបថ

in s. ត្រូវសម័យ

-tv. x hair រចនា

x it irresponsible ហៅថា, ឱ្យឈ្មោះថា

stylus['stai ləs] ***n.*** ដែកចារ

stylish['stai li ʃ] ***adj.*** (ទាន់) សម័យ

stylize['stai lai z] ***tv.*** ធ្វើឱ្យទៅតាមបែបបទដែលមានមកហើយ

stymy, stymie['stai mi] ***tv.*** ជ្លាល់, ធ្វើឱ្យទាស់

sauve[swɑːv] ***adj.*** ប្រកបដោយសុជីវធម៌

sub[1][sʌb] *(short for* submarine *)* កប៉ាល់មុជទឹក

sub[2][sʌb] *(short for* substitute *)* អ្នកជំនួស

-iv. (pt. , pp. subbed*)* ជំនួស

sub- [sʌb] ***pref.*** បុព្វបទមានន័យថា: *1.* ក្រោម, ឧ. marine នៃសមុទ្រ > submarine ក្រោមសមុទ្រ

2. បន្ទាប់, រង អនុ, ឧ. committee គណៈកម្មការ > subcommttee អនុគណៈកម្មការ

subcommittee['sʌbkəmi ti] ***n.*** អនុគណៈកម្មការ

subconscious[,sʌb'kɔnʃəa] ***adj.*** ដែលឥតស

-n. អឆ្សសម្បជញ្ញៈ

subcintract[,sʌbkən'trækt] ***n.*** ការម៉ៅតពីគេ, អនុសហគ្រិន

-iv. ម៉ៅការបន្តទៅឱ្យអ្នកឯទៀត

-tv. ម៉ៅការតពីគេ

subcutaneous[,sʌbkju'tei ni əs] ***adj.*** ក្រោមស្បែក

subdue[səb'djuː] ***tv.*** x the enemy បង្ក្រាប, ពរងាប

x his fear ជមនះ

subject['sʌbʤi kt] ***n.*** ប្រធាន

study a x មុខវិជ្ជា

x of investigation អ្វីៗដែលគេយកមកសង្កេតពិនិត្យ

Lit: កម្មវត្ថុ

x of a king អនុរាស្ត្រ

x of a letter កម្មវត្ថុ

-adj. x to ridicule ដែលអាចគេធ្វើអ្វីផល់

s. to change នឹងអាចអមានការផ្លាស់ប្តូរ

s. to your approval ដែលត្រូវតែលោកយល់ព្រមសិន

-tv. x a country ដាក់ឱ្យនៅក្រោមអំណាច

x them to ridicule ដាក់ឱ្យរង

x metal to intense heat ដាក់ឱ្យត្រូវ

subjective[səb'ʤekti v] ***adj.*** តាមជំនឿឬគំនិតនៃជនម្នាក់

Lit: ជាអត្តាថាវត្ថុ

subjectivity[,sʌbʤek'ti vəti] ***n.*** អត្តាថាភាព

subjugate['sʌbʤugei t] ***tv.*** ដាក់ឱ្យនៅក្រោមអំណាច

subjuntive[səb'ʤʌŋkti v] ***adj. Gram.*** ដែលបង្ហាញនូវភាពមិនប្រាកដ

-n. កិរិយាសព្ទមួយជំពូកដែលបង្ហាញនូវភាពមិនប្រាកដ

sublet[,sʌb'let] ***tv.*** ជួលបន្ត

-n. ផ្ទះដែលជួលបន្ត

sublimate['sʌbli mei t] ***tv.*** x one' s energies into constructive channels ធ្វើឱ្យប្រែទៅជា

x one' s desires ទប់, បង្ក្រាប

sublime[sə'blai m] ***adj.*** x art ឧត្តមឧត្តម

x happiness ដ៏ប្រសើរបំផុត, កម្រិតខ្ពស់បំផុត

submarine[,sʌbmə'riːn] ***n.*** កប៉ាល់មុជទឹក

Lit: នាវាមុជទឹក

-adj. x life ក្រោមទឹក, ក្រោមសមុទ្រ

x warfare ដែលប្រើកប៉ាល់មុជទឹក

submegrge[səb'mɜːʤ] ***tv.*** ធ្វើឱ្យលិចក្នុងទឹក

-iv. មុជឬលិចក្នុងទឹក

submerse[səb'mɜːz] ***tv.*** ធ្វើឱ្យលិចក្នុងទឹក

submission[səb'mɜːʃn] ***n.*** x to authority

ចំណុះចូល, ការចុះចូល

x of an application ប្រតិបាទគ៍

submissive[səb'mi si v] *adj.* មិនរឹងរូស, ចេះស្តាប់បង្គាប់

submit[səb'mi t] *tv. (pt., pp.* submitted*)*

s. oneself to ដាក់ឱ្យវា

x an application ដាក់ (សំឡិពិនិត្យ ។ល។)

x an opinion ដាក់ស្នើ

-iv. ចុះចូល

subordinate[sə'bɔ:di nət] *adj.* x position ក្រោមបង្គាប់, ដែលនៅក្រោមបង្គាប់

x consideration បន្ទាប់បន្សំ

Gram. x clause ដែលពឹងពាក់អាស្រ័យនឹងអ្វីទៀត

-n. មនុស្សក្រោមបង្គាប់

-tv. ទុកឱ្យនៅជាបន្ទាប់បន្សំ

subpoena[sə'pi:nə] *n.* ដីកា

-tv. កោះ (តុលាការ)

subscribe[səb'skrai b] *iv.* x to a journal ជាវប្រចាំ

x to a theory ជឿ, យល់ព្រមនឹង

-tv. ស៊ីញេយល់ព្រម

subscription[səb'skri pʃn] *n.* x to a magazine ជំនាវប្រចាំ, ការជាវប្រចាំ (ខែ ឆ្នាំ)

x to a theory ការជឿ, ការយល់ព្រមនឹង

subsequent ['sʌbsi kwənt] *adj.* x events ដែលកើតមានឡើងជាខាងក្រោយ

x paragraph បន្តបន្ទាប់, នៅខាងក្រោម

subservient[səb'sɜ:vi ənt] *adj.* x demeanor ញ៉ីប១

x to our aims មានប្រយោជន៍ដល់

subside[səb'sai d] *iv.* pains x អន់, ស្រាក noises x ស្ងប់

subsidiary[səb'si di əri] *adj.* x company ជាសាខា

x consideration បន្ទាប់បន្សំ

x stream ជាដៃ

-n. សាខា

subsidize['sʌbsi dai z] *tv.* ឱ្យប្រាក់ជំនួស

subsidy['sʌbsədi] *n.* ជំនួសជាប្រាក់

Lit: ឧបត្ថម្ភធន

subsist [səb'si st] *iv.* x on one meal a day រស់នៅ, នៅមានជីវិត

(Duty) subsists (in following orders.) មាន (នៅ)

subsistence[səb'si stəns] *n.* x economy គ្រាន់គ្រប់គ្រាន់តែចិញ្ចឹមជីវិត

stipend for x ការចិញ្ចឹមជីវិត

Lit: ជីវវុត្តិ

subsoil['sʌbsɔi l] *n.* ស្រទាប់ដីក្រោម

Lit: អធោប្រឹថពី

substance['sʌbstəns] *n.* chemical x សារធាតុ

x of the argument ខ្លឹមសារ (អ.ប.)

book of little x ខ្លឹមសារ, សារ, អាទិ

substantial[səb'stænʃl] *adj.* x fortune ច្រើនគយរសម, ដ៏ពល

x meal ត្រឹមត្រូវ

x argument ដែលមានខ្លឹមសារ (អ.ប.)

in x agreement ជាអាទិ

x chair មាំ

substantiate[səb'stænʃei t] *tv.* បង្ហាញភស្តុតាង

substantive[səb'stænti v] *adj.* x issues ដែលមានសារសំខាន់

Gram. x word ដែលជានាមសព្ទ

-n. Gram. នាមសព្ទ

substitute['sʌbsti tju:t] *adj.* សម្រាប់ជំនួស

-n. play as a x អ្នកជួសគេ, អ្នកជំនួស

Lit: អាទេសិ

use honey as a x របស់ប្រើជំនួស

-tv. x Joe for Bill ដាក់ជំនួស

x honey for sugar ប្រើជំនួស

-*iv.* ជំនួស, ជំយស

substitution[,sʌbsti'tju:ʃn] ***n.*** ការយកមកជំនួស

Lit: អាទេសកម្ម

subsume[səb'sju:m] ***tv.*** ដាក់បញ្ចូលក្នុង

subterfuge['sʌbtəfju:ʤ] ***n.*** ឧបាយដោះខ្លួន

subterranean[,sʌbtə'rei ni ən] ***adj.*** ក្រោមដី

subtitle['sʌbtai tl] ***n.*** x of a book ចំណងជើងរង

(French) subtitles ចំណងជើង (កុន)

-*tv.* x a book ដាក់ចំណងជើងរង

x a movie ដាក់ចំណងជើង (ភាពយន្ត)

subtle[,sʌtl] ***adj.*** x criminal ប្រសប់, ចេះលក្បិច

x point ល្អិតល្អន់

subtract[səb'trækt] ***tv.*** ដក, ដកចេញ, ហូត, យកទៅសង

subtrahend[səb'trəhend] ***n.*** ចំនួនយកទៅសងឬដកចេញ

subtropical[,sʌb'tropi kl] ***adj.*** ឧបនិវត្ត

suburd['sʌbɜ:b] ***n.*** ជាយក្រុង

suburban[sə'bɜ:bən] ***adj.*** នៃឬនៅជាយក្រុង

subvention[səbvenʃn] ***n.*** ប្រាក់ជំនួយ

subversion[səb'vɜ:ʃn] ***n.*** វិទ្ធង្សនា

subversive[səb'vɜ:si v] ***adj.*** វិទ្ធង្សក

subvert[səb'vɜ:t] ***tv.*** ធ្វើវិទ្ធង្សនា

subway['sʌbwei] ***n.*** city x មេត្រូ

pedestrian x ផ្លូវក្រោមដី

succeed[sək'si:d] ***iv.*** មានជោគជ័យ, សម្រេច

-*tv.* (John II) succeeded (John I.) ស្នង

(Three) succeeds (two.) បន្ទាប់ពី

success[sək'ses] ***n.*** ជោគជ័យ

successful[sək'sesfl] ***adj.*** ដែលមានជោគជ័យ

succession[sək'seʃn] ***n.*** x of events ដំណើរមានតៗគ្នា

x to the throne ការឡើងសោយរាជ្យស្នង

Lit: ឧត្តរាធិការ

successive[sək'sesi v] ***adj.*** ដែលបន្តគ្នា

successor[sək'sesər] ***n.*** x to the throne ឧត្តរាធិការ

x to the office អ្នកស្នង

succinct[sək'si ŋkt] ***adj.*** ខ្លីហើយច្បាស់

succulent ['sʌkjələnt] ***adj.*** ដែលមានទឹកយយ, ដែលមានឧជារស

succumb[sə'kʌm] ***iv.*** x to pressure បណ្ដោយទៅតាម

x at 80 ស្លាប់

such[sʌʧ] ***adj.*** x terrible deeds ដល់ម្ល៉េះ

We need x a man. បែបហ្នឹង

coffee. tea. and x things អញ្ចឹង, ដូចគ្នាហ្នឹង

He' s s. a liar. គាត់មេភរ, គាត់ភរណាស់

s. and s. (a town) ណាមួយ (មិនប្រាកដ)

-*pron.* x is the case អញ្ចឹង

s. as ដូចជា

as s. នោះឯង

(do) s. and s. អានេះអានោះ

suck[sʌk] ***tv.*** x a lollipop ជញ្ជាក់

x water through a straw បឺត

s. in (air) ស្រូប, បឺតចូល

s. in (one' s cheeks) បំផត

s. up (moisture) ស្រូប

x the breast បៅ

-*n.* have a x ការជញ្ជាក់

give s. to បំបៅ

sound of a x សូរជញ្ជាក់

sucker['sʌkər] ***n.*** *Sl.* What a x! មនុស្សល្ងើ

Coll. candy x ស្ករគ្រាប់

corn x ខ្នែង (ដុះចេញពីគល់)

-*tv.* x corn កាច់ខ្នែងចោល

suckle['sʌkl] *tv.* បំបៅ

-*iv.* បៅ

suckling['sʌkli ŋ] *n.* កូនសត្វនៅបៅដោះ

sucrose['su:krəuz] *n.* សក្ករជាតិ

suction['sʌkʃn] *n.* ការស្រូប, ការបឺត

sudden['sʌdn] *adj.* x death ភ្លាមៗ

x stop ព្រឹប

x turn វេរ

all of a s. ស្រាប់តែ

suddenly ['sʌdnli] *adv.* stop x ង៉ក់

die x ភ្លាមៗ

x he jumped up មួយរំពេចនោះ, ស្រាប់តែ

suds[sʌdz] *n.* ពពុះ (សាប៊ូ)

sue[su:] *tv.* x a company ប្ដឹង

x the court ប្ដឹងទៅ

x a girl ចែចង់

-*iv.* ប្ដឹង

suede , suède[swei d] *n.* ស្បែករម៉ាំងសម្លាប់

suet['su:i t] *n.* ខ្លាញ់ (គោឬចៀម)

suffer['sʌfər] *tv.* s. pain ឈឺចាប់

x hardship រង

Arch x him to come ឱ្យ, ព្រមឱ្យ, អនុញ្ញាត

-*iv.* cause to x ឈឺចាប់

(Project) suffers (from lack of money.) ខូចខាត

suffice[sə'fai s] *iv.* គ្រប់គ្រាន់

-*tv. Lit.* s. it to say អាចថាបាន (ថា)

sufficient[sə'fi ʃnt] *adj.* គ្រប់គ្រាន់, ល្មម

suffix['sʌfks] *n.* បច្ច័យ

-*tv.* ដាក់បច្ច័យ

-*iv.* ទទួលបច្ច័យ

suffocate['sʌfəkei t] *tv.* ធ្វើឱ្យថប់ដង្ហើមស្លាប់

-*iv.* ថប់ដង្ហើមស្លាប់

suffrage['sʌfri ʤ] *n.* battle for x សិទ្ធិបោះឆ្នោត

decision by x ការបោះឆ្នោត

suffragette[,sʌfrə'ʤet] *n.* ស្រីអ្នកទាមទារសិទ្ធិបោះឆ្នោតសម្រាប់ស្ត្រី

suffuse[sə'fju:z] *tv.* ផ្សព្វផ្សាយ (ទៅដោយ)

-*iv.* ផ្សាយ, ភាយ, រាលដាល

sugar[ʃugər] *n.* ស្ករ

-*tv.* ដាក់ស្ករ

-*iv.* ទៅជាស្ករ

-*adj.* s. beet ដំឡូងស្ករ

s. cane អំពៅ

suggest[sə'ʤest] *tv.* x a plan ផ្ដល់នូវយោបល់ផ្សេងៗ

(style) suggests (Shakespeare) ធ្វើឱ្យនឹកឃើញដល់

suggestion[sə'ʤestʃən] *n.* make a x ការឱ្យយោបល់

a x of mint ជាតិបន្តិចបន្តួច (ដែលឱ្យនឹកដល់)

suggestive[sə'ʤesti v] *adj.* x of the 20' s ដែលធ្វើឱ្យនឹកឃើញដល់

x literature ដែលធ្វើឱ្យនឹកដល់កាមរាគ

suicide['su:i sai d] *n.* contemplate x ការសម្លាប់ខ្លួន

Lit. អត្តឃាតកម្ម

commit s. សម្លាប់ខ្លួន *Lit.* ធ្វើអត្តឃាតកម្ម

a potential x អ្នកសម្លាប់ខ្លួនឯង

Lit. អត្តឃាតករ

-*iv.* សម្លាប់ខ្លួន

suit[su:t] *n.* wear a x សម្រាប់ *Fr.* កុំផ្លេ

Law bring x បណ្ដឹង

x of cards ទឹក (បៀ)

ply his x ការចែចង់

-*tv.* answer doesn' t x me ពេញចិត្ត

punishment doesn' t x the crime សមនឹង

x the punishment to the crime ធ្វើឱ្យសម

tailors x customers កាត់ខោអាវ (កុំផ្ទៃ) ឱ្យ

suitable['su:təbl] *adj.* សមរម្យ (នឹង)

suitcase['su:tkei s] *n.* វ៉ាលីស

suite[swi:t] *n.* hotel x បន្ទប់ធំ (ក្នុងសណ្ឋាគារ)

livingroom x គ្រឿងសម្រាប់បន្ទប់ណាមួយ

x of attendants ក្រុមអ្នកហែហម

Lit. បរិវារ

suitor['su:tər] *n.* អ្នកកំពុងចង់បានស្រីណាម្នាក់ជាប្រពន្ធ

sulfur['sʌlfər] *n.* ស្ពាន់ធ័រ

sulk[sʌlk] *iv.* មិនមាត់កដោយមិនស្រួលចិត្ត

-*n.* ការមិនមាត់កដោយមិនស្រួលចិត្ត

sullen['sʌlən] *adj.* ដែលក្រញៅក្រញ៉ូវហើយមិនមាត់ក ដោយមិនស្រួលចិត្ត

sully['sʌli] *tv.* (*pt. .pp.* sullied)

x one' s honor ធ្វើឱ្យខូច

x one' s clothes ធ្វើឱ្យប្រឡាក់

sulphur['sʌlfər] (*see* sulfur)

sultry['sʌltri] *adj.* x weather ស្អុះស្អាប់, អាប់អួរ

x beauty ឆេវឆាវហើយពិបាកផ្ចាប់

sum[sʌm] *n.* arithmetical x ផលបូក

x of $100 ចំនួនប្រាក់

in s. ដោយសង្ខេបទៅ

-*tv.* (*pt. .pp.* summed) x a column of figures បូកចូលគ្នា, បូករួម

s. up (a column) បូករួម

s. up (an argument) ធ្វើសង្ខេប, សរុបសេចក្តី

s. up (the situation) ប្រមើល

summarize['sʌmərai z] *tv.* សង្ខេប, បង្រួញសេចក្តី

summary['sʌməri] *n.* សង្ខេប

-*adj.* x report សង្ខេប, ខ្លី

x dismissal ភ្លាមៗ, ដោយឥតគិតគូរច្រើន

summation[sʌ'mei ʃn] *n.* x of a case សរុបសេចក្តី

summer['sʌmər] *n.* រដូវក្តៅ

-*adj.* x palace សម្រាប់នៅនៅពេលរដូវក្តៅ

x school នៅរដូវក្តៅ

-*iv.* ទៅនៅនៅរដូវក្តៅ

summit['sʌmi t] *n.* x of the hill កំពូល

Lit. គោណគ្គ

x of his career ឋានៈខ្ពស់បំផុត

-*adj.* x conference កំពូល

summon['sʌmən] *tv.* x a witness កោះឱ្យចូលខ្លួន

x one' s courage ប្រមូលផ្តុំ (អ. ប.)

x parliament ហៅប្រជុំ

summons['sʌmənz] *n.* *Law* issue a x ដីកាកោះ

x to patriotic duty អំពាវនាវ

sump[sʌmp] *n.* រណ្តៅបង្ហូរទឹក

sumptuous['sʌmptjuəs] *adj.* អធ្យុត្តម

sun[sʌn] *n.* the x rises ថ្ងៃ

Lit. ព្រះអាទិត្យ, ព្រះសុរិយា, ព្រះទិនករ

in the s. កណ្តាលថ្ងៃ

-*iv.* (*pt. . pp.* sunned) ហាលថ្ងៃ

sun-bathe['sʌnbei ð] *iv.* ដេកហាលថ្ងៃ (ឱ្យស្បែកឡើងពណ៌ខ្មៅដែង

sunbeam['sʌnbi:m] *n.* កាំរស្មីព្រះអាទិត្យ

sunburn['sʌnbɜ:n] *n.* ដំណើររលាកនឹងកំដៅថ្ងៃ

-*tv.* ធ្វើរលាកនឹងកំដៅថ្ងៃ

-*iv.* រលាកនឹងកំដៅថ្ងៃ

Sunday['sʌndei] *pr. n.* ថ្ងៃអាទិត្យ

sundial['sʌndai əl] *n.* នាឡិកាព្រះអាទិត្យ

sundown['sʌndaun] *n.* ពេលថ្ងៃលិច

sundries['sʌndri s] *n.* របស់ផ្សេងៗ

sundry['sʌndri] *adj.* ផ្សេងៗ

sunflower['sʌnflauər] *n.* ឈូករតន៍

sung[sʌŋ] *(pp. of* sing*)*

sunk[sʌŋk] *(pp. of* sink*)*

sunken['sʌŋkən] *adj.* x treasure លិចទឹក, នៅក្រោមទឹក

x ground ខូង, ផត

sunlight['sʌnlai t] *n.* ពន្លឺព្រះអាទិត្យ

sunlit['sʌnli t] *adj.* ភ្លឺដោយពន្លឺព្រះអាទិត្យ

sunny[sʌni] *adj.* x day មានថ្ងៃ

x dispostion សប្បាយ, ក្អាកក្អាយ

sunrise['sʌnrai z] *n.* ពេលព្រះអាទិត្យរះ

sunset['sʌnset] *n.* ថ្ងៃលិច

Lit: ទិសាវសាន, ពេលព្រះអាទិត្យអស្តង្គត

sunshine['sʌnʃai n] *n.* ពន្លឺព្រះអាទិត្យ

sunstroke['sʌnstrəuk] *n.* សុរិយរោគ

suntan['sʌntæn] *n.* get a x សម្បុរដាំដែងដោយត្រូវថ្ងៃ

s. lotion ថ្នាំលាបឱ្យឡើងពណ៌ដាំដែង

sun-up[sʌn ʌp] *n.* ពេលថ្ងៃរះ

sup[sʌp] *iv.* បរិភោគអាហារពេលល្ងាច

super['su:pər] *adj. Coll.* have a x time អស្ចារ្យ

x size ធំជាងគេ

-n. (short for superintendent *)*

super['su:pər] *-pref.* បុព្វបទមានន័យថា: *1.* ធំ, មហា, ឧ. market ផ្សារ > supermarket ផ្សារធំហាងលក់ម្ហូបធំ

2. លើ, ខាងលើ, ឧ. structure សំណង់ > superstructure ផ្នែកខាងលើនៃសំណង់

3. លើស, ហួស, ផុត ឧ. natural ធម្មជាតិ > supernatural ហួសវិស័យធម្មជាតិ

superb[su:'pɜ:b] *adj.* ដ៏ឆើត, ប្រសើរក្រៃលែង

supercilious[,su:pə'si li əs] *adj.* ឡឹក

superficial[,su:pə'fi ʃl] *adj.*x wound សើ, ស្តើៗ

x philosophy រាក់កំផែល

superfluous[su:'pɜ:fluəs] *adj.* លើស

superhighway[su:'pɜ:hai wei] *n.* យន្តបថធំ (ធម្មតាមានផ្លូវទៅពីរមកពីរ)

superhuman[,su:pə'hju:mən] *adj.* x phenomena អធិធម្មជាតិ

x effort ផុតវិស័យមនុស្ស

superimpose[,su:pəri m'pəuz] *tv.* ដាក់ពីលើ

superintend[,su:pəri n'tend] *tv.* ត្រួត, មើលខុសត្រូវ

superintendent [,su:pəri n'tendent] *n.* building អ្នកមើលខុសត្រូវ

police x ស្នងការ

superior[su:'pi əri ər] *adj.* x officer ខាងលើ

x quality ខ្ពស់, ល្អៗ

-n. ចៅហ្វាយ, ចៅហ្វាយនាយ

superiority[su:,pi əri 'ɔrəti] *n.* x of this brand over that ភាពប្រសើរជាង

He has x here. ស័ក្តិធំជាងគេ

air of x ការធ្វើប្ញកធំ

superlative[su'pɜ:ləti v] *adj.* x quality ល្អលើសគេ

in s. terms ដោយលើកហួសពេក

Gram. x form អតិវិសេស

-n. Gram. អតិវិសេសគុណនាម

supermarket['su:pəmɑ:ki t] *n.* ផ្សារធំ (ហាងមានលក់ម្ហូបអាហារគ្រប់មុខ)

supernatural[,su:pə'nætʃrəl] *adj.* អធិធម្មជាតិ, ហួសវិស័យធម្មជាតិ

-n. អធិធម្មជាតិ

supernumerary[,su:pə'nju:mərəri] *adj.* លើស (កម្រិត ចំនួន)

-n. អ្វីៗដែលលើសកម្រិត ចំនួន ។ល។

supersede[,su:pə'si:d] *tv.* (This regulation) supersedes (the previous one.) បដិសេធចោលអ្វីៗដែលមានមុនមក

You will x him as chairman. យកកន្លែង

supersonic[,su:pə'sɔni k] ***adj.*** ដែលមានល្បឿនលឿនជាងសម្លេង

superstition[,su:pə'sti ʃn] ***n.*** ជំនឿឆ្វេង

superstitious[su:pə'sti ʃəs] ***adj.*** ដែលមានជំនឿឆ្វេង

supervise['su:pəvai z] ***tv.*** ត្រួតត្រាមើល

supervision[,su:pə'vi ʒn] ***n.*** ការត្រួតត្រាមើល

supervisor[,su:pə'vai zə] ***n.*** អ្នកត្រួតត្រា

supper['sʌpər] ***n.*** អាហារពេលល្ងាច (ក្រោយបំផុត)

supplant[sə'plɑ:nt] ***tv.*** x his enemies with friends ដាក់ជំនួស

This textbook will x the current one. ជំនួស

supple['sʌpl] ***adj.*** ទន់, ទន់ភ្លន់, ល្វន់ល្វៃ, ល្វៃតល្វត

supplement['sʌpli mənt] ***n.*** អ្វីៗដែលបំពេញឬបង្គ្រប់

-tv. បន្ថែម

supplementary[,sʌpli 'mentri] ***adj.*** ដែលបង្គ្រប់, ដែលបន្ថែម

suppliant['sʌpli ənt] ***n.*** អ្នកអង្វរករ

-adj. ដែលអង្វរករ

supplicant['sʌpli kənt] ***n.*** អ្នកអង្វរករ

supply[sə'plai] ***tv.*** *(pt. . pp.* supplied *)* ផ្តល់

-n. x of cigarettes ចំនួនវត្ថុនៅមាន

responsible for x ការផ្តល់ (វត្ថុផ្សេងៗ)

Pl. buy x គ្រឿងផ្គត់ផ្គង់

s. and demand របស់មាននិងសេចក្តីត្រូវការ

support[sə'pɔ:t] ***tv.*** x a floor ទ្រ

x a family ចិញ្ចឹម, ផ្គត់ផ្គង់, ទំនុកបំរុង

x a motion គាំទ្រ

x a weight អាចទ្របាន, ទ្រូវច

-n. wooden x ទម្រ, ប្រដាប់ទ្រ

financial x ជំនួយ

moral x ពំនាក់, ពំនឹង

suppose[sə'pəuz] ***tv.*** x that he will come ស្មាន

x a situation ប្រៀបធៀប, ឧបមា

S. we eat. យើងញុំាទៅ

(He was) supposed (to come.) ត្រូវតែ, ត្រូវ

supposition[,sʌpə'zi ʃn] ***n.*** ការស្មាន

suppository[sə'pɔzətri] ***n.*** ឱសថសម្រាប់បញ្ចូលតាមទវារបាត

suppress[sə'pres] ***tv.*** x anger ទប់

x a political party ហាមប្រាមមិនឱ្យធ្វើសកម្មភាពផ្សេងៗ

x a revolt បង្ក្រាប

supremacy[su:'preməsi] ***n.*** ភាពឈាច់គេ

Lit: បរមានុភាព

supreme[su:'pri:m] ***adj.*** x authority អធ្យោត្តម

x confidence ទាំងស្រុង

S. Being ព្រះអាទិទេព

S. Court តុលាការជាន់ខ្ពស់, សាលាវិនិច្ឆ័យ

surcharge['sɜ:ʧɑ:ʤ] ***n.*** តម្លៃ ពន្ធ ។ល។ ដាក់បន្ថែមពីលើ

-tv. ដាក់បន្ថែមពីលើ

sure[ʃuər] ***adj.*** be s. about ដឹងជាក់

s. of (oneself) ទុកចិត្ត

He's x to go. ច្បាស់, ប្រាកដ

x cure ដែលប្រាកដ (នឹង)

for s. ជាប្រាកដ, ប្រាកដហើយ

-adv. Coll. x he's going. ប្រាកដជា, ពិតជា

It s. is hot ! ក្តៅមែន !

surely['ʃuəli] ***adv.*** He'll x come មិនខាន, ប្រាកដ

x you're joking. ប្រហែលជា

surety['ʃuərəti] ***n.*** x for a loan អ្វីៗសម្រាប់ធានា

stand x for អ្នកធានា

with great x ភាពប្រាកដប្រជា

surf[sɜ:f] ***n.*** រលក (ដែលកញ្ច្រោលឡើងនៅជិតច្រាំង)

-*iv.* ជិះរលក (កីឡា)

surface['sɜ:fi s] ***n.*** x of the earth ផ្ទៃ

surfaces (of a cube) មុខ

on the s. ស្រើៗ

-*iv.* submarines x ងើប, ផុតឡើង

new facts x លេចឡើង

-*tv.* x a table ពាសពីលើឬពីក្រៅ

x a road ចាក់កៅស៊ូ

-*adj.* ខាងក្រៅ

surfeit ['sɜ:fi t] ***n.*** ភាពឆ្អែតឆ្អន់

-*tv.* បំពោរ

surge[sɜ:ʤ] ***iv.*** waves x ខ្ទោល

mobs x ពពួនឡើង

(smoke) surges ទ្រោលឡើង

sales x ឡើងក្រឹតៗ

-*n.* x of the waves ដំណើរខ្ទោល

x of the crowd ដំណើរពពួនឡើង

x of the smoke ដំណើរទ្រោលឡើង

x of activity ការកើនឡើងយ៉ាងរហ័ស

surgeon['sɜ:ʤən] ***n.*** ពេទ្យវះកាត់ *Lit:* សល្យពេទ្យ

surgery ['sɜ:ʤəri] ***n.*** specialize in x សល្យសាស្ត្រ

undergo x សល្យកម្ម

surgical['sɜ:ʤi kl] ***adj.*** ខាងឬនៃការវះកាត់

Lit: ខាងឬនៃសល្យកម្ម

surly['sɜ:li] ***adj.*** គម្រិះគម្រុះ

surmise[sə'mai z] ***tv.*** , ***iv.*** សិន្និដ្ឋាន

-*n.* ការសន្និដ្ឋាន

surmount[sə'maunt] ***tv.*** x a hill ឡើង

x difficulties ពុះពារ

x a pedestal with a statue ដាក់លើ

(a statue) surmounts (the pedestal) នៅលើ

surmountable[sə'mauntei bl] ***adj.*** ដែលអាចពុះពារបាន

surname['sɜ:nei m] ***n.*** នាមត្រកូល

surpass[sə'pɑ:s] ***tv.*** ហួស, លើស

surplus['sɜ:pləs] ***n.*** ចំនួនលើស

-*adj* ដែលលើស (ពីត្រូវការ)

surprise[sə'prai z] ***tv.*** x the enemy ឆ្មក់

x a friend with a gift ធ្វើឱ្យភ្ញាក់

(His anger) surprises (me.) ធ្វើឱ្យឆ្ងល់

-*n.* advantage of x ការមិនឱ្យដឹងជាមុន

pleasant x អ្វីៗដែលធ្វើឱ្យភ្ញាក់

conceal his x ភាពភ្ញាក់

surrealism[sə'ri:əli zəm] ***n.*** មនោគតិនិយម

surrender[sə'rendər] ***iv.*** x to the enemy ចុះចាញ់ *Lit:* លើកទង់ជ័យស

x to temtation ធ្លាក់, លង់ (ក្នុង)

-*tv.* ប្រគល់ឱ្យ

-*n.* military x ការចុះចាញ់

moral x ការលង់

surreptitious[,sʌrep'ti ʃəs] ***adj.*** ដែលធ្វើដោយលាក់លៀម

surround[sə'raund] ***tv.*** x the enemy ឡោមព័ទ្ធ ចោមព័ទ្ធ

x the house with a wall ព័ទ្ធជុំវិញ

Walls x the house. នៅព័ទ្ធជុំវិញ

surrounding[sə'raundi ŋ] ***n.*** by x the enemy ការឡោមព័ទ្ធ

Pl. conscious of his x អ្វីៗដែលនៅជុំវិញ

-*adj.* ជុំវិញ

surtax['sɜ:tæks] ***n.*** ពន្ធថែមលើពន្ធ *Lit:* អាករពន្ធើស

surveillance[sɜ:'vei ləns] ***n.*** police x ការឈ្លបមើល

medical x ការពិនិត្យថែទាំ

survey[sə'vei] ***tv.*** x land ស្ទង់

s. public opinion ស្ទង់មតិមហាជន

x the scene ពិនិត្យមើល

-n land x ការស្ទង់

opinion x ការស្ទង់

x of the literature ការពិនិត្យ

surveyor[sə'vei ər] ***n.*** អ្នកស្ទង់ដី *Lit:* រង្វាស់

survival[sə'vai vl] ***n.*** fight for x ឧត្តរជីវិត

x of an old custom ការមានគង់នៅ

a x from earlier times ឧត្តរជីវិត

survive[sə'vai v] ***iv.*** eat to x រស់, នៅរស់

They x to this day. គង់មាននៅ

-tv. x the accident ចៀសផុតពីសេចក្ដីស្លាប់

s. one's wife ប្រពន្ធស្លាប់ចោលទៅ

survivor[sə'vai vər] ***n.*** x of the accident អ្នកនៅរស់ (ក្រោយពីគ្រោះថ្នាក់អ្វីមួយ)

(leave money to his) survivors អ្នកនៅរស់ក្រោយអ្នកណាម្នាក់ស្លាប់

susceptible[sə'septəbl] ***adj.*** s. to (disease) ងាយ, ឆាប់ (ឈឺ ។ល។)

s. to flattery ឆាប់សុំជោរ

suspect[sə'spekt] ***tv.*** x a friend/sabotage មន្ទិល, សង្ស័យ

I x he'll go. ស្មាន

-n. មនុស្សដែលគេស្មានថាធ្វើអ្វីមួយ, មនុស្សគេសង្ស័យ

-adj. ដែលគួរឱ្យសង្ស័យ

suspend[sə'spend] ***tv.*** x a chandelier ព្យួរ

x a student បញ្ឈប់បណ្ដោះអាសន្ន

x work ផ្អាកធ្វើ

Law s. a sentence ព្យួរទោស

(particles) suspended (in liquid) អណ្ដែត (ក្នុងទឹក ។ល។)

suspenders[sə'spendər] ***n.*** ខ្សែព្រយុង (ខោ)

suspense[sə'spens] ***n.*** gripping x ការថប់បារម្ភ

matter hangs in x ភាពនៅមានចំណោទសួរ

suspension[sə'spenʃn] ***n.*** x of a chandelier ការព្យួរ

x of a student ការបញ្ឈប់បណ្ដោះអាសន្ន

x of work ការផ្អាកឈប់ធ្វើ

Law x of a sentence ការបដិសេធ

particles in x ការអណ្ដែត (ក្នុងទឹក ខ្យល់ ។ល។)

s. bridge ស្ពានព្យួរ

automobile x ប្រព័ន្ធទ្រ (គ្រឿងទ្រដែលភ្ជាប់តួរថយន្តទៅនឹងកង់)

suspicion[sə'spi ʃn] ***n.*** មន្ទិល, សង្ស័យ

suspicious[sə'spi ʃəs] ***adj.*** x of his friends ដែលមានមន្ទិលសង្ស័យ

x incident ដែលគួរឱ្យមន្ទិលសង្ស័យ

sustain [sə'stei n] ***tv.*** x a load ទ្រទ្រ

x an injury រង

x life ទ្រទ្រង់

x a tone ទប់ឱ្យនឹង, ធ្វើឱ្យនៅដូចដដែល

x his conclusions គាំទ្រ

sustenance['sʌstənəns] ***n.*** x of life ការទ្រទ្រង់

daily x ចំណីអាហារ

means of x ការរកស៊ីចិញ្ចឹមជីវិត

sutra[sutrə] ***n.*** ព្រះសូត្រ

suture['su:tʃər] ***tv.*** ដេររភ្ជិត (មុខរបួស)

-n. by x ការដេររភ្ជិត (មុខរបួស)

remove a x ថ្នេរនិមួយៗ

svelte[svelt] ***adj.*** ស្ដើងច្រវ៉ែ, ស្ដៀវ, ចំណៀវ

swab[swɔb] ***n.*** floor x ប្រដាប់សម្រាប់ជូតលាងម្យ៉ាងមានដង

ear s. តម្បារត្រចៀក

gun x ឧបករណ៍មានដងវែងសម្រាប់សំអាតបំពង់ផ្សេងៗមានមាត់ត្រកាំភ្លើងជាដើម

-tv. (*pt., pp.* swabbed) x the deck ជូតលាងនឹង

ប្រដាប់សម្រាប់ផុសលាងម្យ៉ាងមានផង
x a sore ផុសលាង (ដំបៅ។ល។)
swagger['swægər] *iv.* ដើរយ៉ាងក្រអឺតក្រទម
-*n* ដំណើរយ៉ាងក្រអឺតក្រទម
swallow[1]['swɔləu] *tv.* x medicine លេប (ថ្នាំ។ល។)
x one's pride លេប (អ.ប.)
s. up លេប, ស្រូប
Sl. x a story ជឿ
-*iv.* លេបទឹកមាត់
-*n.* មួយក្អៀក
swallow[2]['swɔləu] *n.* ត្រចៀកកាំ
swam[swei m] *(pt. of* swim *)*
swamp[swɔmp] *n.* វាលភក់ល្បប់
-*tv.* x a boat ធ្វើឱ្យលិច
Fig. x them with requests ធ្វើឱ្យមានច្រើនហួរហៀរ
swan[swɔn] *n.* ហង្ស
swap[swɔp] *tv. (pt.. pp.*swapped *)* ប្តូរ
-*n.* ការប្តូរ
swarm[swɔ:m] *n.* x of bees ហ្វូង
x of pedestrians ហ្វូងដំណែនតាន់តាប់
-*iv.* bees x ហើរទាំងហ្វូងទៅកន្លែងណាមួយ
people x to a sale ពពួនពពាក់ទៅ
swarming with (police) ពាសពេញទៅដោយ
swarthy['swɔ:ði] *adj.* ស្រគាំ
swat[swɔt] *tv. (pt.. pp.*swatted *)* វាយ (នឹងអ្វីៗសំប៉ែត)
-*n.* ការវាយ (នឹងអ្វីៗសំប៉ែត)
swath[swɔθ] *n.* cut a x of hay ការកាត់មួយជួរស
x of a scythe មួយខ្ទាប់, មួយរឹប
x of cloth បន្ទះ
swathe[swei ð] *tv.* រុំ

sway[swei] *iv.* x back and forth យោល
x to one side ទេរ
x toward his point of view លំអៀង
-*tv.* x a bridge ធ្វើឱ្យយោល
x public opinion ធ្វើឱ្យទៅខាងណាម្ខាង
-*n.* degree of x ដំណើរយោល
hold x over the country ឥទ្ធិពល
swaybacked[swei bei ki d] *adj.* ផែន
swear[sweər] *iv. (pt.* swore *.pp.* sworn *)*
x on the Bible ស្បថ
Lit: សច្ចាប្រណិធាន
x loudly ពោលពាក្យលាមក
x at a dog ជេរ
-*tv.* x allegiance សច្ចា, ស្បថ
x a terrible oath ពោល (ពាក្យលាមក)
s. in (a witness) ឱ្យស្បថ
Coll. s. off alcohol ស្បថលែងផឹកស្រា
sweat[swet] *iv.* workers x បែកញើស
windows x ឡើងញើស
-*tv.* x water បែក, ចេញ
x a horse ធ្វើឱ្យបែកញើស
s. out (impurities) ធ្វើឱ្យចេញតាមញើស
s. out (the truth) ធ្វើទារុណកម្មអ្នកណាម្នាក់ដើម្បីផ្តល់នូវអ្វីមួយ
Sl. s. out (a decision) ចាំយ៉ាងខ្វល់ខ្វាយ
s. up (a horse) ធ្វើឱ្យបែកញើសច្រើន
s. up (one's clothes) ធ្វើឱ្យប្រឡាក់ញើស
-*n.* x of his brow ញើស
Sl. in a s. ខ្វល់ខ្វាយ, ថប់បារម្ភ

sweater['swetər] ***n.*** អាវយឺត (សម្រាប់ពាក់ពីក្រៅ)

sweep[swi:p] ***tv.*** *(pt. ,pp.*swept *)*

x the floor បោស

Her gown swept the floor. សំពត់គាត់អូសដី

(wind) sweeps (snow) ផាត់, បក់

x the sea with a gun បេតម្រង់ទៅ

eyes x the horizon រំពៃមើល

-iv. winds x across the plain បក់, ផាត់មកលើ

(army) swept (into Europe) ទៅកាត់មួយជ្រលួស ដោយមានគ្នាជាច្រើន

planes x down ហោះឆាប

-n. x of the armies across Europe ដំណើរកាត់មួយជ្រលួស

a s. of one's hand ការវាសដៃ

x of the waves on the sand ការបោក

a long x of sand ផ្ទៃរាប

x of a gun ចម្ងាយបេទៅមកបាន

sweeper[swi:pər] ***n.*** street x អ្នកបោសច្រាស

electric x អំបោស

sweeping[swi:piŋ] ***adj.*** x victory ទាំងស្រុង

x statement គ្មានចន្លោះ

sweepstake['swi:pstei k] ***n.*** ឆ្នោតវត្ថុ

sweet[swi:t] ***adj.*** x taste ផ្អែម

x music ពិរោះ (មិនក្អុងក្អាំង)

x smell ក្រអូប

x girl ទន់ភ្លន់គួរឱ្យចូលចិត្ត

s. pepper ម្ទេសផ្លោក

s. potato ដំឡូងជ្វា

Id. have a s. tooth ចូលចិត្តគ្រឿងផ្អែម

-n. eat a x បង្អែម

Cap. My S. ពាក្យសម្រាប់ហៅមនុស្សជាទីស្រឡាញ់ (ឧ.បេះដូងខ្ញុំ)

sweeten ['swi:tn] ***tv.*** ដាក់ស្ករ

-iv. ទៅជាផ្អែម

sweetening['swi:tniŋ] ***n.*** អ្វីៗសម្រាប់ធ្វើឱ្យផ្អែម

sweetheart['swi:thɑ:t] ***n.*** សង្សារ, គូសង្សារ

swell[swel] ***iv.*** *(pt.* swelled *.pp.*swollen *)*

infections x ហើម

sails x ឡើងប៉ោង

rivers x ឡើង

sounds x ឮខ្លាំងឡើងៗ

-tv. x an arm ធ្វើឱ្យហើម

x the sails ធ្វើឱ្យប៉ោង

x a river ធ្វើឱ្យទឹកឡើង

-n. x of the tide ដំណើរខ្ទាលឡើង

x of a sprain ដំណើរហើម

x of the music ដំណើរឮខ្លាំងឡើង

-adj. Coll. ជាទីពេញចិត្ត, ល្អ

swelling['sweliŋ] ***n.*** កន្លែងហើម

swelter['sweltər] ***iv.*** ថប់ខ្យល់ដោយក្ដៅខ្លាំងពេក

-tv. ធ្វើឱ្យថប់ខ្យល់ដោយក្ដៅខ្លាំងពេក

swept[swept] *(pt. . pp. of* sweep *)*

swerve[swɜ:v] ***iv., tv.*** បត់វែរយ៉ាងខ្លាំង

-n. ការបត់វែរយ៉ាងខ្លាំង

swift[swi ft] ***adj.*** x boat លឿន

x motion រហ័ស

x to act ឆាប់

swig[swi g] ***n.*** *Coll.* មួយក្លឹកយ៉ាងធំ

-tv. *(pt. ,pp.*swigged *)* ផឹកក្លឹកៗ

swim[swi m] ***iv.*** *(pt.*swam *.pp.* swum *)*

fish x ហែល

objects x on the surface អណ្ដែត

eyes x with tears ជោរជល់

My head is swimming. ខ្ញុំវិលក្បាល

-*tv.* x the river ហែលឆ្លង

x a boat ធ្វើឱ្យអណ្ដែតឡើង

-*n.* take a s. ហែលទឹកលេង

Id. be in the s រស់រវល់នឹងព្រឹត្តការណ៍បច្ចុប្បន្ន

swindle['swi ndl] *tv.* បោក (ប្រាក់)

-*n.* ការបោក (ប្រាក់)

swindler['swi ndlər] *n.* អ្នកបោកប្រាស់, មនុស្សបោកគេ

swine[swai n] *n.* ជ្រូក

swing[swi ŋ] *tv.* (*pt.*, *pp.* swung)

x a club ក្រវាត់

x a child យោល

x a pendant ធ្វើឱ្យយោល

x the vote ទាញមកខាងណាមួយ

Sl. x a deal លៃលកធ្វើឱ្យបានសម្រេច

-*iv.* x in the wind យឺកយោកៗ

(doors) s. back and forth យោលទៅយោលមក

Coll. x to the music កំសាន្ត

-*n.* x of a pendulum ការយោល

child's x ទោង

Id. be in full s. កំពុងដល់កម្រិតខ្ពស់បំផុត

swipe[swai p] *tv.* x his car កកិត

Coll. x a cookie លួច

-*n.* take a s. at it វាយ

swirl[swɜ:l] *iv.* (water) swirls ក្ដួច

heads x វិល

-*tv.* ធ្វើឱ្យក្ដួច

-*n.* កំនួច, ដំណើរក្ដួច (នៃទឹក ។ល។)

swish[swi ʃ] *iv.* x through the air បន្លឺសូរវឹបឬរឹតឬខ្វាប់ ដូចដាវពាត់ដែលគេវាត់ជាដើម

petticoats x កកិតគ្នាឬលាស់ឮសូរវឹបៗ

-*tv.* x a sword ក្រវាត់ឮសូរវឹបៗ

x water around ធ្វើឱ្យវិលវល់

-*n.* សូរខ្វាប់ឬរឹត

switch[swi ʧ] *tv.* x a dog វាយ (នឹងរំពាត់)

x brands ប្ដូរ

x a train track ប្ដូរឱ្យទៅផ្លូវមួយទៀត

s. off បិទ (កុងតាក់ ។ល។)

s. on បើក (កុងតាក់ ។ល។)

-*iv.* x to another brand ប្ដូរ (ទៅ)

(motors) s. on បើក

(motors) s. off បិទ

-*n.* wooden x រំពាត់

electrical x កុងតាក់

railroad x ប្រដាប់ប្ដូរផ្លូវរទេះ

sudden x ការប្ដូរ

switchboard['swi ʧbɔ:d] *n. Fr:* ស្តាណ្ដ

swivel['swi vl] *iv.* វិល

-*tv.* បង្វិល

-*n.* អ្វីៗដែលអាចបង្វិលជុំវិញបាន

s. chair កៅអីបង្វិលជុំវិញបាន

swollen['swəulən] (*pp. of* swell) ហើម

swoon[swu:n] *iv.* សន្លប់

-*n.* ការសន្លប់

swoop[swu:p] *iv.* ឆាប

-*n.* ការឆាប

sword [sɔ:d] *n.* steel x ដាវ *Roy:* ព្រះខាន់

Id. be at swords' points វិះៗតែនឹងឈ្លោះគ្នា

Id. cross swords ប៉ះទង្គិចគ្នា

swore[swɔ:r] (*pt. of* swear)

sworn[swɔ:n] (*pp. of* swear)

swung [swʌŋ] (*pt.*, *pp. of* swing)

syllable['si ləbl] *n.* ព្យាង្គ

syllabus['si ləbəs] ***n.*** កម្រោង, សង្ខេប

sylph[si lf] ***n.*** អាកាសទេព

sylvan['si lvən] ***adj.*** x scene នៃព្រៃព្រឹក្សា

x plants ដែលដុះក្នុងព្រៃ

symbol['si mbl] ***n.*** mathematical x សញ្ញា

He' s a x of the revolution. និមិត្តរូប

symbolism['si mbəli zəm] ***n.*** ការប្រើជានិមិត្តរូប

symbolize['si mbəlai z] ***tv.*** x concepts ប្រើសញ្ញាតំណាង (អ្វីមួយ)

(He) symbolizes (the revolution.) ជានិមិត្តរូប

symmetrical[si 'metri kl] ***adj.*** ដែលមានសមប្ប - មាណ

symmetry['si mətri] ***n. Fr:*** ស៊ីមេទ្រី

Lit: សមប្បមាណ

sympathetic[,si mpə'θeti k] ***adj.*** x toward the poor ដែលអាណិតអាសូរ

x to a cause បាសាទិក (ចំពោះ)

sympathize['si mpəθai z] ***iv.*** x with the family អាណិតអាសូរ

x with their aims មានបាសាទចិត្ត (ចំពោះ)

sympathy['si mpəθi] ***n.*** បាសាទចិត្ត

symphony['si mfəni] ***n.*** មហោរី

symposium[si m'pəuzi əm] ***n.*** សន្និសិទនៃអ្នកជំនាញខាងអ្វីមួយ

symptom['si mptəm] ***n.*** medical s. រោគសញ្ញា, រោគលក្ខណៈ, អាការរោគ

x of his subconscious និមិត្តហេតុ

synagogue['si nəgɔg] ***n.*** វិហារជ្វីហ្វ

synchronic['si ŋkrəuni k]***adj.*** x events ដែលមានឡើងក្នុងពេលតែមួយ

Ling. x description នៅក្នុងសម័យណាមួយ

synchronize['si ŋkrənai z] ***tv.*** ធ្វើសមកាលកម្ម

synchronous['si ŋkrənəs] ***adj.*** នៅពេលជាមួយគ្នា

syndicate['si ndi kət] ***n.*** អង្គការចាត់តាំងឡើងដើម្បីការពារប្រយោជន៍រួម

-tv. បញ្ចូលគ្នា

syndrome['si ndrəum] ***n.*** សហនិមិត្តហេតុ

synonym['si nəni m] ***n.*** វេវចនសព្ទ

synonymous[si 'nɔni məs] ***adj.*** វេវចនៈ

synopsis[si 'nɔpsi s] ***n.*** សង្ខេប

syntax['si ntæks] ***n.*** លំដាប់ពាក្យក្នុងភាសាណាមួយ

Lit: វាក្យសម្ព័ន្ធ

synthesis['si nθəsi s] ***n.*** សំយោគ

synthetic[si n'θeti k] ***adj.*** x rubber ស៊ាំងតេទិក

x compound/language សំយោគី

syphilis['si fi li s] ***n.*** រោគស្វាយ

syringe[si 'ri ndʒ] ***n.*** hypodermic x សឺរ៉ាំង, ប្រដាប់ចាក់ថ្នាំ

vaginal x ប្រដាប់បូម

syrup['si rəp] ***n. Fr:*** ស៊ីរ៉ូ, ទឹកស៊ីរ៉ូ

system['si stəm] ***n.*** solar x ប្រព័ន្ធ

s. of government របៀបគ្រប់គ្រង

metric s. មាត្រាប្រព័ន្ធ

numerical s. ប្រព័ន្ធសំខ្យា

have no x in his work របៀប

x of production បែបបទ, របៀប

systematic[,si stə'mæti k] ***adj.*** x approach (ជា) យថាក្រម, ប្រពន្ធិក

x worker ដែលមានរបៀប

systematize['si stəmətai z] ***tv.*** រៀបចំប្រព័ន្ធ

T

T, t [ti:] អក្សរទី២០តាមលំដាប់អក្សរក្រមអង់គ្លេស

Id. That suits me to a " t " ស្រួលតែម្តង, ដូចខ្ញុំគិតអញ្ចឹង, ត្រូវជាច់ហើយ

tab[tæb] ***n.*** paper x ស្លាក (ដែលចេញច្រុងមក សម្រាប់ចាប់ទាញ ។ល។

keep t. of (the expenses) កត់ទុក (លើក្រដាស ឬក្នុងខួរ)

keep t. of (his activities) តាមដាន

pay the t. បង់ថ្លៃ

-tv. ដាក់ស្លាក

table[tei bl] ***n.*** dining x តុ

x of contents តារាង, បញ្ជី, សារបាន

water t. ផ្ទៃទឹក *Lit:* ជលស្ការ

Id. lay one's cards on the t. បញ្ចេញឱ្យឃើញទាំងអស់

-tv. x figures រៀបជាតារាង

x a motion លើកវារ

tableau['tæbləu] ***n.*** paint a x ផ្ទាំងគំនូរ

assemble a x រូបសូនដែលគេយកមករៀបជាទេសភាពអ្វីមួយ

tablecloth['tei blklɔθ] ***n.*** កម្រាលតុ

tableland['tei bləlænd] ***n.*** ខ្ពង់រាប

tablespoon['tei blspu:n] ***n.*** ស្លាបព្រាបាយ

tablespoonful['tei tblspu:nful] ***n.*** ចំណុះមួយស្លាបព្រាបាយ

tablet['tæblət] ***n.*** writing x ដុំកំណត់ (ដែលអាចហែកយកចេញមួយសន្លឹកម្តងៗតាមត្រូវការ)

bronze x ផែនចារឹក

aspirin x គ្រាប់ (មូលសំប៉ែតដូចផែនស្គរ)

table tennis['tei bl 'teni s] ***n.*** ពីងប៉ុង

tableware['tei blweər] ***n.*** គ្រឿងសម្រាប់បរិភោគបាយមានចាន កែវ សមជាដើម

tabloid['tæblɔi d] ***n.*** កាសែតទំហំសន្លឹកតូចជាងធម្មតាហើយមានរូបច្រើន

taboo, tabu[tə'bu:] ***adj.*** ដែលហាមមិនឱ្យប៉ះពាល់ ប្រើប្រាស់ ធ្វើ ។ល។

-n. អ្វីៗដែលគេហាមមិនឱ្យពាល់ ប្រើប្រាស់ ធ្វើ ។ល។

-tv. ហាមមិនឱ្យប៉ះពាល់ ប្រើប្រាស់ឬធ្វើ ។ល។

tabor, tabour[tei bɜ:] ***n.*** កូនស្គរម្យ៉ាង

-iv. វាយស្គរ

tabu [tə'bu:] *(see* taboo*)*

tabular['tæbjələr] ***adj.*** x presentation ដែលរៀបឡើងជាតារាង

x from ជាគ្រាប់ (រាងដូចផែនស្គរ)

tabulate['tæbjulei t] ***tv.*** រៀបឡើងជាតារាង

tabulation[,tæbju'lei ʃn] ***n.*** ការរៀបឡើងជាតារាង

tabulator[,tæbju'lei tər] ***n.*** mechanical x ម៉ាស៊ីនរៀបអ្វីៗឡើងជាតារាង

work as a x អ្នករៀបអ្វីៗឡើងជាតារាង

tachometer[tækəumətər] ***n.*** គ្រឿងវាស់ល្បឿនម៉ាស៊ីនដើរឬវិល

tacit['tæsi t] ***adj.*** ដោយកាត់យល់, ដោយគ្មានសន្ធត់ ឬយល់ព្រមជាដាក់លាក់, ដោយតុណ្ហីភាព

taciturn['tæsi tɜ:n] ***adj.*** ដែលមិនសូវមាត់ក

tack[tæk] ***n.*** pull out a x ដែកគោលចុច, ដែកគោលតូចខ្លីក្បាលធំសំប៉ែត

Naut. x of a boat ទិសដែលតម្រង់ឆ្ពោះទៅ

Fig. take a different t. ប្រើស្លៀតផ្សេង

-tv. x a sign to a post បិទភ្ជាប់នឹងដែកគោលចុច

Naut. x a sailboat បើកបត់ចុះបត់ឡើង

-iv. Naut. x to the West បើកឆ្ពោះទៅ

Naut. x to shore បើកបត់ចុះបត់ឡើងសំដៅទៅ

tackle['tækl] ***n.*** fishing x ប្រដាប់ប្រដាស្ទូចត្រី

block and x រ៉ក

Football make a x ការចាប់បោកផ្តួល

Football He plays x. អ្នកចាប់បោកផ្តួល

-tv. x a problem ផ្តើមពិនិត្យដោះស្រាយ

Football x an opponent ចាប់បោក (អ្នកលេងម្ខាងទៀត)

tacky['tæki] ***adj.*** មិនសមរម្យ, ថោកទាប (សំលៀកបំពាក់ ។ល។)

tact[tækt] ***n.*** ការប៉ិនប្រសប់

tactful[tæktfl] ***adj.*** ដែលប៉ិនប្រសប់ (ក្នុងការទាក់ទងនឹងមនុស្សឯទៀត)

tactics['tækti ks] ***n.*** use different x មធ្យោបាយ, ស្លៀត

military t. យុទ្ធវិធី

tactical['tækti kl] ***adj.*** នៃកលយុទ្ធ

tactician[tæk'ti ʃn] ***n.*** អ្នកកលយុទ្ធ

tactile['tæktai l] ***adj.*** នៃកាយវិញ្ញាណ

tactless[tæktləs] ***adj.*** ដែលគ្មានការប៉ិនប្រសប់ (ក្នុងការទាក់ទងមនុស្សឯទៀត)

tadpole['tædpəul] ***n.*** កូនក្អុក, កូនពៀក

taffy['tæfi] ***n.*** ស្ករតាំងម៉ែ

tag[tæg] ***n.*** price x ស្លាក, ប្លាក

t. end ផ្នែកខាងក្រោយបំផុត

license t. ប្លាកលេខ (ឡាន)

play x ល្បែងក្មេងលេងម្យ៉ាងមានអ្នកលេងម្នាក់ដេញញោចអ្នកឯទៀត

*-tv. (pt., pp.*tagged*)*

x merchandise បិទប្លាក

x an opponent ញោច (លេងបិទពួន)

-iv. t. along behind តាមពីក្រោយ

tail[tei l] ***n.*** horse's x កន្ទុយ

x of the line ចុង (ខ្សែ)

Aero. x of a plane កន្ទុយ (យន្តហោះ)

Sl. put a x on a suspect អ្នកតាមដាន

-adj. x wind ពីខាងក្រោយ

x light ខាងក្រោយ

-tv. Sl. x a suspect តាមដាន, តាមមើលមិនឱ្យដឹងខ្លួន

x a kite ដាក់កន្ទុយ (ខ្លែង ។ល។)

tailor['tei lər] ***n.*** ជាងដេរកាត់ (ខោអាវ)

-tv. ដេរកាត់ (ខោអាវ)

-iv. រកស៊ីដេរកាត់ខោអាវ

tailor-made[,tei lər mei d] ***adj.*** x clothing ដែលដេរដៃ (ផ. កាត់ស្រាប់ឬរយ)

x for the job ដែលធ្វើជាពិសេសសម្រាប់

tails[tei ls] ***n.*** coin came up x ខាងផ្កាប់

Id. couldn't make heads of t. of it យល់មិនបាន

tailspin['tei lspi n] ***n.*** ការធ្លាក់ក្បាលសំយុងចុះ (យន្តហោះ)

taint[tei nt] ***n.*** food has a x ដំណើរផ្អូមឬខូច

x of corruption ស្នាមបន្តិចបន្តួចដែលនាំមកនូវសេចក្តីសៅហ្មង

-*tv.* ធ្វើឱ្យខូច

-*iv.* ខូច

tainted[tei nti d] *adj.* x food ខូច

x money ដែលបានមកដោយអំពើទុច្ចរិតផ្សេងៗ

x honor ដែលមានប្រឡាក់ (អ.ប.)

take[tei k] *tv.* (*pt.* took *pp.* taken)

I' ll x that one. យក

x me along. យកទៅ

x oil from the earth ទាញយក

x a fort យកបាន

x pills លេប

x cough syrup ផឹក

t. a walk ដើរលេងកំសាន្ត

t. a bath ងូតទឹក

t. a break ឈប់សម្រាក

(success) takes (effort) ចាំបាច់, ត្រូវការ

(The trip) takes (5 hours.) អស់ពេល

He won' t x charity. ទទួល, យក

The car won' t x hard wear. ធន់

I won' t x his insults ទ្រាំលេប (អ.ប.)

x money from the firm លួច

x a bus home ជិះ

I don' t know how to x him. បកស្រាយ

I x it you' ll go. យល់ថា

Where does this bus x me ? នាំយកទៅ

x pride in one' s work មាន

taken (by cancer) ត្រូវស្លាប់

taken (by her) ត្រូវធ្វើឱ្យស្ញើច

Sl. x him for $100 បោក

Coll. t. sick ឈឺ

t. a seat អង្គុយ

t. steps (against crime) ចាត់វិធានការ

x a picture ថត

t. an oath ស្បថ *Lit.* ធ្វើសច្ចាប្រណិធាន

He doesn' t t. a good picture. គាត់ថតទៅ រូបគាត់មិនស្អាតសោះ

t. turns ផ្លាស់វេនគ្នា (ធ្វើអ្វីមួយ)

t. after (his father) ដូច, មានរូបរាងដូច

t. back (a gift) យកវិញ

t. back one' s words ដកពាក្យវិញ

t. care of (children)ថែរក្សា

t. care of (the bill) បង់ថ្លៃ

t. down (a book) យក (ពីខាងលើមក)

t. down (an impudent child) បង្អន់ (ដោយស្តីបន្ទោសឱ្យ)

t. in (profits) បាន

t. in (a dress) ដេរបង្រួម

t. in (a customer) កោរ (អ.ប.)

t. in (stray dogs) យកមកចិញ្ចឹម

t. off (clothes) យកចេញ

t. on (new employees) ជួលថែម

t. on (passengers) ដាក់ថែម

t. on (a job) ទទួលធ្វើ

t. on (an opponent) ប្រកួត

t. over (the government) ដណ្តើមយក

t. over (the controls) កាន់កាប់គ្រង

t. to (the water) ស៊ាំនឹង

Coll. t. to (fighting) ចាប់ផ្តើម

t. up (tennis) ចាប់រៀន (ធ្វើអ្វីមួយ)

t. up (the challenge) ទទួល

t. up (a hem) ធ្វើឱ្យខ្ពស់ឡើងឬខ្លីឡើង

-*tv.* The idea didn' t x. សម្រេច

t. care ប្រយ័ត្នប្រយែង

(planes) t. off ឡើង, ហោះឡើង

Coll. t. off (after them) ទៅវិញ

Coll. t. on ធ្វើអ៊ីៗដើម្បីបង្ហាញការឈឺចិត្ត

-*n.* a x of fish ត្រីឬសត្វដែលចាប់បានឬបាញ់បាន

robbers' x របស់ដែលលួចប្លន់បានមក

Movies second x ការថតមួយលើកៗ

takeing['tei kiŋ] *adj.* គួរឱ្យចាប់ចិត្ត, ស្រស់

takings['tei kiŋz] *n.* ប្រាក់ចំណេញ, ប្រាក់ឈ្នះល្បែង

talcum['tælkəm] , **talc** *n.* produce x តាល (លោហធាតុម្យ៉ាង)

t. powder ម្សៅសម្រាប់លាបខ្លួនម្យ៉ាង

tale[teiI] *n.* fairy x រឿងប្រឌិត

Id. tell tales កុហក

talebearer[tei ləbi ərər] *n.* មនុស្សមេអរួច

talent['tælənt] *n.*. ការប៉ិនប្រសប់ *Lit:* កោសល្យ

talented['tæləntd] *adj.* ដែលប៉ិនប្រសប់

talisman['tæli zmən] *n.* វត្ថុស័ក្តិសិទ្ធិ

talk[tɔ:k] *iv.* He can' t x. និយាយ

The two parties want to x. ចរចា

The President will x tonight.ថ្លែងសុន្ទរកថា

Don' t t.! កុំមាត់

People might x. និយាយដើម

-*tv.* x nonsense និយាយ

x politics និយាយអំពី

t. s. o. into និយាយបញ្ចុះបញ្ចូលឱ្យធ្វើអ្វីមួយ

t. s. o. out of និយាយបញ្ចុះបញ្ចូលកុំឱ្យធ្វើអ្វីមួយ

t. down to s. o. និយាយមើលងាយ

-*n.* give a x បាឋកថា

(hold) talks កិច្ចចរចា

That' s just x. ពាក្យចចាមអារ៉ាម

baby x របៀបនិយាយ

Id. small t. ការនិយាយពីនេះពីនោះ

talkative['tɔ:kəti v] *adj.* ដែលនិយាយច្រើន

talking-to['tɔ:ki ŋ-tu] *n.* ការស្តីបន្ទោស

tall[tɔ:l] *adj.* x man ខ្ពស់

Coll. x story ដែលបំផ្លើស, មិនគួរឱ្យជឿ

tallow['tæləu] *n* ខ្លាញ់ (គោ ពពែ)សម្រាប់ធ្វើទៀន

tally['tæli] *n.* expense x បញ្ជីចំណូលចំណាយ

final x ចំនួនសរុប, ចំនួនបូករួប

-*tv.* (*pt. . pp.*tallied)

x votes កត់ចំនួន

x expenses បូកបញ្ចូលគ្នា

t. up បូកបញ្ចូលគ្នា

-*tv.* ស៊ីគ្នា, ស្របគ្នា

talon['tælən] *n.* ក្រញ៉ាំ (ខ្លែង ត្មាត ។ល។)

tamarind *n.* អំពិល

tambourine['tæmbə'ri:n] *n.* ស្គរសំប៉ែត (តូច)

tame[tei m] *adj.* x animal សាំង, កាច់បានហើយ

x existence សោះកក្រោះ (ការរស់នៅ)

-*tv.* x a tiger ផ្សាំង

x the elements បង្ក្រាប

Tamil *adj.* ទមិឡ

-*n.* He' s a x. ទមិឡ

speak x (ភាសា) ទមិឡ

tamp[tæmp] *tv.* បង្ហាប់

tamper['tæmpər] *iv.* t. with (his hi-fi) កកេះរុករឺលេង

t. with (the election process) ធ្វើអុកឡុក

tampon['tæmpɔn] *n.* ឆ្នុក (ធ្វើពីសំឡីឬសំពត់សម្រាប់ឃាត់ឈាម)

-*tv* ចុក (ឃាតឈាមៗលៗ)

tan[tæn] *tv. (pt . pp.*tanned*)*

x leather សម្លាប់ (ស្បែក)

(sun) tans (the skin) ធ្វើឱ្យឡើងពណ៌ផាំផែង

Coll. t. his hide វាយដំ

-*iv.* ឡើងពណ៌ផាំផែង

-*n* the color x ពណ៌ផាំផែង

have a good x សម្បុរផាំផែងដោយត្រូវកំដៅថ្ងៃ

leather x សំបកគោងកាង សំបកឈើសម្រាប់សម្លាប់ស្បែក)

-*adj.* ដែលមានពណ៌ផាំផែង

tanbark *n.* សំបកគោងកាង (សំបកឈើសម្រាប់សម្លាប់ស្បែក)

tandem['tændəm] *n.* in t. បន្តគ្នាមួយៗ

-*adj.* ដែលនៅពីក្រោយអ្វីមួយទៀត

tang[tæŋ] *n.* រសជាតិឬក្លិនមុត

tangent ['tænʒənt] *adj.* ដែលប៉ះប្រផុតប្រផើយ

-*n.* *Geom.* draw on a x ផុតខ្លួនខ្សែ

Id. go off on a t. បែរចេញ, ប្តូរភ្លាម

tangential *adj.* x line ខ្សែផុតខ្លួន

x remark ដែលប៉ះពាល់បន្តិចបន្តួចប្រផុតប្រផោយ

tangerine['tænʤə'ri:n] *n.* ក្រូចឃ្វិច

tangible['tænʤəbl] *adj.* x substance ផុសទីយ

x assets ដែលអាចប្តូរទៅជាប្រាក់រៀលបាន

x evidence ជាក់ស្តែង

tangle['tæŋgl] *tv.* ធ្វើឱ្យប្រទាក់ឬជំពាក់គ្នា

-*iv.* lines x ប្រទាក់ឬជំពាក់គ្នា

Sl. t. with មានរឿងរ៉ាវជាមួយ

-*n.* a x of rope ការជំពាក់ជំពិន

finances are in a x ការច្របូកច្របល់

Id. have a x with him ការឈ្លោះប្រកែក

tank[tæŋk] *n.* water x អាង, ធុង

Mil. drive a x រថក្រោះ

-*tv.* ដាក់ក្នុងអាង

tankard['tæŋkəd] *n.* កែវធំម្យ៉ាងមានដៃហើយនឹងគ្របសម្រាប់ហូបបីយែរ

tanker[tæŋkər] *n.* នាវា រថយន្ត ឬយន្តហោះ យានៗលៗ អាង (សម្រាប់ដឹកវត្ថុរាវ)

tanner[tænər] *n.* អ្នកសម្លាប់ស្បែក

tannery['tænəri] *n.* កន្លែងសម្លាប់ស្បែក

tantalize['tæntəlai z] *tv.* ធ្វើឱ្យមានចិត្តចង់

tantamount['tæntəmaunt] *adj.* ដូចគ្នានឹង

tantrum['tæntrəm] *n.* កំហឹងខ្លាំង, ការមួម៉ៅខ្លាំង

Taoism *pr. n.* លទ្ធិតាវ

tap[1][tæp] *tv. (pt. . pp.* tapped*)* x her on the shoulder វាយប៉ះបន្តើរៗ

x his pipe on his shoe គោះបន្តើរៗ

-*n.* ការវាយយ៉ាងបន្តើរៗ

tap[2][tæp] *n.* water x ក្បាលម៉ាស៊ីនទឹក

bolt and x ក្បាលខ្សៅស៊ី

beer on t. បីយែរដាក់ធុង

Id. (What' s) on t. (for tonight?) ដែលមានត្រៀមទុកហើយ

-*tv.* x a beer keg ដាក់ចំពួយ

x an underground stream បូមយកចេញ

x one' s inner resources យកមកប្រើប្រាស់

tape[tei p] *n.* adhesive x អ្វីៗដែលជាបន្ទះស្តើងៗ

recording t. ខ្សែអាត់

measuring t. ម៉ែត្រមូរ, ម៉ែត្រសំពត់

make a x of the conversation ការថត

t. recorder ម៉ាស៊ីនថតសម្លេង

Id. red t. ច្បាប់ទម្លាប់កំប៉ិកកំប៉ុកសុគស្មាញ (ទាក់ទងនឹងការរាជការ)

-tv. x sticks together ភ្ជាប់គ្នានឹងបន្ទះអ្វីមួយ

x the pieces together បិទភ្ជាប់គ្នានឹងបន្ទះអ្វីដែលស្អិតៗ

x music ថតសម្លេង

taper['tei pər] *iv.* pencils x ស្រួចទៅៗ

t. off អន់, ស្បើយ

-tv. ធ្វើឱ្យស្រួចទៅៗ

-n. x of a pencil ភាពស្រួចទៅៗ

light a x ទៀនឃ្មុំ

tapestry['tæpəstri] *n.* គ្រឿងប៉ាក់, គ្រឿងប៉ាក់សម្រាប់ព្យួរនៅជញ្ជាំង

tapeworm['tei pwɜ:m] *n.* ដង្កូវ

tapioca[,tæpi 'əukə] *n.* ម្សៅក្ដួចឬដំឡូងឈើ

taproot[tæprut] *n.* ឫសកែវ

tar[tɑ:r] *n.* coal x ជ័រ (ដូចជ័រនៅក្នុងស៊ីហ្គារ៉ែតជាដើម)

Coll. paving x កៅស៊ូចាក់ថ្នល់

-tv. *(pt., pp.* tarred*)* ចាក់កៅស៊ូ

tarantula[tə'ræntʃələ] *n.* ពីងពាងម្យ៉ាងមានពិស

tardy['tɑ:di] *adj.* យឺត, មិនទាន់ម៉ោង

tardiness['tɑ:di nəs] *n.* ការមកមិនទាន់ម៉ោង, ការយឺត

target['tɑ:gi t] *n.* hit the x រង់ (ដែលគេបាញ់)

military x កន្លែងដែលត្រូវបំផ្លាញ

x of $1 million កម្រិតកំណត់ទុកជាមុន

-adj. x date កំណត់ (ពីមុន)

t. language ភាសាដែលត្រូវរៀន

tariff['tærɪ f] *n.* ពន្ធលើអីវ៉ាន់នាំចេញឬចូល

tarnish['tɑ:ni ʃ] *iv.* ឡើងស្រអាប់

-tv. x silver ធ្វើឱ្យស្រអាប់

x his reputation ធ្វើឱ្យអាប់ឬខូច

-n. ភាពស្រអាប់

taro[tɑ:rəu] *n.* ត្រាវ

tarpaulin[tɑ:'pɔ:li n] *n.* សំពត់លាបជ័រ (កុំឱ្យជ្រាបទឹក)

tarry[1]['tæri] *iv.* *(pt. , pp.*tarried *)* រារង់

tarry[2]['tæri] *adj.* ដែលប្រឡាក់ជ័រខ្មៅស្ទើរខ្មៅៗ

tart[tɑ:t] *adj.* x flavor ជូរ

x reply ជូរចត់, គំរោះគំរើយ

-n. cherry x នំដែលម្យ៉ាងមូល

Sl. She' s a x. ស្រីខូច

tartan['tɑ:tn] *n.* សំពត់ខ្មុំណាម៉យក្រឡា

Tartar, Tatar['tɑ:tər] *pr. n.* He' s a x. ប្រជាជនតាតារ

work like a x មនុស្សដែលធ្វើការច្រើន

tartar['tɑ:tər] *n.* ក្រមធ្មេញ

task[tɑ:sk] *n.* daily x កិច្ចការ

quite a x កិច្ចការដ៏លំបាក

Id. take him to t. បន្ទោស

taskmaster['tɑ:skmɑ:stər] *n.* តម្រួតការ, អ្នកចែកការ (ឱ្យអ្នកឯទៀតធ្វើ)

tassel['tæsl] *n.* x of a hat រំយោល

corn x ផ្កាពោត

in t. កំពុងចេញផ្កា (ពោត)

-iv. ផ្កា, ចេញផ្កា (ពោត)

-tv. ដាក់រំយោល

taste [tei st] *tv.* x the soup ភ្លក់

can' t x anything មិនរសជាតិ

x freedom ប្រើរសជាតិ

-iv. (This bread) tastes (stale.) មានរសជាតិ

t. of មានជាតិអ្វីមួយបន្តិចផង

-n. sense of x ជិវ្ហាវិញ្ញាណ

delicious x រស, រសជាតិ

have good t. ស្គាល់របស់ល្អ

have a x for ការចូលចិត្ត

to my x ចំណូលចិត្ត

in good t. ថ្លៃថ្នូរ

t. bud កន្ទួលតូចៗនៅលើអណ្ដាត

Lit: បិណ្ឌិកា

tasteful[tei stfl] ***adj.*** សមរម្យ, •ថ្លៃថ្នូរ

tasty[tei sti] ***adj.*** ឆ្ងាញ់, មានឱជារស

Tatar[tɑ:tər] *(see* Tartar *)*

tatter['tætər] ***n.*** x of cloth អ្វីៗដែលដាច់រយីរយ៉ៃ

in tatters ដាច់ដាចរយីរយ៉ៃ

-tv. ធ្វើឱ្យដាច់ដាចរយីរយ៉ៃ

-iv. ដាច់ដាច, រហែករហុយ

tattle['tætl] ***iv.*** She loves to x. និយាយរអេចរអូច

t. on ពិតទូល

-tv. បញ្ចោញឱ្យគេដឹង (នូវរឿងសម្ងាត់)

-n. អ្នកយករឿងសម្ងាត់ទៅប្រាប់គេ

tattletale['tætltei l] ***n.*** អ្នកដែលយករឿងសម្ងាត់អ្នកដទៃមកបញ្ចោញប្រាប់គេ

-adj. ដែលបញ្ចោញឱ្យគេដឹង

tattoo[1][tə'tu:] ***n.*** សាក់

-tv. សាក់

tattoo[2][tə'tu:] ***n.*** សញ្ញា (ដោយវាយស្គរ។ល។)

-iv. វាយស្គរជាសញ្ញា

taught[tɔ:t] *(pt., pp. of* teach *)*

taunt [tɔ:nt] ***tv.*** និយាយឡកឡឺយ

-n. ពាក្យឡកឡឺយ

Taurus['tɔ:rəs] ***pr. n.*** ឧសភារាសី

taut[tɔ:t] ***adj.*** x rope តឹង

x ship ដែលមានវិន័យតឹងរ៉ឹង

tavern['tævən] ***n.*** តៀមស្រា

tawdry['tɔ:dri] ***adj.*** គ្មានតម្លៃ, ថោកទាប

tawny['tɔ:ni] ***adj.*** ត្នោតស្រអាប់

-n. ពណ៌ត្នោតស្រអាប់

tax[tæks] ***n.*** income x ពន្ធ *Lit:* អាករ

a x on his strength បន្ទុក

-tv. x the people យកពន្ធ

x imports យកពន្ធលើ

x one' s patience ជាបន្ទុកយ៉ាងធ្ងន់ដល់

taxable[tæksəbl] ***adj.*** ដែលអាចដាក់ពន្ធបាន

taxation[tæk'sei ʃn] ***n.*** ការយកពន្ធ, ការដាក់ពន្ធ

taxi['tæksi] ***n.*** តាក់ស៊ី, ឡានតាក់ស៊ី

-iv. x to the airport ជិះតាក់ស៊ី

Aero. planes x along បើកទៅមុខយឺតៗ (នៅនឹងដី)

-tv. Aero. បើកទៅមុខយឺតៗ (នៅនឹងដី)

taxidermist['tæksi dɜ:mi st] ***n.*** អ្នកយកស្បែកសត្វមកញាត់ (ឱ្យមានរូបរាងដូចសត្វធម្មតាវិញ)

taxidermy['tæksi dɜ:mi] ***n.*** សិល្បខាងយកស្បែកសត្វមកញាត់

taxonomy[tæk'sɔnəmi] ***n.*** វិទ្យាសាស្ត្រខាងធ្វើវគ្គីករណ៍ (សត្វ ដើមឈើ។ល។)

taxpayer['tækspei ər]***n.*** អ្នកជាប់ពន្ធ, អ្នកដែលបង់ពន្ធ

tea[ti:] ***n.*** drink x ទឹកតែ

plant x តែ

give a x ជាវទីនៅពេលរសៀល

teach[ti:tʃ] ***tv.*** *(tp. , pp.*taught *)*

x history បង្រៀន, បង្ហាត់

x a dog បង្ហាត់

Id. t. him a lesson ធ្វើឱ្យរាងចាល

teacher[ti:tʃər] ***n.*** *1. Masc:* គ្រូ, គ្រូបង្រៀន

2. Fem: អ្នកគ្រូ

Buddha was a great x. អាចារ្យ

teaching[ti:tʃi ŋ] ***n.*** go into x ការបង្រៀន

usu. pl. follow his x សិក្ខាបទ

teacup['ti:kʌp] ***n.*** ពែងតែ

teak[ti:k] ***n.*** ម៉ៃសាក់

teakettle[ti:ketl] ***n.*** កំសៀវ

teal[ti:l] ***n.*** ប្រវឹក

team[ti:m] ***n.*** athletic x ក្រុម, ពួក

Lit: យុគគ្ល

x of horses សត្វទឹម (ឱ្យអូសអ្វីផ្សេងៗ)

-tv. x horses ទឹម

t. up on លើកគ្នាប្រឆាំង

teammate['ti:mei t] ***n.*** មនុស្សនៅក្នុងក្រុមជាមួយគ្នា

teamster['ti:mstər] ***n.*** អ្នកបររទេះ

teamwork['ti:mwɜ:k] ***n.*** ការរួមដៃគ្នា

teapot['ti:pɔt] ***n.*** ប៉ាន់តែ

tear[1]['teər] ***n.*** wipe away a x ទឹកភ្នែក

Pl. will only bring x ទុក្ខសោក

in tears ទឹកភ្នែករហាម

t. gas ឧស្ម័នធ្វើឱ្យចេញទឹកភ្នែក

tear[2][teər] ***tv.*** *(pt.*tore *.pp.* torn *)*

x one' s shirt ហែក

t. oneself away ដកខ្លួនចេញទាំងបង្ខំ

country torn by war ស្រុកត្រូវខ្ទេចខ្ទីដោយសង្គ្រាម

t. down រុះ

t. up ហែកកំទេច

-iv. papers x រហែក

Coll. t. around រត់ញាប់ជើង

-n. កន្លែងរហែក

teardrop['reərdrɔp] ***n.*** ដំណក់ទឹកភ្នែក

tease [ti:z] ***tv.*** x a younger brother ជន្ល,

ជន្ទេញ, និយាយលួកលាន់

x a dog ឆាឆៅ

x one' s hair កោស, ក្រសាប់

-n. He' s a great x. អ្នកចូលចិត្តជន្លជន្ទេញ

Sl. She' s just a x. ស្រីដែលចូលចិត្តធ្វើឱ្យប្រុសស្រើបស្រាល

teaspoon['ti:spu:n] ***n.*** ស្លាបព្រាកាហ្វេ

teaspoonful['ti:spu:nful] ***n.*** ចំណុះមួយស្លាបព្រាកាហ្វេ

teat , tit[ti:t] ***n.*** x of the breast ចុងដោះ, ក្បាលដោះ

Sl. . pl. arttractive x ដោះ

grease x អ្វីៗមានរាងដូចក្បាលដោះ

technical['tekni kl] ***adj.*** x assistance បច្ចេកទេស

x explanation ដែលជ្រៅម្ល៉ិតល្អន់

technicality[,tekni 'kæləti] ***n.*** x of the process បច្ចេកទេសភាព

legal x ចំណុចដ៏ល្អិតល្អន់

technician[tek'ni ʃn] ***n.*** អ្នកបច្ចេកទេស

technique[tek'ni:k] ***n.*** new x របៀប, វិធី

Mus good x ការប៉ិនប្រសប់

technocracy['teknəkræsi] ***n.*** បច្ចេកាធិបតេយ្យ

technology[tek'nɔlədʒi] ***n.*** *Neol.* តិកណូឡូស៊ី

Lit. បច្ចេកវិជ្ជា

tedious['ti:di əs] ***adj.*** x work ដែលធ្វើឱ្យនឿយហត់

x lecture ដែលធ្វើឱ្យធុញទ្រាន់

tedium['ti:di əm] ***n.*** ភាពដែលធ្វើឱ្យធុញទ្រាន់

tee[ti:] ***n.*** *Golf* wooden x ទ្រនាប់ដាក់វាយបាល់ (ហ្គុហ្វ៍)

women ' s x ទីចាប់ផ្ដើមលេងហ្គុហ្វ៍

-tv. ដាក់លើទ្រនាប់បាល់

-iv. t. up ដាក់បាល់លើទ្រនាប់វាយបាល់

t. off ចាប់លេងហ្គុហ្វ៍

teem (with)[ti:m] ***iv.*** ពោរពេញ (ទៅដោយ), ពាសពេញ, មានជាច្រើន

teenager['ti:nei dʒər] ***n.*** ក្មេងជំទង់ (អាយុពី១៣ ទៅ១៩ឆ្នាំ)

teens [ti:nz] ***n.*** វ័យពី១៣ទៅ១៩ឆ្នាំ

teeter['ti:tər] ***iv.*** ងេកងោកៗ, បាស់បើកៗ

teeter-totter['ti:tər 'tɔtər] ***n.*** គ្រឿងក្មេងជិះលេង . ម្យ៉ាងដូចជក្តារបុំង

-*iv.* ងើកងោកៗ, បាស់បើកៗ

teeth[ti:θ] *(pl. of tooth)*

teethe[ti:ð] ***iv.*** ដុះធ្មេញ

teetotal[,ti:'təutl] ***adj.*** ដែលមិនសេពសុរាសោះ

teetotaler[,ti:'tətlər]***n.*** មនុស្សដែលមិនសេពសុរាសោះ

telecast[,teli kei st] ***n.*** ការផ្សាយតាមទូរទស្សន៍

-*tv.* ផ្សាយតាមទូរទស្សន៍

telegram['teli græm] ***n.*** ***Fr:*** តេឡេក្រាម

Lit: ទូរលេខ

telegraph['teli grɑ:f] ***n.*** operate a x ទូរលិខ (ម៉ាស៊ីនសម្រាប់ផ្ញើឬទទួលទូរលេខ)

send a x *Fr:* តេឡេក្រាម

Lit: ទូរលេខ

-*iv.* វាយតេឡេក្រាម

-*tv.* វាយតេឡេក្រាមទៅ, ផ្ញើទូរលេខទៅ

telegraphic[,teli 'græfi k] ***adj.*** នៃឬតាមទូរលិខ

telegraphy[tə'legrəfi] ***n.*** ទូរលិខសាស្ត្រ

telepathy[tə'lepəθi] ***n.*** ទូរវេទន៍

telephone['teli fəun] ***n.*** ***Fr:*** តេឡេហ្វូន

Lit: ទូរសព្ទ

-*iv.* និយាយតេឡេហ្វូន, និយាយទូរសព្ទ

-*tv.* ហៅ, ហៅតេឡេហ្វូនទៅ, ទូរសព្ទទៅ

telephonic[teli fəuni k] ***adj.*** នៃទូរសព្ទ

telephoto['teli fəutəu] ***n.*** កែវយឺត

telescope['teli skəup] ***n.*** កែវយឺត

-*tv.* ធ្វើឱ្យស្រុញចូលគ្នា

-*iv.* ស្រុញចូលគ្នា

telescopic[,teli 'skɔpi k] ***adj.*** x view ដែលប្រើកែវយឺត

x action ដែលស្រុញចូលគ្នា

Teletype[,teli 'tai p] ***n.*** ***(T.M)*** ទូរលិខអង្គុលីលេខ

-*tv.* *(l. c.)* ផ្ញើសារតាមទូរលិខអង្គុលីលេខ

-*iv.* វាយទូរលិខអង្គុលីលេខ

televise['teli vai z] ***tv.*** x the proceeding live ផ្សាយតាមទូរទស្សន៍

x for later showing ថតដោយគ្រឿងទូរទស្សន៍

television['teli vi ʒn] ***n.*** តេវេ *Lit:* ទូរទស្សន៍

tell[tel] ***tv.*** *(pt. . pp . told)*

x him I' m here. ប្រាប់

x a story និយយា (ប្រាប់) *Lit:* និទាន

x him to wait. ប្រាប់, បញ្ជាប្រាប់

can' t x what' s wrong ដឹង

can t. time ចេះមើលម៉ោង

(Don' t) t. on (me.) ពិតទូល

(Troubles) t. on (his work.) បង្ហាញឱ្យឃើញ (ក្នុង)

-*iv.* (One' s training) tells (in later life.) បង្ហាញឱ្យឃើញ

(Every stroke) tells. ស័ក្តិសិទ្ធិ

teller['telər] ***n.*** story x អ្នកនិយាយឬនិទាន

bank x អ្នកបើកប្រាក់ឬទទួលប្រាក់នៅក្នុងធនាគារ

telling['teli ŋ] ***adj.*** យ៉ាងស័ក្តិសិទ្ធិ, យ៉ាងជំណំ

telltale['teltei l] ***n.*** មនុស្សនិយាយរអេចរអូច

-*adj.* ដែលបញ្ចេញឱ្យគេដឹង

temerity[tə'mərəti] ***n.*** ភាពក្លាហានហួសប្រមាណ

temper['tempər] ***n.*** in a good x អារម្មណ៍

He really has a t. គាត់ឆាប់ខឹងណាស់

lose one' s t. ទប់កំហឹងមិនបាន

t. of steel ភាពដែកលត់

-*tv.* t. steel លត់ដែក

x one' s criticism with kindness សម្រួល, បង្អន់

temperament['tem'prəmənt] ***n.*** អជ្ឈាស័យ, អធ្យាស្រ័យ

temperamental[,temprə'mentl] *adj.* ឆេវឆាវ, ឆាប់ខឹង ឆាប់ស្ងើច

temperance['tempərəns] *n.* ការចេះទប់ចិត្ត, ការចេះប្រមាណ

Lit: មត្តញ្ញុតា

temperate['tempərət] *adj.* x habits ដែលចេះប្រមាណ·

t. climate អាកាសធាតុបង្គួរ

temperature['temprətʃər] *n.* air x កំដៅ

Lit: សីតុណ្ហភាព

He has a x. គ្រុន

tempest['tempi st] *n.* ព្យុះសង្ឃរា

tempestuous[tem'pestʃuəs] *adj.* x wind ខ្លាំងដូចព្យុះសង្ឃរា

x disposition ចិត្តខ្លាំងដូចព្យុះសង្ឃរា

temple[1]['templ] *n.* វិហារ, ព្រះវិហារ

temple[2]['templ] *n.* សៀតផ្កា

tempo['tempəu] *n.* *Mus.* increase the x ភាពញាប់ឬយឺតនៃចង្វាក់ភ្លេង

x of modern life ចង្វាក់ (ន.ប.) ដំណើរធម្មតា

temporal['tempərəl] *adj.* x pleasures លោកិយ

x aspect កាលិក (នៃពេលវេលា)

temporary['temprəri] *adj.* បណ្ដោះអាសន្ន

emporize['tempərai z] *iv.* ពន្យារពេលឬផ្អាក (ចាំឱកាសល្អ)

tempt[tempt] *tv.* x him with money ទាក់, បញ្ឆោតចិត្ត

Sweets x me. ធ្វើឱ្យចង់

Don' t t. fate. កុំយកកទៅលអន្ទាក់

temptation[temp'tei ʃn] *n.* yield to x ចំណង់, ការប៉ុនប៉ង

Sweets are a x. អ្វីៗដែលធ្វើឱ្យមែចង់បាន

ten [ten] *n.* ,*adj.* ដប់

tenable['tenəbl] *adf.* ដែលអាចការពារបាន

tenacious [tə'nei ʃəs] *adj.* ដែលស្វិត, ដែលមិនងាយបោះបង់អ្វីមួយ

tenacity[tə'næsəti] *n.* ភាពស្វិត, ភាពមិនងាយបោះបង់ចោលអ្វីមួយ

tenancy['tenənsi] *n.* x among farmers ការជួល (ស្រែចំការ។ល។)

x of two years រយៈពេលជួល

tenant['tenənt] *n.* អ្នកជួលដីឬផ្ទះគេ

tend[1][tend] *iv.* They x to exaggerate. ទោរទន់ទៅរក

They x toward conservatism. ទោរលំអៀង (ទៅ)

tend[2][tend] *tv.* មើល, ថែទាំ

tendency ['tendənsi] *n.* have a t. to overheat ចេះតែចង់ក្ដៅ

· (have dishonest) tendencies ការទោរទន់ទៅរក

tender[1]['tendər] *adj.* x steak ផុយ, មិនស្វិត

x care យ៉ាងថ្នាក់ថ្នម, ស្រទន់

a x spot ដែលឆាប់ឈឺ

of x age ក្មេងខ្ចី

tender[2]['tendər] *tv.* x his resignation ដាក់ស្នើសុំ (ជាផ្លូវការ)

-n. his x of help ការសុំផ្ដល់នូវ

legal t. រូបិយប័ណ្ណ

tenderfoot['tendərfut] *n.* *Coll.* ជើងថ្មី, មនុស្សគ្មានការពិសោធ

tenderize['tendərai z] *tv.* ធ្វើឱ្យផុយ

tenderloin['tendəlɔi n] *n.* សាច់ចង្កេះ

tendon['tendən] *n.* សរសៃពួរ

tendril['tendrəl] *n.* ដៃ (វល្លិ)

tenement['tenəmənt] *n.* ផ្ទះល្វែងជួលយ៉ាងគ្រុឌគ្រោម

tenet['teni t] *n.* គោលសំខាន់នៃលទ្ធិ *Lit:* សិទ្ធាន្ត

tennis['teni s] *n.* តិន្និស

tenor['tenər] *n.* x of his remarks លក្ខណសំដី

Mus. He sings x. សម្លេងខ្ពស់នៃមនុស្សប្រុស

Mus. He is a x. អ្នកច្រៀងសម្លេងខ្ពស់

-adj. Mus. ខ្ពស់

tense[tens] *adj.* x wire តឹង

x speaker ដែលមានការតឹងតែងក្នុងខ្លួន

x moment ដ៏តឹងតែង, ដ៏លំបាក

Phonet. x consonant ដែលមានសម្លេងតឹង

-tv. ធ្វើឱ្យតឹង

-iv. ឡើងតឹង

-n. Gram. កាលៈ

tension['tenʃn] *n.* ការតានតឹង *Lit:* អាយតនភាព

tent[tent] *n.* តង់ (សម្រាប់ជ្រក), ជំរំសំពត់

-tv. បោះតង់សំណាក់

tentacle['tentəkl] *n.* ហត្ថាការ (ដៃឬរួយនៃសត្វខ្លះ)

tentative['tentəti v] *adj.* ដែលគ្រាន់តែជាការសួងស្ទើឬសាកលមើល

tenth[tenθ] *adj.* ទីដប់

-n. មួយភាគដប់

tenuous['tenjuəs] *adj.* មិនរឹងប៉ឹង

tenure['tenjər] *n.* x of office ការកាន់មុខតំណែង

x of two years រយៈពេលកាន់មុខតំណែង

grant s.o. x សិទ្ធិធ្វើការបានរហូត

tepid['tepi d] *adj.* ឧណ្ហៗ

term[tɜ:m] *n.* Don't use that x. ពាក្យ, សព្ទ

x of office រយៈពេលកាន់តំណែង

Educ. spring x ឆមាស

Pl. x of the agreement ល័ក្ខខ័ណ្ឌ

come to terms យល់ព្រម, ព្រមព្រៀង

on good terms with មានការទាក់ទងល្អជាមួយនឹង

in terms of ចំណែក

come to terms with ទទួលធ្វើការសម្រុះសម្រួលជាមួយនឹង

-tv. ហៅ, ឱ្យឈ្មោះ

terminal['tɜ:mi nl] *n.* bus x ស្ថានីយ, ចំណត

Elect. wiring x កន្លែងសម្រាប់តចេញ (អគ្គិសនី)

-adj. x point of a trip ក្រោយបង្អស់, ចុងគេបំផុត

x illness ដែលមុខតែនឹងស្លាប់

terminate ['tɜ:mi nei t] *tv.* បញ្ចប់

terminology['tɜ:mi 'nɔlədʒi] *n.* ប្រជុំសព្ទបច្ចេកទេស (ខាងជំនួញ វិទ្យាសាស្ត្រ។ល។), សារព័ន្ធសព្ទ

terminus['tɜ:mi nəs] *n.* ចុង

termite['tɜ:mai t] *n.* កណ្ដៀរ

ternary['tɜ:nəri] *adj.* ដែលមានបី

terrace['terəs] *n.* rice x ថ្នាក់ស្មើនៅជម្រាលភ្នំ

breakfast x លានខ្ពស់ហើយរាបស្មើ

-tv. ធ្វើឱ្យទៅជាថ្នាក់ៗ (នៅជម្រាលភ្នំ ច្រាំង។ល។)

terrain[tə'rei n] *n.* លក្ខណភូមិសាស្ត្រនៃដី

terrestrial[tə'restri əl] *adj.* x inhabitants នៃផែនដី

Bot. x plant ដែលដុះនៅលើដី (មិនដុះក្នុងទឹក)

Zool. x animal រស់នៅទីគោក

x pleasures លោកិយ, នៃគមលោក

terrible['terəbl] *adj.* x fate អាក្រក់, គួរឱ្យខ្លាច

Coll. x performance អន់ណាស់

terrier['teri ər] *n.* fox x ឆ្កែសម្រាប់បរបាញ់ម្យ៉ាង

He's really a x. មនុស្សដែលស្វាហាប់ឬមិនងាយលះបង់អ្វីដែលខ្លួនធ្វើ

terrific[tə'ri fi k] *adj.* x battle យ៉ាងខ្លាំងក្លា

Coll. have a x time អស្ចារ្យ

terrify['terifai] *tv.* *(pt., pp.* terrified*)* ធ្វើឱ្យភ័យខ្លាំង

territorial[,terə'tɔːri əl] *adj.* x boundaries នៃអាណាខេត្ត

x possession ដែលនៅក្រោមការត្រួតត្រា

territory['terətri] *n.* large x តំបន់

You're in my x. តំបន់ត្រួតត្រា

Cap. x of the U.S. ទឹកដី (ដែលជារបស់ប្រទេសណាមួយ)

terror['terər] *n.* flee in x ភ័យខ្លាំង

Lit: សបរ្សិភ័យ

x tactics ភេរវកម្ម

terrorism['terəri zəm] *n.* ភេរវកម្ម

terrorist['terəri st] *n.* ភេរវជន

terrorize['terərai z] *tv.* ធ្វើឱ្យភ័យខ្លាំង, ធ្វើឱ្យសូន់ស្លោ

terse [tɜːs] *adj.* x prose ខ្លីហើយច្បាស់, សង្ខេប

be x with s.o. កំបុតកំបុយ

tertiary['tɜːʃəri] *adj.* ទីបី

test [test]*n.* chemical x ការពិសោធ

history x ការប្រឡង

put him to the t. ឱ្យល្បង (ធ្វើអ្វីដ៏ពិបាក)

-tv. x the soil ពិសោធ

x students ឱ្យប្រឡង

x his courage ល្បងមើល

testament['testəmənt] *n.* last will and x មតិកសាសន៍

Cap. New x គម្ពីរគេស្តាម៉ង់

testicle['testi kl] *n.* ពងស្វាស *Lit:* អណ្ឌ:

testify['testi fai] *iv.* *(pt., pp.* testified*)*

witnesses x ធ្វើជាកសិណសាក្សីឱ្យគេ

records x ជាភស្តុតាង

testimonial[,testi 'məuni əl] *n.* សំបុត្របូការបញ្ជាក់នូវគុណភាពនៃអ្វីមួយ

testimony['testi məni] *n.* sworn x (ឆ្លើយ) កសិណសាក្សី

x of intent ភស្តុតាង

x to a great man សក្ខីភាព

tetanus['tetənəs] *n.* តេតាណូស

tether['teðər] *n.* ខ្សែចំណង (គោ ក្របី។ល។)

-tv. ចងកុំឱ្យដើរទៅឆ្ងាយបាន

tetherstake['teðərstei k] *n.* ស្នឹង

tetrahedron['tetrədrən] *n.* ចតុតល

text[tekst] *n.* ancient x ឯកសារ (ពីបុរាណ)

Coll. French x សៀវភៅសិក្សា

textbook['tekstbuk] *n.* សៀវភៅសិក្សា

textile['tekstai l] *n.* វាយនភណ្ឌ

textual['tekstʃjuəl] *adj.* x criticism ដែលពឹងពាក់ទៅលើឯកសារ

x rendition ត្រឹមត្រូវតាមអត្ថបទ, ឥតល្អៀង

texture ['tekstʃər] *n.* វាយនភាព

Thai *adj.* *Coll:* សៀម

Lit: នៃប្រទេសថៃឡង់

-n. He's a x. ប្រជាជនសៀម

speak x ភាសាសៀម

Thailand *pr. n.* *Coll:* ស្រុកសៀម

Lit: ប្រទេសថៃឡង់

than[ðən] *conj., prep.* ជាង

thank[θæŋk] *tv.* x them អរគុណ

Lit: ថ្លែងអំណរគុណ

Id. He has himself to t. គាត់ត្រូវទទួលខុសត្រូវខ្លួនឯង

-n. pl. *Coll.* Thanks. អរគុណ

give thanks to សម្តែងអំណរគុណ

Id. thanks to ដោយសារតែ

thankful[θæŋkfl] *adj.* x child ដែលដឹងគុណ

x to be alive សប្បាយណាស់

thankless[θæŋkles] *adj.* ដែលគេមិនទទួលស្គាល់ឬក្រេកអរ (ចំពោះ)

thanksgiving[,θæŋks'gi vi ŋ] *n.* engage in x ការថ្លែងអំណរគុណ

Cap. celebrate x បុណ្យអំណរគុណព្រះ (ស.រ.អ.)

that[ðæt] *dem. pron.* Give me x. អានោះ

dem. adj. I know x man. នោះ

rel. conj. Tell him x I'll go. ថា

rel. pron. the one x I saw ដែល

-adj. I didn't know you were x hungry. ដល់ម្លេះ

That's that. ចប់ហើយ, ចប់ត្រឹមហ្នឹងហើយ

thatch[θætʃ] *n.* ស្បូវ

-tv. ប្រក់ស្បូវ

thaw[θɔː] *iv.* រលាយ (អ្វីដែលកក)

-tv. ធ្វើឱ្យរលាយ (អ្វីដែលកក)

-n. ការរលាយ

the[ðe] *def.* គុណនាមម្យ៉ាងគ្មានប្រើក្នុងភាសាខ្មែរទេ មានន័យថា មួយណាដ៏ប្រាកដឬមួយណាដែលថ្លែងរួចមកហើយ, ន.

the one I want អាមួយខ្ញុំចង់បាន

The dog is a quadruped. ឆ្កែជាសត្វចតុបាត

go to the hospital ទៅពេទ្យ

visit the sick ទៅសួរអ្នកជម្ងឺ

the more the merrier ច្រើនឡើងកាន់តែសប្បាយឡើង

theater, theatre['θi ətər] *n.* x beautiful x រោងកុនឬល្ខោន

legitimate x ល្ខោន

x of the war ឆាកល្ខោន (អ.ប.)

theatrical['θi 'ætri kl] *adj.* x debut នៃល្ខោន

x display of grief ដែលសំដែងឬពន្លើស

theft[θeft] *n.* ការលួច

their[ðeər] *3rd pers. pl. poss. adj.* របស់គេ (ទាំងឡាយ)

theirs *3rd pers. pl. poss pron.* របស់គេ

theism['θiːi zəm] *n.* ទេវនិយម

them[ðəm] *3rd pers. pl. obj. pron.* គេ, វា, គាត់

theme[θiːm] *n.* x of the article ថ្ងៃរឿង

write a x អត្ថបទខ្លីៗ

then[ðen] *adv.* Prices were lower x. កាលនោះ, ពេលនោះ

Stop. x go. រួចហើយ, ក្រោយមក

x do it! ដូច្នេះ, អញ្ចឹង

now and t. យូរៗម្តង

but t. ម្យ៉ាងទៀត

-adj. the x prime minister នៅពេលនោះ

-n. till t. ទៅដល់ពេលនោះ

thenceforth[,ðənsfɔːθ] *adv.* តាំងពីពេលនោះទៅ

theocracy[,θiːə'kei si] *n.* ទេវាធិបតេយ្យ

theologian[,θiːə'ləudʒən] *n.* សាសនវិទូ

theology[θi 'ɔlədʒi] *n.* សាសនវិទ្យា

theological[,θiːə'lɔdʒi kl] *adj.* ខាងសាសនវិទ្យា

theorem['θi ərəm] *n.* ទ្រឹស្តីបទ

theoretical[,θi ə'reti kl] *adj.* x subject ដែលយកលំនាំតាមទ្រឹស្តី

x killer ដែលជាការសន្មត់

theoretician[,θi ərəti ʃn] *n.* អ្នកទ្រឹស្តី

theorize['θi ərai z] *tv.* គិត, ស្មាន

-iv. បង្កើតទ្រឹស្តី

theory[,θi əri] *n.* ទ្រឹស្តី

therapeutic[,θerə'pjuːti k] *adj.* x measures ខាងការព្យាបាលរោគ

x value ដែលជួយតែរោគ

therapeutics[,θerə'pju:ti k] *n.* វិធីព្យាបាលរោគ

therapy[,θerəpi] *n.* find the proper x វិធីព្យាបាលរោគ

under x ការព្យាបាលរោគ

there[ðeər] *adv.* He' x over t. គាត់នៅឯនោះ

We're t.! ដល់ហើយ!

-expl. There 's no time. គ្មានពេលទេ

There it is! នោះហ្ន៎!

-n. He comes from x. ទីនោះ, កន្លែងនោះ

-interj. T.. now! ណ្ហើយ !

thereabout , thereabouts [,ðeərə'baut] *adv.* ម៉្យាងហ្នឹង

thereafter[ðeər'ɑ:fter] *adv.* ក្រោយមក, បន្ទាប់មក

thereby[,ðeə'bai] *adv.* ដោយហេតុនោះ

therefore[ðeəfɔ:r] *adv.* ដូច្នេះ, ហេតុដូច្នេះ

therein[,ðeər'i n] *adv.* the box and the contents x នៅក្នុងនោះ

x lies the problem ត្រង់នោះហើយ

thereof[,ðeər'ɔf] *adv.* the country and the people t. ប្រទេសនិងប្រជាជនប្រទេសនោះ

the box and the contents t. ប្រអប់និងវត្ថុក្នុងប្រអប់នោះ

thereon[ðeər'ɔn] *adv.* នៅលើនោះ

thereupon[ðeərə'pɔn] *adv.* នៅពេលនោះ

thermal[,θɜ:ml] *adj.* នៃកំដៅ

thermodynamics[,θɜ:məudai 'næmi ks] *n.* ឧណ្ហកម្មនា

thermometer[θə'mɔmi ter] *n.* *Fr:* ទែម៉្ម៉ែត្រ

Lit: ឧណ្ហមាត្រ

thermonuklear[,θɜ:meu'nju:kli ər] *adj.* ឧណ្ហបរមាណូ

thermos , thermos bottle['θɜ:məs] *n.* *Fr:* ទែរម៉ូស

thermostat['θɜ:məstæt] *n.* *Fr:* ទែរម៉ូស្តាត

thesaurus[θi 'sɔ:rəs] *n.* កម្រងវេវចនៈសព្ទ

thsese[[ði:z] *(pl. of this)*

dem. pron. I 'll take x. ទាំងនេះ

dem. adj. x books នេះ

thesis[,θi:si s] *n.* x of the book គំនិតដាក់ស្នើ

Master's x *Fr:* តែហ្ស៍

Lit: និក្ខេបទ

they[ðei] *3rd pers. pl. pron.*

1. def. Form: គាត់

Fam: គេ, ពួកគេ

Cl: ព្រះអង្គ

Roy:. lower: ទ្រង់

higher: ព្រះអង្គ

2. indef. គេ

thick[θi k] *adj.* a x book ក្រាស

3cm. t. កម្រាស់៣ ស.ម

x crowd ណែនណាន់តាន់តាប់

x syrup ខាប់

Id. have a t. head ល្ងង់, គ្មានប្រាជ្ញា

Id. t. as thieves ជិតស្និទ

-n. in the t. of (the battle) នៅពេលដែលអ្វីមួយកំពុងប្រព្រឹត្តទៅពេញទំហឹង

through t. and thin ក្នុងគ្រាមានទិងគ្រាក្រ

thicken['θi kən] *tv.* ធ្វើឱ្យខាប់

-tv. paints x ឡើងខាប់

(smoke) thickens ឡើងក្រាស

thickening['θi kəni ŋ] *n.* by x the mixture ការធ្វើឱ្យខាប់

add more x គ្រឿងធ្វើឱ្យខាប់

thicket['θi ki t] *n.* ព្រៃគុម្ពោតក្រាស់

thickheaded[,θi khædi d] *adj.* ភ្លីភ្លើ, ល្ងើ

thickness[θi knəs] *n.* x of a book កម្រាស់

x of the syrup ភាពខាប់

x of the crowd ភាគដែលណាន់តាន់តាប់

thick-set[θi k'set] *adj.* x hedge ញឹក

x athlete មាំ, ក្រអាញ

thick-skinned[,θi k ski ni d] *adj.* x animal ស្បែកក្រាស់

Fig. x administrator មុខក្រាស់

thief[θi:f] *n. (pl.* thieves*)* ចោរ

thieve [θi:v] *iv.* លួច

thievery[θi:vəri] *n.* អំពើចោរកម្ម

thigh[θai] *n.* ភ្លៅ

thimble['θi mbl] *n.* ស្នាប់ដេរ

thin[θi n] *adj.* x paper ស្ដើង

x child ស្គម

x wire ឆ្មារ

x vegetation រឡើលៗ, មិនក្រាស់

x soup រាវ

x smoke រ៉ុយៗ, មិនក្រាស់

Id. x story មិនគួរឱ្យជឿ

-adv. មិនញឹកឬមិនក្រាស់។ល។

-tv. *(pt., pp.* thinned*)* ធ្វើឱ្យរាវ

-iv. ទៅជារាវ

thinner['θi nər] *n.* គ្រឿងពង្រាវ

thing[θi ŋ] *n.* person or x របស់, វត្ថុ

(Get your) things (together.) អីវ៉ាន់អីវ៉ាន់

How are things? ម៉េចទៅ ? (សួរសុខទុក្ខ)

have things to do មានកិច្ចការ

careful in all things ប្រុងប្រយ័ត្នទាំងគ្រប់

the right t. to do អំពើសមនឹងធ្វើ

think[θi ŋk] *iv.* *(pt., pp.* thought*)* គិត, ពិចារណា, រិះគិត

Roy. ទ្រង់ព្រះដំរិះ, ទ្រង់ព្រះចិន្ដា

-tv. What do you x ? យល់

t. about គិតអំពី

What do you t. of him ? លោកគិតថាគាត់យ៉ាងម៉េច ?

(I can't) t. of (his name.) រកនឹកឃើញ

t. of others first គិតផលប្រយោជន៍អ្នកឯទៀតមុន

t. up នឹករក

t. over គិតគូរយ៉ាងហ្មត់ចត់

t. through គិតគូរឱ្យសព្វគ្រប់

t. better of សម្រេចឈប់ធ្វើទេវិញ

thin-skinned[,θi ns'ki ni d] *adj.* x animal ស្បែកស្ដើង

Fig. x adversary ចិត្តស្រាល

third[θɜ:d] *adj.* ទីបី

-n. មួយភាគបី

third-rate[θɜ:drei t] *adj.* មិនល្អ

thirst[θɜ:st] *n.* work up a x ការស្រេក

x for knowledge ការស្រេកឃ្លាន (អ.ប.)

-iv. x for water ស្រេក, ស្រេកទឹក

x for knowledge ស្រេកឃ្លាន (អ.ប.)

thirsty[θɜ:sti] *adj.* ស្រេក, ស្រេកទឹក

thirteen[,θɜ:'ti:n] *n. adj.* ដប់បី *Coll.* បីដណ្ដប់

thirtieth['θɜ:ti əθ] *adj.* ទីសាមសិប

-n. មួយភាគសាមសិប

thirty['θɜ:ti] *n. adj.* សាមសិប

this[ði s] *(pl.* these*)* *dem. pron.*

I 'll take x. អានេះ

T. is Friday. ថ្ងៃនេះថ្ងៃសុក្រ

T. is John. នេះលោកហ្សុន

-dem. adj. I like x place. នេះ

-adv. x far ដល់ម្ល៉េះ

thistle['θi sl] *n.* dig out a x រុក្ខជាតិម្យ៉ាងស្អិកហើយនឹងដើមមានបន្លា

(plant has) thistles បន្លា

thong[θɔŋ] ***n.*** ខ្សែស្បែក

thorax['θɔ:ræks] ***n.*** ទ្រូង

thorn[θɔ:n] ***n.*** (plant has) thorns បន្លា

dig out a x រុក្ខជាតិមានបន្លា

Id. a t. in his side បច្ចាមិត្រ

thorny[θɔ:ni] ***adj.*** x plant ដែលមានបន្លា

x problem ស្មុគស្មាញ, ពិបាកដោះស្រាយ

thorugh['θʌrə] ***adj.*** ហ្មត់ចត់

thoroughbred['θʌrəbred] ***adj.*** ដែលសុទ្ធ (ពូជសត្វ)

-n សត្វពូជសុទ្ធ

thoroughfare['θʌrəfeər] ***n.*** ផ្លូវធ្លា

thoroughgoing[,θʌrə'gəuiŋ] ***adj.*** ហ្មត់ចត់

those[ðəuz] *(pl. of* that *) dem. pron.*

x are his. អានោះ

x who know, speak up. អ្នកណា

-dem. adj. x books are his. នោះ

though [ðəu] ***conj.*** ថ្វីបើ

-adv. ដែរ

thought[1][θɔ:t] *(pt., pp. of* think *)*

thought[2][θɔ:t] ***n.*** គំនិត

thoughtful[θɔ:tfl] ***adj.*** x deed ដែលចេះគិតផល

x mood សញ្ជាប់សញ្ជឹង

thoughtless[θɔ:tles] ***adj.*** x move មិនគិត, ឥតពិចារណា

x treatment ឥតគិតក្រែង

thousand['θauznd] ***n., adj.*** មួយពាន់

thrash[θræʃ] ***tv.*** x a child វាយ (ខ្លាំង)

x the opposition មានជ័យជំនះលើ

Dial. x grain បោក (ស្រូវ ។ល។)

-iv. fish x about បម្រះ

waves x against the rocks បោក

thread[θred] ***n.*** weaving x សរសៃ (អម្បោះ។ល។)

sewing x ចេស, អម្បោះដេរ

x of ore ខ្សែ (រ៉ែ)

t. of truth ការពិតខ្លះ

x of the story ដំណើររឿង

in theads រហែករហុយ

-tv. x a needle ចាក់

x beads ស៊កបន្តគ្នាជាខ្សែ

-iv. x one's way ប្រជ្រៀតទៅមុខ

cook sy̆rup until it threads រម្ងាស់ស៊ីរ៉ូទាល់តែឡើងជើងអង្រួង

threadbare['θredbeər] ***adj.*** x suit រេច

x story ដែលប្រើមកជាញឹកញាប់ហើយ

threat[θret] ***n.*** make a x ការសម្លុត, ការគំរាមកំហែង

x of war ភាពគំរាមកំហែង

a x to our security អ្វីៗដែលគំរាមកំហែង

threaten[θretn] ***tv.*** x a child សម្លុត, គំរាមកំហែង

skies x rain គំរាមកំហែង (អ.ប.)

three[θri:] ***n., adj.*** បី

threefold['θri:fəuld] ***adj.*** x plan ដែលមានបីផ្នែក

x profit មួយជាបី

-adv. repay you x មួយជាបី

threescore[θri:skɔ:r] ***n., adj.*** ហុកសិប (ម្ភៃបីដង)

threesome['θri:səm] ***n.*** ក្រុមមានគ្នាបីនាក់

thresh[θreʃ] ***tv.*** x rice *1. by beating:* បោក (ស្រូវ។ល។)

2. by stomping: បែន, ជាន់ (ស្រូវ។ល។)

3. by machine : ប្រឡេះយកគ្រាប់ (ស្រូវ។ល។)

t. out (one's differences)ចរចាដោះស្រាយ

threshold['θreʃəuld] ***n.*** door x ធរណីទ្វារ

x of success ការចាប់ផ្ដើម

x of pain កម្រិតខ្ពស់បំផុតដែលអាចទ្រាំស្ទាប់ឮ។ល។ បាន

threw[θru:] *(pt. of throw)*

thrice[θrai s] *adv.* បីដង

thrift[θri ft] *n.* ការសំចៃ

thrifty[θri fti] *adj.* ដែលសំចៃ, ដែលប្រិត

thrill[θri l] *tv.* ធ្វើឱ្យរំភើបចិត្ត

-iv. រំភើបចិត្ត

-n. ការរំភើបចិត្ត

thriller[θri lər] *n.* អ្វីៗដែលធ្វើឱ្យញាប់ញ័រក្នុងចិត្ត

thrive[θrai v] *iv.* businesses x ចម្រើន

gardens x លូតលាស់ល្អ

(Pigs) t. on (corn.) ធាត់ធាត់ដោយសិ

(They) t. on (adversity.) ចម្រើនឡើង, ជឿនលឿន

throat[θrəut] *n.* បំពង់ក

throb[θrɔb] *iv. (pt. . pp.*throbbed *)*

hearts x ដើរ

motors x ដើរញ្ជង់ៗ (ដូម៉ាស៊ីនយន្តហោះ។ល។)

-n. a x of pain ដំណើរឈឺម្ដងម្ដៗ

x of activity ដំណើរឈ្លូឆរអ្វីអែ

throne[θrəun] *n.* royal x រាជបល្ល័ង្ក (ស្ដេច)

on the t. សោយរាជ្យ

throng[θrɔŋ] *n.* ប្រជុំមនុស្សច្រើន

-iv. ប្រជុំគ្នាជាច្រើន

throttle['θrɔtl] *n.* ឈ្នាន់ (ឱ្យសាំងមកតិចឬច្រើន)

-tv. x the flow of gas បិទ (សាំងកុំឱ្យចេញច្រើនពេក)

x one's victim ច្របាច់ក

through[θru:] *prep.* x the hole តាម

x the trees តាមចន្លោះ

x the water កាត់

get x an exam ទៅផុត

succeed x hard work ដោយ

-adv. soaked x សព្វ

pull t. (an illness) ផុតពីសេចក្ដីស្លាប់

Coll come t. (with) ផ្ដល់ឱ្យ

t and t. ទាំងស្រុង

•*-adj.* Are you x? រួច, រួចហើយ

The wire is x. ផល់ទៅខាងម្ខាងទៀត

a x train ដែលទៅរហូត

t. with (his work) រួច

t. with (smoking) លែង, ឈប់

throughout[θru:'aut] *prep.* t. one's life ក្នុងមួយជីវិត

t. the city ពេញទាំងទីក្រុង

-adv. new x ទាំងអស់

throw [θrəu] *tv. (pt.* threw *.pp.*thrown *)*

x a ball (underhand) បោះ

x a ball (overhand) ចោល

fishlights x a beam ចោល

x the switch ចុច (បិទឬបើក)

x one's opponent ផ្ដោក

Id. x a game ធ្វើឱ្យចាញ់

t. away បោះចោល

t. out (the garbage) ចោល

t. out (an idea) ស្នើ

t. up ក្អួត

Id. t. in the towel ឈប់, លះបង់ចោល

Sl. (That really) throws (me.) ធ្វើឱ្យភាន់ច្រឡំ

-n. It's your x. ការបោះឬការចោល

Id. a stone's t. away យ៉ាងជិត

Id. at one t. តែម្ដង

Mech. gear lever has a short x ចម្ងាយរុញទៅឬចាក់ឬទាញមក

Wrestling ការចោកផ្ដួល (ចំបាប់)

thru[θruː] *(see* through *)*

thrust[θrʌʃ] *tv. (pt. pp.*thrust *)*

x a knife into a victim ចាក់, ចុក

x oneself into the crowd សម្រុកចូល

-iv. លយចេញ

-n. vicious x ការចាក់

x of an engine កម្លាំងរុញ

x of his argument ខ្លឹមសារ

thud[θʌd] *n.* សូរក្ទុក

-iv. ទៅប៉ះអ្វីមួយដោយបន្លឺសូរក្ទុក

thug[θʌg] *n.* ជនដែលប្រព្រឹត្តបទឧក្រិដ្ឋជាមុខរបរ

thumb[θʌm] *n.* មេដៃ

-tv. t. a ride ឈរតាមផ្លូវសុំឡានគេជិះ

thumbnail['θʌmnei l] *n.* ក្រចកមេដៃ

thumbtack['θʌmtei k] *n.* ដែកគោលចុច

thump[θʌmp] *tv.* x him on the head ថ្កោត

limbs x the house ទៅប៉ះដោយបន្លឺសូរគ្រួសៗ

-iv. ដើរខ្លាំងឬញាប់ (បេះដូង)

-n. សូរក្ទុកៗ

thunder['θʌndər] *n.* ផ្គរ

-iv. (It) thundered (three times.) ផ្គរ

x with rage និយាយដូចផ្គរលាន់

thunderbolt['θʌndəbəult] *n.* រន្ទះផ្គរ

thunderstorm['θʌndəstɔːm] *n.* ព្យុះមានរន្ទះផ្គរ

thunderstruck['θʌndəstrʌk] *adj.* house was x (ត្រូវ) រន្ទះបាញ់

Fig. x at the new ស្រឡាំងកាំង, ភាំងភាំង

Thursday['θɜːzdei] *pr. n.* ថ្ងៃព្រហស្បតិ៍

thus[ðʌs] *adv.* Do it x. អញ្ចឹង

x I can't go. ដូចេះ, ហេតុដូចេះ

t. far មកទល់ត្រឹមនេះ

thwart[θwɔːt] *tv.* ធ្វើឱ្យខកខានឬមិនបានសម្រេច

thyroid['θai rɔi d] *n.* ក្រពេញទីរ៉ូអ៊ីដ

-adj. នៃក្រពេញទីរ៉ូអ៊ីដ

tiara[ti 'ɑːrə] *n.* មកុដ (សម្រាប់ពាក់នៅពិធីជប់ការជាដើម)

Tibet [ti bei] *pr. n.* ទីបេ

Tibetan[ti bei tən] *adj.* នៃស្រុកទីបេ

-n. speak x ភាសាទីបេ

He's a x. ប្រជាជនទីបេ

tibia['ti bi ə] *n.* ឆ្អឹងធំនៃស្មងជើង

tic[ti k] *n.* ដំណើរញាក់សាច់ដុំ

tick[1][ti k] *n.* សូរតិកៗ (ដូចសូរនាឡិកាដើរ។ល។)

-iv. បន្លឺសូរតិកៗ

tick[2][ti k] *n.* ថៃ (ឆ្កែ)

tick[3][ti k] *n.* ស្រោមពូក

ticker[ti kər] *n.* អ្វីៗដែលបន្លឺសូរតិកៗ

ticket['ti ki t] *n.* admission x សំបុត្រ (កុនរថភ្លើង ។ល។)

price x ស្លាក, ប្លាក

Democratic x បញ្ជីឈ្មោះបេក្ខជនឈរឈ្មោះ

traffic x សំបុត្រពិន័យ

-tv. x merchandise បិទផ្លាក (តម្លៃ។ល។)

x a motorist ពិន័យ

tickle[ti kl] *tv.* x a child ចាក់ក្រឡេក

His stories x me. ធ្វើឱ្យចង់សើច

-iv. រសើប

-n. ការរសើប

ticklish['ti kli ʃ] *adj.* x child រសើប

x situation ដ៏ពិបាក

tidal['tai dl] ***adj.*** x flow នៃទឹកជោរឬនាច

t. wave រលកធ្លាយព្រះធរណី

tidbit['ti bi t] ***n.*** x of food ដុំតូចៗហើយមានឱជារស

x of news អ្វីៗដ៏បន្តិចបន្តួច

tide[tai d] ***n.*** high t. ជំនោរ

low t. ណំនាច

Id. with the t. តាមតែខ្យល់បក់ (អ.ប.)

x of opinion ការបែរទៅខាងណាម្ខាង

-tv. t. s.o. over ដោះកុន

tideland[tai dlænd] ***n.*** ដីដែលលិចទឹកនៅពេលទឹកជោរ

tidewater[tai dwɔ:tər] ***n.*** covered by ទឹកជំនោរ

along the x ដីទំនាបនៅតាមឆ្នេរសមុទ្រ

-adj. x area នៅតាមឆ្នេរសមុទ្រ

tidings['tai di ŋz] ***n.*** ដំណឹង

tidy['tai di] ***adj.*** x room រៀបរយ, ស្អាតបាត

x housekeeper ដែលចេះរៀបចំឱ្យមានសណ្ដាប់ធ្នាប់ឬស្អាតបាត

Coll. x sum ច្រើនគួរសម

-tv. (pt., pp. tidied*)* x one's room ធ្វើឱ្យរៀបរយ

t. up ធ្វើឱ្យរៀបរយ

tidiness['tai di nes] ***n.*** x of a room ភាពរៀបរយឬស្អាតបាត

x of a housekeeper ការចេះរៀបចំឱ្យមានសណ្ដាប់ធ្នាប់ឬស្អាតបាត

tie[tai] ***tv.*** x a knot ចង

x a board with a nail ដោះភ្ជាប់

x the score បានស្មើគ្នា

(dog is) tied to (a post) ចងភ្ជាប់

(He's) tied to (his work.) ជាប់នឹង

(project is) tied to (government support) ពឹងពាក់លើ

t. down (a door) ចងភ្ជាប់

(Children) t. down (a woman.) ធ្វើឱ្យទៅណាមិនរួច

t. up (a bundle) ចង

t. up (morey) ជាប់ប្រើការហើយ

t. up (a busy man) ធ្វើឱ្យរវល់

tied in with (crime) ជាប់ទាក់ទង

(That) ties in with (his theory.) ស្របគ្នានឹង

t. together ចងភ្ជាប់គ្នា

-n. make a x here ចំណង

kinship x ការជាប់ទាក់ទងគ្នា

wear a x ក្រវ៉ាត់

score was a x ចំនួនស្មើគ្នា

railroad x ឈើផ្ទងផ្លូវដែក

tie-in[,tai i n] ***n.*** ការទាក់ទងគ្នា

tie-up[,tai ʌp] ***n.*** ដំណើរស្ទះចរាចរ

tier[ti ər] ***n.*** ជាន់, ថ្នាក់

-tv. រៀបជាថ្នាក់ៗ

tiff[ti f] ***n.*** *Coll.* ជម្លោះបន្តិចបន្តួច

-iv. ឈ្លោះគ្នា (បន្តិចបន្តួច)

tiger['tai gər] ***n.*** ខ្លាធំ

Year of the T. ឆ្នាំខាល

tight[tai t] ***adj.*** x rope តឹង

x peg ណែន

x pants ចង្អៀត

x money តឹង, ខ្សត់, ក្រ

x situation មិនស្រួល

Coll. x with his money ស្វិត, កំណាញ់

Sl. x on whiskey ស្រវឹង

x schedule ញឹក

tighten ['tai tn] ***tv.*** x a screw មួលឱ្យតឹង

x a rope រឹត

Id. t. one's belt តឹ្បតត្បៀត

-*iv.* ropes x when wet ទៀងតឹង

markets x ចុះ

tight-fisted[,tai t fi sti d] ***adj.*** មៅស៊ិត

tight-lipped[,tai t li pi d] ***adj.*** ដែលចេះលាក់រឿងសម្ងាត់

tightrope[,tai trəup] ***n.*** walk a x ព្រ័ត្រសួ

Id. walk a t. ដើរលើខ្សែលួស (អ.ប.)

tights[tai ts] ***n.*** ខោអាវម៉្យាងរឹងជាប់នឹងសាច់

tightwad[tai twɔd] ***n.*** មនុស្សកំណាញ់

tigress['tai grəs] ***n.*** ខ្លាធំញី

Fig. ស្រីសាហាវ

tilde['ti ldə] ***n.*** សញ្ញា (~)

tile[tai l] ***n.*** roof of x ក្បឿងឬឥដ្ឋស្តើងៗ

drainage x បំពង់បង្ហូរទឹកម៉្យាង

-*tv.* x the roof ប្រក់ក្បឿង

x the floor រៀបឥដ្ឋ

tiling[tai li ŋ] ***n.*** គ្រឿងសម្រាប់ប្រក់

till[1][ti l] ***prep.*** ទៅដល់

-*conj.* លុះត្រាតែ, ទាល់តែ

till[2][ti l] ***tv.*** កាប់គាស់ភ្ជួររាស់ដី

-*iv.* ភ្ជួរស្រែ

till[3][ti l] ***n.*** ថតដាក់លុយ

Id. have one's hand in the t. កំពុងតែបន្លំលួច

tillage['ti li ʤ] ***n.*** ការកាប់គាស់រាស់ភ្ជួរដី

tiller['ti lər] ***n.*** x of the soil អ្នកកាប់គាស់ភ្ជួររាស់ដី

Naut. boat's x ដៃចង្កូត

tilt[ti lt] ***tv.*** ធ្វើឱ្យផ្អៀងឬទ្រេត

-*iv.* houses x ផ្អៀង, ទ្រេត

x with lances ចាក់

Id. x with him ប្រកែកតមាត់គ្នា

-*n.* house has a x ដំណើរទ្រេត

x of the land ជម្រាល

brothers had a x ការឈ្លោះប្រកែក

Id. at full t. អស់ល្បឿន

timber ['ti mbər] ***n.*** raise x ដើមឈើ (សម្រាប់កាប់យកទៅធ្វើគ្រឿងសង់ផ្ទះ។ល។)

12-foot x ធ្នឹម

Naut. boat's x ចុងទូក

-*tv.* x a house ដាក់ធ្នឹម

x a mountain ដាំឈើ

-*interj.* ឈើរលំ!, ប្រយ័ត្នឈើរលំហើយ!

timbered['ti mbəd] ***adj.*** សង់នឹងឈើ

x ceiling ដែលមានធ្នឹមលេចចេញឱ្យឃើញ

x land ដែលមានដើមឈើធំៗដុះ

timbre['tæmbər] ***n.*** គុណភាពនៃសូរ

time[tai m] ***n.*** x and space កាល, ពេល, វេលា

a long x (កំឡុង) ពេល

at that t. ខណៈនោះ

haven't had the x to ឱកាស

in such a short x វេលា

the third x លើក (ទី)

What x is it? ម៉ោង

an earlier x សម័យ, កាល, គ្រា

hard times គ្រាលំបាក

have a good t. សប្បាយ

for the t. being គ្រានេះ, ពេលនេះ

(get there) in t. ទាន់ម៉ោង

In t.. (you' ll feel better.) ក្រោយមក

(get there) on t. ទាន់ម៉ោង

(buy) on t. ដាក់ខែ

at times ជួនកាល

t. and again ម្តងជាពីរដង

from t. to t. យូរៗម្តង

Mus. fast x ចង្វាក់

Sl do t. ជាប់គុក

(watch doesn't) keep t. ដើរត្រូវ

keep t. (with a foot) គោះចង្វាក់

make good t. ឆាប់, ប្រើពេលតិចជាងធម្មតា

Sl make t. with ចែចង់បាន

-tv. x yourself កត់កំឡុងពេល (ធ្វើអ្វីមួយ)

t. it right ធ្វើទៅត្រូវពេល

-adj. t. bomb គ្រាប់បែកមានដាក់ខ្មៅឱ្យផ្ទុះខ្លួនឯង

t. payments ប្រាក់បង់ប្រចាំខែ

time-honored[,tai m hɔnər] ***adj.*** ដែលគេគោរពដ៏យូរលង់មកហើយ

timeless['tai mləs] ***adj.*** មិនចេះចប់

timely['tai mli] ***adj.*** ត្រូវដល់កាល

Lit: កាលានុវត្ត

timepiece['tai mpi:s] ***n.*** នាឡិកា

timer[tai mər] ***n.*** race x អ្នកមើលម៉ោង, អ្នកកត់ពេលវេលា

egg x បរិធានសម្រាប់កំណត់ពេលវេលា

timetable['tai mtei bl] ***n.*** តារាងពេលវេលា

timid['ti mi d] ***adj.*** x girl ខ្មាសមុខ *Lit:* មង្គុភូត

x fighter កំសាក, កម្លាច

timidity[ti 'mi dəti] ***n.*** ភាពខ្មាសមុខ *Lit:* មង្គុភាព

timing[tai mi ŋ] ***n.*** good x ការចេះលៃលកប្រើពេលឱ្យបានលទ្ធផលល្អ

Mech. x is off ការថ្លឹង (គ្រឿងយន្ត)

timorous['ti mərəs] ***adj.*** ញាក់ញើតញាញើម, សុនត្រុន

tin[ti n] ***n.*** made of x សំណប៉ាហាំង

Brit. x of sardines កំប៉ុង, ប្រអប់

-adj. ដែលធ្វើពីសំណប៉ាហាំង

-tv. (pt. . pp. tinned *)*

x a roof ប្រក់នឹងស័ង្កសី

Brit. x beans ដាក់កំប៉ុង

tincture['ti ŋktʃər] ***n.*** x of iodine ថ្នាំលាបម្យ៉ាងមានលាយអាកុល

x of green ស្នាម (ពណ៌អ្វីមួយ) ស្រៀងៗ

tinder['ti ndər] ***n.*** fire x សម្រាមសម្រាប់បង្កាត់ភ្លើង

weapon x រំសេវ

tine[tai n] ***n.*** ធ្មេញសម

ting[ti ŋ] ***n.*** សូរស្រួយស្រែស

-tv. បន្លឺសូរស្រួយស្រែស

-tv. ធ្វើឱ្យឮសូរស្រួយស្រែស

tinge[ti ndʒ] ***n.*** ស្នាមស្រៀងៗ

-tv. x his speech with sarcasm ដាក់រអោយ

x her hair with gray លាបពណ៌ស្រៀងៗ

tingle['ti ŋgl] ***iv.*** ឆឺផៀបៗ (ដូចនៅពេលស្រពន់ជើង)

-n. ការឈឺផៀបៗ (ដូចនៅពេលស្រពន់ជើង)

tinker['ti ŋkər] ***n.*** ជាងផ្សារឆ្នាំង ផ្តិល ។ល។

-iv. x for a living ប្រកបរបររកស៊ីជាជាងផ្សារឆ្នាំង ផ្តិល ។ល។

He loves to x. ធ្វើនេះបន្តិចនោះបន្តិចឥតបានការ

tinkle['ti ŋkl] ***iv.*** ឮសូរច្រឹងៗ ឬប៉ុងៗ

-n. សូរច្រឹងៗឬប៉ុងៗ

tinsel['ti nsl] ***n.*** silver x បន្ទះលោហធាតុភ្លឺសម្រាប់ប្រើក្នុងការតុបតែង

Fig. deceived by x អ្វីដែលល្អតែខាងៗ

tinsmith['ti nsmi t] ***n.*** ជាងដែកស៊ីវិឡាត

tint[ti nt] ***n.*** x of red ស្នាមពណ៌ស្រៀងៗ

(paint in) tints ពណ៌ស្រៀងៗ

-tv. ធ្វើឱ្យមានពណ៌ស្រៀងៗ

tiny['tai ni] ***adj.*** ល្អិត , តូច

tip[1][ti p] ***n.*** x of a pencil ចុង

x of the trees កំពូល, ចុង

a x of land ជ្រោយ

tip[2]['ti p] *tv.* *(pt. . pp.* tipped *)*

x a pitcher ផ្អៀង

t. over ផ្តួល

Id. t. the scales at មានទម្ងន់

t. one's hat យកដៃប៉ះចិញ្ចៀនមួកគំនាប់

-iv. boats x ផ្អៀង

t. over ដួល

tip[3]['ti p] *n.* leave a x for the waiter ទឹកតែ

give the police a x ពត៌មានយ៉ាងសួចស្ទើង តែសំខាន់

tips (on cooking) ល្បិចដ៏មានប្រយោជន៍ (ដើម្បីយកទៅធ្វើអ្វីមួយឱ្យបានផលល្អ)

-tv. *(pt. . pp.*tipped *)*

x the waiter ឱ្យទឹកតែ

x the police ឱ្យការណ៍

tip[4]['ti p] *tv.* វាយបញ្ឆិត

-n. ការវាយបញ្ឆិត

tip-off['ti pɔt] *n.* សញ្ញាប្រាប់

tipple['ti pl] *iv.* ផឹកស្រាច្រើន

tipsy['ti psi] *adj.* ស្រវឹង

tiptoe['ti ptəu] *iv.* ដើរចុងជើង, ដើរចំអើតៗ

tiptop[,ti p'tɔp] *n.* ចុងចុង

-adj. x branch ខ្ពស់ជាងគេ

x condition ល្អណាស់ (សុខភាព ។ល។)

tirade[tai 'rei d] *n.* ការរិះគន់ឬតិះដៀលខ្លាំង

tire[1]['tai ər] *tv.* (Work) tires (me.) ធ្វើឱ្យអស់កម្លាំង, ឱ្យហត់

(The subject) tires (me.) ធ្វើឱ្យធុញ

t. out ធ្វើឱ្យអស់កម្លាំង

-iv. I x easily. អស់កម្លាំង, ហត់

t. of ធិនណាយ

tire[2]['tai ər] *n.* កង (ផ្នែកធ្វើពីកៅស៊ូ)

Lit វាយុម័យ

tired['tai əd] *adj.* x child អស់កម្លាំង, ហត់

t. of ធិនណាយ, ធុញទ្រាន់

tireless['tai ələs] *adj.* x worker មិនចេះហត់

t. efforts មិនចេះអន់ថយ

tiresome['tai əsəm] *adj.* ដែលគួរឱ្យធុញទ្រាន់

tissue['ti ʃuː] *n.* woven x សំពត់

Biol. muscle x ជាលិកា

Fig. xof lies អ្វីៗដែលជំពាក់ទាក់ទងគ្នាយ៉ាងស្មុគស្មាញ

hand me a x ក្រដាសទន់ៗសម្រាប់ជូត

tit['ti t] *(see* teat *)*

titanic[tai 'tæni k] *adj.* ធំមហិមា, ធំសម្បើម

titbit['ti tbi t] *(see* tidbit *)*

tit-for-tat[,ti t fɔː 'tei t] *n.* ការធ្វើតបទៅវិញទៅមក

titillate['ti ti lei t] *tv.* សម្រើប (ដាស់ចិត្តឱ្យចង់ធ្វើអ្វីមួយ)

title['tai tl] *n.* x of a book ឈ្មោះ

x of an article ចំណងជើង

What's his x ? ងារ *Lit:* ឋានន្តរ

Sp. win the x ភាពជាជើងឯក

Law x to the inheritance សិទ្ធិទទួល

x of ownership សំបុត្រ (ដី ផ្ទះ ។ល។)

-tv. x a book ដាក់ឈ្មោះ

x property ដាក់ឈ្មោះជាម្ចាស់

-adj. x role សំខាន់

titter['ti tər] *iv.* សើចក្អឹកៗ

-n. សំណើចក្អឹកៗ

titular['ti tjulər] *adj.* x rank ខាងឋានន្តរ

x head ដែលមានតែឋានន្តរតែឥតមានអំណាច

to[tuː] *prep.* go to town ទៅទីក្រុង

give it to him ឱ្យទៅគាត់

from ... to ... ពី...ទៅ ...

tie to a post ចងភ្ជាប់នឹងបង្គោល

to my surprise ដែលធ្វើឱ្យខ្ញុំឆ្ងល់ណាស់

tear to pieces ហែកជាចំណែកតូចៗ

a right to the money សិទ្ធិអាចប៉ះពាល់ប្រាក់កាសជាន

punctual to the minute ទៀងទាត់រាប់នាទី

dance to music រាំតាមភ្លេង

score was 8 to 3 ពិន្ទុផលនឹង៣

object to a proposal ប្រឆាំងនឹងសេចក្ដីស្នើ

-adv. push the door to រុញទ្វារបិទ

patient came to អ្នកជម្ងឺដឹងខ្លួនហើយ

to and fro ទៅមកៗ

toad[təud] ***n.*** គីង្គក់

toadstool['təudstu:l] ***n.*** ផ្សិតពុលម្យ៉ាង

toast[1] [təust] ***n.*** នំប៉័ងអាំង

-tv. អាំង (នំប៉័ង។ល។)

toast[2][təust] ***n.*** propose a x ការលើកកែវស្រាប្រសិទ្ធិពរ *Lit:* សន្និយត្ត

Id. t. of the town មនុស្សដែលគេចូលចិត្តជាងគេ

-tv. លើកកែវស្រាប្រសិទ្ធិពរ

toastmaster['təustma:stər] ***n.*** អ្នកជាអធិបតីក្នុងពិធីជប់លៀង

tobacco[tə'bækəu] ***n.*** ថ្នាំ (ជក់ ចុក ។ល។)

tobacconist[tə'bækənist] ***n.*** អ្នកលក់ថ្នាំជក់

today[tə'dei] ***adv.*** go x ថ្ងៃនេះ

Things are different x. សម័យឥឡូវ

-n. x is Wednesday. ថ្ងៃនេះ

the youth of x សម័យឥឡូវ

toddle['tɔdl] ***iv.*** ដើរដូចក្មេងទើបនឹងចេះដើរតេសតាស

toddler['tɔdlər] ***n.*** កូនក្មេង (អាយុពីពីរឆ្នាំទៅបីឆ្នាំ)

toe[təu] ***n.*** stub one's x ម្រាមជើង

big t. មេជើង

x of a shoe ផ្នែកខាងចុង

x of the lake ខែ

from head to t. ពីក្បាលដល់ចុងជើង

-tv. x the ball ទាត់ (នឹងចុងជើង)

Carp. x a nail វាយបញ្ជិត (ដែកគោល)

Id. t. the line ធ្វើតាមបញ្ជា

-iv. t. in កោងចូល

toenail['təuneil] ***n.*** ក្រចកម្រាមជើង

-tv. Carp. វាយដែកគោលបញ្ចិត

together[tə'geðər] ***adv.*** play x ជាមួយគ្នា

get t. (for drinks) ជួបជុំគ្នា

tie t. ចងភ្ជាប់គ្នា

all t. ទាំងអស់គ្នា

for days t. ជាច្រើនថ្ងៃជាប់គ្នា

add them t. បូកបញ្ចូលគ្នា

-adj. They 're x again. នៅជាមួយគ្នា

toil[tɔil] ***n.*** កិច្ចការលំបាក

-iv. ធ្វើការពិបាក

toilet['tɔilət] ***n.*** go to the x បង្គន់

finish one's x ការស្លៀកស្លាងខ្លួន

toiletry['tɔilətri] ***n.*** គ្រឿងសម្រាប់ស្អើសំអិតសំអាងខ្លួន (មានប្រេង ម្សៅ ជាដើម)

token['təukən] ***n.*** x of his intention សញ្ញា

x of gratitude ភស្តុតាង, និមិត្តរូប

bus x កាស

in t. of ជានិមិត្តរូបនៃ

-adj. ដ៏ស្ដួចស្ដើង, ដ៏តិចតួច

told[təuld] *(pt. . pp. of* tell*)*

tolerable['tɔlərəbl] ***adj.*** x pain អត់ទ្រាំបាន

x price មិនហួសហេតុ

Coll. feel x ស្រួលល្មម

tolerance ['tɔlərəns] ***n.*** religious x សេចក្ដីត្រាប្រណី, ការអត់ឱន

Med. x of a drug ភាពទទួលឬមិនប្រទាំង

Mech. piston x ប្រលោះ

tolerant['tɔlərənt] *adj.* ដែលអត់ធ្មត់, ដែលស្រាប្រណី

tolerate['tɔlərei t] *tv.* x pain ទ្រាំ, អត់ធន់ (បាន)

x bad behavior បណ្ដោយឱ្យធ្វើ

Med. x a drug មិនប្រឆាំង

toll[1][təul] *tv.* t. the hour វាយជួងប្រាប់ម៉ោង

-iv. bells x បន្លឺសូរម៉ឺងៗ (ជួងធំ)

-n. សូរជួង

toll[2][təul] *n.* bridge x ថ្លៃប្រើ (ផ្លូវថ្នល់ ស្ពាន ។ល។)

x of lives ចំនួនខូចបង់

-tv. ដាក់ឱ្យបង់ថ្លៃប្រើ (ស្ពាន ផ្លូវថ្នល់ ។ល។)

tomato[tə'mɑ:təu] *n.* ប៉េងប៉ោះ

tomb[tu:m] *n.* ផ្នូរ

tomboy['tɔmbɔi] *n.* ស្រីដែលមានឫកពារដូចប្រុស

tombstone['tu:mstəun] *n.* ថ្មដាក់នៅក្បាលផ្នូរ

tomcat[]tɔmkæt] *n.* ឆ្មាឈ្មោល

tome[təum] *n.* សៀវភៅធំក្រាស់

tomorrow[tə'mɔrəu] *n.* x is Friday. ស្អែក, ថ្ងៃស្អែក

the day after t. ខានស្អែក

Fig. style of x អនាគតកាល

-adv. នៅថ្ងៃស្អែក

ton [tʌn] *n.* តោន *U.S* ១ម៉ឺនពាន់,១៨ក.ក.

Fr. ១ ០០០ក.ក. *Brit.* ១.០១៦,០៥ក.ក.

tonal['təunl] *adj.* x quality ខាងសូរ

x language ដែលមានសម្លេងឡើងចុះ

tone [təun] *n.* shrill x សូរ

t. of voice របៀបនិយាយឬសរសេរ (សប្បាយ ខឹង ។ល។)

(language has) tones សម្លេងខ្ពស់ទាប

picture has a dull x ទឹកពណ៌

-tv. x it with yellow ដាក់ពណ៌បន្ថែម

t. up ដាក់ពណ៌ឱ្យភ្លឺឡើង

t. down (the color) ធ្វើឱ្យស្រអាប់

t. down (the noise) ធ្វើឱ្យអន់

tong *n. (usu. pl.)* ដង្កៀប, ដង្កាប់

tongue[tʌŋ] *n.* long x អណ្ដាត

the French x ភាសា

wagon x ធូក (រទេះ)

have a glib t. មាត់ដាច

find one's t. ចាប់និយាយ

on the tip of his t. នៅចុងមាត់

-tv. x a board បង់ា

x one's tooth ដាក់អណ្ដាតឱ្យប៉ះ

tongue-and-groove[tʌŋ ənd gru:v] *n.* តំណាប់ (ក្បាលអណ្ដើង)

tongue-in-cheek[tʌŋ i n ʧi:k] *adj.* ដែលចំអក, ដែលមិនស៊ីសាល

tongue-tied[tʌŋ tai d] *adj.* ដែលនិយាយមិនចេញ

tonic['tɔni k] *n.* drink a x ថ្នាំលើកកម្លាំង

Mus. x of the key សូរផ្ដើម

Lit: តានិក (ភ្លេង)

-adj. ដែលធ្វើឱ្យខ្លាំងក្លា

tonight[tə'nai t] *n. adv.* យប់នេះ, ល្ងាចនេះ

tonnage['tʌni ʤ] *n.* ចំណុះ (គិតជាតោន)

tonsil['tɔnsl] *n. Fr:* អាមីដាល់ (ដុំសាច់មួយគូនៅខាងក្រោយបំពង់កផ្នែកខាងលើ)

tonsillectomy['tɔnsəlektəmi] *n.* ការវះកាត់យកអាមីដាល់ចេញ

tonsillitis[,tɔnsə'lai ti s] *n.* រោគរលាកអាមីដាល់

tonsure['tɔnʃər] *n.* ពិធីកោរសក់

too[tu:] *adv.* milk and sugar x ផង

I' m hungry x. ដែរ

x hot ហួស, ហួសពេក

Emph. I am t. going! ខ្ញុំក៏ទៅដែរ

I ' m only t. glad to help. ខ្ញុំសប្បាយណាស់ដោយជួយបាន

took[tuk] *(pt. of* take *)*

tool[tu:l] *n.* carpenter's x ប្រដាប់ប្រដា (ដែល

ជាងប្រើប្រាស់)

Fig. use him as a x មនុស្សសម្រាប់គេប្រើក្បាល (អ.ប.)

-tv. ធ្វើឱ្យមានរូបរាងជាអ្វីមួយឡើង

-iv. t. up រៀបចំគ្រឿងប្រដាប់ធ្វើអ្វីមួយ

Sl. x along បើក (រថយន្ត)

toot[tu:t] ***n.*** សូរសុីហ្វេ

-iv., *tv.* សុីហ្វេ

tooth[tu:θ] ***n.*** *(pl. teeth)* human x ធ្មេញ

Lit: ទន្ត *Roy:* ព្រះទន្ត

x of a saw ធ្មេញ

Id. fight t. and nail ប្រឈ្លោះគ្នាយ៉ាងសាហាវ

Id. arm●d to the t. ប្រដាប់ដោយអាវុធយ៉ាងក្រាស់ក្រែល

toothache['tu:θei k] ***n.*** have a t. ឈឺធ្មេញ

toothbrush['tu:θbrʌʃ] ***n.*** ច្រាសដុសធ្មេញ

toothpaste['tu:θpei st] ***n.*** ថ្នាំដុសធ្មេញ

toothpick['tu:θpi k] ***n.*** ឈើចាក់ធ្មេញ

top[1][tɔp] ***n.*** x of the table ផ្នែកខាងលើ

take the x off គម្រប, គ្រប

x of the hill កំពូល

at the t. of (his class) លើគេ

at the t. of his voice អស់សម្លេង, យ៉ាងខ្លាំងក្រៃលែង

-tv. *(pt. . pp.* topped*)*

x those bottles បិទគ្រប

He's hard to x. ធ្វើឱ្យប្រសើរជាង

x the hill ដល់កំពូល

x plants កាត់ចុងចោល

Golf x the ball វាយត្រូវពីលើ

-adj. x shelf លើគេ

in x condition ដ៏ល្អ

top[2][tɔp] ***n.*** ល្បូ

topcoat['tɔpkəut] ***n.*** អាវរងាធំ

tophat['tɔphæt] ***n.*** មួកខ្ពស់មៀាង

top-heavy[tɔp hevi] ***adj.*** ធ្ងន់ខាងលើពេក

topic['tɔpi k] ***n.*** ប្រធាន

topical['tɔpi kl] ***adj.*** x comment ដែលទាក់ទងនឹងបញ្ហាបច្ចុប្បន្ន

x application ខាងលើ, ខាងក្រៅ

topknot['tɔpnɔt] ***n.*** កំប៉ោយ

topmost['tɔpməust] ***adj.*** ខ្ពស់ជាងគេ

top-notch[tɔp nɔʧ] ***adj.*** ប្រសើរបំផុត

topographer[tə'pɔgrəfər] ***n.*** ឋានលេខា

topography[tə'pɔgrəfi] ***n.*** study x ឋានលេខសាស្ត្រ

x of a region សភាពខ្ពស់ទាបនៃផែនដី

topple['tɔpl] ***iv.*** រលំ, ដួល

-tv. រំលំ, ផ្តួល

top-secret[tɔp 'si:krət] ***adj.*** សម្ងាត់បំផុត

topsoil['tɔpsɔi l] ***n.*** ស្រទាប់ដីខាងលើ

topsy-turvy[,tɔpsi 'tɜ:vi] ***adj.*** ភាយបាយ, ច្របូកច្របល់

torch[tɔ:ʧ] ***n.*** pine x ចន្លុះ

acetylen t. ប្រដាប់ផ្សារប្រើអាសេទីឡែន

torchlight['tɔ:ʧlai t] ***n.*** ពន្លឺចន្លុះ

torchwood['tɔ:ʧwud] ***n.*** រុក្ខជាតិដែលគេយកមកធ្វើចន្លុះ

tore[tɔ:r] *(pt. of* tear*)*

torment['tɔ:ment] ***n.*** ទារុណកម្ម

-tv. ធ្វើទារុណកម្ម

torn[tɔ:n] *(pp. of* tear*)*

tornado[tɔ:'nei dəu] ***n.*** ខ្យល់គួច

torpedo[tɔ:'pi:dəu] ***n.*** គ្រាប់បែកបាញ់នាវា

-tv. x a ship បាញ់នឹងគ្រាប់បែកបាញ់នាវា

x my plans ធ្វើនគ្គការ (ធ្វើឱ្យខូចអ្វីមួយដោយចេតនា)

torpid['tɔ:pi d] ***adj.*** ស្រយុតស្រយង់, ស្ពុល

torpor['tɔ:pər] ***n.*** ភាពស្រយុតស្រយង់, ភាពស្ងួល

torque[tɔ:k] ***n.*** កម្លាំងបង្វិល

torrent['tɔrənt] ***n.*** x of a stream ជលវេគ

x of rainfall ដំណើរធ្លាក់ខ្លាំង (ភ្លៀង)

torrential[tə'rənʃl] ***adj.*** ដែលហូរខ្លាំងឬធ្លាក់ខ្លាំង

torrid['tɔri d] ***adj.*** x zone ក្ដៅហែង

x love affair ដែលងប់

torsion['tɔ:ʃn] ***n.*** ការរមួល

torso['tɔ:səu] ***n.*** ដងខ្លួន

tortoise['tɔ:təs] ***n.*** អណ្ដើក (រស់នៅលើគោក)

tortuous['tɔ:ʧuəs] ***adj.*** x road ដែលបត់បែន

x reasoning ស្មុគស្មាញ

torture['tɔ:ʧər] ***n.*** ទារុណកម្ម

-tv. ធ្វើទារុណកម្ម

toss[tɔs] ***tv.*** x me the ball បោះ

t. away បោះចោល

waves x the boat ធ្វើឱ្យខ្ទាត

t. one's head ងាកក្បាលរឹង (ដូចនៅពេលខឹង ។ល។)

-iv. boats x in the waves ខ្ទាត

t. and turn ប្រែចុះប្រែឡើង (ដេក)

-n. x of the boat ការខ្ទាត

t. of the head ការងាកក្បាលរឹង

toss-up[,tɔs'ʌp] ***n.*** decide by x ការបោះលុយលើបាតដៃហើយទាយថាផ្កាប់ឬផ្ងារ

Coll. The outcome is a x. ដំណើរអាចប្រែត្រឡប់ទៅជាយ៉ាងណាក៏បាន

tot[tɔt] ***n.*** កូនង៉ា

total['təutl] ***n.*** ចំនួនសរុប

-adj. x figure សរុប, បូករួមទាំងអស់

x loss ទាំងអស់, ទាំងស្រុង

-tv. x the figures បូកសរុប, បូករួម

Sl. x one's car ធ្វើឱ្យខូចខ្ទីទាំងស្រុង

-iv. សរុប

totalitarian[təu,tælə'teəri ən] ***adj.*** នៃលទ្ធិផ្ដាច់ការ

Lit: សមស្តនិយ

-n. អ្នកប្រើលទ្ធិផ្ដាច់ការ *Lit:* អ្នកសមស្តនិយម

totality [təu'tæləti] ***n.*** consider the problem in its x ភាពទូទៅ

the x of his ignorance ភាពទាំងស្រុង

totalize[təu'tælai z] ***tv.*** បូកសរុប, បូករួម

totally['təutəli] ***adj.*** ស៊ប់, ទាំងស្រុង, ទាំងអស់

tote[təut] ***tv.*** *Dial.* x a barrel លី

Sl. x a gun មានជាប់នឹងខ្លួន

totem['təutəm] ***n.*** x of a clan តូតឹម (អ្វីដែលជានិមិត្តរូបនៃក្រុមណាមួយ)

t. pole បង្គោលឬសសរមានចម្លាក់ (ដែលជានិមិត្តរូបនៃក្រុមនៃប្រជាជនស្បែកក្រហមក្រុមណាមួយនៅទ្វីបអាមេរិកខាងជើង)

totter ['tɔtər] ***iv.*** (He) totters (when he walks.) ទ្រេតទ្រោត, ឃ្លីងឃ្លោង

(a) tottering (government) រតែរលំ, ទន់ខ្សោយ

touch[tʌʧ] ***tv.*** x a sore ពាល់, ស្ទាប

feet don't x the floor ប៉ះ

His troubles x me. ធ្វើឱ្យរំជួលចិត្ត

can' t x the money ប៉ះ, យក

Coll. police can't x him ប៉ះពាល់ដល់

(His lands) t. on (mine.) ជាប់គ្នានឹង

(e didn' t) t. on (that subject.) ប៉ះពាល់ (អ. ប.)

t. up កែ

-iv. ប៉ះគ្នា

-n. a gentle x ការពាល់, ការស្ទាប

a x of red ស្នាមប្រឿងៗ

a x of salt ចំនួនបន្តិចបន្តួច

get in t. with ទាក់ទងនឹង

out of t. with គ្មានការទាក់ទងនឹង

lose one's t. អស់ថ្វីដៃ

touch-and-go[tʌʧ ənd gəu] *adj.* មិនទៀង, ដែលអាចប្រែប្រួល

touched[tʌʧt] *adj.* x by his plight រំភើបចិត្ត

Coll. x in the head លីលា

touching['tʌʧi ŋ] *adj.* ដែលធ្វើឱ្យរំភើបចិត្ត

touchstone['tʌʧstəun] *n.* jeweler's x ថ្មដែលគេយកមកសាកមើលមាស (ថាសុទ្ធ មិនសុទ្ធ)

x of its genre គំរូ

touchy['tʌʧi] *adj.* x person ចិត្តស្រាល

x situation មិនទៀង, ដែលអាចប្រែប្រួល

tough[tʌf] *adj.* x meat ស្វិត

x soldiers មាំមួន

x job ពិបាក

x criminal ដែលមានចិត្តអាក្រក់, កំណាច

toughen ['tʌfn] *tv.* ធ្វើឱ្យស្វិត

-iv. ទៅជាស្វិត

tour[tuər] *n.* take a x ការដើរមើលស្រុកទេសលេង

company is on x ការដើរសម្ដែងសិល្បៈ

t. of duty រយៈពេលដែលកំណត់ឱ្យបំពេញកិច្ចការនៅកន្លែងណាមួយ

-iv. sightseers x ដើរមើលស្រុកទេសលេង

acting companies x ដើរសម្ដែងសិល្បៈ

-tv. x France ធ្វើដំណើរដើរមើល

orchestras x Europe ធ្វើដំណើរសម្ដែងសិល្បៈ

tourism['tuəri zəm] *n.* ទេសចរណ៍

tourist['tuəri st] *n.* ទេសចរ

tournament['tuənəment] *n.* ការប្រកួត (កីឡាផ្សេងៗ)

tourniquet['tuəni kei] *n.* ប្រដាប់ចងទប់ឈាម

tousle['tauzl] *tv.* x his hair ធ្វើឱ្យញុកញី

x a child លេងដៃគួន (នឹង)

-n. ការច្របូកច្របល់

tout[taut] *tv.* x wares ដើរពេញាយនាយលក់

x his skills សរសើរ

x horse races លក់ការសម្ងាត់ (ក្នុងការភ្នាល់សេះ ។ល។)

-n. sales x អ្នកដើរលក់

horseracing x អ្នកលក់ការសម្ងាត់

tow[təu] *tv.* សណ្ដោង, ទាញ, អូស

-n. give me a x ការសណ្ដោង

with a child in t. ដែលមានក្មេងតាមពីក្រោយ

toward, towards[t'əwɔ:d, tə'wɔ:dz] *prep.*

walk x that village ឆ្ពោះទៅ

his attitude x me ចំពោះ

save x the future សម្រាប់

x morning ជិតៗ

towel['tauəl] *n.* កន្សែង

-tv. ជូតនឹងកន្សែង

tower['tauər] *n.* stone x ប៉ម

storm the x បន្ទាយ

-iv. លេចត្រដែតខ្ពស់ៗ

towering['tauəri ŋ] *adj.* x trees ដែលខ្ពស់ត្រដែត

x figure in his field ដែលលើសគេទាំងអស់

town[taun] *n.* small x ទីក្រុង (តូចៗ)

go down t. ទៅផ្សារ

Id. really go to t. ធ្វើអ្វីៗយ៉ាងលឿន

Id. do the t. ដើរលេងក្នុងទីក្រុង

township['taunʃi p] *n.* ឃុំ

townspeople['taunzpi:pl] *n.* អ្នកក្រុង

toxic['tɔksi k] *adj.* ពុល

toxicology[,tɔksi kɔləʤi] *n.* វិសសាស្ត្រ

toxin['tɔksi n] ***n.*** ជាតិពុលដែលបង្កើតដោយអតិសុខមប្រាណ

Lit: វិសករស

toy[tɔi] ***n.*** child's x ប្រដាប់ក្មេងលេង

I'm just a x to you. អ្វីៗដែលគ្រាន់តែសម្រាប់កំសាន្ត

-adj. x car លេងៗ

x poodle រូបតូចប្រណិត

-iv. t. with លេងនឹង

trace[trei s] ***n.*** follow his x ដាន

a x of humor ស្នាមបន្តិចបន្តួច

Pl. break the x ខ្សែអូស (នង្គ័ល រទេះ)

-tv. x a rabbit តាមដាន

x a map ផ្ទាប់ចម្លង

x the history of the country ប្រាប់រួសៗ

traceable[trei səbl] ***adj.*** ដែលអាចរកឃើញតាមដាន

tracer['trei sər] ***n.*** x of lost persons អ្នករក, អ្នកតាមរក

put a x on an order សំបុត្រសម្រាប់តាមរករបស់ដែលបាត់

t. bullet គ្រាប់ភ្លើង

tracery['trei səri] ***n.*** គំនូរធ្វើដោយបន្ទះដែកយកមកបត់បែនជារូបអ្វីផ្សេងៗ

trachea [trə'kiːə]***n.*** បំពង់ខ្យល់ទៅសួត

track[træk] ***n.*** train x ផ្លូវដែក *Lit:* រេណុបថ

(tire) tracks ដាន, ស្នាម

x meet កីឡាលោត រត់ ។ល។

on the right t. តាមផ្លូវត្រូវ

keep t. of ចាំ, ចាំបាន

lose t. of ច្រឡំ, ច្រឡំបល់

-tv. x a bear តាមដាន, តាមស្នាមជើង

x the floor ធ្វើឱ្យមានស្នាម

tract[trækt] ***n.*** x of land មួយដំបន់

digestive x បំពង់

political x ខិត្តប័ណ្ណ

tractable ['træktəbl] ***adj.*** x child ស្លូត, ស្រួល, ងាយដឹកនាំ

x situation ដែលអាចធ្វើឱ្យស្រួលទៅបាន

traction['trækʃn] ***n.*** tire has good x ទំនាញ (ការទាញ)

Med. put him in x បរិធានសម្រាប់ទាញឆ្អឹងឱ្យត្រង់

trade[trei d] ***n.*** foreign x ជំនួញ

*Lit:*ពាណិជ្ជកម្ម

make a x ការប្ដូរ

follow a x មុខរបរ, វិជ្ជាជីវៈ

-tv. x my car for yours ប្ដូរ

(He) trades (horses.) ជួញ

-tv. They x with our company. ជួញប្រែ (ជាមួយ)

(He) trades in (deceit.) ប្រើ

trade-in[trei di n] ***n.*** របស់ចាស់ដែលគេយកទៅប្ដូរយករបស់ថ្មីឬអ្វីផ្សេងទៀត

trademark['trei dmaːk] ***n.*** និក្ខិត្តសញ្ញា

trader[trei dər] ***n.*** ឈ្មួញ

tradition[trei 'di ʃn] ***n.*** ancient x ប្រពៃណី

x of good service ទម្លាប់

traditional[trei 'di ʃənl] ***adj.*** x ceremony ជាប្អូតាមប្រពៃណី

x outlook បុរាណ

traffic['træfi k] ***n.*** automobile x ចរាចរ

drug x ជំនួញ, ការលក់ដូរ

Lit: វិក្រយចលនា

-iv. x in drugs ជួញដោយលួចលាក់

Coll. x with criminals ទាក់ទង

trafficker['træfi kər] ***n.*** ឈ្មួញ (ដែលធម្មតាជួញប្រែខុសច្បាប់)

tragedian[trəˈdʒiːdi ən] ***n.*** សោកនាដករ

tragedy[ˈtrædʒədi] ***n.*** write a x សោកនាដកម្ម

war was a x ព្រឹត្តការណ៍ធ្វើឱ្យខ្លោចផ្សា

tragic[ˈtrædʒi k] ***adj.*** ដែលធ្វើឱ្យខ្លោចផ្សា, ជាទីសោកស្តាយ

trail[trei l] ***n.*** mountain x ផ្លូវលំ

x of a bear ដាន, ស្នាមដាន

on the t. of (a criminal) កំពុងតាមរក

-tv. x a bear តាមស្នាមដាន

x a criminal តាមរក

x his coat in the dust អូសពីក្រោយ

-iv. t. along behind តាមពីក្រោយ

t. off អន់ទៅៗ

trailer[ˈtrei lər] ***n.*** pull a x រថយន្តឡាន, រថសណ្តោង

live in a x ផ្ទះសណ្តោង (ផ្ទះដែលអាចដឹកពីកន្លែងមួយទៅកន្លែងមួយទៀតបាន)

plant is a x រុក្ខជាតិដែលមានទងដូចវល្លិ

train [trei n] ***n.*** go by x រទេះភ្លើង

Lit. រថភ្លើង, អយស្ម័យយាន

x of wagons ខ្សែ

x of thought ដំណើរបន្តគ្នាមិនដាច់

bridal x កន្ទុយ

-tv. x soldiers បង្វាត់, ហ្វឹកហ្វឺន

x one's fire on the enemy តម្រង់

-iv. ហ្វឹកហ្វឺន

trainee[ˌtrei ˈniː] ***n.*** អ្នកហាត់រៀនធ្វើការ

trainer[ˈtrei nər] ***n.*** អ្នកបង្វាត់

training[ˈtrei ni ŋ] ***n.*** athletic x ការហ្វឹកហ្វឺន

childhood x ការអប់រំ

animal x ការបង្វាត់

executive x កម្មសិក្សា

traipse[trei ps] ***iv.*** ដើរត្រេតត្រតពីនេះទៅនោះ

trait[trei t] ***n.*** a good x លក្ខណៈ

Anthr. cultural x លក្ខណៈពិសេសនៃវប្បធម៌ប្រជាជនក្រុមណាមួយ

traitor[ˈtrei tər] ***n.*** ជនក្បត់

traitorous[ˈtrei tərəs] ***adj.*** ដែលក្បត់

trajectory[trəˈdʒektəri] ***n.*** ចំណោល, គន្លងគ្រាប់បាញ់

tram, tramcar[træm, træmkɑːr] ***n.*** រថរត់លើផ្លូវដែក

trammel[træml] ***tv.*** បង្អាក់, ធ្វើឱ្យទើសទែង

-n. pl. អ្វីៗដែលបង្អាក់

tramp[træmp] ***iv.*** x into the house ដើរទម្លាក់ជើងខ្លាំងៗ

x about the country ត្រសាត់អណ្តែតឥតមានទិសដៅ

-tv. x the streets ត្រេតត្រតតាម

t. on ជាន់

x mud into the house ធ្វើឱ្យមានស្នាមប្រឡាក់ (ចូលផ្ទះនឹងស្បែកជើងប្រឡាក់ភក់)

-n. an old x មនុស្សអនាថា

go on a x ការដើរលេង (ដោយជើង)

the x of feet សូរដើរទម្លាក់ជើងខ្លាំងៗ

go by x នាវាដែលគ្មានពេលម៉ោង

Coll. She's a x . ស្រីខូច

trample[ˈtræmpl] ***tv.*** x rice ជាន់ឈ្លី, ច្រំ

x justice យកមកជាន់ឈ្លី (អ. ប.)

-n. សូរជើង

trance[trɑːns] ***n.*** ការចូល, ការអណ្តែតអណ្តូង, ការភ្លេចភ្លាំងស្មារតី

tranquil[ˈtræŋkwil] ***adj.*** x scene ស្ងាត់ជ្រងំ

x mind ស្ងប់ស្ងាត់

tranquility[træŋˈkwi ləti] ***n.*** x of the scene ភាពស្ងាត់ជ្រងំ

x of mind ភាពស្ងប់ស្ងាត់

tranquilize['træŋkwəlai z] *tv.* ធ្វើឱ្យស្ងប់ ឬ នៅស្ងៀម

tranquilizer['træŋkwəlai zər] *n.* ថ្នាំរម្ងាប់ចិត្ត

trans-[trænz] *pref.* បុព្វបទមានន័យថា: កាត់, ឆ្លង

transact[træn'zækt] *tv.* ធ្វើការទាក់ទងសម្រេចកិច្ចការ

transaction[træn'zækʃn] *n.* business x កិច្ចការ (ជំនួញ)

pl. x of the meeting សេចក្ដីសម្រេច

transatlantic[,trænzət'lænti k] *adj.* x flight ដែលឆ្លងកាត់មហាសមុទ្រអាត្លង់ទិក

x countries ឯនាយមហាសមុទ្រអាត្លង់ទិក, នៅត្រើយម្ខាងនៃមហាសមុទ្រអាត្លង់ទិក

transcend [træn'send] *tv.* x petty difficulties ពុះពារ

x all others in importance លើសលប់

transcendent [træn'sendənt] *adj.* x thoughts អតិសេដ្ឋ

x considerations សំខាន់បំផុត

transcendental[,trænsen'dentl] *adj.* អញ្ញហារិក

transcontinental[,trænz,konti 'nentl] *adj.* ដែលកាត់ទ្វីប

transcribe[træn'skrai b] *tv.* x a conversation កត់ជាលាយលក្ខណ៍អក្សរ

x a radio program ថត

transcript['trænskri pt] *n.* ប្រតិចារឹក

transcription[træn'skri pʃn] *n.* the x of a conversation ការកត់ (ជាលាយលក្ខណ៍អក្សរ)

accurate x កំណត់ (ជាលាយលក្ខណ៍អក្សរ)

Ling: language x សញ្ញានៃសូរ

transact[træn'zækt] *tv.* កាត់ទទឹង

transfer[træns'fɜ:r] *tv.* (*pt.*, *pp.*transferred)

x books onto the shelf យកពីកន្លែងមួយទៅដាក់កន្លែងមួយទៀត, ផ្ទេរ

x a title ផ្លាស់ឈ្មោះ, កាត់ឈ្មោះ

Lit: ផ្លាស់កម្មសិទ្ធិ, ផ្ទេរកម្មសិទ្ធិ

x him to another city ផ្លាស់

-iv. x to another city ផ្លាស់កន្លែង

x at 25th Street ប្ដូរ (រថភ្លើងឬឡានឈ្នួល)

-n. x of goods ការផ្ទេរ, ការរំលៀក

his x came through បញ្ជាផ្លាស់កន្លែងធ្វើការ

bus x សំបុត្រសម្រាប់ប្ដូររថភ្លើងឬឡានឈ្នួល

transform[træns'fɔ:m] *tv.* x water into wine ធ្វើឱ្យទៅជា, ប្រែធាតុ

Elect. x voltage ដំឡើងឬបញ្ចុះ

-iv. ផ្លាស់ទៅជា, ប្រែធាតុ

-n. បន្លាស់ (លទ្ធផលនៃការផ្លាស់)

transformation[,trænsfə'mei ʃn] *n.* x of liquid into gas ការផ្លាស់ប្ដូរ, ការប្រែប្រួល

a x of the original បន្លាស

transformer[,trænsfə'mər] *n. Fr:* ត្រង់ស្វូម៉ាទ័រ

transfuse[trænsfju:z] *tv.* ចាក់បញ្ចូល

transfusion[træns'fju:ʒn] *n.* the x of blood ការចាក់បញ្ចូល

get x blood x អ្វីៗដែលយកមកចាក់បញ្ចូល

transgress[trænz'gres] *tv.* បំពាន, ប្រព្រឹត្តកន្លង, ឆ្កើន

-iv. ធ្វើបាបកម្ម

transgression[trænz'greʃn] *n.* ការប្រព្រឹត្តកន្លង

transient['trænzi ənt] *adj.* x pleasures មិនឋិតថេរ

x guests បណ្ដោះអាសន្ន

-n. អ្នកដែលមកនៅបណ្ដោះអាសន្ន

transistor[træn'zi stər] *n. Fr:* ត្រង់ស៊ីស្ទ័រ

transit['trænzi t] *n.* in t. ដែលឆ្លងកាត់

rapid x ការដឹកនាំ

surveyor 's x មុមទស្សន៍

transition[træn'zi ʃn] *n.* ការផ្លាស់ប្ដូរ

transittional[træn'si ʃənl] *adj.* x phase អន្តរៈ

x situation ដែលកំពុងផ្លាស់ប្ដូរ

transitive['trænsəti v] *adj. Gram* t verb សកម្មកិរិយាសព្ទ

transitory['trænsətri] *adj.* ដែលមិនឋិតថេរ

translate[træns'lei t] *tv.* ប្រែ *Coll.* បក

translation[træns'lei ʃn] *n.* good at x ការប្រែភាសា

a good x សេចក្ដីបកប្រែ

transliterate[træns'li tərei t] *tv.* សរសេរអក្សរភាសាមួយដោយប្រើអក្សរភាសាផ្សេងទៀត

transliteration[træns,li tə'rei ʃn] *n.* ការសរសេរអក្សរភាសាមួយដោយប្រើអក្សរភាសាផ្សេងទៀត

translucent[træns'lu:snt] *adj.* ដែលល្អក់ (កញ្ចក់), ដែលឱ្យពន្លឺចេញចូលព្រិលៗ

transmigrate[trænzmai grei t] *iv.* birds x ផ្លាស់លំនៅពីតំបន់មួយទៅតំបន់មួយទៀត

souls x ចាប់បដិសន្ធិជាថ្មី

transmigration[,trænzmai 'grei ʃn] *n.* x of birds ការផ្លាស់លំនៅពីតំបន់មួយទៅតំបន់មួយទៀត

t. of souls សង្សារវដ្ដ

transmission[træns'mi ʃn] *n.* x of information ការបញ្ជូន

automobile x ប្រអប់លេខ

Fr: ត្រង់ស្មីស្យុង

radio x គ្រឿងបញ្ជូនសារ

ransmitter[træns'mi tər] *n.* x of messages អ្នកបញ្ជូនសារ

radio x គ្រឿងបញ្ជូនសារ (វិទ្យុ)

ransparent[træns'pærənt] *adj.* x glass ថ្លា, ដែលអាចមើលធ្លុះបាន

x motives ច្បាស់ក្រឡែត

ansparency[træns'pærənsi] *n.* x of glass ភាពមើលឃើញធ្លុះ

x of his motives ភាពច្បាស់ក្រឡែត

Photo. make a x ហ្វីលបញ្ចាំង

transpire[træn'spai ər] *iv.* (What) transpired (at the meetting?) កើតឡើង

(Sweat) transpires (through the pores.) ជ្រាបចេញ

transplant[træns'plɑ:nt] *tv.* x rice ស្ទូង

x tomatoes ដកយកទៅដាំ

Med x a heart ផ្ទេរ (បេះដូង ស្បែក)

-n ប្រតិរោបកម្ម

transport['trænspɔ:t] *tv.* x rice ដឹកនាំ

Songs x her ធ្វើឱ្យរំភើបខ្លាំង

-n the x of soldiers ការដឹកនាំ

That plane is a x. យានសម្រាប់ដឹកនាំ

x of the moment ការរំភើបចិត្តខ្លាំង

transportation[,trænspɔ:'tei ʃn] *n.* provide x យានសម្រាប់ដឹកនាំ

x of troops ការដឹកនាំ

transpose[træn'spəuz] *tv.* ផ្លាស់កន្លែង

transverse ['trænzvɜ:s] *adj.* ទទឹង

transvestism[trænz'vesti zəm] *n.* ការតែងខ្លួនឱ្យដូចភេទផ្ទុយទៅវិញ

trap[træp] *n.* mouse x អង្គប់

bird x អន្ទាក់

-tv (*pt., pp.* trapped)

x mice ដាក់អង្គប់

x birds ដាក់អន្ទាក់

trap-door['træpdɔ:r] *n.* ទ្វារចុះទៅជាន់ក្រោមដីឬឡើងទៅលើពិតាន

trapeze [træ'pi:z] *n.* ទោង (កីឡា)

trapezoid['træpəzɔi d] *n.* ចតុរស្សព្នាយកែក

trapper['træpər] *n.* ព្រានទាក់សត្វ

trappings['træpi ŋz] *n.* x of a photographer គ្រឿងប្រដាប់

x of murder លក្ខណៈ

trash[træʃ] ***n.*** collect x សំរាម, សំណល់, របស់គេបោះចោល

That book is x. វត្ថុគ្មានសារៈសំខាន់

trashy[træʃi] ***adj.*** x yard ដែលមានសំរាមពេញ

x literature ឥតតម្លៃ, ឥតខ្លឹមសារ

trauma['trɔ:mə] ***n.*** ដំណើរទង្គិចយ៉ាងខ្លាំង

traumatic[trɔ:'mæti k] ***adj.*** ដែលធ្វើឱ្យស្លុត

travail['trævei l] ***n.*** ការទង្គិះយ៉ាងខ្លាំង

travel['trævl] ***iv.*** ធ្វើដំណើរ *Lit:* ធ្វើគមនាការ

-tv. ធ្វើដំណើរតាម

-n. ការធ្វើដំណើរ

Lit: គមនាការ

traveler['trævələr] ***n.*** អ្នកដំណើរ

travelog , travelogue['træveləg] ***n.*** សៀវភៅ ឬភាពយន្តស្តីអំពីការធ្វើដំណើរ

traverse[trə'vɜ:s] ***tv.*** កាត់, ឆ្លងកាត់

-n. ធ្នឹម

-adj. ដែលកាត់ទឹក

travesty['trævəsti] ***n.*** អ្វីៗដែលចំអក, ការចំអក

trawl[trɔ:l] ***n.*** ថៃវ៉ា (ប្រដាប់នេសាទត្រីម្យ៉ាង)

-iv. នេសាទត្រីនឹងថៃវ៉ា

-tv. អូសថៃវ៉ា (ចាប់ត្រីក្នុងសមុទ្រ)

trawler[trɔ:lər] ***n.*** នាវាអូសថៃវ៉ា

tray[trei] ***n.*** ថាស, ស្លក

treacherous ['tretʃərəs] ***adj.*** x act ដែលក្បត់

x adversary ដែលវៀចវេរ, ដែលលាក់ពុត

x territory ដែលប្រកបដោយគ្រោះថ្នាក់

treachery['tretʃəri] ***n.*** អំពើក្បត់, ការក្បត់, ការវៀចវេរ

tread[tred] ***iv.*** *(pt.* trod *,pp.* trodden *)*

x lightly ដើរ

x on his toes ជាន់

-tv. x a path ដើរតាម

x tires ដាក់ក្រឡា

-n. walk with a light x ការដាក់ជើង

tire x ក្រឡា

treadle['tredl] ***n.*** ឈ្នាន់

-iv. ជាន់ឈ្នាន់

treadmill['tredmi l] ***n.*** operate a x គ្រឿងយន្តដែលប្រើឈ្នាន់

Fig. life is a x កិច្ចការដដែលៗ

treason['tri:zn] ***n.*** អំពើក្បត់ជាតិ, ការក្បត់ជាតិ

treasure['treʒər] ***n.*** buried x រតនសម្បត្តិ

She is a x. អ្វីដែលជាទីស្រឡាញ់ក្រៃលែង

-tv. ទុកជារបស់ដ៏មានតម្លៃក្រៃលែង

treasurer['treʒərər] ***n.*** ហេរញ្ញិក

treasury['treʒəri] ***n.*** រតនាគារ

treat[tri:t] ***tv.*** x him kindly ប្រព្រឹត្តចំពោះជនណាមួយ

x an illness ព្យាបាល

x leather with acid លាបឬជ្រលក់ថ្នាំ (ឱ្យទន់ កុំឱ្យជ្រាបទឹក។ល។)

x a topic រំគាយសេចក្តី

x them to a drink ប៉ាវ

-n. The play was a x. អ្វីៗដែលបំពេញចិត្ត

It' s your x. ការប៉ាវ

treatise['tri:ti s] ***n.*** អភិប្រាយ

treatment['tri:tmənt] ***n.*** cruel x ប្រព្រឹត្តកម្ម

prescribed x វិធីព្យាបាល

the x of patients ការព្យាបាល

a x of acid ការលាបឬជ្រលក់

treaty['tri:ti] ***n.*** សិទ្ធិសញ្ញា

tree[tri:] ***n.*** apple x ដើមឈើ *Lit:* ព្រឹក្ស

family t. ពង្សាវលី

-tv. ដេញ (សត្វ) ឱ្យឡើងដើមឈើ

trek[trek] ***iv.*** *(pt., pp.*trekked *)* ធ្វើដំណើរ (ដោយជើង)

-tv. ធ្វើដំណើរ (ដោយជើង) តាម

-n. ការធ្វើដំណើរ (ដោយជើង)

trellis['treli s] *n.* ទ្រើង, ដន្ទង់

-tv. ដាក់ឱ្យឡើងទ្រើង

tremble['ʧembl] *iv.* ញ័រ

-n. ការញ័រ

tremendous[trə'mendəs] *adj.* x house ធំ សម្បើម

x urge យ៉ាងខ្លាំង

Coll. have a t. time សប្បាយអស្ចារ្យ

tremor['tremər] *n.* ដំណើរញ័រ

trench[trentʃ] *n.* dig a x ស្នាមភ្លោះ

battle x លេណដ្ឋាន

-tv. ជីកស្នាមភ្លោះ (នៅ)

trend[trend] *n.* economic x ការទេរទៅខាងណាម្ខាង *Lit:* និន្នាការ

modern x ការនិយម

trespass['trespəs] *iv.* forbidden to x ចូលក្នុងតំបន់ហាមឃាត់

Rel. ធ្វើបាបកម្ម

-n. *Rel.* (forgive us our) trespasses បាបកម្ម

Law guilty of x ការចូលតំបន់ហាមឃាត់

trestle['tresl] *n.* ជើងគ្រោង, ឈើជើងសេះ

tri-[tri -] *pref.* បុព្វបទមានន័យថា: ដែលមានបី

trial['trai əl] *n.* *Law* hold a x ការកាត់សេចក្តី *Lit:* វិនិច្ឆ័យកិច្ច

give it a x ការសាក, ការល្បង

usu. pl. x of motherhood បញ្ហា

(criminal is) on t. កំពុងត្រូវតុលាការវិនិច្ឆ័យទោស

(take a product) on t. ជាការពិសោធឬសាកល្បងលមើល

t. and error ការពិសោធគ្រាវៗច្រើនដងដើម្បីសម្រេចអ្វីមួយ

-adj. សាកលមើល, ពិសោធ

triangle['trai æŋgl] *n.* ត្រីកោណ

triangular[trai'æŋgjələr] *adj.* ដែលមានមុំបួន ជ្រុងបី, រាងត្រីកោណ

tribal['trai bl] *adj.* នៃឬរបស់កុលសម្ព័ន្ធ

tribe[trai b] *n.* Indian x កុលសម្ព័ន្ធ

Pej. x of ruffians ពួក

tribulation[,tri bju'lei ʃn] *n.* ភពវេទនា

tribunal[trai 'bju:nl] *n.* សាលាក្តី

tributary['tri bjətri] *n.* river x ដៃទន្លេ

x of China រដ្ឋដែលជាចំណុះរដ្ឋមួយទៀត

-adj. x stream ដែលហូរចាក់ទៅក្នុងទន្លេឬព្រែកមួយទៀត

x state ដែលជាចំណុះ

tribute['tri bju:t] *n.* as a x to the dead អ្វីៗសម្រាប់បង្ហាញនូវសេចក្តីដឹងគុណ

pay x to China សួយសារអាករ

a x to his honesty គស្តុតាង

tricentennial[tri sen'teni əl] *adj.* រាល់បីរយឆ្នាំ

-n. បុណ្យខួបបីរយឆ្នាំ

trichinosis[tri ʧi nəzi s] *n.* រោគបណ្តាលមកពីបរិភោគសាច់ជ្រូកមានរោគ

trick[tri k] *n.* use a x to get in ល្បិច, ឧបាយកល

play a x on him អ្វីៗធ្វើបញ្ឆោតលេង

pl. dog can do x ចំណេះឬល្បិច (ចំឡែក)

-tv. ប្រើល្បិចដើម្បីបំភាន់ឬបញ្ឆោត

-adj. ដែលបន្លំ

trickle['tri kl] *iv.* ហូរឬស្រក់តក់ៗ

-n. x of water ទឹកដែលស្រក់តក់ៗ

x of visitors ការមានមួយៗ, ពិតច្រើន

tricky[tri ki] *adj.* x salesman ដែលបោកបញ្ឆោត

Id. x situation ពិបាក

tricycle['trai si kl] *n.* ត្រីចក្រយាន, រទេះកង់បី

tried [trai d] *(pt. pp. of* try *)*

triennial[trai 'eni əl] *adj.* រាល់បីឆ្នាំ

trifle['trai fl] *n.* buy a x វត្ថុកំប៉ិកកំប៉ុក រាយរងឬឥតតម្លៃ *Lit.* អប្បវត្ថុ

worry over a x រឿងកំប៉ិកកំប៉ុក

Coll. a t. angry ខឹងបន្តិចបន្តួច

-iv. Don't x with me. លេងសើច

x with his keys លេង (ដោយភ្លេចខ្លួន)

Don't just x. បង្ខាតពេល

-tv. ចំណាយពេលឥតបានការ

trifling['trai fli ŋ] *adj.* a x sum បន្តិចបន្តួច

Coll. x bum ថោកទាបហើយខ្ជិល

trigger['tri gər] *n.* x of a gun កៃ

x of a power tool គន្លឹះ

-tv. ធ្វើឱ្យកើតមានឡើង

trigonometry[,tri gə'nɔmətri] *n.* ត្រីកោណមាត្រសាស្ត្រ

trill[tri l] *tv.* x a flute ធ្វើឱ្យមានសូររលាក់

x your r's បន្លឺដោយរលាស់អណ្ដាត

-n. play a x សូររលាក់

Phonet. Spanish 'rr' is a x. សូរកើតឡើងដោយរលាស់អណ្ដាតយ៉ាងញាប់

trillion ['tri ljən] *n.* មួយលានលាន (១.០០០.០០០.០០០.០០០)

trim [tri m] *tv.* *(pt. pp.* trimmed *)*

x a hedge តម្រឹម

Carp. x lumber ធ្វើឱ្យរលីង

Aero. x the plane ធ្វើឱ្យស្មើ (កុំឱ្យបាស់)

Naut. x the sails ដាក់ឱ្យត្រូវខ្យល់

x the Christmas tree តុបតែង

-n. (He's) in top t. ដែលមានកាយពលនឹងសុខភាពល្អ

(The car is) in top t. នៅល្អ

gold x អ្វីដែលគេដាក់ស៊ើម

Carp. paint the x គ្រឿងស៊ើមធ្វើដោយឈើ

Naut. x of the sails បំណែរក្ដោងទៅខាងណាម្ខាង

-adj. ស្អាតបាត

trimming[tri mi ŋ] *n.* Christmas x គ្រឿងតុបតែង

Pl. turkey and all the x ម្ហូបសម្រាប់បរិភោគផ្សេងៗទៀតជុំនឹងម្ហូបឯទៀត

Sl. team took a x បរាជ័យ

trinket['tri ŋki t] *n.* គ្រឿងកំប៉ិកកំប៉ុក

trio['tri:əu] *n.* ក្រុមមនុស្សបីនាក់

trip[tri p] *n.* take a x ដំណើរ

(three) trips (a day) ជើង

fall because of a x ការជំពប់ជើង

Mech. throw the x គន្លឹះធ្វើឱ្យគ្រឿងចក្រដើរឬឈប់

-iv. *(pt. pp.* tripped *)* x over a stone ជំពប់ជើង, ទាក់ជើង

x out of the room ដើរលោតៗអញ្ចើលៗ

t. up ឆ្គោយ

-tv. x a runner ធ្វើឱ្យជំពប់ជើង

t. the switch ចុចគន្លឹះ

t. s.o. up ធ្វើឱ្យភាន់ច្រឡំ

tripe[trai p] *n.* eat x ពោះគោ

Sl. book is just x អ្វីៗដែលឥតខ្លឹមសារ

triphammer[tri p'hæmər] *n.* ឧបករណ៍សម្រាប់ខួងឬជីកអ្វីរឹងៗដូចថ្មជាដើម

triphthong[tri p'θɔŋ] *n.* ព្យាង្គដែលមានស្រៈបីជាប់គ្នា

triple['tri pl] *adj.* ដែលមានបី

-n. ត្រីគុណ

-tv. ធ្វើឱ្យកើតឡើងមួយជាបី

-iv. កើតឡើងមួយជាបី

triplet['triplət] *n.* He's a x កូនភ្លោះបី (ម្នាក់ៗ)

Pl. have x កូនភ្លោះបី

Poet write a x កំណាព្យដែលវគ្គនិមួយៗមានបីឃ្លា

triplicate['tri pli kət] *n.* ច្បាប់ចម្លងបីដូចគ្នា

Lit. ភតិយតា

-adj ដែលមានបី

-tv. ចម្លងជាបី

tripod['trai pɔd] *n.* ចន្ទល់មានជើងបី

trisect['trai zekt] *tv.* កាត់ជាបីកំណាត់, ចែកជាបីចំណែក

trite[trai t] *adj.* រាក់កំផែល

triumph['trai ʌmf] *n.* ជ័យជំនះ, វិជ័យ

-iv. ឈ្នះ, មានជ័យជំនះ

triumphal[trai 'ʌmfl] *adj.* ជ័យជំនះ

triumphant [trai 'ʌmfənt] *adj.* x team ដែលមានជោគជ័យ

x return ដែលជាការអបអរចំពោះ

triumvirate[trai 'ʌmvərət] *n.* ត្រីជនាធិបាល

trivia['tri vi ə] *n.* x of daily life រឿងតំបិតកំប៉ុក

sale of x វត្ថុតំបិតតំប៉ុក

trivial['tri vi əl] *adj.* x details មិនសំខាន់

x conclusions រាក់កំផែល

trod[trɔd] *(pt. of* tread*)*

trodden['trɔdn] *(pp. of* tread*)*

trolley['trɔli] *n.* go by x ត្រូលេ (រថយន្តដឹកមនុស្សដើរដោយកម្លាំងអគ្គិសនិ)

t. cart រទេះមានកង់តូចៗ

t. wheel កង់ត្រូលេ

trollop['trɔləp] *n.* ស្រីខូច

troop[tru:p] *n.* x of soldiers ក្រុម

Pl. victorious x ទាហាន

Coll. x of visitors ហ្វូង

-iv. x before battle ជុំគ្នា, ប្រជុំគ្នា

x past ដើរទាំងហ្វូង

-tv. ជុំ, ប្រជុំ

trooper[tru:pər] *n.* horse x ទាហានឬប៉ូលិសជិះសេះ

State T. ប៉ូលិសរដ្ឋ (នៅស.រ.អ.)

Coll. work like a x មនុស្សមិនចេះរា

trophy['trəufi] *n.* ជ័យភ័ណ្ឌ

tropic['trɔpi k] *n.* T. of Cancer កក្កដនិវត្តន៍

T. of Capicorn មករនិវត្តន៍

Pl. the tropics តំបន់នៅចន្លោះនិវត្តន៍ទាំងពីរ

tropical['trɔpi kl] *adj.* និវត្ត

trot[trɔt] *iv. (pt., pp.* trotted*)* ដើរញាប់ជើង

-tv. x a horse ធ្វើឱ្យរត់ត្រឹកៗ

Coll. t. out ដាក់បញ្ចេញ

-n. ដំណើរញាប់ជើង, ការរត់ត្រឹកៗ

trouble['trʌbl] *n. Pl.* have many x បញ្ហា

have x starting the car ការពិបាក

take the x to go សេចក្ដីអំពល់

take x រឿង (ហេតុ)

-tv. (news) troubles (me) ធ្វើឱ្យខ្វល់

Don't x him now. រំខាន, ឆាឆៅ

troublesome['trʌbli səm] *adj.* x news ដែលធ្វើឱ្យខ្វល់

x child ដែលនាំរឿងហេតុ

trough[trɔf] *n.* ស្នូក (សម្រាប់ដាក់ចាយជ្រូកជាដើម)

trousers['trauzər] *n.* ខោ

trout[traut] *n.* ត្រីទឹកសាបម្យ៉ាងស្រដៀងត្រីញ្ញួល

trowel['trauəl] *n.* ស្លាបព្រាបាយអ

-tv. ពង្រាបនឹងស្លាបព្រាបាយអ

truant['tru:ənt] *n.* កូនសិស្សដែលគេចមិនទៅរៀន

-adj. x child ដែលគេចមិនទៅរៀន

t. officer ភ្នាក់ងារដែលដើរចាប់កូនសិស្សដែលគេច

truce[tru:s] *n.* ការផ្អាកសង្គ្រាម *Lit:* យុទ្ធវិស្រម

truck[1][trʌk] *n.* cattle x ឡានដឹកទំនិញ

Fr: កាមីញ៉ុង *Lit:* រថយន្តបន្ទុក

hand x កូនរទេះសម្រាប់ដាក់អីវ៉ាន់រុញ

-tv. ដឹកនាំដោយឡានដឹកទំនិញ

truck[2][trʌk] *n.* x farmer បន្លែ (ដែលគេដាំសម្រាប់ដឹកបញ្ជូនទៅលក់នៅទីផ្សារ)

Coll. you and all your x អីវ៉ែអីវ៉ាន់

Coll. have no x with them ការទាក់ទង

-iv. Coll. t. with ទាក់ទងនឹង

trucker[1][trʌkər] *n.* អ្នករកស៊ីដឹកនាំទំនិញ

trucker[2][trʌkər] *n.* អ្នកដាំបន្លែបញ្ជូនទៅផ្សារទីផ្សារ

trudge[trʌdʒ] *iv.* ដើរដោយលំបាក

true[tru:] *adj.* x story ពិត

x gold មែនទែន

x friend ស្មោះត្រង់, ចិត្តត្រង់

x line ត្រង់

-n. out of x ភាពត្រង់

truly['tru:li] *adv.* x sorry ដោយស្មោះ, មែន

Lit: Yours t. យ៉ាងស្មោះស្ម័គ្រ

trumpet['trʌmpit] *n.* blow a x ត្រុំប៉ែត (ត្រែស្នែង)

hear the x of an elephant សម្រែក (ដំរី)

ear x ប្រដាប់ដែលមនុស្សត្រចៀកធ្ងន់ប្រើដើម្បីនឹងធ្វើឱ្យស្ដាប់បានស្រួលឡើង រាងដូចជីវឡាវ

-tv. x a high note ផ្លុំត្រុំប៉ែត

elephants x their rage កញ្ជ្រៀវ, ស្រែក (ដំរី)

x his success ស្រែកប្រកាស

truncate[trʌŋ'keit] *tv.* កាត់ឱ្យកំបុតឬខ្លី (ខាងចុងឬក្បាល)

trundle['trʌndl] *tv.* រុញ (អ្វីៗមានកង់)

-n. move it with a x កូនរទេះសម្រាប់ដាក់អីវ៉ាន់រុញ

broken x កង់តូចៗ

trunk[trʌŋk] *n.* tree x ដើម (ពីដីទៅមែក)

x of the body ដង (ខ្លួន)

steamer x ហិប

elephant's x ប្រមោយ

car x កន្លែងដាក់អីវ៉ាន់

Pl. swimming x ខោខ្លី

x line ធំ (ថ្នល់ ផ្លូវដែក ។ល។)

truss[trʌs] *tv.* x a prisoner ចងយ៉ាងជាប់ (ដោយយកខ្សែរុំព័ទ្ធ

x one's waist ឆប់

x a bridge ទល់នឹងធ្នឹមទ្រខ្លង

-n. bridge x ធ្នឹមទ្រខ្លង

wear a x គ្រឿងពាក់ឆប់

trust[trʌst] *tv.* I don't x him ទុកចិត្ត

x his word ជឿ

x my car to you ផ្ញើទុកនឹង

t. in ទីពឹង

-n. worthy of x សេចក្ដីទុកចិត្ត

money is a x ការផ្ញើទុក

business x ឯកាធិកម្ម

trustee[trʌ'sti:] *n.* អ្នកទទួលគ្រប់គ្រង (ប្រាក់កាសឬកិច្ចការអ្នកដទៃ)

board of trustees ក្រុមប្រឹក្សាភិបាល

trustworthy['trʌstwɜ:ði] *adj.* គួរទុកចិត្ត

trusty['trʌsti] *adj.* ស្មោះ, គួរទុកចិត្ត

-n. មនុស្សជាប់គុកដែលមានសិទ្ធិចេញទៅក្រៅបាន

truth[tru:θ] *n.* tell the x សេចក្ដីពិត

the search for x សច្ចៈ (ធម៌)

the x of the matter ការពិត

in t. តាមពិត

truthful[tru.θfl] *adj.* x person សច្ចៈ

x account ទៀងទាត់, ត្រឹមត្រូវ

try[trai] *tv.* (*pt*. *pp*.tried)

x to get up ខំប្រឹង

x a different approach ល, សាក, ល្បង

Law x a criminal ជំនុំជំរះ, កាត់ទោស

t one's patience ធ្វើឱ្យស្ទើរតែចុះទ្រាំមិនបាន

t out សាក, ល

-*n* ខំ

-*n* give the car a x ការសាកល្បង

unsuccessful x ការខំប្រឹងល្បង, ការសាក

trying [tri i ŋ] *adj.* ដ៏តានតឹង, ដ៏តឹងតែង

try-out[trai aut] *n.* ការសាកល្បង

tryst[trai st] *n.* ការណាត់ជួបគ្នា

tsar[zɑ:r] (*see* tzar)

tsetse['tsetsi] *n.* តេស្តេស្ទ (មូសម្យ៉ាងចម្លងរោគងុយ ដេក)

T-shirt. **tee-shirt**[ti:ʃɜ:t] *n.* អាវយឺត (ខ្សែកជាត់ ជាមារត្រុសាប)

tsp (*teaspoon*) ស្លាបព្រាកាហ្វេ

tub[tʌb] *n.* bath x អាងទឹក, សំពៅ (សម្រាប់ចុះងូត)

x of butter ធុងឈើ

tube[tju:b] *n.* rubber x បំពង់ *Lit.* វ័ម្ភ

x of glue អបស្រោចាច

radio x អំពូល (វិទ្យុ។ល។)

tuber['tju.bər] *n.* មើម

tuberculosis[tju:.bɜ:kju'ləusi s] *n.* រោគរបេង

tubing[tju:bi ŋ] *n.* បំពង់

tubular['tju:bjələr] *adj.* ដែលមានរាងជាបំពង់

tuck[tʌk] *tv.* x your shirt in ញាត់

x his legs under បត

Sewing x it at the waist ផិប

-*n* ផិប

Tuesday['tju:zdei] *pr. n.* ថ្ងៃអង្គារ

tuft[tʌft] *n.* កញ្ចុំ

tug[tʌg] *tv.* (*pt*. *pp*. tugged)

x a baot សណ្តោង

t at កន្ត្រាក់

-*n* give his arm a x ការកន្ត្រាក់

ship's x នាវាសណ្តោង

tugboat[tʌgbəut] *n.* នាវាសណ្តោង

tug-of-war[,tʌg ɔf wɔ:r] *n.* play x ល្បែងទាញព្រាត

x between two countries ការជណ្តើមគ្នា

tuition[tju'i ʃn] *n.* high x ឈ្នួលសាលា

under his x ការបង្ហាត់បង្រៀន

tumble['tʌmbl] *iv.* walls x ដួល, រលំ

markets x ចុះថ្លៃ

Sp likes to x ផាំងួង, ផ្តួលខ្លួន (កីឡា)

-*n* រលំ

-*n* take a x ការដួល

room was in x ភាពរាយប៉ាយរាត់រាយ

tumbler['tʌmblər] *n.* drinking x កែវ

Sp He's a x អ្នកផាំងួង (កីឡា)

lock x គន្លឹះនៅក្នុងមេសោ

tumor['tju:mər] *n.* សាច់ដុះ, ពកសាច់

tumult['tju:mʌlt] *n.* x of the crowd ដំណើរអ៊ូអែ

mind was in a x ដំណើរច្របូកច្របល់

tumultuous['tju:'mʌltʃuəs] *adj.* x crowd អ៊ូអែ, កងរំពង

x emotions ច្របូកច្របល់

tuna['tju:nə] *n.* ត្រីសមុទ្រម្យ៉ាង

tundra['tʌndrə] *n.* ទុន្ទ្រា (វាលឥតដើមឈើនៅអ៊ីរ៉ុបខាងជើង)

tune[tju:n] *n.* forget the x បទភ្លេង

a popular x កម្រៀង

(orchestra is) in t សុីគ្នា

in t. with (the times) ទាន់ (សម័យ)

-*tv.* x instruments ប្រគុំ

Radio x it to 550 មួលឱ្យចំប៉ុស្ដិណាមួយ

t. up (a motor) ធ្វើឱ្យដើរស្រួល

t. in (a program) បើក (វិទ្យុ។ល។)

t. out (a program) មួល (វិទ្យុ។ល។) ឱ្យបាត់

-*iv.* (orchestras) t. up ប្រគុំ

t. in (tomorrow) បើក (វិទ្យុ។ល។)

tuner['tju:nər] ***n.*** piano x អ្នកកែ (ធ្វើឱ្យឮស្រួល)

radio x ផ្នែកមួយនៃវិទ្យុទទួលសម្លេង

tune-up[tju:n ʌp] ***n.*** ការកែនឹងថ្លឹងគ្រឿងយន្ត

tunnel['tʌnl] ***n.*** ផ្លូវរូង

-*iv.* ជីករូងក្នុងដី

turban ['tɜ:bən] ***n.*** ឈ្នួត

-*tv.* ជួតឈ្នួត

turbine['tɜ:bain] ***n. Fr:*** ទួរប៊ីន

turbulent['tɜ:bjələnt] ***adj.*** x stream ដែលកួចយ៉ាងរំរក់

x times ដែលច្របូកច្របល់, ចលាចល

turf[tɜ:f] ***n.*** heavy x ស្មៅដុះចាក់ឫសកណ្ដាញ់

athletic x ធ្លា, វាល (ប្រកួតកីឡា)

-*tv.* ដាំស្មៅ (នៅលើ)

turgid['tɜ:dʒid] ***adj.*** x face ហើម

Fig. x prose ដែលបំភ្លៃភោរពារ

Turk[tɜ:k] ***pr. n.*** He's a x ប្រជាជនទួរគី

Id. young t. មនុស្សប្រកបដោយមហិច្ឆតា

turkey[1]['tɜ:ki] ***n.*** មាន់បារាំង

Turkey[2]['tɜ:ki] ***pr. n.*** ប្រទេសទួរគី

Turkish[tɜ:kiʃ] ***adj.*** នៃជាតិទួរគី

-*n.* ភាសាទួរគី

turmeric, tumeric['tɜ:mərik] ***n.*** រមៀត

turmoil['tɜ:mɔil] ***n.*** ចលាចល, ការជ្រួលច្របល់

turn[tɜ:n] ***tv.*** x a wheel បង្វិល

x the car បត់

x a page បើក

x a corner បត់តាម

x water to ice ធ្វើឱ្យទៅជា

t. on បើកកុងតាក់

t. off បិទកុងតាក់

t. out (a product) បង្កើត

t. out (the light) បិទ

t. away (customers) ច្រានចេញ

t. over (a rock) ក្រឡប់, ផ្កាប់

t. over (a business) ប្រគល់

t. up (the radio) បើកឬមួលឱ្យឮខ្លាំង

t. up (new facts) រកឃើញ

t. down (the radio) មួលបន្ថយ

t. down (an offer) មិនព្រមទទួល

t. in (an report) យកមកឱ្យ, ប្រគល់ឱ្យ

t. against (a friend) ប្រែប្រឆាំង

Durian turns my stomach ធូរេនធ្វើឱ្យខ្ញុំចង់ក្អួត

-*iv.* wheels x វិល

(The wind) turned ផ្លាស់ទិស

x green ទៅជា

t. over ក្រឡប់

x to other matters ផ្លាស់ទៅ

(Did he) t. up? មក

(How did it) t. out? មានលទ្ធផល

(Many people) t. out (for it) មក

Coll. t. in ចូលដេក

-*n* give it a x ការបង្វិល

make a right x ការបត់

a x in the road ទីបត់

It's my x to pay វេន

take a x for the worse ការប្រែ

do him a good x អនុគ្រោះ

(make three) turns (around the track) ជុំ

turnabout['tɜ:n'əbaut] ***n.*** car did a x ការបត់មកក្រោយវិញ

political x ការប្រែក្រឡាស់

turnbuckle[tɜ:'bʌkl] ***n.*** ក្បាលរឹត

turncoat['tɜ:nkəut] ***n.*** ជនក្បត់

turning['tɜ:ni ŋ] ***n.*** take the second x របត់

a x of opinion ការប្រែក្រឡាស់ (មតិ)

t. point ពេលដែលមានការផ្លាស់ប្ដូរ

turnip['tɜ:ni p] ***n.*** ស្ពៃមើម

turnout['tɜ:naut] ***n.*** good x of people ចំនួនមនុស្សដែលមកប្រជុំនៅទីណាមួយ

monthly x of goods ចំនួនធ្វើបាន

turnover['tɜ:nəuvər] ***n.*** x of management ការផ្លាស់ប្ដូរ

apple x នំផ្លែប៉ោមបត់សំប៉ែត

turnpike['tɜ:npai k] ***n.*** យន្តបថយកថ្លៃ

turntable['tɜ:ntei bl] ***n.*** streetcar x គ្រឿងសម្រាប់បង្វិលឱ្យបត់ទៅក្រោយវិញ

phonograph x ម៉ាស៊ីនចាក់ថាស

Fr: ពិកគុប

turpentine['tɜ:pəntai n] ***n.*** ប្រេងចំហុយចេញមកពីឈើស្រល់

turquoise['tɜ:kwɔi z] ***adj.*** x ring ត្បូងម្យ៉ាងពណ៌ខៀវបៃតង

x color ពណ៌ខៀវបៃតង

turret['tʌrət] ***n.*** ប៉មតូច

turtle['tɜ:tl] ***n.*** *1. hard-shelled:* អណ្ដើក

2. soft-shelled: កន្ធាយ

turtleneck['tɜ:tlnek] ***n.*** អាវយឺតកខ្ពស់

tusk[tʌsk] ***n.*** ភ្លុក

tussle['tʌsl] ***iv.*** ចំបាប់គ្នាលេង

-n. ការវាយប្រតប់គ្នា

tutelage['tju:təli dʒ] ***n.*** under the x of her uncle ក្បាលភាព

under the x of the priests ការបង្ហាត់បង្រៀន

turtelary['tju:tələri] ***adj.*** ដែលជួយការពារ

tutor['tju:tər] ***n.*** គ្រូបង្រៀនតែកូនសិស្សម្នាក់

Lit. អជ្ឈាបកា

-tv. បង្រៀនកូនសិស្សតែម្នាក់

tutorial[tju:'tɔri əl] ***adj.*** ដែលកូនសិស្សម្នាក់មានគ្រូម្នាក់

TV, T.V.[,ti:'vi:] *(Television)* ទូរទស្សន៍

twang[twæŋ] ***n.*** សូរខ្ទរ

-tv. ធ្វើឱ្យឮសូរខ្ទរ

-iv. បន្លឺសូរខ្ទរ

tweed[twi:d] ***n.*** made of x ខ្សែរម្យ៉ាងសាច់គគ្រើមៗ

Pl. wear x សំលៀកបំពាក់ធ្វើពីខ្សែរម្យ៉ាងសាច់គគ្រើមៗ

tweet[twi:t] ***n.*** សម្លេងយំ (កូនសត្វស្លាប)

-iv. យំ (កូនសត្វស្លាប)

tweezers['twi:zəz] ***n.*** ចង្កៀស

twelfth[twelfθ] ***adj.*** ទីដប់ពីរ ***n.*** មួយភាគដប់ពីរ

twelve[twelv] ***n. adj.*** ដប់ពីរ *Coll.* ពីរដណ្ដប់

twentieth['twenti əθ] ***adj.*** ទីម្ភៃ

-n. មួយភាគម្ភៃ

twenty['twenti] ***n., adj.*** ម្ភៃ

twice[twai s] ***adj.*** do it t. ធ្វើពីរដង

-adj. t. as much ច្រើនជាងមួយជាពីរ

twiddle['twi dl] ***iv.*** ចំណាយពេលឥតបានការ

-tv. x the knobs មួលលេង

Id. t. the thumbs ចំណាយពេលឥតបានការ

twig[twi g] ***n.*** មែកតូចៗ

*-tv. (pt. pp.*twigged *)* កាត់យកមែកតូចៗចេញ

twilight['twai lai t] ***n.*** at x ពេលព្រះអាទិត្យអស្ដង្គត

Fig. x of life ពេលជ្រេ (អ.ប.)

twin[twi n] *n. Pl.* have x កូនភ្លោះ

He' s my x. កូនភ្លោះមាក់ៗ

(This picture) has a t. មានគូ

-adj. x sisters ភ្លោះ

x peaks ដែលដូចគ្នាបេះបិទ

twine[twai n] *n.* ខ្សែ

-iv. រុំព័ទ្ធ

-tv. ត្រចាញ់បញ្ចូលគ្នា

twinge[twi nʤ] *n.* x of pain ដំណើរចាប់ខ្ទាក់ៗ

t. of regret ការស្ដាយបន្តិចបន្តួច

twinkle['twi ŋkl] *iv.* stars x បញ្ចេញពន្លឺភ្រិចៗ

eyes x ភ្លឺស្រាយ (ពេលសប្បាយចិត្ត។ល។)

-n. x of the stars ពន្លឺភ្រិចៗ

a x in his eyes ពន្លឺស្រាយ

twinkling['twi ŋkli ŋ] *n.* កំឡុងពេលដ៏ខ្លីបំផុត

twirl[twɜ:l] *tv.* បង្វិល

-iv. វិល

-n. ជុំ

twist[twi st] *tv.* x a knob មួល

x two strings together ត្រចាញ់បញ្ចូលគ្នា

x one' s ankle ធ្វើឱ្យគ្រេច

Id. t. his arm បង្ខំ

-iv. raods x បត់បែន

bolts x វិល

-n. give (the knob) a t. មួល

a x of hair កណ្ដាញ់

a x in the road ការបត់បែន

a new x លក្ខណៈប្លែក

twitch[twi ʧ] *iv.* ញាក់ៗ, កន្ត្រាក់ៗ

-tv. ធ្វើឱ្យញាក់ៗឬកន្ត្រាក់ៗ

-n. ការញាក់ឬកន្ត្រាក់

twitter['twi tər] *iv.* birds x បន្លឺសូរតិចៗ

(audience) twittered សើចតិចៗ

-n. x of birds សូរបក្សីស្ដួចយំឬកញ្ច្រៀវ

x of the audience សំណើចក្អឹកៗតិចៗ

two[tu:] *adj.* ពីរ

-n. break it in t. បំបែកជាពីរ

Id. put t. and t. together មើលទៅឃើញអត្ថន័យ

two-by-four[tu: bai fɔ:r] *n.* ឈើកម្រាស់៥ស.ម. ទទឹង១០ស.ម.

two-faced[tu: fai sd] *adj.* ដែលមានពុត

twofold['tu:fəuld] *adj.* x benefits ពីរដង

x profits មួយជាពីរ

-adv. មួយជាពីរ

twosome['tu:səm] *n.* ពីរនាក់

two-time[tu: tai m] *adj.* ពីរដង, ពីរលើក

-tv. ក្បត់ចិត្ត

tycoon[tai 'ku:n] *n.* មហាសេដ្ឋី (ជាអ្នកជំនួញ)

type[tai p] *n.* a x of food បែប, យ៉ាង

bold-faced x តួអក្សរ (នៃអក្សរនិមួយៗ)

-tv. x a letter *Coll:* វាយអាក់ទីឡូ

Lit: វាយអង្គុលីលេខ

x blood ដាក់ទៅតាមប្រភេទ

typewriter['tai prai tər} *n. Coll:* អាក់ទីឡូ

Lit: អង្គុលីលេខ

typhoid['tai fɔi d] *n.* គ្រុនពោះវៀន, គ្រុនសន្និ

typhoon[tai 'fu:n] *n.* ព្យុះទីហ្វុង

typhus['tai fəs] *adj.* គ្រុនសន្និពាល

typical['ti pi kl] *adj.* x example ជាគំរូយ៉ាង, ជាបែបផែន

x of him ជាធម្មតា

typify['ti pi fai] *tv. (pt. . pp.* typified *)*

(This book) typifies (the genre.) ជាតំណាងនៃ

use a symbol to the class សម្គាល់

typist['tai pi st] *n. Coll:* អ្នកវាយដាក់ទីឡ

Lit: អ្នកវាយអង្គុលីលេខ

typography [tai 'pɔgrəfi] *n.* សិល្បខាងរៀបអក្សរ
ពុម្ព

Lit: មុទ្ទវិទ្យា

typology['tai pəulədʒi] *n* ការដាក់ចែកដោយឡែក
ឬពួក

tyrannical[ti 'ræni kl] *adj.* ដែលរំលោភជិះជាន់,
ដែលសង្កត់សង្កិនលើ, ដែលប្រើអំណាចផ្តាច់ការលើ

tyrannize['ti rənai z] *iv., tv.* រំលោភជិះជាន់, សង្កត់
សង្កិន, ប្រើអំណាចផ្តាច់ការលើ

tyranny['ti rəni] *n.* x of a despot អំពើកំណាច,
ការសង្កត់សង្កិន

The government is a x. អំណាចផ្តាច់ការ

Lit: ប្រជាហឹង្សា

tyrant['tai rənt] *n.* The king is a x. ប្រជាហឹង្សក៍

Her husband is a x. អ្នកប្រើអំណាចផ្តាច់ការ

tzar[zɑːr] *n.* ត្សារ (អធិរាជប្រទេសរុស្សីមុនបដិវត្តន៍)

U

U, u[ju:] អក្សរទី២១តាមលំដាប់អក្សរក្រមអង់គ្លេស

ubiquitous[ju:'bi kwi təs] ***adj.*** ដែលឃើញនៅគ្រប់កន្លែង

Lit: ប្រកបដោយសព្វវត្តភាព

ubiquity[ju:'bi kwəti] ***n.*** ភាពដែលមាននៅគ្រប់ទីកន្លែង

Lit: សព្វវត្តភាព

udder['ʌdər] ***n.*** ដោះសត្វ

udometer[ʌdəmətər] ***n.*** ឧបករណ៍វាស់ទឹកភ្លៀង

Lit: វស្សមាត្រ

ugh[ɜ:] ***interj.*** អ៊ឺក!, អ៊ឹក!, អ៊ាក់!

ugly['ʌgli] ***adj.*** x face អាក្រក់មើល

x habit អាក្រក់

x weather មិនល្អ (ដូចជាមានភ្លៀង ធ្លាក់ទឹកកក។ល។)

Id. u. duckling កូនទៃកដែលទើបនឹងកើតរូបរាងអាក្រក់តែធំឡើងរូបល្អ

ulcer['ʌlsər] ***n.*** (រោគ) ដំបៅក្រពះ

ulterior[ʌl'ti əri ər] ***adj.*** លាក់កំបាំង

ultimate['ʌlti mət] ***adj.*** ផ្តាច់ព្រ្រាត់

-n. ភាពខ្ពស់បំផុត

ultimatum[,ʌlti 'mei təm] ***n.*** ឧសានវាទ

ultra['ʌltrə] ***adj.*** *Coll.* ជ្រុល, ហួសហេតុ

-n. អ្នកប្រកាន់មាគ៌ានយោបាយឬលទ្ធិអ្វីមួយជ្រុលពេក

ultra-[ʌltrə] ***pref.*** បុព្វបទមានន័យថា: ក្រៃលែង, បំផុត, ឧ. modern សម័យ > ultramodern សម័យបំផុត

ultra high frequency[ʌltrə hai 'fri:kwənsi] ***n.*** ហ្វ្រេកង់ស៍ពី៣០០ទៅ ៣.០០០ មេហ្គាអែក្ស

ultrasonic[,ʌltrə'sɔni k] ***adj.*** ដែលហ្វ្រេកង់ស៍លើសពី២០គីឡូអែក្សឡើង (សម្រាប់សូរ)

umbilical[ʌm,bi li kl] ***adj.*** នៃផ្ចិតឬដែលភ្ជាប់ត្រង់ផ្ចិត

-n. ទងផ្ចិត

umbrella[ʌm'brelə] ***n.*** *Gen:* ឆត្រ *Paper:* តាំងយូ

Ceremonial: ក្លស់

umpire['ʌmpai ər] ***n.*** អាជ្ញាកណ្តាល (កីឡា)

Lit: មជ្ឈត្តករ

-tv., iv. ធ្វើជាអាជ្ញាកណ្តាល

un-[ʌn] *pref.* បុព្វបទប្រើនៅមុខកិរិយាសព្ទ គុណនាមហើយនឹងនាមសព្ទ ដើម្បីធ្វើឱ្យសព្ទទាំងនោះមានន័យផ្ទុយទៅវិញ, ឧ.

v. tie ចង > untie ស្រាយ

adj. kind ចិត្តល្អ > unkind ចិត្តអាក្រក់

n. happiness សុភមង្គល > unhappiness ការគ្មានសុភមង្គល

U.N.['ju: 'en] *(United Nations)* អ.ស.ប. (អង្គការសហប្រជាជាតិ)

unadvised [,ʌnədvai zəd] ***adj.*** មិនគួរ

unanimity[,ju:nə'ni məti] ***n.*** ការមូលមតិគ្នា

Lit: ឯកច្ឆន្ទ

unanimous[ju'næni məs] ***adj.*** ជាឯកច្ឆន្ទ

unassuming[,ʌnə'sju:mi ŋ] ***adj.*** ដែលមិនចេះអួតឬដែលឥតមានការប្រាថ្នាលើសអំពីគុណូបការខ្លួន

unattended[,ʌnə'tendi d] ***adj.*** ដែលគ្មានអ្នកណាចាំរក្សា

unavailing[,ʌnə'vei li ŋ] ***adj.*** អសារឥតការ, ឥតប្រយោជន៍

unbalanced[,ʌn'bæləns] ***adj.*** x load ធ្ងន់ម្ខាងស្រាលម្ខាង

mentally u. ឆ្កួត

unbridled[ʌn'brai dld] *adj.* x horse ឥតបង្ហៀរ

x contempt ឥតក្រែងខយ (អ.ប.)

unburden[,ʌn'bɜ:dn] *tv.* x a busy man សម្រាលបន្ទុក

u. oneself of និយាយដើម្បីឱ្យធូរទ្រូង

uncalled-for[ʌn'kɔ:ld fɔ:r] *adj.* ហួសប្រមាណ, មិនចាំបាច់ដល់ធ្វើទៅ

uncanny[ʌn'kæni] *adj.* x intelligence ដែលមុតពេកសឹងមិនគួរឱ្យជឿបាន (ប្រាជ្ញា)

x silence ប្លែក, កំឡែក, ហួសហេតុ

uncertain[ʌn'sɜ:tn] *adj.* x meaning មិនច្បាស់

x weather ដែលអាចផ្លាស់ប្ដូរ

of x date មិនប្រាកដ

uncle[ʌŋkl] *n.* *1. older brother of either parent*

a. Fam: អ៊ំប្រុស, ធំ

b. Form: ឪពុកធំ

2. younger brother of either parent a Fam: ពូ

b. Form: មា, ឪពុកមា

unconditional[,ʌnkən'di ʃənl] *adj.* ឥតលក្ខខណ្ឌ

unconscious[ʌn'kɔnʃəs] *adj.* x patient ឥតដឹងខ្លួន

x mistake ដែលធ្វើទៅដោយឥតចេតនា

unconstitutional[,ʌn,kɔnsti 'ju:ʃənl] *adj.* ដែលមិនត្រឹមត្រូវតាមរដ្ឋធម្មនុញ្ញ

uncouth[ʌn'ku:θ] *adj.* គ្មានសុជីវធម៌

unctuous['ʌŋktjuəs] *adj.* x manner ដែលធ្វើដូចជាមានជំនឿលើសាសនាក្រៃលែង

x texture រលើប

undeniable[,ʌndi 'nai əbl] *adj.* មិនអាចប្រកែកបាន

under['ʌndər] *prep.* x the table ក្រោម

x water ក្នុង

x a doctor' s care នៅក្រោម, ក្នុង

be u. consideration កំពុងយកពិនិត្យ

x age មិនគ្រប់

u. the circumstances នៅក្នុងកាលៈទេសៈយ៉ាងដូច្នេះ

u. a new name ដោយប្រើឈ្មោះថ្មី

-adv. go u. (while swimming) មុជ

(businesses) go u. រលំ (ជំនួញ)

-adj. x side ក្រោម

x officials ទាប

under- ['ʌndər] *pref.* បុព្វបទសម្រាប់ប្រើនៅមុខកិរិយាសព្ទ គុណនាមហើយនិងនាមសព្ទខ្លះមានន័យថា:

1. នៅខាងក្រោម, ឧ.

v. line គីកបន្ទាត់ > underline គីកបន្ទាត់ពីក្រោម

-adj. coated ដែលលាប >undercoated ដែលលាបពីក្រោម

-n. shirt អាវ > undershirt អាវទ្រនាប់

2. មិនល្មម, ស្ទើរ, មិនគ្រប់គ្រាន់, មិនដូចកំណត់មក, ឧ. *v.* feed ឱ្យស៊ី > underfeed ឱ្យស៊ីមិនគ្រប់គ្រាន់

-adj. done ឆ្អិន > underdone មិនសូវឆ្អិន

-n. production ផលិតកម្ម > unerproduction ផលិតកម្មមិនដូចបានកំណត់មក

underbid[,ʌndə'bi d] *tv.* ដេញថ្លៃទាបជាង (អ្នកណាម្នាក់ទៀត)

underbrush['ʌndəbrʌʃ] *n.* ឈើតូចៗដុះក្រោមឈើធំៗ

underclothes['ʌndəkləuðz] *n.* ខោអាវទ្រនាប់

undercoat['ʌndəkəut] *n.* ស្រទាប់ (ថ្នាំលាប) ខាងក្នុងឬខាងក្រៅ

-tv. លាបថ្នាំស្រទាប់ខាងក្នុង

undercover[,ʌndə'kʌvər] *adj.* ដែលប្រព្រឹត្តទៅដោយសម្ងាត់

undercut[,ʌndə'kʌt] *tv.* x his authority ធ្វើអ្វីម្យ៉ាងៗដើម្បីនឹងឱ្យអន់ថយ

Sp. x a ball វាយបង្ហិល (បាល់)

x their prices លក់ថោកជាង

-n. *Sl.* give the ball an x ការវាយឡើងវិញ

logging x កន្លែងលាក់មុខ

underdog['ʌndədɔg] ***n.*** social x អ្នកនៅក្រោមគេ

x in an election អ្នកដែលគេគិតថាចាញ់

underestimate[,ʌndər'esti mei t] ***tv.*** x the cost ប៉ាន់ស្មើរ, ប្រមាណស្មើរ

x a person មើលងាយ

underfoot[,ʌndə'fut]***adj.*** the grass x ដែលគេជាន់

children are x នាំឱ្យមមើសមមែង

undergo[,ʌndə'gəu] ***tv.*** *(pt. , pp. see go)*

x treatment ទទួល

x suffering រង

undergraduate[,ʌndə'grædʒuət] ***n.*** និស្សិតមហាវិទ្យាល័យមិនទាន់បានសញ្ញាប័ត្រ

underground [,ʌndə'graund] ***adj.*** x stream ក្នុងដី, ក្រោមដី

x activity លួចលាក់

-n. member of the x ក្រុមលួចលាក់

Brit. take the x អយស្ម័យយានក្រោមដី

undergrowth['ʌndəgrəuθ] ***n.*** រុក្ខជាតិតូចៗដែលដុះក្រោមដើមឈើធំៗ

underhand, underhanded[,ʌndə'hænd] ***adj.***

x act មិនសុចរិត, ដែលបោកប្រាស

Sp. x pitch ដែលបោះឬបោលពីក្រោម

underlay['ʌndəlei] ***tv.*** *(pt. , pp. see* lay*)* ក្រាលឬដាក់ពីក្រោម

-n. អ្វីៗដែលក្រាលពីក្រោម

underlie[,ʌndə'lai] ***tv.*** *(pt. , pp. see* lie[1] *)*

rocks x the earth នៅក្រោម

These ideas x all his writings. ជាមូលដ្ឋាន

underlying (form)[.ʌnde'lai i ŋ] ជាដើមកំណើត

underline[,ʌndə'lai n] ***tv.*** គីកបន្ទាត់ពីក្រោម

underling['ʌndəli ŋ] ***n.*** មនុស្សស័ក្តិតូច

undermine['ʌndə'mai n] ***tv.*** x a building ជីកពីក្រោម

x a government ធ្វើឱ្យអន្តរាយដល់

undermost[,ʌndər'məust] ***adj.*** ដែលមានមុខងារឬស័ក្តិតូចជាងគេបំផុត

underneath[,ʌndə'ni:θ] ***prep.*** ក្រោម, នៅក្រោម

-adv. នៅក្រោម

-adj. ដែលនៅក្រោម

undernourished[,ʌndə'nʌri ʃt] ***adj.*** ដែលខ្សោយសុខភាពដោយគ្មានអាហារបរិភោគគ្រប់គ្រាន់

underpass['ʌndəpɑ:s] ***n.*** ផ្លូវកាត់ពីក្រោមផ្លូវមួយទៀត

undershirt['ʌndəʃɜ:t] ***n.*** អាវទ្រនាប់

undersign[,ʌndəs'ai n] ***tv.*** x a document ចុះហត្ថលេខាពីក្រោម

Fig. x a project ឱ្យសេចក្តីយល់ព្រម

undersigned[,ʌndə'sai nd] ***adj.*** ដែលចុះហត្ថលេខាពីក្រោម

-n. អ្នកដែលចុះហត្ថលេខាពីក្រោម

understand [,ʌndə'stænd] ***tv.*** *(pt. , pp.* understood *)*

x a principle យល់

x rapid speech ស្តាប់បាន

I x you' re quitting. ឮថា

understanding[,ʌndə'stændi ŋ] ***n.*** good x of the situation ការយល់

good x of French ការស្តាប់បាន

x between two parties ការស្រុះចិត្ត

Lit. សន្តិឬភាព

-adj. ដែលមានការយោគយល់

understood[,ʌndə'stud] *(pt. pp. of* understand*)*

x by all parties ដែលស្រុះចិត្ត

subject of the sentence is x ដែលសន្មត់ថាជាមុនហើយ

understudy ['ʌndəstʌdi] ***n .*** តួជំនួស (ល្ខោន។ល។)

-*tv.* រៀនដើរតួណាមួយសម្រាប់ជំនួសគេ នៅពេលគេត្រូវការ

undertake[,ʌndə'tei k] *tv.* *(pt.. pp. see* take*)*

x a task ទទួលធ្វើ

u. to ទទួលរ៉ាប់រង

-*iv.* ប្រកបរបរជាអ្នករៀបចំបុណ្យខ្មោច

undertaker['ʌndətei kər] *n.* អ្នករកស៊ីរៀបចំបុណ្យខ្មោច

undertaking['ʌndətei ki ŋ] *n.* difficult x កិច្ចការ

x to do sthg. ការសន្យា

profession of x មុខរបរនៃអ្នករកស៊ីរៀបចំបុណ្យខ្មោច

undertook['ʌndə'tuk] *(pt. of* undertake *)*

undertow['ʌndətəu] *n.* ខ្សែទឹកខាងក្រោមដែលហូរប្រច្រាសខ្សែទឹកខាងលើ

underwear['ʌndəweər] *n.* ខោអាវទ្រនាប់

underworld['ʌndəwɜ:ld] *n.* visit the x នរក

criminal x ក្រុមមនុស្សប្រព្រឹត្តបទឧក្រិដ្ឋ (សម្មាត់)

underwrite[,ʌndə'rai t] *tv.* *(pt. . pp. see* write *)*

x a product ធានា

x a proposal គាំទ្រ

undo[ʌn'du:] *tv.* *(pt.. pp. see* do*)*

x the damage ធ្វើឱ្យដូចដើមវិញ

x a knotស្រាយ

x a cause ធ្វើឱ្យអន្តរាយ

undoing[ʌn'du:i ŋ] *n.* *(pres. p. of* undo *)* that was his x អំពើដែលនាំនូវសេចក្ដីអន្តរាយ

undone[ʌn'dʌn] *adj.* task is x មិនទាន់ហើយ

We're x! វិនាសអន្តរាយ

undue[,ʌnd'ju:] *adj.* x haste ជ្រុល, ហួសហេតុ

rent is x មិនទាន់ដល់កំណត់

undulate['ʌndjulei t] *iv.* ឡើងអង្កាញ់ៗដូចទឹករលក

unduly[,ʌn'dju:li] *adv.* ជ្រុល, ហួសហេតុ

unearth[ʌn'ɜ:θ] *tv.* x buried treasure គាស់យកចេញពីក្នុងដី

x information រកឃើញ

unearthly[ʌn'ɜ:θli] *adj.* អធិធម្មជាតិ

uneasy[ʌn'i:zi] *adj.* ដែលខ្វាយខ្វល់

unemployed[,ʌni m'plɔi d] *adj.* គ្មានការធ្វើ

-*n.* អ្នកឥតការធ្វើ *Lit:* និកម្មជន

unemployment[,ʌni m'plɔi mənt] *n.* ការគ្មានការធ្វើ

unfailing[ʌn'fei li ŋ] *adj.* ដែលមិនងាយរលត់ ឈប់។ល។

unfeeling[ʌn'fi:li ŋ] *adj.* គ្មានមេត្តា

unfold[ʌn'fəuld] *tv.* លា, ត្រដាង

-*iv.* flowers x រីក

stories x លាតត្រដាងឡើង

unfortunate[ʌn'fɔ:ʧənət] *adj.* x victim អភ័ព្វ

x choice of words គួរឱ្យស្ដាយ

unfounded[ʌn'faundi d] *adj.* ឥតមូលហេតុ

unfurl[,ʌn'fɜ:l] *tv.* លាត្រដាង

-*iv.* របាត្រដាង

ungainly[ʌn'gei nli] *adj.* ឆ្គង

unguent[ʌngənt] *n.* ក្រមួន (លាបដំបៅ។ល។)

unhand[ʌnhænd] *tv.* ដោះលែង

unheard[ʌn'hɜ:d] *adj.* x case ដែលមិនទាន់ជំនុំជម្រះ

u. of មិនដែលមានឮប្រទះសោះ

uni['ju:ni]*- pref.* បុព្វបទមានន័យថា: តែមួយ, ដែលមានតែមួយ

unicameral['ju:mi kərəl] *adj.* ដែលមានសភាតែមួយ

Lit: ឯកនិតិបញ្ញត្តិ

unification[,ju:ni fi 'kei ʃn] *n.* ឯកភាពូបនិយកម្ម, ឯកសមោធាន

uniform['ju:ni fɔ:m] *adj.* of x size ដែលដូចគ្នាទាំងអស់

a x pace ដែលមិនផ្លាស់ប្ដូរ

a x law មិនចំពោះមុខ

-*n.* ឯកសណ្ឋាន

uniformity[,ju:ni fɔ:məti] *n.* ភាពដូចគ្នា
Lit: ឯកសណ្ឋានភាព
unify['ju:ni fai] *tv.* (*pt., pp.* unified) បង្រួបបង្រួម
Lit: ធ្វើឯកភាពរូបនិយកម្ម, ធ្វើឯកសមោធាន
-iv. រួបរួមគ្នា *Lit:* ធ្វើឯកភាពរូបនិយកម្ម
unilateral[,ju:ni 'lætrəl] *adj.* ឯកតោភាគី
unimpeachable[,ʌni m'pi:ʧəbl] *adj.* ដែលរកបន្ទោសមិនបាន
union['ju:ni ən] *n.* x of two states ការរួបរួម
The states formed a x. សហភាព
labor x សហជីព
Mech. pipe x តំណ, កន្ត្រួត
unionize['ju:ni ənai z] *tv.* រៀបចំបង្កើតជាសហជីព
-iv. រួបរួមបង្កើតជាសហជីព
unique[ju'ni:k] *adj.* x example ដែលមានតែមួយ
x experience ប្លែក
unison['ju:ni sn] *n.* sing in x ភាពមានកំពស់សម្លេងស្របគ្នា
in x on a point ការស្រុះស្រួលគ្នា
unit['ju:ni t] *n.* x of measure មាត្រា
military x កង
(book has ten) units វគ្គ
go as a x ក្រុម
unite[ju'nai t] *tv.* x two companies បញ្ចូលគ្នា
War can x a country. ធ្វើឱ្យមនុស្សរួបរួមគ្នា
-iv. រួបរួមគ្នា
United Kingdom[ju'nai ti d 'ki ŋdəm] *pr. n.* សហរាជាណាចក្រ (ប្រទេសអង់គ្លេសនិងអៀកឡង់ខាងជើង)
United Nations[ju'nai ti d 'nei ʃn] *pr. n.* អង្គការសហប្រជាជាតិ
United States[ju'nai ti d stei t] *pr. n.* សហរដ្ឋអាមេរិក
unity['ju:nəti] *n.* x among the people សាមគ្គីភាព
x of purpose ឯកភាព
x of the story ភាពស៊ីគ្នា
Math. ឯកតា

Univ.['ju:ni] *(University) n.* សាកលវិទ្យាល័យ (ព. ស. ក.)
univalve['ju:ni vælv] *adj.* ដែលមានសំបកតែមួយ
Lit: ឯកបួដ
-n. សិប្បិជាមានសំបកតែមួយ (ខ្ចៅ ខ្យង។ល។)
universal[,ju:ni 'vɜ:sl] *adj.* x principle ទូទៅ
x language សាកល
-n. Speech is a human x. អ្វីៗដែលជាទូទៅ
Mech. install a x តំណដែលបត់ទៅខាងណាក៏បាន
universality[,ju:ni vɜ:'sæləti] *n.* សកលភាព
universe['ju:ni vɜ:s] *n.* creation of the x សាកលលោក
x of investigation វិស័យ
university[,ju:ni 'vɜ:səti] *n.* សាកលវិទ្យាល័យ
unkempt[,ʌn'kempt] *adj.* មិនស្អាតបាត
unknown[,ʌn'nəun] *adj.* x factor គ្មានអ្នកណាដឹង
x politician គ្មានអ្នកណាស្គាល់
-n. That's an x. អ្វីៗគ្មានអ្នកណាដឹង
He's an x. អ្វីៗគ្មានអ្នកណាស្គាល់
unleash[,ʌn'li:ʃ] *tv.* x a dog ដោះខ្សែចំណងចេញ
x one's fury បណ្ដោយទៅ
unless[ən'les] *conj.* លុះត្រាតែ...ទើប
unlike[,ʌn'lai k] *prep.* មិនដូច
-adj. ដែលមិនដូច
unlikely[ʌn'lai kli] *adj.* x that he will come ប្រហែលមិន... ទេមើលទៅ
x story មិនទំនង, មិនគួរឱ្យជឿ
unload[,ʌn'ləud] *tv.* x a cart រើបន្ទុកចេញ
x a gun យកគ្រាប់ចេញ (ពីកាំភ្លើង)
Sl. x faulty goods ជម្រុះចោល
Coll. x one's troubles និយាយប្រាប់គេ (ដើម្បីឱ្យធូរខ្លួន)

unlucky[ʌn'lʌki] ***adj.*** អភ័ព្វ

unmistakable[,ʌnmi s'stei kəbl] ***adj.*** ប្រាកដ, ច្បាស់

unnerve[,ʌn'nɜ:v] ***tv.*** ធ្វើឱ្យអស់សេចក្ដីក្លាហាន

unparalleled[ʌn'pærəleld] ***adj.*** ដែលរកផ្ទឹមគ្មាន

unprecedented[ʌn'presi denti d] ***adj.*** ដែលមិនដែលមានពីមុនមក

unquote[,ʌn'kwəut] ***tv.*** បិទក្បៀស

unreason[ʌn'ri:zn] ***n..*** ការខ្វះវិចារណញ្ញាណ

unreasonable[ʌn'ri:znəbl] ***adj.*** មិនសមហេតុសមផល

unremitting[,ʌnri 'mi ti ŋ] ***adj.*** ឥតស្រាក

unrest[ʌn'rest] ***n.*** ការរំជើបរំជួល, កោលាហល

unscathed[ʌn'skei ðd] ***adj.*** ដោយគ្មានអ្វីប៉ះពាល់ដល់

unsettled[,ʌn'setl] ***adj.*** x situation មិនទៀង

x by events ដែលមួម៉ៅនឹងអ្វីមួយ

x region ដែលគ្មានមនុស្សនៅ

unsightly[ʌn'sai tli] ***adj.*** អាក្រក់មើល

unstrung[ʌnstrʌŋ] ***adj.*** x guitar មិនទាន់ដាក់ខ្សែ

x nerves ទន់ខ្សោយ

until[ən'ti l] ***prep.*** ទៅដល់, រហូតដល់

-conj. ទល់តែ, ទំរាំ

unto['ʌntu] ***prep.*** *Arch.* go x Rome ឆ្ពោះទៅ

sick x death ជិតនឹង

untouchable[ʌn'tʌʧəbl] ***adj.*** ដែលគេមិនឱ្យប៉ះពាល់

-n. ចណ្ឌាលី

untruth[,ʌn'tru:θ] ***n.*** tell an x រឿងមិនពិត

the x of his statement ភាពមិនពិត

unwieldy[ʌn'wi:ldi] ***adj.*** ពិបាកកាន់ឬប្រើ (ដោយសំពីងសំពោងពេក)

unwitting[ʌn'wi ti ŋ] ***adj.*** ដោយមិនដឹងខ្លួន, ឥតបំណង

up[ʌp] ***adv.*** climb x ទៅលើ, ទៅខាងលើ

speed up បង្កើនល្បឿន

get up (from a chair) ក្រោកចេញ

(time to) get up ក្រោកពីដេក

set up រៀបចំឡើង

catch up ទាន់

-adj. car window is x បិទ

house window is x បើក

river is x ឡើង

Is he x yet? ក្រោកពីដេក

The time is up. អស់ពេលហើយ

(not) up to (meeting him) ជួន

What is he up to? គាត់គិតធ្វើអ្វីហ្នឹង ?

(It's) up to (you.) ស្រេចតែលើ

(He's) up on (the house.) នៅលើ

(He's) up on (the news.) ដឹងគ្រប់, ទាន់ពេលទាន់សម័យ

-prep. run x a hill ឡើង

u. river ច្រាសខ្សែទឹក

-tv. តម្លើង

-n. *Sl.* He's on an x. ដំណើរមានទឹកចិត្តក្លៀវក្លា

Id. on the up and up ត្រឹមត្រូវ

upbraid[ʌp'brei d] ***tv.*** ស្ដីបន្ទោស

upbringing['ʌpbri ŋi ŋ] ***n.*** ការអប់រំ (ក្មេង)

upcoming['ʌpkʌmi ŋ] ***adj.*** ខាងមុខ, នៅពេលខាងមុខ

upcountry[,ʌp'kʌntri] ***n.*** ផ្នែកខាងក្នុងឬផ្នែកខ្ពស់នៃប្រទេសណាមួយ

update[,ʌp'dei t] ***tv.*** ធ្វើឱ្យទាន់សម័យ

updraft['ʌpdra:ft] ***n.*** ខ្យល់ដែលបក់ពីក្រោមទៅលើ

upend[ʌp'end] ***tv.*** បញ្ឈរ

upgrade[,ʌp'grei d] ***tv.*** ធ្វើឱ្យល្អឡើង, ធ្វើឱ្យប្រសើរឡើង

upheaval[ʌp'hi:vl] ***n.*** social x ចលាចលខ្លាំង

Geol. volcanic x ការឡើងទល់

uphill[,ʌp'hi l] ***adj.*** x side ខាងខ្ពង់នៃជម្រាល

an x task ពិបាក

-*adv.* ឡើង (ត្រង់)

uphold[ʌp'həuld] *tv.(pt. . pp.*upheld*)* ប្រព្រឹត្តតាម

upholster[ʌp'həulstər] *tv.* ស្រោបសំពត់ពីក្រៅ

upholstery[ʌp'həulstəri] *n.* គ្រឿងស្រោបនឹងញាត់កៅអី សូហ្វា ។ល។

upkeep['ʌpki:p] *n.* difficult x ការថែរក្សា

high x ប្រាក់ចំណាយក្នុងការថែរក្សា

uplift[,ʌp'lift] *tv.* លើក (ទឹកចិត្ត)

-*n.* ការលើកទឹកចិត្ត

upon[ə'pɔn] *prep.* seated x a cushion លើ

x his arrival នៅពេល

upper[,ʌpər] *adj.* x level ខាងលើ, លើ

Cap. x Burna ខាងជើង

Id. have the u. hand មានប្រៀបជាង

uppercase[,ʌpərkeis] *adj.* អក្សរធំ

upper-class[.ʌpər klɑ:s] *adj.* ជាន់ខ្ពស់ (វណ្ណៈមនុស្សក្នុងសង្គម)

uppermost['ʌpərməust] *adj.* ខ្ពស់ឬលើគេបំផុត

upright['ʌprait] *adj.* x beam ឈរ, ត្រង់នៅលើ

x citizen ទៀងត្រង់

-*n.* អ្វីៗដែលឈរត្រង់

uprising[,ʌpraiziŋ] *n.* ការបះបោរ

uproar['ʌprɔ:r] *n.* សូរសព្ទឈូឆរអឺងកង

uproot[,ʌp'ru:t] *tv.* ដកទាំងឫស

upset[ʌp'set] *tv.* x a basket ធ្វើឱ្យក្រឡាប់

The news x him. ធ្វើឱ្យរកាំចិត្ត

x the incumbent ទម្លាក់

-*iv.* ក្រឡាប់

-*adj.* He's x about it. រកាំចិត្ត

chair is x ដែលដួល

car is x ដែលដួលក្រឡាប់

-*n.* plans suffered an x ដំណើរមិនស្រួល

election was x បរាជ័យដែលឥតបានស្មានទុកជាមុន

upshot['ʌpʃɔt] *n.* ផល

upside-down[,ʌpsai'daun] *adj.* x car ក្រឡាប់

x box ច្រាស, ខាងលើចុះក្រោម

-*adj* read x ប្រច្រាស

upstage[,ʌp'steidʒ] *adj.* លើឆាក

-*tv.* ជាន់មុខ (អ.ប.), ធ្វើឱ្យគេយកចិត្តទុកដាក់នឹងអ្នកណាម្នាក់ទៀត

upstairs[,ʌp'steəz] *n.* ជាន់ទីពីរ

-*adv.* ជាន់ខាងលើ

-*adj.* នៅជាន់ខាងលើ

upstanding[,ʌp'stændiŋ] *adj.* x timber ដែលឈរត្រង់

Fig. x citizen សុចិត, ទៀងត្រង់

upstart['ʌpstɑ:t]*n.* អ្នកមានបុណ្យស័ក្តិឬទ្រព្យថ្មីៗហើយវាយឫកពេក

upstate[,ʌp'steit] *n.* ផ្នែកខាងជើងនៃរដ្ឋណាមួយ

upstream[,ʌp'stri:m] *n.* ជើងទឹក

-*adv.* ប្រច្រាសទឹក

upstroke[,ʌpstrəuk] *n.* ការគូសទៅលើ

upsurge['ʌpsɜ:dʒ] *n.* ដំណើរកញ្ជ្រោលឡើង

up-to-date[,ʌptə'deit] *adj.* ទាន់ពេលទាន់សម័យ

upward['ʌpwəd] *adv., adj.* នៅខាងលើ

uranium[ju'reiniəm] *n. Fr:* អ៊ុយរ៉ានីញ៉ូម

urban['ɜ:bən] *adj.* នៃទីក្រុង

urbane[ɜ:'bein] *adj.* ដែលចេះដឹងហើយមានរបបរបៀប

urbanize['ɜ:bənaiz] *tv.* ធ្វើនគរូបនីយកម្ម

urchin['ɜ:ʧin] *n.* homeless x ក្មេងក្រគ្មានផ្ទះសំបែង

sea u. សត្វសមុទ្រម្យ៉ាងមានបន្លាជុំវិញ

Urdu['uədu:] *pr. n.* ភាសាអ៊ួរឌូ (ភាសាមួយប្រើនៅប្រទេសឥណ្ឌា)

urea[juə'riə] *n.* គីមីជាតិ

uremia[juərəmiə] *n.* រោគបំពង់ទឹកនោមម្យ៉ាង

ureter[jurətər] *n.* ទងបង្ហូរ, បំពង់ទឹកនោម (ពីក្រលៀនទៅក្រពះនោម)

urethra[juəˈriːθrə] ***n.*** ទ្វារគូថ, ទ្វារនោម
Lit: ទ្វារមូត្រ

urge[ɜːdʒ] ***tv.*** x him to go ជម្រុញឱ្យ
u. caution ណែនាំឱ្យប្រយ័ត្នប្រយែង
-n. ចំណង់

urgency[ˈɜːdʒənsi] ***n.*** ភាពបន្ទាន់

urgent[ˈɜːdʒənt] ***adj.*** បន្ទាន់, ប្រញាប់

urinal[ˈjuəri nl] ***n.*** បង្គន់នោម (ប្រុស។)

urinalysis[ˈjuəri nəlai zi s] ***n.*** វិភាគទឹកនោម

urinary[ˈjuəri nəri] ***adj.*** នៃទឹកនោម

urinate[ˈjuəri nei t] ***iv.*** នោម *Pol* ដោះទុក្ខសត្វ, បត់ជើងតូច
-tv. u. blood បត់ជើងតូចចេញឈាម

urine[ˈjuəri n] ***n.*** ទឹកនោម *Lit:* ទឹកមូត្រ

urn[ɜːn] ***n.*** silver x កោដ្ឋ
coffee x ប្រអាប់ធុងតែឬកាហ្វេ

urology[ɜːrəuləʤɪ] ***n.*** វិជ្ជាខាងរោគផ្លូវមូត្រ
Lit: បស្សាវវិទ្យា

us[əs] ***pron.*** *(obj. of we)*
They see us. គេឃើញយើង

U. S.[juː ˈes] *(United States)* ស.រ.អ. (សហរដ្ឋអាមេរិក)

usage[ˈjuːsi dʒ] ***n.*** standard x of a word ទម្លាប់ប្រើ
rough x ការប្រើ

use[juːz] ***tv.*** x a knife ប្រើ
Cars x gas. ស៊ី
-n. the x of tools បម្រើ (បម្រាស់ធ្វើអ្វីម្យ៉ាង)
What' s the x of going ? ប្រយោជន៍
put it to u. យកមកប្រើ
of no u. ឥតបានការ
in u. កំពុងប្រើ

have no u. for (a car) មិនដឹងយកមកធ្វើអ្វី
Coll have no u. for (such people) មិនចូលចិត្ត

used[juːzd] ***adj.*** x car ចាស់, ប្រើហើយ, ជំនំ
u. up អស់ហើយ
-tv. (I 'm) u. to (hard work.) ស៊ាំ
-mv (I) u. to (be fat.) ធ្លាប់

useful[ˈjuːsfl] ***adj.*** មានប្រយោជន៍

useless[ˈjuːsləs] ***adj.*** ឥតប្រយោជន៍

usher[ˈʌʃər] ***n.*** theater x អ្នកនាំបង្ហាញកន្លែងឱ្យភ្ញៀវអង្គុយ
king and his x បរិវារ
-iv. ធ្វើជាអ្នកនាំបង្ហាញកន្លែងឱ្យភ្ញៀវអង្គុយ
-tv. x s. o. to his seat នាំទៅ
u. in (guests) នាំចូល
(Fireworks) u. in (the New Year.) ជាការចាប់ផ្ដើម (នៃ)

U.S.S.R., USSR *(Union of Soviet Socialist Republics)* ព.ស.ក. សហភាពសូវៀត

usual[ˈjuːʒuəl] ***adj.*** ធម្មតា

usufruct[ˈjuːsfrʌkt] ***n.*** សិទ្ធិអាស្រ័យផល
Lit ផលុបភោគ

usurp[juːˈʒɜːp] ***tv.*** ដណ្ដើមយក (អំណាចរាជ្យ។ល។)

usurer[ˈjuːʒərər] ***n.*** អ្នកចងការអាករ *Lit:* ព្រឹទ្ធិករ

usury[ˈjuːʒəri] ***n.*** ការចងការអាករ *Lit:* ព្រឹទ្ធិកម្ម

utensil[juːˈtensl] ***n.*** គ្រឿងប្រដាប់ (ផ្ទះបាយ)

uterus[ˈjuːtərəs] ***n.*** ស្បូន

utilitarian[ˌjuːti li ˈteəri ən] ***adj.*** ដែលគិតតែខាងប្រយោជន៍

utility[juːˈti ləti] ***n.*** tool of great x ប្រយោជន៍
public u. ទឹក ភ្លើង ទូរសព្ទ ។ល។ សម្រាប់ជួលឱ្យសាធារណជន
-adj. u. van ឡានសម្រាប់ដឹកទំនិញបន្តិចបន្តួច

utilize[ˈjuːtəlai z] *tv.* ប្រើប្រាស់

utmost[ˈʌtməust] *adj.* x caution ជាទីបំផុត

x boundary ឆ្ងាយបំផុត

-n ការខំពេញទំហឹង

utter[1][ˈʌtər] *tv.* បន្លឺសូរ (តាមមាត់)

utter[2][ˈʌtər] *adj.* ទាំងស្រុង, មែនទែន

utterance[ˈʌtərəns] *n.* សូរ (ចេញពីមាត់)

utterly[ˈʌtərli] *adv.* មែនទែន

uttermost[ʌtəməust] *adj.* x distress ជាទីបំផុត

x regions ឆ្ងាយដាច់សង្វែង

uvula[juːvjələ] *n.* កន្ទើត

uvular[ˈju vjələr] *adj.* x disorder រោគកន្ទើត

Phonet x r ដែលបន្លឺឡើងដោយយកអណ្តាតទល់

កន្ទើត

-n. Phonet សូរបន្លឺឡើងដោយយកអណ្តាតទល់កន្ទើត

V

V, v[vi:] អក្សរទី២២តាមលំដាប់អក្សរក្រមអង់គ្លេស

Cap លេខ៥រ៉ូម៉ាំង

vacancy['vei kənsi] *n.* hotel has no កន្លែងទំនេរ

x on the commission កន្លែងនៅទំនេរ

vacant['vei kənt] *adj.* x house ទំនេរ, មិនទាន់មានគេជួល

x stare ស៊ាំៗ, ភ្លឹះៗ

vacate[və'kei t] *tv.* x the house ចេញពី

x a position លាលែង

x a judgement ចាត់ជាមោឃៈ

vacation[və'kei ʃn] *n.* វិស្សមកាល

-iv. ដើរលេង (ពេលវិស្សមកាល)

vaccinate['væksi nei t] *tv.* ចាក់ថ្នាំបង្ការរោគឱ្យ

vaccination[,væksi 'nei ʃn] *n.* x against smallpox ការចាក់ថ្នាំបង្ការរោគ

Coll. Show me your x. ស្នាមចោះអុត

vaccine['væksi:n] *n.* ថ្នាំបង្ការរោគ

vacillate['væsəlei t] *iv.* ប្រែប្រួល (, ចិត្ត យោបល់ ។ល។)

vacillation[,væsə'lei ʃn] *n.* ដំណើរប្រែប្រួល (ចិត្ត) ចុះឡើង

vacillatory[,vəsə'lei təri] *adj.* ដែលចេះតែប្រែប្រួល (ចិត្ត) ចុះឡើង

vacuity[və'kju:əti] *n.* x of facial expression ភាពស៊ាំៗ ឬភ្លឹះៗ

x of the speech ភាពឥតខ្លឹមសារ

vacuous['vækjuəs] *adj.* x stare ស៊ាំៗ, ភ្លឹះៗ

x proposal ឥតខ្លឹមសារ

vacuum[vækjuəm] *n.* create a x ភាពឥតមានខ្យល់

Lit: សុញ្ញាកាស

Coll. buy a new x ម៉ាស៊ីនបោសផ្ទះ, ម៉ាស៊ីនបូមសំរាម

v. cleaner ម៉ាស៊ីនបោសផ្ទះ, ម៉ាស៊ីនបូមសំរាម

v. bottle តែរម៉ូស

political x ភាពគ្មានអ្នកណាកាន់កាប់ឬគ្រប់គ្រង

-tv. បោសសំអាតនឹងម៉ាស៊ីនបោសផ្ទះ

vagabond['vægəbɔnd] *n.* មនុស្សរសាត់អណ្តែត, មនុស្សរសាត់ភ្លាត់ *Lit:* ជនអនាថា, អនាថជន

-adj. អនាថា

vagary['vei gəri] *n.* a x of his imagination ការប្រែប្រួលរះឡើង

usu pl the x of life ការមិនទៀង

vagina[və'dʒai nə] *n.* រន្ធយោនី

vagrancy['vei grənsi] *n.* ភាពរសាត់ភ្លាត់

Lit: ភាពអនាថា

vagrant['vei grənt] *n.* មនុស្សរសាត់ភ្លាត់គ្មានលំនៅប្រាកដប្រជា

-adj. រសាត់ភ្លាត់, គ្មានលំនៅប្រាកដប្រជា

vague[vei g] *adj.* មិនច្បាស់, ស្រពេចស្រពិល

vain[vei n] *adj.* x attempt ឥតបានការ, ឥតប្រយោជន៍ *Lit:* អសារ

x woman ដែលគិតថាខ្លួនលើសគេ

in v. ឥតអំពើ, ឥតប្រយោជន៍

valence , valency['vei ləns 'vei lənsi] *n.*

Chem. វ៉ាឡង់ស៍

valentine['vælәntai n] *n.* send a x ប័ណ្ណរបបេះដូងដែលគេផ្ញើទៅអ្នកណាដែលគេចូលចិត្តនៅថ្ងៃ១៤កុម្ភៈ *Coll.* Be my x. មនុស្សជាទីស្រឡាញ់

valet['væli t] *n.* personal x អ្នកបម្រើ (ខ្ញុំរបស់មនុស្សប្រុស)

hotel x អ្នកបោកអ៊ុត ។ល។

valiant['væli әnt] *adj.* ក្លាហាន

valid['væli d] *adj.* បានការ, យកជាការបាន

validate['væli dei t] *tv.* x his story បញ្ជាក់ថាពិត

x a passport ធ្វើឱ្យមានសុពលភាព

validity[vә'li dәti] *n.* សុពលភាព

valise[vә'li:z] *n.* កេះបយួ *Coll:* វ៉ាលីស៍

valley['væli] *n.* ជ្រលង (ភ្នំ)

valor['vælәr] *n.* សេចក្ដីក្លាហាន

valorous['vælәrәs] *adj.* ដែលក្លាហាន

valuable['væljuәbl] *adj.* ដែលមានតម្លៃ

-n. (usu. pl.) របស់មានតម្លៃ

valuation [,vælu ei ∫n] *n.* his x of the diamond ការទាត់តម្លៃ

What is its x? តម្លៃទាត់

value['vælju:] *n.* x of a house តម្លៃ

x of a word ន័យ

Mus. x of a note ប្រវែង

-tv. x a gem ទាត់តម្លៃ

x his friendship ឱ្យតម្លៃ (ទៅ)

valve[vælv] *n.* water x សន្ទះបិទបើក *Fr.* វ៉ាល់

zool. សំបក (ល្មៀស គ្រុំ)

vamp[1][væmp] *n. Sl.* ស្រីមាយាដាក់ប្រុស, ស្រីរ៉ូកម៉ូក់ដាក់ប្រុស

-tv. មាយាដាក់ប្រុស, ម៉ូកម៉ូក់ដាក់ប្រុស

vamp[2][væmp] *n.* ខ្នងស្បែកជើង

vampire['væmpai әr] *n.* ប្រែតម្យ៉ាង (តាមរឿងព្រេងចេញពីមឈូសជញ្ជក់ឈាមមនុស្សដេកលក់)

van[væn] *n.* ឡានដឹកទំនិញមានដំបូល *Lit:* គណ្ឋរថ

vandal['vændl] *n.* អ្នកបំផ្លាញទ្រព្យឯកជនឬសាធារណៈ

vane[vei n] *n.* ព្រួញចង្អុលទិសខ្យល់

vanguard['vængɑ:d] *n.* among the x of the movement បុព្វនិមិត្ត

military x ទ័ពស្រួច

vanilla[vә'ni lә] *n. Fr:* វ៉ានីយ៍

vanish['væni ∫] *iv.* បាត់, ស្រាប់តែបាត់ភ្លាម

vanity['vænәti] *n.* personal x គុច្ឆភាព

x of his actions ភាពឥតប្រយោជន៍

v. table តុដាក់គ្រឿងតុបតែងខ្លួន

vanquish['væŋkwi ∫] *tv.* ឈ្នះ, មានជ័យជំនះលើ

vantage['vɑ:nti ʤ] *n.* ភាពមានប្រៀបជាង

vapid ['væpi d] *adj.* x food គ្មានរស, សាប

x conversation គ្មានខ្លឹមសារ

vapor['vei pәr] *n.* ចំហាយ

vaporize['vei pәrai z] *tv.* បង្ហួត

-iv. ហួត

vaporous['vei pәrәs] *adj.* ដែលជាចំហាយឬឧស្ម័ន

variable['veәri әbl] *adj.* x weather ដែលផ្លាស់ប្ដូរ

x amount ដែលអាចផ្លាស់ប្ដូរបាន

-n អ្វីៗដែលអាចប្រែឬផ្លាស់ប្ដូរបាន, របបន្តរ

variance['veәri әns] *n.* x between two stories ភាពមិនស្របគ្នា

Law zoning x អនុញ្ញាតកម្ម

at v. ខ្វែងយោបល់គ្នា

variant['veәri әnt] *adj.* ដែលក្លាយពីអ្វីមួយទៀត

-n. អ្វីៗដែលក្លាយពីអ្វីមួយទៀត

variation[,veәri 'ei ∫n] *n.* ការផ្លាស់ប្ដូរឬប្រែប្រួល *Lit:* វិបរិណាម

varicolored *adj.* ដែលមានពណ៌ច្រើនឬចម្រុះ

varicose[,væri kәus] *adj.* នៃរោគយឺតសរសៃឈាម

varied['veәri d] *adj.* ផ្សេងគ្នា

variety[və'rai əti] *n.* x is the spice of life ភាពមានការផ្លាស់ប្ដូរឿយៗ

a x of choices ភាពមានច្រើន

one x of bananas យ៉ាង, បែប, មុខ, ប្រភេទ, ពូជ

various['veəri əs] *adj.* x articles ផ្សេងៗ

The choices are x. ផ្សេងគ្នា

the x seasons និមួយៗ

vernish['vɑ:ni ʃ] *tv.* x the table លាបវ៉ារនីស

Fig. x the truth កែច្នៃឱ្យប្រសើរឡើង

-n. វ៉ារនីស (ថ្នាំលាបឈើម្យ៉ាង)

vary['veəri] *iv.* *(pt. , pp.varied)*

(weather) varies ផ្លាស់ប្ដូរ, ប្រែប្រួល

The forms x. ខុសគ្នា

-tv. x the temperature ធ្វើឱ្យផ្លាស់ប្ដូរ

x one's diet ផ្លាស់ប្ដូរឱ្យគ្រប់មុខ

vascular['væskjələr] *adj.* នៃសរសៃឈាម

vase[vɑ:z] *n.* ថូ

vassal['væsl] *n.* x of the king មនុស្សដែលជាខាសករនៃស្ដេចឬស្ដេចក្រាញ់ក្នុងសម័យបុរាណ

The country is a x of China. ប្រទេសចំណុះ

vassalage['væsli dʒ] *n.* ភាពនៅក្នុងចំណុះ

vast[vɑ:st] *adj.* x plain ធំធេង, ល្វឹងល្វើយ

x importance ដ៏ធំទូលាយ (ម.ប.)

vat[væt] *n.* ធុងឈើធំៗ

vault[1][vɔ:lt] *n.* bank x ទូដែក

burial x ផ្នូរ

x of the ceiling ដំបូល

-tv. ធ្វើឱ្យឡើងក្រឡុម

vault[2][vɔ:lt] *tv.* លោតរំលងដោយយកដៃទៅច្រត់ពីលើ

-n. ការផ្លោះ, ការលោត

vaunt['vɔ:nt] *tv.* អួត

V.D.[,vi:'di:] *(Venereal disease)* រោគសង្គម

veal[vi:l] *n.* សាច់កូនគោ

vector['vektər] *n.* វិចទ័រ

Veda , Vedas *pr. n.* វេទ

Vedanta *pr. n.* ទស្សនវិជ្ជានៃពួកហិណ្ឌូ

Vedic *adj.* នៃវេទ

veer[vi ər] *iv.* បេរ, ងាក, ប

-n. ការបេរ

vegetable['vedʒi təbl] *n.* បន្លែ *Lit.* សាកជាតិ

-adj. ដែលជាភួតតាម

vegetarian['vedʒə'teəri ən] *n.* មនុស្សតមសាច់

Lit. សាកាហារី

-adj. ដែលគ្មានសាច់, ដែលមានតែបន្លែ

vegetarianism[,vedʒə'teəri zəm] *n.* សាកជាតិនិយម

vegetate['vedʒətei t] *iv.* crops x ដុះ, លូត

Fig. x in isolation រស់នៅដោយសោះកក្រោះ

vegetation[,vedʒə'tei ʃn] *n.* សារពើរុក្ខជាតិ

Lit. វោហណា

vehemence['vi:əməns] *n.* សេចក្ដីក្ដៅក្ដា

vehement['vi:əmənt] *adj.* ក្ដៅក្ដា, ខ្លាំងក្លា

vehicle['vi:əkl] *n.* យាន

veil[vei l] *n.* wear a x ស្បៃបាំងមុខ (ស្រី)

x of smoke ផ្ទាំង

Id. take the v. បួសជាយាយជី

-tv. x her face ពាក់ស្បៃមុខ

Fig. x one's feelings លាក់, ធ្វើមិនឱ្យគេឃើញ

vein[vei n] *n.* blood x សរសៃឈាមខៀវ

Lit. ធមនី

x of coal ខ្សែរ៉ែ

a x of stubborness ចរិតលក្ខណៈដែលមិនបញ្ចេញឱ្យឃើញ

-*tv.* ធ្វើឱ្យមានស្នាមដូចសរសៃ

velar['vi:lər] ***adj.*** នៃដើមក

-*n* ស្នូរបន្តិទៀងដោយដាក់អណ្តាតឱ្យប៉ះនឹងដើមក

velocity ***n.*** ល្បឿន *Lit:* ជវភាព

velum['veləm] ***n.*** *Anat.* ក្រអូមមាត់ខាងក្រោម

velvet['velvi t] ***n.*** កម្ពី

venal['vi:nl] ***adj.*** ដែលលំអៀងទៅរកផលប្រយោជន៍ ដែលទំនៀងទៅរកធ្វើពុករលួយ

vend[vend] ***tv.*** ដើរលក់ (ទំនិញ)

vender[vendər] ***n.*** ឈ្មួញតូចតាច

vendetta[ven'detər] ***n.*** ការសងសឹក *Fr:* វង់ដែតតា

vending machine['vendi ŋ məʃi:n] ***n.*** ម៉ាស៊ីនលក់ស្វ័យប្រវត្តិ

vendor['vendər] ***n.*** *Law* អ្នកលក់

veneer[və'ni ər] ***n.*** oak x បន្ទះឈើយ៉ាងស្ដើង

Fig. x of bravery សភាពស៊ើៗ

-*tv.* យកបន្ទះឈើថ្លៃមកបិទលើឈើថោក (ដើម្បីឱ្យឃើញល្អ)

venerable['venərəbl] ***adj.*** គួរគោរព

Lit គួរធ្វើសក្ការៈ

venerate['venərei t] ***tv.*** គោរព *Lit:* ធ្វើសក្ការៈ

venereal[və'ni əri əl] ***adj.*** នៃរោគសង្គម

Lit នៃមេថុនកម្ម

vengeance['vendʒəns] ***n.*** seek x សេចក្ដីសងសឹក

with a v. យ៉ាងខ្លាំង

vengeful['vendʒfl] ***adj.*** ដែលចងគំនុំ

venial['vi:ni əl] ***adj.*** ស្រាល, ដែលអត់និនឱ្យបាន

venison['veni sn] ***n.*** សាច់រមាំង

venom['venəm] ***n.*** snake x ពិស

Fig. reply with x អសុទ្ធចិត្ត

venomous['venəməs] ***adj.*** x fangs ដែលមានពិស

Fig. x attack យ៉ាងកំណាច, ប្រកបដោយអសុទ្ធចិត្ត

vent[vent] ***n.*** air x រន្ធសម្រាប់ឱ្យខ្យល់ចេញចូល

give v. to បញ្ចេញឱ្យធូរពីទ្រូង

-*tv.* x a dryer ធ្វើឱ្យមានផ្លូវបញ្ចេញខ្យល់ទៅក្រៅ

x one's anger បញ្ចេញ

ventilate['venti lei t] ***tv.*** ធ្វើឱ្យមានខ្យល់ចេញចូល

ventilation[,venti 'lei ʃn] ***n.*** by x ការធ្វើឱ្យមានខ្យល់ចេញចូល

provide x ខ្យល់ចេញចូល

fix the x គ្រឿងធ្វើឱ្យមានខ្យល់ចេញចូល

ventilator['venti lei tər] ***n.*** កង្ហារ, ផង្កាល់, ផ្លិតយន្ត

ventral['ventrəl] ***adj.*** នៃពោះ

ventricle['ventri kl] ***n.*** រន្ធបូបន្ធប់បេះដូង

Lit: ហទយោទរ

ventriloquism[ven'tri ləkwi zəm] ***n.*** វិធីនិយាយនៅដើមកមិនកម្រើកបបូរមាត់

venture['ventʃər] ***n.*** ការផ្សង

-*iv.* ហ៊ានប្រថុយ

-*tv.* ប្រថុយ

venturesome['ventʃərsəm] ***adj.*** ដែលហ៊ានប្រថុយ

venue['venju:] ***n.*** យុត្តាធិការ

Venus['vi:nəs] ***pr.*** the goddess x ព្រះនាងកាមទេព

Astron. the planet x ផ្កាយព្រះសុក្រ

veracity[və'ræsəti] ***n.*** សច្ចសីលភាព

veranda [və'rændə] ***n.*** រានហាល

verb[vɜ:b] ***n.*** កិរិយាសព្ទ

verbal['vɜ:bl] ***adj.*** x agreement មាត់ទទេ, ដោយឥតមានជាលាយលក្ខណ៍អក្សរ

Gram. x form នៃកិរិយាសព្ទ, ដូចកិរិយាសព្ទ

-*n. Gram.* សព្ទដែលក្លាយមកពីកិរិយាសព្ទ

verbalize['vɜ:bəlai z] ***tv.*** x one's feelings បញ្ចេញជាពាក្យសំដី

Gram. x a noun ធ្វើឱ្យទៅជាកិរិយាសព្ទ

verbatim[vɜ:'bei ti m] ***adv., adj.*** ត្រង់ៗតាមពាក្យ

គ្មានល្បឿន

verbose[vɜːˈbəus] *adj.* x document សម្បូណ៌ដោយពាក្យដែលឥតប្រយោជន៍

x speaker ដែលប្រើពាក្យច្រើនឥតប្រយោជន៍

verdant[ˈvɜːdnt] *adj.* ខៀវស្រងាត់, ដែលខៀវបៃតង

verdict[ˈvɜːdikt] *n. Law* x of the jury សេចក្ដីសម្រេច *Lit.* និរន្ត័យ, សាលក្រម

x of the people សេចក្ដីសម្រេចចិត្ត

verge[vɜːʤ] *n.* x of the forest ជាយ

on the x of ជិតៗនឹង

-*iv.* x on (treason) ស្ទើរតែជា

x on (his property) ជាប់នឹង

verify[ˈverifai] *tv.* (*pt.*, *pp* verified) ផ្ទៀងផ្ទាត់, មើលមើលការ

verity[ˈverəti] *n.* the x of his statement ភាពពិត

an eternal x សច្ច

vermicelli[,vɜːmiˈʧeli] *n.* នំបញ្ចុក

vermicide[ˈvɜːmisid] *n.* ថ្នាំសម្លាប់ដង្កូវ

vermillion[vəˈmiliən] *n., adj.* ពណ៌ក្រហមឆ្អៅ

vermin[ˈvɜːmin] *n.* សត្វតូចៗចង្រៃ (ដូចជាកណ្ដុរ)

vernacular[vəˈnækjələr] *n.* local x ភាសាក្នុងស្រុកណាមួយ, ភាសានៃតំបន់ណាមួយ

business x ភាសាដោយឡែកនៃវិជ្ជាជីវៈ

-*adj.* ដែលសរសេរឬនិយាយក្នុងស្រុកឬតំបន់ណាមួយ

versatile[ˈvɜːsətail] *adj.* x athlete ដែលចេះខាងគ្រប់ខាងសព្វ

Zool. x toe ដែលបត់ទៅមុខក៏បានទៅក្រោយក៏បាន

verse[vɜːs] *n.* written in x កំណាព្យ

the second x ឃ្លាមួយឬវគ្គមួយនៃកំណាព្យ

-*tv.* versed in ចេះចំពោក

Coll. x me beforehand ប្រាប់ឱ្យដឹង

versification[,vɜːsifiˈkeiʃn] *n.* ការតែងកាព្យ *Lit.* កាព្យសាស្ត្រ

version[ˈvɜːʃn] *n.* 1945 x កំណែថ្មី, អ្វីៗដែលកែប្រែឱ្យប្លែកពីដើម

his x of the events ការបកស្រាយ

versus[ˈvɜːsəs] *prep.* ទល់នឹង, ប្រឆាំងនឹង

vertebra[ˈvɜːtibrə] *n.* ឆ្អឹងខ្នង *Lit.* បិដ្ឋាដ្ឋិ

vertex[ˈvɜːteks] *n.* កំពូល

vertebrate [ˈvɜːtibrət] *adj.* ដែលមានឆ្អឹងខ្នង

-*n.* សត្វដែលមានឆ្អឹងខ្នង

Lit. បិដ្ឋាដ្ឋិកសត្វ

vertical[ˈvɜːtikl] *adj.* បញ្ឈរ, ឈរ

-*n.* ខ្សែឈរ

vertigo[ˈvɜːtigəu] *n.* ដំណើរវិលមុខ

verve[vɜːv] *n.* សេចក្ដីក្លៀវក្លា, ភាពរស់រវើក, ដំណើរក្លាហាន

very[ˈveri] *adv.* ណាស់

-*adj.* នោះឯង

vescicle[ˈvesikl] *n. Anat.* ថង់កលា

vessel[ˈvesl] *n.* water x ភាជន៍

sea-going x នាវា

Anat. blood x សរសៃ (ឈាម) *Lit.* នហារូ

vest[vest] *n.* អាវកាក់ម្យ៉ាង

-*tv.* x him with powers ផ្ទេរឱ្យ (អំណាច។ល។)

x power in the people ឱ្យ

-*iv.* ជារបស់

vested [vestid] *adj.* x interests ដែលផ្ដល់ឱ្យ

x waiter ដែលពាក់អាវកាក់

vestibule[ˈvestibjuːl] *n.* ច្រកចូល, ល្វែងក្រៅ

vestige[ˈvestiʤ] *n.* x of former grandeur អំណែល

zool. x of a tail សរីរាង្គដែលរួញឡើងតូចឬនៅតែស្នាម

vestigial[ve'sti dʒi əl] ***adj.*** ដែលនៅតែស្នាមឬទៀងតូច

vestment['vestmənt] ***n.*** សំលៀកបំពាក់ជាផ្លូវការ (ពាក់នៅពេលបុណ្យទាន)

vet[1][vet] *(short for* veterinarian *)*

vet[2][vet] *(short for* veteran *)*

veteran['vetərən] ***n.*** x of the army ទាហានចាស់

a x at farming មនុស្សជើងចាស

-adj. ជើងចាស់

veterinarian[,vetəri 'neəri ən] ***n.*** ពេទ្យសត្វ

Lit: បសុពេទ្យ

veterinary['vetrənri] ***adj.*** នៃឬខាងការព្យាបាលសត្វ

-n. Coll. ពេទ្យសត្វ

veto['vi:təu] ***n.*** វេតូ

-tv. ប្រើសិទ្ធិវេតូ

vex[veks] ***tv.*** ធ្វើឱ្យមួម៉ៅ

via['vai ə] ***prep.*** x airmail តាម

x Rome ទៅតាម

viable['vai əbl] ***adj.*** ដែលអាចសម្រេចបាន

viaduct['vai ədʌkt] ***n.*** ស្ពានកាត់ជ្រលងភ្នំ

vial['vai əl] ***n.*** កូនដបតូចៗ

vibrant['vai brənt] ***adj.*** x string ដែលញ័រ

Fig. x personality រស់រវើក

vibrate [vai 'brei t] ***iv.*** ញ័រ

-tv. ធ្វើឱ្យញ័រ

vibration[vai 'brei ʃn] ***n.*** ការញ័រ

vibrator[vai 'brei tər] ***n.*** telephone x បរិធានចុម្ពិតអគ្គិសនីម្យ៉ាង

concrete x ម៉ាស៊ីនញ័រ (ដូចជាម៉ាស៊ីនធ្វើសរសៃជាដើម)

vicarious[vi 'keəri əs] ***adj.*** ដែលជួស

vice[vai s] ***n.*** x squad បាបធម៌, អបាយមុខ

(have no) vices គុណវិបត្តិ

vice-[vai s] ***pref.*** បុព្វបទមានន័យថា: រងឬអនុ, ឧ. president ប្រធានាធិបតី > vice-president អនុប្រធានាធិបតី

vice versa[,vai s 'vɜ:sə] ***adv.*** ផ្ទុយទៅវិញ

vicinity[və'si nəti] ***n.*** ទីជិតខាង

vicious['vi ʃəs] ***adj.*** x dog កាច, សាហាវ

x attack យ៉ាងអាក្រក់ឬសាហាវឬកំណាច

victim['vi kti m] ***n.*** x of war អ្នករងគ្រោះ

Rare ceremonial x មនុស្សឬសត្វដែលគេយកទៅសម្លាប់បូជា

victimize['vi kti mai z] ***tv.*** ធ្វើឱ្យរងគ្រោះ

victor['vi ktər] ***n.*** អ្នកឈ្នះ

Victorian[vi k'tɔ:ri ən] ***adj.*** x architecture នៃសម័យមហាក្សត្រិយានីវិចតូរីយ៉ា (អង់គ្លេស)

x morals ដែលត្រឹមត្រូវហួសហេតុ

-n. មនុស្សក្នុងសម័យមហាក្សត្រិយានីវិចតូរីយ៉ា

victorious[vi k'tɔ:ri əs] ***adj.*** ដែលមានជ័យជំនះ

victory['vi ktəri] ***n.*** ជ័យជំនះ

victuals, vittles['vi tlz] ***n.*** *Coll.* ម្ហូប, អាហារ

video['vi di əu] ***adj.*** នៃទូរទស្សន៍

vie[vai] ***iv.*** v. with ប្រកួត, ប្រជែង (នឹង)

v. for ដណ្ដើមគ្នា

view[vju:] ***n.*** beautiful x ទេសភាព

come into x កំហើញ, ការមើលទៅឃើញ

different x of the matter មតិ, យោបល់

point of v ទស្សនៈ

What do you have in x ? គោលបំណង

in v. of ដោយសារ, ដោយឃើញថា

-tv. x the scene មើល, គន់មើល

How do you x it ? គិត, យល់

viewing [vju:i ŋ] ***n.*** a x of new paintings ការតាំងឱ្យមើល

a x of the film ការមើល

Lit: ការទស្សនា

viewpoint['vju:pɔint] ***n.*** ទស្សនៈ

vigil['vidʒil] ***n.*** ការនៅកំដរ, ការចាំកំដរ

vigilant['vidʒilənt] ***adj.*** ដែលប្រុងប្រយ័ត្ន

vigilante[,vidʒi'lænti] ***n.*** អ្នកតាំងខ្លួនជាអ្នកការពារ ធ្វើអ្វីមួយដោយគ្មានច្បាប់អនុញ្ញាត

vigor['vigər] ***n.*** កម្លាំង *Lit:* ពល, ពលសម្បទា

vigorous['vigərəs] ***adj.*** ស្វាហាប់, ខ្លាំងក្លា

vile[vail] ***adj.*** x person អប្រិយ

x temper ខ្លាំង

x servitude ថោកទាប

vilify['vilifai] ***tv.****(pt., pp* vilified*)* និយាយអាក្រក់ពី

villa['vilə] ***n.*** ភូមិគ្រឹះ

village['vilidʒ] ***n.*** ភូមិ

villain['vilən] ***n.*** មនុស្សអាក្រក់, មនុស្សកំណាច

villainous['vilənəs] ***adj.*** កំណាច, អាក្រក់

villainy['viliəni] ***n.*** បទអាក្រក់

vim[vim] ***n.*** កម្លាំង

vindicate['vindikeit] ***tv.*** x the accused បង្ហាញឱ្យឃើញថាគ្មានទោស

x his actions បង្ហាញឱ្យឃើញថាត្រូវ

vindictive[vin'diktiv] ***adj.*** ដែលចងគំនុំ

Lit: ឧបនាហី

vine[vain] ***n.*** វល្លិ *Lit:* លតា

vinegar['vinigər] ***n.*** ទឹកខ្មេះ

vineyard['vinjəd] ***n.*** ចំការទំពាំងបាយជូរ

viniculture['vinikʌlʃər] ***n.*** ការធ្វើស្រាទំពាំងបាយជូរ

vintage['vintidʒ] ***n.*** of 1959 x ឆ្នាំ (ធ្វើស្រាទំពាំងបាយជូរ)

good x of grapes ផលិតផលទំពាំងបាយជូរនៅឆ្នាំណាមួយ

-adj. ដែលធ្វើក្នុងឆ្នាំល្អ

vinyl['vainl] ***n.*** ប្លាស្ទិកម្យ៉ាង

violate ['vaiəleit] ***tv.*** x the law ប្រព្រឹត្តល្មើស

x s.o.'s privacy រំលោភលើ

x a temple ប្រមាថ (សារណៈវត្ថុ)

x a woman រំលោភ, ចាប់

violation['vaiə'leiʃn] ***n.*** x of the law ការបំពាន

traffic x បទល្មើសច្បាប់ (បន្តិចបន្តួច)

violence['vaiələns] ***n.*** resort to x អំពើឃោរឃៅ

Lit: ហិង្សា

x of the storm ភាពខ្លាំង

do x to ធ្វើឱ្យខូចផល់

violent ['vaiələnt] ***adj.*** x attack ដ៏កំណាចឬឃោរឃៅ

x storm ដ៏ខ្លាំង

x temper ចិត្តខ្លាំង

violet['vaiələt] ***n.*** plant a x ផ្កាវីយ៉ូឡែត

the color x ពណ៌ស្វាយ

-adj. ស្វាយ

violin[,vaiə'lin] ***n.*** ***Fr:*** វីយ៉ូឡុង

viper['vaipər] ***n.*** bitten by a x ពស់វែក

Fig. She's a x. មនុស្សមានពិស

virgin['vɜ:dʒin] ***n.*** still a x បុរសឬស្ត្រីព្រហ្មចារី

a x at flying អ្នកដើងថ្មី, មនុស្សគ្មានការពិសោធ

-adj. x girl បរិសុទ្ធ, ព្រហ្មចារី

x forest ព្រៃថ្មោង (មិនទាន់មានគេរុករាន)

x attempt ដំបូង

virginity [və'dʒinəti] ***n.*** ព្រហ្មចារីភាព

Virgo['vɜ:gəu] ***pr. n.*** កញ្ញារាសី

virile['virail] ***adj.*** ប្រកបដោយបុរិសលក្ខណៈ

virility[və'riləti] ***n.*** prove his x សមត្ថភាពបង្កើតកូន

x of his style បុរិសលក្ខណៈ

virology[vai'rɔlədʒi] ***n.*** វិរាណូសាស្ត្រ

virtual['vɜ:tʃuəl] ***adj.*** x dictator ជាក់ស្តែង

Coll. a x certainty ស្ទើងតែ, ស្ទើរតែ

virtue['vɜːʧuː] *n.* seek after x គុណធម៌

x of the plan គុណសម្បត្តិ

by v of ដោយអាស្រ័យនូវ

virtuous['vɜːʧuəs] *adj.* ប្រកបដោយគុណធម៌

virulent['vi rələnt] *adj.* x disease ខ្លាំងកើតឆាប់រាលដាល

x condemnation កំណាច, សាហាវ

virus['vai rəs] *n. Fr:* វីរុស *Lit:* វិសាណូ

visa['viːzə] *n. Fr:* វិសា *Lit:* ទិដ្ឋាការ

-tv. ឱ្យទិដ្ឋាការ

visage['vi zi ʤ] *n.* ទឹកមុខ

vis-a-vis[,vi z ɑː 'viː] *prep.* reading x traveling ប្រៀបធៀបនឹង

policy x China ចំពោះ

viscera['vi sərə] *n.* អន្តការៈ (អាការៈខាងក្នុងដូចជាក្រពះ ។ល។)

visceral['vi sərəl] *adj.* x disorder នៃអាការៈក្នុងខ្លួន

Coll x reaction ពីក្នុងចិត្ត

viscid [vi si d] *adj.* ស្អិតអន្ទិលៗ

viscous['vi skəs] *adj.* ស្អិតអន្ទិលៗ

vise[vai s] *n.* អង្គុំ

Vishnu[vi ʃnu] *pr. n.* ព្រះនារាយណ៍, វិស្ណុ ពិស្ណុ

visibility[,vi zə'bi ləti] *n.* maintain low ភាពបញ្ចេញឱ្យឃើញ

poor x រយៈចម្ងាយដែលមើលទៅឃើញដោយភ្នែកទទេ

visible['vi zəbl] *adj.* ដែលអាចមើលឃើញ

vision['vi ʒn] *n.* lose one's x ចក្ខុវិញ្ញាណ

limit one's x ចក្ខុវិស័យ

x of a ghost ចក្ខុនិមិត្ត

administration lacks x ការមើលឃើញវែងឆ្ងាយទៅមុខ

visionary['vi ʒənri] *adj.* ទេសវិស័យ

-n អ្នកមានគំនិតទេសវិស័យ

visit['vi zi t] *tv.* x relatives ទៅលេង

x a doctor ពិគ្រោះ (នឹង) , សួរសុខទុក្ខ

x together និយាយគ្នាលេង

Arch visited (by disease) បៀតបៀន

-n make a x ការទៅលេង

pay a v to ទៅលេង

a x to the doctor ការពិគ្រោះ

visitation[,vi zi 'tei ʃn] *n.* x of the sick ការទៅសួរសុខទុក្ខ

supernatural x ការចេញឱ្យឃើញ

visitor['vi zi tər] *n.* ភ្ញៀវ

visor['vai zər] *n.* ក្បាំងមុខ, ចាំងការពារមុខ

vista['vi stə] *n.* charming x ទស្សនីយភាពមើលពីចម្ងាយតាមចន្លោះអ្វីមួយ

Fig x of the future ការប្រមើល

visual['vi ʒuəl] *adj.* នៃភ្នែក *Lit:* នៃចក្ខុវិញ្ញាណ

visualize['vi zuəlai z] *tv.* នឹកគិតក្នុងចិត្ត

vital['vai tl] *adj.* x organs សម្រាប់ទ្រទ្រង់ជីវិត

Lit ជីវិតសម្ពន្ធ

x to our success ចាំបាច់, សំខាន់ណាស់, កាអាយជីវិត

x wound ដែលបណ្តាលឱ្យស្លាប់

vitality[vai tæləti] *n.* ភាពរឿងរៃ

vitalize[vi təlai z] *tv.* ធ្វើឱ្យរឿងរៃ

vitamin['vi təmi n] *n. Fr:* វីតាមីន *Lit:* ជីវជាតិ

vitiate['vi ʃi ei t] *tv.* x his effectiveness បន្ថយ, ធ្វើឱ្យអន់

Law x a contract ធ្វើឱ្យទៅជាមោឃៈ

vitreous['vi tri əs] *adj.* ដូចឬនៃកែវ

vitrify ['vi tri fai] *tv.* (*pt .pp.* vitrified) ធ្វើឱ្យទៅជាកែវ

-*iv.* ទៅជាកែវ

vitriol['vi tri ɔl] ***n.*** *Chem.* treat it with x វិទ្រីយ៉ូល (អាស៊ីតម្យ៉ាង)

Fig. a stream of x ការ បរិហារយ៉ាងសាហាវ

vitriolic[,vi tri 'ɔli k] ***adj.*** x solution នៃវីទ្រីយ៉ូល

x criticism យ៉ាងសាហាវ, យ៉ាងកំណាច

vituperate[vi ,tju:pərət] ***iv.*** ស្តីបន្ទោសយ៉ាងខ្លាំងដែលបងាញសេចក្តីក្រោធក្រហាយ

vivacious[vi 'vei ʃəs] ***adj.*** ដែលរស់រវើក, ឆ្មៀវឆ្មា

vivacity[vi 'væsəti] ***n.*** ភាពរស់រវើក, ភាពឆ្មៀវឆ្មា

vivid[,vi vi d] ***adj.*** x red ឆើត

x account រស់រវើក

vivify[vi vi fai] ***tv.*** *(pt.. pp.*vivified *)* ធ្វើឱ្យរស់រវើក

viviparous ***adj.*** ដែលកើតចេញពីគភ៌

Lit ជលាពុជ:

vivisection[,vi vi 'sekʃn] ***n.*** ការវះកាត់សត្វទាំងរស់ (ធ្វើការពិសោធ)

vivisect[,vi vi 'sekt] ***tv.*** វះកាត់សត្វទាំងរស់ធ្វើការពិសោធ

vizor['vai zər] *(see* visor *)*

vocabulary[və'kæbjələri] ***n.*** English x វាក្យសព្ទ

He has a large x. ពាក្យទាំងអស់ដែលមនុស្សម្នាក់ចេះ

the x of science ភាសាពេយដែលគេប្រើក្នុងវិជ្ជាជីវៈមួយ

Cap. Khmer-English x វចនានុក្រមតូច

vocal['vəukl] ***adj.*** x cords នៃសម្លេង

Mus. x accompaniment ដាចម្រៀង

very x person ដែលបញ្ចេញយោបល់ដោយឥតសំចៃ

vocalic['vəukəli k] ***adj.*** *Phonet.* ដែលបន្លឺឡើងដោយមានខ្សែសម្លេងញ័រ

vocalist['vəukəli st] ***n.*** អ្នកចម្រៀង

vocalize['vəukəlai z] ***tv.*** x one's doubts ថ្លែងឡើង, បញ្ចេញឡើង

Phonet x a consonant បន្លឺឲ្យដោយធ្វើឱ្យខ្សែសម្លេងញ័រ

vocation[vəu'kei ʃn] ***n.*** មុខរបរ *Lit.* វិជ្ជាជីវ:

vocational[vəu'kei ʃənl] ***adj.*** ខាងមុខរបរ

Lit ខាងវិជ្ជាជីវ:

vocative['vɔkəti v] ***adj.*** *Gram.* ដែលសម្រាប់និយាយឆ្ពោះទៅរក

-*n Gram* ពាក្យសម្រាប់និយាយឆ្ពោះទៅរក

Lit អាលបន:

vociferous[və'si fərəs] ***adj.*** ដែលលាន់ឮគងរំពង

vodka['vɔdkə] ***n.*** វ៉ូតកា (ស្រាសម្យ៉ាង)

vogue[vəug] ***n.*** ម៉ូដដែលគេកំពុងនិយម

voice[vɔi s] ***n.*** beautiful x សម្លេង

have no x in the matter សម្លេង, អំណាចបញ្ចេញមតិ

Gram active x វាចក

in poor v ដែលមានសម្លេងមិនល្អ (ដោយមិនស្រួលវាចា)

-*tv.* x disapproval បញ្ចេញ

Phonet x a consonant បន្លឺឡើងដោយធ្វើឱ្យសម្លេងញ័រ

voiceless[vɔi sələs] ***adj.*** x reproach ដោយឥតមាននិយាយស្តី

Phonet x consonant ដែលបន្លឺឡើងដោយមិនធ្វើឱ្យខ្សែសម្លេងញ័រ

void[vɔi d] ***adj.*** x passport ដែលទុកជាមោឃៈ

x space ទទេ

x of meaning គ្មាន

-*n* ទីទល

-tv. x a contract ទុកជាមោឃៈ

x the contents យកចេញឱ្យអស់

-iv. *Euph.* បត់ជើងតូចឬធំ (ពាក្យគួរសម)

volatile['vɔlətail] *adj.* *Chem.* x gas ដែលហើរ

x temper ឆេវឆាវ

volcanic[vɔl'kænik] *adj.* *Geol.* x activity នៃភ្នំភ្លើង

Geol. x rock ដែលកើតមកពីភ្នំភ្លើង

x temper ដូចភ្នំភ្លើងឬខ្ទុះ (អ.ប.)

volcano[vɔl'keinəu] *n.* ភ្នំភ្លើង

volition[və'liʃn] *n.* ឆន្ទៈ

volley['vɔli] *n.* x of shots មួយគ្រាប់ៗ, មួយរាវៗ (ការបាញ់)

Tennis ការវាយស្ទាក់ (មុនបាល់ធ្លាក់ដល់ដី)

-iv. x in response បាញ់គ្រាប់

Tennis វាយទៅវិញទៅមក

volleyball['vɔlibɔ:l] *n.* បាល់ទះ

volt[vəult] *n.* *Fr.* វ៉ុលត៍

voltage['vəultidʒ] *n.* កម្លាំងជាវ៉ុលត៍

voltmeter['vəulmetər] *n.* *Fr.* វ៉ុលត៍មាត្រ

volume['vɔlju:m] *n.* x of a box មាឌ, ចំណុះ

Fr. វ៉ុលូម

x of the radio ទំហំ (នៃសូរឬសម្លេង)

published in one x ក្បាល, ខ្សែ

x of sales បរិមាណ

voluble['vɔljubl] *adj.* បាចសំដី

volumetric[vəlju:mtrik] *adj.* នៃការវាស់ចំណុះ

voluminous[və'lu:minəs] *adj.* ច្រើន, ធំ

voluntary['vɔləntri] *adj.* ដោយចេតនា, ដោយស្ម័គ្រ

volunteer[,vɔlən'tiər] *n.* អ្នកស្ម័គ្រចិត្ត

-iv. ស្ម័គ្រចិត្ត

-tv. ស្ម័គ្រចិត្តផ្តល់នូវ

voluptuous[və'lʌptʃuəri] *adj.* x woman ដែលត្រេកត្រអាលនឹងកាមរតី

x beauty ដែលគួរឱ្យត្រេកត្រអាល

vomit['vɔmit] *iv., tv.* ក្អួត

-n កំអួត

voracious[və'reiʃəs] *adj.* ដែលមិនចេះស្កប់

vortex['vɔ:teks] *n.* គំនួប (ទឹក ខ្យល់។ល។)

votary['vəutəri] *n.* អ្នកធ្វើសក្ការៈ

vote[vəut] *n.* each member has one x សម្លេងមួយ, ឆ្នោតមួយ

put it to a x ការបោះឆ្នោតឬបញ្ចេញមតិ

x of thanks ការបង្ហាញឱ្យឃើញ

-iv. បោះឆ្នោត

-tv. x a straight ticket បោះឆ្នោតទាំងអស់ឱ្យខាងណាម្ខាង

x a raise សម្រេចដោយបោះឆ្នោត

voter[vəutər] *n.* អ្នកបោះឆ្នោត

votive['vəutiv] *adj.* នៃបំណន់, នៃការបន់ស្រន់

vouch[vautʃ] *iv.* v. for ធានា

x to do it សន្យា

voucher['vautʃər] *n.* expense x សំបុត្របញ្ជាក់, សំបុត្រធានា

He's my x. អ្នកធានា

vow[vau] *n.* sacred x សច្ចា

Rel. take vows ចូលបួស

-tv. សន្យា (ធ្វើ)

-iv. សន្យា (នឹង)

vowel['vauəl] *n.* ស្រៈ

voyage['vɔiidʒ] *n.* ដំណើរតាមសមុទ្រ

-iv. ធ្វើដំណើរតាមសមុទ្រ

voyager['vɔiidʒər] *n.* អ្នកដំណើរឆ្ងាយ

vulcanize['vʌlkənaiz] *tv.* ធ្វើកៅស៊ូឱ្យកាន់តែជាប់ខ្សែង

vulgar['vʌlgər] *adj.* x language ថោកទាប, បាចផ្សារ

x Latin សាមញ្ញ

vulgarism[vulgæri zəm] ***n.*** ពាក្យថោកទាបឬសមញ្ញ

vulgarity[vʌl'gærəti] ***n.*** ភាពថោកទាប

vulgarize['vʌlgərai z] ***tv.*** ធ្វើឱ្យទៅជាសាមញ្ញ

vulnerable['vʌlnərəbl] ***adj.*** ដែលងាយធ្វើឱ្យឈឺចាប់

Lit: ភេទនីយ៍

vulture['vʌlʧər] ***n.*** ត្មាត

vulva['vʌlvə] ***n.*** យោនី

W

W, w ['bʌblju:] អក្សរទី២៣តាមលំដាប់អក្សរក្រមអង់គ្លេស

wad[wɔd] ***n.*** x of paper ដុំ, សំណុំ

Sl. w of money សំណុំប្រាក់

waddle['wɔdl] ***iv.*** ដើរអឹកអ៊ាកៗ

-n ដំណើរអឹកអ៊ាកៗ

wade[wei d] ***iv.*** x in a stream លុយទឹក

x through a dull book ខំព្យាយាមមើលឱ្យចប់

-tv លុយទឹកឆ្លងឬកាត់

wafer['wei fər] ***n.*** នំម្យ៉ាងតូចៗស្តើង

waffle['wɔfl] ***n.*** នំពុម្ព

waft[wɔft] ***iv.*** រសាត់អណ្តែតតាមខ្យល់ឬទឹក

-tv ធ្វើឱ្យរសាត់អណ្តែតតាមខ្យល់ឬទឹក

wag[wæg] ***tv.*** *(pt . pp.*wagged *)* x the tail បក់, វាត់ចុះវាត់ឡើង

Id w. one's tongue និយាយអេចអូច

-iv x in the wind យោលចុះយោលឡើង

-n a x of the tail ការវាត់ឬក្រលាស់

Sl. He's a x. អ្នកនិយាយអេចអូច

wage[wei ʤ] ***n.*** ប្រាក់ឈ្នួល, ប្រាក់ខែ

-tv ធ្វើ (ឧ. ធ្វើសង្គ្រាម)

wager['wei ʤər] ***n.*** ការភ្នាល់

-iv. , tv. ភ្នាល់

waggle['wægl] ***tv.*** ធ្វើឱ្យកម្រើកខ្ទិចៗ

-iv. កម្រើកខ្ទិចៗ

-n. ការកម្រើកខ្ទិចៗ

wagon, waggon['wægən] ***n.*** រទេះមានកង់បួន

waif[wei f] ***n.*** homeless x ក្មេងក្រីក្រលំបាកគ្មានទីពំនាក់, ក្មេងកំព្រាគោកយ៉ាក

animal x កូនសត្វដែលវង្វេង

wail [wei l] ***iv.*** ទ្រហោយំ

-n សម្រែកទ្រហោយំ

waist[wei st] ***n.*** narrow x ចង្កេះ

tuck in the x ដាយអាវ

wait[wei t] ***iv.*** x five minutes ចាំ, រង់ចាំ

That can x ទុកទៅពេលក្រោយ

w for ចាំ, មើលផ្លូវ

w on ចាំបម្រើ

-tv x your turn ចាំ

x tables បម្រើ

-n រយៈពេលដែលចាំ

waiter[wei tər] ***n.*** អ្នកបម្រើប្រុស (នៅភោជនីយដ្ឋាន)

waitress['wei trəs] ***n.*** អ្នកបម្រើស្រី (នៅភោជនីយ-ដ្ឋាន)

waive[wei v] ***tv.*** x one's rights បោះបង់ចោល

x the penalty បដិសេធ

waiver['wei vər] ***n.*** សំបុត្របដិសេធចោលនូវអ្វីមួយ

wake[1][wei k] ***iv.*** *(usu. fol. by* up *. pt.* woke*. pp* woken *)* ភ្ញាក់

-tv (usu fol by up *)* ដាស់

-n ការកំដរខ្មោច

wake[2][wei k] ***n.*** x of the boat ស្នាមទឹកវល់នៅក្រោយទូក នាវា ។ល។

in the x of the war ស្ថានការណ៍បន្ទាប់

wakeful[wei kfl] *adj.* feel x ដែលមិនងងុយដេក, ដែលដេកមិនលក់

x foe ដែលមិនធ្វេសប្រហែស

walk[wɔ:k] *iv.* He likes to x. ដើរ

Cl. និមន្ត *Roy:* ទ្រង់យាងព្រះបាទ

Poet: ចរយាត្រា, លីលា

Fig. x humbly កាន់មារយាទ, ប្រព្រឹត្តទៅ

w. off with លួច

-tv. x the dog បណ្ដើរ

x the streets ដើរទៅមកឬចុះឡើងតាម

-n. take a x ការដើរលំហែ

a long x home ចម្ងាយផ្លូវ (ត្រូវដើរ)

He has a strange x. ដំណើរ (របៀបដើរ)

stay on the x កន្លែងសម្រាប់មនុស្សដើរ

Fig. x of life វិជ្ជាជីវៈ

walkout[,wɔ:kaut] *n.* declare a x កូដកម្ម

x of delegates ការដើរចេញដើម្បីសម្ដែងនូវសេចក្ដីជំទាស់

wall[wɔ:l] *n.* x of the room ជញ្ជាំង

storm the x កំពែង, កំផែង

Lit: ប្រាការ

low x around the house របង

Id. against the w. ទាល់ច្រក

-tv. x the compound សង់កំពែងជុំវិញ

w. up ធ្វើជញ្ជាំងបាំង

w. in ភ្ជិតឱ្យទៅជាជញ្ជាំង

wallboard[wɔ:lbɔ:d] *n.* បន្ទះកំបោរស្ងួត (សម្រាប់ធ្វើជញ្ជាំង)

wallet['wɔli t] *n.* កាបូប *Arch:* លមប្រាក់

walleyed ['wɔli:i d] *adj.* ភ្នែកស្លៀង

wallow['wɔləu] *iv.* x in mud ត្រាំ, ដេកត្រាំ

Fig. x in sin លង់ (ទៅក្នុងអបាយមុខ)

wallpaper['wɔ:lpei pər] *n.* ក្រដាសបិទជញ្ជាំង

walnut['wɔlnʌt] *n.* ឈើវាល់ណឹត (ដើមឈើម្យ៉ាងនៅប្រទេសត្រជាក់)

-adj. x furniture ដែលធ្វើពីវាល់ណឹត

x ice cream ដែលយកគ្រាប់វាល់ណឹតមកធ្វើ

walrus['wɔ:lrəs] *n.* លោមមច្ឆា

waltz[wɔ:ls] *n.* របាំងវ៉ាល់ស៍

-tv. រាំវ៉ាល់ស៍

-iv. *Sl.* ដើរដូចគេរាំ

wan[wɔn] *adj.* x complexion ស្លេកស្លាំង

x smile សោះកក្រោះ

wand[wɔnd] *n.* រពាត់ទិព្វ, ដំបងទិព្វ

wander['wɔndər] *iv.* x around ឥតគ្រេកទៅគ្មានទីកំណត់

roads x through the valley បត់ចុះបត់ឡើង

minds x រវើរវាយ

wane[wei n] *iv.* moons x ឡើងតូចទៅ (លោកខែ)

kingdoms x ចុះថយ

day of the waning moon រោច

period of the waning moon រនោច

-n. (moon is) on the w. តូចទៅៗ (លោកខែ)

(His power is) on the w. ចុះថយ

want[wɔnt] *tv.* x money ចង់បាន

w. to ចង់

w. for ខ្វះ

-n. Pl. fulfill his x សេចក្ដីត្រូវការ

free from x សេចក្ដីទ័លច្រក

in w. of ដោយគ្មាន, ពីព្រោះគ្មាន

wanton['wɔntən] *adj.* x destruction គ្មានត្រាប្រណី, យ៉ាងព្រៃផ្សៃ, ឥតសំពៃ

x woman ដែលលំនិនទៅតាមម្មចា

war[wɔ:r] ***n.*** declare x ចំបាំង *Lit:* សង្គ្រាម

x between the sexes ការប្រឆាំងគ្នា

at w. ដែលកំពុងច្បាំងគ្នា

-*iv.* *(pt. , pp.*warred *)* ច្បាំងគ្នា

warble['wɔ:bl] ***iv.*** យំ (សត្វស្លាបតូចៗ), យំចេបៗ

-*n.* សូរយំចេបៗ

ward[wɔ:d] ***n.*** electoral x សង្កាត់

maternity x ផ្នែកនិមួយៗនៃមន្ទីរពេទ្យ

x of the state មនុស្សដែលគេគ្រប់គ្រង

-*tv.* w. off (a blow) រង, កាត់

w. off (evil spirits) រាំងរាការពារ

-ward[wɔ:d] ***suf.*** បច្ច័យដែលផ្សំនឹងសព្ទខ្លះមានន័យថាៈ ទៅខាង, ឧ. back ក្រោយ > backward ទៅខាងក្រោយ

warden['wɔ:dn] ***n.*** prison x អ្នកយាម

forest w. មេព្រៃ

wardrobe['wɔ:drəub] ***n.*** wooden x ទូព្យួរខោអាវ

fashionable x គ្រឿងសំលៀកបំពាក់

ware[weər] ***n.*** *(usu. pl.)* peddle one' s x ទំនិញ

Ming x កុម្ភការភណ្ឌ

suf. -ware គ្រឿង

warehouse['weəhause] ***n.*** ឃ្លាំងអីវ៉ាន់

Lit: ភណ្ឌាគារ

warfare['wɔ:feər] ***n.*** ចំបាំង, កាច្បាំងគ្នា

warm[wɔ:m] ***adj.*** x water ក្តៅឧណ្ហៗ

x coat កក់ក្តៅ

x friendship យ៉ាងកក់ក្តៅ, យ៉ាងរាក់ទាក់

-*tv.* x the food កំដៅ

x oneself by the fire អាំង, កំដៅ

-*iv.* w. toward ទៅជាស្រួលនឹង

warmonger['wɔ:mʌŋgər] ***n.*** អ្នកសង្គ្រាមនិយម, អ្នកយុទ្ធនិយម

warn[wɔ:n] ***tv.*** x him not to come ព្រមាន

x him of our arrival ប្រាប់ឱ្យដឹងជាមុន

warp[1][wɔ:p] ***iv.*** ឡើងពោរ, ង, កោង

-*tv.* (The sun) warps (lumber.) ធ្វើឱ្យងឬកោង ឬឡើងពោរ

Fig. x his personality នាំឱ្យខូច

warp[2][wɔ:p] ***n.*** អម្បោះអន្ទង

warrant['wɔrənt] ***n.*** *Law* search x ដីកា (ឆែក ឆេរ ចាប់ខ្លួន ។ល។)

a x of his good intention ភស្តុតាង

-*tv.* w. his arrest អនុញ្ញាតឱ្យចាប់គាត់

The facts don' t x those conclusions. បង្ហាញថាត្រូវ

warranty['wɔrənti] ***n.*** ការធានា

wart[wɔ:t] ***n.*** ឬស្ស

w. hog ជ្រូកព្រៃម្យ៉ាង

wary['weəri] ***adj.*** Be x at all times. ប្រយ័ត្ន

w. of ប្រយ័ត្ននឹង

was[wəz] *(sg. pt. of* be*)*

wash[wɔʃ] ***tv.*** x the dishes លាង

x one' s face លប់, លប់លាង

x clothes បោក

x one' s hair កក់

x the children ងូតទឹកឱ្យ

waves x the shore វាយឬបក់បោកទៅលើ

w. away នាំយកទៅ (ដូចជានៅពេលទឹកជន់ជាដើម)

-*iv.* x before dinner លប់លាងខ្លួន

w. away ត្រូវទឹកនាំទៅ

x across the road លិច

Sl. It won' t w. មិនគួរឱ្យជឿបាន

-*n.* do the x ការបោកខោអាវ

have a big x this week សំលៀកបំពាក់ប្រឡាក់ ត្រូវយកទៅបោក

have a x before dinner ការលប់លាងខ្លួន

x of the waves ការហូរទៅហូរមក (រលក)

washed-up[wɔʃd ,ʌp] ***adj.*** *Sl.* ចប់, អស់ផ្លូវ

washer[1]['wɔʃər] ***n.*** window x អ្នកលាងឬជូត

automatic x ម៉ាស៊ីនបោកខោអាវ

washer[2]['wɔʃər] ***n.*** កាសទ្រនាប់

Washington ***pr.n.*** វ៉ាស៊ីនតោន (រដ្ឋធានី ស.រ.អ.)

washout ***n.*** a x in the road ត្រលុកទឹកច្រោះ

Coll. project was a x ការមិនសម្រេច

wasn' t['wɔznt] *(contr. of* was not*)*

wasp[wɔsp] ***n.*** ឪម៉ាល់

waste[wei st] ***tv.*** x money ខ្ជះខ្ជាយ

w. an opportunity មិនឆ្លៀតយកប្រយោជន៍

x a country បំផ្លាញ, ធ្វើឱ្យអន្តរាយ, ធ្វើឱ្យខ្ទេចខ្ទី

-iv. w. away ចុះទន់ខ្សោយ

-n. haste makes x ការខូចប្រយោជន៍

throw away the x សំណល់, កាក

go to w. ចោលទទេ

-adj. x paper ដែលជាសំណល់

x land ដែលគ្មានដាំដំណាំ

watch[wɔʧ] ***tv.*** x a movie មើល

Lit: ទស្សនា *Roy:* ទត

x the children មើល, មើលខុសត្រូវ

x your language ប្រយ័ត្ននឹង

-iv. W. out! ប្រយ័ត្ន!, វាំង!

w. over មើល

w. for (the mailman) ឃ្លាំមើល

w. for (fallen rocks) ប្រយ័ត្ន

-n. gold x នាឡិកា

put a x on the house ការយាម

keep w. យាម

Mil. third x យាម

watchdog['wɔʧdɔg] ***n.*** a good x ឆ្កែសម្រាប់យាម

Fig. x over spending អ្នកចាំយាម

watchful['wɔʧfl] ***adj.*** ប្រយ័ត្នប្រយែង

water['wɔ:tər] ***n.*** a glass of x ទឹក

Lit: ជល, គង្គា

above the x ផ្ទៃទឹក

by w. តាមផ្លូវទឹក, តាមនាវា

Id. of the first w. ដ៏វិសេសវិសាល, ដ៏វិចិត្រ

-tv. x the garden ស្រោច

x the horses ឱ្យទឹកផឹក

x the wine លាយទឹក

-iv. eyes x ចេញទឹកភ្នែក

mouths x ចេញទឹកមាត់

-adj. w. buffalo ក្របី

w. closet បង្គន់

w. colors គំនូរដោយប្រើថ្នាំលាតទឹក

w. front ទិសទៅមាត់ទឹក

w. line បន្ទាត់ផ្ទៃទឹកលើស្នូកនាវា

w. power កម្លាំងទឹក

w. system ប្រព័ន្ធចែកចាយទឹក

w. table ជលស្ថា (ក្នុងទឹក)

waterfall['wɔ:təfɔ:l] ***n.*** ទឹកធ្លាក់

water-logged['wɔ:təlɔgd] ***adj.*** ដែលជោកឬពេញដោយទឹក

watermark['wɔ:təma:k] ***n.*** x of two meters កម្រិតប្រាប់កំពស់ផ្ទៃទឹក

stationery x ស្នាមវាយលើក្រដាស (មើលទៅឃើញព្រិលៗ)

watermelon['wɔ:tər'melən] ***n.*** ឪឡឹក

waterproof['wɔ:təpru:f] ***adj.*** មិនជ្រាបទឹក

-tv. ធ្វើកុំឱ្យជ្រាបទឹក

-*n* ថ្នាំសម្រាប់ធ្វើកុំឱ្យជ្រាបទឹក

watershed['wɔtəʃed] ***n.*** ទីជម្រាល

watertight['wɔ:tətai t] ***adj.*** x boat ដែលទឹកចូលមិនបាន

Fig. x alibi ដែលមិនអាចចាប់ថ្នាក់បាន

waterworks['wɔ:təwɜ:ks] ***n.*** ប្រព័ន្ធចែកចាយទឹកក្នុងក្រុង

watt[wɔt] ***n. Fr:*** វ៉ាត់ (រង្វាស់អគ្គិសនី)

wave[wei v] ***n.*** ocean x រលក

x of excitement ការផ្ទុះឡើង

a x of the hand ការបោយដៃ, ការបក់ដៃ

(have) waves (in the hair) ផ្នត់អង្កាញ់ៗ

-*tv.* w. one' s hand បោយដៃ

x a greeting បក់ដៃជាសញ្ញាអ្វីមួយ

x a flag គ្រវី

x one' s hair ធ្វើឱ្យឡើងអង្កាញ់ៗ, អ៊ុត

-*iv.* flags x បក់ចុះឡើងៗ

w. goodby បក់ដៃលា

w. to បក់ដៃទៅ

wave length['wei vleŋθ] ***n.*** ប្រវែងជ្រលងរលក

waver ['wei vər] ***iv.*** needles x កម្រើក

Fig. (His courage) wavered. រេរា, មិនដាច់ស្រេច

-*n.* ការកម្រើក

wavy['wei vi] ***adj.*** ដែលមានផ្នត់

wax[1][wæks] ***n.*** bee x ក្រមួន

floor x ថ្នាំខាត់ឱ្យរលោង

-*tv* ខាត់ (ឱ្យរលោង)

wax[2][wæks] ***iv.*** x strong រឹតតែ

waxing (moon) ធំឡើង, រីកឡើង

day of the waxing moon កើត

period of the waxing moon ខ្នើត

-*n.* (moon is) on the w. ធំឡើងៗ

way[wei] ***n.*** new x of doing it របៀប

I don' t know the x ផ្លូវ

come this x ខាង

have one' s own x ចំណង់ចិត្ត

a long x off ចម្ងាយ

by the w. និយាយអញ្ចឹង

by w. of (Rome) តាម

by w. of (explanation) ជា

under w. ដែលកំពុងតែធ្វើ

get out of the w. ជៀសចេញ

(get this job) out of the w. ឱ្យរួច

out of the w. (village) ឆ្ងាយដាច់ពីគេ

(price is not) out of the w. ហួសហេតុ

waylaid[wei 'lei d] *(pt. , pp. of* waylay *)*

waylay[wei 'lei] ***tv.****(pt. , pp.* waylaid *)* ឃ្លាំស្ទាក់

we[wi] ***pron.*** *(pl. of* I *)* យើង

weak[wi:k] ***adj.*** x horse ខ្សោយ, គ្មានកម្លាំង

x tea ខ្សោយ, មិនសូវចត់

x argument មិនមានទម្ងន់

x board មិនមាំ

x cry តិចៗ

x in math ខ្សោយ, មិនពូកែ

weaken['wi:kən] ***tv.*** x the enemy ធ្វើឱ្យទន់ខ្សោយ

x the tea លាយ (ទឹក ។ល។) ឱ្យខ្សោយ

-*iv.* enemies x ទៅជាខ្សោយ, អន់ទៅ

determinations x អន់ថយ

weak-kneed[wi:k ni:d] ***adj.*** គ្មានការតស៊ូ

weakling['wi:kli ŋ] ***n.*** មនុស្សទន់

wealth[welθ] ***n.*** have great x ភោគទ្រព្យ

a x of advice ភាពសម្បូណ៌

wealthy[welθi] ***adj.*** មាន

wean[wi:n] ***tv.*** ផ្តាច់ដោះ

weapon['wepən] ***n.*** military x សាស្រ្តាវុធ
psychological x អាវុធ (អ.ប.)
wear[weər] ***tv.*** *(pt.* wore ,*pp.* worn *)*
x a shirt ពាក់
x trousers ស្លៀក
x clothing ស្លៀកពាក់
x tires ធ្វើឱ្យសឹក
w. out (shoes) ធ្វើឱ្យដាច់ដាចបន្តិចម្ដងៗ
w. out (her patience) ធ្វើឱ្យលែងមាន
-iv. materials x well ធន់
These tires x rapidly. សឹក
w. away សឹក
(shoes) w. out ដាច់ដាចបន្តិចម្ដងៗ
(Children) w. out (easily.) អស់កម្លាំង
-n. for casual x ការស្លៀកពាក់
Speed causes tire x. សំណឹក, ការសឹក
give good w. ជាប់បានយូរ
w. and tear ការប្រើប្រាស់ច្រើន
wearisome['wi əri səm] ***adj.*** ដែលធ្វើឱ្យគប់ប្រមល់
weary['wi əri] ***adj.*** x child គ្មានកម្លាំងពលំ
x task ដែលធ្វើឱ្យធុញថប់គប់ប្រមល់
w. of ធុញថប់គប់ប្រមល់នឹង
-tv. ធ្វើឱ្យអស់កម្លាំង
-iv. អស់កម្លាំង
weasel['wi:zl] ***n.*** សត្វជើងបួនម្យ៉ាងខ្លួនតូចហើយវែង
Fig. មនុស្សរបិលរប៉ូច
-tv. ប្រើកលល្បិចដើម្បីសម្រេចអ្វីមួយ
weather['weðər] ***n.*** good x ធាតុអាកាស
Id. under the w. មិនស្រួលខ្លួន.
-tv. x stone ធ្វើឱ្យសឹក
x the criticism ពុះពារ
-iv. សឹក (ដោយអំពើនៃធាតុអាកាស)

weave[wi:v] ***tv.*** *(pt.* wove ,*pp.* woven *)*
x cloth ត្បាញ
x a plot ប្រឌិតឡើង
w. one' s way គេចចុះគេចឡើង
-n. របៀបដែលត្បាញ
web[web] ***n.*** spider x សំណាញ់ (ពីងពាង)
x of a duck' s foot ស្បែក (ដែលនៅចន្លោះម្រាមជើងសត្វខ្លះដូចជាទា។ល។)
-tv. *(pt.* , *pp.*webbed *)* ពាសនឹងខ្សែត្បាញ
webfoot[webfut] ***n.*** (Ducks have) webfeet ជើងមានម្រាមជាប់គ្នា
The duck is a x. សត្វដែលមានម្រាមជាប់គ្នា
wed[wed] ***tv.*** *(pt.* , *pp.*wedded *)*
x a maiden រៀបការ (នឹង)
x two projects បញ្ចូលគ្នា
-iv. ការ, រៀបការ
wedded[wedi d] ***adj.*** x couple ដែលរៀបការហើយ
x to an idea ស៊ប់នឹង, ងប់នឹង ទៅទាំងស្រុង
wedding['wedi ŋ] ***n.*** អាពាហ៍ពិពាហ៍
wedge[wedʒ] ***n.*** woodcutter ' s x ស្នៀត (សម្រាប់សៀត ស៊ក។ល។)
x of pie ជ្រុង, ដុំ
-tv. x two boards apart ធ្វើឱ្យញែកចេញពីគ្នា
x a note in the door សៀត, ស៊ក
x one' s way through an opening ប្រមៀត
wedlock['wedlɔk] ***n.*** ភាពជាប្តីប្រពន្ធនឹងគ្នា
Wednesday['wenzdei] ***pr. n.*** ថ្ងៃពុធ
wee[wi:] ***adj.*** ដ៏តូច, យ៉ាងតូច
veed[wi:d] ***n.*** រុក្ខជាតិតូចៗ ឥតប្រយោជន៍
-tv. x the garden ដករុក្ខជាតិតូចៗឥតប្រយោជន៍ (ចេញពី)

w. out ដកចេញ, យកចេញ

week[wi:k] *n.* last x អាទិត្យ *Lit:* សប្ដាហ៍

Id. Tuesday a w. មួយអាទិត្យពីថ្ងៃអង្គារនេះទៅ

weekend[,wi:k'end] *n.* បំណាច់អាទិត្យ, ចុងអាទិត្យ

-*adj.* នៅចុងអាទិត្យ

-*iv.* ទៅលេងកំសាន្តនៅចុងអាទិត្យ

weekly['wi:kli] *adj.* រាល់សប្ដាហ៍

-*adv.* មួយអាទិត្យម្ដង

-*n.* អ្វីៗដែលផ្សាយចេញមួយអាទិត្យម្ដង

weep[wi:p] *iv.* (*pt.*, *pp.*wept]) យំ

-*tv.* x bitter tears សម្រក់

w. away (pain) យំសម្រាល (សេចក្ដីឈឺចាប់)

weevil['wi:vl] *n.* សត្វល្អិតចំពូកខ្មូត

weigh[wei] *tv.* x gold ថ្លឹង

x alternatives គិតថ្លឹង

Naut. x anchor លើក

-*iv.* x 60 kilos មានទម្ងន់, ទម្ងន់

w. on his mind ធ្វើឱ្យមានបារម្ភ

weight['wei t] *n.* His x is 60 kilo. ទម្ងន់

add a x to the scales កូនជញ្ជីង

paper x គ្រឿងសង្កត់

Age lends x to his words. ទម្ងន់

garments of light x កម្រាស់ (នៃសំពត់ ក្រដាស ។ល។)

-*tv.* x a fishing net ដាក់ទាញចុះក្រោម, ស្ដណ្ឋ

w. down (a wagon) ធ្វើឱ្យធ្ងន់

(Cares) w. down (a man.) ធ្វើឱ្យមានការពិបាកចិត្ត

x one's arguments ធ្វើឱ្យលំអៀង

weighty[wei ti] *adj.* សំខាន់, ដែលមានទម្ងន់

weird[wi əd] *adj.* ចំឡែក

welcome['welkəm] *interj.* (ពាក្យសម្រាប់សម្ដែងនូវសេចក្ដីអបអរសាទរចំពោះមនុស្សដែលទើបនឹងមក)

-*adj.* You're always w. អញ្ជើញមកអង្កាល់ក៏បាន

(Thank you.) You're w. មិនអីទេ

a x rest ដែលបំពេញបំណង

You're w. to use mine. សូមប្រើរបស់ខ្ញុំតាមត្រូវការ

-*tv.* x the guests ទទួលស្វាគមន៍

welcomed (by sad news) មកជួបនឹង

-*n.* give s.o. a w. ទទួលស្វាគមន៍

a cold x ការទទួល

weld[weld] *tv.* x metal ផ្សារ

welded (by mutual interests) ធ្វើឱ្យរួបរួមឡើង

-*n.* កន្លែងដែលផ្សារភ្ជាប់គ្នា

welfare ['welfeər] *n.* interested in his x សុខុមាលភាព

go on x ការសង្គ្រោះ

well[1][wel] *adv.* He writes s. ល្អ

She sings x. ពិរោះ

He swims x. ពូកែ, ប៉ិន, ប្រសប់

Shake x before using. យ៉ាងស្រួលបួល, ឱ្យមែនទែន

I know him x. ច្បាស់

do w. in ពូកែខាង

w. done (job) ធ្វើបានល្អ

w. done (meat) ឆ្អិនល្អ

x over the limit ជាច្រើន

-*adj.* He's not x ស្រួលខ្លួន

Is he x yet ? ជា

-*interj.* x, what are you doing ? ម៉េច

x, buy it then អញ្ចឹង

x, I don' t really know. អូ

well[2][wel] ***n.*** oil x អណ្តូង

stair x ទីចំហសម្រាប់ជណ្តើរកាច់

-iv. w. up បាញ់ចេញឡើង

we' ll[wi:l] *(contr. of* we will *)*

well-behaved[wel bi 'hei vd] ***adj.*** ដែលមានចរិយាល្អ

well-being[wel 'bi:i ŋ] ***n.*** សុខុមាលភាព

well-bred[wel bred] ***adj.*** x child ដែលមានការអប់រំល្អ

x horse នៃពូជល្អ

well-founded[wel faundi d] ***adj.*** ដែលមានមូលហេតុប្រាកដប្រជា, សមហេតុសមផល

well-known[wel nəun] ***adj.*** x man ល្បីល្បាញ

x fact ដែលគេដឹងជាទូទៅ

x territory ដែលស្គាល់ច្បាស់

well-meaning[wel 'mi ni ŋ] ***adj.*** ដែលមានចេតនាល្អ

well-off[wel ɔf] ***adj.*** financially x ធូរធា, មានប្រាក់កាស់ល្មម

know when you' re x មានសំណាង

well-read[wel red] ***adj.*** ចេះដឹងច្រើន

well-spoken[wel spəukən] ***adj.*** ដែលនិយាយល្អ

well-thought-of[wel θɔ:t ɔf] ***adj.*** ដែលមានកេរ្តិ៍ឈ្មោះល្អ

well-to-do[wel tu du:] ***adj.*** ដែលមានសម្បត្តិច្រើន

well-wisher[welwi ʃər] ***n.*** អ្នកមកជូនពរសព្ទសាធុការ

well-worn[welwɔ:n] ***adj.*** រចិល, ចាស់

welsh[welʃ] ***iv.*** ឆបោក, មិនសងប្រាក់ដែលខ្ចីឬភ្នាល់ចាញ់

Welsh[welʃ] ***pr. n.*** ប្រជាជនឬភាសានៃស្រុកវ៉ែល (ចក្រភពអង់គ្លេស)

welt[welt] ***n.*** សាច់ដែលហើម (ដូចដោយត្រូវគេវាយនឹងរំពាត់ជាដើម)

wench[wentʃ] ***n.*** ស្រីខូច

-iv. ទៅរកស្រីខូច

wend[wend] ***iv.*** *Poet.* ចរយាត្រា

went[went] *(pt. of* go *)*

wept[wept] *(pt. , pp. of* weep *)*

were[wər] *(pt. pl. of* be *)*

we' re [wi ər]*(contr . of* we are *)*

weren ' t[w3:nt] *(contr. of* were not *)*

west[west] ***n.*** toward the x ទិសខាងលិច

Lit: ទិសបស្ចិម

Cap. the wild x ផ្នែកខាងលិចនៃ ស.រ.អ.

Cap. technology of the x បស្ចិមប្រទេស

-adj. x end ខាងលិច

x wind ពីទិសខាងលិច

-adv. ឆ្ពោះទៅខាងលិច

westerly['westəli] ***adj.*** x direction ឆ្ពោះទៅលិច

x wind ពីខាងលិច

western['westən] ***adj.*** x direction ឆ្ពោះទៅខាងលិច

x wind ពីខាងលិច

Cap. x customs នៃបស្ចិមប្រទេស

-n. កុនខោបោយ (កុនដែលមានជិះសេះ បាញ់កាំភ្លើង ។ល។ ជាពិសេសនៅស.រ.អ. សម័យមុន)

westernize['westənai z] ***tv.*** ធ្វើឱ្យទៅតាមបស្ចិមប្រទេស

-iv. យកលំនាំតាមបស្ចិមប្រទេស

westernmost['westənməust] ***adj.*** ខាងលិចបំផុត

westward['westwəd] ***adj., adv.*** ឆ្ពោះទៅខាងលិច

westwardly['westwədli] ***adj.*** x direction ឆ្ពោះទៅខាងលិច

x wind ពីខាងលិច

wet [wet] ***adj.*** x clothes ទទឹក, សើម

x paint មិនទាន់ស្ងួត

x weather ដែលមានភ្លៀង

Id. w. blanket មនុស្សដែលធ្វើឱ្យគេអស់កម្លាំងកាយឬចិត្ត

w. nurse មេដោះ

-tv. x a cloth ផ្សើម, ធ្វើឱ្យទទឹក

x a pen ជ្រលក់

Euph. w. the bed នោមដាក់ខោនៅពេលដេកលក់

Id., *Coll.* w.~ one's whistle ផឹក

we've[wi:v] *(contr. of* we have *)*

whack[wæk] *tv. Coll.* ទះ, វាយនឹងបន្ទះអ្វីមួយ

-n. give him a x ការទះ, ការវាយនឹងបន្ទះអ្វីមួយ

Sl. out of w. ខូច, មិនដើរ

whale[weil] *n.* sea x ត្រីបាឡែន

Sl. a w. of a lot ច្រើនក្រៃលែង

-iv. នេសាទបាឡែន

whaling[weiliŋ] *n.* work at x ការនេសាទបាឡែន

Sl. give him a x ការវាយញាប់ស្ទេក

wharf[wɔ:f] *n.* ផែ

what[wɔt] *interr. pron.* x are you doing ?

Coll: អី, ស្អី *Form:* អ្វី

-interr. adj. x book are you reading ? ណាមួយ

-indef. pron. I don't know x he said ស្អី

-indef. adj. I don't know x book he wants. ណា

*-interr. interj.*ម៉េច ?

-interj. of surprise អញ្ចឹងឬ?

-interj. of emphasis W. a day ! ថ្ងៃហ្នឹងអស្ចារ្យហើយ!

whatever[wɔt'evər] *indef. pron* x you do , do it well. អ្វីក៏ដោយ

Do w. you wish. ចង់ធ្វើអ្វីធ្វើទៅ

-indef. adj. x profession you choose, do it well. អ្វីក៏ដោយ

Choose x profession you like អ្វីក៏បាន

wheat [wi:t] *n.* ស្រូវសាលី

wheel[wi:l] *n.* bicycle x កង់

pl., *Fig.* x of government ដំណើរ

Id. (He's a) big w. មនុស្សសំខាន់, មនុស្សមានអំណាច

-tv. x a chair រុញ

x a disc បង្វិលទៅមុខ

-iv. វិល

wheelbarrow['wi:lbærəu] *n.* រទេះរុញ (មានកង់តែមួយនៅខាងមុខ)

wheelbase['wi:lbeis] *n. Mech.*ចម្ងាយពីភ្លៅមុខទៅភ្លៅក្រោយ (រថយន្ត ។ល។)

• **wheeze**[wi:z] *iv.* ដកដង្ហើមតឹងៗ (ដូចគេកើតហឺត)

-n. សូរក្រេតក្រតៗ (ដូចគេកើតហឺត)

whelp[welp] *n.* កូនសត្វខ្លះដូចជា គោ ខ្លាឃ្មុំ ឆ្កែចចក

-iv. កើតកូន (សត្វ)

when[wen] *interr. adv.* x are you going ?

Coll: អង្កាល់ *Lit:* កាលណា

x did he come ? ពីអង្កាល់, ពីកាលណា

-conj. x I was young កាល

x he's angry , he shouts . កាលណា

whenever[wen'evər] *indef. adj.* Come x you please. ដរាបណា, ពេលណាដែល

x you are hungry, eat sthg. កាលណា

where[weər] *interr. adv.* x are you going ? ណា

x did you see him ? ឯណា

x did you get that ? ពីណា

Id. W. does he stand ? គាត់មានយោបល់យ៉ាងម៉េច ?

-*rel. pron.* the place x he lives ដែល

Put it x I told you. នៅកន្លែងដែល

whereabouts[,weərə'bauts] ***n.*** ទីសំចត

whereas[,weər'æz] ***conj.*** You' re young, x he' s old. ចំណែកឯ, ចំណែកឯ ... វិញ

x you are his legal heir ដោយហេតុថា

whereby[weə'bai] ***rel. pron.*** find a means x he can live ដែលធ្វើឱ្យ

a rule x A = B ដែលថា

wherein[weər'in] ***rel. pron.*** ដែលនៅក្នុង

whereof [weərɔf] ***rel. pron.*** អំពីអ្វី

whereon[weərɔn] ***rel. pron.*** ដែលនៅលើ (នោះ)

whereupon[,weərə'pɔn] ***conj.*** ខណៈនោះ

-*rel. pron.* ដែលនៅលើ (នោះ)

wherever[weər'evər] ***conj.*** x you go, take me along. ឯណាក៏ដោយ

Sit w. you wish. អង្គុយត្រង់ណាក៏បាន

wherewithal['weəwi ðɔ:l] ***n.*** អនេ្យាបាយ, ធនធាន

whet[wet] ***tv.*** *(pt., pp.* whetted *)*

x a blade សំលៀង, សង្គូត

Fig. x one' s appetite ធ្វើឱ្យកម្រើកឡើង

whether['weðər] ***conj.*** I don' t know x he' s coming or not. ថាតើ

x good or bad ទោះជា

whetstone['wetstəun] ***n.*** ថ្មសំលៀងកាំបិត

whey[wei] ***n.*** កាកទឹកដោះ (ទឹកដោះថ្លា)

which[witʃ] ***interr. adj.*** x house did you buy? ណាមួយ

x houses did you buy? ណាខ្លះ

w. one. អាណាមួយ

w. ones? អាណាខ្លះ

-*indef. adj.* I don' t know x house he bought. ណាមួយ

I don' t know x houses he bought. ណាខ្លះ

(I don' t know) w. one (to take.) អាណាមួយ

(I don't know) w. ones (to take.) អាណាខ្លះ

-*rel. pron.* the house x he bought ដែល

whichever[witʃ'evər] ***indef. adj.*** x car you choose, buy it. មួយណាក៏ដោយ

Buy x car you like. មួយណាក៏បាន

-*indef. pron.* x you choose, buy it. មួយណាក៏ដោយ

Buy w. you like. ទិញមួយណាក៏បាន

whiff[wif] ***n.*** a x of fragrance កំសួល, ក្លិន

a x of smoke អ្វីៗដែលចេញគលៗ

while[wail] ***conj.*** He sings x he works. នៅពេលដែល

x I was there កាលដែល, ពេលដែល

You' re rich x he' s poor. វិញ, ចំណែកឯ

-*n.* a long x ago កំឡុងពេល

worth one' s w. ជាការមានប្រយោជន៍

-*tv.* ចំណាយ (ពេល)

whim[wim] ***n.*** កបិចិត្ត

whimper ['wimpər] ***iv.*** ថ្ងូរហ៊ឺះ

-*n.* សូរថ្ងូរហ៊ឺះ

whimsical['wimzikl] ***adj.*** ដែលប្រកបដោយកបិចិត្ត

whimsy['wimzi] ***n.*** កបិចិត្ត

whine[wain] ***iv.*** children x យំរំហែប

alarms x បន្លឺសូរខ្លាំងជាយូរ

-*n.* x of a child ការយំរំហែប

x of a saw សូររណ៉ោងៗៗ

whinny['wi ni] *iv.* (*pt.*, *pp.*whinnied) កញ្ច្រៀវ (សេះ)

-n. សូរកញ្ច្រៀវ (សេះ)

whip[wi p] *tv.* (*pt.*, *pp.*whipped)

x a child វាត់, វាយ

x cream វាយ, វីក

Fig. x the troops into line តម្រង់ជួរ (អ.ប.)

Coll. x the enemy បង្ក្រាប, ផ្ចាញ់

w. up (an egg) វាយ, វីក

Coll. w. up (a meal) ធ្វើដោយប្រញាប់ប្រញាល់

-n. horse x រំពាត់

Polit. party x អ្នកតម្រែតម្រង់

orange x មូបចំណីដែលគេវាយឱ្យម៉ដ្ឋ

whipping[wi pi ŋ] *n.* give him a x ការវាយ

w. post បង្គោលសម្រាប់ចងមនុស្សទោសវាយ

Id. w. boy អ្នកសម្រាប់តែគេធ្វើបាបឬដុកដាន់ (ជំនួសអ្នកណាម្នាក់ទៀត)

whipsaw[wi psɔ:] *n.* រណារតូចម្យ៉ាងធ្មេញញឹក

whir[wɜ:r] *iv.*(*pt.*, *pp.*whirred) បន្លឺសូរវ៉ូងៗ

-n. សូរវ៉ូងៗ

whirl[wɜ:l] *iv.* កួច, វិលខ្វាញ់

-tv. ធ្វើឱ្យកួច, ធ្វើឱ្យវិលខ្វាញ់

-n. give the wheel a w. បង្វិលកង់ឱ្យវិលខ្វាល់

Fig. w. of activity សកម្មភាពយ៉ាងញឹកមមាញ

whirlpool['wɜ:lpu:l] *n.* ទឹកកួច

whirlwind['wɜ:lwi nd] *n.* violent x ខ្យល់កួច

Fig. x of activity ការវក់វីច្របូកច្របល់

-adj. យ៉ាងរហ័ន

whisk[wi sk] *tv.* x crumbs away បោសនឹងកូនអំបោស

x a card away កញ្ឆក់យ៉ាងរហ័ស

w. broom កូនអំបោស (សម្រាប់បោសធូលីខោអាវ។ល។)

whisker['wi skər] *n.* cat's x ព្រុយ, ពុកមាត់

pl. tough x ពុកមាត់, ពុកចង្កា

whiskey, whisky['wi ski] *n.* វិស្គី

whisper['wi spər] *iv.* Don't x. និយាយខ្សឹបៗ

Id. People will x. និយាយរអេចរអូច

Fig. Breezes x in the trees. បន្លឺសូររហឹម

-tv. ខ្សឹបប្រាប់

-n. speak in a x ការនិយាយខ្សឹបៗ

Pl. x of the town ពាក្យរអេចរអូច

Fig. x of the wind សូររហឹម

whistle['wi sl] *iv.* He likes to x. ហួច

Teapots x. បន្លឺសូរដូចគេហួចឬដូចសូរកញ្ចែ

-tv. ហួច

-n. give a low x សូរហួច

train x សីហ្វេ

whit[wi t] *n.* អ្វីៗដ៏បន្តិចបន្តួច

white[wai t] *adj.* x paint ស *Lit:* សេត

x race ដែលមានស្បែកស

Id. w. elephant អ្វីៗធំសម្បើមឥតបានការ

w. flag ទង់ជ័យស

The W. House សេតវិមាន

Id. w. lie ពាក្យកុហកដ៏ស្រាល

Lit: ពាហិរកថា

Id. w. slave ស្រីពេស្យា

-n. the color x ពណ៌ស

egg w. សេតជាតិ

Pl. wear one's x សំលៀកបំពាក់

-tv. w. out លាបថ្នាំសពីលើ

white-collar[,wai t'kɔlər] *adj.* ដែលធ្វើការនៅការិយាល័យ

whiten['wai tn] ***tv.*** ធ្វើឱ្យសឡើង

-tv. ទៅជាស, ឡើងស

whitewash['wai twɔʃ] ***n.*** apply x កំបោរស (សម្រាប់លាបជញ្ជាំងផ្ទះ)

Id. The speech was a x. ការបំបិទ, ការគ្រប កំបាំង

-tv. x the fence លាបកំបោរស

x the incident បំបិទ, គ្របកំបាំង

whittle['wi tl] ***tv.***, ***iv.*** ឆ្លាក់នឹងកូនកាំបិត

whiz[wi z] ***iv.*** *(pt., pp.*whizzed*)* បន្លឺសូរស៊ីៗ

-n. hear a x សូរស៊ីៗៗ

Sl. He's a x at math. អ្នកពូកែអស្ចារ្យ

who[hu:] *(obj.* whom, *poss.* whose*)*

-interr. pron. x is going? អ្នកណា

-indef. pron. I don't know x is going. អ្នកណា

-rel. pron. the person x went ដែល

whoa[wəu] ***interj.*** ឈប់ (សម្រាប់ប្រើទៅនឹងសេះ)

whoever[hu:'evər] ***indef. pron.*** x it is, I don't want to see him. អ្នកណាក៏ដោយ

Coll. Go with x you wish. អ្នកណាក៏បាន

whole[həul] ***adj.*** a x day ពេញ

the x class ទាំងអស់

the x cake ទាំងមូល

make it x នៅទាំងមូល

Coll. a w. lot ជាច្រើន

w. milk ទឹកដោះសុទ្ធ (មិនទាន់យកក្រែមចេញ)

w. number ចំនួនគត់

-n. Take the x of the group. ទាំងអស់

Take the x of the cake. ទាំងមូល

as a w. ជាដុំ

on the w. ទូទៅ

wholesale['həulsei l] ***n.*** ការលក់ដុំ

-adj. x prices លក់ដុំ

x slaughter មិនរើសមុខ, ជានិរាល់

-tv., iv. លក់ដុំ

wholesome['həulsəm] ***adj.*** x food ដែលធ្វើឱ្យមានសុខភាពល្អ

x younth ត្រឹមត្រូវ

who' ll [hu:l] *(contr. of* who will*)*

wholly['həulli] ***adv.*** ទាំងអស់, ទាំងមូល

whom[hu:m] *(obj. of* who*) interr. pron.*

W. did he ask? គាត់សួរអ្នកណា ?

-indef. pron. I don't know x he asked. ខ្ញុំមិនដឹងថាគាត់សួរអ្នកណាទេ

whoop[wu:p] ***iv.*** x and yell ស្រែកយ៉ាងខ្លាំង

Sl. w. it up ធ្វើឱ្យអឺងកងឡើង

-n. x of joy សម្រែកយ៉ាងខ្លាំង

whooping cough ក្អកមាន់

whop, whap ***tv.*** *(pt., pp.* whopped, whapped*)*

x a book down ទម្លាក់ឮព្រួស

Sl. x the other team ឈ្នះ

-n. ការទម្លាក់ឮព្រួស

whopper['wɔpər] ***n.*** *Coll.* អ្វីៗដែលធំសម្បើមឬធំហួសខាត

whore[hɔ:r] ***n.*** ស្រីសំផឹង

-iv. women x រកស៊ីធ្វើស្រីពេស្យា

men x ទៅរកស្រីពេស្យា

whorl[wɜ:l] ***n.*** អ្វីៗដែលក្ងួច (ដូចខ្មៅដៃជាដើម)

whose[hu:z] *(poss. of* who*) interr. adj.*

W. book is it? សៀវភៅរបស់អ្នកណា ?

-indef. adj. I don't know w. book it is. ខ្ញុំមិនដឹងជាសៀវភៅរបស់អ្នកណាទេ

-interr. pron. W. is it? របស់អ្នកណាហ្នឹង ?

-indef. pron. I don't know w. it is. ខ្ញុំមិនដឹងជាអ្នកណាទេ

-rel. adj. the man w. car was stolen អ្នក

ដែលគេលួចទឡាន

why [wai] *interr. adv.* x did he do it?

Form: ហេតុអ្វីបានជា

*Coll:*ម៉េចក៏, ម៉េចបានតែ, ថីបានតែ

-rel. adv. I don't know x he did it ហេតុអ្វីបានជា

-n. understand the x of it ហេតុ

wick[wik] *n.* ប្រឆេះ (ដែកកេះ ។ល។)

wicked['wikɪd] *adj.* x man កំណាច

x horse កាច

Coll. x problem ពិបាក

wicker['wikər] *n.* រុក្ខជាតិម្យ៉ាងដែលគេយកមកធ្វើកញ្ចោឬកន្ត្រោង

wide[waid] *adj.* x street ធំ, ធំទូលាយ

x meter w. ទទឹងមួយម៉ែត្រ

x experience ដ៏ធំទូលំទូលាយ

w. of the mark ខុសឆ្ងាយ

-adv. w. awake ឥតងងុយដេកសោះ

(door is) w. open ចំហធ្លង

(eyes are) w. open បើកថ្លៃ

(field is) w. open ទំនេរ

w. open spaces ទីវាលល្ហល្ហេវ

far and w. ពាសពេញ

widely[waidəli] *adv.* x distributed ពាសពេញ

x know ទូទៅ

x different ឆ្ងាយ

widen ['waidn] *tv.* ពង្រីក

-iv. រីកធំឡើង

widespread['waidspred] *adj.* x area ធំ

x notion ទូទៅ, សាកល, ជាសាកល

widow['widəu] *n.* *tv.* មេម៉ាយ

widower['widəuər] *n.* ពោះម៉ាយ

width[widθ] *n.* ទទឹង, បន្ទារ

wield[wi:ld] *tv.* កាន់, កាន់នូវ

wiener['wi:nər] *n.* សាច់ក្រកតូចៗម្យ៉ាង

wife[waif] *n.* ប្រពន្ធ *Lit:* ភរិយា

Roy: ព្រះមហេសី, ព្រះជាយា

wig[wig] *n.* សក់ពាក់, សក់ក្លែងក្លាយ

-tv. *(pt., pp.*wigged*)* ពាក់សក់ក្លែងក្លាយ (ឱ្យ)

wiggle['wigl] *iv.* បម្រះរវើក, បម្រះទ្វើកៗ

-tv. ធ្វើឱ្យបម្រះរវើក, ធ្វើឱ្យបម្រះទ្វើកៗ

-n. ទ្វើក

wild[waild] *adj.* x flower ព្រៃ, ដែលដុះឯង

x animal ព្រៃ, ដែលរស់នៅក្នុងព្រៃ

x storm យ៉ាងកំណាច, ខ្លាំង, សាហាវ

x boy អវិន័យ

x party អ៊ូអរ

x crowd គ្មានសណ្ដាប់ធ្នាប់, ច្របូកច្របល់

x guess ព្រាវ, ឱ្យតែរួចពីមាត់

Id. sow w. oats ប្រព្រឹត្តផ្ដេសផ្ដាស (កាលនៅក្មេង)

Id. w. goose chase ការធ្វើទៅជាអសារឥតការ

-n. grow in the w. ដុះឯង

Pl. the x of Africa ទីដាច់ស្រយាល, ទីរហោឋាន

wildcat['waildkæt] *n.* jungle x សត្វម្យ៉ាងចំពូកឆ្មាព្រៃតែធំជាង

Sl. She's a x. មនុស្សឆេវឆាវ

-adj. ដែលខុសច្បាប់, ដែលគ្មានសេចក្ដីអនុញ្ញាត

wilderness['wildənəs] *n.* ទីរហោឋាន

wile[wail] *n.* ឧបាយកលឬល្បិចយ៉ាងប៉ិនប្រសប់

will[wil] *aux.* He x go tomorrow. នឹង

x he do it (be willing to?) ព្រម, សុខចិត្ត

You x do as I say. ត្រូវតែ

Accidents x happen. មុខតែនឹង

-tv. You must x it. ចង់

x him a fortune ចែកកេរ្តិ៍ឱ្យ

-n. strong x ឆន្ទៈ

Law draw up a x សំបុត្របណ្ដាំ

Lit: មរតកសាសន៍

follow his x ទំនើងចិត្ត

ill x សណ្ដានចិត្ត

good w. ឧត្ដមឆន្ទៈ

willing['wi li ŋ] ***adj.*** Is he x? ដែលសុខចិត្ត

x cooperation ដោយស្ម័គ្រ, ដោយឥតមានអ្នកណាបង្ខំ

willow['wi ləu] ***n.*** ដើមស្លូល

willy-nilly[,wi li 'ni li] ***adj.*** ដោយចៃដន្យ, ដោយវាសនា, ដោយឥតមានគិតគូរទុកជាមុន

wilt[wi lt] ***iv.*** ស្រពោន, ស្លោក

-tv. ធ្វើឱ្យស្រពោន, ធ្វើឱ្យស្លោក

-n. ភាពស្រពោន, ភាពស្លោក

wily['wai li] ***adj.*** ឆ្លាត, ដែលមានឧបាយកល

win[wi n] ***iv.*** *(pt., pp.* won*)* ឈ្នះ, ឈ្នះគេ

-tv. x a war ឈ្នះ, មានជ័យជំនះ

x a prize ត្រូវ, ទទួល

w. their hearts ធ្វើឱ្យចុះចូល

-n. ការឈ្នះ

wince [wi ns] ***iv.*** ញាក់ (ដោយស្រៀវឬឈឺ)

-n. ការញាក់ (ដោយស្រៀវឬឈឺ)

winch[wi ntʃ] ***n.*** កង្វារ (ប្រដាប់ខារ)

-tv. ខារ

wind[1][wi nd] ***n.*** strong x ខ្យល់

Lit: វាយោ, វាត

Id. get w. of ឮ

Id. in the w. ដែលឮៗមក

-tv. ធ្វើឱ្យស្ទើរដាច់ខ្យល់

wind[2][wi nd] ***tv.*** *(pt., pp.* wound*)*

x a watch មួល (ឡាន ។ល។)

x thread រុំ

w. up (a toy) មួលឡាន

w. up (the meeting) បញ្ចប់

Sl. (He's really) wound up. រំជួលចិត្ត

-iv. Roads x through the valley. បត់បែន

Coll. w. up (in the hospital) បានឬទទួលនៅទីបញ្ចប់

windbreaker[wi ndbrei kər] ***n.*** អាវទប់ខ្យល់

winded[wi ndi d] ***adj.*** ដង្ហើមដុតៗ

windfall['wi ndfɔ:l] ***n.*** x of apples ផ្លែឈើជ្រុះដោយខ្យល់

Fig. inheritance was a x លាភដែលទទួលដោយចៃដន្យ

windmill['wi ndmi l] ***n.*** ម៉ាស៊ីនកិនម្សៅដើរដោយកម្លាំងខ្យល់

window['wi ndəu] ***n.*** បង្អួច

window-shop['wi ndəuʃɔp] ***iv.*** ដើរមើលអីវ៉ាន់គេតាំងនៅតាមកញ្ចក់ហាង

windpipe['wi ndpai p] ***n.*** បំពង់ខ្យល់

windshield['wi ndʃi:ld] ***n.*** កញ្ចក់ (ខាងមុខនៃរថយន្ត យន្តហោះ។ល។

windward['wi ndwəd] ***adj.*** ដែលឈមទៅទិសដែលខ្យល់បក់មក

-n. ទិសដែលខ្យល់បក់មក

windy[wi ndi] ***adj.*** x day ដែលមានខ្យល់ខ្លាំង

Sl. x speaker ដែលនិយាយច្រើន

wine[wai n] ***n.*** ស្រាទំពាំងបាយជូរ

-tv. w. and dine ជប់លៀង

winery['wai nəri] ***n.*** កន្លែងធ្វើស្រាទំពាំងបាយជូរ

wing[wi ŋ] ***n.*** chicken x ស្លាប

Archit. x of a building ឈៀង (នៃអាគារ)

Mil. x of troops អង្គទ័ពនិមួយៗ (ឆ្វេង ស្តាំ។ល។)

Polit. left w. ពួកឆ្វេងនិយម (នយោបាយ)

take w. ហោះចេញទៅ

Poet. on the w. កំពុងហើរ

-tv. x a vehicle ដាក់ស្លាប

w. one's way ធ្វើដំណើរតាមអាកាសយាន

Sl. x a bird ធ្វើឱ្យរបួសស្លាប

wingspread[wiŋspred] ***n.*** ប្រវែងស្លាបចំកាង

wink[wiŋk] ***iv.*** x at a friend មិចភ្នែកដាក់

x at his faults បិទភ្នែក, ធ្វើដូចជាមិនដឹង

-n. give her a x ការមិចភ្នែកដាក់

be there in a x មួយប៉ប្រិចភ្នែក

didn't sleep a x មួយស្រឡេត

winning[wi niŋ] ***n.*** x is important ការឈ្នះ

Pl. take one's x ចំណូលដោយការឈ្នះ

-adj. the x point ដែលធ្វើឱ្យឈ្នះ

x ways ដែលធ្វើឱ្យជាប់ចិត្ត

winnow['wi nəu] ***tv.*** អុំ, បក់ (អង្ករ ស្រូវ។ល។)

winter['wi ntər] ***n.*** រដូវត្រជាក់, រដូវរងា

Lit: សិសិររដូវ

-adj. x sports នៃរដូវត្រជាក់

w. melon ត្រឡាច

-iv. រស់នៅកន្លែងណាមួយនៅរដូវត្រជាក់

wintery, wintry['wi ntri] ***adj.*** x day ត្រជាក់ឬដែលមានសភាពដូចសិសិររដូវ

x smile សោះកក្រោះ

wipe[wai p] ***tv.*** x the table ជូត

w. out (an error) លុប

w. out (crime) ធ្វើឱ្យសោះសូន្យ, បោសសំអាត

wiper[wai pər] ***n.*** ប្រដាប់សម្រាប់ជូត

wire ['wai ər] ***n.*** copper x លួស, ខ្សែលួស

send a x គេឡេក្រាម, ទូរលេខ

Coll. Who's on the x? តេឡេហ្វូន

-tv. x the pieces together ចងនឹងលួស

Elect. x a house ដាក់ខ្សែភ្លើង

x the news ផ្ញើតាមទូរលេខ

-adj. x basket ដែលធ្វើពីលួស

x hair ធំៗហើយរឹងៗដូចលួស

wireless['wai ələs] ***adj.*** ដែលឥតមានខ្សែភ្ជាប់គ្នា

-n. Brit. វិទ្យុ

wiring['wai əri ŋ] ***n.***check the x ខ្សែភ្លើង (ដែលគេយកមកបន្តឆ្លាត់ឆ្លងភ្លើងហើយ)

Who did the x? ការដាក់ខ្សែភ្លើង

wiry ['wai əri] ***adj.*** x grass រឹងៗដូចលួស

x body ស្គមតែខ្លាំងមាំមួន

wisdom['wi zdəm] ***n.*** គតិបណ្ឌិត

w. tooth ថ្គាមទាល់

wise[1][wai z] ***adj.*** x man ដែលប្រកបដោយគតិបណ្ឌិត

x move ត្រូវ

Sl. x to us ដឹង (អំពី)

wise[2][wai z] ***n.*** in no w. មិន ...ទាល់តែសោះ

-wise[wai z] ***suf.*** បច្ច័យមានន័យថា: *1.* តាម, ឧ. length បណ្តោយ > lengthwise តាមបណ្តោយ

2. ខាង, ចំពោះ, ឧ. business ជំនួញ > businesswise ខាងជំនួញ

wish[wi ʃ] ***aux. v.*** ចង់

-iv. w. that (it would rain) សង្ឃឹមថា

w. that (I hadn't bought it) ជាការប្រសើរណាស់បើ

w. for ចង់បាន

-tv. សុំបួងសួង (ឱ្យ)

-n. make a x ការផ្សង

pl. best wishes សព្ទសាធុការពរ

wishy-washy['wi ʃi wɔʃi] *adj.* មិនដាច់ស្រេច, ខ្សោយ កំសាក (អ.ប.)

wisp[wi sp] *n.* x of hair កញ្ចុំ

x of smoke សរសៃ

wistful['wi stfl] *adj.* ដែលបង្ហាញនូវការចង់បាន

wit[wi t] *n.* write with x ការប៉ិនប្រសប់ហើយកំប្លែង

pl. live by his x ថ្វីគំនិត

Id. at wits' end ទាល់ចំណេះ

He ' s a x. មនុស្សប្រសប់និយាយកំប្លែង

witch[wi ʧ] *n.* មេអាប, មេធ្មប់, នាគិនី

-tv. ធ្វើអាបឬធ្មប់

-adj. w. hunt ការរកថ្កោលទោស

witchcraft['wi ʧkrɑ:ft] *n.* អំពើ, ធ្មប់, អាប

with[wi ð] *prep.* go x him ជាមួយនឹង

chicken x rice និង, ហើយនិង

cut it x a knife នឹង, ដោយ

a car x two seats ដែលមាន

w. care យ៉ាងប្រយ័ត្នប្រយែង

Wisdom increases x age. ទៅតាមនឹង

withdraw[wi ð'drɔ:] *tv.* x one' s arm យកឬដកចេញ

x one' s application ដកចេញ

x money ដក

-iv. ដកថយ, ចេញ

withdrawal[wi ð'drɔ:əl] *n.* ការដកយកចេញ, ការយកចេញ

wither['wi ðər] *iv.* ស្វិត (ដូចជាអ្វីៗត្រូវថ្ងៃយូរ)

withhold[wi ð'həuld] *tv.* x payment មិនព្រមឱ្យ

x income tax កាត់យក, ដកយក

within[wi 'ði n] *prep.* x the walls. នៅក្នុង

x one' s income ទៅតាម

x one' s lifetime ក្នុង

x th law នៅក្នុងក្របខ័ណ្ឌ

-adv. នៅខាងក្នុង

without[wi 'ðaut] *prep.* x food គ្មាន

go w. him ទៅចោលគាត់

leave x eating ដោយឥត

withstand[wi ð'stænd] *tv.* x the attack តស៊ូនឹង, ធន់នឹង

x the winter ទ្រាំ, អត់ទ្រាំ

x hard wear ធន់នឹង

withness['wi tnəs] *n.* x of an accident អ្នកដែលឃើញព្រឹត្តិការណ៍អ្វីមួយដែលកើតឡើង

Law x for the defense សាក្សី

His grade is x to his intelligence ភស្តុតាង

-tv. x an accident ឃើញ, ដឹងឮ

x a signature ជាសាក្សី

-iv. ធ្វើជាសាក្សី

witticism['wi ti si zəm] *n.* សំដីសើចសៀតយ៉ាងប៉ិនប្រសប់

witty[wi ti] *adj.* ដែលឆ្លាតវៃហើយកំប្លែង

wives[wai vz] *(pl. of* wife *)*

wizard['wi zəd] *n.* consult a x មនុស្សដែលចេះមន្តអាគម

financial x មនុស្សប៉ិនប្រសប់ក្រលែង

wobble['wɔbl] *iv.* រញ្ជួយទៅមក

-tv. ធ្វើឱ្យរញ្ជួយទៅមក

woe[wəu] *n.* ទុក្ខសោក

-interj. កម្មអើយ

woke[wəuk] *(pt. of* wake *)*

wolf[wulf] *n.* *(pl.* wolves *)* ចចក

Sl. ព្រានតារី

-tv. Coll. x one' s food ត្របាក់, ស៊ីដូចជ្រូក

wolves[wulvz] *(pl. of* wolf *)*.

woman['wumən] *n.* *(pl.* women*)* ស្រី *Lit:* ស្ត្រី

womanhood['wumənhud] *n.* all x ស្ត្រី (ទូទៅ)

reach x ស្ត្រីភាព

womankind ['wumənkai nd] ***n.*** ស្ត្រី (ទូទៅ)

womb[wu:m] ***n.*** ស្បូន

women['wi mi n] *(pl. of* woman *)*

won[wʌn] *(pt. , pp. of* win *)*

wonder['wʌndər] ***iv.*** x about a problem ងឿងឆ្ងល់

x about his honesty មានសង្ស័យលើ

-tv. x what happened ចង់ដឹងថាតើ

I x that you came. ឆ្ងល់

-n. a x of nature អ្វីៗដែលអស្ចារ្យ

It' s a x that he went. ការគួរឱ្យឆ្ងល់ឬគួរឱ្យចាប់អារម្មណ៍

Id. it' s no w. (that) គ្មានអ្វីប្លែកទេ (ដែល)

wonderful['wʌndərfl] ***adj.*** x sight ដ៏អស្ចារ្យ

x vacation សប្បាយអស់ពីចិត្ត

x man ល្អ, ជាទីចូលចិត្ត

wonderland['wʌndəlænd] ***n.*** អស្ចារ្យឋាន, ឋានមនោរម្យ

wont[wəunt] ***n. Lit:*** ទម្លាប់

won' t [wəunt] *(contr. of* will not*)*

woo[wu:] ***tv.*** *(pt. , pp.*woold *)* ចែចង់ (ស្រី)

wood[wud] ***n.*** made of x ឈើ

chop x អុស

Pl. lost in the x ព្រៃ

Poet. ព្រៃ

-adj. ឈើ

-tv. ដាំឈើ, ដាំព្រៃ

woodcraft[wudkrɑ:ft] ***n.*** ការធ្វើរបស់ពីឈើ

woodcut['wudkʌt] ***n.*** carve a x ឈើឆ្លាក់ប្រើធ្វើជាពុម្ព

print a x រូបផ្តិតចេញមកពីឈើឆ្លាក់

wooded[wudi d] ***adj.*** ដែលមានព្រៃដុះពាសពេញ

wooden[wudn] ***adj.*** x house ដែលធ្វើពីឈើ

Id. x smile សោះកក្រោះ

woodhouse['wudhəus] ***n.*** រោងដាក់អុស

woodland ['wudlənd] ***n.*** ទីមានព្រៃឈើដុះពាសពេញ

woodshed['wudʃed] ***n.*** រោងដាក់អុស

woodwork['wu:dwɜ:k] ***n.*** របស់ធ្វើពីឈើ

woof[wuf] ***n.*** អំបោះចាក់

wool[wul] ***n.*** bale of x រោម (ចៀម)

Lit: ឧណ្ណា

made of x រោម (ចៀម)

Fr: ខ្សែន *Lit:* ឧណ្ណា

steel w. សំឡីដែក

-adj. ដែលធ្វើពីខ្សែន

woolen['wulən] ***adj.*** ដែលធ្វើពីខ្សែន

-n. pl. ខោអាវធ្វើពីខ្សែន

woolly['wuli] ***adj.*** មមិសៗដូចរោមចៀម

word[wɜ:d] ***n.*** say a x ពាក្យ *Lit:* សព្ទ

receive x ដំណឹង

have a w. with និយាយនឹង

keep one' s x ពាក្យសន្យា

take his w. for it ជឿគាត់

Id. have words with ឈ្លោះគ្នានឹង

his x is law សំដី, បញ្ជា

Id. have the last w. មានអំណាចសម្រេច

Id. the last w. (in clothes) ម៉ូដ, សម័យបំផុត

-tv. ប្រើពាក្យ

wording[wɜ:di ŋ] ***n.*** ការប្រើពាក្យ

wordy[wɜ:di] ***adj.*** ដែលប្រើពាក្យឥតបានការច្រើន

wore[wɔ:r] *(pt. of* wear*)*

work[wɜ:k] ***n.*** This x is difficult. ការ, កិច្ចការ

out of w. គ្មានការធ្វើ

x of art ស្នាដៃ

He eats at x. កន្លែងធ្វើការ

Pl. iron x រោងចក្រ

Phys. កម្មន្ត

-*iv.* x hard ធ្វើការ

motor doesn't x ដើរ

plan didn't x សម្រេច

w. loose របូតដោយរង្គើបន្តិចម្តងៗ

(plans didn't) w. out សម្រេច

w. out (at the gym) ហាត់ (ប្រាណ)

-*tv.* x a machine ប្រើ

x horses ប្រើឱ្យធ្វើការ

x a field ភ្ជួររាស់ដី

x butter ច្របាច់

x miracles ធ្វើឱ្យកើតមានឡើង

w. out រកមធ្យោបាយដោះស្រាយ

w. up (butter) ច្របាច់

w. up a sweat បែកញើស (ដោយធ្វើការ)

w. up (one's parents) ធ្វើឱ្យបារម្ភ, ធ្វើឱ្យខ្វល់ខ្វាយ

Sl. w. over ធ្វើទុក្ខបុកម្នេញ

workable['wɜ:kəbl] *adj.* ដែលអាចសម្រេចបាន, ដែលអាចធ្វើទៅកើត

workbook['wɜ:kbuk] *n.* សៀវភៅសម្រាប់ហ្វឹកហ្វឺន

worked-up['wɜ:kʌp] *adj.* ខ្វល់ខ្វាយ

worker['wɜ:kər] *n.* អ្នកធ្វើការ *Lit:* កម្មករ

workhorse['wɜ:khɔ:s] *n.* buy a x សេះសម្រាប់ធ្វើការធ្ងន់

Fig. He's a real x. មនុស្សធ្វើការច្រើន

workmanship['wɜ:kmənʃip] *n.* ទឹកដៃ

workout['wɜ:kaut] *n.* give the car a x ការសាកល្បងដើម្បីនឹងស្ទង់មើលគុណភាព

give the players a x ការហាត់ប្រាណ

workshop['wɜ:kʃɔp] *n.* រោងជាង

world[wɜ:ld] *n.* biggest in the x លោក

Coll: ផែនដី *Lit:* ពិភពលោក

the Western W. បស្ចិមប្រទេស

the x of fashion ពិភព

the whole w. (knows it) មនុស្សផងទាំងពួង

-*adj.* x affairs នៃពិភពលោក

x power នៅលើពិភពលោក

W. War សង្គ្រាម (ពិភព) លោក

worldly[wɜ:ldli] *adj.* លោកិយ

world-wide['wɜ:ldwaid] *adj.* ពាសពេញពិភពលោក

worm[wɜ:m] *n.* find a x in one's apple ដង្កូវ

Lit: កិមិជាតិ

earth w. ជន្លេន

intestinal w. ព្រូន

-*iv.* ជ្រៀតជ្រែកដោយឧបាយកលផ្សេងៗ

-*tv.* បានមកដោយឧបាយកលផ្សេងៗ

worm-eaten['wɜ:mi:tn] *adj.* ដង្កូវស៊ី

Fig. ចាស់, ហួសសម័យ

wormy[wɜ:mi] *adj.* ដង្កូវចុះ

worn[wɔ:n] *adj.* (*pp.* *of* wear)

x tires រេច, សឹក

x face ស្គមស្គាំង, ស្លេកស្លក់

never been w. ដែលគេមិនដែលស្លៀកឬពាក់

worn-out[,wɜ:naut] *adj.* x clothing ដាច់ដាច

x troops នឿយហត់ខ្លាំង

worrisome['wʌrisəm] *adj.* ដែលនាំឱ្យព្រួយឬខ្វល់

worry['wʌri] *iv.* (*pt.*, *pp.* worried)

x about one's daughter បារម្ភ

x over details ខ្វល់

-*tv.* Problems x him. ធ្វើឱ្យខ្វល់, ធ្វើឱ្យពិបាកចិត្ត

x a cat ឆាឆៅ, ធ្វើឱ្យរំខាន

-*n.* exhausted from x កង្វល់, សេចក្តីបារម្ភ

usu. pl. have a lot of x បញ្ហា

worse [wɜ:s] *adj.* (*comp.* *of* bad)

The patient is x. ធ្ងន់ជាងមុន

The situation is x. អាក្រក់ជាងមុន

(The patient is) w. than (before.) ធ្ងន់ជាង

(Today' s heat is) w. than (yesterday' s.) អាក្រក់ជាង

-*adv.* This one leaks x. ជាង

That record sounds x. អាក្រក់ជាង

(She sings) w. than (he does.) អាក្រក់ជាង

(This boat leaks) w. than (that one.) ជាង

worsen['wɜːsn] ***iv.*** រឹតតែអាក្រក់ឡើង, រឹតតែធ្ងន់ឡើង

-*tv.* ធ្វើឱ្យរឹតតែអាក្រក់ឡើងឬរឹតតែធ្ងន់ឡើង

worship['wɜːʃi p] ***tv.*** x the Buddha ធ្វើសក្ការៈ

They x their father. ស្នេហាដ៏ខ្ពង់ខ្ពស់ចំពោះ

-*n.* service of x សក្ការៈ

hero x ស្នេហាខ្ពង់ខ្ពស់ (ចំពោះ)

worst[wɜːst] ***adj.*** *(superl. of* bad *)* អាក្រក់បំផុត, អាក្រក់ជាងគេ

-*adv.* This pot leaks x. ជាងគេ

He drives x. អាក្រក់ជាងគេ

-*n.* if the x happens គ្រោះកាចអាក្រក់បំផុត

throw away the x of them អ្វីៗដែលអាក្រក់ជាងគេ

worsted['wusti d] ***n.*** ក្រណាត់ធ្វើអំពីខ្សែន

worth[wɜːθ] ***n.*** តម្លៃ

-*adj.* What' s this car w. ? ឡាននេះបានតម្លៃប៉ុន្មាន ?

Is it x doing ? មានអត្ថប្រយោជន៍ល្មម

worthless[wɜːples] ***adj.*** x car ឥតតម្លៃ

x project ឥតបានការ, គ្មានបានការ

x tramp ថោកទាប

worthwhile[,wɜːθ'wai l] ***adj.*** បានការ, មានប្រយោជន៍

worthy ['wɜːθi] ***adj.*** x applicant ដែលគួរឬសមនឹងយក

x charity ដែលសមធ្វើ

w. of ដែលគួរនឹង (ស្រឡាញ់ ជឿ។ល។)

would[wud] ***aux. v.*** *(pt. . cond. of* will *)*

I x go if I could. នឹង

x you hand me that book ? សូម

In former times they x go every week. តែងតែ

would-be[wudbi] ***adj.*** ដែលបម្រុងនឹងឬដែលចង់ធ្វើអ្វីមួយ តែខកខានទៅវិញ

wouldn' t ['wudnt] *(contr. of* would not *)*

wound[1][wuːnd] ***n.*** របួស

-*tv.* x an enemy ធ្វើឱ្យរបួស

Fig. Words can x. ធ្វើឱ្យឈឺចិត្ត

wound[2][wuːnd] *(pt. . pp. of* wind[2] *)*

woven['wəuvn] *(pp. of* weave *)*

wow[wau] ***interj. Sl.*** អស្ចារ្យ !

wrangle['ræŋgl] ***iv.*** ឈ្លោះគ្នា (យ៉ាងគគ្រឹកគគ្រេង)

-*n.* ជម្លោះ

wrap[ræp] *tv. (pt. . pp.* wrapped *)*

x a gift ខ្ចប់

x a cloth around it រុំ

w. up (a gift) ខ្ចប់

w. up (a project) បញ្ចប់

-*iv.* w. up ស្លៀកពាក់យ៉ាងក្រាស់

-*n.* គ្រឿងស្លៀកពាក់កុំឱ្យរងា

wrapper[ræpər] ***n.*** គ្រឿងរុំពីក្រៅ

wrapping[ræpi ŋ] ***n.*** គ្រឿងរុំពីក្រៅ

wrath [rɔθ] ***n.*** កំហឹងខ្លាំង

wreak[riːk] ***tv.*** ធ្វើ, ធ្វើទៅ

wreath[ri:θ] ***n.*** កម្រងស្លឹកឈើសម្រាប់ធ្វើសក្ការៈ

wreck[rek] ***n.*** have a car x ការបុកឬជល់គ្នា

car is a x អ្វីៗដែលខ្ទេចខ្ទី

-tv. x a car ធ្វើឱ្យខ្ទេចខ្ទី

x a building កំទេចចោល

Fig. x his reputation បង្ខូច

wreckage['reki dʒ] ***n.*** gather up the x សំណល់អ្វីៗដែលបាក់បែកខ្ទេចខ្ទី

widespread x ការបែកបាក់ខ្ទេចខ្ទី

wrecker[rekər] ***n.*** house x អ្នករុះ

tow with a x រថយន្តស្ទូចសណ្ដោង

wrench[rentʃ] ***n.*** adjustable x ម៉ាឡេត, ក្លេ

give his arm a x ការមួលឬកាច់

-tv. ធ្វើឱ្យរមួល

wrest[rest] ***tv.*** x it away from him កន្ត្រាក់ចេញ

Fig. x the truth from him គាបើរីបយកដោយបង្ខំ (អ.ប.)

wrestle[resl] ***iv.*** He likes to x. ចោកចំបាប់, លេងចំបាប់

Fig x with a problem តស៊ូពុះពារ

-tv. ចោកចំបាប់

wrestling['resli ŋ] ***n.*** *Sp.* ចំបាប់ (កីឡា)

wretch[retʃ] ***n.*** មនុស្សរងទុក្ខវេទនា

wretched['retʃi d] ***adj.*** x refugee ទុគតិ

x day អាក្រក់ណាស់

wriggle['ri gl] ***iv.*** វៀចចុះវៀចឡើង

-tv. ធ្វើឱ្យវៀចចុះវៀចឡើង

wring[ri ŋ] ***tv.*** *(pt. , pp.*wrung *)*

x the neck មួល

w. out (a cloth) ពូត

w. out (the water) ពូតយកចេញ

wrinkle['ri ŋkl] ***n.*** ជ្រួញ

-tv. ធ្វើឱ្យជ្រួញ

-iv. ជ្រួញ

wrist[ri st] ***n.*** sprain a x កដៃ

w. watch នាឡិកាដៃ

writ[ri t] ***n.*** *Law* សំបុត្រដែលតុលាការឱ្យបង្គាប់

write[rai t] ***tv.*** *(pt.* wrote *.pp.* written *)*

x a letter សរសេរ *Roy:* ទ្រង់ព្រះលិខិត

x a book សរសេរ *Lit:* និពន្ធ

Roy: ព្រះរាជនិពន្ធ

w. down កត់

Id. w off បដិសេធចោល

w. out សរសេរទាំងអស់ (មិនសរសេរកាត់)

w. up សរសេររ៉ាយរ៉ាប់ឱ្យសព្វគ្រប់អំពីអ្វីមួយ

-tv. This pen won' t x. សរសេរជិត

Don' t forget to x. សរសេរសំបុត្រ

write-up[rai tʌp] ***n.*** របាយការណ៍

written[rai tn] *(pp. of* write *)*

writhe[rai ð] ***iv.*** រមិចរមួល (ដោយឈឺចាប់)

wrong[rɔŋ] ***adj.*** x answer ខុស

x conduct មិនប្រពៃ, មិនសមរម្យ

What ' s w.? ទាស់អី? *Coll:* ចឹងហ្នឹង?, កើតអី ?

-n. កំហុស

wrongdoer['rɔŋdu:ər] ***n.*** អ្នកប្រព្រឹត្តអំពើមិនប្រពៃ

wrongful[rɔŋfl] ***adj.*** x behavior មិនប្រពៃ, មិនសមរម្យ

Law x act ខុសច្បាប់

wrote [rəut] *(pt. of* write *)*

wrought [rɔ:t] ***adj.*** *Coll.* w. up មួម៉ៅ

x iron ដែលគេយកមកដំឱ្យមានរូបរាងឡើង

wrung *(pt. .pp. of* wring *)*

wry[rai] ***adj.*** x face ញាក់

x humor ដែលខំធ្វើជាកំប្លែងទាំងមិនសប្បាយចិត្ត

X

X, x[eks] អក្សរទី២៤តាមលំដាប់អក្ខរក្រមអង់គ្លេស

Math. 3×5 សញ្ញាលេខគុណ

Math. $x + 10 = 15$ បរិមាណមិនដឹង

(ពីជគណិត។ល។)

Cap. លេខដប់រ៉ូម៉ាំង

xenophobia[,zenə'fəubi ə] ***n.*** ការស្អប់ជនបរទេស

xerox['zi ərɔks] ***n.*** *Cap.* ម៉ាស៊ីនស៊ីរ៉ុក

-tv. ថតនឹងម៉ាស៊ីនស៊ីរ៉ុក

-adj. ដែលថតនឹងម៉ាស៊ីនស៊ីរ៉ុក

Xmas['kri sməs] (*short for* Christmas)

X-ray['eks rei] ***n.*** *Fr:* រ៉េយ៉ុងអ៊ិក្ស *Lit:* រស្មីអ៊ិក្ស

-tv. ថតនឹងរ៉េយ៉ុងអ៊ិក្សឬបញ្ចាំងមើលនឹងរ៉េយ៉ុងអ៊ិក្ស

-adj. ដែលប្រើរ៉េយ៉ុងអ៊ិក្ស

xylophone['zai ləfəun] ***n.*** ស៊ីឡូហ្វូន (រនៀតម្យ៉ាង)

Y

Y, y[wai] អក្សរទី២៥តាមលំដាប់អក្ខរក្រមអង់គ្លេស

a x in the road អ្វីៗដែលមានរាងដូចចំពាម

-y[1] *suf.* បច្ច័យដែលផ្លាស់ប្ដូរនាមសព្ទខ្លះឱ្យទៅជាគុណនាម,

ឧ. chill ភាពត្រជាក់ > chilly ត្រជាក់

water ទឹក > watery ទឹកៗ, រាវ

-y[2] *suf.* បច្ច័យដែលផ្លាស់ប្ដូរកិរិយាសព្ទខ្លះឱ្យទៅជានាមសព្ទ

ឧ. inquire សើុបសួរ > inquiry ការសើុបសួរ

yacht[jɔt] *n.* នាវាសម្រាប់ជិះលេងកំសាន្ត

yam[jæm] *n.* ដំឡូងជ្វា

yank[jæŋk] *tv.* កន្ត្រាក់

-n. ការកន្ត្រាក់មួយរឹប

Yankee['jæŋki] *pr. n.* x from Maine អាមេរិកាំងនៅប៉ែកឦសាននៃ ស.រ.អ.

x abroad អាមេរិកាំង

yap[jæp] *iv.* (*pt. , pp.* yapped)

dogs x ព្រុស (កូនឆ្កែ)

Pej. women x ខ្ទតៗ

yard[1][jɑ:d] *n.* now the x ស្នាប់ស្មៅ, ធ្លាស្មៅ

chicken x ធ្លា

railroad x កន្លែងចតឬផ្លាស់ផុល (រថភ្លើងនាវា។ល។)

yard[2][jɑ:d] *n.* រង្វាស់អង់គ្លេសប្រវែង ០,៩១៤ម

yardstick['jɑ:dsti k] *n.* ម៉ែត្រអង់គ្លេសប្រវែង០,៩១៤ម.

yarn[jɑ:n] *n.* wool x ចេស ខ្សែ អម្បោះឬខ្សែនរវៃហើយ

Coll. unbelievable x រឿងប្រឌិតឡើង

yawn[jɔ:n] *iv.* ស្ងាប

-n. ការស្ងាប

year[ji ər] *n.* 40 years old អាយុសែសិបឆ្នាំ

5 years old អាយុប្រាំខួប

(of advanced) years វ័យ, អាយុ

yearling['ji əli ŋ] *n.* កូនសត្វដែលមានអាយុមួយឆ្នាំហើយ

yearly[ji əli] *adj.* return x មួយឆ្នាំម្ដង

get $10. 000 x ក្នុងមួយឆ្នាំ

-adj. ប្រចាំឆ្នាំ

yearn[jɜ:n] *iv.* y. for ចង់បានខ្លាំង

y. to ចង់ខ្លាំង

yeast[ji:st] *n.* មេ, ដំបែ, ផ្សិតដំបែ

yell[jel] *iv. , tv.* ស្រែក

-n. សម្រែក, សូរស្រែក

yellow['jeləu] *adj.* x book លឿង

Sl. x fighter កំសាក

y. fever គ្រុនលឿង

y. jacket ឪម៉ាល់ម្យ៉ាង

y. race ជនស្បែកលឿង, ជនជាតិអាស៊ី

-n. the color x ពណ៌លឿង

egg y. បីតជាតិ

yelp[jelp] *iv.* បន្លឺសូរដូចឆ្កែព្រុស

-n. សូរដូចឆ្កែព្រុស

yen[1][jen] *n. Jap.* រូបិយវត្ថុជប៉ុន

yen[2][jen] *n. Coll.* ចំណង់ខ្លាំង

yeoman['jəumən] *n. Navy* ទាហានជើងទឹកស័ក្តិតូច

Id. work like a x មនុស្សមាំមួនហើយចិត្តស្មោះ

yes[jes] ***interj.*** *Masc:* បាទ

Fem: ចាំះ

Cl: ពរ, ចម្រើនពរ

Roy: ចាំះ

Fam: អើ, អឺ

x . what do you want ? ស្អី ?

-n. ពាក្យសម្រាប់ថ្លែងនូវការយល់ស្របក្នុងការស្នើ មតិអ្វីមួយ

-adj. y. man មនុស្សគិតតែពីបាទៗ

yesterday['jestədei] ***n.*** x was Friday. ម្សិលមិញ

the styles of x សម័យមុន

the day before y. ម្សិលម្ងៃ

-adv. ពីម្សិលមិញ

yet[jet] ***adv.*** He hasn' t come y. គាត់មិនទាន់មក ទេ

Don' t go y. កុំអាលទៅ

y. another day មួយថ្ងៃទៀត

He' s ill y. គាត់នៅឈឺនៅឡើយ

Coll. He' s drunk y. ! វាស្រវឹងទៀតផង !

-conj. We warned him. x he went. នៅតែ (+កិរិយាសព្ទ)

yield[ji:ld] ***tv.*** x right-og-way ប្រគល់ឱ្យ

x a profit ឱ្យ

-iv. x to pressure បន្ទន់ទៅតាម

Will the rice x? ឱ្យផល

-n. ផល, ទិន្នផល

yoga['jəugə] ***n.*** យោគ

yogi['jəugi] ***n.*** យោគី

yoke[jəuk] ***n.*** wooden x នឹម

a x of oxen មួយនឹម

Fig. the x of slavery នឹម (អ.ប.)

-tv. ទឹម (គោ ក្របី)

yolk[jəuk] ***n.*** បីតជាតិ (ជាតិលឿងនៃស៊ុត)

yonder['jɔndər] ***adj., adv.*** នៅឯនាយ

you[ju] ***pron.*** *(poss. adj.* your *. poss. pron.* yours*)*

Pol. , Masc: លោក

Pol.. Fem: លោកស្រី, អ្នកស្រី

To inferior: ឯង

To equal. intimate: (ប្រើឈ្មោះ)

Father to son: កូន

Son to father: ប៉ា, លោកឪពុក, ពុក

To older friend of same generation: បង

To younger friend of same generation ប្អូន

To non-related male of parents' generation: ពូ, លោកពូ

To non-related female of parents' generation: មីង, លោកមីង

To male of grandparents' generation: តា, លោកតា

To female of grandparents' generation: យាយ, លោកយាយ

To younger boy or girl: នាង

you'd [ju:d] *(contr. of* you had/you would *)*

you'll[ju:l] *(contr. of* you will *)*

young[jʌŋ] ***adj.*** x child ក្មេង

x plant កូន

x country ថ្មី

-n. a cat and her x កូន

with y. មានផ្ទៃពោះ

youngster[jʌŋstər] ***n.*** មនុស្សក្មេង

your[jɔ:r] *(poss adj. of* you *)* របស់លោក,

របស់លោកស្រី, របស់នាង ។ល។

you' re[juər] *(contr. of* you are *)*

yours[jɔ:s] *(poss. pron. of* you *)* របស់លោក, របស់លោកស្រី, របស់នាង ។ល។

yourself [jɔ:'self] *(refl. of* you *)*

you y. លោកខ្លួនឯង

Do it x. ខ្លួនឯង

(leave you) by y. តែម្នាក់ឯង

(Do it) by y. ដោយខ្លួនឯង

youth[ju:θ] ***n.*** handsome x *1. Masc:* ក្មេងប្រុស *Lit:* យុវជន

2. Fem: ក្មេងស្រី *Lit:* យុវនារី

the vigor of x យុវភាព

during my y. កាលខ្ញុំនៅពីក្មេង

youthful[ju:θfl] ***adj.*** ដូចក្មេង *Lit:* នៃយុវភាព

you've[ju:v] *(contr. of* you have*)*

Z

Z, z[zed] អក្សរទី២៦តាមលំដាប់អក្ខរក្រមអង់គ្លេស

zany['zei ni] *adj.* ចម្លែក, កំប្លែង

zeal[zi:l] *n.* យតិភាព

zealot['zelət] *n.* មនុស្សដែលស៊ប់ឬស្លុងនឹងអ្វីមួយ

zealous['zeləs] *adj.* ដែលស៊ប់ឬស្លុងនឹងអ្វីមួយ

zebra ['zebrə] *n.* សេះបង្កង់

zenith['zeni θ] *n.* កំពូល

zephyr['zefər] *n.* ខ្យល់លំហើយ

zero['zi ərəu] *n.* write a x សូន្យ (0)

The result was x. ឥតទេ

-*iv.* *Coll.* *z.* in on តម្រង់ទៅ, ដាក់ឱ្យចំ

zest[zest] *n.* x for life សេចក្ដីសាទរឬត្រេកត្រអាល (ចំពោះ)

add x to the food រសជាតិឆ្ងាញ់ (ចម្ងាតាដោយដាក់គ្រឿងថែមបន្តិចបន្តួច)

zigzag['zi gzæg] *iv.* កាច់ចុះកាច់ឡើង

-*tv.* ធ្វើឱ្យកាច់ចុះកាច់ឡើង, ធ្វើឱ្យក្ងិកក្ងក់

-*n.* អ្វីៗដែលកាច់ចុះកាច់ឡើងឬក្ងិកក្ងក់

-*adj.* កាច់ចុះកាច់ឡើងឬក្ងិកក្ងក់

zinc[zi ŋk] *n.* ស័ង្កសី

zip [zi p] *iv.* (*pt.* , *pp.* zipped) ទៅភ្លែត, ទៅវឹង

-*tv.* បិទឬរូតខ្សែរូត

-*tv.* x of a bullet សូរវឹតៗ

Sl. He has a lot of x.. សន្ទុះ។ កម្លាំង

Id. Write the x. លេខប្រចាំតំបន់

zipper['zi pər] *n.* ខ្សែរូត

zircon[zɜ:kən] *n.* ពេជ្រថៃ

zodiac['zəudi æk] *n.* រាសីចក្រ

zone[zəun] *n.* tropical x តំបន់

municipal x សង្កាត់

-*tv.* ចែកជាសង្កាត់

zoo[zu:] *n.* សួនសត្វ

zoology[zəu'ɔlədʒi] *n.* សត្វវិទ្យា

zoom[zu:m] *iv.* បោះពួយ

-*tv.* ឆាបពីលើប្រផិតៗ

-*n.* hear a x សូរឆាបពីលើ

z. lens កែវពង្រីកបង្រួម

zygote *n.* *Biol.* កោសិកាដែលកើតឡើងដោយការចូលរួមនៃកោសិកាផ្សេងពីគ្នាពីរទៀត

APPENDIX A

Transcription System for Standard Khmer

Since practical considerations did not permit the inclusion of transcriptions of the Khmer definitions in the body of this dictionary, we are appending the following transcription system for the benefit of those users who do not read Khmer script, or who wish to reconstruct the pronunciation of specific items. While the relationship between Khmer script and and pronunciation is rather complex, it is nevertheless far more consistent and regular than that between English spelling and pronunciation. Thus it is possible to reconstruct the pronunciation from the writing system with remarkably little ambiguity, with the exception of certain irregularities in learned vocabulary borrowed from Pali and Sanskrit sources. This transcription system is phonemic - i.e. it maintains all of the structural contrasts of standard Khmer - and was designed for use in the authors' four preceding Khmer textbooks: Cambodian System of Writing and Beginning Reader, Modern Spoken Cambodian (Yale University Press, 1970) Intermediate Cambodian Reader (Yale University Press, 1972) , and Cambodian Literary Reader and Glossary (Yale University Press, 1977). Those who would like a phonetic key to the symbols used in the transcription are referred to Chapter II: Phonology, in Cambodian System of Writing and Beginning Reader , pp. 6-12.

Consonants

There are two series of consonants in khmer. 1st series consonants are pronounced with the inherent vowel /ɑɑ/: 2nd Series consonants are pronounced with the inherent vowel /ɔɔ/.

1st Series	2nd Series	Values: Before a Vowel	Values: 1st in Cluster	Values: Finally
ក	គ	k	k	k
ខ	ឃ	kh	k	k
ង៉	ង	ŋ		ŋ
ច	ជ	c	c	c
ឆ	ឈ	ch	c	c
ញ៉	ញ	ñ	-	ñ
ដ	ឌ	d	d	t
ត	ទ	t	t	t
ថ	ធ	th	t	t
ឋ, [illegible]	ឍ	th	t	t
ណ, នុ	ន	n	n	n
ប	ប៊	b	p	p
ប៉, បុ	ព	p	p	p

1st Series	2nd Series	Values: Before a Vowel	1st in Cluster	Finally
ប៉	ភ	ph	p	p
ម៉, ហ្ម	ម	m	m	m
យ៉	យ	y	-	y
រ៉	រ	r	-	(Silent)
ឡ, ហ្ល	ល	l	l	l
វ៉	វ	w	-	w
ស	ស៊, ស៊ុ	s	s	s
ហ	ហ៊, ហ៊ុ	h	(Silent)	-
អ	អ៊, អ៊ុ	q	q	-
(The following occur only in loanwords)				
ហ្គ	ហ្គ៊	g	-	-
ហ្វ	ហ្វ៊	f (~ w)	-	-
ហ្ស	ហ្ស៊	ž	-	-

Notes on the Consonants

1. The symbol ត is normally pronounced /t/ (e.g. តា /taa/ 'old man', ត្រួត /truət/ 'to examine') , but when it occur as the initial symbol of disyllabic words whose first syllable ends in a nasal /m n ñ or ŋ/ , it is pronounced /d/, e.g. តម្រួត ~តំរួត /dɑmruət/ 'stacked up '

2. When រ /r/ occurs in final position it is not pronounced, e.g ការ /kaa/ 'work', ខ្មែរ /kmae/ 'khmer'

3. When ប /b/ is followed by the vowel symbol -ា, it has the alternative form បា to distinguish it from ប + ា and from ហ , e. g. បាយ /baay/ 'cooked rice' , ចាយ /caay/ 'to spend' , ហាម /haam/ 'to forbid '

Vowels

The value of a vowel symbol is determined by the series of the consonant symbol which precedes it, and in some cases also by the final consonant, so that Khmer syllables must be read as 'configuration' rather than as sequences of symbols Thus Khmer has a syllabic (or configuration) rather than an alphabetic writing system and the pronunciation of Khmer syllables, at least in native Khmer monosylables and disyllables, is quite regular

Symbol	1st Series Value	2nd Series Value
1. -	αα	ɔɔ
2. - - '	α	u before ប, ព, ក or ង uə̆ elsewhere
3. -ˑ-	a	ɔə before រ
		ɨ before យ
		ĕə before ក, ង, ក, យ, or ង
		ŏə elsewhere
4. - ា	aa	iə
5. -ា-'	a	ĕə before ក, ង, or យ
		ŏə elsewhere
6. ិ	ə before final consonant	ɨ before final consonant
	e elswhere	i elsewhere
7. ិះ	eh	ih
8. ី	əy	ii
9. ឹ	ə	ɨ
10. ឹះ	əh	ɨh
11. ឺ	əɨ	ɨɨ
12. ុ	o	u
13. ុះ	oh	uh
14. ូ	ə before វ	ɨ before វ
	ou elsewhere	uu elsewhere
15. ួ	uə	uə
16. ើ	aə	əə
17. ឿ	ɨə	ɨə
18. ៀ	iə	iə
19. េ	ə before ង, ញ, or ញ	ɨ before ង, ញ, or ញ
	ei elsewhere	ee elseswhere
20. េះ	eh	ih
21. ែ	ae	ɛɛ
22. ៃ	ay	ɨy
23. ោ	ao	oo

Symbol	1st Series Value	2nd Series Value
24. េ-ោះ	ɑh	ŭəh
25. េ-ៅ	aw	ɨw
26. -ុំ	om	um
27. -ំ	ɑm	um
28. -ាំ	am	ŏəm
29. -ាំង	aŋ	ĕəŋ
30. -ះ	ah	ĕəh
31. -ៈ	aq	ĕəq

Independent Vowels

Symbol	1st Series Value	2nd Series Value
1. ឥ	qə-, qəy	qi-
2. ឦ	qəy	
3. ឧ	qo-, qao	qu -
4. ឪ	qəw	
5. ឩ	qou	quu
6. ឯ	qae	
7. ឰ	qay	
8. ឱ, ឲ	qao	
9. ឳ	qaw (used for qao in typewritten Khmer)	

Special Consonant-Vowel Combinations

Symbol	1st Series Value	2nd Series Value
1. ឫ		rɨ-
2. ឬ		rɨɨ
3. ឭ		lɨ-
4. ឮ		lɨɨ

Subscript Consonants

When two consonants are pronounced consecutively (without an intervening vowel) within a word the second (and sometimes in medial position, a third) consonant symbol is written in a special subscript form below the first symbol. The form of the subscript is in most cases a smaller version of its superscript counterpart but some subscripts bear no discernible relationship to their counterpart. In the chart below, each consonant symbol is shown with its subscript form. The values of the subscripts are the same as those of their superscript counterparts before a vowel (Chart 1. Column 1)

ក្ក ខ្ខ គ្គ ឃ្ឃ ង្ង ច្ច ឆ្ឆ ជ្ជ ឈ្ឈ ញ្ញ ដ្ដ ឋ្ឋ ឌ្ឌ ឍ្ឍ ណ្ណ

ត្ត ថ្ថ ទ្ទ ធ្ធ ន្ន ប្ប ផ្ផ ព្ព ភ្ភ ម្ម យ្យ រ្រ ល្ល វ្វ ស្ស ហ្ហ អ្អ

Notes on the Subscripts

1. All combinations of consonant plus subscript in initial position represent only two consonants phonologically (e.g. ខ្មែរ /kmae/ 'Khmer', ស្រី /srəy/ 'woman'), unless the subscript is an aspirated consonant symbol, in which case the clusters represent three phonological consonants (e.g. ល្ខោន /lkhaon/ 'drama').

2. When ញ /ñɔɔ/ occurs as a superscript the element ្ញ is omitted, e.g. បញ្ជា /bɑñciə/ 'to order'; when ញ occurs as its own subscript, it takes the full form ្ញ , e.g. កញ្ញា /kññaa/ 'young lady'; otherwise it takes the form ្ញ e.g. ប្រាជ្ញា /praacñaa/ 'intelligence'.

3. The subscript ្ដ serves as a subscript for both ដ /dɑɑ/ and ត /tɑɑ/. In initial sequences the subscript ្ដ is always pronounced /d/, e.g. ប្ដី /pdəy/ 'husband'. Medially, however, its prounounciation is unpredictable. As a general rule, it is pronounced / d/ when it occurs as a subscript to ណ , and /t/ when subscript to ន, e.g. បណ្ដុះ /bɑndoh/ 'to grow, raise', but បន្ទុះ /bɑntoh/ 'to criticize'.

4. Final subscripts are silent: មិត្ត /mɨt/ 'friend', ពុទ្ធ /put/ 'buddha'; however when such words occur as the first element of a compound, the subscript is pronounced as the initial of an intruded syllable: មិត្តភាព /mittəphiəp/ 'friendship', ពុទ្ធសាសនា /putthəsaahsnaa/ 'Buddhism'.

General Notes

1. As a general rule, the series of a vowel symbol is determined by the last preceding consonant symbol, e.g. ផ្ទះ /ptĕəh/ 'house', ប្រទេស /prɑteeh/ 'country'. However, the consonants ម, ន, ញ, ង, យ, រ, ល, and វ (and their subscripts) are passive, and assimilate to the series of a preceding stop consonant, in both monosyllables and longer words, e.g. ផ្នែក /pnaek/ 'section', ភ្នែក /pnɛɛk/ 'eye', កន្លែង /kɑnlaeŋ/ 'place', បារី /baarə y/ 'cigarette'.

2. In disyllables, presyllables which are represented by a single consonant or a consonant + ្រ are pronounced with the short vowel /ɑ/ in the 1st Series and /ɔ/ in the 2nd Series, e.g. កកាយ /kɑkaay/ 'to scratch', ជជែក /cɔcɛɛk/ 'to discuss', ស្រឡាញ់ /srɑlañ/ 'to like', ព្រលឹម /prolɨm/ 'dawn'.

3. Presyllables which have a final nasal but no written vowel are pronounced with the vowel /ɑ/ in the 1st Series ; and in the 2nd Series, /u/ before ម and /ŭə/ elsewhere ; e.g សម្រាប់ /sɑmrap/ 'for', ទម្ងន់ /tumŋŭən/ 'weight', ពន្លឺ /pŭənlɨɨ/ 'light'. (This vowel distribution is equivalent to Example 2 in the Vowel Chart.)

4 In polysyllabic words (usually or Pali or Sanskrit origin) pre-final syllables represented by a single consonant are pronounced with the vowel /ə/ when unstressed, and when stressed. with /aq/ in the 1st Series and /ĕəq/ in the 2nd Series However since there is no way to predict stress, the most pracitcal solution might be to write /a/ in all such cases, e.g កណកម្មការ /kanakammakaa/ (actual pronunciation / kənaqkammkaa/) 'committee', យុគលពិន្ទុ /yukalapɨntuq/ (actual pronunciation /yukəlĕəqpɨntuq/) 'the symbol - .'.

5. In many words whose first syllable is represented by a single consonant. or a single consonant plus a palatal consonant, but no written vowel the syllable is pronounced with an /a/ . e.g. អរុណ /qarum/ 'dawn', សច្ចា /saccaa/ 'to promise', កញ្ញា /kaññaa/ 'Miss'

6. Many words with a final consonant cluster and no written vowel are pronounced as if they were written -ា ់, e.g. សត្វ /sat/ 'animal', យក្ខ /yĕəq/ 'demon', ទ្រព្យ /troəp/ 'wealth'. All other words of this type are pronounced as if written - ់, e.g. សព្វ /sɑp/ 'every', វង្ស /wŭəŋ/ 'family, lineage '.

7. Some sequences of two consonants with no written vowel are pronounced as if written - ់, i. e. with a short vowel rather than with the expected long vowel ; e g សម /sɑm/ 'proper ', ជន /cŭən/ 'people'

8. In many words of more than one syllable, a single medial consonant is doubled phonologically , e.g. សត្រូវ /sattrəw/ 'enemy', រាជការ /riəccəkaa/ 'civil service'

9. Words spelled with a non-silent final short vowel symbol are pronounced with a final glottal stop /q/ , e g លទ្ធិ /latthiq/ 'belief', អាយុ /qaayuq/ 'age'.

10. Some words are spelled with a silent final short vowel symbol, e.g. ភូមិ /phuum/ 'village' . ហេតុ /haet/ ' reason'.

11. In some words , the vowel េ is pronounced as if it were ែ- , e.g. ហេតុ /haet/ 'reason ', ពេទ្យ /pɛɛ/ 'doctor'

12. The symbol ៍ over a final consonant indicates that the consonant (and any accompanying short vowel symbol) is not pronounced. e.g. ប្រយោជន៍ /prɑyaoc/ 'purpose', កេរ្តិ៍ /kei/ 'heritage '.

13. The symbol ៌ in some words cancels the consonant over which it occurs, e.g. បរិបូណ៌ /bɑɑribou/ 'abundant'. When no vowel is written, it represents /ɔə/, e.g. ធម៌ /thɔə/ 'dharma', ពណ៌ /pɔə/ 'color '. In some other words it represents /r/ . e.g. ទុគ៌ត (~ទុរគត) /tuurəkŭət/ ' destitute '.

14 The symbols ។ and ៕ are full stop symbpls .

15. The symbol ៗ • indicates that the word (or phrase) after which it occurs is to be repeated, e.g. ផ្សេងៗ /pseiŋ pseiŋ/ 'various'

16. The symbol ។ល។ /laq/ means 'et cetera'.

Numerals

1. ១	6. ៦
2. ២	7. ៧
3. ៣	8. ៨
4. ៤	9. ៩
5. ៥	0. ០

APPENDIX B
Transliteration System for Khmer Script

This system of transliteration is a modification of that proposed by Lewitz (1969), and was developed by Franklin Huffman of Cornell University and Edwin Bonsack of the U.S. Library of Congress for the use of librarians in cataloguing publications in Khmer. A transliteration system, unlike the transcription system outlined in Appendix A, is not based on pronunciation, but is rather a one-to-one conversion of the symbols of one writing system to those of another writing system. The great disadvantage of this system is that, being based on the original values of the Indic characters in which Khmer was first written, it obscures the pronunciation of modern Khmer ; its advantages are its relative simplicity and the fact that it makes possible the etymological reconstruction - although not the current usage - of Pali and Sanskrit loanwords in Khmer.

Consonants and Subscripts

Consonant	Subscript	Value	Consonant	Subscript	Value
ក	x្ក	k	ធ	x្ធ	dh
ខ	x្ខ	kh	ន	x្ន	n
គ	x្គ	g	ប	x្ប	p
ឃ	x្ឃ	gh	ផ	x្ផ	ph
ង	x្ង	ṅ	ព	x្ព	b
ច	x្ច	c	ភ	x្ភ	bh
ឆ	x្ឆ	ch	ម	x្ម	m
ជ	x្ជ	j	យ	x្យ	y
ឈ	x្ឈ	jh	រ	x្រ	r
ញ	x្ញ	ñ	ល	x្ល	l
ដ		ṭ	វ	x្វ	v
ឋ	x្ឋ	ṭh	ឝ	x្ឝ	ś
ឌ	x្ឌ	ḍ	ឞ	x្ឞ	ṣ
ឍ	x្ឍ	ḍh	ស	x្ស	s
ណ	x្ណ	ṇ	ហ	x្ហ	h
ត	x្ត	t	ឡ		ḷ
ថ	x្ថ	th	អ	x្អ	q
ទ	x្ទ	d			

Dependent Vowels

Khmer	Value
x	xa
xx	xax
xx'	xáx
x̎x	xa͠x
xា	xā
xាx'	xâx
xិ	xi
xី	xī
xឹ	xẏ
xឺ	xȳ
xុ	xu
xូ	xū
xួ	xua
xើ	xoe
xឿ	xẏa
xៀ	xia
xេ	xe
xែ	xae
xៃ	xai
xោ	xo
xៅ	xau
xំ	xaṃ
xះ	xaḥ
x:	xà

Independent Vowels

Khmer	Value
ឥ	i
ឦ	ī
ឧ	u
ឩ, ឪ	ū
ឯ	e
ឰ	ai
ឱ, ឲ	o
ឳ	au
ឫ	ṛ
ឬ	ṝ
ឭ	ḷ
ឮ	ḹ

Diacritics

Khmer	Value
x៉, x̦	x̎
x៊, x̦	x'
x៌	rx
x៍	x̊
x៎	x̉
x៏	x^c
x̭	x̊

Numerals

Khmer	Value
១	1
២	2
៣	3
៤	4
៥	5
៦	6
៧	7
៨	8
៩	9

Notes

1. In the consonant columns, x shows the position of the superscript relative to the subscript. A subscript is always romanized after the superscript, without an intervening vowel, as in ក្រខ្វក់ krakhvák.

2. When ញ occurs as a superscript, the lower element is omitted, as in ញ្ញា ñj. When ញ occurs as its own subscript, it takes the full form x្ញ, as in កញ្ញា kaññā. Otherwise, the subscript has the form of the lower element alone, as in ខ្ញ khñ.

3. The consonant ប, followed by the vowel ា, takes the form បា.

4. In the vowel columns, x shows the position of the consonant relative to the vowel. This applies both to the khmer and to the romanization columns. It should be noted that an x in the khmer column can also represent a final consonant with no vowel following, in which case it is romanized simply as x, as in ទ័ព dăb.

5. The consonants xំ ṃ and xះ ḥ are always preceded by a vowel, but being finals, never themselves bear a vowel. They may, however, be preceded by vowels other than a, as in ទុំ tuṃ, សេះ seḥ.

6. the diacritics x៉ and x៊ are romanized by x″and x′immediately following the consonant they modify. They have the alternative form xុ when co-occur with one of the of superscript vowels xិ, xី, xឹ and xឺ. When xុ co-occurs with one of the superscript vowels and with one of the consonants ង, ញ, ម, យ, រ, វ, or ប, it is romanized as x″, as in ប៊ី p″ī. When xុ co-occurs with one of the superscript vowels and with one of the consonants ស, ហ, or អ, it is romanized as x′, as in ស៊ី s′ī. Otherwise xុ represents the vowel u, as in មុន mun.

7. The diacritics x̊, x', x̑, and x˙ in the romanization column are placed after the last letter of the word in which they occur, as in ក្សត្រិយ៍ ksatriẙ, ចាះ cāḥ', ត៍ ta̒, អាត្មន៏ qātman˙.

8. Conventional sings are:

ៗ	romanized by repeating the preceding word or phrase
។ល។	romanized as .l.
។ប។	romanized as .p.
-	romanized by means of the hyphen (-)
÷	romanized by mean of the colon (:)
។, ៕	romanized by mean of the period (.)

The full-stop sings ៚ and ៚ are omitted in romanization.

9. In Khmer, words are not written separately ; spacing occurs only after longer phrases. In romanization, however, the shortest written form which can stand alone as a word is

treated as such. This applies also to Pali and Sanskrit loanwords. Other loanwords have the same divisions as in the original language.

10. Two adjustments must be made in the above system for type-written Khmer: 1) The symbol ឪ should be transliterated ọ rather than au, as in ឪយ oy. 2) The symbol x៏ does double duty for both x៏ and x៍; in the two particles ក៏ and ដ៏, it should be trȧn-sliterated ka' and ta'; in all other occurrences it should be transliterade x̊, as in ប្រយោជន៍ prayojan̊ .

BIBLIOGRAPHY

The following sources have been consulted in the compilation of this dictionary .

Barnhart, C. L , Editor - in - Chief , The American College Dictionary , New York, Random House , 1969 .

Buddhist Institute, វចនានុក្រមខ្មែរ (Dictionnaire cambodgien) , 5th Edition , Phnom Penh, Buddhist Institute, Vol . I 1967 , Vol. II 1968 .

Echols , John M. , and Hassan Shadily , An English - Indonesian Dictionary , Ithaca , N. Y., Cornell University Press, 1975.

Guesdon , Joseph , Dictionnaire cambodgien - français , 2 vols . , Paris, Librairie Plon, 1930 .

Haas , Mary , et. al . , Thai - English Student 's Dictionary , Stanford , Stanford University Press, 1964 .

Headley , Robert K . , Jr . , kylin Chhor , Lam Kheng Lim , Lim Hak Kheang , and Chen Chum , Cambodian - English Dictionary , 2 vols . , Washington, D. C. , The Catholic University of America Press, 1977 .

Huffman , Franklin E . , Cambodian System of Writing and Beginning Reader , New Haven and London , Yale University Press , 1970 .

Huffman , Franklin E . , Modern Spoken Cambodian , New Haven and London , Yale University Press , 1970 .

Huffman , Franklin E. , Intermediate Cambodian Reader , New Haven and London , Yale University Press , 1972 .

Huffman , Franklin E. , and Im Proum , 'Transliteration system for Khmer', CORMOSEA Newsletter 8. 1(1974 - 5) : 8 - 11 .

Huffman , Franklin E . , and Im Proum , Cambodian Literary Reader and Glossary , New Haven and London , Yale University Press , 1977 .

Huffman , Franklin E . , and Im Proum , Cambodian - English Glossary , New haven and London , Yale University Press , 1977.

Jacob , Judith M . , A Concise Cambodian - English Dictionary , London , Oxford University Press , 1974 .

Keller , Sally E . , English - Khmer Medical Dictionary , M.A. Thesis , University of North Dakota , 1976 .

Khuy Sien, វចនានុក្រម បារាំង - អង់គ្លេស - ខ្មែរ (French - English - Khmer Dictionary) , Phnom Penh , Kim Ly Bookstore , 1971 .

Kingdom of Cambodia, ក្បួនរាជសព្ទ (Manual of Royal Vocabulary) , Phnom Penh , Viriya Bookstore , 1953 .

Lewitz , Saveros , 'Note sur la translittération du cambodien ' , Bulleti de l' Ecole Française d' Extrême - Orient 55 (1969) : 163 - 9 .

Ma Lai khem , សទ្ទានុក្រម ខ្មែរ - បារាំង (Lexique Khmero - Français) . Phnom Penh , Kim Ly Bookstore , 1966 .

McFarland , George Bradley , Thai - Fnglish Dictionary , Stanford , Stansford University Press , 1956 .

Ministry of Education , សទ្ទានុក្រម បារាំង - ខ្មែរ (Lexique Français - Khmer) , Phnom Penh , Ministry of Education , 1969

Monier - William , Sir Monier , A Sanskrit - English Dictionary , Oxford, Clarendon Press , 1970 .

Pa Vanna and Dik Keam , វចនានុក្រម អង់គ្លេស - ខ្មែរ (English - Khmer Dictionary), Phnom Penh , Kim Ly Bookstore , 1967 .

Preap - Sok , Bhikkhu , វចនានុក្រម អង់គ្លេស - ខ្មែរ (English - Khmer Dictionary) , Phnom Penh , Uk Mey Kol Bookstore , 1957 .

Ravivong Kovid , ពាក្យវប្បធម៌ ខ្មែរ - បារាំង ពន្យល់ (Mots culturels Khmèro - français expliqués) , Phnom Penh , Seriradh Bookstore , 1964 .

Rhys Davids , T. W . , and William Stede , Eds . , The Pali Text Society Dictionary , London, Luzac and Company Ltd. , 1966 .

Sam Thong , វាក្យបរិវត្តន៍ បារាំង - ខ្មែរ (Lexique franco - Khmer) , Phnom Penh , Kim Ly Bookstore , 1961.

Sam Thong , វាក្យបរិវត្តន៍ ខ្មែ - បារាំង (Lexique Khmer - français) , Phnom Penh , Kim Ly Bookstore , 1962 .

Tep - Yok and Thao - Kun , Dictionnaire français - khmèr , 2 Vols. , Phnom Penh, Librairie Bouth - Neang , 1962 - 4 .

Vong Rasmi Bookstore , អនុនរ វចនានុក្រម (Concise Dictionary) , Kampong Cham , Vong Rasmi Bookstore , 1966 .